Morschett
Retail Branding und Integriertes Handelsmarketing

GABLER EDITION WISSENSCHAFT

Dirk Morschett

Retail Branding und Integriertes Handelsmarketing

Eine verhaltenswissenschaftliche und wettbewerbsstrategische Analyse

Mit einem Geleitwort
von Prof. Dr. Joachim Zentes

Deutscher Universitäts-Verlag

Die Deutsche Bibliothek - CIP-Einheitsaufnahme

Morschett, Dirk:
Retail Branding und Integriertes Handelsmarketing : eine verhaltenswissenschaftliche und wettbewerbsstrategische Analyse / Dirk Morschett.
Mit einem Geleitw. von Joachim Zentes. - 1. Aufl..
- Wiesbaden : Dt. Univ.-Verl., 2002
(Gabler Edition Wissenschaft)
Zugl.: Saarbrücken, Univ., Diss., 2001
ISBN 3-8244-7576-6

1. Auflage März 2002

Alle Rechte vorbehalten
© Deutscher Universitäts-Verlag GmbH, Wiesbaden, 2002

Lektorat: Brigitte Siegel / Jutta Hinrichsen

Der Deutsche Universitäts-Verlag ist ein Unternehmen der
Fachverlagsgruppe BertelsmannSpringer.

www.duv.de

Die Wiedergabe von Gebrauchsnamen, Handelsnamen, Warenbezeichnungen usw. in diesem Werk berechtigt auch ohne besondere Kennzeichnung nicht zu der Annahme, dass solche Namen im Sinne der Warenzeichen- und Markenschutz-Gesetzgebung als frei zu betrachten wären und daher von jedermann benutzt werden dürften.

Gedruckt auf säurefreiem und chlorfrei gebleichtem Papier.

Druck und Buchbinder: Rosch-Buch, Scheßlitz
Printed in Germany

ISBN 3-8244-7576-6

Geleitwort

Die Arbeit von Dirk Morschett ist der Erforschung des Markenphänomens bei Einzelhandelsunternehmen gewidmet. Diese Problemstellung ist in mehrfacher Hinsicht von erheblicher Relevanz. So liegen zwar zahlreiche (wissenschaftliche) Untersuchungen vor, die sich mit der Thematik „Marke" und „Markenwert" beschäftigen, jedoch sind diese Studien im Wesentlichen auf Produktmarken ausgerichtet. Nur in geringem Maße werden Dienstleistungsmarken und Händlermarken explizit betrachtet. Andererseits liegt zwar eine Vielzahl von Untersuchungen zum Store Image vor, jedoch werden in diesen Untersuchungen Markenaspekte wie Bekanntheit, Aktualität, Differenzierung usw. nicht berücksichtigt. Ein weiteres Forschungsdefizit ist hinsichtlich der Quantifizierung des Markenwertes und der Analyse seiner Einflussfaktoren zu konstatieren. So ist die Steuerung des Markenwerts durch Marketingmix-Instrumente erst in Ansätzen untersucht.

Aus empirischer Sicht ist die gewählte Thematik gleichermaßen von erheblicher Relevanz. So hat sich in den letzten Jahren das Handelsmarketing deutlich weiter entwickelt und in immer stärkerem Maße eine strategische Prägung angenommen. Dies zeigt sich auch in dem Übergang der Marketingführerschaft innerhalb der Wertschöpfungskette von den Herstellerunternehmen auf die Handelsunternehmen. Diese strategische Verlagerung bringt es mit sich, dass die Profilierung eines Handelsunternehmens bzw. seiner Einkaufsstätten als Marke heute zu den wichtigsten Aufgaben der Handelsunternehmen gehört.

Insofern ist es sehr verdienstvoll, dass sich der Verfasser dieser gleichermaßen wissenschaftlich bedeutsamen wie praktisch relevanten Problemstellung widmet, die sich zugleich als äußerst komplexes Problem charakterisieren lässt. Die Untersuchung ist der Handelsforschung zuzuordnen, zugleich aber auch der Konsumentenforschung. Darüber hinaus berücksichtigt die Untersuchung eine wettbewerbsstrategische Perspektive. So wird die Thematik einerseits aus der angebotsorientierten Sicht betrachtet, d.h. aus einer wettbewerbsorientierten bzw. wettbewerbsstrategischen Perspektive. Ausgangspunkt ist dabei die Überlegung, dass eine Profilierung einer Händlermarke eine deutliche Unterscheidung von anderen Handelsunternehmen derselben Branche voraussetzt. Zugleich nimmt der Verfasser eine nachfrageorientierte Sicht ein. Aus dieser Perspektive werden vorrangig Erkenntnisse der Konsumentenverhaltensforschung herangezogen. Diese kombinierte bzw. integrative Sichtweise ermöglicht es, zur Beantwortung der folgenden Fragen wesentlich beizutragen:

◆ aus der wettbewerbsorientierten/angebotsorientierten Perspektive

- Lassen sich unterschiedliche Wettbewerbsstrategien im Handel identifizieren?

- Besteht ein Zusammenhang zwischen der verfolgten Wettbewerbsstrategie und dem Erfolg eines Unternehmens?

- Sind Unternehmen, die wenige Wettbewerbsvorteile fokussiert anstreben, erfolgreicher als andere?

- Wie wirken sich unterschiedliche Zielsetzungen eines Handelsunternehmens bezüglich seiner Händlermarke aus?

- Welches Profilierungspotenzial kommt einzelnen Handelsmarketinginstrumenten zu?

- Wie wirkt sich eine weitgehende Integration der Handelsmarketinginstrumente aus?

♦ aus der verhaltensorientierten/nachfrageorientierten Perspektive

- Lassen sich für die Beurteilung der Handelsleistung durch den Konsumenten zentrale Dimensionen identifizieren?

- Welche Handelsmarketinginstrumente eignen sich zur Profilierung von Handelsunternehmen?

- Welche Indikatoren eignen sich für die Messung des Händlermarkenwerts?

- Welchen Einfluss hat die Beurteilung eines Handelsunternehmens auf seinen Markenwert?

- Wie wirkt sich der „Fit" der Handelsmarketinginstrumente auf den Markenwert aus?

- Ist einer Reihe von Handelsmarketinginstrumenten eine besonders bedeutende Rolle bei der Bildung von Händlermarken zuzusprechen?

- Ist eine starke Händlermarke für den Erfolg eines Handelsunternehmens bei Konsumenten von Relevanz?

Diese integrative Vorgehensweise ist nicht nur der Komplexität der Fragestellung angemessen, sie stellt auch eine wesentliche Dimension der Originalität der vorliegenden Arbeit dar.

Die Beantwortung dieser Fragen erfolgt auf der Basis einer anspruchsvollen theoretischen Analyse, in welcher der Verfasser ein Erklärungsmodell entwickelt, Grundlage eines äußerst umfassenden Thesen- bzw. Hypothesensystems, das in einer gleichermaßen anspruchsvollen empirischen Untersuchung überprüft wird.

Die vorliegenden theoretischen Erkenntnisse und empirischen Befunde stellen eine wesentliche Bereicherung der Erforschung des Markenphänomens insbesondere des Phänomens der Händlermarke (Retail Brand) dar. Der Arbeit ist zu wünschen, dass sie zu *der* Schrift des Retail Branding im deutschsprachigen Raum wird, auf die sowohl Praktiker als auch Handels- bzw. Marketingwissenschaftler zugreifen.

Joachim Zentes

Vorwort

Die Thematik des Retail Branding, also die Anwendung der Grundsätze der Markenpolitik auf der Ebene der Verkaufsstellen von Einzelhandelsunternehmen, um diese als Marken zu etablieren, gewinnt im deutschen und internationalen Einzelhandel seit einigen Jahren an Bedeutung – sowohl in der Handelspraxis als auch in der Handelsforschung.

Vor dem Hintergrund sich teilweise dramatisch verschärfender Wettbewerbsbedingungen in den meisten Einzelhandelssektoren suchen Handelsunternehmen nach Möglichkeiten, sich im Wettbewerb zu behaupten. Als ein wesentliches Problem stellte sich dabei in der Vergangenheit die hohe Austauschbarkeit konkurrierender Handelsbetriebe heraus; es wurde von einem Profilierungsdefizit gesprochen.

Das Marketing des Einzelhandels hat sich jedoch in den letzten Jahren verändert. Eine strategische Ausrichtung tritt immer stärker in den Vordergrund. Das Konzept der Marke, das in der Vergangenheit meist ausschließlich auf die Produkte von Konsumgüterherstellern bezogen wurde, trat dabei auch bei Handelsunternehmen in den Vordergrund, und zwar nicht lediglich auf der Ebene der Sortimente, sondern immer stärker auch auf der Ebene der Verkaufsstellen, die die eigentlichen „Produkte" des Einzelhandels darstellen. In der Praxis können bereits eine Reihe von Einzelhandelsunternehmen identifiziert werden, denen eine erfolgreiche Markenpolitik in diesem Sinne konstatiert werden kann, die also erfolgreiche Marken am Markt etabliert haben.

Vor diesem Hintergrund war es Gegenstand der Untersuchung, das Markenphänomen bei Einzelhandelsunternehmen zu untersuchen und sich mit dem Aufbau, der Wirkung und der Messung der Retail Brand zu beschäftigen. Vor allem sollte ein Beitrag zur Ermittlung der Zusammenhänge zwischen Handelsmarketing und dem Markenwert von Handelsunternehmen sowie seiner Erfolgswirksamkeit geleistet werden.

Die vorliegende Arbeit wurde unter dem Titel „Die Etablierung einer Händlermarke als Ziel eines integrierten Handelsmarketing - Aufbau, Wirkung und Messung" als Dissertation von der Rechts- und Wirtschaftswissenschaftlichen Fakultät der Universität des Saarlandes angenommen.

Ohne vielfältige Unterstützung hätte diese Arbeit nicht entstehen können. Allen, die mich in den letzten Jahren bei der Anfertigung dieser Arbeit unterstützt haben, gebührt mein Dank.

An erster Stelle möchte ich meinem akademischen Lehrer, Herrn Univ.-Professor Dr. Joachim Zentes, danken. Durch die langjährige Tätigkeit am Institut für Handel und Internationales Marketing an der Universität des Saarlandes und den engen Kontakt zur Unternehmenspraxis entstand zunächst die Idee zu dieser Arbeit, zu der er mir zahlreiche Impulse gegeben hat und deren Entstehung er in allen Phasen der Entwicklung gefördert hat.

Herrn Univ.-Professor Dr. Peter Weinberg danke ich für die Übernahme des Zweitgutachtens.

Danken möchte ich weiterhin allen Handelsmanagern, die sich die Zeit genommen haben, sich an der Unternehmensumfrage zu beteiligen, den Interviewern, die die Konsumentenumfrage durchgeführt haben und nicht zuletzt auch meinen Kollegen und Freunden vom Institut für Handel und Internationales Marketing für die stets angenehme Zusammenarbeit und auch die Bereitschaft, die Entstehung dieser Arbeit durch konstruktiv-kritische Diskussionen und auch die umsichtige Durchsicht des Manuskripts zu begleiten.

Einen großen persönlichen Dank schulde ich meinen Eltern, die mir diesen Werdegang ermöglicht haben und ihn stets unterstützt haben. Mein ganz besonderer Dank gilt schließlich Prisca, ohne deren Unterstützung die vorliegende Arbeit nicht zustande gekommen wäre.

Dirk Morschett

Inhaltsverzeichnis

Verzeichnis der Übersichten

Tabellenverzeichnis

Abkürzungsverzeichnis

Abkürzungen von Zeitungen und Zeitschriften

asw	Absatzwirtschaft
DBW	Die Betriebswirtschaft
EJM	European Journal of Marketing
FAZ	Frankfurter Allgemeine Zeitung
HBR	Harvard Business Review
HM	Harvard Manager
IJRDM	International Journal of Retail & Distribution Management
IJRM	International Journal of Research in Marketing
IRRDCR	The International Review of Retailing, Distribution and Consumer Research
JAMS	Journal of the Academy of Marketing Science
JAV	Jahrbuch der Verbrauchs- und Absatzforschung
JBR	Journal of Business Research
JBS	The Journal of Business Strategy
JCM	Journal of Consumer Marketing
JCR	Journal of Consumer Research
JM	Journal of Marketing
JMRS	Journal of the Market Research Society
JoR	Journal of Retailing
JPBM	Journal of Product & Brand Management
JRCS	Journal of Retailing and Consumer Services
JSM	Journal of Services Marketing
LRP	Long Range Planning
LZ	Lebensmittel Zeitung
MR	Marketing and Research Today
WP	Werbeforschung & Praxis
ZfB	Zeitschrift für Betriebswirtschaft
zfbf	Schmalenbachs Zeitschrift für betriebswirtschaftliche Forschung
ZFO	Zeitschrift für Führung und Organisation

Sonstige Abkürzungen

ACR	Association of Consumer Research
AFM	Association Française du Marketing
AIDA	Attention, Interest, Desire, Action
BCG	Boston Consulting Group
BWL	Betriebswirtschaftslehre
CPC	Corn Products Company
CT	Connecticut
dfv	Deutscher Fachverlag
dtv	Deutscher Taschenbuch Verlag
DUV	Deutscher Universitätsverlag
ECR	Efficient Consumer Response
EHI	EuroHandelsinstitut
FGM	Fördergesellschaft Marketing an der Universität Augsburg e.V.
GDI	Gottlieb Duttweiler Institut
GEM	Gesellschaft zur Erforschung des Markenwesens e.V.
GfK	Gesellschaft für Konsumforschung
GIM	Gesellschaft für Innovatives Marketing e.V.
Hrsg.	Herausgeber
HWM	Handwörterbuch des Marketing
i.e.S.	im engeren Sinne
i.S.v.	im Sinne von
i.w.S.	im weiteren Sinne
KaDeWe	Kaufhaus des Westens
LEH	Lebensmitteleinzelhandel
MDS	Multidimensionale Skalierung
MDA	Multiple Diskriminanzanalyse
MSI	Marketing Science Institute
n.s.	nicht signifikant
NJ	New Jersey
PoS	Point-of-Sale
S-O-R	Stimulus-Organismus-Response
UT	Utah

Erstes Kapitel: Grundlagen der Untersuchung

A. Einführung in die Problemstellung

Gegenstand der vorliegenden Untersuchung ist die Erforschung des Markenphänomens bei Einzelhandelsunternehmen. Es werden dabei der Aufbau und die Wirkung an die ser Stelle vereinfacht gesagt - einer Marke, die auf der Ebene von Verkaufsstellen eingesetzt wird, sowie die Messung der Stärke dieser Marke analysiert.

Die Untersuchung ist somit der Handelsforschung zuzuordnen, gleichzeitig aber auch der Konsumentenforschung, weil eine Wirkungsbetrachtung der „Markierung" eines Objektes eines verhaltenswissenschaftlich geprägten Ansatzes bedarf. Zugleich muss - u.a. auf Grund der hohen Bedeutung der Wettbewerbsorientierung bei der Markenpolitik und der notwendigen Abgrenzung von der Konkurrenz - eine solche Untersuchung Elemente einer wettbewerbsstrategischen Perspektive enthalten.

Die Relevanz der Händlermarke ist vor dem Hintergrund zu sehen, dass sich das Handelsmarketing in den letzten Jahren deutlich weiterentwickelt hat und in immer stärkerem Maße eine strategische Prägung angenommen hat.[1] So wurde in der Vergangenheit oftmals festgestellt, dass Handelsmarketing in erster Linie ein strategisches Marketing auf der Ebene der Verkaufsstellen oder Betriebstypen sein sollte; diese Forderung wurde jedoch in der Realität selten konsequent umgesetzt. Stattdessen war Handelsmarketing oftmals sehr kurzfristig und eher operativ ausgerichtet.[2] Als ein wesentliches - teilweise daraus resultierendes - Problem wird dabei im Einzelhandel die hohe Austauschbarkeit konkurrierender Handelsbetriebe angesehen, so dass ein Profilierungsdefizit zu erkennen sei. So würden austauschbare Sortimente und eine mangelnde Profilierung dazu führen, dass viele Handelsunternehmen dem Konsumenten keine hinreichenden Differenzierungsmerkmale für seine Kaufentscheidung gäben.[3]

---

[1] Vgl. z.B. Liebmann, Hans-Peter; Zentes, Joachim: Handelsmanagement, (Vahlen) München 2001, S. 24-43; Mulhern, Francis: Retail marketing: From distribution to integration, in: IJRM, 14. Jg., 1997, S. 103-124; Theis, Hans-Joachim: Handels-Marketing, (dfv) Frankfurt a.M. 1999, S. 30.

[2] Vgl. Tietz, Bruno; Diller, Hermann: Handelsmarketing, in: Diller, Hermann (Hrsg.): Vahlens Großes Marketing Lexikon, (Vahlen) München 1992, S. 402-406, S. 402. Ähnlich argumentiert bereits 1958 Martineau; vgl. Martineau, Pierre: The personality of the retail store, in: HBR, 36. Jg., 1958, Nr. 1, S. 47-55, S. 53.

[3] Vgl. Heinemann, Gerrit: Betriebstypenprofilierung und Erlebnishandel, (Gabler) Wiesbaden 1989, S. V; Esch, Franz-Rudolf; Levermann, Thomas: Handelsunternehmen als Marken, in: Trommsdorff, Volker (Hrsg.): Handelsforschung 1993/94, (Gabler) Wiesbaden 1993, S. 79-102, S. 79.

Hier ist jedoch in jüngerer Zeit ein Wandel festzustellen. Auf Grund der sich verändernden Rahmenbedingungen, so der zunehmenden Konzentration, der langjährigen Stagnation der Märkte, einer zunehmenden Internationalisierung und, daraus resultierend, einer Intensivierung des Wettbewerbs,[4] zeichnet sich ein Einstellungswandel gegenüber einer langfristigen strategischen Planung ab, bei der auch eine deutliche Abgrenzung der Unternehmen von der Konkurrenz angestrebt wird.[5]

Auch eine stärkere Hinwendung zum Absatzmarkt ist eine Folge der Veränderung der Rahmenbedingungen. Der Einzelhandel hatte bereits seit langem die Gelegenheit, marketingorientiert zu agieren, da er in wesentlich direkterem Kontakt zum Endkunden steht als die Hersteller. Dennoch nutzten viele Einzelhändler diesen Vorteil in der Vergangenheit nur sehr zögerlich, und betrachteten Einkaufsentscheidungen und interne Prozesse mit einer höheren Priorität als strategische Marketingkonzepte. Sie überließen damit die Vorteile eines Markenaufbaus den (Markenartikel-)Herstellern.[6] In jüngerer Zeit ist jedoch, u.a. auf Grund der Veränderung der Machtverhältnisse in der Konsumgüterwertschöpfungskette und der zunehmenden Verfügbarkeit von (Kunden-) Informationen im Handel, festzustellen, dass Handelsunternehmen die Gelegenheit wahrnehmen, eine Marketingführerschaft in der Wertkette aufzubauen:[7] „A change is occuring in retailing that might be described as the evolution from merchandising to marketing."[8]

Zeitgleich wurden die Notwendigkeit der Profilierung und eines von der Industrie unabhängigen Handelsmarketing v.a. wegen der Verschärfung des Wettbewerbs im Handel deutlicher. Die Dominanz der von der Industrie initiierten Marketingstrategien führte zu austauschbaren Leistungsangeboten und hatte nur ein ungenügendes Profilierungspotenzial.[9] Betont wird dabei häufig, dass die Profilierung des Unternehmens bzw. der Einkaufsstätten als Marke zu den wichtigsten strategischen Aufgaben der Handelsunternehmen gehört.[10]

---

[4] Vgl. zu den Rahmenbedingungen Abschnitt B.II. des Zweiten Kapitels.

[5] Darauf weisen bspw. Barth, Klaus; Hartmann, Ralph: Strategische Marketingplanung im Einzelhandel - Möglichkeiten und Grenzen der Anwendung adäquater Planungstechniken, in: Trommsdorff, Volker (Hrsg.): Handelsforschung 1991, (Gabler) Wiesbaden 1991, S. 135-155, S. 138f., Zentes, Joachim; Opgenhoff, Ludger: Kundenzufriedenheit als Erfolgsfaktor im Einzelhandel, in: GDI-Trendletter I/95, Rüschlikon/Zürich 1995, S. 1-47, S. 45, und Gröppel-Klein, Andrea: Wettbewerbsstrategien im Einzelhandel, (DUV) Wiesbaden 1998, S. 2, hin.

[6] Vgl. Mulhern, Francis: Retail marketing: From distribution to integration, in: IJRM, 14. Jg., 1997, S. 103-124, S. 104.

[7] Vgl. Zentes, Joachim; Janz, Markus; Morschett, Dirk: Neue Dimensionen des Handelsmarketing, (Institut für Handel und Internationales Marketing/SAP AG) Saarbrücken-Walldorf 1999, S. 3f.

[8] Engel, James; Blackwell, Roger; Miniard, Paul: Consumer Behaviour, 8. Aufl., (The Dryden Press) Fort Worth 1995, S. 849.

[9] Vgl. Theis, Hans-Joachim: Handels-Marketing, (dfv) Frankfurt a.M. 1999, S. 32.

[10] Vgl. z.B. Blackett, Tom: The Nature of Brands, in: Murphy, John (Hrsg.): Brand Valuation, (Hutchinson) London 1989, S. 1-11, S. 4.

Die Marken des Handels sind dabei seine Betriebstypen bzw. Geschäfte,[11] ein Aspekt, der von zahlreichen Autoren in den letzten Jahren betont wurde.[12] Ziel ist also v.a., den Einkaufsstätten einen eigenständigen, unverwechselbaren Markenauftritt zu verleihen.[13]

Eine Reihe von jüngeren wissenschaftlichen Publikationen[14] sowie auf die Praxis gerichtete Veröffentlichungen[15] weisen dabei auf die zunehmende Bedeutung der Etablierung von Händlermarken hin.[16] Trotzdem kann noch ein beträchtliches Forschungsdefizit im Bereich des Markenwerts von Händlermarken konstatiert werden. So belassen es die meisten Autoren bei einem Hinweis auf die Analogie von Markenartikel der Industrie und Verkaufsstelle des Einzelhandels bewenden und beschäftigen sich wissenschaftlich nicht eingehender mit Fragen, die sich zwangsläufig stellen, wenn man versucht, Erkenntnisse aus der Literatur zum Markenartikel auf Betriebstypen zu übertragen.[17] Ausnahmen bilden u.a. die Arbeiten von Burkhardt und Brauer, die sich auf theoretischer Basis mit der Wirkung von Marketinginstrumenten des Handels auf die Händlermarke beschäftigen (ohne dabei aber ihre theoretisch postulierten Wirkungsbeziehungen empirisch zu überprüfen).[18]

---

[11] Vgl. Zentes, Joachim; Swoboda, Bernhard: Hersteller-Handels-Beziehungen aus markenpolitischer Sicht, in: Esch, Franz-Rudolf (Hrsg.): Moderne Markenführung, 2. Aufl., (Gabler) Wiesbaden 2000, S. 801-823, S. 804; vgl. auch Abschnitt C. des Zweiten Kapitels.

[12] Diese Perspektive wird u.a. verwendet von Tietz, Bruno: Der Handelsbetrieb, (Vahlen) München 1985, S. 1317; Zentes, Joachim: Trade-Marketing - Eine neue Dimension in den Hersteller-Händler-Beziehungen, in: Marketing-ZFP, 11. Jg., 1989, Nr. 4, S. 224-229, S. 224; Burkhardt, Achim: Die Betriebstypenmarke im stationären Einzelhandel, Diss., Universität Erlangen-Nürnberg 1997, S. 3.

[13] Vgl. Meffert, Heribert: Einführung in den Problemkreis der Untersuchung, in: Heinemann, Gerrit: Betriebstypenprofilierung und Erlebnishandel, (Gabler) Wiesbaden 1989, S. XXI-XXIV, S. XXI.

[14] Vgl. Zentes, Joachim; Anderer, Michael: Handelsperspektiven bis zum Jahre 2000, (Institut für Internationales Marketing - GDI) Saarbrücken-Rüschlikon 1993, S. 28f.; Esch, Franz-Rudolf; Levermann, Thomas: Handelsunternehmen als Marken, in: Trommsdorff, Volker (Hrsg.): Handelsforschung 1993/94, (Gabler) Wiesbaden 1993, S. 79-102; Brauer, Wolfgang: Die Betriebsform im stationären Einzelhandel als Marke, (FGM) München 1997; Burkhardt, Achim: Die Betriebstypenmarke im stationären Einzelhandel, Diss., Universität Erlangen-Nürnberg 1997; Morschett, Dirk: Store Branding as a Goal of Strategic Retail Marketing, in: Cliquet, Gérard; Zentes, Joachim (Hrsg.): Retailing and Distribution in Europe, Proceedings, The third AFM French-German Conference, St. Malo 2000, o.S.

[15] Vgl. o.V.: They have names too - When retailers become brands themselves, in: The Economist, o. Jg., 1988, Nr. 52, S. 96f.; o.V.: Der Handel muß sich selbst als Marke begreifen, in: LZ, 51. Jg., 1999, Nr. 5, S. 54; Zentes, Joachim; Janz, Markus; Morschett, Dirk: HandelsMonitor 2001: Retail Branding - Der Handel als Marke, (Lebensmittel Zeitung) Frankfurt a.M. 2000; sowie die Beiträge in Tomczak, Torsten (Hrsg.): Store Branding - Der Handel als Marke?, Ergebnisse 10. Bestfoods TrendForum, (TrendForum Verlag) Wiesbaden 2000.

[16] An dieser Stelle wird der Begriff „Händlermarke" genutzt, um die Anwendung der Instrumente und Vorgehensweisen der Markenpolitik auf der Ebene von Verkaufsstellen eines Einzelhändlers zu bezeichnen. Eine detailliertere Erläuterung des Konzepts erfolgt in Abschnitt C. dieses Kapitels.

[17] Vgl. Burkhardt, Achim: Die Betriebstypenmarke im stationären Einzelhandel, Diss., Universität Erlangen-Nürnberg 1997, S. 4.

[18] Vgl. Burkhardt, Achim: Die Betriebstypenmarke im stationären Einzelhandel, Diss., Universität Erlangen-Nürnberg 1997; Brauer, Wolfgang: Die Betriebsform im stationären Einzelhandel als Marke, (FGM) München 1997.

Forschungsdefizite bestehen beispielsweise bezüglich der folgenden Aspekte:

♦ Untersuchungen, die sich mit dem Thema Marke und Markenwert beschäftigen, wurden im Wesentlichen auf Produktmarken bezogen, nur in geringem Maße wurden auch Dienstleistungsmarken in die Untersuchung miteinbezogen.[19] Handelsunternehmen mit ihrer einzigartigen Stellung zwischen einer Sach- und einer Dienstleistung wurden dabei nur in sehr wenigen Untersuchungen explizit betrachtet.[20]

♦ Erst in neuerer Zeit wurden Versuche unternommen, den Markenwert zu quantifizieren und zu analysieren, welche Elemente der Marke ihren Wert beeinflussen.[21] Sattler zeigt dabei auf, dass die Steuerung des Markenwerts durch Marketingmix-Instrumente erst in Ansätzen erforscht ist.[22] Als Ergebnis seiner Untersuchungen zum Markenwert formuliert er, dass „ein erster zukünftiger Forschungsschwerpunkt [...] in der Bestimmung von Reaktionsfunktionen des Marketing-Mix in Bezug auf die Markenpositionen bzw. den Markenwert"[23] liegen sollte.

♦ Untersuchungen zum Store Image wurden in der Vergangenheit umfassend vorgenommen. Jedoch wurden Markenaspekte wie Bekanntheit, Aktualität, Differenzierung usw. in der Regel nicht betrachtet, sondern nur eine aggregierte Größe für das Store Image errechnet, die eher die Beurteilung der kognitiven Dimensionen der Einkaufsstättenattribute repräsentiert.[24]

♦ Obwohl sich fast alle Autoren einig sind, dass neben den einzelnen Marketinginstrumenten v.a. die Integration des Marketing und die Interdependenz der Instrumente eine wichtige Rolle spielen,[25] wurde in den meisten Untersuchungen nur die jeweils isolierte Wirkung einzelner Markeneigenschaften oder Marketinginstrumente auf das Markenimage untersucht. Das Zusammenwirken wurde bisher kaum betrachtet.

---

[19] Dies wird z.b. in fast allen relevanten Marketing-Lehrbüchern deutlich, so z.b. Nieschlag, Robert; Dichtl, Erwin; Hörschgen, Hans: Marketing, 18. Aufl., (Duncker & Humblot) Berlin 1997, S. 241-244.

[20] Vgl. Davies, Gary: Positioning, image and the marketing of multiple retailers, in: IRRDCR, 2. Jg., 1992, Nr. 1, S. 13-34, S. 14.

[21] Vgl. Biel, Alexander: How brand image drives brand equity, in: JAR, 32. Jg., 1992, Nr. 6, S. RC-6-RC-12, S. RC-10.

[22] Vgl. Sattler, Henrik: Markenbewertung, in: ZfB, 65. Jg., 1995, Nr. 6, S. 663-682, S. 675f.

[23] Sattler, Henrik: Markenbewertung, in: ZfB, 65. Jg., 1995, Nr. 6, S. 663-682, S. 678.

[24] Siehe dazu Abschnitt C.IV.1. des Zweiten Kapitels der vorliegenden Arbeit.

[25] Siehe überblickend Abschnitt A.III. des Zweiten Kapitels dieser Arbeit.

B. Ziel und Vorgehensweise der Untersuchung

Vor dem Hintergrund der vorne beschriebenen Ausgangslage zeigt sich, dass eine wissenschaftliche Auseinandersetzung mit der Thematik der Händlermarke bislang nur sehr rudimentär geführt wurde; empirisch gesicherte Ergebnisse fehlen weitgehend. Daher besteht die generelle Zielsetzung der vorliegenden Untersuchung darin, unter Berücksichtigung vorhandener theoretischer Ansätze und empirischer Ergebnisse der Handels- und Marketingforschung einen theoriegeleiteten, hypothesentestenden Beitrag zur Ermittlung der Zusammenhänge zwischen Handelsmarketing und dem Markenwert von Handelsunternehmen sowie seiner Erfolgswirksamkeit zu leisten.

Nach einleitenden Erörterungen im Ersten Kapitel, die sich auf die Relevanz der Händlermarke für die Handels- und Marketingforschung sowie die Handelspraxis beziehen sowie die Zielsetzung und das Vorgehen der Untersuchung beschreiben, werden im Zweiten Kapitel zunächst der Begriff und das Konzept der Marke erläutert und Ergebnisse der Markenforschung dargestellt, die sich weitestgehend auf Sachleistungsmarken beziehen. Nach einer Darstellung der wesentlichen begrifflichen Grundlagen im Einzelhandel, der situativen Rahmenbedingungen sowie der Besonderheiten des Handelsmarketing im Vergleich zum Sachleistungsmarketing werden eine Nominaldefinition des Begriffs „Händlermarke", eine grundsätzliche Diskussion des Konzepts und eine Abgrenzung zu verwandten Konzepten vorgenommen.

Im Dritten Kapitel wird der Bezugsrahmen der Untersuchung hergeleitet, der zur Ableitung von Thesen und Hypothesen und zur Strukturierung des Vorgehens genutzt wird. Als erklärungsrelevante theoretische Basis werden ausgewählte Erkenntnisse der Konsumentenverhaltensforschung sowie wettbewerbsstrategische Konzepte dargestellt. Auf diesen aufbauend, werden die Einflussfaktoren auf die Händlermarke aufgezeigt und analysiert sowie ein Messkonzept für den Markenwert von Händlermarken erarbeitet.

Dabei soll die Thematik der Händlermarke aus zwei Perspektiven betrachtet werden. Auf der einen Seite wird die Händlermarke aus der angebotsorientierten Sicht betrachtet, also im Rahmen der Zielsetzung der Unternehmen, der angestrebten Wettbewerbsstrategie und ihrer Umsetzung im Handelsmarketing. Diese Betrachtung basiert auf einer wettbewerbsorientierten Perspektive. Dabei wird davon ausgegangen, dass eine Voraussetzung der Markenbildung die Profilierung einer Händlermarke ist, also eine deutliche Unterscheidung von anderen Handelsunternehmen der Branche. In dieser Perspektive wird - wegen der eher auf Konzepten und theoretischen Ansätzen basierenden Vermutungen und dadurch geringeren theoretischen Fundierung - nicht von Hypothesen, sondern lediglich von Thesen gesprochen. Zentrale Fragen dieser Perspektive - von denen einige gleichzeitig für die meisten Untersuchungen des wettbewerbsstrategischen Konzepts von Porter in unterschiedlichen Branchen forschungsleitend gewesen sind[26] - sind dabei u.a.:

♦ Lassen sich unterschiedliche Wettbewerbsstrategien im Handel identifizieren?

♦ Besteht ein Zusammenhang zwischen der verfolgten Wettbewerbsstrategie und dem Erfolg eines Unternehmens?

♦ Sind Unternehmen, die wenige Wettbewerbsvorteile fokussiert anstreben, erfolgreicher als andere?

♦ Wie wirken sich unterschiedliche Zielsetzungen eines Handelsunternehmens bezüglich seiner Händlermarke aus?

♦ Welches Profilierungspotenzial kommt einzelnen Handelsmarketinginstrumenten zu?

♦ Wie wirkt sich eine weitgehende Integration der Handelsmarketinginstrumente aus?

Auf der anderen Seite soll unter Einbeziehung der Aspekte des Konsumentenverhaltens eine nachfrageorientierte Sicht eingenommen werden.[27] Bei der Betrachtung aus dieser Perspektive werden v.a. die Erkenntnisse der Konsumentenforschung herangezogen. Um über die Funktionsweise der psychischen Kaufentscheidungsmechanismen sinnvolle Aussagen treffen zu können, ist es erforderlich, dem nicht-beobachtbaren psychischen Innenleben der Konsumenten eine hypothetische Struktur zuzuweisen. Die Untersuchung muss die Vorgänge, die im Inneren der Konsumenten ablaufen, berücksichtigen, da davon ausgegangen werden muss, dass verschiedene Menschen auf einen Stimulus unterschiedlich reagieren. Zur Lösung dieser Aufgabe ist der Rückgriff auf Stimulus-Organismus-Response-Modelle (S-O-R) erforderlich, die versuchen, die Ursachen des Verhaltens zu erklären und den Organismus des Konsumenten transparent zu machen.[28] In der vorliegenden Arbeit wird daher bei der Betrachtung der Wirkungsweise innerhalb eines Individuums auf der Basis des S-O-R-Modells die Bildung, Verarbeitung und Speicherung einer Marke untersucht. Dabei können die hier relevanten hypothetischen Konstrukte durch Wahrnehmungs- und Verarbeitungs- oder Gedächtnisprozesse gekennzeichnet werden.[29]

---

[26] Vgl. Homburg, Christian; Simon, Hermann: Wettbewerbsstrategien, in: Tietz, Bruno; Köhler, Richard; Zentes, Joachim (Hrsg.): HWM, 2. Aufl., (Schäffer-Poeschel) Stuttgart 1995, Sp. 2753-2762, Sp. 2758; Gröppel-Klein, Andrea: Wettbewerbsstrategien im Einzelhandel, (DUV) Wiesbaden 1998, S. 5.

[27] Vgl. zu diesem Vorgehen auch: Heinemann, Gerrit: Betriebstypenprofilierung und Erlebnishandel, (Gabler) Wiesbaden 1989.

[28] Vgl. Kroeber-Riel, Werner; Weinberg, Peter: Konsumentenverhalten, 7. Aufl., (Vahlen) München 1999, S. 30; Bekmeier-Feuerhahn, Sigrid: Marktorientierte Markenbewertung, (DUV) Wiesbaden 1998, S. 112.

[29] Vgl. Bekmeier-Feuerhahn, Sigrid: Marktorientierte Markenbewertung, (DUV) Wiesbaden 1998, S. 112

Zentrale Fragen dieser Perspektive sind u.a.:

♦ Lassen sich für die Beurteilung der Handelsleistung durch den Konsumenten zentrale Dimensionen identifizieren?

♦ Welche Handelsmarketinginstrumente eignen sich zur Profilierung von Handelsunternehmen?

♦ Welche Indikatoren eignen sich für die Messung des Händlermarkenwerts?

♦ Welchen Einfluss hat die Beurteilung eines Handelsunternehmens auf seinen Markenwert?

♦ Wie wirkt sich der „Fit" der Handelsmarketinginstrumente auf den Markenwert aus?

♦ Ist einer Reihe von Handelsmarketinginstrumenten eine besonders bedeutende Rolle bei der Bildung von Händlermarken zuzusprechen?

♦ Ist eine starke Händlermarke für den Erfolg eines Handelsunternehmens beim Konsumenten von Relevanz?

Im Vierten Kapitel erfolgt eine empirische Überprüfung der vorangegangenen Überlegungen. Dazu werden Hypothesen abgeleitet, die auf den im Dritten Kapitel dargestellten theoretischen Überlegungen basieren.[30]

Im Fünften Kapitel findet eine zusammenfassende Würdigung der Ergebnisse statt. Die wesentlichen Implikationen der Untersuchung für die Marketing- und Handelsforschung sowie die Handelspraxis werden abgeleitet.

Die vorliegende Untersuchung beschäftigt sich mit „Retail Brands", also mit Marken von Einzelhandelsunternehmen auf der Ebene von Verkaufsstätten.[31] Eine Reihe der Ausführungen muss jedoch, v.a. wegen der empirischen Messung, in Bezug auf eine konkrete Branche betrachtet werden. Der empirische Teil der vorliegenden Untersuchung fokussiert dabei auf den Lebensmitteleinzelhandel, d.h. den Einzelhandel im institutionellen Sinne, dessen Verkauf sich im Wesentlichen auf Nahrungs- und Genussmittel sowie sonstige Waren des täglichen Bedarfs bezieht,[32] und betrachtet hierbei stationäre Verkaufsstellen.[33]

---

[30] Hypothesen sind Aussagen über die Beziehungen zwischen Variablen; vgl. Kroeber-Riel, Werner; Weinberg, Peter: Konsumentenverhalten, 7. Aufl., (Vahlen) München 1999, S. 26.

[31] Eine Konkretisierung der Begriffe „Retail Brand" bzw. „Händlermarke" erfolgt an späterer Stelle.

[32] Vgl. Arend-Fuchs, Christine: Die Einkaufsstättenwahl der Konsumenten bei Lebensmitteln, (dfv) Frankfurt a.M. 1995, S. 28-32.

[33] Die Einschränkung auf eine Branche macht sich z.B. in einigen Operationalisierungen, so der Wahrnehmung der Handelsmarketinginstrumente oder der Markentreue, bemerkbar, die je nach Sortimentsbereich unterschiedlich operationalisiert werden müssen. Für die generellen Wirkungsbeziehungen und getesteten Hypothesen wird jedoch der Anspruch erhoben, für Einzelhandelsunternehmen allgemeine Gültigkeit zu haben.

C. Wissenschaftstheoretische Einordnung

Dem Paradigma explikativer Forschungsansätze folgend, wird in der vorliegenden Untersuchung zunächst im Sinne einer theoriegestützten Forschung eine theoretische Grundlage für die Ableitung von Thesen und Hypothesen geschaffen, die anschließend einer empirischen Überprüfung zu unterziehen sind.[34] Die Analyse folgt dabei den Ebenen des wissenschaftlichen Vorgehens, nämlich Entdeckungs-, Begründungs- und Verwertungszusammenhang.[35] Angesichts der Problematik eines fehlenden umfassenden Theorieansatzes in der Betriebswirtschaftslehre ist es für die Hypothesenbildung notwendig, verschiedene Theorien und theoretische Ansätze im Sinne eines theoretischen Pluralismus heranzuziehen,[36] hier z.B. Ansätze der Handelsforschung, der Erfolgsfaktorenforschung, wettbewerbsstrategische Ansätze und Ansätze der Konsumentenverhaltensforschung, um relevante Einflussfaktoren auf den Markenwert von Handelsunternehmen zu generieren.

Das Untersuchungsobjekt der vorliegenden Analyse - Händlermarken - führt dazu, dass die Untersuchung der Handelsforschung zuzuordnen ist. Diese wird nach Tietz durch ihre empirischen Elemente abgegrenzt, im Einzelnen durch die Personen und Institutionen, die Handel betreiben bzw. durch die Tätigkeiten des Handels.[37] Der Handelsforschung kommt dabei die Aufgabe zu, den Handel im funktionellen und/oder institutionellen Sinne wissenschaftlich zu analysieren. Sie vollzieht sich durch Deskription und Explikation der den Handel gestaltenden Elemente, um den Trägern des Handels zur Optimierung ihrer wirtschaftlichen Entscheidungen Aussagensysteme von hoher explanatorischer und prognostischer Leistungsfähigkeit zur Verfügung zu stellen.[38]

Wesentliche theoretische Grundlagen der vorliegenden Untersuchung sind durch die Konsumentenforschung gegeben. Die Konsumentenforschung ist ein Teilgebiet der allgemeinen Verhaltensforschung und untersucht das Verhalten von Abnehmern und Verwendern, wenn sie materielle oder immaterielle Güter konsumieren. Im Vordergrund

---

[34]   Vgl. Raffée, Hans: Grundprobleme der Betriebswirtschaftslehre, (Vandenhoeck & Ruprecht) Göttingen 1974, S. 42; Schanz, Günther: Pluralismus in der Betriebswirtschaftslehre: Bemerkungen zu gegenwärtigen Forschungsprogrammen, in: ZfbF, 25. Jg., 1973, Nr. 2, S. 131-154, S. 136.

[35]   Vgl. Kroeber-Riel, Werner; Weinberg, Peter: Konsumentenverhalten, 7. Aufl., (Vahlen) München 1999, S. 20.

[36]   Vgl. Fritz, Wolfgang: Marketing-Management und Unternehmenserfolg, 2. Aufl., (Schäffer-Poeschel) Stuttgart 1995, S. 77f.

[37]   Vgl. Tietz, Bruno: Die Grundlagen des Marketing, Bd. 1 - Die Marketing-Methoden, 2. Aufl., (Moderne Industrie) München 1975, S. 10.

[38]   Vgl. Barth, Klaus: Handelsforschung, in: Tietz, Bruno; Köhler, Richard; Zentes, Joachim (Hrsg.): HWM, 2. Aufl., (Schäffer-Poeschel) Stuttgart 1995, Sp. 864-875, Sp. 864.

steht die Beschreibung und Erklärung der Wirkung bestimmter Stimuli und des respondierenden Verhaltens der Konsumenten.[39]

Auch eine Nähe zur Erfolgsfaktorenforschung lässt sich feststellen, da es Ziel ist, einen wesentlichen potenziellen Erfolgsfaktor für den Unternehmenserfolg eines Handelsunternehmens zu analysieren.[40] Untersuchungen, die überwiegend monokausal sind, d.h. nur einen einzelnen Erfolgsfaktor betrachten, werden jedoch im Allgemeinen nicht der Erfolgsfaktorenforschung zugerechnet.[41] In der vorliegenden Untersuchung wird lediglich auf Aspekte des Handelsmarketing geachtet, also der absatzmarktgerichteten Aktivitäten von Handelsunternehmen, so dass im engeren Sinne nicht von Erfolgsfaktorenforschung gesprochen werden kann; gleichzeitig zeigen sich aber ähnliche theoretische Schwierigkeiten auf Grund der grundsätzlichen Problematik der Analyse von Ursache-Wirkungs-Zusammenhängen.[42] Dabei wird auf das theoretische Konzept der Kausalität zurückgegriffen, deren zentrale Eigenschaft in der gesetzmäßigen Regelmäßigkeit der Sequenz zwischen Ursache und Wirkung liegt.[43] Der Begriff der Kausalität wird jedoch in der Wissenschaftstheorie intensiv und kontrovers diskutiert, so dass bis heute noch keine einheitliche, allgemein akzeptierte operationale Definition existiert.[44] Eine kausale Beziehung kann nach dem Prinzip des kritischen Rationalismus letztlich nicht bewiesen werden.[45]

Hierin liegt grundsätzlich eine Problematik der empirischen Forschung begründet. Prinzipiell kann jeder aufgestellten Ursache-Wirkungs-Beziehung entgegengehalten werden, dass nicht der betrachtete Einflussfaktor, sondern ein anderer vorgelagerter Ursachenfaktor oder eine moderierende Variable die spezifische Wirkung erzeugt hat. Je fundierter aber das theoretische Wissen ist, desto einheitlicher und objektiver fällt die Aufstellung und Beurteilung der Ursache-Wirkungs-Beziehungen sowie die empirische Be-

---

[39] Vgl. Kroeber-Riel, Werner; Weinberg, Peter: Konsumentenverhalten, 7. Aufl., (Vahlen) München 1999, S. 3, S. 8; Bekmeier-Feuerhahn, Sigrid: Marktorientierte Markenbewertung, (DUV) Wiesbaden 1998, S. 111.

[40] Vgl. Grunert, Klaus; Ellegaard, Charlotte: The concept of key success factors: Theory and method, in: Baker, Michael (Hrsg.): Perspectives on Marketing Management, 3. Aufl., (Wiley) New York u.a. 1993, S. 245-274, S. 246.

[41] Vgl. Fritz, Wolfgang: Marketing - ein Schlüsselfaktor des Unternehmenserfolgs?, in: Marketing-ZFP, 12. Jg., 1990, Nr. 2, S. 91-110, S. 92; Hurth, Joachim: Erfolgsfaktoren im mittelständischen Einzelhandel, (dfv) Frankfurt a.M. 1998, S. 47f.

[42] Vgl. Schröder, Hendrik: Erfolgsfaktorenforschung im Handel - Stand der Forschung und kritische Würdigung der Ergebnisse, in: Marketing-ZFP, 16. Jg., 1994, Nr. 2, S. 89-102, S. 94f.; Hurth, Joachim: Erfolgsfaktoren im mittelständischen Einzelhandel, (dfv) Frankfurt a.M. 1998, S. 52.

[43] Vgl. Kube, Christian: Erfolgsfaktoren in Filialsystemen, (Gabler) Wiesbaden 1991, S. 46.

[44] Vgl. Hildebrandt, Lutz: Konfirmatorische Analysen von Modellen des Konsumentenverhaltens, (Duncker & Humblot) Berlin 1983, S. 271-339; Göttgens, Olaf: Erfolgsfaktoren in stagnierenden und schrumpfenden Märkten, (Gabler) Wiesbaden 1996, S. 36.

[45] Vgl. Schröder, Hendrik: Erfolgsfaktorenforschung im Handel - Stand der Forschung und kritische Würdigung der Ergebnisse, in: Marketing-ZFP, 16. Jg., 1994, Nr. 2, S. 89-102, S. 94f.; Hurth, Joachim: Erfolgsfaktoren im mittelständischen Einzelhandel, (dfv) Frankfurt a.M. 1998, S. 52.

stimmung der relevanten Faktoren aus. Probleme ergeben sich v.a. bei einem fehlenden theoretischen Gerüst der Zusammenhänge und bei einer Verwendung von weniger adäquaten statistischen Verfahren als der Kausalanalyse.[46] Dabei besteht die allgemein anerkannte, grundsätzliche Vorgehensweise im Rahmen der Kausalanalyse darin, zunächst ein inhaltlich fundiertes Modell anhand von Theorien oder theoretischen Ansätzen auszuarbeiten. Anschließend wird dieses Modell in einem Pfaddiagramm dargestellt. Auf der Basis dieses Hypothesensystems wird dann mit Hilfe der Kausalanalyse analysiert, inwieweit die theoretisch aufgestellten Ursache-Wirkungs-Beziehungen mit dem empirischen Datenmaterial kongruieren. Die Kausalanalyse besitzt somit konfirmatorischen Charakter.[47]

Als ein Defizit der bisherigen Erfolgsfaktorenforschung wurde in der Vergangenheit die weitgehende Vernachlässigung von Kundenurteilen, z.B. bei der Beurteilung der Leistung eines Unternehmens, gesehen, weil die subjektive Wahrnehmung der Kunden erheblich von der Beurteilung des Unternehmens abweichen kann.[48] Expertenurteile über Einstellungen von Kunden reichen i.d.R. nicht aus.[49] Einige Untersuchungen, so von Heinemann und von Gröppel-Klein, beachten jedoch diese Kritik und untersuchen auch die Konsumentenperspektive,[50] was auch in der vorliegenden Untersuchung angestrebt wird.

Bei den verwendeten Konstrukten ist eine Unterscheidung zwischen direkt messbaren Größen und den theoretischen Konstrukten, die mittels Indikatoren operationalisiert werden, vorzunehmen. Insbesondere hier ist jedoch die Kausalanalyse als Instrument geeignet, da sie die Operationalisierungen der theoretischen Konstrukte unter Beachtung von Messfehlern und strukturelle Beziehungen zwischen den Konstrukten simultan betrachtet.[51]

---

[46] Vgl. Göttgens, Olaf: Erfolgsfaktoren in stagnierenden und schrumpfenden Märkten, (Gabler) Wiesbaden 1996, S. 37f.

[47] Vgl. Backhaus, Klaus u.a.: Multivariate Analysemethoden, 9. Aufl., (Springer) Berlin u.a. 2000, S. 391-395.

[48] Vgl. Kube, Christian: Erfolgsfaktoren in Filialsystemen, (Gabler) Wiesbaden 1991, S. 57; Göttgens, Olaf: Erfolgsfaktoren in stagnierenden und schrumpfenden Märkten, (Gabler) Wiesbaden 1996, S. 43.

[49] Vgl. Schröder, Hendrik: Erfolgsfaktorenforschung im Handel, in: Marketing-ZFP, 16. Jg., 1994, Nr. 2, S. 89-105, S. 95.

[50] Vgl. Heinemann, Gerrit: Betriebstypenprofilierung und Erlebnishandel, (Gabler) Wiesbaden 1989; Gröppel-Klein, Andrea: Wettbewerbsstrategien im Einzelhandel, (DUV) Wiesbaden 1998.

[51] Vgl. Steenkamp, Jan-Benedict; Baumgartner, Hans: On the use of structural equation models for marketing modeling, in: IJRM, 17. Jg., 2000, Nr. 2-3, S. 195-202, S. 196f.

Zweites Kapitel: Begriffliche und konzeptionelle Grundlagen

A. Begriff und Konzept der Marke

I. Begriff der Marke

1. Zentrale Charakteristika einer Marke

Der Begriff der Marke wird häufig anhand der Abgrenzung zur Konkurrenz charakterisiert: „Die Marke ist zunächst und historisch gesehen daraus entstanden, dass einem beliebigen, anonymen Produkt besondere Eigenschaften hinzugefügt wurden, die es aus seiner Beliebigkeit erlöst, in die Einmaligkeit - und damit Markenhaftigkeit - überführt und Mehrwert etabliert haben."[52] Eine einheitliche und allgemeingültige Definition des Begriffs und Charakterisierung des Phänomens „Marke" gibt es jedoch bis heute nicht, lediglich über eine Minimalanforderung, nämlich dass eine - mehr oder weniger einzigartige - Markierung ein notwendiges Merkmal einer Marke ist, herrscht Einigkeit.[53]

Marken bzw. Markenzeichen dienen der Kennzeichnung von Leistungen, wobei Leistungen physische Sachgüter, Dienstleistungen und Mischformen daraus sein können.[54] Durch den Vorgang der Kennzeichnung werden Leistungen aus der Masse des Angebots herausgehoben und individualisiert, wobei gleichzeitig durch kommunikationspolitische Maßnahmen die Möglichkeit der Profilierung der angebotenen Leistungen besteht.[55]

Damit ist die Differenzierung von der Konkurrenz eine herausragende Eigenschaft der Marke, die teilweise auch als Definitionsmerkmal genutzt wird: „A brand is a product, then, but one that adds other dimensions to differentiate it in some way from other products designed to satisfy the same need."[56] Dabei sind es eine Vielzahl von Charakteristika, die die Marke klar und deutlich von allen anderen Produkten abgrenzen können; so

---

[52] Michael, Bernd: Die Marke als „Added Value", in: von der Heydt, Andreas (Hrsg.): Handbuch Efficient Consumer Response, (Vahlen) München 1999, S. 419-433, S. 420.

[53] Vgl. Brauer, Wolfgang: Die Betriebsform im stationären Einzelhandel als Marke, (FGM) München 1997, S. 14.

[54] Vgl. zur Abgrenzung Abschnitt B.III. dieses Kapitels.

[55] Vgl. Sander, Matthias: Ein Ansatz zur Bewertung von Marken - Theoretische Fundierung und empirische Umsetzung, in: WP, 38. Jg., 1993, Nr. 5, S. 163-171, S. 163.

[56] Keller, Kevin: Strategic Brand Management, (Prentice Hall) Upper Saddle River/NJ 1998, S. 4.

kann die Differenzierung der Marke rational sein (also mit der funktionalen Leistung der Marke zusammenhängend) oder eher symbolisch und emotional.[57]

Die Differenzierung baut auf dem Wissen auf, das ein Konsument bezüglich der Marke hat. Für Keller - und anlehnend an ihn auch in einigen anderen, konsumentenverhaltens-orientierten Untersuchungen[58] - basiert dabei eine Marke v.a. auf zwei Dimensionen des Wissens, das ein Konsument bezüglich einer Marke in seinem Gedächtnis gespeichert hat: der Markenbekanntheit und dem Markenimage, also den Assoziationen, die mit ihr verbunden sind.[59] „Eine Marke ist eine Produktkennzeichnung, die im Zeitablauf wiedererkennbar bleibt und bei dem, der sie wahrnimmt, Assoziationen bezüglich des Produktes oder der Produkte weckt, die unter ihr vertrieben werden."[60] Damit ist die Marke ein komplexes Symbol, das eine Vielzahl von Inhalten und Attributen repräsentiert.[61] Demnach kann eine Marke als „ein in der Psyche des Konsumenten verankertes, unverwechselbares Vorstellungsbild von einem Produkt oder einer Dienstleistung verstanden werden."[62]

Bei dieser wissensbasierten Betrachtung der Marke wird oftmals die Schema-Theorie zur Beschreibung der Struktur und auch zur Visualisierung dieses Wissens herangezogen,[63] wobei auf diesen Aspekt später noch detaillierter eingegangen wird. Das Schema stellt in diesem Fall das Markenimage dar. Ein Beispiel, wie eine Marke Schema-theoretisch verstanden und beschrieben wird, ist in Übersicht 1 gegeben.

Gleichzeitig zeigt dieses Verständnis des Begriffs „Markenimage" im Sinne eines Markenschemas, dass in diesem Kontext der Image-Begriff nicht identisch ist mit dem Ein-

---

[57]   Vgl. Keller, Kevin: Strategic Brand Management, (Prentice Hall) Upper Saddle River/NJ 1998, S. 4.

[58]   Vgl. z.B. Esch, Franz-Rudolf; Levermann, Thomas: Handelsunternehmen als Marken, in: Trommsdorff, Volker (Hrsg.): Handelsforschung 1993/94, (Gabler) Wiesbaden 1993, S. 79-102; Roeb, Thomas: Markenwert, (Verlag Mainz) Aachen 1994; Zentes, Joachim; Janz, Markus; Morschett, Dirk: HandelsMonitor 2001: Retail Branding - Der Handel als Marke, (Lebensmittel Zeitung) Frankfurt a.M. 2000, S. 27-47.

[59]   Vgl. Keller, Kevin: Conceptualizing, measuring, and managing customer-based brand equity, in: JM, 57. Jg., 1993, Nr. 1, S. 1-22.

[60]   Roeb, Thomas: Markenwert, (Verlag Mainz) Aachen 1994, S. 25.

[61]   Davies, Gary: The two ways in which retailers can be brands, in: IJRDM, 20. Jg., 1992, Nr. 2, S. 24-34, S. 24.

[62]   Meffert, Heribert; Burmann, Christoph: Abnutzbarkeit und Nutzungsdauer von Marken - Ein Beitrag zur steuerlichen Behandlung von Warenzeichen, in: Meffert, Heribert; Krawitz, Norbert (Hrsg.): Unternehmensrechnung und -besteuerung, (Gabler) Wiesbaden 1998, S. 75-126, S. 81.

[63]   Vgl. z.B. Ruge, Hans-Dieter: Aufbau von Markenbildern, in: Esch, Franz-Rudolf (Hrsg.): Moderne Markenführung, 2. Aufl., (Gabler) Wiesbaden 2000, S. 165-184, S. 171-183; Zentes, Joachim; Janz, Markus; Morschett, Dirk: HandelsMonitor 2001: Retail Branding - Der Handel als Marke, (Lebensmittel Zeitung) Frankfurt a.M. 2000, S. 46; Esch, Franz-Rudolf; Levermann, Thomas: Handelsunternehmen als Marken, in: Trommsdorff, Volker (Hrsg.): Handelsforschung 1993/94, (Gabler) Wiesbaden 1993, S. 79-102.

stellungsbegriff, was in vielen anderen Zusammenhängen der Fall ist.[64] Stattdessen bezieht sich der Begriff des Markenimages (synonym werden auch - teilweise bei Betonung unterschiedlicher Facetten des Phänomens - Begriffe wie Markenidentität, Markenpersönlichkeit und Markenbild verwendet) häufig auf ein umfassendes, multimodales Markenschema, wie in der Definition von Keller deutlich wird: „Brand image is defined here as perceptions about a brand as reflected by the brand associations held in consumer memory. Brand associations are the other informational nodes linked to the brand node in memory and contain the meaning of the brand for consumers."[65]

Übersicht 1:   Fiktives semantisches Netzwerk für ein Handelsunternehmen

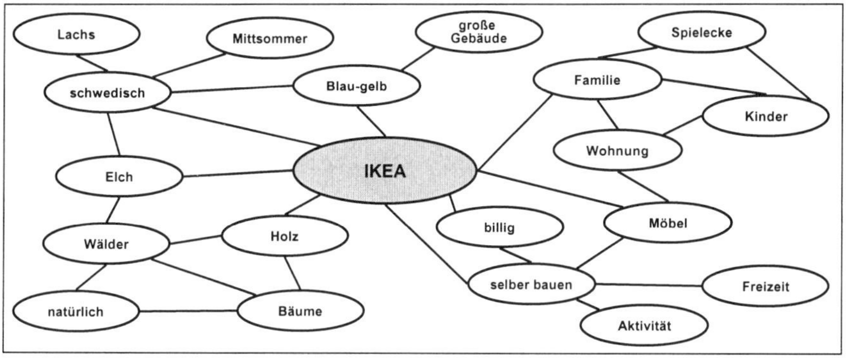

Quelle: Morschett, Dirk: Retail Branding als Ziel eines Strategischen Handelsmarketing, in: Tomczak, Torsten (Hrsg.): Store Branding - Der Handel als Marke?, Ergebnisse 10. Bestfoods TrendForum, (Trendforum Verlag) Wiesbaden 2001, S. 39-49, S. 41.

Nach vielen Autoren sind die Differenzierung und die feste Verbindung mit bestimmten Eigenschaften die wichtigsten Markenelemente. So stimmen nach Davies die meisten Charakterisierungen des Markenbegriffs in zwei Kernaussagen überein: Marken müssen sich abgrenzen, und Marken enthalten i.w.S. eine „Qualitätsgarantie". Der Begriff der Qualitätsgarantie ist hierbei weit zu sehen und beinhaltet nicht nur die Produktqualität i.e.S., sondern v.a. eine kontinuierliche, konstante Ausprägung aller Leistungsmerkmale.[66]

Eine genauere Abgrenzung und Definitionsansätze werden in Abschnitt A.I.3. dieses Kapitels dargestellt. Davor soll jedoch die Frage diskutiert werden, ob der Begriff der

---

[64] Vgl. Kroeber-Riel, Werner; Weinberg, Peter: Konsumentenverhalten, 7. Aufl., (Vahlen) München 1999, S. 196f.; Wiswede, Günter: Psychologie der Markenbildung, in: Andreae, Clemens-August u.a. (Hrsg.): Markenartikel heute, (Gabler) Wiesbaden 1978, S. 135-158, S. 138.

[65] Keller, Kevin: Conceptualizing, measuring, and managing customer-based brand equity, in: JM, 57. Jg., 1993, Nr. 1, S. 1-22, S. 3.

[66] Vgl. Davies, Gary: The two ways in which retailers can be brands, in: IJRDM, 20. Jg., 1992, Nr. 2, S. 24-34, S. 25.

Marke nur ein Zeichen umfassen soll, oder ob es eine geeignetere Begriffsauffassung ist, dass ein markiertes Produkt (unter bestimmten Umständen) die Marke darstellt.

2. Zeichen- vs. objektorientierter Markenbegriff

Grundsätzlich lassen sich zwei unterschiedliche Sichtweisen des Begriffs „Marke" unterscheiden: Auf der einen Seite wird die Marke als formales Zeichen verstanden und auf der anderen Seite als markierte Leistung.[67]

Geht man davon aus, dass Marken der *Kennzeichnung von Leistungen* dienen,[68] dann bedeutet dies, dass der Begriff der Marke als formales Zeichen verstanden wird und nicht als physisches Objekt; die „Marke" und der „Markenartikel" stellen also in diesen Ansätzen keine Synonyme dar.[69] Deutlich wird diese Auffassung im englischen Wort „Brand" (Marke), das vom Brandzeichen der Tiere abgeleitet ist.[70] Es wird klar, dass im ethymologischen Wortsinn mit „Brand" nur das Zeichen im engeren Sinne gemeint ist.

Analog dieses Begriffsverständnisses definiert auch die American Marketing Association eine Marke als „Name, Begriff, Zeichen, Symbol, eine Gestaltungsform oder eine Kombination aus diesen Bestandteilen zum Zwecke der Kennzeichnung der Produkte oder Dienstleistungen eines Anbieters oder einer Anbietergruppe und der Differenzierung gegenüber Konkurrenzangeboten."[71] Auch Aaker definiert: „Eine Marke ist ein charakteristischer Name und/oder Symbol (wie zum Beispiel ein Logo, ein Warenzeichen oder eine besondere Verpackung), die dazu dienen, die Erzeugnisse oder Dienstleistungen eines Anbieters oder einer Gruppe von Anbietern wiederzuerkennen und sie von denen der Konkurrenz zu unterscheiden."[72]

Gleichzeitig zeigt sich eine Reihe von Nachteilen dieses abstrakten Begriffsverständnisses. Die - meist aus Gründen der theoretischen Eindeutigkeit gewählten - Begriffsdefini-

---

[67] Vgl. Brauer, Wolfgang: Die Betriebsform im stationären Einzelhandel als Marke, (FGM) München 1997, S. 14.

[68] Vgl. z.B. Kotler, Philip; Bliemel, Friedhelm: Marketing-Management, 9. Aufl., (Schäffer-Poeschel) Stuttgart 1999, S. 689; Graumann, Jens: Die Dienstleistungsmarke, (Florentz) München 1983, S. 76.

[69] Vgl. Sander, Matthias: Ein Ansatz zur Bewertung von Marken - Theoretische Fundierung und empirische Umsetzung, in: WP, 38. Jg., 1993, Nr. 5, S. 163-171, S. 163.

[70] Vgl. Blackett, Tom: The Nature of Brands, in: Murphy, John (Hrsg.): Brand Valuation, (Hutchinson) London 1989, S. 1-11, S. 2.

[71] Vgl. Kotler, Philip; Bliemel, Friedhelm: Marketing-Management, 9. Aufl., (Schäffer-Poeschel) Stuttgart 1999, S. 689.

[72] Aaker, David: Management des Markenwerts, (Campus) Frankfurt a.M. 1992, S. 22.

tionen, die die Marke nur als Zeichen, abstrahiert vom bezeichneten Objekt, verstehen, führen zu einer Trennung, die sich oftmals nicht konsequent aufrecht erhalten lässt.[73]

Insbesondere eine empirische Beschäftigung mit dem Phänomen verlangt einen stärkeren Bezug zur realen, physischen Welt und in empirischen Untersuchungen ist eine Trennung von Zeichen und Objekt fast unmöglich. Weg vom rein zeichenbezogenen Verständnis geht bereits die Auffassung von Interbrand, einer Unternehmensberatung, deren Markenbewertungsansatz zu den etabliertesten weltweit gehört.[74] Die (grundsätzlich zeichenorientierte) Definition von Interbrand, die zum Zwecke der Markenbewertung entwickelt wurde, sagt aus, dass die Marke als *„aktives Warenzeichen"* verstanden wird, also als ein Warenzeichen, das tatsächlich für Waren oder Dienstleistungen verwendet wird und das *durch diese Verwendung* Assoziationen und Wert erworben hat.[75] Zudem weist Roeb darauf hin, dass im Markenwertansatz von Interbrand die Berücksichtigung einer angemessenen Verzinsung des *im Produktionsprozesses eingesetzten Kapitals* gefordert wird, was für eine Marke im Sinne eines reinen Zeichens nicht möglich ist.[76]

Auf die Untrennbarkeit ist auch aus kommunikationstheoretischer Sicht hinzuweisen. Hier ist die Marke als Zeichen mit symbolischer Wirkung anzusehen, welche *das markierte Objekt* in ihrem Bedeutungsinhalt repräsentiert. Das Markenzeichen tritt also an die Stelle des jeweiligen Objekts und löst im Bewusstsein des Empfängers bestimmte Vorstellungen und Verhaltensweisen aus, die normalerweise das Objekt nur selbst hervorruft.[77] Die Marke ist also bei kommunikationstheoretischer Sicht erst dann vollständig erfasst, wenn sie einen Objektbezug aufweist.[78]

---

[73] Vgl. Köhler, Richard: Tendenzen des Markenartikels aus der Perspektive der Wissenschaft, in: Bruhn, Manfred (Hrsg.): Handbuch MA, Bd. 3, (Schäffer-Poeschel) Stuttgart 1994, S. 2061-2090, S. 2080.

[74] Siehe Abschnitt A.IV. Vgl. die intensive wissenschaftliche Diskussion des Ansatzes, so u.a. in: Hammann, Peter: Der Wert einer Marke, in: Dichtl, Erwin; Eggers, Walter (Hrsg.): Marke und Markenartikel, (dtv) München 1992, S. 205-245, S. 225-233; Esch, Franz-Rudolf: Ansätze zur Messung des Markenwerts, in: Esch, Franz-Rudolf (Hrsg.): Moderne Markenführung, 2. Aufl., (Gabler) Wiesbaden 2000, S. 937-966 S. 955-960; und die Verbreitung in praxisorientierten Veröffentlichungen, so z.B. Knüwer, Thomas: Mercedes wertvollste Marke Deutschlands - Coca-Cola Nummer eins in der Welt, in: Handelsblatt, Nr. 127 vom 06.06.1999, S. 43; Pilar, Gabriel von: Coke versus Microsoft - Markenwert-Analyse kratzt am Image von gelernten Ikonen, in: LZ, 52. Jg., 2000, Nr. 29, S. 3.

[75] Vgl. Penrose, Noel: Valuation of Brand Names and Trade Marks, in: Murphy, John (Hrsg.): Brand valuation, (Hutchinson) London 1989, S. 32-45, S. 33.

[76] Vgl. Roeb, Thomas: Markenwert, (Verlag Mainz) Aachen 1994, S. 40.

[77] Vgl. Kelz, Andreas: Die Weltmarke, (Schulz-Kirchner) Idstein 1989, S. 34, S. 42; Burkhardt, A-chim: Die Betriebstypenmarke im stationären Einzelhandel, Diss., Universität Erlangen-Nürnberg 1997, S. 35.

[78] Vgl. Burkhardt, Achim: Die Betriebstypenmarke im stationären Einzelhandel, Diss., Universität Erlangen-Nürnberg 1997, S. 42. Betrachtet man die Marke nur als abstraktes Zeichen, stellt sich das Problem, dass eigentlich der instrinsische Wert eines Zeichens bzw. eines Namens nur auf dessen Eingängigkeit oder Prägnanz beruht. Aber selbst diese Größen sind zusätzlich in Abhängigkeit von

Köhler weist darauf hin, dass es sehr schwierig abzugrenzen ist, welcher Teil der Wirkung einer Marke speziell auf die Markierung und ihre „Image- bzw. Bindungswirkungen" und welcher Teil auf das Produkt als solches bzw. die allgemeine Leistungsfähigkeit des Unternehmens, unabhängig von dem besonderen Markenzeichen, zurückzuführen ist. Alle Versuche, eine solche Trennung klar und schlüssig durchzuführen, hätten sich als „allzu hypothetisch" erwiesen.[79]

Daher wird in vielen Quellen der betriebswirtschaftlichen Literatur die Marke, implizit oder explizit, als Produkt aufgefasst.[80] Bei dieser Sichtweise, also Marken als markierte Leistungen bzw. Leistungsbündel aufzufassen, steht das markierte Objekt, das vom Markeninhaber mit einem Markenzeichen versehen worden ist, im Mittelpunkt der Betrachtung.[81] Damit begreift dieser Ansatz die Marke als ein System, dessen eigenständige Elemente der Markenartikel, die Markierung sowie die mit ihnen verbundenen Bewusstseinsinhalte bilden. Als Teileelemente des Systems kann man zudem sämtliche Elemente des Marketingmix ansehen.[82]

In Übereinstimmung mit den meisten neueren Veröffentlichungen - so u.a. von Bruhn und Keller[83] - werden im Folgenden die Begriffe Marke und Markenartikel als synonym betrachtet; der Begriff Marke umfasst also nicht nur das Zeichen, sondern auch das mit dem Zeichen versehene Objekt, hier z.B. ein Handelsunternehmen.

3.   Verschiedene Ansätze der Definition

a)   Überblick über die Ansätze

Zur Wesensbestimmung der Marke wurden in den vergangenen Jahrzehnten verschiedene, teilweise konkurrierende Ansätze entwickelt:[84]

---

dem Produkt zu sehen, das die Bezeichnung trägt; vgl. Roeb, Thomas: Markenwert, (Verlag Mainz) Aachen 1994, S. 14.

[79] Vgl. Köhler, Richard: Tendenzen des Markenartikels aus der Perspektive der Wissenschaft, Bruhn, Manfred (Hrsg.): Handbuch MA, Bd. 3, (Schäffer-Poeschel) Stuttgart 1994, S. 2061-2090, S. 2080.

[80] Vgl. z.B. Hätty, Holger: Der Markentransfer, (Physica) Heidelberg 1989, S. 11f.; Kelz, Andreas: Die Weltmarke, (Schulz-Kirchner) Idstein 1989, S. 63.

[81] Vgl. Brauer, Wolfgang: Die Betriebsform im stationären Einzelhandel als Marke, (FGM) München 1997, S. 15.

[82] Vgl. Roeb, Thomas: Markenwert, (Verlag Mainz) Aachen 1994, S. 16-18; Hätty, Holger: Der Markentransfer, (Physica) Heidelberg 1989, S. 10f.

[83] Vgl. Bruhn, Manfred: Begriffsabgrenzungen und Erscheinungsformen von Marken, in: Bruhn, Manfred (Hrsg.): Handbuch MA, Bd. 1, (Schäffer-Poeschel) Stuttgart 1994, S. 3-41, S. 7; Keller, Kevin: Strategic Brand Management, (Prentice Hall) Upper Saddle River/NJ 1998, S. 3f.

[84] Vgl. Bruhn, Manfred: Begriffsabgrenzungen und Erscheinungsformen von Marken, in: Bruhn, Manfred (Hrsg.): Handbuch MA, Bd. 1, (Schäffer-Poeschel) Stuttgart 1994, S. 3-41, S. 7-9; Hätty, Holger: Der Markentransfer, (Physica) Heidelberg 1989, S. 11-20.
Bruhn stellt noch weitere Ansätze dar, wobei man nach Brauer diese Ansätze den drei dargestellten

♦ Merkmalsorientierte Ansätze gehen davon aus, dass eine Reihe von konstitutiven Bestimmungsfaktoren einer Marke existiert, die eine Marke ausmachen. Eine Leistung kann nach diesen Ansätzen nur eine Marke sein oder nicht, die Markeneigenschaft ist also nominal und dichotom ausgeprägt. Diese Ansätze stellen die ursprünglichen Markendefinitionen dar.

♦ Der wirkungsbezogene Ansatz geht davon aus, dass die Perspektive des Konsumenten das einzig relevante Kriterium für eine Marke ist. Dieses konsumentenorientierte Markenverständnis mündet in der Annahme von Berekoven, dass „alles, was die Konsumenten als einen Markenartikel bezeichnen, [...] tatsächlich ein solcher ist."[85]

♦ Der absatzsystemorientierte Ansatz geht davon aus, dass der Markenartikel nicht als ein Bündel konkreter, objektiver Gütereigenschaften betrachtet werden kann, sondern ein geschlossenes Absatzkonzept darstellt, das auf bestimmte marketingpolitische Ziele (z.B. Image und Bekanntheit) ausgerichtet ist.

Zu beachten ist hier, wie grundsätzlich bei wissenschaftlichen Betrachtungen, dass es keine „richtigen" oder „falschen" Definitionen gibt, sondern Begriffe und Definitionen letztlich eine Frage der Zweckmäßigkeit sind.[86] Aus dieser Perspektive sollen im Folgenden diese Ansätze näher beschrieben werden.

b)   Merkmalsorientierte Ansätze

Die bekannteste und am häufigsten zitierte merkmalsorientierte Definition stammt von Mellerowicz: „Markenartikel sind die für den privaten Bedarf geschaffenen Fertigwaren, die in einem größeren Absatzraum unter einem besonderen, die Herkunft kennzeichnenden Merkmal (Marke) in einheitlicher Aufmachung, gleicher Menge sowie in gleichbleibender oder verbesserter Güte erhältlich sind und sich dadurch sowie durch die für sie betriebene Werbung die Anerkennung der beteiligten Wirtschaftskreise (Verbraucher, Händler und Hersteller) erworben haben (Verkehrsgeltung)."[87]

Andere merkmalsorientierte Ansätze heben andere Kriterien hervor. Dabei sind häufig genannte konstitutive Merkmale: Markierung als Kennzeichnung, gleichbleibende (oder verbesserte) Qualität, gleichbleibende Verpackung, gleichbleibende Menge, Werbung, einheitliche Preisgestaltung, kontinuierlicher Bedarf, Massenproduktion bzw. Standarderzeugnisse/Fertigware, größerer Absatzraum sowie Verkehrsgeltung bzw. hohe Be

---

unterordnen kann; vgl. Brauer, Wolfgang: Die Betriebsform im stationären Einzelhandel als Marke, (FGM) München 1997, S. 16.

[85]   Berekoven, Ludwig: Zum Verständnis und Selbstverständnis des Markenwesens, in: Andreae, Clemens-August u.a. (Hrsg.): Markenartikel heute, (Gabler) Wiesbaden 1978, S. 35-48, S. 43.

[86]   Vgl. z.B. Raffée, Hans: Grundprobleme der Betriebswirtschaftslehre, (Vandenhoeck) Göttingen 1974, S. 28.

[87]   Mellerowicz, Konrad: Markenartikel - Die ökonomischen Gesetze ihrer Preisbildung und Preisbindung, 2. Aufl., (Beck) München-Berlin 1963, S. 69.

kanntheit.[88] Als weitgehend übereinstimmende Merkmale ist den meisten merkmalsorientierten Ansätzen gemeinsam, dass sie eine Markierung, eine konstante Qualität und
eine hohe Verkehrsgeltung fordern.[89]

Die merkmalsbezogenen Definitionsansätze sind stark kritisiert worden.[90] Diese Kritik
bezieht sich einerseits auf die konkret genannten Kriterien. So wird beispielsweise an
der Definition von Mellerowicz kritisiert, dass Markenartikel durchaus nicht nur für den
privaten Gebrauch, sondern auch z.b. für den Gebrauch in öffentlichen Einrichtungen
oder Unternehmen geschaffen werden. Auch das Kriterium der Fertigwaren wird immer
stärker kritisiert, denn auch z.b. Produktionsgüter werden zunehmend als Markenartikel
auf den Markt gebracht, so dass die Eingrenzung auf Fertigwaren heute nicht mehr zeit-
gemäß erscheint.[91]

Auch die anderen Merkmale erweisen sich als untauglich zur Abgrenzung. Beispielsweise verändert die Variation des Packungsvolumens nicht die Marke an sich, und auch
die Ubiquität ist bei Marken nicht immer gegeben: manche Marken sind gerade durch
ihren selektiven oder gar exklusiven Vertrieb gekennzeichnet.[92] Im betrachteten Unter-
suchungsbereich, den Händlermarken[93], zeigt sich, dass empirisch ein weites Spektrum
festzustellen ist, in Deutschland z.b. reichend von Marken wie Edeka, Lidl und Aldi, die
eine (mindestens) nationale Verbreitung haben, über Marken wie Globus, Otto Reichelt
und Hela, die klare regionale Schwerpunkte haben, bis hin zu Händlermarken wie
KaDeWe oder Pieper, die nur an einem einzigen Standort vertreten sind und trotzdem -
zu einem bestimmten Ausmaß - Markencharakter haben.[94]

---

[88] Vgl. Roeb, Thomas: Markenwert, (Verlag Mainz) Aachen 1994, S. 27; Roeb stellt zwölf verschiedene merkmalsorientierte Ansätze einander gegenüber und zeigt die jeweils als konstitutiv erachteten Merkmale auf.

[89] Vgl. Roeb, Thomas: Markenwert, (Verlag Mainz) Aachen 1994, S. 26.

[90] Vgl. Berekoven, Ludwig: Zum Verständnis und Selbstverständnis des Markenwesens, in: Andreae,
Clemens-August u.a. (Hrsg.): Markenartikel heute, (Gabler) Wiesbaden 1978, S. 35-48; Hammann,
Peter: Der Wert einer Marke, in: Dichtl, Erwin; Eggers, Walter (Hrsg.): Marke und Markenartikel,
(dtv) München 1992, S. 205-245, S. 207f.

[91] Siehe hierzu Abschnitt A.I.4. dieses Kapitels. Vgl. Nieschlag, Robert; Dichtl, Erwin; Hörschgen,
Hans: Marketing, 18. Aufl., (Duncker & Humblot) Berlin 1997, S. 243f.; Dichtl, Erwin: Grundidee,
Varianten und Funktionen der Markierung von Waren und Dienstleistungen, in: Dichtl, Erwin; Eg-
gers, Walter (Hrsg.): Marke und Markenartikel, (dtv) München 1992, S. 1-23, S. 8.

[92] Vgl. Brauer, Wolfgang: Die Betriebsform im stationären Einzelhandel als Marke, (FGM) München
1997, S. 17; Dichtl, Erwin: Grundidee, Varianten und Funktionen der Markierung von Waren und
Dienstleistungen, in: Dichtl, Erwin; Eggers, Walter (Hrsg.): Marke und Markenartikel, (dtv) München 1992, S. 1-23, S. 16-20; Kotler, Philip; Bliemel, Friedhelm: Marketing-Management, 9. Aufl.,
(Schäffer-Poeschel) Stuttgart 1999, S. 832f.

[93] Der Begriff soll hier bereits in Analogie zur Marke Verwendung finden und wird später noch detaillierter abgegrenzt und charakterisiert.

[94] Vgl. Zentes, Joachim; Janz, Markus; Morschett, Dirk: HandelsMonitor 2001: Retail Branding - Der
Handel als Marke, (Lebensmittel Zeitung) Frankfurt a.M. 2000, S. 36-41.

Kritik ist aber nicht nur an der Anzahl der zu beachtenden Kriterien und ihrer jeweiligen Relevanz geübt worden, insbesondere der Grundgedanke eines festzulegenden Kriterienkatalogs wurde bezweifelt. So wird die Inflexibilität bzw. fehlende situative Relativierung des Kriterienkatalogs kritisiert.[95] Verschiedene Markenforscher betonen eine zu starre Festlegung der Merkmalskataloge und heben hervor, dass es sich bei einer Marke um ein dynamisches Konzept handelt, dessen Merkmalszusammenstellung sich im Zeitablauf ständig ändert.[96] Die einzelnen Merkmale könnten dabei angesichts sich wandelnder Verhältnisse nicht als eindeutig notwendig und unumstößlich betrachtet werden, sondern seien ständig an die sich verändernden Umweltbedingungen anzupassen.[97] Hätty nennt als Beispiel die ursprünglich für einen Markenartikel als konstitutives Merkmal erachtete Preisbindung, die als Merkmal nicht mehr herangezogen werden konnte.[98] Auch Hammann kritisiert diesbezüglich die merkmalsorientierten Ansätze. Er weist darauf hin, dass die Markenartikelkonzeption eine deutliche Orientierung am Absatz eines Produkts über den Facheinzelhandel aufzeigt und dass vor diesem Hintergrund die bekannten Merkmalskataloge entwickelt wurden. Daher hätte kaum eines der genannten Kriterien die zeitliche Entwicklung unverändert überdauert.[99]

Auch statisch betrachtet, kann die Notwendigkeit einer für einen Markenartikel als konstitutiv zu bezeichnenden Merkmale in Zweifel gezogen werden, da viele der genannten Merkmale zwar durchaus typisch, aber nicht zwingend notwendig sind.[100] Den merkmalsorientierten Ansätzen muss in diesem Zusammenhang vorgeworfen werden, einige für die Verbraucheranerkennung wichtige und *typische* Produkteigenschaften zu *konstitutiven* Merkmalen erhoben zu haben. Damit würden alle anderen möglichen Eigenschaftsausprägungen als nicht markenkonform eingestuft, obwohl es durchaus möglich ist, dass sie in bestimmten Kombinationen die entsprechende Verbraucherreaktion erzeugen können.[101]

Als einer der Aspekte, denen immer noch von vielen Gültigkeit zugesprochen wird, ist die Verkehrsgeltung zu nennen. Die Marke wird heute i.d.R. begleitet von dem Bemü-

---

[95] Vgl. Becker, Jochen: Marketing-Konzeption, 6. Aufl., (Vahlen) München 1998, S. 206f.; Bekmeier-Feuerhahn, Sigrid: Marktorientierte Markenbewertung, (DUV) Wiesbaden 1998, S. 16f.; Hätty, Holger: Der Markentransfer, (Physica) Heidelberg 1989, S. 16.

[96] Vgl. z.B. Hammann, Peter: Der Wert einer Marke, in: Dichtl, Erwin; Eggers, Walter (Hrsg.): Marke und Markenartikel, (dtv) München 1992, S. 205-245, S. 207f.; Bekmeier-Feuerhahn, Sigrid: Marktorientierte Markenbewertung, (DUV) Wiesbaden 1998, S. 17.

[97] Vgl. Bekmeier-Feuerhahn, Sigrid: Marktorientierte Markenbewertung, (DUV) Wiesbaden 1998, S. 17; Hätty, Holger: Der Markentransfer, (Physica) Heidelberg 1989, S. 16.

[98] Vgl. Hätty, Holger: Der Markentransfer, (Physica) Heidelberg 1989, S. 15.

[99] Vgl. Hammann, Peter: Der Wert einer Marke, in: Dichtl, Erwin; Eggers, Walter (Hrsg.): Marke und Markenartikel, (dtv) München 1992, S. 205-245, S. 207f.

[100] Vgl. Berekoven, Ludwig: Zum Verständnis und Selbstverständnis des Markenwesens, in: Andreae, Clemens-August u.a. (Hrsg.): Markenartikel heute, (Gabler) Wiesbaden 1978, S. 35-48, S. 35-37; Hätty, Holger: Der Markentransfer, (Physica) Heidelberg 1989, S. 15f.

[101] Vgl. Hätty, Holger: Der Markentransfer, (Physica) Heidelberg 1989, S. 17.

hen der Anbieter, die sogenannte Verkehrsgeltung als Ausdruck der „Sonderstellung" ihrer Erzeugnisse (so durch Maßnahmen der Kommunikations-, Preis- und Distributionspolitik) zu stärken und zu festigen. In der Verkehrsgeltung und der „spezifischen Mischung von Einstellungen, Meinungen, Werthaltung und Assoziationen, die sich in einem Image verbindet"[102], sieht Dichtl deshalb ein konstitutives Merkmal eines Markenartikels, das jedoch bei der Betrachtung innerhalb eines merkmalsorientierten Ansatzes vom Charakter her abweichend ist. So sind die merkmalsorientierten Ansätze grundsätzlich anbieterorientiert. Zur Integration der Verbraucherperspektive wurde jedoch bereits Mitte der 50er Jahre ein nachfrageorientiertes Definitionselement, die „Anerkennung durch den Verbraucher", als weiteres konstitutives Merkmal in Merkmalskataloge aufgenommen.[103] Dieses ist jedoch schon eher als ein wirkungsorientiertes Element anzusehen.

Charakterisierend für die merkmalsorientierten Ansätze ist auch, dass sie eine strikte Unterscheidung in „Markenartikel" und in „Nicht-Markenartikel" vornehmen.[104] Dabei stellt sich ein Problem, das insbesondere durch die Versuche der Quantifizierung des Markenwerts aufgekommen ist: So ist die „Marke" ggf. nicht als dichotomer Begriff, sondern als Kontinuum zu betrachten.

c)   Wirkungsorientierte Ansätze

Aus der Kenntnis der Mängel, die den merkmalsorientierten Wesensbestimmungen der Marke anhafteten, entwickelten Berekoven und Thurmann Ansätze, die später als wirkungsorientierte Definitionen bezeichnet wurden. Beide verwendeten erstmals für die Beurteilung, ob man von einem Markenartikel sprechen kann oder nicht, *nur* die Konsumentenurteile. So schrieb Berekoven: „Man kann sagen, dass eine ‚Marke' nicht anderes darstellt, als daß eine Vielzahl von Menschen aus einer Vielzahl von Artikeln ein ganz bestimmtes Erzeugnis mit positiven Bewußtseinsinhalten verbinden, welches dadurch aus der Masse der übrigen herausgehoben wird."[105] Thurmann führt aus: „Wirtschaftlich wirksam wird die Marke demnach erst durch die Anerkennung des Verbrauchers. Damit wird die Anerkennung oder Verkehrsgeltung der Marke zu dem artbestimmenden Merkmal [...]."[106]

---

[102] Dichtl, Erwin: Grundidee, Varianten und Funktionen der Markierung von Waren und Dienstleistungen, in: Dichtl, Erwin; Eggers, Walter (Hrsg.): Marke und Markenartikel, (dtv) München 1992, S. 1-23, S. 19.

[103] Vgl. Röper, Burkhardt: Die vertikale Preisbindung bei Markenartikeln, (Mohr) Tübingen 1955, S. 63f.

[104] Vgl. Roeb, Thomas: Markenwert, (Verlag Mainz) Aachen 1994, S. 27.

[105] Berekoven, Ludwig: Die Werbung für Investitions- und Produktionsgüter, ihre Möglichkeiten und Grenzen, (Moderne Industrie) München 1961, S. 150f.

[106] Thurmann, Peter: Grundformen des Markenartikels, (Duncker & Humblot) Berlin 1961, S. 16f.

Berekoven fordert daher eine völlige Abkehr von der merkmalsorientierten Markendefinition und will die vorne genannten Merkmale einer Marke eher unter dem Begriff der Markentechnik subsumiert sehen. Er zeigt auf, dass die Bekanntheit und Vertrautheit sowie eine daraus entstehende Wertschätzung für die Marke die entscheidenden Kriterien sind.[107] Nach Dichtl führt die Ausstattung eines Produktes mit einer Marke und die Aufrechterhaltung einer konstanten Qualität, wie sie für einen Markenartikel typisch sind, in aller Regel dazu, dass ein solches Identifikationsmerkmal *von den Verbrauchern* faktisch als Gütesiegel empfunden wird.[108]

Dabei ist der Grundgedanke der Verbraucherreaktion bereits im Aspekt der „Verkehrsgeltung" enthalten gewesen, es ist jedoch die Besonderheit der Ansätze von Berekoven und Thurmann, alleine auf die Verbraucherreaktion als Definitionskern abzustellen. Bei einer derartigen Betrachtungsweise stellt sich auch die vorne aufgeworfene Frage nicht mehr, ob ein Objekt eine Marke ist oder nicht, sondern, ausgehend vom erreichten „Image" in der Gesamtbevölkerung oder bestimmten Teilgruppen, finden sich starke und schwache Marken. Aus dieser Sicht gibt es also keine „Marken" und „Nichtmarken", sondern nur unterschiedliche Intensitäten bei markierten Produkten,[109] das Konstrukt „Marke" wird damit als intervallskaliert betrachtet.

Köhler kritisiert, dass es trotz der Zweckmäßigkeit des wirkungsbezogenen Markenbegriffs bisher an anwendbaren Operationalisierungen, also an „verfeinerten Merkmalskatalogen zur Erfassung der Verwendersicht", fehlt.[110] Die Problematik liegt dabei darin, dass der Erfolgsbegriff bzw. der Begriff der Anerkennung weniger greifbar sind als traditionelle Merkmalskataloge.[111] Andererseits argumentiert Bekmeier-Feuerhahn, dass durch die wirkungsbezogene Sichtweise und ihre Orientierung am Konsumenten - und darauf basierende Kataloge von wirkungsorientierten Kriterien - die Dynamik des Begriffs, die sich z.B. durch Veränderungen in den potenziellen Ursachen der Wertschätzung durch die Konsumenten ergibt, besser erfasst wird.[112] Für die Operationalisierung bedeutet dies, dass der Markenerfolg durch Kriterien wie Markentreue oder positives Image ausgewiesen werden kann, dass also der Erfolg eher an Wirkungskriterien gemes-

---

[107] Vgl. Berekoven, Ludwig: Zum Verständnis und Selbstverständnis des Markenwesens, in: Andreae, Clemens-August u.a. (Hrsg.): Markenartikel heute, (Gabler) Wiesbaden 1978, S. 35-48, S. 45.

[108] Vgl. Dichtl, Erwin: Grundidee, Varianten und Funktionen der Markierung von Waren und Dienstleistungen, in: Dichtl, Erwin; Eggers, Walter (Hrsg.): Marke und Markenartikel, (dtv) München 1992, S. 1-23, S. 16-20.

[109] Vgl. Berekoven, Ludwig: Von der Markierung zur Marke, in: Dichtl, Erwin; Eggers, Walter (Hrsg.): Marke und Markenartikel, (dtv) München 1992, S. 25-45, S. 43.

[110] (Vgl.) Köhler, Richard: Tendenzen des Markenartikels aus der Perspektive der Wissenschaft, Bruhn, Manfred (Hrsg.): Handbuch MA, Bd. 3, (Schäffer-Poeschel) Stuttgart 1994, S. 2061-2090, S. 2067f.

[111] Vgl. Burkhardt, Achim: Die Betriebstypenmarke im stationären Einzelhandel, Diss., Universität Erlangen-Nürnberg 1997, S. 38.

[112] Vgl. Bekmeier-Feuerhahn, Sigrid: Marktorientierte Markenbewertung, (DUV) Wiesbaden 1998, S. 19f.

sen werden kann, da diese - basierend auf teilweise veränderten Ursachen - langfristig gültig sind.[113]

Hätty führt in diesem Zusammenhang als Messkonzept für ein wirkungsbezogenes Markenartikelverständnis den Erfüllungsgrad an, den ein markiertes Objekt hinsichtlich seiner ihm zugesprochenen Funktionen (so Identifikations-, Sicherheits- und Nutzenfunktion) auf dem Absatzmarkt zu erreichen vermag. Nach dieser Betrachtungsweise ist erst dann von einer Marke bzw. einem Markenartikel zu sprechen, wenn alle drei Funktionen „gut" erfüllt sind.[114] Berekoven operationalisiert Erfolg als eine übereinstimmende positive Wertschätzung der relevanten Zielgruppe, die die Grundlage für eine relativ hohe und konstante Nachfrage bildet.[115] Als weitere wirkungsbezogene Indikatoren nennt er u.a. die Bekanntheit der Marke und die Markentreue.[116]

Allgemeingültige Aussagen über Grenzwerte für die Einstufung als Marke sind dabei nicht zu tätigen, da sie produkt-, branchen- und auch zielgruppenabhängig sind.[117] Allgemein vermeiden es die Autoren, die sich auf den wirkungsbezogenen Ansatz beziehen, Grenzwerte zu nennen.[118] Dies ist auch mit dem „kontinuierlichen" Verständnis des Begriffs vereinbar.

d)   Absatzsystemorientierte Ansätze

Nach den absatzsystemorientierten Ansätzen verkörpert die Marke ein geschlossenes Absatzkonzept, das auf die Schaffung eines prägnanten Images und die Erlangung eines hohen Bekanntheitsgrades ausgelegt ist.[119] Hätty zeigt auf, dass ein Zeichen erst dann vollständig erfasst ist, wenn es einen Objektbezug und somit eine Bedeutung aufweist und diese Bedeutung vom Empfänger interpretiert werden kann, d.h. Wirkungen auslöst. In diesem Zusammenhang wird von der sogenannten triadischen Relation zwischen Markenzeichen, Absatzsystem und Verbraucherwirkung gesprochen.[120] Die Marke liegt

---

[113]   Vgl. Hammann, Peter: Der Wert einer Marke, in: Dichtl, Erwin; Eggers, Walter (Hrsg.): Marke und Markenartikel, (dtv) München 1992, S. 205-245, S. 207f.

[114]   Vgl. Hätty, Holger: Der Markentransfer, (Physica) Heidelberg 1989, S. 19f.; Bekmeier-Feuerhahn, Sigrid: Marktorientierte Markenbewertung, (DUV) Wiesbaden 1998, S. 19.

[115]   Vgl. Berekoven, Ludwig: Der Markenartikel - Garant für sichere Märkte? in: JAV, 23. Jg., 1977, Nr. 4, S. 338-345, S. 341.

[116]   Vgl. Berekoven, Ludwig: Von der Markierung zur Marke, in: Dichtl, Erwin; Eggers, Walter (Hrsg.): Marke und Markenartikel, (dtv) München 1992, S. 25-45, S. 44.

[117]   Vgl. Bekmeier-Feuerhahn, Sigrid: Marktorientierte Markenbewertung, (DUV) Wiesbaden 1998, S. 19.

[118]   Vgl. Burkhardt, Achim: Die Betriebstypenmarke im stationären Einzelhandel, Diss., Universität Erlangen-Nürnberg 1997, S. 38f.

[119]   Vgl. Dichtl, Erwin: Grundidee, Varianten und Funktionen der Markierung von Waren und Dienstleistungen, in: Dichtl, Erwin; Eggers, Walter (Hrsg.): Marke und Markenartikel, (dtv) München 1992, S. 1-23, S. 19.

[120]   Vgl. Hätty, Holger: Der Markentransfer, (Physica) Heidelberg 1989, S. 10f.

eher in der „Symbolwirkung" bzw. dem „Markenimage" als auf dem einzelnen, konkreten Produkt.[121] Wichtig ist also, dass die Marke nicht nur vom Produkt, sondern von der gesamthaften Wirkung des Marketingmix beeinflusst wird. Dies führt zu einer systembezogenen Begriffsauffassung, bei der unter einer Marke der inhaltliche Komplex des Markensystems verstanden wird, in dessen Mittelpunkt das konkrete Produkt steht, das in der Vorstellungswelt der Verbraucher die einer Marke zugedachten positiven Bewusstseinsinhalte erweckt.[122]

Dieser Definitionsansatz einer Marke stellt dabei eine Mischform der beiden vorher dargestellten, extremen Sichtweisen dar.[123] Da die wirkungsorientierte Zielsetzung den Vertretern der absatzsystemorientierten Ansatze für die Fuhrung von Marken nicht konkret genug ist, werden zentrale, konstitutive Merkmale für Marken identifiziert (und für den jeweiligen Objektbereich konkretisiert).[124] Hierbei geht es also einerseits um die Festlegung von konstitutiven Merkmalen, die eine Marke aufweisen muss; Ziel ist es aber letztlich, das dauerhafte Vertrauen der Nachfrager zu erreichen.[125]

Letztlich gelten jedoch auch hier die Kritikpunkte, die für den merkmalsorientierten Ansatz aufgezeigt wurden. Bestimmte Marketingmix-Elemente sind zwar für den Auftritt einer Leistung als Marke „typisch", nicht aber, wie auch die absatzsystembezogenen Ansätze postulieren, zwingend. Man kann zwar für jede einzelne Marke (ex post) einen bestimmten Marketingmix als Grundlage der erzielten Wirkung ansehen - letztlich manifestiert sich jede Marke gegenüber dem Konsumenten im Marketingmix -, diese kann aber zwischen den einzelnen Marken sehr unterschiedlich sein. Während bei einzelnen Marken z.B. die Kommunikationspolitik den größten Anteil an der Wirkung hat (so z.B. die Erlebniswelt von Marlboro), liegt bei anderen Marken der Schwerpunkt z.B. auf der Produktpolitik (so z.B. die deutschen Automobilmarken wie BMW). Für Händlermarken zeigen Zentes/Janz/Morschett an einer Reihe von Beispielen auf, wie sich Handelsunternehmen schwerpunktmäßig auf einzelne Marketinginstrumente stützen, um ihre Retail Brand zu etablieren.[126]

Als Fazit zeigt sich, dass zwar die Beschreibung einer Marke als Absatzsystem für viele Zwecke ein geeigneter Ansatz ist, weil er verdeutlicht, dass hinter einer Marke stets ein

---

[121] Vgl. Roeb, Thomas: Markenwert, (Verlag Mainz) Aachen 1994, S. 16f.

[122] Vgl. Höhl, Johanna: Zweitmarken - ein entscheidungsorientierter Ansatz aus der Sicht der Markenartikelhersteller bei Gütern des täglichen Bedarfs, (Mannhold) Gelsenkirchen 1982, S. 11.; Roeb, Thomas: Markenwert, (Verlag Mainz) Aachen 1994, S. 17.

[123] Vgl. Becker, Jochen: Marketing-Konzeption, 6. Aufl., (Vahlen) München 1998, S. 206-208.

[124] Vgl. Brauer, Wolfgang: Die Betriebsform im stationären Einzelhandel als Marke, (FGM) München 1997, S. 19-21.

[125] (Vgl.) Meyer, Paul: Markenspezifisches Herstellermarketing, in: Andreae, Clemens-August u.a. (Hrsg.): Markenartikel heute, (Gabler) Wiesbaden 1978, S. 159-181, S. 171.

[126] Vgl. Zentes, Joachim; Janz, Markus; Morschett, Dirk: HandelsMonitor 2001: Retail Branding - Der Handel als Marke, (Lebensmittel Zeitung) Frankfurt a.M. 2000, S. 75-77, S. 235-267.

Marketingmix steht. Im Ergebnis sind aber die Marketingmix-Elemente nicht konstitutiv zu verstehen, sondern nur als Einflussfaktoren auf die Markenstärke.

e)   Fazit: Vorteile eines wirkungsbezogenen Markenbegriffsverständnisses

Damit zeigt sich insgesamt, dass die merkmalsbezogenen Ansätze deutliche Schwächen aufweisen. Die absatzsystembezogenen Ansätze charakterisieren die Marke zwar umfassender und integrieren die konsumentenorientierte Zielsetzung, gleichzeitig sind ihnen jedoch die gleichen Schwächen, wenn auch weniger ausgeprägt, inhärent. Als am besten geeignet für die vorliegende Untersuchung erweisen sich die wirkungsbezogenen Ansätze. Zu beachten ist hier jedoch das Fehlen allgemein akzeptierter Grenzwerte für die Anerkennung als Marke. Man kann argumentieren, dass solche Grenzwerte nur willkürlich festgelegt werden könnten. Dies ist grundsätzlich mit einem metrisch skalierten Markenbegriff vereinbar. Wenn keine festen Grenzwerte existieren für eine „ausreichende" Wirkung bei den wirkungsbezogenen Ansätzen, ist letztlich jedes markierte Objekt als Marke zu verstehen, denn jede Objektmarkierung löst beim Kontakt mit dem Konsumenten eine Wirkung aus. Lediglich die Markenstärke ist unterschiedlich. Zu einem ähnlichen Ergebnis kommt Hätty, der formuliert, dass „jedes in irgendeiner Form gekennzeichnete Produkt als Marke im inhaltlichen Sinn angesehen werden muß."[127] Eine „starke Marke" oder eine Marke mit einem hohen Markenwert ist in diesem Verständnis eine Marke, die die (wirkungsorientierten) Markenfunktionen gut erfüllt.

4.   Extension des Markenkonzepts auf weitere Leistungsfelder

Obwohl der Markenursprung im Bereich der Konsumgüter liegt, erstreckt sich das Markenkonzept heute wesentlich weiter. Keller spricht von der „universality of branding" und beschreibt, dass sehr unterschiedliche Leistungen mittlerweile auf der Basis des Markenkonzeptes vermarktet werden:[128]

♦ So führt beispielsweise Backhaus in seinem deutschen Standardwerk zum Industriegütermarketing die Markenpolitik als wichtiges Strategieelement auf und zeigt zahlreiche Beispiele für Markenstrategien im Bereich der Industriegüter.[129]

♦ Markenartikel-ähnliche Konzepte finden sich mittlerweile auch bei Vorprodukten und Komponenten. Auch hier geht es um die Profilierung spezifischer Leistungen, insbe-

---

[127] Hätty, Holger: Der Markentransfer, (Physica) Heidelberg 1989, S. 11f. Als einziges Markenkriterium ist dann die Markierung eines Objekts anzusehen, die Frage, ob es sich dann bei einem markierten Objekt um eine Marke handelt, kann in dieser Form nicht mehr gestellt werden. Illustrierend kann man dies mit der Frage vergleichen, ob ein Mensch „groß" ist. Hierfür existieren keine Schwellenwerte, sondern jede Körpergröße ist eine Ausprägung der Dimension „Größe".

[128] Vgl. überblickend Keller, Kevin: Strategic Brand Management, (Prentice Hall) Upper Saddle River/NJ 1998, S. 10-21.

[129] Vgl. Backhaus, Klaus: Industriegütermarketing, 6. Aufl., (Vahlen) München 1999, S. 383-400.

sondere beim Endabnehmer, um Hersteller zum Einbau bzw. zur Verwendung be-
stimmter Vorprodukte bzw. Komponenten zu veranlassen. Es handelt sich um ein
Marken-Konzept in der vertikalen Kette, initiiert und realisiert von der Vorstufe. Als
Bezeichnung hat sich dafür der Begriff „Ingredient Branding" durchgesetzt.[130]

♦ Nicht nur bei physischen Gütern hat das Markenkonzept Anwendung gefunden. So
hat man auch im Dienstleistungsbereich längst damit begonnen, solche Konzepte zu
realisieren.[131] Mit dem Thema der Dienstleistungsmarke hat sich in der deutschsprachigen Marketingwissenschaft erstmals Graumann 1983 intensiv auseinanderge-
setzt.[132] Seit in den 80er Jahren das Thema des Dienstleistungsmarketing insgesamt
intensiver diskutiert wurde, haben sich auch zahlreiche andere Autoren mit der Thematik beschäftigt.[133] Dabei wird der Markenaufbau in den unterschiedlichsten Dienst-
leistungsbranchen betrachtet, so z.b. bei Hotels, Unternehmensberatungen, Flugge-
sellschaften, Banken, Versicherungen, Anwaltskanzleien usw.[134]

♦ Auch die Übertragung des Begriffs der Marke von einzelnen Produkten auf gesamte
Unternehmen wird diskutiert.[135] Diese Überlegung ist dem Konzept der Corporate I-
dentity sehr ähnlich (siehe Abschnitt C.IV.2. dieses Kapitels).

♦ Auch für Handelsunternehmen wird die Marke auf der Ebene ihrer Verkaufsstellen
zunehmend relevanter, wie in den einleitenden Bemerkungen im Ersten Kapitel bereits erwähnt wurde.[136] Keller erwähnt in seinem Überblick über die Expansion des
Markenkonzepts, dass als Markierungsobjekt immer häufiger „Händler und andere
Distributeure" auftreten.[137]

---

[130] Vgl. Kleinaltemkamp, Michael: Ingredient Branding, in: GEM e.V. (Hrsg.): Markendialog - Markt-
durchdingung durch Markenpolitik, (dfv) Frankfurt a.M. 2000, S. 103-110; Freter, Hermann;
Baumgarth, Carsten: Ingredient Branding - Begriff und theoretische Begründung, in: Esch, Franz-
Rudolf (Hrsg.): Moderne Markenführung, 2. Aufl., (Gabler) Wiesbaden 2000, S. 289-315.

[131] Vgl. Blackett, Tom: The Nature of Brands, in: Murphy, John (Hrsg.): Brand Valuation, (Hutchinson) London 1989, S. 1-11, S. 3.

[132] Vgl. Graumann, Jens: Die Dienstleistungsmarke, (Florentz) München 1983.

[133] Vgl. z.B. die Beiträge im Sammelwerk Tomczak, Torsten; Schögel, Marcus; Ludwig, Eva (Hrsg.):
Markenmanagement für Dienstleistungen, (Thexis Verlag) St. Gallen 1998.

[134] Vgl. z.B. Woratschek, Herbert: Differenzierung und Positionierung, in: Hartung, Wolfgang; Römermann, Volker (Hrsg.): Marketing und Management Handbuch für Rechtsanwälte, (Beck) München 1999, S. 57-76; Sandrock, Monika: Emotionen als Erinnerungsverstärker - Markenmanagement by British Airways, in: Tomczak, Torsten; Schögel, Marcus; Ludwig, Eva (Hrsg.): Markenmanagement für Dienstleistungen, (Thexis Verlag) St. Gallen 1998, S. 212-221; Besig, Hans-
Michael, Maier, Michael; Meyer, Anton: Markenstrategien im Finanz-Marketing, in: Dichtl, Erwin;
Eggers, Walter (Hrsg.): Markterfolg mit Marken, (Beck) München 1996, S. 117-138.

[135] Vgl. z.B. Merbold, Claus: Unternehmen als Marken, in: Bruhn, Manfred (Hrsg.): Handbuch MA,
Bd. 1, (Schäffer-Poeschel) Stuttgart 1994, S. 105-119.

[136] Eine Reihe von Vertretern der Handelsforschung, die sich mit dieser Thematik beschäftigen, wurden dort genannt.

[137] Vgl. Keller, Kevin: Strategic Brand Management, (Prentice Hall) Upper Saddle River/NJ 1998,
S. 10-21.

Eine Reduzierung des Begriffs der Marke auf die klassische Herstellermarke mit dem Schwerpunkt im Konsumgüterbereich, wie sie noch oft verstanden wird, ist also heute kaum noch akzeptabel und ungeeignet, die Anwendung des Phänomens in den verschiedenen Objektbereichen zu untersuchen.[138]

II. Funktionen einer Marke

1. Funktionen einer Marke aus Sicht der Konsumenten

a)   Überblick über die wichtigsten Funktionen für Konsumenten

In der vorliegenden Arbeit wird einem wirkungsbezogenen Markenbegriff gefolgt, nach dem das zentrale Kriterium für die Markenhaftigkeit die Anerkennung der Marke durch den Verbraucher und die Erfüllung der Markenfunktionen für den Verbraucher ist. Marken haben demnach nur deshalb einen Wert und eine Existenzberechtigung, weil sie aus Sicht der Verbraucher nützlich sind. Nach Sander stehen dabei für den Konsumenten die Unterscheidungsfunktion (im Sinne einer Wiedererkennungsfunktion) sowie die Garantiefunktion im Vordergrund, Aspekte, die nach Davies den meisten Markendefinitionen gemeinsam sind.[139] Gleichzeitig weisen die meisten Autoren darauf hin, dass die damit eng verbundene Entscheidungsvereinfachung für den Konsumenten einen wichtigen Vorteil darstellt.[140] Die wesentlichen Funktionen der Marke aus Verbrauchersicht, die zugleich Hinweise auf eine Messung des Markenwerts geben, werden von einigen Autoren betrachtet.[141]

b)   Identifikation

Auf Grund der Vielzahl von Angeboten, die einem Verbraucher heute in den verschiedenen Leistungsbereichen zur Verfügung stehen, ist es eine erste Funktion der Marke,

---

[138] Bruhn kritisiert diese enge Begriffsauslegung als „Markenpolitik als Ideologie"; vgl. Bruhn, Manfred: Begriffsabgrenzungen und Erscheinungsformen von Marken, in: Bruhn, Manfred (Hrsg.): Handbuch MA, Bd. 1, (Schäffer-Poeschel) Stuttgart 1994, S. 3-41, S. 19f. Siehe hierzu auch Bekmeier-Feuerhahn, Sigrid: Marktorientierte Markenbewertung, (DUV) Wiesbaden 1998, S. 18.

[139] Vgl. Sander, Matthias: Die Bestimmung und Steuerung des Wertes von Marken, (Physica) Heidelberg 1994, S. 16; Davies, Gary: The two ways in which retailers can be brands, in: IJRDM, 20. Jg., 1992, Nr. 2, S. 24-34, S. 25.

[140] Vgl. z.B. Bruhn, Manfred: Begriffsabgrenzungen und Erscheinungsformen von Marken, in: Bruhn, Manfred (Hrsg.): Handbuch MA, Bd. 1, (Schäffer-Poeschel) Stuttgart 1994, S. 3-41, S. 22f.; Theis, Hans-Joachim: Einkaufsstätten-Positionierung, (DUV) Wiesbaden 1992, S. 72f.

[141] Vgl. u.a. Becker, Jochen: Markenartikel und Verbraucher, in: Dichtl, Erwin; Eggers, Walter (Hrsg.): Marke und Markenartikel, (dtv) München 1992, S. 97-127, S. 98; Sander, Matthias: Die Bestimmung und Steuerung des Wertes von Marken, (Physica) Heidelberg 1994, S. 16; Koppelmann, Udo: Funktionenorientierter Erklärungsansatz der Markenpolitik, in: Bruhn, Manfred (Hrsg.): Handbuch MA, Bd. 1, (Schäffer-Poeschel) Stuttgart 1994, S. 219-237, S. 225f.; Keller, Kevin: Strategic Brand Management, (Prentice Hall) Upper Saddle River/NJ 1998, S. 7-9.

dem Kunden die Identifikation zu ermöglichen, sich also für ihn von den anderen - meist auch markierten - Produkten merklich zu unterscheiden.[142] Die Identifikations- und Unterscheidungsfunktion entspricht der primären Idee der Markierung („Branding"), Waren- und Dienstleistungsangebote unterscheidbar zu machen. Der Kunde kann dadurch die Herkunft verschiedener Angebote nachvollziehen.[143] Nach Aaker dient dabei eine Marke dazu, „die Erzeugnisse oder Dienstleistungen eines Anbieters [...] wiederzuerkennen und sie von denen der Konkurrenz zu unterscheiden. Eine Marke zeigt also dem Kunden die Herkunft des Produkts an und schützt [...] den Kunden [...] vor Konkurrenten, die gleichartige Produkte anbieten."[144]

Die Unterscheidungsfunktion kommt dem Bequemlichkeitsstreben der Konsumenten entgegen, da der Such- und Informationsaufwand bei einem Wiederholungskauf durch die Markierung der Ware erheblich reduziert wird.[145] Sie erlaubt, spezifische Leistungen und ihre Unterschiede zu identifizieren und sie auch wiedererkennbar zu machen, was Wiederholungskäufe ermöglicht.[146] Da Kaufentscheidungsprozesse durch das evoked set der Konsumenten gesteuert werden, das diejenigen Markenalternativen widerspiegelt, die von vornherein in die engere Wahl einer Kaufentscheidung gelangen, ist die Wiedererkennung in einem ersten Schritt bereits wichtig zur weiteren Beschäftigung mit einer Alternative, falls diese im evoked set ist.[147]

c) Entscheidungsvereinfachung

Über das reine Wiederkennen hinaus erlaubt die Orientierungsfunktion der Marken dem Verbraucher, sich über die Waren- und Produktvielfalt Transparenz zu verschaffen und Unterschiede zu erkennen - im Sinne einer Schlüsselinformation bzw. eines „information chunk", d.h. einer Bündelung von Informationen.[148] Da Marken für ein Bündel von

---

[142] Vgl. Hätty, Holger: Der Markentransfer, (Physica) Heidelberg 1989, S. 19; Koppelmann, Udo: Funktionenorientierter Erklärungsansatz der Markenpolitik, in: Bruhn, Manfred (Hrsg.): Handbuch MA, Bd. 1, (Schäffer-Poeschel) Stuttgart 1994, S. 219-237, S. 225.

[143] Vgl. Riedel, Frank: Die Markenwertmessung als Grundlage strategischer Markenführung, (Physica) Heidelberg 1996, S. 10.

[144] Aaker, David: Management des Markenwerts, (Campus) Frankfurt a.M. 1992, S. 22.

[145] Vgl. Sander, Matthias: Die Bestimmung und Steuerung des Wertes von Marken, (Physica) Heidelberg 1994, S. 16.

[146] Vgl. Becker, Jochen: Markenartikel und Verbraucher, in: Dichtl, Erwin; Eggers, Walter (Hrsg.): Marke und Markenartikel, (dtv) München 1992, S. 97-127, S. 98.

[147] Vgl. Bruhn, Manfred: Begriffsabgrenzungen und Erscheinungsformen von Marken, in: Bruhn, Manfred (Hrsg.): Handbuch MA, Bd. 1, (Schäffer-Poeschel) Stuttgart 1994, S. 3-41, S. 23; Becker, Jochen: Markenartikel und Verbraucher, in: Dichtl, Erwin; Eggers, Walter (Hrsg.): Marke und Markenartikel, (dtv) München 1992, S. 97-127, S. 98.

[148] Vgl. u.a. Becker, Jochen: Markenartikel und Verbraucher, in: Dichtl, Erwin; Eggers, Walter (Hrsg.): Marke und Markenartikel, (dtv) München 1992, S. 97-127, S. 98; Riedel, Frank: Die Markenwertmessung als Grundlage strategischer Markenführung, (Physica) Heidelberg 1996, S. 12; Kroeber-Riel, Werner; Weinberg, Peter: Konsumentenverhalten, 7. Aufl., (Vahlen) München 1999, S. 299-303.

(funktionalen und emotionalen) Attributen stehen, muss der Konsument nicht jedes Attribut einzeln analysieren.[149]

Eine Marke legt gleichzeitig die Quelle oder den Hersteller eines Produktes offen und erlaubt damit dem Konsumenten, eine feste Verantwortung für das Produkt zuzuordnen.[150] Durch Lernen bei vergangener Nutzung der Marke wird durch die Marke identifiziert, ob das entsprechende Produkt in der Vergangenheit zur Zufriedenheit geführt hat oder nicht. Eine Entscheidungsvereinfachung für den Konsumenten tritt ein, weil er, wenn er eine Marke erkannt hat und bereits Wissen darüber aufgebaut hat, kognitiv entlastet wird. Externe und interne Suchkosten werden reduziert.[151]

Konsumenten versuchen, nicht jeweils extensive Kaufentscheidungen zu treffen, sondern sich bei Entscheidungen kognitiv zu entlasten. Gewohnheitsmäßig die gleiche Marke, die in der Vergangenheit zufriedenstellend war, zu kaufen, ist dabei eine wichtige Vereinfachungsstrategie.[152] Statt der weiteren Suche nach dem optimalen Produkt nutzt der Verbraucher in diesem Fall die Rationalisierungsfunktion der Marke und bricht die Suche ab, mit begrenztem Informationsaufwand und trotzdem einem subjektiv relativ hohen wahrgenommenen Informationsstand bzgl. der gekauften Alternative.[153] Ein Hintergrund liegt dabei in dem lerntheoretischen Konzept der Reizgeneralisierung. Dabei wird die Erfahrung, die ein Konsument mit einem bestimmten Reiz hatte (in diesem Fall einem konkreten Produkt einer bestimmten Marke) auch auf andere Reize (nämlich alle mit dieser Marke versehenen Produkte) übertragen.[154]

Auch Keller zeigt auf, dass Marken eine wichtige Rolle bei der „Signalisierung" bestimmter Produkteigenschaften spielen. Gerade bei Produkten, bei denen die konkreten Produkteigenschaften im Voraus nicht leicht zu evaluieren sind,[155] kann dabei die Marke eine wichtige Schlüsselinformation bieten und als Qualitätsindikator dienen.[156]

---

[149]   Vgl. Biel, Alexander: Grundlagen zum Markenwertaufbau, in: Esch, Franz-Rudolf (Hrsg.): Moderne Markenführung, 2. Aufl., (Gabler) Wiesbaden 2000, S. 61-90, S. 69.

[150]   Vgl. Keller, Kevin: Strategic Brand Management, (Prentice Hall) Upper Saddle River/NJ 1998, S. 7-9.

[151]   Vgl. Doyle, Peter: Building successful brands: The strategic options, in: JCM, 7. Jg., 1990, Nr. 2, S. 5-20, S. 7; Weinberg, Peter: Entscheidungsverhalten, (Schöningh) Paderborn u.a. 1981, S. 136f.

[152]   Vgl. Weinberg, Peter: Entscheidungsverhalten, (Schöningh) Paderborn u.a. 1981, S. 136f.; Doyle, Peter: Building successful brands: The strategic options, in: JCM, 7. Jg., 1990, Nr. 2, S. 5-20, S. 7.

[153]   Vgl. Koppelmann, Udo: Funktionenorientierter Erklärungsansatz der Markenpolitik, in: Bruhn, Manfred (Hrsg.): Handbuch MA, Bd. 1, (Schäffer-Poeschel) Stuttgart 1994, S. 219-237, S. 225.

[154]   Vgl. Wiswede, Günter: Die Psychologie des Markenartikels, in: Dichtl, Erwin; Eggers, Walter (Hrsg.): Marke und Markenartikel, (dtv) München 1992, S. 71-95, S. 82f.;

[155]   Dies ist insbesondere bei Dienstleistungen der Fall; vgl. Abschnitt B. III. dieses Kapitels.

[156]   Vgl. Keller, Kevin: Strategic Brand Management, (Prentice Hall) Upper Saddle River/NJ 1998, S. 8.

d) Risikoreduktion

Das Wiedererkennen eines Markenzeichens schafft Vertrauen. Da die Kunden mit einer Marke eine gleichbleibende Qualität der mit ihr gekennzeichneten Produkte verbinden, kommt ihr eine Garantiefunktion zu.[157] Durch den Kauf von Marken kann eine Verminderung des empfundenen Risikos eintreten. Dabei bietet die Marke die Gewissheit, eine bekannte, befriedigende Lösung zu haben.[158] Diese Funktion beruht darauf, dass eine Marke eine „Garantie für Homogenität und Qualität" gibt.[159]

Die Garantiefunktion spricht das Sicherheitsstreben der Konsumenten an.[160] Nachdem die Identifikation der Marke gelungen ist, bietet sie dem Konsumenten eine Information über die Qualität bzw. die Eigenschaften des Produkts, die entsprechend der Assoziation „gleiche Marke - gleiche Leistung" abläuft. Dafür muss eine Marke eine hohe Qualitätskonstanz aufweisen und (dadurch) ein geringes subjektives Kaufrisiko ausstrahlen.[161] Als Qualitätsindikator verringt die Marke das wahrgenommene Kaufrisiko, weil hinsichtlich der Qualität und des Preises des markierten Produkts keine größeren Abweichungen von der gewohnten Norm zu erwarten sind.[162]

Nach Keller stellt die Beziehung zwischen einer Marke und einem Konsumenten eine Art „Vertrag" dar. Konsumenten bieten dabei ihr Vertrauen und ihre Loyalität an, mit dem impliziten Verlangen, dass eine Marke ein ganz bestimmtes „Verhalten" zeigt und durch konsistente Produktleistung und ein daran angepasstes Marketingprogramm diesen Vertrag erfüllt.[163] Auch Kapferer spricht von der „Marke als Vertrag".[164] Biel spricht von einem impliziten „Versprechen: Starke Marken stehen zu dem, was sie verheißen."[165]

---

[157] Vgl. Riedel, Frank: Die Markenwertmessung als Grundlage strategischer Markenführung, (Physica) Heidelberg 1996, S. 10f.

[158] Vgl. Weinberg, Peter: Entscheidungsverhalten, (Schöningh) Paderborn u.a. 1981, S. 136f.; Doyle, Peter: Building successful brands: The strategic options, in: JCM, 7. Jg., 1990, Nr. 2, S. 5-20, S. 7 ; Keller, Kevin: Strategic Brand Management, (Prentice Hall) Upper Saddle River/NJ 1998, S. 8f.; Bruhn, Manfred: Begriffsabgrenzungen und Erscheinungsformen von Marken, in: Bruhn, Manfred (Hrsg.): Handbuch MA, Bd. 1, (Schäffer-Poeschel) Stuttgart 1994, S. 3-41, S. 23.

[159] Vgl. Jones, John: What's in a name?, (D.C. Heath) Lexington 1986, S. 22; Davies, Gary: The two ways in which retailers can be brands, in: IJRDM, 20. Jg., 1992, Nr. 2, S. 24-34.

[160] Vgl. Sander, Matthias: Die Bestimmung und Steuerung des Wertes von Marken, (Physica) Heidelberg 1994, S. 16.

[161] Vgl. Hätty, Holger: Der Markentransfer, (Physica) Heidelberg 1989, S. 19.

[162] Vgl. Riedel, Frank: Die Markenwertmessung als Grundlage strategischer Markenführung, (Physica) Heidelberg 1996, S. 12.

[163] Vgl. Keller, Kevin: Strategic Brand Management, (Prentice Hall) Upper Saddle River/NJ 1998, S. 8.

[164] Kapferer, Jean-Noel: Die Marke - Kapital des Unternehmens, (Moderne Industrie) Landsberg a.L. 1992, S. 24.

[165] Biel, Alexander: Grundlagen zum Markenwertaufbau, in: Esch, Franz-Rudolf (Hrsg.): Moderne Markenführung, 2. Aufl., (Gabler) Wiesbaden 2000, S. 61-90, S. 69.

Starke Marken zeichnen sich häufig durch Qualitätskonstanz - also eine nicht nur relativ hohe, sondern v.a. auch gleichbleibende Qualität – aus, haben damit das Vertrauen beim Konsumenten aufgebaut und weisen auch durch Konstanz im Marketingmix (z.B. mittels der stets gleichen Packung, aber auch Werbung) darauf hin.[166] Es wird hier deutlich, warum die einheitliche und gleichbleibende Qualität als Markenmerkmal in zahlreichen Definitionen genannt wird.[167] Die Vertrauensfunktion der Marke, die sich auf die Beschaffenheit aller Produktmerkmale bezieht, kann nur erfüllt werden, wenn zwischen den entsprechenden Eigenschaften und der Marke auf Grund eines permanenten Erfüllens des Leistungsversprechens eine feste Assoziation besteht und die Marke damit zu einem „Gütesiegel" für diese Eigenschaftsausprägungen aufgebaut wird.[168]

e)   Sonstige Markenfunktionen für den Konsumenten

Ein weiterer Nutzen, den Konsumenten aus einer Marke ziehen können, ist ein psychologischer und soziologischer. So erlaubt es die Marke, sich anderen Gesellschaftsmitgliedern anzugleichen oder sich von ihnen abzuheben. Die Marke wird dabei zum „Imageträger", insbesondere in Produktgattungen mit demonstrativem Konsum, z.B. bei Automobilen, bei Kleidung oder Schmuck.[169] Dieser symbolische Nutzen ist u.a. verbunden mit dem Bedürfnis nach sozialer Anerkennung, Selbstausdruck u.Ä.[170] Diese „Demonstrationsfunktion" der Marke beruht darauf, dass der Konsument durch den Konsum der Marke auch das Bild von sich selbst bei anderen prägt. Dabei orientiert sich die Selbstdarstellung durch den Konsum bestimmter Marken stark an den Bezugsgruppen des Konsumenten. Die Grundlage für die Erfüllung dieser Funktion ist einerseits ein festes Markenimage in der Zielgruppe und andererseits eine gewisse Bekanntheit der Marke. Im Allgemeinen wird in der Literatur der Standpunkt vertreten, dass diese Funktion vor allem bei solchen Produkten relevant ist, die der Öffentlichkeit zugänglich sind oder deren Konsum öffentlich stattfindet, die also in irgendeiner Form „sozial auffällig" sind.[171]

---

[166]   Vgl. Berekoven, Ludwig: Von der Markierung zur Marke, in: Dichtl, Erwin; Eggers, Walter (Hrsg.): Marke und Markenartikel, (dtv) München 1992, S. 25-45, S. 35f.

[167]   Siehe Abschnitt A.I.3.b) dieses Kapitels.

[168]   Vgl. Dichtl, Erwin: Grundidee, Varianten und Funktionen der Markierung von Waren und Dienstleistungen, in: Dichtl, Erwin; Eggers, Walter (Hrsg.): Marke und Markenartikel, (dtv) München 1992, S. 1-23, S. 16-20.

[169]   Vgl. Riedel, Frank: Die Markenwertmessung als Grundlage strategischer Markenführung, (Physica) Heidelberg 1996, S. 12f.

[170]   Mit dem symbolischer Nutzen, der insbesondere bei sozial wichtigen Produkten von Bedeutung ist, beschäftigt sich z.B. Keller (vgl. Keller, Kevin: Strategic Brand Management, (Prentice Hall) Upper Saddle River/NJ 1998, S. 99f.).

[171]   Vgl. z.B. Koppelmann, Udo: Funktionenorientierter Erklärungsansatz der Markenpolitik, in: Bruhn, Manfred (Hrsg.): Handbuch MA, Bd. 1, (Schäffer-Poeschel) Stuttgart 1994, S. 219-237, S. 226; Kroeber-Riel, Werner, Weinberg, Peter: Konsumentenverhalten, 7. Aufl., (Vahlen) München 1999, S. 474-480; Adlwarth, Wolfgang: Formen und Bestimmungsgründe prestigeleiteten Konsumentenverhaltens, (Florentz) München 1983, S. 16.

Viele der oben angedeuteten Funktionen einer Marke werden nicht nur durch eine funktionale Differenzierung der Marke möglich, sondern dadurch, dass sie auch als Persönlichkeit mit verschiedenen Facetten empfunden werden kann.[172] In neueren Ansätzen der Markenforschung wird versucht, die Marke auch unter dem Aspekt ihrer Persönlichkeit zu erfassen. Diese stellt dabei eine bisher relativ wenig erforschte Komponente des Markenimages dar. Mit Markenpersönlichkeit werden dabei i.w.S. Eigenschaften bezeichnet, die von der klassischen Psychologie als Persönlichkeitsmerkmale von Menschen festgestellt worden sind, also z.B. Eigenschaften des Lebensstils. Eine Reihe von Untersuchungen hat dabei gezeigt, dass Verbraucher die Persönlichkeit von Marken so charakterisieren, als seien die Marken Menschen.[173] Hierbei erscheint v.a. die Kongruenz von Markenimage und Selbstimage von hoher Relevanz für den psychologischen Zusatznutzen, der aus dem Konsum einer Marke entstehen kann.[174]

Als weitere Funktion einer Marke für den Konsumenten ist die Möglichkeit einer emotionalen Bindung zu ihr zu nennen. Fournier hat in verschiedenen Untersuchungen die Bedeutung der persönlichen Beziehung von Konsument und Marke dargestellt. Die von ihr in die Diskussion eingeführte Perspektive ist, dass die Marke und der Konsument als „Partner" in einer Beziehung auftreten, die konzeptionell ähnlich der zwischen zwei Menschen sein kann.[175]

2. Funktionen einer Marke aus Sicht der Unternehmen

a) Überblick

Aus einer Marke bzw. einer starken Marke[176] entstehen (indirekt, auf der Basis der konsumentenorientierten Effekte) eine Reihe von Vorteilen für die markenführenden Unternehmen. Im Folgenden sollen diese in einem Überblick dargestellt werden.[177]

---

[172] Vgl. Koppelmann, Udo: Funktionenorientierter Erklärungsansatz der Markenpolitik, in: Bruhn, Manfred (Hrsg.): Handbuch MA, Bd. 1, (Schäffer-Poeschel) Stuttgart 1994, S. 219-237, S. 223.

[173] Vgl. Aaker, Jennifer: Dimensionen der Markenpersönlichkeit, in: Esch, Franz-Rudolf (Hrsg.): Moderne Markenführung, 2. Aufl., (Gabler) Wiesbaden 2000, S. 91-102; Biel, Alexander: Grundlagen zum Markenwertaufbau, in: Esch, Franz-Rudolf (Hrsg.): Moderne Markenführung, 2. Aufl., (Gabler) Wiesbaden 2000, S. 61-90, S. 72f.

[174] Vgl. Huber, Frank; Hermann, Andreas; Weis, Michaela: Markenloyalität durch Markenpersönlichkeit, in: Marketing-ZFP, 23. Jg., 2001, Nr. 1, S. 5-15, S. 6. Siehe zu dieser These in Bezug auf die Händlermarke z.B. Garton, Philip: Store loyal? A view of "differential congruence", in: IJRDM, 23. Jg., 1995, Nr. 12, S. 29-35.

[175] Vgl. z.B. Fournier, Susan: Consumers and their brands: Developing relationship theory in consumer research, in: JCR, 24. Jg., 1998, Nr. 3, S. 343-373.

[176] Als eine „starke" Marke wird an dieser Stelle eine Marke mit einem relativ zu Konkurrenzmarken hohen Markenwert bezeichnet. Auf diesen Aspekt wird später noch detaillierter eingegangen.

[177] Vgl. umfassend zu den Vorteilen von Marken: Bruhn, Manfred: Begriffsabgrenzungen und Erscheinungsformen von Marken, in: Bruhn, Manfred (Hrsg.): Handbuch MA, Bd. 1, (Schäffer-Poeschel) Stuttgart 1994, S. 3-41, S. 22-24; Bekmeier, Sigrid: Markenwert, in: Tietz, Bruno; Köhler, Richard; Zentes, Joachim (Hrsg.): HWM, 2. Aufl., (Schäffer-Poeschel) Stuttgart 1995, Sp. 1459-1471,

b) Bekanntheit und Differenzierung

Zunächst soll eine Marke dem Unternehmen Identifikationspotenziale eröffnen, u.a. weil eine Marke zur Verankerung von Leistungen im evoked set des Konsumenten hilfreich sein kann.[178] Dabei hat sich die ursprüngliche Herkunftsbestimmungsfunktion der Marke im Laufe der Zeit zu einer eher sachlichen Identifizierungsfunktion gewandelt; die Marke nimmt die Funktion einer sogenannten Kommunikationskonstanten ein.[179]

Die Bekanntheit der Marke äussert sich sowohl in der Bekanntheit des Markennamens („Bekanntheit i.e.S.") als auch in einer „Ladung" des Markennamens mit bestimmten Inhalten. Das Produkt soll als Leistung mit verschiedenen Facetten empfunden werden, was zur Konkurrenzdifferenzierung beiträgt.[180] Sie dient damit dem Unternehmen zur Differenzierung des eigenen Angebots von dem der Konkurrenten[181] und ist aus unterschiedlichen Gründen wichtig: so kaufen Konsumenten oftmals eine bekannte Marke, weil sie den Umgang mit Vertrautem als wohltuend empfinden. Bei der Wahl zwischen einer ihm unbekannten und einer bekannten Marke wird der Konsument oftmals die bekannte wählen.[182]

Betrachtet man das Konzept der Bekanntheit, dann ist hier auch die Aktualität einzuordnen, als eine hohe Intensitätsstufe der Bekanntheit,[183] bei der eine stärkere gedankliche Präsenz einer Marke im Vergleich zur Konkurrenz bei den Konsumenten erreicht wird

---

Sp. 1462; Koppelmann, Udo: Funktionenorientierter Erklärungsansatz der Markenpolitik, in: Bruhn, Manfred (Hrsg.): Handbuch MA, Bd. 1, (Schäffer-Poeschel) Stuttgart 1994, S. 219-237, S. 223-225; Weinberg, Peter: Markenartikel und Markenpolitik, in: Wittmann, Waldemar u.a. (Hrsg.): Handwörterbuch der Betriebswirtschaftslehre, 5. Aufl., (Schäffer-Poeschel) Stuttgart 1993, Sp. 2679-2690.

[178] Vgl. Meffert, Heribert; Bruhn, Manfred: Dienstleistungsmarketing, 2. Aufl., (Gabler) Wiesbaden 1997, S. 321.

[179] Vgl. Bruhn, Manfred: Begriffsabgrenzungen und Erscheinungsformen von Marken, in: Bruhn, Manfred (Hrsg.): Handbuch MA, Bd. 1, (Schäffer-Poeschel) Stuttgart 1994, S. 3-41, S. 21; Koppelmann, Udo: Funktionenorientierter Erklärungsansatz der Markenpolitik, in: Bruhn, Manfred (Hrsg.): Handbuch MA, Bd. 1, (Schäffer-Poeschel) Stuttgart 1994, S. 219-237, S. 223.

[180] Vgl. Koppelmann, Udo: Funktionenorientierter Erklärungsansatz der Markenpolitik, in: Bruhn, Manfred (Hrsg.): Handbuch MA, Bd. 1, (Schäffer-Poeschel) Stuttgart 1994, S. 219-237, S. 223.

[181] Vgl. Esch, Franz-Rudolf; Wicke, Andreas: Herausforderungen und Aufgaben des Markenmanagements, in: Esch, Franz-Rudolf (Hrsg.): Moderne Markenführung, 2. Aufl., (Gabler) Wiesbaden 2000, S. 3-55, S. 12; Aaker, David: Management des Markenwerts, (Campus) Frankfurt a.M. 1992, S. 22. Konkret können also Konsumenten beispielsweise einen Media-Markt aus einer Anzahl von Einkaufsstätten identifizieren, verbinden damit eine bestimmte Kategorie von Geschäft (CE-Fachmarkt) und bestimmte Eigenschaften.

[182] Vgl. Aaker, David: Management des Markenwerts, (Campus) Frankfurt a.M. 1992, S. 35.

[183] Dies ist z.B. der Aaker'schen Darstellung der Bekanntheitspyramide zu entnehmen, die verschiedene Intensitätsstufen der Bekanntheit enthält. Vgl. Aaker, David: Management des Markenwerts, (Campus) Frankfurt a.M. 1992, S. 84; Kroeber-Riel, Werner; Esch, Franz-Rudolf: Strategie und Technik der Werbung, 5. Aufl., (Kohlhammer) Stuttgart u.a. 2000, S. 92f.

und eine Marke schneller als Alternative ins Bewusstsein kommt. Eine hohe Aktualität hat hierbei eine deutliche Wirkung auf das Kaufverhalten.[184]

Schema-theoretisch gesehen, führt eine hohe Bekanntheit im Sinne eines umfassenden Markenwissens zu einem Assoziationsnetzwerk mit zahlreichen Assoziationsknoten und starken Verbindungen zwischen diesen. Ein solches Netzwerk wird häufiger als andere durch interne und externe Reize aktiviert und die Aktivierung einzelner Assoziationen breitet sich leichter und schneller aus („spreading activation").[185] Gleichzeitig ermöglicht eine hohe Bekanntheit dem Anbieter - informationsökonomisch gesehen -, ein „besseres" Qualitätsversprechen abzugeben. So hat der Anbieter in Konsumgütermärkten i.d.R. einen Informations- und Wissensvorsprung gegenüber den Nachfragern, was bei diesen zu Unsicherheit über die Qualität der Leistung führt. Durch die klare Identifizierung einer Leistung (durch eine Marke) und ein entsprechendes Qualitätsversprechen kann es dem Anbieter gelingen, dieses Gefühl der Unsicherheit beim Nachfrager zu reduzieren. Dem Nachfrager ist bewusst, dass der Anbieter offen mit seiner Marke für diesen Artikel einsteht und dass ihm bei schlechter Qualität ein Abwandern der Kunden droht.[186] Eine klar identifizierbare Marke, verbunden mit einem Leistungsversprechen, führt - für den Konsumenten erkennbar - zu relativ hohen markenspezifischen Investitionen für den Anbieter. Es wird argumentiert, dass der Erfolg der Marke und damit die gesamten Markeninvestitionen als Garantie für die Qualität der Marke dienen, so dass die Bekanntheit auch eine inhaltlich positivere Bewertung nach sich zieht.[187]

c) Halo-Wirkungen

Bei starken Marken sind Halo-Wirkungen zu erwarten, d.h. dass sich die gesamthafte Beurteilung der Marke auch positiv auf die Beurteilung von einzelnen Markeneigenschaften auswirkt. Durch entsprechende Rückkoppelungen kann dies zu einer Wirkungsspirale führen: Der Markenwert wird erhöht durch positiv wirkende Markeneigenschaften und wirkt sich im nächsten Schritt wiederum positiv auf die Wahrnehmung dieser Eigenschaften aus.[188]

---

[184] Vgl. Kroeber-Riel, Werner; Esch, Franz-Rudolf: Strategie und Technik der Werbung, 5. Aufl., (Kohlhammer) Stuttgart u.a. 2000, S. 89-100; Miller, Stephen; Berry, Lisette: Brand salience versus brand image: Two theories of advertising effectiveness, in: JAR, 38. Jg., 1998, Nr. 5, S. 77-82.

[185] Vgl. Keller, Kevin: Conceptualizing, measuring, and managing customer-based brand equity, in: JM, 57. Jg., 1993, Nr. 1, S. 1-22, S. 2; Kroeber-Riel, Werner; Weinberg, Peter: Konsumentenverhalten, 7. Aufl., (Vahlen) München 1999, S. 230.

[186] Vgl. Brauer, Wolfgang: Die Betriebsform im stationären Einzelhandel als Marke, (FGM) München 1997, S. 13.

[187] Vgl. Dacin, Peter; Smith, Daniel: Einfluss des Produktportfolios auf die Markenstärke, in: Esch, Franz-Rudolf (Hrsg.): Moderne Markenführung, 2. Aufl., (Gabler) Wiesbaden 2000, S. 779-797, S. 785f.

[188] Vgl. Esch, Franz-Rudolf; Levermann, Thomas: Handelsunternehmen als Marken, in: Trommsdorff, Volker (Hrsg.): Handelsforschung 1993/94, (Gabler) Wiesbaden 1993, S. 79-102, S. 82; Kroeber-Riel, Werner; Weinberg, Peter: Konsumentenverhalten, 7. Aufl., (Vahlen) München 1999, S. 305.

Die Marke wird vom Konsumenten als Schlüsselinformation genutzt und es werden - im Sinne des gestaltpsychologischen Grundsatzes der „Geschlossenheit" - auch Informationen ergänzt. So führen Vergleiche von Offentests mit Blindtests oftmals zu dem Ergebnis, dass Konsumenten offenbar Unterschiede, die sie nicht auf Grund des Geschmacks feststellen, trotzdem „wahrnehmen".

Übersicht 2:   Geschmackseinschätzung unterschiedlicher Biermarken

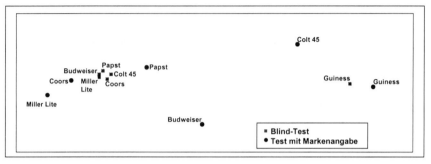

Quelle: in Anlehnung an Keller, Kevin Lane: Strategic Brand Management, (Prentice Hall) Upper Saddle River/NJ 1998, S. 47.

Keller zeigt dies am Beispiel von sechs Biermarken. Hier sind offensichtlich die „objektiven" Unterschiede zwischen den Biermarken (im Blindtest) wesentlich geringer als die subjektiv wahrgenommenen Unterschiede, wenn die Marke bekannt ist.[189]

d)   Verringerung der Preissensibilität

Gutenberg macht darauf aufmerksam, dass im Gegensatz zu frühen volkswirtschaftlichen Theorien im „tatsächlichen Marktgeschehen" vollkommene Märkte nicht die Regel sind. Unternehmen würden anstreben, „ihren Absatzmarkt zu individualisieren, um sich auf diese Weise einen ‚Firmenmarkt' zu schaffen." Weiter wird erläutert, dass alle Elemente des Marketingmix zusammenwirken, um diese Individualisierung zu erreichen und diese schließlich in einer Einheit, dem „akquisitorischen Potenzial", verschmelzen.[190]

Auf Grund der unvollkommenen Märkte besteht für einen Anbieter in einem bestimmten Preisintervall die Möglichkeit, die Preise zu verändern, ohne dass dies zu spürbaren

---

[189]   Vgl. Keller, Kevin: Strategic Brand Management, (Prentice Hall) Upper Saddle River/NJ 1998, S. 45-47; es ist jedoch darauf hinzuweisen, dass dies bereits einen Lernprozess voraussetzt, bei dem die Konsumenten der Marke eine bestimmte Bedeutung zuweisen, die wiederum auf die Wahrnehmung wirkt.

[190]   (Vgl.) Gutenberg, Erich: Grundlagen der Betriebswirtschaftslehre, 2. Bd. - Der Absatz, 17. Aufl., (Springer) Berlin u.a. 1984, S. 243.

Veränderungen der Nachfrage führt. Die Größe dieses Preisintervalls (des „monopolistischen Abschnitts der polypolistischen Absatzkurve") sowie die konkrete Form der Preisabsatzfunktion hängen von der Höhe des akquisitorischen Potenzials des Unternehmens ab. Gutenberg zeigt auf, dass für unterschiedliche Unternehmen auf Grund eines unterschiedlich hohen akquisitorischen Potenzials verschiedene Möglichkeiten des preispolitischen Verhaltens bestehen.[191] Marken sind ein Mittel für Unternehmen, dieses akquisitorische Potenzial zu binden. Die Notwendigkeit für ein Unternehmen, zum Aufbau dieses akquisitorischen Potenzials „den Markt unvollkommen zu machen"[192], also die Homogenitätsbedingungen des vollkommen Markts zu durchbrechen, um beim Konsumenten Präferenzen zu schaffen,[193] stellen den Kern der Markenpolitik dar, wie in den dargestellen Charakterisierungen des Markenkonzepts deutlich wurde.

Eine klare Markenprofilierung verleiht einem Anbieter dabei, wenn er erfolgreich ist, eine Art Präferenzposition, die ihn befähigt, sich dem Preiswettbewerb teilweise zu entziehen. Das daraus resultierende Phänomen vergleichsweise stabiler, relativ hoher Preise ist lange Zeit auch als Charakteristikum des Markenartikels angesehen worden.[194] Daher wird die Möglichkeit, im Vergleich zum Markt höhere Preise durchsetzen zu können, bzw. die „absatzfördernde Wirkung", als einer der Kernvorteile einer Marke genannt. So zeigen Bruhn und Meffert/Bruhn auf, dass die Marke der Profilierung dient und damit der Erhöhung des akquisitorischen Potenzials der eigenen Leistung, so dass schließlich der „preispolitische Spielraum" erhöht wird;[195] Keller erwähnt, dass starke Marken ein „Preispremium" verlangen können.[196] Dabei werden diese Preisunempfindlichkeit und das oftmals damit verbundene Preispremium sogar als ein Maß für die Stärke der Marke herangezogen.[197]

---

[191] Vgl. Gutenberg, Erich: Grundlagen der Betriebswirtschaftslehre, 2. Bd. - Der Absatz, 17. Aufl., (Springer) Berlin u.a. 1984, S. 243-248. Siehe dazu auch Wöhe, Günter: Einführung in die Betriebswirtschaftslehre, 20. Aufl., (Vahlen) München 2000, S. 560-564.

[192] Wöhe, Günter: Einführung in die Betriebswirtschaftslehre, 20. Aufl., (Vahlen) München 2000, S. 560.

[193] Vgl. Wöhe, Günter: Einführung in die Betriebswirtschaftslehre, 20. Aufl., (Vahlen) München 2000, S. 560f.

[194] Vgl. Dichtl, Erwin: Grundidee, Varianten und Funktionen der Markierung von Waren und Dienstleistungen, in: Dichtl, Erwin; Eggers, Walter (Hrsg.): Marke und Markenartikel, (dtv) München 1992, S. 1-23, S. 20f.

[195] Vgl. Bruhn, Manfred: Begriffsabgrenzungen und Erscheinungsformen von Marken, in: Bruhn, Manfred (Hrsg.): Handbuch MA, Bd. 1, (Schäffer-Poeschel) Stuttgart 1994, S. 3-41, S. 24; Meffert, Heribert; Bruhn, Manfred: Dienstleistungsmarketing, 2. Aufl., (Gabler) Wiesbaden 1997, S. 321.

[196] Vgl. Keller, Kevin: Strategic Brand Management, (Prentice Hall) Upper Saddle River/NJ 1998, S. 56. Siehe auch Aaker, David: Management des Markenwerts, (Campus) Frankfurt-New York 1992, S. 33.

[197] Wie später noch dargestellt wird, gehen eine Reihe von Vertretern der Markenwertforschung davon aus, dass mit Hilfe des preispolitischen Spielraums einer Marke der Markenwert erfasst werden kann; vgl. z.B. Sander, Matthias: Die Bestimmung und Steuerung des Wertes von Marken, (Physica) Heidelberg 1994; Davies, Gary: The two ways in which retailers can be brands, in: IJRDM,

e) Erhöhung der Effizienz der Marketingmaßnahmen

Eng mit den vorne dargestellten Halo-Wirkungen verbunden, wird in der Literatur einhellig die Meinung vertreten, dass eine starke Marke die Effizienz der Marketingmaßnahmen erhöht. So sehen beispielsweise Esch/Andresen den Markenwert als „Indikator zur Steigerung der Marketing-Produktivität der Marke"[198].

Keller definiert den Markenwert über die erhöhte Marketingeffizienz: „A brand is said to have positive (negative) customer-based brand equity when consumers react more (less) favourably to an element of the marketing mix for the brand than they do to the same marketing mix element when it is attributed to a fictiously named or unnamed version of the product or service."[199] Markenorientierte komparative Ansätze, wie Blindtests im Vergleich zu Offentests, sind geeignet, den Einfluss der Marke auf die Wirkung von Marketingmaßnahmen zu entdecken.[200] Dabei können eine Reihe von Wirkungen in den verschiedenen Instrumentalbereichen des Marketing festgestellt werden:[201]

♦ Wie oben bereits festgestellt, ist auf preispolitischer Ebene für markenstarke Produkte oftmals eine Mehrpreisakzeptanz festzustellen.

♦ Starke Marken bewirken eine höhere Effizienz von Kommunikationsmaßnahmen. Bei einer zunehmenden Informationsüberlastung gewinnen eingeführte Marken größere Aufmerksamkeit als neue Marken. Bei etablierten Marken sind erhöhte Wahrnehmungssensibilitäten zu erwarten und resultieren in einem höheren Wirkungsgrad des Kommunikationsbudgets. Keller erklärt einen Teil der Kommunikationswirkungen einer Marke mit den Hierarchieeffekten, die oftmals als Modelle der Kommunikationswirkung angesehen werden und bei denen Konsumenten unterschiedliche „Phasen" der Wirkung durchlaufen.[202] Keller zeigt, dass eine starke Marke wegen des vorhandenen Konsumentenwissens die Wahrscheinlichkeit erhöht, dass bestimmte Stufen durchlaufen werden. Auf Grund der Markenbekanntheit ist die Aufmerksamkeit höher. Wegen des bestehenden Wissens werden kognitive Wirkungsstufen leich-

---

198   20. Jg., 1992, Nr. 2, S. 24-34, S. 27f. Gleichzeitig werden jedoch auch deutliche Schwächen dieses „Markenwertindikators" ausgemacht; vgl. Abschnitt C.IV.2.h) des Dritten Kapitels.
Esch, Franz-Rudolf; Andresen, Thomas: Messung des Markenwertes, in: Hauser, Ulrich (Hrsg.): Erfolgreiches Markenmanagement, (Gabler) Wiesbaden 1997, S. 11-37, S. 14.

199   Keller, Kevin: Conceptualizing, measuring, and managing customer-based brand equity, in: JM, 57. Jg., 1993, Nr. 1, S. 1-22, S. 1

200   Vg. Keller, Kevin: Kundenorientierte Messung des Markenwerts, in: Esch, Franz-Rudolf (Hrsg.): Moderne Markenführung, 2. Aufl., (Gabler) Wiesbaden 2000, S. 967-987, S. 984f.

201   Vgl. Bekmeier-Feuerhahn, Sigrid: Marktorientierte Markenbewertung, (DUV) Wiesbaden 1998, S. 41-44.

202   Ein Beispiel für ein solches Wirkungsmodell stellt AIDA dar, vgl. Zentes, Joachim: Grundbegriffe des Marketing, 4. Aufl., (Schäffer-Poeschel) Stuttgart 1996, S. 12. Ein verhaltenswissenschaftlich fundiertes und nach den psychischen Prozessen differenziertes Modell stellt das Modell der Wirkungspfade dar; vgl. Kroeber-Riel, Werner; Weinberg, Peter: Konsumentenverhalten, 7. Aufl., (Vahlen) München 1999, S. 587-604.

ter durchlaufen. Schließlich sind weniger Wiederholungen notwendig, bis die Werbebotschaft gelernt sei, da sie in vorhandenes Wissen integriert werde.[203]

Übersicht 3: **Vergleich der Ergebnisse eines Blindtests mit denen eines offenen Tests für Diet Pepsi und Diet Coke**

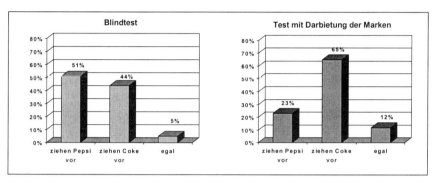

Quelle: Chernatony, Leslie de; McDonald, Malcom: Creating Powerful Brands, (Butterworth-Heinemann) Oxford u.a. 1992, S. 9.

Eine wesentliche Wirkung der Marke ist dabei eine allgemeine Präferenzbeeinflussung, die sich positiv auf alle Marketinginstrumente auswirkt und die durch die Markierung und - zumindest teilweise - durch die damit verbundenen Irradiations- bzw. Halo-Effekte erzeugt wird. Ein Beispiel dazu bietet der Vergleich eines Blindtests und eines offenen Tests zwischen Pepsi und Coca-Cola.[204]

f)   Ermöglichung der Marktsegmentierung

Bedient ein Unternehmen unterschiedliche Marktsegmente, so ist eine Programmdifferenzierung auf der Basis unterschiedlicher Marken möglich. Kannibalisierungseffekte werden so eher vermieden. Um Konsumentenrenten abzuschöpfen, sind Differenzierungen notwendig.[205] So kann eine differenzierte Marktbearbeitung Vorteile bringen, da u.a. unterschiedliche Zahlungsbereitschaften in unterschiedlichen Marktsegmenten vorliegen können. Ziel einer Marktsegmentierung kann es sein, einen höheren Teil der

---

[203] Vgl. Keller, Kevin: Strategic Brand Management, (Prentice Hall) Upper Saddle River/NJ 1998, S. 64.

[204] Vgl. zu diesem Beispiel auch: Esch, Franz-Rudolf; Wicke, Andreas: Herausforderungen und Aufgaben des Markenmanagements, in: Esch, Franz-Rudolf (Hrsg.): Moderne Markenführung, 2. Aufl., (Gabler) Wiesbaden 2000, S. 3-55, S. 7.

[205] Vgl. Koppelmann, Udo: Funktionenorientierter Erklärungsansatz der Markenpolitik, in: Bruhn, Manfred (Hrsg.): Handbuch MA, Bd. 1, (Schäffer-Poeschel) Stuttgart 1994, S. 219-237, S. 223.

Konsumentenrente abzuschöpfen, indem man die unterschiedlichen Preisbereitschaften berücksichtigt.[206]

Eine der Voraussetzungen für eine effiziente differenzierte Marktbearbeitung ist jedoch die Trennung der Märkte voneinander. Diese Trennung kann einerseits räumlicher Natur sein. Andererseits kann diese differenzierte Marktbearbeitung auch dadurch gegeben sein, dass Leistungen eines Unternehmens unter unterschiedlichen Marken angeboten werden. Dabei geht es bei der Marktsegmentierung meist darum, einen - für die neue oder alte Marke unvorteilhaften - Imagetransfer zu verhindern und - in einigen Fällen - dem Kunden den Hersteller bzw. Absender einer Leistung zu verschleiern.[207] Im Dienstleistungssektor bieten Hotelketten ein Beispiel dieser Strategie, so die französische Accor-Gruppe, die diese Markenstrategie verfolgt und mit verschiedenen Marken unterschiedliche Kundensegmente (oder -bedürfnisse) anspricht.[208]

Becker weist darauf hin, dass eine Multimarken-Strategie insbesondere auf Grund der immer stärker polarisierten Märkte Vorteile bringen kann. Während Unternehmen ähnliche Marktsegmente oftmals noch mit der gleichen Marke bearbeiten können, übersteigt, auf Grund der extremen Veränderungen in den Marktschichten, eine solche Strategie bei Bearbeitung heterogener Marktschichten durch eine einheitliche Marke i.d.R. ihren Kompetenzrahmen.[209]

g)   Ermöglichung von Markentreue

Als Instrument gegen zunehmende Anonymität soll die Marke Kundenbindung für Wiederholungskäufe schaffen. Der mit einer Kaufentscheidung zufriedene Kunde soll zu einem späteren Zeitpunkt seine Entscheidung wiederholen.[210] Für den Aufbau einer Markenbindung stellt dabei eine Markierung eine Grundvoraussetzung dar, u.a. weil erst

---

[206]   Vgl. Nieschlag, Robert; Dichtl, Erwin; Hörschgen, Hans: Marketing, 18. Aufl., (Duncker & Humblot) Berlin 1997, S. 396f.; Varian, Hal: Grundzüge der Mikroökonomik, 5. Aufl., (Oldenbourg) München-Wien 2001, S. 426-431.

[207]   Vgl. Keller, Kevin: Strategic Brand Management, (Prentice Hall) Upper Saddle River/NJ 1998, S. 406. Mit einer Preisdifferenzierung sind i.d.R. Differenzierungen bei anderen Marketinginstrumenten zu verbinden, um z.B. Arbitrage zwischen verschiedenen Kundensegmenten zu verhindern, vgl. Freter: Hermann: Marktsegmentierung, in: Tietz, Bruno; Köhler, Richard; Zentes, Joachim (Hrsg.): HWM, 2. Aufl., (Schäffer-Poeschel) Stuttgart 1995, Sp. 1802-1814, Sp. 1813. Unterschiedliche Marken bieten hierzu eine Möglichkeit.

[208]   Accor führt dabei z.B. die Hotelmarken Formule 1, Novotel, Mercure, Pannonia, Sofitel; vgl. Accor: Alles über Accor, http://www.accorhotels.com/accorhotels/index.html, 10.2.2001.

[209]   Vgl. Becker, Jochen: Typen von Markenstrategien, in: Bruhn, Manfred (Hrsg.): Handbuch MA, Bd. 1, (Schäffer-Poeschel) Stuttgart 1994, S. 463-498, S. 486f.

[210]   Vgl. Koppelmann, Udo: Funktionenorientierter Erklärungsansatz der Markenpolitik, in: Bruhn, Manfred (Hrsg.): Handbuch MA, Bd. 1, (Schäffer-Poeschel) Stuttgart 1994, S. 219-237, S. 223.

Marken es dem Anbieter erlauben, sich von den Konkurrenten unterscheidbar zu machen und eine schnelle Wiedererkennung in späteren Kaufsituationen ermöglichen.[211]

Dabei wird eine unmittelbare Verbindung von Markentreue und Markenwert gesehen: Marken mit einem hohen Markenwert wird eine höhere Markentreue entgegengebracht als solchen mit niedrigem Markenwert. Diese wirkt wiederum indirekt auf die Profitabilität des Unternehmens.[212] Die Markentreue beschreibt die Verbundenheit eines Verbrauchers mit einer Marke und die Wahrscheinlichkeit, mit der er die Marke wechseln wird. Nach Aaker macht die Markentreue eines bestimmten Stamms von Kunden oftmals den Kern des Markenwerts für ein Unternehmen aus. Eine Erhöhung der Markentreue bewirkt dabei eine Vielzahl der oben genannten Vorteile: So verringert sie die Anfälligkeit des Kundenstamms gegenüber Aktionen der Konkurrenz, dient der Stabilisierung des Absatzes, wirkt sich damit direkt auf die zukünftigen Verkaufszahlen aus und stellt auch den Zusammenhang zwischen Marke und zukünftigen Gewinnen her.[213] Dabei wirken bei starken Marken i.d.R. zwei Aspekte zusammen: So haben sie meist mehr Kunden, und zudem sind diese Kunden auch in der Regel loyaler als bei schwachen Marken - ein Phänomen, das in der Markenliteratur als „double jeopardy" bekannt ist.[214] Da die Markentreue einen wesentlichen Vorteil der Marke darstellt, der zahlreiche Facetten hat, werden theoretische und messtechnische Fragen der Markentreue im Dritten Kapitel, Abschnitt C.IV., noch ausführlich diskutiert.

h) Ermöglichung des Markentransfers

Marken haben darüber hinaus weiteres strategisches Erfolgspotenzial: Unternehmen können mit vorhandenen Marken neue Produkte in bisherigen oder in neuen Produktkategorien einführen.[215] Diese Möglichkeit ist eng verbunden mit den oben dargestellten Vorteilen der Marke, die sich durch eine Marktsegmentierung ergeben können und stellt gewissermaßen einen Gegenpol dazu dar. Während es bei der Marktsegmentierung meist Ziel ist, den Konsumenten nicht erkennen zu lassen, dass verschiedene Marken

---

[211] Vgl. Weinberg, Peter; Diehl, Sandra: Aufbau und Sicherung von Markenbindung unter schwierigen Konkurrenz- und Distributionsbedingungen, in: Köhler, Richard; Majer, Wolfgang; Wiezorek, Heinz (Hrsg.): Erfolgsfaktor Marke, (Vahlen) München 2001, S. 23-35, S. 26.

[212] Vgl. Doyle, Peter: Building successful brands: The strategic options, in: JCM, 7. Jg., 1990, Nr. 2, S. 5-20, S. 10; Hoyer, Wayne; Brown, Steven: Effects of Brand Awareness on Choice for a Common, Repeat-Purchase Product, in: JCR, 17. Jg., 1990, Nr. 9, S. 141-148.

[213] Vgl. Aaker, David: Management des Markenwerts, (Campus) Frankfurt-New York 1992, S. 57; Meffert, Heribert; Bruhn, Manfred: Dienstleistungsmarketing, 2. Aufl., (Gabler) Wiesbaden 1997, S. 321.

[214] Vgl. Chaudhuri, Arjun: Brand equity or double jeopardy?, in: JPBM, 4. Jg., 1995, Nr. 1, S. S. 26-32; Jones, John: The double jeopardy of sales promotions, in: HBR, 78. Jg., 1990, Nr. 5, S. 145-152.

[215] Vgl. Esch, Franz-Rudolf; Fuchs, Marcus; Bräutigam, Sören: Konzeption und Umsetzung von Markenerweiterungen, in: Esch, Franz-Rudolf (Hrsg.): Moderne Markenführung, 2. Aufl., (Gabler) Wiesbaden 2000, S. 669-704, S. 671.

aus der gleichen „Quelle" stammen, ist es für den Markentransfer notwendig, ihm die gemeinsame „Urheberschaft" zu verdeutlichen.[216]

„Simple ökonomische Überlegungen sprechen dafür, den Goodwill, den eine Marke besitzt, auch auf ein zweites, drittes usw. Produkt zu übertragen."[217] Mit der Einführung neuer Marken sind sehr hohe Kosten und Risiken verbunden, z.b. in Form von Akzeptanzproblemen beim Verbraucher. Die Markenerweiterung stellt dabei die heute am häufigsten angewandte Strategie zur Einführung eines Produkts in einen für das Unternehmen neuen Markt dar.[218]

Für Unternehmen erfüllen starke Marken also auch die Funktion einer Plattform für neue Produkte. Dieser Vorteil liegt v.a. darin begründet, dass die bestehenden Marken bereits über Gedächtnisinhalte beim Konsumenten verfügen.[219] Unternehmen haben dabei oftmals über Jahre hinweg durch Marketingmaßnahmen bestimmte Vorstellungen und Assoziationen zur Marke bei den Konsumenten aufgebaut. Mit der Nutzung der vorhandenen Marke für weitere Produkte will man die getätigten Investitionen weiter kapitalisieren.[220] Bei einem idealtypischen Verlauf einer Markenerweiterung werden positive Imagekomponenten von einer etablierten Marke auf ein Erweiterungsprodukt in einer neuen Produktkategorie übertragen; in einer entgegengesetzten Richtung soll das Image des Erweiterungsprodukts zu einer Stärkung der Stammmarke beitragen. Der endgültige Erfolg einer Erweiterung hängt also von ihrer Fähigkeit ab, sowohl ihren eigenen Markenwert in einer neuen Kategorie zu erreichen als auch zum Wert der Stammmarke beizutragen.[221] Dabei wird vermutet, dass Verbraucher bei starken Mar-

---

[216] Die Vor- und Nachteile dieser Strategien sind die Basis für die Diskussion zur Frage der Standardisierung oder Differenzierung der Markenpolitik, die v.a. im internationalen Kontext geführt wird; vgl. z.b. Bolz, Joachim: Wettbewerbsorientierte Standardisierung der internationalen Marktbearbeitung, (Wissenschaftliche Buchgesellschaft) Darmstadt 1992; Wissmeier, Urban: Strategien im internationalen Marketing, (Gabler) Wiesbaden 1992; Zentes, Joachim: Internationales Marketing, in: Tietz, Bruno; Köhler, Richard; Zentes, Joachim (Hrsg.): HWM, 2. Aufl., (Schäffer-Poeschel) Stuttgart 1995, Sp. 1031-1045.

[217] Nieschlag, Robert; Dichtl, Erwin; Hörschgen, Hans: Marketing, 18. Aufl., (Duncker & Humblot) Berlin 1997, S. 246.

[218] Vgl. Esch, Franz-Rudolf; Fuchs, Marcus; Bräutigam, Sören: Konzeption und Umsetzung von Markenerweiterungen, in: Esch, Franz-Rudolf (Hrsg.): Moderne Markenführung, 2. Aufl., (Gabler) Wiesbaden 2000, S. 669-704, S. 673.

[219] Koppelmann, Udo: Funktionenorientierter Erklärungsansatz der Markenpolitik, in: Bruhn, Manfred (Hrsg.): Handbuch MA, Bd. 1, (Schäffer-Poeschel) Stuttgart 1994, S. 219-237, S. 224; Esch, Franz-Rudolf; Wicke, Andreas: Herausforderungen und Aufgaben des Markenmanagements, in: Esch, Franz-Rudolf (Hrsg.): Moderne Markenführung, 2. Aufl., (Gabler) Wiesbaden 2000, S. 3-55, S. 46.

[220] Vgl. Tauber, Edward: Brand leverage: Strategy for growth in a cost-control world, in: JAR, 28. Jg., 1988, Nr. 3, S. 25-30; Esch, Franz-Rudolf; Fuchs, Marcus; Bräutigam, Sören: Konzeption und Umsetzung von Markenerweiterungen, in: Esch, Franz-Rudolf (Hrsg.): Moderne Markenführung, 2. Aufl., (Gabler) Wiesbaden 2000, S. 669-704, S. 675.

[221] Vgl. Keller, Kevin: Erfolgsfaktoren von Markenerweiterungen, in: Esch, Franz-Rudolf (Hrsg.): Moderne Markenführung, 2. Aufl., (Gabler) Wiesbaden 2000, S. 705-719, S. 708-711; Esch, Franz-Rudolf; Fuchs, Marcus; Bräutigam, Sören: Konzeption und Umsetzung von Markenerweiterungen,

ken eher bereit sind, Transferprodukte zu akzeptieren.[222] Weitere Voraussetzungen für einen erfolgreichen Markentransfer zeigen u.a. Aaker/Keller, Keller und Esch/Fuchs/Bräutigam.[223]

III. Markenpolitik

1. Markenpolitik als zentrale Marketingpolitik

In der Literatur bestehen unterschiedliche Auffassungen über die Einordnung der Markenpolitik in das Marketingkonzept. Die Ansichten reichen von der Zuordnung der Markenpolitik zur Produktpolitik (in der Bedeutung einer Markierung)[224] bis zur Auslegung der Markenpolitik als übergeordnetes, ganzheitliches Marketingkonzept.[225] Es empfiehlt sich daher eine Unterscheidung in Markenpolitik i.e.S. und Markenpolitik i.w.S. vorzunehmen: Als Markenpolitik im engeren Sinne können sämtliche, mit der Markierung von Produkten verbundenen Maßnahmen und Entscheidungen verstanden werden, insbesondere die Auswahl von Namen, Symbolen, Zeichen u.Ä.[226] Dieses Begriffverständnis korrespondiert mit dem oben dargestellten Verständnis der Trennbarkeit von Marke und markierter Leistung.

In der Marketingtheorie wird jedoch heute der Begriff der Markenpolitik meist als Markenpolitik i.w.S. aufgefasst, der den Markenaufbau und die Pflege von Leistungen als Marke sowie den Vertrieb der Marke umfasst. Markenpolitik wird dabei als übergreifendes und integriertes Marketingkonzept für markierte Leistungen verstanden.[227] Markenpolitik ist in diesem Sinne eine Unternehmensstrategie zum Aufbau und zur Pflege

---

in: Esch, Franz-Rudolf (Hrsg.): Moderne Markenführung, 2. Aufl., (Gabler) Wiesbaden 2000, S. 669-704, S. 676f.

[222] Vgl. Tauber, Edward: Brand leverage: Strategy for growth in a cost-control world, in: JAR, 28. Jg., 1988, Nr. 3, S. 25-30; siehe auch Bekmeier-Feuerhahn, Sigrid: Marktorientierte Markenbewertung, (DUV) Wiesbaden 1998, S. 42.

[223] Vgl. Aaker, David; Keller, Kevin: Consumer evaluations of brand extensions, in: JM, 54. Jg., 1990, Nr. 1, S. 27-41; Keller, Kevin: Erfolgsfaktoren von Markenerweiterungen, in: Esch, Franz-Rudolf (Hrsg.): Moderne Markenführung, 2. Aufl., (Gabler) Wiesbaden 2000, S. 705-720; Esch, Franz-Rudolf; Fuchs, Marcus; Bräutigam, Sören: Konzeption und Umsetzung von Markenerweiterungen, in: Esch, Franz-Rudolf (Hrsg.): Moderne Markenführung, 2. Aufl., (Gabler) Wiesbaden 2000, S. 669-704, S. 681-699.

[224] So z.B. Kotler, Philip; Bliemel, Friedhelm: Marketing-Management, 9. Aufl., (Schäffer-Poeschel) Stuttgart 1999, S. 688-707; Nieschlag, Robert; Dichtl, Erwin; Hörschgen, Hans: Marketing, 18. Aufl., (Duncker & Humblot) Berlin 1997, S. 241-251.

[225] So z.B. Becker, Jochen: Marketing-Konzeption, 6. Aufl., (Vahlen) München 1998, S. 188-214; Meffert, Heribert: Marketing, 9. Aufl., (Gabler) Wiesbaden 2000, S. 846-856; Haedrich, Günther; Tomczak, Torsten: Strategische Markenführung, (Haupt) Bern-Stuttgart 1990.

[226] Vgl. z.B. Meffert, Heribert: Marketing, 7. Aufl., (Gabler) Wiesbaden 1986, S. 361-419.

[227] Vgl. Bruhn, Manfred: Begriffsabgrenzungen und Erscheinungsformen von Marken, in: Bruhn, Manfred (Hrsg.): Handbuch MA, Bd. 1, (Schäffer-Poeschel) Stuttgart 1994, S. 3-41, S. 18; Meffert, Heribert: Marketing, 9. Aufl., (Gabler) Wiesbaden 2000, S. 846-885.

von Marken; sie beinhaltet „längerfristige, bedingte Verhaltenspläne der Markengestaltung zur Erreichung von Wettbewerbsvorteilen."[228] So zeigt Keller auf, dass der gesamte Marketingmix eines Unternehmens zum Aufbau des Markenverständnisses der Konsumenten beitragen kann sowie zur Herausbildung einer Wertschätzung, die der Konsument der Marke entgegenbringt.[229]

Haedrich/Tomczak sehen - noch umfassender - den Begriff Marketing als unternehmerische Führungskonzeption, bei der alle Funktionsbereiche des Unternehmens im Sinne der Erstellung einer integrierten Marketingleistung zusammenarbeiten. Wenn sich diese ganzheitliche Führungskonzeption auf einzelne Produkte bzw. Marken bezieht, sprechen sie von strategischer Markenführung.[230] Dies bedeutet, dass sich die Führung der Marke nicht nur mit dem Markenzeichen (bzw. -namen) beschäftigt, sondern alle Marketinginstrumente und - weitergehend - alle Funktionsbereiche des Unternehmens einbezieht und damit auch wettbewerbsstrategische Überlegungen beinhaltet. In diesem Verständnis ist der Begriff der Markenpolitik eng verbunden mit der strategischen Planung. Eine Marke kann dabei nach Haedrich/Tomczak ein Strategisches Geschäftsfeld sein. Darunter versteht man in der strategischen Planung eine Produkt-Markt-Kombination, die eigenständige strategische Erfolgsfaktoren aufweist und daher eine dauerhafte und selbstständige Planungseinheit darstellt.[231]

2. Marktsegmentierung als Grundlage der Markenpolitik

Besteht ein Markt für eine Leistung aus mehreren Käufern, so ist die grundsätzliche Möglichkeit gegeben, diesen Markt zu segmentieren.[232] Marktsegmentierung bedeutet in diesem Zusammenhang, den (heterogenen) Gesamtmarkt nach bestimmten Merkmalen in mehrere (in sich homogene) Teilmärkte aufzuspalten. Marktsegmentierung beinhaltet die bewusste Orientierung am Verhalten, den besonderen Ansprüchen, Erwartungen und Reaktionstendenzen genau abgegrenzter Gruppen. Es werden dabei häufig mehrere, oft alle Marktsegmente von dem Unternehmen bearbeitet, aber mit einem unterschiedlichen, segmentspezifischen Instrumentarium, um damit die Marketinginstrumente zielgerichteter einsetzen zu können, und um Streuverluste beim Einsatz der Marketinginstru-

---

[228] (Vgl.) Meffert, Heribert: Strategien zur Profilierung von Marken, in: Dichtl, Erwin; Eggers, Walter (Hrsg.): Marke und Markenartikel, (dtv) München 1992, S. 129-156, S. 135.

[229] Vgl. Keller, Kevin: Strategic Brand Management, (Prentice Hall) Upper Saddle River/NJ 1998, S. 5.

[230] Vgl. Haedrich, Günther; Tomczak, Torsten: Strategische Markenführung, (Haupt) Bern-Stuttgart 1990, S. 11.

[231] Vgl. Haedrich, Günther; Tomczak, Torsten: Strategische Markenführung, (Haupt) Bern-Stuttgart 1990, S. 27-29; Müller, Wolfgang: Geschäftsfeldplanung, in: Tietz, Bruno; Köhler, Richard; Zentes, Joachim (Hrsg.): HWM, 2. Aufl., (Schäffer-Poeschel) Stuttgart 1995, Sp. 760-785, Sp. 761.

[232] Vgl. Meffert, Heribert: Marketing, 9. Aufl., (Gabler) Wiesbaden 2000, S. 181.

mente zu vermeiden.[233] Die möglichen Segmentierungskriterien sind vielfältig und werden in der Marketingliteratur ausführlich dargestellt.[234] An diese Kriterien werden eine Reihe von Anforderungen gestellt, so Messbarkeit, Kaufverhaltensrelevanz, Erreichbarkeit bzw. Zugänglichkeit und Wirtschaftlichkeit.[235] Oftmals wird die Marktsegmentierung als wichtiger Pfeiler der Markenpolitik angesehen.[236] Andererseits darf nicht pauschal davon ausgegangen werden, dass eine differenzierte Bearbeitung der einzelnen Segmente immer die optimale Markenstrategie darstellt. Mittels einer differenzierten Marktbearbeitungsstrategie versucht die Unternehmung, durch den unterschiedlichen Einsatz des Marketinginstrumentariums alle attraktiven Marktsegmente eines relevanten Marktes mit segmentspezifischen Marktleistungen zu versorgen. Mit zunehmendem Differenzierungsgrad gehen jedoch auch hohe finanzielle und verwaltungsmäßige Ressourcenanforderungen einher. Im Rahmen der undifferenzierten Marktbearbeitungsstrategie wird dagegen mit einem einheitlichen Marketingprogramm der gesamte Markt bearbeitet. Oft stehen Kostenaspekte im Vordergrund und die absatzpolitischen Bemühungen konzentrieren sich auf die Gemeinsamkeiten in den Bedürfnisstrukturen und Verhaltensweisen der Konsumenten.[237] Ohne diese Thematik hier näher diskutieren zu können, zeigt sich, dass es eine Reihe von Voraussetzungen für eine erfolgreiche Segmentierungspolitik gibt, und dass die Erfüllung der Voraussetzungen je nach Branche und Leistungsangebot unterschiedlich ausfällt.

3. Voraussetzungen erfolgreicher Markenführung

a) Elemente einer erfolgreichen Markenführung

Versteht man den Begriff der Markenpolitik bzw. Markenführung als ganzheitliche Marketingkonzeption, so sind sämtliche Marketinginstrumente und darüber hinaus die marktorientierte Unternehmensführung in ihren Auswirkungen zu betrachten. Für eine erfolgreiche Markenpolitik werden in der Literatur bestimmte Voraussetzungen genannt. Hier sollen nur einige „Leitlinien" der Markenpolitik dargestellt werden. Dabei gibt es unterschiedliche „Kataloge" oder Listen von Merkmalen oder Prinzipien, die der Erreichung der Markenziele dienen.

---

[233] Vgl. Tietz, Bruno: Marketing, 3. Aufl., (Werner-Verlag) Düsseldorf 1993, S. 311f.

[234] Vgl. z.B. Meffert, Heribert: Marketing, 9. Aufl., (Gabler) Wiesbaden 2000, S. 188-213; Kotler, Philip; Bliemel, Friedhelm: Marketing-Management, 9. Aufl., (Schäffer-Poeschel) Stuttgart 1999, S. 436-450; Freter, Hermann: Marktsegmentierung, in: Tietz, Bruno; Köhler, Richard; Zentes, Joachim (Hrsg.): HWM, 2. Aufl., (Schäffer-Poeschel) Stuttgart 1995, Sp. 1802-1814, Sp. 1806f.

[235] Vgl. z.B. Meffert, Heribert: Marketing, 9. Aufl., (Gabler) Wiesbaden 2000, S. 186-188; Tietz, Bruno: Marketing, 3. Aufl., (Werner-Verlag) Düsseldorf 1993, S. 312.

[236] Vgl. Waltermann, Bernd: Marktsegmentierung und Markenpolitik, in: Bruhn, Manfred (Hrsg.): Handbuch MA, Bd. 1, (Schäffer-Poeschel) Stuttgart 1994, S. 375-394. Die Vorteile wurden bereits kurz in Abschnitt A.II.2.f) dieses Kapitels aufgezeigt.

[237] Vgl. Meffert, Heribert: Marketing, 9. Aufl., (Gabler) Wiesbaden 2000, S. 216f.

Übersicht 4:   Grundprinzipien erfolgreicher Markenpolitik

Verfasser	*Prinzipien*
Knoblich/Koppelmann (1992)	Prägnanz, Konstanz, Originalität, Distanz
Rudolph (1993)	Schwergewichtsbildung, Kombination, Differenzierung, Harmonisierung, Synchronisation, Konstanz
Wiedmann (1994)	Singularität, Kontinuität, Konsistenz
Rüschen (1994)	Konsequenz in der Markenführung, Ganzheitlichkeit der Maßnahmen, Kontinuität
Berekoven (1995)	Prägnanz, Konstanz
Meffert/Burmann (1997)	Wechselseitigkeit, Kontinuität, Konsistenz, Individualität
Ruge (2000)	Integration, Kontinuität, Konzentration

Quelle: Berekoven, Ludwig: Erfolgreiches Einzelhandelsmarketing, 2. Aufl., (Beck) München 1995, S. 417f.; Knoblich, Hans; Koppelmann, Udo: Imagepolitik, in: Diller, Hermann (Hrsg.): Vahlens Großes Marketing Lexikon, (Vahlen) München 1992, S. 435-437; Meffert, Heribert; Burmann, Christoph: Identitätsorientierte Markenführung, in: Bruhn, Manfred: Handelsmarken, 2. Aufl., (Schäffer-Poeschel) Stuttgart 1997, S. 49-69, S. 58; Rudolph, Thomas: Positionierungs- und Profilierungsstrategien im Europäischen Einzelhandel, (Verlag Thexis AG) St. Gallen 1993, S. 291; Ruge, Hans-Dieter: Aufbau von Markenbildern, in: Esch, Franz-Rudolf (Hrsg.): Moderne Markenführung, 2. Aufl., (Gabler) Wiesbaden 2000, S. 165-184, S. 176f.; Rüschen, Gerhard: Ziele und Funktionen des Markenartikels, in: Bruhn, Manfred (Hrsg.): Handbuch Markenartikel, Bd. 1, (Schäffer-Poeschel) Stuttgart 1994, S. 121-134, S. 128f.; Wiedmann, Klaus-Peter: Markenpolitik und Corporate Identity, in: Bruhn, Manfred (Hrsg.): Handbuch Markenartikel, Bd. 2, (Schäffer-Poeschel) Stuttgart 1994, S. 1033-1054, S. 1036f.

Zusammenfassend können drei grundlegende Aspekte identifiziert werden, die in den meisten Betrachtungen - mit teilweise unterschiedlichen Formulierungen - wiederkehren, nämlich Differenzierung bzw. Abgrenzung von der Konkurrenz, Konsistenz bzw. Integration aller Marketingmaßnahmen und langfristige Kontinuität bzw. Konstanz. Diese Aspekte werden hier kurz und allgemein diskutiert und v.a. in den Abschnitten B. und C. des Dritten Kapitels theoretisch fundiert und in Bezug auf Händlermarken in ihrer Wirkung diskutiert.

b)   Differenzierung

Die Schaffung eines einzigartigen Markenbildes wird als zentraler Erfolgsfaktor der Markenpolitik betont, da die Grundidee der Marke letztlich darin besteht, ein Leistungsangebot aus der Anonymität herauszuheben. Ein wesentliches Ziel der Bildung von Marken ist der Aufbau eines unverwechselbaren Erscheinungsbildes in den Augen der Verbraucher, das die Marke von der Konkurrenz differenziert, d.h. die Profilierung der Marke. Wiedmann spricht hier von Singularität.[238]

---

[238] Vgl. Wiedmann, Klaus-Peter: Markenpolitik und Corporate Identity, in: Bruhn, Manfred (Hrsg.): Handbuch Markenartikel, Bd. 2, (Schäffer-Poeschel) Stuttgart 1994, S. 1033-1054, S. 1034.

Da die Marke auf Assoziationen beruht, stellt deren Gestaltung, so dass das Resultat vom Konsument als einzigartig und attraktiv gesehen wird, die Hauptaufgabe der Markensteuerung dar.[239] Der Markenkern beinhaltet dabei die wesentlichen, grundsätzlichen Assoziationen, die Nachfrager mit einer Marke verbinden (sollen). Dieser stellt eine wesentliche Grundlage des Marken-Marketing dar. Der Markenkern dient als Basis für die Differenzierung der eigenen Leistung gegenüber der Konkurrenz und für die Positionierung der Marke.[240] Analog dazu besteht das Ziel der Differenzierung bei der Wettbewerbsstrategie eines Unternehmens darin, „das Produkt oder die Dienstleistung des Unternehmens zu differenzieren und damit etwas zu schaffen, das in der ganzen Branche als einzigartig angesehen wird."[241]

Die Markenprofilierung kann man dabei als besonderen Typ der Positionierungsstrategie ansehen. Präzisiert ein Unternehmen seine Entscheidungen bezüglich der Zielgruppen und der zu erfüllenden Kundenbedürfnisse durch die Festlegung des angestrebten Markenbildes (betreffend bestimmter Markenmerkmale), so handelt es sich hierbei um die Positionierungsentscheidung. Mit der Positionierung trifft ein Unternehmen somit die Entscheidung, welches Markenbild es bei den Zielpersonen zukünftig anstrebt. Zweck dieser Entscheidung ist, durch unternehmensseitig fokussiert bearbeitete Kundenbedürfnisse und konsumentenseitig wahrgenommene Markenmerkmale eine feste Stellung in der Psyche dieser Konsumenten zu erreichen.[242] Beschließt ein Handelsunternehmen im Rahmen dieser Positionierungsentscheidung die gezielte Abhebung von Wettbewerbsleistungen, versucht also ein eigenständiges Angebotsprofil zum Aufbau strategischer Wettbewerbvorteile mit dem Ziel, eine einzigartige und präferenzbildende Stellung in der Psyche der Konsumenten zu erreichen, wird dies im Allgemeinen als Profilierung bezeichnet. Der Begriff Profilierung, der im Prinzip lediglich die Abgrenzung von der Konkurrenz bezeichnet, wird üblicherweise dann benutzt, wenn bei der Positionierungsentscheidung die gedankliche Bezugnahme auf die Wettbewerber in den Mittelpunkt der Betrachtung gerückt wird.[243]

---

[239] Vgl. Blackett, Tom: The Nature of Brands, in: Murphy, John (Hrsg.): Brand Valuation, (Hutchinson) London 1989, S. 1-11, S. 3f.; Roeb, Thomas: Markenwert, (Verlag Mainz) Aachen 1994, S. 55.

[240] Vgl. Köhler, Richard: Erfolgreiche Markenpositionierung angesichts zunehmender Zersplitterung von Zielgruppen, in: Köhler, Richard; Majer, Wolfgang; Wiezorek, Heinz (Hrsg.): Erfolgsfaktor Marke, (Vahlen) München 2001, S. 45-61, S. 55; Brauer, Wolfgang: Die Betriebsform im stationären Einzelhandel als Marke, (FGM) München 1997, S. 78.

[241] Porter, Michael: Wettbewerbsstrategie, 10. Aufl., (Campus) Frankfurt a.M. 1999, S. 17. Der Begriff „Differenzierung" wird aus marketingpolitischer und wettbewerbsstrategischer Sicht noch diskutiert.

[242] Vgl. Schmid, Florian: Positionierungsstrategien im Einzelhandel, (dfv) Frankfurt a.M. 1996, S. 30; Siemer, Silke: Einkaufsstättenprofilierung durch Handelsmarkenware des Lebensmitteleinzelhandels, (Shaker) Aachen 1999, S. 29-31.

[243] Vgl. Wehrle, Friedrich: Strategische Marketingplanung in Warenhäusern, 2. Aufl., (Lang) Frankfurt a.M. 1984, S. 115; Siemer, Silke: Einkaufsstättenprofilierung durch Handelsmarkenware des Lebensmitteleinzelhandels, (Shaker) Aachen 1999, S. 33.

c)   Konsistenz

Um eine starke Marke aufzubauen, sind isoliert eingesetzte Marketingmaßnahmen nur begrenzt sinnvoll und erfolgversprechend. Markenpolitik als strategisches Marketingkonzept benötigt vielmehr eine grundlegende Ausrichtung an Zielen, die umfassende Planung von Strategien sowie die detaillierte Ausgestaltung des Marketinginstrumentemix hinsichtlich des Einsatzes von Marken als Angebotsleistung. Bei dieser Perspektive kommt der Markenpolitik eine integrierende Funktion für das Marketingmix zu. Ein konsistentes Erscheinungsbild stellt für alle Marketingmaßnahmen das gemeinsame Ziel und „Leitbild" dar.[244] Neben dem Aspekt der Einmaligkeit wird hier also die Einheitlichkeit (bzw. Homogenität oder Konsistenz) gefordert, als ein schlüssiger Zusammenhang verschiedener Markenmerkmale und -aktivitäten, die sich an einer „Leitidee" ausrichten.[245] Das bedeutet für die Markenführung, dass alle Maßnahmen, die der Formung der Marke dienen, sich zu einem schlüssigen Gesamtkonzept vereinen und sich durch Ganzheitlichkeit auszeichnen sollen.[246] „Die Suche nach der guten Gestalt und das Vermeiden von Dissonanzen werden nur durch die innere und äußere Stimmigkeit der Elemente untereinander gewährleistet."[247]

d)   Kontinuität

Die Profilierung einer Marke in der Psyche der Konsumenten ist ein langfristiger Prozess, der großer Kontinuität bedarf, da Markenbilder langsam entstehen. Häufige Änderungen der Markenpolitik stören den Aufbau eines konsistenten Markenbildes. Trotz der notwendigen Flexibilität in der Reaktion auf Marktveränderungen ist es daher notwendig, die Grundlinien des Markenkonzepts konsequent zu beachten und nicht zu verlassen.[248]

Diese Notwendigkeit zur Kontinuität basiert u.a. auf den Konzepten der Gedächtnis- und der Lerntheorie. Starke Marken mit ihrer Sicherheitsfunktion beruhen darauf, dass sie eine konstante Ausprägung von Eigenschaften widerspiegeln. Dabei stellt die gleichbleibende oder verbesserte Qualität, als von Mellerowicz noch als konstitutiv erachtetes

---

[244] Vgl. Bruhn, Manfred: Begriffsabgrenzungen und Erscheinungsformen von Marken, in: Bruhn, Manfred (Hrsg.): Handbuch MA, Bd. 1, (Schäffer-Poeschel) Stuttgart 1994, S. 3-41, S. 20f.;

[245] Vgl. Wiedmann, Klaus-Peter: Markenpolitik und Corporate Identity, in: Bruhn, Manfred (Hrsg.): Handbuch Markenartikel, Bd. 2, (Schäffer-Poeschel) Stuttgart 1994, S. 1033-1054, S. 1937.

[246] Vgl. Rüschen, Gerhard: Ziele und Funktionen des Markenartikels, in: Bruhn, Manfred (Hrsg.): Handbuch Markenartikel, Bd. 1, (Schäffer-Poeschel) Stuttgart 1994, S. 121-134, S. 128f.

[247] Wiswede, Günter: Die Psychologie des Markenartikels, in: Dichtl, Erwin; Eggers, Walter (Hrsg.): Marke und Markenartikel, (dtv) München 1992, S. 71-95, S. 88f.

[248] Vgl. Rudolph, Thomas: Positionierungs- und Profilierungsstrategien im Europäischen Einzelhandel, (Verlag Thexis AG) St. Gallen 1993, S. 291; Wiswede, Günter: Die Psychologie des Markenartikels, in: Dichtl, Erwin; Eggers, Walter (Hrsg.): Marke und Markenartikel, (dtv) München 1992, S. 71-95, S. 88f.; Rüschen, Gerhard: Ziele und Funktionen des Markenartikels, in: Bruhn, Manfred (Hrsg.): Handbuch MA, Bd. 1, (Schäffer-Poeschel) Stuttgart 1994, S. 121-134, S. 128f.

Merkmal einer Marke, eine wichtige Voraussetzung zur Etablierung einer erfolgreichen Marke dar.[249] Die beim Kunden aufgebauten Erwartungen sind wiederholt zu erfüllen, um die Sicherheitsfunktion der Marke wahrnehmen zu können; daher ist die Konsistenz der Marketinginstrumente, verstanden als das „Passen" der Instrumente in das Markenschema, von zentraler Bedeutung. Wiedmann betont die Identifikation eines konstanten Leistungsstandards durch die Marke als Teil des Markenkonzepts.[250]

4. Markenstrukturentscheidungen

Eine weitere Entscheidung, die im Rahmen der Markenpolitik getroffen werden muss, ist, welcher Leistungsumfang unter einer Marke gebündelt angeboten werden soll. Mit diesem Problem ist ein Unternehmen insbesondere dann konfrontiert, wenn mehr als ein Produkt bzw. eine Leistung angeboten wird. Dies kann Konsumgüterhersteller mit unterschiedlichen Produkten und/oder Produktgruppen ebenso tangieren wie Einzelhandelsunternehmen mit unterschiedlichen Verkaufsstellen.

Dabei können grundsätzlich Einzelmarkenstrategien, Familienmarkenstrategien und Dachmarkenstrategien unterschieden werden.[251] Die Frage, welche Marken unter einem gemeinsamen Dach geführt werden sollen, wird in den meisten Quellen als „Markenstrategie" bezeichnet.[252] Genauer ist hier die von Kotler/Bliemel gewählte Bezeichnung „Markenstrukturentscheidungen".[253]

Das Prinzip der Einzelmarke besteht darin, dass für die einzelnen Produkte eines Anbieters jeweils eigene Marken geschaffen und im Markt durchgesetzt werden. Die Einzelmarkenstrategie entspricht dem klassischen Markenartikelkonzept und ist auf die Schaffung einer klaren, unverwechselbaren Markenpersönlichkeit gerichtet, insbesondere, wenn Unternehmen heterogene Produkte anbieten bzw. unterschiedliche Positionierungen für ihre unterschiedlichen Produkte bzw. Leistungen erreichen wollen. Eine Familienmarkenstrategie besteht darin, jeweils für eine bestimmte Produktgruppe eines Unternehmens eine einheitliche Marke zu wählen und einzusetzen. Alle unter dieser Familienmarke angebotenen Produkte partizipieren so am aufgebauten Markenwert der Marke

---

[249] Vgl. Meffert, Heribert; Bruhn, Manfred: Dienstleistungsmarketing, 2. Aufl., (Gabler) Wiesbaden 1997, S. 321.

[250] Vgl. Wiedmann, Klaus-Peter: Markenpolitik und Corporate Identity, in: Bruhn, Manfred (Hrsg.): Handbuch Markenartikel, Bd. 2, (Schäffer-Poeschel) Stuttgart 1994, S. 1033-1054, S. 1034.

[251] Vgl. Becker, Jochen: Marketing-Konzeption, 6. Aufl., (Vahlen) München 1998, S. 195-205; Kotler, Philip; Bliemel, Friedhelm: Marketing-Management, 9. Aufl., (Schäffer-Poeschel) Stuttgart 1999, S. 704-707; Meffert, Heribert: Marketing, 9. Aufl., (Gabler) Wiesbaden 2000, S. 856-865.

[252] Vgl. z.B. Meffert, Heribert: Marketing, 9. Aufl., (Gabler) Wiesbaden 2000, S. 856; Becker, Jochen: Typen von Markenstrategien, in: Bruhn, Manfred (Hrsg.): Handbuch MA, Bd. 1, (Schäffer-Poeschel) Stuttgart 1994, S. 463-498.

[253] Vgl. Kotler, Philip; Bliemel, Friedhelm: Marketing-Management, 9. Aufl., (Schäffer-Poeschel) Stuttgart 1999, S. 704f.

und tragen gleichzeitig dazu bei. Dabei ist ein Vorteil in der effizienteren Nutzung des Marketingbudgets zu sehen sowie in den Synergieeffekten, die für verwandte Produkte des Unternehmens genutzt werden können, wobei trotzdem verschiedene Gruppen von Produkten durch verschiedene Familienmarken voneinander getrennt werden. Detailliert beschäftigt sich u.a. Becker mit den Vor- und Nachteilen der jeweiligen Strategie.[254] Bei einer Dachmarkenstrategie werden sämtliche Leistungen eines Unternehmens unter einer Marke zusammengefaßt, die dann oftmals auch als Firmenmarke geführt wird. Sie ist noch deutlicher als die Familienmarkenstrategie auf eine hohe Effizienz des Markenbudgets ausgerichtet, erleichtert die Einführung neuer Produkte und in diesem Fall auch neuer Produktgruppen in den Markt und ermöglicht, die gesamte Kommunikationsleistung eines Unternehmens auf eine einzige Marke zu konzentrieren.[255]

Da alle genannten Strategien Vor- und Nachteile aufweisen, sind neben den Reintypen der Strategien auch Strategiekombinationen zu finden, so horizontale Mischtypen (z.B. Dachmarkenstrategien für die meisten Produkte eines Unternehmens mit Ausnahmen, z.B. Einzelmarken für ausgewählte Produkte) oder vertikale Kombinationen, die sich z.B. aus Dach- und Familienmarken zusammensetzen können.[256] Diese vertikalen Mischtypen können sich ergeben, weil das Phänomen der Marke bei einem Unternehmen auf unterschiedlichen Ebenen - teilweise parallel - genutzt werden kann, so auf der Unternehmensebene, der Ebene von Produktgruppen und der Ebene einzelner Produkte.[257]

IV. Erfassung des Markenwerts

1. Begriff des Markenwerts

a) Überblick

Die Marke ist schon seit langem ein wesentlicher Aspekt der Marketingforschung. Dass Konzept der Marke und das Markenimage wurden dabei jedoch lange Zeit als eine eher qualitative, nicht quantifizierbare Seite des Marketingkonzepts gesehen.[258] Erst in den späten 80er Jahren, als Unternehmensakquisitionen vorgenommen wurden, bei denen offensichtlich das Markenportfolio des übernommenen Unternehmens mit hohen Sum-

---

[254] Vgl. Becker, Jochen: Marketing-Konzeption, 6. Aufl., (Vahlen) München 1998, S. 196f., S. 199.

[255] Vgl. Meffert, Heribert: Marketing, 9. Aufl., (Gabler) Wiesbaden 2000, S. 862.

[256] Vgl. Becker, Jochen: Marketing-Konzeption, 6. Aufl., (Vahlen) München 1998, S. 200-202; Kotler, Philip; Bliemel, Friedhelm: Marketing-Management, 9. Aufl., (Schäffer-Poeschel) Stuttgart 1999, S. 706f.

[257] Vgl. z.B. Keller, Kevin: Strategic Brand Management, (Prentice Hall) Upper Saddle River/NJ 1998, S. 71.

[258] Vgl. Feldwick, Paul: What is brand equity anyway and how do you measure it?, in: JMRS, 38. Jg., 1996, Nr. 2, S. 85-94, S. 85.

men bezahlt wurde, wurde deutlich, dass Marken auch einen quantifizierbaren Wert haben.[259]

Im Rahmen der wissenschaftlichen Diskussion dieser Ereignisse entstand der Begriff des Markenwerts. Die Quantifizierung der Marke wurde dadurch zum Thema der Marketingwissenschaft.[260] So wurde in den 80er Jahren zunächst das Konzept des Markenwerts populär, ohne dass sich jedoch ein gemeinsames Begriffsverständnis oder ein gemeinsames Verständnis darüber, wie dieser Markenwert konzipiert und gemessen werden soll, herauskristallisiert hat.[261] Auch mehr als zehn Jahre später kann diese Feststellung noch in dieser Form beibehalten werden. Silvermann/Sprott/Pascal resümieren 1999: „Among scholars and practitioners, there is some agreement on the concept of brand equity. Yet measuring this construct is less clear."[262]

Wird versucht, den komplexen Gegenstand „Marke" einer Bewertung zu unterziehen, so ist zunächst zu konkretisieren, was überhaupt unter dem Wert einer Marke zu verstehen ist. Dabei stellt man fest, dass die Definitionen, die bislang für dieses Konstrukt vorgeschlagen wurden, sehr unterschiedlich sind, was sich auch auf die Bezeichnungen des Konstrukts auswirkte, wie später noch erläutert wird. Um die Spannweite der Definitionen aufzuzeigen, sind einige davon in Übersicht 5 aufgeführt. Diese Definitionen zeigen das Spektrum auf, in dem sich die Markenbewertung abspielt. So wird offensichtlich der Begriff des Markenwerts („brand equity") in der Literatur in drei verschiedenen Bedeutungen benutzt:[263]

♦ der in Geldeinheiten bewertete Wert einer Marke als ein separierbarer Vermögensgegenstand - wenn sie verkauft wird oder in die Bilanz aufgenommen wird,

♦ ein Maß für die Stärke der Bindung der Konsumenten an die Marke,

♦ eine Beschreibung der Assoziationen und Vorstellungen, die ein Konsument mit einer Marke verbindet.

---

[259] Vgl. Biel, Alexander: Grundlagen zum Markenwertaufbau, in: Esch, Franz-Rudolf (Hrsg.): Moderne Markenführung, 2. Aufl., (Gabler) Wiesbaden 2000, S. 61-90, S. 63; Feldwick, Paul: What is brand equity anyway and how do you measure it?, in: JMRS, 38. Jg., 1996, Nr. 2, S. 85-94, S. 85f.; Kotler, Philip; Bliemel, Friedhelm: Marketing-Management, 9. Aufl., (Schäffer-Poeschel) Stuttgart 1999, S. 693.

[260] Vgl. Feldwick, Paul: What is brand equity anyway and how do you measure it?, in: JMRS, 38. Jg., 1996, Nr. 2, S. 85-94, S. 85f.; Biel, Alexander: Grundlagen zum Markenwertaufbau, in: Esch, Franz-Rudolf (Hrsg.): Moderne Markenführung, 2. Aufl., (Gabler) Wiesbaden 2000, S. 61-90, S. 63.

[261] Vgl. Keller, Kevin: Strategic Brand Management, (Prentice Hall) Upper Saddle River/NJ 1998, S. 42.

[262] Silverman, Steven; Sprott, David; Pascal, Vincent: Relating consumer-based sources of brand equity to market outcomes, in: Arnould, Eric; Scott, Linda (Hrsg.): Advances in Consumer Research, 26. Jg., (ACR) Provo/UT 1999, S. 352-358, S. 352.

[263] Vgl. Feldwick, Paul: What is brand equity anyway and how do you measure it?, in: JMRS, 38. Jg., 1996, Nr. 2, S. 85-94, S. 87.

Übersicht 5:   Markenwertdefinitionen

Verfasser	Markenwertdefinition
Aaker (1992)	„Der Markenwert umschreibt eine Gruppe von Vorzügen und Nachteilen, die mit einer Marke, ihrem Namen oder Symbol in Zusammenhang stehen und den Wert eines Produktes oder Dienstes für ein Unternehmen oder seine Kunden mehren oder mindern."
Bekmeier-Feuerhahn (1998)	„Markenstärke beschreibt eine Antriebskraft, die aus der subjektiven Wertschätzung der Marke entsteht."
Biel (1992)	„Brand equity can be thought of as the additional cash flow achieved by associating a brand with the underlying product or service."
Kaas (1991)	„Brand Equity ist mithin der Barwert aller zukünftigen Einzahlungsüberschüsse, die der Eigentümer aus einer Marke erwirtschaften kann."
Keller (1993)	„A brand is said to have positive (negative) customer-based brand equity when consumers react more (less) favourably to an element of the marketing mix for the brand than they do to the same marketing mix element when it is attributed to a fictitiously named or unnamed version of the product or service."
Leutheusser/ Kohli/Harich (1995)	„Der Markenwert stellt den Wert eines Produktes (für einen Konsumenten) dar, der die Differenz gegenüber einem ansonsten identischen Produkt ohne den Markennamen ausmacht."
Maretzki/ Wildner (1994)	„Markenkraft wird aufgefasst als Attraktivität einer Marke für den Konsumenten, die nicht durch das kurzfristige Marketing erklärt werden kann."
Penrose, Interbrand (1989)	„We define the value of a brand as encompassing the particular values attributable to the trade mark, logo, packaging and get-up; and to the recipe, formulation or raw material mix. In other words brand value embraces all the proprietary intellecual property rights encompassed by the brand."
Riedel (1996)	„Die Markenstärke ist die Gesamtheit aller positiven und negativen Vorstellungen, die im Konsumenten ganz oder teilweise aktiviert werden, wenn er das Markenzeichen wahrnimmt, und die sein Markenwahlverhalten beeinflussen."
Sattler (1995)	„Unter dem Markenwert (Brand Equity) eines Produkts soll hier derjenige Wert verstanden werden, der mit dem Namen oder Symbol der Marke verbunden ist. Der Wert kann als inkrementaler Wert verstanden werden, der gegenüber einem technisch-physikalischen gleichen, jedoch namenlosen Produkt besteht."
Schulz/ Brandmeyer (1989)	„die Gesamtheit aller positiven und negativen Vorstellungen, die im Konsumenten ganz oder teilweise aktiviert werden, wenn er das Markenzeichen wahrnimmt, und die sich in ökonomischen Daten des Markenwettbewerbs spiegeln."
Srivastava/ Shocker (1991)	„Brand strength is the set of associations and behaviors on the part of a brand's customers, channel members, and parent corporation that permits the brand to enjoy sustainable and differentiated competitive advantages."

Quelle: Aaker, David: Management des Markenwerts, (Campus) Frankfurt-New York 1992, S. 31; Bekmeier-Feuerhahn, Sigrid: Marktorientierte Markenbewertung, (DUV) Wiesbaden 1998, S. 38; Biel, Alexander: How brand image drives brand equity, in: JAR, Vol. 32, 1992, Nr. 6, S. RC-6-RC-12, S. RC-7; Kaas, Klaus-Peter: Langfristige Werbewirkung und Brand Equity, in: WP, 35. Jg., 1990, Nr. 3, S. 48-52, S. 48; Keller, Kevin Lane: Conceptualizing, Measuring, and Managing Customer-Based Brand Equity, in: JM, 57. Jg., 1993, Nr. 1, S. 1-22, S. 1; Leuthesser, Lance; Kohli, Chiranjeev; Harin, Katrin: Brand Equity: the halo effect measure, in: EJM, 29. Jg., 1995, S. 57-66, S. 57; Maretzki, Jürgen; Wildner, Raimund: Messung von Markenkraft, in: MA, 56. Jg., 1994, Nr. 3, S. 101-105, S. 102; Penrose, Noel: Valuation of Brand Names and Trade Marks, in: Murphy, John (Hrsg.): Brand valuation, (Hutchinson) London 1989, S. 32-45, S. 33; Riedel, Frank: Die Markenwertmessung als Grundlage strategischer Markenführung, (Physica) Heidelberg 1996, S. 61; Sattler, Henrik: Markenbewertung, in: ZfB, 65. Jg., 1995, Nr. 6, S. 663-682, S. 664; Schulz, Roland; Brandmeyer, Klaus: Die Markenbilanz: Ein Instrument zur Bestimmung und Steuerung von Markenwerten, in: MA, 51. Jg. 1989, Nr. 7, S. 364-370, S. 365; Srivastava, Rajendra; Shocker, Allan: Brand Equity: A Perspective on Its Meaning and Measurement, Marketing Science Institute, Report No. 91-124, (MSI) Cambridge 1991, S. 1.

Die Mehrzahl der Autoren unterteilt dabei in zwei Perspektiven: finanziell-monetär orientierte Ansätze einerseits und konsumentenorientierte andererseits.[264] Obwohl aus dem Begriff des Markenwerts zunächst hervorzugehen scheint, dass es sich eindeutig um eine monetäre Größe handelt, ist es in der Literatur üblich, unter diesem Begriff auch die nicht-monetären Maße zu subsumieren.[265]

Auch bei den Markenbewertungsansätzen muss darauf geachtet werden, welcher Markenbegriff jeweils zu Grunde gelegt wird. Bestehende Markenbewertungsmodelle gehen sowohl von der Marke als physischem Objekt als auch von der Marke als immateriellem Zeichen aus.[266] Einige Definitionen fassen den Markenwert als inkremental auf, also als den Wert, der durch die Marke im Vergleich zu einem gleichen, jedoch namenlosen Produkt, zusätzlich entsteht (siehe z.B. die Definition von Sattler in Übersicht 5). Dies ist zwar theoretisch interessant, empirisch jedoch kaum zu trennen, wie in den Überlegungen zum Markenbegriff als Zeichen oder als markiertes Objekt bereits deutlich wurde. Betrachtet man sich die Erhebungsmethoden, so gelingt es in fast allen Fällen nicht, eine Trennung vorzunehmen.[267] Das zeigt sich auch bei der Erfassung - qualitativ oder quantitativ - der Assoziationen. Assoziationen bezüglich einer Marke lassen nie zu, das Zeichen vom zu Grunde liegenden markierten Objekt zu trennen.[268] Die Methoden, die eine Trennung vornehmen - z.B. Conjoint-analytische Ansätze - sind zumindest für die vorliegende Untersuchung zu Handelsunternehmen nicht geeignet, wie später noch gezeigt wird.

---

[264] Vgl. u.a. Lassar, Walfried; Mittal, Banwari; Sharma, Arun: Measuring customer-based brand equity, in: JCM, 12. Jg., 1995, Nr. 4, S. 11-19, S. 12.

[265] Vgl. Sattler, Henrik: Markenbewertung, in: ZfB, 65. Jg., 1995, Nr. 6, S. 663-682, S. 667.

[266] Vgl. Sander, Matthias: Die Bestimmung und Steuerung des Wertes von Marken, (Physica) Heidelberg 1994, S. 56.

[267] Siehe hierzu z.B. die diesbezügliche Kritik an verschiedenen Markenwertansätzen. Vgl. Bekmeier-Feuerhahn, Sigrid: Marktorientierte Markenbewertung, (DUV) Wiesbaden 1998, S. 85 (bzgl. des Nielsen Brand Performancer), S. 98 (bzgl. des Modells von Andresen); sowie Roeb, Thomas: Markenwert, (Verlag Mainz) Aachen 1994, S. 40 (bzgl. des Interbrand-Ansatzes), S. 41 (bzgl. der Nielsen-Ansätze).

[268] Vgl. Keller, Kevin: Conceptualizing, measuring, and managing customer-based brand equity, in: JM, 57. Jg., 1993, Nr. 1, S. 1-22.

b)   Monetäres Begriffsverständnis des Markenwerts

Eine Reihe der oben aufgezeigten Definitionen zeigt ein monetäres Verständnis des Begriffs Markenwert, so die Definition von Kaas (siehe Übersicht 5). Ein Problem dieser Form der finanziellen Markenbewertung ist, das eine Marke je nach potenziellem Nutzer einen stark unterschiedlichen Wert haben kann. Wenn ein Unternehmen bereits Fabriken besitzt, Produktions-Know-how, Distributionsmittel oder auch bereits andere Marken, ergeben sich z.b. Synergien, die den Wert einer Marke wesentlich höher werden lassen als für einen anderen Nutzer.[269] So wird z.b. bei der Diskussion von Unternehmensbewertungsansätzen betont, dass der Wert eines Gutes in der Regel als Folge einer „Subjekt-Objekt-Beziehung" durch den Nutzen bestimmt wird, den der Bewerter diesem Gut beimisst.[270]

Bereits stärker konsumentenorientiert, aber immer noch monetär in der Grundausrichtung, ist auch die Definition von Schulz/Brandmeyer (siehe Übersicht 5), die die Nielsen-Markenbilanz entwickelten. Nach Biel, der den Markenwert ebenfalls als monetär betrachtet, ist es sinnvoll, sich den Markenwert als das Premium vorzustellen, das ein Kunde bereit ist, für ein markiertes Gut oder eine markierte Dienstleistung mehr zu bezahlen als für eine identische, unmarkierte Version des Produktes/der Dienstleistung.[271]

Die Eignung (und Notwendigkeit) monetär ausgerichteter Ansätze der Ermittlung des Markenwerts hängt u.a. vom Zweck der Markenbewertung ab. Informationen über den Markenwert können in verschiedenen Situationen relevant sein, so z.b. im Rahmen einer Akquisition oder einem Verkauf einer Marke, bei der Bilanzierung von Marken, im Rahmen der Markenführung und -kontrolle, im Falle der Schadensbemessung bei missbräuchlicher Nutzung der Marke sowie bei der Feststellung der Höhe von Lizenzgebühren im Falle der Lizenzierung.[272] Es zeigt sich hier, dass eine Reihe von Anlässen existiert, für die eine monetäre Bewertung notwendig ist.

---

[269] Vgl. Feldwick, Paul: What is brand equity anyway and how do you measure it?, in: JMRS, 38. Jg., 1996, Nr. 2, S. 85-94, S. 89.

[270] Vgl. Bieg, Hartmut: Betriebswirtschaftslehre 1 - Investition und Unternehmungsbewertung, (Dr. Grannemann & von Fürstenberg) Freiburg i.B. 1990, S. 171.

[271] Vgl. Biel, Alexander: How brand image drives brand equity, in: JAR, 32. Jg., 1992, Nr. 6, S. RC-6-RC-12, S. RC-7.

[272] Vgl. Sander, Matthias: Ein Ansatz zur Bewertung von Marken - Theoretische Fundierung und empirische Umsetzung, in: WP, 38. Jg., 1993, Nr. 5, S. 163-171, S. 164f.; Roeb, Thomas: Markenwert, (Verlag Mainz) Aachen 1994, S. 45-60.

c) Nicht-monetäres Begriffsverständnis des Markenwerts

Ein für die Markenbewertung sehr häufig genannter Zweck, der auch im Zentrum der vorliegenden Arbeit steht, ist die Markensteuerung (oder auch -führung, -politik).[273] Im Markenmanagement ist die Bewertung von Marken ein wichtiges Instrument, um die gegenwärtige Stellung einer Marke am Markt analysieren zu können und um markenpolitische Entscheidungen über den Aufbau, die Stärkung sowie die Pflege von Marken zielgerichtet treffen und die Ergebnisse kontrollieren zu können.[274] So bietet der Markenwert im Sinne einer quantitativen Kennziffer für diese Vergleiche einen schnellen und prägnanten Überblick. Dabei stützt sich das konsumentenorientierte, nicht-monetäre Markenwertkonzept nicht auf kurzzeitige Umsatz- und Gewinnbetrachtungen, sondern es macht, weil es auf den Vorstellungen der Konsumenten beruht, einen strategischen Markenvergleich möglich.[275]

Ganz allgemein bedeutet „Wert" die Eignung eines Gutes für bestimmte Zweckerfüllungen. So gesehen, kann man versuchen, den Wert einer Marke in einer beliebigen Einheit anzugeben, z.B. mit Hilfe eines Scoringansatzes, bei dem die Urteile über eine Reihe von Markeneigenschaften durch Punktevergabe ausdrückt werden.[276] Zur Markenkontrolle ist dabei die Betrachtung der Einflussfaktoren, die den Markenwert letztendlich bestimmen, um daraus diagnostische und therapeutische Rückschlüsse für die Markensteuerung ziehen zu können, von Relevanz. Gegenwärtig haben für die Markensteuerung aus diesen Gründen v.a. solche Bewertungsansätze praktische Bedeutung erlangt, die sich nicht auf eine unmittelbare Prognose von Cash Flows stützen, sondern die aus Punktbewertungen einen Markenwert ableiten.[277] Dabei wird teilweise sogar die Aggregation zu einer einzigen Zielgröße vermieden, sondern disaggregierte Größen bereitgestellt. In diesem Sinne kann die marktorientierte Markenwertmessung ein betriebswirtschaftliches Kennzahlensystem darstellen. So ist der finanzielle Markenwert lediglich ein evaluatives Maß, d.h. den Erfolg der Marke bewertend. Diagnostische Verfahren zur Ermittlung der Markenstärke, die die Grundlage für die Entwicklung adäquater Marketingmaßnahmen bilden können, benötigen jedoch keine finanzielle Bewertung und ba-

---

[273] Vgl. z.B. Sander, Matthias: Die Bestimmung und Steuerung des Wertes von Marken, (Physica) Heidelberg 1994, S. 56-58; Roeb, Thomas: Markenwert, (Verlag Mainz) Aachen 1994, S. 54f.; Haedrich, Günther; Tomczak, Torsten: Strategische Markenführung, (Haupt) Bern-Stuttgart 1990.

[274] Vgl. Sander, Matthias: Die Bestimmung und Steuerung des Wertes von Marken, (Physica) Heidelberg 1994, S. 56; Roeb, Thomas: Markenwert, (Verlag Mainz) Aachen 1994, S. 46.

[275] Vgl. Bekmeier-Feuerhahn, Sigrid: Marktorientierte Markenbewertung, (DUV) Wiesbaden 1998, S. 55f.

[276] Vgl. Köhler, Richard: Tendenzen des Markenartikels aus der Perspektive der Wissenschaft, Bruhn, Manfred (Hrsg.): Handbuch MA, Bd. 3, (Schäffer-Poeschel) Stuttgart 1994, S. 2061-2090,S. 2079.

[277] Vgl. Köhler, Richard: Tendenzen des Markenartikels aus der Perspektive der Wissenschaft, Bruhn, Manfred (Hrsg.): Handbuch MA, Bd. 3, (Schäffer-Poeschel) Stuttgart 1994, S. 2061-2090, S. 2080f.; Esch, Franz-Rudolf: Wirkung integrierter Kommunikation, 2. Aufl., (DUV) Wiesbaden 1999, S. 41.

sieren tendenziell besser auf kundenbezogenen Faktoren.[278] Dabei ist der Markenwert beim Konsumenten anzusiedeln: „Der Markenwert entsteht in den ‚Köpfen' der Konsumenten als Markenstärke."[279] So strebt z.B. die Definition von Aaker, der einer der Ersten war, der sich mit der konsumentenorientierten Markenwert-Perspektive beschäftigte, weniger an, einen exakten Markenwert zu berechnen, als vielmehr eine theoretische Erläuterung der Grundlagen des Markenwerts zu geben.[280] Er teilt die Vor- und Nachteile, auf denen der Markenwert basiert, in verschiedene Gruppen ein und aggregiert diese nicht weiter.[281]

In der Konsequenz dieser Überlegungen wird in neueren Definitionen und Begriffserläuterungen der Begriff Markenwert oft durch andere Begriffe, wie „Markenkraft", „Markenvitalität", „Brand-Strength" oder „Markenstärke", ersetzt.[282] In der vorliegenden Untersuchung werden die Begriffe „Markenwert" und „Markenstärke" synonym verwendet.

Nach Bekmeier-Feuerhahn ist die Markenstärke als ein motivationaler Begriff zu sehen. Sie kann als ein bewusstes Anstreben von Zielen, als ein komplexer, zielorientierter Antriebsprozess bezeichnet werden. In diesem Sinne bezeichnet Markenstärke eine Antriebskraft, die aus der subjektiven Wertschätzung der Markierung entsteht und die das gegenwärtige und zukünftige Verhalten gegenüber einer Marke bestimmt.[283] Andere vertreten die Ansicht, dass die Objektorientierung der Markenstärke diese eher als Einstellungskonstrukt charakterisiert.[284] Neben der aktivierungsorientierten Perspektive werden Markenwertbetrachtungen oft auch aus einer kognitiven Perspektive angestellt. Dabei stehen Lernprozesse und die Wissensspeicherung im Vordergrund bzw. das durch die Markierung induzierte Markenwissen.[285]

---

[278] Vgl. Bekmeier-Feuerhahn, Sigrid: Marktorientierte Markenbewertung, (DUV) Wiesbaden 1998, S. 105-109; Andresen, Thomas; Esch, Franz-Rudolf: Messung der Markenstärke durch den Markeneisberg, in Esch, Franz-Rudolf (Hrsg.): Moderne Markenführung, 2. Aufl., (Gabler) Wiesbaden 2000, S. 989-1011, S. 991.

[279] Bekmeier-Feuerhahn, Sigrid: Marktorientierte Markenbewertung, (DUV) Wiesbaden 1998, S. 1.

[280] Vgl. Aaker, David: Management des Markenwerts, (Campus) Frankfurt-New York 1992, S. 31.

[281] Vgl. Aaker, David: Management des Markenwerts, (Campus) Frankfurt-New York 1992, S. 31. Die Gruppen sind nach Aaker Markentreue, Bekanntheit des Namens, angenommene Qualität, weitere Markenassoziationen und andere Markenvorzüüge wie Patente usw.

[282] Vgl. Bekmeier-Feuerhahn, Sigrid: Marktorientierte Markenbewertung, (DUV) Wiesbaden 1998, S. 37, sowie die dort angegebenen Quellen.

[283] Vgl. Schulz, Roland; Brandmeyer, Klaus: Die Markenbilanz: Ein Instrument zur Bestimmung und Steuerung von Markenwerten, in: MA, 51. Jg. 1989, Nr. 7, S. 364-370, S. 365; Bekmeier-Feuerhahn, Sigrid: Marktorientierte Markenbewertung, (DUV) Wiesbaden 1998, S. 38.

[284] Vgl. Roeb, Thomas: Markenwert, (Verlag Mainz) Aachen 1994, S. 70.

[285] Vgl. Bekmeier-Feuerhahn, Sigrid: Marktorientierte Markenbewertung, (DUV) Wiesbaden 1998, S. 40. Wobei Bekmeier-Feuerhahn darauf hinweist, dass auch in der kognitiven Perspektive die Informationsverarbeitung emotionaler Reize beinhaltet ist.

2. Ansätze zur Erfassung von Markenwert bzw. Markenstärke

a) Überblick

In Forschung und Praxis gibt es zahlreiche Ansätze zur Markenevaluierung. Eine umfassende Klassifikation der verschiedenen Ansätze ist bei Sattler zu finden.[286]

Nach Berndt/Sander kann man die Markenbewertungsansätze in theoretische und praxisorientierte Verfahren unterscheiden. Dabei werden die Verfahren von Kern und Herp als theoretische Verfahren genannt, das Nielsen-Modell und das Interbrand-Modell als praxisorientierte Verfahren. Es werden jedoch keine Kriterien zur Unterscheidung der beiden Gruppen aufgeführt.[287] Häufiger findet man - analog zu den bereits dargestellten Definitionen des Markenwerts - die Unterscheidung nach der Finanzorientierung. So kann man nach Hammann die Markenwertmessansätze in finanzwirtschaftliche und absatzwirtschaftliche unterteilen. Bekmeier-Feuerhahn spricht von finanztheoretisch orientierten und verhaltenswissenschaftlich orientierten, Roeb von monetären und nichtmonetären Ansätzen.[288] Dabei haben alle der genannten Klassifikationen Schwächen:

♦ Eine Unterteilung in theoretische und praxisorientierte Verfahren wird einer Reihe der moderneren Markenwertansätze nicht gerecht, die einerseits praxisorientiert sind, andererseits jedoch auf der Basis umfassender theoretischer Überlegungen entwickelt wurden. Zu nennen sind hier beispielsweise das Modell von Andresen und die Weiterentwicklung der Markenbilanz durch Trommsdorff.[289]

♦ Die Unterteilung in monetäre und nicht-monetäre Ansätze ist problematisch, da eine Reihe von Ansätzen (so z.B. der Interbrand-Ansatz oder der Ansatz von Bekmeier-Feuerhahn) in einem ersten Schritt einen nicht-monetären Wert der Markenstärke ergibt und diesen erst in einem zweiten Schritt in einen monetären Markenwert umrechnet. Diese zweistufigen Verfahren machen die genannte Unterteilung hinfällig.[290]

---

[286] Vgl. Sattler, Henrik: Markenbewertung, in: ZfB, 65. Jg., 1995, Nr. 6, S. 663-682.

[287] Vgl. Berndt, Ralph; Sander, Matthias: Der Wert von Marken - Begriffliche Grundlagen und Ansätze zur Markenbewertung, in: Bruhn, Manfred (Hrsg.): Handbuch MA, Bd. 2, (Schäffer-Poeschel) Stuttgart 1994, S. 1353-1372, S. 1358f.

[288] Vgl. Hammann, Peter: Der Wert einer Marke, in: Dichtl, Erwin; Eggers, Walter (Hrsg.): Marke und Markenartikel, (dtv) München 1992, S. 205-245, S. 217-241; Bekmeier-Feuerhahn, Sigrid: Marktorientierte Markenbewertung, (DUV) Wiesbaden 1998, S. 68; Roeb, Thomas: Markenwert, (Verlag Mainz) Aachen 1994, S. 69-130.

[289] Vgl. z.B. Franzen, Ottmar; Trommsdorff, Volker; Riedel, Frank: Ansätze der Markenbewertung und Markenbilanz, in: Bruhn, Manfred (Hrsg.): Handbuch MA, Bd. 2, (Schäffer-Poeschel) Stuttgart 1994, S. 1373-1401, S. 1377; Andresen, Thomas: Innere Markenbilder: MAX - wie er wurde, was er ist, in: Planung und Analyse, o.Jg., 1991, Nr. 1, S. 28-34.

[290] Vgl. hierzu z.B. die Erklärung dieses mehrstufigen Vorgehens bei Riedel, Frank: Die Markenwertmessung als Grundlage strategischer Markenführung, (Physica) Heidelberg 1996, S. 46-51; Franzen, Ottmar; Trommsdorff, Volker; Riedel, Frank: Ansätze der Markenbewertung und Markenbilanz, in: Bruhn, Manfred (Hrsg.): Handbuch MA, Bd. 2, (Schäffer-Poeschel) Stuttgart 1994, S. 1373-1401, S. 1381-1386.

♦ Die Unterteilung in finanzwirtschaftliche und absatzwirtschaftliche Ansätze ist unscharf, weil eine Reihe von Verfahren auf Ertragswerte zurückgreift, die aus absatzwirtschaftlichen Kennzahlen hergeleitet werden, um diese dann finanzwirtschaftlich zu einem Gegenwartswert der Gewinne zu verdichten.[291]

♦ Auch die Trennung in finanztheoretische und verhaltenswissenschaftliche Ansätze ist letztlich unscharf. So bedienen sich auch die sog. „finanztheoretischen Ansätze" verhaltenswissenschaftlicher Überlegungen, z.b. der Nielsen Brand-Performancer.[292] Schließlich orientieren sich auch diejenigen Ansätze, die in fast allen Fällen den finanzorientierten, monetären Ansätzen zugerechnet werden, teilweise an verhaltenswissenschaftlichen Überlegungen, so z.b. beim Interbrand-Ansatz. Auch werden die einzelnen Ansätze von den verschiedenen Verfassern wegen dieser fehlenden Eindeutigkeit der Systematisierung nicht einheitlich zugeordnet.[293]

Ein wesentlicher Nachteil der Markenwertansätze auf aggregierter Markenebene ist, dass das Ergebnis nur eine objektbezogene Größe ist, eine Kennzahl für den Wert einer Marke. Ein subjektbezogener Wert (also die Frage, wie ein einzelner Konsument eine Marke bewertet) fehlt dabei und kann aus diesen Ansätzen, da sie zumindest teilweise von Marktdaten ausgehen, auch nicht ermittelt werden. Damit ist eine verhaltenswissenschaftliche Untersuchung der Wirkung des Markeninstrumentariums auf den so ermittelten Markenwert nur schwer möglich; es können nur aggregierte Betrachtungen der Wirkungsweise erfolgen. Will man - wie in der vorliegenden Untersuchung - die Wirkungsbeziehungen empirisch untersuchen, ist es notwendig, für jeden einzelnen Konsumenten ein Maß dafür definieren zu können, welchen Wert die Marke bei ihm bzw. für ihn innehat, also einen subjektbezogenen Markenwert berechnen zu können. Damit ist v.a. die Frage relevant, inwiefern die Messung des Markenwerts beim einzelnen Konsumenten ansetzt (und damit auf der individuellen Ebene des Konsumentenverhaltens) oder die Ermittlung des Markenwerts auf aggregierten Größen des Gesamtmarkts basiert.

Schließlich ist auch bei den Markenbewertungsansätzen zu betrachten, ob der Markenbegriff zeichenorientiert ist oder auch die Markenleistung (also das markierte Objekt)

---

[291] So z.B. das Modell von Interbrand; vgl. zur Erläuterung u.a. Franzen, Ottmar; Trommsdorff, Volker; Riedel, Frank: Ansätze der Markenbewertung und Markenbilanz, in: Bruhn, Manfred (Hrsg.): Handbuch MA, Bd. 2, (Schäffer-Poeschel) Stuttgart 1994, S. 1373-1401, S. 1382.

[292] Vgl. Bekmeier-Feuerhahn, Sigrid: Marktorientierte Markenbewertung, (DUV) Wiesbaden 1998, S. 84-86; Bekmeier-Feuerhahn rechnet den Brand Performancer den finanztheoretisch orientierten Verfahren zu, beschreibt aber, dass sich bei den finanzorientierten Nielsen-Verfahren der Markenwert aus der Gesamtheit aller positiven und negativen Vorstellungen ergibt, die im Konsumenten ganz oder teilweise aktiviert werden, wenn er die Marke wahrnimmt.

[293] So ordnet z.B. Bekmeier-Feuerhahn den Interbrand-Ansatz wegen der Ertragswertorientierung den finanztheoretisch orientierten Verfahren zu, während Hammann diesen den absatzwirtschaftlich orientierten Verfahren zuordnet. Vgl. Bekmeier-Feuerhahn, Sigrid: Marktorientierte Markenbewertung, (DUV) Wiesbaden 1998, S. 78-81; Hammann, Peter: Der Wert einer Marke, in: Dichtl, Erwin; Eggers, Walter (Hrsg.): Marke und Markenartikel, (dtv) München 1992, S. 205-245, S. 225-233.

umfasst. Einige Autoren fordern, Produkt und Marke methodisch sauber voneinander zu trennen. Demgemäß würde das Konzept der Markenstärke keine ganzheitliche Produktbetrachtung beinhalten, sondern emotionale und kognitive Produktbeurteilungen nur dann als relevant erachten, wenn sie mit der Marke in direkter Verbindung stehen.[294]

Auf Grund der oben bereits erläuterten Untrennbarkeit von Objekt und Marke ist dieses Begriffsverständnis jedoch für die vorliegende Untersuchung zu eng. Eine Marke wird - insbesondere bei der konsumentenorientierten Betrachtung - immer eng mit dem markierten Objekt zusammen gesehen. Zwar entstehen „Vorurteile", die die Bewertung des Objekts durch die Markierung verändern,[295] letztlich sind aber die Leistung des Objekts und die Wahrnehmung des Objekts maßgeblich für die Einstellung zur Marke und damit für die Markenstärke.

Da sowohl Vorgehen bei der Ermittlung des Markenwerts als auch die daraus resultierenden Ergebnisse sehr unterschiedlich sind, gleichzeitig aber einige der Ansätze Einblicke in die Wirkungsprozesse von Marken aus unterschiedlichen Perspektiven bieten und potenzielle Indikatoren aufzeigen, sollen diese im Folgenden überblickend vorgestellt werden. Einen zusammenfassenden Überblick über die Güte einzelner Ansätze geben Roeb und Bekmeier-Feuerhahn.[296]

b) Kosten- und preisorientierte Ansätze

Die *kostenorientierten Ansätze* der Markenbewertung basieren auf dem Grundgedanken des Substanzwertverfahrens. Die Substanzwert als Rekonstruktionswert umfasst die Summe der mit den Wiederbeschaffungskosten bewerteten Vermögensgegenstände, abzüglich der Verbindlichkeiten, unter Betrachtung auch der notwendigen Abschreibungen, die insoweit objektiven Charakter haben, als sie auf Marktpreisen beruhen.[297]

---

[294] Bekmeier-Feuerhahn argumentiert, dass die bestehenden Ansätze eine klare Trennung zwischen Markierungsleistungen und Produktleistungen eines Objekts fordern (und zitiert hier beispielhaft Herp, Thomas: Der Marktwert von Marken des Gebrauchsgütersektors - ein Modell zur Erfassung markenspezifischer Effekte auf den Erfolg beim Verkauf von Gebrauchsgütern, (Lang) Frankfurt a.M. 1982, S.14); vgl. Bekmeier-Feuerhahn, Sigrid: Marktorientierte Markenbewertung, (DUV) Wiesbaden 1998, S. 48. Die Begründung für diese Notwendigkeit, nämlich dass z.B. Lizenzfragestellungen oder Bilanzierungsfragestellungen eine Trennung erfordern, ist für die vorliegende Fragestellung jedoch nicht relevant, da Ziel des vorliegenden Ansatzes nicht eine in Geldeinheiten quantifizierte Größe, sondern eine hier eher eine Steuerungsgröße für das Marketing ist. Da hier Aspekte der Produktpolitik, Preispolitik usw. gemeinsam betrachtet werden sollen und der Einfluss des gesamten Handelsmarketing auf die Händlermarke, ist eine solche Trennung für diese Untersuchung nicht sinnvoll.

[295] Dies ergibt sich z.B. aus den Überlegungen zum Halo-Effekt und zur Subjektivität und Selektivität von Wahrnehmung, vgl. Drittes Kapitel, Abschnitt B.I.2.

[296] Vgl. Roeb, Thomas: Markenwert, (Verlag Mainz) Aachen 1994, S. 131-133; Bekmeier-Feuerhahn, Sigrid: Marktorientierte Markenbewertung, (DUV) Wiesbaden 1998, S. 99-102.

[297] Vgl. Bekmeier-Feuerhahn, Sigrid: Marktorientierte Markenbewertung, (DUV) Wiesbaden 1998, S. 69-71.

Generelles Problem der kostenorientierten Ansätze ist jedoch ihre Beschränkung auf die inputorientierte Sichtweise, während der wirtschaftliche Wert einer Marke eher ergebnisorientiert, im Output einer Marke, zu sehen ist. Zudem lässt die Kostenorientierung die Zukunftsorientierung vermissen, weder der gegenwärtige noch der künftige Markenerfolg fließen in die Berechnung des Markenwerts ein.[298] Ein grundsätzliches Problem der kostenvergleichenden Ansätze in der Betriebswirtschaftslehre ist hierbei die meist realitätsferne Annahme, dass die Erlösseite entscheidungsirrelevant sei, dass also z.b. bei mehreren betrachteten Alternativen die Erlöse jeweils gleich hoch sind.[299]

Eine weitere Schwierigkeit ergibt sich dadurch, dass auch mit entsprechenden Investitionen historische Entwicklungen nicht mehr nachzuzeichnen sind, dass also seit langem existierende Marken auch durch Investitionen (in welcher Höhe auch immer) nicht neu zu schaffen wären. Marken wie Coca-Cola, Nivea o.ä. sind u.a. durch ihre lange Existenz und das jeweilige Marktumfeld geprägt worden, so dass eine „Wiederbeschaffung" kaum möglich ist und sich damit ein Wiederbeschaffungswert nicht errechnen lässt.[300] So wird z.b. bei der Diskussion der Verfahren zur Unternehmensbewertung darauf aufmerksam gemacht, dass insbesondere die immateriellen Wirtschaftsgüter eines Unternehmens, so ein hoher Bekanntheitsgrad am Markt, treue Kunden usw., nicht mit einem Substanzwertverfahren zu erfassen sind.[301] Diese Kritik zeigt deutlich die geringe Eignung der Verfahren gerade für die Markenwertermittlung.

Preisorientierte Ansätze gehen davon aus, dass die Markeneigenschaften dazu führen, dass ein Unternehmen Preisaufschläge durchsetzen kann. Es wurde bereits ausführlich dargestellt, dass viele Betrachtungen der Marke davon ausgehen, dass ein Preispremium mit einer Marke verbunden sein kann.[302] Ein neuerer Ansatz dieser Kategorie ist der Ansatz von Sander, der auf der hedonischen Theorie beruht. Deren zentraler Gedanke ist, Produktpreise durch Produkteigenschaften bzw. deren Ausprägungen zu erklären, es wird also von einem funktionalen Zusammenhang zwischen Produkteigenschaften und Produktpreisen ausgegangen. Durch die Aufdeckung derartiger Preis-Eigenschafts-Beziehungen - den sogenannten hedonischen Preisfunktionen - können die monetären Zu- oder Abschläge bei Variation der Produkteigenschaften, auch der Marke, festgestellt werden. Dabei wird der direkt auf das Markenzeichen zurückzuführende Erlös mit der Anzahl der mit der Marke versehenen und abgesetzten Einheiten multipliziert, so dass

---

[298] Vgl. Bekmeier-Feuerhahn, Sigrid: Marktorientierte Markenbewertung, (DUV) Wiesbaden 1998, S. 70.

[299] Vgl. Wöhe, Günter: Einführung in die Betriebswirtschaftslehre, 20. Aufl., (Vahlen) München 2000, S. 629; Bieg, Hartmut: Betriebswirtschaftslehre 1 - Investition und Unternehmungsbewertung, (Dr. Grannemann & von Fürstenberg) Freiburg i.B. 1990, S. 176.

[300] Vgl. Bekmeier-Feuerhahn, Sigrid: Marktorientierte Markenbewertung, (DUV) Wiesbaden 1998, S. 70f.

[301] Vgl. Wöhe, Günter: Einführung in die Betriebswirtschaftslehre, 20. Aufl., (Vahlen) München 2000, S. 680-682.

[302] Siehe Abschnitt A.II.2.

sich der markenspezifische Umsatz ergibt. Um den Nettowert in Form des auf die Marke zurückzuführenden Gewinns zu erhalten, sind markenspezifische Kosten zu berücksichtigen. Dabei ist die Vorgehensweise ähnlich der Conjoint-Analyse, mit dem Unterschied, dass nicht die Zahlungsbereitschaft der Konsumenten mit Hilfe fiktiver Eigenschaftskombinationen erfragt wird, sondern im Markt real existierende Produkte mit ihren Eigenschaftskombination und ihren tatsächlichen Preisen genutzt werden.[303]

Problematisch erscheint hier v.a. die Nutzung der „Aufpreisbereitschaft" als alleinigem Indikator der Markenstärke. Der Vorteil, den Preis bzw. die Aufpreisbereitschaft als Indikator der Markenstärke einzusetzen, liegt z.b. darin, dass dieser Indikator unmittelbar zu den Erfolgsmaßen des Unternehmens in Verbindung gebracht werden kann. Jedoch gibt es eine große Zahl von Marken, die kein Preispremium verlangen, z.b. weil sie über Größeneffekte in der Produktion verfügen. Auch könnte die Geschäftspolitik eines Unternehmens, z.b. eine Niedrigpreispolitik, um den Markteintritt von Wettbewerbern nicht zu provozieren, dieser Maßzahl entgegenstehen.[304] In Bezug auf Händlermarken wird später noch gezeigt, dass eine Reihe „starker Marken" sich eher durch Preisabschläge als Preiszuschläge auszeichnet.

Selbst wenn eine Aufpreisbereitschaft vorhanden ist, kann diese also vom Unternehmen evtl. bewusst nicht genutzt werden, sondern stattdessen in andere Vorteile umgesetzt werden, z.b. um mehr Käufer zu einem niedrigeren Preis anzusprechen. Auch treten neben das Preispremium zahlreiche weitere Vorteile einer starken Marke - z.b. die Notwendigkeit niedrigerer Marketinginvestitionen wegen der höheren Marketingeffizienz -, die vom Ansatz nicht erfasst werden.

c) Der Ansatz von Kern

Ertragswertorientierte Ansätze legen zur Ermittlung des monetären Markenwerts das Ertragswertverfahren zu Grunde, das davon ausgeht, dass ein Bewertungsobjekt zur Maximierung finanzieller Ergebnisse dient. Es ist das Grundkonzept der Ertragswertermittlung, die künftigen Jahreserfolge zu ermitteln und mit Hilfe eines bestimmten Kapitalisierungszinsfußes auf einen Gegenwartswert umzurechnen.[305]

---

[303] Vgl. Sander, Matthias: Ein Ansatz zur Bewertung von Marken - Theoretische Fundierung und empirische Umsetzung, in: WP, 38. Jg., 1993, Nr. 5, S. 163-171, S. 166-170; Bekmeier-Feuerhahn, Sigrid: Marktorientierte Markenbewertung, (DUV) Wiesbaden 1998, S. 72.

[304] Vgl. z.B. Feldwick, Paul: What is brand equity anyway and how do you measure it?, in: JMRS, 38. Jg., 1996, Nr. 2, S. 85-94, S. 94.

[305] Vgl. Perridon, Louis; Steiner, Manfred: Finanzwirtschaft der Unternehmung, 8. Aufl., (Vahlen) München 1995, S. 56-94; Bitz, Michael: Investition, in: Bitz, Michael (Hrsg.): Vahlens Kompendium der Betriebswirtschaftslehre, Bd. 1, 4. Aufl., (Vahlen) München 1998, S. 107-173, S. 115-119; Hammann, Peter: Der Wert einer Marke, in: Dichtl, Erwin; Eggers, Walter (Hrsg.): Marke und Markenartikel, (dtv) München 1992, S. 205-245, S. 219f.; Bekmeier-Feuerhahn, Sigrid: Marktorientierte Markenbewertung, (DUV) Wiesbaden 1998, S. 75.

Der inzwischen als klassisch geltende Markenwertmessansatz von Kern (1962) geht davon aus, dass sich der Wert einer Marke als Kapitalwert zukünftiger Zusatzgewinne berechnen lässt.[306] Er legt jedoch nicht die Gewinne selbst zu Grunde, sondern geht von branchenüblichen Werten aus, so einer branchenüblichen Umsatzrendite und einem branchenüblichen Lizenzsatz. Diese und andere finanztheoretische Indikatoren integriert Kern in seiner Markenwertformel.[307]

Neben den spezifischen Kritikpunkten am Ansatz von Kern - so fehlen produkt- und branchenspezifische Anpassungen, der Ansatz enthält statt der tatsächlichen Kosten nur Branchendurchschnitte und da eine Reihe von Größen geschätzt werden müssen, ergibt sich ein hoher Grad subjektiver Verzerrung[308] - treten eine Reihe von Problemen auf, die nicht unmittelbar mit dem Ansatz von Kern, sondern allgemein mit den Ertragswertansätzen verbunden sind, so die Frage der verlässlichen Prognose der zukünftigen Einnahmen- und Ausgabenströme oder die Festlegung des Kalkulationszinssatzes.[309]

d) Der Ansatz von Interbrand

Das Verfahren von Interbrand ist den ertragswertorientierten Verfahren zuzuordnen. In einem ersten Schritt wird dabei mit Hilfe eines auf einem Kriterienkatalog von 80 bis 100 Indikatoren basierenden Scoring-Modells die Markenstärke errechnet.[310] Interbrand geht dabei davon aus, dass zur Anpassung an unterschiedliche Branchen bestimmte Indikatoren verändert werden können, also neue Indikatoren hinzugefügt oder gestrichen werden können, bzw. die Gewichtung verändert werden kann.[311]

Aus der Summe der gewichteten Einzelbeurteilungen ergibt sich bei Interbrand die „Markenstärke". Diese Markenstärke wird in einen Markenmultiplikator umgerechnet,

---

[306] Vgl. Kern, Wolfgang: Bewertung von Warenzeichen, in: Betriebswirtschaftliche Forschung und Praxis, 14. Jg., 1962, Nr. 1, S. 17-31.

[307] Vgl. z.B. Sander, Matthias: Die Bestimmung und Steuerung des Wertes von Marken, (Physica) Heidelberg 1994, S. 91; Bekmeier-Feuerhahn, Sigrid: Marktorientierte Markenbewertung, (DUV) Wiesbaden 1998, S. 77.

[308] Vgl. Kern, Wolfgang: Bewertung von Warenzeichen, in: Betriebswirtschaftliche Forschung und Praxis, 14. Jg., 1962, Nr. 1, S. 17-31, S. 26; Sander, Matthias: Die Bestimmung und Steuerung des Wertes von Marken, (Physica) Heidelberg 1994, S. 91; Berndt, Ralph; Sander, Matthias: Der Wert von Marken - Begriffliche Grundlagen und Ansätze zur Markenbewertung, in: Bruhn, Manfred (Hrsg.): Handbuch MA, Bd. 2, (Schäffer-Poeschel) Stuttgart 1994, S. 1353-1372, S. 1366f.; Bekmeier-Feuerhahn, Sigrid: Marktorientierte Markenbewertung, (DUV) Wiesbaden 1998, S. 77f.

[309] Vgl. u.a. Perridon, Louis; Steiner, Manfred: Finanzwirtschaft der Unternehmung, 8. Aufl., (Vahlen) München 1995, S. 84-87, S. 95-98.

[310] Vgl. Penrose, Noel: Valuation of Brand Names and Trade Marks, in: Murphy, John (Hrsg.): Brand valuation, (Hutchinson) London 1989, S. 32-45.

[311] Vgl. Bekmeier-Feuerhahn, Sigrid: Marktorientierte Markenbewertung, (DUV) Wiesbaden 1998, S. 79; Hammann, Peter: Der Wert einer Marke, in: Dichtl, Erwin; Eggers, Walter (Hrsg.): Marke und Markenartikel, (dtv) München 1992, S. 205-246, S. 228.

dessen Höhe in Form einer S-Kurve von der Markenstärke abhängt.[312] Der monetäre Markenwert ergibt sich schließlich durch Multiplikation des Durchschnittsnettogewinns der letzten drei Jahre[313] mit dem Markenmultiplikator.[314]

Tabelle 1:   Scoring-Modell des Interbrand-Ansatzes

Bewertungskriterien	maximaler Punktwert	ausgewählte Indikatoren
Marktposition/-führerschaft	25	Marktanteil, relative Marktposition, Distributionsdichte
Markenstabilität	15	Alter der Marke, Qualitätserwartungen, Bekanntheitsgrad, Konstanz in der Marktkommunikation
Markt	10	Marktgröße, -stabilität, Konkurrenzstruktur, Produktaktualität
Internationalität	25	Internationale Präsenz, Auslandsmarktposition
Trend der Marke	10	Umsatzentwicklung, -prognose, Marktentwicklung
Marketing-Unterstützung	10	relative Aufwendungen für Werbung, emotionale Aufladung einer Marke, Werbeaufwendungen pro Einheit
Rechtlicher Schutz	5	Eintragung bzw. Verkehrsgeltung

Quelle: Hammann, Peter: Der Wert einer Marke, in: Dichtl, Erwin; Eggers, Walter (Hrsg.): Marke und Markenartikel als Instrumente des Wettbewerbs, (dtv) München 1992, S. 205-246, S. 226f.

Probleme, die sich aus theoretischer Sicht bei diesem Ansatz zeigen, sind v.a. die willkürliche Auswahl und Gewichtung der Indikatoren, eine mangelnde Unabhängigkeit der Kriterien, die einen Scoring-Ansatz methodisch schwierig machen,[315] und - ähnlich den kostenorientierten Verfahren - die Berücksichtigung einiger rein inputorientierter Größen wie der Werbeausgaben. Zudem erscheint die Form der S-Kurve, die zur Umrechnung der Markenstärke in einen Markenwertmultiplikator genutzt wird, willkürlich. Über den konkreten Verlauf gibt es von Interbrand keine Angaben, so dass dieser nicht zu

---

[312] Der S-förmige Verlauf wird damit begründet, dass sich eine unbekannte Marke während ihrer Entwicklung zunächst nur allmählich in ihrem Wert steigert, während sie z.B. die dritt- oder viertstärkste Marke im Markt wird. Steigt sie hingegen weiter auf, so zur zweitstärksten Marke, so ruft dies einen exponentiellen Effekt auf ihren Wert hervor. Ein dann weiterer Aufstieg (z.B. eine weitere Verbesserung der Markenstärke eines Marktführers) führt jedoch nicht mehr zu Steigerungen in dieser Höhe. Vgl. hierzu Penrose, Noel: Valuation of Brand Names and Trade Marks, in: Murphy, John (Hrsg.): Brand valuation, (Hutchinson) London 1989, S. 32-45, S. 40-42.

[313] Bei dem zusätzlich bestimmte Gewichtungsfaktoren, Inflationsfaktoren und einige andere Größen berücksichtigt werden.

[314] Vgl. Penrose, Noel: Valuation of Brand Names and Trade Marks, in: Murphy, John (Hrsg.): Brand valuation, (Hutchinson) London 1989, S. 32-45, S. 41.

[315] Vor allem die sehr hohe Anzahl von Kriterien, die beim Interbrand-Ansatz herangezogen werden und die eine ganzheitliche Erfassung des Konstrukts Marke ermöglichen sollen, erhöht hier die Wahrscheinlichkeit der Korrelation einzelner Kriterien und damit einer Verzerrung der Ergebnisse; vgl. Berndt, Ralph; Sander, Matthias: Der Wert von Marken - Begriffliche Grundlagen und Ansätze zur Markenbewertung, in: Bruhn, Manfred (Hrsg.): Handbuch MA, Bd. 2, (Schäffer-Poeschel) Stuttgart 1994, S. 1353-1372, S. 1368.

überprüfen ist. Auch die zu einheitliche Messung in Fällen unterschiedlicher Strategien oder Bewertungsobjekte wird kritisiert.[316]

e)   Die Nielsen-Ansätze: Markenbilanz und Brand Performancer

Die Markenbilanz wurde Ende der 80er Jahre von Schulz/Brandmeyer entwickelt (siehe zu ihrer Definition des Markenwerts Übersicht 5). Auch sie ist ertragswertorientiert. Der Ansatz ist wesentlich stärker konsumentenorientiert als der Ansatz von Interbrand, resultiert aber ebenfalls in einer monetären Größe und beruht im Wesentlichen nicht auf den Urteilen von Einzelkonsumenten, sondern auf Marktdaten. Vom Vorgehen ist der Ansatz analog zum Interbrand-Modell, auch in der Nielsen-Markenbilanz wird ein Scoring-Ansatz genutzt, der jedoch auf einem wesentlich kleineren Katalog von Indikatoren in sechs übergeordneten Kategorien beruht (vgl. Übersicht 6). Nähere Angaben zur Gewichtung, zur Skalierung der einzelnen Größen u.ä. liegen aus Wettbewerbsgründen nicht vor. Die zahlreichen Informationslücken erschweren dabei eine konkrete Beurteilung des Ansatzes.[317]

Zur Monetarisierung der Markenstärke werden auf Basis der Analyse einzelner Indikatoren des Scoring-Ansatzes Prognosen für die Markt-, Marktanteils- und Umsatzentwicklung abgeleitet und daraus - sowie aus einer geschätzten erwarteten Rendite - die zukünftig mit der Marke erwirtschaftbaren Erträge geschätzt. Aus diesen wird durch Diskontierung ein Ertragswert errechnet, der als Markenwert verstanden wird.[318]

Übersicht 6:   Bewertungskriterien der Nielsen-Markenbilanz

Bewertungskriterien	*ausgewählte Indikatoren*
Konsument	Markentreue, Vertrauenskapital, Share of Mind, Werbeerinnerung, Identifikation
Handel	gewichtete Distribution, Handelsattraktivität der Marke (Rentabilität für Handel)
Marketingmix	Produktqualität, Preisverhalten, Share of Voice
Markt	Wert und Entwicklung des Marktes, Wertschöpfung des Marktes (Rendite)
Marktanteil	wertmäßiger Marktanteil, relativer Marktanteil, Gewinn-Marktanteil
Geltungsbereich	Internationalität, Internationaler Markenschutz

Quelle: in Anlehnung an Schulz, Roland; Brandmeyer, Klaus: Die Markenbilanz: Ein Instrument zur Bestimmung und Steuerung von Markenwerten, in: MA, 51. Jg. 1989, Nr. 7, S. 364-370, S. 366-368.

---

[316]   Vgl. Bekmeier-Feuerhahn, Sigrid: Marktorientierte Markenbewertung, (DUV) Wiesbaden 1998, S. 80f.; Hammann, Peter: Der Wert einer Marke, in: Dichtl, Erwin; Eggers, Walter (Hrsg.): Marke und Markenartikel, (dtv) München 1992, S. 205-245, S. 232.

[317]   Vgl. Hammann, Peter: Der Wert einer Marke, in: Dichtl, Erwin; Eggers, Walter (Hrsg.): Marke und Markenartikel, (dtv) München 1992, S. 205-245, S. 225-229.

[318]   Vgl. Sander, Matthias: Die Bestimmung und Steuerung des Wertes von Marken, (Physica) Heidelberg 1994, S. 84f.

Auch bei diesem Ansatz gilt im Grunde die Kritik, die bereits beim Interbrand-Ansatz genannt wurde, so z.B. die willkürliche Bestimmung der Kriterien, die Interdependenz der Kriterien usw.,[319] die jedoch auf Grund der geringeren Kriterienzahl überschaubarer ist. Nielsen hat angesichts dieser Schwächen in Zusammenarbeit mit Trommsdorff die Markenbilanz weiterentwickelt zum Brand Performancer.[320] Auch hier werden eine Reihe von Indikatoren herangezogen, die Gewichte der Kriterien werden jedoch nicht willkürlich vorgegeben, sondern auf der Basis kausalanalytischer Untersuchungen bestimmt. Basis für die Ermittlung des monetären Markenwerts sind die relative Markenstärke (in Bezug auf alle relevante Marken), das Marktvolumen und die durchschnittliche Umsatzrendite des Marktes; in die Ertragswertformel sind weitere Parameter, so ein Risikofaktor, integriert.[321]

Insgesamt wird dem Brand Performancer für die Markenbewertung bei Konsumgütern mit der Zielsetzung der strategischen Markenführung eine hohe Eignung zugesprochen.[322] Positiv hervorzuheben ist, dass der Brand Performancer eine integrierende konsumenten- und unternehmensorientierte Markenwertbestimmung anstrebt. Andererseits wird bei der unternehmensorientierten Betrachtung als Nachteil deutlich, dass hier der Markenwert unabhängig von der Kostenstruktur des einzelnen Anbieters errechnet wird. Eine Reihe der Schwächen der Scoring-Modelle wird durch die kausalanalytische Betrachtung beseitigt. Andererseits bleiben subjektive Spielräume bei der Markenbewertung, so z.B. beim zu schätzenden Risikofaktor oder der Schätzung des Umsatzpotenzials.[323] Auch wird bei der Auswahl der Kriterien die zu unmittelbar verhaltensbezogene Sichtweise kritisiert, während man die Markenstärke geeigneter als ein psychisches Konstrukt ansieht, das dem Kaufakt vorgelagert ist und nicht unmittelbar zu einer Kaufhandlung führen muss.[324] Eine stärkere Konzentration auf psychische Konstrukte entspricht eher dem Charakter der Markenstärke, wie sie in der vorliegenden Untersuchung verstanden wird. Irmscher zeigt auf, dass beide Nielsen-Konzepte in ihren Krite-

---

[319] Vgl. ausführlich bei Sander, Matthias: Die Bestimmung und Steuerung des Wertes von Marken, (Physica) Heidelberg 1994, S. 87f.; Bekmeier-Feuerhahn, Sigrid: Marktorientierte Markenbewertung, (DUV) Wiesbaden 1998, S. 83.

[320] Vgl. Franzen, Ottmar; Trommsdorff, Volker; Riedel, Frank: Ansätze der Markenbewertung und Markenbilanz, in: Bruhn, Manfred (Hrsg.): Handbuch MA, Bd. 2, (Schäffer-Poeschel) Stuttgart 1994, S. 1373-1401; Riedel, Frank: Die Markenwertmessung als Grundlage strategischer Markenführung, (Physica) Heidelberg 1996; Bekmeier-Feuerhahn, Sigrid: Marktorientierte Markenbewertung, (DUV) Wiesbaden 1998, S. 83.

[321] Vgl. Franzen, Ottmar; Trommsdorff, Volker; Riedel, Frank: Ansätze der Markenbewertung und Markenbilanz, in: Bruhn, Manfred (Hrsg.): Handbuch MA, Bd. 2, (Schäffer-Poeschel) Stuttgart 1994, S. 1373-1401, S. 1390-1393.

[322] Vgl. Irmscher, Wolfgang: Starke Marken, Blue Chips?, in: asw, 40. Jg., 1997, Sondernummer, S. 120-129, S. 129.

[323] Vgl. Bekmeier-Feuerhahn, Sigrid: Marktorientierte Markenbewertung, (DUV) Wiesbaden 1998, S. 84f.

[324] Vgl. Bekmeier-Feuerhahn, Sigrid: Marktorientierte Markenbewertung, (DUV) Wiesbaden 1998, S. 85.

rienkatalogen eine deutliche Ausrichtung auf Konsumgüter aufweisen, so dass eine Übertragbarkeit auf andere Markentypen, so auch Händlermarken, nur begrenzt möglich ist.[325]

f) Der Ansatz von Keller

Nachdem in den späten 80er Jahren die Markenwertdiskussion in der Marketingforschung aufkam, war es das Konzept von Keller, das für die Betrachtung des konsumentenorientierten Markenwerts die deutlichsten Impulse gab.[326] Er zeigt auf, dass die Quellen des Markenwerts in dem Markenwissen liegen, das in zwei Dimensionen zerlegt werden kann: die Markenbekanntheit (Brand Awareness) und das Markenimage bzw. die Markenassoziationen (Brand Image) (siehe Übersicht 7). Beide Dimensionen erläutert er detailliert, und er schlägt jeweils eine Reihe möglicher Operationalisierungen vor.[327]

Übersicht 7:   Markenwert nach Keller

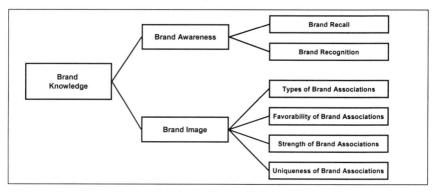

Quelle: in Anlehnung an Keller, Kevin Lane: Conceptualizing, measuring, and managing customer-based brand equity, in: JM, 57. Jg., 1993, Nr. 1, S. 1-22, S. 7.

Dabei unterscheidet sich sein Ansatz wesentlich von anderen Ansätzen der Markenbewertung. Ein wichtiger Aspekt ist dabei, dass nicht nur bewertete Objekteigenschaften

---

[325]   Vgl. Irmscher, Wolfgang: Starke Marken, Blue Chips?, in: asw, 40. Jg., 1997, Sondernummer, S. 120-129, S. 129.

[326]   Vgl. Keller, Kevin: Conceptualizing, measuring, and managing customer-based brand equity, in: JM, 57. Jg., 1993, Nr. 1, S. 1-22. Zuvor wurde zwar bereits der Ansatz von Aaker veröffentlicht; dieser wird aber eher als heuristisches Konzept angesehen, das dazu diente, die beteiligten Faktoren der Markenwertbildung zu diskutieren, jedoch nicht, sie zu quantifizieren. So bleiben z.B. viele messtheoretische Fragen unberücksichtigt; vgl. Bekmeier-Feuerhahn, Sigrid: Marktorientierte Markenbewertung, (DUV) Wiesbaden 1998, S. 91.

[327]   Vgl. ausführlich Keller, Kevin: Strategic Brand Management, (Prentice Hall) Upper Saddle River/NJ 1998, S. 50-53 (und weitere Kapitel des Buches zu Einzelaspekten).

zur Ermittlung des Markenwerts herangezogen werden (wie dies bei Operationalisierungen des Image-Begriffs bislang üblich war),[328] sondern Keller sehr unterschiedliche Arten von Assoziationen als Basis des Markenwerts betrachtet:[329]

♦ Attribute, als beschreibende Eigenschaften, die ein Produkt charakterisieren: Attribute können z.b. danach unterschieden werden, ob sie eng mit dem Produkt verbunden sind („product-related"), also ob sie notwendige Bestandteile sind, um die Produktfunktion für den Konsumenten auszuüben, oder ob sie wenig produktbezogen sind („non-product-related"), also externe Aspekte des Produkts darstellen, die oft mit dem Kauf oder dem Konsum in Verbindung gebracht werden.

♦ Nutzen: Die zweite wichtige Art von Assoziationen, die mit einer Marke verbunden sein können, ist der Nutzen. Nutzen sind der persönliche Wert und die Bedeutung, die Konsumenten einem Produkt zurechnen. Auch die Nutzenassoziationen können weiter unterteilt werden, so z.b. in funktionalen und in symbolischen Nutzen.

♦ Einstellungen: Einstellungen stellen die abstrakteste Art der Markenassoziationen dar. Sie sind definiert als die gesamthafte Bewertung einer Marke durch den Konsumenten (overall evaluation). Dabei hängt die Einstellung auch von den anderen Assoziationen ab.[330]

Keller weist darauf hin, dass je nach Produktkategorie unterschiedliche Assoziationstypen eine unterschiedliche Bedeutung für die Kaufentscheidung haben. Dabei sind die Arten der Markenassoziationen, die Bewertung der Markenassoziationen, die Stärke der Markenassoziationen und die Einzigartigkeit der Markenassoziationen für den Markenwert von Bedeutung.[331] Keller zeigt auf, dass es, um einen hohen Markenwert zu schaffen, notwendig ist, starke, positive und einzigartige Assoziationen aufzubauen.[332] Ähnlich formuliert auch Weinberg, dass eine Marke dann entsteht, wenn sie ein positives, relevantes und unverwechselbares Image bei den Konsumenten aufbauen kann.[333]

Kritisiert wird am Ansatz von Keller die geringe empirische Fundierung und die zu starke Basierung auf verschiedenen Einzelergebnissen. Zu beanstanden ist zusätzlich, dass

---

[328] Siehe hierzu die Diskussion des Konstrukts „Store Image" in Abschnitt C. dieses Kapitels.

[329] Vgl. Keller, Kevin: Strategic Brand Management, (Prentice Hall) Upper Saddle River/NJ 1998, S. 93-102.

[330] Vgl. Keller, Kevin: Strategic Brand Management, (Prentice Hall) Upper Saddle River/NJ 1998, S. 101f. Siehe dazu auch Abschnitt B.I.5. des Dritten Kapitels.

[331] Vgl. Keller, Kevin: Strategic Brand Management, (Prentice Hall) Upper Saddle River/NJ 1998, S. 92-109.

[332] Vgl. Keller, Kevin: Strategic Brand Management, (Prentice Hall) Upper Saddle River/NJ 1998, S. 102

[333] Vgl. Weinberg, Peter: Markenartikel und Markenpolitik, in: Wittmann, Waldemar u.a. (Hrsg.): Handwörterbuch der Betriebswirtschaftslehre, 5. Aufl., (Schäffer-Poeschel) Stuttgart 1993, Sp. 2679-2690, Sp. 2681.

das Messmodell einen zu wenig operationalen Charakter hat und eine Verdichtung der unterschiedlichen Teilergebnisse unterbleibt.[334]

Für die vorliegende Arbeit enthält der Ansatz jedoch zahlreiche wichtige Erkenntnisse. So bildet der Ansatz von Keller im analytisch-konzeptionellen Sinne eine Deskription der Markenwertbildung.[335] Zudem ist es der einzige Markenwertmessansatz, für den eine detaillierte Übertragung auf Händlermarken stattgefunden hat. Esch/Levermann verwenden den Ansatz für die Betrachtung von Händlermarken, wenngleich sie ebenfalls keine aggregierte Kennzahl für den Markenwert ableiten.[336]

g)   Der Markeneisberg von Andresen

Das Markeneisberg-Modell von Andresen hat eine verhaltenswissenschaftliche Fundierung und basiert auf den Erkenntnissen der Imagery-Forschung von Paivio und Kroeber-Riel. Es geht hierbei um die Erfassung eines „inneren Markenwerts", der sich aus dem inneren Markenbild und dem Markenguthaben zusammensetzt.[337]

Im Ansatz wird dabei der aktuell wahrgenommene Auftritt einer Marke als kurzfristig wirksames „Markenbild", das v.a. durch Maßnahmen innerhalb des Marketingmix bestimmt wird, vom „Markenguthaben", als dem langfristig wirksamen Teil, unterschieden. Man geht davon aus, dass sich das Markenguthaben sukzessive aufbaut durch Aktivitäten des aktuellen Auftritts, d.h. kurzfristig ist durch Marketingmaßnahmen lediglich die kurzfristige Wahrnehmung des Marktauftritts veränderbar, die erst auf längere Sicht Auswirkungen auf das Markenguthaben hat. Das Markenguthaben repräsentiert eher die langfristigen Veränderungen von Konsumenteneinstellungen und somit auch eher die vergangenen Marketingbemühungen, also frühere Investitionen in den Markt, die als Guthaben „unter der Wasseroberfläche schlummern."[338]

Die Faktoren, die für die Ermittlung des Markenwerts genannt werden, unterscheiden sich dabei leicht zwischen den einzelnen Veröffentlichungen.[339] Um aus den einzelnen

---

[334]   Vgl. hierzu auch Bekmeier-Feuerhahn, Sigrid: Marktorientierte Markenbewertung, (DUV) Wiesbaden 1998, S. 96.

[335]   Vgl. Bekmeier-Feuerhahn, Sigrid: Marktorientierte Markenbewertung, (DUV) Wiesbaden 1998, S. 95.

[336]   Vgl. Esch, Franz-Rudolf; Levermann, Thomas: Handelsunternehmen als Marken, in: Trommsdorff, Volker (Hrsg.): Handelsforschung 1993/94, (Gabler) Wiesbaden 1993, S. 79-102, S. 88-90.

[337]   Vgl. Andresen, Thomas: Innere Markenbilder: MAX - wie er wurde, was er ist, in: Planung und Analyse, o.Jg., 1991, Nr. 1, S. 28-34 , S. 30-33; Franzen, Ottmar; Trommsdorff, Volker; Riedel, Frank: Ansätze der Markenbewertung und Markenbilanz, in: Bruhn, Manfred (Hrsg.): Handbuch MA, Bd. 2, (Schäffer-Poeschel) Stuttgart 1994, S. 1373-1401, S. 1377.

[338]   (Vgl.) Andresen, Thomas: Innere Markenbilder: MAX - wie er wurde, was er ist, in: Planung und Analyse, o.Jg., 1991, Nr. 1, S. 28-34, S. 30.

[339]   Dabei ist die Aufnahme der Markenloyalität als dritter Faktor des Markenguthabens die wichtigste Veränderung, die sich im Laufe der Zeit ergeben hat; vgl. hierzu Andresen, Thomas: Innere Mar-

Indikatoren einen Markenwert abzuleiten, werden diese zu Faktoren verdichtet. Andresen nutzt eine Faktorenanalyse auf aggregiertem Markenniveau und erhält dabei zwei Dimensionen (Markenbild und Markenguthaben), die er nicht weiter zusammenfasst.[340]

Übersicht 8: **Komponenten des Markeneisbergs**

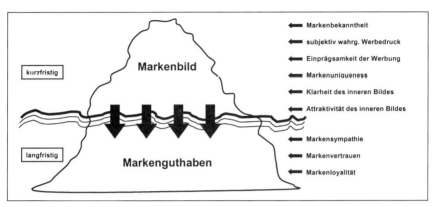

Quelle: Andresen, Thomas; Esch, Franz-Rudolf: Messung der Markenstärke durch den Markeneisberg, in: Esch, Franz-Rudolf (Hrsg.): Moderne Markenführung, 2. Aufl., (Gabler) Wiesbaden 2000, S. 989-1011, S. 992.

Für eine ausgewählte Branche prüfen Andresen/Esch die Validität der gewählten Markenwertindikatoren mit Hilfe des Marktanteils als Markenerfolgsindikator und erhalten die in Tabelle 2 dargestellten Korrelationen zwischen den Markenwertfaktoren und dem Marktanteil. Damit zeigen Andresen/Esch, dass sowohl das innere Markenbild als auch (v.a.) das Markenguthaben einen engen Zusammenhang mit dem Markterfolg einer Marke haben und die Validität der von ihnen gewählten Markenwertindikatoren hoch ist.

Auch am Markeneisberg-Ansatz wird Kritik geäußert. So liefert dieser keinen absoluten Markenwert, sondern nur einen relativen, der als Bezugspunkt die relativen Markenwerte anderer Markenartikel heranzieht (und nicht Markenbild und -guthaben unmarkierter Produkte). Zudem wird kritisiert, dass eine Zusammenfassung von Markenbild und

kenbilder: MAX - wie er wurde, was er ist, in: Planung und Analyse, ol. Jg., 1991, Nr. 1, S. 28-34, S. 30-33; Esch, Franz-Rudolf; Andresen, Thomas: Messung des Markenwertes, in: Hauser, Ulrich (Hrsg.): Erfolgreiches Markenmanagement, (Gabler) Wiesbaden 1997, S. 11-37, S. 19f.; Andresen, Thomas; Esch, Franz-Rudolf: Messung der Markenstärke durch den Markeneisberg, in: Esch, Franz-Rudolf (Hrsg.): Moderne Markenführung, 2. Aufl., (Gabler) Wiesbaden 2000, S. 989-1011, S. 991f.

340 Vgl. Andresen, Thomas: Innere Markenbilder: MAX - wie er wurde, was er ist, in: Planung und Analyse, o.Jg., 1991, Nr. 1, S. 28-34 , S. 30-33.

Markenguthaben unterbleibt.[341] Allerdings muss die fehlende Aggregation keinen Mangel darstellen, da - wie vorne bereits angeführt wurde - für diagnostische Zwecke der Markenführung disaggregierte Größen geeignet sind.

Tabelle 2:   Korrelation einzelner Markenwertfaktoren mit dem Marktanteil

Markenwertfaktoren	*Korrelationskoeffizient r*
Markenbild	**0,469****
Einprägsamkeit der Werbung	0,139
subjektiv wahrgenommener Werbedruck	0,209**
Markenuniqueness	0,428**
gestützte Markenbekanntheit	0,534**
Klarheit des inneren Markenbilds	0,569**
Attraktivität des inneren Markenbilds	0,592**
Markenguthaben	**0,734****
Sympathie	0,754**
Vertrauen	0,688**

** Die Korrelation ist auf dem Niveau von 0,01 signifikant.

Quelle: in Anlehnung an Andresen, Thomas; Esch, Franz-Rudolf: Messung der Markenstärke durch den Markeneisberg, in: Esch, Franz-Rudolf (Hrsg.): Moderne Markenführung, 2. Aufl., (Gabler) Wiesbaden 2000, S. 989-1011, S. 1003.

Bezüglich der inneren Struktur des Markenwerts nach Andresen ist zu vermerken, dass das Markenguthaben einen direkteren Bezug zu Verhaltensabsicht bzw. Verhalten und damit zum Markenerfolg hat als das Markenbild. Während aber das Markenbild durch Änderungen im Auftritt der Marke kurzfristig beeinflusst werden kann, sind Änderungen im Markenguthaben eine langfristige Angelegenheit. Gleichzeitig gehen Andresen/Esch hier von einer klaren Wirkungsrichtung aus in ihrer Beschreibung: Das (kurzfristige) Markenbild beeinflusst das (langfristige) Markenguthaben.[342] Es wurde empirisch gezeigt, dass das Markenguthaben als wichtigere Größe gelten kann (vgl. Tabelle 2). Auch Untersuchungen zu anderen Branchen ergeben, dass ein starker Zusammenhang zwischen Markenguthaben und Verhalten besteht, während einige Größen des Markenbilds nur einen sehr geringen Erklärungsbeitrag leisten können.[343] Offensichtlich eignen sich die Markenwertfaktoren, die in das Markenguthaben eingehen, besser für

---

[341] Vgl. Bekmeier-Feuerhahn, Sigrid: Marktorientierte Markenbewertung, (DUV) Wiesbaden 1998, S. 98.

[342] Vgl. z.B. Andresen, Thomas; Esch, Franz-Rudolf: Messung der Markenstärke durch den Markeneisberg, in: Esch, Franz-Rudolf (Hrsg.): Moderne Markenführung, 2. Aufl., (Gabler) Wiesbaden 2000, S. 989-1011, S. 991f.

[343] So errechnen Andresen/Esch z.B. im Pkw-Markt ein Bestimmtheitsmaß r^2 von 0,55 für eine Regressionsanalyse zwischen den Markenguthabenindikatoren als unabhängigen und Zulassungszahlen als abhängigen Größen. Insbesondere die Werbewirkungsvariablen zeigen jedoch nur eine geringe Korrelation mit dem Verhalten; vgl. Andresen, Thomas; Esch, Franz-Rudolf: Messung der Markenstärke durch den Markeneisberg, in: Esch, Franz-Rudolf (Hrsg.): Moderne Markenführung, 2. Aufl., (Gabler) Wiesbaden 2000, S. 989-1011, S. 1005f.

ein Maß der Markenstärke - wenn dieses eine Beziehung zum Verhalten haben soll - als einige der kurzfristig orientierten Faktoren des Markenbilds.

h) Conjoint-analytische Ansätze auf Konsumentenebene

Mit Hilfe des Conjoint-Measurements kann gezeigt werden, welchen Beitrag verschiedene Komponenten eines Produkts zum empfundenen Gesamtnutzen für einen Konsumenten leisten. Dabei orientiert sich das Vorgehen am klassischen Vorgehen der Conjoint-Analyse, bei dem dem Respondenten als (fiktive) Stimuli Bündel von Eigenschaften, d.h. Eigenschaftskombinationen, vorgelegt werden, die er bewerten soll, z.B. durch Paarvergleiche. Aus diesem Gesamtnutzenwert werden schließlich Teilnutzenwerte errechnet.[344] Die Conjoint-Analyse wurde auch bereits für die Beurteilung von relevanten Einkaufsstättenmerkmalen eingesetzt.[345] Einige Autoren zeigen auf, wie dieses Verfahren auch analog dafür eingesetzt werden kann, den Teilnutzenwert, der auf einer Marke basiert, zu evaluieren.[346]

Dieser Ansatz, der für eine Markenbewertung in einigen Produktbereichen geeignet sein kann, hat jedoch eine wesentliche Voraussetzung, die für die Bewertung von Marken in einigen Produktbereichen bzw. Branchen relevante Nachteile bringt. So setzt Conjoint-Measurement relativ homogene Produkte voraus bzw. zu betrachtende Eigenschaften, die nicht sehr fest mit bestimmten Marken verbunden sind.[347] Eine realitätsnahe Darbietung von Stimuli als Kombination von Eigenschaftsausprägungen bei Objekten, bei denen bestimmte Marken sehr fest mit bestimmten Eigenschaftsausprägungen verbunden sind, ist nicht möglich. Vergleicht man z.B. die fiktiven Stimuli „Rolex für 70,- DM" und „Swatch für 20.000,- DM", dann wird es dem Respondenten i.d.R. nicht gelingen, diese Stimuli von seinem Wissen um die Markeneigenschaften in der Realität zu tren-

---

[344] Vgl. zur statistischen Methode Schubert, Bernd: Conjoint-Analyse, in: Tietz, Bruno; Köhler, Richard; Zentes, Joachim (Hrsg.): HWM, 2. Aufl., (Schäffer-Poeschel) Stuttgart 1995, Sp. 376-389; Backhaus, Klaus u.a.: Multivariate Analysemethoden, 9. Aufl., (Springer) Berlin u.a. 2000, S. 564-626.

[345] Vgl. z.B. Swoboda, Bernhard: Messung von Einkaufsstättenpräferenzen auf der Basis der Conjoint-Analyse, in: DBW, 60. Jg., 2000, Nr. 2, S. 151-168.

[346] Vgl. Hammann, Peter: Der Wert einer Marke, in: Dichtl, Erwin; Eggers, Walter (Hrsg.): Marke und Markenartikel, (dtv) München 1992, S. 205-245, S. 240-241; Müllner, Markus: Markenbewertung auf Basis von Konsumentenurteilen, in: Hauser, Ulrich (Hrsg.): Erfolgreiches Markenmanagement, (Gabler) Wiesbaden 1997, S. 105-123; Brockhoff, Klaus; Sattler, Henrik: Markenwert und Qualitätszeichen, in: Dichtl, Erwin; Eggers, Walter (Hrsg.): Markterfolg mit Marken, (Beck) München 1996, S. 206-224.

[347] So nutzt z.B. Müllner verschiedene Cola-Sorten als Stimuli, Backhaus u.a. verschiedene Margine-Sorten und Brockhoff/Sattler Marmeladesorten; vgl. Müllner, Markus: Markenbewertung auf Basis von Konsumentenurteilen, in: Hauser, Ulrich (Hrsg.): Erfolgreiches Markenmanagement, (Gabler) Wiesbaden 1997, S. 105-123, S. 118; Backhaus, Klaus u.a.: Multivariate Analysemethoden, 9. Aufl., (Springer) Berlin u.a. 2000, S. 591-609; Brockhoff, Klaus; Sattler, Henrik: Markenwert und Qualitätszeichen, in: Dichtl, Erwin; Eggers, Walter (Hrsg.): Markterfolg mit Marken, (Beck) München 1996, S. 206-224.

nen. Diese Problematik trifft insbesondere für das Untersuchungsobjekt Händlermarken zu. So ist zumindest eine betriebstypenübergreifende conjoint-analytische Betrachtung unter Einschluss von Händlermarken nicht möglich. Dies wird deutlich, wenn man sich eine einfache Betrachtung von Handelsunternehmen mit drei Eigenschaften vorstellt: Marke, Verkaufsfläche und Sortimentsgröße. Versucht man nun, dem Kunden z.B. einen Paarvergleich zwischen den (fiktiven) Stimuli „Aldi mit 100.000 Artikeln und 10.000 m² Fläche" und „Globus mit 800 Artikeln und 500 m² Verkaufsfläche" abzuverlangen, dann zeigt sich, dass diese Stimuli zu artifiziell sind.[348]

Eine Conjoint-Analyse ohne Darbietung der Marke ist sicherlich möglich, um die Teilnutzenwerte der verschiedenen Eigenschaften zu ermitteln, zur Bewertung einer Händlermarke eignet sich der Ansatz aus den oben genannten Gründen jedoch nicht.

i)   Die Ansätze von Bekmeier-Feuerhahn

Zur Analyse der Markenstärke können einerseits die Verarbeitungsprozesse der Markenstärkebildung untersucht werden (antriebsorientierte Sichtweise der Markenstärke), andererseits kann die Analyse auf die Untersuchung von Gedächtnisprozessen zielen (kognitiv orientierte Sichtweise der Markenstärke). Schließlich ist die Verhaltenswirkung eine Perspektive, aus der die Markenstärke betrachtet werden kann. Alle drei Richtungen werden von Bekmeier-Feuerhahn ausführlich betrachtet,[349] was einen Grund dafür darstellt, ihre Ansätze etwas ausführlicher zu betrachten als die anderen dargestellten Ansätze. Ein weiterer Grund liegt darin, dass der Ansatz von Bekmeier-Feuerhahn, weil er der neueste der dargestellten Ansätze ist, zahlreiche Erkenntnisse der anderen Ansätze integriert und teilweise auf ihnen basiert.

Dabei entwickelt Bekmeier-Feuerhahn mehrere, teilweise aufeinander aufbauende Vorschläge für die Erfassung des Markenwerts bzw. der Markenstärke. Für die antriebsorientierte Sichtweise weist Bekmeier-Feuerhahn zunächst empirisch nach, dass sich diese für universale Markenstärkemaße nicht eignet, so dass dieser Ansatz an dieser Stelle nicht näher dargestellt wird.[350] Erkenntnisse dieses Ansatzes fließen jedoch an anderer Stelle in die Untersuchung ein.

---

[348]   Bezüglich einiger Konsumgüter ist es möglich, ein ansonsten unverändertes Produkt mit einer anderen Marke zu versehen, so dass ggf. die Marke „isoliert" bewertet werden kann. So könnte beispielsweise bei einem Fernsehgerät der Marke A eine andere Marke angebracht werden, ohne dass dem Kunden damit dieses Beurteilungsobjekt unrealistisch vorkäme. Dies ist auch die Grundlage des Conjoint-Measurement. Zumindest betriebstypenübergreifend ist dies im Einzelhandel nicht möglich.

[349]   Vgl. Bekmeier-Feuerhahn, Sigrid: Marktorientierte Markenbewertung, (DUV) Wiesbaden 1998, insb. S. 39-44.

[350]   Grund hierfür ist die Heterogenität der Ergebnisse beim Einsatz in unterschiedlichen Warengruppen; vgl. Bekmeier-Feuerhahn, Sigrid: Marktorientierte Markenbewertung, (DUV) Wiesbaden 1998, S. 161.

Messung der Markenstärke auf der Basis der Verhaltenswirkung

In einem ersten Schritt operationalisiert Bekmeier-Feuerhahn Markenstärke als ökonomische Handlungsbereitschaft.[351] Dabei geht sie davon aus, dass die Markenstärke als ein hypothetisches Konstrukt zu verstehen ist, mit dem die Antriebe des Verhaltens erklärt werden sollen. Sie stellt die wesentlichen Wirkungen der Markenstärke auf Konsumentenseite, differenziert nach den Marketinginstrumenten, ausführlich dar, wobei diese Perspektive auf der bereits dargestellten Überlegung beruht, dass die Markenstärke mit der Effizienz einzelner Marketinginstrumente korreliert.[352] Basierend darauf schlägt Bekmeier-Feuerhahn eine Reihe von Indikatoren für die Markenstärke vor: die Aufpreisbereitschaft, die Akzeptanz von Markenerweiterungen, die Marketingbeachtung, die Pull-Effekte, die Markentreue und die Zukunftsaussichten der Marke.[353] Diese Skala für die Markenstärke wird dabei im Rahmen der Betrachtung eines Messmodells einer Kausalanalyse überprüft und Bekmeier-Feuerhahn kann für verschiedene Marken einen durchgehend hohen Zusammenhang zwischen den Indikatoren und der latenten Variable „Markenstärke" feststellen. Für alle der von ihr untersuchten Marken ergeben sich bei allen Indikatoren Faktorladungen von über 0,6, so dass diese Form der Messung der Markenstärke nach ihr „stimmig" ist.[354]

Bekmeier-Feuerhahn orientiert sich mit diesem Markenbewertungsansatz an verhaltenswissenschaftlichen Modellen und berücksichtigt die wesentlichen verhaltensorientierten Effekte der Markenstärke. Obwohl einzelne Indikatoren ggf. zu hinterfragen sind (so z.B. die Aufpreisbereitschaft[355]), ist die Messung valide, wie die Überprüfung der Güte des Kausalmodells deutlich macht. Welche Indikatoren auch für die Messung des Markenwerts von Handelsunternehmen geeignet sind, ist an anderer Stelle zu untersuchen.[356]

Messung der Markenstärke auf Basis der Gedächtnisprozesse

Die kognitiv orientierte Forschung betrachtet die Markenstärke in Abhängigkeit des gespeicherten Markenwissens; sie ist an die Speicherung von Wissensstrukturen und deren

---

[351] Ziel ist es, die so gewonnene Größe als Validierungsgröße für andere Operationalisierungen einzusetzen.

[352] Vgl. Bekmeier-Feuerhahn, Sigrid: Marktorientierte Markenbewertung, (DUV) Wiesbaden 1998, S. 40-44.

[353] Vgl. Bekmeier-Feuerhahn, Sigrid: Marktorientierte Markenbewertung, (DUV) Wiesbaden 1998, S. 148-150. Die Begründung für die jeweiligen Indikatoren sowie die konkrete Operationalisierung ist dort dargestellt.

[354] Vgl. Bekmeier-Feuerhahn, Sigrid: Marktorientierte Markenbewertung, (DUV) Wiesbaden 1998, S. 154, 156f.

[355] Siehe hierzu Abschnitt IV.2.b.ii.) dieses Kapitels.

[356] Siehe hierzu Drittes Kapitel, Abschnitt C.IV.

Reproduzierbarkeit gebunden.[357] Um dabei zu evaluieren, ob und in welchem Maße die Markenstärke durch Speicherprozesse repräsentiert werden kann, untersucht Bekmeier-Feuerhahn zwei Hypothesenbündel, die auf verhaltenswissenschaftlichen Erkenntnissen zu Gedächtnisprozessen, u.a. der Theorie der dualen Kodierung, der Imagery-Forschung und der Schematheorie, beruhen, und die in verbale und visuelle Gedächtnisprozesse unterteilt werden. Dabei werden (verbale) Assoziationen und (visuelle) innere Bilder betrachtet.[358] Die Hypothesen sind im Pfaddiagramm in Übersicht 9 enthalten. Bekmeier-Feuerhahn kommt nach einem kausalanalytischen Hypothesentest zu dem Ergebnis, dass das Konstrukt „Markenwissen", unterteilt in verbales und bildliches Markenwissen, als Indikator für das hypothetische Konstrukt „Markenstärke" geeignet ist. Die Anpassungsgüte des von ihr mit Hilfe dieser beiden Arten des Markenwissens und der Markenstärke getesteten Kausalmodells ist hoch.[359]

Übersicht 9:   Gedächtnisorientierte Operationalisierung der Markenstärke

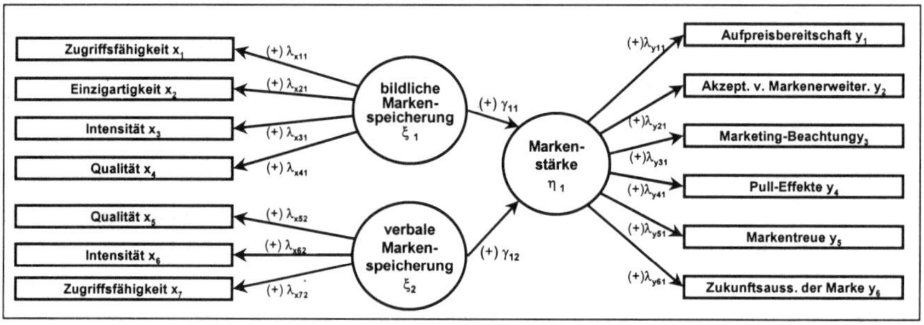

Quelle: Bekmeier-Feuerhahn, Sigrid: Marktorientierte Markenbewertung, (DUV) Wiesbaden 1998, S. 188.

Obwohl Bekmeier-Feuerhahn aus diesen Ergebnissen keine unmittelbare Messmethode für die Markenstärke ableitet, wäre dies aus Kenntnis der Indikatoren der jeweiligen Wissenskonstrukte, der Faktorladungen und der Pfadkoeffizienten (also des kausalen Einflusses der bildlichen und der verbalen Markenspeicherung auf die Markenstärke)

---

[357]   Vgl. Andresen, Thomas: Innere Markenbilder: MAX - wie er wurde, was er ist, in: Planung und Analyse, o.Jg., 1991, Nr. 1, S. 28-34; Esch, Franz-Rudolf: Ansätze zur Messung des Markenwerts, in: Esch, Franz-Rudolf (Hrsg.): Moderne Markenführung, 2. Aufl., (Gabler) Wiesbaden 2000, S. 937-965; Andresen, Thomas; Esch, Franz-Rudolf: Messung der Markenstärke durch den Markeneisberg, in: Esch, Franz-Rudolf (Hrsg.): Moderne Markenführung, 2. Aufl., (Gabler) Wiesbaden 2000, S. 989-1011; Keller, Kevin: Conceptualizing, measuring, and managing customer-based brand equity, in: JM, 57. Jg., 1993, Nr. 1, S. 1-22; Bekmeier-Feuerhahn, Sigrid: Marktorientierte Markenbewertung, (DUV) Wiesbaden 1998, S. 162.

[358]   Bekmeier-Feuerhahn, Sigrid: Marktorientierte Markenbewertung, (DUV) Wiesbaden 1998, S. 163-184. Dort sind auch mögoiche Wirkungsbeziehungen diskutiert.

[359]   Vgl. Bekmeier-Feuerhahn, Sigrid: Marktorientierte Markenbewertung, (DUV) Wiesbaden 1998, S. 191f.

möglich.[360] Damit können die Markenspeicherung und die dargestellte Operationalisierung als geeignete Skala des Markenwerts angesehen werden.

Kritisch anzumerken an diesem Messansatz von Bekmeier-Feuerhahn ist, dass auch hier subjektive Einflüsse nicht vollständig zu vermeiden sind. So wurde auf der Basis freier Assoziationen eine Inhaltsanalyse vorgenommen, bei der die Assoziationen bezüglich der Dimensionen „Intensität" und „Qualität" von der Autorin selbst bewertet wurden. Eine direkte Erhebung dieser Dimensionen bei den Respondenten würde sich vermutlich schwierig gestalten. Bezüglich der „Einzigartigkeit" des inneren Bildes wurde festgestellt, dass diese Dimension nicht von dritten Personen kodiert werden kann, sondern die Bewertung nur vom Respondenten selbst vorgenommen werden könnte.[361]

Um das bildliche und das verbale Markenwissen zu einem einzigen Wert für die Markenstärke zusammenzufassen, entwickelt Bekmeier-Feuerhahn eine Formel, die beide Dimensionen des Wissens berücksichtigt und gleichzeitig beachtet, dass das Markenwissen teilweise auch vom Wissen über die Produktkategorie beeinflusst wird,[362] d.h. selbst bei schwachen Marken haben die Konsumenten bestimmte Assoziationen, so dass das Verhältnis von markenspezifischen Assoziationen zu Gattungsassoziationen von Bedeutung ist. Somit ergibt sich für die Markenstärke ein Wert, der positiv oder negativ sein kann und die Markenstärke im Vergleich zum Gattungsprodukt ermittelt.[363]

Auch dieser Ansatz bietet keine vollständige Lösung für das Problem der Markenbewertung. So weist zwar Bekmeier-Feuerhahn kausalanalytisch nach, dass die Gedächtnisprozesse wichtige Maßzahlen für die Markenstärke ergeben können; die Integration der einzelnen Komponenten in Maße der Markenstärke anhand ihrer Markenstärke-Formel ist jedoch von subjektiven Einflüssen in der Auswahl methodischer Aspekte nicht frei. Dies betrifft sowohl die Wahl der Multiplikation einzelner Indizes als auch eine Logarithmierung, die sie vornimmt und die gleichzeitig einer verbalen Assoziation eine (willkürlich) reduzierte Bedeutung zumisst. Gleichzeitig ist die Messung sehr aufwändig und setzt, z.B. für die Nutzung der Videobilderskalen, Laborbedingungen voraus. Auch hier findet schließlich keine vollständige Trennung von Markenzeichen und Produkt statt. So wird zwar ein Gattungsprodukt zum Vergleich herangezogen; produktbezogene

---

[360] Sowohl die Faktorladungen des Messmodells der Kausalanalyse (λ-Werte) als auch die Pfadkoeffizienten des Strukturmodells (γ_{11} und γ_{12}) sind dabei sehr homogen über die verschiedenen Marken und Produktbereiche hinweg.

[361] Vgl. Bekmeier-Feuerhahn, Sigrid: Marktorientierte Markenbewertung, (DUV) Wiesbaden 1998, S. 185f.

[362] Für die Messung der visuellen Markenspeicherung wurden dabei Bilderskalen in Form von Videospots verwendet.

[363] Vgl. Bekmeier-Feuerhahn, Sigrid: Marktorientierte Markenbewertung, (DUV) Wiesbaden 1998, S. S. 198f., S. 210f.

Vorteile einer spezifischen Marke, die zu positiven Assoziationen diesbezüglich führen, sind jedoch z.B. nicht auszuschließen.

Marktorientierte Markenbewertung

Neben dem verhaltenswissenschaftlichen Ansatz, der in einer Kennzahl für die Markenstärke resultiert, entwickelt Bekmeier-Feuerhahn auch eine aus Konsumenten- und Unternehmenssicht „integrierte" Kennzahl, die auf Basis einer einzigen, monetären Größe den marktorientierten Markenwert repräsentieren soll. Unter Rückgriff auf die von ihr ermittelte Markenstärke und den „Markengewinn" (der sich aus Umsatzgrößen, der Branchenrendite und einem auf Expertenschätzungen beruhenden Renditeanteil, der aus der Marke resultiert, ergibt) entwickelt Bekmeier-Feuerhahn einen Marktpreis für die Marke. Dazu erhebt sie in einer Expertenbefragung, in der den Befragten Markenstärken und Markengewinne fiktiver Marken vorgegeben wurden, Preiseinschätzungen für die Rechte zur Nutzung der jeweiligen Marke. Aus diesen Angaben errechnet sie Regressionskoeffizienten, um das jeweilige Gewicht der Markenstärke und des Markengewinns zu eruieren und einen Marktpreis für die Marke abzuleiten.[364]

Die Problematik der ersten Input-Größe, der Markenstärke, wurde bereits kurz erwähnt. Bezüglich der zweiten Inputgröße der Formel, des Markengewinns, ist die eher pauschale Schätzung einiger Parameter festzustellen, so bei der Aufteilung der Rendite eines Unternehmens in die Rendite, die durch die Marke verursacht wird, und den Teil der Rendite, der durch andere Einflussgrößen verursacht wird. Inwiefern die regressionsanalytisch ermittelten Einflussgewichte der beiden Teilgrößen aus der Expertenerhebung valide und reliabel sind, muss überprüft werden. So könnten sich - z.B. durch eine zunehmende Erfahrung der Experten mit den beiden Inputgrößen - die jeweiligen Gewichte für die Marktpreisschätzung im Zeitablauf verändern. Zudem sind auch Markenstärke und Markengewinn keine unabhängigen Größen, sondern der Markengewinn wird letztlich von der Markenstärke beeinflusst, was eine regressionsanalytische Schätzung der Einflussgewichte verzerren könnte.

Letztlich ist jedoch diese Problematik, die v.a. aus der Aggregation der Teilgrößen entsteht, für die der vorliegenden Untersuchung zu Grunde liegende Fragestellung irrelevant. Da in der vorliegenden Arbeit letztlich nur die Wirkungsrichtung und ein Vergleich zwischen unterschiedlichen Unternehmen auf der Basis dieser Markenstärke vorgenommen werden soll, ist die konkrete Ermittlung eines aggregierten „Marktpreises" nicht notwendig.

---

[364] Vgl. Bekmeier-Feuerhahn, Sigrid: Marktorientierte Markenbewertung, (DUV) Wiesbaden 1998, S. 251-262.

j) Sonstige Ansätze der verhaltenswissenschaftlichen Markenbewertung

Die dargestellten Ansätze stellen die wichtigsten und in der Literatur am intensivsten diskutierten Ansätze dar. Daneben existieren eine Vielzahl anderer Ansätze.

Ein Vorschlag, der Ansätze zur wirkungsorientierten Messung aufzeigt, wird von Hätty in die Diskussion eingeführt. So führt er als Messkonzept für ein wirkungsbezogenes Markenartikelverständnis den Erfüllungsgrad an, den ein markiertes Objekt hinsichtlich seiner ihm zugesprochenen Funktionen auf dem Absatzmarkt zu erreichen vermag und bezieht sich dabei auf drei verschiedene Funktionen der Marke, nämlich die Identifikations- bzw. Individualisierungsfunktion (gemessen z.B. durch den Bekanntheitsgrad), die Vertrauens- und Sicherheitsfunktion (gemessen z.B. durch das wahrgenommene Kaufrisiko) und die Nutzenfunktion (gemessen z.B. durch Einstellungsmessmethoden).[365] Nach dieser Betrachtungsweise ist erst dann von einer Marke bzw. einem Markenartikel zu sprechen, wenn alle drei Funktionen gut erfüllt sind.[366] Eine konkretere Operationalisierung unterbleibt jedoch, so dass eine Bewertung nicht vorgenommen werden kann. Andererseits sind als Stärke des Ansatzes die theoretisch hergeleiteten, wirkungsbezogenen Indikatoren anzusehen.

Eine verhaltenswissenschaftlicher Markenbewertungsansatz, der in der Praxis weit verbreitet ist und international angewendet wird, ist der Brand Asset Valuator von Young & Rubicam, nach dem die Markenstärke auf vier Kerndimensionen zurückgeführt werden kann, nämlich Differenzierung, Relevanz, Ansehen und Vertrautheit. Diese vier Kerndimensionen werden nochmals zu zwei „Markenwerten" verrechnet, der Markenkraft, die sich aus der Differenzierung und der Relevanz zusammensetzt und das Wachstumspotenzial der Marke charakterisieren soll, und dem Markenstatus, der sich aus Ansehen und Vertrautheit zusammensetzt und das Image der Marke widerspiegeln soll.[367] Eine wissenschaftliche Analyse des Ansatzes ist wegen der aus Wettbewerbsgründen eher schlechten Dokumentation nur schwer möglich. U.a. können jedoch folgende Defizite des Ansatzes festgestellt werden: Beim Brand Asset Valuator handelt es sich um ein Scoring-Modell, dem die vorne dargestellten Defizite der Scoring-Modelle ebenfalls inhärent sind, so z.B. mögliche Verzerrungen wegen einer Abhängigkeit der einzelnen Attribute. Ein einheitlicher Fragebogen verzichtet darauf, Branchenspezifika zu erfassen, um damit eine Vergleichbarkeit der Daten für Marken verschiedener Branchen herstellen zu können. Die Frage nach der Vergleichbarkeit der Markenwerte wird von

---

[365] Vgl. Hätty, Holger: Der Markentransfer, (Physica) Heidelberg 1989, S. 19f

[366] Vgl. Bekmeier-Feuerhahn, Sigrid: Marktorientierte Markenbewertung, (DUV) Wiesbaden 1998, S. 19.

[367] Vgl. zum Brand Asset Valuator ausführlich Richter, Michael; Werner, Gerhild: Marken im Bereich Dienstleistungen: Gibt es das überhaupt?, in: Tomczak, Torsten; Schögel, Marcus; Ludwig, Eva (Hrsg.): Markenmanagement für Dienstleistungen, (Thexis Verlag) St. Gallen 1998, S. 24-35; Agres, Stuart: Leading and Lagging Indicator of Brand Health, in: Sood, Sanjay (Hrsg.): Brand Equity and the Marketing Mix, Report No. 95-111, (MSI) Cambridge 1995, S. 29-31, S. 29f.

Young & Rubicam erst auf der Ebene der Ergebnisse gestellt.[368] Ob die vier Kerndimensionen unabhängig voneinander sind, ist zu bezweifeln. Sie werden in der Erläuterung als aufeinander aufbauend angesehen, so dass vermutlich deutliche Interkorrelationen festzustellen sind. Auch für die weitere Verdichtung zu Markenstatus und Markenkraft wird der Aggregationsvorgang nicht offengelegt. Ob diese beiden „Faktoren" unabhängig sind, ist damit ebenfalls unklar. Wenn hier keine Unabhängigkeit besteht, ist die orthogonale Darstellung im zweidimensionalen Raum, als wesentliche Analyseebene, kritisch zu beurteilen.

Insgesamt kann man feststellen, dass die fehlende Dokumentation eine wissenschaftliche Beurteilung schwierig macht, dass aber praktische Vorteile aufgrund der zahlreichen Vergleichsdaten gegeben sind und auch - wegen der Erhebung in mehreren Staffeln - ein dynamischer Vergleich der Entwicklung der Position einer Marke möglich ist.

---

[368] Vgl. Richter, Michael; Werner, Gerhild: Marken im Bereich Dienstleistungen: Gibt es das überhaupt?, in: Tomczak, Torsten; Schögel, Marcus; Ludwig, Eva (Hrsg.): Markenmanagement für Dienstleistungen, (Thexis Verlag) St. Gallen 1998, S. 24-35, S. 27-29.

B. Grundlagen des Einzelhandels

I. Begriffliche Grundlagen des Einzelhandels

Handel wird in einem umfassenden Sinn als Austausch von Gütern verstanden.[369] Der Begriff des funktionellen Handels bezieht sich auf eine Tätigkeit: „Handel im funktionellen Sinne liegt vor, wenn Marktteilnehmer Güter, die sie in der Regel nicht selbst be- oder verarbeiten (Handelswaren), von anderen Marktteilnehmern beschaffen und an Dritte absetzen."[370] Die vorliegende Untersuchung bezieht sich auf Handelsunternehmen: „Handel im institutionellen Sinne - auch als Handelsunternehmung, Handelsbetrieb oder Handlung bezeichnet - umfasst jene Institutionen, deren wirtschaftliche Tätigkeit ausschließlich oder überwiegend dem Handel im funktionellen Sinne zuzurechnen ist."[371]

Eine Möglichkeit der Systematisierung der Handelsunternehmen beruht auf der Stellung in der Kette zwischen Urerzeuger und Konsument. Nach dieser Betrachtungsweise, die die Tätigkeit eines Handelsbetriebes auf einer bestimmten Wirtschaftsstufe kennzeichnet, sind Groß- und Einzelhandelsbetriebe zu unterscheiden; Barth spricht hier von Betriebsformen.[372] Erfolgt der Absatz des Produktes direkt an private Haushalte, spricht man von Einzelhandel.[373]

Betriebstypen dienen der Differenzierung der unterschiedlichen Ausprägungen der Handelsunternehmen innerhalb der einzelnen Wirtschaftsstufen.[374] Der Ausschuß für Begriffsdefinitionen aus der Handels- und Absatzwirtschaft charakterisiert einen Betriebstyp als eine Kategorie von Handelsbetrieben mit gleichen oder ähnlichen Kombinationen von Merkmalen, die über einen längeren Zeitraum beibehalten werden, und durch den der Handelsbetrieb seine Struktur, sein Leistungsspektrum und seinen Marktauftritt fest-

---

[369] Vgl. Tietz, Bruno: Binnenhandelspolitik, 2. Aufl., (Vahlen) München 1993, S. 1.

[370] Ausschuß für Begriffsdefinitionen aus der Handels- und Absatzwirtschaft (Hrsg.): Katalog E, 4. Ausg., Köln 1995, S. 28.

[371] Ausschuß für Begriffsdefinitionen aus der Handels- und Absatzwirtschaft (Hrsg.): Katalog E, 4. Ausg., Köln 1995, S. 28. Siehe hierzu ausführlich Müller-Hagedorn, Lothar: Der Handel, (Kohlhammer) Stuttgart u.a. 1998, S. 19-25.

[372] Vgl. Barth, Klaus: Betriebswirtschaftslehre des Handels, 4. Aufl., (Gabler) Wiesbaden 1999, S. 44f., S. 81; Liebmann, Hans-Peter; Zentes, Joachim: Handelsmanagement, (Vahlen) München 2001, S. 5.

[373] Vgl. Liebmann, Hans-Peter; Zentes, Joachim: Handelsmanagement, (Vahlen) München 2001, S. 5-9.

[374] Vgl. Barth, Klaus: Betriebswirtschaftslehre des Handels, 4. Aufl., (Gabler) Wiesbaden 1999, S. 81. Siehe hierzu auch Liebmann, Hans-Peter; Zentes, Joachim: Handelsmanagement, (Vahlen) München 2001, S. 345.

legt.[375] Damit handelt es sich bei den Betriebstypen um eine mehrdimensionale Kennzeichnung der Unternehmenspolitik. Sie sind jeweils durch eine bestimmte Merkmalskombination charakterisiert, wie Standort, Sortiment, Preis, Verkaufsfläche usw. Gleiche Betriebstypen zeichnen sich durch tendenziell gleiche Intensitäten im Einsatz der Marketinginstrumente aus.[376] Oftmals wird jedoch zwischen den Betriebstypen des Lebensmitteleinzelhandels die Abgrenzung dominant nach einem einzigen Kriterium, nämlich der Verkaufsfläche, vorgenommen,[377] obwohl eine Klassenbildung auf Grund aller Marketingvariablen möglicherweise andere Gruppierungen ergeben könnte.

Die für die vorliegende Betrachtung relevanten Betriebstypen umfassen im Wesentlichen Fachgeschäft, Supermarkt, Verbrauchermarkt, SB-Warenhaus, Discounter, Convenience Store und Kauf- und Warenhäuser.[378]

Wichtig ist vor dem Hintergrund der vorliegenden Fragestellung, ob sich der Begriff „Betriebstyp" auf eine abstrakte Erscheinungsform bezieht, die mit Hilfe von Klassifikationen und/oder Typologien gewonnen werden kann - dies stellt die vorne dargestellte institutionelle Sichtweise dar und ergibt z.b. den Betriebstyp „SB-Warenhaus" - oder ob der Betriebstyp die strategische Marketingkonzeption eines spezifischen Handelsunternehmens darstellt - dies stellt eine funktionelle Sichtweise dar und ergibt z.B. den Betriebstyp „HL" als Supermarkt der Rewe-Gruppe.[379] Drexel formuliert, dass ein Betriebstyp zunächst noch abstrakt ist und erst durch die handelsunternehmensspezifische Ausprägung und individuelle Marktpositionierung zu einer realen, am Markt agierenden

---

[375] Vgl. Ausschuß für Begriffsdefinitionen aus der Handels- und Absatzwirtschaft (Hrsg.): Katalog E, 4. Ausg., Köln 1995, S. 29.

[376] Vgl. Mathieu, Günter: Betriebstypenpolitik - Strategie, Entwicklung, Einführung, in: asw, 23. Jg., 1980, Nr. 10, S. 116-127, S. 116; Burkhardt, Achim: Die Betriebstypenmarke im stationären Einzelhandel, Diss., Universität Erlangen-Nürnberg 1997, S. 15. Teilweise wird der Begriff Betriebstyp auf stationäre Erscheinungsformen des Handels eingeengt; vgl. Liebmann, Hans-Peter; Zentes, Joachim: Handelsmanagement, (Vahlen) München 2001, S. 345f.

[377] Dies ergibt z.B. im Lebensmitteleinzelhandel u.a. die Betriebstypen Supermarkt, Verbrauchermarkt, SB-Warenhaus, für die meist eine Reihe von Kriterien genannt werden, die aber dominant nach der Größe eingeteilt werden. Vgl. z.B. Ausschuß für Begriffsdefinitionen aus der Handels- und Absatzwirtschaft (Hrsg.): Katalog E, 4. Ausg., Köln 1995, S. 46f.; A.C.Nielsen (Hrsg.): Universen 2000, Frankfurt a.M. 2000, S. 12f.

[378] Vgl. Liebmann, Hans-Peter; Zentes, Joachim: Handelsmanagement, (Vahlen) München 2001, S. 373-390; dort finden sich auch ausführliche Beschreibungen der Merkmale der jeweiligen Betriebstypen und der derzeitigen Entwicklung.
Obwohl bei Kauf- und Warenhäusern wesentliche Anteile des Sortiments aus Nonfood-Artikeln bestehen, werden sie - oder eingeschränkt zumindest ihre meist abgetrennten Lebensmittelabteilungen - hier als relevante Formen des Lebensmitteleinzelhandels angesehen. Dies ist auch konform mit den statistischen Betrachtungen, die die Kaufhauskonzerne meist auch als Unternehmen des Lebensmitteleinzelhandels betrachten; vgl. M+M Eurodata: Top 30 LEH/Deutschland, http://www.lz-net.de/marketfacts/rankings/top30lhe.html, 10.1.2001.

[379] Vgl. Burkhardt, Achim: Die Betriebstypenmarke im stationären Einzelhandel, Diss., Universität Erlangen-Nürnberg 1997, S. 17-20.

Einheit wird.[380] Obwohl sich die Perspektive einer unternehmensspezifischen Ausprägung (funktionell) für eine Analyse der Profilierung weitaus besser eignet als die abstrakte (institutionelle), ist die institutionelle Sichtweise die vorherrschende. Der Begriff Betriebstyp wird damit hier als „unternehmensübergreifend" angesehen.

II. Rahmenbedingungen des Einzelhandels

1. Überblick

Handelsunternehmen sehen sich derzeit mit einer Vielzahl von tiefgreifenden Veränderungen konfrontiert. Die Triebkräfte für die veränderten Rahmenbedingungen sind vielfältig und betreffen nicht nur die Wettbewerbsbedingungen im Markt, sondern auch die Organisation und Führung von Handelsunternehmen.[381] Zentrale Veränderungen mit einer Auswirkung auf die Händlermarke werden im Folgenden kurz dargestellt.

2. Veränderungen in Markt und Wettbewerb

Als wesentlicher Ausgangspunkt der Betrachtungen der Rahmenbedingungen im Handel ist die derzeitige Marktsituation zu sehen. So stagnieren in zahlreichen Einzelhandelsbranchen seit Jahren die Umsätze.[382] Diese zunehmende Marktsättigung, die in Deutschland in den 90er Jahren festzustellen war und die auf eine Phase der kontinuierlichen Umsatzsteigerungen in den 80er Jahren folgte, führt zu einem deutlich zunehmenden Verdrängungswettbewerb.[383]

Gleichzeitig verändert sich die Situation der Handelsunternehmen in den einzelnen Märkten durch die zunehmende Internationalisierung. Dabei sind Handelsunternehmen zwar seit langem auf der Beschaffungsseite international tätig, internationale absatzmarktorientierte Aktivitäten zeigen sich aber erst verstärkt seit Anfang der 80er Jahre, was insbesondere für den Lebensmittelhandel und den lebensmittelnahen Handel gilt.[384] Die positiven Rahmenbedingungen, so die fortschreitende Liberalisierung des Welthandels, die fortschreitende wirtschaftliche und politische Integration West-Europas und die Transformationsprozesse in den mittel- und osteuropäischen Staaten, gepaart mit der

---

[380] Vgl. Drexel, Gerhard: Strategische Entscheidungen im Einzelhandel, in: Krulis-Randa, Jan (Hrsg.): Entwicklung zum strategischen Denken im Handel, (Haupt) Bern u.a. 1990, S. 133-153, S. 141.

[381] Vgl. Liebmann, Hans-Peter; Zentes, Joachim: Handelsmanagement, (Vahlen) München 2001, S. 71.

[382] Siehe z.B. für die Entwicklung in Deutschland BAG (Hrsg.): Vademecum des Einzelhandels 2000, Berlin 2000, S. 45.

[383] Vgl. Baumgarten, Helmut u.a.: Qualitäts- und Umweltmanagement logistischer Prozessketten, (Haupt) Bern u.a. 1998, S. 186.

[384] Vgl. u.a. Zentes, Joachim: Auswirkungen der EG-Binnenmarktintegration auf den Handel, in: Trommsdorff, Volker (Hrsg.): Handelsforschung 1989, (Gabler) Wiesbaden 1989, S. 223-234.

bereits dargestellten Umsatzstagnation auf heimischen Märkten, begünstigen eine zunehmend international ausgerichtete Unternehmenspolitik von Handelsunternehmen.[385]

Entwicklungen, Motive, Strategien und Führungsprozesse bei der Internationalisierung von Einzelhandelsunternehmen werden dabei von einer Reihe von Autoren ausführlich beleuchtet.[386] Eine umfassende Betrachtung aller Facetten der Globalisierung im Handel findet sich im Sammelwerk von Zentes/Swoboda.[387]

Dabei ist im Zusammenhang mit der hier vorliegenden Themenstellung der Händlermarke die Internationalisierung aus mehreren Gründen eine relevante Entwicklung:

‣ Aus einer Wettbewerbsperspektive bedeutet die Internationalisierung, dass auf den angestammten Märkten mit zunehmender Konkurrenz ausländischer Konkurrenten zu rechnen ist. Eine Händlermarke kann hier aus Sicht der etablierten Händler eine Schutzfunktion bieten (so z.B. auf Grund der Markentreue zu starken Händlermarken); aus Sicht des eintretenden Unternehmens können bereits beim Markteintritt eine hohe Bekanntheit gegeben sein und positive Assoziationen bzgl. der Marke bestehen.[388]

‣ Aus einer markenpolitischen Betrachtung stellt sich die Frage einer standardisierten oder differenzierten Marktbearbeitung bei internationaler Markttätigkeit.[389] Auf dieses Thema kann allerdings im Rahmen der vorliegenden Arbeit nicht näher eingegangen werden. Zentes/Morschett diskutieren diese Problematik für die Händlermarke und gehen auf die Interdependenzen mit dem Internationalisierungsprozess ein.[390]

---

[385] Vgl. Zentes, Joachim; Swoboda, Bernhard: Neuere Entwicklungen im Handelsmanagement, in: Marketing-ZFP, 21. Jg., 1999, S. 75-90; Zentes, Joachim: Internationalisierung europäischer Handelsunternehmen - Wettbewerbs- und Implementierungsstrategien, in: Bruhn, Manfred; Steffenhagen, Hartwig (Hrsg.): Marktorientierte Unternehmensführung, 2. Aufl., (Gabler) Wiesbaden 1998, S. 159-180, S. 161.

[386] Vgl. z.B. Lingenfelder, Michael: Die Internationalisierung im europäischen Einzelhandel, (Duncker & Humblot) Berlin 1996; Anderer, Michael: Internationalisierung im Einzelhandel, (dfv) Frankfurt a.M. 1997; Zentes, Joachim: Internationalisierung europäischer Handelsunternehmen - Wettbewerbs- und Implementierungsstrategien, in: Bruhn, Manfred; Steffenhagen, Hartwig (Hrsg.): Marktorientierte Unternehmensführung, 2. Aufl., (Gabler) Wiesbaden 1998, S. 159-180.

[387] Vgl. Zentes, Joachim; Swoboda, Bernhard (Hrsg.): Globales Handelsmanagement, (dfv) Frankfurt a.M. 1998.

[388] Vgl. Zentes, Joachim; Janz, Markus; Morschett, Dirk: HandelsMonitor 2001: Retail Branding - Der Handel als Marke, (Lebensmittel Zeitung) Frankfurt a.M. 2000, S. 37-39; Morschett, Dirk: Retail Branding als Ziel eines Strategischen Handelsmarketing, in: Tomczak, Torsten (Hrsg.): Store Branding - Der Handel als Marke?, Ergebnisse 10. Bestfoods TrendForum, (TrendForum Verlag) Wiesbaden 2000, S. 39-49, S. 40-42.

[389] Vgl. hierzu u.a. Wissmeier, Urban: Strategien im internationalen Marketing, (Gabler) Wiesbaden 1992; Zentes, Joachim: Internationales Marketing, in: Tietz, Bruno; Köhler, Richard; Zentes, Joachim (Hrsg.): HWM, 2. Aufl., (Schäffer-Poeschel) Stuttgart 1995, Sp. 1031-1045.

[390] Vgl. Zentes, Joachim; Morschett, Dirk: Retail Branding - Einfluss auf den Internationalisierungsprozess von Handelsunternehmen, in: Thexis, 18. Jg., 2001, Nr. 3, S. 16-20.

Eine wesentliche Entwicklung im Einzelhandel ist die zunehmende Konzentration.[391] Konzentration kann dabei definiert werden als ein Prozess, bei dem ausgehend von einer Gruppe von Unternehmen relativ homogener Größe die größten Unternehmen bzw. die Unternehmen der oberen Größenklassen überproportional wachsende Anteile am Gesamtumsatz auf sich vereinen.[392]

Ursprünglich gliederte sich die Handelslandschaft vorwiegend in eine Vielzahl unorganisierter Klein- und Mittelbetriebe mit lokaler bzw. maximal regionaler Bedeutung. Charakteristisch für den Handel waren in dieser Zeit auch die geringen finanziellen Mittel für die Kommunikation und andere Marketinginstrumente. Mit zunehmendem Organisations- und Filialisierungsgrad des Handels kehrte hier aber eine Veränderung ein. Durch Einkaufsverbände, freiwillige Ketten, Unternehmenszusammenschlüsse sowie horizontale Kooperationen haben sich die Größenordnungen verändert.[393] Seit Jahrzehnten ist eine zunehmende Unternehmenskonzentration im Konsumgüterhandel zu beobachten. Mit dieser Entwicklung geht in vielen Branchen ein ausgeprägter Verdrängungswettbewerb einher. Letztlich steigt durch Zusammenschlüsse und Akquisitionen zwischen den verbliebenen Unternehmen der Konzentrationsgrad immer schneller an.[394]

Für den deutschen Lebensmitteleinzelhandel ist seit fast 40 Jahren eine stetige Zunahme der Konzentration festzustellen.[395] Der Marktanteil der größten Unternehmen steigt auch weiter an. So schätzt z.B. das Marktforschunginstitut M+M Eurodata, dass sich der Marktanteil der fünf größten Handelsunternehmen in Deutschland von knapp über 60 Prozent im Jahre 2000 auf ca. 82 Prozent im Jahre 2010 erhöhen wird; in den Jahren 1980 bzw. 1990 betrugen die Werte noch 26 bzw. 45 Prozent.[396]

Eine wesentliche Auswirkung dieser Konzentration ist, dass dem Handel heute personelle, technische und finanzielle Ressourcen zur Verfügung stehen, die den Einsatz sämtlicher Marketinginstrumente und somit ein eigenständiges strategisches Handelsmarketing ermöglichen.[397] Eine Konsequenz dieser Entwicklungen ist die zunehmende Bedeutung der Händlermarke. So vertritt Davies die Ansicht, dass „Branding" eine notwendi-

---

[391] Vgl. Müller-Hagedorn, Lothar: Der Handel, (Kohlhammer) Stuttgart u.a. 1998, S. 73; Zentes, Joachim; Swoboda, Bernhard: Neuere Entwicklungen im Handelsmanagement, in: Marketing-ZFP, 21. Jg., 1999, Nr. 1, S. 75-90.

[392] Vgl. Schenk, Hans-Otto: Marktwirtschaftslehre des Handels, (Gabler) Wiesbaden 1991, S. 426f.

[393] Vgl. Theis, Hans-Joachim: Handels-Marketing, (dfv) Frankfurt a.M. 1999, S. 33.

[394] Vgl. Olbrich, Rainer: Überlebensstrategien im Konsumgüterhandel, in: Beisheim, Otto (Hrsg.): Distribution im Aufbruch, (Vahlen) München 1999, S. 425-442, S. 425f.

[395] Vgl. Schenk, Hans-Otto: Vierzig Jahre moderner Handel in der Bundesrepublik Deutschland, in: Beisheim, Otto (Hrsg.): Distribution im Aufbruch, (Vahlen) München 1999, S. 443-468, S. 455.

[396] Vgl. M+M Eurodata: Konzentration im deutschen Lebensmitteleinzelhandel, Pressemeldung vom 31.10.2000.

[397] Vgl. Theis, Hans-Joachim: Handels-Marketing, (dfv) Frankfurt a.M. 1999, S. 33.

ge Form des Nichtpreis-Wettbewerbs auf oligopolistischen Märkten ist.[398] Während dem Handel, insbesondere dem Lebensmitteleinzelhandel, allgemein vorgeworfen wird, sich durch eine Fokussierung auf das Marketinginstrument „Preispolitik" zunehmend uniform zu entwickeln und eine zunehmende Austauschbarkeit in der Wahrnehmung der Konsumenten auftreten würde,[399] zeigt sich durch den zunehmenden Wettbewerb, die schrumpfenden Margen usw., dass der Handel in Zukunft auch auf Nicht-Preis-Instrumente ausweichen muss. Die Rahmenbedingungen im Einzelhandel machen damit Ausweichstrategien vom zunehmenden Preiskampf notwendig.[400]

Vor dem Hintergrund einer zunehmenden Handelskonzentration und zugleich stagnierender Umsätze in vielen Branchen verändert sich die Zusammenarbeit zwischen Industrie und Handel.[401] Seit Jahrzehnten entwickelt sich der Einzelhandel von einem reinen Distributeur in Richtung eines emanzipierten Partners der Industrie fort. In den letzten Jahren gelang ihm dabei der Schritt vom gleichrangigen zum dominanten Partner. Durch die zunehmende Konzentration im Handel wird er als Verhandlungspartner der Industrie ständig mächtiger. Durch eine zunehmende Professionalisierung des Handels und durch technische Systeme gelang es ihm langsam, seine Informationsbasis auszubauen. Auf dieser Basis strebt der Handel die Führerschaft im Distributionskanal an.[402]

Die dargestellten Machtveränderungen führen dazu, dass sich in vielen Branchen die Strukturen verschieben und sich die Funktionsaufteilung zwischen Herstellern und Händlern verändert. Tendenziell kann man dabei eine Ausweitung der Aktivitäten feststellen, die der Handel in der Wertschöpfungskette selbst übernimmt bzw. bezüglich derer er die strategische Gestaltung übernimmt. Dies betrifft einerseits die Ebene des Supply Chain Managements.[403] Die veränderte Funktionenaufteilung betrifft aber auch die Marketingaktivitäten, bei denen ein zunehmender Einfluss der Händler auf das strategische Marketing sowie das operative Marketing, z.B. Verkaufsförderungsaktionen am

---

[398] Davies, Gary: The two ways in which retailers can be brands, in: IJRDM, 20. Jg., 1992, Nr. 2, S. 24-34, S. 24.

[399] Vgl. Gröppel-Klein, Andrea: Wettbewerbsstrategien im Einzelhandel, (DUV) Wiesbaden 1998, S. 7; Hupp, Oliver; Schuster, Harald: Imagegestützte Positionierung von Einkaufsstätten als Ansatzpunkt zu einer Verbesserung der Wettbewerbsfähigkeit des Lebensmitteleinzelhandels in Deutschland, in: JAV, 46. Jg., 2000, Nr. 4, S. 351-370, S. 352f.

[400] Davies, Gary: The two ways in which retailers can be brands, in: IJRDM, 20. Jg., 1992, Nr. 2, S. 24-34, S. 24.

[401] Vgl. z.B. Zentes, Joachim; Swoboda, Bernhard: Hersteller-Handels-Beziehungen aus markenpolitischer Sicht, in: Esch, Franz-Rudolf (Hrsg.): Moderne Markenführung, 2. Aufl., (Gabler) Wiesbaden 2000, S. 801-823, S. 803.

[402] Vgl. Zentes, Joachim; Janz, Markus; Morschett, Dirk: Neue Dimensionen des Handelsmarketing, (Institut für Handel und Internationales Marketing/SAP AG) Saarbrücken-Walldorf 1999, S. 1-4; Hallier, Bernd: Der Handel auf dem Weg zur Marketingführerschaft, in: asw, 38. Jg., 1995, Nr. 3, S. 104-107, S. 104; Theis, Hans-Joachim: Handels-Marketing, (dfv) Frankfurt a.M. 1999, S. 33.

[403] Vgl. z.B. Liebmann, Hans-Peter; Zentes, Joachim: Handelsmanagement, (Vahlen) München 2001, S. 663-665.

PoS, festzustellen ist.[404] Diese Veränderungen im strategischen Marketing bilden dabei den Ausgangspunkt der vorliegenden Arbeit.

Einer der Wege für Hersteller, in dieser Situation ihre Position zu behaupten und sich wieder stärker vom Handel zu „emanzipieren", ist ein engerer Kontakt zum Endkunden.[405] Insgesamt zeigt sich damit, dass sich das Rollengefüge von Handel und Hersteller derzeit deutlich verschiebt. Eine Konsequenz davon ist, dass die Händlermarke an Bedeutung gewinnt. Hintergrund dieser Vermutung ist, dass die traditionellen festen Grenzen der Wertschöpfungskette nicht nur auf Grund effizienzorientierter Überlegungen verschoben werden, sondern auch wesentlich auf Grund machtorientierter „Verteilungsüberlegungen". Pull-Effekte, die - vom Konsumenten ausgehend - eine bestimmte „Marke" stärken, sind dabei ein Machtelement, das entweder zu Gunsten des Herstellers (bei einem Pull-Effekt einer Herstellermarke) oder des Händlers (bei einem Pull-Effekt einer Handelsmarke oder einer Händlermarke) wirksam wird.[406]

3. Neue Informations- und Kommunikationstechnologien

Auch die Veränderung der technologischen Rahmenbedingungen wirkt auf die Optionen zur Etablierung von Händlermarken. Die Technologie hat dabei u.a. einen Einfluss auf die Informationsgewinnung. Ein Bereich, der die Möglichkeiten des Handelsmarketing in den letzten Jahren deutlich ausgeweitet hat, ist die zunehmende Verbreitung von Scanner-Kassen, die einerseits die Abläufe effizienter gestalten und damit auch für den Kunden den Einkaufsvorgang verbessern, andererseits aber auch den Informationsstand über das Einkaufsverhalten, der im Handel besteht, erhöhen.[407] Noch intensiver ist die Gewinnung von Kundeninformationen beim Einsatz von Kundenkarten, bei denen Informationen nicht nur auf einer Warenkorb-Ebene gebündelt erfasst werden, sondern sogar die Einkäufe eines einzelnen Konsumenten bekannt sein können, über den oftmals

---

[404] Vgl. hierzu z.B. Zentes, Joachim; Ihrig, Falk: Bedeutung der Markenpolitik für das vertikale Marketing, in: MA, 57. Jg., 1995, Nr. 1, S. 18-24; Baumgarten, Helmut u.a.: Qualitäts- und Umweltmanagement logistischer Prozessketten, (Haupt) Bern u.a. 1998, S. 189; Peters, Gerd: Die Profilierungsfunktion von Handelsmarken im Lebensmitteleinzelhandel, (Shaker) Aachen 1998; Liebmann, Hans-Peter; Zentes, Joachim: Handelsmanagement, (Vahlen) München 2001, S. 603-606.

[405] Vgl. Schröder, Hendrik: Neue Formen des Direktvertriebs und ihre Rechtsprobleme, in: Tomczak, Torsten; Belz, Christian; Schögel, Marcus; Birkhofer, Ben (Hrsg.): Alternative Vertriebswege, (Verlag Thexis AG) St. Gallen 1999, S. 60-76, S. 60; Morschett, Dirk; Zentes, Joachim: Direktvertrieb von Konsumgüterherstellern im Spannungsfeld von Wettbewerb und Kooperation entlang der Wertschöpfungskette, in: Trommsdorff, Volker (Hrsg.): Jahrbuch Handelsforschung 2000/01, (BBE) Köln 2001, S. 27-49.

[406] Vgl. Zentes, Joachim; Swoboda, Bernhard: Kundenbindung im vertikalen Marketing, in: Bruhn, Manfred; Homburg, Christian (Hrsg.): Handbuch Kundenbindungsmanagement, 3. Aufl., (Schäffer-Poeschel), Stuttgart 2000, S. 173-200.

[407] Vgl. Hallier, Bernd: Der Handel auf dem Weg zur Marketingführerschaft, in: asw, 38. Jg., 1995, Nr. 3, S. 104-107; Brauer, Wolfgang: Die Betriebsform im stationären Einzelhandel als Marke, (FGM) München 1997, S. 26.

auch darüber hinausgehende Informationen vorliegen, so z.B. sozio-demografische Daten aus den Anträgen für die Kundenkarte. Damit wird ein One-to-One-Marketing möglich, welches das Handelsmarketing auf das Verhalten des einzelnen Konsumenten zu-
schneidet. Andererseits können die Daten auch - bei Beibehaltung eines „Massenmarke-
ting" - dazu genutzt werden, den Konsumenten und sein Verhalten beim Einkauf im eigenen Geschäft besser kennen zu lernen, um solche Maßnahmen zu entwickeln, die auf
alle Konsumenten bezogen (oder mehrheitlich) zu positiven Konsumentenreaktionen
führen.[408]

Die Entwicklung der neuen Informations- und Kommunikationstechnologien wird derzeit meist unter dem Begriff des Electronic Commerce diskutiert. Im weiten Sinne kann
Electronic Commerce beschrieben werden als Informations- und Kommunikationssys-
teme zur Unterstützung der Phasen der marktmäßigen Leistungserstellung.[409] Nur einer
der Zweige des E-Commerce, der hier wegen seiner Bedeutung für die Händlermarke
etwas näher betrachtet werden soll, ist der Business-to-Consumer-Bereich. Die Möglichkeit zum medialen Vertrieb ist aus unterschiedlichen Gründen für die hier vorliegende Untersuchung relevant:

1.   So führt sie einerseits zur Gefahr der Umgehung und Ausschaltung des stationären
      Handels durch den Hersteller, auf jeden Fall jedoch zu einem zunehmenden Wett-
      bewerb durch Herstellerunternehmen und neue Intermediäre.[410]

2.   Zugleich treten Handelsunternehmen selbst mit Internet-Angeboten an den Kon-
      sumenten heran und müssen in diesem Fall auch diese Märkte professionell bear-
      beiten. In diesem Fall findet eine Ergänzung des stationären Geschäfts durch aus-
      gewählte Internet-Aktivitäten statt; bei solchen „Multi-Channel-Strategien" kön-
      nen Synergieeffekte zwischen den unterschiedlichen Kanälen genutzt und müssen
      Interdependenzen beachtet werden.[411]

---

[408]   Vgl. u.a. Zentes, Joachim; Janz, Markus; Morschett, Dirk: Neue Dimensionen des Handelsmarke-
        ting, (Institut für Handel und Internationales Marketing/SAP AG) Saarbrücken-Walldorf 1999,
        S. 13f.; Tomczak, Torsten: One to One Marketing im LEH - Grundlagen und Perspektiven, in: Zen-
        tes, Joachim (Hrsg.): One to One Marketing - Sinnvoll und umsetzbar?, Ergebnisse 9. Bestfoods
        TrendForum, (TrendForum Verlag) Wiesbaden 2000, S. 19-38.

[409]   Vgl. Picot, Arnold; Reichwald, Ralf; Wigand, Rolf: Die grenzenlose Unternehmung, 4. Aufl.,
        (Gabler) Wiesbaden 2001, S. 337f.; Zentes, Joachim; Swoboda, Bernhard: Auswirkungen des Elect-
        ronic Commerce auf den Handel, in: DBW, 60. Jg., 2000, Nr. 6, S. 687-706, S. 687.

[410]   Vgl. Zentes, Joachim; Swoboda, Bernhard: Auswirkungen des Electronic Commerce auf den Han-
        del, in: DBW, 60. Jg., 2000, Nr. 6, S. 687-706, S. 690; Morschett, Dirk; Zentes, Joachim: Direktver-
        trieb von Konsumgüterherstellern im Spannungsfeld von Wettbewerb und Kooperation entlang der
        Wertschöpfungskette, in: Trommsdorff, Volker (Hrsg.): Jahrbuch Handelsforschung 2000/01,
        (BBE) Köln 2001, S. 27-49, S.33-36.

[411]   Vgl. Müller-Hagedorn, Lothar u.a.: E-Commerce im Handel: Zentrale Problemfelder, in: Müller-
        Hagedorn, Lothar (Hrsg.): Zukunftsperspektiven des E-Commerce im Handel, (dfv) Frankfurt a.M.
        2000, S. 11-48, S. 24; Zentes, Joachim; Swoboda, Bernhard: Auswirkungen des Electronic Com-
        merce auf den Handel, in: DBW, 60. Jg., 2000, Nr. 6, S. 687-706, S. 690; Zentes, Joachim;

Die Frage, inwiefern schon etablierte Handelsunternehmen oder andere Akteure der Wertschöpfungskette hier langfristig höhere Erfolgschancen haben, wird von einer Reihe von Autoren diskutiert,[412] ist hier jedoch nicht Gegenstand der Betrachtung. Von Relevanz für die Betrachtung der Händlermarke ist die Tatsache, dass neue Akteure und Konkurrenten auf den Märkten erscheinen werden und sich zudem der Wettbewerb durch den zusätzlichen Vertriebsweg verändern und verschärfen wird.[413]

Auch aus diesem Aspekt der Informations- und Kommunikationstechnologien erwachsen also neue Anforderungen an die Markenpolitik der Handelsunternehmen und die Stärke der Retail Brand, um neue Kunden zu gewinnen und auch in den neuen Vertriebswegen bestehende Kunden anzusprechen:

✦ Müller-Hagedorn spricht die Frage des Vertrauens an, das im E-Commerce momentan eines der zentralen Themen darstellt. Sicherheitsbedenken bezüglich des Datenmissbrauchs und/oder einer unzureichenden Leistungserfüllung im Internet stellen Barrieren für den Einkauf im Netz dar, wobei die Gewinnung des Vertrauens der Kunden (und damit aus der Sicht der Kunden der Abbau des wahrgenommenen Kaufrisikos) hier eine wichtige Strategie ist, die durch eine starke Händlermarke unterstützt wird.[414]

✦ In Bezug auf die Konkurrenzorientierung ist die Bekanntheit der Händlermarke von Relevanz. Obwohl „Start-Ups" die Internet-Shopping-Szene der ersten Jahre beherrscht haben (Unternehmen wie Amazon.com, Cdnow.com, usw.), zeigt sich mittlerweile, dass auch etablierte Handelsunternehmen das Internet als Verkaufskanal nutzen und dabei neben den Vorteilen, die sich aus den Synergieeffekten in den Geschäftsprozessen ergeben, v.a. auch auf der Bekanntheit der Händlermarke aufbauen können (z.B. www.wal-mart.com, www.karstadt.de).[415] Eine neuere empirische Stu-

---

Schramm-Klein, Hanna: Multi-Channel-Retailing - Ausprägungen und Trends, in: Hallier, Bernd (Hrsg.): Praxisorientierte Handelsforschung, (EHI) Köln 2001, S. 290-296, S. 294.

[412] Vgl. z.B. Dach, Christian: Der Wettbewerb der Zukunft: elektronischer vs. stationärer Handel, in: Mitteilungen des Instituts für Handelsforschung, 51. Jg., 1999, Nr. 3, S. 1-57; Zentes, Joachim; Swoboda, Bernhard: Auswirkungen des Electronic Commerce auf den Handel, in: DBW, 60. Jg., 2000, Nr. 6, S. 687-706; Albers, Sönke; Peters, Kay: Die Wertschöpfungskette des Handels im Zeitalter des Electronic Commerce, in: Marketing-ZFP, 19. Jg., 1997, S. 69-80; Alba, Joseph u.a.: Interactive home shopping: consumer, retailer, and manufacturer incentives to participate in electronic marketplaces, in: JM, 61. Jg., 1997, Nr. 7, S. 38-53.

[413] Vgl. z.B. Zentes, Joachim; Swoboda, Bernhard: HandelsMonitor I/98 - Trends & Visionen: Wo wird im Jahre 2005 Handel ‚gemacht'?, (dfv) Frankfurt a.M. 1998, S. 100-103, S. 134f.; Zentes, Joachim; Morschett Dirk: HandelsMonitor II/98 - Daten & Fakten: Wo wird im Jahre 2005 Handel ‚gemacht'?, (dfv) Frankfurt a.M. 1998, S. 104f., S. 110f., S. 114f.

[414] Vgl. Müller-Hagedorn, Lothar u.a.: E-Commerce im Handel: Zentrale Problemfelder, in: Müller-Hagedorn, Lothar (Hrsg.): Zukunftsperspektiven des E-Commerce im Handel, (dfv) Frankfurt a.M. 2000, S. 11-48, S. 38-42.

[415] Vgl. Zentes, Joachim; Janz, Markus; Morschett, Dirk: HandelsMonitor 2001: Retail Branding - Der Handel als Marke, (Lebensmittel Zeitung) Frankfurt a.M. 2000, S. 168-177; Morschett, Dirk: Store Branding as a Goal of Strategic Retail Marketing, in: Cliquet, Gérard; Zentes, Joachim (Hrsg.): Re-

die hat gezeigt, dass Kunden Shopping-Angebote im Internet oftmals mit einer Direkteingabe des Namens eines Handelsunternehmens suchen; unbekannte Händler haben es hier wesentlich schwerer, den Kunden zu erreichen.[416] Auch Einzelhändler geben daher etablierten Händlermarken im Internet höhere Chancen als neu aufzubauenden Marken.[417]

4. Veränderungen in Gesellschaft und Arbeitswelt

Als wesentliche Determinanten der sozio-ökonomischen Entwicklung, die das Verhalten der Konsumenten im Einzelhandel beeinflussen, werden insbesondere die demografischen Gegebenheiten und die Entwicklung von verfügbarem Einkommen und Vermögen angesehen.[418] Sozio-ökonomische Grundtendenzen, die sich zumindest in den deutschsprachigen Ländern einheitlich zeigen, so die Verschiebung der Altersstruktur, eine tendenzielle Bevölkerungsabnahme bei gleichzeitiger Zunahme der Haushaltsanzahl wegen einer Reduktion der durchschnittlichen Haushaltsgröße, sowie die Auswirkungen, die diese sozio-demografischen Entwicklungen auf die Handelsstrukturen haben, werden u.a. von Liebmann/Zentes diskutiert.[419]

Eine weitere Entwicklung ist in der zunehmenden Informationsüberlastung der Bevölkerung zu sehen.[420] Dies betrifft die gesamte mediale Kommunikation ebenso wie die Informationsüberlastung speziell durch die Werbung. Kroeber-Riel/Esch gehen davon aus, dass die Informationsüberlastung durch Werbung bei mindestens 95 Prozent liegt.[421] Eine Folge ist nicht nur eine abnehmende Fähigkeit, sondern auch eine sinkende Bereitschaft der Konsumenten, sich mit der Unternehmenskommunikation auseinanderzusetzen; es wird zunehmend schwerer, seine Aufmerksamkeit zu gewinnen.[422]

---

tailing and Distribution in Europe, Proceedings, The third AFM French-German Conference, St. Malo 2000, o.S.

[416] Vgl. Rode, Jörg: Europäer kaufen im Web - BCG erwartet 9 Mrd. Euro Internet-Umsatz, in: LZ, 52. Jg., 2000, Nr. 6, S. 36.

[417] Vgl. Zentes, Joachim; Janz, Markus; Morschett, Dirk: HandelsMonitor 2001: Retail Branding - Der Handel als Marke, (Lebensmittel Zeitung) Frankfurt a.M. 2000, S. 170.

[418] Vgl. Liebmann, Hans-Peter; Zentes, Joachim: Handelsmanagement, (Vahlen) München 2001, S. 123.

[419] Vgl. Liebmann, Hans-Peter; Zentes, Joachim: Handelsmanagement, (Vahlen) München 2001, S. 123-132.

[420] Vgl. Tomczak, Torsten: One to One Marketing im LEH - Grundlagen und Perspektiven, in: Zentes, Joachim (Hrsg.): One to One Marketing - Sinnvoll und umsetzbar?, Ergebnisse 9. Bestfoods Trend-Forum, (TrendForum Verlag) Wiesbaden 2000, S. 19-38, S. 19.

[421] Vgl. Kroeber-Riel, Werner; Esch, Franz-Rudolf: Strategie und Technik der Werbung, 5. Aufl., (Kohlhammer) Stuttgart u.a. 2000, S. 1, S. 13f.; dabei ist die Informationsüberlastung der Anteil der nicht beachteten Informationen an den insgesamt angebotenen Informationen.

[422] Vgl. Kroeber-Riel, Werner; Esch, Franz-Rudolf: Strategie und Technik der Werbung, 5. Aufl., (Kohlhammer) Stuttgart u.a. 2000, S. 13; Tomczak, Torsten: One to One Marketing im LEH - Grundlagen und Perspektiven, in: Zentes, Joachim (Hrsg.): One to One Marketing - Sinnvoll und

Als sozio-kulturelle Determinanten ergeben sich Veränderungen in der Werteorientierung der Bevölkerung und damit eine Veränderung im Konsumentenverhalten. Als Grundtendenz ist festzustellen, dass das Konsumentenverhalten auch auf individueller Ebene an Komplexität und Instabilität zunimmt. War früher ein relativ stabiles Konsumentenverhalten gegeben, ist der Konsument heute „multioptional", sein Verhalten ist nicht stabil; der Konsument wechselt die Rollen und die Gruppenzugehörigkeiten.[423]

Als konkrete und relevante Grundorientierungen sind die Erlebnis-Orientierung, die Convenience-Orientierung, die Marken-Orientierung, die Preis-Orientierung und die Öko-/Bio-Orientierung zu nennen.[424] Experteneinschätzungen der Stärke dieser Entwicklungen sowie der Auswirkungen auf den Einzelhandel zeigen Zentes/Morschett auf.[425] Für die Händlermarke sollen hier einige der wichtigsten Konsequenzen aufgezeigt werden:

• Die Veränderungen in den Grundorientierungen können eine Veränderung in den Einkaufsstätteneigenschaften, die zur Beurteilung der Handelsleistung herangezogen werden, zur Folge haben. So kann z.B. die Convenience-Orientierung weiter Teile der Bevölkerung in der Konsequenz zu einer höheren Gewichtung dieser Eigenschaft für die Gesamtbeurteilung eines Handelsunternehmens führen.[426]

• Durch die gleichzeitige Zunahme unterschiedlicher Orientierungen, die früher als konfliktäre Ziele für die Unternehmen angesehen wurden, so z.B. die Marken- und die Preis-Orientierung, wächst die Notwendigkeit für Unternehmen, mehrere Wettbewerbsvorteile gleichzeitig anzustreben („Outpacing-Strategien").

• Die Multioptionalität der Konsumenten erschwert gleichzeitig eine stabile Segmentierung der Konsumenten.

• Der Wertewandel wirkt sich auch auf der Ebene der Händlermarken aus. War es beispielsweise vor Jahren noch in weiten Teilen der Bevölkerung „verpönt", bei Aldi

---

umsetzbar?, Ergebnisse 9. Bestfoods TrendForum, (TrendForum Verlag) Wiesbaden 2000, S. 19-38.

[423] Vgl. Liebmann, Hans-Peter; Zentes, Joachim: Handelsmanagement, (Vahlen) München 2001, S. 133-136.

[424] Vgl. Zentes, Joachim; Swoboda, Bernhard: HandelsMonitor I/98 - Trends & Visionen: Wo wird im Jahre 2005 Handel ‚gemacht'?, (dfv) Frankfurt a.M. 1998, S. 24-29; Kroeber-Riel, Werner; Esch, Franz-Rudolf: Strategie und Technik der Werbung, 5. Aufl., (Kohlhammer) Stuttgart u.a. 2000, S. 26-31.

[425] Vgl. Zentes, Joachim; Morschett Dirk: HandelsMonitor II/98 - Daten & Fakten: Wo wird im Jahre 2005 Handel ‚gemacht'?, (dfv) Frankfurt a.M. 1998.

[426] Vgl. ausführlich zum Convenience-Trend Swoboda, Bernhard: Determinanten und Ausprägungen der zunehmenden Convenienceorientierung von Konsumenten, in: Marketing - ZFP, 21. Jg., 1999, Nr. 2, S. 95-104.

einzukaufen, „so sind mittlerweile die Einkaufsbeutel der Discounter für viele zum Statussymbol avanciert".[427] Soziologische Einflussfaktoren wandeln sich also.

◆ Auch kann sich die Bedeutung einzelner Inhalte einer Händlermarke bzw. des Markenwerts verschieben. Wenn Orientierungen wie die Gesundheits-/Öko-/Bio-Orientierung weiter in den Vordergrund rücken, so führt dies evtl. zu einer höheren Bedeutung der Vertrauensdimension gegenüber anderen Dimensionen, so ggf. der Sympathie oder der Bekanntheit.

◆ Die Erlebnisorientierung der Konsumenten kann gleichzeitig darin resultieren, dass die Einzigartigkeit eines Händlers bzw. die Differenzierungsstärke seiner Händlermarke von höherer Relevanz wird, da austauschbare, als gleich oder sehr ähnlich erlebte Händlermarken das Bedürfnis des Konsumenten nach Erlebnissen weniger gut befriedigen können. Oft wird insbesondere die Erlebnisorientierung für die Markenführung als relevant angesehen, da die gesättigten Grundbedürfnisse der Konsumenten zu einer zunehmenden Suche nach Erlebnis und Stimulanz führen.[428]

III. Einzelhandel zwischen Sach- und Dienstleistung

1. Begriff der Dienstleistung

Der Begriff „Dienstleistung" wird in der Alltagssprache und auch in Wissenschaft und Unternehmenspraxis in vielfältiger Weise gebraucht und bis heute besteht kein Konsens über das begriffliche Verständnis.[429]

Insbesondere merkmalsorientierte Ansätze werden dabei zur Eingliederung der Dienstleistungen in eine Gesamtgütersystematik als geeignet angesehen und auch dazu, Marketingspezifika herauszuarbeiten.[430] Danach kann man Dienstleistungen über drei konstitutive Elemente definieren, die weitgehend übereinstimmend als wesentliche Merkmale von Dienstleistungen genannt werden:[431]

◆ Angebot von Potenzialen in Form von Leistungsfähigkeiten (Potenzial),

◆ Integration von externen Faktoren (Prozesse) und

◆ Immaterialität der Leistung (Ergebnis).

---

[427] Beisheim, Otto: Der Mensch im modernen Dienstleistungs-System, in: Beisheim, Otto (Hrsg.): Distribution im Aufbruch, (Vahlen) München 1999, S. 3-35, S. 9.

[428] Vgl. Weinberg, Peter: Erlebnismarketing, (Vahlen) München 1992, S. 20f.; Esch, Franz-Rudolf; Wicke, Andreas: Herausforderungen und Aufgaben des Markenmanagements, in: Esch, Franz-Rudolf (Hrsg.): Moderne Markenführung, 2. Aufl., (Gabler) Wiesbaden 2000, S. 3-55, S. 21f.

[429] Vgl. Stauss, Bernd: Dienstleistungsmarken, in: Bruhn, Manfred (Hrsg.): Handbuch MA, Bd. 1, (Schäffer-Poeschel) Stuttgart 1994, S. 79-103, S. 82.

[430] Vgl. Meyer, Anton: Dienstleistungs-Marketing, in: DBW, 51. Jg., 1991, Nr. 2, S. 195-209, S. 197.

[431] Vgl. Meyer, Anton: Dienstleistungs-Marketing, in: DBW, 51. Jg., 1991, Nr. 2, S. 195-209, S. 198f.

Einen Versuch, diese Merkmale zu integrieren, stellt die Definition von Meffert/Bruhn dar: „Dienstleistungen sind selbständige, marktfähige Leistungen, die mit der Bereitstellung und/oder dem Einsatz von Leistungsfähigkeiten verbunden sind (Potentialorientierung). Interne und externe Faktoren werden im Rahmen des Erstellungsprozesses kombiniert (Prozeßorientierung). Die Faktorenkombination des Dienstleistungsanbieters wird mit dem Ziel eingesetzt, an den externen Faktoren, an Menschen oder deren Objekten, nutzenstiftende Wirkungen zu erzielen (Ergebnisorientierung)."[432]

Dienstleistungen können charakterisiert werden als die *Bereitschaft interner Potenzialfaktorenkombinationen*, die ein Dienstleistungsanbieter anbietet und zur Einbringung in einen Dienstleistungsprozess bereithält.[433] Zwischen Dienstleistungsanbieter und -nachfrager existiert demzufolge kein Transferobjekt, sondern die Leistung wird vom Dienstleistungsanbieter direkt auf Grundlage von anbieterinternen Potenzialfaktoren an externen Faktoren erbracht.[434]

Ein weiteres Merkmal von Dienstleistungen ist die unabdingbare Notwendigkeit der zeitgleichen, zumindest passiven *Integration eines externen Faktors* (Kunde oder Kundenobjekt) in den Erstellungsprozess einer Dienstleistung. Dies ergibt sich zwangsläufig daraus, dass die immateriellen Leistungsfähigkeiten zu ihrer Konkretisierung der Mitwirkung oder zumindest der Zurverfügungstellung eines externen Faktors bedürfen.[435] Aus dieser Integration ergibt sich unmittelbar die Untrennbarkeit von Produktion und Konsumtion.[436] Während die Produktion und die Konsumtion einer Sachleistung i.d.R. zwei eigenständige Aktivitäten sind, also Unternehmen normalerweise Sachleistungen an einem zentralen Standort produzieren, sie zur Einkaufsstätte des Konsumenten transportieren, wo er sie abholt, um sie dann meist woanders zu konsumieren (und sich dadurch beträchtliche Größenvorteile in der Produktion erzielen lassen und auch die Zeitplanung des Herstellers eher unabhängig von der Zeitplanung des Konsumenten ist[437]), müssen bei der Produktion von Dienstleistungen Produzenten und Konsumenten normalerweise interagieren, um den Nutzen der Dienstleistung zu erstellen. Dabei müssen sich

---

[432] Meffert, Heribert; Bruhn, Manfred: Dienstleistungsmarketing, 2. Aufl., (Gabler) Wiesbaden 1997, S. 27.

[433] Vgl. Meyer, Anton: Dienstleistungs-Marketing, in: DBW, 51. Jg., 1991, Nr. 2, S. 195-209, S. 197-199.

[434] Vgl. Meyer, Anton: Dienstleistungs-Marketing, in: DBW, 51. Jg., 1991, Nr. 2, S. 195-209, S. 198.

[435] Vgl. Corsten, Hans: Dienstleistungsmarketing, in: Jahrbuch der Absatz- und Verbrauchsforschung, 35. Jg., 1989, Nr. 1, S. 23-40, S. 24; Meyer, Anton: Dienstleistungs-Marketing, in: DBW, 51. Jg., 1991, Nr. 2, S. 195-209, S. 198f.

[436] Vgl. Palmer, Adrian: Principles of Services Marketing, (McGraw-Hill) London u.a. 1994, S. 4f.

[437] So muss ein Sachleistungshersteller in den meisten Fällen seine Leistung nur rechtzeitig vor dem Konsum- bzw. Kaufwunsch des Konsumenten produzieren und sie am Einkaufsort verfügbar haben. Neuere Tendenzen des Supply Chain Managements, die dazu führen, dass die Produktion im Konsumgüterbereich wesentlich stärker an den Konsum bzw. den Kauf gekoppelt wird, sollen hier unbeachtet bleiben; vgl. hierzu z.B. Liebmann, Hans-Peter; Zentes, Joachim: Handelsmanagement, (Vahlen) München 2001, S. 581-734.

beide zu einem Zeitpunkt an einem Platz treffen, damit der Produzent den Dienstleistungsnutzen dem Konsumenten zur Verfügung stellen kann. Leistungserstellung und -abgabe sind damit identisch und erfolgen nach dem „Uno-Actu-Prinzip".[438]

Das bei weitem am häufigsten genannte Abgrenzungsmerkmal von Dienstleistungen ist ihre sogenannte *Immaterialität*.[439] So erwähnt Shostack als Kernunterschied zwischen Gütern und Dienstleistungen, dass Güter materielle Objekte sind, die in Zeit und Raum existieren, während Dienstleistungen i.d.R. nur als Aktivität existieren und damit nur eine zeitliche, aber keine räumliche Dimension innehaben.[440] Die Leistungspotenziale der Dienstleistung sind ihrer Natur nach stets immateriell und stellen zunächst nicht greifbare Leistungsversprechen dar. Neben diesen sind aber auch die Wirkungen von Dienstleistungsprozessen immaterieller Natur. Damit sind „greifbare" Resultate nicht immer gegeben.[441] Eine ausführliche Diskussion dieser Eigenschaft findet sich u.a. bei Graumann, wobei deutlich wird, dass eine detailliertere Betrachtung schwierig ist. So führen z.b. eine Vielzahl von Dienstleistungen zu physischen Veränderungen, so z.B. ein Haarschnitt oder eine Autoreparatur. Nur wenige Dienstleistungen haben überhaupt keine Veränderungen an physischen Gegenständen zur Folge, so z.B. eine Unterrichtsstunde oder eine Unternehmensberatungsleistung.[442]

2. Sach- und Dienstleistungen als Kontinuum

Die meisten Verfasser, die sich mit betriebswirtschaftlichen Aspekten der Dienstleistungen beschäftigen, ziehen als Fazit der oben aufgezeigten Merkmalsbeschreibungen für Dienstleistungen, dass eine logisch überzeugende Trennung zwischen Sachgütern und Dienstleistungen und eine eindeutige Zuordnung der in der Marktrealität vorfindbaren komplexen Angebotsbündel auf der Basis aller bisher vorgelegten Ansätze nicht möglich ist. Daher seien Sach- und Dienstleistung nicht als Alternativen, sondern als Komplementäre zu betrachten.[443]

Eine strenge Trennung in Sach- und Dienstleistungen hat dabei logische Inkonsistenzen. Einerseits sind „Dienstleistungen" eine sehr heterogene Gruppe von Leistungen. Andererseits sind eine Reihe von Sachleistungen sehr eng verwandt mit einigen Dienstleistungen, so dass hier eine gewisse Homogenität vorliegt. Eine Klassifizierung in Sach-

---

[438] Vgl. Meyer, Anton: Dienstleistungs-Marketing, in: DBW, 51. Jg., 1991, Nr. 2, S. 195-209, S. 198; Palmer, Adrian: Principles of Services Marketing, (McGraw-Hill) London u.a. 1994, S. 5f.

[439] Vgl. Graumann, Jens: Die Dienstleistungsmarke, (Florentz) München 1983, S. 28.

[440] Vgl. Shostack, Lynn: How to design a service, in: Donnelly, James; George, William (Hrsg.): Marketing of Services, (AMA) Chicago 1981, S. 221-229, S. 221.

[441] Vgl. Meyer, Anton: Dienstleistungs-Marketing, in: DBW, 51. Jg., 1991, Nr. 2, S. 195-209, S. 199.

[442] Vgl. Graumann, Jens: Die Dienstleistungsmarke, (Florentz) München 1983, S. 28-31.

[443] Vgl. Stauss, Bernd: Dienstleistungsmarken, in: Bruhn, Manfred (Hrsg.): Handbuch MA, Bd. 1, (Schäffer-Poeschel) Stuttgart 1994, S. 79-103, S. 84.

und Dienstleistungen trennt also zwei Gruppen von Leistungen willkürlich, die bei näherer Betrachtung eher ein Kontinuum darstellen.[444]

Übersicht 10: Das Kontinuum von Gütern und Dienstleistungen auf der Basis der Materialität

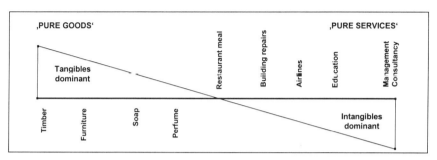

Quelle: Palmer, Adrian: Principles of Services Marketing, (McGraw-Hill) London u.a. 1994, S. 2.

Die meisten Marketingforscher, die sich mit dem Dienstleistungsphänomen beschäftigen, haben ein kontinuierliches Begriffsverständnis übernommen und gehen dabei davon aus, dass nur an den Extrempolen des Kontinuums deutliche Unterschiede zwischen den Leistungen bestehen, während die Leistungen in der Mitte des Kontinuums ähnliche Charakteristika aufweisen.[445] Shostack geht davon aus, dass Leistungen als komplexe Gebilde aus „Molekülen" von Dienstleistungs- und Sachleistungselementen bestehen und die Leistungen daher auf einem Kontinuum angeordnet werden können, je nachdem, ob Dienst- oder Sachleistungselemente dominant seien.[446]

Dabei wird von vielen Autoren - insbesondere in der neueren Dienstleistungsliteratur - der Begriff „Produkt" übergeordnet verstanden. Der Begriff „Produkt" umfasst dabei in der Regel alle Leistungen, die dem Konsumenten angeboten werden. Dazu zählen Güter (materielle Leistungen), Dienstleistungen und Ideen (abstrakte Konzepte). Dabei ist in der Regel ein Produkt ein Bündel von Attributen aus allen drei Bereichen.[447]

---

[444] Vgl. Rathmell, John: What is meant by services?, in: JM, 30. Jg., 1966, Nr. 10, S. 32-36; Enis, Ben; Roering, Kenneth: Services Marketing: Different products, similar strategy, in: Donnelly, James; George, William (Hrsg.): Marketing of Services, (AMA) Chicago 1981, S. 1-4.

[445] Vgl. Bell, Martin: A matrix approach to the classification of marketing goods and services, in: Donnelly, James; George, William (Hrsg.): Marketing of Services, (AMA) Chicago 1981, S. 208-212, S. 208f.

[446] Vgl. Shostack, Lynn: How to design a service, in: Donnelly, James; George, William (Hrsg.): Marketing of Services, (AMA) Chicago 1981, S. 221-229, S. 222.

[447] Vgl. Enis, Ben; Roering, Kenneth: Services Marketing: Different products, similar strategy, in: Donnelly, James; George, William (Hrsg.): Marketing of Services, (AMA) Chicago 1981, S. 1-4, S. 1.

Dieses Verständnis ist auch mit den merkmalsorientierten Definitionsansätzen der Dienstleistung vereinbar. So zeigt Meyer, dass die „konstitutiven" Merkmale einer Dienstleistung nicht unbedingt im Sinne traditioneller merkmalsorientierter Definitionen nur in einer dichotomen Ausprägung vorliegen können. Stattdessen könnten die Merkmalsausprägungen jeweils auf einem Kontinuum betrachtet werden.[448]

3. Ausgewählte Konsequenzen für das Dienstleistungsmarketing

a)   Überblick

Dienstleistungsmarketing stellt ein Marketing dar, das sich auf den Absatz von Dienstleistungen bezieht.[449] Die meisten Marketingforscher gehen heute davon aus, dass Dienstleistungsmarketing sich vom Marketing für Sachleistungen unterscheiden muss.[450] Obwohl hier, wie noch gezeigt wird, die Ansicht vertreten wird, dass die Handelsleistung nicht eine Form der Dienstleistung ist, sondern zwischen der Sach- und der Dienstleistung steht, soll das Dienstleistungsmarketing näher betrachtet werden. Die meisten Beiträge zur Markenforschung beschäftigen sich bislang mit dem Sachleistungsmarketing, so dass die aus dem Dienstleistungsanteil der Handelsleistung resultierenden Besonderheiten in die vorliegende Untersuchung stärker integriert werden sollen.

Im Folgenden sollen kurz die Konsequenzen aufgezeigt werden, die sich aus wichtigen Charakteristika von Dienstleistungen ergeben. Dabei sind die Charakteristika eng miteinander verbunden, bauen teilweise aufeinander auf und Konsequenzen für das Marketing ergeben sich teilweise aus Kombinationen der Eigenschaften.

b)   Synchronität von Produktion und Konsum

Durch die Integration des externen Faktors in die Leistungserstellung ergibt sich eine fehlende Autonomie der Produktionsfunktion. Diese Untrennbarkeit hat eine Reihe von Marketingimplikationen. So ändert sich die Reihenfolge des Wertschöpfungsprozesses. Während Sachleistungen i.d.R. erst produziert werden, dann zum Verkauf angeboten werden und schließlich gekauft und konsumiert werden, werden Dienstleistungen i.d.R. erst zum Verkauf angeboten und gekauft, um anschließend simultan produziert und konsumiert zu werden. Dies führt dazu, dass der Produktionsprozess einer Dienstleistung -

---

[448]   Vgl. Meyer, Anton: Dienstleistungs-Marketing, in: DBW, 51. Jg., 1991, Nr. 2, S. 195-209, S. 204.

[449]   Vgl. Meffert, Heribert: Dienstleistungsmarketing, in: Tietz, Bruno; Köhler, Richard; Zentes, Joachim (Hrsg.): HWM, 2. Aufl., (Schäffer-Poeschel) Stuttgart 1995, Sp. 464-469.

[450]   Vgl. z.B. Brown, James; Fern, Edward: Goods vs. services marketing: A divergent perspective, in: Donnelly, James; George, William (Hrsg.): Marketing of Services, (AMA) Chicago 1981, S. 205-207, S. 205; Enis, Ben; Roering, Kenneth: Services Marketing: Different products, similar strategy, in: Donnelly, James; George, William (Hrsg.): Marketing of Services, (AMA) Chicago 1981, S. 1-4, S. 1. Corsten, Hans: Dienstleistungsmarketing, in: JAV, 35. Jg., 1989, Nr. 1, S. 23-40, S. 24; Meyer, Anton: Dienstleistungs-Marketing, in: DBW, 51. Jg., 1991, Nr. 2, S. 195-209, S. 206f.

während dieser bei einer Sachleistung für den Kunden relativ unwichtig ist - für den Konsumenten von hoher Bedeutung ist, da er die Leistung wesentlich stärker repräsentiert. Die Qualitätsbeurteilung des Konsumenten - die sich bei der Sachleistung fast ausschließlich auf das Endprodukt bezieht - wird bei der Dienstleistung wesentlich von der Qualität des Erstellungsprozesses geprägt.[451] So sind in einem Restaurant nicht nur der materielle Output (die Mahlzeit) von Bedeutung, sondern auch die Wartezeit, das Verhalten des Kellners usw. Auch die Übergänge von Produktionssektor und Konsumtionssektor sind hier fließend. So übernehmen z.b. in Selbstbedienungsgeschäften die Kunden die Auswahl und die „Kommissionierung" ihrer Ware selbst, während diese Aktivitäten in anderen Geschäften vom Personal übernommen werden. Insgesamt wird deutlich, dass im Dienstleistungsbereich eine klare Trennung zwischen dem Marketing- und dem Leistungserstellungsprozess nicht möglich ist.[452]

Das Erscheinungsbild aller internen Produktionsfaktoren mit Kundenkontakt und das Verhalten der Mitarbeiter werden dabei zu wichtigen marketingrelevanten Gestaltungsgrößen.[453] Diese Tatsache wirkt sich auf die Bedeutung der Gestaltung des Orts der Leistungserbringung, z.B. die Verkaufsstelle, aus, die gleichzeitig den Eindruck des Kunden prägt. Ebenso gewinnt die Mitarbeiter-Kunden-Interaktion an Bedeutung. Damit müssen sich die Mitarbeiter während des Leistungserstellung marketinggerecht verhalten, d.h. sie müssen die ihnen übertragenen Interaktionsaufgaben und insbesondere die Kommunikation adäquat erfüllen. Hierzu gehört auch, dass die Mitarbeiter im Rahmen bestimmter Spielräume flexibel auf die Nachfragerwünsche eingehen (was gleichzeitig die Standardisierbarkeit der Leistung reduziert).[454]

Eine weitere Besonderheit stellt das Risiko dar, das sich durch die Simultaneität von Produktion, Abgabe und Inanspruchnahme der Dienstleistung ergibt. Eine begrenzte Reversibilität der Leistungserstellung bringt ein besonderes Risiko des Kaufprozesses mit sich, da Umtausch, Rückgabe oder Nachbesserung häufig ausgeschlossen sind. Vor Inanspruchnahme der Dienstleistung ist eine Inaugenscheinnahme der Dienstleistung oft nicht möglich; nur ein Leistungsversprechen wird ausgetauscht, so dass auch deshalb das Kaufrisiko vergleichsweise hoch ist.[455] In Bezug auf den Einzelhandel kann man zwar die Ware vor dem Kauf prüfen, die Inanspruchnahme der Dienstleistung jedoch nicht. So ist das „Einkaufserlebnis", verstanden als sämtliche Emotionen, die während des Einkaufsvorgangs entstehen und durch diesen ausgelöst werden, wie auch der zeitli-

---

[451] Vgl. Palmer, Adrian: Principles of Services Marketing, (McGraw-Hill) London u.a. 1994, S. 5f.; Burkhardt, Achim: Die Betriebstypenmarke im stationären Einzelhandel, Diss., Universität Erlangen-Nürnberg 1997, S. 28.

[452] Vgl. Palmer, Adrian: Principles of Services Marketing, (McGraw-Hill) London u.a. 1994, S. 32-35.

[453] Vgl. Meyer, Anton: Dienstleistungs-Marketing, in: DBW, 51. Jg., 1991, Nr. 2, S. 195-209, S. 202f.

[454] Vgl. Corsten, Hans: Dienstleistungsmarketing, in: JAV, 35. Jg., 1989, Nr. 1, S. 23-40, S. 37f.; Meyer, Anton: Dienstleistungs-Marketing, in: DBW, 51. Jg., 1991, Nr. 2, S. 195-209, S. 202f.; Meffert, Heribert; Bruhn, Manfred: Dienstleistungsmarketing, 2. Aufl., (Gabler) Wiesbaden 1997, S. 289.

[455] Vgl. Meyer, Anton: Dienstleistungs-Marketing, in: DBW, 51. Jg., 1991, Nr. 2, S. 195-209, S. 200.

che Aufwand für den Einkauf, nicht reversibel und auch erst während der „Inanspruchnahme" zu beurteilen.[456]

Zusätzlich bekommt die Standortfrage für stationäre Dienstleister eine hohe Priorität, weil eine vom Standort losgelöste Erstellung und Distribution einer Dienstleistung nur durch die eigene Mobilität des Dienstleisters möglich ist. Wichtig für Dienstleistungsunternehmen in den meisten Branchen ist daher ein Standort in Nachfragernähe. Eine Ausdehnung des Absatzraums eines Dienstleisters ist oft nur durch Standortmultiplikation (Filialisierung), mediale Dienstleistungserstellung o.ä. möglich.[457]

Die Potenzialorientierung der Dienstleistung, d.h. die Leistungsbereitschaft, geht mit der Gefahr einher, dass in Zeiten geringerer Nachfrage Leerkosten entstehen, stellt aber zugleich eine eigenständige Qualitätsdimension der Dienstleistung dar, z.B. die Anzahl der Verkäufer in einem Handelsunternehmen. Sie manifestiert sich darin, dass die zeitliche, quantitative, qualitative und örtliche Dimension wesentliche Elemente des Absatzmarketing sind.[458]

Durch die Nicht-Lagerfähigkeit einer Dienstleistung (z.B. die Zurverfügungstellung eines Sitzplatzes in einem Flugzeug oder die „Bereitstellung" einer Kassiererin in einem Supermarkt) hat der Dienstleister demzufolge nur die Wahl zwischen dem Angebot von leistungsbereiten internen Faktoren (quasi auf Vorrat) oder der „Vorratslagerung" von integrationsbereiten externen Faktoren.[459] Konkret bedeutet dies für einen Einzelhändler, dass er beispielsweise bezüglich des Leistungselements „Kassenabwicklung" die Wahl hat zwischen dem Öffnen zahlreicher Kassen und dem Öffnen weniger Kassen (und dem „Wartenlassen" von Kunden in Schlangen an der Kasse). Die Berücksichtigung der Zeitkomponente stellt also einen wesentlichen Faktor im Rahmen des Dienstleistungsmarketing dar.[460]

Aus der Teilnahme des Kunden an der Leistungserstellung resultiert häufig eine Interaktion zwischen unterschiedlichen Nachfragern, die die Dienstleistung z.B. simultan in Anspruch nehmen. Daher wird oftmals auch die „Klientel" des Handelsunternehmens als imagerelevanter Faktor betrachtet.[461]

[456] So beschreibt z.B. Weinberg, dass Einkauf und Konsum auch Vorgänge sind, die den Konsumenten erfreuen können und positive Einkaufserlebnisse einen Beitrag zur Lebensqualität leisten können; vgl. Weinberg, Peter: Erlebnismarketing, (Vahlen) München 1992, insb. S. 123-127.

[457] Vgl. Meyer, Anton: Dienstleistungs-Marketing, in: DBW, 51. Jg., 1991, Nr. 2, S. 195-209, S. 202.

[458] Vgl. Corsten, Hans: Dienstleistungsmarketing, in: JAV, 35. Jg., 1989, Nr. 1, S. 23-40, S. 27.

[459] Vgl. Palmer, Adrian: Principles of Services Marketing, (McGraw-Hill) London u.a. 1994, S. 6; Meyer, Anton: Dienstleistungs-Marketing, in: DBW, 51. Jg., 1991, Nr. 2, S. 195-209, S. 202;

[460] Vgl. Meyer, Anton: Dienstleistungs-Marketing, in: DBW, 51. Jg., 1991, Nr. 2, S. 195-209, S. 202.

[461] Vgl. Corsten, Hans: Dienstleistungsmarketing, in: JAV, 35. Jg., 1989, Nr. 1, S. 23-40, S. 24; bzgl. der Klientel als Dimension des Store Image siehe z.B. Engel, James; Blackwell, Roger; Miniard, Paul: Consumer Behaviour, 8. Aufl., (The Dryden Press) Fort Worth 1995, S. 847-857.

c) Schlechte Beurteilbarkeit der Leistung

Eine reine Dienstleistung kann nicht durch die Sinne bewertet werden, sie ist eine Abstraktion, die nicht direkt untersucht werden kann, bevor sie in Anspruch genommen wird. Die immateriellen Prozesseigenschaften einer Dienstleistung, wie z.b. Verlässlichkeit, Aufmerksamkeit des Personals, Freundlichkeit usw., können i.d.R. nur begutachtet werden, nachdem die Dienstleistung gekauft und konsumiert bzw. in Anspruch genommen wurde.[462] Damit ist ein wesentlicher Unterschied im Kaufentscheidungsprozess zwischen Gütern und Dienstleistungen in der schwereren Beurteilbarkeit der Dienstleistungen zu sehen.[463]

In der informationsökonomischen Theorie wurde eine Systematik für die Beurteilbarkeit von Leistungen entwickelt:[464]

♦ Inspektionseigenschaften sind Eigenschaften einer Leistung, die der Konsument vor dem Kauf bestimmen kann (z.b. Preis, physische Beschaffenheit).

♦ Erfahrungseigenschaften sind Eigenschaften, die der Konsument erst nach dem Kauf oder bei der Konsumtion bestimmen kann (z.b. Geschmack bei Lebensmitteln oder Freundlichkeit des Personals im Einzelhandel).

♦ Vertrauenseigenschaften sind solche Merkmale einer Leistung, die der Konsument sogar nach Kauf und Konsumtion nicht zweifelsfrei einschätzen kann (z.b. Einhaltung ökologischer Anbaukriterien bei Lebensmitteln).

Dabei weist Zeithaml darauf hin, dass Sachleistungen meist einen hohen Anteil an Inspektionseigenschaften aufweisen, während Dienstleistungen auf Grund der genannten Charakteristika oftmals einen hohen Anteil an Vertrauenseigenschaften haben.[465] Da dies auch den Vergleich von alternativen Dienstleistungen schwierig macht, versuchen Dienstleister, durch äußerlich wahrnehmbare Informationssignale dem Konsumenten Hilfsmittel zur Evaluierung bereitzustellen.[466] Dies hat wesentliche Folgen für die Qualitätswahrnehmung von Dienstleistungen. Auf Grund der eingeschränkten eigenen Beurteilungsmöglichkeit orientiert sich der Kunde bei seiner Erwartungsbildung ersatzweise an bestimmten Schlüsselinformationen. Dazu gehören z.b. beobachtbare materielle E-

---

[462] Vgl. Palmer, Adrian: Principles of Services Marketing, (McGraw-Hill) London u.a. 1994, S. 3f.

[463] Vgl. Meffert, Heribert; Bruhn, Manfred: Dienstleistungsmarketing, 2. Aufl., (Gabler) Wiesbaden 1997, S. 72-74.

[464] Vgl. Kaas, Klaus Peter; Busch, Anina: Inspektions-, Erfahrungs- und Vertrauenseigenschaften von Produkten, in: Marketing-ZFP, 18. Jg., 1996, Nr. 4, S. 243-252, S. 243; Zeithaml, Valarie: How consumer evaluation processes differ between goods and services, in: Donnelly, James; George, William (Hrsg.): Marketing of Services, (AMA) Chicago 1981, S. 186-190, S. 186.

[465] Vgl. Zeithaml, Valarie: How consumer evaluation processes differ between goods and services, in: Donnelly, James; George, William (Hrsg.): Marketing of Services, (AMA) Chicago 1981, S. 186-190, S. 186.

[466] Vgl. Meyer, Anton: Dienstleistungs-Marketing, in: DBW, 51. Jg., 1991, Nr. 2, S. 195-209, S. 200.

lemente der Dienstleistung - wie Gebäude und Ausstattung. Diese Kriterien liefern Ersatzinformationen, die als Surrogat „echter" Qualitätserfahrung dienen.[467] Gleichzeitig ist festzustellen, dass die Markentreue für Dienstleistungen höher ist als für Sachleistungen - ein Aspekt, der auch empirisch mehrfach belegt wurde. Dies ist v.a. auf die schlechtere a priori-Beurteilbarkeit und - damit eng verbunden - das höhere empfundene Risiko, das mit dem Kauf von Dienstleistungen verbunden ist, zurückzuführen.[468] Markentreue wird als ein Mittel angesehen, das Risiko zu reduzieren, und sie korreliert mit dem Grad des wahrgenommenen Risikos.[469]

Zu den oben beschriebenen „Ersatzindikatoren" der Qualität gehört dabei auch die Marke. Eine eingeführte, bekannte und vertraute Marke dient dem Kunden als Indikator für die zu erwartende Gesamtqualität der Leistung, schafft Sicherheit und reduziert das wahrgenommene Kaufrisiko.[470] Da der Dienstleistungskäufer dabei noch stärker als der Sachleistungsabnehmer auf Gespür, Erfahrung oder Vertrauen zurückgreifen muss, wird allgemein bei der Markenpolitik die stärkere Akzentuierung von Vertrauenszielen im Dienstleistungssektor betont.[471]

d)   Immaterialität der Dienstleistung

Die Immaterialität der Dienstleistung kann als eine wesentliche Ursache der schweren Beurteilbarkeit gesehen werden, so dass eine Reihe der Konsequenzen bereits im letzten Abschnitt dargestellt sind. Auch zeigt sich, dass die Bedeutung der materiellen Belege für die Leistungsqualität für das Dienstleistungsmanagement hoch ist. Das Personal wird beispielsweise in vielen Fällen als wichtiger materieller „Nachweis" der Qualität heran-

---

[467] Vgl. Berry, Leonard: Service Marketing is different, in: Lovelock, Christopher (Hrsg.): Services Marketing, (Prentice Hall) Englewood Cliffs/NJ 1984, S. 29-37, S. 29; Stauss, Bernd: Dienstleistungsmarken, in: Bruhn, Manfred (Hrsg.): Handbuch MA, Bd. 1, (Schäffer-Poeschel) Stuttgart 1994, S. 79-103, S. 92f.

[468] Vgl. z.B. Gusemann, Dennis: Risk perception and risk reduction in consumer services, in: Donelly, James; George, William (Hrsg.): Marketing of Services, (AMA) Chicago 1981, S. 200-204; Oelsnitz, Dietrich von der: Dienstleistungsmarken: Konzepte und Möglichkeiten einer markengestützten Serviceprofilierung, in: JAV, 43. Jg., 1997, Nr. 1, S. 66-89, S. 72.

[469] Vgl. Zeithaml, Valarie: How consumer evaluation processes differ between goods and services, in: Donnelly, James; George, William (Hrsg.): Marketing of Services, (AMA) Chicago 1981, S. 186-190, S. 189; Weinberg, Peter: Entscheidungsverhalten, (Schöningh) Paderborn u.a. 1981, S. 136f.

[470] Vgl. Stauss, Bernd: Dienstleistungsmarken, in: Bruhn, Manfred (Hrsg.): Handbuch MA, Bd. 1, (Schäffer-Poeschel) Stuttgart 1994, S. 79-103, S. 92f.; Zeithaml, Valarie: How consumer evaluation processes differ between goods and services, in: Donnelly, James; George, William (Hrsg.): Marketing of Services, (AMA) Chicago 1981, S. 186-190, S. 187; Brown, James; Fern, Edward: Goods vs. services marketing: A divergent perspective, in: Donnelly, James; George, William (Hrsg.): Marketing of Services, (AMA) Chicago 1981, S. 205-207, S. 205.

[471] Vgl. Oelsnitz, Dietrich von der: Dienstleistungsmarken: Konzepte und Möglichkeiten einer markengestützten Serviceprofilierung, in: JAV, 43. Jg., 1997, Nr. 1, S. 66-89, S. 72.

gezogen, z.B. die Kleidung oder die Erscheinung des Personals, die eine starke Wirkung auf die Qualitätswahrnehmung des Konsumenten ausüben.[472]

Zusätzlich wird in der Dienstleistungsliteratur hervorgehoben, dass die Immaterialität der Leistung das Problem mit sich bringt, dass ein Markierungsobjekt für das Markenzeichen fehlt.[473]

e) Variabilität der Leistungsqualität

Eng verbunden mit den oben dargestellten Besonderheiten, insbesondere der Simultaneität von Produktion und Konsumtion, ist die Variabilität bzw. fehlende Standardisierbarkeit der Leistung zu sehen.[474] Je stärker die Leistung vom persönlichen Verhalten der Mitarbeiter abhängt und je individueller sie auf Kundenwünsche ausgerichtet wird, desto unterschiedlicher und schwankender fällt sie aus.[475] Die internen Produktionsfaktoren - und hier vorwiegend das Personal - unterliegen bei der Leistungserstellung großen Schwankungen.[476] Diese Variabilität im Produktionsprozess wird vom Kunden unmittelbar wahrgenommen. Die Gelegenheit, vor der Auslieferung - und damit vor dem Kundenkontakt - die Leistung zu überprüfen und ggf. auszubessern bzw. zurückzuhalten, gibt es bei Dienstleistungen nicht. Spezielle Probleme können sich ergeben, wenn Personal darin involviert ist, auf einer One-to-One-Basis eine Leistung zu erbringen (z.B. an einer Bedienungstheke im Einzelhandel).[477]

Diese fehlende Standardisierbarkeit beruht auch darauf, dass Dienstleistungen i.d.R. in hohem Maße individuelle Leistungen sind und auf Grund der Integration von Menschen in den Leistungserstellungsprozess auch auf der Nachfragerseite zugleich schwer standardisierbar. Die Individualität beinhaltet dabei Schwankungen in der Ausführung und in der wahrgenommenen Qualität der Dienstleistung. Kein Dienstleister kann die vollkommene Konstanz seiner Leistungsfähigkeiten garantieren und auf Grund der Heterogenität der externen Faktoren (intra- und interindividuell) kann sogar eine „objektiv"

---

[472] Vgl. Shostack, Lynn: How to design a service, in: Donnelly, James; George, William (Hrsg.): Marketing of Services, (AMA) Chicago 1981, S. 221-229, S. 223.

[473] Vgl. Meffert, Heribert; Bruhn, Manfred: Dienstleistungsmarketing, 2. Aufl., (Gabler) Wiesbaden 1997, S. 291; Stauss, Bernd: Dienstleistungsmarken, in: Bruhn, Manfred (Hrsg.): Handbuch MA, Bd. 1, (Schäffer-Poeschel) Stuttgart 1994, S. 79-103, S. 94f.

[474] Vgl. Palmer, Adrian: Principles of Services Marketing, (McGraw-Hill) London u.a. 1994, S. 3-7; Brown, James; Fern, Edward: Goods vs. services marketing: A divergent perspective, in: Donnelly, James; George, William (Hrsg.): Marketing of Services, (AMA) Chicago 1981, S. 205-207, S. 205f.

[475] Vgl. Stauss, Bernd: Dienstleistungsmarken, in: Bruhn, Manfred (Hrsg.): Handbuch MA, Bd. 1, (Schäffer-Poeschel) Stuttgart 1994, S. 79-103, S. 97; Meyer, Anton: Dienstleistungs-Marketing, in: DBW, 51. Jg., 1991, Nr. 2, S. 195-209, S. 200f.

[476] Vgl. Burkhardt, Achim: Die Betriebstypenmarke im stationären Einzelhandel, Diss., Universität Erlangen-Nürnberg 1997, S. 27f.

[477] Vgl. Meyer, Anton: Dienstleistungs-Marketing, in: DBW, 51. Jg., 1991, Nr. 2, S. 195-209, S. 200f.

gleiche Leistungsfähigkeit zu Unterschieden in der subjektiv wahrgenommenen Leistungsqualität führen.[478]

Die fehlende Konstanz der Qualität stellt ein wesentliches Hindernis für die Markenbildung dar, bei der oftmals die Qualitätskonstanz als wesentliches Merkmal angesehen wird.[479] So erwähnt die Literatur zum Dienstleistungsmarketing meist die zunehmende Notwendigkeit, eine „Industrialisierung" der Dienstleistungsproduktion zu ermöglichen, z.B. durch eine Vereinfachung der Dienstleistung, durch detaillierte Vorgabe der Leistungsprozesse, durch Reduktion des menschlichen Einflusses auf die Dienstleistungsqualität.[480] Für die Standardisierung von Dienstleistungen (bzw. die Erreichung einer Qualitätskonstanz bei Dienstleistungen) können verschiedene Instrumente eingesetzt werden, so eine Standardisierung der materiellen Inputfaktoren (z.B. eine einheitliche Gestaltung von Gebäuden), eine Standardisierung der menschlichen Inputfaktoren (z.B. durch detaillierte Arbeitsanweisungen und Leistungsvereinbarungen) und eine Standardisierung der Leistungsprozesse. In einigen Fällen können auch gewisse Leistungsergebnisse standardisiert werden (z.B. Auslieferung innerhalb von 24 Stunden) oder dem Kunden durch Servicegarantien die Sicherheit der Qualitätskonstanz gegeben werden (so z.B. die „Kassengarantien" im Einzelhandel).[481] Durch diese Maßnahmen wird die Konstanz der Leistung und die Wahrnehmung der Konstanz verbessert und damit durch die Vertrauensstärkung auch die entsprechende Dienstleistungsmarke in ihrem Wert erhöht.[482]

4. Instrumente des Dienstleistungsmarketing

Eine Klassifizierung der Instrumente des Marketing wurde nur nach intensiven Diskussionen gefunden. Ein Konzept, das sich im Konsumgüterbereich weitestgehend durchgesetzt hat, ist die Einteilung der Instrumente in vier Submixes des Marketingmix, die jeweils wiederum aus einer Reihe von Elementen bestehen:[483]

---

[478] Vgl. Meffert, Heribert; Bruhn, Manfred: Dienstleistungsmarketing, 2. Aufl., (Gabler) Wiesbaden 1997, S. 322; Meyer, Anton: Dienstleistungs-Marketing, in: DBW, 51. Jg., 1991, Nr. 2, S. 195-209, S. 2199-201.

[479] Vgl. z.B. Dichtl, Erwin: Grundidee, Varianten und Funktionen der Markierung von Waren und Dienstleistungen, in: Dichtl, Erwin; Eggers, Walter (Hrsg.): Marke und Markenartikel, (dtv) München 1992, S. 1-23, S. 16-20.

[480] Vgl. Levitt, Theodore: The industrialization of service, in: HBR, 54. Jg., 1976, Nr. 5, S. 63-74.

[481] Vgl. Palmer, Adrian: Principles of Services Marketing, (McGraw-Hill) London u.a. 1994, S. 161f.; Stauss, Bernd: Dienstleistungsmarken, in: Bruhn, Manfred (Hrsg.): Handbuch MA, Bd. 1, (Schäffer-Poeschel) Stuttgart 1994, S. 79-103, S. 97f.

[482] Vgl. Burkhardt, Achim: Die Betriebstypenmarke im stationären Einzelhandel, Diss., Universität Erlangen-Nürnberg 1997, S. 28; Stauss, Bernd: Dienstleistungsmarken, in: Bruhn, Manfred (Hrsg.): Handbuch MA, Bd. 1, (Schäffer-Poeschel) Stuttgart 1994, S. 79-103, S. 99.

[483] Vgl. z.B. McCarthy, Jerome: Basic Marketing - A Managerial Approach, (Irwin) Homewood/IL 1960; Nieschlag, Robert; Dichtl, Erwin; Hörschgen, Hans: Marketing, 18. Aufl., (Duncker &

- Produkt- bzw. Leistungspolitik (z.B. Qualität, Auswahl, Kundendienst),

- Preispolitik (z.B. Preis, Kredite, Rabatt, Skonto),

- Distributionspolitik (Absatzkanäle und Logistik) und

- Kommunikationspolitik (Werbung, Verkaufsförderung, persönlicher Verkauf, PR).

Diese Systematisierung ist auch unter der Bezeichnung „4 P" bekannt (Product, Price, Place und Promotion).[484]

Andererseits wird darauf hingewiesen, dass diese Systematisierung an ihre Grenzen stößt, wenn sie auf das Dienstleistungsmarketing angewendet wird. Vertreter der Dienstleistungsforschung haben u.a. argumentiert, dass die Besonderheiten einiger Dienstleistungen so groß seien, dass die Marketinginstrumente, die für das Konsumgütermarketing eingesetzt werden, nicht einfach auf das Dienstleistungsmarketing übertragen werden können.[485] Eine Reihe von Verfassern erweiterte daher das traditionelle Konzept, um ein dienstleistungsspezifisches 7 P-Konzept einzuführen: Product, Price, Place, Promotion, People/Personnel, Process und Physical Evidence.[486]

Die dienstleistungsspezifischen Instrumente können dabei aus den Ausführungen zu den Charakteristika von Dienstleistungen in Abschnitt B.III.1. dieses Kapitels entnommen werden und werden wie folgt begründet:[487]

- *People/Personnel* (Personalpolitik): Wie vorne dargestellt, ist bei den meisten Dienstleistungen das Personal ein elementarer Bestandteil des Marketingmix, weil durch die direkte Interaktion zwischen Mitarbeitern und Kunden im Produktionsprozess das Personal bei Dienstleistungen zum Faktor wird, der vom Kunden deutlich wahrgenommen wird.

Humblot) Berlin 1997, S. 149-666; Kotler, Philip; Bliemel, Friedhelm: Marketing-Management, 9. Aufl., (Schäffer-Poeschel) Stuttgart 1999, S. 138f.; Zentes, Joachim: Marketing, in: Bitz, Michael u.a. (Hrsg.): Vahlens Kompendium der Betriebswirtschaftslehre, Bd. 1, 4. Aufl., (Vahlen) München 1998, S. 329-409, S. 383.

[484] Vgl. z.B. Palmer, Adrian: Principles of Services Marketing, (McGraw-Hill) London u.a. 1994, S. 31.

[485] Vgl. Palmer, Adrian: Principles of Services Marketing, (McGraw-Hill) London u.a. 1994, S. 2f.; Lovelock, Christopher: Why marketing needs to be different for services, in: Donnelly, James; George, William (Hrsg.): Marketing of Services, (AMA) Chicago 1981, S. 5-9; Shostack, Lynn: Breaking free from product marketing, in: JM, 41. Jg., 1977, Nr. 4, S. 73-80.

[486] Vgl. Palmer, Adrian: Principles of Services Marketing, (McGraw-Hill) London u.a. 1994, S. 32-35 und die dort angegebenen Quellen zur Herleitung dieser Systematik des Marketingmix; Meffert, Heribert; Bruhn, Manfred: Dienstleistungsmarketing, 2. Aufl., (Gabler) Wiesbaden 1997, S. 287f.

[487] Vgl. Palmer, Adrian: Principles of Services Marketing, (McGraw-Hill) London u.a. 1994, S. 32-35; Magrath, Allan: When Marketing Services' 4 Ps are not enough, in: Business Horizons, 29. Jg., 1986, Nr. 3, S. 44-50; Beaven, Mary; Scotti, Dennis: Service-oriented thinking and its implications for the marketing mix, in: JSM, 4. Jg., 1990, Nr. 4, S. 5-19; Meffert, Heribert; Bruhn, Manfred: Dienstleistungsmarketing, 2. Aufl., (Gabler) Wiesbaden 1997, S. 287f.

◆ *Process* (Prozesspolitik): Reine Dienstleistungen definieren sich i.d.r. deutlicher durch ihren Erstellungsprozess als durch ihren Output. Während der Leistungserstellungsprozess für Konsumenten einer Sachleistung i.d.r. eher unbedeutend ist, ist er für Konsumenten von Dienstleistungen oft entscheidend für die Qualitätsbeurteilung.

◆ *Physical Evidence* (Ausstattungspolitik): Der immaterielle Charakter einer Dienstleistung führt dazu, dass potenzielle Kunden nicht in der Lage sind, eine Dienstleistung zu beurteilen, bevor sie in Anspruch genommen wird. Eine wichtige Maßnahme des Marketing ist es daher, sichtbare Ausprägungen der Leistung zu schaffen, z.b. durch die Gestaltung der Geschäftsräume.

5. Einordnung des Handels

a) Überblick

Die Frage, inwiefern Handel den Dienstleistungen zuzurechnen ist, wird in der Literatur nicht einheitlich beantwortet. In vielen Fällen wird dies unterstellt.[488]

Übersicht 11: Aufgabenorientierte Handelsfunktionen

Aufgabe/Funktion	Beschreibung
Versorgungsaufgabe	
Sortimentsfunktion	Sortimentszusammenstellung, -niveau und -auswahl
Quantitätsfunktion	Umfang und Stückelung der Abgabemengen
Präsentationsfunktion	Präsentationsstandort bzw. -fläche, Warendarbietung und -zugang
Überbrückungsaufgabe	
Zeitüberbrückungsfunktion	Lieferbereitschaft, Länge bzw. Adäquanz der Kontaktzeit
Raumüberbrückungsfunktion	Zustellung, Versand, Kundennähe des Standorts
Abwicklungsaufgabe	
Umsatzabwicklungsaufgabe	Abwicklungsbereitschaft und -geschwindigkeit, Bedienungsform
Vollendungsfunktion	Funktionsbereitschaft und Konstanz der Ware
Sicherungsaufgabe	
Objektsicherungsfunktion	Qualitätskontinuität, Garantie, Kulanz
Subjektsicherungsfunktion	Information, Beratung, Reklamation

Quelle: Heinemann, Gerrit: Betriebstypenprofilierung und Erlebnishandel, (Gabler) Wiesbaden 1989, S. 43.

Betrachtet man die Funktionen des Handels in Übersicht 11, so kann man feststellen, dass die ursprüngliche Handelsfunktion im Wesentlichen eine Dienstleistung darstellt.[489]

---

[488] Vgl. z.B. Brown, James; Fern, Edward: Goods vs. services marketing: A divergent perspective, in: Donnelly, James; George, William (Hrsg.): Marketing of Services, (AMA) Chicago 1981, S. 205-207, S. 206.

[489] Ausführliche Betrachtungen der Handelsfunktionen finden sich z.B. bei Sundhoff, Edmund: Handel, in: Beckerath, Erwin von u.a. (Hrsg.): Handwörterbuch der Sozialwissenschaften, Bd. 4, (Fischer) Stuttgart 1965, S. 762-779, S. 766; Barth, Klaus: Betriebswirtschaftslehre des Handels, 4. Aufl., (Gabler) Wiesbaden 1999, S. 25-38; Liebmann, Hans-Peter; Zentes, Joachim: Handelsmanagement, (Vahlen) München 2001, S. 44f.

Viele Autoren betrachten daher Handelsunternehmen als Dienstleister. So bezeichnen bspw. Tietz/Diller Handelsbetriebe als eine Form der Dienstleistungsbetriebe.[490]

b) Bewertung anhand der merkmalsorientierten Ansätze

Folgt man den oben dargestellten merkmalsorientierten Definitionsansätzen einer Dienstleistung, so sind die drei genannten Merkmale zu betrachten.

Eine *Potenzialorientierung* ist im Einzelhandel dadurch gegeben, dass der Handel Verkaufsflächen mit Waren ausstattet, Personal vorhält und bestimmte Ladenöffnungszeiten, unabhängig von der Nutzung durch den einzelnen Kunden, anbietet. Auch eine der Grundfunktionen des Handels, nämlich die Zeitüberbrückungsfunktion, drückt die Potenzialorientierung aus, denn der Handel hält die Ware dafür vor, dass der Konsument sie, in der jeweils benötigten Menge, bei ihm abholen kann.[491]

Die *prozessorientierte* Betrachtung geht von der Synchronität von Leistungserstellung und Leistungsbezug aus. Auch die Integration des externen Faktors in die Leistungserstellung ist für die Charakterisierung einer Leistung als Dienstleistung relevant. Dabei können im Handel unterschiedliche Facetten der Integration des externen Faktors gesehen werden. Besonders im stationären Selbstbedienungseinzelhandel ist eine hohe Mitwirkung des Kunden gegeben, wobei hier gleichzeitig die Interaktion zwischen Verkaufspersonal und Kunde vergleichsweise gering ist. Aber auch im Fachhandel mit nicht-beratungsintensiven Produkten, so z.B. einer Bäckerei, ist die Interaktion gering; die Mitwirkung des Kunden besteht letztlich nur im Spezifizieren und Äußern der gewünschten Leistung (also der Auswahl eines Produktes). Im stationären Bedienungshandel, z.B. im Möbelhandel, wird dagegen der Erfolg einer Beratung wesentlich von der Interaktion und der Harmonie zwischen Käufer und Verkäufer tangiert.[492] Insgesamt zeigt sich jedoch, dass die Prozessorientierung bei der Leistungserstellung zwar gegeben ist, jedoch der Leistungserstellungsprozess, insbesondere die Interaktion, meist weniger deutlich im Vordergrund steht als bei anderen Dienstleistungen.

Bezüglich der *Immaterialität* ergeben sich abweichende Meinungen. So produziert der Handel nach Schenk etwas immaterielles, nämlich Märkte, als konkrete „Orte des Güter- und Diensteaustauschs". Schenk definiert Handel sogar nach diesem funktionellen Verständnis: „Handel ist die permanente und simultane Organisation von Absatzmärkten für verschiedene Anbieter von Waren und von Beschaffungsmärkten für verschiede-

---

[490] Vgl. Tietz, Bruno; Diller, Hermann: Handelsmarketing, in: Diller, Hermann (Hrsg.): Vahlens Großes Marketing Lexikon, (Vahlen) München 1992, S. 402-406, S. 403.

[491] Vgl. Müller-Hagedorn, Lothar: Der Handel, (Kohlhammer) Stuttgart u.a. 1998, S. 60.

[492] Vgl. Müller-Hagedorn, Lothar: Der Handel, (Kohlhammer) Stuttgart u.a. 1998, S. 60.

ne Nachfrager nach Gütern und Diensten."[493] Diese Leistung ist dabei als immateriell anzusehen, so dass eine Einordnung als Dienstleistung gerechtfertigt wäre.

Gleichzeitig geht diese Perspektive von einem Verständnis des Handels als eher „passives" Verbindungsglied zwischen Hersteller und Abnehmer aus, das lediglich Märkte bereitstellt. Dies ist mit den oben dargestellten Entwicklungen in der Wertschöpfungskette und der zunehmenden strategischen Marktbearbeitung des Handels jedoch heute nicht mehr ohne weiteres vereinbar. So werden nicht mehr nur Märkte bereitgestellt, sondern einerseits durch ein zunehmend professionelleres Marketing auch Nachfrage geschaffen; andererseits wird nicht mehr nur („vorverkaufte") Ware der Markenartikelhersteller vertrieben, sondern, so durch Handelsmarken, auch in die Herstellungsprozesse selbst eingegriffen, so dass sich die von Schenk aufgezeigte Perspektive wandelt.

Als eine Besonderheit des Handels im Vergleich zu „reinen Dienstleistungsanbietern" wird gesehen, dass eine Sachleistung, nämlich das Sortiment, eine hohe Bedeutung hat.[494] „Das Sortiment stellt zweifellos den zentralen Leistungsbereich eines Handelsunternehmens dar."[495] Damit ist ein wesentlicher Teil der Handelsleistung nicht immateriell, sondern materiell, was eine Besonderheit ggü. anderen, als Dienstleistungen eingestuften Leistungen, darstellt. Auch die Überlegungen, die hinter der „Immaterialität" stehen, treffen damit nur teilweise zu. So wird die Nichtlagerfähigkeit von Dienstleistungen als eine Besonderheit betont. Beim Handel trifft dies zwar auf einen Teil der Leistungen zu (z.B. wird die Beratungs- oder Bedienungskapazität des Personals zu einem bestimmten Zeitpunkt entweder genutzt oder nicht), auf einen anderen Teil der Leistung, nämlich das Sortiment, das Gebäude usw., nicht. Das Sortiment als wesentliche Leistungskomponente ist - in Grenzen, wie auch bei Sachgütern - lagerbar,[496] was auch die Grundlage der Zeitüberbrückungsfunktion des Handels ist.

Damit kann man sagen, dass nach den merkmalsorientierten Ansätzen die Handelsbetriebe nicht eindeutig den Dienstleistern zugeordnet werden können. Müller-Hagedorn plädiert zwar dafür, den „Handelsbetrieb als Dienstleistungsbetrieb anzusehen", weist jedoch gleichzeitig darauf hin, dass „Unterschiede zwischen einem typischen Handelsbetrieb und typischen Dienstleistungsbetrieben im engeren Sinn herausgestellt werden können."[497]

---

[493]   (Vgl.) Schenk, Hans-Otto: Handelspsychologie, (Vandenhoeck) Göttingen 1995, S. 18.

[494]   Vgl. George, Gert: Internationalisierung im Einzelhandel, (Duncker & Humblot) Berlin 1997, S. 81; Burkhardt, Achim: Die Betriebstypenmarke im stationären Einzelhandel, Diss., Universität Erlangen-Nürnberg 1997, S. 27.

[495]   Liebmann, Hans-Peter; Zentes, Joachim: Handelsmanagement, (Vahlen) München 2001, S. 472.

[496]   Vgl. Müller-Hagedorn, Lothar: Der Handel, (Kohlhammer) Stuttgart u.a. 1998, S. 61.

[497]   (Vgl.) Müller-Hagedorn, Lothar: Der Handel, (Kohlhammer) Stuttgart u.a. 1998, S. 61

c) Handel zwischen Sach- und Dienstleistung

Wenn man andere Definitionsansätze betrachtet, so wird teilweise eindeutig formuliert, dass Dienstleistungsunternehmen nicht „den Vertrieb [von Sachgütern] zum Gegenstand ihrer Marktleistung haben."[498], und damit werden die Handelsbetriebe ausdrücklich nicht den Dienstleistungsunternehmen zugerechnet. Schenk weist darauf hin, dass zwar die Handelsbetriebe in vielen Systematiken zu den Dienstleistungsbetrieben gezählt werden, dass es aber sachgerechter wäre, sie als arteigene Betriebe auszuweisen, u.a. weil sich der Handelsbetrieb durch eine Bipolarität des Tauschprozesses auszeichnet (und damit eine Dualität der Kundenorientierung). Zudem unterscheidet sich der Handelsbetrieb vom Sachleistungsbetrieb u.a. durch die Hervorbringung eines immateriellen Gutes (Marktorganisation) sowie vom Dienstleistungsbetrieb durch das sogenannte Warengeschäft.[499] Dabei versuchen die Autoren, die die Handelsbetriebe eindeutig den Dienstleistungsbetrieben zuordnen, in der Regel, eine feste Klassifikation in Sachleistungs- und Dienstleistungsunternehmen vorzunehmen. Über eine Quasi-Negativdefinition (bei der deutlich wird, dass sich Handelsunternehmen von reinen Sachleistungsunternehmen unterscheiden), werden dann Handelsunternehmen den Dienstleistungsunternehmen zugeordnet. Schenk versucht, wie oben dargestellt, eine umgekehrte Negativdefinition von Dienstleistungen und stellt hier ebenfalls deutliche Unterschiede von Handels- und Dienstleistungsbetrieben fest, so dass er als Ausweg die Handelsbetriebe als dritte Kategorie von Produktionswirtschaften ansieht. Die Grundproblematik dieser Versuche liegt jedoch in den unklaren und weiter verschwimmenden Grenzen zwischen den einzelnen Kategorien, die für Sach- und Dienstleistungsbetriebe oben bereits ausführlich dargestellt sind.[500] Theis argumentiert daher, dass sich „das Handelsmarketing auf die Handelsleistung als Kombination fremderstellter Sachleistungen und eigenerstellter Dienstleistungen" bezieht.[501] George spricht in diesem Zusammenhang vom „Sach- und Dienstleistungsverbund bei der handelsbetrieblichen Leistungserstellung".[502] Damit ist eine Zwischenstellung der Handelsunternehmen zwischen Sachleistungs- und Dienstleistungsunternehmen festzustellen, wobei auch innerhalb der Einzelhandelsunternehmen Unterschiede auftreten, da - z.B. je nach Betriebstyp - unterschiedliche Servicegrade geboten werden und damit auch die „Dominanz" der Sachleistung oder der Serviceleistung je nach Betriebstyp unterschiedlich ausfallen kann.

---

[498] Schreiner, Rupert: Die Dienstleistungsmarke, (Heymann) Köln 1983, S. 123.

[499] Vgl. Schenk, Hans-Otto: Handelspsychologie, (Vandenhoeck) Göttingen 1995, S. 56-58.

[500] Die dargestellte Klassifikation von Schenk stößt auf ähnliche Probleme, da auch hier die eindeutige Zuordnungsfähigkeit aller Unternehmen vorausgesetzt wird. Dies gelingt jedoch nicht vollständig. So nennt z.B. Tietz eine Reihe von Beispielen, bei denen die Trennung von Produktionsbetrieb und Handelsbetrieb nicht mehr klar wird; vgl. Tietz, Bruno: Auf dem Weg zur Handels- und Dienstleistungsgesellschaft - Die Metamorphose der Industrie, in: asw, 1995, Nr. 1, S. 76-81.

[501] (Vgl.) Theis, Hans-Joachim: Handels-Marketing, (dfv) Frankfurt a.M. 1999, S. 34f.

[502] George, Gert: Internationalisierung im Einzelhandel, (Duncker & Humblot) Berlin 1997, S. 45.

6. Instrumente des Handelsmarketing auf Grund der besonderen Stellung zwischen Sach- und Dienstleistung

Wie oben bereits dargestellt wurde, existiert im Konsumgütermarketing eine einheitlich anerkannte Systematik der Marketinginstrumente („4 P"). Bezüglich des Dienstleistungsmarketing existiert ebenfalls eine Systematik („7 P"), die sich in den letzten Jahren durchgesetzt hat. Allerdings existiert bis heute keine allgemein anerkannte Systematik des Handelsmarketinginstrumentariums. Hier werden sehr unterschiedliche Systematiken vorgeschlagen, die mehr oder weniger nah an den Systematiken des Sachleistungsmarketing liegen. Eine Auswahl dieser Systematiken ist in Übersicht 12 dargestellt.

Übersicht 12:   Marketingmix im Handel

Verfasser	*Systematik des Handelsmarketingmix*
Barth (1999)	Sortimentspolitik, Preispolitik, Beeinflussungspolitik, Sonderangebotspolitik
Berekoven (1995)	Sortiments-, Handelsmarken-, Qualitäts- und Qualitätssicherungs-, Service-, Preis-, Werbe- und Verkaufspersonalpolitik, Verkaufsförderung, Verkaufsraumgestaltung und Warenpräsentation, Standort
Lazer/Kelley (1961)	Goods und Services Mix, Communications Mix, Physical Distributions Mix
Lerchenmüller (1992)	Leistungssubstanzpolitik, Transferleistungspolitik, Entgeltpolitik, Kommunikationspolitik
Liebmann/ Zentes (2001)	Kunden-, Service-, Sortiments-, Marken-, Preis- und Kommunikationspolitik, Instore-Management
Müller-Hagedorn (1998)	Standort, Sortiment, Preis, Absatzwerbung, Verkaufsraumgestaltung
Oehme (1992)	Standort-, Sortiments-, Preis-, Profil-Marketing
Theis (1999)	Sortiment, Preis, Präsentation, Werbung
Tietz (1993)	Waren- und dienstleistungsbezogene Instrumente, entgeltbezogene Instrumente, nebenleistungsbezogene Instrumente (Kundendienst), informations- und kommunikationsbezogene Instrumente, institutionenorientierte Instrumente, Warenprozessinstrumente (Bestellmengen, Liefertermine)
Tietz/Diller (1992)	Waren- und Dienstleistungsangebot (u.a. Sortimentsbildung, Handelsmarkenpolitik, Servicepolitik), Entgelte (u.a. Preispolitik, -nachlässe, Kreditgewährung), Kommunikation (u.a. Medienwerbung, PR, Verkaufsgespräch)

Quelle: Barth, Klaus: Betriebswirtschaftslehre des Handels, 4. Aufl., (Gabler) Wiesbaden 1999, S. 163-257; Berekoven, Ludwig: Erfolgreiches Einzelhandelsmarketing, 2. Aufl., (Beck) München 1995; Lazer, William; Kelley, Eugene: The Retailing Mix: Planning and Management, in: JoR, Vol. 37, 1961, Nr. 1, S. 34-41; Lerchenmüller, Michael: Handelsbetriebslehre, (Kiehl) Ludwigshafen 1992; Liebmann, Hans-Peter; Zentes, Joachim: Handelsmanagement, (Vahlen) München 2001, S. 430; Müller-Hagedorn, Lothar: Der Handel, (Kohlhammer) Stuttgart u.a. 1998, S. 97-492; Oehme, Wolfgang: Handels-Marketing, 2. Aufl., (Vahlen) München 1992; Theis, Hans-Joachim: Handels-Marketing, (dfv) Frankfurt a.M. 1999, S. 546-764; Tietz, Bruno: Der Handelsbetrieb, 2. Aufl., (Vahlen) München 1993, S. 299f.; Tietz, Bruno; Diller, Hermann: Handelsmarketing, in: Diller, Hermann (Hrsg.): Vahlens Großes Marketing Lexikon, (Vahlen) München 1992, S. 402-406, S. 405.

Aus diesen Systematiken und der Betrachtung der Besonderheiten des Dienstleistungs-marketing, die auf Grund der Bedeutung des Dienstleistungsanteils für die Handelsleis-tung beachtet werden müssen, soll eine eigene Systematik abgeleitet werden. Diese Sys-tematik hat nicht zum Ziel, eine neue und vollständige Systematik der Handelsmarke-tinginstrumente darzustellen. Vielmehr ist es das Ziel, umfassend all die Aspekte zu er-fassen, die für den Aufbau einer Händlermarke von Relevanz sind. Daher ist die Syste-matik eher als „Suchraster" zu verstehen, nach dem die zu betrachtenden Einkaufsstät-tenattribute ausgewählt werden. Die Gruppierung der Instrumente in der empirischen Untersuchung erfolgt dabei nicht nach der vorliegenden, heuristischen Systematik, son-dern nach statistischen Kriterien. Folgende Systematik wird als Arbeitsgrundlage ge-wählt:

1. *Sortimentspolitik* (z.B. Auswahl, Qualitätsniveau, Handelsmarken)

2. *Preispolitik* (Preisniveau, EDLP- vs. Sonderangebots-Politik)

3. *Service-Politik:* Die Dimension Service soll den Bereich „People/Personnel" des Dienstleistungsmarketing abdecken, so Freundlichkeit, Beratungsqualität u.Ä., aber darüber hinaus gehen und z.B. das Angebot an Garantien und sonstige, nebenleis-tungsbezogene Serviceaspekte beinhalten. Inhalt dieses Instrumentes ist es vor allem, den Kunden den Einkauf angenehm zu gestalten.

4. *Kommunikationspolitik* (so z.B. die Werbeintensität und die Art der Werbung)

5. *Convenience-Politik:* Eine Reihe der Untersuchungen zum Einkaufsstättenimage eru-ieren, wie später noch gezeigt wird, eine eigenständige Image-Dimension „Conve-nience/Bequemlichkeit".[503] Swoboda extrahiert als relevantes Einkaufsstättenattribut die „Zeitdauer des Einkaufs", als Faktor, der sich aus Items wie "Übersichtlichkeit der Warenpräsentation", „Parkplatzsituation" usw. zusammensetzt und sich deutlich von Service-Dimensionen, wie Bedienung durch das Personal, abgrenzt.[504] Gleichzei-tig ist Convenience ein zunehmendes Konsumentenbedürfnis und eine Reihe von Marketingmaßnahmen lässt sich direkt als Beeinflussungsinstrument der Convenien-ce fassen, wie beispielsweise die Untersuchung von Swoboda zeigte, so auch das An-gebot kurzer Wartezeiten an der Kasse und an Bedienungstheken. So kann Conve-nience für Kunden eine kurze Fahrzeit bedeuten, für andere eine effiziente Abwick-lung der Transaktion im Laden oder die Möglichkeit eines One-stop-Shopping.[505] Während die Instrumente des Service sich eher darauf beziehen, dass dem Kunden

---

[503] Vgl. z.B. Lindquist, Jay: Meaning of image, in: JoR, 50. Jg., 1974/75, Nr. 4, S. 29-38, S. 31f.; Ba-rich, Howard; Srinivasan, V.: Prioritizing marketing image goals under resource constraints, in: Sloan Management Review, 35. Jg., 1993, Summer, S. 69-76, S. 73.

[504] Vgl. Swoboda, Bernhard: Determinanten und Ausprägungen der zunehmenden Convenience-orientierung von Konsumenten, in: Marketing - ZFP, 21. Jg., 1999, Nr. 2, S. 95-104, S. 99. Siehe hierzu detailliert C.II.2.a) des Dritten Kapitels.

[505] Vgl. Wortzel, Lawrence: Retailing Strategies for today's mature marketplace, in: JBS, 8. Jg., 1987, Spring, S. 45-56, S. 48.

ein angenehmer Service entgegengebracht wird usw., geht es hier eher darum, dem Kunden einen schnellen und effizienten Einkauf zu ermöglichen und den Zeitkonsum bei der Inanspruchnahme der Handelsleistung zu reduzieren.[506]

6. *Ladengestaltung* (Übersichtlichkeit, Atmosphäre, Klientel usw.)

7. *Prozesse:* Wie gezeigt, sind die Prozesse bei Dienstleistungen auch marketingrelevant. Aspekte wie Sauberkeit der Verkaufsstellen, funktionierende Arbeitsabläufe, keine Bestandslücken im Regal usw. können zwar teilweise auch den anderen Instrumenten zugeordnet werden; sie werden, wenn sie als Teileelemente dort zugeordnet sind, jedoch in der Regel nicht in der entsprechenden Bedeutung gesehen. So ist z.b. die Sortimentspolitik zwar für die Sortimentsgestaltung verantwortlich, das Vermeiden von Bestandslücken u.Ä. wird dort aber i.d.R. nicht als Marketinginstrument beachtet. Um auch diese Aspekte, die die Beurteilung der Handelsleistung wesentlich beeinflussen, in der Untersuchung ausreichend zu berücksichtigen, werden die „Prozesse" als eigenständiges Marketinginstrument im Handelsmarketingmix betrachtet.

8. *Kundenbindungs-Politik:* Als ein relativ neues Marketinginstrument im Handel kann die Kundenbindungs-Politik genannt werden. Zwar ist es Ziel aller Marketinginstrumente, die Kundenbindung zu erhöhen, die Kundenbindungs-Politik versucht dabei aber, aus der Kenntnis der einzelnen Kunden sowie der direkten Ansprache individueller Kunden besondere Anreize für den Wiederholungskauf bzw. für die Einkaufsstättentreue zu geben.[507] Als Instrumente dienen z.B. Kundenkarten oder Kundenclubs[508] oder die persönliche Ansprache durch das Verkaufspersonal. Zwar stellt die Kundenbindungs-Politik insofern eine Querschnittsdimension dar, als dass sie oft auf andere Marketinginstrumente, so die Preispolitik, zurückgreifen muss, um die entsprechenden Anreize zu bieten. Andererseits gilt dies auch für andere Marketinginstrumente, z.B. die Kommunikationspolitik, die i.d.R. die sachlichen Inhalte anderer Marketinginstrumente (z.B. Preise oder Serviceleistungen) kommuniziert. Da es sich hier um ein „Suchraster" der relevanten Marketingmaßnahmen handelt, soll die Kundenbindungs-Politik, um den entsprechenden Stellenwert zu verdeutlichen, als separates Instrument betrachtet werden.

---

[506] Stauss betrachtet in diesem Zusammenhang Zeitstrategien für Dienstleistungsanbieter und analysiert verschiedene Optionen; vgl. Stauss, Bernd: Dienstleister und die vierte Dimension, in: HM, 13. Jg., Nr. 2, S. 81-89.

[507] Siehe hierzu umfassend das Sammelwerk Bruhn, Manfred; Homburg, Christian (Hrsg.): Handbuch Kundenbindungsmanagement, 3. Aufl., (Gabler) Wiesbaden 2000.

[508] Vgl. z.B. Liebmann, Hans-Peter; Zentes, Joachim: Handelsmanagement, (Vahlen) München 2001, S. 443-456; Tomczak, Torsten: One to One Marketing im LEH - Grundlagen und Perspektiven, in: Zentes, Joachim (Hrsg.): One to One Marketing - Sinnvoll und umsetzbar?, Ergebnisse 9. Bestfoods TrendForum, (TrendForum Verlag) Wiesbaden 2000, S. 19-38.

C. Konzept der Händlermarke (Retail Brand)

I. Begriff der Händlermarke

Wie bereits oben gezeigt, kann sich der Begriff der Marke nicht nur auf Sachleistungen, also physische Güter, beziehen, sondern auf Produkte i.w.s. Vor diesem Hintergrund haben eine Reihe von Vertretern der Handelsforschung das Markenkonzept sowie den Begriff „Marke" auf Handelsunternehmen angewendet. So formuliert z.b. Berekoven: „Es liegt nahe, daß infolge stärkeren Wettbewerbs der Handel versucht, die von der Industrie so erfolgreich demonstrierte Markenprofilierung zu adaptieren, also die Einkaufsstätte(n) zu vermarkten, ähnlich wie ein Markenprodukt"[509]. Liebmann/Zentes stellen fest: „Aus ganzheitlicher Sicht muss das Handelsunternehmen sich selbst als Marke etablieren [...]."[510]

Die meisten Verfasser gehen dabei davon aus, dass hier die Betriebstypenebene eines Handelsunternehmens für dieses Konzept die geeignete Betrachtungsebene darstellt, wie folgende Beispiele zeigen:

♦ Mathieu führt Anfang der 80er Jahre aus: „Handelsmarketing beinhaltet die Profilierung des Betriebstyps, da die Betriebstypen das „Produkt" darstellen, das der Handel im Markt anzubieten hat."[511]

♦ Tietz formuliert: „Der marktadäquat positionierte Betriebstyp ist aus der Sicht des Einzelhandels vergleichbar mit dem Markenartikel eines Herstellers."[512]

♦ Heinemann beschäftigt sich mit der „Betriebstypenprofilierung" und charakterisiert diese als eine Konkurrenzstrategie, die dem Zweck dient, einem Betriebstyp ein eigenständiges, unverwechselbares Erscheinungsbild zu verleihen.[513]

♦ Drexel erwähnt noch detaillierter: „Die Betriebstypen operieren - analog den Markenartikeln oder (korrekter gesagt) den Dachmarken in der Konsumgüterindustrie - direkt am Markt; sie markieren und positionieren die Einzelhandelsunternehmung an der Verkaufsfront."[514]

---

[509] Vgl. Berekoven, Ludwig: Erfolgreiches Einzelhandelsmarketing, 2. Aufl., (Beck) München 1995, S. 416.

[510] Liebmann, Hans-Peter; Zentes, Joachim: Handelsmanagement, (Vahlen) München 2001, S. 87.

[511] Mathieu, Günter: Betriebstypenpolitik - Strategie, Entwicklung, Einführung, in: asw, 23. Jg., 1980, Nr. 10, S. 116-127, S. 116.

[512] Tietz, Bruno: Der Handelsbetrieb, (Vahlen) München 1985, S. 1317.

[513] Vgl. Heinemann, Gerrit: Betriebstypenprofilierung und Erlebnishandel, (Gabler) Wiesbaden 1989, S. 17.

[514] Drexel, Gerhard: Strategische Entscheidungen im Einzelhandel, in: Krulis-Randa, Jan (Hrsg.): Entwicklung zum strategischen Denken im Handel, (Haupt) Bern u.a. 1990, S. 133-153, S. 139.

♦ Burkhardt geht ebenfalls vom Betriebstyp aus: „Im Rahmen der Diskussion eines eigenständigen Handelsmarketing [...] ist in den letzten Jahren der Betriebstyp als ei-
gentliches ‚Produkt' des Einzelhandels in das Zentrum des Interesses gerückt."[515]

Versuche, das Phänomen konkret zu definieren und auch den verwendeten Markenbegriff in die Definition einzubeziehen, finden sich nur bei wenigen Verfassern:

♦ Brauer definiert: „In vorliegender Arbeit werden Betriebsformenmarken im stationären Einzelhandel verstanden als Marktbearbeitungssystem mit den konstitutiven
Merkmalen Markierung, gleichbleibende oder verbesserte Qualität und Möglichkeiten der Rückkopplung zum Markeninhaber, das mit dem Ziel geführt wird, sich gegenüber dem Wettbewerb zu differenzieren und das Vertrauen sowie die Treue der
Nachfrager dauerhaft zu erreichen."[516] Brauer wählt für seine Betrachtung einen absatzsystembezogenen Definitionsansatz, wobei die Frage zu stellen ist, ob die gewählten Merkmale für die vorliegende Untersuchung geeignet sind.

♦ Ähnlich formuliert Burkhardt, der jedoch auf die Forderung konstitutiver Merkmale
aus Anbietersicht verzichtet und nur Wirkungsziele erwähnt: „Die Betriebstypenmarke kann als eine realisierte strategische Marketingkonzeption des Einzelhandels angesehen werden, die mit einem Markenzeichen versehen ist und deren wesensmäßiger
Bestandteil im Erfolg - im Sinne der höchstmöglichen Erfüllung der Marken zuge-
standenen Verbraucherfunktionen und in der Erlangung einer symbolischen Wirkung - bei den Personen der Zielgruppe im Einzugsgebiet eines Betriebstyps zu sehen
ist."[517]

In der vorliegenden Arbeit soll - aufbauend auf den Überlegungen zur Marke und zur
Markenpolitik sowie den vorhandenen Definitionsansätzen - zunächst von folgender
Arbeitsdefinition ausgegangen werden, die den Begriff „Retail Branding" beschreibt:
„Retail Branding ist die Markenpolitik eines Einzelhandelsunternehmens auf der E-
bene seiner Verkaufsstellen bzw. Vertriebsschienen." Der Begriff der Händlermarke
wird hierbei im Sinne einer wirkungsorientierten Markendefinition verstanden, mit einem spezifischen Markierungsobjekt: *„Eine Händlermarke (Retail Brand) bezeichnet*
eine Verkaufsstelle eines Handelsunternehmens, die mit einem Markenzeichen verse-
hen ist, oder eine Gruppe von Verkaufsstellen eines Handelsunternehmen, die mit
einem einheitlichen Markenzeichen versehen sind. Ein wesensmäßiger Bestandteil ist
im Erfolg - im Sinne der Anerkennung durch den Konsumenten - zu sehen."

---

[515] Burkhardt, Achim: Die Betriebstypenmarke im stationären Einzelhandel, Diss., Universität Erlangen-Nürnberg 1997, S. 3.

[516] Brauer, Wolfgang: Die Betriebsform im stationären Einzelhandel als Marke, (FGM) München
1997, S. 21.

[517] Burkhardt, Achim: Die Betriebstypenmarke im stationären Einzelhandel, Diss., Universität Erlangen-Nürnberg 1997, S. 44.

Dabei wird in der Definition betont, dass auch Gruppen von Verkaufsstellen eine Händlermarke darstellen können, was im immer stärker filialisierten Einzelhandel heute den Normalfall darstellt. In vielen Fällen umfasst die Händlermarke jedoch nur eine einzige Verkaufsstelle.[518] Zugleich wird in der Definition bewusst auf eine Festlegung auf den „Betriebstyp" als Markierungsobjekt bzw. -ebene verzichtet. Wie später noch detaillierter dargestellt wird, ist hier nach Ansicht des Verfassers der Betriebstyp nicht als für die Händlermarke relevante Betrachtungsebene geeignet. Gleichzeitig wird der Begriff der Händlermarke objektbezogen gesehen, es findet keine Trennung von Marke und markiertem Objekt statt. Unter dem Begriff der Händlermarke werden also das Markenzeichen und die mit einem Markenzeichen versehenen Verkaufsstellen(n) subsumiert.[519]

II. Detaillierung des Konzepts

Die oben aufgeführte Definition der Händlermarke versucht, Begriffsklarheit zu schaffen in einem Feld, in dem bis heute keine einheitlich akzeptierte Konzeption besteht. Obwohl mittlerweile anerkannt ist, dass Handelsunternehmen selbst als Marke etabliert werden können,[520] hat sich hierfür noch kein einheitlich anerkannter Begriff herausgebildet. So wird in Definitionen von „Betriebstypenmarke" bzw. „Betriebsformenmarke" gesprochen, um zu kennzeichnen, dass nicht nur einzelne Filialen, sondern ganze Betriebstypen eines Handelsunternehmens unter einer einheitlichen Marke geführt werden können und diese dann markentechnisch eine Einheit bilden.[521] Tatsächlich stimmt in der Praxis in vielen Fällen die Händlermarke in ihrer Weite mit dem Betriebstyp eines Handelsunternehmens überein (z.B. „Real" als SB-Warenhäuser des Metro-Konzerns).

---

[518] Beispiele für erfolgreiche Händlermarken, die nur einen einzigen Standort haben, werden von Zentes/Janz/Morschett aufgeführt; vgl. Zentes, Joachim; Janz, Markus; Morschett, Dirk: HandelsMonitor 2001: Retail Branding - Der Handel als Marke, (Lebensmittel Zeitung) Frankfurt a.M. 2000, S. 36-41.

[519] Wie bereits erläutert, ist eine Trennbarkeit von Marke und Objekt im Handel (zumindest bei betriebstypenübergreifender Betrachtung) kaum gegeben, u.a. weil meist ein komplexes Absatzsystem dahinter steht. Ersetzt man also - um diese Überlegung illustrierend darzustellen - das Markenschild bei allen Aldi-Filialen durch das einer anderen Handelskette, so kann man nach den Rest des Handelsmarketing unverändert lassen. Es verändert sich damit automatisch das Sortiment, z.B. die Handelsmarken und die Preislagen, die Werbung, das Verhalten des Verkaufspersonals, die Prozesse im Laden usw. Objekt bzw. Absatzsystem sind also gerade im Einzelhandel nicht von der Marke als Zeichen getrennt zu betrachten.

[520] Vgl. hierzu u.a. Zentes, Joachim; Janz, Markus; Morschett, Dirk: HandelsMonitor 2001: Retail Branding - Der Handel als Marke, (Lebensmittel Zeitung) Frankfurt a.M. 2000; Ackermann, Jörg: Branding aus der Perspektive eines Lebensmittelhandelsunternehmens, in: Tomczak, Torsten (Hrsg.): Store Branding - Der Handel als Marke?, Ergebnisse 10. Bestfoods TrendForum, (TrendForum Verlag) Wiesbaden 2000, S. 51-62; Tomczak, Torsten; Brockdorff, Benita: „Store Branding" - Der Handel als Marke?, in: Tomczak, Torsten (Hrsg.): Store Branding - Der Handel als Marke?, Ergebnisse 10. Bestfoods TrendForum, (TrendForum Verlag) Wiesbaden 2000, S. 9-12.

[521] Vgl. Burkhardt, Achim: Die Betriebstypenmarke im stationären Einzelhandel, Diss., Universität Erlangen-Nürnberg 1997; Brauer, Wolfgang: Die Betriebsform im stationären Einzelhandel als Marke, (FGM) München 1997, S. 21.

Gleichzeitig kann jedoch eine einheitliche Marke enger, so nur auf einen Teil eines Betriebstyps eines Handelsunternehmens bezogen, genutzt werden (so z.b. „Kaiser's" als ein Teil der Supermärkte der Tengelmann-Gruppe) oder auch mehrere Betriebstypen umfassen (z.b. „Coop" als Marke für Supermärkte, Verbrauchermärkte und SB-Warenhäuser der Coop in der Schweiz).

In der vorgeschlagenen Definition wird daher bewusst auf eine Festlegung auf den „Betriebstyp" als Markierungsobjekt bzw. -ebene verzichtet. Über die bereits dargestellten Bedenken hinaus zeigt Drexel, dass ein Betriebstyp abstrakt ist und erst durch die handelsunternehmensspezifische Ausprägung und individuelle Marktpositionierung zu einer realen, am Markt agierenden Einheit wird. Ein Handelsunternehmen will jedoch nicht den Betriebstyp (z.b. SB-Warenhaus) profilieren, sondern seine eigene Händlermarke. Diese kann nie einen abstrakten, sondern höchstens einen kompetitiven Betriebstyp darstellen.[522] Auch Zentes/Swoboda legen sich als Markierungsobjekt nicht auf den Betriebstyp fest, sondern formulieren: „Die Marken des Handels sind dabei seine Betriebstypen bzw. Geschäfte [...]"[523]

Andere Autoren nutzen für das Phänomen der Marke auf Verkaufsstellenebene alternative Begriffe und reden von „Einzelhandelsmarken"[524], Store Brand[525] oder Retail Brand,[526] im Deutschen wird u.a. der Begriff der „Händlermarke"[527] genutzt. In der vorliegenden Untersuchung wird der Begriff der „Einzelhandelsmarke" wegen der zu großen Nähe zum Begriff der Handelsmarke nicht verwendet. Der Begriff „Store Brand" wird meist für Handelsmarken, also auf Sortimentsebene verwendet,[528] und soll hier

---

[522] Vgl. zum Begriff des kompetitiven Betriebstyps Drexel, Gerhard: Strategische Entscheidungen im Einzelhandel, in: Krulis-Randa, Jan (Hrsg.): Entwicklung zum strategischen Denken im Handel, (Haupt) Bern u.a. 1990, S. 133-153S. 141.

[523] Zentes, Joachim; Swoboda, Bernhard: Hersteller-Handels-Beziehungen aus markenpolitischer Sicht, in: Esch, Franz-Rudolf (Hrsg.): Moderne Markenführung, 2. Aufl., (Gabler) Wiesbaden 2000, S. 801-823, S. 804.

[524] Jary, Michael; Schneider, Dirk; Wileman, Andrew: Marken-Power, (Gabler) Wiesbaden 1999, S. 30.

[525] So z.B. Meyer, Anton: Der Handel als Marke - Ein Spaziergang durch die Welt der Branded Retailer, in: Tomczak, Torsten (Hrsg.): Store Branding - Der Handel als Marke?, Ergebnisse 10. Bestfoods TrendForum, (TrendForum Verlag) Wiesbaden 2000, S. 13-38.

[526] Vgl. Wileman, Andrew; Jary, Michael: Retail Power Plays - From Trading to Brand Leadership : Strategies for Building Retail Brand Value, (New York University Press) New York 1997; Wahby, Chehab: Retail Branding bringt Farbe ins graue Einerlei, in: LZ, 53. Jg., 2001, Nr. 15, S. 54f.; Zentes, Joachim; Janz, Markus; Morschett, Dirk: HandelsMonitor 2001: Retail Branding - Der Handel als Marke, (Lebensmittel Zeitung) Frankfurt a.M. 2000.

[527] Roeb, Thomas: Markenwert, (Verlag Mainz) Aachen 1994, S. 347; Roeb, Thomas: Von der Handelsmarke zur Händlermarke - Die Storebrands als Markenstrategie für den Einzelhandel, in: Bruhn, Manfred (Hrsg.): Handelsmarken, 2. Aufl., (Schäffer-Poeschel) Stuttgart 1997, S. 345-366.

[528] Vgl. z.B. Levy, Michael; Weitz, Barton: Retailing Management, (Irwin) Homewood/IL 1992, S. 483-485; Baltas, George: Determinants of store brand choice: a behavioral analysis, in: JPBM, 6. Jg., 1997, Nr. 5, S. 315-324; Dhar, Sanjay; Hoch, Stephen: Why store brand choice varies by retailer, in: Marketing Science, 16. Jg., 1997, Nr. 3, S. 208-227; Keller, Kevin: Strategic Brand Man-

keine Verwendung finden, um deutlich zu machen, dass die Ebene der Verkaufsstelle bzw. der Gruppen von Verkaufsstellen die relevante Betrachtungsebene darstellt. Daher soll in der vorliegenden Arbeit der Begriff der Händlermarke, als deutsches Synonym des ebenfalls als geeignet befundenen englischen Terminus „Retail Brand", verwendet werden.[529] Dies ist analog zur etablierten und seit langem benutzten Bezeichnung einer „Herstellermarke", wenn man davon ausgeht, dass das Produkt des Einzelhandels die Verkaufsstellen (bzw. Gruppen von Verkaufsstellen) und keine Sortimente sind.[530]

Vor dem Hintergrund des Markenmanagements wird hier an die Überlegungen von Haedrich/Tomczak angeknüpft, die eine enge Verknüpfung von Strategischer Geschäftseinheit und einheitlicher Marke sehen.[531] Man kann ein Strategisches Geschäftsfeld sehen als „einen nach bestimmten Kriterien abgegrenzten, planungstechnischen bzw. gedanklichen Ausschnitt aus dem gesamten marktseitigen Aktivitätsfeld eines Unternehmens, der auf Grund seiner Spezifika im Zusammenwirken von Wettbewerbskräften und unternehmerischem Ressourceneinsatz den Gegenstand eigenständiger strategischer Entscheidungen bildet."[532] Dabei gehen Haedrich/Tomczak im Verhältnis von Marke und Strategischem Geschäftsfeld davon aus, dass es üblich ist, dass Marke und Strategisches Geschäftsfeld identisch sind.[533] Die strategische Markenführung bezieht sich stets auf Strategische Geschäftsfelder, die - mit eigenständigen Erfolgsfaktoren versehen - dauerhafte und selbstständige Planungseinheiten darstellen.[534] Auch eine Händlermarke umfasst i.d.R. eine Produkt-Markt-Kombination unter einheitlicher Marke, die damit - u.a. wegen dieser einheitlichen Markierung - eigenständige Erfolgsfaktoren aufweist.

agement, (Prentice Hall) Upper Saddle River/NJ 1998, S. 205; Dick, Alan; Jain, Arun; Richardson, Paul: How consumers evaluate store brands, in: JPBM, 5. Jg., 1996, Nr. 2, S. 19-28; Steenkamp, Jan-Benedict; Dekimpe, Marnik: The Increasing Power of Store Brands, in: LRP, 30. Jg., 1997, Nr. 6, S. 917-930.

[529] Zu beachten ist, dass auch bzgl. des Begriffs „Händlermarke" die Auffassungen nicht einheitlich sind. Kotler/Bliemel beispielsweise verstehen unter einer „Händlermarke" eine Marke auf der Produkt- bzw. Sortimentsebene; vgl. Kotler, Philip; Bliemel, Friedhelm: Marketing-Management, 9. Aufl., (Schäffer-Poeschel) Stuttgart 1999, S. 699. Hierfür hat sich jedoch in den meisten deutschsprachigen Abhandlungen der Begriff „Handelsmarke" durchgesetzt; vgl. z.B. Bruhn, Manfred (Hrsg.): Handelsmarken, 2. Aufl., (Schäffer-Poeschel) Stuttgart 1997.

[530] Vgl. Sandler, Guido: Herstellermarken, in: Bruhn, Manfred (Hrsg.): Handbuch MA, Bd. 1, (Schäffer-Poeschel) Stuttgart 1994, S. 43-56; Schenk, Hans-Otto: Handels- und Gattungsmarken, in: Bruhn, Manfred (Hrsg.): Handbuch MA, Bd. 3, (Schäffer-Poeschel) Stuttgart 1994, S. 57-78, S. 58.

[531] Vgl. Haedrich, Günther; Tomczak, Torsten: Strategische Markenführung, (Haupt) Bern-Stuttgart 1990, S. 27.

[532] Müller, Wolfgang: Geschäftsfeldplanung, in: Tietz, Bruno; Köhler, Richard; Zentes, Joachim (Hrsg.): HWM, 2. Aufl., (Schäffer-Poeschel) Stuttgart 1995, Sp. 760-785, Sp. 761.

[533] Vgl. Haedrich, Günther; Tomczak, Torsten: Strategische Markenführung, (Haupt) Bern-Stuttgart 1990, S. 27.

[534] Vgl. Haedrich, Günther; Tomczak, Torsten: Strategische Markenführung, (Haupt) Bern-Stuttgart 1990, S. 27-29.

Auch für Händlermarken stellt sich die Frage, ob es Merkmale gibt, die erfüllt sein müssen, um als Marke akzeptiert zu werden. Davies schlägt, den merkmalsorientierten Ansätzen folgend, vier Kriterien vor, um eine Händlermarke zu definieren:[535]

1. Differenziert der „Markenname" die Leistung positiv von anderen, ähnlichen Angeboten im Markt aus Sicht des Konsumenten? (Differenzierung)

2. Erlaubt der „Markenname" einen höheren Preis auf dem Markt, verglichen mit einer ähnlichen Leistung, wegen eines Images für Qualität und/oder Verlässlichkeit? (Preispremium)

3. Kann der „Markenname" separat vom bestehenden Geschäft bewertet, benutzt, verkauft oder lizenziert werden? (separate Existenz)

4. Bietet der „Markenname" dem Kunden einen Nutzen auf einer symbolischen bzw. „sensorischen" Ebene? (psychologischer Wert)

Folgt man der vorne geäußerten Kritik, stellen die oftmals als konstitutiv dargestellten Merkmale tatsächlich nicht sinnvolle Definitionsmerkmale, sondern nur hilfreiche Ausgestaltungen des Marketing eines Handelsunternehmens dar, die positiv auf die angestrebten Ziele beim Konsumenten wirken. Auch der Merkmalskatalog von Davies muss, trotz relevanter Überlegungen zu potenziellen Erfolgskriterien, kritisiert werden. Davies selbst nennt ein Gegenargument zum Kriterium des Preispremiums: Viele erfolgreiche Einzelhändler operieren als Discounter. Wenn diese erfolgreich sind und von vielen auch als Marke anerkannt würden (z.b. wegen ihrer Qualitätskonstanz und der Abgrenzung von der Konkurrenz) wird klar, dass das Kriterium „Preispremium" nicht geeignet sein kann.[536] Auch das Merkmal „separate Existenz" ist für das eigentliche Markenmanagement nicht von Bedeutung. So können zwar zusätzliche Einnahmen, z.B. aus der Lizenzierung, gewonnen werden, letztlich geht es jedoch beim Markenmanagement um die Vermarktung der Kernleistung. Ob die Marke noch anders genutzt werden kann, ist nicht als geeignetes konstitutives Merkmal anzusehen. So wird auch in den meisten Merkmalskatalogen für physische Markenprodukte die Möglichkeit der Separierung der Marke nicht als konstitutives Merkmal herangezogen (vgl. Abschnitt A.I.3.b)).

Einen anderen Versuch einer merkmalsorientierten Beschreibung liefert Brauer in der oben dargestellten Definition. Er kritisiert den allgemeinen Merkmalskatalog von Mellerowicz für den Fall eines Handelsunternehmens als „Markierungsobjekt" und definiert für dieses Objekt einen eigenen Merkmalskatalog. Er geht dabei davon aus, dass die Vielzahl von Markenmerkmalen aus der Literatur auf drei relevante und für Marken konstitutive reduziert werden können. Demnach müssen immer die Merkmale (einheitli-

---

[535] Vgl. Davies, Gary: The two ways in which retailers can be brands, in: IJRDM, 20. Jg., 1992, Nr. 2, S. 24-34, S. 27f.

[536] Vgl. Davies, Gary: The two ways in which retailers can be brands, in: IJRDM, 20. Jg., 1992, Nr. 2, S. 24-34, S. 30.

che) Markierung, gleichbleibende oder verbesserte Qualität und Möglichkeit der Rück-kopplung zum Markenanbieter (bzw. zum Markeninhaber) gegeben sein. Diese drei konstitutiven Merkmale gelten nach Brauer für alle Marken, unabhängig von der Branche und vom markierten Objekt.[537] Auch dieser Merkmalskatalog ist jedoch zu kritisieren, da z.b. die Frage zu stellen ist, inwieweit die Rückkopplung zum Markenanbieter wirklich als ein für die Marke konstitutives Merkmal angesehen werden soll und ob eine gleichbleibende oder verbesserte Qualität als konstitutiv für eine Marke anzusehen ist oder lediglich als hilfreich für die Markenstärke.[538] Letztlich verbleibt daher das oben bereits Erwähnte: Außer der Markierung können alle genannten Merkmale angezweifelt werden und es finden sich häufig Gegenbeispiele von Marken, die allgemein als starke Marken anerkannt sind, diese Merkmale jedoch nicht haben. Auch bei der Händlermarke zeigt sich also die Problematik, dass konstitutive Merkmale, die allgemeingültig und zugleich auch zeitunabhängig gültig sind, nicht zu finden sind, so dass in der vorliegenden Arbeit eine wirkungsorientierte Arbeitsdefinition verwendet wird.

Onkvist/Shaw gehen auch für Dienstleistungen davon aus, dass eine Markierung die Abgrenzung ermöglicht und dem Käufer eine einheitliche Leistungsqualität garantiert.[539] Davies sieht insbesondere für Dienstleistungen die hohe Bedeutung der Garantie der einheitlichen Qualität.[540] Geht man von der vorne dargestellten Besonderheit der Dienstleistungen aus, dass hier die Bewertung der Leistung besonders schwer ist und dass das Kaufrisiko vom Konsumenten als höher wahrgenommen wird, dann zeigt sich, dass im Handel auf Grund der Dienstleistungskomponenten die (wirkungsorientierte) Zielsetzung „Vertrauen beim Konsumenten" noch wichtiger zu sein scheint als bei Gütern. Diese ist v.a. durch eine gleichbleibende Qualität zu erreichen. In der Literatur zum Dienstleistungsmarketing wird dabei klarer als in der Literatur zum Markenmanagement hervorgehoben, dass die Bedeutung der Qualitätskonstanz höher ist als die Bedeutung des absoluten Qualitätsniveaus.[541] Ziel der Marke ist es, dem Kunden die Bewertung zu

---

[537] Vgl. Brauer, Wolfgang: Die Betriebsform im stationären Einzelhandel als Marke, (FGM) München 1997, S. 20.

[538] So erwähnt Hätty, dass auch bei Marken durchaus Konstellationen denkbar sind, in denen eine Qualitätsminderung bewusst in Kauf genommen wird; vgl. Hätty, Holger: Der Markentransfer, (Physica) Heidelberg 1989, S. 21.

[539] Vgl. Onkvist, Sak; Shaw, John: Service Marketing: Image, Branding and Competition, in: Business Horizons, 32. Jg., 1989, Nr. 1, S. 13.

[540] Vgl. Davies, Gary: The two ways in which retailers can be brands, in: IJRDM, 20. Jg., 1992, Nr. 2, S. 24-34, S. 24f.

[541] Vgl. z.B. Zeithaml, Valarie: How consumer evaluation processes differ between goods and services, in: Donnelly, James; George, William (Hrsg.): Marketing of Services, (AMA) Chicago 1981, S. 186-190, S. 186f.; Stauss, Bernd: Dienstleistungsmarken, in: Bruhn, Manfred (Hrsg.): Handbuch MA, Bd. 1, (Schäffer-Poeschel) Stuttgart 1994, S. 79-103, S. 93; Gusemann, Dennis: Risk perception and risk reduction in consumer services, in: Donelly, James; George, William (Hrsg.): Marketing of Services, (AMA) Chicago 1981, S. 200-204; Oelsnitz, Dietrich von der: Dienstleistungsmarken: Konzepte und Möglichkeiten einer markengestützten Serviceprofilierung, in: JAV, 43. Jg., 1997, Nr. 1, S. 66-89, S. 72.

erleichtern und ihm Sicherheit zu bieten, dabei ist für den Kunden nicht immer das absolute Qualitätsniveau entscheidend.[542]

Eine weitere Besonderheit der Händlermarke im Vergleich zu Markenartikeln der Konsumgüterindustrie liegt darin, dass die Händlermarke i.d.R. umfassender ist, also meist mehrere Filialen, oft ein ganzes Unternehmen umfasst. Konzeptionell ist dabei das Marketing eines Einzelhändlers gleichzusetzen mit der Präsentation eines ganzen Unternehmens. Daher zeigt sich eine Nähe des Einzelhandelsmarketing sowohl zu den Konzepten der Unternehmensstrategie (so z.b. den wettbewerbsstrategischen Überlegungen von Porter, den Überlegungen zu Positionierung und Segmentierung) als auch zu den Konzepten des klassischen Marketing.[543]

III. Markenstrukturentscheidungen

Wie für industrielle Mehrproduktunternehmen stellt sich auch für Handelsunternehmen die Frage, ob jede Verkaufsstelle als eigene Marke geführt werden soll oder ob mehrere bzw. alle Verkaufsstellen zusammen unter einer Marke geführt werden sollen.[544] Konkret stellt sich diese Frage schon, wenn ein Unternehmen mehr als eine Filiale besitzt. So ist bereits für die zweite Filiale die Frage der Markenübertragung (und damit auch des Image-Transfers) relevant.

Grundsätzlich kommen für ein Handelsunternehmen verschiedene Betrachtungsebenen für eine Markierungsentscheidung in Frage, so das Handelsunternehmen, der Betriebstyp bzw. Gruppen von Verkaufsstellen, die Verkaufsstelle und die Abteilung.[545] Die einzelne Verkaufsstelle ist als der Ort zu bezeichnen, an dem der Konsument die eigentliche Handelsleistung empfängt. Der Laden, als Ganzes gesehen, ist dabei i.d.R. mindestens mittels eines Namens markiert und auf Grund des lokalen Charakters des stationären Einzelhandels ist es auch der Ort, an dem sich der Wettbewerb mit der Konkurrenz unmittelbar vollzieht. Hieraus ließe sich folgern, dass der Laden das eigentlich relevante

---

[542] Das absolute Qualitätsniveau hängt i.d.R. auch mit anderen Merkmalen zusammen, so z.B. einem hohen Preis. Daher ist das jeweils gewünschte Qualitäts- und Preisniveau bei unterschiedlichen Kunden im Allgemeinen nicht einheitlich. Der Wunsch nach Konstanz, also nach der permanenten Erfüllung der jeweiligen Erwartung, gilt jedoch für die jeweiligen Preis-Leistungs-Verhältnisse. Vgl. hierzu z.B. Riedel, Frank: Die Markenwertmessung als Grundlage strategischer Markenführung, (Physica) Heidelberg 1996, S. 12; Berekoven, Ludwig: Von der Markierung zur Marke, in: Dichtl, Erwin; Eggers, Walter (Hrsg.): Marke und Markenartikel, (dtv) München 1992, S. 25-45, S. 35f.

[543] Vgl. Davies, Gary: Positioning, image and the marketing of multiple retailers, in: IRRDCR, 2. Jg., 1992, Nr. 1, S. 13-34, S. 14.

[544] Vgl. Brauer, Wolfgang: Die Betriebsform im stationären Einzelhandel als Marke, (FGM) München 1997, S. 59.

[545] Vgl. u.a. Burkhardt, Achim: Die Betriebstypenmarke im stationären Einzelhandel, Diss., Universität Erlangen-Nürnberg 1997, S. 21-24. Wobei die Abteilung gemäß der hier verwendeten Definition nicht als Betrachtungsebene der Händlermarke fungieren kann.

Objekt der Betrachtung für die vorliegende Fragestellung ist. Gegen den einzelnen Laden als primären Betrachtungsgegenstand spricht u.a., dass im Einzelhandel, insbesondere im Lebensmitteleinzelhandel, heute filialisierte Unternehmen der Regelfall sind, bei denen meist eine einheitliche Markierung einkaufsstättenübergreifend eingesetzt wird. Zudem erlaubt diese Betrachtungsebene keine Analyse der Probleme, die sich aus der Multiplikation erfolgreicher Marketingkonzepte (Filialisierung) für Einzelhandelsunternehmen ergeben.[546]

Dass die Ebene des Handelsunternehmens insgesamt nicht als Gegenstand der Analyse gewählt wird, hat seinen Ursprung darin, dass heute viele Handelsunternehmen unterschiedliche Vertriebsschienen und damit ggf. Händlermarken in ihrem Portfolio haben. Undifferenziert kann - wie bereits dargestellt - auch nicht die Ebene des Betriebstyps (eines Handelsunternehmens) als Betrachtungsebene genutzt werden, denn die relevante Betrachtungsebene ist eher aus der einheitlichen Markierung abzuleiten (die Konsequenzen für den Marketingmix hat) als aus dem einheitlichen Betriebstyp.

Gleichzeitig ergibt sich hier die Frage der Standardisierung vs. Differenzierung der Markenpolitik auf der Ebene der einzelnen Filialen. Ausgehend von der Diskussion, die sich mit der Standardisierung vs. Differenzierung des Marketing eines Unternehmens beim Marktauftritt in unterschiedlichen Ländern beschäftigte, erfolgte in der Handelsbetriebslehre eine Diskussion, ob eine filialmarktdifferenzierende Marketingstrategie oder eine standardisierte Marketingstrategie über alle Filialen eingesetzt werden sollte.[547] Diese Frage stellt sich auch in Bezug auf die Händlermarke. So stellt sich einerseits die Frage, ob unterschiedliche Filialen unter einer oder unter mehreren Marken geführt werden sollten, andererseits ist zu fragen, wie groß die lokalen Anpassungsmöglichkeiten einer Filiale sind, selbst wenn mehrere Filialen einheitlich firmieren.

Eine Entscheidung auf der Konzernebene beschäftigt sich mit Portfolio-Strategieentscheidungen, also der simultanen Betrachtung unterschiedlicher Strategischer Geschäftseinheiten eines Unternehmens (hier: unterschiedlicher Händlermarken). Für Handelsunternehmen stellt sich die Frage des simultanen Managements verschiedener Betriebstypen bzw. verschiedener Strategischer Geschäftseinheiten, z.B. um Synergieeffekte zu nutzen.[548] Diese Fragestellung, die im Einzelhandel durch die zunehmende

---

[546] Vgl. Burkhardt, Achim: Die Betriebstypenmarke im stationären Einzelhandel, Diss., Universität Erlangen-Nürnberg 1997, S. 22f.

[547] Vgl. Heinemann, Gerrit: Betriebstypenprofilierung und Erlebnishandel, (Gabler) Wiesbaden 1989, S. 10; Boyens, Friedrich: Standardisierung als Element der Marketing-Politik von Filialsystemen des Einzelhandels, Diss., Freie Universität Berlin 1981. Für den internationalen Fall diskutieren Zentes/Morschett die Vor- und Nachteile der Standardisierung, vgl. Zentes, Joachim; Morschett, Dirk: Retail Branding - Einfluss auf den Internationalisierungsprozess von Handelsunternehmen, in: Thexis, 18. Jg., 2001, Nr. 3, S. 16-20.

[548] Vgl. z.B. Drexel, Gerhard: Strategische Entscheidungen im Einzelhandel, in: Krulis-Randa, Jan (Hrsg.): Entwicklung zum strategischen Denken im Handel, (Haupt) Bern u.a. 1990, S. 133-153,

Verbreitung des sogenannten „Multi-Channel-Retailing" an Bedeutung gewinnt, soll hier jedoch nicht näher betrachtet werden.[549]

IV. Begriffliche Abgrenzungen

1. Abgrenzung zum Begriff Store Image

a) Überblick

Wenn man das Konzept der Händlermarke betrachtet, scheint sie viel gemeinsam zu haben mit dem Konstrukt des Ladenimages bzw. „Store Image", einem Gebiet des Handelsmarketing, das bereits intensiv untersucht wurde.[550] Es zeigen sich bei näherer Betrachtung jedoch Unterschiede, die sich in zwei Dimensionen darstellen lassen: So gibt es in der Store Image-Forschung grundsätzlich zwei Problembereiche: Die Konzeptualisierung des Konstruktes (bzw. die Beschreibung und Definition, was das Store Image ausmacht) und die Messung des Konstrukts.[551] Bezüglich beider Dimensionen können Gemeinsamkeiten und Unterschiede mit dem Begriff Händlermarke herausgearbeitet werden. Zudem zeigt sich aber, dass selbst innerhalb des Store Image-Konzepts Diskrepanzen zwischen (ganzheitlichen) Definitionsansätzen und (multiattributiven) Operationalisierungen zu finden sind.

b) Definition und Konzept des Store Image

Bereits 1958 hob Martineau die Bedeutung des "Ladenimage" hervor: "What makes consumers buy where they do? [...] - The Personality of the Retail Store".[552] Als erste empirische Analyse gilt allgemein die Untersuchung von Arons, der sich mit dem Image von Warenhäusern beschäftigte.[553]

Frühe Definitionen des Store Image gehen dabei von einem breiten Verständnis des Konzepts aus; es wurde meist definiert, dass das gesamte Wissen und auch alle Annahmen (beliefs), die ein Konsument bezüglich eines Ladens hat, das Store Image ausma-

---

S. 147f.; Kapferer, Jean-Noel: Führung von Markenportfolios, in: Esch, Franz-Rudolf (Hrsg.): Moderne Markenführung, 2. Aufl., (Gabler) Wiesbaden 2000, S. 605-618.

[549] Siehe hierzu Abschnitt B.II.3. dieses Kapitels.

[550] Vgl. überblickend z.B. Davies, Gary: Positioning, image and the marketing of multiple retailers, in: IRRDCR, 2. Jg., 1992, Nr. 1, S. 13-34, S. 15; Osman, Zain: A conceptual model of retail image influences on loyalty patronage behaviour, in: IRRDCR, 3. Jg., 1993, Nr. 2, S. 133-148.

[551] Vgl. Zimmer, Mary; Golden, Linda: Impressions of retail stores: A content analysis of consumer images, in: JoR, 64. Jg., 1988, Nr. 3, S. 265-293.

[552] Martineau, Pierre: The personality of the retail store, in: HBR, 36. Jg., 1958, Nr. 1, S. 47-55, S. 47.

[553] Arons, Leon: Does television viewing influence store image and shopping frequency?, in: JoR, 37. Jg., 1961, Nr. 3, S. 1-13, S. 2. Dabei bezog sich die Untersuchung von Arons auf fünf Warenhäuser.

chen würden.[554] Eine allgemein akzeptierte Definition des Begriffs entwickelte sich jedoch bis heute nicht, die vorhandenen Definitionen weichen teilweise extrem voneinander ab. So wird Store Image definiert als:[555]

◆ "the way in which a store is defined in the shopper's mind, partly by its functional qualities and partly by an aura of psychological attributes"[556],

◆ "a complex of meanings and relationships serving to characterize the store for people"[557],

◆ "the total conceptualized or expected reinforcement that a person associates with shopping at a particular store"[558],

◆ "a combination of tangible or functional factors and intangible or psychological factors that a consumer perceives to be present"[559],

◆ die Einstellung der Konsumenten zu einer Einkaufsstätte, also die subjektiv wahrgenommene Eignung einer Einkaufsstätte zur Befriedigung einer Motivation,[560]

◆ „a cognition and/or affect [...], which is inferred either from a set of ongoing perceptions and/or memory inputs attaching to a phenomenon [...] and which represent(s) what that phenomenon signifies to an individual"[561] und

◆ „die komplexe, mehrere Attribute (Charakteristika, Eigenschaften) umfassende Gesamtheit aller Vorstellungen, Eindrücke und Gefühle [...], die eine Person (bzw. eine Gruppe von Personen) mit einem Einzelhandelsbetrieb verbindet und somit letztlich bestimmt, ob ein Geschäft akzeptiert oder abgelehnt wird."[562]

---

[554] Vgl. Peterson, Robert; Kerin, Roger: Store image measurement in patronage research: Fact and artifact, in: Darden, William; Lusch, Robert (Hrsg.): Patronage behavior and retail management, (North-Holland) New York 1983, S. 293-306, S. 294. Dieses weite Verständnis des Begriffs entspricht etwa dem Konzept der Schemata; siehe hierzu Abschnitt B.I.3.d) des Dritten Kapitels.

[555] Vgl. überblickend Peterson, Robert; Kerin, Roger: Store image measurement in patronage research: Fact and artifact, in: Darden, William; Lusch, Robert (Hrsg.): Patronage behavior and retail management, (North-Holland) New York 1983, S. 293-306, S. 294.

[556] Martineau, Pierre: The personality of the retail store, in: HBR, 36. Jg., 1958, Nr. 1, S. 47-55, S. 47.

[557] Jain, Arun; Etgar, Michael: Measuring store image through multidimensional scaling of free response data, in: JoR, 52. Jg., 1976/77, Nr. 4, S. 61-70 u. 95-96, S. 61.

[558] Kunkel, John; Berry, Leonard: A behavioral conception of retail image, in: JM, 32. Jg., 1968, Nr. 10, S. 21-27, S. 22.

[559] Lindquist, Jay: Meaning of image, in: JoR, 50. Jg., 1974/75, Nr. 4, S. 29-38, S. 31.

[560] Vgl. Doyle, Peter; Fenwick, Ian: How store image affects shopping habits in grocery chains, in: JoR, 50. Jg., 1974/75, Nr. 4, S. 39-52, S. 40; Gröppel-Klein, Andrea: Wettbewerbsstrategien im Einzelhandel, (DUV) Wiesbaden 1998, S. 51f.; Liebmann, Hans-Peter; Zentes, Joachim: Handelsmanagement, (Vahlen) München 2001, S. 191; damit folgen diese Definitionen dem Begriffsverständnis eines beurteilungsnahen Konstruktes, das darüber hinausgehende Aspekte, so z.B. den Bekanntheitsgrad, die Wissensstrukturen, das innere Bild usw., nicht enthält.

[561] Mazursky, David; Jacoby, Jack: Exploring the development of store images, in: JoR, 62. Jg., 1986, Nr. 2, S. 145-165, S. 147.

[562] Theis, Hans-Joachim: Einkaufsstätten-Positionierung, (DUV) Wiesbaden 1992, S. 77.

Lindquist, in seiner Meta-Analyse von Store Image-Studien, stellt fest, dass alle Autoren betonen, dass das Store Image komplex ist und aus einer Kombination von Faktoren besteht, deren Vorliegen der Konsument wahrnimmt.[563] Keaveney/Hunt zeigen auf, dass in älteren Definitionen meist auch eine Reihe von Assoziationen eines Handelsunternehmens integriert sind, die nicht-bewertete und nicht-funktionale Eigenschaften darstellen, so Prototypen, Gefühle usw. Zudem machen sie deutlich, dass das Image Vorurteile, Ungenauigkeiten usw. enthalten kann.[564] Mazursky/Jacoby betonen den Aspekt, dass zahlreiche Attribute eines Images reine Wissenselemente sind und dabei keine affektive Komponente beinhalten.[565]

Die Bedeutung des Gesamteindrucks macht Oxenfeldt deutlich, in dem er das Store Image „weniger als Fotographie sondern mehr wie ein interpretatives Portrait"[566] beschreibt. Auch eine Vielzahl anderer Vertreter der Store Image-Forschung hat seinen ganzheitlichen Charakter verdeutlicht.[567] So haben Wissenschaftler das Store Image bezeichnet als „total impression"[568], als „composite"[569], als „gestalt"[570] und als „total picture" einer Institution.[571] Oxenfeldt beschreibt ausführlich, dass das Image ein Gesamteindruck sei, der umfassender ist als die Summe der Teileindrücke: „an image is more than the sum of its parts [...] it represents interaction among characteristics and includes extraneous elements [...] it has some emotional content [...] a combination of factual and emotional material."[572] Auch Marks betont die Interaktion der einzelnen Elemente.[573]

Theis erwähnt die „Komplexqualität" des Image: Je schwieriger die objektive Beschaffenheit eines Meinungsgegenstands zu beurteilen ist - was für Einkaufsstätten zutrifft - desto größer ist das Gesamterlebnis vom Meinungsgegenstand. Damit verbunden ist gleichzeitig eine höhere Komplexhaftigkeit und Integriertheit des Gesamterlebnisses.

---

[563] Vgl. Lindquist, Jay: Meaning of image, in: JoR, 50. Jg., 1974, Nr. 4, S. 29-38, S. 31.

[564] Vgl. Keaveney, Susan; Hunt, Kenneth: Conceptualization and operationalization of retail store image, in: JAMS, 20. Jg., 1992, Nr. 2, S. 165-175, S. 167.

[565] Vgl. Mazursky, David; Jacoby, Jack: Exploring the development of store images, in: JoR, 62. Jg., 1986, Nr. 2, S. 145-165, S. 147f.

[566] Oxenfeldt, Alfred: Developing a favorable price-quality image, in: JoR, 50. Jg., 1974/75; Nr. 4, S. 8-14, S. 9.

[567] Vgl. Keaveney, Susan; Hunt, Kenneth: Conceptualization and operationalization of retail store image, in: JAMS, 20. Jg., 1992, Nr. 2, S. 165-175, S. 165.

[568] Dichter, Ernest: What's in an image, in: JCM, 2. Jg., 1985, Nr. 2, S. 75-81, S. 76.

[569] Oxenfeldt, Alfred: Developing a favorable price-quality image, in: JoR, 50. Jg., 1974/75; Nr. 4, S. 8-14, S. 8, sowie Marks, Ronald: Operationalizing the concept of store image, in: JoR, 52. Jg., 1976/77, Nr. 3, S. 37-46, S. 37.

[570] Zimmer, Mary; Golden, Linda: Impressions of retail stores: A content analysis of consumer images, in: JoR, 64. Jg., 1988, Nr. 3, S. 265-293, S. 266.

[571] Vgl. Marcus, Stanley: The Creation of a Store Image, in: Gist, Ronald (Hrsg.): Management Perspectives in Retailing, (Wiley) New York u.a. 1967, S. 148-151, S. 148.

[572] Oxenfeldt, Alfred: Developing a favorable price-quality image, in: JoR, 50. Jg., Nr. 4, S. 8-14.

[573] Vgl. Marks, Ronald: Operationalizing the concept of store image, in: JoR, 52. Jg., 1976/77, Nr. 3, S. 37-46, S. 37.

Die Einzelqualitäten treten zu Gunsten der Ganzheit zurück, gehen stärker in dieser auf, beeinflussen damit das Gesamterlebnis aber auch stärker. Je höher der Grad der Integriertheit des Gesamterlebnisses, desto weniger beeinflusst die Änderung einzelner Teilbeschaffenheiten das Gesamterlebnis.[574]

c) Operationalisierung des Store Image

Auch die Untersuchungen, die in ihrer Definition den ganzheitlichen Charakter des Store Image betonen, operationalisieren das Konstrukt meist attributweise und eher nur auf die funktionalen und bewerteten Eigenschaften eines Objekts ausgelegt. Keaveney/Hunt weisen darauf hin, dass die Operationalisierung des Store Image der Ganzheitlichkeit meist nicht Rechnung getragen hat, sondern attributweise vorging. Die Mehrzahl der Studien sei davon ausgegangen, dass Konsumenten einen Laden auf einer Reihe von Eigenschaften/Dimensionen wahrnehmen, die kollektiv das Store Image ausmachen.[575] So enthält bereits die sehr allgemeine Definition von Aarons (1961) zwar auch neutrale Attribute, explizit beschäftigt sich aber Arons später nur noch mit „bewerteten" Attributen.[576] Auch Jain/Etgar nutzen zunächst eine breite Gesamtkonzeption des Begriffs, wobei sie davon ausgehen, dass das Ladenimage die Informationen zusammenfasst, die die Kunden bezüglich des Ladens und einzelner Charakteristika haben, ihre Gefühle gegenüber dem Laden ebenso beinhaltet wie alle anderen Eindrücke vom Laden, die die Konsumenten über die Zeit entwickelt haben, berechnen dann aber einen Image-Wert, bei dem sie davon ausgehen, dass alle Einzeleindrücke bewertbar sind.[577] Barich/Srinivasan definieren das Store Image ebenfalls umfassend als die Eindrücke, „beliefs" und „feelings", die Individuen bezüglich eines Unternehmens haben, gehen dann aber im Folgenden davon aus, dass bezüglich dieser Attribute jeweils „Ratings" möglich sind, also eine Bewertung, und argumentieren über positive und negative Bewertungen und über „Nutzenfunktionen" der einzelnen Attribute.[578]

---

[574] Vgl. Theis, Hans-Joachim: Einkaufsstätten-Positionierung, (DUV) Wiesbaden 1992, S. 76.

[575] Vgl. Keaveney, Susan; Hunt, Kenneth: Conceptualization and operationalization of retail store image, in: JAMS, 20. Jg., 1992, Nr. 2, S. 165-175, S. 165.

[576] Konkret untersucht Arons zunächst drei Dimensionen des Image: Die wahrgenommene Zielgruppe des Ladens, die wahrgenommenen Warengruppen, für die das Warenhaus besonders geeignet ist und eine Reihe von bewerteten Eigenschaften. Nur die letzteren aggregiert er schließlich, um den Einfluss des Image auf die Kaufentscheidung zu eruieren. Vgl. Arons, Leon: Does television viewing influence store image and shopping frequency?, in: JoR, 37. Jg., 1961, Nr. 3, S. 1-13.

[577] Vgl. Jain, Arun; Etgar, Michael: Measuring store image through multidimensional scaling of free response data, in: JoR, 52. Jg., 1976/77, Nr. 4, S. 61-70 u. 95-96, S. 61f.

[578] Vgl. Barich, Howard; Srinivasan, V.: Prioritizing marketing image goals under resource constraints, in: Sloan Management Review, 35. Jg., 1993, Summer, S. 69-76, S. 69-71.

Doyle/Fenwick erklären, dass es durchaus sinnvoll ist, sich das Store Image als rationale Bewertung des Ladens mit einer multiattributiven Nutzenfunktion vorzustellen.[579] Die Messung des Store Image wird dabei meist mit Semantischen Differentialen vorgenommen, wobei meist nicht das Semantische Differential im ursprünglichen (also metaphorischen) Sinne eingesetzt wird, sondern die Skalen modifiziert werden, indem Adjektive, Nomen und Aussagen genutzt werden, die konkret auf das Befragungsobjekt abgestimmt sind.[580] McDougall/Fry zeigen auf, dass das Semantische Differential und ähnliche Skalen zwar akzeptierte Instrumente der Image-Messung darstellen, dass sie aber zugleich eine Reihe von wesentlichen Nachteilen haben, die v.a. darin liegen, dass alle Attribute zu bewerten sind, also auch solche, die für den Kunden überhaupt nicht Bestandteil seines Store Image sind, und dass eine Gewichtung der Attribute nur unzureichend erfasst wird. Im Extremfall werden Urteile zu Eigenschaften abgegeben, die das Ladenimage überhaupt nicht prägen.[581] Die Schwierigkeit einer „forcierten" Bewertung von vorgegebenen Eigenschaften eines Ladens liegt in mehreren Aspekten:[582]

✦ Der Kunde muss überhaupt an den Laden denken, den er bewerten soll.

✦ Der Kunde muss an die Eigenschaften bzw. Attribute denken, die er bewerten soll.

✦ Der Kunde wählt eine Einkaufsstätte auf der Basis eines „Entscheidungsmodells", das diese Ratings beinhaltet.

Darüber hinaus betonen Zimmer/Golden, dass v.a. die Unfähigkeit der Messung eines „Gesamtimage" als Defizit in der bisherigen Store Image-Messung zu sehen ist.[583] Eine ganzheitliche Methode, die in einigen Studien eingesetzt wurde, ist die Multidimensionale Skalierung (MDS). Singson nutzte MDS, um Ähnlichkeitsurteile von Läden mehrdimensional darzustellen und schloss, dass eine zweidimensionale Konfiguration, die aus einer Preis-Qualitäts-Dimension und einer Sortiments-Tiefe-Breite-Dimension besteht, eine geeignete Darstellung der Handelsunternehmen erlaubt.[584] Doyle/Fenwick

---

[579] Vgl. Doyle, Peter; Fenwick, Ian: How store image affects shopping habits in grocery chains, in: JoR, 50. Jg., 1974/75, Nr. 4, S. 39-52, S. 40.

[580] Vgl. z.B. Birtwistle, Grete; Clarke, Ian; Freathy, Paul: Store image in the UK fashion sector: consumer versus retailer perceptions, in: IRRDCR, 9. Jg., 1999, Nr. 1, S. 1-16, S. 3; James, Don; Durand, Richard; Dreves, Robert: The use of a multi-attribute attitude model in a store image study, in: JoR, 52. Jg., 1976/77, Nr. 2, S. 23-32, S. 24; Zimmer, Mary; Golden, Linda: Impressions of retail stores: A content analysis of consumer images, in: JoR, 64. Jg., 1988, Nr. 3, S. 265-293, S. 267.

[581] Vgl. McDougall, G.H.; Fry, J.N.: Combining two methods of image measurement, in: JoR, 50. Jg., 1974/75, Nr. 4, S. 53-61, S. 53f.

[582] Vgl. Woodside, Arch; Thelen, Eva: Accessing memory and customer choice: benefit-to-store (brand) retrieval models that predict purchase, in: MR, 24. Jg., 1996, Nr. 11, S. 260-267, S. 260.

[583] Vgl. Zimmer, Mary; Golden, Linda: Impressions of retail stores: A content analysis of consumer images, in: JoR, 64. Jg., 1988, Nr. 3, S. 265-293, S. 267.

[584] Vgl. Singson, Ricardo: Multidimensional Scaling Analysis of Store Image and Shopping Behavior, in: JoR, 51. Jg., 1975/76, Nr. 2, S. 38-52.

setzten MDS ein und identifizierten drei Dimensionen: Qualität, Auswahl und Preis.[585] Stanley/Sewall nutzten MDS, um eine Imagemessmethode für Supermärkte zu entwickeln.[586] Gröppel-Klein verwendete MDS, um die Wettbewerbsstrategien der untersuchten Einzelhändler zu evaluieren.[587]

Der Nachteil von MDS liegt jedoch darin, dass sich unterschiedliche Basisdimensionen ergeben, je nachdem, welche Objekte gerade beurteilt werden, dass die Benennung der Dimensionen evtl. nicht eindeutig ist und dass die Ähnlichkeitsurteile nicht (nur) auf der Basis des Store Image erfolgen, so dass die eruierten Basisdimensionen nicht vollständig auf das Image zurückzuführen sind.[588] Zudem ist eine Interpretation der Dimensionen meist wiederum nur über eine ergänzende Befragung von Eigenschaftsausprägungen möglich,[589] so dass die oben erwähnten Nachteile der forcierten Bewertung von Eigenschaften und der Vorauswahl von Eigenschaften auch hier - wenn auch in abgeschwächter Form - auftreten. Eigenschaften, die nicht von vornherein als potenzielle Image-Eigenschaften erfasst werden oder die nicht auf Skalen greifbar sind, können damit auch nicht zur Interpretation herangezogen werden.[590]

Ein wesentlicher, pragmatischer Nachteil der MDS ist, dass die Erhebung von Paarvergleichen eine hohe Belastung der Respondenten bedeutet. Gröppel-Klein beispielsweise vergleicht zehn Möbelgeschäfte und muss dafür $10 \cdot (10-1)/2 = 45$ Einzelurteile erfassen.[591] Für großzahlige Befragungen, bei denen noch weitere Variablen erfasst werden sollen, ist MDS damit nur schlecht geeignet.

Andere Marketingforscher bevorzugen unstrukturierte Messtechniken: Wenn man Image umfassend versteht, bieten sich eher offene, unstrukturierte Befragungstechniken

---

[585] Vgl. Doyle, Peter; Fenwick, Ian: How store image affects shopping habits in grocery chains, in: JoR, 50. Jg., 1974/75, Nr. 4, S. 39-52.

[586] Vgl. Stanley, Thomas; Sewall, Murphy: Image Inputs to a Probabilistic Model, in: Darden, William; Lusch, Robert (Hrsg.): Patronage behavior and retail management, (North-Holland) New York 1983, S. 9-28; Zimmer, Mary; Golden, Linda: Impressions of retail stores: A content analysis of consumer images, in: JoR, 64. Jg., 1988, Nr. 3, S. 265-293, S. 267f.

[587] Vgl. Gröppel-Klein, Andrea: Wettbewerbsstrategien im Einzelhandel, (DUV) Wiesbaden 1998, S. 98-101.

[588] Vgl. Zimmer, Mary; Golden, Linda: Impressions of retail stores: A content analysis of consumer images, in: JoR, 64. Jg., 1988, Nr. 3, S. 265-293, S. 268. Betrachtet man den Store Image-Begriff umfassend, also alle Eindrücke von einer Händlermarke umfassend, so beruhen die Ähnlichkeitsurteile nur auf dem Image; in diesem Fall sind sie aber nicht immer auf skalierbare Dimensionen zurückzuführen.

[589] Vgl. dazu z.B. Backhaus, Klaus u.a.: Multivariate Analysemethoden, 9. Aufl., (Springer) Berlin u.a. 2000, S. 532f.

[590] So könnten z.B. zwei Läden einander ähnlich sein, weil der Konsument sie beide im Sozialisationsprozess kennengelernt hat, z.B. weil in diesen Läden bereits die Eltern einkauften. Eine solche Ähnlichkeit würde zwar durch die MDS erfasst und auch in Ähnlichkeitsurteilen abgebildet, in die Interpretation von Achsen würde sie jedoch kaum eingehen.

[591] Vgl. Gröppel-Klein, Andrea: Wettbewerbsstrategien im Einzelhandel, (DUV) Wiesbaden 1998, S. 99.

an, um das Image vollständig zu erfassen.[592] Für eine Interpretation wird jedoch eine Inhaltsanalyse der offenen Angaben der Konsumenten notwendig. Es wird deutlich, dass dieser Ansatz ebenfalls Nachteile hat, so die hohen Anforderungen an die Verbalisierungsfähigkeiten des Respondenten und die Schwierigkeit der Interpretation der Antwort sowie die Vergleichbarkeit.[593]

Eine andere Methode, das Image eines Handelsunternehmens zu erfassen, schlagen Tigert und Woodside u.a. vor.[594] Dabei gehen sie umgekehrt zu den meisten anderen Store Image-Untersuchungen vor und nehmen als Ausgangspunkt der Befragung nicht Einzelhandelsunternehmen, sondern Eigenschaften von Einzelhandelsunternehmen. Aus einem alternativenweisen Vorgehen wird so ein attributweises Vorgehen. Vor dem Hintergrund, dass das Erfragen von Eigenschaftsausprägungen bezüglich eines spezifischen Einzelhandelsunternehmens mit Schwierigkeiten verbunden ist, nutzen sie den Ansatz, eher die Zugriffsfähigkeit des Konsumenten auf ein bestimmtes Unternehmen in Verbindung mit einer bestimmten Problemstellung bzw. einem bestimmten Bedürfnis zu messen. Sie gehen davon aus, dass ein Konsument den Namen eines Handelsunternehmens automatisch aus dem Gedächtnis abrufen kann, wenn er nach einem Geschäft gefragt wird, das ihm für eine bestimmte Assoziation, z.B. einen Nutzen, einfällt.

Holden/Lutz und Holden haben einen solchen Ansatz in Bezug auf Kaufprozesse von Gütern untersucht, um über die Zugriffsgeschwindigkeit bzw. die Assoziation eines Unternehmens mit einer Problemlösung die Kaufentscheidung zu prognostizieren.[595] Dieses Modell der Markenwahlprozesse wird damit begründet, dass ein Kunde aus seinem

---

[592] Vgl. z.B. Zimmer, Mary; Golden, Linda: Impressions of retail stores: A content analysis of consumer images, in: JoR, 64. Jg., 1988, Nr. 3, S. 265-293, S. 268-270; James, Don; Durand, Richard; Dreves, Robert: The use of a multi-attribute attitude model in a store image study, in: JoR, 52. Jg., 1976/77, Nr. 2, S. 23-32; Kunkel, John; Berry, Leonard: A behavioral conception of retail image, in: JM, 32. Jg., 1968, Nr. 10, S. 21-27; Morschett, Dirk: Store Branding as a Goal of Strategic Retail Marketing, in: Cliquet, Gérard; Zentes, Joachim (Hrsg.): Retailing and Distribution in Europe, Proceedings, The third AFM French-German Conference, St. Malo 2000, o.S.Zimmer, Mary; Golden, Linda: Impressions of retail stores: A content analysis of consumer images, in: JoR, 64. Jg., 1988, Nr. 3, S. 265-293, S. 268.

[593] Vgl. McDougall, G.H.; Fry, J.N.: Combining two methods of image measurement, in: JoR, 50. Jg., 1974/75, Nr. 4, S. 53-61, S. 53f.

[594] Vgl. Tigert, Douglas: Pushing the hot buttons for a successful retailing strategy, in: Darden, William; Lusch, Robert (Hrsg.): Patronage Behavior and Retail Management, (North-Holland) New York 1983, S. 89-113; Woodside, Arch; Trappey, Randolph: Finding out why customers shop your store and buy your brand: Automatic cognitive processing models of primary choice, in: JAR, 32. Jg., 1992, Nr. 6, S. 59-78; Woodside, Arch; Thelen, Eva: Accessing memory and customer choice: benefit-to-store (brand) retrieval models that predict purchase, in: MR, 24. Jg., 1996, Nr. 11, S. 260-267.

[595] Vgl. Holden, Stephen; Lutz, Richard: Ask not what the brand can evoke; ask what can evoke the brand?, in: Sherry; John; Sternthal, Brian (Hrsg.): Advances in Consumer Research, 19. Jg., (ACR) Provo/UT 1992, S. 101-107; Holden, Stephen: Understanding brand awareness: let me give you a c(l)ue, in: McAlister, Leigh; Rothschild, Michael (Hsrg.): Advances in Consumer Research, 20. Jg., (ACR) Provo/UT 1993, S. 383-388.

Gedächtnis nur eine begrenzte Zahl von Alternativen (Einkaufsstätten) abrufen kann. Beim Einkauf bezieht er sich wahrscheinlich auf eine begrenzte Zahl zu beachtender Eigenschaften und wählt die Marke bzw. die Einkaufsstätte, die automatisch mit dieser Eigenschaft verbunden sind, weil sie ihm zu diesem Zeitpunkt einfällt.[596] Es wurde in einigen Untersuchungen gezeigt, dass die Tatsache, dass eine Marke zuerst assoziiert wird, eine wichtige Determinante der Markenwahl darstellt.[597] Eine verhaltenswissenschaftliche Erklärung hierfür ist, dass die Mehrzahl der Konsumentenentscheidungen nicht auf bewusstem Denken basiert, sondern ein großer Teil der Informationsverarbeitung unterbewusst abläuft, so z.B. der Zugriffsprozess, um Informationen aus dem Langzeitgedächtnis in den „Arbeitsspeicher" abzurufen. Woodside/Trappey sprechen hier von „automatic cognitive processing".[598] Die Zugriffsfähigkeit wird u.a. bestimmt von der Stärke der Assoziationen zwischen einem Einstellungsobjekt und von seiner Bewertung. Eine automatisch aktivierte Einstellung leitet dabei das Verhalten eines Konsumenten wahrscheinlicher als eine Einstellung, die bewusst aktiviert werden muss.[599]

Woodside/Thelen kommen zu dem Schluss, dass die Modellierung des Store Image und des Einkaufsstättenwahlverhaltens auf der Basis der „benefit-to-store retrievals" ein nützlicher Ansatz für das Verständnis des Entscheidungsprozesses darstellt. Die Messmethode sei dabei sehr nah an dem psychischen Prozess, der beim Konsumenten in dieser Entscheidungssituation durchlaufen wird.[600]

d)   Dimensionen bzw. Komponenten des Store Image

In zahlreichen Store Image-Untersuchungen haben die Autoren unterschiedliche Ladeneigenschaften und -charakteristika als relevant erachtet für das Gesamtimage eines Ladens. Eine umfassende Meta-Analyse wurde dabei von Lindquist (1974/75) durchgeführt, der die Ergebnisse von 19 Store Image-Studien analysierte.[601] Verschiedene Untersuchungen nutzen sehr unterschiedliche Systematisierungen und messen jeweils ande-

---

[596] Vgl. Woodside, Arch; Trappey, Randolph: Finding out why customers shop your store and buy your brand: Automatic cognitive processing models of primary choice, in: JAR, 32. Jg., 1992, Nr. 6, S. 59-78, S. 59f.

[597] Vgl. Fazio, Russel; Powell, Martha; Williams, Carol: The role of attitude accessibility in the attitude-to-behavior-process, in: JCR, 16. Jg., 1989, Nr. 4, S. 280-288.

[598] Woodside, Arch; Trappey, Randolph: Finding out why customers shop your store and buy your brand: Automatic cognitive processing models of primary choice, in: JAR, 32. Jg., 1992, Nr. 6, S. 59-78.

[599] Vgl. Dick; Alan; Basu, Kunal: Customer loyalty, toward an integrated conceptual framework, in: JAMS, 22. Jg., 1994, S. 99-113, S. 102f.

[600] Vgl. Woodside, Arch; Thelen, Eva: Accessing memory and customer choice: benefit-to-store (brand) retrieval models that predict purchase, in: MR, 24. Jg., 1996, Nr. 11, S. 260-267, S. 266.

[601] Vgl. Lindquist, Jay: Meaning of image, in: JoR, 50. Jg., 1974/75, Nr. 4, S. 29-38.

ren Eigenschaften eine hohe Bedeutung für das Store Image zu, wie mit einigen Beispielen in Übersicht 13 dargestellt ist.

Übersicht 13:   Ausgewählte Store Image-Untersuchungen und
eruierte Imagekomponenten

Verfasser	Store Image-Komponenten
Barich / Srinivasan (1993)	Product variety, product quality, store attractiveness, reasonable prices, convenience, customer service
Birtwistle/ Clarke/ Freathy (1999)	Qualität, Preis, Reklamationspolitik, Auswahl, Ruf, Fashion (Modegrad), Personal, Ladenlayout
Fisk (1961/62)	Locational convenience, merchandise suitability, value for price, sales effort and store services, congeniality of store, post transaction satisfaction
James/ Durand/ Dreves (1976)	Preis, Sortiment, Personal, Atmosphäre, Service, Qualität
Lindquist (1974)	Ware (so Qualität, Auswahl, Preis), Service, Kundenkreis, Einrichtung, Bequemlichkeit/Convenience (so Standort, Parkmöglichkeiten), Werbeaktivitäten, Ladenatmosphäre, institutionelle Faktoren (so Ruf, Verlässlichkeit), Nachkaufzufriedenheit
Mazursky/ Jacoby (1986)	Merchandise quality, merchandise pricing, merchandise assortment, locational convenience, sales clerk service, general service
Pessemier (1980)	Kundenmix, Position des Ladens im Lebenszyklus, Warensortiment, Standort, Shopping Pleasure, Transaktionsbequemlichkeit, Verkaufsförderung, Integrität, Imagestärke und –klarheit
Swoboda (1999)	Anmutung/Präsentation, Zusatzleistungen, Qualität des Angebots, Zeitdauer des Einkaufs, Preisniveau, Sortiment, Bedienung, Öffnungszeiten
Teas (1994)	„Upscale" (Qualität des Sortiments, „Prestige" des Unternehmens, Ladengestaltung, Preislage), Sortimentsauswahl (so Größe der Auswahl), Transaktionseffizienz (Kassen gut besetzt, keine Schlangen usw.), „Responsiveness" (Freundlichkeit, Kompetenz des Personals usw.

Quelle: Barich, Howard; Srinivasan, V.: Prioritizing marketing image goals under resource constraints, in: Sloan Management Review, 35. Jg., 1993, Summer, S. 69-76, S. 73; Birtwistle, Grete; Clarke, Ian; Freathy, Paul: Store image in the UK fashion sector: consumer versus retailer perceptions, in: The International Review of Retail, Distribution and Consumer Research, 9. Jg., 1999, Nr. 1, S. 1-16, S. 10; Fisk, George: A conceptual model for studying customer image, in: JoR, 37. Jg., 1961/62, Nr. 4, S. 9-16, S. 11; James, Don; Durand, Richard; Dreves, Robert: The use of a multi-attribute attitude model in a store image study, in: JoR, 52. Jg., 1976/77, Nr. 2, S. 23-32, S. 31; Lindquist, Jay: Meaning of image, in: JoR, 50. Jg., 1974/75, Nr. 4, S. 29-38, S. 31f.; Mazursky, David; Jacoby, Jack: Exploring the development of store images, in: JoR, 62. Jg., 1986, Nr. 2, S. 145-165; Pessemier, Edgar: Store image and positioning, in: JoR, 56. Jg., 1980, Nr. 1, S. 94-106, S. 97-102; Swoboda, Bernhard: Determinanten und Ausprägungen der zunehmenden Convenienceorientierung von Konsumenten, in: Marketing - ZFP, 21. Jg., 1999, Nr. 2, S. 95-104, S. 99; Teas, Kenneth: Retail services image measurement: an examination of the stability of a numerical comparative scale, in: IRRDCR, 4. Jg., 1994, S. 427-442, S. 436.

Betrachtet man Übersicht 13, zeigt sich eine große Nähe zu den Handelsmarketinginstrumenten (siehe Übersicht 12). Bloemer/de Ruyter setzen dabei sogar die einzelnen Store Image-Dimensionen unmittelbar mit dem Begriff „Retail Mix" gleich.[602]

Eine Vielzahl von Studien bezieht sich dabei auch heute noch auf die empirischen Arbeiten von Fisk. Er nennt die oben dargestellten sechs Dimensionen, die er aus 30 Einzelvariablen zusammenfasst.[603] Wie Fisk gehen die meisten Ansätze implizit oder explizit davon aus, dass sich die Einzelvariablen des Store Image zu übergeordneten Dimensionen oder Faktoren verdichten lassen.[604] So kategorisieren Kunkel/Berry verschiedene Einzeleigenschaften zu zwölf Basisdimensionen des Store Image.[605] Während eine Reihe von Ansätzen diese Dimensionen auf der Basis von Expertenurteilen bildeten bzw. die Einzelvariablen selbst kategorisierten, verwendeten andere statistische Verfahren zur Verdichtung.[606] Marks nutzt eine Vielzahl von Ladeneigenschaften, die er mit einer Faktorenanalyse zu acht Faktoren verdichtet.[607] Hildebrandt nutzt eine konfirmatorische Faktorenanalyse und zeigt damit, dass sich die grundlegenden Dimensionen des Store Image auf drei verdichten lassen, die als zentrale Einflussgrößen hinter den Einzelvariablen stehen: Qualitätsimage, Ladenatmosphäre und Preisimage.[608] Die Mehrzahl der Store Image-Untersuchungen hat sich dabei auf eine kleine Zahl von Ladeneigenschaften als Basis bezogen.[609]

---

[602] Vgl. Bloemer, Josée; de Ruyter, Ko: On the relationship between store image, store satisfaction and store loyalty, in: EJM, 32. Jg., 1998, Nr. 5/6, S. 499-513, S. 501.

[603] Fisk betont mehrfach, dass es sich hierbei nur um die kognitiven Image-Dimensionen handelt, wobei andere Studien, die auf diesen Dimensionen basieren, diese Einschränkung nicht mehr aufzeigen. Er spricht von „cognitive dimensions", meint damit jedoch nicht die Wissenselemente, sondern die eher funktionalen und bewertbaren Attribute, die sich direkt auf die Handelsmarketinginstrumente beziehen; vgl. Fisk, George: A Conceptual Model for Studying Customer Image, in: Gist, Ronald (Hrsg.): Management Perspectives in Retailing, (Wiley) New York u.a. 1967, S. 125-130, S. 127-130.

[604] Vgl. Hansen, Robert; Deutscher, Terry: An empirical investigation of attribute importance in retail store selection, in: JoR, 53. Jg., 1977/78, Nr. 4, S. 59-72; Peterson, Robert; Kerin, Roger: Store image measurement in patronage research: Fact and artifact, in: Darden, William; Lusch, Robert (Hrsg.): Patronage behavior and retail management, (North-Holland) New York 1983, S. 293-306, S. 295, und die dort genannten Quellen.

[605] Vgl. Kunkel, John; Berry, Leonard: A behavioral conception of retail image, in: JM, 32. Jg., 1968, Nr. 10, S. 21-27, S. 26.

[606] Vgl. überblickend Peterson, Robert; Kerin, Roger: Store image measurement in patronage research: Fact and artifact, in: Darden, William; Lusch, Robert (Hrsg.): Patronage behavior and retail management, (North-Holland) New York 1983, S. 293-306, S. 299.

[607] Vgl. Marks, Ronald: Operationalizing the concept of store image, in: JoR, 52. Jg., 1976/77, Nr. 3, S. 37-46, S. 37.

[608] Vgl. Hildebrandt, Lutz: Store image and the prediction of performance in retailing, in: JBR, 17. Jg., 1988, S. 91-100, S. 95. Siehe auch Abbildung 25.

[609] Vgl. Zimmer, Mary; Golden, Linda: Impressions of retail stores: A content analysis of consumer images, in: JoR, 64. Jg., 1988, Nr. 3, S. 265-293, S. 267.

Andere Untersuchungen strebten an, aus den gefundenen Image-Dimensionen diejenigen auszuwählen, die Konsumenten benutzen, um Einzelhändler zu bewerten und schließlich auch in Relation zur Konkurrenz zu setzen. Studien, die für diese Art von Untersuchungen repräsentativ sind, wurden z.B. über unterschiedliche Einzelhandelsbranchen durchgeführt. Die wesentlichen Implikationen dieser Studien sind, dass sich die Bedeutung einzelner Store Image-Dimensionen zwischen verschiedenen Typen von Einzelhandelsgeschäften unterscheidet.[610] Die Vorgehensweise für die Ableitung der relevanten Dimensionen ist dabei unterschiedlich. So wird oft multiple Regression eingesetzt.[611] Marks kombiniert eine Faktorenanalyse mit einer Regressionsanalyse (mit der abhängigen Variable „overall store preference"), um aus seinen faktorenanalytisch extrahierten Dimensionen die relevanten Faktoren auszuwählen.[612] Woodside/Thelen ermitteln aus der Nennung bestimmter Läden für bestimmte Benefits (als unabhängige Größe) und der Einkaufsstättenwahl (als abhängige Größe, die nur binär ausgeprägt ist) mit Hilfe eines Logit-Modells die Bedeutung bestimmter Nutzenassoziationen für die Einkaufsstättenwahl.[613]

Ring befragt in seiner Untersuchung Konsumenten nach der Einkaufsstätte, die sie als die billigste, schönste usw. einschätzen und nach ihrem Einkaufsverhalten, also der Einkaufsstätte, in der sie am häufigsten einkaufen. Anschließend analysiert er, welche Eigenschaften die jeweiligen Käufer eines Ladens diesem Laden am ehesten zusprechen, in welchen Dimensionen sie ihn also als überlegen ansehen. Um die kombinierte Wirkung verschiedener Ladenattribute auf das Kaufverhalten zu untersuchen, nutzt Ring eine multiple Diskriminanzanalyse. Als abhängige Variable wird die Kauf-/Nicht-Kaufentscheidung verwendet, als unabhängige Variablen eine Reihe von Eigenschaftseinschätzungen der Einkaufsstätten.[614] Ähnlich geht Teas vor, der mit Hilfe einer multiplen Diskriminanzanalyse relevante Imagedimensionen ermittelt, wobei die auf Ratingskalen bewerteten Eigenschaften des Handelsunternehmens die unabhängigen Variablen darstellen und die einzelnen Läden die (nominale) abhängige Variable.[615] Damit

---

[610] Vgl. Peterson, Robert; Kerin, Roger: Store image measurement in patronage research: Fact and artifact, in: Darden, William; Lusch, Robert (Hrsg.): Patronage behavior and retail management, (North-Holland) New York 1983, S. 293-306, S. 295.

[611] Vgl. z.B. Bellenger, Danny; Robertson, Dan; Greenberg, Barnett: Shopping Center Patronage Motives, in: JoR, 53. Jg., 1977, Nr. 2, S. 29-38; Schiffman, Leon; Dash, Joseph; Dillon, William: contribution of store-image characteristics to store-type choice, in: JoR, 53. Jg., 1977, Nr. 2, S. 3-14.

[612] Vgl. Marks, Ronald: Operationalizing the concept of store image, in: JoR, 52. Jg., 1976/77, Nr. 3, S. 37-46, S. 37.

[613] Vgl. Woodside, Arch; Thelen, Eva: Accessing memory and customer choice: benefit-to-store (brand) retrieval models that predict purchase, in: MR, 24. Jg., 1996, Nr. 11, S. 260-267, S. 263.

[614] Vgl. Ring, Lawrence: Retail positioning: A multiple discriminant analysis approach, in: JoR, 55. Jg., 1979, Nr. 1, S. 25-36, S. 28-31, S. 25f.

[615] Vgl. Teas, Kenneth: Retail services image measurement: an examination of the stability of a numerical comparative scale, in: IRRDCR, 4. Jg., 1994, S. 427-442.

ermittelt Teas - im Gegensatz zu Ring - nicht die kaufrelevanten, sondern die profilie-
rungs-, d.h. unterscheidungsrelevanten Eigenschaften.

e) Fazit: Abgrenzung des Store Image von der Händlermarke und anderen Konstrukten

Die meisten Vertreter der Store Image-Forschung betonen den ganzheitlichen Charakter
des Store Image, wie oben gezeigt wurde. Sie zeigen auf, dass das Image mehr ist als die
Summe der Bewertungen der Einzeleigenschaften und dass substanzielle Interaktionen
zwischen den einzelnen Attributen bestehen. Betrachtet man diese Konzeptualisierun-
gen, dann ist die Händlermarke eng mit dem Store Image verbunden. Es zeigen sich jedoch auch hier eine Reihe von Unterschieden. So ist der Aspekt der Bekanntheit (und
der Aktualität) meist nicht in den Image-Untersuchungen enthalten. Auch beinhaltet der
Store Image-Begriff nur sehr begrenzt eine Konkurrenzbetrachtung, während sich der
Begriff der Marke auch auf eine Abgrenzung zur Konkurrenz bezieht.[616] Zur Unterscheidung der Begriffe Marke und Image kann man auch den Ansatz von Keller heranziehen. So differenziert er in seinem Ansatz deutlich zwischen dem Markenwert, der auf
dem gesamten Markenwissen basiert, und dem Image, da neben dem Image auch die
Markenbekanntheit („Brand Awareness") zum Markenwissen gehört.[617] Der Imagebegriff, der der Definition von Keller zu Grunde liegt, ist dabei schon umfassender verstanden als in den meisten anderen Definitionen.

Die Unterschiede zwischen Händlermarke und Store Image werden noch deutlicher,
wenn man die Operationalisierung betrachtet. Hier werden, wie dargestellt, die Ganzheitlichkeit und die Interdependenz der Attribute oft nicht beachtet. In der Operationalisierung wird das Store Image meistens reduziert auf die funktional-rationalen Dimensionen der Wahrnehmung, wie die oben dargestellten Erläuterungen aufzeigen. Es zeigt
sich dabei eine große Nähe zur Beurteilung bzw. zur Wahrnehmung, wie an einigen
Beispielen verdeutlicht werden kann. Rudolph spricht in seiner Untersuchung zunächst
von Imagedimensionen, konkretisiert aber selbst seine Begriffswahl, indem er anschließend von den „zentralen Dimensionen der Verkaufsstellenperzeption"[618] spricht. Hildebrandt definiert das Store Image als Konstrukt, das die „Kundenwahrnehmung bestimmter Ladeneigenschaften erfasst".[619] Doyle/Fenwick formulieren: „Die Wahrnehmung der

---

[616] Siehe z.B. die Definition von Keller, Kevin: Strategic Brand Management, (Prentice Hall) Upper
Saddle River/NJ 1998, S. 4.

[617] Vgl. Keller, Kevin: Conceptualizing, measuring, and managing customer-based brand equity, in:
JM, 57. Jg., 1993, Nr. 1, S. 1-22.

[618] Rudolph, Thomas: Positionierungs- und Profilierungsstrategien im Europäischen Einzelhandel,
(Verlag Thexis AG) St. Gallen 1993, S. 204.

[619] Hildebrandt, Lutz: Store image and the prediction of performance in retailing, in: JBR, 17. Jg.,
1988, S. 91-100, S. 93.

Kunden bezüglich der Ladeneigenschaften wie Preis, Auswahl, Qualität, Parkplätze usw. wird oft als das Image eines Laden bezeichnet."[620]

Charakteristisch hierfür ist der Unterschied in den Begriffsauffassungen von Martineau (1958) und Doyle/Fenwick (1974/75). Martineau prägte den Begriff der Store Personality und bezeichnete dieses Konstrukt als „the nonlogical basis of shopping behaviour."[621] Doyle/Fenwick widersprechen: „Anstatt als ein irrationales Konstrukt kann das Ladenimage daher als die Einschätzung des Konsumenten aller für ihn relevanten Aspekte des Ladens, die individuell wahrgenommen und gewichtet werden, angesehen werden."[622] Diese Erklärung des Store Image setzt es dabei mit dem heutigen Begriffsverständnis der Beurteilung fast gleich.[623]

Für die vorliegende Untersuchung wird die Auffassung von Martineau als geeigneter angesehen, wobei bei der Perspektive der Händlermarke eine andere Terminologie verwendet wird. So ist das Store Image in seiner bisherigen Operationalisierung im Sinne einer kognitiven Beurteilung der Einkaufsstätteneigenschaften eine relevante Einflussgröße auf das Einkaufsverhalten und auch auf die Händlermarke. Es beschreibt jedoch nur eine Facette einer Marke. Andere, ganzheitlichere, übergreifende und auch stabilere Facetten existieren ebenfalls und prägen deutlich das Einkaufsverhalten, wie im Folgenden noch näher aufgezeigt wird.

In der vorliegenden Arbeit soll daher folgende Begriffsabgrenzung verwendet werden: Wenn vom Image gesprochen wird, wird der umfassende Begriff darunter verstanden, der sämtliche Vorstellungen eines Gegenstands umfasst und daher u.a. als Schema fassbar und in semantischen Netzwerken darstellbar ist. Der Begriff der Marke hängt eng mit dem Schema zusammen. Wenn von der Wahrnehmung der funktionalen Eigenschaften eines Objekts gesprochen wird und der Bewertung dieser, soll von „Beurteilung" gesprochen werden. Betrachtet man also die Image-Forschung vor diesem Hintergrund, so zeigt sich, dass sie zwar intensiv durchgeführt wurde, aber meist nur einen Teilaspekt dessen abdeckt, was im Konzept der Händlermarke erfasst werden soll. Sie liefert jedoch wichtige Erkenntnisse bezüglich der Wirkungsweisen zum Aufbau fester Wissensstrukturen und zur Wahrnehmung der Leistungsdimensionen einer Händlermarke.

Anders ist das Konzept des Store Image in der Operationalisierung von Tigert sowie Woodside u.a. einzustufen. Dieses basiert wesentlich auf dem Markenschema der Konsumenten. Es handelt sich um ein Konstrukt, das neben der Beurteilungskomponente

---

[620] Doyle, Peter; Fenwick, Ian: How store image affects shopping habits in grocery chains, in: JoR, 50. Jg., 1974/75, Nr. 4, S. 39-52, S. 39.

[621] Martineau, Pierre: The personality of the retail store, in: HBR, 36. Jg., 1958, Nr. 1, S. 47-55, S. 55.

[622] Doyle, Peter; Fenwick, Ian: How store image affects shopping habits in grocery chains, in: JoR, 50. Jg., 1974/75, Nr. 4, S. 39-52, S. 40.

[623] Vgl. Kroeber-Riel, Werner; Weinberg, Peter: Konsumentenverhalten, 7. Aufl., (Vahlen) München 1999, S. 275, S. 305-312.

auch eine gedächtnisorientierte Komponente enthält. Es erfasst dabei die Stärke der Markenassoziationen über die Zugriffsfähigkeit auf eine Händlermarke bei der Aktivierung unterschiedlicher „Benefit"-Stimuli. Die Zugriffsfähigkeit wird u.a. bestimmt von der Stärke der Assoziationen zwischen einem Einstellungsobjekt und von seiner Bewertung.[624] Es liegt damit wesentlich näher an dem Konzept der Händlermarke als die anderen Operationalisierungen.

2. Abgrenzung zur Corporate Identity

Auf den ersten Blick ergeben sich zahlreiche Parallelen des Konzepts der Händlermarke zum Konzept der Corporate Identity. So wird zum Beispiel im Zusammenhang mit Corporate Identity davon gesprochen, dass Unternehmen versuchen, das Vorstellungsbild von sich selbst in der Öffentlichkeit attraktiv zu gestalten und damit ein hohes Prestige zu bekommen, und dass die Corporate Identity damit verbunden ist, eine in sich geschlossene, harmonische, überzeugende „Firmenpersönlichkeit" zu sein.[625] Auch in zahlreichen Definitionen von Corporate Identity kann man Parallelen feststellen. I.w.S. versteht man unter Corporate Identity die Profilierung eines Unternehmens zu einer „Unternehmensidentität" bzw. „Unternehmenspersönlichkeit".[626] Gerade in Bezug auf Handelsunternehmen bzw. Strategische Geschäftseinheiten von Handelsunternehmen, die ja oftmals auch ganze Unternehmen umfassen, zeigt sich die Nähe der beiden Begriffe zueinander.

Andererseits bestehen auch Unterschiede. So ist die Händlermarke i.d.R. eine Ebene tiefer angesiedelt als die Corporate Identity. Während fast alle Autoren, die sich mit Corporate Identity beschäftigen, davon ausgehen, dass sich die Corporate Identity auf das gesamte Unternehmen bezieht,[627] ist die Händlermarke auf der Ebene der Strategischen Geschäftseinheit zu sehen. Kaiser's, Tengelmann und Plus als Händlermarken der Tengelmann-Gruppe, Media-Markt und Saturn als Händlermarken der Media-Saturn-Gruppe (die ihrerseits zur Metro gehört) und viele andere Beispiele zeigen diesen Unter-

---

[624] Vgl. Dick; Alan; Basu, Kunal: Customer loyalty, toward an integrated conceptual framework, in: JAMS, 22. Jg., 1994, S. 99-113, S. 102. Allerdings wird nicht deutlich, warum die Befragung in Superlativ-Form erfolgen muss. So ist eine enge Assoziation einer Eigenschaft mit einer Handelsunternehmung nicht ohne weiteres gleichzusetzen mit einer superlativen Ausprägung.

[625] Vgl. Birkigt, Klaus; Stadler, Marinus; Funck; Hans Joachim: Corporate Identity, Grundlagen - Funktionen - Fallbeispiele, (Moderne Industrie) Landsberg a.L. 2000, S. 43, S. 49.

[626] Vgl. Kramer, Sabine: Corporate Identity, in: Diller, Hermann (Hrsg.): Vahlens Großes Marketinglexikon, (Beck/Vahlen) München 1992, S. 161; Zentes, Joachim; Swoboda, Bernhard: Grundbegriffe des Internationalen Managements, (Schäffer-Poeschel) Stuttgart 1997, S. 49.

[627] Vgl. Birkigt, Klaus; Stadler, Marinus; Funck; Hans Joachim: Corporate Identity, Grundlagen - Funktionen - Fallbeispiele, (Moderne Industrie) Landsberg a.L. 2000, S. 19; Scheuch, Fritz: Corporate Identity: Schlagwort oder strategisches Konzept?, in: der markt, 26. Jg., 1987, Nr. 2, S. 33-45, S. 33.

schied und damit die Notwendigkeit einer eigenständigen Erörterung der Händlermarke.[628]

Aber selbst bei Handelsunternehmen, die am Markt nur mit einer einzigen Händlermarke auftreten (z.b. Aldi), ist ein Unterschied in der Perspektive festzustellen. Corporate Identity ist wesentlich breiter ausgerichtet und wendet sich an die gesamte, mit der Unternehmung in Beziehung stehende Öffentlichkeit und die verschiedenen Gruppen im Unternehmen selbst.[629] Als Gruppen, die für Corporate Identity-Überlegungen relevant sind, sind z.b. Fremdkapitalgeber, Lieferanten, Mitarbeiter, Arbeitgeberverbände, Gewerkschaften, Umweltschutzgruppen, Kommunalbehörden und der Staat zu nennen. Dabei ist dem sogenannten „Stakeholder-Ansatz" in der Unternehmenspraxis heute eine hohe faktische Relevanz beizumessen.[630] Corporate Identity wird damit als die spezifische, einheitliche Selbstdarstellung eines Unternehmens nach innen wie nach außen angesehen, wobei alle Märkte (Absatz- und Beschaffungsmärkte für alle Inputfaktoren) ebenso wie die relevante Öffentlichkeit angesprochen werden.[631] Die Händlermarke ist dagegen von ihrer Intention eindeutig auf den Absatzmarkt ausgerichtet.[632] Daher ist die Wirkung der Händlermarke auch nur aus Sicht der Konsumenten zu beurteilen, während die Sicht der Corporate Identity eines Handelsunternehmens aus einer wesentlich breiteren Perspektive analysiert werden muss. Als Konsequenz ergibt sich, dass viele Aspekte, die für die Corporate Identity eines Handelsunternehmens wichtig sind, für den Konsumenten eines Produkts des Unternehmens - und damit für die Marke - zweitrangig sind. Andererseits sind Ausstrahlungseffekte von der Corporate Identity auf die Händlermarke und umgekehrt zu erwarten, was z.b. Schema-theoretisch begründet werden kann.

---

[628] Vgl. zu dieser Diskussion auch: Burkhardt, Achim: Die Betriebstypenmarke im stationären Einzelhandel, Diss., Universität Erlangen-Nürnberg 1997, S. 45-47.

[629] Vgl. Kramer, Sabine: Corporate Identity, in: Diller, Hermann (Hrsg.): Vahlens Großes Marketinglexikon, (Beck/Vahlen) München 1992, S. 161.

[630] Vgl. Zentes, Joachim; Swoboda, Bernhard: Grundbegriffe des Internationalen Managements, (Schäffer-Poeschel) Stuttgart 1997, S. 296.

[631] Vgl. Birkigt, Klaus; Stadler, Marinus; Funck; Hans Joachim: Corporate Identity, Grundlagen - Funktionen - Fallbeispiele, (Moderne Industrie) Landsberg a.L. 2000, S. 50f.

[632] Vgl. Zentes, Joachim; Janz, Markus; Morschett, Dirk: HandelsMonitor 2001: Retail Branding - Der Handel als Marke, (Lebensmittel Zeitung) Frankfurt a.M. 2000; sowie die Beiträge in Tomczak, Torsten (Hrsg.): Store Branding - Der Handel als Marke?, Ergebnisse 10. Bestfoods TrendForum, (TrendForum Verlag) Wiesbaden 2000.

Drittes Kapitel: Theoretischer Teil

A. Bezugsrahmen

I. Notwendigkeit eines Bezugsrahmens

Ein theoretischer Bezugsrahmen hat zum Ziel, eine Ausgangsbasis zu erarbeiten, deren zentrale Funktion es ist, Vorstellungen über die komplexe Realität zu strukturieren bzw. zu systematisieren, explorative Beobachtungen zu leiten und schließlich die Generierung und Integration von Untersuchungshypothesen zu unterstützen. Der Bezugsrahmen besitzt somit vor allem eine Bedeutung im Vorfeld der Hypothesen- und Theorienbildung und ist dem konfirmatorisch-explikativen Forschungsdesign vorgelagert. Er kann als Suchraum bezeichnet werden, in dem die Identifikation der relevanten Wirkungsbeziehungen zu einem späteren Zeitpunkt erfolgt.[633] Im Hinblick auf ein theoriegeleitetes Vorgehen ist die Verwendung eines Bezugsrahmens hilfreich, da er die bisherigen theoretischen Erkenntnisse integriert und zugleich die spätere explikative Analyse strukturiert.[634] Es handelt sich dabei um ein einfaches Modell, das in späteren Phasen der Untersuchung detailliert werden soll.

Für die vorliegende Arbeit soll ein Modell entwickelt werden, das sich lediglich auf einen Ausschnitt des Konsumentenverhaltens im Einzelhandel, nämlich den Aufbau bzw. die Stärkung und die Wirkung einer Händlermarke, oder, konkreter gesagt, des Markenwerts der Händlermarke, bezieht. Auch diese begrenzte Zielsetzung ist noch sehr komplex. So zeigt Bekmeier-Feuerhahn, dass es bei einer Untersuchung von Wahrnehmungs- und Verarbeitungsprozessen bei der Bildung der Markenstärke auf Grund der Komplexität und Fülle der Beziehungen kaum möglich ist, sämtliche Bildungsfaktoren zu berücksichtigen.[635]

Einen einfachen, d.h. stark abstrahierenden, Bezugsrahmen für den Aufbau von Markenwert stellt Keller vor (siehe Übersicht 14).

---

[633] Vgl. Fritz, Wolfgang: Marketing-Management und Unternehmenserfolg, 2. Aufl., (Schäffer-Poeschel) Stuttgart 1995, S. 75f.

[634] Vgl. Kube, Christian: Erfolgsfaktoren in Filialsystemen, (Gabler) Wiesbaden 1991, S. 70; Göttgens, Olaf: Erfolgsfaktoren in stagnierenden und schrumpfenden Märkten, (Gabler) Wiesbaden 1996, S. 109.

[635] Vgl. Bekmeier-Feuerhahn, Sigrid: Marktorientierte Markenbewertung, (DUV) Wiesbaden 1998, S. 117.

Übersicht 14:   Aufbau des konsumentenorientierten Markenwerts nach Keller

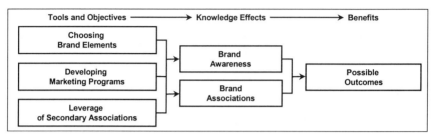

Quelle: in Anlehnung an Keller, Kevin: Strategic Brand Management, (Prentice Hall) Upper Saddle River/NJ 1998, S. 69.

Sehr ähnlich sieht die grundsätzliche Überlegung zum Markenaufbau von Franzen/Trommsdorff/Riedel aus. Sie beschreiben eine Kausalkette zur Entstehung des Markenwerts bzw. der Markenstärke und zeigen auf, dass folgende Schritte zu durchlaufen sind:[636]

1.   Gestaltung der Marketingmixmaßnahmen,

2.   Beeinflussung operativer Ziele wie Bekanntheit, Einstellung, Marktanteile usw.,

3.   Beeinflussung des strategischen Ziels Markenstärke.

Analog ist der von Sattler als „Grundgerüst für zukünftige Forschung" beschriebene Prozess. Den Ausgangspunkt bildet auch hier der Einsatz von Marketingmix-Instrumenten, die über eine Reaktionsfunktion den Wert einer Marke kurz- und langfristig beeinflussen.[637]

Bei allen drei dargestellten Prozessen bzw. Bezugsrahmen fehlt jedoch eine Unterscheidung, die für eine konsumentenverhaltensorientierte Untersuchung des Markenwerts einer Händlermarke relevant ist: die Trennung in die objektive Gestaltung des Marketingmix und dessen subjektive Wahrnehmung.

II.   Objektive Gestaltung des Handelsmarketing und subjektive Wirkung

Die psychologische Forschung hat es nicht mit Objekten „an sich" zu tun, nicht mit ihrer objektiven Beschaffenheit oder physikalischen Realität, sondern mit einem inneren Abbild dieser Realität, wie sie durch Wahrnehmung, Vorstellung und Beurteilung geformt

---

[636]   Vgl. Franzen, Ottmar; Trommsdorff, Volker; Riedel, Frank: Ansätze der Markenbewertung und Markenbilanz, in: Bruhn, Manfred (Hrsg.): Handbuch MA, Bd. 2, (Schäffer-Poeschel) Stuttgart 1994, S. 1373-1401, S. 1390f.

[637]   Vgl. Sattler, Henrik: Markenbewertung, in: ZfB, 65. Jg., 1995, Nr. 6, S. 663-682, S. 676f.

wird. Vor der Wahrnehmung eines Objekts ergibt sich durch aktivierende Vorgänge (so Bedürfnisse und Emotionen) und kognitive Vorgänge eine Art Filter.[638] Da es dem Menschen auf Grund der Vielzahl von Erlebnissen und Eindrücken nur selten möglich ist, sich ein objektives Bild von dem jeweiligen Meinungsgegenstand zu machen, indem er alle Objektattribute aufnimmt und alle sonstigen Umwelteinflüsse ausklammert, kombiniert er die wenigen objektiven Informationen mit persönlichen Einstellungen und subjektiven Kenntnissen zu einem subjektiven Gesamterlebnis, das sich in seiner Struktur stark vereinfacht, subjektiv gefärbt und mehr emotional als rational darstellt. Für die Analyse von Marketingmaßnahmen muss daher die Bedeutung der Wahrnehmungscharakteristika Subjektivität, Selektivität und Aktivität beachtet werden. Damit richtet ein Individuum seine Entscheidungen gegenüber einem Meinungsgegenstand nicht danach, wie dieser ist, sondern danach, wie er glaubt, dass er wäre; nicht das objektive Angebot bestimmt das Verhalten der Konsumenten, sondern das subjektiv wahrgenommene Angebot.[639]

Mazurky/Jacoby schlagen ein Modell vor, das den Prozess der Entstehung eines Markenimages aus zwei grundsätzlichen Komponenten zusammengesetzt sieht: der externen Welt (die sie als „objektive Realität" bezeichnen) und den subjektiven Eindrücken, die ein Konsument von ausgewählten Eindrücken dieser externen Welt hat („subjektive Realität" oder „wahrgenommene Realität"). Der innere Prozess der Bildung der Händlermarke beim Konsumenten läuft innerhalb der Komponente der „subjektiven Realität" ab. In einem ersten Schritt wird der Konsument auf bestimmte Eigenschaften aufmerksam. Diese wahrgenommenen Eigenschaften werden interpretiert und in „breiteren" Kategorien assimiliert, um durch Integration in ein Schema ganzheitlich die Wirkung der Marke auszumachen.[640] Hildebrandt führt aus, dass ein Modell, das die Erfolgswirksamkeit einzelner Faktoren im Einzelhandelsmarketing erklären soll, aus einer Anzahl von Variablen bestehen muss, die die funktionalen Leistungsfaktoren des Ladens repräsentieren, zugleich aber auch eine Anzahl von Größen enthalten muss, die erfassen, wie diese von den Kunden wahrgenommen werden (siehe Übersicht 15).

Diese grundsätzliche Betonung der subjektiven Wahrnehmung ist in der Marketingliteratur allgemein anerkannt, wurde ausführlich theoretisch diskutiert und in vielen Untersuchungen bestätigt.[641]

---

[638] Vgl. Wiswede, Günter: Die Psychologie des Markenartikels, in: Dichtl, Erwin; Eggers, Walter (Hrsg.): Marke und Markenartikel, (dtv) München 1992, S. 71-95, S. 72-74.

[639] Vgl. Kroeber-Riel, Werner, Weinberg, Peter: Konsumentenverhalten, 7. Aufl., (Vahlen) München 1999, S. 267; Theis, Hans-Joachim: Einkaufsstätten-Positionierung, (DUV) Wiesbaden 1992, S. 77.

[640] Der Image-Begriff von Mazurky/Jacoby entspricht etwa dem hier verwendeten Begriff der Marke; vgl. Mazursky, David; Jacoby, Jack: Exploring the development of store images, in: JoR, 62. Jg., 1986, Nr. 2, S. 145-165, S. 148f.

[641] Vgl. z.B: Festinger, Leon: Theorie der kognitiven Dissonanz, (Huber) Bern u.a. 1978, S. 23f.; Behrens, Gerold: Verhaltenswissenschaftliche Erklärungsansätze der Markenpolitik, in: Bruhn, Manfred

Übersicht 15:   Angenommene Einflussstruktur von Ladeneigenschaften

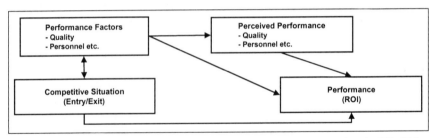

Quelle: Hildebrandt, Lutz: Store image and the prediction of performance in retailing, in: JBR, 17. Jg.,
          1988, S. 91-100, S. 94.

Trotz dieser Unterscheidung bzw. Trennung der Konstrukte beeinflussen sich die „physikalische Realität" und die „psychologische Realität" gegenseitig.[642] Die planbare „physikalische Realität" stellt dabei die Marke und ihren Charakter nach außen hin sichtbar dar. Die Nachfrager nehmen diese Realität - oder Teile davon - wahr.[643] Die verhaltensorientierte Betrachtungsweise rückt zwar die subjektive Realität mit den wahrgenommenen Produkteigenschaften in den Vordergrund; die verschiedenen Realitätsebenen sind aber nicht unabhängig voneinander, sondern stimmen mehr oder weniger gut überein.[644] Der wesentliche Grund dafür ist, dass die auf eine Person einwirkende Realität auch einen Druck erzeugt, um die entsprechenden kognitiven Elemente in Übereinstimmung mit der Realität zu bringen.[645]

Ein Beispiel aus dem Einzelhandel kann die in Übersicht 16 dargestellte Untersuchung über die Preisimages französischer Lebensmitteleinzelhändler bieten. Hier zeigt sich, dass die Punkte nicht auf einer vollständigen Geraden liegen und es auch „Ausreißer" gibt, d.h. Fälle, bei denen das wahrgenommene Preisniveau relativ weit vom objektiven Preisniveau abweicht; insgesamt ergibt eine korrelationsanalytische Betrachtung jedoch ein Korrelationsmaß r von 0,73. Das bedeutet, dass zwar keine vollständige Abhängigkeit vorliegt, aber doch ein enger Zusammenhang zwischen objektiver und subjektiver Realität besteht.

(Hrsg.): Handbuch MA, Bd. 1, (Schäffer-Poeschel) Stuttgart 1994, S. 199-217, S. 216; Oxenfeldt, Alfred: Developing a favorable price-quality image, in: JoR, 50. Jg., 1974/75; Nr. 4, S. 8-14, S. 11.

[642] Vgl. Wiswede, Günter: Psychologie der Markenbildung, in: Andreae, Clemens-August u.a. (Hrsg.): Markenartikel heute, (Gabler) Wiesbaden 1978, S. 135-158, S. 135; Brauer, Wolfgang: Die Betriebsform im stationären Einzelhandel als Marke, (FGM) München 1997, S. 74; Festinger, Leon: Theorie der kognitiven Dissonanz, (Huber) Bern u.a. 1978, S. 23f.

[643] Vgl. Brauer, Wolfgang: Die Betriebsform im stationären Einzelhandel als Marke, (FGM) München 1997, S. 74; Wiswede, Günter: Psychologie der Markenbildung, in: Andreae, Clemens-August u.a. (Hrsg.): Markenartikel heute, (Gabler) Wiesbaden 1978, S. 135-158, S. 135.

[644] Vgl. Behrens, Gerold: Verhaltenswissenschaftliche Erklärungsansätze der Markenpolitik, in: Bruhn, Manfred (Hrsg.): Handbuch MA, Bd. 1, (Schäffer-Poeschel) Stuttgart 1994, S. 199-217, S. 216.

[645] Vgl. Festinger, Leon: Theorie der kognitiven Dissonanz, (Huber) Bern u.a. 1978, S. 23f.

Übersicht 16: Vergleich objektiver Preisindizes und subjektiv wahrgenommener Preisniveaus französischer Lebensmitteleinzelhändler

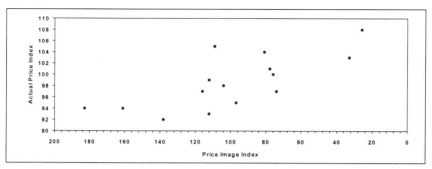

Quelle: in Anlehnung an Corstjens, Judith; Corstjens, Marcel: Store Wars, (Wiley) Chichester u.a. 1995, S. 153.

Der Grad des Zusammenhangs variiert dabei vermutlich zwischen den einzelnen Eigenschaften eines Objekts, so in Abhängigkeit der Beurteilbarkeit der Leistung.[646]

III. Darstellung des Bezugsrahmens

Aus den bisherigen Überlegungen wird der in Übersicht 17 dargestellte Bezugsrahmen als Basis der Untersuchung abgeleitet. Dieser beachtet einerseits auf Unternehmensseite die objektiv realisierte Strategie und andererseits auf der Seite der Konsumenten die Wahrnehmung der Konsumenten, nimmt aber zugleich eine Beeinflussung der Wahrnehmung durch die objektive Realität an.

Übersicht 17: Bezugsrahmen

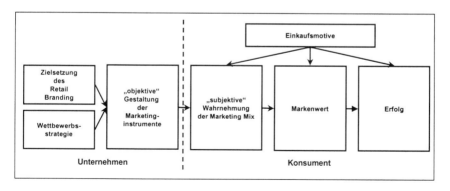

---

[646] Siehe dazu u.a. Abschnitt B.III.3.c) des Zweiten Kapitels.

Der angenommene Prozess, der diesem Bezugsrahmen zu Grunde liegt, ist folgendermaßen zu beschreiben:

1. Auf der Basis der Zielsetzungen der Unternehmen (sowohl wettbewerbsstrategischer Natur als auch in direktem Bezug auf ihre Händlermarke) konfigurieren Handelsunternehmen ihren Marketingmix.

2. Als externer Stimulus wirkt dieser Marketingmix (zusammen mit einer Vielzahl anderer externer und interner Einflüsse) auf den Konsumenten, der ihn subjektiv wahrnimmt. Auch die Einkaufsmotive des Konsumenten bzw. seine Prädispositionen beim Einkauf wirken auf die Wahrnehmung ein.

3. Die Wahrnehmung der Marketinginstrumente, die die (kurzfristige) Beurteilung umfasst, führt zu einer langfristigen Einstellungsbildung beim Konsumenten. Die Betrachtungsobjekte, die auf einer disaggregierten Ebene - also zumindest teilweise auf der Basis einzelner Attribute - beurteilt werden, werden schließlich nur noch auf der Ebene der Gesamturteile gesehen, die sich zudem verfestigen. Gedächtnisinhalte werden gebildet und dadurch entsteht ein Markenwert.

4. Der Markenwert als Einstellungsgröße ist es schließlich, der langfristig die konkrete Kaufentscheidung, und damit den Erfolg des Unternehmens, beeinflusst.

Dabei sind in diesem Modell (wie in allen Modellen) nicht alle möglichen und denkbaren Einflussfaktoren auf die jeweiligen Größen enthalten. So wird der Markenwert auch von anderen Faktoren beeinflusst. Auch wirken neben dem Markenwert noch andere Einflussgrößen auf die Kaufentscheidung, eine Diskussion, die im Rahmen der E-V-Hypothese umfassend geführt wurde.[647] Ein weiterer Aspekt, der aus der Betrachtung ausgeklammert wird, ist die „Rückkoppelung", die sich vom Markenwert auf die Wahrnehmung ergibt. Halo-Effekte, das Streben nach Konsistenz von Einstellung und Verhalten und andere Phänomene führen dazu, dass vorhandene Einstellungen, die sich im Modell im Markenwert ausdrücken, und das Kaufverhalten auch wiederum die Wahrnehmung beeinflussen.[648] Von dieser Rückkoppelung wird im vorliegenden Modell abstrahiert, weil in erster Linie der Aufbau des Markenwerts untersucht werden soll. Dabei entspricht es dem Charakter einer Modellbildung, sich auf interessierende Ausschnitte der Realität zu konzentrieren und von anderen zu abstrahieren.

Wesentlich für die Untersuchung ist die Zweiteilung in eine Unternehmensperspektive und eine Konsumentenperspektive. Der Bezugsrahmen wird dabei für die spätere empirische Untersuchung und auch für die theoretische Fundierung aus diesen zwei Perpektiven betrachtet.

---

[647] Vgl. zu dieser Diskussion Kroeber-Riel, Werner; Weinberg, Peter: Konsumentenverhalten, 7. Aufl., (Vahlen) München 1999, S. 170-181; Trommsdorff, Volker: Konsumentenverhalten, 3. Aufl., (Kohlhammer) Stuttgart u.a. 1998, S. 148-151.

[648] Vgl. Leuthesser, Lance; Kohli, Chiranjeev; Harin, Katrin: Brand equity: The halo effect measure, in: EJM, 29. Jg., 1995, S. 57-66.

Einerseits wird eine angebotsorientierte Sicht eingenommen, bei der die Handlungsoptionen des Unternehmens, die Zielsetzung - als Basis der Handlungen - und die Wirkungen betrachtet werden. Bezüglich des Unternehmensteils der Untersuchung wird der „Wirkungsteil" innerhalb des Konsumenten aus der Betrachtung ausgeklammert. Solche Modelle, die keine Aussage über die „eigentlichen" Ursachen enthalten, werden als Black-Box-Modelle bezeichnet. Das Modell enthält dann nur direkt feststellbare Beziehungen, obwohl diese nur mittelbarer Art sind. Trotz dieses Mangels der Black-Box-Modelle sind sie nicht generell negativ zu beurteilen. Vielfach erweisen sich die auf der Basis dieser Modelle zu treffenden Aussagen über längere Zeiträume als stabil, so dass die Ergebnisse oft zufriedenstellende, empirisch relevante Aussagen darstellen. Für viele Fragestellungen ist es nicht erforderlich, die Hintergründe bestimmter empirischer Erscheinungen aufzudecken.[649]

Im vorliegenden Fall werden eben diese Hintergründe jedoch auch aus einer anderen Perspektive betrachtet. So wird in einem Teil des Bezugsrahmens eine nachfrageorientierte Sicht eingenommen und die Thematik aus der Perspektive des Konsumenten betrachtet. Das Modell, das dieser Betrachtung zu Grunde liegt, ist ein S-O-R-Modell, bei dem das markierte Objekt die beobachtbare Stimulus-Variable ist und die Wahrnehmung dieses Reizes, die psychische Prozesse beim Konsumenten initiiert, inklusive des daraus resultierenden Markenwerts, die Organismus-Variable. Die Reaktion stellt schließlich das Markenverhalten dar.[650] Auf dieser Basis werden die Bildung, Verarbeitung, Speicherung und Verhaltensrelevanz des Markenwerts untersucht.

Die oben dargestellten zwei Perspektiven sind für die vorliegende Untersuchung zentral und stellen ein geeignetes Vorgehen für das Untersuchungsthema dar. In fast allen Untersuchungen, die sich mit den ähnlichen Themen beschäftigen, wird jeweils nur eine dieser beiden Perspektiven eingenommen. Ausnahmen stellen die Untersuchungen von Heinemann[651] und Gröppel-Klein[652] dar, die Erlebnisstrategien des Einzelhandels bzw. Wettbewerbsstrategien des Einzelhandels aus Unternehmens- und Konsumentenperspektive analysieren.

---

[649] Vgl. Tietz, Bruno: Marketing, 3. Aufl., (Werner) Düsseldorf 1993, S. 64.

[650] Vgl. zu diesem psychischen Prozess Bekmeier-Feuerhahn, Sigrid: Marktorientierte Markenbewertung, (DUV) Wiesbaden 1998, S. 114.

[651] Vgl. Heinemann, Gerrit: Betriebstypenprofilierung und Erlebnishandel, (Gabler) Wiesbaden 1989.

[652] Vgl. Gröppel-Klein, Andrea: Wettbewerbsstrategien im Einzelhandel, (DUV) Wiesbaden 1998.

B. Erklärungsrelevante Theorien und theoretische Ansätze der vorliegenden Untersuchung

I. Grundlagen der Bildung von (Händler-)Marken aus der Konsumentenforschung

1. Überblick über ausgewählte Ansätze der Konsumentenforschung

Die psychologischen Grundlagen, die hier im Folgenden kurz dargestellt werden sollen, beruhen auf der Konsumentenforschung. Dabei hat die Konsumentenforschung als angewandte Verhaltenswissenschaft das Ziel, Gesetzmäßigkeiten über das Verhalten zu formulieren und zu prüfen. Sie unterteilt das System der psychischen Vorgänge in zwei Subsysteme: aktivierende und kognitive Prozesse. Von den aktivierenden Prozessen sind u.a. motivationale Aspekte und auch das Einstellungskonstrukt für die Frage der Markenbildung von Relevanz.[653] Von den kognitiven Ansätzen werden u.a. folgende Ansätze oft zur Erklärung markenorientiertes Verhalten herangezogen: Lerntheorie, Theorie des wahrgenommenen Risikos und Theorie der kognitiven Dissonanz.[654]

2. Wahrnehmung

a) Wahrnehmung als aktiver, subjektiver und selektiver Prozess

Betrachtet man den Markenwert als ein Konstrukt, das (auch) auf der subjektiven Wertschätzung der Marke beruht, und analysiert die Entstehungsprozesse, beschäftigt sich die Untersuchung u.a. mit den Wahrnehmungsprozessen des Konsumenten, die als verursachende Variablen der Bildung des Markenwerts betrachtet werden.[655]

Wahrnehmung ist ein Informationsverarbeitungsprozess, durch den das Individuum Kenntnis von sich selbst und von seiner Umwelt erhält. Wahrnehmung ist also ein komplexer kognitiver Vorgang, der mit anderen kognitiven Vorgängen wie Aufmerksamkeit, Denken und Gedächtnis verknüpft ist.[656] Dabei kann man sämtliche objektbezogenen

---

[653] Vgl. Kroeber-Riel, Werner; Weinberg, Peter: Konsumentenverhalten, 7. Aufl., (Vahlen) München 1999, S. 3, S. 8, S. 49f.

[654] Vgl. Brand, Horst; Bungard, Walter: Markentreue, in: JAV, 28. Jg., 1982, Nr. 3, S. 265-288, S. 266f..

[655] Vgl. Bekmeier-Feuerhahn, Sigrid: Marktorientierte Markenbewertung, (DUV) Wiesbaden 1998, S. 113f.

[656] Vgl. Kroeber-Riel, Werner; Weinberg, Peter: Konsumentenverhalten, 7. Aufl., (Vahlen) München 1999, S. 265, S. 268f.

Einflusswirkungen der Marke unter dem psychischen Konstrukt Objektwahrnehmung subsumieren.[657]

Wahrnehmen ist dabei kein passives Registrieren von Reizen, sondern ein aktiver Vorgang, der durch Umwelteinflüsse (z.b. Atmosphäre) und psychische Faktoren (z.b. Erwartungen) beeinflusst wird. Dadurch wird ein internes Modell der Außenwelt konstruiert. Die wahrgenommenen Reize werden nicht einfach übernommen, sondern selektiert, strukturiert, bewertet, modifiziert und durch eigene Gedächtnisinhalte ergänzt.[658] Die Wahrnehmung erfolgt selektiv, wobei die Aufmerksamkeit insbesondere durch zwei Faktoren gelenkt wird: durch Antriebs- und Aktivierungskräfte (inkl. der Emotionen) und durch kognitive Prädispositionen des Individuums. Die Attributionsforschung spricht hier von „impliziten Hypothesen" des Individuums, also Vorstellungen darüber, „was der Fall ist oder der Fall sein sollte".[659]

b) Beurteilung

Die Produktbeurteilung ist ein Teilprozess der Wahrnehmung, die sich von einer ersten Anmutung zu einer kognitiven Interpretation der aufgenommenen Informationen sukzessive entfaltet.[660] Wahrgenommene Gegenstände werden spontan in Bezugssysteme eingeordnet und dadurch beurteilt. Eigenschaften und Funktionen werden so ohne Überlegungen erfasst und die Beurteilung auch emotional beeinflusst.[661] Dabei geht der Beurteiler bei der Urteilsbildung meist über das hinaus, was durch die vorhandenen Informationen eigentlich möglich wäre. Individuen unterliegen bei ihrer Wahrnehmung also einer Tendenz zur Verallgemeinerung und zur Vervollständigung der Urteilsbildung.[662] Die Beurteilung umfasst das Ordnen und Bewerten von aufgenommenen Informationen,

---

[657] Vgl. Bekmeier-Feuerhahn, Sigrid: Marktorientierte Markenbewertung, (DUV) Wiesbaden 1998, S. 127.

[658] Vgl. Behrens, Gerold: Verhaltenswissenschaftliche Erklärungsansätze der Markenpolitik, in: Bruhn, Manfred (Hrsg.): Handbuch MA, Bd. 1, (Schäffer-Poeschel) Stuttgart 1994, S. 199-217, S. 201; Kroeber-Riel, Werner; Weinberg, Peter: Konsumentenverhalten, 7. Aufl., (Vahlen) München 1999, S. 265-267.

[659] (Vgl.) Wiswede, Günter: Die Psychologie des Markenartikels, in: Dichtl, Erwin; Eggers, Walter (Hrsg.): Marke und Markenartikel, (dtv) München 1992, S. 71-95, S. 74.

[660] Vgl. Kroeber-Riel, Werner; Weinberg, Peter: Konsumentenverhalten, 7. Aufl., (Vahlen) München 1999, S. 275.

[661] Vgl. Behrens, Gerold: Verhaltenswissenschaftliche Erklärungsansätze der Markenpolitik, in: Bruhn, Manfred (Hrsg.): Handbuch MA, Bd. 1, (Schäffer-Poeschel) Stuttgart 1994, S. 199-217, S. 203. Kroeber-Riel/Weinberg machen darauf aufmerksam, dass bei der Produktbeurteilung in vielen Fällen ein emotionaler Eindruck eine wesentliche Rolle spielt für die (kognitive) Informationsverarbeitung; vgl. Kroeber-Riel, Werner; Weinberg, Peter: Konsumentenverhalten, 7. Aufl., (Vahlen) München 1999, S. 238-241.

[662] Vgl. Wiswede, Günter: Die Psychologie des Markenartikels, in: Dichtl, Erwin; Eggers, Walter (Hrsg.): Marke und Markenartikel, (dtv) München 1992, S. 71-95, S. 75.

so dass ein Qualitätsindikator entsteht.[663] In der Regel wird dabei der Begriff der Produktbeurteilung (und der daraus resultierende Qualitätsindikator) auf die funktionalen Aspekte eines Produkts bezogen.[664]

Die komplexen Programme der Objektbeurteilung gehen von der Hypothese aus, dass sich die wahrgenommene Objektqualität auf Grund einer systematischen Wahrnehmung einzelner Objekteigenschaften bildet, sich also die Beurteilung eines Objekts aus mehreren Teilurteilen zusammensetzt, und dass der Mensch in der Lage ist, bestimmte Teilqualitäten eines Objekts bzw. einer Marke isoliert zu erleben. Derartige Modelle werden Multiattribut-Modelle genannt. Sie sollen eine bei der Produktbeurteilung benutzte „kognitive Algebra" der Konsumenten abbilden.[665] Es ist dabei wichtig zu beachten, dass sich eine Produktbeurteilung nur aus wertenden Eindrücken zusammensetzt. Rein sachliche Eindrücke können zu einer Produktbeschreibung führen, aber daraus lässt sich kein positives oder negatives Urteil ableiten.[666]

Mit der Aggregation beurteilungsrelevanter Informationen hat sich die Konsumentenforschung ausführlich beschäftigt und man hat vielfach versucht, Modelle aufzustellen, die widerspiegeln, wie Konsumenten Informationen zu Beurteilungen verknüpfen.[667] Die Multiattribut-Modelle, als komplexe Verfahren der Produktbeurteilung, stellen kompensatorische Modelle dar. Niedrige Werte hinsichtlich eines Kriteriums können durch hohe Werte eines anderen Kriteriums ausgeglichen werden, was in der Psychologie jedoch kritisch betrachtet wird.[668] Als Beispiele solcher Beurteilungsmodelle sind das Rosenberg-, das Fishbein- und das Trommsdorff-Modell zu nennen.[669]

---

[663] Unter dem Begriff der „Qualität" wird dabei meist die vom Konsumenten anhand einzelner Leistungseigenschaften wahrgenommene und im Hinblick auf seine eigenen Nutzenerwartungen bewertete Beschaffenheit einer Leistung oder eines Produkts verstanden. Vgl. Kroeber-Riel, Werner; Weinberg, Peter: Konsumentenverhalten, 7. Aufl., (Vahlen) München 1999, S. 275; Wilke, Kai: Eignung des Internets für die Reduktion von Qualitätsrisiken im Kaufentscheidungsprozess, in: Müller-Hagedorn, Lothar (Hrsg.): Zukunftsperspektiven des E-Commerce im Handel, (dfv) Frankfurt a.M. 2000, S. 227-271, S. 231.

[664] Vgl. z.B. Güldenberg, Hans: Neue Gewichte und Maße für Qualität im Markenmanagement, in: asw, 34. Jg., 1991, Sondernummer, S. 162-170, S. 164.

[665] Vgl. Kroeber-Riel, Werner; Weinberg, Peter: Konsumentenverhalten, 7. Aufl., (Vahlen) München 1999, S. 305f.; Wiswede, Günter: Die Psychologie des Markenartikels, in: Dichtl, Erwin; Eggers, Walter (Hrsg.): Marke und Markenartikel, (dtv) München 1992, S. 71-95, S. 76.

[666] Vgl. Kroeber-Riel, Werner; Weinberg, Peter: Konsumentenverhalten, 7. Aufl., (Vahlen) München 1999, S. 306; Trommsdorff, Volker: Konsumentenverhalten, 3. Aufl., (Kohlhammer) Stuttgart u.a. 1998, S. 296f.

[667] Vgl. Trommsdorff, Volker: Konsumentenverhalten, 3. Aufl., (Kohlhammer) Stuttgart u.a. 1998, S. 296.

[668] Vgl. Kroeber-Riel, Werner; Weinberg, Peter: Konsumentenverhalten, 7. Aufl., (Vahlen) München 1999, S. 305-312; Wiswede, Günter: Die Psychologie des Markenartikels, in: Dichtl, Erwin; Eggers, Walter (Hrsg.): Marke und Markenartikel, (dtv) München 1992, S. 71-95, S. 77.

[669] Vgl. hierzu ausführlich Engel, James; Blackwell, Roger; Miniard, Paul: Consumer Behaviour, 8. Aufl., (The Dryden Press) Fort Worth 1995, S. 368-377; Wiswede, Günter: Die Psychologie des Markenartikels, in: Dichtl, Erwin; Eggers, Walter (Hrsg.): Marke und Markenartikel, (dtv) Mün-

Interdependenz der Attribute

Grundsätzlich gehen alle Multiattribut-Modelle von einer weitgehenden Unabhängigkeit der einzelnen Eigenschaften aus. Andererseits machen zahlreiche Verhaltensforscher darauf aufmerksam, dass in vielen Situationen der Konsument in einer (kognitiv) verein- fachenden Weise von einem Eindruck auf einen anderen schließt. Im Gegensatz zu den oben dargestellten, komplexen kognitiven Programmen sind hier vereinfachte, schemati- sche Schlüsse anzufinden. Die psychologische Realität (also die Realität, wie sie vom Individuum subjektiv wahrgenommen wird) basiert dabei also nicht auf einer objektiv- rationalen Logik, sondern auf einer Psycho-Logik, die durch Vereinfachung, Verzer- rung, Fehlschlüsse oder Vorurteile erheblich von logischen oder rationalen Entschei- dungen abweichen kann.[670]

Die wichtigsten dieser Effekte sind:[671]

1. Nutzung von Schlüsselinformationen (Detaildominanz)

    Häufig wird das Konsumentenwissen zur Vereinfachung der Informationsverarbei- tung soweit wie möglich kompakt behandelt und nicht so differenziert wie mög- lich. Subjektiv zusammengefasste Einzelinformationen sind im semantischen Ge- dächtnis organisiert und stehen als Einheit stellvertretend für viele einzelne Kogni- tionen.[672] Schlüsselinformationen („information chunks") sind Informationen, die für die Produktbeurteilung besonders wichtig sind und mehrere andere Informatio- nen substituieren oder bündeln, und damit dem Konsumenten die Verarbeitung von weiteren Informationen weitgehend ersparen. Durch zahlreiche Studien zum In- formationsverhalten der Verbraucher ist empirisch gesichert, dass Konsumenten aus einer Fülle an sich verfügbarer Informationen nur einen relativ geringen Teil nutzen und zur Beurteilung bevorzugt diese „Schlüsselinformationen" heranzie- hen.[673]

---

chen 1992, S. 71-95, S. 77; Kroeber-Riel, Werner; Weinberg, Peter: Konsumentenverhalten, 7. Aufl., (Vahlen) München 1999, S. 307, S. 199-202.   Zu beachten ist hierbei, dass als Mess- modelle für die Beurteilung und Messmodelle für die Einstellung i.d.R. die gleichen Konzepte er- wähnt werden. So sind die oben erwähnten Modelle bei Kroeber-Riel/Weinberg als Methoden der Einstellungsmessung, bei Wiswede als Beurteilungsmodelle beschrieben. Dies ist auf die große Nä- he der beiden Konstrukte zueinander zurückzuführen.

[670] Vgl. Kroeber-Riel, Werner; Weinberg, Peter: Konsumentenverhalten, 7. Aufl., (Vahlen) München 1999, S. 292-305; Wiswede, Günter: Die Psychologie des Markenartikels, in: Dichtl, Erwin; Eg- gers, Walter (Hrsg.): Marke und Markenartikel, (dtv) München 1992, S. 71-95, S. 72.

[671] Vgl. Wiswede, Günter: Die Psychologie des Markenartikels, in: Dichtl, Erwin; Eggers, Walter (Hrsg.): Marke und Markenartikel, (dtv) München 1992, S. 71-95, S. 78; Kroeber-Riel, Werner; Weinberg, Peter: Konsumentenverhalten, 7. Aufl., (Vahlen) München 1999, S. 298-305.

[672] Vgl. Trommsdorff, Volker: Konsumentenverhalten, 3. Aufl., (Kohlhammer) Stuttgart u.a. 1998, S. 93.

[673] Vgl. Kroeber-Riel, Werner; Weinberg, Peter: Konsumentenverhalten, 7. Aufl., (Vahlen) München 1999, S. 281, S. 299f.

Insbesondere bei Dienstleistungen wird - auf Grund der schlechten Beurteilbarkeit der Leistung - darauf hingewiesen, dass die Konsumenten Schlüsselinformationen zu ihrer Beurteilung einsetzen, so z.b. den Preis oder die Marke, die dann als „Ersatzindikator" für die Gesamtqualität dienen.[674]

2. Irradiation

Während der Begriff der Detaildominanz aussagt, dass von einer einzelnen Eigenschaft auf die Gesamtqualität geschlossen wird, wird mit Irradiation das Phänomen bezeichnet, dass von einem Einzeleindruck auf einen anderen geschlossen wird. Insbesondere bei thematisch unklar abgegrenzten Einzelmerkmalen oder einer engen Assoziationen zwischen zwei Merkmalen sind solche Effekte festzustellen.[675]

3. Halo-Effekt

Beim Halo-Effekt wird vom Gesamturteil über ein Objekt auf die Einzeleigenschaften geschlossen. Er basiert auf der Unfähigkeit eines Beurteilers, zwischen konzeptionell unterschiedlichen und potenziell unabhängigen Eigenschaften zu unterscheiden, mit dem Resultat, dass alle individuellen Eigenschaftsbewertungen stärker miteinander kovariieren, als sie es normalerweise würden.[676]

Alle drei Formen der Vereinfachung der Beurteilung werden auch als Denkschablonen bezeichnet,[677] wobei dieser Ausdruck eine gewisse Nähe zu den Schema-Theorien zeigt.

Die genannten Phänome bringen jedoch Probleme bei der Nutzung von Multiattribut-Modellen für die Beurteilung mit sich. Wie gezeigt wurde, gehen diese von einer Unabhängigkeit der einzelnen Attribute aus, während i.d.R. zwischen den einzelnen Variablen des psychologischen Eigenschaftsraums Interkorrelationen auftreten.[678] Wenn sich bei der Wahrnehmung einzelner Beurteilungsmerkmale Interdependenzen ergeben, sind multiattributive Ansätze kritisch zu bewerten. Die „Interaktion" ist in diesem Fall nicht

---

[674]   Vgl. z.B. Stauss, Bernd: Dienstleistungsmarken, in: Bruhn, Manfred (Hrsg.): Handbuch MA, Bd. 1, (Schäffer-Poeschel) Stuttgart 1994, S. 79-103, S. 92f.; Brown, James; Fern, Edward: Goods vs. services marketing: A divergent perspective, in: Donnelly, James; George, William (Hrsg.): Marketing of Services, (AMA) Chicago 1981, S. 205-207, S. 205.

[675]   Vgl. Kroeber-Riel, Werner; Weinberg, Peter: Konsumentenverhalten, 7. Aufl., (Vahlen) München 1999, S. 304.

[676]   Vgl. Leuthesser, Lance; Kohli, Chiranjeev; Harin, Katrin: Brand equity: The halo effect measure, in: EJM, 29. Jg., 1995, S. 57-66, S. 57; Kroeber-Riel, Werner; Weinberg, Peter: Konsumentenverhalten, 7. Aufl., (Vahlen) München 1999, S. 305.

[677]   Vgl. Kroeber-Riel, Werner; Weinberg, Peter: Konsumentenverhalten, 7. Aufl., (Vahlen) München 1999, S. 298.

[678]   Vgl. Wiswede, Günter: Die Psychologie des Markenartikels, in: Dichtl, Erwin; Eggers, Walter (Hrsg.): Marke und Markenartikel, (dtv) München 1992, S. 71-95, S. 78.

genügend berücksichtigt und eine additive Verknüpfung von Image-Dimensionen führt zu einer Verzerrung der so ermittelten Gesamtbeurteilung.[679]

Übersicht 18:   Vektormodell des Images nach Wiswede

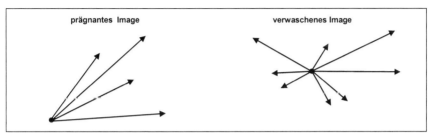

Quelle: Wiswede, Günter: Die Psychologie des Markenartikels, in: Dichtl, Erwin; Eggers, Walter (Hrsg.): Marke und Markenartikel als Instrumente des Wettbewerbs, (Beck) München 1992, S. 71-95, S. 75.

Ein Ansatz, die Teilqualitäten bzw. Attribute zu integrieren bzw. ihre Interdependenz zu betrachten, stellt das sogenannte Vektor-Modell von Wiswede dar, das auf die innere Stimmigkeit der Einzelfaktoren im kognitiven Feld abhebt. Visualisiert man bspw. die einzelnen Eigenschaften einer Marke als Vektoren eines Kräfteparallelogramms, so weisen bei einem stimmigen Markenbild diese Vektoren in die gleiche Richtung, während sie bei einem unstimmigen (verwaschenen, widersprüchlichen) Markenbild in unterschiedliche Richtungen deuten, sie streuen mehr oder weniger zufällig; eine Perspektive, die zeigt, dass die einzelnen Eigenschaften nicht isoliert auf die Beurteilung eines Objekts wirken, sondern ihre Beziehung zueinander zu beachten ist. Sie besagt, dass die Struktur eines Markenbildes möglichst viele kongruente Eigenschaften haben sollte,[680] bzw. dass ein möglichst guter „Fit" zwischen den Eigenschaften bestehen soll. Betrachtet man die Elemente als Kognitionen, so lassen sich inkompatible Attribute als kognitive Dissonanzen im Sinne der Dissonanztheorie beschreiben.[681]

Park/Milberg/Lawson sprechen in einem ähnlichen Zusammenhang vom „wahrgenommenen Fit", der die Beurteilung eines Elements bezüglich der Zugehörigkeitseignung zu einer Kategorie bezeichnet. Sie beschäftigen sich mit dem wahrgenommenen Fit zwischen unterschiedlichen Produkten, um damit die Beurteilung von Markenerweiterungen zu analysieren. Neben einem Vergleich der wahrgenommenen Produkteigenschaften bei

---

[679]   Vgl. Leuthesser, Lance; Kohli, Chiranjeev; Harin, Katrin: Brand equity: The halo effect measure, in: EJM, 29. Jg., 1995, S. 57-66, S. 57; Behrens, Gerold: Konsumentenverhalten, 2. Aufl., (Physica) Heidelberg 1991, S. 121; Sander, Matthias: Die Bestimmung und Steuerung des Wertes von Marken, (Physica) Heidelberg 1994, S. 77f.

[680]   Vgl. Wiswede, Günter: Die Psychologie des Markenartikels, in: Dichtl, Erwin; Eggers, Walter (Hrsg.): Marke und Markenartikel, (dtv) München 1992, S. 71-95, S. 75f.

[681]   Vgl. Festinger, Leon: Theorie der kognitiven Dissonanz, (Huber) Bern u.a. 1978, S. 22.

Stammprodukt und Markenerweiterungsprodukt betrachten sie dabei auch ein Konstrukt, das sie „wahrgenommene Konzeptkonsistenz" nennen. Markenkonzepte sind nach diesem Ansatz markentypische, abstrakte Gesamtimages, die typischerweise einer bestimmten Konfiguration von Produkteigenschaften entstammen.[682]

Gestaltpsychologie

In der psychologischen Theorie, dass ein organisiertes Ganzes mehr ist als die Summe seiner Teile, in die es logisch zerlegt werden könnte, wird dieses „Ganze" als Gestalt bezeichnet. Dies wird auch als geeigneter Weg angesehen, das Markenkonstrukt zu beschreiben.[683] Auch die Gestaltpsychologie betont die Zusammengehörigkeit aller Objekteigenschaften und ihre Interdependenz in der Wahrnehmung.

Bezüglich der Aufnahme und Strukturierung von Reizen ist eine Reihe grundlegender Prinzipien der Stimulus-Organisation festzustellen, u.a.:[684]

♦ Einfachheit, d.h. Individuen haben eine starke Tendenz dazu, ihre Wahrnehmungen in „einfache" Muster zu ordnen. Individuen organisieren ihre Wahrnehmungen selbst dann einfach, wenn die Informationen auch komplexere Muster zulassen würden.

♦ Abgeschlossenheit, d.h. Individuen tendieren dazu, ein Gesamtbild zu entwickeln, selbst wenn bestimmte Informationen dazu überhaupt nicht zur Verfügung gestellt werden. Die fehlenden Informationen werden dann selbst ergänzt - womit sich eine Verbindung zur Schema-Theorie ergibt, die später betrachtet wird. Diese Abgeschlossenheit hat Auswirkungen auf die Markenwahrnehmung und -beurteilung. Wie bei prägnanten Figuren werden „fehlende Teile" ergänzt, d.h. der Marke werden Eigenschaften zugeordnet, die niemals wahrgenommen wurden und die möglicherweise objektiv auch gar nicht vorhanden sind. An die Stelle unzusammenhängender Bewertungen tritt eine in sich geschlossene Beurteilung.

Die einzelnen Informationen, die ein Kunde bezüglich eines Objekts wahrnimmt, werden im Rahmen eines kognitiven Ordnungsprozesses verdichtet, aufeinander abgestimmt und in einigen Fällen zu einer Ganzheit zusammengefügt. Viele einzelne Markeninformationen werden so zu einer Gestalt, d.h., sie werden nicht als eine Ansamm-

---

[682] Vgl. Park, Whan; Milberg, Sandra; Lawson, Robert: Beurteilung von Markenerweiterungen, in: Esch, Franz-Rudolf (Hrsg.): Moderne Markenführung, 2. Aufl., (Gabler) Wiesbaden 2000, S. 737-754, S. 739-741.

[683] Vgl. Blackett, Tom: The Nature of Brands, in: Murphy, John (Hrsg.): Brand Valuation, (Hutchinson) London 1989, S. 1-11, S. 5.

[684] Vgl. Engel, James; Blackwell, Roger; Miniard, Paul: Consumer Behaviour, 8. Aufl., (The Dryden Press) Fort Worth 1995, S. 489-491; Koppelmann, Udo: Funktionenorientierter Erklärungsansatz der Markenpolitik, in: Bruhn, Manfred (Hrsg.): Handbuch MA, Bd. 1, (Schäffer-Poeschel) Stuttgart 1994, S. 219-237, S. 226-228; Behrens, Gerold: Verhaltenswissenschaftliche Erklärungsansätze der Markenpolitik, in: Bruhn, Manfred (Hrsg.): Handbuch MA, Bd. 1, (Schäffer-Poeschel) Stuttgart 1994, S. 199-217, S. 211.

lung von Produkteigenschaften bewusst, sondern als eine kohärente Vorstellung, die „Markenbild" genannt werden kann.[685]

Die Produktbeurteilung bzw. die wahrgenommene Qualität wird in engem Zusammenhang mit der Bildung des Markenwerts gesehen. So geht der konsumentenorientierte Markenansatz von Aaker davon aus, dass die Produktbeurteilung maßgeblich den Markenwert beeinflusst.[686] Auch Bekmeier-Feuerhahn postuliert, dass die Produktbeurteilung (als Teilgröße der Produktwahrnehmung) auf den Markenwert bzw. die Markenstärke einwirkt. Sie formuliert zu dieser Annahme die Hypothese (die im Pfaddiagramm in Übersicht 19 enthalten ist), dass zwischen Produktbeurteilung und Markenstärke ein positiver Zusammenhang besteht, und bestätigt diese empirisch für eine Reihe von Konsumgütern.[687] Ähnlich gehen die in Abschnitt A. dieses Kapitels dargestellten Bezugsrahmen der Bildung des Markenwerts, so von Keller, von Franzen/Trommsdorff/Riedel und von Sattler davon aus, dass sich der Markenwert u.a. als Reaktion auf die Wahrnehmung und Beurteilung von Eigenschaften der Marke ergibt.[688]

Übersicht 19: Pfaddiagramm für die Bildung der Markenstärke

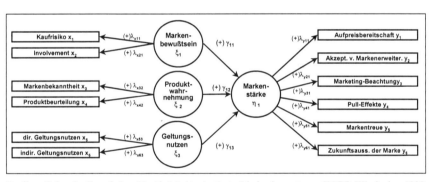

Quelle: Bekmeier-Feuerhahn, Sigrid: Marktorientierte Markenbewertung, (DUV) Wiesbaden 1998, S. 153.

Dabei stellt sich jedoch die Frage, inwieweit die Wahrnehmung der Marketinginstrumente, i.e.S. die Beurteilung, überhaupt vom Markenwert getrennt werden kann, oder ob

[685] Vgl. Behrens, Gerold: Verhaltenswissenschaftliche Erklärungsansätze der Markenpolitik, in: Bruhn, Manfred (Hrsg.): Handbuch MA, Bd. 1, (Schäffer-Poeschel) Stuttgart 1994, S. 199-217, S. 211.

[686] Vgl. Aaker, David: Management des Markenwerts, (Campus) Frankfurt a.M. 1992, S. 31f.

[687] Vgl. Bekmeier-Feuerhahn, Sigrid: Marktorientierte Markenbewertung, (DUV) Wiesbaden 1998, S. 133, S. 153-155.

[688] Vgl. Keller, Kevin: Strategic Brand Management, (Prentice Hall) Upper Saddle River/NJ 1998, S. 69; Franzen, Ottmar; Trommsdorff, Volker; Riedel, Frank: Ansätze der Markenbewertung und Markenbilanz, in: Bruhn, Manfred (Hrsg.): Handbuch MA, Bd. 2, (Schäffer-Poeschel) Stuttgart 1994, S. 1373-1401, S. 1390f.; Sattler, Henrik: Markenbewertung, in: ZfB, 65. Jg., 1995, Nr. 6, S. 663-682, S. 676f.

hier zwei Bezeichnungen und/oder Operationalisierungen für das gleiche Konstrukt verwendet werden.

Zur Abgrenzung dieser beiden Konstrukte kann eine Reihe von Unterschieden aufgezeigt werden. So kann man z.b. feststellen, dass sich eine Produktbeurteilung nur aus wertenden Eindrücken zusammensetzt. Rein sachliche Eindrücke können zu einer Produktbeschreibung führen, aber daraus lässt sich kein Urteil ableiten.[689] Der Markenwert wird jedoch darüber hinaus von einer ganzen Reihe anderer, nicht unmittelbar bewerteter Merkmale oder Aspekte geprägt, so z.b. der Stärke des Wissens über die Marke (Bekanntheit) und der wahrgenommenen Abgrenzung zu anderen Marken (auch bei Eigenschaften, die als neutral bewertet werden, aber - z.b. auf der Basis der Reizdiskriminierung - andere Prozesse, wie das Lernen, beeinflussen).

Die Unterschiede zwischen den Konstrukten können auch mit einem Rückgriff auf das Erklärungsmodell von Wiswede dargestellt werden. So erläutert Wiswede das Produktbild als Ergebnis - bzw. „Resultierende" - einer Vielzahl von Einzelfaktoren, die in „unterschiedliche Richtungen" zeigen können. Mit der Zeit beginnen sich die Strukturen zu verfestigen, „als wären die einzelnen Variablen, die die Struktur urprünglich bewirkten, gegenstandslos", als sei die Resultierende funktionell autonom geworden.[690] Der Markenwert im Sinne des vorliegenden Modells ist dabei ein solches, langfristig stabiles und von den ursprünglich prägenden Variablen zu trennendes Einstellungskonstrukt.

Übersicht 20: Erläuterung der Beziehung zwischen Beurteilung und Markenwert auf Basis der Vektortheorie von Wiswede

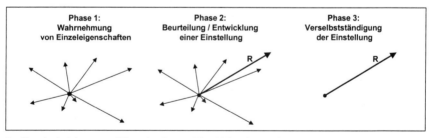

Quelle: in Anlehnung an Wiswede, Günter: Eine Vektortheorie des Verbraucherverhaltens, in: JAV, 12. Jg., 1966, S. 53-67, S. 62.

Sehr ähnlich der Vektortheorie ist der bereits dargestellte gestaltpsychologische Erklärungsansatz. So vollzieht sich die Beurteilung i.d.R. auf der Basis von Einzeleigenschaf-

---

[689] Vgl. Kroeber-Riel, Werner; Weinberg, Peter: Konsumentenverhalten, 7. Aufl., (Vahlen) München 1999, S. 306.

[690] (Vgl.) Wiswede, Günter: Eine Vektortheorie des Verbraucherverhaltens, in: JAV, 12. Jg., 1966, S. 53-67, S. 62.

ten. Diese einzelnen Informationen, die ein Kunde bezüglich eines Objekts wahrnimmt, werden aufeinander abgestimmt und in einigen Fällen zu einer Ganzheit zusammengefügt.[691] Dabei wird diese zwar im ersten Schritt kompositionell gebildet, entwickelt sich dann aber zu einer Ganzheit, auf der der Markenwert (langfristig) beruht.

Kennzeichnend für die Marke ist also ihre Verfestigung im Zeitablauf.[692] Dieses Phänomen der „Erstarrung" macht dabei den Charakter des Markenwerts aus. Markenbilder sind höchst dauerhafte Gebilde von hoher Stabilität, die sich in Bezug auf Gestaltänderungen als inflexibel erweisen. Auch bei Änderungen der Realität haben sie die Tendenz, starr zu bleiben.[693] Diese Starrheit gilt dabei insbesondere für generelle, pauschale Urteile über die Marke; bezüglich einzelner Objekteigenschaften ist eine stärkere Flexibilität zu erwarten.[694]

Aber nicht nur die Beurteilung hat einen Einfluss, auch der wahrgenommene Fit der Markenmerkmale kann sich auf den Markenwert auswirken. So beschreibt Wiswede als Konsequenz seines Vektormodells die Bedeutung der Kongruenz bzw. des Fit für die Marke:[695]

⧫ Der Konsument wird eine Marke nach der Stimmigkeit der in ihr enthaltenen Einzelfaktoren einstufen.

⧫ Der Käufer wird aus einer Reihe angebotener Marken diejenige auswählen, die das geringste Maß an Inkompatibilität aufweist.

c) Bedeutung der Erfüllung der Konsumentenerwartungen

Beurteilung ist ein Prozess der Bewertung von wahrgenommenen Produkteigenschaften. Findet eine solche Bewertung nach einer Entscheidung und nach der Wahrnehmung der Resultate statt, so spricht man statt von Beurteilung meist von Zufriedenheit bzw. Unzufriedenheit. Zufriedenheit ist ein positives Gefühl als Ergebnis einer Entscheidung oder

---

[691] Vgl. Behrens, Gerold: Verhaltenswissenschaftliche Erklärungsansätze der Markenpolitik, in: Bruhn, Manfred (Hrsg.): Handbuch MA, Bd. 1, (Schäffer-Poeschel) Stuttgart 1994, S. 199-217, S. 211.

[692] Vgl. auch Zentes, Joachim: Marketing, in: Bitz, Michael u.a. (Hrsg.): Vahlens Kompendium der Betriebswirtschaftslehre, Bd. 1, 4. Aufl., (Vahlen) München 1998, S. 329-409, S. 359.

[693] Vgl. Wiswede, Günter: Eine Vektortheorie des Verbraucherverhaltens, in: JAV, 12. Jg., 1966, S. 53-67, S. 62.

[694] So wird der Kunde z.B. neue Werbebotschaften bemerken und bewerten, neue Standorte sehen, Umbaumaßnahmen wahrnehmen usw., so dass sich diese Einzelurteile verändern. Die Gesamtbeurteilung ist jedoch überdauernder. Dies kann u.a. mit der Theorie des kognitiven Gleichgewichts begründet werden. Auch ändern sich zentrale Einstellungen weniger schnell als periphere Einstellungen (vgl. Kroeber-Riel, Werner; Weinberg, Peter: Konsumentenverhalten, 7. Aufl., (Vahlen) München 1999, S. 178), und auf Grund des „Bündelcharakters" der Gesamtbeurteilung im Vergleich zu Einzeleigenschaftenbeurteilungen ist davon auszugehen, dass das Gesamturteil über eine Marke eine zentralere Größe darstellt.

[695] Vgl. Wiswede, Günter: Die Psychologie des Markenartikels, in: Dichtl, Erwin; Eggers, Walter (Hrsg.): Marke und Markenartikel, (dtv) München 1992, S. 71-95, S. 76.

Handlung.[696] Konsumentenzufriedenheit ist dabei ein marketingrelevantes Konstrukt, weil sie einerseits Folge von Konsumentenverhalten ist und andererseits das künftige Konsumentenverhalten beeinflusst. Unzufriedenheit löst Interesse/Erregung aus, ein Gefühl mit starker Antriebskraft zur Beseitigung dieser Unzufriedenheit bzw. zur (Wieder-)Herstellung der Zufriedenheit. Zufriedenheit verstärkt dagegen das Verhalten, mit dessen Ergebnis man zufrieden war. Zufriedenheit bezieht sich auf einen Gegenstand (oder eine Handlung) und steht als Konstrukt in engem Zusammenhang mit den „objektgerichtet wertenden Konstrukten" Einstellung, Qualität usw.[697]

Für die Markenbildung ist die Konsumentenzufriedenheit deshalb von Relevanz, weil sie entlastend und desinvolvierend, also habitualisierungsfördernd, wirkt und hierüber positiv die Markentreue und Wiederholungskäufe beeinflusst.[698] Im Gegensatz zur Beurteilung, die auch vollzogen werden kann, wenn kein näherer Kontakt mit dem Beurteilungsobjekt erfolgt ist, muss der Konsument zum Erlangen von Zufriedenheit mit einem Objekt dieses ausprobiert bzw. „erlebt" haben.[699]

Die Zufriedenheit ist als Ergebnis eines psychischen Soll-Ist-Vergleichs zu verstehen. Das Soll kann dabei als Anspruchsniveau aufgefasst werden. Dabei bestimmt das individuelle Anspruchsniveau, welche Alternativen als zufriedenstellend angesehen werden.[700] Diese Überlegungen gehen auf das Expectancy-Disconfirmation-Modell zurück. Dabei kann eine positive „Disconfirmation" (Überschreiten der Erwartungen), eine einfache „Confirmation" (Treffen der Erwartungen) und eine negative „Disconfirmation" (Unterschreiten der Erwartungen) das Ergebnis sein.[701] Die Zufriedenheit wird jedoch nicht einseitig vom Anspruchsniveau beeinflusst. Vielmehr wirkt die vom Konsumenten empfundene Zufriedenheit bzw. Unzufriedenheit auch wieder stabilisierend oder verändernd auf sein Anspruchsniveau zurück.[702]

---

[696] Vgl. Kroeber-Riel, Werner; Weinberg, Peter: Konsumentenverhalten, 7. Aufl., (Vahlen) München 1999, S. 386; Trommsdorff, Volker: Konsumentenverhalten, 3. Aufl., (Kohlhammer) Stuttgart u.a. 1998, S. 125.

[697] Vgl. Trommsdorff, Volker: Konsumentenverhalten, 3. Aufl., (Kohlhammer) Stuttgart u.a. 1998, S. 126.

[698] Vgl. Bearden, William; Crockett, Melissa; Teel, Jesse: Purchase Expectations, Consumer Attitudes, and Patronage Intentions, in: Darden, William; Lusch, Robert (Hrsg.): Patronage Behavior and Retail Management, (North-Holland) New York 1983, S. 353-362, S. 356.

[699] Vgl. Burkhardt, Achim: Die Betriebstypenmarke im stationären Einzelhandel, Diss., Universität Erlangen-Nürnberg 1997, S. 105.

[700] Vgl. Engel, James; Blackwell, Roger; Miniard, Paul: Consumer Behaviour, 8. Aufl., (The Dryden Press) Fort Worth 1995, S. 273.

[701] Vgl. Engel, James; Blackwell, Roger; Miniard, Paul: Consumer Behaviour, 8. Aufl., (The Dryden Press) Fort Worth 1995, S. 275. Siehe zur Kundenzufriedenheit und dem Konfirmations-/ Diskonfirmations-Paradigma auch Liebmann, Hans-Peter; Zentes, Joachim: Handelsmanagement, (Vahlen) München 2001, S. 435-443.

[702] Vgl. Kroeber-Riel, Werner; Weinberg, Peter: Konsumentenverhalten, 7. Aufl., (Vahlen) München 1999, S. 385f.; Bearden, William; Crockett, Melissa; Teel, Jesse: Purchase Expectations, Consumer

Nach der sozialpsychologischen Gleichgewichtstheorie (Equity-Theorie) ist man dann mit einer Handlung zufrieden, wenn man fühlt, dass das Resultat die eigenen Erwartungen erfüllt. Wird die Erwartung nicht erfüllt, bestimmt die Größe der Abweichung den Grad der Unzufriedenheit, gleichzeitig wird das Anspruchsniveau für zukünftige Handlungen herabgesetzt, was die Wahrscheinlichkeit einer zukünftigen Abweichung (bzw. Unterschreitung) reduziert, so dass Zufriedenheit wahrscheinlicher wird.[703]

Es ist zu hinterfragen, ob die oben angestellten Überlegungen auch für die Wiederholungsentscheidungen in gleicher Form gelten können. Vor allem durch die dynamische Anpassung der Erwartungen ergeben sich hier Veränderungen des Modells. So führt die Zufriedenheit mit einer Entscheidung wegen der entsprechenden Erhöhung des Erwartungslevels im Wiederholungsfall wahrscheinlicher zur Unzufriedenheit.[704] Diese führt wieder zu einem Absenken des Erwartungsniveaus, bis sich nach weiteren Wiederholungen bei einer konstanten Leistung das Erwartungsniveau etwa auf der Höhe des Leistungsniveaus einpendelt.

Die Frage, die sich stellt - auch wenn man die Forschung zur Konsumentenzufriedenheit mit konsistenztheoretischen Ansätzen und der Schema-Theorie in Einklang bringen will -, ist, inwieweit ein Überschreiten der Erwartungen dauerhaft positiv wirken kann. Während die meisten Erklärungen des Zufriedenheitskonzepts davon ausgehen, dass eine positive Differenz zwischen Ist und Soll zur Zufriedenheit führt, kann man aus konsistenztheoretischen Überlegungen ableiten, dass ein möglichst genaues Treffen der Erwartungen in vieler Hinsicht positiv wirkt, u.a. weil wegen des ansteigenden Anspruchsniveaus bei einem Übertreffen des Erwartungslevels eine permanente Überschreitung fast unmöglich ist.[705]

Schema-theoretisch gesehen, verstärkt eine wiederholt identische Ausprägung eines Merkmals die assoziative Verknüpfung zwischen der Marke und dieser Merkmalsaus-

---

Attitudes, and Patronage Intentions, in: Darden, William; Lusch, Robert (Hrsg.): Patronage Behavior and Retail Management, (North-Holland) New York 1983, S. 353-362, S. 356.

[703] Vgl. Trommsdorff, Volker: Konsumentenverhalten, 3. Aufl., (Kohlhammer) Stuttgart u.a. 1998, S. 128. Eine intervallmäßige Betrachtung der Entstehung von Zufriedenheit stellt die Assimilations-Kontrast-Theorie dar. Grundthese dieser Theorie ist, dass sich der Konsument bei der Wahrnehmung externer Stimuli innerhalb eines bestimmten Intervalls ablehnend oder annehmend verhält. Falls die wahrgenommene Leistung nur leicht von seinen Erwartungen differiert, aber noch in einem bestimmten Akzeptanzbereich liegt, tendiert er dazu, seine Wahrnehmung an seine Erwartungen zu assimilieren, andernfalls wird die Abweichung sogar als stärker als die tatsächliche Abweichung wahrgenommen. Vgl. Anderson, Rolph: Consumer Satisfaction: The effect of disconfirmed expectancy on perceived product performance, in: JMR, 10. Jg., 1973, S. 38-44, S. 39.

[704] Vgl. Kroeber-Riel, Werner; Weinberg, Peter: Konsumentenverhalten, 7. Aufl., (Vahlen) München 1999, S. 386; Engel, James; Blackwell, Roger; Miniard, Paul: Consumer Behaviour, 8. Aufl., (The Dryden Press) Fort Worth 1995, S. 276.

[705] Engel, James; Blackwell, Roger; Miniard, Paul: Consumer Behaviour, 8. Aufl., (The Dryden Press) Fort Worth 1995, S. 153.

prägung und wird von Konsumenten generell positiv wahrgenommen.[706] Auch andere Theorien deuten in diese Richtung, so die Theorie des wahrgenommenen Risikos, die besagt, dass Konstanz im Output das wahrgenommene Risiko für den Konsumenten verringert. Beispielsweise zeigen Dacin/Smith, dass die Qualitätsvarianz der Marke das Vertrauen in die Marke beeinflusst. So haben Untersuchungen der Beurteilung gezeigt, dass Menschen größeres Vertrauen in ihre Urteile über eine Gruppe von Objekten haben, wenn diese bezüglich der vermuteten Eigenschaften als homogen und nicht als heterogen wahrgenommen wird. Je geringer also die Qualitätsschwankungen zwischen einzelnen Produkten einer Marke sind, desto größer ist das Vertrauen der Konsumenten in ihre eigene Qualitätseinschätzung.[707]

Diese Qualitätsabweichung muss, um das Vertrauen in die Marke einzuschränken, nicht unbedingt negativ sein. Dacin/Smith zeigen anhand einer empirischen Untersuchung, dass z.B. die Einführung eines neuen Produkts, das eindeutig über dem mit der Marke verbundenen Qualitätsniveau liegt, dieselbe schädigende Wirkung auf das Vertrauen der Konsumenten haben kann. Für den Konsumenten wird es mit zunehmender Qualitätsschwankung schwieriger, die Marke als Indikator für ein bestimmtes Qualitätsniveau anzusehen.[708] Bei zwei Marken mit gleicher wahrgenommener durchschnittlicher Qualität, aber unterschiedlicher wahrgenommener Qualitätsvarianz wird dabei die Marke mit der geringeren Qualitätsvarianz i.d.R. bevorzugt. Bei Marken mit geringen Qualitätsschwankungen können die Konsumenten ihre Markenassoziationen vertrauensvoll auf alle Produkte, die mit der Marke verbunden sind, übertragen. Im Falle hoher Qualitätsschwankungen hingegen liefert die Marke keine eindeutigen Informationen mehr. Untersuchungen von Konsumentenreaktionen auf Unsicherheit haben ergeben, dass die Beurteilung von Produkten in negativer Beziehung zur Unsicherheit der Konsumenten hinsichtlich ihrer Einschätzung dieser Produkte steht.[709]

Bereits die frühen Definitionen zur Marke betonten daher die Bedeutung einer hohen Konstanz in der Qualität einer Marke.[710] Nach Dichtl führt die Aufrechterhaltung einer

---

[706] Vgl. Meyers-Levy, Joan; Tybout, Alice: Schema Congruity as a Basis for Product Evaluation, in: JCR, 16. Jg., 1989, Nr. 6, S. 39-54, S. 40.

[707] Vgl. Dacin, Peter; Smith, Daniel: Einfluss des Produktportfolios auf die Markenstärke, in: Esch, Franz-Rudolf (Hrsg.): Moderne Markenführung, 2. Aufl., (Gabler) Wiesbaden 2000, S. 779-797, S. 786f.

[708] Vgl. Dacin, Peter; Smith, Daniel: Einfluss des Produktportfolios auf die Markenstärke, in: Esch, Franz-Rudolf (Hrsg.): Moderne Markenführung, 2. Aufl., (Gabler) Wiesbaden 2000, S. 779-797, S. 787, S. 790-792.

[709] Vgl. Dacin, Peter; Smith, Daniel: Einfluss des Produktportfolios auf die Markenstärke, in: Esch, Franz-Rudolf (Hrsg.): Moderne Markenführung, 2. Aufl., (Gabler) Wiesbaden 2000, S. 779-797, S. 788f.

[710] Vgl. überblickend Roeb, Thomas: Markenwert, (Verlag Mainz) Aachen 1994, S. 26.

konstanten Qualität dazu, dass die Marke faktisch als „Gütesiegel" empfunden wird.[711] Davies zeigt auf, dass eine der Kernaussagen fast sämtlicher Markendefinitionen die „Qualitätsgarantie" darstellt. Der Begriff der Qualitätsgarantie beinhaltet dabei eine kontinuierliche, konstante Ausprägung aller Leistungsmerkmale.[712] Ähnlich sieht Backhaus nicht die absolute Höhe des Leistungsniveaus, sondern die Bedeutung der Erwartungen des Kunden und der *Erfüllung* dieser Erwartungen als zentral an. So zeigt er auf, dass die wichtigste Voraussetzung für die Schaffung eines positiven Markenwerts die kontinuierliche Einhaltung der Leistungsversprechen, die die Marke explizit oder implizit transportiert, ist.[713]

Abschließend kann man feststellen, dass die für den Fall der Beurteilung einer einzelnen Entscheidung übereinstimmend anerkannte Aussage, dass ein Übertreffen der Erwartungen zu Zufriedenheit führt, für den Fall der wiederholten Entscheidung nicht in dieser Form Bestand haben muss. Durch die Erwartungsanpassung des Konsumenten und durch die Dimension der Vertrauensbildung können auch deutliche Vorteile einer Qualitätskonstanz aufgezeigt werden, die bei wiederholten Entscheidungen eher zum Treffen als zum Übertreffen der Erwartungen führt.

3. Gedächtnis

a) Überblick: Beziehung von Gedächtnis und Marke

Im Mittelpunkt kognitiv orientierter Betrachtungen des Markenwerts stehen Lern- und Gedächtnisprozesse.[714] Untersucht werden vor allem der Umfang und die Art des durch die Marke repräsentierten Markenwissens. Zahlreiche Markenwertmodelle, so die von Aaker, Keller, Krishnan, Andresen und Bekmeier-Feuerhahn basieren dabei zumindest teilweise auf dieser kognitiv orientierten Sichtweise der Markenstärke. Der Markenwert wird dabei als die Menge von Assoziationen charakterisiert, die durch die Wahrnehmung der Produktmarkierung ausgelöst werden. Zur Analyse des Markenwerts empfehlen die Anhänger des kognitivistischen Verständnisses, das mit der Marke verknüpfte Markenwissen zu untersuchen.[715]

---

[711] Vgl. Dichtl, Erwin: Grundidee, Varianten und Funktionen der Markierung von Waren und Dienstleistungen, in: Dichtl, Erwin; Eggers, Walter (Hrsg.): Marke und Markenartikel, (dtv) München 1992, S. 1-23, S. 16-18.

[712] Vgl. Davies, Gary: The two ways in which retailers can be brands, in: IJRDM, 20. Jg., 1992, Nr. 2, S. 24-34, S. 25.

[713] Vgl. Backhaus, Klaus: Industriegütermarketing, 6. Aufl., (Vahlen) München 1999, S. 386f.

[714] Vgl. Bekmeier-Feuerhahn, Sigrid: Marktorientierte Markenbewertung, (DUV) Wiesbaden 1998, S. 39f.

[715] Vgl. Aaker, David: Management des Markenwerts, (Campus) Frankfurt-New York 1992, insb. S. 31-37; Keller, Kevin: Conceptualizing, measuring, and managing customer-based brand equity, in: JM, 57. Jg., 1993, Nr. 1, S. 1-22; Krishnan, Shanker: Characteristics of memory associations: A consumer-based brand equity perspective, in: IJRM, 13. Jg., 1996, S. 389-405; Andresen, Thomas:

So ist schon der Bekanntheitsgrad einer Marke - wie vorne dargestellt - häufig eine quantitative Größe, die als Marketing-Zielgröße formuliert wird.[716] Er wirkt maßgeblich auf die Marketingwirkung der Marke. So setzt Wiedererkennen eines Gegenstands voraus, dass der Gegenstand vorher schon einmal wahrgenommen wurde. Dabei muss sich im Gedächtnis ein kognitiver Repräsentant des realen Gegenstands gebildet haben. Wenn ein Gegenstand später nochmal wahrgenommen wird, setzt ein Vergleichsprozess ein. Das wahrgenommene Bild des Gegenstands wird im Gedächtnis mit dem kognitiven Repräsentanten verglichen.[717] Dabei ist ein „Wiedererkennen" als psychischer Vorgang kognitiv einfacher und entlastender als ein erstes Wahrnehmen, da die Wahrnehmungsprozesse und die weiteren Verarbeitungsprozesse auf Grund der bereits bestehenden Bekanntheit verkürzt werden können. Von daher laufen diese Vorgänge schneller und automatischer ab.[718]

Gleichzeitig kann man verschiedene Arten von Wissen unterscheiden, die gespeichert werden können. Für die vorliegende Arbeit sind u.a. die Unterscheidungen in mehr oder weniger bewertetes Wissen, mehr oder weniger detailliertes Wissen (z.B. Informationen über einzelne Eigenschaften oder Gesamturteil), mehr oder weniger sicheres Wissen (z.B. feste oder unsichere Überzeugung) und bildliches oder verbal gespeichertes Wissen relevant.[719]

b) Struktur des Gedächtnisses

Nach dem Dreispeichermodell erfolgt die gedankliche Verarbeitung von Reizen mittels verschiedener Gedächtniskomponenten, die als „Speicher" bezeichnet werden. Das Modell der Informationsverarbeitung geht von drei Speicherformen aus, einem sensorischen Speicher (Ultrakurzzeitspeicher), einem Kurzzeitspeicher und einem Langzeitspeicher.[720]

Innere Markenbilder: MAX - wie er wurde, was er ist, in: Planung und Analyse, o.Jg., 1991, Nr. 1, S. 28-34; Esch, Franz-Rudolf: Ansätze zur Messung des Markenwerts, in: Esch, Franz-Rudolf (Hrsg.): Moderne Markenführung, 2. Aufl., (Gabler) Wiesbaden 2000, S. 937-966; Bekmeier-Feuerhahn, Sigrid: Marktorientierte Markenbewertung, (DUV) Wiesbaden 1998, S. 188.

[716] Vgl. Trommsdorff, Volker: Konsumentenverhalten, 3. Aufl., (Kohlhammer) Stuttgart u.a. 1998, S. 87.

[717] Vgl. Behrens, Gerold: Verhaltenswissenschaftliche Erklärungsansätze der Markenpolitik, in: Bruhn, Manfred (Hrsg.): Handbuch MA, Bd. 1, (Schäffer-Poeschel) Stuttgart 1994, S. 199-217, S. 201f.

[718] Vgl. Kroeber-Riel, Werner; Weinberg, Peter: Konsumentenverhalten, 7. Aufl., (Vahlen) München 1999, S. 232f., S. 334-338; Meyers-Levy, Joan; Tybout, Alice: Schema Congruity as a Basis for Product Evaluation, in: JCR, 16. Jg., 1989, Nr. 6, S. 39-54, S. 39-43.

[719] Vgl. z.B. Trommsdorff, Volker: Konsumentenverhalten, 3. Aufl., (Kohlhammer) Stuttgart u.a. 1998, S. 81.

[720] Vgl. hierzu ausführlich Kroeber-Riel, Werner; Weinberg, Peter: Konsumentenverhalten, 7. Aufl., (Vahlen) München 1999, S. 225-228; Bekmeier-Feuerhahn, Sigrid: Marktorientierte Markenbewertung, (DUV) Wiesbaden 1998, S. 113.

Für die Betrachtung des Markenwerts ist auch die Erkenntnis hilfreich, dass Wissen in unterschiedlichen Hemisphären des Gehirns gespeichert wird. So kann das bildhaft-ganzheitliche Wissen überwiegend der rechten Hemisphäre, das sprachlich-analytische Wissen der linken Hemisphäre zugeordnet werden. Die Informationsverarbeitung und -speicherung in der linken Hemisphäre erfolgt dabei eher sequenziell und kompositionell, während die rechte Hirnhälfte eher holistischen Verarbeitungsregeln folgt und ganzheitliche Eindrücke speichert.[721]

c) Lerntheorien

Eine Reihe von Verfassern basiert ihre Erläuterungen zum Markenwert auf der Lerntheorie und erklärt, dass es sich beim Markenwert um ein Lernkonzept handelt, nach dem sich der Wert einer Marke aus einer Vielzahl einzelner, von den Konsumenten gelernten Komponenten zu der Marke zusammensetzt.[722] Kunkel/Berry, als Autoren einer der ersten Store Image-Untersuchungen, betrachten als Basisprinzip den Prozess des Lernens, bei dem durch eine differenzierte (bzw. reizdiskriminante) Verstärkung ein Verhalten induziert wird. Das Image eines Ladens betrachten sie dabei als den diskriminierenden Stimulus, dem durch die Verstärkung eine „Bedeutung" (eine Bewertung) zugemessen wird.[723]

Lernen wird allgemein als eine Veränderung des Verhaltens angesehen, die auf Erfahrung beruht.[724] Dabei sind zahlreiche unterschiedliche Lerntheorien anzufinden. Die Komplexität des Lernens, so die Formen des Lernens durch klassische oder instrumentelle Konditionierung, durch Assoziationsbildung, durch Imitation, durch Verstehen u.a., hat zu vielen unterschiedlichen Lernauffassungen und -begriffen geführt, durch die unterschiedliche Aspekte des Lernens beleuchtet werden. Detailliert werden diese von Bower/Hilgard dargestellt.[725]

---

[721] Vgl. Bekmeier-Feuerhahn, Sigrid: Marktorientierte Markenbewertung, (DUV) Wiesbaden 1998, S. 177-179; Kroeber-Riel, Werner: Bildkommunikation, (Vahlen) München 1993, S. 22; Esch, Franz-Rudolf: Wirkung integrierter Kommunikation, 2. Aufl., (DUV) Wiesbaden 1999, S. 130-132.

[722] Vgl. z.B. Esch, Franz-Rudolf; Levermann, Thomas: Handelsunternehmen als Marken, in: Trommsdorff, Volker (Hrsg.): Handelsforschung 1993/94, (Gabler) Wiesbaden 1993, S. 79-102, S. 86; Burkhardt, Achim: Die Betriebstypenmarke im stationären Einzelhandel, Diss., Universität Erlangen-Nürnberg 1997, S. 80f.

[723] Vgl. Kunkel, John; Berry, Leonard: A behavioral conception of retail image, in: JM, 32. Jg., 1968, Nr. 10, S. 21-27, S. 21f.

[724] Vgl. Kroeber-Riel, Werner; Weinberg, Peter: Konsumentenverhalten, 7. Aufl., (Vahlen) München 1999, S. 316.

[725] Vgl. Bower, Gordon; Hilgard, Ernest: Theories of Learning, 5. Aufl., (Prentice Hall) Englewood Cliffs/NJ 1997. Siehe auch Kroeber-Riel, Werner; Weinberg, Peter: Konsumentenverhalten, 7. Aufl., (Vahlen) München 1999, S. 326-351; Engel, James; Blackwell, Roger; Miniard, Paul: Consumer Behaviour, 8. Aufl., (The Dryden Press) Fort Worth 1995, S. 529-547.

Die klassischen Stimulus-Response-Lerntheorien umfassen hauptsächlich zwei Gruppen von Theorien: Die eine Grupppe erklärt das Lernen als Ergebnis des gemeinsamen Auftretens von zwei Reizen (Kontiguitätsprinzip), die andere erklärt das Lernen als Ergebnis einer Verstärkung, die eine Reaktion erfährt (Verstärkungsprinzip).[726]

Dabei stellt das Lernen nach dem Kontiguitätsprinzip eine wichtige Grundlage dar, die hauptsächlich für die lerntheoretische Erklärung der Markenbekanntheit und des Markenwissens herangezogen wird.[727] Nach diesem Prinzip kommt es darauf an, den Stimulus „Markenzeichen" so häufig wie möglich zusammen mit den Eigenschaften, die assoziiert werden sollen, in räumlichen und zeitlichen Zusammenhang zu bringen, um möglichst starke Verbindungen zwischen diesen Reizen herzustellen.[728] Zahlreiche Lernprozesse bei der Markenbildung basieren auf assoziativen Verknüpfungen. Die Stärke der Assoziation hängt vor allem von der Anzahl der Wiederholungen ab, die - in gleicher oder leicht veränderter Form - eine wesentliche Einflussgröße für das Erinnern ist. So kann i.d.R. davon ausgegangen werden, dass die Anzahl der Wiederholungen einer Informationen einen positiven Einfluss auf die Lernleistung hat.[729]

Das Lernen nach dem Verstärkungsprinzip ist eher als Erklärung für die Markentreue geeignet. Weinberg zeigt auf, dass die Entstehung eines markentreuen Gewohnheitsverhaltens als das Resultat eines Lernprozesses betrachtet werden kann. Dabei wird davon ausgegangen, dass der Habitualisierung ein rationaler Entscheidungsprozess im Sinne eines Abwägens der gemachten Kauferfahrungen vorausgeht.[730] Dabei geht die Lerntheorie davon aus, dass ein Verhalten eher beibehalten wird, wenn es belohnt wird. Bei positiven Erfahrungen (subjektiver Kosten-Nutzen-Abgleich) mit einer Marke erhöht sich demnach die Wahrscheinlichkeit eines Wiederkaufs.[731]

Eine grundsätzliche Voraussetzung, dass ein solcher Lerneffekt eintritt, ist neben der Bestätigung bzw. der positiven Erfahrung bei einem Einkauf auch, dass das subjektive

---

[726] Vgl. Kroeber-Riel, Werner; Weinberg, Peter: Konsumentenverhalten, 7. Aufl., (Vahlen) München 1999, S. 328-330.

[727] Vgl. Burkhardt, Achim: Die Betriebstypenmarke im stationären Einzelhandel, Diss., Universität Erlangen-Nürnberg 1997, S. 80f.

[728] Vgl. Burkhardt, Achim: Die Betriebstypenmarke im stationären Einzelhandel, Diss., Universität Erlangen-Nürnberg 1997, S. 69. Das Netzwerkmodell wird noch detailliert betrachtet.

[729] Vgl. Behrens, Gerold: Verhaltenswissenschaftliche Erklärungsansätze der Markenpolitik, in: Bruhn, Manfred (Hrsg.): Handbuch MA, Bd. 1, (Schäffer-Poeschel) Stuttgart 1994, S. 199-217, S. 208f.; Kroeber-Riel, Werner; Weinberg, Peter: Konsumentenverhalten, 7. Aufl., (Vahlen) München 1999, S. 340f.

[730] Vgl. Weinberg, Peter: Entscheidungsverhalten, (Schöningh) Paderborn u.a. 1981, S. 136-143. Siehe auch Brand, Horst; Bungard, Walter: Markentreue, in: JAV, 28. Jg., 1982, Nr. 3, S. 265-288, S. 266f.

[731] Vgl. Brauer, Wolfgang: Die Betriebsform im stationären Einzelhandel als Marke, (FGM) München 1997, S. 147f.; Wiswede, Günter: Eine Lerntheorie des Konsumentenverhaltens, in: DBW, 45. Jg., 1985, Nr. 5, S. 544-557, S. 549.

Markenbild konstant bleibt und damit eine schnelle Wiedererkennung der Marke und der damit verbundenen Assoziationen ermöglicht.[732]

Die klassischen Lerntheorien reichen jedoch nicht aus, um komplexes menschliches Verhalten zu erklären. Sie werden deshalb zunehmend durch kognitive Ansätze ergänzt. Diese betrachten Lernen als den Aufbau von Wissensstrukturen. Sie hängen damit eng mit den Gedächtnistheorien zusammen, beschäftigen sich aber stärker mit dem Wissenserwerb, während die Untersuchungen des Gedächtnisses sich eher mit der Wissensspeicherung beschäftigen.[733] Das Lernen von neuem Wissen wird dadurch möglich, dass die aufgenommenen Informationen zu dem bereits gespeicherten Wissen in Beziehung gebracht werden; das vorhandene Wissen spielt also eine Schlüsselrolle für das Lernen.[734]

Behrens unterscheidet zwei Speicherarten: einen Identifikations- und einen Eigenschaftsspeicher. Im Langzeitspeicher werden Informationen, z.B. über Marken, gespeichert. Die Einzelinformationen werden im Laufe der Zeit zu einer Einheit verdichtet, die „Markenvorstellung" genannt wird. Teile davon gelangen unter bestimmten Voraussetzungen in das Bewusstsein (d.h. in den Kurzzeitspeicher). Dieses Bewusstwerden einer Information geschieht über kognitive Repräsentanten der wahrgenommenen Gegenstände im Gedächtnis des Individuums, die in einem Teil des Langzeitspeichers (dem Identifikationsspeicher) gespeichert sind und z.B. über externe Reize angesprochen werden. Nach dem „Wiedererkennen" eines Gegenstands werden über die kognitiven Repräsentanten die Eigenschaftsinformationen, die mit dem kognitiven Repräsentanten assoziativ verknüpft sind (im Eigenschaftsspeicher), aktiviert.[735] Von aktiver Markenbekanntheit kann nach diesem Ansatz gesprochen werden, wenn z.B. mit der Bezeichnung eines Betriebstyps oder einer Warengruppe (als Elemente des Identifikationsspeichers) eine ausreichend starke Assoziation mit dem Namen des Handelsunternehmens existiert.[736]

Problematisch erscheint an diesem Erklärungsansatz jedoch die relativ willkürliche Zuordnung der Speicherstellen, z.B. des Betriebstyps oder der Warengruppe, zu dem Iden-

---

[732] Vgl. Brauer, Wolfgang: Die Betriebsform im stationären Einzelhandel als Marke, (FGM) München 1997, S. 148; Behrens, Gerold: Verhaltenswissenschaftliche Erklärungsansätze der Markenpolitik, in: Bruhn, Manfred (Hrsg.): Handbuch MA, Bd. 1, (Schäffer-Poeschel) Stuttgart 1994, S. 199-217, S. 201f.

[733] Vgl. Kroeber-Riel, Werner; Weinberg, Peter: Konsumentenverhalten, 7. Aufl., (Vahlen) München 1999, S. 333.

[734] Vgl. Kroeber-Riel, Werner; Weinberg, Peter: Konsumentenverhalten, 7. Aufl., (Vahlen) München 1999, S. 333-336.

[735] Vgl. Behrens, Gerold: Verhaltenswissenschaftliche Erklärungsansätze der Markenpolitik, in: Bruhn, Manfred (Hrsg.): Handbuch MA, Bd. 1, (Schäffer-Poeschel) Stuttgart 1994, S. 199-217, S. 206-208; Burkhardt, Achim: Die Betriebstypenmarke im stationären Einzelhandel, Diss., Universität Erlangen-Nürnberg 1997, S. 65-67.

[736] Vgl. Burkhardt, Achim: Die Betriebstypenmarke im stationären Einzelhandel, Diss., Universität Erlangen-Nürnberg 1997, S. 66.

tifikationsspeicher.[737] Daher scheint der Ansatz der semantischen Netzwerke - der nicht zwischen verschiedenen Arten von Speichern unterscheidet, sondern nach dem beide Formen von Inhalten in einem einzigen Speicher abgelegt werden - für die vorliegende Betrachtung besser geeignet.

Als Teil des Konditionierungskonzepts ist auch das Prinzip von Generalisierung und Diskriminierung zu sehen. Generalisierung ist die Übertragung von Bewusstseinsinhalten auf ähnliche Reize und ist beim Markentransfer besonders wichtig.[738] Sie ist überall dort von Bedeutung, wo mehrere Gegenstände mit der gleichen Marke versehen werden, wie z.B. bei der Übertragung der Eigenschaften einer Handelsfiliale auf andere Filialen des gleichen Unternehmens.

Umgekehrt ist die Reizdiskriminierung, also die Fähigkeit zur Unterscheidung von Reizen, eine wichtige Voraussetzung für differenzierte Reaktionen auf diese Reize, also zur Abgrenzung von der Konkurrenz. Anders ausgedrückt bedeutet dies, dass sich ein Reiz von einem anderen unterscheiden muss, wenn er lerntheoretisch beim Konsumenten zu unterschiedlichen Reaktionen (d.h. auch Einstellungen und Verfestigung der Gedächtnisstrukturen) führen soll. Um produktspezifische Reaktionen auszulösen, müssen die Konsumenten also erst einmal lernen, die angebotenen Produkte differenziert wahrzunehmen.[739] Dies ist eine der theoretischen Begründungen der Notwendigkeit der Differenzierung von der Konkurrenz und verdeutlicht die Problematik der hohen Austauschbarkeit bei vielen Marken, bei denen z.B. Verstärkungswirkungen bei der Zufriedenheit mit einer Leistung auf Grund der fehlenden Diskriminierungskraft der Marke ihre Wirkung für die spezielle Marke nicht voll entfalten können.

Die vorherrschende Meinung geht bislang davon aus, dass eine erfolgreiche Produktdifferenzierung darauf zurückzuführen ist, dass Konsumenten ein Produkt bei einer Eigenschaft als unterschiedlich von anderen wahrnehmen, die bedeutsam und relevant ist und die daher direkt zu Präferenzen führt.[740] Andererseits ist empirisch festzustellen, dass eine ganze Reihe von Produkten (inkl. Handelsunternehmen) sich mit Eigenschaften erfolgreich differenziert, die vielleicht auf den ersten Blick relevant erscheinen, aber bei genauerer Analyse für den erwarteten Nutzen des Produkts unerheblich sind. Beispiele dafür sind z.B. die schwedische Herkunft des Möbelhändlers Ikea oder auch die Pro-

---

[737] Vgl. Burkhardt, Achim: Die Betriebstypenmarke im stationären Einzelhandel, Diss., Universität Erlangen-Nürnberg 1997, S. 66.

[738] Vgl. Wiswede, Günter: Die Psychologie des Markenartikels, in: Dichtl, Erwin; Eggers, Walter (Hrsg.): Marke und Markenartikel, (dtv) München 1992, S. 71-95, S. 80-84; Kroeber-Riel, Werner; Weinberg, Peter: Konsumentenverhalten, 7. Aufl., (Vahlen) München 1999, S. 320-323.

[739] Vgl. Wiswede, Günter: Die Psychologie des Markenartikels, in: Dichtl, Erwin; Eggers, Walter (Hrsg.): Marke und Markenartikel, (dtv) München 1992, S. 71-95, S. 83; Kroeber-Riel, Werner; Weinberg, Peter: Konsumentenverhalten, 7. Aufl., (Vahlen) München 1999, S. 323.

[740] Vgl. z.B. Simon, Hermann: Management strategischer Wettbewerbsvorteile, in: ZfB, 58. Jg., 1988, Nr. 4, S. 461-480.

duktform der „Megaperls" bei Waschmitteln. Daher wird argumentiert, dass auch irrelevante Produkteigenschaften zur Differenzierung von der Konkurrenz erfolgreich eingesetzt werden können. Die empirischen Ergebnisse der Untersuchung von Carpenter u.a. deuten darauf hin, dass in einer sehr großen Zahl von Fällen der Einsatz von unbedeutenden Eigenschaften zur positiven Differenzierung ausreicht. Die Argumentation ist u.a. wie folgt: Eine Marke, die eine „irrelevante" Eigenschaft hervorhebt, erzeugt Unsicherheit darüber, ob diesem Attribut eine Wertschätzung entgegengebracht werden soll oder nicht. Da aber die Markenbeurteilung in vielen Fällen schwierig ist, können Konsumenten die Beurteilungsaufgabe vereinfachen, indem sie auf die irrelevanten, aber differenzierenden Eigenschaften zurückgreifen. Die Tatsache, dass sie Unterscheidungsmerkmale darstellen und einzigartig sind, suggeriert einen positiven Wert.[741]

Neben dieser beurteilungsrelevanten Argumentation zeigt auch die lerntheoretische Betrachtung deutlich die Bedeutung der Differenzierung. Erst durch die Ermöglichung der Reizdiskriminierung können objektspezifische Einzelheiten gelernt werden.

d) Organisation des Wissens

i. Grundlegende Betrachtung der Wissensorganisation

Es gibt eine Vielzahl theoretischer Erklärungsansätze für die Repräsentation von Wissen im Gedächtnis von Individuen. Da es sich bei den Gedächtnisstrukturen für Marken um komplexe Wissenseinheiten handelt, sind für die hier vorliegende Problemstellung Schema-Theorien von besonderer Bedeutung.[742] Schemata kann man als große, komplexe Wissenseinheiten bezeichnen, die die typischen Eigenschaften, also quasi feste, standardisierte Vorstellungen umfassen, die man von bestimmten Objekten, Personen oder Ereignissen hat. Ein großer Teil des Wissens besteht aus diesen standardisierten Vorstellungen darüber, wie ein Sachverhalt typischerweise aussieht. Dabei beschränken sich Schemata nicht auf verbale Sachverhalte, sondern umfassen auch nonverbale Reize; zudem sind Emotionen integraler Bestandteil von Schemata. Sie sind hierarchisch strukturiert, vererben also bestimmte Attribute an untergeordnete Schemata bzw. übernehmen solche von übergeordneten.[743]

---

[741] Vgl. Carpenter, Gregory; Glazer, Rashi; Nakamoto, Kent: Meaningful brands from meaningless differentiation: The dependence on irrelevant attributes, in: JMR, 31. Jg., 1994, Nr. 3, S. 339-350, S. 339f., S. 347.

[742] Vgl. u.a. Esch, Franz-Rudolf: Wirkung integrierter Kommunikation, 2. Aufl., (DUV) Wiesbaden 1999, S. 80f.

[743] Vgl. Esch, Franz-Rudolf: Wirkung integrierter Kommunikation, 2. Aufl., (DUV) Wiesbaden 1999, S. 85-88; Keller, Kevin: Strategic Brand Management, (Prentice Hall) Upper Saddle River/NJ 1998, S. 46.

ii. Das Konzept der semantischen Netzwerke

Wie jedes bedeutungshaltige Wissen lassen sich Schemata als semantische Netzwerke darstellen. Semantische (bzw. kognitive) Netzwerke wurden in der Psychologie entwickelt, um die Repräsentation von Wissen im Gedächtnis darzustellen. Dabei geht man meist von einer propositionalen Speicherung, d.h. Speicherung in kleinsten Bedeutungseinheiten, aus. Bei diesen Ansätzen handelt es sich um Modelle, die Sachverhalte (also Vorstellungen zu Gegenständen und ihren Eigenschaften) als kognitive Strukturelemente (sogenannte „Konzeptknoten") darstellen.[744] Die Konzeptknoten sind untereinander durch „Kanten" verbunden, die Assoziationen zwischen den Sachverhalten repräsentieren.[745]

Ein Beispiel eines fiktiven semantischen Netzwerks für eine Händlermarke ist in Übersicht 1 gegeben. Diese Darstellung macht dabei v.a. deutlich, dass die einzelnen Wissenselemente über eine Marke nicht isoliert nebeneinander stehen, sondern über Assoziationsbeziehungen systemisch verknüpft sind. Dieser Sachverhalt bedeutet eine erhebliche Einschränkung des Geltungsbereichs der vorne dargestellten Multiattribut-Modelle.[746]

Die Markenschemata können durch quantitative und qualitative Größen beschrieben werden. Quantitative Größen sind bspw. die Stärke, die Richtung und die Zahl der Assoziationen, während qualitative Größen die Inhalte und die Muster der Assoziationen sind.[747]

Zurzeit gibt es keine einheitliche, zusammenhängende Assoziationstheorie, die das Entstehen der „Kanten", also der Assoziationen zwischen den einzelnen Bedeutungsinhalten, erklärt, sondern eine Reihe unterschiedlicher Theorien, die nur hinsichtlich einzelner Grundannahmen übereinstimmen. Diese Theorien gehen davon aus, dass Ideen oder Daten miteinander auf Grund von Erfahrung oder Gewohnheit verknüpft werden. Vor-

---

[744] Auf die Unterschiede zwischen den propositionalen Modellen und den modalitätsspezifischen Modellen (Percept-Analogy-Theorien) soll hier nicht näher eingegangen werden, sondern beide Erklärungsansätze sollen parallel genutzt werden; vgl. hierzu überblickend Leven, Wilfried: Imagery-Forschung, in: Tietz, Bruno; Köhler, Richard; Zentes, Joachim (Hrsg.): HWM, 2. Aufl., (Schäffer-Poeschel) Stuttgart 1995, Sp. 928-938.

[745] Vgl. Henderson, Geraldine; Iacobucci, Dawn, Calder, Bobby: Brand Constructs: The Complementarity of Consumer Associative Networks and Multidimensional Scaling, Working Paper Report No. 98-128, (MSI) Cambridge 1998, insb. S. 7-9; Esch, Franz-Rudolf: Wirkung integrierter Kommunikation, 2. Aufl., (DUV) Wiesbaden 1999, S. 84; Bekmeier-Feuerhahn, Sigrid: Marktorientierte Markenbewertung, (DUV) Wiesbaden 1998, 163-170.

[746] Vgl. Wiswede, Günter: Die Psychologie des Markenartikels, in: Dichtl, Erwin; Eggers, Walter (Hrsg.): Marke und Markenartikel, (dtv) München 1992, S. 71-95, S. 80.

[747] Vgl. Krishnan, Shanker: Characteristics of memory associations: A consumer-based brand equity perspective, in: IJRM, 13. Jg., 1996, S. 389-405; Keller, Kevin: Conceptualizing, measuring, and managing customer-based brand equity, in: JM, 57. Jg., 1993, Nr. 1, S. 1-22; Esch, Franz-Rudolf: Wirkung integrierter Kommunikation, 2. Aufl., (DUV) Wiesbaden 1999, S. 178f.

aussetzung für eine solche Assoziation ist das Vorliegen von Verbindungen mentaler (innerer) Gedächtniselemente oder externer Reize.[748] Assoziationen erfolgen nach den meisten Assoziationstheorien nach drei grundsätzlichen Prinzipien:[749]

♦ der Ähnlichkeit (z.B. laufen und rennen, Straße und Weg),

♦ dem Gegensatz (z.B. hoch und tief, oben und unten) und

♦ nach der räumlich-zeitlichen Kontiguität, z.B. sind verschiedene Gedächtnisinhalte bisher immer zusammen aufgetreten (am gleichen Ort oder zur gleichen Zeit).

Auf der Enge der Assoziationen beruhen einige grundlegende Eigenschaften der Netzwerkmodelle. So werden im Netzwerkmodell Informationen erinnert oder abgerufen durch „spreading activation", also eine sich ausbreitende Aktivierung. Zu irgend einem Zeitpunkt ist ein Informationsknoten die Quelle der Aktivierung, weil er entweder durch externe Informationen angestoßen wird (z.B. wenn ein Individuum ein Wort oder einen Satz hört) oder durch eine interne Information, die gerade innerlich verarbeitet wird (z.B. wenn ein Individuum aktiv über etwas nachdenkt). Diese Aktivierung breitet sich von diesem Knoten zu anderen, damit verbundenen Knoten aus. Wenn die Aktivierung eines bestimmten Knotens eine bestimmte Schwelle überschreitet, wird sich an den Inhalt dieses Knotens „erinnert". Die Ausbreitung der Aktivierung hängt von der Anzahl und der Stärke der Verbindungen des aktivierten Knotens ab. Informationen, die mit dem aktivierten Knoten durch die stärksten Verbindungen verbunden sind, werden am einfachsten aktiviert.[750] Je mehr Eigenschaftsassoziationen zwischen verschiedenen Konzepten vorhanden sind, desto mehr Verbindungslinien bestehen zwischen ihnen, und desto größer ist die Wahrscheinlichkeit, dass diese Netzwerke aktiviert werden können.[751]

Nach Keller kann damit das Markenwissen konzeptualisiert werden durch einen „Markenzeichenknoten" im Gedächtnisnetzwerk und einer Vielzahl von Assoziationen, die damit verbunden sind. Auf der Basis dieses Modells kann also das Markenwissen durch zwei Komponenten charakterisiert werden, die vorne bereits erwähnt wurden: So zum einen durch die Markenbekanntheit (Brand Awareness), die sich auf die Stärke der Kno-

---

[748] Vgl. Trommsdorff, Volker: Konsumentenverhalten, 3. Aufl., (Kohlhammer) Stuttgart u.a. 1998, S. 266; ausführlich zu den verschiedenen Assoziationstheorien Petri, Carlo: Entstehung und Entwicklung kreativer Werbeideen - verbale und visuelle Assoziationen als Grundlage der Bildideenfindung für eine erlebnisbetonte Werbung, (Physica) Heidelberg 1992.

[749] Vgl. Trommsdorff, Volker: Konsumentenverhalten, 3. Aufl., (Kohlhammer) Stuttgart u.a. 1998, S. 264.

[750] Vgl. Anderson, John: A spreading activation theory of memory, in: Journal of Verbal Learning and Verbal Behavior, 22. Jg., 1983, S. 261-295; Grunert, Klaus: Kognitive Strukturen von Konsumenten und ihre Veränderung durch Marketingkommunikation, in: Marketing-ZFP, 13. Jg., 1991, Nr. 1, S. 11-22, S. 13; Kroeber-Riel, Werner; Weinberg, Peter: Konsumentenverhalten, 7. Aufl., (Vahlen) München 1999, S. 230.

[751] Vgl. Wiswede, Günter: Die Psychologie des Markenartikels, in: Dichtl, Erwin; Eggers, Walter (Hrsg.): Marke und Markenartikel, (dtv) München 1992, S. 71-95, S. 79.

ten und Verbindungen im Gedächtnis bezieht und die Fähigkeit der Konsumenten reflektiert, die Marke unter unterschiedlichen Bedingungen zu identifizieren. Das Markenimage als zweite Komponente zielt eher qualitativ bzw. semantisch auf die Markenassoziationen im Gedächtnis des Konsumenten ab und beinhaltet die Bedeutung der Marke für Konsumenten.[752] Für den Konsumenten stellt die Marke somit eine verdichtete Information dar, einen information chunk für alle mit ihr verknüpften Assoziationen.[753]

Die Erfassung eines semantischen Netzwerks ist jedoch schwierig. Für das hier vorliegende Untersuchungsobjekt „Handelsunternehmen" zeigte eine Untersuchung von Morschett, dass die Methode der Befragung mit freien Assoziationen nur begrenzt in der Lage ist, die Schemata, die Konsumenten von Handelsunternehmen (bzw. Betriebstypen oder Läden) haben, so detailliert zu erfassen, dass die Unterschiede zwischen den einzelnen Unternehmen deutlich werden.[754] Gründe hierfür könnten zum einen im hierarchischen Charakter der semantischen Netzwerke liegen, die dazu führen, dass alle Händlermarken im Lebensmitteleinzelhandel zur gleichen Kategorie gehören und damit zu einem wesentlichen Teil auch übereinstimmende Assoziationen auslösen. Außerdem stellen Skripte des Einkaufsvorgangs im Lebensmitteleinzelhandel, der sich in verschiedenen Läden oftmals sehr ähnlich abspielt, einen großen Teil der Assoziationen dar.[755]

iii.   Konkretisierung der Schema-Theorie für die Anwendung im Marketing

Grunert entwickelte auf der Basis der semantischen Netzwerke ein Konzept mit unmittelbarem Bezug zum Kaufentscheidungsprozess.

In seinem „positionalen" Netzwerk wird jedem Wissenselement eine feste Position innerhalb einer kognitiven Kategorie zugewiesen. Es entsteht ein Netzwerk der produktrelevanten Struktur nach drei Dimensionen: Marken-Alternativen (A), Marken-Eigenschaften (E) und Marken-Verwendungen (V).[756] Die Relationen VE entsprechen

---

[752]   Vgl. Keller, Kevin: Strategic Brand Management, (Prentice Hall) Upper Saddle River/NJ 1998, S. 48f.

[753]   Vgl. Esch, Franz-Rudolf; Wicke, Andreas: Herausforderungen und Aufgaben des Markenmanagements, in: Esch, Franz-Rudolf (Hrsg.): Moderne Markenführung, 2. Aufl., (Gabler) Wiesbaden 2000, S. 3-55, S. 11.

[754]   Vgl. Morschett, Dirk: Store Branding as a Goal of Strategic Retail Marketing, in: Cliquet, Gérard; Zentes, Joachim (Hrsg.): Retailing and Distribution in Europe, Proceedings, The third AFM French-German Conference, St. Malo 2000, o.S.

[755]   Dabei werden Schemata, die sich auf Ereignisse beziehen, als Skripten bezeichnet; vgl. Kroeber-Riel, Werner; Weinberg, Peter: Konsumentenverhalten, 7. Aufl., (Vahlen) München 1999, S. 233f.

[756]   Damit baut Grunert auf dem Netzwerkansatz auf und grenzt seinen Ansatz zugleich von dem Ebenenkonzept ab. Im Ebenenkonzept stellt eine Ebene den Teil eines semantischen Netzwerks dar, in dem durch Assoziationen zu anderen kognitiven Kategorien eine bestimmte Kategorie gebildet wird. Dies ermöglicht, dass eine Kategorie mit ihren charakteristischen Inhalten bzw. Assoziationen nur einmal gespeichert werden muss (als sogenannter „type-Knoten"), aber im Kontext zahlreicher anderer Netzwerke auftreten kann (als sogenannter „token-Knoten"). Vgl. hierzu: Grunert, Klaus:

den Markenanforderungen, AE dem Markenwissen („das Produkt hat bestimmte Eigenschaften") und VA den Markenerfahrungen (auf der Basis von Lernvorgängen).[757]

Übersicht 21: Markenrelevantes Netzwerk

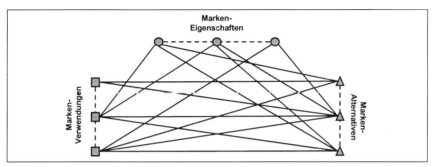

Quelle: Wiswede, Günter: Die Psychologie des Markenartikels, in: Dichtl, Erwin; Eggers, Walter (Hrsg.): Marke und Markenartikel als Instrumente des Wettbewerbs, (Beck) München 1992, S. 71-95, S. 79.

Auf der Basis dieses Modells lassen sich auch der Einfluss der (kognitiven) Produktbeurteilung auf den Markenwert und damit dessen Entstehungsprozess erläutern. So führt die zunehmende Erfahrung (mit einer Marke) zu einer Verfestigung des Kaufprogramms im Laufe eines Habitualisierungsprozesses. Dieser Prozess kann in vier Phasen unterteilt werden:[758]

1. *Schwach ausgeprägte Struktur*: Zu Beginn des Markenaufbaus stehen lediglich einige oder wenige Verwendungen bzw. Bedürfnisse bezüglich der Marke (V) und die Kenntnis über eine oder mehrere Marken-Alternativen (A), von denen der Konsument annimmt, dass sie zur Bedürfnisbefriedigung in Frage kommen, zur Verfügung.

2. *Dominanz von Anforderungen und Kenntnis der einzelnen Eigenschaften*: Im Verlauf der Informationssuche bildet sich Wissen bezüglich der Marken-Eigenschaften (E) heraus, hinsichtlich derer sich die Alternativen (A) unterscheiden und die die Grundlage für die Beurteilung (der Eignung) bilden (Reizdiskriminierung).

Kognitive Strukturen in der Konsumentenforschung, (Physica) Heidelberg 1990, S. 61-75; Swoboda, Bernhard: Interaktive Medien am Point of Sale, (DUV) Wiesbaden 1996, S. 94f.

[757] Vgl. Grunert, Klaus: Kognitive Strukturen in der Konsumentenforschung, (Physica) Heidelberg 1990, S. 73-75; Wiswede, Günter: Die Psychologie des Markenartikels, in: Dichtl, Erwin; Eggers, Walter (Hrsg.): Marke und Markenartikel, (dtv) München 1992, S. 71-95, S. 80.

[758] Vgl. Grunert, Klaus: Kognitive Strukturen in der Konsumentenforschung, (Physica) Heidelberg 1990, S. 74f.

3. *Ausgewogene kognitive Struktur*: Je besser (bei zunehmender Kauferfahrung) die Eigenschaften (E) der Marke zu den Bedürfnissen der Konsumenten (V) passen und es somit zu Zufriedenheit kommt, desto mehr direkte Assoziationen zwischen Alternativen (A) und Bedürfnissen (V) bilden sich. Parallel dazu werden die Assoziationen zwischen Bedürfnissen bezüglich konkreter Merkmale und den Alternativen relativ unwichtiger.

4. *Dominanz der Markenerfahrung*: Bei vollständig gewohnheitsmäßigem Verhalten übersteigt schließlich die Bedeutung der Markenerfahrung die der Anforderung und der Kenntnis. Bestimmte Marken (A) werden bei bestimmten Bedürfnissen (V) gewählt, ohne über die Eigenschaften (E) noch weiter zu reflektieren.

Ähnlich wird in der vorliegenden Untersuchung der Unterschied zwischen (kognitiver) Beurteilung der Marke und Markenstärke gesehen. Die kognitive Beurteilung ist auf einzelne (sachliche) Merkmale bezogen. Dabei wird betrachtet, inwieweit eine Marke die (sachlichen) Bedürfnisse befriedigt. Auf einer „höheren" Ebene löst sich die Markenstärke jedoch von den Einzeleigenschaften; die Marke wird direkt mit einer positiven Bewertung verknüpft.

iv.   Integration neuen Wissens

Markenschemata bestimmen maßgeblich, wie neue Informationen zur Marke aufgenommen, verarbeitet und gespeichert werden. Für den Erwerb von Wissen können u.a. folgende Prozesse unterschieden werden:[759]

♦   Wissenzuwachs als assimilativer Prozess, bei dem das vorhandene Schema selbst nicht verändert wird, sondern die vorhandenen Schema-Strukturen vertieft und verstärkt werden. Dies ist eine wesentliche Zielsetzung des integrierten Marketing, bei dem meist vorhandene Markenschemata nicht verändert, sondern vertieft bzw. verstärkt werden sollen.

♦   Die Schema-Induktion ist eine Form des Lernens durch Kontiguität. Die Wahrnehmung von Sachverhalten, die häufig zusammen auftreten, kann dabei zur Umstrukturierung bestehender bzw. zum Aufbau neuer Schemata führen. Dabei ist eine möglichst große Übereinstimmung des Marketing für eine Marke erforderlich, um den Lernprozess zu fördern und den Aufbau eines Markenschemas zu beschleunigen.

Der Aufbau eines Markenschemas erfolgt demnach - nach dem Kontiguitätsprinzip - über die Gleichzeitigkeit der Darbietung von Marke und Information sowie durch die häufige Wiederholung derselben Konstellation. Erst nach mehrmaligem Erleben eines Ereignisses bzw. nach mehrmaligem Erfahren von Kontiguität erfolgen Verallgemeine-

---

[759]   Vgl. Esch, Franz-Rudolf: Wirkung integrierter Kommunikation, 2. Aufl., (DUV) Wiesbaden 1999, S. 90f.

rungen von Einzelereignissen zu Schemata.[760] Konkreter ist dies nach dem Phasenkonzept der Schema-Entwicklung in Abhängigkeit der Entwicklungsphase zu sehen. Verfügt ein Individuum noch über kein Schema, werden Inkonsistenzen möglicherweise überhaupt nicht als solche wahrgenommen. In der Phase der Entwicklung von Schemata werden Inkonsistenzen beachtet und evtl. auch erinnert. Hat sich einmal ein Schema gebildet, suchen Konsumenten nach Bestätigung für dieses Schema und erinnern in besonderem Maße Schema-konsistente Informationen.[761]

Die Konsistenz mit einem Schema bzw. die Abweichung davon beeinflusst dabei die Informationsverarbeitung, wobei verschiedene empirische Studien nachweisen, dass Produkte, die (nur) geringfügig von den mit ihnen assoziierten Produktkategorien abweichen, in stärkerem Maße eine Informationsverarbeitung stimulieren, als Produkte, die entweder sehr stark oder überhaupt nicht davon abweichen.[762] Daher folgert Esch, dass der Fit neuer Informationen mit vorhandenen Schemastrukturen für eine Marke die Informationsaufnahme und -verarbeitung erleichtert, wobei diese dann mehr oder weniger automatisch erfolgen. Die Gewährleistung eines solchen Fit ist inbesondere unter den bestehenden Markt- und Kommunikationsbedingungen, so der Informationsüberlastung, besonders wichtig.[763]

Die Notwendigkeit der Integration der einzelnen „Botschaften" und die Forderung nach einem Fit als einer die Subimages verbindenden inhaltlichen Klammer kann auch anhand der inhaltlichen Ähnlichkeit von Teilnetzwerken erklärt werden.[764] So kann das Wissen der Konsumenten über eine Marke, z.B. eine Händlermarke, und verwandte,

---

[760] Vgl. Esch, Franz-Rudolf: Wirkung integrierter Kommunikation, 2. Aufl., (DUV) Wiesbaden 1999, S. 91f., S. 124f.; Kroeber-Riel, Werner; Weinberg, Peter: Konsumentenverhalten, 7. Aufl., (Vahlen) München 1999, S. 337f.

[761] Vgl. Fiske, Susan; Taylor, Shelley: Social Cognition, 2. Aufl., (McGraw-Hill) New York u.a. 1991, S. 130; Esch, Franz-Rudolf: Wirkung integrierter Kommunikation, 2. Aufl., (DUV) Wiesbaden 1999, S. 92

[762] Vgl. Meyers-Levy; Joan; Tybout, Alice: Schema congruity as a basis for product evaluation, in: JCR, 16. Jg., 1989, Nr. 6, S. 39-54, insb. S. 51f.
Die Frage, ob schemakonsistente oder schemainkonsistente Informationen besser erinnert werden, wird kritisch diskutiert. Es treten zwei gegenläufige Einflüsse auf. So lenken inkonsistente Informationen die Aufmerksamkeit der Rezipienten stärker auf sich; andererseits sind sie schwieriger zu enkodieren und in einem Schema zu speichern. Diese beiden Effekte beeinflussen die Aufnahme und Speicherung eingehender Informationen in gegensätzlicher Weise. Welcher der genannten Faktoren stärker zum Tragen kommt, hängt u.a. vom Involvement ab. Unter Low Involvement-Bedingungen dürfte der zweite Effekt überwiegen, so dass schemainkonsistente Informationen schlechter erinnert werden. Vgl. Esch, Franz-Rudolf: Wirkung integrierter Kommunikation, 2. Aufl., (DUV) Wiesbaden 1999, S. 98; Heckler, Susan; Childers, Terry: The Role of Expectancy and Relevancy in Memory for Verbal and Visual Information: What is Incongruency?, in: JCR, 18. Jg., 1992, Nr. 3, S. 475-492.

[763] Vgl. Esch, Franz-Rudolf: Wirkung integrierter Kommunikation, 2. Aufl., (DUV) Wiesbaden 1999, S. 100f.

[764] Vgl. Burkhardt, Achim: Die Betriebstypenmarke im stationären Einzelhandel, Diss., Universität Erlangen-Nürnberg 1997, S. 208.

über- oder untergeordnete Wissenseinheiten, so die einzelnen Filialen, die Warengruppen und die Leistungsmerkmale (z.B. die Preispolitik, die Werbepolitik usw.), jeweils als Teilnetzwerke begriffen werden, welche u.a. über das Markenzeichen der Händlermarke verbunden sind. Nur wenn sich die einzelnen Teilnetzwerke möglichst ähnlich sind, also v.a. die bedeutenden Knoten gemeinsam haben, kann ein prägnantes (und v.a. konsistentes) Gedächtnisbild entstehen.[765]

Übersicht 22:   Semantische Ähnlichkeit von Teilnetzwerken
des Händlermarkenschemas

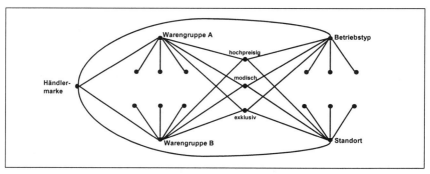

Quelle: in Anlehnung an Burkhardt, Achim: Die Betriebstypenmarke im stationären Einzelhandel, Diss., Universität Erlangen-Nürnberg 1997, S. 208.

Zusammenfassend lässt sich feststellen, dass ein Fit zwischen Informationen und Schema den Recall erleichtert.[766] Auch entwickeln Konsumenten eher eine Wertschätzung für Schema-kongruente Objekte, da Objekte, die die Erwartungen der Konsumenten erfüllen und damit Verlässlichkeit repräsentieren, auch positiver aufgenommen werden.[767]

v.   Benefit-to-Object-Assoziationen als gedächtnistheoretischer Ansatz

Auf dem gedächtnistheoretischen Verständnis einer Marke und des Kaufverhaltens basiert auch der Ansatz von Tigert sowie von Woodside u.a., der vorne bereits dargestellt wurde. Sie gehen davon aus, dass die Tatsache, dass oftmals eine „top-of-mind"-Marke, die einem Konsumenten auf einen bestimmten Auslöser hin zuerst einfällt (z.B.: „zuver-

[765]   Vgl. Hätty, Holger: Der Markentransfer, (Physica) Heidelberg 1989, S. 204-206; Burkhardt, Achim: Die Betriebstypenmarke im stationären Einzelhandel, Diss., Universität Erlangen-Nürnberg 1997, S. 208.

[766]   Vgl. Esch, Franz-Rudolf: Wirkung integrierter Kommunikation, 2. Aufl., (DUV) Wiesbaden 1999, S. 96; Owens, Joseph; Bower, Gordon; Black, J.: The „soap opera" effect in story recall, in: Memory and Cognition, 7. Jg., 1979, S. 185-191.

[767]   Vgl. Meyers-Levy, Joan; Tybout, Alice: Schema Congruity as a Basis for Product Evaluation, in: JCR, 16. Jg., 1989, Nr. 6, S. 39-54, S. 40.

lässigster Anbieter" oder „niedrigstes Preisniveau"), in einem engen Zusammenhang steht mit seinem Einkaufsverhalten. Für die Markenwahl (und auch Einkaufsstättenwahl) stellen diese auslösenden Informationen, die einen schnellen Zugriff auf den Namen der Marke oder des Ladens nach sich ziehen (bei denen also eine enge „Benefit-to-Object-Assoziation" besteht), wahrscheinlich die „bestimmenden Eigenschaften" der Entscheidung dar.[768]

Dabei wird der automatischen Auslösung einer bestimmten Erinnerung oder Einstellung ein hoher Stellenwert zugemessen. Fazio u.a. gehen z.b. davon aus, dass die E-V-Hypothese nur dann Gültigkeit hat, wenn die Einstellungen bei der Wahrnehmung des Einstellungsobjekts aus dem Gedächtnis des Individuums aktiviert wurden.[769] Die Zugriffsfähigkeit auf eine Einstellung aus dem Gedächtnis (und damit eine enge assoziative Verknüpfung der Schema-Knoten) ist also eine kritische Determinante bei der Frage, inwieweit diese Einstellung das Verhalten beeinflusst.

e) Aufbau innerer Bilder

Trommsdorff weist darauf hin, dass in der Marketingliteratur und -forschung vornehmlich auf verbales Wissen Bezug genommen wird. Allerdings sind andere Wissensformen für das Konsumentenverhalten bedeutsamer. Vor allem der Einfluss innerer Bilder und der Bildkommunikation generell ist inzwischen mehrfach belegt worden.[770] Der Konsument kann eine Marke auch als visuelles Reizmuster wahrnehmen. Dabei entstehen bildhafte innere Vorstellungen, die im Langzeitgedächtnis abgespeichert werden, sogenannte „innere Bilder".[771]

Die Basis für die Analyse des inneren Markenbildes liefert die Imagery-Forschung, deren Basis die psychologische Theorie der dualen Kodierung ist.[772] Die Imagery-

---

[768] Vgl. Tigert, Douglas: Pushing the hot buttons for a successful retailing strategy, in: Darden, William; Lusch, Robert (Hrsg.): Patronage Behavior and Retail Management, (North-Holland) New York 1983, S. 89-113; Woodside, Arch; Trappey, Randolph: Finding out why customers shop your store and buy your brand: Automatic cognitive processing models of primary choice, in: JAR, 32. Jg., 1992, Nr. 6, S. 59-78; Woodside, Arch; Thelen, Eva: Accessing memory and customer choice: benefit-to-store (brand) retrieval models that predict purchase, in: MR, 24. Jg., 1996, Nr. 11, S. 260-267.

[769] Vgl. u.a. Fazio, Russel; Powell, Martha; Williams, Carol: The role of attitude accessibility in the attitude-to-behavior-process, in: JCR, 16. Jg., 1989, Nr. 4, S. 280-288.

[770] Vgl. Ruge, Hans-Dieter: Die Messung bildhafter Konsumerlebnisse, (Physica) Heidelberg 1988; Kroeber-Riel, Werner: Bildkommunikation, (Vahlen) München 1993; Trommsdorff, Volker: Konsumentenverhalten, 3. Aufl., (Kohlhammer) Stuttgart u.a. 1998, S. 81.

[771] Vgl. Kroeber-Riel, Werner: Die inneren Bilder der Konsumenten: Messung - Verhaltenswirkung - Konsequenzen für das Marketing, in: Marketing-ZFP, 8. Jg., 1986, Nr. 2, S. 81-96; Bekmeier-Feuerhahn, Sigrid: Marktorientierte Markenbewertung, (DUV) Wiesbaden 1998, S. 170.

[772] Vgl. insbesondere Paivio, Allan: Imagery and Verbal Processes, (Holt, Rinehart, and Winston, Inc.) New York u.a. 1971; Paivio, Allan: Mental Representations: A Dual Coding Approach, (Oxford University Press) New York 1986.

Forschung beschäftigt sich dabei mit der Wirkung von inneren Bildern und geht davon aus, dass Umweltreize, die vom Konsumenten wahrgenommen werden, in zwei verschiedenen Gedächtnisspeichern abgelegt werden: einem verbalen, sequenziell arbeitenden, und einem visuellen, ganzhaft arbeitenden.[773]

Dabei ist davon auszugehen, dass die Enkodierung von visuellen Informationen beim Betrachter zu eigenständigen visuellen, i.d.R. rechtshemisphärischen Repräsentationen führt. Die Theorie der dualen Kodierung belegt zugleich, dass emotionale Reize in der menschlichen Vorstellungswelt direkter und wirksamer durch innere Bilder repräsentiert werden.[774] Bekmeier-Feuerhahn zeigt die Beziehung der Bilder zur „emotionalen Betrachtungsperspektive der Markierung" auf. So werden in der rechten Hirnhälfte beim Menschen sowohl bildliche Vorstellungen gespeichert als auch das emotionale Verhalten gesteuert. Nach Kroeber-Riel ist die emotionale Wirksphäre die eigentliche Wirkungsdomäne von inneren Bildern.[775]

Die Bedeutung visueller Markenrepräsentationen für den Markenwert wird dabei in vielen verhaltenswissenschaftlich orientierten Analysen betont.[776] Auch „über den starken Einfluß bildlicher Vorstellungen auf Denken, Fühlen und Handeln besteht kein Zweifel."[777] Ruge kam bei einer Analyse der Verhaltensrelevanz von Imagerywerten, d.h. Werten für das innere Markenbild, zu dem Ergebnis, dass die Werte für das innere Bild das Verhalten besser prognostizieren als herkömmliche Einstellungswerte.[778] Gleichzeitig zeigt Kroeber-Riel die Übertragbarkeit von Vorstellungsbildern auf Marken, Firmen und Geschäfte.[779]

---

[773] Vgl. Kroeber-Riel, Werner: Die inneren Bilder der Konsumenten: Messung - Verhaltenswirkung - Konsequenzen für das Marketing, in: Marketing-ZFP, 8. Jg., 1986, Nr. 2, S. 81-96; Ruge, Hans-Dieter: Die Messung bildhafter Konsumerlebnisse, (Physica) Heidelberg 1988; Ruge, Hans-Dieter: Das Imagery-Differential, Arbeitspapier Nr. 2 der Forschungsgruppe Konsum und Verhalten, Saarbrücken 1988.

[774] Vgl. Paivio, Allan: Mental Representations: A Dual Coding Approach, (Oxford University Press) New York 1986; Ruge, Hans-Dieter: Die Messung bildhafter Konsumerlebnisse, (Physica) Heidelberg 1988; Kroeber-Riel, Werner; Weinberg, Peter: Konsumentenverhalten, 7. Aufl., (Vahlen) München 1999, S. 345-351; Kroeber-Riel: Bildkommunikation, (Vahlen) München 1993, S. 86f.

[775] Vgl. Kroeber-Riel: Bildkommunikation, (Vahlen) München 1993, S. 85-87; Bekmeier-Feuerhahn, Sigrid: Marktorientierte Markenbewertung, (DUV) Wiesbaden 1998, S. 180.

[776] Vgl. z.B. Andresen, Thomas: Innere Markenbilder: MAX - wie er wurde, was er ist, in: Planung und Analyse, o.Jg., 1991, Nr. 1, S. 28-34; Bekmeier-Feuerhahn, Sigrid: Marktorientierte Markenbewertung, (DUV) Wiesbaden 1998, S. 170-183.

[777] Kroeber-Riel, Werner; Weinberg, Peter: Konsumentenverhalten, 7. Aufl., (Vahlen) München 1999, S. 343.

[778] Vgl. Ruge, Hans-Dieter: Die Messung bildhafter Konsumerlebnisse, (Physica) Heidelberg 1988; Ruge, Hans-Dieter: Das Imagery-Differential, Arbeitspapier Nr. 2 der Forschungsgruppe Konsum und Verhalten, Saarbrücken 1988.

[779] Vgl. Kroeber-Riel, Werner: Die inneren Bilder der Konsumenten: Messung - Verhaltenswirkung - Konsequenzen für das Marketing, in: Marketing-ZFP, 8. Jg., 1986, Nr. 2, S. 81-96.

Nach Ruge sind die wichtigsten Dimensionen innerer Bilder Vividness, Bewertung/Gefallen, Intensität, Komplexität, Neuartigkeit und psychische Distanz.[780] Die Vividness bzw. Lebendigkeit eines inneren Bildes hat dabei eine besonders hohe Verhaltensrelevanz und wird von Ruge als übergeordnete Dimension angesehen.[781]

Es wird zwar argumentiert, dass bei visuellen Bildern bestimmte Wissensinhalte, so z.B. Emotionen, sprachlich nicht bewusst sind und sich daher nonverbale Messverfahren anbieten, diese Wissensinhalte ins Bewusstsein zu transformieren. Beispiele sind Bilder- oder Farbskalen.[782] Andererseits liegen in der Emotionspsychologie Erklärungsansätze vor, nach denen auch das Erlebnis von Emotionen in bestimmtem Maße sprachlich bewusst wahrgenommen wird und von daher verbal mitgeteilt werden kann.[783] Ruge hat dabei die Validität verbaler Skalen für die Messung bildhafter Gedächtnisinhalte geprüft. So zeigt er auf, dass die Vividness auch durch verbale Skalen valide erfasst werden kann. Er verwendet dabei für die Messung die Marks-Skala, die sich bereits in zahlreichen Studien als valide und reliabel erwiesen hat.[784]

4. Motivation und Motive

Motivation baut auf Emotionen auf. Dabei sind Emotionen innere Erregungsvorgänge, die angenehm oder unangenehm empfunden und mehr oder weniger bewusst erlebt werden. Motivationen sind Emotionen, die mit einer Zielorientierung in Bezug auf das Verhalten verbunden sind. Dabei sind Emotionen nach innen gerichtet (auf das eigene Erleben), Motivationen auf ein Handeln. Nach vielen psychologischen Theorien besteht dabei Übereinstimmung darüber, dass sich die Motivation aus zwei Komponenten zusammensetzt: einer Aktivierungskomponente, die die grundlegenden Antriebskräfte umfasst

---

[780] Vgl. Ruge, Hans-Dieter: Das Imagery-Differential, Arbeitspapier Nr. 2 der Forschungsgruppe Konsum und Verhalten, Saarbrücken 1988, S. 23.

[781] Ruge, Hans-Dieter: Das Imagery-Differential, Arbeitspapier Nr. 2 der Forschungsgruppe Konsum und Verhalten, Saarbrücken 1988, S. 33f., S. 39; Ruge, Hans-Dieter: Die Messung bildhafter Konsumerlebnisse, (Physica) Heidelberg 1988, S. 167; Kroeber-Riel, Werner; Weinberg, Peter: Konsumentenverhalten, 7. Aufl., (Vahlen) München 1999, S. 344.

[782] Vgl. z.B. Heinemann, Gerrit: Betriebstypenprofilierung und Erlebnishandel, (Gabler) Wiesbaden 1989, S. 146.

[783] Vgl. Schmidt-Atzert, Lothar: Emotionspsychologie, (Kohlhammer) Stuttgart u.a. 1981, S. 32-35; Heinemann, Gerrit: Betriebstypenprofilierung und Erlebnishandel, (Gabler) Wiesbaden 1989, S. 146.

[784] Vgl. Ruge, Hans-Dieter: Das Imagery-Differential, Arbeitspapier Nr. 2 der Forschungsgruppe Konsum und Verhalten, Saarbrücken 1988, S. 15, S. 26. Vgl. zur Marks-Skala: Marks, David: Individual differences in the vividness of visual imagery and their effect on function, in: Sheenan, Peter (Hrsg.): The Function and Nature of Imagery, (Academic Press) New York 1972, S. 83-108; Marks, David: Visual imagery differences in the recall of pictures, in: British Journal of Psychology, 64. Jg., 1973, S. 17-24.

und einer kognitiven Komponente, die eine Zielorientierung zur Verhaltenslenkung beinhaltet.[785]

Der Begriff Motiv ist eng mit dem Begriff Motivation verknüpft, bezeichnet aber, im Gegensatz zu einem manifesten Vorgang, eine überdauernde, latente Disposition, etwas zu tun, auch wenn diese Disposition zurzeit nicht aktualisiert und verhaltenswirksam ist.[786]

Einige Marketingforscher, die die Zielorientierung des Markenwerts betonen wollen, sehen ihn als ein motivationales Konstrukt, so z.b. Bekmeier-Feuerhahn: „Markenstärke beschreibt eine Antriebskraft, die aus der subjektiven Wertschätzung der Marke entsteht."[787] In dieser Perspektive kann die Frage der Bedeutung von einzelnen Elementen der Marketingstrategie für die Marke auch aus einer antriebsorientierten Sicht erläutert werden. Relevant für die vorliegende Untersuchung ist dabei das Zusammenwirken mehrerer Motivationen. Z.B. zeigt Wiswede in seiner Vektortheorie auf, dass jede Entscheidung nicht das Ergebnis einer einzigen Motivation ist, sondern das Ergebnis mehrerer Antriebskomponenten, und kommt damit zu einer pluralistischen Auffassung des menschlichen Antriebsgeschehens. Ausgehend von dieser Überlegung wird deutlich, dass unterschiedliche Motive zu einem Konflikt führen können. Betrachtet man nur zwei Motive, so lassen sich die empirisch vorkommenden Fälle auf zwei reduzieren:[788]

♦ Motivkonvergenz liegt vor, wenn innerlich verwandte Motive sich im Hinblick auf ein Verhalten vereinen, sich in ihrer Wirkung also gegenseitig verstärken. Totale Kongruenz kann als ein Grenzfall angesehen werden.

♦ Motivdivergenz liegt vor, wenn zwei Motive eher entgegengerichtet sind, also zu konträren Verhaltenstendenzen führen. Der Extremfall ist die Inkongruenz.

Wird das Modell erweitert, so müssen die Zahl der Motive, ihre Richtung und ihre Intensität betrachtet werden. Nach Wiswede können diese Motive (als zielgerichtete An-

---

[785] Vgl. Kroeber-Riel, Werner; Weinberg, Peter: Konsumentenverhalten, 7. Aufl., (Vahlen) München 1999, S. 53-55. Engel/Blackwell/Miniard sprechen von der Verbindung zwischen einem „Drive", also der Antriebskraft, ein Bedürfnis zu beseitigen, mit einem „Want", der sich auf ein geeignetes Ziel zur Erfüllung des Bedürfnisses richtet; vgl. Engel, James; Blackwell, Roger; Miniard, Paul: Consumer Behaviour, 8. Aufl., (The Dryden Press) Fort Worth 1995, S. 404-406.

[786] Vgl. Kroeber-Riel, Werner; Weinberg, Peter: Konsumentenverhalten, 7. Aufl., (Vahlen) München 1999, S. 57f. Trommsdorff nutzt den Begriff allgemein für das aktivierende Konstrukt, das zwischen Emotion und Einstellung angesiedelt ist; vgl. Trommsdorff, Volker: Konsumentenverhalten, 3. Aufl., (Kohlhammer) Stuttgart u.a. 1998, S. 107.

[787] Bekmeier-Feuerhahn, Sigrid: Marktorientierte Markenbewertung, (DUV) Wiesbaden 1998, S. 38.

[788] Vgl. Wiswede, Günter: Eine Vektortheorie des Verbraucherverhaltens, in: JAV, 12. Jg., 1966, S. 53-67, S. 54f.

triebsgrößen) als Vektormodell mit einem gemeinsamen Ursprung dargestellt werden (siehe Übersicht 18).[789]

Ein wichtiger motivationstheoretischer Ansatz in der verhaltenswissenschaftlichen Konsumentenforschung ist der risikotheoretische Ansatz. Er gründet auf der Annahme, dass Konsumenten danach streben, vermutete Entscheidungsrisiken (Kaufrisiken) zu reduzieren, u.a., indem sie Informationen beschaffen. Das Konzept unterstellt dabei, dass jede Kaufentscheidung in der Wahrnehmung der Konsumenten mit einem mehr oder weniger großen Risiko behaftet ist,[790] und verschiedene Arten von Risiken existieren, die Konsumenten beim Kauf und Konsum von Produkten wahrnehmen, so funktionales Risiko, physisches Risiko, finanzielles Risiko und soziales Risiko.[791] Entscheidend ist (wie bei allen Konstrukten der Konsumentenverhaltenstheorie) nicht das tatsächliche, objektive Risiko, sondern das vom Konsumenten subjektiv wahrgenommene Risiko. Dieses kann als die vom Konsumenten als nachteilig aufgefassten Folgen seines Verhaltens beschrieben werden, die der Konsument nicht sicher vorhersehen kann. Damit kann das subjektiv wahrgenommene Risiko durch zwei Komponenten erklärt werden:[792]

1. die wahrgenommenen potenziellen negativen Konsequenzen eines Kaufs und

2. die empfundene Unsicherheit über die betreffenden Kaufkonsequenzen, d.h. die Wahrscheinlichkeit des Eintretens dieser Konsequenzen.

Dabei wird häufig die Bedeutung des subjektiven Kaufrisikos insbesondere im Dienstleistungsbereich und auch bei der Inanspruchnahme der Handelsleistung herausgestellt. Zahlreiche Vertreter der Dienstleistungsforschung gehen dabei - wie vorne bereits erwähnt - davon aus, dass Konsumenten die Risiken im Dienstleistungsbereich besonders stark empfinden.[793] Andere Verfasser gehen im Gegenteil davon aus, dass das wahrgenommene Risiko bei einem Großteil der Einkaufsstättenwahlakte nicht die gleiche Bedeutung wie beim Produktkauf einnimmt. Die Ursache wird u.a. darin gesehen, dass die

---

[789] Vgl. Wiswede, Günter: Eine Vektortheorie des Verbraucherverhaltens, in: JAV, 12. Jg., 1966, S. 53-67, S. 54-56. Dabei stellt Wiswede dar, dass die Resultierende der Einzelvektoren das Bedürfnis darstellt. Sobald die Resultierende vom Wert Null abweiche, fühlt sich das Individuum zu einer Handlung (z.B. einem Kauf) gedrängt.

[790] Vgl. Keller, Kevin: Strategic Brand Management, (Prentice Hall) Upper Saddle River/NJ 1998, S. 8f.; Bekmeier-Feuerhahn, Sigrid: Marktorientierte Markenbewertung, (DUV) Wiesbaden 1998, S. 120.

[791] Vgl. Mitchell, V.-W.: A role for consumer risk perceptions in grocery retailing, in: British Food Journal, 100. Jg, 1998, Nr. 4, S. 171-183, S. 171f.; Keller, Kevin: Strategic Brand Management, (Prentice Hall) Upper Saddle River/NJ 1998, S. 8f.

[792] Vgl. Cunningham, Scott: The Major Dimensions of Perceived Risk, in: Cox, Donald (Hrsg.): Risk taking and information handling in consumer behavior, (Div. of Research, Graduate School of Business Administration Harvard University) Boston 1967, S. 82-108, S. 82-84; Kroeber-Riel, Werner; Weinberg, Peter: Konsumentenverhalten, 7. Aufl., (Vahlen) München 1999, S. 386f.

[793] Siehe Abschnitt B.III.3. des Zweiten Kapitels.

Einkaufsstättenwahl noch nicht gleichbedeutend mit einem Kauf ist.[794] Dem lässt sich jedoch entgegenhalten, dass die eigentliche Handelsleistung auch nicht ausschließlich im Abschließen des Kaufakts liegt und die eigentlichen Kosten für den Konsumenten nicht nur in der Kaufsumme. Vielmehr sind das Einkaufserlebnis, die Suchkosten, die Emotionen während einer Begegnung mit Verkaufspersonal, der Zeitaufwand, das Risiko u.v.m als der tatsächliche Aufwand des Einkaufsstättenbesuchs und das tatsächliche Risiko zu sehen. Insbesondere für den Einkauf von Lebensmitteln ist darüber hinaus zu beachten, dass Risikosituationen dort als besonders gravierend empfunden werden, wo die Kontaktsituation nicht nur finanzielle, sondern auch direkt physische Konsequenzen haben kann.[795] Dabei entsteht u.a. das Risiko, Waren mit schlechter Qualität zu kaufen oder Waren mit einer Qualität, die (insb. bei schlecht beurteilbaren Eigenschaften) nicht der erwarteten Qualität entspricht usw. Eine Vielzahl von Lebensmittelskandalen macht hier in den letzten Jahren das Vertrauen in den Anbieter zunehmend wichtiger.[796]

Eine der am häufigsten eingesetzten Strategien zur Reduktion des Kaufrisikos ist die Markentreue.[797] Dabei scheint eine positive Korrelation zwischen Markentreue und wahrgenommenem Kaufrisiko nachweisbar.[798] Als risikomindernde Quelle für Information kann sich der Konsument an der Marke als Qualitätsindikator orientieren.[799]

5. Einstellung

a) Das Konstrukt Einstellung

Die Einstellung ist eine Motivation, die mit einer kognitiven Gegenstandsbeurteilung verknüpft ist. Sie lässt sich als Haltung oder Prädisposition gegenüber einem Gegenstand auffassen. Während Motivationen auf ein Handeln gerichtet sind, sind Einstellungen auf Objekte gerichtet. Gleichzeitig sind die Begriffe Emotion, Motivation und Einstellung durch eine zunehmende kognitive Anreicherung der Antriebsprozesse gekenn-

---

[794] Vgl. Burkhardt, Achim: Die Betriebstypenmarke im stationären Einzelhandel, Diss., Universität Erlangen-Nürnberg 1997, S. 112, S. 59f.

[795] Vgl. Stauss, Bernd: Dienstleistungsmarken, in: Bruhn, Manfred (Hrsg.): Handbuch MA, Bd. 1, (Schäffer-Poeschel) Stuttgart 1994, S. 79-103, S. 93.

[796] Vgl. Mitchell, V.-W.: A role for consumer risk perceptions in grocery retailing, in: British Food Journal, 100. Jg., 1998, Nr. 4, S. 171-183, S. 171.

[797] Vgl. Weinberg, Peter: Die Produkttreue der Konsumenten, (Gabler) Wiesbaden 1977, S. 112f.

[798] Vgl. Behrens, Gerold: Verhaltenswissenschaftliche Erklärungsansätze der Markenpolitik, in: Bruhn, Manfred (Hrsg.): Handbuch MA, Bd. 1, (Schäffer-Poeschel) Stuttgart 1994, S. 199-217, S. 215; Nolte, Hartmut: Die Markentreue im Konsumgüterbereich, (Brockmeyer) Bochum 1976, S. 223f.

[799] Vgl. Diller, Hermann: Der Preis als Qualitätsindikator, in: DBW, 37. Jg., 1977, Nr. 2, S. 219-234, Bekmeier-Feuerhahn, Sigrid: Marktorientierte Markenbewertung, (DUV) Wiesbaden 1998, S. 121; Koppelmann, Udo: Funktionenorientierter Erklärungsansatz der Markenpolitik, in: Bruhn, Manfred (Hrsg.): Handbuch MA, Bd. 1, (Schäffer-Poeschel) Stuttgart 1994, S. 219-237, S. 228.

zeichnet.[800] In den meisten Konzeptionen wird Einstellung mit der Funktion der Bewertung eines Objekts angesehen. Das Ausmaß der Einstellung reflektiert die Position eines Objekts auf einer Skala der „Vorteilhaftigkeit".[801]

Einstellungen werden dabei wesentlich auch von der emotionalen Haltung gegenüber einem Objekt geprägt und werden daher den aktivierenden Prozessen zugeordnet. Sie umfassen aber auch in erheblichem Ausmaß kognitive Komponenten.[802] Eine Einstellung ist dabei relativ überdauernd, gegenstandsbezogen, erlernt, verhaltenswirksam und strukturiert.[803] Einstellungen sind zugleich komplex und heterogen bezüglich unterschiedlicher Eigenschaften, wobei Einstellungen zu einem spezifischen Objekt z.B. durch unterschiedliche Ausprägungen folgender Merkmale zu beschreiben sind:[804]

♦ Die Richtung beschreibt eine positive, negative oder neutrale Bewertung.

♦ Das Ausmaß beschreibt die Intensität der Bewertung.

♦ Die Resistenz ist das Maß, zu dem die Einstellung widerstandsfähig gegenüber einer Veränderung ist.

♦ Die Zugriffsfähigkeit charakterisiert die Einfachheit, mit der eine Einstellung aus dem Gedächtnis abgerufen werden kann.

♦ Sicherheit ist der Grad der Bestimmtheit, mit der eine bestimmte Einstellung oder Bewertung gehalten wird.

♦ Die Zentralität einer Einstellung ist das Maß, in dem die Einstellung mit dem Wertesystem eines Konsumenten verbunden ist.

Nach der Dreikomponententheorie der Einstellung hat jede Einstellung eine affektive Komponente (wie Sympathie), eine kognitive, wissensbasierte Komponente (wie Erinnerung) und eine intentionale Komponente.[805] Die Einstellung beeinflusst indirekt das Verhalten.[806] Diese sogenannte E-V-Hypothese kann dabei u.a. auf der Basis der Konsistenztheorie begründet werden, die aussagt, dass Einstellungen und Verhaltensweisen

---

[800] Vgl. Kroeber-Riel, Werner; Weinberg, Peter: Konsumentenverhalten, 7. Aufl., (Vahlen) München 1999, S. 54-58, S. 145.

[801] Vgl. Dick; Alan; Basu, Kunal: Customer loyalty, toward an integrated conceptual framework, in: JAMS, 22. Jg., 1994, S. 99-113, S. 101.

[802] Vgl. Kroeber-Riel, Werner; Weinberg, Peter: Konsumentenverhalten, 7. Aufl., (Vahlen) München 1999, S. 167.

[803] Vgl. Theis, Hans-Joachim: Einkaufsstätten-Positionierung, (DUV) Wiesbaden 1992, S. 80.

[804] Vgl. Dick; Alan; Basu, Kunal: Customer loyalty, toward an integrated conceptual framework, in: JAMS, 22. Jg., 1994, S. 99-113, S. 102-104; Engel, James; Blackwell, Roger; Miniard, Paul: Consumer Behaviour, 8. Aufl., (The Dryden Press) Fort Worth 1995, S. 367-368, S. 391.

[805] Vgl. Kroeber-Riel, Werner; Weinberg, Peter: Konsumentenverhalten, 7. Aufl., (Vahlen) München 1999, S. 190; Trommsdorff, Volker: Konsumentenverhalten, 3. Aufl., (Kohlhammer) Stuttgart u.a. 1998, S. 148f.

[806] Vgl. Trommsdorff, Volker: Konsumentenverhalten, 3. Aufl., (Kohlhammer) Stuttgart u.a. 1998, S. 148.

nicht auf Dauer und grundsätzlich auseinanderklaffen können. Sie wird jedoch umstritten diskutiert.[807]

Einstellungen korrespondieren stets mit bestimmten Objekten, z.b. Produkten oder auch Handelsunternehmen, über die ein Urteil gebildet wird. Entsprechend steht beim Einstellungskonzept die ganzheitliche, globale Objektbetrachtung im Vordergrund. Diese Ganzheitlichkeit spiegelt sich in den verschiedenen Messansätzen wider. Sowohl eindimensionale Einstellungsmessungen als auch mehrdimensionale (Semantische Differentiale oder auch Multiattribut-Modelle) gehen von einer Betrachtung aus, bei der sich der Einstellungswert aus der Aggregation einzelner Eindruckswerte ergibt.[808]

Abgrenzung der Einstellung vom Begriff der Beurteilung

Die Einstellung liegt nahe am kognitiven Prozess der „Beurteilung", zumal sie in der kognitiven Forschung auch „als subjektiv wahrgenommene Eignung eines Gegenstandes zur Befriedigung einer Motivation" umschrieben wird.[809] Im Gegensatz zur Beurteilung geht die Einstellung jedoch stärker auf verfestigte, gespeicherte Ansichten zurück.[810] „Einstellungen sind vereinfachte, gefühlsmäßig verwurzelte Vor-Urteile."[811] Dabei sind die Konstrukte der Beurteilung und der Einstellung zwar eng miteinander verwandt, jedoch deutlich zu unterscheiden. So ist ein wesentliches Merkmal der Einstellung eine gewisse zeitliche Stabilität. Daher dürfen Einstellungen nicht mit flüchtigen Eindrücken und Wahrnehmungen verwechselt werden, die sich zwar mit den gleichen oder mit ähnlichen Methoden wie Einstellung messen lassen, aber zeitlich nicht überdauernd sind.[812]

Weitere Hinweise auf die Beziehung von Beurteilung und Einstellung geben die Ausführungen von Keller zur Verbindung von Einstellungen (die er ausschließlich auf einer „abstrakteren" Ebene sieht) und den produktbezogenen Attributen einer Marke. Die Einstellung enthält nach Keller - im Gegensatz zu einzelnen Eigenschaften einer Marke - eine „gebündelte" Bedeutung und stellt eine „abstrakte" Assoziation dar, die dauerhafter im Gedächtnis verankert und schneller zugriffsfähig sein kann als die „underlying attri-

---

807 Vgl. umfassend zu dieser Diskussion: Kroeber-Riel, Werner; Weinberg, Peter: Konsumentenverhalten, 7. Aufl., (Vahlen) München 1999, S. 170-181; Trommsdorff, Volker: Konsumentenverhalten, 3. Aufl., (Kohlhammer) Stuttgart u.a. 1998, S. 148-151.

808 Vgl. Bekmeier-Feuerhahn, Sigrid: Marktorientierte Markenbewertung, (DUV) Wiesbaden 1998, S. 45f.; Tietz, Bruno: Marketing, 3. Aufl., (Werner) Düsseldorf 1993, S. 138; Kroeber-Riel, Werner; Weinberg, Peter: Konsumentenverhalten, 7. Aufl., (Vahlen) München 1999, S. 168.

809 Vgl. Howard, John; Sheth, Jagdish: The Theory of Buyer Behavior, (Wiley) New York 1969, S. 127f.; Kroeber-Riel, Werner; Weinberg, Peter: Konsumentenverhalten, 7. Aufl., (Vahlen) München 1999, S. 167f.

810 Vgl. Kroeber-Riel, Werner; Weinberg, Peter: Konsumentenverhalten, 7. Aufl., (Vahlen) München 1999, S. 168, S. 178.

811 Tietz, Bruno: Marketing, 3. Aufl., (Werner) Düsseldorf 1993, S. 137.

812 Vgl. Kroeber-Riel, Werner; Weinberg, Peter: Konsumentenverhalten, 7. Aufl., (Vahlen) München 1999, S. 178.

bute information", also die Beurteilung.[813] Außerdem können die Einstellung und die zu Grunde liegenden Produkteigenschaften unabhängig voneinander im Gedächtnis gespeichert und unabhängig voneinander auch wieder abgerufen werden.[814] Aus einem ersten Eindruck entwickelt sich eine (kurzfristige) Beurteilung. Erst in späteren Phasen (z.b. nach wiederholter Produktwahrnehmung) kommt es dann zu einer Verfestigung dieser Beurteilung. Ist also die „Hypothesenbildung" des Individuums abgeschlossen und kommt es zu permanenten, „eingefrorenen" Hypothesen zu bestimmten Objektklassen, Produkten oder Marken, so kristallisieren sich (langfristig) festgelegte Einstellungen heraus.[815]

Zu beachten ist bei der Abgrenzung also, dass das eher kognitiv und kurzfristig - beeinflusste Beurteilen eines Objekts eher instabil ist, während die Einstellung eher langfristig stabil ist.[816] Die langfristig stabilen, übergreifenden Überzeugungen über ein Objekt kann man daher auch weniger auf der Einzelitem-Ebene messen, sondern muss sich auf ganzheitliche Urteile über die Marke zurückziehen, die als Komposition verschiedener Einzelitems entstanden sind, aber „verselbstständigt" von diesen sind.

b) Abgrenzung der Begriffe Image, Einstellung und Markenwert

i.   Image vs. Einstellung

Eng mit dem Begriff der Einstellung verknüpft ist der Begriff Image. So wird Image z.b. definiert als „mehrdimensionale und ganzheitliche Grundlage der Einstellung einer Zielgruppe zum Gegenstand."[817] Andere sehen das Image allgemein als Vorstellungsbild.[818] So definiert Wiswede: „Die Gesamtheit aller Vorstellungen, wie sie in ihren verschiedenartigen Qualitäten, Abstufungen, Färbungen, Gehalten, Intensitäten, Wertungen - sei es unbewußt oder bewußt, rational oder nicht-rational - gegenüber einem Objekt auftreten und erlebnismäßig verarbeitet werden, wird als Vorstellungsbild (Image) be-

---

[813] Vgl. Keller, Kevin: Strategic Brand Management, (Prentice Hall) Upper Saddle River/NJ 1998, S. 102.

[814] Vgl. Chattopadhyay, Amitava; Alba, Joseph: The situational importance of recall and inference in consumer decision making, in: JCR, 15. Jg., 1988, Nr. 6, S. 1-12; Keller, Kevin: Strategic Brand Management, (Prentice Hall) Upper Saddle River/NJ 1998, S. 102.

[815] Vgl. Wiswede, Günter: Die Psychologie des Markenartikels, in: Dichtl, Erwin; Eggers, Walter (Hrsg.): Marke und Markenartikel, (dtv) München 1992, S. 71-95, S. 75.

[816] Vgl. z.B. Theis, Hans-Joachim: Einkaufsstätten-Positionierung, (DUV) Wiesbaden 1992, S. 80; Kroeber-Riel, Werner; Weinberg, Peter: Konsumentenverhalten, 7. Aufl., (Vahlen) München 1999, S. 167f.

[817] Trommsdorff, Volker: Konsumentenverhalten, 3. Aufl., (Kohlhammer) Stuttgart u.a. 1998, S. 152.

[818] Vgl. Tietz, Bruno: Marketing, 3. Aufl., (Werner) Düsseldorf 1993, S. 301. Eine Vielzahl von Definitionen des Image-Begriffs wurde in der vorliegenden Arbeit bereits bei der Erläuterung des Konzepts der Händlermarke detailliert erläutert, dort mit der spezifischen Ausrichtung auf Handelsunternehmen (also als „Store Image").

zeichnet."[819] Wie Spiegel darstellt, handelt es sich bei diesem Vorstellungsbild um eine integrierte Ganzheit; die Einzelqualitäten treten zu Gunsten der Ganzheit zurück, beeinflussen jedoch durch Irradiation das Gesamterlebnis entscheidend.[820]

Nach diesem umfassenden Begriff ist das Image also nicht nur auf einer reinen Bewertungsdimension ausgeprägt, sondern hat darüber hinaus andere Merkmale, die grundsätzlich subjektive Eindrücke darstellen. Damit ist entscheidend, welche Eindrücke in der Zielgruppe für ein Image relevant sind. Images sind zwar nach einzelnen Eindrucksdimensionen zerlegbar, aber meist ganzheitlich definiert.[821] Theis beschreibt den Image-Begriff mit einem Katalog von Aussagen, u.a.:[822]

1. Das Image stellt ein komplexes mehrdimensionales, klar strukturiertes System dar.

2. Das Image bildet eine Ganzheit im Sinne der Gestaltpsychologie.

3. Das Image durchläuft Entwicklungsphasen, die in einer Verfestigung enden.

4. Das Image eines Meinungsgegenstands ist dem Träger in seinen wahren Grundstrukturen oft nicht voll bewusst.

5. Images enthalten Züge der Originalität, Dauerhaftigkeit und der Stabilität.

Die Diskussion über die Abgrenzung der Begriffe Einstellung und Image ist kontrovers.[823] Eine Reihe von Verfassern setzt die Begriffe gleich.[824] Andere wiederum differenzieren. So sei der Begriff der Einstellung auf Einzelaspekte eines Gegenstands bezogen, während das Image ganzheitlich sei. Auch kann man in den Begriffen Image und Einstellung unterschiedliche Betrachtungsweisen sehen. So kann das Image „als Projektion von Einstellungen" betrachtet werden, also als „objektbezogene Kehrseite des subjektbezogenen Einstellungsbegriffs".[825]

---

[819] Wiswede, Günter: Eine Vektortheorie des Verbraucherverhaltens, in: JAV, 12. Jg., 1966, S. 53-67, S. 56.

[820] Vgl. Spiegel, Bernt: Die Struktur der Meinungsverteilung im sozialen Feld, (Huber) Bern-Stuttgart 1961, S. 67.

[821] Vgl. Trommsdorff, Volker: Konsumentenverhalten, 3. Aufl., (Kohlhammer) Stuttgart u.a. 1998, S. 152.

[822] Vgl. Theis, Hans-Joachim: Einkaufsstätten-Positionierung, (DUV) Wiesbaden 1992, S. 78.

[823] Vgl. überblickend Theis, Hans-Joachim: Einkaufsstätten-Positionierung, (DUV) Wiesbaden 1992, S. 79-83; Burkhardt, Achim: Die Betriebstypenmarke im stationären Einzelhandel, Diss., Universität Erlangen-Nürnberg 1997, S. 75f.

[824] Vgl. Kroeber-Riel, Werner; Weinberg, Peter: Konsumentenverhalten, 7. Aufl., (Vahlen) München 1999, S. 196f.; Wiswede, Günter: Psychologie der Markenbildung, in: Andreae, Clemens-August u.a. (Hrsg.): Markenartikel heute, (Gabler) Wiesbaden 1978, S. 135-158, S. 138.

[825] (Vgl.) Wiswede, Günter: Die Psychologie des Markenartikels, in: Dichtl, Erwin; Eggers, Walter (Hrsg.): Marke und Markenartikel, (dtv) München 1992, S. 71-95, S. 73; Müller, Stefan; Beeskow, Werner: Einkaufsstättenimage und Einkaufsstättenwahl, in: JAV, 28. Jg., 1982, Nr. 4, S. 400-426, S. 403; Brauer, Wolfgang: Die Betriebsform im stationären Einzelhandel als Marke, (FGM) München 1997, S. 140.

Damit ist - trotz zahlreicher Erklärungsversuche - die Verwendung des Begriffs Image bis heute eher inkonsistent geblieben. Wiswede stimmt daher Kroeber-Riel zu, der die zu breite Verwendung des Begriffs kritisiert. Kroeber-Riel plädiert dabei dafür, statt des Image-Begriffs den genauer konzeptionalisierten und theoretisch besser fundierten Einstellungsbegriff zu verwenden.[826]

Bei diesem Begriffsverständnis (Image als Einstellung) wird meist auf eine eher kognitive Interpretation des Begriffs zurückgegriffen, bei der der Image-Begriff meist eine sehr enge, auf die funktionale Produktleistung bezogene Begriffsauslegung und Operationalisierung erfährt (was sich in der Means-End-Analysis ausdrückt). So stellt Andresen fest, dass der Image-Begriff im Sinne von Einstellung definiert wird als wahrgenommene Eignung eines Objekts zur Befriedigung von Bedürfnissen. Er zeigt auf, dass dieser Begriff in deutlichem Maße von verbalen, bewerteten Komponenten beeinflusst wird und sieht ihn deutlich im Wesentlichen kognitiv geprägt. Der Image-Begriff im Sinne umfassender Definitionen (so der vorne genannten von Wiswede) geht über diesen Begriff hinaus und beschreibt - zusätzlich - alle im Gedächtnis gespeicherten Eindrücke von einem Objekt, auch in verschiedenen Modalitäten, also neben den sprachlichen auch visuelle, akustische, olfaktorische, haptische und degustatorische Reize, und auch „neutrale", d.h. nicht zu bewertende Eigenschaften.[827] Damit zeigt sich der Image-Begriff in einer zweiten, umfassenden Konzeption. Betrachtet man den Image-Begriff in der umfassenden Definition von Wiswede (als „Gesamtheit aller Vorstellungen"), so ist er nicht ohne weiteres durch den eher kognitiv geprägten Einstellungsbegriff zu ersetzen.[828] In diesem Fall bezeichnet der Begriff eher das umfassende Markenschema, in dem nicht nur die Bewertung einzelner Attribute, sondern auch die Stärke von assoziativen Beziehungen, die Einzigartigkeit von Assoziationen usw. von Relevanz sind.[829] Dies wird auch deutlich, wenn man die entsprechenden Definitionen von Schema und von Image vergleicht.[830] Betrachtet man die vorne dargestellten semantischen Netzwerke (siehe z.B.Übersicht 1), wird deutlich, dass „Vorstellungsbilder" einer Marke wesentlich auch

---

[826] Vgl. Wiswede, Günter: Die Psychologie des Markenartikels, in: Dichtl, Erwin; Eggers, Walter (Hrsg.): Marke und Markenartikel, (dtv) München 1992, S. 71-95, S. 72f., mit Bezug auf Kroeber-Riel, Werner: Konsumentenverhalten, 4. Aufl., (Vahlen) München 1990, S. 191. Siehe auch Kroeber-Riel, Werner; Weinberg, Peter: Konsumentenverhalten, 7. Aufl., (Vahlen) München 1999, S. 196f.

[827] Andresen, Thomas: Innere Markenbilder: MAX - wie er wurde, was er ist, in: Planung und Analyse, o.Jg., 1991, Nr. 1, S. 28-34, S. 30.

[828] (Vgl.) Wiswede, Günter: Eine Vektortheorie des Verbraucherverhaltens, in: JAV, 12. Jg., 1966, S. 53-67, S. 56. Ähnlich ist auch der Image-Begriff von Biel; vgl. Biel, Alexander: How brand image drives brand equity, in: JAR, 32. Jg., 1992, Nr. 6, S. RC-6-RC-12, S. RC-8.

[829] Vgl. z.B. Keller, Kevin: Conceptualizing, measuring, and managing customer-based brand equity, in: JM, 57. Jg., 1993, Nr. 1, S. 1-22, S. 7. Siehe auch Hüttner, Manfred: Grundzüge der Marktforschung, 5. Aufl., (Oldenbourg) München u.a. 1997, S. 40f.

[830] Siehe Abschnitt 3.d).

von nicht-bewerteten Attributen geprägt werden, so bei dem dargestellten Beispiel Ikea die Assoziationen „blau-gelb" und „schwedisch".[831]

Andere gehen von einem engeren, bewerteten Imagebegriff aus, der eher kurzfristigen Wahrnehmungscharakter hat. Dieser setzt Image mit der „Beurteilung" gleich. So ist z.b. der Begriff „Image" nach dem Verständnis Böckers zu sehen. Nach Böcker sind Produktimages das Ergebnis der Prozesse der Wahrnehmung von Produktinformationen. Bereits in Abschnitt C.IV.1. des Zweiten Kapitels wurde aufgezeigt, dass der Image-Begriff in verschiedenen Studien zum Store Image eher durch das Konstrukt der Objektwahrnehmung ersetzt werden kann und Aspekte wie die Wahrnehmung von Objekteigenschaften oder die „Perzeption" verschiedener Merkmale umfasst. Böcker spricht bei seiner Erläuterung von Produktimages als der Perzeption eines mehrdimensionalen Abbildes eines Meinungsgegenstands anhand der für die Beurteilung des Meinungsgegenstands relevanten Merkmale.[832] Dieses Verständnis setzt den Image-Begriff eher im Sinne einer funktionalen Beurteilung, und damit als kurzfristiges Konstrukt, ein.[833]

Als Fazit ist zu sehen, dass bei der Betrachtung von Ergebnissen der Image-Forschung, hier insbesondere der Store Image-Forschung, zu unterscheiden ist, ob sich die Ergebnisse eher auf (kurzfristige) Wahrnehmungskonstrukte wie die Beurteilung, auf (langfristige, quantitativ bewertete) Einstellungskonstrukte oder auf allgemeine, auch unbewertete, aber multimodale Vorstellungsbilder im Sinne eines Markenschemas beziehen.

ii. Abgrenzung zum Markenbegriff

In vielen Betrachtungen wird der Begriff der Marke und der Begriff des Images, v.a. in seiner weiten Begriffsdefinition, fast als synonym angesehen.[834] In der Literatur zur Markenforschung nimmt das Image, wie oben dargestellt, eine zentrale Rolle ein. Es wird als eine der wichtigsten Bestimmungsgrößen der Marke angesehen.[835] Nach Mef-

---

[831] Man könnte zwar argumentieren, dass auch diese Attribute zumindest von einigen Konsumenten auch bewertet werden, für andere stellen sie jedoch eher „neutrale" Gedächtnisinhalte dar.

[832] Vgl. Böcker, Franz: Präferenzforschung als Mittel marktorientierter Unternehmensführung, in: zfbf, 38. Jg., 1986, S. 543-574, S. 546, S. 555f.

[833] Rudolph, Thomas: Positionierungs- und Profilierungsstrategien im Europäischen Einzelhandel, (Verlag Thexis AG) St. Gallen 1993, S. 204; Hildebrandt, Lutz: Store image and the prediction of performance in retailing, in: JBR, 17. Jg., 1988, S. 91-100, S. 93; Doyle, Peter; Fenwick, Ian: How store image affects shopping habits in grocery chains, in: JoR, 50. Jg., 1974/75, Nr. 4, S. 39-52, S. 39.

[834] Siehe z.B. die Erläuterungen von Biel, Alexander: Grundlagen zum Markenwertaufbau, in: Esch, Franz-Rudolf (Hrsg.): Moderne Markenführung, 2. Aufl., (Gabler) Wiesbaden 2000, S. 61-90, S. 70-79.

[835] Vgl. Burkhardt, Achim: Die Betriebstypenmarke im stationären Einzelhandel, Diss., Universität Erlangen-Nürnberg 1997, S. 74; Müller, Gernot: Das Image des Markenartikels - Die Erforschung und die Gestaltung des Image als Dominante des Markenartikel-Marketing, (Westdeutscher Verlag) Opladen 1971.

fert/Burmann kann eine Marke als „ein in der Psyche des Konsumenten verankertes, unverwechselbares Vorstellungsbild von einem Produkt oder einer Dienstleistung verstanden werden."[836] Sie definieren diese damit entsprechend eines umfassenden Image-Begriffs.

Auch in diesem Fall ist jedoch der Begriff der Marke nicht ohne weiteres mit dem Image gleichzusetzen. Dies wird im Markenwert-Ansatz von Keller und den an ihn angelehnten Ansätzen deutlich, die klar differenzieren zwischen dem Markenwissen und dem Marken-Image, da neben dem Image auch die Markenbekanntheit („Brand Awareness") - auch in Relation zu anderen Marken - zum Markenwissen gehört.[837]

Betrachtet man den Image-Begriff enger, also im Sinne von (kognitiv geprägter) Einstellung oder Beurteilung, zeigt sich, dass dieses Konstrukt das Phänomen der Marke bei weitem nicht abdeckt, da nicht bewertete Assoziationen, die Stärke der Assoziationen, die Interaktion zwischen den Assoziationen u.Ä. nicht erfasst werden.[838] Die unbewussten, eher in den aktivierenden/emotionalen Prozessen liegenden Antriebskräfte werden dabei eher vernachlässigt. Markenwert als Ergebnis der psychischen Verarbeitung von Markenpositionierungen basiert aber wesentlich auch auf emotionalen Prozessen.[839] Betrachtet man jedoch den Einstellungsbegriff nicht nur aus der Perspektive der kognitiven Forschung, sondern umfassender, so werden Einstellungen „im wesentlichen von der emotionalen (positiven oder negativen) Haltung gegenüber einem Gegenstand geprägt",[840] so dass dieser Aspekt des Markenwerts vom Einstellungsbegriff mit abgedeckt wird.

Von einer Reihe von Autoren wird die Markenstärke den motivationalen Prozessen zugeordnet, da sie vor allem als Antriebskraft gesehen wird.[841] Sehr eng verwandt damit ist der Einstellungsbegriff, er geht jedoch darüber hinaus. Betrachtet man die Verkettung der Begriffe Emotion, Motivation und Einstellung in der Erläuterung von Kroeber-Riel/Weinberg („Emotionen sind nach innen - auf das eigene Erleben - gerichtet, Moti-

---

[836] Meffert, Heribert; Burmann, Christoph: Abnutzbarkeit und Nutzungsdauer von Marken - Ein Beitrag zur steuerlichen Behandlung von Warenzeichen, in: Meffert, Heribert; Krawitz, Norbert (Hrsg.): Unternehmensrechnung und -besteuerung, (Gabler) Wiesbaden 1998, S. 75-126, S. 81.

[837] Vgl. Keller, Kevin: Conceptualizing, measuring, and managing customer-based brand equity, in: JM, 57. Jg., 1993, Nr. 1, S. 1-22; Esch, Franz-Rudolf; Wicke, Andreas: Herausforderungen und Aufgaben des Markenmanagements, in: Esch, Franz-Rudolf (Hrsg.): Moderne Markenführung, 2. Aufl., (Gabler) Wiesbaden 2000, S. 3-55, S. 49-51.

[838] Vgl. Kroeber-Riel, Werner; Weinberg, Peter: Konsumentenverhalten, 7. Aufl., (Vahlen) München 1999, S. 168.

[839] Vgl. Bekmeier-Feuerhahn, Sigrid: Marktorientierte Markenbewertung, (DUV) Wiesbaden 1998, S. 44.

[840] Kroeber-Riel, Werner; Weinberg, Peter: Konsumentenverhalten, 7. Aufl., (Vahlen) München 1999, S. 167.

[841] Vgl. Bekmeier-Feuerhahn, Sigrid: Marktorientierte Markenbewertung, (DUV) Wiesbaden 1998, S. 38, und die dort angegebenen Quellen.

vationen auf ein Handeln, Einstellungen auf Objekte."[842]) und die stufenartig aufgebaute Beschreibung der Einstellung als Motivation, die mit einer - kognitiven - Gegenstandsbeurteilung verknüpft ist, so beinhaltet der so verstandene Einstellungsbegriff die Antriebskräfte und Zielorientierung der Motivation, geht aber darüber hinaus, um auch auf ein spezifisches Objekt gerichtet zu sein.[843] Bei der Betrachtung des Markenwerts steht das Objekt, die Marke, im Mittelpunkt, so dass in der vorliegenden Untersuchung der Markenwert als Einstellungskonstrukt angesehen wird.

c) Theorie des kognitiven Gleichgewichts und der kognitiven Dissonanz

Die Theorien des kognitiven Gleichgewichts postulieren, dass jedes Individuum ein Bedürfnis hat, auftretende Widersprüche in seinem Einstellungssystem zu beseitigen oder von vornherein zu vermeiden. Das Individuum strebt danach, kognitive Konflikte auszugleichen oder zu umgehen. Dabei versteht man unter psychischer Konsistenz eine widerspruchsfreie und „harmonische" Verknüpfung von inneren Erfahrungen, Kognitionen oder Einstellungen.[844]

Ein wichtiger gleichgewichtstheoretischer Ansatz ist die Dissonanz-Theorie von Festinger, die als kognitive Dissonanz das Vorhandensein von nicht zusammenpassenden Beziehungen zwischen Kognitionen bezeichnet.[845] Die Grundlage dieses Ansatzes ist die Analyse des kognitiven Systems des Individuums, wobei „Kognitionen" elementare Einheiten des kognitiven Systems darstellen.[846] Die Struktur des kognitiven Systems ist durch die einzelnen kognitiven Elemente und ihr Verhältnis zueinander gekennzeichnet. Dabei ist es möglich, dass Kognitionen füreinander irrelevant sind, d.h. im Bewusstsein des Individuums zusammenhanglos „nebeneinander" stehen, oder füreinander relevant sind. Füreinander relevante Kognitionen können wiederum in unterschiedlichen Beziehungen zueinander stehen:[847]

♦ Die Beziehung der Konsonanz ist gegeben, wenn ein Element „psycho-logisch" aus dem anderen folgt oder zumindest nicht zu ihm in Widerspruch steht. Die Kognitionen sind also vereinbar.

---

[842] Kroeber-Riel, Werner; Weinberg, Peter: Konsumentenverhalten, 7. Aufl., (Vahlen) München 1999, S. 55.

[843] Vgl. Kroeber-Riel, Werner; Weinberg, Peter: Konsumentenverhalten, 7. Aufl., (Vahlen) München 1999, S. 54.

[844] Vgl. Kroeber-Riel, Werner; Weinberg, Peter: Konsumentenverhalten, 7. Aufl., (Vahlen) München 1999, S. 171-188.

[845] Festinger, Leon: Theorie der kognitiven Dissonanz, (Huber) Bern u.a. 1978, S. 22-28.

[846] Dabei kann es sich um sehr einfache Kognitionen wie Wissenselemente oder sehr komplexe Kognitionen wie Meinungen oder Einstellungen handeln; vgl. Kroeber-Riel, Werner; Weinberg, Peter: Konsumentenverhalten, 7. Aufl., (Vahlen) München 1999, S. 183f.

[847] Vgl. Raffée, Hans; Sauter, Bernhard, Silberer, Günter: Theorie der kognitiven Dissonanz und Konsumgüter-Marketing, (Gabler) Wiesbaden 1973, S. 12-15.

• Zwei kognitive Elemente stehen in einer Beziehung der Dissonanz, wenn „psychologisch" das Gegenteil des einen Elementes aus einem anderen Element folgt. Die Kognitionen enthalten dann einen empfundenen Widerspruch, sind unvereinbar.

Festingers Dissonanztheorie befasst sich mit den Bedingungen und Konsequenzen von „kognitiver" Dissonanz allgemein. Danach entsteht ein negatives (und aktivierendes) Gefühl, wenn zwei Wissenseinheiten, die miteinander verbunden sind, als diskrepant empfunden werden.[848] Wichtig ist im Zusammenhang mit der kognitiven Dissonanz die Hypothese, dass Inkonsistenzen im Einstellungssystem vom Individuum als kognitive Konflikte erlebt werden, die auf Beseitigung drängen.[849] „The basic background of the theory consists of the notion that the human organism tries to establish internal harmony, consistency, or congruity among his opinions, attitudes, knowledge and values."[850]

Die in der Theorie genannten Konsequenzen von kognitiver Dissonanz sind sehr verschiedenartig. Es kommen dafür im Grunde alle Maßnahmen in Betracht, die auf eine Beseitigung des Gefühls gerichtet sind, also u.a. Änderung der einen oder der anderen Kognition, so durch Suche nach neuen Informationen oder Veränderung der Wichtigkeit der betreffenden Kognitionen.[851] Allgemein lässt sich folgern, dass eine kognitive Dissonanz zu negativen Emotionen führt, während eine Verringerung der kognitiven Dissonanz oder konsonante Beziehungen positivere Emotionen auslösen.[852]

Eine der Erklärungen zur Markentreue knüpft an dissonanztheoretischen Überlegungen an. Markentreues Kaufverhalten wird dabei so erklärt, dass durch diese Strategie dissonanzauslösende Prozesse nach dem Kauf vermieden werden können. Das Bedürfnis

---

[848] Vgl. Trommsdorff, Volker: Konsumentenverhalten, 3. Aufl., (Kohlhammer) Stuttgart u.a. 1998, S. 122f.

[849] Vgl. Festinger, Leon: Theorie der kognitiven Dissonanz, (Huber) Bern u.a. 1978, S. 16f.; Raffée, Hans; Sauter, Bernhard, Silberer, Günter: Theorie der kognitiven Dissonanz und Konsumgüter-Marketing, (Gabler) Wiesbaden 1973, S. 14.

[850] Festinger, Leon: A theory of cognitive dissonance, (Stanford University Press) Stanford 1957, S. 260.

[851] Vgl. Festinger, Leon: Theorie der kognitiven Dissonanz, (Huber) Bern u.a. 1978, S. 30-35; Raffée, Hans; Sauter, Bernhard, Silberer, Günter: Theorie der kognitiven Dissonanz und Konsumgüter-Marketing, (Gabler) Wiesbaden 1973, S. 15f. Diese Offenheit der Konsequenzen ist allgemein Anlass zur Kritik an der Dissonanztheorie, da sie als Theorie sehr offen bzgl. der „Dann-Komponente" ist. Andererseits ist dies nach Trommsdorff charakteristisch für die Betrachtung von Emotionen, die - im Gegensatz zu den Motiven - nicht zielgerichtet sind, so dass die Konsequenzen von Emotionen typischerweise relativ offen sind. Vgl. Trommsdorff, Volker: Konsumentenverhalten, 2. Aufl., (Kohlhammer) Stuttgart u.a. 1993, S. 71.

[852] Vgl. Trommsdorff, Volker: Konsumentenverhalten, 2. Aufl., (Kohlhammer) Stuttgart u.a. 1993, S. 70f.

nach einem psychischen Gleichgewicht führt also nach positiven Erfahrungen zu einem wiederholten Kauf derselben Marke.[853]

6. Involvement

Das Involvement ist ein zentraler Begriff des Marketing.[854] Dabei existiert jedoch keine übereinstimmende Definition. Verschiedene Definitionsansätze zeigt Deimel auf.[855] Ausführlich definiert Jeck-Schlottmann, die die Ursachen und Konsequenzen des Involvement in ihre Definition mit einbezieht: „Involvement ist ein personenspezifischer Zustand der Aktivierung und der Motiviertheit, der durch äußere Variablen, wie Produkt, Situation, Kommunikation, und durch interne Variablen, wie Selbstverständnis und Wertesystem, bestimmt wird. Involvement ist mit emotionalen und kognitiven Prozessen, wie Informationssuche und -verarbeitung, verbunden."[856]

Unter dem Involvement oder der Ich-Beteiligung versteht man also die Bereitschaft eines Konsumenten, sich für etwas zu engagieren oder sich mit einem Gegenstand auseinanderzusetzen. Das Involvement setzt sich dabei aus verschiedenen Komponenten zusammen, so dem persönlichen Involvement, dem reizabhängigen Involvement (zu dem u.a. auch das Markeninvolvement gehört) und dem situativen Involvement.[857] Die Höhe des Involvement zum Zeitpunkt des Kontakts mit einer Information wirkt dabei umfassend auf die Aufnahme und Verarbeitung dieser Information.[858] Grundsätzlich ist jedoch davon auszugehen, dass man sich beim Konsumgütermarketing (und auch beim Handelsmarketing) im Allgemeinen mit gering involvierten Konsumenten auseinandersetzt.[859]

---

[853] Vgl. Brand, Horst; Bungard, Walter: Markentreue, in: JAV, 28. Jg., 1982, Nr. 3, S. 265-288, S. 267. Die habitualisierten Formen der Entscheidungsvereinfachung diskutiert auch Weinberg, Peter: Vereinfachung von Kaufentscheidungen bei Konsumgütern, in: Marketing - ZFP, 2. Jg., 1980, Nr. 2, S. 87-93.

[854] Vgl. überblickend Krugman, Herbert: The measurement of advertising involvement, in: The Public Opinion Quarterly, 30. Jg., 1966, Nr. 4, S. 573-596; Kroeber-Riel, Werner; Weinberg, Peter: Konsumentenverhalten, 7. Aufl., (Vahlen) München 1999, S. 360-363; Swoboda, Bernhard: Interaktive Medien am Point of Sale, (DUV) Wiesbaden 1996, S. 53-60.

[855] Vgl. Deimel, Klaus: Grundlagen des Involvement und Anwendung im Marketing, in: Marketing-ZFP, 11. Jg., 1989, Nr. 3, S. 153-161, S. 153.

[856] Jeck-Schlottmann, Gabi: Visuelle Informationsverarbeitung bei wenig involvierten Konsumenten, Diss., Universität des Saarlandes, Saarbrücken 1987, S. 78.

[857] Vgl. u.a. Esch, Franz-Rudolf: Wirkung integrierter Kommunikation, 2. Aufl., (DUV) Wiesbaden 1999, S. 116-118.

[858] Vgl. Deimel, Klaus: Grundlagen des Involvement und Anwendung im Marketing, in: Marketing-ZFP, 11. Jg., 1989, Nr. 3, S. 153-161, S. 155.

[859] So argumentiert Esch, allerdings mit Blick auf die Werbung, dass man vom Standardfall des geringen Involvements der Konsumenten auszugehen hat, da das Situationsinvolvement i.d.R. dominiert und dies meist eher gering ist; vgl. Esch, Franz-Rudolf: Wirkung integrierter Kommunikation, 2. Aufl., (DUV) Wiesbaden 1999, S. 122.

Das Involvement hängt dabei eng mit den anderen Theorien des Konsumentenverhaltens zusammen. So ist z.B. Lernen mit geringem Involvement gleichzusetzen mit einem Lernen mit geringer Verarbeitungstiefe. Lernen mit geringem Involvement erfordert dabei häufige Wiederholung der Information, unterläuft aber gleichzeitig die gedankliche Kontrolle der Empfänger.[860]

Auch ist eine enge Beziehung vom Involvement zur vorne dargestellten Schema-Theorie zu sehen:[861]

♦ Wenig involvierte Personen erinnern einen höheren Anteil Schema-konsistenter Informationen als stark involvierte Personen. Unter Low Involvement-Bedingungen ist also die Konsistenz der Informationsdarbietung von besonderer Relevanz.

♦ Wenig involvierte Konsumenten greifen bevorzugt auf zentrale bzw. hervorstechende Merkmale eines Schemas zurück. In Low Involvement-Situationen scheint also die Fokussierung des Marketing auf wenige Informationen angebracht.

Auch verschiedene Typen von Kaufentscheidungen können auf der Basis des Involvement erklärt werden. Unterscheidet man grob in Entscheidungen mit stärkerer kognitiver Kontrolle (extensive und limitierte Entscheidungen) und solche mit schwächerer kognitiver Kontrolle (so Gewohnheitsentscheidungen und Impulskäufe),[862] so kann man diese Typologie des Entscheidungsverhalten auch aus dem Involvement-Konzept ableiten, wie Kroeber-Riel/Weinberg zeigen.[863]

Bei limitierten Entscheidungen werden im Gegensatz zu den extensiven Entscheidungen in hohem Maße Schlüsselinformationen herangezogen.[864] Habitualisiertes Entscheidungsverhalten wird vor allem zur Erklärung von Markentreue herangezogen. Einkaufsgewohnheiten sind verfestigte Verhaltensmuster, die als Umsetzung von bereits „vorgefertigten Entscheidungen" in Kaufhandlungen aufgefasst werden können. Unter Produkt- bzw. Markentreue versteht man oftmals den wiederholten Kauf eines Produkts bzw. einer Marke. Eine starke Produkttreue spiegelt in der Regel habituelles Verhalten wider. Jedoch ist eine Unterscheidung zwischen High- und Low Involvement wichtig, um Markentreue wirklich erfassen zu können. So kann man unterscheiden zwischen Markentreue mit hohem Involvement, die auf starke emotionale Bindungen zu einer

---

[860] Vgl. Kroeber-Riel, Werner; Weinberg, Peter: Konsumentenverhalten, 7. Aufl., (Vahlen) München 1999, S. 338f.

[861] Vgl. Esch, Franz-Rudolf: Wirkung integrierter Kommunikation, 2. Aufl., (DUV) Wiesbaden 1999, S. 115.

[862] Vgl. Weinberg, Peter: Entscheidungsverhalten, (Schöningh) Paderborn u.a. 1981; Engel, James; Blackwell, Roger; Miniard, Paul: Consumer Behaviour, 8. Aufl., (The Dryden Press) Fort Worth 1995, S. 154-158.

[863] Kroeber-Riel, Werner; Weinberg, Peter: Konsumentenverhalten, 7. Aufl., (Vahlen) München 1999, S. 362.

[864] Vgl. Kroeber-Riel, Werner; Weinberg, Peter: Konsumentenverhalten, 7. Aufl., (Vahlen) München 1999, S. 373-375.

Marke zurückgeht, sowie Markentreue mit niedrigem Involvement, die vorliegt, wenn Konsumenten weitgehend gleichgültig bei einer routinemäßigen und eingefahrenen Markenwahl bleiben.[865]

II. Wettbewerbsstrategische Ansätze

1. Grundtypen von Wettbewerbsstrategien

Strategien sind Aktivitäten zur Erreichung von Unternehmenszielen. Dabei können Strategien auf unterschiedlichen Ebenen betrachtet werden. Neben den grundlegenden Unternehmensstrategien, mit denen ein Unternehmen festlegt, in welchen Geschäftsfeldern es tätig sein und wie es in diese eintreten will, existieren Geschäftsfeldstrategien, die die Aktivitätsstrukturen in Bezug auf ein strategisches Geschäftsfeld darstellen. Als Wettbewerbsstrategien werden Strategien auf Geschäftseinheitsebene angesehen, da sich nach Porter der Wettbewerb auf der Ebene der Strategischen Geschäftseinheiten abspielt. Bei diversifizierten Konzernen stehen meist nicht die Konzerne, sondern die einzelnen Einheiten der Konzerne zueinander im Wettbewerb.[866] Ziel der Wettbewerbsstrategien ist die Schaffung bzw. die Verteidigung von Wettbewerbsvorteilen, also einer im Konkurrenzvergleich überlegene Leistung, die folgende Kriterien erfüllen muss:[867]

* Sie muss ein Merkmal betreffen, das für den Kunden wichtig ist.

* Sie muss vom Kunden wahrgenommen werden.

* Sie muss eine gewisse Dauerhaftigkeit aufweisen, d.h., sie darf von der Konkurrenz nicht schnell einholbar sein.

Auch andere Autoren beziehen die Kundenseite in die Abgrenzung von Wettbewerbsvorteilen mit ein, da auch die Wahrnehmbarkeit des Wettbewerbsvorteils durch die Zielgruppe gegeben sein muss.[868] Damit wird eine gleichzeitig kunden- und konkurrenzorientierte Perspektive eingenommen.

---

[865] Vgl. Kroeber-Riel, Werner; Weinberg, Peter: Konsumentenverhalten, 7. Aufl., (Vahlen) München 1999, S. 389f., S. 394, S. 396f.

[866] Vgl. Porter, Michael: Wettbewerbsstrategie, 10. Aufl., (Campus) Frankfurt a.M. 1999, S. 24-27; Liebmann, Hans-Peter; Zentes, Joachim: Handelsmanagement, (Vahlen) München 2001, S. 167f.; Porter, Michael: From competitive advantage to corporate strategy, in: HBR, 75. Jg., 1987, Nr. 3, S. 43-59, S. 46; Gröppel-Klein, Andrea: Wettbewerbsstrategien im Einzelhandel, (DUV) Wiesbaden 1998, S. 20.
Wie bereits erwähnt, können Händlermarken oftmals auch zugleich als Strategische Geschäftseinheiten angesehen werden; vgl. Haedrich, Günther; Tomczak, Torsten: Strategische Markenführung, (Haupt) Bern-Stuttgart 1990, S. 27-29.

[867] Vgl. Simon, Hermann: Management strategischer Wettbewerbsvorteile, in: ZfB, 58. Jg., 1988, Nr. 4, S. 461-480, S. 465.

[868] Vgl. Aaker, David: Strategisches Marktmanagement, (Gabler) Wiesbaden 1989, S. 205f.

Porter geht davon aus, dass es drei grundlegende Wettbewerbsstrategietypen gibt: Kostenführerschaft, Differenzierung und Konzentration auf Schwerpunkte (die wiederum in den Varianten Kostenführerschaft und Differenzierungsführerschaft eingesetzt werden kann).[869]

Wählt die Geschäftseinheit den Strategietyp Kostenführerschaft, so verfolgt sie das Ziel, der kostengünstigste Anbieter im Zielmarkt zu werden. Um Kostendegressionen erreichen zu können, müssen tendenziell viele Branchensegmente bearbeitet werden. Alle Aktivitäten der Strategischen Geschäftseinheit müssen konsequent auf kostenminimierende Maßnahmen ausgelegt werden.[870] Ein Unternehmen, das das Ziel verfolgt, kostengünstigster Anbieter im Zielmarkt zu werden, muss i.d.R. einen hohen Marktanteil haben. Die Verfolgung dieses Ziels ist mit massiven Einstiegsinvestitionen, preisaggressivem Verhalten und mit Anfangsverlusten verbunden. Dennoch kann die Erreichung eines hohen Marktanteils zu deutlichen Einsparungen, so im Einkauf, und letztlich zu hohen Spannen führen.[871]

Bei der Differenzierungsstrategie bemüht sich die Geschäftseinheit, bei einem oder mehreren von den Käufern als wichtig erachteten Produktmerkmalen der Konkurrenz überlegen zu sein, um so höhere Preise durchsetzen zu können. Ziel ist es, eine Leistung zu kreieren, die aus der Sicht der Kunden einzigartig wirkt.[872] Hintergrund ist, dass bei mehreren Wettbewerbern und *homogenen* Leistungen der Preis als Marketinginstrument im Vordergrund steht. Als einzige Alternative zu diesem Preiskampf kann ein Unternehmen sein Angebot - im Vergleich zu den Wettbewerbern - differenzieren. Wenn das Unternehmen sein Angebot effektiv differenziert, so dass die Differenzierung wahrgenommen wird und aus Sicht der Käufer einen besonderen Wert hat, steht das Unternehmen nicht mehr im direkten Preisvergleich mit den Konkurrenten und kann ggf. einen Preis erzielen, der mehr als die zusätzlichen Kosten deckt.[873] Diese Strategiedimension basiert dabei auf der Gutenberg'schen Überlegung des akquisitorischen Potenzials und eines „monopolistischen" Abschnitts der Preisabsatzfunktion.[874] Differenzierung ist also

[869] Vgl. Porter, Michael: Wettbewerbsstrategie, 10. Aufl., (Campus) Frankfurt a.M. 1999, S. 70-77.

[870] Vgl. Porter, Michael: Wettbewerbsvorteile, 5. Aufl., (Campus) Frankfurt a.M. 1999, S. 97-167; Porter, Michael: Wettbewerbsstrategie, 10. Aufl., (Campus) Frankfurt a.M. 1999, S. 71-73; Gröppel-Klein, Andrea: Wettbewerbsstrategien im Einzelhandel, (DUV) Wiesbaden 1998, S. 39-47.

[871] Vgl. Liebmann, Hans-Peter; Zentes, Joachim: Handelsmanagement, (Vahlen) München 2001, S. 198.

[872] Vgl. Porter, Michael: Wettbewerbsvorteile, 5. Aufl., (Campus) Frankfurt a.M. 1999, S. 168f.; Gröppel-Klein, Andrea: Wettbewerbsstrategien im Einzelhandel, (DUV) Wiesbaden 1998, S. 39-47.

[873] Vgl. Kotler, Philip; Bliemel, Friedhelm: Marketing-Management, 9. Aufl., (Schäffer-Poeschel) Stuttgart 1999, S. 471.

[874] Vgl. Gutenberg, Erich: Grundlagen der Betriebswirtschaftslehre, 2. Bd. - Der Absatz, 17. Aufl., (Springer) Berlin u.a. 1984, S. 243-248.

eine Strategie, die durch die Einzigartigkeit der Leistung die Preisempfindlichkeit der Abnehmer verringert.[875]

In seiner zentralen Erfolgshypothese unterstellt Porter, dass ein Unternehmen nur dann erfolgreich ist, wenn es entweder konsequent auf Kostenvorteile setzt oder konsequent Differenzierungsvorteile realisiert. Unternehmen, die einen dieser Wettbewerbsvorteile intensiv anstreben, sind nach Porter erfolgreicher als andere Unternehmen. Als „zwischen den Stühlen" („stuck in the middle") charakterisiert Porter Unternehmen, die unentschlossen zwischen den einzelnen Strategiedimensionen hin und her wechseln oder in Bezug auf beide Dimensionen nur durchschnittliche Werte annehmen. Porter zeigt dies anhand eines U-förmigen Verlaufs des ROI in Abhängigkeit vom relativen Marktanteil, wobei ein hoher relativer Marktanteil mit einer Kostenführerschaftsstrategie korrespondiert, ein niedriger mit bei einer Differenzierungsstrategie.[876] Dieser Überlegung liegt die Hypothese zu Grunde, dass die Geschäftseinheit eine eindeutige Entscheidung zu Gunsten eines Strategietyps treffen muss, denn ein Unternehmen könne im Regelfall nur eine der angesprochenen Strategien verfolgen. Porter begründet diese Hypothese in erster Linie mit der Begrenztheit von Ressourcen, die der Geschäftseinheit zur Umsetzung der Strategie zur Verfügung stehen.[877]

Zusammenfassend beinhalten die Porter'schen Überlegungen also zwei Kernaspekte, die auch getrennt empirisch überprüfbar sind:[878]

1. Es existieren zwei generische Grundtypen von Wettbewerbsstrategien - Kostenführerschaft und Differenzierung.

2. Unternehmen, die einen Strategietyp konsequent einsetzen, sind erfolgreicher als Unternehmen, die „zwischen den Stühlen sitzen".

2. Heterogenität von Differenzierungsstrategien

Im Gegensatz zur Kostenführerschaft sind in einer Branche bei der Differenzierungsstrategie vielfältige Konzepte denkbar.[879] Nach Kotler/Bliemel ist Differenzierung ein Vor-

---

[875] Vgl. Porter, Michael: Wettbewerbsstrategie, 10. Aufl., (Campus) Frankfurt a.M. 1999, S. 73f.

[876] Vgl. Porter, Michael: Wettbewerbsstrategie, 10. Aufl., (Campus) Frankfurt a.M. 1999, S. 78-82.

[877] Vgl. Homburg, Christian; Simon, Hermann: Wettbewerbsstrategien, in: Tietz, Bruno; Köhler, Richard; Zentes, Joachim (Hrsg.): HWM, 2. Aufl., (Schäffer-Poeschel) Stuttgart 1995, Sp. 2753-2762, Sp. 2755.

[878] Vgl. Homburg, Christian; Simon, Hermann: Wettbewerbsstrategien, in: Tietz, Bruno; Köhler, Richard; Zentes, Joachim (Hrsg.): HWM, 2. Aufl., (Schäffer-Poeschel) Stuttgart 1995, Sp. 2753-2762, Sp. 2758.

[879] Vgl. Gröppel-Klein, Andrea: Wettbewerbsstrategien im Einzelhandel, (DUV) Wiesbaden 1998, S. 43.

gang, durch den sinnvolle Unterschiede in das Leistungsangebot integriert werden, um das eigene Angebot vom Angebot der Wettbewerber abzuheben.[880]

Zahlreiche Verfasser haben die Porter'sche Hypothese bezüglich der Existenz der Strategietypen in verschiedenen Branchen getestet, wobei Miller/Dees einen Überblick über die wichtigsten Studien geben.[881] Eine Reihe empirischer Untersuchungen bestätigt dabei, dass die generischen Strategien nach Porter grundsätzlich in Einklang gebracht werden können mit den empirisch beobachtbaren Wettbewerbsstrategien.[882] Andere Verfasser identifizieren dagegen zwar eindeutige Wettbewerbsstrategien, modifizieren aber die Porter'sche Typologie.[883] So kommen einige Verfasser zu dem Ergebnis, dass Porters Typologie eine ungenügende Diskriminierungskraft aufweist, was v.a. auf die Differenzierungsstrategie zutrifft. Miller bestätigt in einer empirischen Studie seine Hypothese, dass die Differenzierungsstrategie in (drei) unterschiedlichen Varianten durchgeführt werden kann, nämlich Innovation (innovative Produkte), Marketing (Markenimage durch Kommunikationspolitik), Qualität (hohe Qualität mit langer Lebensdauer).[884]

Bolz gibt einen Überblick über eine Vielzahl von Studien zur Klassifizierung von Geschäftsfeldstrategien und schließt, dass vermutlich die Zahl der grundlegenden Strategiedimensionen größer ist, als es die Qualitäts-Kosten-Dichotomie nach Porter postuliert. Er leitet theoretisch die Dimensionen Innovationsorientierung, Produktprogrammbreite, Qualitätsorientierung, Marktabdeckung und Kostenorientierung ab. In einer empirischen Untersuchung kann er schließlich faktorenanalytisch diese Dimensionen bestätigen und damit für die von ihm untersuchte Stichprobe von Industrieunternehmen diese fünf weitgehend unabhängigen strategischen Grunddimensionen feststellen.[885]

[880] Vgl. Kotler, Philip; Bliemel, Friedhelm: Marketing-Management, 9. Aufl., (Schäffer-Poeschel) Stuttgart 1999, S. 474-476.

[881] Vgl. Miller, Alex; Dees, Gregory: Assessing Porter's (1980) Model in Terms of its Generalizability, Accuracy and Simplicity, in: Academy of Management Journal, 36. Jg., 1993, Nr. 4, S. 763-788; Gröppel-Klein, Andrea: Wettbewerbsstrategien im Einzelhandel, (DUV) Wiesbaden 1998, S. 56-69.

[882] Vgl. Homburg, Christian; Simon, Hermann: Wettbewerbsstrategien, in: Tietz, Bruno; Köhler, Richard; Zentes, Joachim (Hrsg.): HWM, 2. Aufl., (Schäffer-Poeschel) Stuttgart 1995, Sp. 2753-2762, Sp. 2759; Gröppel-Klein, Andrea: Wettbewerbsstrategien im Einzelhandel, (DUV) Wiesbaden 1998, S. 57; Miller, Alex; Dees, Gregory: Assessing Porter's (1980) Model in Terms of its Generalizability, Accuracy and Simplicity, in: Academy of Management Journal, 36. Jg., 1993, Nr. 4, S. 763-788.

[883] Vgl. Miller, Danny: Generic strategies: Classification, combination and context, in: Shrivastava, Paul (Hrsg.): Advances in Strategic Management, Bd. 8., (Jai Press) Greenwich/CT 1992, S. 391-408, S. 400-402; Gröppel-Klein, Andrea: Wettbewerbsstrategien im Einzelhandel, (DUV) Wiesbaden 1998, S. 61-64.

[884] Vgl. Miller, Danny: Generic strategies: Classification, combination and context, in: Shrivastava, Paul (Hrsg.): Advances in Strategic Management, Bd. 8., (Jai Press) Greenwich/CT 1992, S. 391-408, S. 399.

[885] Vgl. Bolz, Joachim: Wettbewerbsorientierte Standardisierung der internationalen Marktbearbeitung, (Wissenschaftliche Buchgesellschaft) Darmstadt 1992, S. 26-37.

Andere Ansätze gehen dahin, dass grundsätzlich von allen oder fast allen Marketinginstrumenten Wettbewerbsvorteile ausgehen können.[886] Insgesamt kommt man somit zu dem Schluss, dass die Porter'schen Strategiedimensionen für praktische Zwecke als zu wenig differenziert anzusehen sind. Gleichzeitig kann man in der Evolution der wettbewerbsstrategischen Konzeption Parallelen zur Entwicklung des Marketingansatzes sehen. So geht Porter von zwei Grunddimensionen aus: Preis und Qualität. Auch beim Absatzmarketing wurde ursprünglich auf eine Globgliederung aus der Nationalökonomie zurückgegriffen, die die Absatzpolitik in Preis- und Nichtpreisinstrumente einteilte. Später entwickelte sich eine detailliertere Betrachtung der Instrumente und eine Einteilung z.b. in Produktqualität, Preis, Werbung und Absatzwege.[887] Man könnte in Analogie zu dieser Evolution auch die Porter-Konzeption betrachten, die ursprünglich von zwei Grunddimensionen ausging, durch darauf aufbauende empirische Untersuchungen jedoch verfeinert wird.

3. Rentabilitätshypothese

Bezüglich der Hypothese der überlegenen Rentabilität der Strategietypen nach Porter ergeben sich in empirischen Untersuchungen unterschiedliche Ergebnisse. Fleck gibt einen Überblick über 23 verschiedene Studien, die sich mit der These Porters beschäftigen, dass die Basisdimensionen der Wettbewerbsstrategien nicht in gemischter Form vorkommen bzw. dass diese Mischung zu einem geringeren Erfolg führt. Dabei zieht er als Fazit der Untersuchungen, dass die normative Aussage der Rentabilitätshypothese in der absoluten Form falsch ist, sondern vielmehr hybride Strategien oftmals eine höhere Profitabilität erzielen.[888] Dies wird auch in der Untersuchung von Miller deutlich. So kann Miller zwar eindeutige Strategietypen identifizieren, eine ganze Reihe von Unternehmen seiner Untersuchung wendet jedoch Kombinationen dieser Typen an, ohne dass hier generell ein geringerer Erfolg festgestellt werden kann.[889]

Aus diesen empirischen Ergebnissen ergibt sich die Notwendigkeit, sich mit der Hypothese, dass die Konzentration bzw. Fokussierung auf einen einzelnen Wettbewerbsvorteil notwendig ist, intensiver zu beschäftigen. Unter anderem aus Gründen der Wettbewerbsintensivierung ist in vielen Branchen eine Kombination heterogener Erfolgsfakto-

---

[886] Wobei die Identitätsgestaltung hier in etwa mit dem Instrument der Kommunikationspolitik übereinstimmt; Kotler, Philip; Bliemel, Friedhelm: Marketing-Management, 9. Aufl., (Schäffer-Poeschel) Stuttgart 1999, S. 477f.

[887] Vgl. Tietz, Bruno: Marketing, 3. Aufl., (Werner) Düsseldorf 1993, S. 7; Trommsdorff, Volker: Konsumentenverhalten, 3. Aufl., (Kohlhammer) Stuttgart u.a. 1998, S. 91.

[888] Vgl. Fleck, Andree: Hybride Wettbewerbsstrategien, (DUV) Wiesbaden 1995, S. 30-39.

[889] Vgl. Miller, Danny: Generic strategies: Classification, combination and context, in: Shrivastava, Paul (Hrsg.): Advances in Strategic Management, Bd. 8., (Jia Press) Greenwich/CT 1992, S. 391-408, S. 400-402.

ren notwendig geworden.[890] Gelingt es einem Unternehmen, die beiden von Porter als unvereinbar betrachteten Ziele der Kostenführerschaft und der Qualitätsführerschaft gleichzeitig zu erreichen, spricht man von der sog. Outpacing-Strategie. Dieser Strategietyp wurde von Gilbert/Strebel in die Diskussion eingebracht.[891]

Zu einer kritischen Beurteilung einer ausschließlichen Betrachtung der Grundtypen führt auch die Überlegung, dass auch bei einer angestrebten Kostenführerschaft eine Differenzierung nicht vollkommen unterbleiben kann und bei einer Differenzierungsstrategie die Kostenpositionen nicht vernachlässigt werden dürfen - worauf auch Porter selbst hinweist[892] -, so dass die verschiedenen Strategietypen nach Porter keine wirklichen Gegensätze darstellen, die sich somit gegenseitig ausschließen, sondern dass vielmehr jede Wettbewerbsstrategie eine Kombination aus einer bestimmten Differenzierung und niedrigen Kosten in unterschiedlichen Ausprägungen darstellt.[893]

4. Strategische Gruppen

Das Konzept der Strategischen Gruppen trägt als Weiterentwicklung der Überlegungen zur Wettbewerbsstrategie der Notwendigkeit der Berücksichtigung situativer Faktoren Rechnung. Als Strategische Gruppe werden Unternehmen einer Branche mit ähnlichen Wettbewerbsstrategien bezeichnet.[894] Es wird versucht, langfristige Rentabilitätsunterschiede innerhalb einer Branche durch die Zugehörigkeit zu verschiedenen strategischen Gruppen zu erklären. Dabei bestehen zwischen den Gruppen Mobilitätsbarrieren, die aus bisher in die spezifische Strategie getätigten Investitionen resultieren und die beim Wechsel der Strategischen Gruppe nicht wiedergewonnen werden können, was die theoretische Begründung unterschiedlich hoher Gewinnpotenziale in verschiedenen Strategischen Gruppen darstellt.[895]

---

[890] Vgl. Corsten, Hans; Will, Thomas: Ansatzpunkte zu einer strategiegerechten Produktionsorganisation bei simultanen Strategieanforderungen, in: ZFO, 61. Jg., 1992, Nr. 5, S. 293-298, S. 293f.

[891] Vgl. Gilbert, Xavier; Strebel, Paul: Strategies to outpace the competition, in: Journal of Business Strategies, 9. Jg., 1987, Nr. 1, S. 28-36; Miller, Alex; Dees, Gregory: Assessing Porter's (1980) Model in Terms of its Generalizability, Accuracy and Simplicity, in: Academy of Management Journal, 36. Jg., 1993, Nr. 4, S. 763-788.

[892] Vgl. Porter, Michael: Wettbewerbsstrategie, 10. Aufl., (Campus) Frankfurt a.M. 1999, S. 71.

[893] Vgl. Jones, Gareth; Butler, John: Costs, Revenue, and Business-Level-Strategy, in: Academy of Management Review, 13. Jg., 1988, Nr. 2, S. 202-213.; Homburg, Christian; Simon, Hermann: Wettbewerbsstrategien, in: Tietz, Bruno; Köhler, Richard; Zentes, Joachim (Hrsg.): HWM, 2. Aufl., (Schäffer-Poeschel) Stuttgart 1995, Sp. 2753-2762, Sp. 2759.

[894] Vgl. Porter, Michael: Wettbewerbsstrategie, 10. Aufl., (Campus) Frankfurt a.M. 1999, S. 183f. ; Homburg, Christian; Sütterlin, Stefan: Strategische Gruppen, in: ZfB, 62. Jg., 1992, Nr. 6, S. 635-662, S. 637f.

[895] Vgl. Homburg, Christian; Sütterlin, Stefan: Strategische Gruppen, in: ZfB, 62. Jg., 1992, Nr. 6, S. 635-662, S. 639.

Nach Homburg/Simon ist der Ansatz der Strategischen Gruppen eine „adäquate Verfeinerung allgemeiner Typologien von Wettbewerbsstrategien".[896] Er erlaubt eine simultane Konkurrenz- und Branchenanalyse und integriert die darauf beruhende Formulierung wettbewerbsorientierter Strategien. In der theoretischen Konzeption der Strategischen Gruppen wird dabei unterstellt, dass die betroffenen Unternehmen ihre Ähnlichkeit selbst erkennen und bei ihrem Verhalten berücksichtigen.[897]

5. Wettbewerbsstrategie, Positionierung und Marke

a)   Positionierung als zentraler Begriff
für Markenpolitik und Wettbewerbsstrategie

Seit Mitte der 80er Jahre sind Fragestellungen der Markenprofilierung unter dem Einfluss der Veröffentlichungen von Porter auch unter wettbewerbsstrategischen Aspekten gesehen worden. Dabei hat die Markenpolitik das Ziel der Erreichung von Wettbewerbsbzw. Positionierungsvorteilen.[898] Es zeigt sich eine Nähe der Markenpolitik zu wettbewerbsstrategischen Überlegungen, so dass die wettbewerbsstrategischen Theorien als Basis der Unternehmensperspektive einer Markenprofilierung dienen können. Die enge Verbindung der wettbewerbsstrategischen Grundausrichtung mit dem Aufbau einer Marke ist auf Grund der Beziehung der verschiedenen Konstrukte und Ansätze zueinander deutlich.

So wird ein klares „Image" als eine wesentliche Voraussetzung für eine starke Marke angesehen.[899] Eine klare Positionierung ist dabei eine Voraussetzung für ein klares Image; oft werden die Begriffe „Image" und „Positionierung" sogar synonym verwendet. Nur die festen Dimensionen einer Positionierungsbetrachtung werden als Unterschied gesehen: „The term ‚position' differs from the older term image in that it implies a frame of reference."[900]

---

[896]   Homburg, Christian; Simon, Hermann: Wettbewerbsstrategien, in: Tietz, Bruno; Köhler, Richard; Zentes, Joachim (Hrsg.): HWM, 2. Aufl., (Schäffer-Poeschel) Stuttgart 1995, Sp. 2753-2762, Sp. 2762

[897]   Vgl. Heinemann, Gerrit: Betriebstypenprofilierung und Erlebnishandel, (Gabler) Wiesbaden 1989, S. 52f.

[898]   Vgl. Meffert, Heribert: Strategien zur Profilierung von Marken, in: Dichtl, Erwin; Eggers, Walter (Hrsg.): Marke und Markenartikel, (dtv) München 1992, S. 129-156, S. 135; Haedrich, Günther; Tomczak, Torsten: Strategische Markenführung, (Haupt) Bern-Stuttgart 1990, S. 55-62.

[899]   Vgl. hierzu Keller, Kevin: Conceptualizing, measuring, and managing customer-based brand equity, in: JM, 57. Jg., 1993, Nr. 1, S. 1-22, S. 7; Esch, Franz-Rudolf: Markenpositionierung als Grundlage der Markenführung, in: Esch, Franz-Rudolf (Hrsg.): Moderne Markenführung, 2. Aufl., (Gabler) Wiesbaden 2000, S. 235-265.

[900]   Auken, Stuart van; Lonial, Subhash: Multidimensional scaling and retail positioning: An appraisal, in: IJRDM, 19. Jg., 1991, Nr. 3, S. 11-18, S. 11. Detaillierter setzt z.B. Keller das Markenimage mit den Assoziationen im Gedächtnis des Konsumenten gleich und spricht im Zusammenhang mit einzigartigen bzw. differenzierenden Assoziationen von Positionierung; vgl. Keller, Kevin: Conceptua-

Der Ansatz der Positionierung geht auf die psychologischen Feldmodelle und die mehr-dimensionalen Einstellungsmodelle der marketingorientierten Einstellungsforschung zurück. Die Positionierungsmodelle verfolgen den Zweck, die im gewählten Konstrukt (z.B. Einstellung) enthaltenen Informationen über Produktmarken und Abnehmer in ei-nem metrischen Raum zu repräsentieren. Charakteristisch für solche Marktmodelle ist die Anordnung der marktrelevanten Objekte und/oder von Meinungsträgern in einem Positionierungsdiagramm. Die Lokalisierung eines Objekts (beispielsweise eines Pro-dukts oder auch eines Einzelhandelsbetriebs) im Beurteilungsraum symbolisiert die in-haltliche und intensitätsmäßige Ausprägung der Einstellung zu diesem Objekt.[901] Als Positionierungsstrategie bezeichnet man die zielgerichtete Gestaltung der subjektiven Wahrnehmung von Marken.[902] Das Ziel der Positionierung von Marken besteht dabei darin, mit bestimmten Produkteigenschaften sowohl eine dominierende Stellung in der Psyche der Konsumenten als auch eine hinreichende Differenzierungsfähigkeit gegen-über der Konkurrenz zu erreichen.[903] In der neueren marktpsychologisch orientierten Literatur wird der Begriff „Positionierung" dabei zumeist in Zusammenhang mit der mehrdimensionalen Image- bzw. Einstellungsmessung verwendet.[904]

Der Begriff der Position bzw. der Positionierung wird damit also in beiden betrachteten betriebswirtschaftlichen Ansätzen, die sehr eng miteinander verwandt sind, angewendet: So beschäftigt sich die Marketingtheorie sehr umfassend mit dem Begriff der Positionie-rung,[905] gleichzeitig ist er ein grundlegender Begriff in den wettbewerbsstrategischen Ansätzen. Anderer verwendet den Begriff der Positionierungs- und der Wettbewerbs-strategie sogar synonym.[906] Nach Scholz ist es das Ziel der Wettbewerbsstrategien, Or-ganisationen in Relation zu ihren Wettbewerbern zu positionieren.[907]

Differenzierung ist nach Porter eine potenziell erfolgreiche Wettbewerbsstrategie, weil die einzigartige Positionierung einer Leistung in Relation zu den Wettbewerbern die

---

lizing, measuring, and managing customer-based brand equity, in: JM, 57. Jg., 1993, Nr. 1, S. 1-22, S. 3-6.

[901] Vgl. Theis, Hans-Joachim: Einkaufsstätten-Positionierung, (DUV) Wiesbaden 1992, S. 29-32.

[902] Vgl. Erichson, Bernd; Twardawa, Wolfgang: Bedeutung der Konsumentenforschung für die Mar-kenpolitik, in: Bruhn, Manfred (Hrsg.): Handbuch MA, Bd. 1, (Schäffer-Poeschel) Stuttgart 1994, S. 283-316, S. 291; Kroeber-Riel, Werner; Esch, Franz-Rudolf: Strategie und Technik der Wer-bung, 4. Aufl., (Kohlhammer) Stuttgart u.a. 2000, S. 44.

[903] Vgl. Meffert, Heribert: Strategien zur Profilierung von Marken, in: Dichtl, Erwin; Eggers, Walter (Hrsg.): Marke und Markenartikel, (dtv) München 1992, S. 129-156, S. 131.

[904] Vgl. Theis, Hans-Joachim: Einkaufsstätten-Positionierung, (DUV) Wiesbaden 1992, S. 33.

[905] Vgl. z.B. Trommsdorff, Volker: Positionierung, in: Tietz, Bruno; Köhler, Richard; Zentes, Joachim (Hrsg.): HWM, 2. Aufl., (Schäffer-Poeschel) Stuttgart 1995, Sp. 2055-2068; Kroeber-Riel, Werner; Weinberg, Peter: Konsumentenverhalten, 7. Aufl., (Vahlen) München 1999, S. 218-223; Kroeber-Riel, Werner; Esch, Franz-Rudolf: Strategie und Technik der Werbung, 5. Aufl., (Kohlhammer) Stuttgart u.a. 2000, S. 47-126; Theis, Hans-Joachim: Einkaufsstätten-Positionierung, (DUV) Wies-baden 1992.

[906] Vgl. Anderer, Michael: Internationalisierung im Einzelhandel, (dfv) Frankfurt a.M. 1997, S. 18.

[907] Vgl. Scholz, Christian: Strategische Organisation, (Moderne Industrie) Landsberg a.L. 1997, S. 46.

Preisempfindlichkeit der Abnehmer verringert.[908] Dieser Aspekt zeigt wiederum die Nähe zum Markenkonzept, das ebenfalls i.d.R. auf eine geringere Preisempfindlichkeit der Abnehmer durch eine Abgrenzung von der Konkurrenz zielt (siehe Zweites Kapitel, Abschnitt A.II.2.d)).

Ein Unterschied zwischen den beiden Konzepten liegt im Verständnis des Begriffs der Differenzierung, der im Marketing oftmals auch eine Differenzierung über den Preis beinhaltet. So ist eine Möglichkeit der Abgrenzung von der Konkurrenz auch dadurch gegeben, dass eine Leistung billiger angeboten wird, die Differenzierung also in einer konsequenten Preisorientierung liegt. Diese Überlegung dehnt den Begriff der Differenzierung im Marketing gegenüber dem Porter'schen Verständnis aus und umfasst auch eine „Differenzierung durch Preisführerschaft". Betrachtet man den Begriff der Differenzierung im Marketing, z.B. in der Darstellung der Positionierungsmodelle, dann ist häufig das Preisniveau eine der relevanten Dimensionen in einem Positionierungsdiagramm, bezüglich der eine Marke sich von der Konkurrenz abgrenzen kann.

Auch die vorne aufgezeigten Kriterien für einen Wettbewerbsvorteil zeigen die große Nähe der Ansätze zueinander.[909] So beinhaltet die Positionierungsstrategie im Marketing die Schaffung von Präferenzen bei den Konsumenten durch Anstreben einer Position, die einerseits den Idealvorstellungen der Konsumenten möglichst nahe kommen und sich andererseits von Positionen der Konkurrenz deutlich unterscheiden soll,[910] was der von Simon gegebenen Definition eines Wettbewerbsvorteils sehr nahe kommt.

Nach Ansicht der meisten Autoren sind Wettbewerbsstrategie und Markenstrategie zwei unterschiedliche, wenn auch eng verbundene Konzepte. Ein Markenfokus optimiert den Marketingmix, um den Markenwert zu stärken. Er konzentriert sich v.a. auf die Beziehung zwischen einer Marke und ihren Kunden. Kernkonzepte in der Marketingplanung enthalten Markenassoziationen bzw. -attribute und Markenpersönlichkeit. Ein Fokus auf strategische Wettbewerbsvorteile konzentriert sich stärker auf die Beziehung zwischen einer Marke und ihren Konkurrenten. Kernkonzepte in der Wettbewerbsstrategie beinhalten Kernkompetenzen, Differenzierung u.Ä. Der Fokus der Markenstrategie liegt also eher auf einer Konsumentenorientierung, der der Wettbewerbsstrategie eher auf einer Konkurrenzorientierung.[911] Wie bereits gezeigt, gehen jedoch beide Konzepte ineinan-

---

[908] Vgl. Porter, Michael: Wettbewerbsstrategie, 10. Aufl., (Campus) Frankfurt a.M. 1999, S. 73f.; Gröppel-Klein, Andrea: Wettbewerbsstrategien im Einzelhandel, (DUV) Wiesbaden 1998, S. 43.

[909] Vgl. Simon, Hermann: Management strategischer Wettbewerbsvorteile, in: ZfB, 58. Jg., 1988, Nr. 4, S. 461-480.

[910] Vgl. Erichson, Bernd; Twardawa, Wolfgang: Bedeutung der Konsumentenforschung für die Markenpolitik, in: Bruhn, Manfred (Hrsg.): Handbuch MA, Bd. 1, (Schäffer-Poeschel) Stuttgart 1994, S. 283-316, S. 291; Kroeber-Riel, Werner; Esch, Franz-Rudolf: Strategie und Technik der Werbung, 5. Aufl., (Kohlhammer) Stuttgart u.a. 2000, S. 44.

[911] Vgl. Scruggs, Randolph: Strategic Brand Equity, in: Sood, Sanjay (Hrsg.): Brand Equity and the Marketing Mix, Report No. 95-111, (MSI) Cambridge 1995, S. 9-10, S. 9.

der über, da auch die wettbewerbsstrategischen Betrachtungen den Wettbewerbsvorteil immer stärker aus der Sicht des Konsumenten sehen und die Markenperspektive die Abgrenzung von der Konkurrenz ebenfalls beachtet. Die vorliegende Arbeit geht von der Perspektive aus, dass strategische Wettbewerbsvorteile bzw. eine klare Wettbewerbsstrategie die Basis eines hohen Markenwerts sind, der sich dann in niedrigen Preiselastizitäten u.Ä. ausdrückt.

b) Positionierung als Basis der Marke

Der Markenwert hängt also von einer vorteilhaften Markenpositionierung bei möglichst vielen Verbrauchern ab. Teilweise wird der Begriff der Positionierung auch fast synonym mit dem Begriff der Marke verwendet. So weisen Erichson/Twardawa darauf hin, dass je nach Perspektive für die Positionierung einer Marke auch Begriffe wie Markenimage, Markenprofil oder „Charakter der Marke" verwendet werden.[912]

Dabei sind jedoch Unterschiede zwischen den beiden Konzepten festzustellen. Unter anderem unterscheidet sich der Begriff der Positionierung vom Begriff der Marke darin, dass er sich deutlicher auf einen Vergleich mit den Wettbewerbern bezieht.[913] Eine Marke dagegen, als „ein in der Psyche des Konsumenten verankertes, unverwechselbares Vorstellungsbild von einem Produkt oder einer Dienstleistung"[914], beinhaltet auch eine Vielzahl von Assoziationen, Gedanken und Vorstellungen, die nicht unmittelbar mit den Konkurrenten oder in Konkurrenzvergleichen ausdrückbare Dimensionen darstellen. Gleichzeitig betrachtet die Positionierung eine Reihe von Merkmalen nicht, die für eine Marke von Relevanz sind, so z.B die Bekanntheit, die Aktualität, oder andere, eher als übergeordnet zu betrachtende Objektattribute. So streben z.B. „me-too"-Projekte nach einer ähnlichen oder sogar der gleichen Positionierung wie die „Originale". Betrachtet man sich das Ergebnis einer solchen Positionierung in einem Positionierungsdiagramm, so kann ggf. sogar die gleiche Position erreicht werden. Trotzdem bestehen in der Wahrnehmung der Konsumenten weiterhin Unterschiede, die in einem solchen Diagramm nicht erfasst werden. So ist vermutlich die Einstellung zum Original gefestigter, die Zugriffsfähigkeit höher und bezüglich anderer Dimensionen, die i.d.R. nicht Gegenstand der Positionierungsbetrachtung sind (so z.B. der Frage „Original oder Imitation?") wird vermutlich eine unterschiedliche Wahrnehmung der beiden Objekte auftreten. Dieses Beispiel zeigt dabei, dass Positionierungsmodelle nicht alle Unter-

---

[912] Vgl. Erichson, Bernd; Twardawa, Wolfgang: Bedeutung der Konsumentenforschung für die Markenpolitik, in: Bruhn, Manfred (Hrsg.): Handbuch MA, Bd. 1, (Schäffer-Poeschel) Stuttgart 1994, S. 283-316, S. 291.

[913] Vgl. Auken, Stuart van; Lonial, Subhash: Multidimensional scaling and retail positioning, in: IJRDM, 19. Jg., 1991, Nr. 3, S. 11-18, S. 11.

[914] Meffert, Heribert; Burmann, Christoph: Abnutzbarkeit und Nutzungsdauer von Marken - Ein Beitrag zur steuerlichen Behandlung von Warenzeichen, in: Meffert, Heribert; Krawitz, Norbert (Hrsg.): Unternehmensrechnung und -besteuerung, (Gabler) Wiesbaden 1998, S. 75-126, S. 81.

schiede zwischen Marken abbilden können, selbst wenn geeignete und gemeinsame Eigenschaftsdimensionen gefunden werden können.[915]

Trommsdorff/Zellerhoff machen jedoch darauf aufmerksam, dass das Auffinden gemeinsamer Eigenschaftsdimensionen nicht selbstverständlich ist. So führen Differenzierungsstrategien oftmals dazu, dass Marken den „vorliegenden Imageraum" verlassen und sich auf ganz anderen Dimensionen profilieren, sich also aus dem Imageraum „herauspositionieren".[916] Dieses „Positioning" auf einer andersartigen, alleinstehenden Dimension außerhalb des herkömmlichen Imageraums bedeutet, die Marke mit einem einzigartigen Eindruck unverwechselbar zu machen. Die meisten Positionierungsmodelle sind in diesem Fall nicht mehr einzusetzen, weil sie die Profilierung von Marken auf ihren eigenen, nicht gemeinsamen, Dimensionen ausschließen.[917]

Diese Markenstrategie hebt auch Trommsdorff hervor bei seiner Betrachtung von Gedächtnisstrukturen und aufgebautem Markenwissen. Wenn sich das Wissen der Konsumenten um Markenmerkmale im Wesentlichen auf ein eigenständiges, abgehobenes Merkmal bezieht, spricht man von einem USP. Im Extremfall hat dabei jede Marke ihre eigene USP-Dimension und kann nicht sinnvoll in einem Raum zu anderen Marken in Beziehung gebracht werden.[918]

Die Positionierung kann also die Basis der Marke sein, aber für den Markenaufbau müssen darüber hinaus noch weitere Aspekte beachtet werden, so z.B. Bekanntheit, Awareness, eigenständige USP-Dimensionen, Stärke der Assoziationen usw. Letztlich bildet also eine erfolgreiche Markenpositionierung, die als Konzept sehr eng mit der Wettbewerbsstrategie verknüpft ist, einen strategischen Kern der Profilierung von Marken, ist jedoch nicht mit dem Markenkonzept identisch.[919]

---

[915] Dies kann u.a. auf den Unterschied einer „forcierten", kognitiven Beurteilung und gedächtnistheoretischen Überlegungen zurückgeführt werden, die sich z.B in Markenschemata ausdrücken. So können bei einer kognitiven Beurteilung der Preiswürdigkeit zweier Produkte beide gleiche Ausprägungen erzielen, im Gedächtnis der Konsumenten jedoch zugleich eines der beiden Produkte wesentlich enger mit dem Attribut „Preiswürdigkeit" verbunden sein.

[916] (Vgl.) Trommsdorff, Volker; Zellerhoff, Claudia: Produkt- und Markenpositionierung, in: Bruhn, Manfred (Hrsg.): Handbuch MA, Bd. 1, (Schäffer-Poeschel) Stuttgart 1994, S. 349-373, S. 354.

[917] Vgl. Erichson, Bernd; Twardawa, Wolfgang: Bedeutung der Konsumentenforschung für die Markenpolitik, in: Bruhn, Manfred (Hrsg.): Handbuch MA, Bd. 1, (Schäffer-Poeschel) Stuttgart 1994, S. 283-316, S. 292f.; Trommsdorff, Volker; Zellerhoff, Claudia: Produkt- und Markenpositionierung, in: Bruhn, Manfred (Hrsg.): Handbuch MA, Bd. 1, (Schäffer-Poeschel) Stuttgart 1994, S. 349-373, S. 355.

[918] Vgl. Haedrich, Günther; Tomczak, Torsten: Strategische Markenführung, in: Bruhn, Manfred (Hrsg.): Handbuch MA, Bd. 2, (Schäffer-Poeschel) Stuttgart 1994, S. 925-948, S. 933; Trommsdorff, Volker: Konsumentenverhalten, 3. Aufl., (Kohlhammer) Stuttgart u.a. 1998, S. 93, S. 156f.
Vgl. ausführlich zu den Schwächen klassischer Positionierungsmodelle auch Kroeber-Riel, Werner; Weinberg, Peter: Konsumentenverhalten, 7. Aufl., (Vahlen) München 1999, S. 222f.

[919] Vgl. Meffert, Heribert: Strategien zur Profilierung von Marken, in: Dichtl, Erwin; Eggers, Walter (Hrsg.): Marke und Markenartikel, (dtv) München 1992, S. 129-156, S. 131.

C. Aufbau einer Händlermarke – Retail Branding

I. Händlermarkenpolitik

1. Wettbewerbsstrategie als Grundlage der Markenpolitik

a) Positionierung als Basis der Händlermarke

Bei der Betrachtung der Markenpolitik (Zweites Kapitel, Abschnitt A.III.) wurde deutlich, dass es eine Reihe von Grundsätzen erfolgreicher Markenpolitik gibt. So wurden v.a. Einzigartigkeit sowie Konsistenz und Konstanz in der Markenführung für einen erfolgreichen Markenaufbau gefordert.[920] Diese Grundsätze sind auch im Einzelhandel gültig. Die Einzigartigkeit, d.h. Abgrenzung von der Konkurrenz, manifestiert sich im Handel dabei in unterschiedlichen Einkaufsstätteneigenschaften, die zu einer Einkaufsstättenidentität führen. „Diese Identität muss in Form einer Marke symbolhaft für ein einzigartiges [...] Leistungsversprechen stehen [...] und auf diese Weise zu einer Profilierung bei Konsumenten und zum Distanzieren gegenüber den Konkurrenten beitragen. Eine klare Positionierung bildet damit die Voraussetzung für den Aufbau eines Markenwertes des entsprechenden Einzelhandelsunternehmens."[921] Damit wird eine klare Markenpositionierung von Liebmann/Zentes wie auch von anderen Vertretern der Handelsforschung als Basis einer starken Händlermarke angesehen.[922]

Die Aussagekraft der marktpsychologischen Positionierungsmodelle hängt dabei entscheidend von der Auswahl der zu Grunde gelegten Beurteilungsdimensionen ab, die idealtypisch eine hohe Relevanz für die Abgrenzung von der Konkurrenz und eine hohe Kaufverhaltensrelevanz haben sollen.[923] Die Betonung der Abgrenzung von der Konkurrenz wird noch deutlicher als bei der Positionierung im Begriff der Einkaufsstättenprofilierung deutlich.[924] Zweck der Positionierung ist es generell, eine feste Position bzw. feste Assoziationen bezüglich konsumentenseitig wahrgenommener Einkaufsstättenmerkmale in der Psyche der Konsumenten zu erreichen.[925] Der Begriff der Profilierung

---

[920] Vgl. Rüschen, Gerhard: Ziele und Funktionen des Markenartikels, in: Bruhn, Manfred (Hrsg.): Handbuch MA, Bd. 1, (Schäffer-Poeschel) Stuttgart 1994, S. 121-134, S. 128f.

[921] Liebmann, Hans-Peter; Zentes, Joachim: Handelsmanagement, (Vahlen) München 2001, S. 191.

[922] Vgl. hierzu z.B. Birtwistle, Grete; Clarke, Ian; Freathy, Paul: Store image in the UK fashion sector: consumer versus retailer perceptions, in: IRRDCR, 9. Jg., 1999, Nr. 1, S. 1-16, S. 4; Auken, Stuart van; Lonial, Subhash: Multidimensional scaling and retail positioning: An appraisal, in: IJRDM, 19. Jg., 1991, Nr. 3, S. 11-18, S. 11.

[923] Vgl. Heinemann, Gerrit: Betriebstypenprofilierung und Erlebnishandel, (Gabler) Wiesbaden 1989, S. 131f.

[924] Vgl. hierzu auch Kapitel 2, Abschnitt A.III.3.b).

[925] Vgl. Schmid, Florian: Positionierungsstrategien im Einzelhandel, (dfv) Frankfurt a.M. 1996, S. 30; Siemer, Silke: Einkaufsstättenprofilierung durch Handelsmarkenware des Lebensmitteleinzelhandels, (Shaker) Aachen 1999, S. 31.

wird oft dann gewählt, wenn bei der Positionierungsentscheidung die gedankliche Bezugnahme auf die Positionierung der Leistungen von Wettbewerbern in den Mittelpunkt der Betrachtung gerückt wird.[926]

Es wird in der Marketingliteratur ausführlich hervorgehoben, dass eine gute Marktpositionierung einen wichtigen Wettbewerbsvorteil darstellen kann. Dies gilt auch im Einzelhandel, wo für eine klare und abgegrenzte Positionierung theoretisch und empirisch eine ganze Reihe von Vorteilen aufgezeigt werden konnte.[927] Auf Grund dieser hohen Bedeutung für das strategische Handelsmarketing werden die Positionierung und Profilierung in der Handelsforschung seit Jahren untersucht. Einen ausführlichen Überblick über bisherige Untersuchungen zur Positionierung im Handel geben z.B. Liebmann/Zentes.[928] Als Beispiel für den deutschsprachigen Lebensmitteleinzelhandel kann eine Untersuchung der GfK herangezogen werden. In einer repräsentativen Untersuchung in Deutschland ging die GfK der Frage nach, inwieweit die einzelnen Händler im Lebensmitteleinzelhandel von den Befragten als ähnlich erlebt werden und positionierte mit Hilfe einer Korrespondenzanalyse die untersuchten Lebensmitteleinzelhändler im zweidimensionalen Raum.[929] Als Ergebnis interpretieren die Autoren der Studie, dass die Konsumenten zwar die einzelnen Betriebstypen unterschiedlich erleben, die untersuchten Händler innerhalb der einzelnen Betriebstypen jedoch als sehr homogen wahrnehmen.[930] Andererseits zeigen die Positionen der Unternehmen im zweidimensionalen Raum auch, dass diese Feststellung nicht für alle Betriebstypen gilt. So wird - auch auf der Basis der eher groben Ergebnisse einer Korrespondenzanalyse - deutlich, dass das Cluster der Discounter sehr weit auseinander gezogen ist. Der Abstand zwischen Aldi einerseits und Plus andererseits ist dabei größer als der Abstand von Plus zu einigen Supermärkten.

---

[926]   Vgl. Siemer, Silke: Einkaufsstättenprofilierung durch Handelsmarkenware des Lebensmitteleinzelhandels, (Shaker) Aachen 1999, S. 33.

[927]   Vgl. Walters, David; Knee, Derek: Competitive strategies in retailing, in: LRP, 22. Jg., 1989, Nr. 6, S. 74-84; Ellis, Brian; Kelley, Scott: Competitive advantage in retailing, in: IRRDCR, 2. Jg., 1992, Nr. 2, S. 381-396; Birtwistle, Grete; Clarke, Ian; Freathy, Paul: Store image in the UK fashion sector: consumer versus retailer perceptions, in: IRRDCR, 9. Jg., 1999, Nr. 1, S. 1-16, S. 1; Wortzel, Lawrence: Retailing Strategies for today's mature marketplace, in: JBS, 8. Jg., 1987, Spring, S. 45-56.

[928]   Vgl. Liebmann, Hans-Peter; Zentes, Joachim: Handelsmanagement, (Vahlen) München 2001, S. 184f. Siehe dazu auch: Davies, Gary: Positioning, image and the marketing of multiple retailers, in: IRRDCR, 2. Jg., 1992, Nr. 1, S. 13-34; Schmid, Florian: Positionierungsstrategien im Einzelhandel, (dfv) Frankfurt a.M. 1996, S. 4-10.

[929]   Vgl. Hupp, Oliver; Schuster, Harald: Imagegestützte Positionierung von Einkaufsstätten als Ansatzpunkt zu einer Verbesserung der Wettbewerbsfähigkeit des Lebensmitteleinzelhandels in Deutschland, in: JAV, 46. Jg., 2000, Nr. 4, S. 351-370, S. 357-359. Zur Methode siehe z.B. Backhaus, Klaus; Meyer, Margit: Korrespondenzanalyse - Ein vernachlässigtes Analyseverfahren nichtmetrischer Daten in der Marketingforschung, in: Marketing-ZFP, 10. Jg., 1988, Nr. 4, S. 295-307.

[930]   Vgl. Hupp, Oliver; Schuster, Harald: Imagegestützte Positionierung von Einkaufsstätten als Ansatzpunkt zu einer Verbesserung der Wettbewerbsfähigkeit des Lebensmitteleinzelhandels in Deutschland, in: JAV, 46. Jg., 2000, Nr. 4, S. 351-370, S. 357-359.

Übersicht 23: Korrespondenzanalyse für den deutschen Lebensmitteleinzelhandel

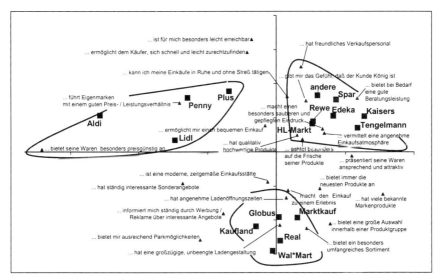

Quelle: Hupp, Oliver; Schuster, Harald: Imagegestützte Positionierung von Einkaufsstätten als Ansatzpunkt zu einer Verbesserung der Wettbewerbsfähigkeit des Lebensmitteleinzelhandels in Deutschland, in: JAV, 46. Jg., 2000, Nr. 4, S. 351-370, S. 358.

Dabei stellt die Positionierung eine Verbindung der Markenbetrachtung mit der Wettbewerbsstrategie dar. In Abschnitt B.II.5. dieses Kapitels wurde bereits die Nähe des Konzepts der Markenpolitik zu den Überlegungen zur Positionierung und damit auch zur wettbewerbsstrategischen Ausrichtung aufgezeigt. Diese Überlegung gilt auch im Einzelhandel. Patt zeigt auf, dass die Festlegung von Einkaufsstättenmerkmalen gleichzeitig die Positionierung im Konkurrenzumfeld darstellt und hierfür die wettbewerbsstrategischen Ansätze zur Betrachtung geeignet sind.[931] Andererseits wird auch das Ziel der Markenpolitik in der Erreichung von Wettbewerbsvorteilen gesehen.[932] Der Unterschied der Betrachtungsebene - so wird bei den wettbewerbsstrategischen Betrachtungen die Ebene der Strategischen Geschäftseinheit, bei markenpolitischen Betrachtungen die Ebene der einzelnen Marke im Mittelpunkt der Betrachtung - löst sich bei Handelsun-

---

[931] Vgl. Patt, Paul-Josef: Strategische Erfolgsfaktoren im Einzelhandel, 2. Aufl., (Lang) Frankfurt a.M 1990, S. 58f.

[932] Vgl. Meffert, Heribert: Strategien zur Profilierung von Marken, in: Dichtl, Erwin; Eggers, Walter (Hrsg.): Marke und Markenartikel, (dtv) München 1992, S. 129-156, S. 135. Solche Betrachtungen finden sich auch z.B. bei Haedrich, Günther; Tomczak, Torsten: Strategische Markenführung, (Haupt) Bern-Stuttgart 1990, S. 55-62.

ternehmen als Marke auf, da hier die Händlermarke, die meist identisch ist mit der Strategischen Geschäftseinheit, die Betrachtungseinheit darstellt.[933]

b)   Grundtypen der Wettbewerbsstrategien im Einzelhandel

i.   Überblick über die Wettbewerbsstrategien im Einzelhandel

Eine Reihe von Handelsforschern hat das Konzept von Porter auf den Einzelhandel übertragen und seine grundsätzliche Anwendbarkeit festgestellt.[934] Dabei ist es Ziel einer Kosten- (bzw. Preis-)Führerschaft im Einzelhandel, durch Ausnutzung von Kostenvorteilen (z.b. geringe Personalkosten, Beschaffungsvorteile) die Kosten unter das Niveau der anderen Wettbewerber zu senken und durch relative Preisvorteile Wettbewerbserfolge zu erzielen. Die Qualitätsführerschaft verfolgt dagegen das Ziel, durch Schaffung von Leistungsvorteilen den Ansprüchen der Käufer besser gerecht zu werden. Die Konzentration auf Teilmärkte schließlich ist mit einer Spezialisierung auf spezifische Zielgruppen und/oder bestimmte Sortimentsbereiche verbunden.[935]

ii.   Kostenführerschaft

Kostenführerschaft bedeutet zunächst, dass der Handelsbetrieb im Vergleich zur Konkurrenz möglichst kostenoptimal agiert.[936] Der Kostenführer erwirtschaftet damit eine höhere Rentabilität als die Konkurrenz, wenn er mit dem gleichen Preisniveau am Markt auftritt. Je höher der Kostenvorsprung gegenüber der Konkurrenz ist, desto eher kann sich der Händler auch erlauben, zu günstigeren Preisen zu verkaufen. Damit ist die Kostenführerschaft i.d.R. auch eine Voraussetzung für die Preisführerschaft.[937]

Dabei sind es zwei interdependente Voraussetzungen, die für die Anwendung dieser Strategie zu erfüllen sind, nämlich die Erreichung relativ hoher Marktanteile zur Ausschöpfung von Degressions- und Erfahrungskurveneffekten und die konsequente Ausrichtung auf möglichst standardisierte, kostenminimierende Maßnahmen in der gesamten Wertkette eines Unternehmens sowie auch an den Schnittstellen der eigenen Wert-

---

[933]   Siehe Zweites Kapitel, Abschnitt C.II. Auch Heinemann führt aus, dass im Handel strategische Geschäftseinheiten in der Regel mit Betriebstypen gleichzusetzen sind; vgl. Heinemann, Gerrit: Betriebstypenprofilierung und Erlebnishandel, (Gabler) Wiesbaden 1989, S. 24.

[934]   Vgl. Meffert, Heribert: Marketingstrategien der Warenhäuser - Wege aus der Krise?, in: HM, 7. Jg., 1985, Nr. 2, S. 20-28; Patt, Paul-Josef: Strategische Erfolgsfaktoren im Einzelhandel, 2. Aufl., (Lang) Frankfurt a.M 1990, S. 59-61, S. 144-154.

[935]   Vgl. Patt, Paul-Josef: Strategische Erfolgsfaktoren im Einzelhandel, 2. Aufl., (Lang) Frankfurt a.M 1990, S. 59-61; Liebmann, Hans-Peter; Zentes, Joachim: Handelsmanagement, (Vahlen) München 2001, S. 176.

[936]   Gröppel-Klein, Andrea: Wettbewerbsstrategien im Einzelhandel, (DUV) Wiesbaden 1998, S. 49.

[937]   Vgl. Patt, Paul-Josef: Strategische Erfolgsfaktoren im Einzelhandel, 2. Aufl., (Lang) Frankfurt a.M 1990, S. 59f.; Gröppel-Klein, Andrea: Wettbewerbsstrategien im Einzelhandel, (DUV) Wiesbaden 1998, S. 50.

kette mit den Wertketten der Partner.[938] Tendenziell wird darauf hingewiesen, dass es großen Handelsunternehmen einfacher fällt, eine Preisführerschaft zu erreichen als kleineren Unternehmen, da Größendegressionseffekte und - damit verbunden - eine gewisse Nachfragemacht notwendig sind.[939] Wie bereits erwähnt, müssen bei Anstreben der Kostenführerschaft alle Quellen der Kostenreduzierungen ausgeschöpft werden. Dabei sind alle Wertkettenfunktionen einzubeziehen und unter Effizienzgesichtspunkten zu bewerten. Auf der Ebene der absatznahen Wertkettenfunktionen zählen dazu beispielsweise der Verzicht auf aufwendige Ladengestaltung, die Reduzierung der Serviceleistungen, geringe Personalkosten, Sortimentsbeschränkung und Realisierung eines hohen Anteils von „Schnelldrehern" am Gesamtsortiment sowie Standorte mit günstigen Mietbzw. Flächenkosten und großen Einzugsgebieten. Auf der Ebene der vorgelagerten Wertkettenfunktionen sind es u.a. eine effiziente Beschaffungs- und Distributionslogistik, eine möglichst effiziente Warenwirtschaft und ein straffes (meist zentrales) Management.[940]

Dabei wird oftmals Aldi als Vorbild betrachtet. So führt das Unternehmen eine konsequente Strategie der Preisführerschaft am Markt durch und zeichnet sich zugleich durch effiziente Prozesse aus. Effizienzpotentiale werden u.a. durch eine hohe vertikale Integration und durch die Konzentration auf Schwerpunkte ausgeschöpft.[941]

Ein wesentlicher Vorteil der Kostenführerschaftsstrategie (und wiederum eine Verbindung zur Markenpolitik) liegt darin, dass der Preis eines der wichtigsten Einkaufsstättenattribute der Konsumenten ist. Bei vielen Konsumgütern zeigt sich, dass der Verbraucher die Preisgünstigkeit als ein besonders wichtiges Kaufkriterium ansieht. Dementsprechend haben sich Betriebstypen gebildet, die den preisorientierten Verbraucher ansprechen.[942]

---

[938] Vgl. Liebmann, Hans-Peter; Zentes, Joachim: Handelsmanagement, (Vahlen) München 2001, S. 198.

[939] Vgl. Anderer, Michael: Internationalisierung im Einzelhandel, (dfv) Frankfurt a.M. 1997, S. 26; Schmid, Florian: Positionierungsstrategien im Einzelhandel, (dfv) Frankfurt a.M. 1996, S. 152; Rudolph, Michael: Niedrigpreisstrategien im Handel - Wettbewerbsrechtliche Beurteilung und Marketingimplikationen, in: Marketing-ZFP, 10. Jg., 1988, Nr. 2, S. 95-101, S. 95.

[940] Vgl. Liebmann, Hans-Peter; Zentes, Joachim: Handelsmanagement, (Vahlen) München 2001, S. 200; McGoldrick, Peter: Retail Marketing, (McGraw-Hill) London u.a. 1990, S. 98; Schmid, Florian: Positionierungsstrategien im Einzelhandel, (dfv) Frankfurt a.M. 1996, S. 151f.

[941] Vgl. Müller-Hagedorn, Lothar: Der Handel, (Kohlhammer) Stuttgart u.a. 1998, S. 198; Liebmann, Hans-Peter; Zentes, Joachim: Handelsmanagement, (Vahlen) München 2001, S. 201. Andererseits zeigt eine empirische Untersuchung von Olbrich, dass größere Verkaufsflächen i.d.R. besser geeignet sind für eine Kostenführerschaftsstrategie, da der Verlauf der Rentabilitätskurve in Abhängigkeit der Verkaufsflächengröße eine umgekehrte U-Kurve darstellt: Für großflächige Betriebstypen ist ein Kostendegressionseffekt, so für Personal- und Raumkosten, festzustellen, der in einem bestimmten Größenbereich die gleichzeitig i.d.R. niedrigeren Quadratmeterumsätze überkompensiert. Vgl. Olbrich, Rainer: Die Größe des Outlets bestimmt den Erfolg, in: HM, 16. Jg., 1994, Nr. 1, S. 101-107, S. 102.

[942] Vgl. Müller-Hagedorn, Lothar: Der Handel, (Kohlhammer) Stuttgart u.a. 1998, S. 199.

iii.   Differenzierung

Grundsätzlich gilt, dass bei mehreren Wettbewerbern und homogenen Leistungen der Preis als Marketinginstrument im Vordergrund steht. Als Alternative zu diesem Preiskampf kann ein Unternehmen sein Angebot - im Vergleich zu den Wettbewerbern - differenzieren.[943] „Ziel einer Differenzierungsstrategie im Einzelhandel ist die Gestaltung eines unverwechselbaren, einzigartigen Images, das klar und dauerhaft im Bewusstsein der Konsumenten verankert ist."[944] Das Konzept der Differenzierung ist dabei nicht nur in der Wettbewerbsstrategie relevant, sondern zugleich von zentraler Bedeutung im Markenkonzept des Marketing.[945] V.a. in der jüngeren Einzelhandels-Marketingliteratur wird vorgeschlagen, dass Einzelhändler eine differenzierte Position in der Konsumentenwahrnehmung anstreben sollen. Nach Untersuchungen zu den Strategischen Erfolgsfaktoren eines Unternehmens korreliert dabei der Grad der Differenzierung mit dem Grad der Profitabilität.[946]

Davies weist darauf hin, dass durch die zunehmende Verbreitung professioneller Filialsysteme des Einzelhandels mit zunehmend effizienteren internen Strukturen auch die Kostenvorteile einzelner Handelssysteme relativ geringer werden und damit die Bedeutung der Nicht-Preis-Attribute im Wettbewerb zunimmt.[947] Esch/Levermann verdeutlichen, dass zwar der Preis ein geeignetes Differenzierungsmerkmal darstellt, dass dieses aber im Lebensmitteleinzelhandel bereits von den Discountern besetzt wird, so dass Handelsunternehmen mit anderen Betriebstypen anstatt auf eine Preisprofilierung auf alternative Maßnahmen zurückgreifen müssen, um sich zu differenzieren. Für diese würde eine einseitige Fokussierung auf die Preispolitik sonst zu einem schwachen Profil führen.[948]

Die Qualitätsführerschaft umfasst dabei (in einem weiten Begriffsverständnis) neben den Unterschieden im Sortiment auch die anderen Aktivitäten eines Unternehmens.[949] Für jede Händlermarke können eigenständige Merkmale eine Bedeutung im Rahmen der

---

[943]   Vgl. Kotler, Philip; Bliemel, Friedhelm: Marketing-Management, 9. Aufl., (Schäffer-Poeschel) Stuttgart 1999, S. 471.

[944]   Gröppel-Klein, Andrea: Wettbewerbsstrategien im Einzelhandel, (DUV) Wiesbaden 1998, S. 51. Wenn man jedoch die Differenzierungsstrategie so umfassend definiert, schließt dies eigentlich die Differenzierung durch den Wettbewerbsvorteil Preis nicht aus.

[945]   Vgl. Doyle, Peter: Building successful brands: The strategic options, in: JCM, 7. Jg., 1990, Nr. 2, S. 5-20.

[946]   Vgl. Davies, Gary: Positioning, image and the marketing of multiple retailers, in: IRRDCR, 2. Jg., 1992, Nr. 1, S. 13-34, S. 14f.

[947]   Vgl. Davies, Gary: Positioning, image and the marketing of multiple retailers, in: IRRDCR, 2. Jg., 1992, Nr. 1, S. 13-34, S. 14.

[948]   Vgl. Esch, Franz-Rudolf; Levermann, Thomas: Handelsunternehmen als Marken, in: Trommsdorff, Volker (Hrsg.): Handelsforschung 1993/94, (Gabler) Wiesbaden 1993, S. 79-102, S. 80.

[949]   Vgl. Ellis, Brien; Kelley, Scott W.: Competitive Advantage in Retailing, in: IRRDCR, 2. Jg., 1992, S. 381-396, S. 385.

Qualitäts-/Leistungsführerschaftsstrategie erlangen. Liebmann/Zentes betonen die Variantenvielfalt der Differenzierungsstrategie: „Ansätze zur Qualitäts- und Leistungsführerschaft liegen vor allem in den primären Aktivitäten der Wertkette, und zwar in denjenigen, die vom Kunden als relevant beurteilt werden [...]. Dabei sind beinahe unendlich viele Kombinationsmöglichkeiten der Marketinginstrumente denkbar."[950] Dies zeigt die Heterogenität der Differenzierungsstrategie und wird später noch detaillierter analysiert.

Im Einzelhandel zeigt Anderer auf, dass die Strategie der Qualitätsführerschaft tendenziell eher von Kleinflächenanbietern verfolgt wird.[951] Jedoch lassen sich auch andere Beispiele finden. So nutzen Liebmann/Zentes als Beispiel für Qualitätsführerschafts- bzw. Differenzierungsstrategien die neueren Konzepte der deutschen Kauf- und Warenhäuser, so das Galeria-Konzept von Kaufhof.[952]

iv. Simultane Betrachtung der beiden Dimensionen

Meffert zeigt auf der Ebene der Betriebstypen im Einzelhandel auf, dass das Porter-Konzept mit den Strategietypen Kostenführerschaft oder Leistungsführerschaft bzw. Konzentration auf Schwerpunkte auf den Einzelhandel übertragbar ist.[953] Patt wendet das Konzept auf der Intra-Betriebstypenebene an und prüft seine Anwendbarkeit. Als Achsen zieht er hierbei einerseits die Marktabdeckung heran (als Anzahl der abgedeckten Sortimentsbereiche), andererseits die Dimension des Leistungsvorteils, die er als Anteil der angebotenen Dienstleistungen an den insgesamt denkbaren Dienstleistungen des Geschäfts operationalisiert. Auf der Basis dieser Operationalisierung weist Patt nach, dass das Wettbewerbsstrategiekonzept von Porter auf die Situation der von ihm analysierten Fachgeschäfte (des Textileinzelhandels) übertragbar ist. Er zeigt zum einen auf, dass die Strategietypen Porters, also die umfassende Kostenführerschaft, die Differenzierung vom Wettbewerber und die Konzentration auf Schwerpunkte, auch im Handel identifiziert werden können und zum anderen, dass auch die Erfolgshypothese von Porter (dass Unternehmen „zwischen den Stühlen" weniger erfolgreich sind) hier bestätigt werden kann.[954]

Eine umfassende empirische Untersuchung der Übertragbarkeit des Porter-Konzepts auf den Einzelhandel liefert Gröppel-Klein, wobei sie sich bewusst auf die beiden „generic strategies" beschränkt und alternative Konzepte trotz der bestehenden Zweifel z.B. an den Strategietypen Porters ausgrenzt, auf Grund des bisher eher geringen Kenntnisstan-

---

[950] Liebmann, Hans-Peter; Zentes, Joachim: Handelsmanagement, (Vahlen) München 2001, S. 193.

[951] Vgl. Anderer, Michael: Internationalisierung im Einzelhandel, (dfv) Frankfurt a.M. 1997, S. 26.

[952] Vgl. Liebmann, Hans-Peter; Zentes, Joachim: Handelsmanagement, (Vahlen) München 2001, S. 176.

[953] Vgl. Meffert, Heribert: Marketing, 9. Aufl., (Gabler) Wiesbaden 2000, S. 1188.

[954] Vgl. Patt, Paul-Josef: Strategische Erfolgsfaktoren im Einzelhandel, 2. Aufl., (Lang) Frankfurt a.M 1990, S. 148-152, S. 59f. Dabei werden jedoch Kostenvorteile nicht betrachtet.

des in der Einzelhandelsforschung.[955] In einer Voruntersuchung im Möbeleinzelhandel kann Gröppel-Klein das Porter-Konzept für den Einzelhandel bestätigen. Clusteranalytisch kann sie drei Händlergruppen identifizieren, die den beiden Basisstrategien Porters und einer „Stuck in the middle"-Gruppe zuzuordnen sind, und sie kann bezüglich einiger Erfolgsmaße die Erfolgsvorteile der beiden Basisstrategien im Vergleich zur Zwischengruppe aufzeigen.[956] In einer zweiten Unternehmensumfrage befragt Gröppel-Klein 122 Einzelhändler aus diversen Non-Food-Branchen. Sie führt eine Clusteranalyse auf der Basis von faktorenanalytisch verdichteten Strategie-Statements der Unternehmen durch und identifiziert drei verschiedene Cluster, die als „Differenzierer", „Kostenführer" und „Stuck in the middle" interpretiert werden können.[957] Anhand einer Reihe von Erfolgskennzahlen wird nachgewiesen, dass dabei das dritte Cluster weniger erfolgreich ist als die beiden anderen und damit auch durch diese Untersuchung die Porter-Konzeption unterstützt werden kann.[958]

Neben der Untersuchung der Porter-Hypothesen aus der Unternehmensperspektive testet Gröppel-Klein die Porter-Konzeption auch aus einer Konsumentenperspektive. Hierfür wurden Konsumenten zu ihrer Bewertung von zehn Einzelhandelsgeschäften befragt. Zudem wurden (paarweise) Ähnlichkeitsurteile erfragt. Auf der Basis der Ähnlichkeitsurteile wurde eine Multidimensionale Skalierung vorgenommen, die die einzelnen Handelsunternehmen im zweidimensionalen Raum positioniert. Anschließend wurden mittels einer Cluster-Analyse fünf Gruppen identifiziert (siehe Übersicht 24). Drei davon konnten als Fachgeschäfte (Differenzierer), Discounter und „in the middle" charakterisiert werden, was Gröppel-Klein als Bestätigung der Porter-Konzeption ansieht.[959] Als Erfolgsmaßstab aus der Perspektive der Konsumenten wurde aus einer Reihe von Einzeleigenschaftsbewertungen ein Eindruckswert gebildet. Die These, dass die Unternehmen des „Stuck in the middle"-Clusters weniger erfolgreich sind als die Differenzierer und die Discounter, konnte auf der Basis dieses Erfolgsmaßes allerdings nicht bestätigt werden.[960]

---

[955] Vgl. Gröppel-Klein, Andrea: Wettbewerbsstrategien im Einzelhandel, (DUV) Wiesbaden 1998, S. 69.

[956] Vgl. Gröppel-Klein, Andrea: Wettbewerbsstrategien im Einzelhandel, (DUV) Wiesbaden 1998, S. 77-80.

[957] Vgl. Gröppel-Klein, Andrea: Wettbewerbsstrategien im Einzelhandel, (DUV) Wiesbaden 1998, S. 93f.

[958] Vgl. Gröppel-Klein, Andrea: Wettbewerbsstrategien im Einzelhandel, (DUV) Wiesbaden 1998, S. 81-96. Dabei testet Gröppel-Klein die Erfolgsgröße Umsatz (im Vgl. zum Branchendurchschnitt) varianzanalytisch.

[959] Vgl. Gröppel-Klein, Andrea: Wettbewerbsstrategien im Einzelhandel, (DUV) Wiesbaden 1998, S. 100, S. 135.

[960] Weitergehende Untersuchungen, in denen die Einkaufsmotive der Konsumenten betrachtet wurden, bestätigen jedoch die Vermutung, dass die Wettbewerbsposition der Unternehmen „zwischen den Stühlen" schlechter ist; vgl. Gröppel-Klein, Andrea: Wettbewerbsstrategien im Einzelhandel, (DUV) Wiesbaden 1998, S. 96-105, S. 135.

Übersicht 24: Zweidimensionale Lösung der MDS nach Gröppel-Klein

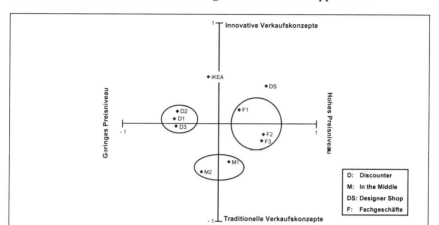

Quelle: Gröppel-Klein, Andrea: Wettbewerbsstrategien im Einzelhandel, (DUV) Wiesbaden 1998, S. 100.

2. Kritik am bipolaren Verständnis

Trotz der dargestellten ersten empirischen Belege, die die Anwendbarkeit der Porter-Konzeption im Einzelhandel in Ansätzen bestätigen, wird das Konzept in zweierlei Hinsicht kritisiert:

1. Strategien, die sowohl Leistungs- als auch Kostenvorteile bieten (Outpacing-Strategien), sind in dem Konzept von Porter nicht vorgesehen.

2. Vielfach wird die Einteilung der Porter'schen Basisstrategien in Kosten- und Leistungsvorteile als zu grob angesehen, insbesondere die Leistungsvorteile können auf sehr unterschiedliche Art und Weise erreicht werden.[961]

Insbesondere im Einzelhandel scheinen Outpacing-Strategien, die mehrere Wettbewerbsvorteile gleichzeitig realisieren, zunehmend vom Markt gefordert zu sein.[962] Berekoven zeigt z.b. auf, dass eine eindeutige Entscheidung für eine Preis- oder Qualitäts-

---

[961] Auf einer metasprachlichen Ebene kann man zwar festlegen, dass alle nicht-preislichen Dimensionen der Wettbewerbsstrategie unter dem Begriff „Qualität" zusammengefasst werden können und damit auch eine Einteilung in „Preis- oder Qualitätsführerschaft" definitorisch rechtfertigen. Letztlich ist jedoch, wenn die Qualitätsführerschaft nicht als einzelne, homogene Strategie, sondern eher als Vielzahl heterogener Strategien zu beschreiben ist, eine dichotome Einteilung nicht geeignet zur Beschreibung der wettbewerbsstrategischen Optionen des Einzelhandel. Siehe zur Überlegung des fehlenden Wahrheitsgehalts von Definitionen Raffée, Hans: Grundprobleme der Betriebswirtschaftslehre, (Vandenhoeck) Göttingen 1974, S. 28.

[962] Vgl. Zentes, Joachim: GDI-Monitor: Fakten, Trends, Visionen, in: Zentes, Joachim; Liebmann, Hans-Peter (Hrsg.): Trendbuch Handel No. 1, (Econ) Düsseldorf u.a. 1996, S. 10-36, S. 19-21; Liebmann, Hans-Peter; Zentes, Joachim: Handelsmanagement, (Vahlen) München 2001, S. 202f.

führerschaft für eine Händlermarke kritisch gesehen muss. So können zwar z.B. Markenartikel die höhere Qualität meist auch mit einem höheren Preis begleiten und „müssen" dies unter Umständen sogar psychologisch, auf Grund der engen Preis-Qualitäts-
Assoziation, die beim Kunden besteht. Im Einzelhandel war aber das Anbieten von sehr
niedrigen Preisen v.a. dann erfolgreich in der Vergangenheit, wenn dem Konsumenten
zugleich das Vertrauen in eine zumindest zufriedenstellende Warenqualität gegeben
wurde. Damit zeigt sich bereits eine Abweichung von den klaren Positionen Porters,
weil im Einzelhandel eine andere Preis-Qualitäts-Beziehung existiert als im Sachleis-
tungsbereich.[963]

Tabelle 3:   Wettbewerbsstrategische Cluster in der Untersuchung von Anderer

Einzelitems *Basis n = 56*	*n*	*Preis-* *positionierung* *(Mittelwert)*	*Qualitätsindex* *(Mittelwert)*	*Anteil der Unternehmen,* *die zu den „Top-* *Performern" zählen*
Cluster 1: Qualitätsführer	21	3,33	4,03	23,8 %
Cluster 2: Unprofilierte Mitte	16	3,00	3,08	6,3 %
Cluster 3: Outpace	16	1,81	3,42	33,3 %
Cluster 4: Kostenführer	5	1,40	2,33	80,0 %

Skala jeweils von 1 (Preis bzw. Qualität deutlicher niedriger als Konkurrenz) bis 5.

Quelle: in Anlehnung an Anderer, Michael: Internationalisierung im Einzelhandel, (dfv) Frankfurt
a.M. 1997, S. 218, S. 302.

Zentes/Anderer und Anderer zeigen auf, dass gerade im Einzelhandel zunehmend Unternehmen versuchen, Outpacing-Strategien umzusetzen.[964] Eine Untersuchung von Anderer führte zu vier Wettbewerbsclustern (siehe Tabelle 3). Damit zeigt die Untersuchung empirisch die Existenz eines Clusters, das die beiden Basisdimensionen Porters
simultan umsetzt und nicht „zwischen den Stühlen" sitzt. Vielmehr zeigt Anderer, dass
zahlreiche Unternehmen dieses Outpace-Clusters, in dem beide Strategien zusammen
angewendet werden, sehr erfolgreich sind - im Gegensatz zu dem „Stuck in the middle"-
Cluster, das eher niedrige Erfolgsmaße erzielt.[965]

Es ist jedoch zu beachten, dass Outpacing-Strategien bislang auf der Basis der dichotomen Basisdimensionen der Wettbewerbsstrategien nach Porter erläutert werden und nur
Kombinationen der beiden Basisdimensionen betrachten. Hier ist eine empirische Untersuchung noch relativ einfach möglich, da statt drei möglicher Strategien (Kostenführer,
Qualitätsführer, „weder/noch") „lediglich" eine vierte betrachtet werden muss („„beides"). Es stellt sich jedoch nicht nur die Frage, ob im Einzelhandel eine Kombination

---

[963] Vgl. Berekoven, Ludwig: Erfolgreiches Einzelhandelsmarketing, 2. Aufl., (Beck) München 1995,
       S. 421.

[964] Vgl. Zentes, Joachim; Anderer, Michael: Handels-Monitoring I/94: Mit Customer Service aus der
       Krise, in: GDI-Handels-Trendletter I/94, (GDI) Rüschlikon/Zürich 1994, S. 1-29, S. 14; Anderer,
       Michael: Internationalisierung im Einzelhandel, (dfv) Frankfurt a.M. 1997, S. 25.

[965] Vgl. Anderer, Michael: Internationalisierung im Einzelhandel, (dfv) Frankfurt a.M. 1997, S. 218,
       S. 302.

der von Porter propagierten Basisdimensionen möglich ist, vielmehr ist zu hinterfragen, ob diese beiden Dimensionen wirklich die (einzig) grundlegenden im Einzelhandel sind.

Eine zentrale Wettbewerbsdimension wird im Einzelhandel im Standort gesehen. Dabei zeigt Davies auf, dass die hohe Bedeutung des Standorts insbesondere in den Einzelhandelssektoren gegeben ist, in denen die Konsumenten einen wesentlichen Teil ihrer Kaufentscheidung auf der Nähe der Einkaufsstätte basieren, wie im Lebensmitteleinzelhandel.[966] Diese zentrale Bedeutung des Standorts führt dazu, dass lange Zeit (und teilweise bis heute) Absatzprognosen im Einzelhandel wesentlich auf der Determinante „geografischer Abstand zu den Kunden" basierten. Das bekannteste dieser sogenannten Gravitationsmodelle stammt von Huff, berücksichtigt zur Berechnung der Kaufwahrscheinlichkeit eines Konsumenten in einer bestimmten Einkaufsstätte neben der Größe der Einkaufsstätte nur die Entfernung, und seine Prognosekraft wurde in einer Reihe von empirischen Studien bestätigt.[967]

Als eine Strategie zur Differenzierung des Angebots von der Konkurrenz wird auch die Erlebnisstrategie betrachtet - oftmals mit der Begründung, dass die Sortimente im Einzelhandel immer austauschbarer werden und damit nicht mehr zur Differenzierung geeignet sind.[968] Silberer definiert Erlebnishandel als eine Form des Handels, die bei den Konsumenten relativ intensive, angenehme Wahrnehmungen und Empfindungen erzeugt. Weinberg spricht von einem subjektiv erlebten Beitrag zur Lebensqualität der Konsumenten durch sinnliche Erlebnisse, die in der Gefühls- und Erfahrungswelt der Konsumenten verankert sind.[969] Gröppel stellt die Erlebnisstrategie als ein umfassendes Differenzierungskonzept dar. Es ist eine langfristige Positionierungsstrategie, die beim Konsumenten angenehme Empfindungen auslöst. Dadurch kann ein eigenständiges

---

[966] Vgl. Davies, Gary: Positioning, image and the marketing of multiple retailers, in: IRRDCR, 2. Jg., 1992, Nr. 1, S. 13-34, S. 14. Dies entspricht auch den Überlegungen der Standortbedeutung für das Dienstleistungsmarketing auf Grund der Simultaneität von Produktion und Konsumtion; vgl. Meyer, Anton: Dienstleistungs-Marketing, in: DBW, 51. Jg., 1991, Nr. 2, S. 195-209, S. 202.

[967] Vgl. Huff, David: Determination of Intra-Urban Retail Trade Areas, (UCLA) Los Angeles 1962; Brunner, James; Mason, John: The influence of driving time upon shopping center performance, in: JM, 32. Jg., 1968, Nr. 4, S. 57-61; Bucklin, Louis: The concept of mass in intra-urban shopping, in: JM, 31. Jg., 1967, Nr. 10, S. 37-42. Teilweise wurden diese Gravitationsmodelle - unter Beibehaltung der Dominanz des Standortes - um „Image"-Komponenten erweitert; vgl. Stanley, Thomas; Sewall, Murphy: Image inputs to a probabilistic model: Predicting retail potential, in: JM, 40. Jg., 1976, Nr. 7, S. 48-53; Nevin, John; Houston, Michael: Image as a component of attraction to intraurban shopping areas, in: JoR, 56. Jg., 1980, Nr. 1, S. 77-93.

[968] Vgl. Weinberg, Peter: Erlebnisorientierte Einkaufsstättengestaltung im Einzelhandel, in: Marketing-ZFP, 8. Jg., 1986, Nr. 2, S. 97-102; Gröppel, Andrea: Erlebnisstrategien im Einzelhandel, (Physica) Heidelberg 1991; Ahlert, Dieter; Schröder, Hendrik: „Erlebnisorientierung" im stationären Einzelhandel, in: Marketing-ZFP, 12. Jg., 1990, Nr. 4, S. 221-229.

[969] Vgl. Silberer, Günter: Die Bedeutung und Messung von Verkaufserlebnissen im Handel, in: Trommsdorff, Volker (Hrsg.): Handelsforschung 1989, (Gabler) Wiesbaden 1989, S. 59-76, S. 61; Weinberg, Peter: Erlebnismarketing, (Vahlen) München 1992, S. 3.

Markenbild aufgebaut werden, welches sich von der Konkurrenz eindeutig abhebt.[970] Für Erlebnisstrategien im Einzelhandel eignen sich dabei im Prinzip alle Handelsmarketinginstrumente. Von besonderer Bedeutung sind jedoch alle Instrumente, die den Kunden sensual ansprechen. Hierzu gehören die Ladengestaltung, inkl. der Warenpräsentation und der Gestaltung der Ladenatmosphäre, das direkte Verkaufsgespräch und die Kommunikationspolitik.[971]

Esch/Levermann argumentieren, dass sich fast sämtliche sachliche Einkaufsstätteneigenschaften langfristig nicht zur Abhebung von der Konkurrenz eignen, da sie keinen Imitationsschutz böten. Solche Wettbewerbsvorteile könnten zu schnell von der Konkurrenz nachgeahmt werden, so dass man Eigenständigkeit fast ausschließlich durch erlebnisorientierte Strategien erlangen könne.[972] Das Argument, dass sachliche Wettbewerbsvorteile schnell von der Konkurrenz imitiert werden können, ist jedoch zu hinterfragen. So behauptet Aldi seit vielen Jahren die Preisführerschaft in Deutschland für sich, ohne dass die Konkurrenten diese ernsthaft gefährden können.[973] Bezüglich der Auswahl ist Globus unter den deutschen SB-Warenhäusern führend und auf Grund der bestehenden Verkaufsflächen - Globus hat die mit Abstand größte durchschnittliche Verkaufsfläche in der Branche - ist dieser Vorteil nur sehr langfristig einzuholen.[974] Media-Markt ist der „Category Killer" des deutschen Elektrofachhandels und behauptet diese sortimentsbezogene Profilierung bereits seit vielen Jahren.[975] Somit wird deutlich, dass die Erlebnisorientierung eventuell eine Basisdimension der Wettbewerbsstrategien darstellt, dass sie jedoch nicht die einzig dauerhaft mögliche ist.

Insgesamt wird damit deutlich, dass die Dichotomie der möglichen Wettbewerbsstrategie nach Porter nicht geeignet ist, die Komplexität des Handelsmarketing zu erfassen. Palmer stellt am Beispiel des britischen Lebensmitteleinzelhandels die beiden Dimensionen Preis und Qualität dar, kommentiert jedoch gleichzeitig diese Unterteilung in

---

[970] Vgl. Gröppel, Andrea: Erlebnisstrategien im Einzelhandel, (Physica) Heidelberg 1991, S. 37; Weinberg, Peter: Erlebnismarketing, (Vahlen) München 1992, S. 3f.

[971] Vgl. Weinberg, Peter: Erlebnismarketing, (Vahlen) München 1992, S. 123-165; Gröppel, Andrea: Erlebnisstrategien im Einzelhandel, (Physica) Heidelberg 1991, S. 266-277; Schmid, Florian: Positionierungsstrategien im Einzelhandel, (dfv) Frankfurt a.M. 1996, S. 161.

[972] Vgl. Esch, Franz-Rudolf; Levermann, Thomas: Handelsunternehmen als Marken, in: Trommsdorff, Volker (Hrsg.): Handelsforschung 1993/94, (Gabler) Wiesbaden 1993, S. 79-102, S. 96f.

[973] Dabei ist weniger die „objektive" Preisführerschaft relevant, die wegen der schlechten Vergleichbarkeit der Sortimente vermutlich nicht eindeutig festzustellen ist, als vielmehr die Meinung der Konsumenten, die Aldi i.d.R. als Preisführer einschätzen; vgl. z.B. Brück, Mario: Aldi-Preisimage ist unantastbar, in: LZ, 52. Jg., 2000, Nr. 7, S. 10. Siehe auch Zentes, Joachim; Janz, Markus; Morschett, Dirk: HandelsMonitor 2001: Retail Branding - Der Handel als Marke, (Lebensmittel Zeitung) Frankfurt a.M. 2000, S. 134f.

[974] Vgl. Bruch, Thomas: Die strategische Orientierung der Globus-Gruppe, in: Marketing- und Management-Transfer, o. Jg., 2000, Oktober, S. 25-32, S. 26f.

[975] Vgl. Jary, Michael; Schneider, Dirk; Wileman, Andrew: Marken-Power, (Gabler) Wiesbaden 1999, S. 97f.

Preis- und Qualitätsstrategien als zu stark vereinfachend für sinnvolle Positionierungsstrategien und weist darauf hin, dass die Qualität in diesem Beispiel als eine zusammengesetzte Größe angesehen werden muss, die aus Sortimentsbreite, Geschwindigkeit der Abwicklung, Qualität des Personals, Qualität der Einkaufsumgebung usw. besteht.[976] Glöckner-Holme geht bei ihrer Darstellung der Positionierungsstrategien im Einzelhandel ebenfalls zunächst von einem bipolaren Verständnis aus und beschreibt, dass die grundsätzlichen Ansatzpunkte in einer Preis-Mengen-Strategie einerseits und einer Präferenzstrategie andererseits liegen können, bei der alle nicht-preislichen Marketing-Instrumente zur Bildung von Präferenzen beitragen können. Dann beschreibt sie jedoch, dass diese bipolare Darstellung eine starke Vereinfachung der Handelsrealität darstellt.[977]

Dass eine Differenzierungs- bzw. Qualitätsführerschaftsstrategie im Einzelhandel „differenzierter" zu betrachten ist, wird auch deutlich, wenn man die Operationalisierungen in empirischen Untersuchungen anschaut. So erfasst Anderer die Differenzierungsvorteile durch Indikatoren wie das Ladenlayout, die Marketingausgaben und die Qualität der Dienstleistungen.[978] Patt nutzt den Anteil der angebotenen Dienstleistungen an den insgesamt denkbaren Dienstleistungen eines Geschäfts zur Operationalisierung.[979]

Bei einer näheren Betrachtung gibt auch die Untersuchung von Gröppel-Klein Hinweise auf eine mögliche differenziertere Betrachtung (siehe Übersicht 24).[980] So lassen sich die zehn untersuchten Einkaufsstätten in fünf Cluster zusammenfassen, von denen Gröppel-Klein drei als die gesuchten „Differenzierer", „Kostenführer" und „Stuck in the middle" identifiziert. Die verbleibenden beiden Cluster werden offensichtlich als eigenständig in ihrer Wettbewerbsstrategie wahrgenommen.[981] Das Ergebnis könnte damit auch als Hinweis darauf gewertet werden, dass eine weitere Unterteilung der Basiswettbewerbsstrategien vorgenommen werden kann.

Andere Autoren leiten andere Basisdimensionen im Einzelhandel ab, so z.B. Ahlert/Schröder, die die bereits dargestellte Möglichkeit einer Erlebnisorientierung kombinieren mit einer zweiten Dimension und für wettbewerbsorientierte Positionierungsstra-

---

[976] Vgl. Palmer, Adrian: Principles of Services Marketing, (McGraw-Hill) London u.a. 1994, S. 73f.

[977] Vgl. Glöckner-Holme, Irene: Betriebsformen-Marketing im Einzelhandel, (FGM) Augsburg 1988, S. 203-208.

[978] Vgl. Anderer, Michael: Internationalisierung im Einzelhandel, (dfv) Frankfurt a.M. 1997, S. 214-217.

[979] Vgl. Patt, Paul-Josef: Strategische Erfolgsfaktoren im Einzelhandel, 2. Aufl., (Lang) Frankfurt a.M 1990, S. 148f.

[980] Gröppel-Klein kommentiert z.B. die Ergebnisse von Ikca dahingehend, dass es sich ggf. um eine Outpacing-Strategie handelt. Vgl. Gröppel-Klein, Andrea: Wettbewerbsstrategien im Einzelhandel, (DUV) Wiesbaden 1998, S. 136f.

[981] Vgl. Gröppel-Klein, Andrea: Wettbewerbsstrategien im Einzelhandel, (DUV) Wiesbaden 1998, S. 98-101.

tegien im Einzelhandel die Basisdimensionen „Preis- vs. Qualitätswettbewerb" und „erlebnis- vs. versorgungsorientierter Wettbewerb" nutzen.[982] Schmid leitet aus diesen beiden Dimensionen vier Wettbewerbsstrategien ab.[983]

Burkhardt weist ausdrücklich auf die geringe Eignung dichotomer Ansätze der Wettbewerbsstrategien im Einzelhandel hin und und erwähnt, dass die Unterteilung in Präferenzstrategien und in Preis-Mengen-Strategien zu undifferenziert erscheint, da eine Vielzahl denkbarer Ansätze zur Profilierung einer Leistung existieren. Er argumentiert, dass grundsätzlich sämtliche Einkaufsstättenmerkmale als Ansatzpunkt für Profilierungsstrategien denkbar sind. Als zentrale Möglichkeiten nennt er die sortimentsbasierte, die preisbasierte und die servicebasierte Präferenzstrategie.[984] Damit stimmt er mit den Untersuchungen von Wortzel überein, der als mögliche Differenzierungsquellen für Einzelhändler die Sortimente, die Preise und den Service angibt.[985]

Weitere Basisdimensionen der Positionierung im Einzelhandel eruiert auch Rudolph. Er zeigt als Bedürfnisse, die dem Konsumenten (in einer europaweiten Befragung) als wichtigste im Einzelhandel erscheinen, den Preis, die Qualität und die Auswahl der Produkte sowie die Service- und Dienstleistungen und zeigt (länderspezifisch) die Positionierung einzelner Betriebstypen bezüglich dieser Dimensionen auf.[986]

Zentes/Janz/Morschett gehen davon aus, dass ein klares Profil durch eine Vielzahl unterschiedlicher Leistungsbereiche erreicht werden kann. Als Klassifikation schlagen sie sechs unterschiedliche Profilierungsdimensionen vor - die sie als typisch, aber nicht abschließend charakterisieren -, deren „spezifische Kombination" notwendig ist, um „ein konsistentes und einzigartiges Markenbild zu erzeugen."[987]

Als Fazit zeigt sich, dass der Porter'sche Ansatz für den Einzelhandel nicht uneingeschränkt als geeignet angesehen wird. Vielmehr lassen sich eine Vielzahl unterschiedlicher Wettbewerbsvorteile im Einzelhandel zeigen, so dass die Dichotomie der wettbewerbsstrategischen Basisdimensionen in dieser Form für eine detailliertere Betrachtung ungeeignet erscheint. Eine Problematik der Reduktion der Strategien auf zwei Basisstra-

---

[982] Vgl. Ahlert, Dieter; Schröder, Hendrik: „Erlebnisorientierung" im stationären Einzelhandel, in: Marketing-ZFP, 12. Jg., 1990, Nr. 4, S. 221-229, S. 223.

[983] Vgl. Schmid, Florian: Positionierungsstrategien im Einzelhandel, (dfv) Frankfurt a.M. 1996, S. 148f.

[984] Vgl. Burkhardt, Achim: Die Betriebstypenmarke im stationären Einzelhandel, Diss., Universität Erlangen-Nürnberg 1997, S. 130-133.

[985] Vgl. Wortzel, Lawrence: Retailing Strategies for today's mature marketplace, in: JBS, 8. Jg., 1987, Spring, S. 45-56, S. 50.

[986] Vgl. Rudolph, Thomas: Positionierungs- und Profilierungsstrategien im Europäischen Einzelhandel, (Verlag Thexis AG) St. Gallen 1993, S. 181-195.

[987] (Vgl.) Zentes, Joachim; Janz, Markus; Morschett, Dirk: HandelsMonitor 2001: Retail Branding - Der Handel als Marke, (Lebensmittel Zeitung) Frankfurt a.M. 2000, S. 51-53. Dabei ist allerdings zu beachten, dass diese Profilierungsdimensionen induktiv hergeleitet sind.

tegien besteht dann darin, dass sehr heterogene Konzepte auf diesen beiden Achsen als gleich positioniert angesehen werden können. Auch wird die Wettbewerbsstrategie der Preisführerschaft gegenüber allen anderen strategischen Vorteilen ohne besondere Begründung hervorgehoben.[988] Gleichzeitig kommen aber auch diejenigen Studien, die die Basisstrategien von Porter kritisieren, meist zu dem Schluss, dass insgesamt von einer begrenzten Zahl zentraler, strategischer Grunddimensionen auszugehen ist.[989]

3. Strategische Gruppen im Einzelhandel

Anhand der verfolgten Wettbewerbsstrategien kann man Einzelhandelsunternehmen in Strategische Gruppen einordnen. Mit der Gruppierung konzentriert sich die Analyse dabei auf die Zusammenfassung solcher Handelsunternehmen bzw. Händlermarken, die hinsichtlich bestimmter Merkmalsausprägungen weitgehend homogen sind und sich eindeutig von anderen abgrenzen lassen. Bezogen auf den Handel besteht Einigkeit darüber, dass die Existenz Strategischer Gruppen wesentliche Implikationen für die Profilierung von Handelsunternehmen hat. Die Trennschärfe zwischen den einzelnen Strategischen Gruppen kann dabei als Differenzierungsgrad zwischen ihnen interpretiert werden; zugleich lässt die Art der Gruppenunterschiede Aussagen über zentrale Profilierungsdimensionen zu.[990]

Eine erste Einteilung in Strategische Gruppen im Einzelhandel kann in der Gruppierung von Verkaufsstellen in Betriebstypen gesehen werden. Diese werden als Kategorien von Handelsbetrieben mit gleichen oder ähnlichen Merkmalskombinationen charakterisiert. Dabei wird auf strukturelle Merkmale und auf die Marketinginstrumente zugegriffen und hierbei - insbesondere im Lebensmitteleinzelhandel - wiederum v.a. auf die Verkaufsfläche.[991]

Die Clusteranalyse auf der Basis der Unternehmensumfrage von Gröppel-Klein, bei der zu Faktoren verdichtete Strategie-Statements der Unternehmen als Clusterkriterien verwendet wurden, eruierte, wie in Abschnitt C.1.b)iv. dargestellt, drei Wettbewerbsstrategietypen, nämlich die drei von Porter postulierten.[992] In der Konsumentenumfrage ergaben sich fünf Strategische Gruppen (Übersicht 24).

---

[988] Vgl. Burkhardt, Achim: Die Betriebstypenmarke im stationären Einzelhandel, Diss., Universität Erlangen-Nürnberg 1997, S. 130, S. 197.

[989] Vgl. Bolz, Joachim: Wettbewerbsorientierte Standardisierung der internationalen Marktbearbeitung, (Wissenschaftliche Buchgesellschaft) Darmstadt 1992, S. 31.

[990] Vgl. Heinemann, Gerrit: Betriebstypenprofilierung und Erlebnishandel, (Gabler) Wiesbaden 1989, S. 75f., S. 53, S. 56.

[991] Siehe hierzu auch Zweites Kapitel, Abschnitt B.I.

[992] Vgl. Gröppel-Klein, Andrea: Wettbewerbsstrategien im Einzelhandel, (DUV) Wiesbaden 1998, S. 82-89.

Wahle hat in einer Untersuchung unter Fachgeschäften des Radio- und Fernseheinzel-
handels ebenfalls drei Strategische Gruppen ermitteln können, nämlich sortimentstie-
fenorientierte Qualitätsbewusste, durchschnittliche und sortimentsbreitenorientierte
Preisaktivisten,[993] was tendenziell auch für diese Stichprobe die Porter'schen Strategietypen bestätigt, während die bereits dargestellten Cluster der Untersuchung von Anderer, die Qualitätsführer, die unprofilierte Mitte, die Kostenführer und die Outpacer, Strategische Gruppen darstellen, die eine Erweiterung der drei Strategietypen von Porter um
einen vierten nahelegen.[994] Aber nicht nur unmittelbar auf die Wettbewerbsstrategie
ausgerichtete Kriterien werden für die Gruppierung von Handelsunternehmen in Strategische Gruppen genutzt. Patt verwendet „Grunddimensionen der Unternehmensphiloso-
phie" als Gruppierungsvariablen[995] und eruiert damit in seiner Untersuchung von Be-
kleidungsfachgeschäften fünf Cluster.[996]

Heinemann nimmt eine ausführliche Diskussion potenzieller Gruppierungsvariablen vor.
Er sieht Strukturmerkmale und Leistungsmerkmale als mögliche Kategorien von Gruppierungskriterien. Dabei sind die Strukturmerkmale eher grundsätzlicher Natur (Waren-
bereiche, Größe), während die Leistungsmerkmale ungefähr den Handelsmarketinginstrumenten entsprechen. Während er die Handelsmarketinginstrumente in ihrer aktuellen
Ausprägung wegen des eher kurzfristigen, situativen Charakters zwar als mögliche
„Profilierungsinstrumente" sieht, spricht er jedoch den Strukturmerkmalen wegen der
engen Beziehung zur Geschäftsfeldplanung eine höhere Stabilität und ein höheres Gewicht für die strategische Ausrichtung der Handelsunternehmen zu. Mit Hilfe dieser
Gruppierungskriterien leitet er im Bekleidungseinzelhandel sechs Cluster ab und zeigt
diskriminanzanalytische eine hohe Trennschärfe seiner Clusterlösung.[997] Bezüglich der
Handelsmarketinginstrumente kann er nachweisen, dass bezüglich aller von ihm betrachteten Leistungsmerkmale signifikante Gruppenunterschiede vorliegen. Diskriminanzanalytisch ermittelt er die zentralen Profilierungsdimensionen.[998]

---

[993] Vgl. Wahle, Peter: Erfolgsdeterminanten im Einzelhandel, (Lang) Frankfurt a.M. 1991, S. 176-180.

[994] Vgl. Anderer, Michael: Internationalisierung im Einzelhandel, (dfv) Frankfurt a.M. 1997, S. 218.

[995] Faktorenanalytisch extrahiert er die sechs Dimensionen: Kundendimension, Mitarbeiterdimension,
Aktionsdimension, Ertragsdimension, Strategiedimension, Konzentrationsdimension, Flexibilitäts-
dimension, Managementdimension; vgl. Patt, Paul-Josef: Strategische Erfolgsfaktoren im Einzelhandel, 2. Aufl., (Lang) Frankfurt a.M 1990, S. 115-120.

[996] Vgl. Patt, Paul-Josef: Strategische Erfolgsfaktoren im Einzelhandel, 2. Aufl., (Lang) Frankfurt a.M
1990, S. 122-129.

[997] Vgl. Heinemann, Gerrit: Betriebstypenprofilierung und Erlebnishandel, (Gabler) Wiesbaden 1989,
S. 61-65, S. 79-85.

[998] Vgl. Heinemann, Gerrit: Betriebstypenprofilierung und Erlebnishandel, (Gabler) Wiesbaden 1989,
S. 99.

4. Fokussierung auf wenige Wettbewerbsvorteile

In einer Reihe von Untersuchungen wird deutlich, dass - selbst bei zur Verfügung stehenden Detailinformationen - u.a. auf Grund der beschränkten Verarbeitungskapazität der Konsumenten und der zunehmenden Informationsüberlastung nur ein geringer und zurzeit auch weiter abnehmender Anteil der für Beurteilungen angebotenen Informationen auch tatsächlich genutzt wird.[999] Aus dieser Tatsache kann man für die strategische Marketingplanung unmittelbar die Forderung ableiten, sich auf die wenigen, für den Kunden wichtigen Merkmale zu konzentrieren und bei diesen gegenüber den Konkurrenten leistungsfähiger zu sein.[1000]

Diese Überlegung kann man am Beispiel der Kauf- und Warenhäuser in Deutschland illustrieren. In einer Reihe von empirischen Untersuchungen wird ihnen eine schwache strategische Position zugeschrieben, da sie versuchten, zahlreiche Marketingvorteile gleichzeitig zu realisieren.[1001] Der geringe Markterfolg der letzten Jahre, gerade im Vergleich zu den Betriebstypen, die sich auf wenige Wettbewerbsvorteile fokussieren (so z.B. Fachmärkte) zeigt die potenziellen Nachteile dieser wettbewerbsstrategischen Ausrichtung deutlich auf.[1002]

In empirischen Untersuchungen der Porter'schen Hypothesen im Einzelhandel ergeben sich jedoch nicht nur Bestätigungen dafür, dass eine fokussiertere Strategie erfolgreicher ist. Auf der Basis ihrer Unternehmensumfrage kann Gröppel-Klein diese Hypothese zwar bestätigen;[1003] auf Basis der Konsumentenbefragung kann sie diese Hypothese bei einer ersten varianzanalytischen Überprüfung mit einem Eindruckswert als Erfolgsmaß jedoch nicht bestätigen.[1004] In der Untersuchung von Patt im Bekleidungseinzelhandel wird sie wiederum bestätigt.[1005] Differenzierter sind die Ergebnisse von Anderer, der zwar fokussierte Strategien als erfolgreicher als eine „Stuck in the middle"-Strategie identifiziert, gleichzeitig aber aufzeigt, dass die „Outpacer", die weniger fokussiert vor-

[999] Vgl. Trommsdorff, Volker: Konsumentenverhalten, 3. Aufl., (Kohlhammer) Stuttgart u.a. 1998, S. 293.

[1000] Vgl. Theis, Hans-Joachim: Einkaufsstätten-Positionierung, (DUV) Wiesbaden 1992, S. 429.

[1001] Vgl. z.B. Meffert, Heribert: Marketingstrategien der Warenhäuser - Wege aus der Krise?, in: HM, 7. Jg., 1985, Nr. 2, S. 20-28, S. 21f.; Frechen, Joseph: Optionen zur Positionierung von Warenhäusern, (dfv) Frankfurt a.M. 1998, S. 39.

[1002] Vgl. Frechen, Joseph: Optionen zur Positionierung von Warenhäusern, (dfv) Frankfurt a.M. 1998, S. 37-41.

[1003] Vgl. Gröppel-Klein, Andrea: Wettbewerbsstrategien im Einzelhandel, (DUV) Wiesbaden 1998, S. 81-96.

[1004] Vgl. Gröppel-Klein, Andrea: Wettbewerbsstrategien im Einzelhandel, (DUV) Wiesbaden 1998, S. 102-104, S. 135. Erst eine Berücksichtigung der Einkaufsmotive als Einflussfaktor führt dann zur kausalanalytischen Bestätigung der Hypothese.

[1005] Vgl. Patt, Paul-Josef: Strategische Erfolgsfaktoren im Einzelhandel, 2. Aufl., (Lang) Frankfurt a.M 1990, S. 148-152.

gehen, erfolgreicher sind als die (fokussierteren) Qualitätsführer.[1006] Die Ergebnisse sind also nicht eindeutig. Weder kann von einer klaren Ablehnung, noch von einer klaren Annahme der Hypothese gesprochen werden, dass sich eine Fokussierung vorteilhaft auswirkt. Aus Marken- und Konsumentensicht spricht trotz dieser nicht eindeutigen Ergebnisse eine Reihe von Argumenten für die Fokussierung. Da Kunden in der Regel einem Objekt nur relativ wenige Attribute zuordnen können und sich auch nur eine sehr begrenzte Anzahl von Vorteilen glaubwürdig kommunizieren lässt, konzentrieren sich viele erfolgreiche Handelsunternehmen auf eine Auswahl einiger weniger der möglichen Profilierungsdimensionen, wie bereits bei der Darstellung der wettbewerbsstrategischen Optionen im Einzelhandel verdeutlicht wurde, und kombinieren diese in einzigartiger Art und Weise.[1007] Dabei wird die Beschränkung auf wenige Eigenschaften schon seit langer Zeit in der Markentechnik propagiert und erfolgreich angewendet. Domizlaff formulierte als „Grundgesetz": „Die Verwendung eines Namens muss [...] auf eine möglichst konzentrierte Idee beschränkt werden."[1008]

Insbesondere bei der Verbindung der Markenpolitik mit der Wettbewerbsstrategie, u.a. der Positionierung, wird dies deutlich. So zeigt Esch auf, dass eine Positionierung immer eine Konzentration auf eine bzw. einige wenige Eigenschaften mit sich bringt, u.a. um konsistente Richtlinien zur Positionierung vermitteln zu können, den Wettbewerb auf weniger Konkurrenten konzentrieren zu können, effektiver ein Markenbild beim Konsumenten etablieren zu können und die Kosten für die Implementierung der Positionierungsstrategie geringer halten zu können.[1009]

Damit sprechen also eine Reihe empirischer Befunde, wenngleich nicht eindeutig, und darüber hinausgehend einige - bislang in Bezug auf den Einzelhandel nicht empirisch überprüfte - theoretische Überlegungen für die Vermutung, dass eine Fokussierung günstig für eine Händlermarke ist.

5. Fit/Integration

Unter dem Handelsmarketingmix versteht man die Kombination der absatzpolitischen Instrumente, die ein Handelsunternehmen einsetzt. Der Begriff Marketingmix soll dabei zum Ausdruck bringen, dass die einzelnen Absatzinstrumente eines Unternehmens im Markt gemeinsam wirken und deshalb als interdependentes Maßnahmenpaket, d.h. als

---

[1006] Vgl. Anderer, Michael: Internationalisierung im Einzelhandel, (dfv) Frankfurt a.M. 1997, S. 302.

[1007] Vgl. Zentes, Joachim; Janz, Markus; Morschett, Dirk: HandelsMonitor 2001: Retail Branding - Der Handel als Marke, (Lebensmittel Zeitung) Frankfurt a.M. 2000, S. 53.

[1008] Domizlaff, Hans: Grundgesetze der natürlichen Markenbildung, in: Bruhn, Manfred (Hrsg.): Handbuch MA, Bd. 2, (Schäffer-Poeschel) Stuttgart 1994, S. 689-723, S. 702.

[1009] Vgl. Esch, Franz-Rudolf: Markenpositionierung als Grundlage der Markenführung, in: Esch, Franz-Rudolf (Hrsg.): Moderne Markenführung, 2. Aufl., (Gabler) Wiesbaden 2000, S. 235-265, S. 238.

Ganzheit, zu gestalten sind.[1010] Die einzelnen Marketinginstrumente sind also nicht losgelöst voneinander einzusetzen, sondern führen gemeinsam zu dem Gesamteffekt beim Kunden.[1011] Von hoher Bedeutung für den Erfolg der Marketingpolitik wie auch einer Wettbewerbsstrategie ist es daher, die Vielzahl absatzpolitischer Teilentscheidungen zu koordinieren, also die interdependenten Entscheidungen in wünschenswerter Weise aufeinander abzustimmen.[1012] Köhler betont, dass u.a. deshalb alle Marketinginstrumente aufeinander abzustimmen sind, damit ein konsistenter Gesamteindruck entsteht.[1013] Auch Tietz stellt diesen Zusammenhang vom Marketingmix zum Image eines Handelsunternehmens her und geht davon aus, dass die Imagepolitik eines Unternehmens die Ausrichtung der Kombination der absatzpolitischen Instrumente vorgibt. Eng damit verbunden ist die Positionierungspolitik im Sinne einer aktiven Marktgestaltung und bewussten Konkurrenzabhebung.[1014]

Diese Notwendigkeit der Integration zeigt sich insbesondere bei der Zielsetzung des Markenaufbaus bzw. der Markenführung (vgl. Zweites Kapitel, Abschnitt A.). Meffert spricht von der Notwendigkeit, ein „integriertes Markenkonzept" aufzubauen, bestehend aus einer „Markengestaltung" und der „Markenintegration", also der Anpassung der Marketingmix-Elemente an den strategischen Kern der Marke.[1015] Wie bereits erwähnt, bezeichnet der Begriff Markenkern dabei die wesentlichen, zentralen Assoziationen des Markenschemas,[1016] ähnlich dem Begriff der Markenidentität. Meffert/Burmann beschreiben das Konzept der „Identitätsorientierten Markenführung". Dabei ist Markenidentität die in sich widerspruchsfreie, geschlossene Ganzheit von Merkmalen einer Marke, die diese von anderen Marken dauerhaft unterscheidet. Die Konsistenz, als wichtiges Identitätsmerkmal, kennzeichnet die Vermeidung von Widersprüchen, denn nur eine in sich und nach außen widerspruchsfreie Kombination einzelner Merkmale führt zu einer „starken" Identität.[1017]

[1010] Vgl. Liebmann, Hans-Peter; Zentes, Joachim: Handelsmanagement, (Vahlen) München 2001, S. 566; Kühn, Richard: Marketing-Mix, in: Tietz, Bruno; Köhler, Richard; Zentes, Joachim (Hrsg.): HWM, 2. Aufl., (Schäffer-Poeschel) Stuttgart 1995, Sp.1615-1628, Sp. 1615.

[1011] Vgl. Meffert, Heribert: Marketing, 9. Aufl., (Gabler) Wiesbaden 2000, S. 969; Tietz, Bruno: Marketing, 3. Aufl., (Werner) Düsseldorf 1993, S. 301

[1012] Vgl. Meffert, Heribert: Marketing, 9. Aufl., (Gabler) Wiesbaden 2000, S. 969.

[1013] Vgl. Köhler, Richard: Strategisches Marketing: Auf die Entwicklung eines umfassenden Informations-, Planungs- und Organisationssystems kommt es an, in: Marketing-ZFP, 7. Jg., 1985, Nr. 3, S. 213-216, S. 214.

[1014] Vgl. Tietz, Bruno: Der Handelsbetrieb, 2. Aufl., (Vahlen) München 1993, S. 551f.

[1015] Vgl. Meffert, Heribert: Strategien zur Profilierung von Marken, in: Dichtl, Erwin; Eggers, Walter (Hrsg.): Marke und Markenartikel, (dtv) München 1992, S. 129-156, S. 132.

[1016] Vgl. Köhler, Richard: Erfolgreiche Markenpositionierung angesichts zunehmender Zersplitterung von Zielgruppen, in: Köhler, Richard; Majer, Wolfgang; Wiezorek, Heinz (Hrsg.): Erfolgsfaktor Marke, (Vahlen) München 2001, S. 45-61, S. 55.

[1017] Vgl. Meffert, Heribert; Burmann, Christoph: Identitätsorientierte Markenführung, in: Bruhn, Manfred (Hrsg.): Handelsmarken, 2. Aufl., (Schäffer-Poeschel) Stuttgart 1997, S. 49-70, S. 58.

Übersicht 25:   Integriertes Markenkonzept nach Meffert

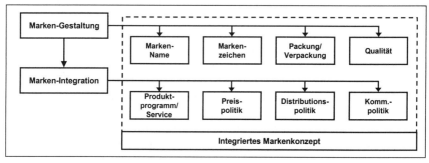

Quelle: in Anlehnung an Meffert, Heribert: Strategien zur Profilierung von Marken, in: Dichtl, Erwin; Eggers, Walter (Hrsg.): Marke und Markenartikel als Instrumente des Wettbewerbs, (Beck) München 1992, S. 129-156, S. 132.

Dabei ist zu berücksichtigen, dass die Handelsleistung aus Kundensicht komplex ist. Die Kunden haben zur Händlermarke eine Vielzahl unterschiedlicher Kontakte, die das Markenbild prägen. Wenn diese einzelnen Merkmale nicht konsistent wirken, ergibt sich die Gefahr eines diffusen bzw. verwaschenen Markenbildes.[1018] Gleichzeitig wird darauf aufmerksam gemacht, dass durch die Betriebstypen des Handels und den damit vorgegebenen Rahmen für die Marketingpolitik der Marketingmix im Handel oft einen höheren Integrationsgrad erreicht als der klassische Marketingmix in anderen Bereichen.[1019]

Zwischen den einzelnen Instrumenten bestehen dabei eine Reihe unterschiedlicher Interdependenzen:[1020]

♦ Sachliche Abhängigkeiten im Marketingmix liegen vor, weil der Einsatz der einzelnen Instrumente vom Einsatz anderer Instrumente abhängt bzw. andere Instrumente beeinflusst. Sachliche Interdependenzen bestehen auch innerhalb der einzelnen Instrumente, so zwischen Sortimentsqualität und Handelsmarken. Hier ist also die Konsistenz des Marketingmix von Bedeutung.

♦ Zeitliche Abhängigkeiten liegen vor, weil die Wirkung eines Instruments meist in zeitlich nachgelagerte Perioden hineinreicht oder erst mit einem Time-lag eintritt. So bleibt z.B. eine durch die Werbung erreichte Markenbekanntheit auch bei Nichteinsatz dieses Instruments über mehrere Perioden bestehen.

[1018] Vgl. Brauer, Wolfgang: Die Betriebsform im stationären Einzelhandel als Marke, (FGM) München 1997, S. 151f.

[1019] Vgl. Liebmann, Hans-Peter; Zentes, Joachim: Handelsmanagement, (Vahlen) München 2001, S. 567.

[1020] Vgl. Meffert, Heribert: Marketing, 9. Aufl., (Gabler) Wiesbaden 2000, S. 973; Kühn, Richard: Marketing-Mix, in: Tietz, Bruno; Köhler, Richard; Zentes, Joachim (Hrsg.): HWM, 2. Aufl., (Schäffer-Poeschel) Stuttgart 1995, Sp.1615-1628, Sp. 1617f.

Auf zeitlichen Interdepenzen beruht die Notwendigkeit zur Kontinuität, v.a. aus Gründen, die auf der Basis der bereits dargestellten Konzepte des Gedächtnisses und der Lerntheorie erklärt werden können. Starke Marken mit ihrer Sicherheitsfunktion beruhen, wie in Abschnitt A.II.1. des Zweiten Kapitels dargestellt, darauf, dass sie eine konstante Leistung widerspiegeln. Berekoven zeigt, dass - wegen der Dienstleistungskomponenten - die Angebotskonstanz beim Einzelhandel oftmals in Frage gestellt ist. Sowohl durch das Verhalten des Personals als auch durch die anderen Kunden hat das Handelsunternehmen die Einkaufsatmosphäre als wichtigen Profilierungsfaktor oftmals nicht vollständig unter Kontrolle.[1021] Burkhardt betont, dass die Gewährleistung einer hohen und im Zeitablauf mindestens gleichbleibenden Qualität der Handelsleistung für die Händlermarke schwierig, aber von hoher Bedeutung ist.[1022]

Ansätze für eine integrierte Optimierung des Marketingmix existieren zwar, sind aber für die Betrachtung der Händlermarke und vor allem der damit verbundenen inhaltlichen Integration zur Erreichung eines einheitlichen und konsistenten Markenbildes nicht geeignet.[1023] Gleichzeitig sind die Beziehungen zwischen den Instrumenten vielfältig. Becker zeigt eine Reihe möglicher Beziehungen zwischen Marketinginstrumenten auf inhaltlicher Ebene auf. So können u.a. konkurrierende oder komplementäre Beziehungen unterschieden werden. Konkrete Hinweise auf die Interdependenzen der jeweiligen Instrumente und damit Hinweise auf die inhaltliche Integration fehlen jedoch auch bei dieser Betrachtung. Zudem ist die extreme Komplexität dieser Entscheidung zu sehen.[1024]

Kühn schlägt als ein heuristisches Verfahren der Integration eine Entscheidungssequenz zur Bestimmung des Marketingmix vor, bei der im Sinne eines strategischen Planungsprozesses bestimmte strategische Entscheidungen, so die Positionierung des Angebotes, die nachfolgenden, operativen Entscheidungen steuern und damit eine sachliche und zeitliche Integration der Instrumente über eine klare Vorgabe von Zielen sichergestellt werden soll. Dabei wird der Alternativenraum für die jeweiligen Instrumente sukzessive eingeengt.[1025]

[1021] Vgl. Berekoven, Ludwig: Erfolgreiches Einzelhandelsmarketing, 2. Aufl., (Beck) München 1995, S. 421.

[1022] Vgl. Burkhardt, Achim: Die Betriebstypenmarke im stationären Einzelhandel, Diss., Universität Erlangen-Nürnberg 1997, S. 106.

[1023] So werden beispielsweise marginalanalytische Verfahren vorgeschlagen, wie das Dorfmann-Steiner-Theorem, die jedoch als realitätsfern eingestuft werden. Andere Ansätze, wie die warenspezifische Analogiemethode, ergeben lediglich die unterschiedliche Bedeutung der einzelnen Marketingmix-Elemente für das spezifische Produktmarketing, jedoch keine Hinweise zur inhaltlichen Integration. Siehe hierzu Meffert, Heribert: Marketing, 9. Aufl., (Gabler) Wiesbaden 2000, S. 982-995.

[1024] Vgl. Becker, Jochen: Marketing-Konzeption, 6. Aufl., (Vahlen) München 1998, S. 649f., S. 657.

[1025] Vgl. Kühn, Richard: Marketing-Mix, in: Poth, Ludwig (Hrsg.): Marketing-Handbuch, (Luchterhand) Neuwied 1989, S. 1-40, S. 19f.; Meffert, Heribert: Marketing, 9. Aufl., (Gabler) Wiesbaden 2000, S. 992f.

Ein neueren, ebenfalls heuristischen Ansatz der Integration im Handelsmarketing stellt das Category Management-Konzept dar. Category Management ist ein Prozess, bei dem Warengruppen als Strategische Geschäftseinheiten geführt werden.[1026] Bereits der Grundansatz des Category Managements beinhaltet dabei die „ganzheitliche Führung" einer Warengruppe und führt damit zu einer stärkeren Integration der mit der Warengruppe verbundenen Entscheidungen. Dabei werden „Musterprozesse" vorgegeben, die u.a. sicherstellen sollen, dass, ausgehend von übergeordneten Zielen, in einem stufenweisen Prozess auch die entsprechenden Handelsmarketinginstrumente auf diese Ziele abgestimmt werden.[1027] Im Sinne der Händlermarke werden dabei die Warengruppen als wesentliche Profilierungsinstrumente im Handel gesehen und den einzelnen Warengruppen Rollen zugeordnet, so dass man zusammenfassend Category Management charakterisieren kann als einen Versuch, einen einheitlichen strategischen Marketingplanungsprozess zu etablieren. Die Abgrenzung von der Konkurrenz und die Kundensicht sind dabei grundlegende Bedingungen und somit kann Category Management als strategischer Marketingplanungsprozess mit dem Ziel der Positionierung von Lebensmitteleinzelhändlern charakterisiert werden.[1028]

Letztlich geben die genannten Planungsprozesse jedoch nur Vorgehensvorschläge und keine näheren Hinweise darauf, wie eine inhaltliche Abstimmung erreicht werden kann. Gerade diese inhaltliche Konsistenz ist jedoch notwendig zur Stärkung der Händlermarke. Meffert/Burmann zeigen die enge Verbindung eines konsistenten Marketing zum Vertrauen in eine Marke auf. Sie argumentieren, dass eine starke Markenidentität (im Sinne einer individuellen, konsistenten und kontinuierlichen Ausprägung ihrer Merkmale) dazu beiträgt, dass ein System von hoher zeitlicher Konstanz geschaffen wird, welches den Konsumenten als Rahmen für die Interaktion mit der Marke dienen kann. Das dadurch entstehende Vertrauen in die Marke stellt für die Marke einen wesentlichen Vorteil dar, da sich dadurch für den Nachfrager das wahrgenommene Risiko reduziert.[1029]

[1026] Vgl. ECR Europe: Category Management Best Practices Report, 1997, S. 7.

[1027] Vgl. Liebmann, Hans-Peter; Zentes, Joachim: Handelsmanagement, (Vahlen) München 2001, S. 489-491; Zentes, Joachim; Janz, Markus; Morschett, Dirk: Neue Dimensionen des Handelsmarketing, (Institut für Handel und Internationales Marketing/SAP AG) Saarbrücken-Walldorf 1999, S. 66-71.

[1028] Vgl. Morschett, Dirk: Store Branding as a Goal of Strategic Retail Marketing, in: Cliquet, Gérard; Zentes, Joachim (Hrsg.): Retailing and Distribution in Europe, Proceedings, The third AFM French-German Conference, St. Malo 2000, o.S.

[1029] Vgl. Meffert, Heribert; Burmann, Christoph: Identitätsorientierte Markenführung, in: Bruhn, Manfred (Hrsg.): Handelsmarken, 2. Aufl., (Schäffer-Poeschel) Stuttgart 1997, S. 49-70, S. 58f.

II. Wahrnehmung der Handelsmarketinginstrumente

1. Überblick

Die meisten Überlegungen zum Aufbau von Markenwert gehen davon aus, dass die Wahrnehmung der Marketingmaßnahmen die Basis für den Aufbau einer Marke in der Psyche des Konsumenten ist. Die marktgerichteten Aktivitäten des Handelsunternehmens, die sich im Einsatz der Marketinginstrumente ausdrücken, sind dabei die Quellen des Markenwerts, da sie die Wahrnehmung des Konsumenten bestimmen.[1030] Dabei werden in der vorliegenden Untersuchung folgende Dimensionen der Wahrnehmung betrachtet:

♦ die Beurteilung, also die (kognitive) Bewertung der Eignung der Marketinginstrumente zur Befriedigung der Einkaufsbedürfnisse,

♦ die Fokussierung, also die Frage, wie stark sich Handelsunternehmen bei ihrem Marktauftritt auf wenige Marketinginstrumente fokussieren,

♦ der Fit, also die Harmonie bzw. Abstimmung der Marketinginstrumente aufeinander, und

♦ die wahrgenommene Marktpräsenz eines Handelsunternehmens.

Ein weiteres Wahrnehmungskonstrukt, das eng mit der Beurteilung zusammenhängt, die Zufriedenheit, wird hier nicht genutzt, da Zufriedenheit das Ergebnis einer Entscheidung oder Handlung als Vergleichsmaßstab heranzieht,[1031] während im Bezugsrahmen nicht unbedingt davon ausgegangen wird, dass ein Konsument ein Handelsunternehmen bereits besucht hat bzw. die Leistung in Anspruch genommen hat, um sie wahrzunehmen. Es wird der Aufbau des Markenwerts untersucht, so dass in einigen Fällen nicht von Zufriedenheit (als Ergebnis einer Handlung), sondern nur von einer Beurteilung (als Ergebnis einer Wahrnehmung) gesprochen werden kann.

2. Beurteilung der Handelsmarketinginstrumente

a) Die Beurteilung der Handelsleistung

Die Beurteilung von Einkaufsstätten bzw. Händlermarken lässt sich in Analogie zur Beurteilung anderer Objekte (siehe Abschnitt B.I.2.) darstellen. Wie vorne bereits erläutert wurde, ist das Konstrukt Beurteilung zwar vom Konstrukt der Einstellung und des Images zu unterscheiden. Bisherige Store Image-Untersuchungen haben sich jedoch

---

[1030] Vgl. Franzen, Ottmar; Trommsdorff, Volker; Riedel, Frank: Ansätze der Markenbewertung und Markenbilanz, in: Bruhn, Manfred (Hrsg.): Handbuch MA, Bd. 2, (Schäffer-Poeschel) Stuttgart 1994, S. 1373-1401, S. 1390f.; Sattler, Henrik: Markenbewertung, in: ZfB, 65. Jg., 1995, Nr. 6, S. 663-682, S. 676f.

[1031] Vgl. zum Konstrukt der Zufriedenheit Abschnitt B.I.2.c).

oftmals, unabhängig von der Definition des Begriffs, nur mit funktionalen bzw. rationalen Einzelitems beschäftigt und damit eigentlich eher die Beurteilung gemessen, so dass in den folgenden Betrachtungen auch auf Erkenntnisse der Store Image-Forschung zurückgegriffen werden kann.

Zur Frage, welche Beurteilungselemente (bzw. Image-Komponenten) eines Einzelhandelsbetriebs prägend sind, gibt es zahlreiche Forschungsergebnisse, von denen einige in Abschnitt C.IV.1. des Zweiten Kapitels dargestellt sind. Dabei wurden unterschiedliche Methoden eingesetzt und zumindest teilweise unterschiedliche Beurteilungsfaktoren hergeleitet.

Die oft synonyme Verwendung der Begriffe „Image-Faktoren" und „Handelsmarketinginstrumente" in der Literatur wurde bereits angedeutet. Ähnlich argumentiert Burkhardt, dass die Anforderungen der Konsumenten die Grundlage für die Ermittlung der jeweils relevanten Image-Faktoren bilden und dass dem Handelsunternehmen zur Erfüllung dieser Anforderungen das absatzpolitische Instrumentarium zur Verfügung steht.[1032] Dieser Begriffsauffassung wird auch in der vorliegenden Untersuchung gefolgt. In diesem Sinne wird auch hier davon ausgegangen, dass die Marketinginstrumente - deren Wahrnehmung ggf. zu zentralen Dimensionen zusammengefasst werden kann - zentrale Beeinflussungsfaktoren des Markenwerts eines Handelsunternehmens sind.

Bereits bei der Betrachtung der wettbewerbsstrategischen Optionen von Handelsunternehmen wurde aufgezeigt, dass in unterschiedlichen Studien eine Reihe zentraler Dimensionen ermittelt wurde. So nennen Wortzel und Burkhardt als zentrale Dimensionen bzw. als mögliche zentrale Differenzierungsquellen Sortiment, Preis und Service.[1033] Rudolph zeigt, dass sich „zentrale Dimensionen der Verkaufsstellenperzeption" ableiten lassen (wobei in dieser Begriffswahl das psychische Konstrukt der Wahrnehmung besser deutlich wird als in den meisten anderen Store Image-Untersuchungen), die die Profilierung eines Handelsunternehmens ausmachen: Kernleistung, Preisleistung, Kommunikationsleistung und Designleistung.[1034] Porter/Claycomb fassen für Bekleidungsgeschäfte die einzelnen Einkaufsstätteneigenschaften faktorenanalytisch in den Dimensionen „Fashion", Service und Atmosphäre zusammen.[1035] Auch Hildebrandt zeigt auf, dass sich

[1032] Vgl. Burkhardt, Achim: Die Betriebstypenmarke im stationären Einzelhandel, Diss., Universität Erlangen-Nürnberg 1997, S. 82.

[1033] Vgl. Wortzel, Lawrence: Retailing Strategies for today's mature marketplace, in: JBS, 8. Jg., 1987, Spring, S. 45-56, S. 50; Burkhardt, Achim: Die Betriebstypenmarke im stationären Einzelhandel, Diss., Universität Erlangen-Nürnberg 1997, S. 131-133;

[1034] Vgl. Rudolph, Thomas: Positionierungs- und Profilierungsstrategien im Europäischen Einzelhandel, (Verlag Thexis AG) St. Gallen 1993, S. 204-210.

[1035] Vgl. Porter, Stephen; Claycomb, Cindy: The influence of brand recognition on retail store image, in: JPBM, 6. Jg., 1997, Nr. 6, S. 373-387, S. 381.

die wahrgenommenen Einzeleigenschaften zu Komponenten bündeln lassen (siehe Übersicht 26).[1036]

Übersicht 26: Dimensionen der Einkaufsstättenbeurteilung nach Hildebrandt

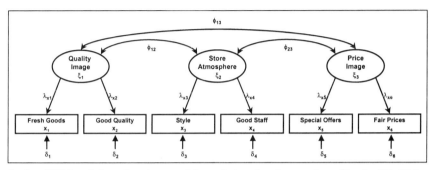

Quelle: Hildebrandt, Lutz: Store image and the prediction of performance in retailing, in: JBR, 17. Jg., 1988, S. 91-100, S. 95.

Swoboda eruiert in seiner Untersuchung zum Convenience-Shopping wiederum andere zentrale Dimensionen, nach denen die Handelsleistung von den Konsumenten beurteilt wird. Seine Ergebnisse sind in Übersicht 27 zusammengefasst.

Gleichzeitig wird in diesen Betrachtungen meist eher auf die funktionalen und rationalen Eigenschaften der Händlermarken abgestellt, die jedoch nur eine Dimension darstellen. Heinemann differenziert zwischen einer kognitionsdominanten und einer emotionsdominanten Profilierung im Einzelhandel und zeigt auf, dass das Wissen der Kunden über den Betriebstyp der Ausgangspunkt der kognitionsdominanten Profilierung ist. Im Mittelpunkt der emotionsdominanten Profilierung steht dagegen das Ziel, die Einkaufsstätte durch angenehm erlebte Gefühlswirkungen beim Konsumenten nachhaltig positiv von der Konkurrenz abzugrenzen.[1037] Dabei ist jedoch die von ihm als sehr wichtig erachtete emotionsdominante Profilierung (die er auch am Beispiel des Textilfachhandels empirisch nachweist) im Lebensmitteleinzelhandel bislang nur sehr vereinzelt festzustellen und erste Pilotprojekte wurden teilweise wieder eingestellt (z.B. Charlie's Farm im CentrO Oberhausen).[1038]

[1036] Vgl. Mazursky, David; Jacoby, Jack: Exploring the development of store images, in: JoR, 62. Jg., 1986, Nr. 2, S. 145-165; Hildebrandt, Lutz: Store image and the prediction of performance in retailing, in: JBR, 17. Jg., 1988, S. 91-100, S. 95-99.

[1037] Vgl. Heinemann, Gerrit: Betriebstypenprofilierung und Erlebnishandel, (Gabler) Wiesbaden 1989, S. 107, S. 122.

[1038] Vgl. o.V.: Branchentelex, in: LZ, 52. Jg., 2000, Nr. 30, S. 6.

Übersicht 27: **Zentrale Dimensionen der Handelsleistung in der Untersuchung von Swoboda**

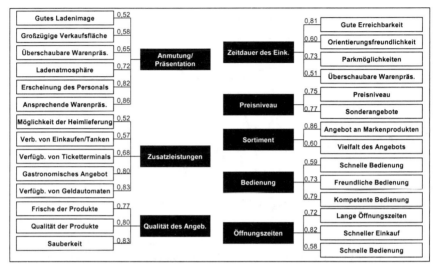

Quelle: in Anlehnung an Swoboda, Bernhard: Determinanten und Ausprägungen der zunehmenden Convenienceorientierung von Konsumenten, in: Marketing-ZFP, 21. Jg., 1999, Nr. 2, S. 95-104, S. 99.

Da das Ziel der vorliegenden Untersuchung u.a. in der theoretischen Erarbeitung von relevanten Einflussfaktoren auf die Händlermarke besteht sowie der späteren empirischen Überprüfung der daraus abgeleiteten Hypothesen, wird die Möglichkeit der emotionsdominanten Profilierung (andere Autoren sprechen bei ähnlichen Konzepten von Erlebnisorientierung, -positionierung oder -marketing[1039]) im Folgenden nicht als eigenständige (oder sogar dominante) Dimension betrachtet. Stattdessen wird v.a. die Etablierung einer Händlermarke auf der Basis des (sachlichen) Leistungsmixes des Handelsunternehmens analysiert, wobei hier die Erlebnisorientierung u.a. in den Instrumenten Ladengestaltung und -atmosphäre sowie der Kommunikationspolitik mit einbezogen wird.[1040]

[1039] Vgl. z.B. Weinberg, Peter: Erlebnisorientierte Einkaufsstättengestaltung im Einzelhandel, in: Marketing-ZFP, 8. Jg., 1986, Nr. 2, S. 97-102; Gröppel, Andrea: Erlebnisstrategien im Einzelhandel, (Physica) Heidelberg 1991; Esch, Franz-Rudolf; Levermann, Thomas: Handelsunternehmen als Marken, in: Trommsdorff, Volker (Hrsg.): Handelsforschung 1993/94, (Gabler) Wiesbaden 1993, S. 79-102, S. 96f.

[1040] Sogar für den textilen Fachhandel, in dem Erlebniskonzepte wesentlich deutlicher ausgeprägt sind als im Lebensmitteleinzelhandel, kann Heinemann empirisch nur einen sehr geringen Einfluss der Erlebnisorientierung eines Handelsunternehmens auf das Verhalten ausmachen. So erhält er bei multiplen Regressionsanalysen ein Bestimmtheitsmaß r^2 von 0,041 für den Einfluss der Erlebnisorientierung auf die Verweildauer und ein Bestimmtheitsmaß r^2 von 0,151 für den Einfluss der Erleb-

b) Gewichtung der Marketinginstrumente für die
   Gesamtbeurteilung einer Händlermarke

Ergebnis des Beurteilungsprozesses, nach der Aufnahme der entsprechenden Informationen, dem Ordnen und Bewerten, ist ein „Qualitätsindikator". Unter dem Begriff der Qualität wird dabei die vom Konsumenten anhand einzelner Leistungseigenschaften wahrgenommene und im Hinblick auf seine eigenen Nutzenerwartungen bewertete Beschaffenheit einer Leistung oder eines Produkts verstanden.[1041]

Lindquist weist darauf hin, dass ein Konsument nur eine begrenzte Anzahl von Informationen handhaben kann und daher versucht, nur einige wenige Bedeutungen zu abstrahieren, die ihm relevant erscheinen.[1042] Untersuchungen zum Handelsmarketing haben dabei recht einheitlich belegt, dass Konsumenten unterschiedlichen Ladeneigenschaften eine deutlich unterschiedliche Bedeutung bzw. Relevanz zumessen.[1043] „Salience" bezeichnet dabei das Ausmaß, in welchem Attribute als hervorstechend oder zentral für ein Konzept wahrgenommen werden. Das Konzept bezieht sich dabei darauf, dass die bewerteten Einzelkriterien einen unterschiedlich starken Einfluss auf die Gesamtbeurteilung ausüben.[1044] Multiattribut-Modelle berücksichtigen dabei oftmals die Bedeutungsgewichte einzelner Attribute für die Gesamtbeurteilung.[1045] Der größte Teil aller Store Image-Untersuchungen betrachtet das Ladenimage als das Ergebnis eines Multiattribut-Modells. Store Image wird als Funktion der relevanten Attribute eines bestimmten Ladens ausgedrückt, die bewertet und gegeneinander gewichtet werden.[1046]

---

nisorientierung auf den Kaufbetrag; vgl. Heinemann, Gerrit: Betriebstypenprofilierung und Erlebnishandel, (Gabler) Wiesbaden 1989, S. 177, S. 179.

[1041] Vgl. Kroeber-Riel, Werner; Weinberg, Peter: Konsumentenverhalten, 7. Aufl., (Vahlen) München 1999, S. 275; Wilke, Kai: Eignung des Internets für die Reduktion von Qualitätsrisiken im Kaufentscheidungsprozess, in: Müller-Hagedorn, Lothar (Hrsg.): Zukunftsperspektiven des E-Commerce im Handel, (dfv) Frankfurt a.M. 2000, S. 227-271, S. 231.

[1042] Vgl. Lindquist, Jay: Meaning of image, in: JoR, 50. Jg., 1974/75, Nr. 4, S. 29-38, S. 29.

[1043] Vgl. Perry, Michael; Norton, Nancy: Dimensions of store image, in: Southern Journal of Business, 5. Jg., 1970, Nr. 2, S. 1-7; Lindquist, Jay: Meaning of image, in: JoR, 50. Jg., 1974, Nr. 4, S. 29-38; Hansen, Robert; Deutscher, Terry: An empirical investigation of attribute importance in retail store selection, in: JoR, 53. Jg., 1977/78, Nr. 4, S. 59-72; Gentry, James; Burns, Alvin: How important are evaluative criteria in shopping center patronage?, in: JoR, 53. Jg., 1977, Nr. 3, S. 73-86 u. S. 94, Osman, Zain: A conceptual model of retail image influences on loyalty patronage behaviour, in: IRRDCR, 3. Jg., 1993, Nr. 2, S. 133-148, S. 140.

[1044] Vgl. Boush, David: Marken als Kategorien, in: Esch, Franz-Rudolf (Hrsg.): Moderne Markenführung, 2. Aufl., (Gabler) Wiesbaden 2000, S. 721-736, S. 729; Engel, James; Blackwell, Roger; Miniard, Paul: Consumer Behaviour, 8. Aufl., (The Dryden Press) Fort Worth 1995, S. 210f.

[1045] Vgl. Engel, James; Blackwell, Roger; Miniard, Paul: Consumer Behaviour, 8. Aufl., (The Dryden Press) Fort Worth 1995, S. 368.

[1046] Vgl. Nevin, John; Houston, Michael: Image as a Component of Attraction to Intraurban Shopping Areas, in: JoR, 56. Jg., 1980, Nr. 1, S. 77-93, S. 77-79; Bloemer, Josée; de Ruyter, Ko: On the relationship between store image, store satisfaction and store loyalty, in: EJM, 32. Jg., 1998, Nr. 5/6, S. 499-513, S. 501; James, Don; Durand, Richard; Dreves, Robert: The use of a multi-attribute attitude model in a store image study, in: JoR, 52. Jg., 1976/77, Nr. 2, S. 23-32.

Mazursky/Jacoby zeigen auf, dass sich das Store Image nach ihren Untersuchungen aus bestimmten „Kernaspekten" zusammensetzt und gleichzeitig andere, eher als periphär zu bezeichnende Eigenschaften enthält. Dies bedeutet zugleich, dass die Wahrnehmung der „zentralen" Eigenschaften die Gesamtbeurteilung deutlicher beeinflusst als die Wahrnehmung von periphären Eigenschaften, es also eine Gewichtung der Attribute in ihrer Wirkung gibt.[1047] Tigert spricht in diesem Zusammenhang von „determinant attributes" und bezeichnet damit diejenigen Attribute eines Objekts, deren Wahrnehmung zur Entscheidung für dieses Produkt führen, da sie die Präferenz und den Kauf determinieren.[1048] Gleichzeitig können sich die Konsumenten untereinander darin unterscheiden, welche Bedeutung sie bestimmten Kriterien beimessen.[1049]

Es gibt verschiedene Ansätze, um die Bedeutung einzelner Einkaufsstättenattribute festzustellen, so:[1050]

♦ Ein häufig verwendeter Ansatz ist, Konsumenten direkt nach der Gewichtung zu befragen. Gleichzeitig kommen jedoch zahlreiche empirische Studien zu dem Ergebnis, dass gewichtete Modelle der Einstellungsmessung auf der Basis direkt erfragter Bedeutungsgewichte den Varianzerklärungsanteil der Gesamteinstellung i.d.R. nicht oder nur unwesentlich verbessern.[1051] Eine Untersuchung von Theis bestätigt diese generelle Feststellung auch für das Untersuchungsobjekt der Einkaufsstätte. Er zeigt, dass Respondenten nicht willens oder nicht in der Lage sind, die Bedeutung einzelner Beurteilungskriterien auf Ratingskalen anzugeben.[1052]

♦ Häufig werden die Koeffizienten statistisch geschätzt. Dabei wird oftmals auf die Regressionsanalyse zurückgegriffen.[1053] Andere setzen multinomiale Logit-Modelle

[1047] Vgl. Mazursky, David; Jacoby, Jack: Exploring the development of store images, in: JoR, 62. Jg., 1986, Nr. 2, S. 145-165, S. 162.

[1048] Vgl. Tigert, Douglas: Pushing the hot buttons for a successful retailing strategy, in: Darden, William; Lusch, Robert (Hrsg.): Patronage Behavior and Retail Management, (North-Holland) New York 1983, S. 89-113, S. 89f.

[1049] Vgl. Osman, Zain: A conceptual model of retail image influences on loyalty patronage behaviour, in: IRRDCR, 3. Jg., 1993, Nr. 2, S. 133-148, S. 140; Boush, David: Marken als Kategorien, in: Esch, Franz-Rudolf (Hrsg.): Moderne Markenführung, 2. Aufl., (Gabler) Wiesbaden 2000, S. 721-736, S. 729; Engel, James; Blackwell, Roger; Miniard, Paul: Consumer Behaviour, 8. Aufl., (The Dryden Press) Fort Worth 1995, S. 210f.

[1050] Vgl. Tigert, Douglas: Pushing the hot buttons for a successful retailing strategy, in: Darden, William; Lusch, Robert (Hrsg.): Patronage Behavior and Retail Management, (North-Holland) New York 1983, S. 89-113, S. 90.

[1051] Vgl. Silberer, Günther: Einstellungen und Werthaltungen, in: Irle, Martin u.a. (Hrsg.): Enzyklopädie der Psychologie, Bd. 4: Marktpsychologie als Sozialwissenschaft, (Hogrefe) Göttingen u.a. 1983, S. 533-625. Auch Trommsdorff zeigt empirisch, dass Modelle mit erfragten Bedeutungsgewichten anderen, ungewichteten Modellen nicht überlegen sind; vgl. Trommsdorff, Volker: Konsumentenverhalten, 3. Aufl., (Kohlhammer) Stuttgart u.a. 1998, S. 147.

[1052] Vgl. Theis, Hans-Joachim: Einkaufsstätten-Positionierung, (DUV) Wiesbaden 1992, S. 449-451.

[1053] So z.B. von Rudolph, Thomas: Positionierungs- und Profilierungsstrategien im Europäischen Einzelhandel, (Verlag Thexis AG) St. Gallen 1993, S. 210-213; Bellenger, Danny; Robertson, Dan; Greenberg, Barnett: Shopping Center Patronage Motives, in: JoR, 53. Jg., 1977, Nr. 2, S. 29-38;

des Entscheidungsverhaltens ein, die die Bewertung von Attributen von gewählten und nicht-gewählten Alternativen nutzen, um die entscheidungsrelevanten Attribute herauszufinden.[1054]

Dabei sind die Untersuchungsergebnisse bezüglich der Bedeutungsgewichte nicht homogen. Tigert führt für verschiedene Branchen eine solche Studie auf der Basis von Logit-Modellen durch und identifiziert auf diese Art den Standort, den Preis und den freundlichen, zuvorkommenden Service als wichtigste Eigenschaften für Lebensmitteleinzelhändler.[1055] Hansen/Deutscher untersuchen die Konsumentenentscheidungen in verschiedenen Einzelhandelssektoren (Lebensmittel und Warenhäuser). Obwohl ähnliche Beurteilungsdimensionen für beide Sektoren identifiziert werden konnten, unterscheidet sich ihre Gewichtung. Zu einem ähnlichen Ergebnis kommt eine Untersuchung von Schiffman/Dash/Dillon, die zur der Schlussfolgerung kommen, dass die Attribute, die die Einkaufsstättenwahl bei Kaufhäusern beeinflussen, sich von denen bei Fachgeschäften unterschieden. Diese Ergebnisse regten eine Reihe von weiteren Untersuchungen an, in denen für verschiedene Einzelhandelssektoren unterschiedliche relevante Imagedimensionen eruiert werden konnten.[1056] Insgesamt wird also in zahlreichen Untersuchungen festgestellt, dass die Heterogenität des Einzelhandels sowie die Möglichkeit der Ansprache unterschiedlicher Zielgruppen es mit sich bringen, dass man nicht von einheitlichen Anforderungen und Beurteilungsdimensionen ausgehen kann und stattdessen die relevanten Dimensionen jeweils im Einzelfall zu bestimmen sind.[1057]

Die Vielzahl der unterschiedlichen „zentralen Dimensionen", die aus den verschiedenen Store Image-Untersuchungen resultierten, die unterschiedliche Zuordnung von Indikato-

---

Schiffman, Leon; Dash, Joseph; Dillon, William: The contribution of store-image characteristics to store-type choice, in: JoR, 53. Jg., 1977, Nr. 2, S. 3-14; Peterson, Robert; Kerin, Roger: Store image measurement in patronage research: Fact and artifact, in: Darden, William; Lusch, Robert (Hrsg.): Patronage behavior and retail management, (North-Holland) New York 1983, S. 293-306, S. 295, S. 299.

[1054] Vgl. z.B. McFadden, Daniel: Conditional logit analysis of qualitative choice behavior, in: Zaremblea, Paul (Hrsg.): Frontiers of Econometrics, (Academic Press) New York 1974, S. 105-142; Tigert, Douglas: Pushing the hot buttons for a successful retailing strategy, in: Darden, William; Lusch, Robert (Hrsg.): Patronage Behavior and Retail Management, (North-Holland) New York 1983, S. 89-113; Woodside, Arch; Thelen, Eva: Accessing memory and customer choice: benefit-to-store (brand) retrieval models that predict purchase, in: MR, 24. Jg., 1996, Nr. 11, S. 260-267, S. 263.

[1055] Vgl. Tigert, Douglas: Pushing the hot buttons for a successful retailing strategy, in: Darden, William; Lusch, Robert (Hrsg.): Patronage Behavior and Retail Management, (North-Holland) New York 1983, S. 89-113, S. 91.

[1056] Vgl. Hansen, Robert; Deutscher, Terry: An empirical investigation of attribute importance in retail store selection, in: JoR, 53. Jg., 1977/78, Nr. 4, S. 59-72; Schiffman, Leon; Dash, Joseph; Dillon, William: The contribution of store-image characteristics to store-type choice, in: JoR, 53. Jg., 1977, Nr. 2, S. 3-14; Birtwistle, Grete; Clarke, Ian; Freathy, Paul: Store image in the UK fashion sector: consumer versus retailer perceptions, in: IRRDCR, 9. Jg., 1999, Nr. 1, S. 1-16, S. 3.

[1057] Vgl. u.a. Burkhardt, Achim: Die Betriebstypenmarke im stationären Einzelhandel, Diss., Universität Erlangen-Nürnberg 1997, S. 83.

ren zu Faktoren, die nicht eindeutige Zuordnung von Indikatoren zu Faktoren (so in der Untersuchung von Swoboda, siehe Übersicht 27) und die unterschiedliche Bündelung von Items zu Faktoren lässt jedoch einen anderen Schluss zu, der das übliche Vorgehen bei Store Image-Untersuchungen tendenziell in Frage stellt: So wäre es möglich, dass nicht nur die einzelnen Items, sondern auch die einzelnen Faktoren bzw. zentralen Dimensionen einen relativ hohen Grad der gegenseitigen Abhängigkeit haben. Eine Studie von Mazursky/Jacoby unterstützt dabei z.b. die These, dass Konsumenten die komplexe Realität der Ladeneigenschaften dadurch für sich vereinfachen, dass solche Eigenschaften aufgenommen werden, die „chunks" von Informationen darstellen.[1058] Burkhardt nennt Beispiele für Irradiation aus dem Bereich der Händlermarke. Beispielhaft erwähnt er den Einfluss der Wahrnehmung der Warenträger auf die wahrgenommene Größe der Auswahl und den Einfluss des Geruchs oder der Farbgestaltung auf die Wahrnehmung der Frische der angebotenen Waren.[1059] Eine Untersuchung von Morschett, die u.a. die Wahrnehmungsunterschiede zwischen zwei Filialen eines deutschen Lebensmittelfilialisten untersuchte, zeigte solche Irradiationseffekte auf. So konnten deutliche Ausstrahlungseffekte von der Ladengestaltung auf die Qualitäts- und die Preisniveaueinschätzung festgestellt werden.[1060]

Wenn sich zwischen einzelnen Beurteilungsmerkmalen und -dimensionen Interdependenzen ergeben, sind multiattributive Ansätze kritisch zu bewerten. Die Interaktion zwischen den einzelnen Wahrnehmungen wird in diesem Fall nicht genügend berücksichtigt und eine additive Verknüpfung von Image-Dimensionen führt zu einer Verzerrung der so ermittelten Gesamtbeurteilung.[1061] Zudem ist in diesem Fall bei Änderungen einzelner Merkmale immer auch die Wechselwirkung mit den übrigen Markenmerkmalen zu berücksichtigen.[1062]

[1058] So wurden z.B. in der Untersuchung Informationen über die im Sortiment geführten Marken genutzt, um die Gesamtqualität des Sortiments zu beurteilen; vgl. Mazursky, David; Jacoby, Jack: Exploring the development of store images, in: JoR, 62. Jg., 1986, Nr. 2, S. 145-165, S. 162.

[1059] Vgl. Burkhardt, Achim: Die Betriebstypenmarke im stationären Einzelhandel, Diss., Universität Erlangen-Nürnberg 1997, S. 79f.

[1060] Die empirische Studie untersuchte dabei auf Basis einer Stichprobe von n=206 die Wirkung der Handelsmarketinginstrumente und der Integration der Handelsmarketinginstrumente auf die betreffenden Händlermarken. Vgl. hierzu: Morschett, Dirk: Store Branding as a Goal of Strategic Retail Marketing, in: Cliquet, Gérard; Zentes, Joachim (Hrsg.): Retailing and Distribution in Europe, Proceedings, The third AFM French-German Conference, St. Malo 2000, o.S.

[1061] Siehe zur Linearitätsprämisse der multiattributiven Modelle u.a. Behrens, Gerold: Konsumentenverhalten, 2. Aufl., (Physica) Heidelberg 1991, S. 121; Sander, Matthias: Die Bestimmung und Steuerung des Wertes von Marken, (Physica) Heidelberg 1994, S. 77f.

[1062] Vgl. Brauer, Wolfgang: Die Betriebsform im stationären Einzelhandel als Marke, (FGM) München 1997, S. 153.

c) Einfluss der Beurteilung auf den Händlermarkenwert

In der Literatur wird recht einheitlich davon ausgegangen, dass der Markenwert vor allem durch die Reaktionen der Konsumenten auf ihre Wahrnehmung der strategischen und taktischen Maßnahmen zur Gestaltung des Marketingmix geprägt wird.[1063] Hildebrandt stellt dabei die Hypothese auf, dass die Marke eines Handelsunternehmens durch eine Reihe von objektiven Leistungsfaktoren beeinflusst wird (u.a. Auswahl, Beschäftigtenzahl, Größe der Verkaufsfläche.[1064] Ähnlich ist die Grundüberlegung im Modell der Markenstärke von Riedel, das in Übersicht 28 dargestellt ist.

Übersicht 28:   Beziehung von operativer Markenführung und Markenwert

Quelle: in Anlehnung an Riedel, Frank: Die Markenwertmessung als Grundlage strategischer Markenführung, (Physica) Heidelberg 1996, S. 32.

Auch Biel geht davon aus, dass die Beurteilung der Marke einen deutlichen Einfluss auf ihren Markenwert hat, neben einer ganzen Reihe von anderen Einflussfaktoren.[1065] Esch/Levermann betrachten diese Wirkungsbeziehung und reden von der „aus den Marketing-Mix-Maßnahmen resultierende(n) Loyalität zu diesem Handelsunternehmen".[1066] Bloemer/de Ruyter zeigen, dass die Handelsmarketinginstrumente einen Einfluss auf die

---

[1063] Vgl. z.B. Esch, Franz-Rudolf; Andresen, Thomas: Messung des Markenwertes, in: Hauser, Ulrich (Hrsg.): Erfolgreiches Markenmanagement, (Gabler) Wiesbaden 1997, S. 11-37, S. 14; Sattler, Henrik: Markenbewertung, in: ZfB, 65. Jg., 1995, Nr. 6, S. 663-682, S. 675f.

[1064] Vgl. Hildebrandt, Lutz: Erfolgsfaktorenforschung im Handel, in: Trommsdorff, Volker (Hrsg.). Handelsforschung 1986, (Physica) Heidelberg 1986, S. 37-51, S. 48.

[1065] Vgl. Biel, Alexander: How brand image drives brand equity, in: JAR, 32. Jg., 1992, Nr. 6, S. RC-6-RC-12.

[1066] Esch, Franz-Rudolf; Levermann, Thomas: Handelsunternehmen als Marken, in: Trommsdorff, Volker (Hrsg.): Handelsforschung 1993/94, (Gabler) Wiesbaden 1993, S. 79-102, S. 82.

Ladentreue haben[1067] und auch weitere empirische Studien belegen im Einzelhandel einen Zusammenhang zwischen der Beurteilung der Marketinginstrumente durch den Konsumenten und der Ladentreue.[1068]

Analog ist die Modellierung dieses Einflusses durch Bekmeier-Feuerhahn. Sie stellt dar, dass die Markenstärke von einer Reihe von Einflussfaktoren gebildet wird. Einer dieser Einflussfaktoren ist die Produktwahrnehmung, die sie wiederum mit den Indikatoren „Markenbekanntheit" und „Produktbeurteilung" misst. Dem entsprechenden Kausalmodell, das bereits in Übersicht 19 dargestellt wurde, wird eine hohe Güte bescheinigt. Getestet wurden jedoch ausschließlich Sachleistungsmarken.[1069]

Eine entsprechende Wirkungsvermutung erfuhr auch durch eine Untersuchung, die Morschett bei zwei Filialen eines deutschen Lebensmitteleinzelhandelsunternehmens durchgeführt hat, eine Bestätigung. Dort wurde festgestellt, dass die Bewertungen der einzelnen Handelsmarketinginstrumente durch den Konsumenten einen beträchtlichen Einfluss auf den Markenwert ausüben (siehe Tabelle 4).

Von einer ähnlichen Überlegung geht der Markenwert-Ansatz von Andresen aus, der bereits ausführlich dargestellt wurde. Hier ist die vermutete Wirkungsrichtung, dass sich das (langfristige) Markenguthaben aus dem (kurzfristigen) Markenbild, das direkt von den Marketingmaßnahmen beeinflusst wird, bildet.[1070]

Die hier vermutete Wirkungsrichtung, also dass die Beurteilung den Markenwert beeinflusst, wird scheinbar von einer kausalanalytischen Untersuchung von Riedel widerlegt. Er entwickelt ein Modell, in dem die „Beurteilung" als ein Indikator für die latente endogene Größe Markenstärke verwendet wird, die (indirekt) von der latenten exogenen Größe „Kunde" beeinflusst wird, für die wiederum als Indikatoren die Bekanntheit und die Sympathie (als Einstellungskomponenten) herangezogen werden, und bestätigt diesem Modell kausalanalytisch eine hohe Güte (siehe Übersicht 29).[1071]

[1067] Bloemer, Josée; de Ruyter, Ko: On the relationship between store image, store satisfaction and store loyalty, in: EJM, 32. Jg., 1998, Nr. 5/6, S. 499-513, S. 509. Konkret weisen sie nach, dass die Beurteilung der Handelsmarketinginstrumente die Zufriedenheit der Kunden beeinflusst und diese wiederum auf die Ladentreue wirkt.

[1068] So z.B. Osman, Zain: A conceptual model of retail image influences on loyalty patronage behaviour, in: IRRDCR, 3. Jg., 1993, Nr. 2, S. 133-148; Mazursky, David; Jacoby, Jack: Exploring the development of store images, in: JoR, 62. Jg., 1986, S. 145-165.

[1069] Vgl. Bekmeier-Feuerhahn, Sigrid: Marktorientierte Markenbewertung, (DUV) Wiesbaden 1998, S. 153-161.

[1070] Vgl. Andresen, Thomas: Innere Markenbilder: MAX - wie er wurde, was er ist, in: Planung und Analyse, o.Jg., 1991, Nr. 1, S. 28-34 , S. 30.

[1071] Vgl. Riedel, Frank: Die Markenwertmessung als Grundlage strategischer Markenführung, (Physica) Heidelberg 1996, S. 106f., 125f.

Dies scheint auf den ersten Blick der hier vorgeschlagenen Wirkungsrichtung zu widersprechen (zumal in der vorliegenden Untersuchung die Sympathie und die Bekanntheit
als Komponenten des Markenwerts angesehen werden). Dieser Widerspruch ist jedoch
dadurch aufzulösen, dass die „Beurteilung" im Verständnis von Riedel eine (fiktive)
Kaufentscheidung ist, die jeweils zwischen zwei Marken zu treffen ist. Insgesamt operationalisiert Riedel die Markenstärke damit in seinem Modell eher als Kaufverhalten, so
dass das von ihm bestätigte Hypothesenpaar „Die Basisgröße {Kunden} hat einen positiven Einfluss auf die Zwischengröße {Verbreitung}" und „Die Zwischengröße
{Verbreitung} hat einen positiven Einfluss auf die Zielgröße {Markenstärke}"[1072] eher
im Sinne der vorliegenden Arbeit eine Beziehung zwischen Markenwert und Erfolg bestätigt.

Übersicht 29:   Ausschnitt des Kausalmodells von Riedel
zum Aufbau der Markenstärke

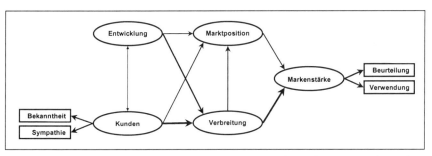

Quelle: in Anlehnung an Riedel, Frank: Die Markenwertmessung als Grundlage strategischer Markenführung, (Physica-Verlag) Heidelberg 1996, S. 150, S. 106f., S. 110, S. 125f.

3.   Fokussierung der Handelsmarketinginstrumente

Vorne wurde dargestellt, dass für die Beurteilung eines Handelsunternehmens eine ganze Reihe von Leistungsattributen potenziell relevant ist. Da es aus der Sicht der Nachfrager schwierig ist, das komplexe System der Handelsleistung in seiner Gesamtheit zu
bewerten, ist eine Reduktion der Komplexität nötig.[1073] Viele Marketingforscher plädie-
ren dafür, nur einen einzigen Produktnutzen (bzw. einen einzigen Wettbewerbsvorteil)
im Zielmarkt herauszustellen, und diesen massiv zu kommunizieren. Dies trifft besonders in einer Gesellschaft zu, die mit Kommunikationsreizen überflutet ist. Komplexe,
vielschichtige Informationen werden in dieser Situation nicht aufgenommen, so dass

---

[1072] (Vgl.) Riedel, Frank: Die Markenwertmessung als Grundlage strategischer Markenführung, (Physica) Heidelberg 1996, S. 110, S. 138f.
[1073] Vgl. Brauer, Wolfgang: Die Betriebsform im stationären Einzelhandel als Marke, (FGM) München
1997, S. 151.

einfache Botschaften besser geeignet sind, den Konsumenten zu erreichen und wahrgenommen und erinnert zu werden.[1074] Bereits Domizlaff stellte die Bedeutung der Fokussierung für die Markenbildung heraus: „Das Gehirn der Masse kann nur ganz einfache Kopplungen oder Begriffsbildungen vornehmen. [...] Das Wort ‚und' bedeutet für das Verbrauchergehirn eine Belastung [...]. Ganz starke Erfolge sind nur in der Beschränkung denkbar."[1075]

Diese Meinung ist jedoch nicht unbestritten. Andere vertreten die Meinung, dass eine Doppel-Nutzen-Strategie besser geeignet ist, v.a., wenn Wettbewerber bei einem bestimmten Nutzen den gleichen Vorteil bieten können. Es ist jedoch für ein Unternehmen riskant zu behaupten, die eigene Marke sei der Konkurrenz in vielen Eigenschaften überlegen. Es läuft damit Gefahr, seine Glaubwürdigkeit und seine eindeutige Positionierung einzubüßen.[1076]

Das Markenbild einer Händlermarke kann oftmals durch die Konsumenten aus nur wenigen Merkmalen gebildet werden. Außerdem nutzen Konsumenten häufig aus einer subjektiv zu groß empfundenen Vielzahl an Informationen nur einen geringen Teil dieser Informationen zur Einschätzung.[1077] Dies ist auch das Kernergebnis der meisten Untersuchungen zum Image und auch zu den Multiattribut-Modellen. Bereits Fishbein ging davon aus, dass die Konsumenten zur Bildung ihrer Einstellung nur auf wenige relevante Eigenschaften zurückgreifen und schlug vor, die fünf bis neun am häufigsten genannten Attribute heranzuziehen. Auch diverse andere Untersuchungen kommen zu dem Ergebnis, dass ein Individuum maximal fünf bis neun verschiedene Informationen synchron verwerten kann.[1078] Kroeber-Riel/Weinberg gehen davon aus, dass die Zahl der in die Urteilsbildung eingehenden Eindrücke meist kleiner als fünf, jedoch auch situationsabhängig ist.[1079] Theis weist in seiner empirischen Untersuchung zur Einkaufsstätten-

---

[1074] Vgl. Kroeber-Riel, Werner; Esch, Franz-Rudolf: Strategie und Technik der Werbung, 5. Aufl., (Kohlhammer) Stuttgart u.a. 2000, S. 9-18; Ries, Al; Trout, Jack: The 22 immutable laws of marketing, (Harper Business) New York 1993, S. 27f.

[1075] Domizlaff, Hans: Grundgesetze der natürlichen Markenbildung, in: Bruhn, Manfred (Hrsg.): Handbuch MA, Bd. 2, (Schäffer-Poeschel) Stuttgart 1994, S. 689-723, S. 703.

[1076] Vgl. Kotler, Philip; Bliemel, Friedhelm: Marketing-Management, 9. Aufl., (Schäffer-Poeschel) Stuttgart 1999, S. 497.

[1077] Vgl. z.B. Wiswede, Günter: Die Psychologie des Markenartikel, in: Dichtl, Erwin; Eggers, Walter (Hrsg.): Marke und Markenartikel, (dtv) München 1992, S. 71-95, S. 74; Brauer, Wolfgang: Die Betriebsform im stationären Einzelhandel als Marke, (FGM) München 1997, S. 139; Theis, Hans-Joachim: Einkaufsstätten-Positionierung, (DUV) Wiesbaden 1992, S. 544.

[1078] Vgl. Schnedlitz, Peter: Einstellungen und soziale Beeinflussung als Bedingungen von Kaufabsichten, (Lang) Frankfurt a.M. u.a. 1985, S. 70; Theis, Hans-Joachim: Einkaufsstätten-Positionierung, (DUV) Wiesbaden 1992, S. 428.

[1079] Kroeber-Riel, Werner; Weinberg, Peter: Konsumentenverhalten, 7. Aufl., (Vahlen) München 1999, S. 311.

Positionierung nach, dass die Bedeutung der einzelnen Einkaufsstätteneigenschaften in der Warengruppe Lebensmittel nach dem fünften Attribut deutlich abfällt.[1080]

Lerntheoretisch kann die Wirkung der Fokussierung u.a. mit dem positiven Zusammenhang zwischen der Anzahl der Wiederholungen einer Information und der Lernleistung erklärt werden.[1081] Fokussiert das Unternehmen sein Handelsmarketing auf wenige Kerninstrumente und unterstützt die Botschaft dieser Kerninstrumente durch die anderen, so erhöht sich dadurch die Anzahl der Wiederholungen der gleichen Information. Ein weniger fokussiertes Handelsmarketing versucht hingegen, wesentlich mehr Informationen zu transportieren, was lerntheoretisch schwieriger ist.[1082]

4. Fit der Handelsmarketinginstrumente

Der Markenpolitik kommt eine integrierende Funktion für das Marketingmix zu. Die Positionierung der Marke stellt dabei die angestrebte Einheit dar, in die sich sämtliche Marketinginstrumente zu integrieren haben, damit ein für die Zielgruppen konsistentes markenpolitisches Erscheinungsbild geschaffen werden kann.[1083]

In der vorliegenden Untersuchung wird vom Fit bzw. einer Integration der Handelsmarketinginstrumente gesprochen, wenn die Instrumente in der Wahrnehmung des Konsumenten "zusammenpassen", in der Terminologie der Dissonanztheorien also "Konsonanz" zwischen den einzelnen Instrumenten herrscht.[1084] Vereinfacht ausgedrückt, geht es also beim Fit darum, ob die Handelsmarketinginstrumente „zusammenpassen" oder „auseinanderfallen". Zentrale Begriffe sind Konvergenz und Divergenz, d.h. Übereinstimmung oder Widerspruch in der Wahrnehmung des Konsumenten. Das Streben nach möglichst hoher Konvergenz mit einem prägnanten Bild der Marke gegenüber einem verschwommenen Bild der Marke beruht dabei nach Tietz u.a. auf der Hypothese einer guten Gestalt im Sinne der Gestalttheorie.[1085]

Aus Unternehmensicht wurde die Integration des Marketing in Abschnitt C.I.5. dieses Kapitels betrachtet. Das integrierte Markenkonzept von Meffert wurde dort dargestellt. Dabei sollen alle Marketingmix-Elemente auf den strategischen Markenkern abgestimmt werden. Ähnlich besagt das Konzept der identitätsorientierten Markenführung von Meffert/Burmann, dass zur Erreichung einer Markenidentität aus Sicht der Konsumenten -

---

[1080] Vgl. Theis, Hans-Joachim: Einkaufsstätten-Positionierung, (DUV) Wiesbaden 1992, S. 544.

[1081] Vgl. zum Zusammenhang von Wiederholungsanzahl und Lernleistung Kroeber-Riel, Werner; Weinberg, Peter: Konsumentenverhalten, 7. Aufl., (Vahlen) München 1999, S. 340f.

[1082] Vgl. hierzu Abschnitt B.I.3.c).

[1083] Vgl. Bruhn, Manfred: Begriffsabgrenzungen und Erscheinungsformen von Marken, in: Bruhn, Manfred (Hrsg.): Handbuch MA, Bd. 1, (Schäffer-Poeschel) Stuttgart 1994, S. 3-41, S. 20f.

[1084] Siehe dazu Abschnitt B.I.5.c).

[1085] Vgl. Tietz, Bruno: Marketing, 3. Aufl., (Werner) Düsseldorf 1993, S. 305.

als die Wahrnehmung der Marke als eine in sich widerspruchsfreie, geschlossene Ganzheit von Merkmalen - Kontinuität und Konsistenz wichtig sind.[1086]

Lerntheoretisch kann die Wirkung des Fit wiederum u.a. mit dem positiven Zusammenhang zwischen der Anzahl der Wiederholungen einer Informationen und der Lernleistung erklärt werden.[1087] Werden einheitliche Botschaften bzw. Kerninhalte der Marke durch alle Instrumente des Marketingmix transportiert, so erhöht sich dadurch die Lernleistung im Vergleich zu einer Situation, in der durch die Instrumente jeweils unterschiedliche Informationen vermittelt werden. Die wiederholte Darbietung konsistenter Eindrücke führt zu starken Assoziationen; dies ist insbesondere unter den Bedingungen der Reizüberflutung existenziell. Es bedarf dabei i.d.R. zahlreicher Wiederholungen ein und derselben Botschaft. Diffuse Eindrücke, die durch eine mangelnde Abstimmung entstehen, führen zu breit streuenden Assoziationen und wirken damit einer klaren Positionierung entgegen. Zudem führt die Integration zu Synergieeffekten und damit zu einem geringeren Kosteneinsatz.[1088]

Nach der Theorie des kognitiven Gleichgewichts strebt jeder Konsument nach einer konsistenten, d.h. einer widerspruchsfreien und „harmonischen" Verknüpfung von inneren Erfahrungen, Kognitionen oder Einstellungen.[1089] Eine konsistente und kontinuierliche Vermittlung der gleichen Einstellung durch alle Marketinginstrumente führt daher zu einem konsistenten Einstellungssystem und verstärkt die Einstellung ggü. einem Objekt.[1090] Nach der Vektortheorie bedürfen Markenbilder als Vorstellungsbilder einer hohen Prägnanz. Widersprüchliche Vektoren in der Vorstellungsstruktur stören das Gesamterlebnis der Marke. Das Kongruenztheorem von Wiswede besagt, dass die Struktur eines Produktbildes möglichst konvergente Elemente enthalten sollte, um eine gute Harmonie der Teilbeschaffenheiten zu erreichen (siehe Übersicht 18).[1091] Brauer erwähnt in diesem Zusammenhang, dass das Markenbild bei einem Konsumenten um so

---

[1086] Vgl. Meffert, Heribert; Burmann, Christoph: Identitätsorientierte Markenführung, in: Bruhn, Manfred (Hrsg.): Handelsmarken, 2. Aufl., (Schäffer-Poeschel) Stuttgart 1997, S. 49-70, S. 58.

[1087] Vgl. Esch, Franz-Rudolf; Levermann, Thomas: Handelsunternehmen als Marken, in: Trommsdorff, Volker (Hrsg.): Handelsforschung 1993/94, (Gabler) Wiesbaden 1993, S. 79-102, S. 97f.; Kroeber-Riel, Werner; Weinberg, Peter: Konsumentenverhalten, 7. Aufl., (Vahlen) München 1999, S. 340f.; zu den Lerntheorien allgemein Abschnitt B.I.3.c).

[1088] Vgl. Esch, Franz-Rudolf; Levermann, Thomas: Handelsunternehmen als Marken, in: Trommsdorff, Volker (Hrsg.): Handelsforschung 1993/94, (Gabler) Wiesbaden 1993, S. 79-102, S. 97f.

[1089] Vgl. Kroeber-Riel, Werner; Weinberg, Peter: Konsumentenverhalten, 7. Aufl., (Vahlen) München 1999, S. 181.

[1090] Nach Keller macht das gesamte „Set" der Markenelemente die Markenidentität aus. Die „Cohesiveness" der Markenidentität hängt von dem Ausmaß ab, wie stark die Markenelemente konsistent sind. Vgl. Keller, Kevin: Strategic Brand Management, (Prentice Hall) Upper Saddle River/NJ 1998, S. 165f.

[1091] Vgl. Wiswede, Günter: Eine Vektortheorie des Verbraucherverhaltens, in: JAV, 12. Jg., 1966, S. 53-67, S. 57f.

klarer ausgeprägt ist, je stimmiger die von den einzelnen Nachfragern wahrgenommenen Einzelfaktoren sind.[1092]

Esch/Levermann weisen darauf hin, dass diese Integration in zwei Dimensionen betrachtet werden muss. „Zum einen innerhalb der Zeitdimension, d.h. nur eine langfristig konsequente und kontinuierliche Integration bewirkt den Aufbau starker Assoziationen, und zum anderen innerhalb der Dimension der Marketinginstrumente, die eine inhaltliche und formale Abstimmung erforderlich machen."[1093] Gleichzeitig kann man feststellen, dass eine Trennung dieser beiden Dimensionen aus Konsumentensicht nur schwer möglich ist. So bezeichnet zwar - bei einer strikten Trennung - die Konsistenz die Kongruenz der Marketingmaßnahmen zu einem bestimmten Zeitpunkt, die Kontinuität das „Passen" eines einzelnen Marketinginstruments zu unterschiedlichen Zeitpunkten. Andererseits beeinflusst die Ausgestaltung eines bestimmten Marketinginstruments zu einem bestimmten Zeitpunkt nicht nur die Erwartungen der Konsumenten an die Ausgestaltung dieses Instruments in der Zukunft (Kontinuität), sondern auch die Ausgestaltung anderer Instrumente in der Zukunft. Damit sind Konsistenz und Kontinuität nur schwer trennbar.

Auch aus den konstitutiven Merkmalen der Marke in den entsprechenden Definitionsansätzen und der wissenschaftlichen Diskussion der Definitionsansätze kann man Hinweise auf die Bedeutung des Fit erhalten. Dichtl weist darauf hin, dass die Ausstattung eines Produktes mit einer Marke und die Aufrechterhaltung einer konstanten Qualität, wie sie für einen Markenartikel typisch sind, in aller Regel dazu führen, dass ein solches Identifikationsmerkmal von den Verbrauchern faktisch als Gütesiegel empfunden wird.[1094] Dieses „Gütesiegel" trägt zur Garantiefunktion der Marke bei, die wiederum das Sicherheitsstreben der Konsumenten unterstützt.[1095] So soll die Marke dem Konsumenten eine Information über die Qualität bzw. die Eigenschaften des Produkts bieten, die entsprechend der Kette „gleiche Marke - gleiche Leistung" funktionieren sollte. Auf Grund einer hohen Qualitätskonstanz soll die Marke ein geringes subjektives Kaufrisiko darstellen.[1096] Daher wird bei zahlreichen konstitutiven Markendefinitionsansätzen nicht

---

[1092] Vgl. Brauer, Wolfgang: Die Betriebsform im stationären Einzelhandel als Marke, (FGM) München 1997, S. 139.

[1093] Esch, Franz-Rudolf; Levermann, Thomas: Handelsunternehmen als Marken, in: Trommsdorff, Volker (Hrsg.): Handelsforschung 1993/94, (Gabler) Wiesbaden 1993, S. 79-102, S. 98. Analog sind in Abschnitt I.5. für den Marketingmix sachliche und zeitliche Interdependenzen beschrieben.

[1094] Vgl. Dichtl, Erwin: Grundidee, Varianten und Funktionen der Markierung von Waren und Dienstleistungen, in: Dichtl, Erwin; Eggers, Walter (Hrsg.): Marke und Markenartikel, (dtv) München 1992, S. 1-23, S. 16-20.

[1095] Vgl. Sander, Matthias: Die Bestimmung und Steuerung des Wertes von Marken, (Physica) Heidelberg 1994, S. 16.

[1096] Vgl. u.a. Hätty, Holger: Der Markentransfer, (Physica) Heidelberg 1989, S. 19.

eine hohe, sondern v.a. eine konstante, gleichbleibende Markenqualität gefordert. „This suggests that consumers do not trust brands whose quality varies."[1097]

Insbesondere im Dienstleistungsmarketing wird auf die Bedeutung der Kontinuität für die Bildung von Marken abgehoben. Die Gewährleistung einer mindestens gleichbleibenden Qualität der gesamten Handelsleistung und damit eine kontinuierliche Einhaltung der Leistungsversprechen ist für die Händlermarke von hoher Bedeutung, insbesondere weil durch den Dienstleistungscharakter der Handelsleistung eine solche Konstanz nicht selbstverständlich ist.[1098] So wird erwähnt, dass neben dem eher statischen Faktor der wahrgenommenen Anbieterkompetenz auch ein dauerhafter und steter Markenauftritt - als eher dynamischer Faktor - vertrauensfördernd wirkt. Es bedarf dabei einer fortwährenden Kontinuität in der Markenbegegnung, um eine Marke im Sinne einer identifizierten Produktpersönlichkeit im Bewusstsein zu halten. Da Dienstleistungen auf Grund ihrer Integrationsnotwendigkeit des externen Faktors und der fehlenden Standardisierbarkeit nicht immer in einheitlicher Beschaffenheit auftreten können, kommt es umso mehr darauf an, mit Hilfe sämtlicher Marketinginstrumente (so z.B. der Kommunikation) verlässliche Muster von Vorstellungen über die erbrachte Marktleistung beim Abnehmer zu etablieren. So wird gerade im Dienstleistungsmarketing die Notwendigkeit hervorgehoben, um die markenpolitischen Ziele zu erreichen, das Kontinuitätsprinzip in dem Sinne anzuwenden, dass das Marketingmix so viele Gestaltungskonstanten enthält (bzw. nur so modifiziert wird), dass die Identifizierung und Beurteilung des Angebots erleichtert und der Kaufentscheidungsprozess bis zur Habitualisierung vereinfacht wird.[1099]

Eher im Sinne der Konsistenz beschäftigt sich Burkhardt mit der Thematik der „Integration der Images"[1100], wobei sich die grundsätzliche Überlegung mit den Überlegungen zum Fit im Sinne der vorliegenden Arbeit deckt. Er geht davon aus, dass sich das „Imagesystem" eines Handelsunternehmens aus einer Reihe von eigenständigen Subimages zusammensetzt, so dem Branchenimage, dem Betriebsformenimage, dem Standortimage, dem Markenartikelimage (der im Sortiment enthaltenen Marken), dem Image der Einkaufsstätte, dem Image des Unternehmens u.v.m. (siehe Übersicht 22). Zwischen diesen Subimages können verschiedene Relationen bestehen, so Identität, positive Integ-

[1097] Lassar, Walfried; Mittal, Banwari; Sharma, Arun: Measuring customer-based brand equity, in: JCM, 12. Jg., 1995, Nr. 4, S. 11-19, S. 12.

[1098] Vgl. Burkhardt, Achim: Die Betriebstypenmarke im stationären Einzelhandel, Diss., Universität Erlangen-Nürnberg 1997, S. 106; Backhaus, Klaus: Industriegütermarketing, 6. Aufl., (Vahlen) München 1999, S. 386f.

[1099] Vgl. Oelsnitz, Dietrich von der: Dienstleistungsmarken: Konzepte und Möglichkeiten einer markengestützten Serviceprofilierung, in: JAV, 43. Jg., 1997, Nr. 1, S. 66-89, S. 78f.; Stauss, Bernd: Dienstleistungsmarken, in: Bruhn, Manfred (Hrsg.): Handbuch MA, Bd. 1, (Schäffer-Poeschel) Stuttgart 1994, S. 79-103, S. 87

[1100] Vgl. Burkhardt, Achim: Die Betriebstypenmarke im stationären Einzelhandel, Diss., Universität Erlangen-Nürnberg 1997, S. 84-89.

ration, negative Integration und Isolation der Images. Bei einer positiven Integration der Images bestehen zwischen den Images enge Verbindungen im Sinne gemeinsamer entscheidender psychologischer Dimensionen aus der Sicht der Verbraucher.[1101] Obwohl Burkhardt hier die Subimages jeweils als Images von Objekten bzw. Kategorien von Objekten betrachtet, ist die Betrachtung durchaus für die hier entscheidende Überlegung einer Integration der Images einzelner Marketinginstrumente oder Einkaufsstättenattribute anwendbar. Ziel ist es, eine positive Integration all der „Images" zu erreichen, die nicht voneinander isoliert sind.

Esch/Levermann weisen darauf hin, dass für die Stärke der Assoziationen zwischen einem Handelsunternehmen und bestimmten Eigenschaften relevant ist, wie verfestigt diese Eigenschaft durch einen konsistenten und integrierten Auftritt des Handelsunternehmens mit diesem verknüpft wurde.[1102] Tietz spricht statt von einem konsistenten Marktauftritt von „Firmenstil" und formuliert, dass die Gesamtheit der Merkmale eines Handelsunternehmens (z.B. Werbung, Ladenausstattung, Service u.a.) diesen Firmenstil konstituieren. Zur Bedeutung des Fit dieser Elemente formuliert er: „Von einem guten Firmenstil kann man dort sprechen, wo alle betrieblichen Bereiche harmonisch aufeinander abgestimmt sind."[1103]

Dabei liegen - trotz der zahlreichen theoretischen Überlegungen zu einer Notwendigkeit der Integration bzw. eines Fit - bisher kaum empirische Ergebnisse bezüglich der Auswirkung unterschiedlicher Ausprägungen des Fit auf die Marke, insbesondere eine Händlermarke, vor. Die tatsächlichen Voraussetzungen zur „Integration" der Marketinginstrumente wurden allenfalls für Teilbereiche, wie z.B. die Kommunikation[1104], detailliert betrachtet. Marks weist bereits Mitte der 70er Jahre im Rahmen seiner Untersuchung zum Store Image darauf hin, dass die Interaktion der einzelnen Image-Dimensionen von hoher Relevanz ist und wirft das Problem der Messung dieser Interaktion auf.[1105] Eine empirische Bestätigung der Relevanz gibt das Ergebnis der Untersuchung von Birtwistle/Clarke/Freathy, die darauf hinweist, dass die Kombination der Image-Dimensionen bei einem Einzelhändler wichtiger zu sein scheint als jeder Faktor individuell.[1106]

[1101] Vgl. Burkhardt, Achim: Die Betriebstypenmarke im stationären Einzelhandel, Diss., Universität Erlangen-Nürnberg 1997, S. 85-89.

[1102] Vgl. Esch, Franz-Rudolf; Levermann, Thomas: Handelsunternehmen als Marken, in: Trommsdorff, Volker (Hrsg.): Handelsforschung 1993/94, (Gabler) Wiesbaden 1993, S. 79-102, S. 89.

[1103] Tietz, Bruno: Marketing, 3. Aufl., (Werner) Düsseldorf 1993, S. 304.

[1104] Vgl. Esch, Franz-Rudolf: Wirkung integrierter Kommunikation, 2. Aufl., (DUV) Wiesbaden 1999.

[1105] Vgl. Marks, Ronald: Operationalizing the concept of store image, in: JoR, 52. Jg., 1976/77, Nr. 3, S. 37-46, S. 37.

[1106] Vgl. Birtwistle, Grete; Clarke, Ian; Freathy, Paul: Store image in the UK fashion sector: consumer versus retailer perceptions, in: IRRDCR, 9. Jg., 1999, Nr. 1, S. 1-16, S. 13f.

In einer empirischen Untersuchung von Morschett ergaben sich deutliche und signifikante Korrelationen zwischen dem Fit und einer ganzen Reihe von Indikatoren des Markenwerts und auch eines Markenwertindexes, die in Tabelle 4 dargestellt sind.[1107]

Tabelle 4:   **Korrelation zwischen Eindruck, Fit und verschiedenen Markenwert-Maßen**

	Recall	*Anzahl der Assoziationen*	*Sympathie*	*Vertrauens-würdigkeit*	*Einzig-artigkeit*	*Markenwert-index*
Eindruck	0,03	0,06	0,53**	0,50**	0,46**	0,50**
Fit	0,08	0,24**	0,48**	0,55**	0,50**	0,55**

** Die Korrelation ist auf dem Niveau von 0,01 (zweiseitig) signifikant.

Quelle: in Anlehnung an Morschett, Dirk: Store Branding as a Goal of Strategic Retail Marketing, in: Cliquet, Gérard; Zentes, Joachim (Hrsg.): Retailing and Distribution in Europe, Proceedings, The third AFM French-German Conference, St. Malo 2000, o.S.

Der dargestellte Eindruckswert ist dabei ein aggregierter Wert aus der Beurteilung der einzelnen Einkaufsstätteneigenschaften, so dass die Vermutung, dass die Beurteilung auf den Markenwert wirkt, hier ebenfalls eine empirische Bestätigung findet. Bezüglich der Überlegungen zum Fit ist die Feststellung von Relevanz, dass in der Untersuchung der Fit der Handelsmarketinginstrumente einen engeren Zusammenhang mit dem Markenwertindex aufweist als der Eindruckswert. Gleichzeitig zeigt sich eine hohe Korrelation zwischen dem wahrgenommenen Fit der Marketinginstrumente und deren Beurteilung ($r = 0,67$).[1108]

5. Wahrgenommene Marktpräsenz

Auch die wahrgenommene Marktpräsenz ist als potenzieller Einflussfaktor auf den Markenwert zu sehen. So wird die Bekanntheit einer Marke nicht in erster Linie von der Beurteilung der Marketinginstrumente, sondern von einer grundsätzlichen Aufmerksamkeit der Marke gegenüber beeinflusst. Damit führt eine höhere Marktpräsenz (bzw. eine höhere wahrgenommene Marktpräsenz) zu einer höheren Bekanntheit.

Auch wenn die These noch kontrovers diskutiert wird, zeigen die Untersuchungen von Zajonc, dass Menschen auf ein Objekt umso positiver reagieren, je häufiger sie mit die-

---

[1107] Zum Untersuchungsaufbau und den Ergebnissen der Studie siehe Morschett, Dirk: Store Branding as a Goal of Strategic Retail Marketing, in: Cliquet, Gérard; Zentes, Joachim (Hrsg.): Retailing and Distribution in Europe, Proceedings, The third AFM French-German Conference, St. Malo 2000, o.S.

[1108] In der Untersuchung wurde der Fit der Handelsmarketinginstrumente lediglich mit einem einzigen Indikator operationalisiert, einer pauschalen Bewertung des Fit durch die Konsumenten. Der Markenwert wurde als ungewichteter Durchschnitt einer Reihe von Indikatoren berechnet. Beide Aspekte sind bei der Interpretation der Ergebnisse zu berücksichtigen.

sem Objekt konfrontiert werden.[1109] Schon die Wiedererkennung eines Objekts kann - ohne sachliche Information darüber - zu einer positiven Haltung ggü. dem Objekt und einer gefühlmäßigen Akzeptanz führen.[1110] Dieser sogenannte „Mere-Exposure"-Effekt führt dazu, dass Marken, die im Gedächtnis eine höhere Aktualität haben, auch besser bewertet werden und häufiger gewählt werden. Die Markenaktualität beeinflusst also Einstellung und Markenwahl positiv.[1111] Bereits durch häufiges Zusammentreffen eines Individuums mit einem Objekt verbessert sich die Einstellung zu diesem Objekt.[1112] Die Wirkung der Marktpräsenz ist also nicht nur eindimensional (also in Bezug auf die Bekanntheit), sondern auch in der Bewertung der einem Individuum bekannten Marken zu sehen. Aus dieser These kann man schließen, dass die wahrgenommene Marktpräsenz, die mit der Häufigkeit der Konfrontation eines Konsumenten mit der Händlermarke eng zusammenhängt, nicht nur die Bekanntheit beeinflusst, sondern auch die Beurteilung des Handelsunternehmens.

Auch die Überlegungen von Aaker zu den Vorteilen der Markenbekanntheit weisen (kognitiv argumentiert) darauf hin, dass Marktpräsenz nicht nur durch die direkte Wirkung, sondern auch indirekt durch die Wirkung auf die Einschätzung eines Objekts Effekte auf das Kaufverhalten aufweist. So kann die wahrgenommene Marktpräsenz einer Händlermarke einen Hinweis auf die Solidität und das Engagement des betreffenden Unternehmen geben. Diese Hinweise ergeben sich bspw. dadurch, dass der Grund für die Bekanntheit eines Unternehmenens in der Tatsache begründet liegen kann, dass das Unternehmen schon lange im Geschäft ist, umfassend wirbt u.Ä.[1113] Gleichzeitig argumentieren informationstheoretische Ansätze, dass der Erfolg der Marke und damit die gesamten Markeninvestitionen als Garantie für die Qualität der Marke dienen, so dass die Häufigkeit der Wahrnehmung auch eine inhaltlich positivere Bewertung nach sich

---

[1109] Vgl. Zajonc, Robert: Feeling and thinking - Preferences need no inferences, in: American Psychologist, 35. Jg., 1980, Nr. 2, S. 151-175; Zajonc, Robert: Attitudinal effects of mere exposure, in: Journal of Personality and Social Psychology, 9. Jg., 1968, Monograph Supplement, S. 1-27; Dacin, Peter; Smith, Daniel: Einfluss des Produktportfolios auf die Markenstärke, in: Esch, Franz-Rudolf (Hrsg.): Moderne Markenführung, 2. Aufl., (Gabler) Wiesbaden 2000, S. 779-797, S. 788.

[1110] Vgl. Kroeber-Riel, Werner; Esch, Franz-Rudolf: Strategie und Technik der Werbung, 5. Aufl., (Kohlhammer) Stuttgart u.a. 2000, S. 152f.

[1111] Vgl. z.B. Hoyer, Wayne; Brown, Steven: Effects of Brand Awareness for a Common, Repeat-Purchase Product, in: JCR, 17. Jg., 1990, Nr. 9, S. 141-148; Esch, Franz-Rudolf: Wirkung integrierter Kommunikation, 2. Aufl., (DUV) Wiesbaden 1999, S. 60f.

[1112] Vgl. Esch, Franz-Rudolf: Wirkung integrierter Kommunikation, 2. Aufl., (DUV) Wiesbaden 1999, S. 59. Siehe zu den grundsätzlichen Überlegungen zur „Aktualität" als Marketingziel Kroeber-Riel, Werner; Esch, Franz-Rudolf: Strategie und Technik der Werbung, 5. Aufl., (Kohlhammer) Stuttgart u.a. 2000, S. 89-100.

[1113] Vgl. Aaker, David: Management des Markenwerts, (Campus) Frankfurt-New York 1992, S. 87.

zieht.[1114] Somit wirkt die Marktpräsenz auch positiv im Sinne der Vertrauens- oder Sicherheitsfunktion der Marke.[1115]

III. Relevanz ausgewählter Marketinginstrumente für die Händlermarke

1. Wirkung einzelner Marketinginstrumente auf die Markenbildung

Eine Betrachtung des Einsatzes der einzelnen Handelsmarketinginstrumente findet durch eine Vielzahl von Autoren statt.[1116] Die für eine solche Betrachtung relevanten Handelsmarketinginstrumente sind in Abschnitt B.III.6. des Zweiten Kapitels systematisiert dargestellt. Mulhern gibt einen umfassenden Überblick über Studien, die die Bedeutung der einzelnen Marketinginstrumente für das strategische Handelsmarketing analysieren.[1117]

Die Marke eines Einzelhandelsbetriebes tritt dem Konsumenten komplex, aus der Sicht des Unternehmens aber in voneinander differenzierbaren und getrennten Elementen entgegen.[1118] Wie bereits mehrfach betont wurde, wird hierbei insbesondere der Mix, also das Zusammenspiel aller Marketinginstrumente, als prägend für die Händlermarke angesehen. Sogar bei einer Einzelbetrachtung der Instrumente kann meist von den anderen Instrumenten nicht vollständig abstrahiert werden.[1119] Dabei gehen jedoch von den Instrumenten bzw. bestimmten Ausprägungen der Instrumente unterschiedliche Wirkungen auf den Markenwert einer Händlermarke aus. Oehme z.B. nimmt eine Unterteilung der Handelsmarketinginstrumente in Standort-, Sortiments-, Preis- und Profil-Marketing vor und betont damit die sogenannten „profilierenden Instrumente" als eigenständige Gruppe.[1120] Dieser Begriff des Profil-Marketing, der nach Oehme eine Gruppe von Marketinginstrumenten bezeichnet, die dem Ziel dienen, einem Handelsunternehmen ein

---

[1114] Vgl. Dacin, Peter; Smith, Daniel: Einfluss des Produktportfolios auf die Markenstärke, in: Esch, Franz-Rudolf (Hrsg.): Moderne Markenführung, 2. Aufl., (Gabler) Wiesbaden 2000, S. 779-797, S. 785f.

[1115] Ähnlich argumentiert Bekmeier-Feuerhahn, Sigrid: Marktorientierte Markenbewertung, (DUV) Wiesbaden 1998, S. 130, in Bezug auf die Bekanntheit.

[1116] Siehe z.B. Oehme, Wolfgang: Handels-Marketing, 2. Aufl., (Vahlen) München 1992; Berekoven, Ludwig: Erfolgreiches Einzelhandelsmarketing, 2. Aufl., (Beck) München 1995; Müller-Hagedorn, Lothar: Der Handel, (Kohlhammer) Stuttgart u.a. 1998, S. 380-492; Theis, Hans-Joachim: Handels-Marketing, (dfv) Frankfurt a.M. 1999; Liebmann, Hans-Peter; Zentes, Joachim: Handelsmanagement, (Vahlen) München 2001, S. 427-580.

[1117] Vgl. Mulhern, Francis: Retail marketing: From distribution to integration, in: IJRM, 14. Jg., 1997, S. 103-124.

[1118] Vgl. Tietz, Bruno: Marketing, 3. Aufl., (Werner) Düsseldorf 1993, S. 304.

[1119] Vgl. Burkhardt, Achim: Die Betriebstypenmarke im stationären Einzelhandel, Diss., Universität Erlangen-Nürnberg 1997, S. 209.

[1120] Vgl. Oehme, Wolfgang: Handels-Marketing, 2. Aufl., (Vahlen) München 1992, S. 124-390.

eigenständiges und unverwechselbares Erscheinungsbild zu verschaffen, „und die sich nicht auf den Standort, das Sortiment und das Preis-Marketing beziehen"[1121] wird jedoch kritisiert, da auch diejenigen Marketinginstrumente der Profilierung dienlich sein können, die von Oehme ausdrücklich nicht dem Profil-Marketing zugeordnet werden.[1122]

Dabei können alle absatzpolitischen Instrumente unter bestimmten Umständen markenprägend sein.[1123] Marketinginstrumente eignen sich prinzipiell dann zur Profilierung der Einkaufsstätten eines Handelsunternehmen, d.h. zur Markenbildung, wenn sie derartig eingesetzt werden, dass sich die betrachteten Einkaufsstätten in der Wahrnehmung und Erinnerung der Konsumenten von Einkaufsstätten der Konkurrenz abheben. Da die Profilierung eine langfristige Strategie ist, eignen sich insbesondere diejenigen Marketinginstrumente eines Handelsunternehmens zur Profilierung der Händlermarke, die von den Wettbewerbern nicht ohne weiteres imitiert werden können.[1124]

In der vorliegenden Untersuchung interessiert jedoch nicht eine umfassende Diskussion der möglichen Gestaltungsoptionen jedes Marketinginstruments und seine potenziellen Wirkungen. Zu einer Vielzahl von Einzelinstrumenten des Handelsmarketing liegen bereits detaillierte Untersuchungen über ihre Wirkungen vor.[1125] „Jedes absatzpolitische Instrument hat auch eine Imagekomponente."[1126] Im Folgenden sollen dabei nur für ausgewählte Instrumente, denen in der Handelsliteratur eine besondere Bedeutung für die Profilierung zugemessen wird, ausgewählte Aspekte der Wirkungsbeziehungen von Marketinginstrumenten und der Händlermarke beschrieben werden. Aspekte der Markierung, z.B. die Planung der konstitutiven Merkmale Markenname, Markensymbol usw., sollen dabei nicht näher betrachtet werden.[1127]

[1121] Oehme, Wolfgang: Handels-Marketing, 2. Aufl., (Vahlen) München 1992, S. 344.

[1122] Vgl. Siemer, Silke: Einkaufsstättenprofilierung durch Handelsmarkenware des Lebensmitteleinzelhandels, (Shaker) Aachen 1999, S. 34; Burkhardt, Achim: Die Betriebstypenmarke im stationären Einzelhandel, Diss., Universität Erlangen-Nürnberg 1997, S. 83.

[1123] Vgl. Burkhardt, Achim: Die Betriebstypenmarke im stationären Einzelhandel, Diss., Universität Erlangen-Nürnberg 1997, S. 82f.

[1124] Vgl. Siemer, Silke: Einkaufsstättenprofilierung durch Handelsmarkenware des Lebensmitteleinzelhandels, (Shaker) Aachen 1999, S. 55.

[1125] So z.B. zu Handelsmarken (siehe u.a. die Beiträge im Sammelwerk von Bruhn, Manfred (Hrsg.): Handelsmarken, 2. Aufl., (Schäffer-Poeschel) Stuttgart 1997), zur Werbung (z.B. Barth, Klaus; Theis, Hans-Joachim: Werbung des Facheinzelhandels, (Gabler) Wiesbaden 1991), zur Preispolitik (siehe z.B. Schindler, Hermann: Marktorientiertes Preismanagement im Einzelhandel, (Schindler) Bad Homburg 1998) und zur Ladengestaltung (z.B. Bost, Erhard: Ladenatmosphäre und Konsumentenverhalten, (Physica) Heidelberg 1987).

[1126] Tietz, Bruno: Marketing, 3. Aufl., (Werner) Düsseldorf 1993, S. 303.

[1127] Ausführliche Betrachtungen zu diesem Thema in Bezug auf den Einzelhandel finden sich in z.B. bei Zentes, Joachim; Janz, Markus; Morschett, Dirk: HandelsMonitor 2001: Retail Branding - Der Handel als Marke, (Lebensmittel Zeitung) Frankfurt a.M. 2000, S. 95-114.

2. Sortimentspolitik

a) Überblick

Eine der wesentlichen Handelsleistungen für den Kunden ist die Zusammenstellung von Sortimenten. Dabei besteht eine enge Beziehung von angebotenen Produkten und Marken (auf der Sortimentsebene) und der Händlermarke. Mulhern führt Studien auf, die den Einfluss des Sortimentsimage auf das Einkaufsstättenimage darstellen.[1128] Das Sortiment als prägendes Element der Händlermarke in den Vordergrund zu stellen, bedeutet, einen wesentlichen Schwerpunkt, z.b. auch in der Kommunikationspolitik, auf das Sortiment zu legen.[1129] Burkhardt spricht in diesem Fall von einem „sortimentsgeprägten Betriebstypenmarkenimage".[1130]

b) Auswahl

Dies kann einerseits durch besonders große Auswahl realisiert werden. Beispielsweise versuchen die Nonfood-Fachmärkte, insbesondere diese Dimension der Sortimentspolitik als profilierendes Merkmal zu verwenden. Media-Markt, OBI und Decathlon werden hierfür als Beispiele genannt.[1131]

Die Sortimentskompetenz im Sinne einer entsprechenden Auswahl wurde in den letzten Jahren in einer Reihe von Untersuchungen als einer der Erfolgsfaktoren im Einzelhandel belegt. So kann z.B. Wahle die Sortimentstiefe als Erfolgsfaktor im Radio- und Fernsehfachhandel empirisch nachweisen.[1132] Falter belegt in seiner Untersuchung zu Wettbewerbsvorteilen von Filialbetrieben des deutschen Nonfood-Einzelhandels, dass die Sortimentstiefe ein Erfolgsmerkmal ist, sowohl für Betriebstypen, die eine hohe Kostenorientierung mit einer breiten Marktabdeckung kombinieren (Fachmärkte) als auch für spezialisierte Qualitätsanbieter (Fachgeschäfte).[1133] Die Zielsetzung einer Profilierung über eine große Sortimentsbreite liegt dagegen u.a. in der höheren Einkaufsbequemlichkeit für den Kunden. Die Breite des Sortiments soll dabei auch Cross-Selling-Effekte ermöglichen.[1134]

[1128] Vgl. Mulhern, Francis: Retail marketing: From distribution to integration, in: IJRM, 14. Jg., 1997, S. 103-124, S. 110.

[1129] Vgl. Zentes, Joachim; Janz, Markus; Morschett, Dirk: HandelsMonitor 2001: Retail Branding - Der Handel als Marke, (Lebensmittel Zeitung) Frankfurt a.M. 2000, S. 49.

[1130] Burkhardt, Achim: Die Betriebstypenmarke im stationären Einzelhandel, Diss., Universität Erlangen-Nürnberg 1997, S. 209.

[1131] Vgl. Zentes, Joachim; Janz, Markus; Morschett, Dirk: HandelsMonitor 2001: Retail Branding - Der Handel als Marke, (Lebensmittel Zeitung) Frankfurt a.M. 2000, S. 49.

[1132] Vgl. Wahle, Peter: Erfolgsdeterminanten im Einzelhandel, (Lang) Frankfurt a.M. 1991, S. 190f.

[1133] Vgl. Falter, Hartmut: Wettbewerbsvorteile von Filialbetrieben, (DUV) Wiesbaden 1992, S. 125-130.

[1134] Vgl. Burkhardt, Achim: Die Betriebstypenmarke im stationären Einzelhandel, Diss., Universität Erlangen-Nürnberg 1997, S. 216f.

In einer Umfrage des (heutigen) Instituts für Handel und Internationales Marketing an der Universität des Saarlandes wurde von Experten einer Erweiterung der Sortimentstiefe eine bedeutsame Rolle für die zukünftige Entwicklung zugebilligt, zugleich jedoch eine Straffung/Bereinigung der Sortimentsbreite vorausgesehen.[1135] Diese prognostische Aussage ist durchaus mit den theoretischen Überlegungen zur Stärkung der Händlermarke vereinbar, da eine „diffuse" Ausbreitung der Sortimente in vielen Fällen einer Vermittlung von Kompetenz in bestimmten Bereichen eher entgegensteht und die Glaubwürdigkeit des Anbieters leiden kann. Eine Erhöhung der Sortimentstiefe fokussiert dagegen die Händlermarke bzw. das entsprechende Markenschema in eine bestimmten Warengruppe. Auch die Ergebnisse der Studie von Patt belegen die Profilierungswirkung der Sortimentstiefe. So unterstreicht Patt hinsichtlich der Erfolgswirkung alternativer Sortimentsstrategien, dass diejenigen Einzelhandelsbetriebe besonders erfolgreich sind, die sich auf ihre angestammte Kernkompetenz im Sortiment beschränken und einer Erhöhung der Sortimentstiefe vor einer Erhöhung der Sortimentsbreite Vorrang einräumen.[1136]

Zur Erzielung konsistenter und unverwechselbarer Assoziationen mit der Händlermarke müssen v.a. solche Produkte zu einem Sortiment zusammengestellt werden, die eine ähnliche Grundaussage beinhalten und sich zu einer „einheitlichen Botschaft" verbinden lassen. Daher wird postuliert, dass mit einer erhöhten Sortimentstiefe eher eine entsprechende Konsistenz des Markenschemas zu erreichen ist als mit einer erhöhten Sortimentsbreite. Dies hängt u.a. damit zusammen, dass bei einer hohen Sortimentstiefe die Leistungsgarantie gegenüber dem Abnehmer konzentrierter und damit auch glaubwürdiger wird.[1137]

Aktuelle Tendenzen zeigen gleichzeitig „verschwimmende Sortimentsgrenzen" im Einzelhandel, eine Entwicklung, die zu einer zunehmenden wettbewerblichen Überschneidung zwischen den Sortimenten unterschiedlicher Händlermarken verschiedener Branchen führt.[1138] Damit hat der Trend für die Händlermarke auch die Konsequenz, dass sich eine wettbewerbsstrategische Positionierung nicht mehr nur am unmittelbaren Branchenumfeld ausrichten muss, sondern die Konkurrenz im weiteren Sinne betrachten muss. Bezüglich dieser Tendenzen sind zwei Aspekte zu beachten:

♦ So wird oftmals darauf geachtet, image- oder kompetenzmäßig verbundene Sortimente, die bislang auf Grund eher künstlicher branchenmäßiger Trennungen nicht geführt

---

[1135] Vgl. Zentes, Joachim; Anderer, Michael: Handelsperspektiven bis zum Jahre 2000, (Institut für Internationales Marketing - GDI) Saarbrücken-Rüschlikon 1993, S. 32.

[1136] Vgl. Patt, Paul-Josef: Strategische Erfolgsfaktoren im Einzelhandel, 2. Aufl., (Lang) Frankfurt a.M. u.a. 1990, S. 137.

[1137] Vgl. Burkhardt, Achim: Die Betriebstypenmarke im stationären Einzelhandel, Diss., Universität Erlangen-Nürnberg 1997, S. 239.

[1138] Vgl. Zentes, Joachim; Swoboda, Bernhard: HandelsMonitor I/98 - Trends & Visionen: Wo wird im Jahre 2005 Handel ‚gemacht'?, (dfv) Frankfurt a.M. 1998, S. 125-133.

wurden, zu integrieren (so z.b. Lebensmittel wie isotonische Getränke u.Ä. in Sport-
fachmärkten). Dieser Trend stärkt also, ähnlich einer erhöhten Sortimentstiefe, die
Händlermarke, da die gleiche Kernbotschaft der Marke durch unterschiedliche Sortimente kommuniziert wird.

♦ In anderen Fällen sind die Überlegungen zum Markentransfer relevant, z.b. wenn
Anbieter wie Aldi ihr bestehendes Markenimage dazu nutzen, auch PC's anzubieten.
In diesem Fall wird ein bestehendes Schema genutzt, um auch in anderen Warenkate-
gorien Bedürfnisse bezüglich ähnlicher Eigenschaften anzusprechen. So wird das gute Preis-Leistungs-Image von Aldi hier auf neue Warengruppen übertragen. Die Marke wird dadurch dann nicht geschwächt, wenn dieses Schema-Element auch durch die
neue Warengruppe bestätigt wird.

c) Sortimentsqualität

Neben der Auswahl ist die Sortimentsqualität als eigenständige Dimension zu sehen.
Auch eine Qualitätsprofilierung kann evtl. durch das Sortiment begründet werden, wobei alleine in diesem Bereich eine Fülle von Optionen besteht. Die Qualität des Sortiments kann durch die Art der Zusammenstellung oder das Führen außergewöhnlicher
bzw. sehr hochwertiger Marken erzeugt werden. Sie kann in der Frische, Natürlichkeit
oder Einzigartigkeit der Produkte liegen, so im Lebensmitteleinzelhandel.[1139] Im Le-
bensmittelsektor versuchen z.b. Feinkostläden und die Lebensmittelabteilungen der
Kaufhäuser die Sortimentsqualität zu betonen.[1140]

Andererseits ist zu beachten, dass die Sortimentsqualität eine der zentralen Anforderungen der Konsumenten an alle Anbieter darstellt. Theis stellte beispielsweise branchen-
übergreifend fest, dass ein hohes Qualitätsniveau auf dem ersten Rang aller an die Ein-
kaufsstättenleistungen gestellten Anforderungen rangierte.[1141] Auch die Untersuchungen
von Heinemann[1142] und Rudolph[1143] kommen zum gleichen Ergebnis. Oft wird dabei
argumentiert, dass eine hohe Sortimentsqualität mittlerweile zum Standard geworden ist,
so dass eine Differenzierung über dieses Merkmal nur noch schwerlich möglich sei.[1144]

[1139] Vgl. Liebmann, Hans-Peter; Zentes, Joachim: Handelsmanagement, (Vahlen) München 2001,
S. 194f.

[1140] Vgl. Zentes, Joachim; Janz, Markus; Morschett, Dirk: HandelsMonitor 2001: Retail Branding - Der
Handel als Marke, (Lebensmittel Zeitung) Frankfurt a.M. 2000, S. 49.

[1141] Vgl. Theis, Hans-Joachim: Einkaufsstätten-Positionierung, (DUV) Wiesbaden 1992, S. 430.

[1142] Vgl. Heinemann, Gerrit: Betriebstypenprofilierung und Erlebnishandel, (Gabler) Wiesbaden 1989,
S. 118.

[1143] Vgl. Rudolph, Thomas: Positionierungs- und Profilierungsstrategien im Europäischen Einzelhandel,
(Verlag Thexis AG) St. Gallen 1993, S. 228.

[1144] Vgl. z.B. Rudolph, Thomas: Positionierungs- und Profilierungsstrategien im Europäischen
Einzelhandel, (Verlag Thexis AG) St. Gallen 1993, S. 215, S. 229. Siehe auch Abschnitt C.I.2.

d)   Markenartikel vs. Handelsmarken

Für Handelsunternehmen besteht innerhalb der Sortimentsgestaltung die Möglichkeit, sich über das Führen von Markenartikeln zu profilieren.[1145] Dabei kann durch einen Imagetransfer von einer Herstellermarke profitiert werden.[1146] Dabei ist davon auszugehen, dass die im Sortiment enthaltenen Marken mit ihrem Markenwert auf die wahrgenommene Sortimentsqualität wirken.[1147] Eine empirische Untersuchung, die sich mit dem Einfluss einzelner Marken im Sortiment sowie der Anzahl der bekannten Marken auf die Händlermarke beschäftigt, stellen Porter/Claycomb vor. Als Ergebnis resümieren sie, dass sowohl die Anzahl der bekannten Marken als auch eine starke „Ankermarke" positiv auf die Händlermarke wirken.[1148]

Andererseits wird oftmals argumentiert, dass eine Differenzierung von der Konkurrenz über das Sortiment dann nicht erfolgversprechend ist, wenn überwiegend ubiquitär vertriebene Markenartikel angeboten werden.[1149] Daher werden oftmals gerade Eigen- bzw. Handelsmarken als mögliche Profilierungsinstrumente genannt. Bei diesen handelt es sich um Marken, deren Eigner Handelsunternehmen sind.[1150] Eigenmarken im Sortiment werden dabei als eine der vorherrschenden Marketinginstrumente zum Aufbau einer Händlermarke angesehen. Mit dem Potenzial von Handelsmarken zur Profilierung von Handelsunternehmen beschäftigen sich eine Vielzahl von Untersuchungen.[1151] „Han-

---

[1145] Vgl. Sandler, Guido: Herstellermarken, in: Bruhn, Manfred (Hrsg.): Handbuch MA, Bd. 1, (Schäffer-Poeschel) Stuttgart 1994, S. 43-56, S. 44-47; Burkhardt, Achim: Die Betriebstypenmarke im stationären Einzelhandel, Diss., Universität Erlangen-Nürnberg 1997, S. 219.

[1146] Vgl. Burkhardt, Achim: Die Betriebstypenmarke im stationären Einzelhandel, Diss., Universität Erlangen-Nürnberg 1997, S. 220.

[1147] Vgl. Baker, Julie, Grewal, Dhruv; Parasumaran, A.: The influence of store environment on quality inference and store image, in: JAMS, 22. Jg., 1994, Nr. 4, S. 328-339.

[1148] Vgl. Porter, Stephen; Claycomb, Cindy: The influence of brand recognition on retail store image, in: JPBM, 6. Jg., 1997, Nr. 6, S. 373-387, S. 382.

[1149] Vgl. Schmid, Florian: Positionierungsstrategien im Einzelhandel, (dfv) Frankfurt a.M. 1996, S. 167; Hansen, Ursula: Absatz- und Beschaffungsmarketing des Einzelhandels, 2. Aufl., (Vandenhoeck&Ruprecht) 1990, S. 222f.; S. 109; Tietz, Bruno: Der Handelsbetrieb, 2. Aufl., (Vahlen) München 1993, S. 314-318. Jedoch ist - abweichend von dieser generellen Aussage - zu beachten, dass unter bestimmten Umständen eine hohe Austauschbarkeit des Sortiments (und damit eine hohe Vergleichbarkeit) auch gewünscht sein kann - nämlich dann, wenn man gegenüber den anderen Einzelhändlern (mit ähnlichen Sortimenten) andere Wettbewerbsvorteile in den Vordergrund stellen will; siehe zu den Überlegungen der „Anpassungsstrategie" Hansen, Ursula: Absatz- und Beschaffungsmarketing des Einzelhandels, 2. Aufl., (Vandenhoeck&Ruprecht) 1990, S. 223. Die Strategie der Markendiscounter ist darauf ausgelegt, dem Kunden einen Vergleich der Sortimente zu ermöglichen, um damit den Wettbewerbsvorteil des Preises, den sie bei den gleichen Artikeln bieten, besser darstellen zu können.

[1150] Vgl. Schenk, Hans-Otto: Handels- und Gattungsmarken, in: Bruhn, Manfred (Hrsg.): Handbuch Markenartikel, Bd. 3, (Schäffer-Poeschel) Stuttgart 1994, S. 57-78, S. 59.

[1151] Vgl. z.B. Schmalen, Helmut; Lang, Herbert; Pechtl, Hans: Gattungsmarken als Profilierungsinstrument im LEH, in: Trommsdorff, Volker (Hrsg.): Handelsforschung 1996/97, (Gabler) Wiesbaden 1996, S. 239-258; Hammann, Peter; Tebbe, Cordula; Braun, Daniela: Die Führung und Etablierung transnationaler Handelsmarken als Instrument der Profilierung des Handels, in: Trommsdorff, Vol-

delsmarken sind Ausdruck eines verstärkten Profilierungsstrebens der Handelsunternehmen".[1152]

Unter anderem soll mit Hilfe der Eigenmarken über ein eigenständiges Sortimentsprofil eine Abgrenzung gegenüber der Konkurrenz erreicht werden. Dies ist insbesondere wegen der Problematik der zunehmenden Austauschbarkeit der Sortimente bedeutend. Durch Zufriedenheit mit den Handelsmarken und eine dadurch induzierte Wiederkaufabsicht kann zugleich eine erhöhte Markentreue gegenüber der Händlermarke erreicht werden.[1153] Eine Markentreue zu einer bestimmten Herstellermarke hat im Gegensatz dazu i.d.R. nicht das Potenzial, zu einer Händlermarkentreue zu führen.

Bezüglich der Handelsmarken ist zu entscheiden, inwiefern das Handelsunternehmen und die entsprechende Handelsmarke miteinander assoziiert werden. Bei einer Reihe von Handelsmarken wird heute angestrebt, im Marktauftritt wie eine Herstellermarke zu wirken, die exklusiv bei einem einzelnen Handelsunternehmen zu kaufen ist. Bei anderen Handelsmarken wird das Handelsunternehmen als Absender der Handelsmarke deutlich. Bei Verwendung der Händlermarke bzw. bei einem Hinweis darauf (z.B. in Form einer doppelten Markierung) entsteht eine enge gegenseitige Beeinflussung zwischen Händler- und Handelsmarke.[1154] So lassen sich empirisch heute u.a. folgende Formen vorfinden:[1155]

♦ Handelsmarke, deren Bezeichnung identisch der Händlermarke ist (z.B. The Body Shop, The Gap, Coop),

♦ Händlermarke als Dachmarke mit einer weiteren Ergänzung (z.B. Coop Naturaplan, Tesco Finest) und

♦ Fantasiemarke, d.h. Handelsmarke ohne Bezug zur Händlermarke (z.B. Mibell von Edeka, Füllhorn von Rewe).

---

ker (Hrsg.): Handelsforschung 1996/97, (Gabler) Wiesbaden 1996, S. 259-276; Sternagel, Eva-Marie: Handelsmarkenstrategien, in: Bruhn, Manfred (Hrsg.): Handbuch MA, Bd. 1, (Schäffer-Poeschel) Stuttgart 1994, S. 543-560; Steenkamp, Jan-Benedict; Dekimpe, Marnik: The Increasing Power of Store Brands, in: LRP, 30. Jg., 1997, Nr. 6, S. 917-930.

[1152] Zentes, Joachim: Grundbegriffe des Marketing, 4. Aufl., (Schäffer-Poeschel) Stuttgart 1996, S. 247.

[1153] Vgl. Hansen, Ursula: Absatz- und Beschaffungsmarketing des Einzelhandels, 2. Aufl., (Vandenhoeck&Ruprecht) 1990, S. 244; Jauschowetz, Dieter: Marketing im Lebensmitteleinzelhandel - Industrie und Handel zwischen Kooperation und Konfrontation, (Ueberreuter) Wien 1995, S. 127; Brauer, Wolfgang: Die Betriebsform im stationären Einzelhandel als Marke, (FGM) München 1997, S. 100. Das Thema der preislichen Positionierung der Handelsmarken soll hier ausgeklammert werden

[1154] Vgl. u.a. Burkhardt, Achim: Die Betriebstypenmarke im stationären Einzelhandel, Diss., Universität Erlangen-Nürnberg 1997, S. 227.

[1155] Vgl. zu unterschiedlichen Markenstrategien Sternagel-Ellmauer, Eva-Marie: Handelsmarkenstrategie und Entscheidungen der Handelsmarkenpolitik, in: Bruhn, Manfred (Hrsg.): Handelsmarken, 2. Aufl., (Schäffer-Poeschel) Stuttgart 1997, S. 97-115, S. 102f.; Widmer, Fred: Die Verpackung als Instrument im Kommunikations-Mix des Handels, in: Marketing-ZFP, 8. Jg., 1986, Nr. 1, S. 19-26, S. 24.

Mit zunehmender Nähe der Handelsmarke zur Händlermarke wird auch eine assoziative Verknüpfung geschaffen, die in einem (gegenseitigen) Image-Transfer resultiert. Den Synergie- und Goodwill-Transfer-Effekten steht im negativen Fall jedoch ein höheres Risiko gegenüber, da alle Leistungen, die unter einer einheitlichen Marke angeboten werden, auch aufeinander wirken. Probleme, z.B. qualitativer Art, beeinflussen dabei automatisch beide Leistungsbereiche.[1156] Dabei müssen die Wirkungen auf einzelne Aspekte des Markenwerts differenziert betrachtet werden, weil eine Reihe davon bereits durch die Verfügbarkeit von Handelsmarken ausgelöst werden, andere jedoch nur bei spezifischen Ausprägungen der Handelsmarken:

+ Eigenmarken wirken auf die Differenzierungsstärke der Händlermarke, weil die Sortimentsleistung durch sie weniger austauschbar wird, und auf die Markentreue zur Händlermarke, falls Markentreue zur Handelsmarke aufgebaut werden kann. Diese Wirkung ist zunächst unabhängig von der Bezeichnung der Handelsmarke.

+ Eine Wechselwirkung zwischen Händlermarke und Handelsmarke besteht beim Vertrauen der Konsumenten. Das Vertrauen in die Händlermarke und das Vertrauen in die Handelsmarke werden verknüpft und bei positiver Verstärkung auch - bei Erkennbarkeit der Marke als Handelsmarke - transferiert.[1157]

+ Eine Handelsmarke, die die Bezeichnung der Händlermarke nutzt, wirkt positiv auf die Bekanntheit der Händlermarke, weil die Kommunikationsleistung von Handelsmarke und Händlermarke gebündelt wird.

Ein Instrument, das vor diesem Hintergrund noch erwähnt werden muss, ist die „Exklusivmarke" bzw. die in einer bestimmten Region exklusiv bei einem bestimmten Einzelhändler verfügbare Marke. Damit sind eine Reihe der genannten Vorteile der Handelsmarken erreichbar, gleichzeitig sind auch zahlreiche Vorteile des Markenartikels für den Handel erzielbar.[1158]

3. Kommunikationspolitik

Ein Unternehmen muss nicht nur klare Wettbewerbsvorteile aufbauen, sondern diese auch den Konsumenten kommunizieren.[1159] Damit gehört die Kommunikationspolitik zu

---

[1156] Vgl. Brauer, Wolfgang: Die Betriebsform im stationären Einzelhandel als Marke, (FGM) München 1997, S. 101. Eine detaillierte Betrachtung der einzelnen Strategien findet sich bei Burkhardt, Achim: Die Betriebstypenmarke im stationären Einzelhandel, Diss., Universität Erlangen-Nürnberg 1997, S. 223-236.

[1157] Siehe hierzu die Überlegungen zum Markentransfer im Zweiten Kapitel, Abschnitt A.II.2.i).

[1158] Vgl. Widmer, Fred: Von der Eigenmarke und Handelsmarke zur Exklusivmarke - Die Exklusivmarkenpolitik der Coop Schweiz, in: Bruhn, Manfred (Hrsg.): Handelsmarken, 2. Aufl., (Schäffer-Poeschel) Stuttgart 1997, S. 329-343, S. 336-338.

[1159] Vgl. Kotler, Philip; Bliemel, Friedhelm: Marketing-Management, 9. Aufl., (Schäffer-Poeschel) Stuttgart 1999, S. 504f.

den entscheidenden Instrumenten, um den angestrebten Zielgruppen die Positionierung des Handelsunternehmens nahezubringen.[1160] Da Einstellungen Ergebnis eines Lernprozesses sind, hängt die Händlermarke von den Erfahrungen eines Individuums mit einem Laden ab. Unter Umständen genügt auch bereits eine mediale Erfahrung, um ein Ladenimage aufzubauen. So zeigt bspw. Oxenfeldt, dass Konsumenten auch ein Markenschema von Läden entwickeln, mit denen sie bisher noch keine direkten eigenen Erfahrungen gemacht haben.[1161]

Im Lebensmitteleinzelhandel stellt die Werbung die zentrale Erscheinungsform absatzfördernder Kommunikation zwischen Handelsunternehmen und Konsumenten dar. Daher erfolgt die kommunikative Beeinflussung von Zielpersonen insbesondere durch klassische Werbung und PoS-Werbung, gelegentlich auch durch Außenwerbung.[1162] Neben der Intensität der Werbung, die sich z.B. im Budget und dem zeitlichen Einsatz des Werbemitteleinsatzes ausdrückt, ist auch die inhaltliche Ausrichtung der Werbung eine wesentliche Entscheidung im Rahmen der Kommunikationspolitik.[1163] Auf die Besonderheiten der Kommunikationspolitik von Handelsunternehmen im Vergleich zu Konsumgüterherstellern geht u.a. Berekoven ein.[1164] Als Teilelement der Kommunikationsstrategie, das hier betrachtet werden soll, ist die Festlegung der Werbeaussage zu sehen, bei der es um die Frage geht, was inhaltlich über die Händlermarke kommuniziert werden soll.[1165] Ein Problem des Handels liegt dabei - wie bereits erwähnt - darin, dass der Dienstleistungsanteil seiner Leistung immateriell ist und damit eher schlechter kommunizierbar als die Vorteile materieller Güter.[1166]

Die Austauschbarkeit von Händlermarken kann auch mit den Mitteln der Kommunikationspolitik reduziert werden. In diesem Sinne kommt der Unternehmenskommunikation eine Differenzierungsfunktion zu. Ihre Aufgabe ist es, das von anderen Handelsunter-

---

[1160] Vgl. Schmid, Florian: Positionierungsstrategien im Einzelhandel, (dfv) Frankfurt a.M. 1996, S. 128.

[1161] Vgl. Oxenfeldt, Alfred: Developing a favorable price-quality image, in: JoR, 50. Jg., 1974/75, Nr. 4, S. 8-14, S. 10.

[1162] Vgl. Oehme, Wolfgang: Handels-Marketing, 2. Aufl., (Vahlen) München 1992, S. 366; Siemer, Silke: Einkaufsstättenprofilierung durch Handelsmarkenware des Lebensmitteleinzelhandels, (Shaker) Aachen 1999, S. 53; Tietz, Bruno: Marketing, 3. Aufl., (Werner) Düsseldorf 1993, S. 303

[1163] Vgl. Siemer, Silke: Einkaufsstättenprofilierung durch Handelsmarkenware des Lebensmitteleinzelhandels, (Shaker) Aachen 1999, S. 53f.

[1164] Vgl. Berekoven, Ludwig: Erfolgreiches Einzelhandelsmarketing, 2. Aufl., (Beck) München 1995, S. 225-231; generell mit den Besonderheiten der Werbung von Dienstleistungsunternehmen beschäftigen sich Meffert/Bruhn; vgl. Meffert, Heribert; Bruhn, Manfred: Dienstleistungsmarketing, 2. Aufl., (Gabler) Wiesbaden 1997, S. 335-338.

[1165] Siehe zur Darstellung aller Entscheidungsfelder der Kommunikationsstrategie im Handel z.B. Hansen, Ursula: Absatz- und Beschaffungsmarketing des Einzelhandels, 2. Aufl., (Vandenhoeck&Ruprecht) 1990, S. 398.

[1166] Vgl. Berekoven, Ludwig: Erfolgreiches Einzelhandelsmarketing, 2. Aufl., (Beck) München 1995, S. 227; Meffert, Heribert; Bruhn, Manfred: Dienstleistungsmarketing, 2. Aufl., (Gabler) Wiesbaden 1997, S. 338.

nehmen unterscheidbare Leistungsangebot zu kommunizieren,[1167] und dabei letztlich die gesamte Marketingkonzeption bzw. die Kernkomponenten der Händlermarke sichtbar zu machen.[1168] Als Grundprinzip gilt dabei die Unterordnung der Werbeaussage unter die Marketingziele. Hansen zeigt in diesem Zusammenhang auf, dass sich die Werbeaussage auf verschiedene funktionale Qualitäten beziehen kann, die der Konsument bei seiner Beurteilung der Handelsleistung heranzieht, so Erreichbarkeit, Sortimentsauswahl, Service usw.[1169] Derzeit ist jedoch die Einzelhandelswerbung noch stark warenbezogen und rational. Mit Ausnahmen fokussiert der (Lebensmittel-)Einzelhandel heute auf Preiswerbung. Eine langfristige, umfassende Positionierungswerbung wird in den meisten Fällen nicht vorgenommen. Mulhern zeigt empirische Studien auf, nach denen zwar einige wenige Handelsunternehmen das Einkaufsstättenimage bewerben, die Mehrzahl aller Werbekampagnen jedoch lediglich taktische Maßnahmen auf Produkt- oder Einzelmarkenebene beinhaltet.[1170] Engel/Blackwell/Miniard beschreiben die enge Verbindung einer hohen Preisorientierung in der Handelswerbung mit der Einkaufs- und Sortimentsorientierung im Handel. So sei der Handel in der Vergangenheit nicht absatz-, sondern eher beschaffungsmarktorientiert gewesen und der Umgang mit dem Sortiment - Einkauf, Verfügbarkeit, Preisgestaltung - sei zentral gewesen. Von daher hätten sich die Werbeaktivitäten auch lange Zeit auf eine reine Preiswerbung bezogen.[1171] In der Wahrnehmung der Konsumenten führt dies jedoch zu einer erhöhten Austauschbarkeit der Unternehmen. Durch die sehr verbreitete Preiswerbung ist ein USP, also die Einzigartigkeit des versprochenen Kundenvorteils, in der Regel nicht zu erreichen.[1172] So kritisierte Happel bereits Anfang der 80er Jahre, dass die Einzelhandelswerbung sehr stark auf Sonderangebote bezogen sei und damit austauschbar und keinen deutlichen Beitrag zur Unternehmensprofilierung leiste.[1173] Oehme bestätigt diese Kritik in Bezug auf den Lebensmitteleinzelhandel auch in den 90ern.[1174]

Gleichzeitig wird deutlich gemacht, dass Preiswerbung im Einzelhandel notwendig ist, weil ein relativ hoher Teil der Konsumenten sich von der Preiswerbung und aktuellen

---

[1167] Vgl. Theis, Hans-Joachim: Handels-Marketing, (dfv) Frankfurt a.M. 1999, S. 679

[1168] Vgl. Oehme, Wolfgang: Handels-Marketing, 2. Aufl., (Vahlen) München 1992, S. 366.

[1169] Hansen, Ursula: Absatz- und Beschaffungsmarketing des Einzelhandels, 2. Aufl., (Vandenhoeck&Ruprecht) 1990, S. 411.

[1170] Vgl. Mulhern, Francis: Retail marketing: From distribution to integration, in: IJRM, 14. Jg., 1997, S. 103-124, S. 115.

[1171] Vgl. Engel, James; Blackwell, Roger; Miniard, Paul: Consumer Behaviour, 8. Aufl., (The Dryden Press) Fort Worth 1995, S. 849. Der Aspekt des Wandels von einer Beschaffungsmarktorientierung hin zu einer Marketingorientierung wurde bereits im einleitenden Ersten Kapitel als wesentliche Basis der Schaffung von Händlermarken dargestellt.

[1172] Vgl. Hansen, Ursula: Absatz- und Beschaffungsmarketing des Einzelhandels, 2. Aufl., (Vandenhoeck&Ruprecht) 1990, S. 411f.

[1173] Vgl. Happel, Heinrich: Anzeigen wirken nicht automatisch, in: Dynamik im Handel, 24. Jg., 1980, Nr. 3, S. 8-16, S. 11f.

[1174] Vgl. Oehme, Wolfgang: Handels-Marketing, 2. Aufl., (Vahlen) München 1992, S. 371.

Preisaktionen in seiner Einkaufsstättenwahl beeinflussen lässt. Es wird jedoch darauf hingewiesen, dass diese Form der Werbung weniger die langfristige Markentreue als den kurzfristigen Einzelkauf induziert.[1175]

Damit wird deutlich, dass die Preiswerbung u.a. deshalb für viele Handelsunternehmen im Vordergrund steht, weil sie für viele Unternehmen ein relevantes Markenattribut ist. Gleichzeitig sei es jedoch für viele Unternehmen nicht das einzig relevante Markenattribut, so dass es in der Werbung notwendig sei, nicht ausschließlich den Preis zu kommunizieren.[1176] Oehme zeigt auf, dass die Werbung durch eine unternehmensbezogene und/oder emotionale Gestaltung besser in den Dienst der Profilierung gestellt werden könne, da sich die Werbung durch ihre vielen Verbraucherkontakte und die damit verbundene Langzeitwirkung zur Profilierung besonders eigne.[1177] Für die erfolgreiche Etablierung einer Händlermarke ist es daher für die meisten Händlermarken notwendig, den Fokus der Werbung stärker als bisher auch auf die Image-Werbung anstatt auf eine reine Preiswerbung zu richten.[1178] Gerade erfolgreiche Händlermarken (z.B. dm, OBI, H&M, Wal-Mart u.a.) zeichnen sich oft dadurch aus, dass ihre Werbekampagnen auch Image-Anzeigen sind. Nur in Einzelfällen (Discounter) können reine Preisanzeigen das notwendige Image vollständig transportieren.[1179] Unter Image-Werbung wird dabei in der vorliegenden Untersuchung Werbung verstanden, die (auch) andere als preisliche Einkaufsstättenattribute betont und dem Konsumenten (evtl. neben dem Preis) nicht-preisliche Nutzenvorteile kommuniziert.

Oehme formuliert normativ in Bezug auf die Handelswerbung: „Die Werbung wird sich also in Zukunft auch dem Profil-Marketing zuwenden müssen. Sie darf nicht nur im Dienste von Sortiments- und vor allem Preis-Marketing stehen."[1180] Neben diesen normativen Aussagen sind auch prognostische Aussagen in dieser Richtung zu finden. So zeigt Oehme auf, dass Befragungen im Lebensmitteleinzelhandel ergeben haben, dass ein Teil der Preiswerbung in Zukunft durch Image-Werbung ersetzt wird;[1181] Zentes/Janz/Morschett sehen eine „Entwicklung hin zu mehr Imagewerbung"[1182]; En-

[1175] Vgl. Engel, James; Blackwell, Roger; Miniard, Paul: Consumer Behaviour, 8. Aufl., (The Dryden Press) Fort Worth 1995, S. 849.

[1176] Vgl. Zentes, Joachim; Janz, Markus; Morschett, Dirk: HandelsMonitor 2001: Retail Branding - Der Handel als Marke, (Lebensmittel Zeitung) Frankfurt a.M. 2000, S. 111.

[1177] Vgl. Oehme, Wolfgang: Handels-Marketing, 2. Aufl., (Vahlen) München 1992, S. 370.

[1178] Vgl. Zentes, Joachim; Janz, Markus; Morschett, Dirk: HandelsMonitor 2001: Retail Branding - Der Handel als Marke, (Lebensmittel Zeitung) Frankfurt a.M. 2000, S. 113.

[1179] Vgl. Morschett, Dirk: Store Branding as a Goal of Strategic Retail Marketing, in: Cliquet, Gérard; Zentes, Joachim (Hrsg.): Retailing and Distribution in Europe, Proceedings, The third AFM French-German Conference, St. Malo 2000, o.S.

[1180] Oehme, Wolfgang: Handels-Marketing, 2. Aufl., (Vahlen) München 1992, S. 371.

[1181] Vgl. Oehme, Wolfgang: Handels-Marketing, 2. Aufl., (Vahlen) München 1992, S. 371f.

[1182] Zentes, Joachim; Janz, Markus; Morschett, Dirk: HandelsMonitor 2001: Retail Branding - Der Handel als Marke, (Lebensmittel Zeitung) Frankfurt a.M. 2000, S. 119.

gel/Blackwell/Miniard stellen für den amerikanischen Einzelhandel fest, dass sich die Rolle der Werbung dahin zu wandeln scheint, dass sie die allgemeine Positionierung mehr unterstützen will als singulär das Preisattribut.[1183] Gleichzeitig wird betont, dass mit einem Wandel in den Werbeinhalten auch eine Veränderung der Werbegestaltung und der Werbeträger einhergeht, hin zu mehr bildorientierter Werbung und auch dem Einsatz von TV-Werbung.[1184]

4. Preispolitik

Wird die Preispolitik als zentraler Wettbewerbsvorteil ins Zentrum gestellt, liegt das Ziel in einer hohen assoziativen Bindung zwischen der Händlermarke und dem Wettbewerbsvorteil hinsichtlich der Preisleistung. Erreicht werden kann dies gemäß des Kontinguitätsprinzips durch häufige gemeinsame Darbietung der preislichen Wettbewerbsvorteile zusammen mit der Händlermarke und durch Stützung der Preispolitik durch eine geeignete Ausgestaltung der übrigen Marketingmix-Instrumente.[1185]

Eine Reihe von Autoren schränkt den Preisvorteil als alleinigen Wettbewerbsvorteil dabei auf solche Geschäfte ein, die sich sicher sein können, im jeweiligen Konkurrenzumfeld ständig das absolut preisgünstigste Angebot anzubieten, was im Allgemeinen nur für Discounter gelte.[1186] Eine ausschließliche Orientierung am Wettbewerbsvorteil des Preises könne nur für eine sehr begrenzte Anzahl von Unternehmen in den jeweiligen Branchen erfolgreich sein, denn ein aggressiver Wettbewerb ausschließlich auf der Ebene des Preises sei für die meisten Unternehmen auf Dauer nicht durchzustehen.[1187] Dabei wirkt eine Konzentration auf den Preis in der Profilierungspolitik über den Marketingbereich hinaus auf die gesamte Unternehmenspolitik.[1188] Die Grundlage für eine Preisführerschaft ist in der Regel die Erlangung der Kostenführerschaft, deren Voraussetzungen bereits diskutiert wurden.[1189]

[1183] Vgl. Engel, James; Blackwell, Roger; Miniard, Paul: Consumer Behaviour, 8. Aufl., (The Dryden Press) Fort Worth 1995, S. 849.

[1184] Vgl. Zentes, Joachim; Janz, Markus; Morschett, Dirk: HandelsMonitor 2001: Retail Branding - Der Handel als Marke, (Lebensmittel Zeitung) Frankfurt a.M. 2000, S. 119. Zu den Vorteilen der bildhaften Kommunikation bei erlebnisorientierten Inhalten siehe auch Kroeber-Riel: Bildkommunikation, (Vahlen) München 1993.

[1185] Vgl. Burkhardt, Achim: Die Betriebstypenmarke im stationären Einzelhandel, Diss., Universität Erlangen-Nürnberg 1997, S. 257.

[1186] Vgl. Hätty, Holger: Der Markentransfer, (Physica) Heidelberg 1989, S. 239; Burkhardt, Achim: Die Betriebstypenmarke im stationären Einzelhandel, Diss., Universität Erlangen-Nürnberg 1997, S. 260f.

[1187] Vgl. Zentes, Joachim; Janz, Markus; Morschett, Dirk: HandelsMonitor 2001: Retail Branding - Der Handel als Marke, (Lebensmittel Zeitung) Frankfurt a.M. 2000, S. 111.

[1188] Vgl. Burkhardt, Achim: Die Betriebstypenmarke im stationären Einzelhandel, Diss., Universität Erlangen-Nürnberg 1997, S. 265

[1189] Siehe Abschnitt C.I.1.b)ii.

Burkhardt macht darauf aufmerksam, dass das erreichbare Preisimage in hohem Maße von dem jeweiligen Betriebstyp abhängt, von dem der Konsument in der Regel eine feste Vorstellung bezüglich des Preisniveaus hat. „So gelten Discounter, Verbrauchermärkte, SB-Warenhäuser, Schnäppchen-Märkte und Einheitspreisgeschäfte als preisdominant bzw. preisgünstig, während Supermärkten ein mittleres Preisniveau und z.b. Fachgeschäften sowie Warenhäusern ein eher hohes Preisniveau zugestanden wird."[1190] Diese Ausgangssituation, die sich - so wg. des hierarchischen Aufbaus der Markenschemata - auch auf die jeweilige Händlermarke imagemäßig überträgt, ist vor der Wahl der Preispolitik als Profilierungsmerkmal zu beachten.

Vielfach wird argumentiert, dass das Instrument der Preispolitik für die Profilierung einer Marke zunehmend weniger geeignet sei. So spricht Becker von einer eindimensionalen Präferenzbildung bzw. einer „unechten" Präferenzbildung bei einer reinen Nutzung der Preispolitik, da eine hohe zeitliche Instabilität solcher Präferenzen vorliege.[1191] Hätty argumentiert ebenfalls, dass ein niedriger Preis kein Differenzierungsinstrument im eigentlichen Sinne darstelle, da dieser Preis jederzeit unterboten werden könne und somit der Profilierungsvorteil schwinde.[1192] Differenzierter kommentieren Diller/Kusterer die nachlassende Attraktivität preisdominierter Marketingstrategien, wobei sie vor allem auf die zunehmende Angleichung der Preisniveaus der verschiedenen Anbieter auf niedrigem Niveau hindeuten.[1193] Insbesondere die Argumentation von Becker und Hätty muss jedoch kritisch hinterfragt werden. So gilt für alle Wettbewerbsvorteile, dass sie (mittel- oder langfristig) von anderen Anbietern imitiert oder übertroffen werden können. Auch Ladengestaltungskonzepte, Werbekonzepte, Servicepolitik usw. können nachgeahmt werden. Letztlich ist dies bei der Preispolitik auf Grund der hohen Anforderungen an die Effizienz aller Geschäftsprozesse im Unternehmen, die zur Erreichung der Kostenführerschaft notwendig ist, sogar schwieriger.

Zudem ist die hohe Bedeutung des Preises für die Konsumentenentscheidung zu beachten. So zeigt auch eine Untersuchung von Davies/Brooks (die grundsätzlich deutlich machen, dass sie der Preispolitik als Positionierungselement kritisch gegenüberstehen), dass der Preis in allen von ihnen durchgeführten Positionierungsstudien als eine Achse der multidimensionalen Skalierung eine hohe Bedeutung hat. Als Ergebnis ihrer empirischen Untersuchungen schließen sie sich der Meinung an, dass bei einer extremen Ausprägung der Preispolitik diese durchaus als alleiniges Positionierungsmerkmal dienen könne, in der Regel jedoch darauf geachtet werden müsse, weitere Wettbewerbsvorteile

---

[1190] Burkhardt, Achim: Die Betriebstypenmarke im stationären Einzelhandel, Diss., Universität Erlangen-Nürnberg 1997, S. 260.

[1191] Vgl. Becker, Jochen: Marketing-Konzeption, 6. Aufl., (Vahlen) München 1998, S. 179-182.

[1192] Vgl. Hätty, Holger: Der Markentransfer, (Physica) Heidelberg 1989, S. 239.

[1193] Vgl. Diller, Hermann; Kusterer, Marion: Erlebnisbetonte Ladengestaltung im Einzelhandel, in: Trommsdorff, Volker (Hrsg.): Handelsforschung 1986, (FfH) Heidelberg 1986, S.105-123, S. 105.

neben der Preispolitik herauszustellen.[1194] Gleichzeitig wird klargestellt, dass es zwar für die meisten Unternehmen notwendig ist, nicht nur den Preis in den Mittelpunkt zu rücken.[1195]

Hierbei können zwei Strategien unterschieden werden, die eingesetzt werden, um ein günstiges Preisimage zu erreichen, nämlich eine Dauerniedrigpreispolitik bzw. Every-Day-Low-Price-Politik (EDLP-Politik), bei der die Preise (des ganzen Sortiments oder auch nur einzelner Produkte) langfristig konstant auf niedrigem Niveau gehalten werden und deren Ziel es ist, preispolitisch im Durchschnitt dauerhaft nicht unterboten zu werden, und eine aggressive Preisstrategie mit differenzierten Normalpreisen und Sonderangeboten.[1196] Dabei findet seit längerem eine intensive Diskussion darüber statt, ob eine EDLP-Politik oder eine Aktionspreispolitik besser geeignet sind, die Ziele der Handelsunternehmen zu realisieren.[1197]

Eine Profilierung über den Preis mit Hilfe einer Sonderangebotspolitik bedingt den konsequenten, systematischen und regelmäßigen Einsatz dieses Instrumentes. Eine systematische Sonderangebotspolitik geht dabei in ihren Wirkungen weit über das Instrument der Preispolitik hinaus und setzt den planvollen Einsatz mehrerer Marketinginstrumente, so Platzierung und Werbung, voraus.[1198] Bezüglich der Sonderangebotspolitik kommt eine Reihe empirischer Untersuchungen zu dem Ergebnis, dass sie für die Profilierung der Einkaufsstätte keine oder nur eine geringe langfristige Wirkung hat. So zeigt eine Untersuchung von Schweiger/Mayerhofer, die den Einfluss einer starken Sonderangebotsorientierung auf die Profilierung von Lebensmitteleinzelhändlern untersucht haben, dass bei keinem der in die Untersuchung einbezogenen Supermärkte ein Profilierungsvorteil erreicht wurde.[1199]

[1194] Vgl. Davies, Gary; Brooks, Janice: Positioning Strategy in Retailing, (Paul Chapman Publishing) London 1989, S. 193.

[1195] Vgl. Zentes, Joachim; Janz, Markus; Morschett, Dirk: HandelsMonitor 2001: Retail Branding - Der Handel als Marke, (Lebensmittel Zeitung) Frankfurt a.M. 2000, S. 111.

[1196] Vgl. Tietz, Bruno: Der Handelsbetrieb, 2. Aufl., (Vahlen) München 1993, S. 369.

[1197] Vgl. z.B. Bruhn, Manfred; Stefanovszky, Andreas: Niedrig-Preis-Strategien des Handels im Wettbewerb, in: HM, 8. Jg., 1986, Nr. 1, S. 57-63; Walter, Rockney; MacKenzie, Scott: A structural equations analysis of the impact of price promotions on store performance, in: JMR, 25. Jg., 1988, Nr. 2, S. 51-63; Hoch, Stephen: EDLP, Hi-Lo, and Margin Arithmetic, in: JM, 58. Jg., 1994, Nr. 4, S. 16-27; Bell, David; Latten, James: Preferences for store price format: Why „large basket" shoppers prefer EDLP, in: Marketing Science, 17. Jg., 1998, Nr. 1, S. 66-88.

[1198] Vgl. Burkhardt, Achim: Die Betriebstypenmarke im stationären Einzelhandel, Diss., Universität Erlangen-Nürnberg 1997, S. 272.

[1199] Vgl. Schweiger, Günter; Mayerhofer, Wolfgang: Der Einfluss von Preiswerbung auf das Image von Handelsketten, in: Trommsdorff, Volker (Hrsg.): Handelsforschung 1990, (Gabler) Wiesbaden 1990, S. 175-172.

Andererseits befriedigen Aktionen eine Reihe von Kundenbedürfnissen, so nach „Schnäppchenjagd", und bieten dem Konsumenten Abwechslung und Überraschung.[1200] So kommen zahlreiche empirische Studien zum Lebensmitteleinzelhandel zu dem Ergebnis, dass trotz der geringen langfristigen Wirkung einer Sonderangebotspolitik von attraktiven Sonderangeboten eine hohe unmittelbare Anreizwirkung zum Besuch einer Einkaufsstätte ausgeht.[1201] Auch eine Ansprache unterschiedlicher Marktsegmente wird so - quasi durch Selbst-Selektion - erreicht. Preissensitive Segmente kaufen vor allem zu Aktionspreisen, die weniger preissensitiven auch zu einem höheren (Normal-)Preis.

Bezüglich der Auswirkung der Sonderangebotspolitik auf das Preisimage der Händlermarke ist hierbei die Frage nach der Bildung dieses Images beim Konsumenten zu stellen. Hier existieren zwei Thesen. Die erste und in der älteren Literatur vorherrschende These besagt, dass sich der Verbraucher bei der Beurteilung der Preisgünstigkeit einer Einkaufsstätte an den Preisen weniger Artikel orientiert. Dabei wird den Sonderangeboten und sonstigen hervorgehobenen Artikeln eine besonders hohe Aufmerksamkeit geschenkt. Bei Annahme dieser These würde also eine Händlermarke durch eine Aktionspreispolitik in ihrem Preisimage gestärkt (d.h. die Marke stärker assoziativ mit einer für den Konsumenten günstigen Preispolitik verknüpft). Die zweite These besagt jedoch, dass sich Verbraucher an ihren tatsächlich durchgeführten Einkäufen orientieren und sich die Preisbeurteilung auf Basis einer Vielzahl von Produktpreisen bildet. Die These geht weiterhin davon aus, dass Verbraucher in der Regel zwischen dem Normalpreisniveau einer Einkaufsstätte und dem Preisniveau von Sonderangeboten unterscheiden können. Neuere Untersuchungen tendieren dabei eher zu der zweiten Hypothese,[1202] die zugleich für eine eher konstante Preispolitik spricht.

Bei einer EDLP-Politik werden dem Kunden dauerhaft niedrige Preise mit einer relativ hohen Preiskonstanz beim ganzen Sortiment oder Sortimentsteilen geboten. Dabei wird davon ausgegangen, dass durch die Einsparung von Aktionskosten bzw. Sonderangeboten, die Vermeidung von Mischkalkulation und einer Reihe von Effizienzvorteilen in der Supply Chain insgesamt günstigere Preise angeboten werden können.[1203] Dadurch soll ein besseres Preisimage erreicht werden, insbesondere auch ein größeres Vertrauen in

---

[1200] Vgl. Karmasin, Helene: Der Preis als Droge, in: Liebmann, Hans-Peter; Zentes, Joachim: GDI-Trendbuch Handel Nr. 1, (Metropolitain) Düsseldorf-München 1996, S. 88-100, S. 88; Liebmann, Hans-Peter; Zentes, Joachim: Handelsmanagement, (Vahlen) München 2001, S. 508.

[1201] Vgl. Keller, Kevin: Strategic Brand Management, (Prentice Hall) Upper Saddle River/NJ 1998, S. 188.

[1202] Vgl. Simon, Hermann: Preismanagement, 2. Aufl., (Gabler) Wiesbaden 1992, S. 534; Gröppel-Klein, Andrea: Wettbewerbsstrategien im Einzelhandel, (DUV) Wiesbaden 1998, S. 148.

[1203] Vgl. Heydt, Andreas von der: Efficient Consumer Response, in: Heydt, Andreas von der (Hrsg.): Handbuch Efficient Consumer Response, (Vahlen) München 1999, S. 3-23, S. 10-12; Liebmann, Hans-Peter; Zentes, Joachim: Handelsmanagement, (Vahlen) München 2001, S. 609.

die Preispolitik durch die Kunden. Dauerniedrigpreise entsprechen der Forderung nach Konstanz und gleichbleibender „Qualität" bei Marken.[1204]

Hierbei ist zu beachten, dass EDLP eigentlich nur von einem kleinen Kreis von Händlern wirklich erfolgreich betrieben werden kann. Da Kunden Preisvergleiche anstellen (und dies bei EDLP wesentlich einfacher tun können als bei einer Aktionspreispolitik), wird sich auf Dauer bei einem EDLP-Anbieter tatsächlich der niedrigste oder zumindest ein nicht deutlich über den Konkurrenzpreisen liegender Preis etablieren müssen.[1205] Erfolgreich kann mit einer solchen Politik dann nur der kosteneffizienteste Anbieter sein, denn nur dieser kann ein solches Preisminimum erzielen. Die empirisch zu findenden Beispiele (Wal-Mart mit einem weltweit vorbildlhaften Supply Chain Management und Aldi als hoch effizienter Discounter) unterstützen diese Vermutung.[1206]

Diller postuliert zum Zusammenhang von Markentreue, dem Vertrauen in die Marke und der Preispolitik, dass zum Aufbau guter und vertrauensvoller Geschäftsbeziehungen zu den Konsumenten auch die Preisehrlichkeit als vertrauensfördernder Faktor von Bedeutung ist.[1207] Diese wahrgenommene Preisehrlichkeit eines Unternehmens wird u.a. durch die Konstanz der Preise positiv beeinflusst, weil Preisschwankungen als Täuschung des Konsumenten angesehen werden, sehr niedrige Aktionspreise den Normalpreis als überhöht erscheinen lassen und zur Vermutung des Konsumenten führen, dass im Rahmen einer Mischkalkulation andere Produkte (versteckt) teurer sind.[1208] Der Preispolitik kommt dabei eine entlastende Funktion zu. Da es die Sortimentsumfänge von Einzelhändlern den Käufern normalerweise nicht erlauben, die Preise einzelner Artikel oder sogar des gesamten Warenkorbs zu vergleichen, kann eine verfestigte Vorstellung der Preispolitik des Unternehmens in den Händlermarkenschemata der Konsumenten die Funktion der Entlastung von Preisvergleichen übernehmen. Unter der Preisfairness wird dabei die Ehrlichkeit und Offenheit im Preisauftritt verstanden. Preisgarantien, die Durchgängigkeit eines einheitlichen Preisniveaus und eine zeitliche Preiskonstanz sind dabei als Instrumente zur Verbesserung der Beurteilung der Preisfairness anzusehen.[1209] Eine EDLP-Politik fördert dabei insbesondere das Vertrauen der Konsumenten in die Preispolitik, da der Faktor der Preisehrlichkeit, der für das dauerhafte Erlangen

---

[1204] Vgl. Brauer, Wolfgang: Die Betriebsform im stationären Einzelhandel als Marke, (FGM) München 1997, S. 120.

[1205] Vgl. Corstjens, Judith; Corstjens, Marcel: Store Wars, (Wiley) Chichester u.a. 1995, S. 155-158.

[1206] Vgl. Morschett, Dirk: Store Branding as a Goal of Strategic Retail Marketing, in: Cliquet, Gérard; Zentes, Joachim (Hrsg.): Retailing and Distribution in Europe, Proceedings, The third AFM French-German Conference, St. Malo 2000, o.S.

[1207] Vgl. Diller, Hermann: Preisehrlichkeit - Eine neue Zielgröße im Preismanagement des Einzelhandels, in: Thexis, 14. Jg., 1997, Nr. 2, S. 16-21. Die Preisehrlichkeit setzt sich dabei als Konstrukt aus Preisklarheit, -wahrheit, -übersichtlichkeit, -angemessenheit u.a. zusammen.

[1208] Vgl. Diller, Hermann: Preispolitik, 3. Aufl., (Kohlhammer) Stuttgart u.a. 2000, S. 184f., S. 390f.;

[1209] Vgl. Burkhardt, Achim: Die Betriebstypenmarke im stationären Einzelhandel, Diss., Universität Erlangen-Nürnberg 1997, S. 259.

eines überragend profilierten Preisimages sehr wichtig ist, gefördert wird.[1210] Empirisch weisen Bruhn/Stefanovszky für preisorientierte Betriebsformen nach, dass eine Dauerniedrigpreisstrategie ein Unternehmen nachhaltiger als preiswürdig positionieren kann als eine Sonderangebotspolitik.[1211]

Mit der bewussten Steuerung des Preisimage eines Handelsunternehmens, die insbesondere auf Vereinfachungsstrategien für den Konsumenten basieren, beschäftigen sich u.a. Schindler/Rogulic.[1212] Das Preisimage einer Händlermarke kann dabei als die käuferindividuelle Beurteilung des Preisniveaus definiert werden, unabhängig von der objektiven Preisstellung im Markt.[1213] Dabei ist jedoch zu beachten, dass Erkenntnisse zur Preispolitik von Konsumgüterherstellern nicht ohne weiteres auf die Preispolitik von Einzelhandelsunternehmen übertragen werden können. So wird beispielsweise für Produktmarken oftmals ausgesagt, dass eine zu aggressive Preispolitik für den Markenwert negativ sei.[1214] Die Ursache dafür wird z.B. in der Tatsache gesehen, dass der Preis oftmals als Schlüsselinformation für die Qualitätsbeurteilung eines Produktes herangezogen wird.[1215] Daher stellt man bei Produktmarken oftmals fest, dass gerade die Existenz eines Preispremiums als Indikator für die Markenstärke angesehen wird. Dies stellt sich bei Händlermarken anders dar. Zahlreiche Unternehmen, die von Experten als „starke" Händlermarken benannt werden, sind Unternehmen, die Niedrigpreise als ein zentrales Merkmal haben, so z.B. Media-Markt und H&M im Nonfood-Bereich, Aldi im Lebensmitteleinzelhandel und dm-Drogeriemarkt und Schlecker als Nearfood-Anbieter.[1216] Der Grund dafür liegt u.a. darin, dass bei austauschbaren Sortimenten der Preisvergleich für den Konsumenten einfach ist. Ein Nutzen des Preises nicht als Schlüsselinformation

---

[1210] Vgl. Diller, Hermann: Das Preisimage als Wettbewerbsfaktor im Einzelhandel, Arbeitspapier Nr. 8 des Lehrstuhls für Marketing an der Universität Erlangen-Nürnberg, Nürnberg 1991, S. 12; Burkhardt, Achim: Die Betriebstypenmarke im stationären Einzelhandel, Diss., Universität Erlangen-Nürnberg 1997, S. 271.

[1211] Vgl. Bruhn, Manfred; Stefanovszky, Andreas: Niedrig-Preis-Strategien des Handels im Wettbewerb, in: HM, 8. Jg., 1986, Nr. 1, S. 57-63, S. 62.

[1212] Vgl. Schindler, Hermann; Rogulic, Branka: Vom Preiskampf zur Steuerung des Preisimages, in: asw, o.Jg., 1998, Nr. 12, S. 68-74.

[1213] Vgl. Gröppel-Klein, Andrea: Wettbewerbsstrategien im Einzelhandel, (DUV) Wiesbaden 1998, S. 148.

[1214] Vgl. z.B. Andresen, Thomas: Innere Markenbilder: MAX - wie er wurde, was er ist, in: Planung und Analyse, o.Jg., 1991, Nr. 1, S. 28-34, S. 28.

[1215] Vgl. z.B. Diller, Hermann: Preismanagement in der Markenartikelindustrie, in: Bruhn, Manfred (Ed.): Handbuch MA, Bd. 2, (Schäffer-Poeschel) Stuttgart 1994, S. 1161-1188, S. 1171; Raghubir, Priya; Corfman, Kim: When do price promotions signal quality?, in: Kardes, Frank; Sujan, Mita (Hrsg.): Advances in Consumer Research, 22. Jg., (ACR) Provo/UT 1995, S. 58-61; Rao, Akshay; Monroe, Kent: The effect of price, brand name, and store name on buyers' perception of product quality: An integrative review, in: JMR, 26. Jg., 1989, Nr. 3, S. 351-357; Zeithaml, Valarie: Consumer perceptions of price, quality, and value: A means-end model and synthesis of evidence, in: JM, 52. Jg., 1988, Nr. 7, S. 2-22.

[1216] Vgl. z.B. Zentes, Joachim; Janz, Markus; Morschett, Dirk: HandelsMonitor 2001: Retail Branding - Der Handel als Marke, (Lebensmittel Zeitung) Frankfurt a.M. 2000, S. 57-67.

(mit einer positiven Korrelation mit der Gesamtqualitätsbeurteilung), sondern als Einzeleigenschaft (mit einer negativen Korrelation mit der Gesamtqualitätsbeurteilung) wird damit bei nicht differenzierten Sortimenten wahrscheinlicher.[1217]

5. Service-Politik

Der Begriff Service ist mit einer gewissen Unschärfe behaftet, weil darunter eine Vielzahl unterschiedlicher Maßnahmen und Instrumente verstanden wird, die von kleinen Bequemlichkeiten beim Einkauf bis zu produktbezogenen Dienstleistungen reichen. Durch das Angebot dieser Leistungen können sich Handelsunternehmen von der Konkurrenz abgrenzen und sich damit dem Preiswettbewerb mindestens teilweise entziehen. Durch die Verbindung von Handelsware und Serviceleistung ist zudem die Leistung nicht mehr direkt vergleichbar.[1218] Ungeachtet der Selbstbedienung in weiten Teilen des Handels, insbesondere des Lebensmitteleinzelhandels, wird das Personal, dessen Auftreten, Verhalten, Kompetenz Freundlichkeit und Engagement, nach wie vor als eine der prägendsten Eigenschaften einer Einkaufsstätte angesehen.[1219] Dies ist auch vor dem Hintergrund der Besonderheiten des Dienstleistungsmarketing, die vorne dargestellt wurden, zu sehen. So stehen die Konsumenten auf Grund des Dienstleistungsanteils der Handelsleistung in unmittelbarer Interaktion mit dem Verkaufspersonal.[1220]

Dabei wird die Servicequalität, die umfassend in allen Kontaktphasen mit dem Kunden geboten wird, als ein zentrales Instrument der Erhöhung der Händlermarkentreue angesehen.[1221] Der Wettbewerbsvorteil des Service wird immer häufiger als eine der wesentlichen wettbewerbsstrategischen Basisdimensionen im Einzelhandel angesehen.[1222] Auch in der Praxis wird neben Sortiment und Preis der Service als wesentliche Komponente der Handelsmarketing-Konzepte aufgeführt.[1223]

[1217] Vgl. Morschett, Dirk: Store Branding as a Goal of Strategic Retail Marketing, in: Cliquet, Gérard; Zentes, Joachim (Hrsg.): Retailing and Distribution in Europe, Proceedings, The third AFM French-German Conference, St. Malo 2000, o.S. Bezüglich der Voraussetzungen zur Übertragung von Einzelurteilen auf andere Merkmale Kroeber-Riel, Werner; Weinberg, Peter: Konsumentenverhalten, 7. Aufl., (Vahlen) München 1999, S. 304.

[1218] Vgl. Liebmann, Hans-Peter; Zentes, Joachim: Handelsmanagement, (Vahlen) München 2001, S. 458f.

[1219] Vgl. Brauer, Wolfgang: Die Betriebsform im stationären Einzelhandel als Marke, (FGM) München 1997, S. 108.

[1220] Siehe hierzu Zweites Kapitel, Abschnitt B.III.3.

[1221] Vgl. Wieder, Martin: Kundenbindungsinstrumente im Lebensmitteleinzelhandel - Eine Dokumentation, in: Haedrich, Günther (Hrsg.): Der loyale Kunde - Ist Kundenbindung bezahlbar?, Ergebnisse 4. CPC TrendForum, (SFV Verlag) Mainz 1997, S. 29-40, S. 36-38.

[1222] Vgl. z.B. Wortzel, Lawrence: Retailing Strategies for today's mature marketplace, in: JBS, 8. Jg., 1987, Spring, S. 45-56, S. 50.

[1223] Vgl. etwa die Darstellung des Marketing-Konzepts von Globus, mit den drei Aspekten „Sortimentskompetenz", „Preiskompetenz" und „Servicekompetenz"; vgl. Schmidt, Josef: Mitarbeiterzufriedenheit = Kundenzufriedenheit: eine Wechselbeziehung!, in: Zentes, Joachim (Hrsg.): Mitarbeiter-

Vor allem vor dem Hintergrund, dass die hohen qualitativen Ansprüche der Konsumenten durch das Sortiment bei den meisten Handelsunternehmen gedeckt werden und - wie gezeigt - eine reine Preisprofilierung nur für wenige Anbieter erfolgversprechend ist, wird der Servicepolitik immer stärkere Relevanz beigemessen. So wird die Servicepolitik als Leistung am Kunden mit einem hohen profilierenden Nutzen und einem wesentlichen Beitrag zur Kundenzufriedenheit angesehen.[1224] Dabei wird die Servicepolitik eines Unternehmens von zahlreichen Faktoren bestimmt. Als Ergebnisse einer Untersuchung zur Servicequalität ergibt sich, dass die Kundenzufriedenheit mit der Servicequalität in erster Linie bestimmt wird durch die Verlässlichkeit (Zuverlässigkeit, Kontinuität), das Entgegenkommen (z.b. Flexibilität), die Souveränität (z.b. Kompetenz) und das Einfühlungsvermögen der Mitarbeiter sowie durch das materielle Umfeld (z.b. Erscheinungsbild des Personals). All diese Faktoren hängen letztlich maßgeblich von der Qualität und dem Engagement der Mitarbeiter ab.[1225]

Teilweise wird die Ansicht vertreten, dass die Servicestrategie in unmittelbarer Abhängigkeit der Entscheidungen hinsichtlich anderer Profilierungsinstrumente zu sehen ist. So gehe eine preisbasierte Profilierungsstrategie in der Regel mit einem niedrigen Serviceniveau einher.[1226] Diese unmittelbare und direkte Verbindung von Preis- und Servicepolitik kann jedoch hinterfragt werden. Ähnlich wie Qualitäts- und Preisführerschaft keine Gegensätze darstellen, wie bei der Betrachtung der Outpacing-Strategien gezeigt wurde, zeigt sich auch im Bereich der Servicepolitik kein unmittelbarer Gegensatz. Ein Beispiel für eine gelungene Kombination von Preis- und Serviceprofilierung ist Wal-Mart, die in den USA zwei Kernbotschaften nutzen, nämlich den Preis und den Service. Der Service, so z.B. die Freundlichkeit und Hilfsbereitschaft gegenüber dem Kunden, wird erfolgreich als besondere Kompetenz hervorgehoben.[1227] In Deutschland gelingt es dem SB-Warenhausbetreiber Globus, der die Preispolitik als wesentlichen Aspekt seiner Händlermarke ansieht, seit Jahren auch im Kundenbarometer unter allen Lebensmittel-

---

zufriedenheit = Kundenzufriedenheit - Eine Wechselbeziehung?, Ergebnisse 6. CPC TrendForum, (SFV Verlag) Mainz 1997, S. 67-79, S. 68f.

[1224] Vgl. Rohleder, Peter; Schmidt, Detlef: Mit Dienstleistungen zum Erfolg - Chancen und Risiken imagebildender Servicepolitik im Handel, in: Marktforschung, 31. Jg., 1987, Nr. 2, S. 38-41, S. 41; Frechen, Joseph: Optionen zur erfolgreichen Positionierung von Warenhäusern, (dfv) Frankfurt a.M. 1998, S. 130.

[1225] Vgl. Töpfer, Armin: Kundenzufriedenheit durch klare Positionierung, in: Trommsdorff, Volker (Hrsg.): Handelsforschung 1996/97, (Gabler) Wiesbaden 1996, S. 49-66, S. 62.

[1226] Vgl. Burkhardt, Achim: Die Betriebstypenmarke im stationären Einzelhandel, Diss., Universität Erlangen-Nürnberg 1997, S. 280.

[1227] Vgl. Zentes, Joachim; Janz, Markus; Morschett, Dirk: HandelsMonitor 2001: Retail Branding - Der Handel als Marke, (Lebensmittel Zeitung) Frankfurt a.M. 2000, S. 51, S. 107. Auch Engel/Blackwell/Miniard stellen diese Profilierungsdimension bei Wal-Mart heraus, die unter dem Motto „Treat every customer as a guest." erbracht wird; vgl. Engel, James; Blackwell, Roger; Miniard, Paul: Consumer Behaviour, 8. Aufl., (The Dryden Press) Fort Worth 1995, S. 848.

einzelhändlern die Führungsposition einzunehmen und damit aus Kundensicht offensichtlich eine hohe Servicequalität zu erreichen.[1228]

Die Operationalisierung der „Qualitätsführerschaft" in der wettbewerbsstrategischen Untersuchung von Patt, der von der Sortimentsqualität völlig absieht und ausschließlich die dem Kunden gebotenen Dienstleistungen betrachtet,[1229] zeigt die hohe Relevanz des Service für die wettbewerbsstrategische Positionierung und damit die Händlermarke auf. Damit kann auch seine Erhebung als Hinweis darauf gedeutet werden, dass der Service eines Unternehmens - zumindest in der von ihm untersuchten Branche - eine eigenständige Wettbewerbsdimension darstellt.

Innerhalb der Servicepolitik ist über die Art und Anzahl der zu erbringenden Serviceleistungen ebenso wie über das qualitative Niveau dieser Leistungen zu entscheiden. Die Gesamtheit der Serviceleistungen, die ein Handelsunternehmen seinen potenziellen und aktuellen Kunden bietet, kennzeichnet das Service-Profil eines Handelsunternehmens.[1230] Eine Vielzahl von Studien weist dabei auf das grundsätzliche Profilierungspotenzial der Servicepolitik hin.[1231] Eine Möglichkeit, den Service für die Händlermarkenprofilierung zu nutzen, ist eine einzigartige Kombination der möglichen Serviceleistungen mit von der Konkurrenz abgegrenzter Schwerpunktsetzung. Ein wesentlicher Vorteil der Service-Politik ist, dass sich bei Servicemaßnahmen eine große Vielfalt der Möglichkeiten ergibt. Die Alleinstellungsbestrebungen einer Händlermarke werden daher unterstützt, weil selbst bei mehreren Anbietern, die eine Serviceprofilierung anstreben, dies durch unterschiedliche Ausprägungen möglich ist.[1232]

Ein Problem einer Serviceprofilierung für die Händlermarke ergibt sich durch deren Dienstleistungscharakter. So wurde bereits vorne darauf hingewiesen, dass der Charakter von Dienstleistungen sich in der Regel durch eine größere Variabilität der Leistung auszeichnet.[1233] Auch genügt schon eine Stimmungsschwankung des Kunden, um selbst bei einer objektiv gesehen qualitativ gleichen Dienstleistung zu unterschiedlichen Er-

[1228] Vgl. z.B. Töpfer, Armin: Zufriedene Mitarbeiter = zufriedene Kunden, in: Zentes, Joachim (Hrsg.): Mitarbeiterzufriedenheit = Kundenzufriedenheit - Eine Wechselbeziehung?, Ergebnisse 6. CPC TrendForum, (SFV Verlag) Mainz 1997, S. 20-46, S. 21f.

[1229] Vgl. Patt, Paul-Josef: Strategische Erfolgsfaktoren im Einzelhandel, 2. Aufl., (Lang) Frankfurt a.M 1990, S. 59f.; S. 148-152.

[1230] Vgl. Siemer, Silke: Einkaufsstättenprofilierung durch Handelsmarkenware des Lebensmitteleinzelhandels, (Shaker) Aachen 1999, S. 48-50.

[1231] Vgl. Burkhardt, Achim: Die Betriebstypenmarke im stationären Einzelhandel, Diss., Universität Erlangen-Nürnberg 1997, S. 285f.

[1232] Vgl. Burkhardt, Achim: Die Betriebstypenmarke im stationären Einzelhandel, Diss., Universität Erlangen-Nürnberg 1997, S. 303.

[1233] Vgl. z.B. Brown, James; Fern, Edward: Goods vs. services marketing: A divergent perspective, in: Donnelly, James; George, William (Hrsg.): Marketing of Services, (AMA) Chicago 1981, S. 205-207, S. 205f.

lebnissen zu führen.[1234] Aber auch die fehlende Möglichkeit der Standardisierung, da Dienstleistungen durch das Personal erbracht werden, führt zu potenziellen Schwierigkeiten. Die Konstanz der Leistung zum Aufbau des Vertrauens in eine Händlermarke stellt jedoch für den Markenaufbau eine wesentliche Voraussetzung dar.

Auf Grund der Funktionen der Marke für den Konsumenten ist eine Form des Service zu beachten, die sich in den letzten Jahren im Lebensmitteleinzelhandel verbreitet hat. So werden „Garantien" für Aspekte der Handelsleistung gegeben, die die Einhaltung bestimmter Standards durch das Handelsunternehmen verbindlich zusagen.[1235] Diese sind vor dem Hintergrund der wichtigen Markenfunktion „Vertrauen" und auch „Entscheidungsvereinfachung" positiv zu beurteilen. So liegt eine Funktion der Händlermarke darin, dem Kunden „Garant" für eine Leistungskonstanz zu sein.[1236] Wie erwähnt, wird die Beziehung zwischen einer Marke und einem Konsumenten als „Vertrag" oder auch als „Versprechen" bezeichnet. Die Garantien im Einzelhandel stellen dabei - fast einzigartig in der Markenpolitik - ein Instrument dar, mit dem für einen Teil der Handelsleistung statt einem impliziten sogar ein explizites Versprechen gegeben wird.

6. Convenience-Politik

In den meisten Systematisierungen zum Handelsmarketing wird der Aspekt der Convenience nicht als spezielles Gestaltungsinstrument aufgeführt.[1237] Eine Reihe von empirischen Untersuchungen ergibt aber, dass die Convenience eine zentrale und vom Service abgrenzbare Eigenschaft von Handelsunternehmen aus Sicht der Kunden darstellt: So zeigt die Meta-Analyse von Lindquist die Bequemlichkeit, so durch den Standort, ausreichende Parkmöglichkeiten und Bequemlichkeit in der Einkaufsstätte, als wichtiges Gestaltungselement des „Store Image".[1238] Mazursky/Jacoby und später auch Ba-

---

[1234] Vgl. Meyer, Anton: Dienstleistungs-Marketing, in: DBW, 51. Jg., 1991, Nr. 2, S. 195-209, S. 200f.

[1235] Als ein Beispiel hierfür sind die Serviceversprechen von Globus zu nennen, bei denen Globus im deutschen Lebensmitteleinzelhandel eine Vorreiterrolle spielte, und bei denen ein Kunde beispielsweise fünf DM bekommt, wenn die Wartezeit an der Kasse länger als zehn Minuten ist und nicht alle Kassen geöffnet sind. Globus selbst stellt diese Garantien als wesentlichen Teil seiner „Servicekompetenz" heraus; vgl. Bruch, Thomas: Die strategische Orientierung der Globus-Gruppe, in: Marketing- und Management-Transfer, o. Jg., 2000, Oktober, S. 25-32, S. 28f. Einen Überblick über die von Globus gebotenen Garantien und die Bedeutung für die Händlermarke findet sich in Zentes, Joachim; Janz, Markus; Morschett, Dirk: HandelsMonitor 2001: Retail Branding - Der Handel als Marke, (Lebensmittel Zeitung) Frankfurt a.M. 2000, S. 184f.

[1236] Dieser Aspekt wurde bereits an einigen Stellen betont und kann z.B. den Ausführungen von Dichtl, Erwin: Grundidee, Varianten und Funktionen der Markierung von Waren und Dienstleistungen, in: Dichtl, Erwin; Eggers, Walter (Hrsg.): Marke und Markenartikel, (dtv) München 1992, S. 1-23, S. 16-20, entnommen werden.

[1237] Siehe hierzu Übersicht 12.

[1238] Vgl. Lindquist, Jay: Meaning of image, in: JoR, 50. Jg., 1974, Nr. 4, S. 29-38, S. 31f.

rich/Srinivasan stellen „Convenience" als relevante Image-Eigenschaft fest.[1239] Auch die vorne dargestellte Untersuchung von Swoboda ergibt als eine separate und relevante Beurteilungsdimension der Konsumenten die „Zeitdauer des Einkaufs", die sich auch aus Eigenschaften wie „gute Erreichbarkeit", „Parkmöglichkeiten", aber auch ladeninternen Aspekten wie „Überschaubarkeit der Warenpräsentation" zusammensetzt (siehe Übersicht 27).

Dass dabei diese Beurteilungsdimension einen wesentlichen Einfluss auf die Kaufentscheidung hat, zeigt eine Untersuchung von Woodside/Thelen. Sie ermittelten den Einfluss bestimmter Ladenattribute (im Sinne einer Benefit-to-Store-Assoziation) auf die Einkaufsstättenwahl und zeigen als die wichtigsten Einkaufsstättenmerkmale von Supermärkten „easiest to reach by car", „most convenient location", „most convenient opening hours", „best quality of merchandise" und „fastest checkout", so dass sich von den fünf wichtigsten Attributen eines Supermarkts vier auf die Convenience für den Konsumenten beziehen.[1240]

Wortzel zeigt auf, dass Convenience auf verschiedene Arten erreicht werden kann und das Erreichen vom Empfinden des Kunden abhängt. So kann Convenience für einige Kunden durch eine kurze Fahrzeit geboten werden, für andere v.a. durch eine effiziente Abwicklung der Transaktion im Laden oder die Möglichkeit eines One-Stop-Shopping.[1241] Es wird damit deutlich, dass sogar gegensätzliche Ausprägungen bestimmter Handelsmarketinginstrumente, z.B. der Ladengröße, teilweise einen ähnlichen Nutzen erfüllen können, denn sowohl sehr kleine Verkaufsflächen können das Bedürfnis nach Convenience erfüllen, in dem Sinn, dass hier ein sehr schneller Einkauf möglich ist, als auch sehr große Verkaufsflächen und ein damit verbundener hoher Leistungsumfang, da hierbei ein One-Stop-Shopping möglich wird.

Dabei beruht das Instrument „Convenience" für Dienstleistungsbetriebe auf der bereits erwähnten Tatsache, dass bei Dienstleistungen eine Synchronität von Produktion und Konsum besteht.[1242] Damit wird oftmals die im Rahmen der Dienstleistungskonsumtion verbrachte Zeit als „notwendiges Übel" hingenommen. Das Handelsmarketinginstrument „Convenience" setzt hierbei daran an, diesen Zeitkonsum zu reduzieren. Die Unterschiedlichkeit der möglichen Convenience-Strategien lässt sich dabei u.a. darauf zurückführen, dass die Kundenzeiten des Dienstleistungskonsums u.a. aus Transferzeiten (z.B. Anfahrtszeit zur Einkaufsstätte), Wartezeiten (so an der Kasse) und aus Transakti-

---

[1239] Vgl. Mazursky, David; Jacoby, Jack: Exploring the development of store images, in: JoR, 62. Jg., 1986, Nr. 2, S. 145-165; Barich, Howard; Srinivasan, V.: Prioritizing marketing image goals under resource constraints, in: Sloan Management Review, 35. Jg., 1993, Summer, S. 69-76, S. 73.

[1240] Vgl. Woodside, Arch; Thelen, Eva: Accessing memory and customer choice: benefit-to-store (brand) retrieval models that predict purchase, in: MR, 24. Jg., 1996, Nr. 11, S. 260-267, S. 263.

[1241] Vgl. Wortzel, Lawrence: Retailing strategies for today's mature marketplace, in: JBS, 8. Jg., 1987, Spring, S. 45-56, S. 48.

[1242] Vgl. hierzu Abschnitt B.III.3. des Zweiten Kapitels.

onszeiten (so z.b. die Zeit, die der Konsument in der Einkaufsstätte bei der Auswahl der Produkte verbringt) zusammengesetzt sind und damit die verbrauchte Zeit durch unterschiedliche Strategien reduziert werden kann.[1243] Im Rahmen der Convenience-Strategie im Sinne der vorliegenden Untersuchung ist die Zeitreduktion das primäre Ziel.

IV. Markenwert einer Händlermarke

1. Erfassung des Werts bzw. der Stärke einer Händlermarke

In Abschnitt A.IV.2. des Zweiten Kapitels wurde eine Reihe von Ansätzen zur Erfassung des Markenwerts dargestellt. Wie dort ausgeführt wurde, existiert jedoch bisher kein allgemein anerkannter Ansatz der (konsumentenorientierten) Markenwertmessung. Für die vorliegende Untersuchung gilt es, die Besonderheiten von Handelsunternehmen als Markierungsobjekt zu beachten, die sich u.a. durch den Dienstleistungsanteil der Handelsleistung ergeben.

Anzumerken ist, dass das Konstrukt des Markenwerts bisher im Wesentlichen auf Konsumgüter angewendet wird. Die (wenigen) Autoren, die sich mit Handelsunternehmen als Marke beschäftigen, gehen nicht auf das Konstrukt des Markenwerts ein,[1244] die Autoren, die sich mit dem Markenwert beschäftigen, gehen i.d.R. nicht auf Händlermarken ein.[1245] Eine Ausnahme bilden die Ausführungen von Esch/Levermann, die ausdrücklich davon sprechen, dass man in Analogie zum Markenwert eines Produkts auch vom Markenwert eines Handelsunternehmens sprechen kann und das Konzept der Markenwertmessung auf Handelsunternehmen übertragen. Eine konkrete Operationalisierung des Konstrukts bis hin zu einer Verdichtung zu Kennzahlen für den Markenwert nehmen jedoch auch Esch/Levermann nicht vor.[1246] Ahlert/Kenning/Schneider versuchen, zum Markenmanagement von Betriebstypenmarken ein Messinstrumentarium zu entwickeln, stellen dabei aber lediglich auf eine einzige Zielgröße, das „Vertrauen", ab, für die sie jedoch keine Operationalisierung aufzeigen.[1247] Die praxisorientierten Markenwertansätze, so der Ansatz von Interbrand und der Brand Asset Valuator, bewerten zwar auch den Markenwert von Händlermarken[1248]; auf ihre Schwächen wurde jedoch bereits hin-

---

[1243] Vgl. Stauss, Bernd: Dienstleister und die vierte Dimension, in: HM, 13. Jg., Nr. 2, S. 81-89, S. 82; Meffert, Heribert; Bruhn, Manfred: Dienstleistungsmarketing. 2. Aufl., (Gabler) Wiesbaden 1997, S. 306-308.

[1244] Vgl. z.B. Burkhardt, Achim: Die Betriebstypenmarke im stationären Einzelhandel, Diss., Universität Erlangen-Nürnberg 1997; Brauer, Wolfgang: Die Betriebsform im stationären Einzelhandel als Marke, (FGM) München 1997.

[1245] So die meisten Autoren, die in Übersicht 5 erwähnt sind.

[1246] Vgl. Esch, Franz-Rudolf; Levermann, Thomas: Handelsunternehmen als Marken, in: Trommsdorff, Volker (Hrsg.): Handelsforschung 1993/94, (Gabler) Wiesbaden 1993, S. 79-102, S. 81-93.

[1247] Vgl. Ahlert, Dieter; Kenning, Peter; Schneider, Dirk: Markenmanagement im Handel, (Gabler) Wiesbaden 2000, S. 143-154.

[1248] Interbrand beschränkt sich auf „globale" Händlermarken.

gewiesen. Zudem beachten sie bei dieser Messung nicht die Besonderheiten der Händlermarke im Vergleich zu anderen markierten Objekten.

Die Besonderheiten der Handelsleistung wurden in Abschnitt B.III. des Zweiten Kapitels hervorgehoben und es ergibt sich daraus eine Reihe von Konsequenzen bei der Anwendung der bisherigen Ansätze. So zeigt sich z.b. durch die Komplexität der Handelsleistung, durch die schlechte Beurteilbarkeit, durch die fehlende bzw. verringerte Möglichkeit der Standardisierung der Leistung, dass Konsumenten, die von unterschiedlichen Einkaufsstätten ihre Markenerfahrungen haben, evtl. weniger kongruente Eindrücke vermittelt bekommen, als dies bei hochstandardisierbaren Produkten aus einer Massenproduktion der Fall ist. Auch führt die fehlende Standardisierbarkeit, Kontinuität und auch Evaluationsfähigkeit dazu, dass die Risikowahrnehmung im Einzelhandel relativ hoch ist. Damit ist eine Reihe von Markenwertindikatoren, so z.B. das Vertrauen, evtl. wichtiger als bei anderen Markenprodukten. Das Risiko könnte auch zu einer höheren Bedeutung der Markentreue zu einer Händlermarke im Vergleich zu anderen Marken führen. Vor diesem Hintergrund erscheint es angebracht, für den Markenwert eines Handelsunternehmens einen spezifischen Messansatz zu entwickeln. Skalen speziell für den Markenwert von Handelsunternehmen existieren dabei bislang nicht. Dieser Ansatz soll einerseits auf bewährte Indikatoren vorliegender Ansätze zurückgreifen, zugleich aber deren Eignung als Indikator für das Konstrukt des Händlermarkenwerts beachten.

Bekmeier-Feuerhahn beschreibt Markenstärke als eine „Antriebskraft, die aus der subjektiven Wertschätzung der Markierung entsteht".[1249] Auf Grund der über die Zielorientierung der Motivation hinausgehenden Objektorientierung des Markenwerts wird der Markenwert in der vorliegenden Untersuchung als (langfristig stabiles) Einstellungskonstrukt angesehen.[1250] Kennzeichnend für den Markenwert ist seine Verfestigung im Zeitablauf.[1251] Zugleich zeigen die Überlegungen von Wiswede, Franzen/Riedel/ Trommsdorff, Riedel u.a., dass eine „übergeordnete", von einzelnen funktionalen Merkmalen abstrahierende Ebene von Einstellungen zur Marke betrachtet werden sollte, um den Markenwert zu erfassen, anstatt der Betrachtung detaillierter Einzelmerkmale.[1252] Keller spricht in diesem Zusammenhang von „higher-order"-Attributen.[1253]

[1249] Bekmeier-Feuerhahn, Sigrid: Marktorientierte Markenbewertung, (DUV) Wiesbaden 1998, S. 113.

[1250] Vgl. Kroeber-Riel, Werner; Weinberg, Peter: Konsumentenverhalten, 7. Aufl., (Vahlen) München 1999, S. 54f.

[1251] Vgl. Zentes, Joachim: Marketing, in: Bitz, Michael u.a. (Hrsg.): Vahlens Kompendium der Betriebswirtschaftslehre, Bd. 1, 4. Aufl., (Vahlen) München 1998, S. 329-409, S. 359.

[1252] Vgl. Wiswede, Günter: Eine Vektortheorie des Verbraucherverhaltens, in: JAV, 12. Jg., 1966, . S. 53-67, S. 62; Franzen, Ottmar; Trommsdorff, Volker; Riedel, Frank: Ansätze der Markenbewertung und Markenbilanz, in: Bruhn, Manfred (Hrsg.): Handbuch MA, Bd. 2, (Schäffer-Poeschel) Stuttgart 1994, S. 1373-1401, S. 1390f.; Riedel, Frank: Die Markenwertmessung als Grundlage strategischer Markenführung, (Physica) Heidelberg 1996, S. 32.

[1253] Vgl. Keller, Kevin: Strategic Brand Management, (Prentice Hall) Upper Saddle River/NJ 1998, S. 336.

2. Indikatoren des Markenwerts

a) Potenzielle Indikatoren

Allgemein anerkannt ist, dass man zur Erfassung des theoretischen Konstrukts Markenwert bzw. Markenstärke eine Messung mehrerer Indikatoren vornehmen muss, da eine einzige Kennzahl nicht das gesamte Spektrum der Markenwirkungen, die den Markenwert ausmachen, erfassen kann.[1254]

Wenn die Wahrnehmung bzw. Vorstellungen der Konsumenten die Art und das Ausmaß des Nutzens einer Marke bestimmen, führt dies automatisch zu einer konsumentenorientierten Betrachtung des Markenwerts. Bei dieser herrscht Einigkeit darüber, dass der Markenwert i.d.R. nicht unmittelbar aus Marktdaten (wie z.b. Marktanteilen oder Umsatzzahlen), sondern nur durch die Untersuchung psychologischer Konstrukte bestimmt werden kann.[1255] Berekoven zeigt, ausgehend vom wirkungsbezogenen Markenbegriff, auch notwendige Erfolgsmaße bzw. Wirkungsmaße der Marke auf: „Was zählt, sind [...] der hohe Bekanntheitsgrad, die Wertvorstellungen und das Ausmaß der Markentreue der Verbraucher."[1256]

Übersicht 30:   Ausgewählte potenzielle Indikatoren der Markenstärke

Indikator	*Autoren, die den jeweiligen Indikator nutzen bzw. vorschlagen*
Angenommene Qualität	Aaker (1992), Lavenka (1991), Martin/Brown (1991), Biel (2000),
Assoziationen (Anzahl, Einzigartigkeit, Stärke, Bewertung)	Keller (1993), Keller (1998), Krishnan (1996), Bekmeier-Feuerhahn (1998), Esch (2000), Esch/Levermann (1993), Roeb (1994)
Bekanntheit/Awareness/ Wiederkennen/Share-of-mind	Aaker (1992), Hätty (1989), Biel (2000), Riedel (1996), Bekmeier-Feuerhahn (1998), Schulz/Brandmeyer (1989), Berekoven (1992), Hammann (1992), Keller (1993), Hupp/Schuster (2000), Srivastava/Shocker (1991), Keller (1993), Andresen (1991), Andresen/Esch (2000), Hupp/Schuster (2000), Burkhardt (1997)
Committment	Bloemer/de Ruyter (1998), Lassar/Mittal/Sharma (1995), Martin/Brown (1991)
Differenzierung vom Wettbewerb, Eigenständigkeit des Markenauftritts, Einzigartigkeit	Burkhardt (1997), Graumann (1983), Andresen (1991), Andresen/Esch (2000), Hupp/Schuster (2000)

[1254] Vgl. z.B. Jocz, Katerine: Preface to the Conference Summary, in: Sood, Sanjay (Hrsg.): Brand Equity and the Marketing Mix, Report No. 95-111, (MSI) Cambridge 1995, S. 3.

[1255] Vgl. Bekmeier-Feuerhahn, Sigrid: Marktorientierte Markenbewertung, (DUV) Wiesbaden 1998, S. 35.

[1256] Berekoven, Ludwig: Von der Markierung zur Marke, in: Dichtl, Erwin; Eggers, Walter (Hrsg.): Marke und Markenartikel, (dtv) München 1992, S. 25-45, S. 44.

- Fortsetzung Übersicht 30 -

Einprägsamkeit der Werbung / Recognition der Werbung	Schulz/Brandmeyer (1989), Andresen (1991), Andresen/Esch (2000)
Inneres Markenbild	Andresen (1991), Bekmeier-Feuerhahn (1998), Andresen/Esch (2000)
Kaufabsicht/Kaufbereitschaft	Srinivasan (1979), Hupp/Schuster (2000), Kotler/Bliemel (1999), Swait u.a. (1993)
Markentreue/Loyalität zur Marke/ Markenbindung	Srivastava/Shocker (1991), Aaker (1992), Berekoven (1992), Bekmeier-Feuerhahn (1998), Bloemer/de Ruyter (1998), Hammann (1992), Andresen (1991), Andresen/Esch (2000), Burkhardt (1997), Hupp/Schuster (2000), Kapferer (1992), Weinberg (1993)
Marketingbeachtung	Bekmeier-Feuerhahn (1998), Keller (1998)
Preispremium, Aufpreisbereitschaft, Mehrpreisakzeptanz	Crimmins (1992), Hammann (1992), Kaas (1978), Swait u.a. (1993), Hupp/Schuster (2000), Bekmeier (1998), Sander (1994), Roeb (1994), Blackston (1990), Lassar/Mittal/Sharma (1995)
Pull-Effekte	Bekmeier-Feuerhahn (1998)
Social Image / Geltungsnutzen	Lassar/Mittal/Sharma (1995), Bekmeier-Feuerhahn (1998)
Subjektiv wahrgenommener Werbedruck	Andresen (1991), Andresen/Esch (2000)
Sympathie / Zuneigung	Aaker (1992), Andresen (1991), Andresen/Esch (2000), Hupp/Schuster (2000), Riedel (1996), Tolle/Steffenhagen (1994)
Transferpotenzial /Akzeptanz von Markenerweiterungen	Sattler (1995), Davies (1992), Hätty (1989), Tauber (1988), Bekmeier-Feuerhahn (1998)
Verbundenheit	Martin/Brown (1991), Lassar/Mittal/Sharma (1995)
Vertrauen/ Vertrauenswürdigkeit/ Risikominderung	Hätty (1989), Ahlert/Kenning/Schneider (2000), Martin/Brown (1991), Lassar/Mittal/Sharma (1995), Roeb (1994), Burkhardt (1997), Kotler/Bliemel (1999), Andresen (1991), Esch/Andresen (2000), Hupp/Schuster (2000), Schulz/Brandmeyer (1989)
Weiterempfehlungsabsicht	Dick/Basu (1994), Hupp/Schuster (2000), Bloemer/de Ruyter (1998), Homburg/Fassnacht/Werner (2000)
Wertschätzung /Favourability	Biel (2000), Berekoven (1992), Silvermann/Sprott/Pascal (1999), Keller (1998), Bekmeier-Feuerhahn (1998), Schulz/Brandmeyer (1989)

Quelle: Aaker, David: Management des Markenwerts, (Campus) Frankfurt a.M. 1992, S. 31f.; Andresen, Thomas: Innere Markenbilder: MAX - wie er wurde, was er ist, in: Planung und Analyse, o.Jg., 1991, Nr. 1, S. 28-34; Andresen, Thomas; Esch, Franz-Rudolf: Messung der Markenstärke durch den Markeneisberg, in: Esch, Franz-Rudolf (Hrsg.): Moderne Markenführung, 2. Aufl., (Gabler) Wiesbaden 2000, S. 989-1011; Bekmeier-Feuerhahn, Sigrid: Marktorientierte Markenbewertung, (DUV) Wiesbaden 1998; Biel, Alexander: Grundlagen zum Markenwertaufbau, in: Esch, Franz-Rudolf (Hrsg.): Moderne Markenführung, 2. Aufl., (Gabler) Wiesbaden 2000, S. 61-90; Blackston, Max: Price Trade-offs as a measure of brand value, in: JAR, 30. Jg., 1990, Nr. 4, S. RC3-RC6; Bloemer, Josée; de Ruyter, Ko: On the relationship between store image, store satisfaction and store loyalty, in: EJM, 32. Jg., 1998, Nr. 5/6, S. 499-513; Burkhardt, Achim: Die Betriebstypenmarke im stationären Einzelhandel, Diss., Universität Erlangen-Nürnberg 1997; Crimmins, James: Better measurement and management of brand value, in: JAR, 32. Jg., 1992, Nr. 4, S. 11-19; Dick, Alan; Basu, Kunal: Customer loyalty, toward an integrated conceptual framework, in: JAMS, 22. Jg., 1994, S. 99-113; Esch, Franz-Rudolf; Levermann, Thomas: Handelsunternehmen als Marken, in: Trommsdorff, Volker (Hrsg.): Handelsforschung 1993/94, (Gabler) Wiesbaden 1993, S. 79-102; Graumann, Jens: Die Dienstleistungsmarke, (Florentz) München 1983, S. 76; Hammann, Peter: Der Wert einer Marke aus betriebswirtschaftlicher und rechtlicher Sicht, in: Dichtl, Erwin; Eggers, Walter (Hrsg.): Marke und Markenartikel, (dtv) München 1992, S. 205-246, S. 214; Homburg, Christian; Faßnacht, Martin; Werner, Harald: Operationalisierung von Kundenzufriedenheit und Kundenbindung, in: Bruhn, Manfred; Homburg, Christian (Hrsg.): Handbuch Kundenbindungsmanagement, 3. Aufl., (Gabler) Wiesbaden 2000, S. 505-527; Hupp, Oliver; Schuster, Harald: Imagegestützte Positionierung von Einkaufsstätten als Ansatzpunkt zu einer Verbesserung der Wettbewerbsfähigkeit des Lebensmitteleinzelhandels in Deutschland, in: JAV, 46. Jg., 2000, Nr. 4, S. 351-370; Kaas, Klaus-Peter: Ein Verfahren zur Messung von Produktpräferenzen durch Geldäquivalente, in: Topritzhofer, Edgar (Hrsg.): Marketing - Neue Ergebnisse aus Forschung und Praxis, (Gabler) Wiesbaden 1978, S. 115-130; Keller, Kevin: Conceptualizing, measuring, and managing customer-based brand equity, in: JM, 57. Jg., 1993, Nr. 1, S. 1-22; Keller, Kevin: Strategic Brand Management, (Prentice Hall) Upper Saddle River/NJ 1998; Kotler, Philip; Bliemel, Friedhelm: Marketing-Management, 9. Aufl., (Schäffer-Poeschel) Stuttgart 1999; Lassar, Walfried; Mittal, Banwari; Sharma, Arun: Measuring customer-based brand equity, in: JCM, 12. Jg., 1995, Nr. 4, S. 11-19; Lavenka, Noel: Measurement of consumers' perception of product quality, brand name, and packing, in: JMR, 23. Jg., 1991, Nr. 2, S. 38-46; Martin, Greg; Brown, Tom: In search of brand equity: The conceptualisation and measurement of the brand impression construct, in: Childers, Ferry u.a. (Hrsg.): Marketing - Theorie and Applications, Vol. 2, (AMA) Chicago 1991, S. 431-438; Roeb, Thomas: Markenwert, (Verlag Mainz) Aachen 1994; Sattler, Henrik: Markenbewertung, in: ZfB, 65. Jg., 1995, Nr. 6, S. 663-682; Schulz, Roland; Brandmeyer, Klaus: Die Markenbilanz: Ein Instrument zur Bestimmung und Steuerung von Markenwerten, in: MA, 51. Jg. 1989, Nr. 7, S. 364-370, S. 366-368; Silverman, Steven; Sprott, David; Pascal, Vincent: Relating consumer-based sources of brand equity to market outcomes, in: Arnould, Eric; Scott, Linda (Hrsg.): Advances in Consumer Research, 26. Jg., (ACR) Provo/UT 1999, S. 352-358; Srinivasan, V.: Network Models for estimating brand-specific effects in multi-attribute marketing models, in: Management Science, 25. Jg., 1979, Nr. 1, S. 11-21; Srivastava, Rajendra; Shocker, Allan: Brand Equity: A Perspective on Its Meaning and Measurement, Marketing Science Institute, Report No. 91-124, (MSI) Cambridge 1991; Swait, Joffre; Erdem, Tülin; Louviere, Jordan; Dubelaar, Chris: The equalization price: A measure of consumer-perceived brand equity, in: IJRM, 10. Jg., 1993, Nr. 1, S. 23-45.

In der oben stehenden Übersicht soll zunächst ein Überblick über einige der bisher verwendeten Indikatoren des Markenwerts bzw. der Markenstärke gegeben werden, anschließend werden die relevantesten Indikatoren in Bezug auf die Händlermarke analysiert.

Biel gruppiert die Variablen, die er als für eine Messung, die das Management des Markenwerts unterstützt, geeignet ansieht, in drei Gruppen:[1257]

♦ *Bekanntheit*: Inwieweit eine Marke für einen Verbraucher „hervorstehend" ist, hängt mit ihrem Wert zusammen. Diese Dimension kann als „share of mind" gesehen werden. Variablen dieser Gruppe sind u.a. Top-of-Mind, spontane Bekanntheit, gestützte Bekanntheit, ungestützte Bekanntheit, Vertrautheit, Werbe-Awareness.

[1257] Vgl. Biel, Alexander: Grundlagen zum Markenwertaufbau, in: Esch, Franz-Rudolf (Hrsg.): Moderne Markenführung, 2. Aufl., (Gabler) Wiesbaden 2000, S. 61-90, S. 86f.

♦ *Imagestärke*: Nach Biel sind die drei Imagedimensionen die Markenpersönlichkeit, die Markenbeziehungen und die Differenzierungskraft (als das Ausmaß, in dem sich eine Marke von Wettbewerbern derselben Kategorie unterscheidet).

♦ *Wertschätzung*: Mit Wertschätzung wird eine Gruppe von Maßgrößen charakterisiert, die man mit Markenanerkennung oder Markenbevorzugung bezeichnen könnte (z.b. Vorteilhaftigkeit, Qualität, Loyalität, Erweiterbarkeit, Vertrauen). Die Wertschätzung wird dabei insbesondere in den neueren Ansätzen häufig genannt (vgl. Übersicht 30).

Eine andere Gruppierung ist die bereits vorgestellte von Keller, der sich in der konsumentenorientierten Markenwertforschung eine Reihe von Forschern angeschlossen hat: Bekanntheit der Marke und Image der Marke bei den Konsumenten.[1258]

Dabei kann man nicht davon ausgehen, dass die einzelnen Variablen oder auch die einzelnen Dimensionen vollständig voneinander unabhängig sind.

Langfristige und kurzfristige Markenwirkungen

Eine systematische Unterscheidung der Wirkungsebenen der einzelnen Indikatoren des Markenwerts unterbleibt bei den meisten Autoren. Geeignet für eine Markenwertbetrachtung erscheint die Differenzierung in den aktuellen Auftritt der Marke, als kurzfristig wahrgenommene Markenleistung, vom langfristig wirksamen Teil, die Andresen in seinem Eisberg-Modell vornimmt. Betrachtet man die Erfolgsrelevanz (vgl. Tabelle 2), zeigt sich, dass v.a. eine enge Verbindung des (langfristigen) Markenguthabens mit dem Erfolg besteht. Trotz dieser Einteilung in langfristige und kurzfristige Indikatoren unterbleibt bei Andresen/Esch eine Erklärung, warum einige ihrer Indikatoren als langfristige Indikatoren angesehen werden und andere als kurzfristig eingestuft werden.[1259]

Auch Sattler erwähnt die Notwendigkeit, deutlich zwischen kurzfristigen und langfristigen Indikatoren zu unterscheiden.[1260] Sehr ähnlich sind die Ausführungen von Keller, der bei der Einstellung von einer längerfristig stabilen Markenassoziation spricht und verdeutlicht, dass sich hier zeigt, in welcher Form alle spezifischen Assoziationen und Beurteilungen von Konsumenten zusammengefasst werden.[1261]

[1258] Keller, Kevin: Conceptualizing, measuring, and managing customer-based brand equity, in: JM, 57. Jg., 1993, Nr. 1, S. 1-22, S. 7; Krishnan, Shanker: Characteristics of memory associations: A consumer-based brand equity perspective, in: IJRM, 13. Jg., 1996, S. 389-405; Esch, Franz-Rudolf: Wirkung integrierter Kommunikation, 2. Aufl., (DUV) Wiesbaden 1999, S. 43.

[1259] Vgl. Andresen, Thomas: Innere Markenbilder: MAX - wie er wurde, was er ist, in: Planung und Analyse, o.Jg., 1991, Nr. 1, S. 28-34 , S. 30. Siehe zum Eisberg-Modell ausführlich Zweites Kapitel, Abschnitt A.IV.2.g).

[1260] Vgl. Sattler, Henrik: Markenbewertung, in: ZfB, 65. Jg., 1995, Nr. 6, S. 663-682.

[1261] Vgl. Keller, Kevin: Strategic Brand Management, (Prentice Hall) Upper Saddle River/NJ 1998, S. 336.

Letztlich sind es, wie aus den Ausführungen und Definitionen fast aller Autoren zum Markenwert hervorgeht, die langfristigen Wirkungen der Marke, die für ihren Wert relevant sind.[1262] Maretzki/Wildner beziehen diesen Aspekt sogar ausdrücklich in ihre Definition mit ein: „Markenkraft wird aufgefasst als Attraktivität einer Marke für den Konsumenten, die nicht durch das kurzfristige Marketing erklärt werden kann."[1263] Als geeignete Maße für den Markenwert im Sinne der vorliegenden Untersuchung werden daher ausschließlich die langfristigen angesehen.[1264]

Eine theoretische Begründung dafür wurde vorne bereits gegeben (siehe auch Abschnitt C.II.2.b) dieses Kapitels), so z.b. illustrierend auf der Basis der Wiswede'schen Vektortheorie, bei der die langfristige Einstellung zur Marke sich als „Resultierende" von den ursprünglichen, kurzfristigen Einflussgrößen trennt.[1265] Die Markenstärke im Sinne des vorliegenden Modells ist dabei ein solches, langfristig stabiles und von den ursprünglich prägenden Variablen zu trennendes Einstellungskonstrukt, das daher auch mit Indikatoren gemessen werden muss, die diese langfristig relevante Ebene repräsentieren.

Bezüglich der Auswahl potenzieller Indikatoren ist eine Validitätsüberlegung zu beachten: Operationalisiert man den Markenwert über seine vermuteten Verhaltenseffekte, so verhindert dies eine empirische Überprüfung der postulierten Wirkungszusammenhänge. Zwar ist es zulässig und üblich, ein hypothetisches und inneres Konstrukt an seinen Auswirkungen auf das Verhalten des Kunden festzumachen, allerdings setzt dieses Vorgehen voraus, dass die Wirkungsbeziehungen zwischen dem zu operationalisierenden Konstrukt und dem zur Operationalisierung genutzten Indikator theoretisch begründet und empirisch ausreichend belegt sind.[1266] Für die Händlermarke ist dies bezüglich der Verhaltenswirkungen nicht der Fall.

Zudem ist es u.a. das Ziel der vorliegenden Untersuchung, die Verhaltenswirkung des Markenwerts zu überprüfen. Eine klare Trennung der einzelnen Konstrukte innerhalb des S-O-R-Modells ist hierfür hilfreich und bekräftigt die Einschätzung, den Markenwert nicht als verhaltensbasiertes Konstrukt zu operationalisieren, sondern sich ausschließlich auf der Ebene der psychischen Prozesse zu bewegen. Das Verhalten gegenüber der Marke stellt dann die Reaktionsvariable dar.

[1262] Vgl. auch Kaas, Klaus-Peter: Langfristige Werbewirkung und Brand Equity, in: WP, 35. Jg., 1990, Nr. 3, S. 48-52.

[1263] Maretzki, Jürgen; Wildner, Raimund: Messung von Markenkraft, in: MA, 56. Jg., 1994, Nr. 3, S. 101-105, S. 102.

[1264] Vgl. dazu auch Sattler, Henrik: Markenbewertung, in: ZfB, 65. Jg., 1995, Nr. 6, S. 663-682.

[1265] Siehe Übersicht 20.

[1266] Vgl. Eggert, Andreas: Konzeptualisierung und Operationalisierung der Kundenbindung aus Kundensicht, in: Marketing-ZFP, 22. Jg., 2000, Nr. 2, S. 119-130, S. 121.

b) Bekanntheit

Fast alle Ansätze, die Markeneigenschaften diskutieren oder den Markenwert bzw. die Markenstärke erfassen wollen, ziehen dafür u.a. die Markenbekanntheit heran, wie auch in Übersicht 30 deutlich wird. I.d.R. wird ihr unter den gewählten Indikatoren eine besondere Bedeutung zugemessen. So wird sie in den auf Keller basierenden Ansätzen, die bereits dargestellt wurden, als eine der beiden Basisdimensionen des Markenwerts betrachtet,[1267] bei Biel stellt sie eine von drei Kategorien von Indikatoren dar,[1268] bei Aaker ist sie eine der „Gruppen von Vorzügen"[1269] und bei Kotler/Bliemel eine von zwei Basiseinflussgrößen.[1270] „Die wichtigste Voraussetzung für den Aufbau von Markenbindung ist die Erzeugung von Markenbekanntheit."[1271]

Die Markenbekanntheit kann definiert werden als „die Fähigkeit eines potenziellen Käufers zu erkennen oder sich daran zu erinnern, daß eine Marke zu einer bestimmten Produktkategorie gehört."[1272] Die Wirkung der Markenbekanntheit für die Markenstärke hängt entscheidend von dem Grad der erreichten Bekanntheit ab, wobei die Markenbekanntheit eine kontinuierliche Größe darstellt. Der Bekanntheitsgrad bewegt sich in einem Bereich zwischen vager Vorstellung und extremer Markendominanz. Zuerst kann hier wiederum zwischen aktiver und passiver Markenbekanntheit unterschieden werden. Der passiven Markenbekanntheit liegt die Fähigkeit der Konsumenten zu Grunde, die Marke durch ein Signal wiederzuerkennen. Die aktive Bekanntheit erfasst die ungestützte Erinnerung des Konsumenten an die Marke. Besonderes Gewicht hat die Ersterinnerung an eine Marke, da die in einem ungestützten Erinnerungstest erstgenannte Marke immer eine Sonderstellung beim Konsumenten einnimmt. Aaker stellt dies als Stufen einer Bekanntheitspyramide dar.[1273]

[1267] Vgl. Keller, Kevin: Conceptualizing, measuring, and managing customer-based brand equity, in: JM, 57. Jg., 1993, Nr. 1, S. 1-22, S. 7.

[1268] Vgl. Biel, Alexander: Grundlagen zum Markenwertaufbau, in: Esch, Franz-Rudolf (Hrsg.): Moderne Markenführung, 2. Aufl., (Gabler) Wiesbaden 2000, S. 61-90, S. 86f.

[1269] Aaker, David: Management des Markenwerts, (Campus) Frankfurt a.M. 1992, S. 32.

[1270] Vgl. Kotler, Philip; Bliemel, Friedhelm: Marketing-Management, 9. Aufl., (Schäffer-Poeschel) Stuttgart 1999, S. 692.

[1271] Weinberg, Peter; Diehl, Sandra: Aufbau und Sicherung von Markenbindung unter schwierigen Konkurrenz- und Distributionsbedingungen, in: Köhler, Richard; Majer, Wolfgang; Wiezorek, Heinz (Hrsg.): Erfolgsfaktor Marke, (Vahlen) München 2001, S. 23-35, S. 27.

[1272] Aaker, David: Management des Markenwerts, (Campus) Frankfurt a.M. 1992, S. 83.

[1273] Vgl. Roeb, Thomas: Markenwert, (Verlag Mainz) Aachen 1994, S. 147; Steffenhagen, Hartwig: Wirkungen absatzpolitischer Instrumente, (Poeschel) Stuttgart 1978, S. 89; Bekmeier-Feuerhahn, Sigrid: Marktorientierte Markenbewertung, (DUV) Wiesbaden 1998, S. 128; Aaker, David: Management des Markenwerts, (Campus) Frankfurt a.M. 1992, S. 83f.

264 Drittes Kapitel: Theoretischer Teil

Bekmeier-Feuerhahn bestätigt den positiven Einfluss des Bekanntheitsgrades auf die Markenstärke kausalanalytisch (siehe dazu Übersicht 19).[1274] Auch Riedel weist in seinem kausalanalytischen Modell eine enge Beziehung zwischen Bekanntheit und Markenstärke nach.[1275]

Roeb trennt zwischen der Markenbekanntheit und der Markenkenntnis, wobei letztere die Assoziationen umfasst, die der Konsument mit der Marke verbindet, wenn er sie wahrnimmt. Die Markenbekanntheit stellt nach seiner Ansicht hingegen ausschließlich auf die Verfügbarkeit der Marke im Gedächtnis des Konsumenten ab.[1276] Es ist jedoch zu hinterfragen, ob diese Unterscheidung für die vorliegende Betrachtung geeignet ist. So bedeutet Bekanntheit bereits die Assoziation eines Markennamens mit z.b. einer Produktgruppe. Damit verbunden sind wiederum auf Grund des hierarchischen Aufbaus der Gedächtnisschemata bestimmte Assoziationen. Eine „reine" Kenntnis eines Markennames ohne Zuordnung von jeglichen Inhalten ist damit nicht möglich, so dass eine strenge Trennung von Bekanntheit und Markenassoziationen eigentlich nicht vorzunehmen ist. Diese Kritik ist auch an dem Ansatz von Keller und ähnlichen, an ihn angelehnten Ansätzen zu sehen, da eine a priori-Klassifizierung in Bekanntheit und sonstige Assoziationen bei Schema-theoretischer Perspektive eigentlich nicht möglich ist.

Die Markenbekanntheit kann in einer aggregierten und einer individuellen Form definiert werden. In der individuellen Form drückt die Markenbekanntheit aus, wie geläufig die Marke einem einzelnen Konsumenten ist. In aggregierter Form erfasst sie den Anteil der Konsumenten, die den Markennamen kennen, bzw. bei denen die Markenbekanntheit eine bestimmte „Bekanntheitsstufe" erreicht. Um Markenbekanntheit in ihren Funktionszusammenhängen verstehen zu können, muss eine mikroskopische, d.h. auf das Individuum abstellende, Sichtweise gewählt werden.[1277]

Die Wirkung der Markenbekanntheit ist verhaltenswissenschaftlich u.a. mit der Schema-Theorie zu begründen, die vorne ausführlich dargestellt wurde. Dabei kann ein Konsument, indem er Markenwissen erwirbt, ein Markenschema entwickeln, das sich auf den gesamten Informationsverarbeitungsprozess auswirkt. Nach psychologischer Auffassung steuert ein Schema die Wahrnehmung, vereinfacht Denkvorgänge, organisiert die Informationsspeicherung und lenkt Präferenzen.[1278] Der Aufbau spezifischen Wissens über ein Handelsunternehmen setzt dessen Bekanntheit voraus. Diese ist eine notwendige Bedingung dafür, dass sich Konsumenten ein klares Bild von einem Unternehmen auf-

---

[1274] Vgl. Bekmeier-Feuerhahn, Sigrid: Marktorientierte Markenbewertung, (DUV) Wiesbaden 1998, S. 129, S. 153-155.

[1275] Vgl. Riedel, Frank: Die Markenwertmessung als Grundlage strategischer Markenführung, (Physica) Heidelberg 1996, S. 125f., S. 150.

[1276] Vgl. Roeb, Thomas: Markenwert, (Verlag Mainz) Aachen 1994, S. 147.

[1277] Vgl. Roeb, Thomas: Markenwert, (Verlag Mainz) Aachen 1994, S. 146.

[1278] Siehe Abschnitt B.I.3.d).

bauen können und dass mit einem bestimmten Handelsunternehmen überhaupt spezifische Assozationen verknüpft werden können.[1279] Entsprechend bewirkt die Aktivierung eines Markenschemas, dass Markeninformationen vorrangig wahrgenommen und positiver betrachtet werden.[1280]

Das Markenmerkmal Bekanntheit ist im Hinblick auf die Kaufentscheidung des Konsumenten auch deswegen von Bedeutung, weil die Kenntnis der Marke für die Erfüllung der Identifizierungsfunktion und damit auch als Basis für die anderen Funktionen unabdingbar ist. Nur das, was man schon einmal wahrgenommen hat, kann man später wiedererkennen. Insofern kann die Bekanntheit der Händlermarke ein grundlegendes Ziel der Händlermarke sein, wenngleich sie nicht isoliert betrachtet werden sollte.[1281]

Eine Hypothese von Woodside/Trappey lautet, dass die ungestützte Assoziation einer Einkaufsstätte als Antwort auf eine generelle Kategorie („Einkaufsstätten") oder bewertende Eigenschaften als Stimulus stark und positiv assoziiert ist mit der primären Einkaufsstättenwahl.[1282] Keller argumentiert die Bedeutung der Bekanntheit analog zu dieser Hypothese, nämlich dass eine höhere Zugriffsfähigkeit einer Marke die Wahrscheinlichkeit erhöht, dass die Marke in den evoked set aufgenommen wird und dass auch bei der Auswahl einer Marke aus einem vorhandenen evoked set die Bekanntheit (häufig auch ohne wertende Assoziationen) schon ausreicht, um eine Kaufentscheidung zu induzieren.[1283]

Aber die Bekanntheit wirkt nicht nur direkt auf das Verhalten der Konsumenten, auch indirekte Wirkungen auf andere Dimensionen der Markenstärke werden konstatiert. Cohen stellte fest, dass der Recall einer Marke mit der Einstellung dazu korreliert und dass Marken, die schnell und einfach aus dem Gedächtnis abgerufen werden können, günstiger beurteilt werden als solche, die später abgerufen werden.[1284] In einer kognitiven Argumentation weist Aaker weist darauf hin, dass die Bekanntheit auf die Einschätzung eines Objekts wirkt und damit auch indirekte Effekte auf das Kaufverhalten aufweist,

---

[1279] Vgl. Esch, Franz-Rudolf; Levermann, Thomas: Handelsunternehmen als Marken, in: Trommsdorff, Volker (Hrsg.): Handelsforschung 1993/94, (Gabler) Wiesbaden 1993, S. 79-102, S. 88.

[1280] Vgl. Kroeber-Riel, Werner; Weinberg, Peter: Konsumentenverhalten, 7. Aufl., (Vahlen) München 1999, S. 291; Bekmeier-Feuerhahn, Sigrid: Marktorientierte Markenbewertung, (DUV) Wiesbaden 1998, S. 129.

[1281] Vgl. Ahlert, Dieter; Kenning, Peter; Schneider, Dirk: Markenmanagement im Handel, (Gabler) Wiesbaden 2000, S. 111.

[1282] Vgl. Woodside, Arch; Trappey, Randolph: Finding out why customers shop your store and buy your brand: Automatic cognitive processing models of primary choice, in: JAR, 32. Jg., 1992, Nr. 6, S. 59-78, S. 62.

[1283] Vgl. Keller, Kevin: Conceptualizing, measuring, and managing customer-based brand equity, in: JM, 57. Jg., 1993, Nr. 1, S. 1-22, S. 3.

[1284] Vgl. Cohen, Louis: The level of consciousness: A dynamic approach to the recall technique, in: JMR, 3. Jg., 1966, Nr. 2, S. 142-148, S. 146f.

z.B weil das Unternehmen als solider und beständiger angesehen wird.[1285] Ebenso wurde vorne informationsökonomisch argumentiert, dass eine höhere Bekanntheit zu einem höheren Vertrauen in die Marke führt. Somit wirkt die Markenbekanntheit auch positiv im Sinne einer Vertrauens- oder Sicherheitsfunktion.[1286] Eine Wirkung der Markenbekanntheit auf die Wertschätzung der Marke ist daher zu erwarten.[1287]

Damit kann insgesamt die Bekanntheit als bereits empirisch bestätigter und theoretisch gut fundierter Indikator des Markenwerts angesehen werden. Eine Problematik der Markenwertdimension „Bekanntheit" ist bei Handelsunternehmen jedoch dadurch gegeben, dass evtl. die Diskriminierungsfähigkeit gering ist und - u.a. auf Grund der hohen Konzentration - die meisten Handelsunternehmen einen sehr hohen Bekanntheitsgrad erzielen. So zeigt eine Untersuchung von Gruner & Jahr, die Ende der 80er Jahre in Deutschland durchgeführt wurde, dass Handelsunternehmen bzw. einzelne Vertriebsschienen grundsätzlich über einen hohen Bekanntheitsgrad verfügen. Alle der betrachteten Lebensmitteleinzelhändler erzielten einen gestützten Bekanntheitsgrad von über 80 Prozent.[1288] Im Jahre 2000 wurden diese Ergebnisse in einer Untersuchung der BCG in etwa bestätigt.[1289]

c)   Inneres Markenbild

Die Bedeutung innerer Bilder für die Marke wurde bereits vorne diskutiert. Ebenso wurden die Imagery-Forschung und ihre Kernergebnisse erläutert. Diese Erkenntnisse wurden bereits in verschiedenen Ansätzen der Markenwertmessung beachtet. So wurde das Konzept des Markeneisbergs von Andresen ursprünglich als „Markenbildklarheits- und AttraktivitätsindeX MAX" bezeichnet und es beruht maßgeblich auf den Erkenntnissen der Imagery-Forschung.[1290] Andresen/Esch ordnen dabei die inneren Bilder den kurzfristigen Indikatoren zu, aber es unterbleibt eine Begründung für diese Einordnung. So kann man auf der Basis der Imagery-Theory und auch der empirischen Belege für die Überlegenheit des Bildgedächtnisses das innere Markenbild eher den langfristigen Indi-

---

[1285] Vgl. Aaker, David: Management des Markenwerts, (Campus) Frankfurt-New York 1992, S. 85-87.

[1286] Vgl. Bekmeier-Feuerhahn, Sigrid: Marktorientierte Markenbewertung, (DUV) Wiesbaden 1998, S. 130.

[1287] Vgl. Woodside, Arch; Trappey, Randolph: Finding out why customers shop your store and buy your brand: Automatic cognitive processing models of primary choice, in: JAR, 32. Jg., 1992, Nr. 6, S. 59-78, S. 60f.

[1288] Vgl. Burkhardt, Achim: Die Betriebstypenmarke im stationären Einzelhandel, Diss., Universität Erlangen-Nürnberg 1997, S. 6.

[1289] Vgl. Lintner, Alexander: Loyalität muss verdient werden, in: LZ, 53. Jg., 2001, Nr. 22, S. 33-34, S. 34.

[1290] Vgl. Andresen, Thomas: Innere Markenbilder: MAX - wie er wurde, was er ist, in: Planung und Analyse, o.Jg., 1991, Nr. 1, S. 28-34, S. 33.

katoren zurechnen.[1291] Die von Esch/Andresen dargestellten Korrelationen unterschiedlicher Indikatoren mit dem Marktanteil zeigen, dass dem Markenbild eine relativ hohe Verhaltensrelevanz zukommt.[1292] Damit wird hier insgesamt davon ausgegangen, dass das innere Markenbild eher ein langfristig wirksamer Indikator ist.

Eine weitere empirische Bestätigung für den Einfluss der inneren Bilder auf die Markenstärke findet sich bei Bekmeier-Feuerhahn. Sie postuliert, dass die Intensität, Richtung, Einzigartigkeit und Zugriffsfähigkeit eines inneren Bildes einen kausalen Zusammenhang mit der Markenstärke aufweisen. Kausalanalytisch wird diese Hypothese von ihr bestätigt.[1293]

Auf Grund der theoretischen Bedeutung der inneren Bilder und auch der ersten empirischen Belege werden daher für die vorliegende Untersuchung die inneren Bilder als geeigneter Indikator für die Markenstärke angesehen. Damit verbunden ist die Feststellung, dass auch in der Kommunikationspolitik von Handelsunternehmen ein Trend zur bildhaften Vermittlung der Werbebotschaften festzustellen ist; die Ausgangsbasis ist hierbei jedoch noch sehr gering.[1294] Damit sind die visuellen Eindrücke, die der Verbraucher mit einem Handelsunternehmen in Verbindung bringt, lediglich auf seine direkten Erfahrungen beschränkt. Liegen diese nicht vor, hat er meist nur ein unklares Bild vom Unternehmen. Gleichzeitig muss auf die hohe Austauschbarkeit vieler Einzelhandelskonzepte in der PoS-Gestaltung, insbesondere im Lebensmitteleinzelhandel, hingewiesen werden, die evtl. eine Messung von bildlichen Assoziationen erschwert. Ein weiteres Problem, das sich stellen könnte, ist die Erfassung von inneren Bildern bei Filialunternehmen. Zwar hat Ruge bereits Skalen zur Messung innerer Bilder am Beispiel von Handelsunternehmen getestet; er hat sich dabei aber auf einzelne Filialen bezogen, nicht auf (teilweise heterogene) Gruppen von Filialen, wie sie in einer Händlermarke i.d.R. zusammengefasst sind.[1295]

d) Markentreue

Als ein Aspekt, der sehr häufig mit einer Händlermarke in Verbindung gebracht wird, ist die Markentreue bzw. Markenloyalität zu nennen. So formulieren z.B. Zentes/Swoboda: „Der Handel zielt dabei primär darauf ab, eine Identifikation mit dem Handelsunter-

---

[1291] Vgl. Kroeber-Riel: Bildkommunikation, (Vahlen) München 1993, S. 73-77; Ruge, Hans-Dieter: Das Imagery-Differential, Arbeitspapier Nr. 2 der Forschungsgruppe Konsum und Verhalten, Saarbrücken 1988, S. 1f.

[1292] Siehe Tabelle 2.

[1293] Vgl. Bekmeier-Feuerhahn, Sigrid: Marktorientierte Markenbewertung, (DUV) Wiesbaden 1998, S. 184, S. 189-191.

[1294] Vgl. Zentes, Joachim; Janz, Markus; Morschett, Dirk: HandelsMonitor 2001: Retail Branding - Der Handel als Marke, (Lebensmittel Zeitung) Frankfurt a.M. 2000, S. 108-123.

[1295] Vgl. Ruge, Hans-Dieter: Die Messung bildhafter Konsumerlebnisse, (Physica) Heidelberg 1988, S. 150.

nehmen sowie den Aufbau einer Geschäftstreue bei den Konsumenten zu bewirken."[1296] Ähnlich sieht Burkhardt dies als eines der „vorrangigen Ziele der Markenpolitik eines Handelsunternehmens".[1297] Markentreue beschreibt Aaker als die Verbundenheit eines Verbrauchers mit einer Marke und den Grad der Wahrscheinlichkeit, mit der er die Marken wechseln wird - besonders wenn die Marke eine Umgestaltung des Preises oder der sonstigen Eigenschaften erlebt. Bei der Betrachtung der Markentreue als determinierenden Faktor des Markenwerts berücksichtigt Aaker die Markentreue als eine generelle Prädisposition des Konsumenten gegenüber dem Markenprodukt im Sinne von Involvement. Er nimmt an, dass ein gewisses Markeninteresse eine Grunddimension des Markenwerts bildet.[1298]

Die Entstehung der Markentreue kann dabei auf Lernprozesse zurückgeführt werden. Markentreue wird durch Lernen nach dem Verstärkungsprinzip unterstützt. Danach werden Verhaltensweisen beibehalten, die positiv verstärkt werden, z.B. durch Lob, soziale Anerkennung und die Erfüllung der Erwartungen.[1299] Markentreue kann als ein habituelles Kaufverhalten interpretiert werden. Dies steht am Ende einer Entwicklung, die häufig mit einer extensiven Kaufentscheidung beginnt, und die schließlich in einem quasi automatischen Prozess endet, bei dem bei einem entsprechendem Bedarf eine bestimmte Marke gekauft wird. Es stellt eine Entscheidungsvereinfachung dar.[1300]

Wie bereits vorne bei den jeweiligen Konzepten und Modellen des Konsumentenverhaltens erläutert, können auch risikotheoretische Ansätze und dissonanztheoretische Erklärungen die Treue erklären.[1301]

Im Allgemeinen wird davon ausgegangen, dass die Markentreue einen erheblichen Einfluss auf das Kaufverhalten hat. Brand/Bungard gehen davon aus, dass ein erheblicher Teil der Käufe im Konsumgüterbereich auf Grund der Treue zu einer spezifischen Marke getätigt wird.[1302] Diese hohe Markentreue kann man sowohl hinsichtlich einzelner

---

[1296] Zentes, Joachim; Swoboda, Bernhard: Hersteller-Handels-Beziehungen aus markenpolitischer Sicht, in: Esch, Franz-Rudolf (Hrsg.): Moderne Markenführung, 2. Aufl., (Gabler) Wiesbaden 2000, S. 801-823, S. 804.

[1297] Burkhardt, Achim: Die Betriebstypenmarke im stationären Einzelhandel, Diss., Universität Erlangen-Nürnberg 1997, S. 109.

[1298] Vgl. Aaker, David: Management des Markenwerts, (Campus) Frankfurt a.M. 1992, S. 57. Siehe auch Bekmeier-Feuerhahn, Sigrid: Marktorientierte Markenbewertung, (DUV) Wiesbaden 1998, S. 89f. In diesen Fällen handelt es sich um reizabhängiges Involvement, vgl. Abschnitt B.I.6.

[1299] Vgl. Weinberg, Peter: Entscheidungsverhalten, (Schöningh) Paderborn u.a. 1981, S. 136; Behrens, Gerold: Verhaltenswissenschaftliche Erklärungsansätze der Markenpolitik, in: Bruhn, Manfred (Hrsg.): Handbuch MA, Bd. 1, (Schäffer-Poeschel) Stuttgart 1994, S. 199-217, S. 215; Brand, Horst; Bungard, Walter: Markentreue, in: JAV, 28. Jg., 1982, Nr. 3, S. 265-288, S. 266f.

[1300] Vgl. Weinberg, Peter: Entscheidungsverhalten, (Schöningh) Paderborn u.a. 1981, S. 136-143; Brand, Horst; Bungard, Walter: Markentreue, in: JAV, 28. Jg., 1982, Nr. 3, S. 265-288, S. 266f.

[1301] Vgl. Brand, Horst; Bungard, Walter: Markentreue, in: JAV, 28. Jg., 1982, Nr. 3, S. 265-288, S. 266f.

[1302] Vgl. Brand, Horst; Bungard, Walter: Markentreue, in: JAV, 28. Jg., 1982, Nr. 3, S. 265-288, S. 265.

Artikel als auch hinsichtlich der Einkaufsstätten feststellen. So zeigt eine Untersuchung von Goerdt auf der Basis von GfK-Daten, dass in den betrachteten Warengruppen die Konsumenten ihren Bedarf im Durchschnitt mit ca. drei (Sachleistungs-)Marken und in ca. drei Einkaufsstätten decken, wobei sich dies je nach Warengruppe leicht unterschiedlich gestaltet. Demzufolge handelt es sich bei der Treue der Konsumenten in der Regel um eine Mehrmarken- bzw. Mehreinkaufsstättentreue.[1303] Andererseits ist festzustellen (siehe Übersicht 31), dass hierbei innerhalb der gekauften Markenartikel und der besuchten Einkaufsstätten eine klare Konzentration auf die Erstpräferenz erfolgt.

Übersicht 31: Durchschnittliche Verteilung der Einkaufsmenge eines Haushalts innerhalb einer Warengruppe[1304]

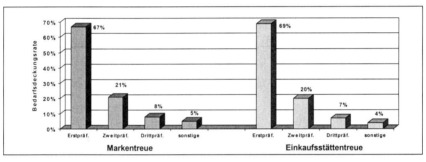

Quelle: Goerdt, Thomas: Die Marken- und Einkaufsstättentreue der Konsumenten als Bestimmungsfaktoren des vertikalen Beziehungsmarketing, (GIM) Nürnberg 1999, S. 63.

Dabei wird betont, dass die Markentreue insbesondere in gesättigten und konkurrenzintensiven Märkten (wie es der Lebensmitteleinzelhandel darstellt) von besonderer Bedeutung ist, u.a. weil die Gewinnung neuer Kunden als teurer angenommen wird als die Bindung der vorhandenen Kunden und weil sich die Kundenbeziehung für den Anbieter mit zunehmender Dauer rentabler gestaltet.[1305]

[1303] Vgl. Goerdt, Thomas: Die Marken- und Einkaufsstättentreue der Konsumenten als Bestimmungsfaktoren des vertikalen Beziehungsmarketing, (GIM) Nürnberg 1999, S. 62f.

[1304] Zu beachten ist, dass Goerdt den Begriff der Marke hier nur auf Markenartikel bezieht und Einkaufsstätten nicht als mögliche Marken betrachtet. Auf Grund von Rundungsfehlern weicht die Summe der Prozentangaben im Fall der Markentreue geringfügig von 100 Prozent ab; vgl. Goerdt, Thomas: Die Marken- und Einkaufsstättentreue der Konsumenten als Bestimmungsfaktoren des vertikalen Beziehungsmarketing, (GIM) Nürnberg 1999, S. 63.

[1305] Vgl. Reichheld, Frederick; Sasser, Earl: Zero-Migration: Dienstleister im Sog der Qualitätsrevolution, in: HM, 13. Jg., 1991, Nr. 4, S. 108-116, S. 111, S. 104; Meyer, Anton; Oevermann, Dirk: Kundenbindung, in: Tietz, Bruno; Köhler, Richard; Zentes, Joachim (Hrsg.): HWM, 2. Aufl., (Schäffer-Poeschel) Stuttgart 1995, Sp. 1340-1351, Sp. 1340; Peter, Sibylle, Isabelle: Kundenbindung als Marketingziel, 2. Aufl., (Gabler) Wiesbaden 1999, S. 46-50; Haedrich, Günther: Was ist ein loyaler Kunde wert?, in: Haedrich, Günther (Hrsg.): Der loyale Kunde - Ist Kundenbindung bezahlbar?, Ergebnisse 4. CPC TrendForum, (SFV Verlag) Mainz 1997, S. 5-8.

Weinberg führt die Markentreue als einen Indikator für die Stärke von Marken an.[1306] Esch/Levermann gehen davon aus, dass der Wert eines Handelsunternehmens umso größer ist, je größer die Loyalität der Konsumenten ist.[1307] Osman zeigt die enge Verbindung des Treueverhaltens zur Assimilations-Kontrast-Theorie auf. Wenn Kundentreue zu einem bestimmten Laden einmal aufgebaut ist, wird diese solange aufrecht erhalten, wie die Ausprägung der wichtigsten Attribute des Ladens noch zum Anspruchsniveau des Kunden passt.[1308] Auch wenn sich die Ausprägung einiger Attribute des Ladens verschlechtert, wird der Kunde versuchen, dies zu tolerieren, z.b. indem andere Attribute als wichtiger eingestuft werden oder indem die Verschlechterung als weniger drastisch wahrgenommen wird, um seine anhaltende Treue zu rechtfertigen (Assimilation). Eine Verschlechterung in der wahrgenommenen Leistung einer Eigenschaft kann jedoch nur bis zu einer bestimmten Schwelle toleriert werden. Jenseits dieser Schwelle wird der Kunde oftmals die Abweichung sogar als drastischer bewerten, als sie tatsächlich ist (Kontrast), und sein Verhalten ändern, z.b. indem er einen anderen Laden auswählt.[1309] Osman geht daher davon aus, dass sich die Wahrnehmung des Ladens für loyale Kunden und nicht-loyale signifikant unterscheidet.[1310]

Als Effekte der Marken- bzw. Ladentreue können darüber hinaus u.a. gesehen werden:[1311]

♦ Reduzierte Informationssuche: Der Nutzen der Informationssuche ist bei einer positiven Einstellung zu einer Marke und einer daraus entstehenden Markentreue wahrscheinlich reduziert gegenüber einem Wechselkaufverhalten. Eine Reihe von empirischen Untersuchungen hat die These unterstützen können, dass Wiederholungskäufe und zunehmende Erfahrung mit einem Objekt zu einer reduzierten Informationssuche führen.[1312]

[1306] Vgl. Weinberg, Peter: Markenartikel und Markenpolitik, in: Wittmann, Waldemar u.a. (Hrsg.): Handwörterbuch der Betriebswirtschaftslehre, 5. Aufl., (Schäffer-Poeschel) Stuttgart 1993, Sp. 2679-2690, Sp. 2682.

[1307] Vgl. Esch, Franz-Rudolf; Levermann, Thomas: Handelsunternehmen als Marken, in: Trommsdorff, Volker (Hrsg.): Handelsforschung 1993/94, (Gabler) Wiesbaden 1993, S. 79-102, S. 82.

[1308] Vgl. Osman, Zain: A conceptual model of retail image influences on loyalty patronage behaviour, in: IRRDCR, 3. Jg., 1993, Nr. 2, S. 133-148.

[1309] Vgl. Osman, Zain: A conceptual model of retail image influences on loyalty patronage behaviour, in: IRRDCR, 3. Jg., 1993, Nr. 2, S. 133-148, S. 136f.; vgl. zur Assimilations-Kontrast-Theorie auch Abschnitt B.I.2.c).

[1310] Vgl. Osman, Zain: A conceptual model of retail image influences on loyalty patronage behaviour, in: IRRDCR, 3. Jg., 1993, Nr. 2, S. 133-148, S. 138-142.

[1311] Vgl. Dick; Alan; Basu, Kunal: Customer loyalty, toward an integrated conceptual framework, in: JAMS, 22. Jg., 1994, S. 99-113 1994, S. 106f.

[1312] Auch Weinberg geht von der Hypothese aus, dass beim Wiederholungskauf die Informationsneigung sinkt, zeigt jedoch auch, dass dieses Konsummuster nicht immer in dieser Form abläuft. Er zeigt die Möglichkeit eines modifizierten Phasenkonzepts auf, bei dem nach einer ersten, vereinfachten Entscheidung die Informationssuche zunächst intensiviert wird, um dann schließlich langfristig in einer habitualisierten Entscheidung wieder zu einer reduzierten Informationssuche zu füh-

◆ Widerstand gegen andere Einstellungen: Es gibt eine Reihe von Untersuchungen, die belegen, dass Individuen, die eine hohe Markenloyalität bzw. ein starkes Commitment für eine Marke oder ein Objekt haben, eine erhöhte Resistenz gegenüber Beeinflussungsversuchen anderer Marken aufweisen.

Es gibt im Wesentlichen zwei unterschiedliche Ansätze, Loyalität zu erfassen und zu definieren:[1313]

◆ Definitionen, die auf dem Kaufverhalten beruhen: Hier werden verhaltensorientierte Daten, oft aus Paneldaten, genutzt, um ein Maß für Kundentreue zu entwickeln. Diese Maßzahlen enthalten Anteile der Käufe bei einem Unternehmen, Reihenfolge bzw. Frequenz der Käufe und Kaufwahrscheinlichkeit.

◆ Definitionen, die auf Einstellungen beruhen: Andere Marketingforscher betrachten die Markentreue nur dann als gegeben, wenn eine starke innere Disposition besteht. Aus dieser Perspektive werden Wiederholungskäufe, die nicht von einer starken Einstellung zur Marke begleitet werden, sondern nur aus einer situativen „Zwangslage" entstehen, als „unechte Loyalität"[1314] bezeichnet.

Wiswede unterscheidet verschiedene Ursachen des Treueverhaltens, so[1315]

◆ affektive Treue als Bindung an eine Marke auf Grund positiver affektiv-emotionaler Beziehungen,

◆ kognitive Treue als Bindung auf Grund von Überzeugungen, die bewusst erfahren werden und auf rationaler Ebene reproduzierbar sind,

◆ habituelle Treue, d.h. die Bindung an eine Marke auf Grund von Gewohnheiten, die quasi-automatische Reaktionen darstellen und kognitiv ausgedünnt sind,[1316] und

◆ risikovermeidende Treue, als Bindung an eine Marke, weil die Entscheidung für eine andere Marke immer zugleich auch Risikoverhalten bedeutet.

Grundsätzlich sind aber die oben genannten beiden Dimensionen auch hier die Basis. Ähnlich erfassen Homburg/Fassnacht/Werner das Konstrukt der Kundenbindung[1317],

---

ren; vgl. Weinberg, Peter: Entscheidungsverhalten, (Schöningh) Paderborn u.a. 1981, S. 147, S. 158.

[1313] Vgl. hierzu überblickend Dick; Alan; Basu, Kunal: Customer loyalty, toward an integrated conceptual framework, in: JAMS, 22. Jg., 1994, S. 99-113, S. 99f.

[1314] Dick/Basu sprechen von „spurious loyalty"; Dick; Alan; Basu, Kunal: Customer loyalty, toward an integrated conceptual framework, in: JAMS, 22. Jg., 1994, S. 99-113.

[1315] Vgl. Wiswede, Günter: Die Psychologie des Markenartikels, in: Dichtl, Erwin; Eggers, Walter (Hrsg.): Marke und Markenartikel, (dtv) München 1992, S. 71-95, S. 84f.

[1316] In Abschnitt B.I.6. wurde jedoch aufgezeigt, dass habituelle Entscheidungen auch mit einem hohen emotionalen Involvement verbunden sein können.

[1317] Hier ist darauf hinzuweisen, dass die Begriffe Kundenbindung, Markenbindung und Markentreue, wenn es sich bei dem Bezugsobjekt um eine Marke handelt, synonym genutzt werden; vgl. hierzu Weinberg, Peter; Diehl, Sandra: Aufbau und Sicherung von Markenbindung unter schwierigen

wobei sie statt der Einstellung die „Verhaltensabsicht" betrachten und damit die Indikatoren in tatsächliches Verhalten und Verhaltensabsicht unterteilen.[1318] Übersicht 32 zeigt ausgewählte Indikatoren beider Perspektiven.

Übersicht 32:   Ausgewählte Indikatoren der Marken- bzw. Ladentreue

verhaltensorientiert	*einstellungsorientiert*
Ausgabenanteil Besuchsfrequenz Wiederholungskäufe	Ranking der Läden Präferenzen Wiederkaufsabsicht Weiterempfehlungsabsicht Commitment reduzierte Informationssuche Cross-Buying-Absicht Gefühl der Verbundenheit

Quelle: in Anlehnung an Aaker, David: Management des Markenwerts, (Campus) Frankfurt a.M. 1992, S. 57; Bloemer, Josée; de Ruyter, Ko: On the relationship between store image, store satisfaction and store loyalty, in: EJM, 32. Jg., 1998, Nr. 5/6, S. 499-513, S. 510; Eggert, Andreas: Konzeptualisierung und Operationalisierung der Kundenbindung aus Kundensicht, in: Marketing ZFP, 22. Jg., 2000, Nr. 2, S. 119-130; Homburg, Christian; Faßnacht, Martin: Kundennähe, Kundenzufriedenheit und Kundenbindung bei Dienstleistungsunternehmen, in: Bruhn, Manfred; Meffert, Heribert (Hrsg.): Handbuch Dienstleistungsmanagement, (Gabler) Wiesbaden 1998, S. 389-410, S. 415; Osman, Zain: A conceptual model of retail image influences on loyalty patronage behaviour, in: IRRDCR, 3. Jg., 1993, Nr. 2, S.133-148, S. 137.

In ihrer meist benutzten Bedeutung kennzeichnet Markentreue ein bestimmtes Kaufverhalten. Man versteht darunter den wiederholten Kauf einer Marke.[1319] In vielen Definitionen wird Markentreue oder Treue allgemein definiert als die Tendenz einer Person, über die Zeit ein ähnliches Verhalten in ähnlichen Situationen einzuhalten, hier konkreter als die Tendenz, in bestimmten Einkaufssituationen die gleichen Einkaufsstätten zu besuchen.[1320] Jacoby/Chestnut kritisierten diese Maßzahlen bereits Ende der 70er Jahre, da ihnen die theoretische Fundierung fehlt und sie eigentlich nur ein statisches, externes Ergebnis eines dynamischen, internen Prozesses erfassen.[1321] Trotz dieser fundamenta-

---

Konkurrenz- und Distributionsbedingungen, in: Köhler, Richard; Majer, Wolfgang; Wiezorek, Heinz (Hrsg.): Erfolgsfaktor Marke, (Vahlen) München 2001, S. 23-35, S. 26; Goerdt, Thomas: Die Marken- und Einkaufsstättentreue der Konsumenten als Bestimmungsfaktoren des vertikalen Beziehungsmarketing, (GIM) Nürnberg 1999, S. 8.

[1318] Vgl. Homburg, Christian; Faßnacht, Martin; Werner, Harald: Operationalisierung von Kundenzufriedenheit und Kundenbindung, in: Bruhn, Manfred; Homburg, Christian (Hrsg.): Handbuch Kundenbindungsmanagement, 3. Aufl., (Gabler) Wiesbaden 2000, S. 505-527, S. 509, S. 513.

[1319] Vgl. Behrens, Gerold: Verhaltenswissenschaftliche Erklärungsansätze der Markenpolitik, in: Bruhn, Manfred (Hrsg.): Handbuch MA, Bd. 1, (Schäffer-Poeschel) Stuttgart 1994, S. 199-217, S. 214.

[1320] Vgl. Osman, Zain: A conceptual model of retail image influences on loyalty patronage behaviour, in: IRRDCR, 3. Jg., 1993, Nr. 2, S. 133-148, S. 135.

[1321] Vgl. Jacoby, Jacob; Chestnut, Robert: Brand Loyalty - Measurement and Management, (Whiley) New York 1978; Oliver, Richard: Whence Consumer Loyalty, in: JM, 63. Jg., 1999, Special Issue, S. 33-44, S. 35.

len Kritik an den verhaltensorientierten Indikatoren werden diese in der Produkt- bzw. Einkaufsstättentreueforschung immer noch häufig eingesetzt.[1322] Eine verhaltensorientierte Betrachtung der Treue kann dabei zu Fehlschlüssen führen. Sie erfasst u.U. nur die passive Loyalität, die nur von einer Preisorientierung ausgeht oder der Verfügbarkeit und nicht wirklich wertvoll für die Marke ist.[1323] Verhaltensorientierte Markentreue kann ihren Grund auch im Fehlen von alternativen Einkaufsmöglichkeiten haben oder in einer sehr ausgeprägten räumlichen Nähe von Handelsunternehmen begründet sein. In diesem Fall liegt allerdings eine Scheintreue vor, denn sobald ein neuer Konkurrent auftritt, muss davon ausgegangen werden, dass die Treue gelöst ist.[1324] Eine hohe Wiederkaufrate kann somit auch nur das Ergebnis von situativen Beschränkungen sein.[1325] Wesentlich scheint hier auch die Kritik, die Eggert an den verhaltensorientierten Messansätzen der Kundenbindung äussert: Operationalisiert man die Markentreue über ihre vermuteten (aber in den meisten Fällen nicht nachgewiesenen) Verhaltenseffekte, so verhindert dies eine empirische Validierung der postulierten Wirkungszusammenhänge,[1326] so dass ein Rückgriff auf psychische Konstrukte geeigneter ist.

Bloemer/de Ruyter weisen in ihrer Konzeption des Begriffs Loyalität deutlich auf die Bedeutung der inneren Bindung an ein Objekt hin.[1327] Viele Markenforscher, insbesondere in der neueren Literatur, definieren Markentreue nicht mehr als Verhalten, sondern als Einstellung.[1328] Die affektive Bindung der Konsumenten an die Marke ist wichtig.[1329] Diller versteht unter Kundenbindung die „Einstellung eines Kunden zur Geschäftsbeziehung mit einem Anbieter [...], die sich in dessen Bereitschaft zu Folgetransaktionen niederschlägt"[1330]. Weinberg zeigt auf, dass Kundenbindung zu einem Objekt (z.B. einer Marke) aus verhaltenswissenschaftlicher Sicht als ein psychisches Konstrukt der Ver-

---

[1322] Vgl. die Kritik von Bloemer, Josée; de Ruyter, Ko: On the relationship between store image, store satisfaction and store loyalty, in: EJM, 32. Jg., 1998, Nr. 5/6, S. 499-513, S. 500.

[1323] Vgl. Agres, Stuart: Leading and Lagging Indicator of Brand Health, in: Sood, Sanjay (Hrsg.): Brand Equity and the Marketing Mix, Report No. 95-111, (MSI) Cambridge 1995, S. 29-31, S. 30; Oliver, Richard: Whence Consumer Loyalty, in: JM, 63. Jg., 1999, Special Issue, S. 33-44.

[1324] Vgl. Brauer, Wolfgang: Die Betriebsform im stationären Einzelhandel als Marke, (FGM) München 1997, S. 147; Wiswede, Günter: Die Psychologie des Markenartikels, in: Dichtl, Erwin; Eggers, Walter (Hrsg.): Marke und Markenartikel, (dtv) München 1992, S. 71-95, S. 85.

[1325] Vgl. Dick; Alan; Basu, Kunal: Customer loyalty, toward an integrated conceptual framework, in: JAMS, 22. Jg., 1994, S. 99-113, S. 100.

[1326] Vgl. Eggert, Andreas: Konzeptualisierung und Operationalisierung der Kundenbindung aus Kundensicht, in: Marketing-ZFP, 22. Jg., 2000, Nr. 2, S. 119-130, S. 121.

[1327] Vgl. Bloemer, Josée; de Ruyter, Ko: On the relationship between store image, store satisfaction and store loyalty, in: EJM, 32. Jg., 1998, Nr. 5/6, S. 499-513, S. 500.

[1328] Erst in der Konsequenz führe diese Einstellung zum mehrfachen Wiederkauf eben dieser Marke; vgl. Brand, Horst; Bungard, Walter: Markentreue, in: JAV, 28. Jg., 1982, Nr. 3, S. 265-288, S. 265.

[1329] Vgl. Behrens, Gerold: Verhaltenswissenschaftliche Erklärungsansätze der Markenpolitik, in: Bruhn, Manfred (Hrsg.): Handbuch MA, Bd. 1, (Schäffer-Poeschel) Stuttgart 1994, S. 199-217, S. 214.

[1330] Diller, Hermann: Kundenbindung als Marketingziel, in: Marketing-ZFP, 18. Jg., 1996, S. 81-94, S. 83. Wie bereits erwähnt, kann man hier die Begriffe Kundenbindung und Markentreue synonym verwenden.

pflichtung und Verbundenheit einer Person verstanden und den aktivierenden Prozessen menschlichen Verhaltens zugeordnet wird.[1331] Dabei kann man zwischen „feeling" und „action" unterscheiden und davon ausgehen, dass nur ersteres als Markenwertindikator geeignet ist, während die „action", also die tatsächliche Kaufhandlung, eher als Konsequenz davon zu sehen ist.[1332]

Dabei wird in neueren Studien vor allem das Commitment betont, also die emotionale oder psychologische Bindung zu einer Marke.[1333] Auf dieser Basis unterscheiden z.b. McGoldrick/Andre zwischen den loyalen und den (lediglich) habituellen Käufern.[1334] Eggert unterscheidet zwischen der Gebundenheit (also einer lediglich auf kognitiven Bindungsmotiven beruhenden Bindung) und der Verbundenheit (also einer auf affektive Bindungsmotive zurückgehende Bindung).[1335] In Anlehnung an Bloemer/de Ruyter und Weinberg wird auch in der vorliegenden Studie das Commitment als zentrale Größe der Markentreue angesehen.[1336] Ohne dieses Commitment ist das Wiederholungsverhalten nur oberflächlich und z.b. durch Trägheit des Konsumenten ausgelöst. Das Commitment, als ein „Sichtfestlegen bzw. eine Selbstverpflichtung", wird dabei unter anderem durch die (psychologischen) Kosten bestimmt, die mit der Umkehr einer Entscheidung entstehen. Das Spezifische des Commitment ist also darin zu sehen, dass ein Entschluss oder eine Meinung nur schwerlich revidiert werden können. Diese Revisionswiderstände können nach einem offenen Verhalten auftreten (z.b. einer gegenüber Dritten geäußerten Meinung) oder auch als „Sichtfestgelegtfühlen" auf Ansichten, Überzeugungen, Meinungen, die nur innerhalb des Konsumenten „bekannt" sind.[1337]

Noch weitergehend als die dargestellten Überlegungen von Markentreue als Indikator des Markenwerts ist die Perspektive von Fournier. Sie versucht, den Markenwert voll-

---

[1331] Vgl. Weinberg, Peter: Verhaltenswissenschaftliche Aspekte der Kundenbindung, in: Bruhn, Manfred; Homburg, Christian: Handbuch Kundenbindungsmanagement, 3. Aufl., (Gabler) Wiesbaden 2000, S. 39-53, S. 42f.

[1332] Vgl. Lassar, Walfried; Mittal, Banwari; Sharma, Arun: Measuring customer-based brand equity, in: JCM, 12. Jg., 1995, Nr. 4, S. 11-19, S. 13

[1333] Vgl. Beatty, Sharon; Kahle, Lynn; Homer, Pamela: The involvement-commitment model: Theory and implications, in: JBR, 16. Jg., 1988, Nr. 2, S. 149-167; McGoldrick, Peter; Andre, Elisabeth: Consumer misbehaviour - Promiscuity or loyalty in grocery shopping, in: JRCS, 4. Jg., 1997, Nr. 2, S. 73-81, S. 75; Bloemer, Josée; de Ruyter, Ko: On the relationship between store image, store satisfaction and store loyalty, in: EJM, 32. Jg., 1998, Nr. 5/6, S. 499-513, S. 500.

[1334] Vgl. McGoldrick, Peter; Andre, Elisabeth: Consumer misbehaviour - Promiscuity or loyalty in grocery shopping, in: JRCS, 4. Jg., 1997, Nr. 2, S. 73-81, S. 75.

[1335] Vgl. Eggert, Andreas: Konzeptualisierung und Operationalisierung der Kundenbindung aus Kundensicht, in: Marketing-ZFP, 22. Jg., 2000, Nr. 2, S. 119-130, S. 126f.

[1336] Vgl. Bloemer, Josée; de Ruyter, Ko: On the relationship between store image, store satisfaction and store loyalty, in: EJM, 32. Jg., 1998, Nr. 5/6, S. 499-513, S. 500; Weinberg, Peter: Verhaltenswissenschaftliche Aspekte der Kundenbindung, in: Bruhn, Manfred; Homburg, Christian: Handbuch Kundenbindungsmanagement, 3. Aufl., (Gabler) Wiesbaden 2000, S. 39-53, S. 42f.

[1337] Vgl. Raffée, Hans; Sauter, Bernhard; Silberer, Günter: Theorie der kognitiven Dissonanz und Konsumgüter-Marketing, (Gabler) Wiesbaden 1973, S. 30-33.

ständig auf der Basis der „Markenbeziehungen" zu konzeptualisieren: „Der Markenwert bezieht sich auf die Stärke, Tiefe und den Charakter der Konsumenten-Marken-Beziehung. Ein hoher Markenwert impliziert eine positive Kraft, die den Konsumenten und die Marke zusammenhält, trotz Widerständen und Spannungen."[1338]

e) Differenzierungsstärke

Gutenberg zeigte auf, dass nur auf Grund der unvollkommenen Märkte für einen Anbieter in einem bestimmten Preisintervall die Möglichkeit besteht, die Preise zu erhöhen, ohne dass dies zu einer spürbaren Reduktion der Nachfrage führt. Die Größe dieses Preisintervalls (des *monopolistischen* Abschnitts der Preisabsatzkurve) sowie die konkrete Form der Preisabsatzfunktion hängen von der Höhe des akquisitorischen Potenzials des Unternehmens ab.[1339] Marken sind ein Mittel für Unternehmen, dieses akquisitorische Potenzial zu erlangen. Die Notwendigkeit für ein Unternehmen, zum Aufbau des akquisitorischen Potenzials „den Markt unvollkommen zu machen"[1340], also die Homogenitätsbedingungen des vollkommenen Markts zu durchbrechen, um beim Konsumenten Präferenzen zu schaffen,[1341] stellen den Kern der Markenpolitik dar, wie in den vorne dargestellen Charakterisierungen des Begriffs Marke deutlich wurde. Eine Aussage von Domizlaff zeigt die große Nähe der Argumentation: „Das Ziel der Markentechnik ist die Sicherung einer Monopolstellung in der Psyche der Verbraucher."[1342] Daher wird die Möglichkeit, im Vergleich zum Markt höhere Preise durchsetzen zu können bzw. - synonym - die „absatzfördernde Wirkung" (also das akquisitorische Potenzial), als einer der Kernvorteile einer Marke genannt.

Übereinstimmend gehen die Vertreter der Markenforschung davon aus, dass die Differenzierung von der Konkurrenz eine notwendige Voraussetzung für die Schaffung von Präferenzen ist. Esch/Levermann machen darauf aufmerksam, dass durch differenzierende Marken höhere Preise durchsetzbar sind,[1343] Bruhn und Meffert/Bruhn zeigen auf, dass die Marke der Profilierung dient, so dass schließlich der preispolitische Spielraum

---

[1338] Fournier, Susan: A Consumer-Brand Relationship Perspective on Brand Equity, in: Sood, Sanjay (Hrsg.): Brand Equity and the Marketing Mix, Report No. 95-111, (MSI) Cambridge 1995, S. 13-15, S. 14.

[1339] Vgl. Gutenberg, Erich: Grundlagen der Betriebswirtschaftslehre, 2. Bd. - Der Absatz, 17. Aufl., (Springer) Berlin u.a. 1984, S. 243-248.

[1340] Wöhe, Günter: Einführung in die Betriebswirtschaftslehre, 20. Aufl., (Vahlen) München 2000, S. 560.

[1341] Vgl. Wöhe, Günter: Einführung in die Betriebswirtschaftslehre, 20. Aufl., (Vahlen) München 2000, S. 560f.

[1342] Domizlaff, Hans: Grundgesetze der natürlichen Markenbildung, in: Bruhn, Manfred (Hrsg.): Handbuch MA, Bd. 2, (Schäffer-Poeschel) Stuttgart 1994, S. 689-723, S. 706.

[1343] Vgl. Esch, Franz-Rudolf; Levermann, Thomas: Handelsunternehmen als Marken, in: Trommsdorff, Volker (Hrsg.): Handelsforschung 1993/94, (Gabler) Wiesbaden 1993, S. 79-102, S. 82.

erhöht wird,[1344] Keller erwähnt, dass starke Marken ein Preispremium verlangen können[1345] und Aaker betont, dass in vielen Branchen die differenzierenden Elemente des Markenwerts einen Preisaufschlag zulassen.[1346] Dabei wird die Thematik des Preispremiums in Abschnitt C.IV.2.h) dieses Kapitels aufgegriffen. Es sind jedoch auch andere Formen des Ausdrucks der durch die Differenzierung geschaffenen Präferenzen möglich.

Wiswede stellt die Unverwechselbarkeit der Marke als wesentlichen Grundsatz einer erfolgreichen psychologischen Markenführung dar.[1347] Nur so kann sich die Marke deutlich von den Konkurrenzmarken abheben und ein prägnantes Profil bilden.[1348] Strategien, die eine Differenzierung von der Konkurrenz auf der Leistungsebene anstreben, z.B. durch Handelsmarken, versuchen, eine direkte Vergleichbarkeit stärker zu vermeiden und damit auch die Bedeutung des Preises zu reduzieren.[1349]

Die Differenzierung eines Objekts von einem anderen entsteht durch Lernen. Dabei wird das Lernen hier u.a. durch die klassische Konditionierung erreicht.[1350] Unterschiede zwischen den Unternehmen im Sinne einer Diskriminierungsfähigkeit (Lerntheorie) sind zugleich notwendig, um einzelnen Stimuli (hier den Handelsunternehmen) Eigenschaften zuordnen zu können, Markentreue zu ihnen aufbauen zu können und sie im Gedächtnis verankern zu können. Kroeber-Riel/Weinberg zeigen auf, dass Konsumenten, um überhaupt markenspezifische Reaktionen zeigen zu können, die angebotenen Marken zunächst differenziert wahrnehmen müssen. „Erst wenn ein Individuum die Situationen, in die es kommt, auseinanderhalten kann und die Reizkonstellation zu unterscheiden weiß, wird es in die Lage versetzt, in einer der jeweiligen Reizkonstellation spezifischen Weise zu reagieren."[1351]

[1344] Vgl. Meffert, Heribert; Bruhn, Manfred: Dienstleistungsmarketing, 2. Aufl., (Gabler) Wiesbaden 1997, S. 321; Bruhn, Manfred: Begriffsabgrenzungen und Erscheinungsformen von Marken, in: Bruhn, Manfred (Hrsg.): Handbuch MA, Bd. 1, (Schäffer-Poeschel) Stuttgart 1994, S. 3-41, S. 24.

[1345] Vgl. Keller, Kevin: Strategic Brand Management, (Prentice Hall) Upper Saddle River/NJ 1998, S. 56.

[1346] Vgl. Aaker, David: Management des Markenwerts, (Campus) Frankfurt-New York 1992, S. 33.

[1347] Vgl. Wiswede, Günter: Die Psychologie des Markenartikels, in: Dichtl, Erwin; Eggers, Walter (Hrsg.): Marke und Markenartikel, (dtv) München 1992, S. 71-95, S. 88f.

[1348] Vgl. Behrens, Gerold: Verhaltenswissenschaftliche Erklärungsansätze der Markenpolitik, in: Bruhn, Manfred (Hrsg.): Handbuch MA, Bd. 1, (Schäffer-Poeschel) Stuttgart 1994, S. 199-217, S. 212.

[1349] Vgl. Davies, Gary: Positioning, image and the marketing of multiple retailers, in: IRRDCR, 2. Jg., 1992, Nr. 1, S. 13-34, S. 14f.

[1350] Vgl. Kroeber-Riel, Werner; Weinberg, Peter: Konsumentenverhalten, 7. Aufl., (Vahlen) München 1999, S. 129f.

[1351] Kroeber-Riel, Werner; Weinberg, Peter: Konsumentenverhalten, 7. Aufl., (Vahlen) München 1999, S. 323. Vgl. auch Bekmeier-Feuerhahn, Sigrid: Marktorientierte Markenbewertung, (DUV) Wiesbaden 1998, S. 168.

Gleichzeitig wird die Einzigartigkeit bzw. die Abgrenzung von der Konkurrenz, d.h. die Differenzierung, als wichtiger Aspekt des Markenwerts gesehen. V.a. die gedächtnis-theoretischen, insbesondere die Schema-theoretischen Ansätze, zeigen dabei, dass die Stärke und die Einzigartigkeit der mit der Marke verbundenen Assoziationen von hoher Relevanz sind. So gehen u.a. die gedächtnisorientierten Markenwertansätze von Andre-sen, Keller und Bekmeier-Feuerhahn davon aus, dass die Uniqueness der mit der Marke verbundenen Assoziationen eine Dimension des Markenwerts ist.[1352] Bekmeier-Feuerhahn postuliert dabei, dass die Markenstärke um so höher ist, je mehr Einzigartig-keit ein Knoten bzw. eine Assoziation im Netzwerk aufweist und und bestätigt diese Hypothese.[1353]

Die Einzigartigkeit einer Marke stellt also einen Wert an sich dar und beeinflusst gleich-zeitig auch eine Reihe anderer Markenwertdimensionen. So gehen Carpenter u.a. davon aus, dass die Differenzierung eine positive Einschätzung erzeugt. Dabei wirken einzigar-tige Attribute tendenziell positiv auf die Bewertung eines Objekts. Zudem führt eine klare Unterscheidbarkeit auch dazu, dass die Aufmerksamkeit einer Marke gegenüber erhöht ist und in der Konsequenz die Vertrautheit mit der Marke zunimmt. Die Einzigar-tigkeit wird somit zu einem eigenständigen Wettbewerbsvorteil.[1354]

Eine Untersuchung von Morschett zeigt, dass Konsumenten eine Einschätzung der wahrgenommenen Einzigartigkeit einer Händlermarke äußern können (siehe Tabelle 5). Zugleich wird deutlich, dass eine der oftmals vorgeschlagenen Erfassungsmethoden, die Anzahl der freien Assoziationen, nicht geeignet ist, die Differenzen zwischen Händler-marken zu erfassen.[1355]

[1352] Vgl. Andresen, Thomas: Innere Markenbilder: MAX - wie er wurde, was er ist, in: Planung und Analyse, o.Jg., 1991, Nr. 1, S. 28-34; Keller, Kevin: Conceptualizing, measuring, and managing customer-based brand equity, in: JM, 57. Jg., 1993, Nr. 1, S. 1-22; Bekmeier-Feuerhahn, Sigrid: Marktorientierte Markenbewertung, (DUV) Wiesbaden 1998, S. 168, S. 182f., S. 194-203.

[1353] Vgl. Bekmeier-Feuerhahn, Sigrid: Marktorientierte Markenbewertung, (DUV) Wiesbaden 1998, S. 168, S. 188-191.

[1354] Vgl. Carpenter, Gregory; Glazer, Rashi; Nakamoto, Kent: Meaningful brands from meaningless differentiation: The dependence on irrelevant attributes, in: JMR, 31. Jg., 1994, Nr. 3, S. 339-350, S. 348.

[1355] Die Methode der Erfassung der Anzahl der freien Assoziationen wird hierbei u.a. von Keller und von Krishnan vorgeschlagen; vgl. Keller, Kevin: Conceptualizing, measuring, and managing customer-based brand equity, in: JM, 57. Jg., 1993, Nr. 1, S. 1-22, S. 14; Krishnan, Shanker: Char-acteristics of memory associations: A consumer-based brand equity perspective, in: IJRM, 13. Jg., 1996, S. 389-405, S. 402-404.

Tabelle 5:   **Vergleich der wahrgenommenen Einzigartigkeit und der Anzahl der freien Assoziationen zu einer Händlermarke bei Kunden verschiedener Einkaufsstätten**[1356]

Einkaufsstätte	Einzigartigkeit	Anzahl der Markenassoziationen
Einkaufsstätte T	4,3*	4,9
Einkaufsstätte B	5,2*	5,1

Skala für die Einzigartigkeit von 1 (niedrigste Einzigartigkeit) bis 7 (höchste Einzigartigkeit).
* Der Mittelwertunterschied ist auf dem Niveau von 0,05 (zweiseitig) signifikant.

Quelle: in Anlehnung an Morschett, Dirk: Store Branding as a Goal of Strategic Retail Marketing, in: Cliquet, Gérard; Zentes, Joachim (Hrsg.): Retailing and Distribution in Europe, Proceedings, The third AFM French-German Conference, St. Malo 2000, o.S.

Als wesentliches Problem wird im Einzelhandel dabei die hohe Austauschbarkeit konkurrierender Handelsbetriebe gesehen, so dass ein Profilierungsdefizit zu erkennen ist.[1357] Von daher ist die Differenzierungsstärke einerseits als geeigneter Indikator anzusehen, da die ursprüngliche Zielsetzung einer Händlermarke unmittelbar damit verbunden ist (vgl. auch Abschnitt A.III.3. des Zweiten Kapitels) und erste empirische Belege für ihre Bedeutung vorliegen. Andererseits könnte sich eine geringe Diskriminierungsfähigkeit des Indikators zeigen, wenn sich die Aussagen zur Austauschbarkeit auch empirisch bestätigen.

f)   Vertrauen

Biel nennt das Vertrauen in die Marke als einen der wesentlichen Vorteile einer starken Marke, z.B. auf Grund der Risikoreduktionsfunktion einer Marke.[1358] Auch Kotler/Bliemel sehen den Markenwert wesentlich durch das Vertrauen der Konsumenten beeinflusst.[1359] Lassar/Mittal/Sharma gehen davon aus, dass der Markenwert im Wesentlichen darauf basiert, ob die Konsumenten in eine Marke ein größeres Vertrauen haben als in ihre Konkurrenten. Sie definieren dabei die Vertrauenswürdigkeit als die Zuver-

---

[1356] Einkaufsstätte B wurde dabei mit der besonderen Zielsetzung gestaltet, die Händlermarke zu stärken und unterscheidet sich deutlich von anderen Filialen. Zu beachten ist daher, dass sich die Stimuli in der Untersuchung auch objektiv (erfasst durch Expertenurteile) deutlicher unterschieden, als dies normalerweise bei zwei Einkaufsstätten im Lebensmitteleinzelhandel bei gleichem Betriebstyp üblich ist. Die wahrgenommene Einzigartigkeit wurde mit einer pauschalen Frage erfasst.

[1357] Vgl. z.B. Heinemann, Gerrit: Betriebstypenprofilierung und Erlebnishandel, (Gabler) Wiesbaden 1989, S. V; Esch, Franz-Rudolf; Levermann, Thomas: Handelsunternehmen als Marken, in: Trommsdorff, Volker (Hrsg.): Handelsforschung 1993/94, (Gabler) Wiesbaden 1993, S. 79-102, S. 79; Weinberg, Peter: Erlebnis-Marketing, in: Tietz, Bruno; Köhler, Richard; Zentes, Joachim (Hrsg.): HWM, 2. Aufl., (Schäffer-Poeschel) Stuttgart 1995, Sp. 607-615, Sp. 613.

[1358] Vgl. Biel, Alexander: How brand image drives brand equity, in: JAR, 32. Jg., 1992, Nr. 6, S. RC-6-RC-12, S. RC-7.

[1359] Vgl. Kotler, Philip; Bliemel, Friedhelm: Marketing-Management, 9. Aufl., (Schäffer-Poeschel) Stuttgart 1999, S. 692.

sicht, die ein Konsument in ein Unternehmen hat, dass die Handlungen des Unternehmens auch im Interesse der Verbraucher sind.[1360]

Von einer ganzen Reihe von Verfassern wird das tendenziell erhöhte Risikoempfinden bei Servicenachfragern gegenüber Konsumenten von reinen Sachleistungen betont.[1361] Da der Verbraucher dabei auf Grund des geringen Anteils objektiver Prüfqualitäten zur Produktbeurteilung noch stärker als der Sachleistungsabnehmer auf Erfahrung und Vertrauen zurückgreifen muss, wird allgemein eine stärkere Akzentuierung von Vertrauenszielen im Dienstleistungssektor hervorgehoben. Oelsnitz betont, dass die vom Abnehmer empfundene Unsicherheit über die tatsächliche Qualität des von ihm nachgefragten Nutzenangebots als zentral für nahezu alle markenpolitischen Maßnahmen eines Dienstleisters angesehen wird. Die Dienstleistung als Marke wird damit zu einem Vertrauensgut.[1362] Vor dem Hintergrund der schlechten Standardisierbarkeit bei Dienstleistungen ist auch die Definition von Martin/Brown, die das Vertrauen in eine Marke im Sinne einer Einschätzung der Konsumenten, ob eine Marke konstant ihre Erwartungen erfüllen kann, sehen, gerade für Handelsbetriebe relevant.[1363]

Eine Marke bietet für den Konsumenten dabei die Möglichkeit der Reduktion des wahrgenommenen Risiko bei der Kaufentscheidung (siehe Abschnitt A.II.1.d) des Zweiten Kapitels). Durch die Marke wird eine zusätzliche Information gegeben, die meist sogar in Form einer Schlüsselinformation verarbeitet wird und damit den subjektiv empfundenen Informationsstand des Konsumenten wesentlich erhöht. Zugleich reduziert die Marke das wahrgenommene mögliche Ausmaß einer negativen Konsequenz, weil sie über ihre „Qualitätsgarantie" für eine relativ konstante Leistung steht.[1364] Insgesamt wird ein sehr enger Zusammenhang zwischen dem Verhalten gegenüber der Marke und der Risikovermeidung gesehen.[1365] Dabei formuliert Roeb die Hypothese: „Der Wert einer Mar-

[1360] Vgl. Lassar, Walfried; Mittal, Banwari; Sharma, Arun: Measuring customer-based brand equity, in: JCM, 12. Jg., 1995, Nr. 4, S. 11-19, S. 11, S. 13.

[1361] Vgl. z.B. Guseman, Dennis: Risk perception and risk reduction in consumer services, in: Donelly, James; George, William (Hrsg.): Marketing of Services, (AMA) Chicago 1981, S. 200-204; Oelsnitz, Dietrich von der: Dienstleistungsmarken: Konzepte und Möglichkeiten einer markengestützten Serviceprofilierung, in: JAV, 43. Jg., 1997, Nr. 1, S. 66-89, S. 72; Zeithaml, Valarie: How consumer evaluation processes differ between goods and services, in: Donelly, James; George, William (Hrsg.): Marketing of Services, (AMA) Chicago 1981, S. 186-190, S. 186f.

[1362] Vgl. Oelsnitz, Dietrich von der: Dienstleistungsmarken: Konzepte und Möglichkeiten einer markengestützten Serviceprofilierung, in: JAV, 43. Jg., 1997, Nr. 1, S. 66-89, S. 72.

[1363] Vgl. Martin, Greg; Brown, Tom: In search of brand equity: The conceptualisation and measurement of the brand impression construct, in: Childers, Ferry u.a. (Hrsg.): Marketing - Theorie and Applications, 2, (AMA) Chicago 1991, S. 431-438, S. 432.

[1364] Vgl. Roeb, Thomas: Markenwert, (Verlag Mainz) Aachen 1994, S. 176-181; Dichtl, Erwin: Grundidee, Varianten und Funktionen der Markierung von Waren und Dienstleistungen, in: Dichtl, Erwin; Eggers, Walter (Hrsg.): Marke und Markenartikel, (dtv) München 1992, S. 1-23, S. 16-20.

[1365] Vgl. Weinberg, Peter: Die Produkttreue der Konsumenten, (Gabler) Wiesbaden 1977, S. 112f.

ke ist um so höher, je stärker ihre Assoziationen zur Reduktion des mittelbaren oder unmittelbaren Risikos beim Kauf dienen."[1366]

Ahlert/Kenning/Schneider sehen das Vertrauen als zentrale Dimension des Markenmanagements bei Handelsunternehmen an. In einer Umfrage bei Handelsunternehmen kommen sie zu dem Ergebnis, dass die Erzielung eines hohen Vertrauens beim Kunden das wichtigste Merkmal einer starken Betriebstypenmarke sei. Zugleich geben sie einen Überblick über Messmethoden für das Vertrauen in der Literatur, kommen jedoch zu dem Ergebnis, dass keine der betrachteten Methoden für die spezifische Fragestellung des Händlermarkenvertrauens voll geeignet sei.[1367] Vertrauen in eine Marke entsteht dabei u.a. durch Berechenbarkeit bzw. durch Stabilität und Kontinuität.[1368] Betrachtet man Marke als „Vertrag" oder als „Versprechen" (siehe Abschnitt A.II.1.d) des Zweiten Kapitels), dann ist das Vertrauen in die Marke der Grad, zu dem die Konsumenten an das Einhalten des Vertrages oder des Versprechens durch den Anbieter glauben. Gleichzeitig zeigt sich eine enge Beziehung des Vertrauens zur Markentreue.[1369]

Die Vertrauenswürdigkeit ist dabei in zahlreichen Markenwert-Ansätzen als Indikator enthalten, so z.B. der Nielsen-Markenbilanz,[1370] dem Ansatz von Andresen,[1371] und dem Ansatz von Lassar u.a.[1372] Andresen/Esch zeigen eine hohe Korrelation des Markenvertrauens und des Kaufverhaltens ($r = 0{,}688$).[1373]

g) Sympathie

Tolle/Steffenhagen schlagen vor, zur Erfassung der Markenstärke die Einstellung zur Marke zu messen, ggf. nur differenziert nach kognitiver und affektiver Einstellungsdimension.[1374] Die affektive Dimension der Einstellung als langfristig stabile Disposition mit hoher Verhaltensrelevanz ist dabei in der vorliegenden Untersuchung u.a. im Konstrukt „Sympathie" enthalten. Dieses Verständnis des Konstrukts „Sympathie" haben

---

[1366] Roeb, Thomas: Markenwert, (Verlag Mainz) Aachen 1994, S. 181.

[1367] Vgl. Ahlert, Dieter; Kenning, Peter; Schneider, Dirk: Markenmanagement im Handel, (Gabler) Wiesbaden 2000, S. 112, S. 144-154.

[1368] Vgl. Kotler, Philip; Bliemel, Friedhelm: Marketing-Management, 9. Aufl., (Schäffer-Poeschel) Stuttgart 1999, S. 692.

[1369] Vgl. hierzu Weinberg, Peter: Verhaltenswissenschaftliche Aspekte der Kundenbindung, in: Bruhn, Manfred; Homburg, Christian: Handbuch Kundenbindungsmanagement, 3. Aufl., (Gabler) Wiesbaden 2000, S. 39-53, S. 49.

[1370] Siehe Übersicht 6.

[1371] Siehe Übersicht 8.

[1372] Vgl. Lassar, Walfried; Mittal, Banwari; Sharma, Arun: Measuring customer-based brand equity, in: JCM, 12. Jg., 1995, Nr. 4, S. 11-19, S. 16.

[1373] Vgl. Tabelle 2.

[1374] Vgl. Tolle, Elisabeth; Steffenhagen, Hartwig: Kategorien des Markenerfolges und einschlägige Meßmethoden, in: Bruhn, Manfred (Hrsg.): Handbuch MA, Bd. 2, (Schäffer-Poeschel) Stuttgart 1994, S. 1283-1303, S. 1297.

auch andere Verfasser, so Keller[1375] und auch Riedel, der ebenfalls davon ausgeht, dass die Sympathie die affektive Komponente der Einstellung berücksichtigt.[1376]

Weinberg zeigt eine Verbindung zwischen der Kundenbindung und der Sympathie (im Sinne einer emotionalen Wertschätzung) auf, die er in Anlehnung an Diller als eine der psychischen Determinanten der Markentreue ansieht.[1377] Riedel weist in einem kausalanalytischen Modell eine enge Beziehung von Sympathie und Markenstärke nach.[1378] Hierbei zeigen zahlreiche Untersuchungen zum Konsumentenverhalten die hohe Bedeutung gerade der affektiven Dimension der Einstellung. So werden Einstellungen nach Kroeber-Riel/Weinberg wesentlich von der emotionalen Haltung zu einem Gegenstand geprägt.[1379]

Aaker verknüpft die Konstrukte Sympathie und Markentreue. Er spricht statt von Sympathie von der „Zuneigung für die Marke" und betrachtet diese als eine Stufe in der „Treuepyramide". Dabei führt die Zuneigung dazu, dass Markentreue entsteht. Relevant ist nach Aaker, dass die Zuneigung überdauernd und eher unspezifisch ist, was dazu führt, dass sich die allgemeine Zuneigung von spezifischen, ihr zu Grunde liegenden Eigenschaften unterscheidet. Es kann sich dabei für einen Konkurrenten als wesentlich schwieriger erweisen, ein allgemeines Gefühl der Sympathie oder Zuneigung zu verändern als gegen konkrete Markenmerkmale anzugehen.[1380] Lassar/Mittal/Sharma zeigen auf, dass Konsumenten sich mit bestimmten Marken identifizieren und dabei unter Umständen eine sentimentale bzw. emotionale Bindung zu diesen Marken aufbauen.[1381]

Andresen/Esch untersuchen die Verhaltensrelevanz verschiedener Markenwertfaktoren und kommen zu dem Ergebnis, dass die Sympathie, die im Markeneisberg zu den lang-

---

[1375] Vgl. Keller, Kevin: Strategic Brand Management, (Prentice Hall) Upper Saddle River/NJ 1998, S. 981.

[1376] Vgl. Riedel, Frank: Die Markenwertmessung als Grundlage strategischer Markenführung, (Physica) Heidelberg 1996, S. 125f.

[1377] Vgl. Weinberg, Peter: Verhaltenswissenschaftliche Aspekte der Kundenbindung, in: Bruhn, Manfred; Homburg, Christian: Handbuch Kundenbindungsmanagement, 3. Aufl., (Gabler) Wiesbaden 2000, S. 39-53, S. 41.

[1378] Vgl. Riedel, Frank: Die Markenwertmessung als Grundlage strategischer Markenführung, (Physica) Heidelberg 1996, S. 150.

[1379] Vgl. Kroeber-Riel, Werner; Weinberg, Peter: Konsumentenverhalten, 7. Aufl., (Vahlen) München 1999, S. 167.

[1380] Vgl. Aaker, David: Management des Markenwerts, (Campus) Frankfurt-New York 1992, S. 58, S. 64. Diese Ausführungen belegen dabei neben der Bedeutung der Sympathie zwei weitere Aspekte, die für die vorliegende Untersuchung relevant sind. Erstens sind die übergreifenden, unspezifischen, aber langfristig stabilen Aspekte des Markenwerts von den kurzfristigen funktionalen Eigenschaften zu trennen. Zweitens sind die einzelnen Markenmerkmale die Grundlage der langfristigen Wirkung, so dass die vermutete Wirkungsrichtung „Die Beurteilung beeinflusst den Markenwert" auch von Aaker unterstützt wird.

[1381] Vgl. Lassar, Walfried; Mittal, Banwari; Sharma, Arun: Measuring customer-based brand equity, in: JCM, 12. Jg., 1995, Nr. 4, S. 11-19, S. 14.

fristigen Markenwertfaktoren des Markenguthabens zählt, die höchste Korrelation aller überprüften Indikatoren mit dem Kaufverhalten aufweist (r = 0,754).[1382]

h) Betrachtung weiterer potenzieller Indikatoren

i. Preispremium

In einer Reihe von Ansätzen der Markenwertmessung wird vorgeschlagen, ein erzieltes Preispremium, d.h. Preisaufschläge gegenüber konkurrierenden Marken oder einem unmarkierten Produkt, als Markenwertindikator heranzuziehen (siehe Übersicht 30). Davies schlägt sogar vor, das Preispremium als ein konstitutives Merkmal einer Händlermarke anzusehen.[1383]

Bereits im Konsumgüterbereich gibt es jedoch eine hohe Zahl von Marken, die kein Preispremium verlangen, z.b. weil sie über Größeneffekte in der Produktion verfügen. Auch könnte die Geschäftspolitik eines Unternehmens, z.b. eine Niedrigpreispolitik, um den Markteintritt von Wettbewerbern nicht zu provozieren, dieser Maßzahl entgegenstehen. Teilweise erlaubt eine fehlende Vergleichbarkeit mit anderen Produkten auch nicht, ein Preispremium zu ermitteln. Selbst wenn eine Aufpreisbereitschaft vorhanden ist, kann diese also vom Unternehmen evtl. bewusst nicht genutzt werden, sondern stattdessen in andere Vorteile umgesetzt werden, z.b. um mehr Käufer zu einem niedrigeren Preis anzusprechen. Auch treten neben das Preispremium eine Reihe weiterer Vorteile einer starken Marke, die vom Ansatz nicht erfasst werden - z.b. die Notwendigkeit niedrigerer Marketinginvestitionen wegen der höheren Marketingeffizienz.[1384]

In Bezug auf Händlermarken werden diese Nachteile noch deutlicher. Vorne wurden die verschiedenen wettbewerbsstrategischen Optionen für Einzelhändler dargestellt. Als eine Möglichkeit, sich von der Konkurrenz klar abzugrenzen und sich deutlich zu positionieren, wurde die Preisführerschaft genannt.[1385] Damit wird deutlich, dass auch eine klare Positionierung ohne Preispremium möglich ist. Viele erfolgreiche Einzelhändler operieren als Discounter. Aldi wird in Deutschland sogar von einigen Marktforschungsinstituten als stärkste Marke gesehen, noch vor Konsumgütern wie Coca-Cola, Nivea und VW. Wenn Discounter also erfolgreich sind und von vielen auch als starke Marke anerkannt werden (z.b. auf der Basis ihrer Differenzierung von der Konkurrenz und ei-

---

[1382] Siehe Tabelle 2.

[1383] Vgl. Davies, Gary: The two ways in which retailers can be brands, in: IJRDM, 20. Jg., 1992, Nr. 2, S. 24-34, S. 27f.

[1384] Vgl. z.B. Feldwick, Paul: What is brand equity anyway and how do you measure it?, in: JMRS, 38. Jg., 1996, Nr. 2, S. 85-94, S. 94.

[1385] Siehe Abschnitt C.I.1.

ner hohen Markentreue) wird klar, dass das Kriterium „Preispremium" nicht geeignet ist, den Wert einer Händlermarke zu messen.[1386]

ii. Angenommene Qualität

Ein ebenfalls oftmals vorgeschlagener Indikator ist die angenommene Qualität (siehe Übersicht 30). So argumentiert Aaker, dass die angenommene Qualität einen direkten Einfluss auf die Kaufentscheidung und die Markentreue ausübt.[1387]

Für die Betrachtung einer Händlermarke zeigen sich jedoch eine Reihe von Nachteilen dieses Indikators. Der Grund hierfür liegt v.a. in einer relativ hohen Homogenität der Sortimente im Lebensmitteleinzelhandel. Erfragt man die angenommene Qualität im Einzelhandel, so beziehen Kunden dies in erster Linie auf die Sortimentsqualität. Bereits bei der Betrachtung der Wettbewerbsstrategie der Differenzierung und der Sortimentspolitik (vgl. Abschnitt C.I.1. und Abschnitt C.III.2. dieses Kapitels) wurde jedoch verdeutlicht, dass die Abgrenzungspotenziale von der Konkurrenz auf der Basis der Sortimentsqualität gering sind. Im Wesentlichen sind die Sortimente durch die Austauschbarkeit auf Grund i.d.R. ubiquitär erhältlicher Herstellermarken geprägt. Damit ist im Lebensmitteleinzelhandel eine eher niedrige Diskriminierungsfähigkeit dieses Indikators zu erwarten.

iii. Sonstige Indikatoren

Weitere Indikatoren für Markenwertmaße beschäftigen sich mit den direkten Auswirkungen des Markenwerts. Ein solcher Indikator sind die „Pull-Effekte", die Bekmeier-Feuerhahn vorschlägt. Für Konsumgüter befragt Bekmeier-Feuerhahn, inwiefern die Konsumenten auch andere Einkaufsstätten aufsuchen würden, um eine bestimmte Marke zu erhalten.[1388] Für eine Händlermarke stellt sich jedoch die Frage, wie die Pull-Effekte valide operationalisiert werden sollen. Betrachtet man Pull-Effekte in Bezug auf den Standort, so ist zu hinterfragen, inwiefern der Standort nicht als Assoziation sehr fest mit einer Händlermarke verbunden ist und sich bei einer (fiktiven) Änderung des Standortes nicht auch das Händlermarkenschema deutlich verändern würde. Die konkret und tatsächlich in Kauf genommene Anfahrtsstrecke zur bevorzugten Händlermarke ist dabei zwar evtl. als Maß für einen Pull-Effekt zu sehen, jedoch bereits eine verhaltensorientierte Größe, die eher als Reaktion auf den Markenwert als als psychisches Einstellungsmaß angesehen werden kann.

[1386] Vgl. Davies, Gary: The two ways in which retailers can be brands, in: IJRDM, 20. Jg., 1992, Nr. 2, S. 24-34, S. 30; o.V.: Aldi ist die stärkste Marke in Deutschland, in: FAZ, o. Jg., 2001, Nr. 26, S. 20.

[1387] Vgl. Aaker, David: Management des Markenwerts, (Campus) Frankfurt a.M. 1992, S. 35.

[1388] Vgl. Bekmeier-Feuerhahn, Sigrid: Marktorientierte Markenbewertung, (DUV) Wiesbaden 1998, S. 150.

Ähnlich der Pull-Effekte ist die Marketingbeachtung zu sehen, ein Indikator, der von Keller als Messung des „outcome of brand equity" ausführlich diskutiert wird. Obwohl diese eine sehr unmittelbare Messung des Markenwerts darstellt und dabei wesentliche Ziele der Markenpolitik unmittelbar auch als Maßgrößen einsetzt, ist die Marketingbeachtung in einer Befragung kaum zu ermitteln. Keller stellt im Wesentlichen experimentelle Designs zur Erhebung vor.[1389] Diese stellen zwar u.U. valide Messmethoden dar, die auch für künftige Untersuchungen, so zur weiteren Validierung der hier vorgeschlagenen Markenwertskala, eingesetzt werden können. Für die pragmatische Erhebungsform einer Befragung (die auch in praktischen Anwendungen der Markenwertmessung eher genutzt wird als eine Untersuchung unter Laborbedingungen) ist die Marketingbeachtung jedoch nicht geeignet.

Problematisch wegen fehlender valider Operationalisierungen ist auch der Markenwertindikator „Akzeptanz von Markenerweiterungen" (siehe Übersicht 30). Zahlreiche Untersuchungen haben sich mit Einflussgrößen auf das Transferpotenzial von Marken beschäftigt (vgl. Abschnitt A.II.2.h) des Zweiten Kapitels). Dabei wurde regelmäßig die Bedeutung eines Fit zwischen Stammmarke und Erweiterungsprodukt betont. Da für Händlermarken oft genaue Kenntnisse über den Markenkern fehlen, ist eine Operationalisierung nur schwer möglich. Würde man, in Anlehnung an die Operationalisierung im Bereich der Konsumgüter von Bekmeier-Feuerhahn[1390] beispielsweise das Statement „Wenn es von Aldi außer Discount-Geschäften auch noch SB-Warenhäuser gäbe, würde ich sie bei Gelegenheit gerne mal ausprobieren." nutzen, wäre bei Ablehnung dieser Aussage nicht klar, ob die Ursache im niedrigen Markenwert von Aldi oder aber im niedrigen Fit des für die Untersuchung gewählten Transferobjekts mit der Stammmarke Aldi liegt. Gerade bei Händlermarken mit einer sehr genauen und fokussierten Positionierung könnte sich hier auch trotz eines hohen Markenwerts ein niedriges Transferpotenzial ergeben.

3. Wirkungen des Händlermarkenwerts

Der Erfolg oder Misserfolg einer Strategischen Geschäftseinheit hängt nach dem Prinzip der Strategischen Erfolgsfaktoren von einer begrenzten Zahl von Schlüsselfaktoren ab.[1391] Hildebrandt zeigt auf, dass die Erfolgsfaktorenforschung im Handel relativ selten ist und untersucht als einen potenziellen Erfolgsfaktor das Store Image, wobei er in ei-

---

[1389] Vgl. Keller, Kevin: Strategic Brand Management, (Prentice Hall) Upper Saddle River/NJ 1998, S. 343-368. Siehe auch Bekmeier-Feuerhahn, Sigrid: Marktorientierte Markenbewertung, (DUV) Wiesbaden 1998, S. 150.

[1390] Vgl. Bekmeier-Feuerhahn, Sigrid: Marktorientierte Markenbewertung, (DUV) Wiesbaden 1998, S. 149.

[1391] Vgl. z.B. Hildebrandt, Lutz: Store image and the prediction of performance in retailing, in: JBR, 17. Jg., 1988, S. 91-100, S. 91f. Hildebrandt führt verschiedene Erfolgsfaktorenuntersuchungen auf und beschreibt den Ansatz.

nem kausalanalytischen Modell auch einen Einfluss auf das Kaufverhalten nachweisen kann.[1392] Auch Steenkamp/Wedel zitieren eine Reihe von Untersuchungen, die im Store Image einen Erfolgsfaktor sehen.[1393]

Jain/Etgar gehen davon aus, dass das Image eines Ladens einen beträchtlichen Einfluss auf die Kaufentscheidung der Konsumenten hat. Je „besser" das Image, desto wahrscheinlicher sei es, dass ein Kunde in einem entsprechenden Laden Einkäufe tätigt.[1394] Auch andere Store Image-Untersuchungen gehen davon aus, dass das Store Image einen wichtigen Einflussfaktor auf das Kaufverhalten darstellt, oft ohne dies explizit zu untersuchen.[1395] In verschiedenen empirischen Untersuchungen wurde eine Verbindung zwischen Store Image und Einkaufsstättenwahl festgestellt,[1396] zwischen Store Image und Einkaufsstättenbindung[1397] und ebenso zwischen Store Image und Ausgabenverhalten.[1398]

Rudolph resümiert, dass die Ergebnisse der Imageforschung aufzeigen, dass das Verkaufsstellenimage maßgeblich das Kaufverhalten der Konsumenten beeinflusst. Kube geht ebenfalls davon aus, dass die Einflüsse des Store Image auf die Einkaufsstättenwahl als gut belegt gelten können.[1399] Andererseits stellen Peterson/Kerin fest, dass die existierenden Untersuchungen, die sich mit der Beziehung von Store Image und Einkaufsstättenwahl beschäftigen, zwar weitestgehend übereinstimmend zeigen, dass Store Image-Variablen einen Einfluss auf die Einkaufsstättenwahl haben. In den meisten Fällen wurde aber gezeigt, dass es (in der verwendeten Operationalisierung) nur etwa 15 bis 20 Prozent der Varianz der Kaufentscheidung beeinflusst (was mit der Komplexität der

---

[1392] Vgl. Hildebrandt, Lutz: Store image and the prediction of performance in retailing, in: JBR, 17. Jg., 1988, S. 91-100.

[1393] Vgl. Steenkamp, Jan-Benedict; Wedel, Michel: Segmenting retail markets on store image using a consumer-based methodology, in: JoR, 67. Jg., 1991, Nr. 3, S. 300-320, S. 301. Bezug genommen wird u.a. auf die Untersuchung von Nevin, John; Houston, Michael: Image as a Component of Attraction to Intraurban Shopping Areas, in: JoR, 56. Jg., 1980, Nr. 1, S. 77-93.

[1394] Jain, Arun; Etgar, Michael: Measuring store image through multidimensional scaling of free response dat, in: JoR, 52. Jg., 1976/77, Nr. 4, S. 61-70 u. 95-96, S. 61.

[1395] McDougall, G.H.; Fry, J.N.: Combining two methods of image measurement, in: JoR, 50. Jg., 1974/75, Nr. 4, S. 53-61, S. 53.

[1396] Vgl. Arons, Leon: Does television viewing influence store image and shopping frequency?, in: JoR, 37. Jg., 1961, Nr. 3, S. 1-13; Stanley, Thomas; Sewall, Murphy: Image inputs to a probabilistic model: Predicting retail potential, in: JM, 40. Jg., 1976, Nr. 7, S. 48-53; Korgaonkar, Pradeep; Lund, Daulat; Price, Barbara: A structural equations approach toward examination of store attitude and store patronage behaviour, in: JoR, 61. Jg., 1985, Nr. 2, S. 39-60.

[1397] Vgl. Lessig, Parker: Consumer store images and store loyalties, in: JM, 38. Jg., 1973, Nr. 10, S. 72-74; Steenkamp, Jan-Benedict; Wedel, Michel: Segmenting retail markets on store image using a consumer-based methodology, in: JoR, 67. Jg., 1991, Nr. 3, S. 300-320, S. 301.

[1398] Vgl. Hildebrandt, Lutz: Store image and the prediction of performance in retailing, in: JBR, 17. Jg., 1988, S. 91-100.

[1399] Vgl. Rudolph, Thomas: Positionierungs- und Profilierungsstrategien im Europäischen Einzelhandel, (Verlag Thexis AG) St. Gallen 1993, S. 200f.; Kube, Christian: Erfolgsfaktoren in Filialsystemen, (Gabler) Wiesbaden 1991, S. 171.

psychischen Prozesse begründet wird).[1400] So wird in den meisten Untersuchungen aufgezeigt, dass das Image nur eine Einflussvariable unter vielen ist und zwischen Einstellung und Verhalten zahlreiche Faktoren einwirken.[1401] Wenn das Konsumentenverhalten also teilweise im Widerspruch zu dem steht, was aus einem „günstigen" Store Image prognostiziert werden würde, dann ist oft die relative Stärke (bzw. Schwäche) der Image-Einflussfaktoren im Vergleich zu anderen Einflussfaktoren zu sehen. Insbesondere wird oft die Einkaufsstätte mit der höchsten Standortnähe ausgewählt.[1402] Auch Woodside/Thelen zeigen auf, dass die bisherigen Store Image-Untersuchungen und der Versuch, mit Hilfe des so ermittelten Store Image das Kaufverhalten zu prognostizieren, eher enttäuschend waren. Woodside/Thelen gehen dabei jedoch davon aus, dass nicht das Konstrukt „Store Image" diese Schwächen hat, sondern die Problematik v.a. in der Messmethodik liegt.[1403] Mit einer anderen, bereits vorgestellten Methode, nämlich der Erfassung der Zugriffsfähigkeit der Einstellung (Benefit-to-Store-Assoziation) können Woodside/Trappey immerhin Bestimmtheitsmaße zwischen 0,37 und 0,45 erreichen.[1404]

In den dargestellten empirischen Untersuchungen wurde das Store Image allerdings zwar meist umfassend definiert, jedoch oft nicht in diesem umfassenden Sinne gemessen, sondern eher als Beurteilung, so dass diese Ergebnisse nicht in allen Fällen als empirische Bestätigung der hier vorliegenden Vermutung, dass der Markenwert einer Händlermarke das Kaufverhalten beeinflusst, gesehen werden können.

Auch der langfristige Markenwert im Sinne eines ganzheitlichen Einstellungsmaßes und das Markenimage (im umfassenden Begriffsverständnis, das sich z.B. in festen Schemata ausdrückt) werden in der verhaltenswissenschaftlichen Literatur zur Einzelhandelsforschung häufig mit dem Konstrukt der (verhaltensorientierten) Ladentreue in Verbindung gebracht.[1405] Ein einzigartiges Ladenimage wird als eines der wichtigsten „Marketingas-

---

[1400] Vgl. Peterson, Robert; Kerin, Roger: Store image measurement in patronage research: Fact and artifact, in: Darden, William; Lusch, Robert (Hrsg.): Patronage behavior and retail management, (North-Holland) New York 1983, S. 293-306, S. 306, S. 297; Bellenger, Danny; Robertson, Dan; Greenberg, Barnett: Shopping Center Patronage Motives, in: JoR, 53. Jg., 1977, Nr. 2, S. 29-38; Stanley, Thomas; Sewall, Murphy: Image inputs to a probabilistic model: Predicting retail potential, in: JM, 40. Jg., 1976, Juli, S. 48-53; Schiffman, Leon; Dash, Joseph; Dillon, William: The contribution of store-image characteristics to store-type choice, in: JoR, 53. Jg., 1977, Nr. 2, S. 3-14.
[1401] Vgl. die Erläuterung des Konstrukts „Einstellung" in Abschnitt B.I.5.
[1402] Vgl. Fisk, George: A Conceptual Model for Studying Customer Image, in: Gist, Ronald (Hrsg.): Management Perspectives in Retailing, (Wiley) New York u.a. 1967, S. 125-130, S. 125; Nevin, John; Houston, Michael: Image as a component of attraction to intraurban shopping areas, in: JoR, 56. Jg., 1980, Nr. 1, S. 77-93.
[1403] Vgl. Woodside, Arch; Thelen, Eva: Accessing memory and customer choice: benefit-to-store (brand) retrieval models that predict purchase, in: MR, 24. Jg., 1996, Nr. 11, S. 260-267, S. 260.
[1404] Vgl. Woodside, Arch; Trappey, Randolph: Finding out why customers shop your store and buy your brand: Automatic cognitive processing models of primary choice, in: JAR, 32. Jg., 1992, Nr. 6, S. 59-78, S. 68.
[1405] Vgl. Dick, Alan; Basu, Kunal: Customer loyalty, toward an integrated conceptual framework, in: JAMS, 22. Jg., 1994, S. 99-113, S. 108f.

sets" gesehen, das einen Wettbewerbsvorteil erzeugt, der von anderen Einzelhändlern nicht leicht kopiert werden kann.[1406]

Davies/Brooks nutzen ein ganzheitliches Messverfahren für das Store Image (MDS) und zeigen, dass Unternehmen, die über ein deutlicher profiliertes Image verfügen, auch einen höheren Erfolg haben. Von Davies/ Brooks wird dies als Beleg für eine enge positive Beziehung von Positionierung und Erfolg gesehen.[1407] Als ein Ergebnis einer Studie von Birtwistle/Clarke/Freathy ergibt sich, dass eine Beziehung zwischen der (ganzheitlichen) Store Image-Wahrnehmung und dem finanziellen Erfolg eines Unternehmens besteht.[1408]

Becker zeigt auf, dass die Grundlage des Verbraucherverhaltens in hohem Maße das persönlich geprägte „Gesamtbild" einer Marke ist. Dieses wird zwar einerseits von den wahrgenommenen objektiv-funktionalen Eigenschaften der Leistung beeinflusst, diese werden aber mit subjektiv-psychologischen Eigenschaften verschmolzen.[1409] Die gesamthafte Bekanntheit und Wertschätzung, die sich daraus ergibt, ist es schließlich, die das Verhalten beeinflusst. Dies ist auch die Grundthese von Keller, der bei seinen Untersuchungen zum Markenwert verdeutlicht: „high levels of brand awareness and positive brand image should increase the probability of brand choice, as well as produce greater consumer [...] loyalty and decrease vulnerability to competitive marketing actions".[1410] Hierfür lässt sich mittlerweile eine Reihe empirischer Belege anführen, die teilweise an anderen Stellen dieser Untersuchung bereits gezeigt wurden, sich allerdings im Wesentlichen auf Markenartikel beziehen:

♦ Bekmeier-Feuerhahn untersucht die Markenstärke aus unterschiedlichen Perspektiven. Dabei bestätigt sie u.a. kausalanalytisch den Zusammenhang zwischen dem gedächtnisorientiert verstandenen Markenwert und dem Kaufverhalten.[1411]

♦ Andresen/Esch belegen für die einzelnen Markenwertindikatoren ihres Messmodells ebenso wie für die verdichteten Dimensionen „Markenbild" und „Markenguthaben" signifikante Korrelationen mit dem Kaufverhalten (vgl. Tabelle 2). Eine regressionsanalytische Betrachtung ergibt einen hohen Einfluss v.a. des Markenguthabens auf

---

[1406] Vgl. Rosenbloom, Bert: Store image development and the question of congruency, in: Darden, William; Lusch, Robert (Hrsg.): Patronage Behavior and Retail Management, (North-Holland) New York 1983, S. 141-150, S. 141; Steenkamp, Jan-Benedict; Wedel, Michel: Segmenting retail markets on store image using a consumer-based methodology, in: JoR, 67. Jg., 1991, Nr. 3, S. 300-320.

[1407] Vgl. Davies, Gary; Brooks, Janice: Positioning Strategy in Retailing, (Paul Chapman Publishing) London 1989, S. 52-54.

[1408] Vgl. Birtwistle, Grete; Clarke, Ian; Freathy, Paul: Store image in the UK fashion sector: consumer versus retailer perceptions, in: IRRDCR, 9. Jg., 1999, Nr. 1, S. 1-16, S. 14.

[1409] Vgl. Becker, Jochen: Markenartikel und Verbraucher, in: Dichtl, Erwin; Eggers, Walter (Hrsg.): Marke und Markenartikel, (dtv) München 1992, S. 97-127, S. 122.

[1410] Keller, Kevin: Conceptualizing, measuring, and managing customer-based brand equity, in: JM, 57. Jg., 1993, Nr. 1, S. 1-22, S. 8.

[1411] Siehe Abschnitt A.IV.2.i) des Zweiten Kapitels

das Kaufverhalten (gemessen anhand des Marktanteils). Auch eine zweite Validierungsstudie im Automobilmarkt zeigt einen beträchtlichen Varianzerklärungsanteil des Markenguthabens für das Kaufverhalten.[1412]

✦ Korgaonkar u.a. führen für den Einzelhandel eine Kausalanalyse durch, bei der sie die Hypothese der kausalen Beziehungen zwischen der Einstellung zu einem Geschäft und dem Kaufverhalten unterstützen können.[1413]

✦ In einer Untersuchung von Silvermann/Sprott/Pascal wird versucht, konsumentenorientierte Markenwertmaße (Vertrautheit mit der Marke, Gefallen der Marke) in Bezug zur Kaufentscheidung zu setzen. Dabei können grundsätzlich Einflüsse der konsumentenorientierten Maße nachgewiesen werden, wenngleich diese in den meisten Fällen eher geringe (aber signifikante) Größen einnahmen.[1414]

✦ Auch die kausalanalytische Untersuchung von Riedel bestätigt die Verhaltensrelevanz ausgewählter Markenwertindikatoren (vgl. Abschnitt C.II.2.c)). So belegt er einen kausalen Zusammenhang zwischen Sympathie und Bekanntheit als unabhängige Größen und Verwendung und Markenwahl als abhängige Größen.[1415]

✦ Auf den deutschen Lebensmitteleinzelhandel bezogen, gelingt es der GfK in einer Untersuchung, einen Einfluss ihres „Brand Potential Index", als Markenwertmaß, auf die Ausgaben der Konsumenten nachzuweisen.[1416]

Eine weitere Wirkung des Markenwerts entsteht durch eine Rückkoppelung auf die Beurteilung. Der Halo-Effekt führt dann dazu, dass eine doppelte Kausalität zwischen der Einstellung und den Einzelbewertungen entsteht.[1417] Dieser Rückkoppelungseffekt des Markenwerts entsteht jedoch erst, nachdem eine feste Einstellung i.S.v. Markenwert etabliert ist. In einer ersten Phase muss die Kausalität zwischen Einzelbewertungen und Markenwert in dieser Richtung durchlaufen werden.

[1412] Vgl. Andresen, Thomas; Esch, Franz-Rudolf: Messung der Markenstärke durch den Markeneisberg, in: Esch, Franz-Rudolf (Hrsg.): Moderne Markenführung, 2. Aufl., (Gabler) Wiesbaden 2000, S. 989-1011, S. 1003.

[1413] Vgl. Korgaonkar, Pradeep; Lund, Daulat; Price, Barbara: A structural equations approach toward examination of store attitude and store patronage behaviour, in: JoR, 61. Jg., 1985, Nr. 2, S. 39-60, S. 57. Konkret wurden ein Discounter und ein Catalog Showroom als Stimuli eingesetzt.

[1414] Vgl. Silvermann, Steven; Sprott, David; Pascal, Vincent: Relating consumer-based sources of brand equity to market outcomes, in: Arnould, Eric; Scott, Linda (Hrsg.): Advances in Consumer Research, 26. Jg., (ACR) Provo/UT 1999, S. 352-358, S. 353.

[1415] Diese Indikatorvariablen dienen jeweils zur Operationalisierung von latenten (exogenen bzw. endogenen) Variablen; vgl. Riedel, Frank: Die Markenwertmessung als Grundlage strategischer Markenführung, (Physica) Heidelberg 1996, S. 110, S. 138f.

[1416] Vgl. Hupp, Oliver; Schuster, Harald: Imagegestützte Positionierung von Einkaufsstätten als Ansatzpunkt zu einer Verbesserung der Wettbewerbsfähigkeit des Lebensmitteleinzelhandels in Deutschland, in: JAV, 46. Jg., 2000, Nr. 4, S. 351-370, S. 363

[1417] Vgl. Leuthesser, Lance; Kohli, Chiranjeev; Harin, Katrin: Brand equity: The halo effect measure, in: EJM, 29. Jg., 1995, S. 57-66, S. 58f.

V. Erfolg

Sowohl für ein Marketing-Controlling im Rahmen der strategischen Markenführung als auch für Wirkungsanalysen ist es notwendig, entsprechende Erfolgsgrößen aus den Marketing- bzw. Markenzielen abzuleiten. Die Auswahl geeigneter Kontrollgrößen stellt dabei eine der Kernaufgaben des Marketing-Controlling dar. Grundsätzlich können dabei sämtliche Marketingziele als Kontrollgrößen herangezogen werden. [1418] In der vorliegenden Untersuchung dienen die Erfolgsindikatoren u.a. dazu, die Wirkungen der potenziellen Einflussfaktoren (so des Markenwerts) zu messen. Das Konstrukt Erfolg kann dabei quantitativ oder qualitativ gemessen werden. Letztlich benötigt man für einen konfirmatorisch-explikativen Untersuchungsansatz jedoch quantitative Erfolgsgrößen. Schröder und Hurth geben einen ausführlichen Überblick über die in der Erfolgsfaktorenforschung im Handel bislang verwendeten Indikatoren. [1419] Patt zeigt, dass dabei zwei Arten von Indikatoren herangezogen werden: [1420]

♦ historische Unternehmens- bzw. Marktdaten wie Umsatz, Umsatzrendite, ROI, Gewinn, Produktivität, Gewinnwachstum, Marktanteil oder Deckungsbeitrag als auch

♦ subjektive Einschätzungen von Managern, Experten oder Kunden bezüglich eher qualitativer Faktoren wie „Anerkennung als führendes Unternehmen", Unternehmensimage, Kundenzufriedenheit oder „Reputation in der Öffentlichkeit".

Neben den (dominierenden) ökonomischen Kontrollgrößen im Marketing werden vor allem unter dem Aspekt der Ursachenanalyse und der Frühwarnung auch psychographische Kontrollgrößen angewendet, so z.B. Einstellungen der Konsumenten, da Einstellungsänderungen vielfach Änderungen im Kaufverhalten voraus gehen. [1421]

Heinemann beschäftigt sich mit der Zielsetzung der Profilierung von Handelsunternehmen. Aus psychographischer Sichtweise geht es seines Erachtens u.a. darum, die Kundentreue zu verstärken, den Bekanntheitsgrad zu erhöhen und das Image zu verbessern. Hierdurch sollten Käuferpräferenzen geschaffen und die Besuchshäufigkeit erhöht werden. Aus ökonomischer Sicht sollen über eine Erhöhung der Verweildauer, eine Steigerung der Impulskäufe und eine Erhöhung der Kauflust eine Umsatz- sowie Ertragssicherung bewirkt werden. [1422] Diese Unterteilung der Zielsetzung der Händlermarke in verschiedene Subziele, die wiederum aufeinander aufbauen, kann auch in einer Zielpyramide dargestellt werden (siehe Übersicht 33). Damit wird

---

[1418] Vgl. Meffert, Heribert: Marketing, 9. Aufl., (Gabler) Wiesbaden 2000, S. 1123-1133, S. 1141-1143.

[1419] Vgl. Schröder, Hendrik: Erfolgsfaktorenforschung im Handel - Stand der Forschung und kritische Würdigung der Ergebnisse, in: Marketing-ZFP, 16. Jg., 1994, Nr. 2, S. 89-105, S. 99; Hurth, Joachim: Erfolgsfaktoren im mittelständischen Einzelhandel, (dfv) Frankfurt a.M. 1998, S. 142-145.

[1420] Vgl. Patt, Paul-Josef: Strategische Erfolgsfaktoren im Einzelhandel, 2. Aufl., (Lang) Frankfurt a.M. u.a. 1990, S. 38f.

[1421] Vgl. Meffert, Heribert: Marketing, 9. Aufl., (Gabler) Wiesbaden 2000, S. 1141-1143.

[1422] Vgl. Heinemann, Gerrit: Betriebstypenprofilierung und Erlebnishandel, (Gabler) Wiesbaden 1989, S. 17f.

de dargestellt werden (siehe Übersicht 33). Damit wird hervorgehoben, dass die verhaltenswissenschaftlichen Ziele die Basis für das Markenmanagement darstellen. Aus Marketingsicht werden oftmals psychographische Zielvorgaben für das Marketing als besser geeignet angesehen, da sich eine direktere Zurechenbarkeit von bestimmten Maßnahmen zu bestimmten Zielerreichungen vornehmen lässt. Es ist oft nicht zweckmäßig, die Ziele des Marketing direkt auf das beobachtbare Verhalten zu beziehen, da dieses nicht die Voraussetzung einer operativen Zielsetzung erfüllt, dass derjenige, der die Ziele verfolgen soll, auch einen kontrollierbaren Einfluss auf ihre Erreichung hat.[1423] Auf Grund einer Vielzahl anderer Faktoren, die diese Ziele beeinflussen, sind diese Ziele in einigen Fällen unzureichend.[1424] Gerade bei der Erfolgsmessung der Markenpolitik von Handelsunternehmen - und auch der Betrachtung von Wettbewerbsstrategien mit einem Fokus auf der kundenorientierten Wirkung einer klaren Positionierung - ist es dabei wichtig, konsumentenorientierte Erfolgsmaße heranzuziehen.[1425]

Übersicht 33:   Ziele des Markenmanagements

Quelle: Esch, Franz-Rudolf; Wicke, Andreas: Herausforderungen und Aufgaben des Markenmanagements, in: Esch, Franz-Rudolf (Hrsg.): Moderne Markenführung, 2. Aufl., (Gabler) Wiesbaden 2000, S. 3-55, S. 43.

Betrachtet man konkret die Zielsetzungen des Retail Branding - als Subziele der Unternehmensziele -, so wurden bereits als Indikatoren des Markenwerts eine Reihe von Zie-

---

[1423] Vgl. Kroeber-Riel, Werner; Esch, Franz-Rudolf: Strategie und Technik der Werbung, 5. Aufl., (Kohlhammer) Stuttgart u.a. 2000, S. 31; Engel, James; Blackwell, Roger; Miniard, Paul: Consumer Behaviour, 8. Aufl., (The Dryden Press) Fort Worth 1995, S. 362. Kroeber-Riel/Esch sprechen von „Werbung", die Überlegungen können aber auf andere Marketinginstrumente übertragen werden.

[1424] Vgl. Engel, James; Blackwell, Roger; Miniard, Paul: Consumer Behaviour, 8. Aufl., (The Dryden Press) Fort Worth 1995, S. 362.

[1425] Dies ergibt sich u.a. bei der wirkungsorientierten Markendefinition; vgl. Zweites Kapitel, Abschnitt A.I. Auch bei der Betrachtung der Messung des Markenwerts mit der Zielsetzung der Markensteuerung wurde verdeutlicht, dass eine konsumentenorientierte Perspektive geeignet ist.

len bzw. Indikatoren auf individueller Ebene dargestellt. Diese einstellungsorientierten Ziele können gleichzeitig - aus Unternehmenssicht - auf aggregierter Ebene als Zielsetzungen genutzt werden, die eng mit der Händlermarke verbunden sind. Damit sind die psychographischen Ziele aus Unternehmenssicht eng verbunden mit den Indikatoren des Markenwerts auf individueller Ebene und stellen zeitlich vorgelagerte Ziele dar. Kritisch anzumerken ist, dass, während diese Ziele auf individueller Ebene Angaben der Konsumenten über ihre eigene Einstellungen erfordern, sie als Erfolgsmaße oftmals dem Unternehmen selbst nicht genau bekannt sind. So kann das Marketing-Controlling bei diesen Zielen nicht auf unternehmensinterne Daten zurückgreifen. Andererseits können Unternehmen über Konsumentenbefragungen ihre Zielerreichung bei diesen Zielen feststellen.

Letztlich ist es das Ziel von Handelsunternehmen, - neben der Sicherung des Unternehmens - auch die ökonomischen Ziele des Unternehmens zu erreichen.[1426] Die Händlermarke ist nicht Selbstzweck des Handelsmarketing, sondern dient vor allem ökonomischen Zielen. Daher stellen die dargestellten psychographischen Erfolgsindikatoren zwar geeignete Kontrollgrößen dar, sie sind jedoch in der Regel nur als Vorstufe für die Erfüllung ökonomischer Ziele zu sehen.[1427]

Daher erscheint es sinnvoll, auch direkt beobachtbare Ergebnisgrößen ökonomischer Natur für eine Wirkungsbetrachtung heranzuziehen. Dazu gehören eine Reihe von Effektivitätszielen, so z.B. Gewinn, Wachstum, Umsatz, Marktanteile, Betriebsergebnis. Darüber hinaus ist es üblich, auch Effizienzziele heranzuziehen, welche die erreichte Leistungen in Relation zum Input setzen.[1428] Als übliche Produktivitätskennzahlen in Bezug auf den Absatzmarkt lassen sich im Handel relative Umsatzmaße anführen, so der Umsatz je beschäftigter Person oder je m[2] Verkaufsfläche.[1429] Bei diesen ökonomischen Erfolgsgrößen handelt es sich um den Erfolg eines Handelsunternehmens auf aggregierter Ebene, d.h. über alle seine Konsumenten hinweg betrachtet. Diese scheinen als Ergebnisgrößen (neben anderen) für das Markenmanagement geeignet.

[1426] Vgl. Fritz, Wolfgang u.a.: Unternehmensziele und strategische Unterrnehmensführung, in: DBW, 48. Jg., 1988, Nr. 5, S. 567-586, S. 571; Hurth, Joachim: Erfolgsfaktoren im mittelständischen Einzelhandel, (dfv) Frankfurt a.M. 1998, S. 123.

[1427] Vgl. Burkhardt, Achim: Die Betriebstypenmarke im stationären Einzelhandel, Diss., Universität Erlangen-Nürnberg 1997, S. 121. Inwiefern die psychographischen Ziele tatsächlich zum ökonomischen Ergebnis führen, ist u.a. Teil der Untersuchung im Bereich des Konsumentenverhaltens und wurde - bei der Betrachtung des Markenwerts der Händlermarke in Abschnitt C.IV.3. - bereits diskutiert.

[1428] Unter Effektivität versteht man dabei das Ausmaß einer Zielerreichung, unter Effizienz die Wirtschaftlichkeit der Zielerreichung; vgl. Scholz, Christian: Effektivität und Effizienz, organisatorische, in: Frese, Erich (Hrsg.): Handwörterbuch der Organisation, 3. Aufl., (Poeschel) Stuttgart 1993, Sp. 533-552, Sp. 533.

[1429] Vgl. Tietz, Bruno: Der Handelsbetrieb, 2. Aufl., (Vahlen) München 1993, S. 1221.

Auch muss der zeitliche Horizont der Betrachtungen gesehen werden. Betrachtet man unternehmensstrategische Zielsetzungen, so wird darauf hingewiesen, dass Mehrjahres-zeiträume genutzt werden sollten, um den zeitlichen Charakter der Maßnahmen zu be-achten. Es wird allgemein ein Zeitraum von drei bis fünf Jahren als ausreichend und praktikabel angesehen, um den (strategischen) Erfolg von Maßnahmen erfassen zu kön-nen.[1430] In Anlehnung an die oben dargestellten Überlegungen und Empfehlungen wer-den daher als Kriterien für Erfolgsindikatoren bei einer umfassenden Betrachtung des Erfolgs gesehen:[1431]

♦ Verwendung von ökonomischen und psychographischen Erfolgsindikatoren,

♦ Messung der Indikatoren im mehrjährigen Zeitraum und

♦ Vergleich der Erfolgsindikatoren mit Konkurrenzwerten bzw. den Branchendurch-schnitten zur Relativierung der Leistung.

Bei einer mikroökonomischen Betrachtung wird der Erfolg vor allem im konkreten Kaufverhalten der Konsumenten gesehen. Während vorne der Markenwert als theoreti-sche, intervenierende Variable i.S. eines S-O-R-Modells definiert wurde (siehe Ab-schnitt IV.), ist das konkret beobachtbare Verhalten, so die Einkaufsstättenentscheidung für eine Handelsunternehmung oder dagegen, die Reaktionsvariable im hier betrachteten konsumentenorientierten Modell. Als Erfolgsmaße auf der Mikro-Ebene werden z.B. die Kaufhäufigkeit / -frequenz und der Ausgabenanteil für die Marke innerhalb der Käufe in der Produktgruppe erwähnt.[1432] Es wird dabei für die vorliegende Untersuchung als sinnvoll angesehen, auf einer individuellen Konsumentenebene lediglich das konkrete Kaufverhalten als Erfolg anzusehen und dieses gleichzeitig streng vom Markenwert auf der psychographischen Ebene zu trennen. So ermöglicht nur dieses Vorgehen eine Ü-berprüfung der Hypothese zur Erfolgswirksamkeit des Markenwerts.

VI. Einkaufsmotive

1. Einkaufsmotive und Kundengruppen

Einkaufsmotive beziehen sich auf die Bedürfnisse und Wünsche der Konsumenten in Bezug auf ihre Einkaufsstättenwahl.[1433] Gröppel-Klein schlägt in Anlehnung an

---

[1430] Vgl. Patt, Paul-Josef: Strategische Erfolgsfaktoren im Einzelhandel, 2. Aufl., (Lang) Frankfurt a.M 1990, S. 41.

[1431] Vgl. dazu auch: Anderer, Michael: Internationalisierung im Einzelhandel, (dfv) Frankfurt a.M. 1997, S. 127f.; Hurth, Joachim: Erfolgsfaktoren im mittelständischen Einzelhandel, (dfv) Frankfurt a.M. 1998, S. 56.

[1432] Vgl. Heinemann, Gerrit: Betriebstypenprofilierung und Erlebnishandel, (Gabler) Wiesbaden 1989, S. 17f.; siehe auch Übersicht 32.

[1433] Vgl. Sheth, Jagdish: An integrative theory of patronage preference and behaviour, in: Darden, Wil-liam; Lusch, Robert (Hrsg.): Patronage behavior and retail management, (North-Holland) New York 1983, S. 9-28, S. 15.

Westbrook/Black vor, Einkaufsmotive als fundamentale, zielorientierte innere Kräfte zu verstehen, die durch Einkaufsaktivitäten befriedigt werden können.[1434] Alternativ kann man auch von Einkaufsbedürfnissen, einem ähnlichen Konstrukt, sprechen.[1435]

Die Relevanz der Einkaufsmotive von Konsumenten wird vor dem Hintergrund des heterogenen Konsumentenverhaltens bei der Beurteilung von Händlermarken deutlich. So zeigt Gröppel-Klein auf, dass der „Eignungsgrad" eines Handelsunternehmens damit zusammenhängt, inwieweit ein Geschäft eine adäquate, also auf die Einkaufsbedürfnisse des Konsumenten passende Leistung anbietet.[1436] Zur Untersuchung des Eignungsgrades ist es also notwendig zu evaluieren, ob die zu beurteilenden Geschäfte zur Befriedigung unterschiedlicher Motivationen mehr oder weniger tauglich sind. So kann Gröppel-Klein nachweisen, dass die Einkaufsmotive den wahrgenommenen Eignungsgrad der Einkaufsstätten für die Befriedigung der Konsumentenbedürfnisse beeinflussen. Insbesondere wirken unterschiedliche Einkaufsmotive darauf hin, dass unterschiedliche Einkaufsstätten präferiert werden.[1437]

Dabei wird in der Regel nicht angezweifelt, dass unterschiedliche Individuen auf die gleichen Stimuli unterschiedlich reagieren, unterschiedliche Eigenschaften z.B. mit unterschiedlichen Bedeutungen belegen usw. Interindividuelle Heterogenität auf der Basis der Anforderungen, z.B. an einen Einkauf, wird in den meisten Marketinguntersuchungen implizit akzeptiert und ist z.B. oftmals die Basis der Ansätze zur Marktsegmentierung („Benefit Segmentation").[1438] Untersuchungen mit der Zielsetzung, Konsumenten nach ihrem Einkaufsverhalten zu klassifizieren, gehen in der Marketingforschung lange

---

[1434] Vgl. Gröppel-Klein, Andrea: Wettbewerbsstrategien im Einzelhandel, (DUV) Wiesbaden 1998, S. 107; Westbrook, Robert; Black, William: A motivation-based shopper typology, in: JoR, 61. Jg., 1985, Nr. 1, S. 78-103.

[1435] Engel/Blackwell/Miniard erklären, dass Bedürfnisse die Basis der Motivation sind und die Motivation zusätzlich zum Bedürfnis noch durch eine stärkere Antriebskomponente und eine Zielorientierung zur Befriedigung des Bedürfnisses gekennzeichnet ist; vgl. Engel, James; Blackwell, Roger; Miniard, Paul: Consumer Behaviour, 8. Aufl., (The Dryden Press) Fort Worth 1995, S. 404f. Kroeber-Riel/Weinberg nutzen beide Begriffe teilweise synonym, so bei ihrer Erläuterung der Maslow'schen „Motivationshierarchie"; vgl. Kroeber-Riel, Werner; Weinberg, Peter: Konsumentenverhalten, 7. Aufl., (Vahlen) München 1999, S. 146f.

[1436] Vgl. Gröppel-Klein, Andrea: Wettbewerbsstrategien im Einzelhandel, (DUV) Wiesbaden 1998, S. 104f.

[1437] Vgl. Gröppel-Klein, Andrea: Wettbewerbsstrategien im Einzelhandel, (DUV) Wiesbaden 1998, S. 115-134.

[1438] Vgl. Howell, Roy; Rogers, Jerry: The estimation of patronage models in the presence of interindividual heterogeneity and nongeneric attributes, in: Darden, William; Lusch, Robert (Hrsg.): Patronage behavior and retail management, (North-Holland) New York 1983, S. 307-320, S. 317; Miller, Kenneth; Granzin, Kent: Simultaneous loyalty and benefit segmentation of retail store customers, in: JoR, 55. Jg., 1979, Nr. 1, S. 47-60; Segal, Madhav; Giacobbe, Ralph: Market segmentation and competitive analysis for supermarket retailing, in: IJRDM, 22. Jg., 1994, Nr. 1, S. 38-48; Freter: Hermann: Marktsegmentierung, in: Tietz, Bruno; Köhler, Richard; Zentes, Joachim (Hrsg.): HWM, 2. Aufl., (Schäffer-Poeschel) Stuttgart 1995, Sp. 1802-1814.

Zeit zurück. So klassifizierte Stone bereits 1954 die Konsumenten in vier Typen.[1439] Eine ganze Reihe von Untersuchungen seither hat verschiedene Klassifikationen von Konsumenten vorgenommen, die teilweise auf den Einkaufsmotiven beruhten.[1440] Eine umfassende Übersicht solcher Studien und möglicher Klassifikationen ist bei Osman gegeben.[1441] Bellenger/Korgaonkar und Heinemann ermitteln auf Basis psychographischer Merkmale die Prädispositionen von Erlebniskäufern.[1442] Haueisen/Scott/Sweeney weisen darauf hin, dass eine Segmentierung mit einem direkten Bezug auf die Einkaufsmotive für den Einsatz in der Handelspraxis und dort v.a. der Strategieentwicklung gut geeignet ist.[1443]

Bevor die Einkaufsmotive selbst näher betrachtet werden, soll zunächst eine Reihe von Klassifikationen von Konsumenten im Einzelhandel aufgezeigt werden, die auf Einkaufsmotiven beruhen und die den Charakter und die Zielsetzung der Betrachtung von Einkaufsmotiven und auch der Auswahl relevanter Einkaufsmotive verdeutlichen.

Haueisen/Scott/Sweeney identifizieren eine Reihe von Clustern, die sich direkt durch ihre Bedürfnisse bezüglich einzelner Handelsmarketinginstrumente charakterisieren lassen, und zeigen gleichzeitig ihren Anteil am Gesamtmarkt auf:[1444] Quality Shopper (20 Prozent des Marktes), price-sensitive Nonshopper[1445] (30 Prozent), sociable Shopper (15 Prozent), price-sensitive Shopper (20 Prozent) und Specialty Shopper (15 Prozent). Rudolph eruiert verschiedene Kundencluster im europäischen Einzelhandel, u.a. auf der Basis von Einkaufsmotiven, nämlich unzufriedene Service- und Dienstleistungskäufer, umweltinteressierte Nörgler, zufriedene Senioren, kommunikationskritische Bequem-

---

[1439] Vgl. Stone, Gregory: City shoppers and urban identification: Observations on the social psychology of city life, in: The American Journal of Sociology, 60. Jg., 1954, Nr. 7, S. 36-45.

[1440] So z.B. Darden, William; Reynolds, Fred: Shopping orientations and product usage rates, in: JMR, 8. Jg., 1971, Nr. 4, S. 505-508; Moschis, George: Shopping orientations and consumer uses of information, in: JoR, 52. Jg., 1976, Nr. 2, S. 61-70; Tauber, Edward: Why do people shop? in: JoR, 36. Jg., 1972, Nr. 10, S. 46-49; Westbrook, Robert; Black, William: A motivation-based shopper typology,in: JoR, 61. Jg., 1985, Nr. 1, S. 78-103.

[1441] Vgl. Osman, Zain: A conceptual model of retail image influences on loyalty patronage behaviour, in: IRRDCR, 3. Jg., 1993, Nr. 2, S. 133-148S. 141-143.

[1442] Vgl. Bellenger, Danny; Korgaonkar, Pradeep: Profiling the recreational shopper, in: JoR, 56. Jg., 1980, Nr. 3, S. 77-92, S. 77-79; Heinemann, Gerrit: Betriebstypenprofilierung und Erlebnishandel, (Gabler) Wiesbaden 1989, S. 158.

[1443] Vgl. Haueisen, William; Scott, Jerome; Sweeney, Timothy: Market Positioning - A new strategic approach for retailers, in: Darden, William; Lusch, Robert (Hrsg.): Patronage Behavior and Retail Management, (North-Holland) New York u.a. 1983, S. 115-128, S. 116f.

[1444] Vgl. Haueisen, William; Scott, Jerome; Sweeney, Timothy: Market Positioning - A new strategic approach for retailers, in: Darden, William; Lusch, Robert (Hrsg.): Patronage Behavior and Retail Management, (North-Holland) New York u.a. 1983, S. 115-128, S. 117.

[1445] Nonshopper kaufen nicht gerne ein und würden längeres Suchen und Preisvergleiche lieber vermeiden. In diesem Segment müssen sie es jedoch - wegen niedriger Einkommen.

lichkeitskäufer und preissensible Stammkunden.[1446] Eine Studie von Steenkamp/Wedel extrahiert drei Cluster, die sich auf die hohe Bedeutung jeweils bestimmter Einkaufsmotive beziehen: „Value Shoppers", die v.a. einen preisgünstigen Einkauf suchen, „Quality Shoppers", die in einem Laden v.a. die Produktqualität als wichtig einschätzen - und dabei auch höhere Preise nicht als negatives Einkaufsstättenattribut ansehen - und „Service Shoppers", denen die Qualität des Services und der Ladenatmosphäre, aber auch der Produktqualität wichtig sind. Steenkamp/Wedel zeigen die Konsequenzen dieser Kundensegmente für den Einsatz der Marketinginstrumente an ausgewählten Instrumenten auf.[1447] Ähnlich ist das Ergebnis einer Untersuchung von Diller, der auf der Basis von Einkaufsmotiven die Cluster „die Hedonisten", „die Preisorientierten", „die Alles-Forderer" und „die angepassten Gleichgültigen" ableitet.[1448]

Es ist unklar, welche Einkaufsmotive für eine Segmentierung bzw. eine Bildung von Kundenclustern herangezogen werden sollen. In einer Reihe von Studien werden (bereits im Untersuchungsdesign vorgegeben oder als empirisches Ergebnis) die Shopping-Motive in zwei Gruppen eingeteilt, nämlich funktionales bzw. produktorientiertes Interesse (ähnlich: utilitarian value) und nicht-funktionales Interesse bzw. Stimulation/Erlebnisorientierung (ähnlich: hedonic value).[1449] Obwohl diese grobe Unterteilung empirisch bestätigt wurde, wird in den meisten Untersuchungen auf differenziertere Ansätze der Einkaufsmotive zurückgegriffen. So erfasst Gröppel-Klein (für eine Untersuchung im Möbeleinzelhandel) folgende Dimensionen der Einkaufsmotive und bestätigt mit einer konfirmatorischen Faktorenanalyse diese Struktur:[1450]

1. Preisorientierung,

2. Stimulierung (z.B. Ladenatmosphäre),

3. Orientierung an Markenzeichen oder Gütesiegeln,

4. Kommunikation (mit Verkaufspersonal),

5. Verhandlungsorientierung,

[1446] Vgl. Rudolph, Thomas: Positionierungs- und Profilierungsstrategien im Europäischen Einzelhandel, (Verlag Thexis AG) St. Gallen 1993, S. 230-240.

[1447] Vgl. Steenkamp, Jan-Benedict; Wedel, Michel: Segmenting retail markets on store image using a consumer-based methodology, in: JoR, 67. Jg., 1991, Nr. 3, S. 300-320, S. 311, S. 316f.

[1448] Vgl. Diller, Hermann: Zielgruppen für den Erlebnishandel - Eine empirische Studie, in: Trommsdorff, Volker (Hrsg.): Handelsforschung 1990, (Gabler) Wiesbaden 1990, S. 139-156., S. 151f.

[1449] Vgl. Sheth, Jagdish: An integrative theory of patronage preference and behaviour, in: Darden, William; Lusch, Robert (Hrsg.): Patronage behavior and retail management, (Elsevier Science Publishing) New York 1983, S. 9-28, S. 15f. Vgl. hierzu auch die von Gröppel-Klein kommentierten Untersuchungen von Dawson, Scott, Bloch, Peter; Ridway, Nancy: Shopping motives, emotional states, and retail outcomes, in: JoR, 66. Jg., 1990, Nr. 4, S. 408-427, und Babin, Barry; Darden, William; Griffin, Mitch: Work and/or fun: Measuring hedonic and utilitarian shopping value, in: JCR, 20. Jg., 1994, Nr. 4, S. 644-656; vgl. Gröppel-Klein, Andrea: Wettbewerbsstrategien im Einzelhandel, (DUV) Wiesbaden 1998, S. 110-112.

[1450] Vgl. Gröppel-Klein, Andrea: Wettbewerbsstrategien im Einzelhandel, (DUV) Wiesbaden 1998, S. 116-121.

6. Kaufoptimierung (i.S.v. Qualitätsorientierung)[1451],

7. Kaufbedeutung (Involvement),

8. Praktikabilität.

Eine ähnliche Systematik der Einkaufsmotive, jedoch mit Bezug auf den Einkauf von Kleidung, liegt den bereits erwähnten Kundensegmenten von Diller zu Grunde.[1452]

Die meisten Kataloge potenzieller Einkaufsmotive in Bezug auf den Einzelhandel, die in der Literatur verwendet werden, beziehen sich i.w.s. auf die Marketinginstrumente der Handelsunternehmen und wenden eine ähnliche Systematik an bzw. versuchen, diese abzudecken. So eruiert Rudolph in drei europäischen Ländern die Einkaufsmotive: gute Produkte zu günstigen Preisen, große Auswahl, gutes Sortiment, gute und freundliche Bedienung, guter Service, Bequemlichkeit beim Einkaufen, umweltfreundliches Verhalten der Unternehmung, Einkaufserlebnis und nette Menschen treffen.[1453]

Tabelle 6:   Anforderungen an den Wochen- und Convenienceeinkauf

Erwartungen an*		df	t-Wert	sign.
Wocheneinkauf	Convenienceeinkauf			
Lange Ladenöffnungszeiten	78,3	83,3	657	-5,4	0,000
Möglichkeit, schnell einzukaufen	80,0	81,7	655	-2,7	0,006
freundl./ kompetente Bedienung	85,0	78,3	656	7,9	0,000
Qualität des Angebots	83,3	73,3	657	9,0	0,000
Preisniveau	81,7	65,0	655	15,0	0,000
Sortimentsvielfalt	79,8	63,3	656	15,2	0,000
Verbind. von Einkaufen u. Tanken	46,7	50,0	657	-3,0	0,003
Warenpräsentation	59,7	43,3	657	12,0	0,000

* Die Probanden sollten 0 bis 100 Punkte entsprechend der Wichtigkeit des jeweiligen Merkmals vergeben. Je wichtiger ein Merkmal ist, desto mehr Punkte wurden diesem vergeben; je unwichtiger ein Merkmal ist, desto weniger.

Quelle: Swoboda, Bernhard: Determinanten und Ausprägungen der zunehmenden Convenience-orientierung von Konsumenten, in: Marketing-ZFP, 21. Jg., 1999, Nr. 2, S. 95-104, S. 99.

Auch Swoboda geht bei der Darstellung der „Gratifikationserwartungen", die Konsument als Antriebsmotivation bei ihrem Einkaufsverhalten beachten,[1454] von einer Syste-

---

[1451] Das von Gröppel-Klein als „Kaufoptimierung" bezeichnete Konstrukt könnte man nach der Operationalisierung auch als „Qualitätsorientierung" bezeichnen; vgl. Gröppel-Klein, Andrea: Wettbewerbsstrategien im Einzelhandel, (DUV) Wiesbaden 1998, S. 118.

[1452] Vgl. Diller, Hermann: Zielgruppen für den Erlebnishandel - Eine empirische Studie, in: Trommsdorff, Volker (Hrsg.): Handelsforschung 1990, (Gabler) Wiesbaden 1990, S. 139-156, S. 151f.

[1453] Vgl. Rudolph, Thomas: Positionierungs- und Profilierungsstrategien im Europäischen Einzelhandel, (Verlag Thexis AG) St. Gallen 1993, S. 228; die Reihenfolge ist hier nach dem Median gebildet, bei gleichem Median ist zusätzlich der Modalwert herangezogen.

[1454] Dabei geht der Gratifikationsansatz davon aus, dass als allgemeine Verhaltensmotivation die Konsumenten nach Belohnungen für ihr Verhalten streben und zugleich Bestrafungen vermeiden wollen

matik aus, die teilweise an die Handelsmarketinginstrumente angelehnt ist. Er zeigt aber zugleich, dass sich je nach Einkaufssituation bzw. Einkaufsanlass unterschiedliche Ausprägungen dieser Motive ergeben.

2. Einfluss der Einkaufsmotive auf das Einkaufsverhalten

Hallsworth zeigt, dass die Einkaufsmotivation als relevante Variable in Bezug auf das Einkaufsverhalten angesehen werden kann. Er extrahiert zentrale Dimensionen der Einkaufsmotivationen und zeigt für unterschiedliche Lebensmittelgeschäfte auf, dass sich deren Kunden bezüglich der vorherrschenden Einkaufsmotive teilweise signifikant unterscheiden.[1455] Swoboda weist diskriminanzanalytisch nach, dass die Einkaufsmotive der Konsumenten einen signifikanten Erklärungsbeitrag zur Einkaufsstättenwahl leisten können.[1456] Heinemann spricht den Prädispositionen eine hohe Wirkung zu und formuliert die Hypothese, dass die Prädispositionen einen signifikanten Einfluss auf die Verhaltenswirkung der Erlebnisorientierung einer Einkaufsstätte ausüben.[1457] James/Durand/Dreves machen darauf aufmerksam, dass unterschiedliche Konsumentengruppen unterschiedliche Ladeneigenschaften als wichtig einschätzen und dass deshalb eine Marktsegmentierung für Store Image-Studien wichtig ist. Sie gehen davon aus, dass sich Store Image-Studien nur auf die Zielgruppen des Unternehmens beziehen sollten.[1458] Weitere Studien belegen ebenfalls den individuellen Charakter der zentralen Beurteilungsdimensionen, deren Bedeutungsgewicht sich je nach Konsument unterscheiden kann.[1459]

Steenkamp/Wedel zeigen auf, dass sich Store Image-Untersuchungen bereits seit Beginn auch mit unterschiedlichen Kundengruppen beschäftigt haben, z.B. weil unterschiedliche Kundengruppen unterschiedliche Gewichtungen einzelner Ladenattribute für das

---

und das Gratifikationsstreben u.a. von Zielen, Bedürfnissen und Erwartungen der Konsumenten abhängt. Vgl. hierzu überblickend Swoboda, Bernhard: Interaktive Medien am Point of Sale, (DUV) Wiesbaden 1996, S. 65-70, sowie in Bezug auf die Einkaufsstättenwahl Swoboda, Bernhard; Morschett, Dirk: Convenience-oriented shopping: A model from the perspective of consumer research, in: Frewer, Lynn; Risvik, Einar; Alvensleben, Reimar von (Hrsg.): Food and People and Society - A European Perspective, (Springer) Berlin u.a. 2001, S. 177-196, S. 186f.

[1455] Vgl. Hallsworth, Alan: Who shops where? And why?, in: IJRDM, 19. Jg., 1991, Nr. 3, S. 19-26, S. 22-25.

[1456] Vgl. Swoboda, Bernhard: Determinanten und Ausprägungen der zunehmenden Convenience-orientierung von Konsumenten, in: Marketing-ZFP, 21. Jg., 1999, Nr. 2, S. 95-104, S. 100.

[1457] Vgl. Heinemann, Gerrit: Betriebstypenprofilierung und Erlebnishandel, (Gabler) Wiesbaden 1989, S. 159.

[1458] Vgl. James, Don; Durand, Richard; Dreves, Robert: The use of a multi-attribute attitude model in a store image study, in: JoR, 52. Jg., 1976/77, Nr. 2, S. 23-32, S. 25.

[1459] Vgl. Doyle, Peter; Fenwick, Ian: How store image affects shopping habits in grocery chains, in: JoR, 50. Jg., 1974/75, Nr. 4, S. 39-52, S. 39; Rich, Stuart; Portis, Bernard: The imageries of department stores, JM, 48. Jg., 1964, Nr. 4, S. 10-15.

Gesamtimage haben können.[1460] Bereits Martineau, dessen Artikel aus dem Jahr 1958 üblicherweise als der Anfang der Store Image-Forschung angesehen wird, erwähnt die Notwendigkeit, sich mit Kundentypologien zu beschäftigen.[1461] Unter anderem zeigen einige Studien auf, dass die „Shopping orientation", also die Einkaufsmotive der Konsumenten, einen Einfluss auf das wahrgenommene Image eines Ladens haben. Vor diesem Hintergrund kann eine enge Beziehung zwischen den Einkaufsmotiven und dem Store Image, und auch der Händlermarke, vermutet werden.[1462]

3. Integration der Einkaufsmotive in Modelle des Konsumentenverhaltens

In seiner integrierten Theorie der Einkaufsstättenpräferenzen und des Verhaltens ggü. Einkaufsstätten (das als eines der am besten theoretisch fundierten Modelle in diesem Bereich gilt) zeigt Sheth modelltheoretisch die Rolle der Einkaufsmotive auf (siehe Übersicht 34). So setzt sich das Bewertungskalkül für eine Einkaufsstätte zusammen aus den vorhandenen Optionen für einen Konsumenten (die sich in seinem evoked set ausdrücken) und aus seinen Motiven. Das Zusammenwirken dieser beiden Faktoren im Bewertungskalkül führt schließlich zur Einkaufsstättenprädisposition, d.h. der Präferenzordnung innerhalb der alternativen Einkaufsstätten.[1463]

Bereits bei der Einstellungsmessung ergaben sich früh Entwicklungen von Skalen, die neben der Beurteilungsdimension auch Komponenten integrierten, die erkennen lassen, welche Werte bzw. Ziele dem Subjekt wichtig sind. So wird beim Rosenberg-Modell die Zielwichtigkeit ermittelt und als *motivationale Komponente* bezeichnet, weil sie auf dem aus den Motiven der Konsumenten abgeleiteten, individuellen Zielsystem des Subjekts basiert. Zur Ermittlung der Motivstruktur (bzw. der subjektiven Wichtigkeit von Merkmalen) wird häufig die motivationale Komponente der Einstellung anhand der subjektiv empfunden Wichtigkeit gemessen. Das sogenannte „adequacy-importance"-

---

[1460] Steenkamp, Jan-Benedict; Wedel, Michel: Segmenting retail markets on store image using a consumer-based methodology, in: JoR, 67. Jg., 1991, Nr. 3, S. 300-320, S. 301.

[1461] Vgl. Martineau, Pierre: The personality of the retail store, in: HBR, 36. Jg., 1958, Nr. 1, S. 47-55, S. 49.

[1462] Vgl. Mason, Barry; Duran, Richard; Taylor, James: Retail patronage: a causal analysis of antecedent factors, in: Darden, William; Lusch, Robert (Hrsg.): Patronage Behavior and Retail Management, (North-Holland) New York 1983, S. 339-351; Lumpkin, James: Shopping orientation segmentation of the elderly consumer, in: JAMS, 13. Jg., 1985, Spring, S. 271-289; Osman, Zain: A conceptual model of retail image influences on loyalty patronage behaviour, in: IRRDCR, 3. Jg., 1993, Nr. 2, S. 133-148, S. 142.

[1463] Vgl. Sheth, Jagdish: An integrative theory of patronage preference and behavior, in: Darden, William; Lusch, Robert (Hrsg.): Patronage Behavior and Retail Management, (North-Holland) New York u.a. 1983, S. 9-28, S. 19.

Modell führt aber oftmals zu Verzerrungen, da Konsumenten die Independenz der Bewertungs- und der Gewichtungsskalen nicht unmittelbar realisieren.[1464]

Übersicht 34: Modell der Einkaufsstättenbewertung

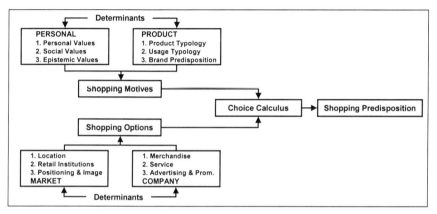

Quelle: Sheth, Jagdish: An integrative theory of patronage preference and behaviour, in: Darden, William; Lusch, Robert (Hrsg.): Patronage behavior and retail management, (North-Holland) New York u.a. 1983, S. 9-28, S. 12.

Die Bedeutung der Segmentierung von Einzelhandelsmärkten auf der Basis von Store Image-Attributen und die Entwicklung eines Markenschemas, das an die Zielgruppen des Einzelhändlers angepasst ist, wurde dabei in der Literatur vielfach erwähnt. Dabei gibt es unterschiedliche Ansätze, die Segmentierung vorzunehmen. Ein Ansatz ist, Konsumenten auf der Basis bestimmter Konsumenteneigenschaften zu gruppieren und für jedes Segment die Bedeutung der verschiedenen Einkaufsstättenattribute zu schätzen.[1465]

Ein anderes Vorgehen zur Identifikation von Gruppen bezüglich ihrer Einkaufsmotive bzw. bezüglich ihrer unterschiedlichen Gewichtung von Einkaufsstättenattributen wählen Doyle/Fenwick. Sie untersuchen das Store Image bzw. die Wahrnehmung von Filialunternehmen des Lebensmitteleinzelhandels mit Hilfe der MDS. Auf der Basis der statistisch ermittelten Gewichte einzelner Einkaufsstättenattribute gruppieren sie die

---

[1464] Vgl. Kroeber-Riel, Werner; Weinberg, Peter: Konsumentenverhalten, 7. Aufl., (Vahlen) München 1999, S. 199-201; Gröppel-Klein, Andrea: Wettbewerbsstrategien im Einzelhandel, (DUV) Wiesbaden 1998, S. 105f.

[1465] Vgl. Steenkamp, Jan-Benedict; Wedel, Michel: Segmenting retail markets on store image using a consumer-based methodology, in: JoR, 67. Jg., 1991, Nr. 3, S. 300-320, S. 302; Hortman, Sandra; Allaway, Arthur; Mason; Barry; Rasp, John: Multisegment analysis of supermarket patronage, in: JBR, 21. Jg., 1990, S. 209-223.

Konsumenten und zeigen drei Cluster auf, die deutliche Unterschiede bezüglich der Bedeutung der betrachteten Einkaufsstättenattribute aufweisen.[1466]

Steenkamp/Wedel zeigen auf, dass es auch denkbar ist, dass eine feste Zuordnung eines Konsumenten zu einem Cluster nicht die geeignetste Methode ist, Kundensegmente zu identifizieren. Sie gehen davon aus, dass die Annahme, Kunden gehörten (ausschließlich) zu einem festen Segment, eine Übersimplifikation der Betrachtung darstellt, die auch die Erklärungskraft der Segmentierungsansätze reduziert. Stattdessen schlagen sie mit der „Fuzzy Clusterwise Regression Analysis" einen Ansatz vor, der statt einer nominalen Zugehörigkeitsausprägung (was das Ergebnis der traditionellen clusteranalytischen Ansätzen ist), eine „graduelle" Mitgliedschaft in einem Cluster erlaubt.[1467] Dieser Ansatz wird in der vorliegenden Untersuchung jedoch aus zwei Gründen nicht angewendet: So ist es zum einen in der Handelspraxis (wie auch allgemein in der Marketingpraxis) üblich, in Zielgruppen bzw. Segmenten zu denken, die feste Zugehörigkeiten aufweisen. Zum anderen ist es für die vorliegende Untersuchung aus analytischen Gründen nicht angeraten, dem Ansatz zu folgen, da die üblichen statistischen Methoden zur Ermittlung von Unterschieden zwischen den Clustern (so z.B. der t-Test der Varianzanalyse) in diesem Fall nicht zum Einsatz kommen können.

4. Segmentierung als Strategie zur Beachtung der unterschiedlichen Bedürfnisse

Vor dem Hintergrund heterogener Einkaufsmotive wird oftmals eine geeignete Marktsegmentierungsstrategie als ein wesentlicher Pfeiler einer erfolgreichen Markenstrategie angesehen.[1468] Interessant im Zusammenhang mit der Einkaufsstättenwahl sind insbesondere die Bedürfnisstrukturen, da die unterschiedliche Motivlage der Konsumenten einen Einfluss auf die Präferenzbildung hat. Der Begriff "Segmentierung" bezieht sich dabei auf der einen Seite auf die Zerlegung eines heterogenen Gesamtmarktes in homogene Teilgruppen auf der Basis von spezifischen Kundenattributen und auf der anderen Seite darauf, eines oder mehrere dieser Segmente anzusprechen mit Hilfe segmentspezifischer Marketingstrategien. Ziel der Marktsegmentierung ist es, eine starke Marktposition in einer wettbewerbsorientierten Umgebung dadurch aufzubauen, dass die Marke

---

[1466] Vgl. Doyle, Peter; Fenwick, Ian: How store image affects shopping habits in grocery chains, in: JoR, 50. Jg., 1974/75, Nr. 4, S. 39-52, S. 47-49.

[1467] Vgl. Steenkamp, Jan-Benedict; Wedel, Michel: Segmenting retail markets on store image using a consumer-based methodology, in: JoR, 67. Jg., 1991, Nr. 3, S. 300-320, insb. S. 304, S. 306-309.

[1468] Vgl. z.B. Meffert, Heribert: Strategien zur Profilierung von Marken, in: Dichtl, Erwin; Eggers, Walter (Hrsg.): Marke und Markenartikel, (dtv) München 1992, S. 129-156, S. 131.

genau an die Bedürfnisse der definierten, homogenen Käufergruppen angepasst wird, die das spezifische Marktsegment ausmachen.[1469]

Doyle/Fenwick gehen auf Grund ihrer Überlegungen zu einem multiattributiven Image-Begriff davon aus, dass es sinnvoll sei, die Märkte zu segmentieren und zu versuchen, ein Image zu entwickeln, das mit den Bedürfnissen der Zielgruppen eines Ladens konform ist.[1470] Patt weist ebenfalls darauf hin, dass auch im Einzelhandel die Notwendigkeit zur Marktsegmentierung aus der Verschiedenartigkeit der Anforderungen der Konsumenten und aus der besonderen Heterogenität des Einzelhandelsangebots erwächst.[1471] Eine Untersuchung der GfK zeigt die Heterogenität der Konsumenten in ihrem Einkaufsverhalten auf und schließt daraus, dass "das Handelsmarketing ähnlich wie das industrielle Konsumgütermarketing gezwungen ist, Abstand von einem klassischen undifferenzierten Marketing zu nehmen. Im Sinne eines differenzierten zielgruppenorientierten Marketing sollte sich die Ausgestaltung des marketingpolitischen Instrumentariums des Handels stattdessen an den Bedürfnissen und Befindlichkeiten unterschiedlicher Käufergruppen orientieren und diesen Rechnung tragen [...]."[1472]

Diese Überlegungen gehen jedoch ausschließlich von einer konsumentenorientierten Betrachtung aus und argumentieren einseitig auf der Basis potenzieller Mehrerträge. Wesentliche Voraussetzungen für eine Segmentierung, so z.B. die segmentspezifische Zugänglichkeit, also eine pragmatische und wirtschaftliche Möglichkeit, unterschiedliche Segmente auch wirklich unterschiedlich anzusprechen, werden in den meisten Untersuchungen bzw. aus den festgestellten Unterschieden resultierenden Empfehlungen nicht angesprochen.[1473] So sind wichtige Marketinginstrumente des Handels v.a. am PoS wirksam, so die Laden- und Preisgestaltung. Diese sind nur in sehr engen Grenzen segmentspezifisch anpassbar.[1474] Wie vorne dargestellt (vgl. Abschnitt A.III.2. des Zweiten Kapitels), gehen mit dem erhöhten Ertragspotenzial differenzierter Marktbearbeitungs-

---

[1469] Vgl. Freter, Hermann: Marktsegmentierung, in: Tietz, Bruno; Köhler, Richard; Zentes, Joachim (Hrsg.): HWM, 2. Aufl., (Schäffer-Poeschel) Stuttgart 1995, Sp. 1802-1814, Sp. 1803; Waltermann, Bernd: Marktsegmentierung und Markenpolitik, in: Bruhn, Manfred (Hrsg.): Handbuch MA, Bd. 1, (Schäffer-Poeschel) Stuttgart 1994, S. 375-394, S. 376

[1470] Vgl. Doyle, Peter; Fenwick, Ian: How store image affects shopping habits in grocery chains, in: JoR, 50. Jg., 1974/75, Nr. 4, S. 39-52, S. 41.

[1471] Vgl. Patt, Paul-Josef: Strategische Erfolgsfaktoren im Einzelhandel, 2. Aufl., (Lang) Frankfurt a.M 1990, S. 56f.

[1472] Hupp, Oliver; Schuster, Harald: Imagegestützte Positionierung von Einkaufsstätten als Ansatzpunkt zu einer Verbesserung der Wettbewerbsfähigkeit des Lebensmitteleinzelhandels in Deutschland, in: JAV, 46. Jg., 2000, Nr. 4, S. 351-370, S. 367.

[1473] Siehe zu den Kriterien Freter, Hermann: Marktsegmentierungsmerkmale, in: Diller, Hermann (Hrsg.): Vahlens Großes Marketing Lexikon, (Vahlen) München 1992, S. 737-740.

[1474] Es sei denn, es ergeben sich deutliche Unterschiede bei unterschiedlichen Filialen, so dass eine standortbezogene Differenzierung genutzt werden kann.

strategien i.d.R. auch erhöhte Kosten einher, so Koordinationskosten.[1475] Zudem ist eine gewisse Homogenität des Marketing auch eine Voraussetzung für die Händlermarke.

Segmentierung ist im Einzelhandel theoretisch möglich in Bezug auf unterschiedliche Dimensionen, z.b. Kundengruppen oder Einkaufsanlässe.[1476] Die praktische Relevanz des Konzepts ist jedoch in den meisten Einzelhandelssektoren eher begrenzt. Während Spezialisierung und Zielgruppenfokussierung im Nonfood-Einzelhandel noch relativ einfach zu erreichen sind, sind sie v.a. im Lebensmitteleinzelhandel schwieriger.[1477]

Eine Erklärung dafür ist, dass die Nähe des Standorts ein sehr wichtiges Einkaufsstättenattribut im Lebensmitteleinzelhandel ist. Corstjens/Corstjens gehen davon aus, dass das physische Ladennetzwerk eines Einzelhändlers den fundamentalen Unterschied darstellt zwischen Handels- und Konsumgütermarketing. Während große Hersteller darauf abzielen, ihre Marken für ihre gesamte Zielgruppe verfügbar zu machen (die über das ganze Land oder sogar international verstreut sein kann) und dabei relativ frei einzelne Segmente auswählen können (wobei es die Aufgabe des Einzelhandels ist, die entsprechenden Artikel für die jeweiligen Zielgruppen verfügbar zu machen), sind Einzelhändler an ihre Standorte gebunden. Marktabdeckung und die Bereitschaft der Konsumenten, Fahrtzeiten zur Einkaufsstätte in Kauf zu nehmen, bestimmen das maximale Einzugsgebiet, das dadurch normalerweise wesentlich kleiner ist als das eines Herstellers.[1478] Hinzu kommt, dass die geografisch verteilten Einkaufsstätten jeweils unterschiedliche Bevölkerungsschichten in ihrem Einzugsgebiet haben. Da außerdem die Einzugsgebiete von vornherein nicht die gesamte Bevölkerung enthalten, ist es eine wesentlich schwierigere Entscheidung, bestimmte Zielgruppen (im Einzugsgebiet) nicht anzusprechen. Einzelhandelsunternehmen können es sich daher i.d.R. nicht leisten, relevante Kundengruppen in ihrem Einzugsgebiet auszuschließen.[1479]

Gegen diese Argumentation, die insgesamt eher die Schwierigkeiten der Marktsegmentierung im Lebensmitteleinzelhandel aufzeigt, sind jedoch auch eine Reihe von Argumenten darzustellen, die sich vor allem aus jüngeren Entwicklungen der Rahmenbedingungen im Einzelhandel ergeben:

♦ Es gibt eine Reihe von Betriebstypen im Lebensmitteleinzelhandel, die eine konzentrierte Marktbearbeitungsstrategie verfolgen und damit nur einzelne Kundensegmente

---

[1475] Vgl. u.a. Meffert, Heribert: Marketing, 9. Aufl., (Gabler) Wiesbaden 2000, S. 216f.

[1476] Vgl Jary, Michael; Schneider, Dirk; Wileman, Andrew: Marken-Power, (Gabler) Wiesbaden 1999, S. 45).

[1477] Vgl. Morschett, Dirk: Store Branding as a Goal of Strategic Retail Marketing, in: Cliquet, Gérard; Zentes, Joachim (Hrsg.): Retailing and Distribution in Europe, Proceedings, The third AFM French-German Conference, St. Malo 2000, o.S.

[1478] Vgl. Corstjens, Judith; Corstjens, Marcel: Store Wars, (Wiley) Chichester u.a. 1995, S. 113-119.

[1479] Vgl. Jary, Michael; Schneider, Dirk; Wileman, Andrew: Marken-Power, (Gabler) Wiesbaden 1999, S. 87.

ansprechen. So ist es Ziel der Marketingpolitik der Convenience-Stores und der Discounter gewesen, bewusst bestimmte Marktsegmente auszuwählen und ihr Leistungsangebot an diese Zielgruppen (oder Einkaufsmotive) anzupassen.[1480] Die vorne aufgeführte Begründung der Notwendigkeit großer Einzugsgebiete bezieht sich dabei auch eher auf großflächige Anbieter. Andererseits ist aber festzustellen, dass das Wachstum der beiden genannten Betriebstypen mindestens zum Teil darauf zurückzuführen ist, dass sich ihre Zielgruppen erweitert haben.

◆ Darüber hinaus führen die Entwicklungen der Rahmenbedingungen, insbesondere die zunehmende Konzentration im Einzelhandel, dazu, dass zahlreiche Einzelhändler mindestens eine nationale Marktabdeckung erreicht haben, so dass die geringere Marktabdeckung als Argument gegen die Marktsegmentierung weniger relevant wird.[1481]

◆ Zusätzlich könnte sich die hohe Bedeutung des Standorts für den Lebensmitteleinzelhandel durch die Nutzung des Internet durch den Konsumenten etwas verringern. Die komplette Verfügbarkeit, die zur Lieferung von Lebensmitteln zu jeder Tageszeit an jeden Ort führen könnte, ist ein wesentliches Charakteristikum der Heimlieferdienste.[1482] Trotz des mittelfristig als nicht sehr hoch prognostizierten Marktanteils dieser Dienste[1483] können sie dennoch dazu beitragen, die Vorteile bestimmter Standorte zu reduzieren. In der Konsequenz führt dies dazu, dass andere Einflussfaktoren auf das Kaufverhalten, darunter die Händlermarke, bei der Wahl eines Internet-Shops eine höhere Relevanz haben als bei stationären Läden,[1484] und eine Segmentierung eventuell leichter möglich ist.

◆ Die bereits dargestellten Möglichkeiten des One-to-One-Marketing, so über Kundenkarten, vereinfachen es, die Kunden zu segmentieren und sie unterschiedlich anzusprechen, da sie teilweise individuell „adressierbar" sind.[1485]

[1480] Vgl. Zentes, Joachim: Convenience-Shopping - Ein neuer Einkaufstrend?, in: Trommsdorff, Volker (Hrsg.): Handelsforschung 1996/97, (Gabler) Wiesbaden 1996, S. 227-238.

[1481] Vgl. Morschett, Dirk: Store Branding as a Goal of Strategic Retail Marketing, in: Cliquet, Gérard; Zentes, Joachim (Hrsg.): Retailing and Distribution in Europe, Proceedings, The third AFM French-German Conference, St. Malo 2000, o.S.

[1482] Vgl. dazu z.B Die Beiträge im Sammelwerk Dichtl, Erwin (Hrsg.): Electronic Shopping - Handel ohne Handel?, Ergebnisse 5. CPC TrendForum, (SFV) Mainz 1997; Zentes, Joachim; Swoboda, Bernhard: HandelsMonitor I/98 - Trends & Visionen: Wo wird im Jahre 2005 Handel ‚gemacht'?, (dfv) Frankfurt a.M. 1998, S. 100-103, S. 134f.

[1483] Vgl. z.B. Zentes, Joachim; Morschett, Dirk: Electronic Shopping - die Zukunft des Handels?, in: GDI-Handels-Trendletter I/97, Rüschlikon/Zürich 1997, S. 1-56, S. 51f.

[1484] Vgl. Morschett, Dirk: Store Branding as a Goal of Strategic Retail Marketing, in: Cliquet, Gérard; Zentes, Joachim (Hrsg.): Retailing and Distribution in Europe, Proceedings, The third AFM French-German Conference, St. Malo 2000, o.S.

[1485] Vgl. dazu die Beiträge im Sammelwerk Zentes, Joachim (Hrsg.): One to One Marketing - Sinnvoll und umsetzbar?, Ergebnisse 9. Bestfoods TrendForum, (TrendForum Verlag) Wiesbaden 2000.

Langfristig kann dies bedeuten, dass Marktsegmentierung auch bei Lebensmitteleinzelhändlern zunehmen wird, auf der Ebene einzelner Filialen und/oder Konsumenten. Dabei wird in der Literatur die Ansicht vertreten, dass eher eine differenzierte Ansprache der einzelnen Marktsegmente (aber insgesamt eine breite Marktabdeckung) stattfinden wird als das bewusste Auslassen einzelner Segmente.[1486] Andererseits ist dies eine Entwicklung, die zwar prognostiziert und teilweise in der Literatur auch empfohlen wird, sie ist aber heute noch nicht in dieser Form festzustellen. Gerade im deutschsprachigen Lebensmitteleinzelhandel unterbleibt eine nennenswerte Segmentierung derzeit noch, so dass auch eine empirische Untersuchung dazu problematisch ist.

5. Abnehmende Stabilität der Cluster

Eine Entwicklung, mit der sich heute bereits die Konsumgüterhersteller beschäftigen müssen und die auch die Markenpolitik von Handelsunternehmen tangiert, ist die abnehmende Stabilität der Kundencluster.[1487] So werden bei Befragungen zu Einkaufsmotiven und der Bedeutung von Einkaufskriterien widersprüchliche Ergebnisse verzeichnet. Z.B. wird den Kriterien Zeit und Standort in einigen Studien ein hoher Einfluss zugesprochen, in anderen ein geringer. Andere Faktoren, wie z.b. demografische Aspekte, zeigen ähnliche Instabilitäten in ihrem Einfluss.[1488] Nach den Ergebnissen von Hirschmann/Greenberg/Robertson kann bereits davon ausgegangen werden, dass je nach Region, Branche und Wettbewerbsintensität unterschiedliche Konsumentenerwartungen hinsichtlich der entscheidenden Beurteilungsdimensionen bestehen.[1489]

Die Ergebnisse von Birtwistle/Clarke/Freathy deuten an, dass die Gewichtung der einzelnen Attribute für die Ladenwahl nicht stabil und generalisierbar ist. Der konkrete Mix der Einkaufsstättenattribute, der für das Store Image wichtig ist, scheint u.a. vom Einzelhandelssektor, von der Zielgruppe und von den Motiven der Konsumenten abzuhängen. Darüber hinaus führen die Autoren viele Unterschiede in der Bedeutung einzelner Einkaufsstättenattribute für die Einkaufsstättenwahl in unterschiedlichen Sektoren auf

---

[1486] Vgl. Jary, Michael; Schneider, Dirk; Wileman, Andrew: Marken-Power, (Gabler) Wiesbaden 1999, S. 47-51.

[1487] Vgl. Liebmann, Hans-Peter; Zentes, Joachim: Handelsmanagement, (Vahlen) München 2001, S. 133-139; Eggert, Ulrich: Konsumententrends, (Metropolitan) Düsseldorf 1997, S. 159-166; Tietz, Bruno: Konsument und Einzelhandel, 3. Aufl., (Lorch) Frankfurt a.M. 1983, S. 25-38. Sehr plakativ weist auf diese Entwicklung auch Gerken hin; vgl. Gerken, Gerd: Abschied vom Marketing, 2. Aufl., (Econ) Düsseldorf u.a. 1990.

[1488] Vgl. Osman, Zain: A conceptual model of retail image influences on loyalty patronage behaviour, in: IRRDCR, 3. Jg., 1993, Nr. 2, S. 133-148, S. 133f.

[1489] Vgl. Hirschmann, Elisabeth; Greenberg, Barnett; Robertson, Dan: The intermarket reliability of retail image research: an empirical examination, in: JoR, 54. Jg., 1978, Nr. 1, S. 3-12, S. 3-5. Siehe auch Rudolph, Thomas: Positionierungs- und Profilierungsstrategien im Europäischen Einzelhandel, (Verlag Thexis AG) St. Gallen 1993, S. 201.

die unterschiedlichen Motive der Konsumenten bei den unterschiedlichen Einkaufanlässen zurück.[1490]

Somit wird deutlich - auch in der Beschreibung des multioptionalen Konsumenten -, dass die Motivstruktur - anders als in vielen früheren Untersuchungen angenommen - nicht für jeden Konsumenten eine Konstante darstellt, sondern dass der gleiche Konsument in Abhängigkeit vom persönlichen Involvement, der zur Verfügung stehenden Zeit und den situativen Voraussetzungen eine abweichende Motivstruktur (und daraus folgend ein unterschiedliches Kaufverhalten) zeigt. Er wechselt die Rolle je nach Situation.[1491] Vor diesem Hintergrund schließt Davies, dass z.B. das Store Image wahrscheinlich situationsspezifisch ist und sich auf der Basis des jeweiligen Einkaufsmotivs (des jeweiligen Einkaufsanlasses) unterscheidet.[1492] Diese Einschätzung wird von Zentes/Swoboda und Swoboda bestätigt, die aufzeigen, dass die Anforderungen an Einkaufsstätten wesentlich von den Einkaufsmotiven geprägt sind, diese jedoch situativ an den speziellen Einkaufsanlass angepasst sind.[1493]

6. Einkaufsmotive als moderierende Variable

Die zentralen Einkaufsbedürfnisse bzw. Einkaufsmotive - ggf. in unterschiedlichen Einkaufssituationen - leiten dabei den Konsumenten, so dass - zusammenfassend - die Analyse der zentralen Einkaufsmotive zwei Zwecke erfüllen kann für den Einzelhandel:[1494]

1. Eine Analyse der zentralen Einkaufsmotive gibt allgemeingültige Profilierungshinweise.

2. In Abhängigkeit der Einkaufsmotive in einer bestimmten Einkaufssituation und/oder bezüglich einer bestimmten Warengruppe können die Konsumenten in unterschiedliche Segmente eingeteilt werden. Es wird hierbei ein Einfluss der Einkaufsmotive auf andere zentrale Konstrukte des Konsumentenverhaltens vermutet.

Dabei weist z.B. Gröppel-Klein darauf hin, dass oftmals in bisherigen Untersuchungen von Einkaufsstätten aus Konsumentensicht die Motivlage der Konsumenten vernachläs-

---

[1490] Vgl. Birtwistle, Grete; Clarke, Ian; Freathy, Paul: Store image in the UK fashion sector: consumer versus retailer perceptions, in: IRRDCR, 9. Jg., 1999, Nr. 1, S. 1-16, S. 13f., S. 3.

[1491] Vgl. Rudolph, Thomas: Positionierungs- und Profilierungsstrategien im Europäischen Einzelhandel, (Verlag Thexis AG) St. Gallen 1993, S. 226.

[1492] Vgl. Davies, Gary: Positioning, image and the marketing of multiple retailers, in: IRRDCR, 2. Jg., 1992, Nr. 1, S. 13-34.

[1493] Vgl. Zentes, Joachim; Swoboda, Bernhard: Profilierungsdimensionen des Tankstellen-Shopping, (Lekkerland/Institut für Handel und Internationales Marketing) Frechen-Saarbrücken 1998, insb. S. 39-44; Swoboda, Bernhard: Determinanten und Ausprägungen der zunehmenden Convenienceorientierung von Konsumenten, in: Marketing-ZFP, 21. Jg., 1999, Nr. 2, S. 95-104, S. 99f.

[1494] Vgl. u.a. Rudolph, Thomas: Positionierungs- und Profilierungsstrategien im Europäischen Einzelhandel, (Verlag Thexis AG) St. Gallen 1993, S. 227.

sigt wurde, obwohl hier - wie gezeigt - eine grundsätzliche Relevanz festzustellen ist.[1495] In der vorliegenden Untersuchung soll die Bedeutung der Einkaufsmotive als moderierende Variable beachtet werden. Die Segmentierung als potenzieller Einflussfaktor auf die Entwicklung der Händlermarke soll damit zwar beachtet werden, jedoch hier nicht aktiv als Teil der Marketingpolitik eines Handelsunternehmens analysiert werden. Der Grund hierfür ist, dass nicht nur die theoretische Formulierung potenzieller Einflussgrößen auf die Händlermarke, sondern auch ihre empirische Überprüfung im Vordergrund stehen.

[1495] Vgl. Gröppel-Klein, Andrea: Wettbewerbsstrategien im Einzelhandel, (DUV) Wiesbaden 1998, S. 106.

Viertes Kapitel: Empirischer Teil

A. Methodische Anlage und Durchführung der empirischen Untersuchung

I. Ableitung und Darstellung von Thesen und Hypothesen

1. Die Perspektiven der Betrachtung

Die bisherigen Ausführungen haben gezeigt, dass der Wert einer Händlermarke durch eine Vielzahl von Faktoren beeinflusst wird, die teilweise ihrerseits durch die Zusammensetzung aus unterschiedlichen (hypothetischen) Konstrukten gebildet werden. Auch Wirkung und Messung der Marke bzw. des Markenwerts basieren auf unterschiedlichen Theorien und Konzepten. Vor diesem Hintergrund werden - quasi zusammenfassend zu den theoretischen Ausführungen und Überlegungen der vorangehenden Kapitel - in diesem Abschnitt Thesen und Hypothesen abgeleitet. Im Rahmen einer empirischen Studie werden diese überprüft.

Die Thesen beziehen sich dabei (in der angebotsorientierten Perspektive) auf die Zielsetzung und die Wettbewerbsstrategie sowie den Einsatz der Handelsmarketinginstrumente durch Unternehmen des Lebensmitteleinzelhandels. Auch deren Erfolgsrelevanz soll betrachtet werden. Da diese eher auf theoretischen Ansätzen und Konzepten als auf einem umfassenden Theoriegerüst basieren, wird hier von „Thesen" gesprochen.

In der zweiten Perspektive (nachfrageorientierte Perspektive) bilden die identifizierten Facetten der Phänomene „Wahrnehmung der Handelsmarketinginstrumente" und „Händlermarkenwert" die Basis für die Entwicklung eines Ansatzes zur Operationalisierung dieser Konstrukte. Zugleich soll die Erfolgswirksamkeit der Händlermarke überprüft werden und der Einfluss unterschiedlicher Einkaufsmotive der Konsumenten.

2. Thesen zur angebotsorientierten Perspektive

a) Thesen zur Wettbewerbsstrategie

Wettbewerbsstrategien im Einzelhandel sind bislang nur in einzelnen Studien empirisch untersucht worden. Für den Lebensmitteleinzelhandels liegen solche Untersuchungen bislang nicht vor. Auch sind die Ergebnisse der Untersuchungen nicht immer einheitlich und bestätigen nicht durchgehend die Existenz der Porter'schen Basisdimensionen von

Wettbewerbsstrategien im Einzelhandel. Oftmals wird argumentiert, dass insbesondere die Differenzierungsstrategien in sehr unterschiedlichen Varianten eingesetzt werden können und dabei zur Abgrenzung von der Konkurrenz sehr unterschiedliche Strategie-muster eingesetzt werden. Zudem führt die Intensivierung des Wettbewerbs ggf. zur Nutzung neuer Abgrenzungsmerkmale von der Konkurrenz.

Übereinstimmend wird jedoch in der Literatur davon ausgegangen, dass bestimmte zent-rale Dimensionen der Wettbewerbsstrategie im Einzelhandel existieren, so dass formu-liert wird:

$T_{UWS1}:$ *Im Einzelhandel können wettbewerbsstrategische Basisdimensionen identi-fiziert werden.*

Weiterentwicklungen der Porter'schen Konzeption haben postuliert, dass bezüglich der grundsätzlichen wettbewerbsstrategischen Ausrichtung „Gruppen" existieren, die sich durch bestimmte Merkmalskombinationen auszeichnen. Diese Gruppen weisen eine re-lative Stabilität auf, da ein Wechsel zwischen ihnen nicht ohne weiteres möglich ist. Gleichzeitig geben diese Gruppen Hinweise auf stimmige Strategiekombinationen.[1496] Auch im Einzelhandel wird die Existenz von „Strategischen Gruppen" vermutet. Bereits die Zusammenfassung von Handelsunternehmen zu „Betriebstypen" (also „Typen" mit bestimmten Kombinationen des Marketinginstrumente-Einsatzes) impliziert die Exis-tenz solcher Gruppen. Einige Untersuchungen konnten auf der Basis unterschiedlicher Gruppierungskriterien trennscharfe Gruppen ermitteln.

Auch für die vorliegende Untersuchung wird von bestimmten „typischen" Kombinatio-nen der wettbewerbsstrategischen Basisdimensionen ausgegangen, die zur Existenz von Gruppen von Händlermarken führen, die ähnliche Wettbewerbsstrategien verfolgen. Daher wird postuliert:

$T_{UWS2}:$ *Es lassen sich Strategische Gruppen im Lebensmitteleinzelhandel identifi-zieren.*

b)   **Thesen zur Beziehung zwischen der Wettbewerbsstrategie und der Gestaltung der Handelsmarketinginstrumente**

Basierend auf den Überlegungen zu den Strategischen Gruppen im Einzelhandel ist zu analysieren, welche Unterschiede - neben den Wettbewerbsstrategien - zwischen ihnen existieren. Heinemann trifft die Annahme, dass aus den Handelsmarketinginstrumenten zentrale Dimensionen zur Beschreibung der Strategischen Gruppen ableitbar sind und

---

[1496] Siehe hierzu Abschnitt B.II. des Dritten Kapitels; vgl. auch Conant, Jeffrey; Smart, Denise; Solano-Mendez, Roberto: Generic retailing types, discinctive marketing competencies, and competitive ad-vantage, in: JoR, 69. Jg., 1993, Nr. 3, S. 254-279, S. 256f.

dass diese Dimensionen jeweils unterschiedlich hohe Erklärungsbeiträge für die Trennung Strategischer Gruppen im Handel liefern, d.h., dass sie sich nicht gleichermaßen für deren Beschreibung eignen, und bestätigt diese für eine einzelne Branche.[1497]

Aus einer strategischen Perspektive wird der Einsatz der Marketinginstrumente (als eher operativ ausgerichtete Absatzaktivitäten eines Handelsunternehmens) durch die grundsätzliche wettbewerbsstrategische Ausrichtung vorbestimmt. Nach dem Konzept der Strategischen Planung wird davon ausgegangen, dass die Wettbewerbsstrategie einer Strategischen Geschäftseinheit (hier: einer Händlermarke) determinierend für die nachgeordneten Planungsschritte und damit auch die Marketinginstrumente ist.[1498] Dabei wird vermutet, dass die Marketinginstrumente eine unterschiedliche Profilierungsstärke aufweisen, dass also einzelne Marketinginstrumente besser zur Abgrenzung von der Konkurrenz in anderen Strategischen Gruppen geeignet sind. Insgesamt ist also eine Auswirkung der Wettbewerbsstrategie auf den Instrumenteeinsatz zu erwarten, die sich jedoch nach den jeweiligen Instrumenten differenziert darstellt. Als These wird daher formuliert:

T_{UWS-MI}: *Der Einsatz der Marketinginstrumente unterscheidet sich zwischen den Strategischen Gruppen, wobei die Marketinginstrumente jeweils unterschiedlich hohe Erklärungsbeiträge für die Trennung der Strategischen Gruppen liefern.*

In den vorangegangenen Kapitel wurde die Notwendigkeit eines integrierten Marketing und eines Erreichens einer „Harmonie" zwischen den einzelnen Marketinginstrumenten bzw. eines aufeinander abgestimmten Vorgehens bei der Planung des Instrumente-Einsatzes ausführlich diskutiert. Das Erreichen eines abgestimmten Marketingmix wird dabei auch von der Wettbewerbsstrategie beeinflusst, z.B. von der Art und Anzahl der angestrebten Wettbewerbsvorteile. Über die Anzahl der angestrebten Wettbewerbsvorteile ergibt sich auch eine direkte Verbindung zur Fokussierung. Das Konstrukt wurde vorne ausführlich dargestellt und es wird davon ausgegangen, dass auch hier die wettbewerbsstrategische Ausrichtung die Basis für die Festlegung des Fokussierungsgrades ist, wobei sich z.B. in den Porter'schen Strategietypen bereits eine solche Fokussierung als Wahl eines einzelnen Basisvorteils ergibt.

Insgesamt ist wegen dieses Einflusses der Wettbewerbsstrategien zu vermuten, dass zwischen den einzelnen Strategischen Gruppen Unterschiede darin bestehen, wie fokussiert und wie abgestimmt der Marketinginstrumente-Einsatz erfolgt. Daher wird postuliert:

[1497] Vgl. Heinemann, Gerrit: Betriebstypenprofilierung und Erlebnishandel, (Gabler) Wiesbaden 1989, S. 67, S. 70 (Hypothese H_{12} und H_{13}). Heinemann basiert dabei seine Untersuchung auf einer Stichprobe von 55 textilen Fachgeschäften aus dem ehemaligen Bundesgebiet.

[1498] Vgl. hierzu z.B. Liebmann, Hans-Peter; Zentes, Joachim: Handelsmanagement, (Vahlen) München 2001, S. 167f.

$T_{UWS\text{-}Fit}$: *Die Strategischen Gruppen unterscheiden sich darin, wie stark die Marketinginstrumente aufeinander abgestimmt werden.*

$T_{UWS\text{-}Fok}$: *Die Strategischen Gruppen unterscheiden sich darin, wie fokussiert sie den Einsatz ihrer Marketinginstrumente vornehmen.*

c)   **Thesen zur Beziehung von Zielsetzung und Gestaltung der Handelsmarketinginstrumente**

i.   **Instrumenteübergreifend**

Das Konzept der Positionierung und der Profilierung verlangt, sich deutlich von der Konkurrenz abzugrenzen und dies dem Kunden auch zu kommunizieren. Bei dieser Zielsetzung zeigt sich eine Reihe von Vorteilen einer Fokussierung des Marketinginstrumente-Einsatzes, u.a. wegen der begrenzten Informationsaufnahmekapazität des Konsumenten und des Vorteils der Konzentration der Kommunikation auf wenige Botschaften. Auch die wettbewerbsstrategischen Überlegungen Porters gehen von der Notwendigkeit einer eindeutigen Strategiefokussierung für die Erlangung klarer Wettbewerbsvorteile aus. Daher ist zu vermuten, dass ein Unternehmen, das die Etablierung einer Händlermarke anstrebt, eine Fokussierung seines Instrumente-Einsatzes vornimmt, u.a. um dem Konsumenten seine Positionierung bzw. seinen Wettbewerbsvorteil leichter kommunizieren zu können.[1499]

$T_{UZ\text{-}Fok}$: *Je wichtiger ein Handelsunternehmen die Etablierung des Unternehmens als Marke ansieht, desto stärker fokussiert es den Einsatz seiner Marketinginstrumente.*

Gleichzeitig wurde die „Konsistenz" des Marketinginstrumente-Einsatzes als Voraussetzung für die Etablierung einer starken Marke beschrieben. Die Vermittlung einer klaren Markenidentität verlangt eine Abstimmung aller Marketinginstrumente auf diese Identität. Es ist davon auszugehen, dass die Zielsetzung einer starken Händlermarke auch dazu führt, sich stärker mit der angestrebten Positionierung (im wettbewerbsstrategischen Sinne) zu beschäftigen und die Instrumente auf diese gemeinsame Zielsetzung abzustimmen, sie also stärker „integriert" an den Leitlinien der Marke auszurichten.

$T_{UZ\text{-}Fit}$: *Je wichtiger ein Handelsunternehmen die Etablierung des Unternehmens als Marke ansieht, desto stärker stimmt es seine Marketinginstrumente aufeinander ab.*

[1499] Vgl. z.B. Esch, Franz-Rudolf: Markenpositionierung als Grundlage der Markenführung, in: Esch, Franz-Rudolf (Hrsg.): Moderne Markenführung, 2. Aufl., (Gabler) Wiesbaden 2000, S. 235-265, S. 238.

ii. Einzelinstrumente

Einzelnen Instrumenten wird in der Literatur eine besondere Relevanz für die Markenbildung eines Handelsunternehmens beigemessen. Dabei wurden vorne die Auswirkungen bestimmter Instrumente auf den Markenwert bzw. einzelne Dimensionen des Markenwerts analysiert und die Bedeutung der jeweiligen Instrumente betrachtet. Insbesondere der Handelsmarkenpolitik, einer EDLP-Politik, dem Anbieten von Garantien und der Image-Werbung werden hierbei in der Literatur das Potenzial zugesprochen, positiv auf die Händlermarke zu wirken. Gleichzeitig wird postuliert, dass diese Instrumente auch aus Unternehmenssicht für die entsprechende Zielsetzung geeignet sind und daher in Abhängigkeit von einer bestimmten Zielsetzung eingesetzt werden:

T_{UZ-I1}: *Je ausgeprägter das Ziel der Differenzierung bei einem Handelsunternehmen ist, desto höher ist der realisierte Handelsmarkenanteil.*

T_{UZ-I2}: *Unternehmen, die der Vertrauensbildung beim Konsumenten eine hohe Bedeutung zumessen, tendieren deutlicher zu einer EDLP-Politik, also dazu, ihre Preise langfristig konstant zu halten, als andere.*

T_{UZ-I3}: *Unternehmen, die der Vertrauensbildung beim Konsumenten eine hohe Bedeutung zumessen, setzen intensiver als andere Garantien als Marketinginstrument ein.*

T_{UZ-I4}: *Unternehmen, die der Stärkung ihrer Händlermarke eine hohe Bedeutung zumessen, setzen in höherem Maße Image-Werbung ein als andere.*

d) Thesen zur Wirkung der Gestaltung der Handelsmarketinginstrumente auf den Erfolg

i. Einzelinstrumente

Die Nutzung der oben genannten Marketinginstrumente ist nicht Selbstzweck. Es wurde postuliert, dass eine entsprechende Zielsetzung, nämlich die Profilierung der Händlermarke oder die Stärkung einzelner Dimensionen davon, mit dem stärkeren Einsatz der entsprechenden Marketinginstrumente einher geht. Gleichzeitig wird jedoch auch eine Erfolgsrelevanz dieser Instrumente vermutet, d.h. die Instrumente werden nicht nur bei Anstreben bestimmter Ziele eingesetzt, sondern sie tragen auch tatsächlich zur Erreichung der Unternehmensziele - psychographischer und/oder ökonomischer Natur - bei. Daher werden folgende Thesen formuliert:

T_{UI-E1}: *Ein höherer Handelsmarkenanteil führt zu einem höheren Erfolg des Handelsunternehmens.*

T_{UI-E2}: *Eine stärker auf Preiskonstanz ausgerichtete Preispolitik führt zu einem höheren Erfolg des Handelsunternehmens.*

T_{UI-E3}:   **Ein intensiverer Einsatz von Kundengarantien führt zu einem höheren Erfolg des Handelsunternehmens.**

Bezüglich der Image-Werbung wurde verdeutlicht, dass Image-Werbung zur Kommunikation der Wettbewerbsvorteile zum Kunden hilfreich ist und damit auf den psychographischen Erfolg des Unternehmens wirkt. In der Mehrzahl der Fälle wird in der Literatur reine Preiswerbung als ungeeignet für die Profilierung angesehen; Ausnahmen bilden die Discounter, bei denen die Wettbewerbsvorteile im Wesentlichen im Preisvorteil liegen. Auch Vorteile der Preiswerbung wurden jedoch aufgezeigt. Daher ist unter Umständen auch ein zu hoher Anteil an Image-Werbung schädlich, der das Preisimage einer Einkaufsstätte stört. Im derzeit empirisch relevanten Teil der Beziehung ist jedoch davon auszugehen, dass sich der Lebensmitteleinzelhandel bei einer Ausprägung der Image-Werbung befindet, bei der ein höheres Maß positiv wirkt.[1500] Daher soll nur folgende These empirisch überprüft werden:

T_{UI-E4}:   **Ein stärkerer Einsatz von Image-Werbung führt zu einem höheren Erfolg des Handelsunternehmens.**

ii.   Instrumenteübergreifend

Letztlich sind die oben betrachteten Instrumente jedoch nur Einzelinstrumente. Hinter den Überlegungen des Marketingmix und des strategischen Fit des Marketinginstrumente-Einsatzes steht, dass nur ein „integriertes Marketing" zum Erfolg führen kann. Als eine Leitlinie für ein solches integriertes Marketing kann dabei aus Unternehmenssicht die klare Wettbewerbsstrategie der Händlermarke gesehen werden. Diese kommt in der Zuordnung der Unternehmen zu Strategischen Gruppen zum Ausdruck, die durch bestimmte Kombinationen von wettbewerbsstrategischen Basisdimensionen und - vermutlich daraus folgend, wie vorne postuliert wurde - Marketinginstrumenten gekennzeichnet sind. Damit ist auch davon auszugehen, dass zwischen unterschiedlichen Merkmalskombinationen Unterschiede im Erfolg bestehen. Als These wird formuliert:

T_{UWS-E}:   **Zwischen den einzelnen Strategischen Gruppen im Einzelhandel bestehen signifikante Unterschiede im Erfolg.**

Damit verbunden ist auch die Frage der Erfolgsrelevanz der Fokussierung der Marketingpolitik. Einerseits wurde bereits dargestellt, dass die Fokussierung des Marketinginstrumente-Einsatzes sich vermutlich in den einzelnen Strategischen Gruppen unterscheidet. Zudem ist eine der grundsätzlichen Porter-Hypothesen, dass eine Position „zwischen den Stühlen" weniger erfolgreich ist als eine auf einen einzigen Wettbewerbsvor-

---

[1500] Sich also, grafisch gesprochen, im steigenden Ast einer umgekehrten U-Kurve befindet.

teil fokussierte Strategie.[1501] Es gelingt in einer Reihe von empirischen Studien, auch im Einzelhandel, diese Hypothese zu belegen.[1502]

In der vorliegenden Untersuchung wird davon ausgegangen, dass die Wettbewerbsstrategien differenzierter zu betrachten sind als in der Porter'schen Dichotomie vermutet. Gleichzeitig wird jedoch die Fokussierung auf wenige Wettbewerbsvorteile als grundsätzlich erfolgswirksam erachtet. Daher wird für die vorliegende Untersuchung von der These ausgegangen:

$T_{UFok\text{-}E}$:   *Eine stärkere Fokussierung des Marketinginstrumenteeinsatzes eines Einzelhandelsunternehmens führt zu einem höheren Erfolg.*

Eine der Kernthesen der vorliegenden Untersuchung ist die Notwendigkeit einer integrierten Betrachtung aller Marketinginstrumente eines Handelsunternehmens, um am Markt erfolgreich zu agieren und insbesondere, um erfolgreich eine Händlermarke aufzubauen. Die Erfolgswirksamkeit der Integration des Handelsmarketing wird dabei implizit in den meisten Betrachtungen zur Markenpolitik vorausgesetzt und wurde vorne ausführlich begründet. Daher soll hier die folgende These empirisch überprüft werden:

$T_{UFit\text{-}E}$:   *Eine stärkere Abstimmung des Handelsmarketingmix führt für Einzelhändler zu einem höheren Erfolg.*

3. Hypothesen zur nachfrageorientierten Perspektive

a) Hypothesen zu der Wahrnehmung der Marketinginstrumente

Fast alle theoretischen Betrachtungen der Beurteilung eines Objektes gehen davon aus, dass sich diese Beurteilung auf Teilurteile bezüglich einzelner Eigenschaften stützt, die in unterschiedlicher Art und Weise - je nach theoretischem Konzept - zu einem Gesamturteil kombiniert werden. Gleichzeitig ist jedoch auch die Entscheidungsvereinfachung der Konsumenten zu beachten, die bei den einfachen Beurteilungsprogrammen die Wirkung hat, dass Konsumenten nicht in der Lage sind, einzelne, „objektiv" unterschiedliche Eigenschaften eines Objekts auch wirklich unabhängig voneinander zu beurteilen, sondern dass Konsumenten vielmehr z.B. Schlüsselinformationen heranziehen und auch Irradiationseffekte auftreten - insgesamt also die Beurteilung der einzelnen Eigenschaften korreliert. Dabei wird - z.B. der Schematheorie zufolge - eine Reihe von Attributen

---

[1501] Vgl. Porter, Michael: Wettbewerbsstrategie, 10. Aufl., (Campus) Frankfurt a.M. 1999, S. 78-82.

[1502] Siehe dazu z.B. Anderer, Michael: Internationalisierung im Einzelhandel, (dfv) Frankfurt a.M. 1997, S. 218, S. 302; Patt, Paul-Josef: Strategische Erfolgsfaktoren im Einzelhandel, 2. Aufl., (Lang) Frankfurt a.M 1990, S. 148-152, S. 59f.; Gröppel-Klein, Andrea: Wettbewerbsstrategien im Einzelhandel, (DUV) Wiesbaden 1998, S. 95.
Andererseits wurde die Erfolgshypothese von Porter nicht in allen empirischen Studien bestätigt; vgl. Fleck, Andree: Hybride Wettbewerbsstrategien, (DUV) Wiesbaden 1995, S. 30-39.

enger miteinander verknüpft gesehen als andere. Die Beziehungen zwischen diesen Attributen wird daher als stärker angenommen, auch in Bezug auf Ausstrahlungseffekte. In Anlehnung an Hildebrandt und Mazursky/Jacoby[1503] kann man davon ausgehen, dass sich die wahrgenommenen Einzeleigenschaften zu Komponenten bündeln lassen. Auch Rudolph kann zentrale Dimensionen der „Verkaufsstellenperzeption" nachweisen,[1504] so dass eine Reihe empirischer Belege für die Existenz zentraler Beurteilungsdimensionen spricht. Eine vollständige Unabhängigkeit der Dimensionen ist dabei jedoch nicht zu vermuten. Daher wird die Hypothese aufgestellt:

H_{B1}: **Es lassen sich zentrale Dimensionen der Gesamtbeurteilung eines Handelsunternehmens identifizieren, die nicht unabhängig voneinander sind, d.h. die Beurteilung lässt sich auf grundsätzliche Wahrnehmungsdimensionen der Handelsleistung zurückführen.**

Wie beschrieben, resultiert die Wahrnehmung in einer Gesamtbeurteilung der Händlermarke, der „wahrgenommenen Qualität".[1505] Untersuchungen zum Handelsmarketing haben bislang recht einheitlich belegt, dass Konsumenten einzelnen Ladeneigenschaften für ihre Gesamtbeurteilung eine unterschiedliche Bedeutung zumessen.[1506] Dabei wird bereits in den Gewichtungsmodellen unter den Multiattribut-Modellen angenommen, dass die Beurteilung eines Objekts vermutlich nicht von allen Attributen gleichermaßen abhängt, sondern einzelne Attribute stärker auf die Beurteilung wirken als andere. Als Hypothese wird daher formuliert:

H_{B2}: **Die Beurteilung eines Handelsunternehmens wird nicht durch alle Marketinginstrumente gleichermaßen beeinflusst bzw. geprägt.**

Dabei ist zu unterscheiden zwischen der Bedeutung eines Instruments für die Beurteilung einer Händlermarke und der Bedeutung eines Instruments für die Profilierung dieser Händlermarke, d.h. der Diskriminierungskraft, die ein Instrument bezüglich einer möglichen Abgrenzung von der Konkurrenz hat. So ist z.B. denkbar, dass zwar die Qualität als wichtig für die Gesamtbeurteilung der Handelsunternehmen angesehen wird,

---

[1503] Vgl. Hildebrandt, Lutz: Store image and the prediction of performance in retailing, in: JBR, 17. Jg., 1988, S. 91-100, S. 95-99; Mazursky, David; Jacoby, Jack: Exploring the development of store images, in: JoR, 62. Jg., 1986, Nr. 2, S. 145-165.

[1504] Vgl. Rudolph, Thomas: Positionierungs- und Profilierungsstrategien im Europäischen Einzelhandel, (Verlag Thexis) St. Gallen 1993, S. 204-210.

[1505] Kroeber-Riel, Werner; Weinberg, Peter: Konsumentenverhalten, 7. Aufl., (Vahlen) München 1999, S. 275.

[1506] Vgl. z.B. Perry, Michael; Norton, Nancy: Dimensions of store image, in: Southern Journal of Business, 5. Jg., 1970, Nr. 2, S. 1-7; Hansen, Robert; Deutscher, Terry: An empirical investigation of attribute importance in retail store selection, in: JoR, 53. Jg., 1977/78, Nr. 4, S. 59-72; Gentry, James; Burns, Alvin: How important are evaluative criteria in shopping center patronage?, in: JoR, 53. Jg., 1977, Nr. 3, S. 73-86; Osman, Zain: A conceptual model of retail image influences on loyalty patronage behaviour, in: IRRDCR, 3. Jg., 1993, Nr. 2, S. 133-148, S. 140.

dass sie aber nicht mehr als diskriminierendes Merkmal zwischen den Händlermarken auftritt.[1507]

Vor dem Hintergrund der Zielsetzung einer klaren Profilierung bietet es sich an, die Marketinginstrumente zur Analyse der Unterschiede zwischen den Handelsunternehmen heranzuziehen. Diesbezüglich dürfte die Beschreibung der Trennschärfe zwischen den einzelnen Händlermarken wesentlich zur empirischen Erklärung der Profilierung dieser Unternehmen beitragen, so dass sich die Marketinginstrumente auch zur Beschreibung von Profilierungsdimensionen heranziehen ließen. Dabei liegt die Vermutung nahe, dass nicht alle Instrumente gleichermaßen die Trennung der Unternehmen erklären. Daraus lässt sich - in Anlehnung an Heinemann[1508] - unmittelbar die folgende Hypothese formulieren:

H_{B3}: *Es lassen sich zentrale Profilierungsinstrumente identifizieren, die zwischen den einzelnen Händlermarken diskriminieren, d.h. die Marketinginstrumente liefern jeweils unterschiedlich hohe Erklärungsbeiträge für die Trennung der Händlermarken.*

Neben der Beurteilung und der in die Beurteilung einfliessenden Marketinginstrumente sind, wie vorne dargestellt, noch andere Dimensionen der Wahrnehmung zu beachten, nämlich der wahrgenommene Fit, die wahrgenommene Fokussierung des Marketingmix und die wahrgenommene Marktpräsenz. Damit geht die vorliegende Untersuchung von vier Dimensionen der subjektiven Wahrnehmung der Handelsmarketinginstrumente aus, zwischen denen aber keine vollständige Unabhängigkeit erwartet wird.

So wird ein Zusammenhang zwischen Fit und Beurteilung vermutet. Die vorne dargestellte Theorie des kognitiven Gleichgewichts geht davon aus, dass Konsumenten solche Objekte positiver beurteilen, bei denen ihr kognitives Gleichgewicht nicht gestört wird, deren einzelne Komponenten also „konsonant" zueinander sind.[1509] Auch eine Reihe der anderen dargestellten Theorien geht davon aus, dass in sich stimmige, aufeinander abgestimmte Konzepte generell positiver wahrgenommen werden. So postuliert die Schema-Theorie, dass die Aufnahme neuer Informationen (z.B. beim Besuch eines Handelsunternehmens) erst durch den Abgleich mit vorhandenen Informationen verarbeitet wird und die „Färbung der Wahrnehmung" dadurch beeinflusst wird.[1510] Da der Konsument

---

[1507] So weisen z.B. Kroeber-Riel/Weinberg darauf hin, dass auf gesättigten Märkten die sachliche Produktqualität zu einer Selbstverständlichkeit geworden ist; vgl. Kroeber-Riel, Werner; Weinberg, Peter: Konsumentenverhalten, 7. Aufl., (Vahlen) München 1999, S. 125.

[1508] Vgl. Heinemann, Gerrit: Betriebstypenprofilierung und Erlebnishandel, (Gabler) Wiesbaden 1989 1989, S. 67.

[1509] Vgl. Festinger, Leon: Theorie der kognitiven Dissonanz, (Huber) Bern u.a. 1978, S. 16, Raffée, Hans; Sauter, Bernhard, Silberer, Günter: Theorie der kognitiven Dissonanz und Konsumgüter-Marketing, (Gabler) Wiesbaden 1973, S. 14.

[1510] Vgl. z.B. Meyers-Levy, Joan; Tybout, Alice: Schema Congruity as a Basis for Product Evaluation, in: JCR, 16. Jg., 1989, Nr. 6, S. 39-54.

danach strebt, seine Einstellungen harmonisch zueinander zu gestalten, kann man davon ausgehen, dass ein Marketingmix, der in den Augen der Konsumenten „zueinander passt" auch zu einer positiveren Beurteilung führt.

Eine erste empirische Bestätigung dieser Vermutung ergibt eine Untersuchung, die Morschett bei Konsumenten zweier Filialen des gleichen Handelsunternehmens vorgenommen hat und die eine hohe und signifikante Korrelation zwischen dem wahrgenommenen Fit und der Beurteilung der Handelsmarketinginstrumente ergab.[1511] Daher wird als Hypothese formuliert:

$H_{WÜ1}$: *Mit einer Steigerung des durch die Konsumenten wahrgenommenen Fit der Handelsmarketinginstrumente geht eine Verbesserung der Beurteilung des Handelsmarketingmix durch die Konsumenten einher.*

Je fokussierter die Strategie eines Handelsunternehmen ist, desto leichter ist es für das Unternehmen, alle Marketingmix-Elemente auf die gleiche Botschaft auszurichten. Eine höhere Komplexität des Marketing durch einen geringen Fokus erschwert eine passende Ausrichtung eines Marketingmix. Daher wird postuliert:

$H_{WÜ2}$: *Die Konsumenten nehmen einen besseren Fit der Marketinginstrumente bei den Unternehmen wahr, bei denen sie auch die Fokussierung der Marketinginstrumente als höher empfinden.*

Da es schwierig ist, glaubwürdig zu vermitteln, dass man in allen Handelsmarketinginstrumenten der Konkurrenz überlegen ist, gleichzeitig aber die Überlegenheit bei (einzelnen) Handelsmarketinginstrumenten notwendig ist für eine positive Beurteilung beim Konsumenten,[1512] kann man davon ausgehen, dass die Konsumenten bei einer fokussierten Strategie eher davon ausgehen, dass sie bezüglich einzelner Elemente überlegen ist. Daher wird hier eine positive Beziehung zwischen Fokussierung und Beurteilung angenommen und - in Anlehnung an eine entsprechende Hypothese von Gröppel-Klein[1513] - als Hypothese formuliert:

$H_{WÜ3}$: *Als je fokussierter der Einsatz der Handelsmarketinginstrumente wahrgenommen wird, desto besser ist auch die Beurteilung des Handelsunternehmens durch die Konsumenten.*

[1511] Siehe Tabelle 4.

[1512] Siehe zu dieser Überlegung z.B. Woodside, Arch; Thelen, Eva: Accessing memory and customer choice: benefit-to-store (brand) retrieval models that predict purchase, in: MR, 24. Jg., 1996, Nr. 11, S. 260-267.

[1513] Vgl. Gröppel-Klein, Andrea: Wettbewerbsstrategien im Einzelhandel, (DUV) Wiesbaden 1998, S. 74. Gröppel-Klein vergleicht „konsequent" eingesetzte Wettbewerbsstrategien mit solchen „zwischen den Stühlen" im Porter'schen Sinne.

In Abschnitt C.II.5. des Dritten Kapitels wurde dargestellt, dass Menschen auf ein Objekt um so positiver reagieren, je häufiger sie mit diesem Objekt konfrontiert werden. Dieser Effekt bewirkt also eine positivere Wahrnehmung häufig gesehener Objekte.[1514] Aus dieser These kann man schließen, dass die wahrgenommene Marktpräsenz, die mit der Häufigkeit der Konfrontation eines Konsumenten mit dem Objekt Handelsunternehmen eng zusammenhängt, die Beurteilung des Handelsunternehmens beeinflusst.[1515] Daher wird formuliert:

$H_{WÜ4}$:   *Die Beurteilung eines Handelsunternehmens bei den Konsumenten ist um so besser, als je höher die Marktpräsenz wahrgenommen wird.*

b) Hypothesen zur Wirkung der Einkaufsmotive auf die Wahrnehmung der Marketinginstrumente

Wie vorne aufgezeigt, zeigen eine Reihe von Studien die Bedeutung der Einkaufsmotive für das Verhalten am PoS und die Einstellung ggü. der Einkaufsstätte auf.[1516] Gleichzeitig lassen diese Untersuchungen auch die Vermutung zu, dass sich in Abhängigkeit unterschiedlich ausgeprägter Einkaufsmotive auch unterschiedliche Ansprüche und Erwartungen an den Einkaufsort einstellen.

Osman postuliert auf der Basis einer Meta-Analyse bisheriger Segmentierungsstudien, dass die Beurteilung eines Ladens aus Kundensicht von den Einkaufsmotiven beeinflusst wird.[1517] Unter anderem zeigen einige Studien auf, dass die „Shopping orientation", also die Einkaufsmotive der Konsumenten, einen Einfluss auf das wahrgenommene Image oder die Beurteilung eines Ladens haben.[1518]

Auch Rudolph argumentiert, dass einzelne Dimensionen der Verkaufsstellenwahrnehmung von den Erwartungen der Kunden an die Einkaufsstätte beeinflusst werden.[1519]

[1514] Vgl. z.B. Zajonc, Robert: Attitudinal effects of mere exposure, in: Journal of Personality and Social Psychology, 9. Jg., 1968, Monograph Supplement, S. 1-27; Hoyer, Wayne; Brown, Steven: Effects of Brand Awareness for a Common, Repeat-Purchase Product, in: JCR, 17. Jg., 1990, Nr. 9, S. 141-148.

[1515] Siehe auch Aaker, David: Management des Markenwerts, (Campus) Frankfurt-New York 1992, S. 87; Kroeber-Riel, Werner; Esch, Franz-Rudolf: Strategie und Technik der Werbung, 5. Aufl., (Kohlhammer) Stuttgart u.a. 2000, S. 152.

[1516] Vgl. v.a. Abschnitt C.VI.2. des Dritten Kapitels.

[1517] Vgl. Osman, Zain: A conceptual model of retail image influences on loyalty patronage behaviour, in: IRRDCR, 3. Jg., 1993, Nr. 2, S. 133-148, S. 142.

[1518] Vgl. z.B. Mason, Barry; Durand, Richard; Taylor, James: Retail patronage: a causal analysis of antecedent factors, in: Darden, William; Lusch, Robert (Hrsg.): Patronage Behavior and Retail Management, (North-Holland) New York 1983, S. 339-351; Lumpkin, James: Shopping orientation segmentation of the elderly consumer, in: JAMS, 13. Jg., 1985, Spring, S. 271-289; Gröppel-Klein, Andrea: Wettbewerbsstrategien im Einzelhandel, (DUV) Wiesbaden 1998, S. 113-115.

[1519] Vgl. Rudolph, Thomas: Positionierungs- und Profilierungsstrategien im Europäischen Einzelhandel, (Verlag Thexis AG) St. Gallen 1993, S. 203.

Vor diesem Hintergrund kann eine enge Beziehung zwischen den Einkaufsmotiven und der Wahrnehmung der Marketinginstrumente vermutet werden. Daher soll hier postuliert werden:

H_{MO-W}:   *Die Einkaufsmotive der Konsumenten beeinflussen die Wahrnehmung der Handelsleistung.*

c)   Hypothesen zum Markenwert

Eine Reihe von Modellen zur Erfassung des Markenwerts geht für das Konstrukt von einer zweidimensionalen Struktur aus, die sich aus der Markenbekanntheit und dem „Image", d.h. dem Markenschema, das aber in einer ganzheitlichen Wertschätzung für die Marke resultieren soll, zusammensetzt, wie vorne insbesondere bei der Darstellung des Ansatzes von Keller gezeigt wurde.[1520] Auch für den Wert einer Händlermarke wird in der Literatur von einer solchen Zweiteilung ausgegangen.[1521] Dabei wurde diese Vermutung - zumindest für den Handel - bisher nicht empirisch getestet. Daher soll hier - auf Grund der fehlenden empirischen Forschungsergebnisse ohne die Festlegung auf eine feste Zahl von Basisdimensionen - als Hypothese formuliert werden:

H_{MW}:   *Es lassen sich zentrale Dimensionen des konsumentenorientierten Markenwerts eines Handelsunternehmens identifizieren.*

d)   Hypothesen zur Wirkung der Einkaufsmotive auf den Markenwert

Wie bereits in Abschnitt C.VI. des Dritten Kapitels dargestellt, basieren Kunden ihre Wahrnehmung, ihre Beurteilung und schließlich ihre Einstellung auf unterschiedlichen Prädispositionen. Diese Prädispositionen beziehen sich beispielsweise auf die dem Einkauf zu Grunde liegenden Bedürfnisse, die gleichzeitig die Einstellung zu einem Handelsunternehmen bzw. einer Händlermarke beeinflussen. In Anlehnung an Gröppel-Klein, die aufzeigt, dass der Eignungsgrad von Einkaufsmotiven abhängt und unterschiedliche Betriebstypen unterschiedliche Bedürfnisse ansprechen, kann man auch davon ausgehen, dass die Einschätzung einzelner Händlermarken von den Erwartungen der Konsumenten an die jeweiligen Händlermarken geprägt wird und damit auch unterschiedliche Kriterien für die Einschätzung herangezogen werden.[1522] Damit ist davon

---

[1520] Siehe u.a. Abschnitt A.IV.2. des Zweiten Kapitels.

[1521] Vgl. z.B. Esch, Franz-Rudolf; Levermann, Thomas: Handelsunternehmen als Marken, in: Trommsdorff, Volker (Hrsg.): Handelsforschung 1993/94, (Gabler) Wiesbaden 1993, S. 79-102, S. 88; Morschett, Dirk: Store Branding as a Goal of Strategic Retail Marketing, in: Cliquet, Gérard; Zentes, Joachim (Hrsg.): Retailing and Distribution in Europe, Proceedings, The third AFM French-German Conference, St. Malo 2000, o.S.

[1522] Vgl. Gröppel-Klein, Andrea: Wettbewerbsstrategien im Einzelhandel, (DUV) Wiesbaden 1998, S. 113-115.

auszugehen, dass auch der Wert der Händlermarke als Einstellungskonstrukt von den Einkaufsmotiven beeinflusst wird. Als Hypothese wird formuliert:

H_{MO-MW}: *Der Markenwert eines Einzelhändlers ist abhängig von der Relevanz unterschiedlicher Einkaufsmotive, d.h. unterschiedliche Kundensegmente bewerten Händlermarken signifikant unterschiedlich.*

e) **Hypothesen zur Wirkung der Wahrnehmung der Instrumente auf den Markenwert**

Die Markenstärke eines Handelsunternehmens wird - wie vorne dargestellt - vom Handelsmarketing (konkreter von der subjektiven Wahrnehmung des Marketing des Unternehmens durch den Konsumenten) beeinflusst, da die Wahrnehmung der Marketinginstrumente durch den Konsumenten der erste Schritt in der Kette der Informationsaufnahme und -verarbeitung ist. Dabei wurden vorne bestimmte Dimensionen der Wahrnehmung angenommen, nämlich die Beurteilung des Handelsunternehmens, der wahrgenommene Fit, die wahrgenommene Fokussierung und die wahrgenommene Marktpräsenz.

Die Beurteilung eines Objekts wird in engem Zusammenhang mit der Bildung des Markenwerts gesehen. Eine bessere (kognitive) Beurteilung eines Handelsunternehmens sollte auch die Wertschätzung, die ein Konsument dem Handelsunternehmen entgegenbringt, erhöhen. Bekmeier-Feuerhahn formuliert und bestätigt für Konsumgüter die Hypothese, dass je positiver der Konsument ein Produkt beurteilt, desto größer ist seine Markenstärke ausgeprägt.[1523]

In der bereits erwähnten Untersuchung von Morschett ergab sich eine deutliche Beziehung zwischen der Beurteilung des Handelsmarketing durch den einzelnen Konsumenten und dem Markenwert des Handelsunternehmens.[1524] Daher wird postuliert:

H_{B-MW}: *Die Beurteilung der Handelsmarketinginstrumente eines Unternehmens hat einen positiven Einfluss auf seinen Markenwert.*

Festingers Theorie der kognitiven Dissonanz, die Theorie des kognitiven Gleichgewichts und ähnlich auch die Schema-Theorie besagen, dass ein in sich stimmiges Objekt, dessen einzelne Attribute zueinander in einer konsonanten Beziehung stehen, festere Erwartungen erzeugt und ein festeres Gedächtnisbild bringt. Informationen, die stimmig sind, werden positiver wahrgenommen und die Erfüllung von Erwartungen, die ein

---

[1523] Vgl. Bekmeier-Feuerhahn, Sigrid: Marktorientierte Markenbewertung, (DUV) Wiesbaden 1998, S. 133, 153-155.
[1524] Siehe Tabelle 4.

Teil des Fit-Konzepts darstellt, reduziert das wahrgenommene Kaufrisiko für den Konsumenten und erhöht damit gleichzeitig sein Vertrauen in eine Marke.[1525]

In der Literatur wird allgemein die Bedeutung einer Integration für die Marke hervorgehoben, da zur Erzielung einer starken Marke die Konsistenz des Marketing von hoher Bedeutung ist. Als Konsequenz der Bedeutung der Kongruenz für die Marke, die er im vorne erläuterten Vektormodell darstellt, schließt z.b. Wiswede, dass der Konsument eine Marke nach der Stimmigkeit der in ihr enthaltenen Einzelfaktoren einstuft.[1526] Eine Reihe von Untersuchungen unterstützt dabei die Vermutung, dass zwischen der wahrgenommenen Integration des Handelsmarketing und dem Markenwert des Handelsunternehmens ein positiver Zusammenhang besteht. In der bereits erwähnten Untersuchung von Morschett war der Zusammenhang zwischen dem wahrgenommenen Fit des Handelsmarketing und dem Markenwert enger als zwischen der Beurteilung der einzelnen Handelsmarketinginstrumente und dem Markenwert.[1527] Daher wird eine positive Beziehung zwischen Fit und Markenwert vermutet:

H_{Fit-MW}: *Der wahrgenommene Fit der Handelsmarketinginstrumente durch einen Konsumenten hat einen positiven Einfluss auf den Markenwert.*

Eine stärkere Fokussierung der Handelsmarketing-Strategie kommt dem Bestreben des Konsumenten nach kognitiver Entlastung entgegen. Oftmals wird postuliert, dass die Konsumenten ihren Eindruck von einem Objekt auf relativ wenigen Eigenschaften basieren. Eine stärkere Fokussierung erleichtert es dabei dem Konsumenten, die Unterschiede in den Marketinginstrumenten, auf die ein Unternehmen sich fokussiert, zu verarbeiten und zu erinnern. Schema-theoretisch gesehen, führt eine Fokussierung auf wenige Assoziationen zu einer Stärkung der Assoziationskanten.

Auch ist die Glaubwürdigkeit bei Unternehmen, die „nur" behaupten, bei einigen wenigen Marketinginstrumenten führend zu sein, höher als bei denjenigen, die sich überall als führend behaupten. Somit wirkt eine („eingestandene") Fokussierung auf die Vertrauenswürdigkeit einer Händlermarke. Insgesamt wird eine positive Wirkung der wahrgenommenen Fokussierung auf den Markenwert erwartet:

H_{Fok-MW}: *Die wahrgenommene Fokussierung der Handelsmarketinginstrumente eines Unternehmens hat einen positiven Einfluss auf den Markenwert.*

[1525] Vgl. u.a. Dacin, Peter; Smith, Daniel: Einfluss des Produktportfolios auf die Markenstärke, in: Esch, Franz-Rudolf (Hrsg.): Moderne Markenführung, 2. Aufl., (Gabler) Wiesbaden 2000, S. 779-797, S. 786f.

[1526] Vgl. Wiswede, Günter: Die Psychologie des Markenartikels, in: Dichtl, Erwin; Eggers, Walter (Hrsg.): Marke und Markenartikel, (dtv) München 1992, S. 71-95, S. 76.

[1527] Siehe Tabelle 4.

Die Bekanntheit einer Marke wird - als lerntheoretisches Konstrukt - u.a. durch die Anzahl der Wiederholungen beeinflusst. Neben den Wiederholungen, die sich durch die indirekte Erfahrung durch Medien, also die Werbung, ergeben, sind es auch die Begegnungen mit dem Objekt in der realen Welt, die den Lernerfolg beeinflussen. Gleichzeitig führt eine hohe wahrgenommene Marktpräsenz auch zum Vertrauen in das Unternehmen, da diese auf die Solidität und das Engagement des betreffenden Unternehmens hinweist.[1528] Somit wirkt die Markenbekanntheit auch positiv im Sinne der Vertrauens- oder Sicherheitsfunktion einer Marke. Kroeber-Riel/Esch zeigen auf, dass die mehrfache Wiederholung (und das Wiedererkennen eines Objekts) bereits Sympathie erzeugt, die als wichtiges Element des Markenwerts gesehen wird.[1529] Die Wirkung der Präsenz ist damit nicht nur eindimensional, sondern auch in der Bewertung der einem Individuum bekannten Marken zu sehen. Marken, die eine höhere Aktualität haben, werden auch besser bewertet; die Markenaktualität beeinflusst also die Einstellung positiv.[1530] Damit kann als Hypothese formuliert werden:

H_{MP-MW}: *Die Wahrnehmung einer höheren Marktpräsenz eines Unternehmens hat einen positiven Einfluss auf den Markenwert.*

f) **Hypothesen zur Wirkung der Ausprägung einzelner Handelsmarketinginstrumente auf den Markenwert**

Obwohl eine Grundüberlegung in der vorliegenden Arbeit ist, dass die Integration aller Marketinginstrumente zum Aufbau einer starken Händlermarke notwendig ist, wurde vorne gezeigt, dass einigen Instrumenten ein besonderer Einfluss zugesprochen wird. Diese häufig postulierten Beziehungen sollen hier einer empirischen Überprüfung unterzogen werden.

Wie vorne dargestellt, werden, u.a. auf Grund des oft ähnlichen Sortiments, von den Konsumenten oft keine deutlichen Unterschiede zwischen den einzelnen Handelsunternehmen wahrgenommen. Unterschiede zwischen den Unternehmen im Sinne einer Diskriminierungsfähigkeit sind aber notwendig, um einzelnen Stimuli (hier den Handelsunternehmen) überhaupt Eigenschaften zuordnen zu können, Markentreue zu ihnen aufbauen zu können und sie im Gedächtnis verankern zu können. Abgrenzung bzw. Nicht-Austauschbarkeit sind zentrale Ziele der Markenpolitik eines Unternehmens. Eine maßgebliche Leistung eines Handelsunternehmens ist die Sortimentsgestaltung. Handelsmarken, also (vereinfacht gesagt) Produktmarken, die nur bei einem einzelnen Handels-

---

[1528] Vgl. die Ausführungen von Aaker, David: Management des Markenwerts, (Campus) Frankfurt-New York 1992, S. 87.

[1529] Vgl. Kroeber-Riel, Werner; Esch, Franz-Rudolf: Strategie und Technik der Werbung, 5. Aufl., (Kohlhammer) Stuttgart u.a. 2000, S. 152.

[1530] Siehe Abschnitt C.II.5. des Dritten Kapitels.

unternehmen verfügbar sind,[1531] stellen dabei eine Möglichkeit dar, die Leistung eines Handelsunternehmens von der der Konkurrenz abzugrenzen. Handelsmarken werden in der Handelsmarketing-Literatur allgemein als sehr gutes und wirkungsvolles Profilierungsinstrument angesehen.[1532] Daher wird die Hypothese formuliert:

$H_{I\text{-}MW1}$:   ***Je höher der Handelsmarkenanteil ist, den Konsumenten bei einem Handelsunternehmen wahrnehmen, desto höher ist der Händlermarkenwert.***

Wie bereits vorne ausführlich diskutiert, stehen einem Handelsunternehmen im Rahmen der Markenpolitik eine Vielzahl von Instrumenten zur Verfügung, um sich als Marke zu etablieren und um eine klare „Positionierung" zu erreichen. Oftmals ist jedoch die Kommunikationspolitik von Handelsunternehmen sehr einseitig auf die Preispolitik des Unternehmens ausgerichtet. Wenn jedoch die Profilierung von Handelsunternehmen und die Abgrenzung von der Konkurrenz in vielen Fällen durch andere Instrumente erreicht werden müssen, so ist es notwendig, diese auch zu kommunizieren. Die Kommunikation dieser Wettbewerbsvorteile hin zum Kunden bringt eine Verstärkung der Wirkung mit sich. Bei einer Werbung, die nicht nur preisliche Vorteile für den Kunden präsentiert, sondern auch andere Elemente bzw. Nutzenwerte kommuniziert, wird hier von „Image-Werbung" gesprochen. Es wird ein positiver Effekt dieser Image-Werbung auf den Markenwert angenommen und formuliert:[1533]

$H_{I\text{-}MW2}$:   ***Je mehr Image-Werbung Konsumenten von einer Händlermarke wahrnehmen, desto höher ist ihr Markenwert.***

Wie vorne dargestellt, ergeben sich bei der Preispolitik eines Handelsunternehmens grundsätzlich zwei Möglichkeiten: Konstante Preise oder eine Preispolitik mit häufig wechselnden Preisen. Das Erfüllen von Erwartungen des Kunden bringt jedoch eine positive Einstellung zum Unternehmen mit sich und festigt die zukünftigen Erwartungen an das Unternehmen. Das konstante Erfüllen von Erwartungen, u.a. durch Konstanz in der Preispolitik, bringt ein erhöhtes Vertrauen in die Leistung des Unternehmens mit sich. Diller weist darauf hin, dass die wahrgenommene Preisehrlichkeit eines Unternehmens u.a. durch konstante Preise positiv beeinflusst wird. Auch eine Untersuchung von Bruhn/Stephanovszky kommt zu dem Ergebnis, dass unter bestimmten Umständen eine Dauerniedrigpreisstrategie ein Unternehmen nachhaltiger als preiswürdig positionieren

---

[1531] Siehe Drittes Kapitel, Abschnitt C.III.2., für eine detaillierte Diskussion.

[1532] Vgl. u.a. Peters, Gerd: Die Profilierungsfunktion von Handelsmarken im Lebensmitteleinzelhandel, (Shaker) Aachen 1998; Siemer, Silke: Einkaufsstättenprofilierung durch Handelsmarkenware des Lebensmitteleinzelhandels, (Shaker) Aachen 1999; Steenkamp, Jan-Benedict; Dekimpe, Marnik: The Increasing Power of Store Brands, in: LRP, 30. Jg., 1997, Nr. 6, S. 917-930.

[1533] Mögliche Effekte, die ab einer bestimmten Schwelle wieder zu einer negativen Beziehung führen könnten, z.B. durch ein schlechteres Preisimage der Händlermarke, wenn der Anteil der Preiswerbung zu niedrig wird, sollen hier ausgeklammert werden, weil das niedrige Ausgangsniveau der Image-Werbung im Lebensmitteleinzelhandel diesen Teil als empirisch irrelevant erscheinen lässt.

kann als eine Sonderangebotspolitik.[1534] Insgesamt kann man also davon ausgehen, dass eine konstante Preispolitik die Wertschätzung für das Unternehmen, insbesondere das Vertrauen in das Unternehmen, erhöht und es wird als Hypothese formuliert:

H_{I-MW3}:   *Als je konstanter die Preispolitik eines Unternehmens wahrgenommen wird, desto höher ist sein Markenwert.*

g)   Hypothesen zur Wirkung der Wahrnehmung der Instrumente auf den Erfolg

Bloemer/de Ruyter gehen davon aus, dass die Beurteilung direkt auf den Erfolg eines Unternehmens wirkt.[1535] Einen solchen Effekt weist Gröppel-Klein in ihrer kausalanalytischen Untersuchung empirisch nach. Sie ermittelt einen hohen und signifikanten Einfluss des Konstrukts „Eignungsgrad" auf die Reaktionen der Konsumenten am PoS, z.B. die Ausgabenbereitschaft. Der subjektiv empfundene Eignungsgrad kann dabei als Maß für die Beurteilung der Handelsunternehmen angesehen werden.[1536]

Wie dargestellt wurde, zeigen eine Reihe von Store Image-Untersuchungen eine Verhaltensrelevanz des Image auf. Das Konstrukt des Store Image, wie es in diesen Untersuchungen meist operationalisiert wurde, entspricht dem hier verwendeten Konstrukt der Beurteilung. Daher sind die vorliegenden empirischen Ergebnisse auch bereits als erste Belege für den Einfluss der Beurteilung auf die Kaufentscheidung zu sehen. Daher wird hier ebenfalls ein Effekt der Beurteilung auf die Kaufentscheidung vermutet.

H_{B-E}:   *Die Beurteilung des Handelsunternehmens durch die Konsumenten beeinflusst den Erfolg des Handelsunternehmens.*

h)   Hypothesen zur Wirkung der Einkaufsmotive auf den Erfolg

Eine Reihe der vorne aufgezeigten Studien zu den Einkaufsmotiven geht davon aus, dass von den Motiven ein Einfluss auf die Einstellung, aber auch auf das Kaufverhalten, insb. die Einkaufsstättenwahl, ausgeht. Da ein Zusammenhang zwischen Einkaufsmotiven und Ansprüchen der Konsumenten an eine Einkaufsstätte zu erwarten ist, ist ebenfalls eine Beziehung zwischen den Einkaufsmotiven und der Einkaufsstättenwahl zu vermuten.

[1534] Vgl. z.B. Diller, Hermann: Preisehrlichkeit - Eine neue Zielgröße im Preismanagement des Einzelhandels, in: Thexis, 14. Jg., 1997, Nr. 2, S. 16-21; Bruhn, Manfred; Stefanovszky, Andreas: Niedrig-Preis-Strategien des Handels im Wettbewerb, in: HM, 8. Jg., 1986, Nr. 1, S. 57-63, S. 62.

[1535] Vgl. Bloemer, Josée; de Ruyter, Ko: On the relationship between store image, store satisfaction and store loyalty, in: EJM, 32. Jg., 1998, Nr. 5/6, S. 499-513, S. 503.

[1536] Vgl. Gröppel-Klein, Andrea: Wettbewerbsstrategien im Einzelhandel, (DUV) Wiesbaden 1998, S. 122-132, S. 116, S. 103.

Hallsworth zeigt, dass die Einkaufsmotive als relevante Variablen in Bezug auf das Ein-
kaufsverhalten angesehen werden können. Er extrahiert zentrale Dimensionen dieser
Einkaufsmotive und zeigt für unterschiedliche Lebensmittelgeschäfte auf, dass sich ihre
Kunden bezüglich der vorherrschenden Einkaufsmotive teilweise signifikant unterschei-
den.[1537] Auch für die vorliegende Untersuchung soll der Zusammenhang von gewählter
Einkaufsstätte und den Einkaufsmotiven als Hypothese formuliert werden:

H_{MO-E}:   *Die Einkaufsstättenwahl wird von den Einkaufsmotiven der Konsumenten*
             beeinflusst.

i)   **Hypothesen zu den Benefit-to-Store-Assoziationen**
       und den Wechselwirkungen

Eine Reihe von Verfassern betont die Defizite klassischer Beurteilungsmodelle für die
Prognose des Kaufverhaltens und zeigt auf, dass hier eine Reihe von Prämissen mit
Vorsicht zu betrachten sind. So gehen diese Modelle z.B. von der Überlegung aus, dass
sich Konsumenten rational zu Eigenschaften eines Objekts äußern können, die für sie in
Wirklichkeit nicht relevant sind oder die sie bisher überhaupt nicht beachtet haben.[1538]
Wichtiger sei jedoch eine enge gedankliche Assoziation eines Unternehmens mit einem
bestimmten Nutzen (Benefit-to-Store-Assoziation). Diese enge Assoziation ist ein Indikator für die Stärke der Assoziation und beeinflusst die Zugriffsfähigkeit einer Händlermarke durch den Konsumenten, wenn dieser einen bestimmten Nutzen sucht.[1539] Die
Nutzendimensionen können dabei durch die Absatzmarketinginstrumente des Handels
angesprochen werden. Untersuchungen zu dieser Thematik wurden von Tigert sowie
Woodside u.a. durchgeführt. Woodside/Trappey konnten dabei, neben anderen, die
Hypothese, dass die „Benefit-to-Store-Assoziationen" in einem Zusammenhang mit der
konkreten Einkaufsstättenwahl stehen, bestätigen.[1540]

Diese Überlegung steht auch im Einklang mit der in der vorliegenden Untersuchung
vermuteten Bedeutung der Händlermarke. So wird argumentiert, dass der langfristig
orientierte Händlermarkenwert wichtiger ist für das Kaufverhalten als die kurzfristige
Beurteilung einer Händlermarke. In diesen Händlermarkenwert fliessen antriebsorientierte Überlegungen ebenso ein wie wissensorientierte Aspekte. Wie von Dick/Basu gezeigt, stehen die „Benefit-to-Store-Assoziationen" zwischen den reinen Wahrneh-

---

[1537] Vgl. Hallsworth, Alan: Who shops where? And why?, in: IJRDM, 19. Jg., 1991, Nr. 3, S. 19-26,
S. 22-25.
[1538] Siehe Abschnitt C.IV. 3. des Dritten Kapitels und C.IV.1.c) des Zweiten Kapitels.
[1539] Vgl. Dick; Alan; Basu, Kunal: Customer loyalty, toward an integrated conceptual framework, in:
JAMS, 22. Jg., 1994, S. 99-113, S. 102.
[1540] Siehe Abschnitt C.IV.1. des Zweiten Kapitels.

mungskonstrukten und dem (langfristig orientierten) Markenwert.[1541] Schematheoretisch kann man dies mit der Überlegung begründen, dass in diesem Fall zwischen den beiden Knoten eines semantischen Netzwerks („Nutzen" und „Händlermarke") enge Kanten bestehen und auf Grund der „spreading-activation"-Theorie in diesem Fall die Händlermarke leichter aktiviert wird, was sich auch auf das Kaufverhalten auswirkt.[1542] Daher wird postuliert, dass diese Assoziation auch die Kaufentscheidung beeinflusst:

H_{BtS-E}:   *Eine enge gedankliche Assoziation eines Handelsunternehmen mit bestimmten Marketinginstrumenten bei einem Konsumenten (Benefit-to-Store-Assoziation) beeinflusst dessen Kaufentscheidung.*

j) Hypothesen zur Beziehung von Markenwert und Erfolg

Der Markenwert eines Handelsunternehmens wird in der vorliegenden Arbeit auf einer subjektiven, individuellen Ebene betrachtet. Er ist eine gedächtnis- und einstellungsorientierte Größe, die - im Gegensatz zu einer Reihe von anderen Markenwertmessmodellen - nicht als unmittelbar verhaltensorientiert angesehen wird. Der Grund dafür liegt darin, dass unter dem Markenwert eines Handelsunternehmens hier v.a. die Verankerung einer Händlermarke im Gedächtnis eines Konsumenten, die Klarheit und Stärke des Markenschemas sowie die langfristig verfestigte Bewertung der Händlermarke verstanden werden. Zielsetzung der Handelsunternehmen ist es jedoch, die Kaufentscheidung des Konsumenten durch die Stärkung der Händlermarke positiv zu beeinflussen. Geht man von der Gültigkeit der E-V-Hypothese aus, so kann man daraus eine Wirkung des Markenwerts auf die Kaufentscheidung der Konsumenten ableiten.[1543]

Die „Gedächtniskomponente" des Markenwerts steht ebenfalls in einem engen Zusammenhang mit dem Verhalten. So ist die Bekanntheit eines Handelsunternehmens die Basis für die Übernahme des Handelsunternehmens in den evoked set des Konsumenten; die Zugriffsfähigkeit auf diese Information beeinflusst die Kaufentscheidung.[1544] Eine Reihe von empirischen Hinweisen auf eine Verhaltensrelevanz des Markenwerts wurde

---

[1541] Vgl. Dick; Alan; Basu, Kunal: Customer loyalty, toward an integrated conceptual framework, in: JAMS, 22. Jg., 1994, S. 99-113, S. 102.

[1542] Anderson, John: A spreading activation theory of memory, in: Journal of Verbal Learning and Verbal Behavior, 22. Jg., 1983, S. 261-295; Keller, Kevin: Conceptualizing, measuring, and managing customer-based brand equity, in: JM, 57. Jg., 1993, Nr. 1, S. 1-22, S. 2.

[1543] Im Zusammenhang mit der Händlermarke ist festzustellen, dass die Entscheidung für eine bestimmte Einkaufsstätte i.d.R. weniger impulsiv erfolgt als dies oftmals bei der Produktwahl der Fall ist. Dies kann man u.a. damit begründen, dass die Wahl einer Einkaufsstätte, v.a. im Lebensmitteleinzelhandel, meist bewusst vor dem Einkaufsvorgang gefällt wird. Damit ist hier eher die Wirkungsrichtung E→V anzunehmen als andere, in der Literatur diskutierte Beeinflussungsrichtungen.

[1544] So ist davon auszugehen, dass schnell verfügbare Einstellungen stärker auf das Verhalten durchschlagen als langsamer verfügbare; vgl. Kroeber-Riel, Werner; Weinberg, Peter: Konsumentenverhalten, 7. Aufl., (Vahlen) München 1999, S. 177.

vorne aufgezeigt.[1545] Dabei wurden in den meisten Fällen positive Zusammenhänge ermittelt. Daher wird insgesamt ein Einfluss des Markenwerts einer Händlermarke auf das Verhalten (und damit den Markterfolg eines Handelsunternehmens bei einem Konsumenten) erwartet:

H_{MW-E}: **Der konsumentenorientierte, subjektive Markenwert beeinflusst den Erfolg eines Handelsunternehmens.**

II. Messkonzeption

1. Vorbemerkung

Die oben getroffenen theoretischen Aussagen haben zunächst noch keinen nachprüfbaren Wirklichkeitsbezug. Eine Reihe der verwendeten Konstrukte muss erst operationalisiert werden. Eine Überprüfung der Güte der Messungen wird bei der Betrachtung der jeweiligen Konstrukte vorgenommen.

Bevor auf die Messkonzeption im Einzelnen eingegangen wird, soll kurz das Untersuchungsdesign eines telefonischen Pretests dargestellt werden, der vor der eigentlichen Erhebung durchgeführt wurde. Ziele dieses Pretests waren:

♦ Überprüfung der Verständlichkeit einer Reihe der Fragen der Haupterhebung der Konsumentenbefragung (um die Befragungsdauer im Pretest kurz zu halten, konnte nicht der vollständige Fragebogen der Haupterhebung getestet werden),

♦ Auswahl der in die Befragung zu integrierenden Stimuli, d.h. von Handelsunternehmen, die in der Befragungsregion den meisten Respondenten bekannt sind und dort auch als Einkaufsstätte genutzt werden, und

♦ Erhebung empirischer Daten zur Überprüfung und Verbesserung der Güte einer Skala zur Messung des Fit.

Für den Pretest wurden 78 Respondenten im Stadtgebiet von Saarbrücken aus dem Telefonbuch per Zufallsauswahl ausgewählt. Die Befragung erfolgte in Form mündlicher Interviews und wurde im Oktober/November 2000 durchgeführt. Jedes Interview dauerte knapp ca. 10 Minuten. Nach einer Reihe von Fragen, die sich v.a. auf die Bekanntheit von Lebensmitteleinkaufsstätten und die Einkaufsstättenwahl der Befragten bezogen, sollte jeder Befragte eine einzelne Händlermarke einschätzen. Dabei wurden - wegen der zu erwartenden Heterogenität der Antworten zu diesen Händlermarken - Aldi, Globus und Real betrachtet. Die Auswahl des jeweils zu betrachtenden Unternehmens wurde vom Interviewer selbstständig vorgenommen, wobei eine Quotierung in der Form erfolgte, dass für jedes der drei betrachteten Unternehmen gleich viele Einzelurteile vor-

---

[1545] Siehe Abschnitt C.IV.3. des Dritten Kapitels.

liegen mussten. 72 Befragungen wurden abgeschlossen, so dass für jedes der drei Handelsunternehmen jeweils 24 Fragebögen vorlagen. Dabei bezogen sich die Fragen zur Händlermarke v.a. auf eine Reihe von Indikatoren des Fit. Die Beurteilung des Handelsunternehmens sowie ausgewählte Indikatoren des Markenwerts der Händlermarke wurden ebenfalls erfasst.

2. Konstrukte der angebotsorientierten Perspektive

a) Zielsetzung des Retail Branding / Wettbewerbsstrategie

Um die Bedeutung des Phänomens Händlermarke für ein Unternehmen zu erfahren, wurden die Respondenten zunächst gebeten, eine Reihe von Aussagen auf Ratingskalen (7er-Skala von -3 (vollständige Ablehnung) bis +3 (vollständige Zustimmung)) zu bewerten. Diese Aussagen bezogen sich einerseits pauschal auf die Bedeutung der Händlermarke als Unternehmensziel, andererseits auf zwei Subziele einer Händlermarke, nämlich Vertrauen und Einzigartigkeit.[1546] Obwohl diese beiden nicht die einzigen Dimensionen der Händlermarke darstellen, genügte an dieser Stelle die metrische Erfassung dieser beiden Zielbedeutungen, da in der Unternehmensperspektive spezifische Hypothesen in Bezug auf diese beiden Subziele formuliert wurden.

Anschließend sollten eine Reihe der vorne dargestellten Indikatoren des Werts einer Händlermarke bewertet werden, indem sie in eine Rangfolge hinsichtlich ihrer Bedeutung für das Unternehmen zu bringen waren. Hierbei sollten möglichst die unterschiedlichen Facetten einer Händlermarke betrachtet werden. Konkret sollte die Bedeutung

* der Bekanntheit,
* des Vertrauens,
* der Sympathie,
* der Treue der Kunden zum Unternehmen,
* der Wahrnehmung als einzigartig/nicht austauschbar und
* eines festes Gedächtnisbildes/fester Assoziationen

als Subziele der Etablierung einer Händlermarke in eine Rangfolge gebracht werden.

Während eine Reihe von Untersuchungen zu den Wettbewerbsstrategien diese eher indirekt erfassen,[1547] wird in der vorliegenden Untersuchung wegen der Vielzahl der als möglich angenommenen Wettbewerbsvorteile im Einzelhandel eine direkte Vorgehensweise gewählt und die Manager direkt nach den angestrebten Wettbewerbsvorteilen ge-

---

[1546] Diese Operationalisierung erfolgte teilweise in Anlehnung an Liu, Hong; Davies, Gary: The retailer's marketing mix and commercial performance, in: IRRDCR, 5. Jg., 1995, Nr. 2, S. 147-165.

[1547] Vgl. Anderer, Michael: Internationalisierung im Einzelhandel, (dfv) Frankfurt a.M. 1997, S. 213f.; Gröppel-Klein, Andrea: Wettbewerbsstrategien im Einzelhandel, (DUV) Wiesbaden 1998, insb. S. 81-89.

fragt. Zur Erhebung der wettbewerbsstrategischen Grundorientierung wurden den Managern verschiedene Items vorgelegt, mit der Bitte um Einschätzung der jeweiligen Zielsetzung des eigenen Unternehmens (bezüglich der angestrebten Wettbewerbsvorteile) im Vergleich zur Konkurrenz. Dabei wurde bezüglich verschiedener potenzieller Wettbewerbsvorteile im Einzelhandel jeweils erfragt, wie gut die Leistung im Vergleich zur Konkurrenz ausgeprägt sein sollte. Der dahinter stehende Gedanke ist, dass Wettbewerbsvorteile oder -nachteile nie absolut, sondern immer in Relation zu den wichtigsten Konkurrenten realisiert werden.[1548] Dabei wurden 5er-Ratingskalen eingesetzt. Da - wie in Abschnitt C.I.2. des Dritten Kapitels dargestellt - davon auszugehen ist, dass die potenziellen Wettbewerbsvorteile im Einzelhandel vielfältiger sind als die Dichotomie der Preis- und Qualitätsführerschaft von Porter dies postuliert, wird hier auf die Überlegung zurückgegriffen, dass alle Handelsmarketinginstrumente potenzielle Quellen von Wettbewerbsvorteilen sind. Entsprechend der als Systematik des Handelsmarketingmix gewählten Komponenten wurden die folgenden (möglichen) absatzmarktorientierten Zielsetzungen erfasst:[1549]

♦ Auswahlführerschaft,

♦ Qualitätsführerschaft,

♦ Preis- und Kostenführerschaft,

♦ Serviceführerschaft,

♦ Führerschaft in der Kommunikation („Beste Werbung"),

♦ Convenience-Führerschaft,

♦ Führerschaft in der Instore-Gestaltung („Beste Ladengestaltung"),

♦ Prozessführerschaft und

♦ Kundenbindungsführerschaft.

Obwohl teilweise mehrere Indikatoren der jeweiligen Strategiedimensionen wünschenswert gewesen wären, wurden, um zu starke zeitliche Belastungen der Probanden zu vermeiden, die meisten Konstrukte lediglich eindimensional operationalisiert. Nur für eine Strategie der niedrigen Preise wurden zwei Aspekte, die Preisführerschaft und die eng damit verbundene Kostenführerschaft, separat erfasst, um bezüglich dieser Dimension, die vermutlich von allen Lebensmitteleinzelhändlern als wichtig angesehen wird, eine stärkerer Diskriminierungsfähigkeit zu erreichen. Um die Tendenz der Respondenten, sich selbst in allen Bereichen als überlegen einzuschätzen (zumindest in der Zielsetzung), wurde im einführenden Text der Frage deutlich gemacht, dass sich in der Praxis meistens Trade-offs zwischen den einzelnen Bereichen ergeben, Wettbewerbsvorteile in allen Bereichen also vermutlich nicht gleichzeitig zu erreichen sind.

[1548] Vgl. Porter, Michael: Wettbewerbsvorteile, 5. Aufl., (Campus) Frankfurt a.M. 1999, S. 37f.; Anderer, Michael: Internationalisierung im Einzelhandel, (dfv) Frankfurt a.M. 1997, S. 214.
[1549] Die Sortimentspolitik wird hier in den beiden Komponenten Auswahl und Qualität betrachtet.

Um auch die wettbewerbsstrategische Dimension der Marktabdeckung („Massenmarkt-vs. Nischenanbieter") zu erfassen, wurde hierzu eine direkte Frage gestellt, die ebenfalls auf einer 5er-Ratingskala zu bewerten war.

b)   (Objektive) Gestaltung der Marketinginstrumente

i.   Gestaltung der einzelnen Handelsmarketinginstrumente

Während die wettbewerbsstrategische Grundausrichtung eines Handelsunternehmens angibt, in welchen Bereichen es anstrebt, seiner Konkurrenz überlegen zu sein, stellt der Marketingmix die derzeit tatsächlich erreichte, operative Gestaltung absatzmarktgerichteter Maßnahmen dar. Bezüglich der Dimensionen Sortimentspolitik, Preispolitik, Service, Kommunikation, Convenience/Bequemlichkeit, Ladengestaltung, Prozesse und Kundenbindungspolitik wurden jeweils mehrere Indikatoren der Gestaltung erfasst. Dabei ist die Operationalisierung hier in Anlehnung an die vorne dargestellten Untersuchungen zum Store Image (vgl. Übersicht 13) sowie die Systematisierungen des Handelsmarketing (vgl. Übersicht 12) vorgenommen worden. In diesen sind die - meist aus Konsumentensicht - relevantesten Marketinginstrumente bzw. Gestaltungselemente des Marketingmix erfasst und oft bezüglich ihrer Bedeutung untersucht.

Die Respondenten sollten jeweils auf 7er-Ratingskalen die Gestaltung der Marketinginstrumente durch ihre eigene Vertriebsschiene mit der Gestaltung bei der Konkurrenz vergleichen. Dabei wurde versucht, relativ stark auf „objektive" Vergleichskriterien zurückzugreifen (wie Größe der durchschnittlichen Verkaufsstelle, Anteil der Vollzeitmitarbeiter, Artikelanzahl, Ausgaben für Ladengestaltung), um damit Verzerrungen durch subjektive Einschätzungen der Respondenten gering zu halten. Gleichzeitig wurden eine Reihe von quantitativen Ausprägungen erfasst (z.B. Anteil der Handelsmarken am Umsatz in Prozent). Da jedoch zu vermuten war, dass Antwortverweigerungen hier relativ oft vorkommen, wurden diese Kriterien zusätzlich, wie die anderen, im Vergleich zur Konkurrenz auf Ratingskalen erfasst.

ii.   Fokussierung

Die Fokussierung auf einzelne Marketinginstrumente wurde mit Hilfe eines Konstantsummenverfahrens erhoben. Die Respondenten sollten aus Sicht ihrer Vertriebschiene insgesamt 100 Punkte entsprechend der Bedeutung des jeweiligen Instruments für ihren Markterfolg auf die einzelnen Marketinginstrumente verteilen.

Als mögliche Marketinginstrumente wurden wiederum die oben genannten verwendet, wobei die „Prozesse" oftmals in den Unternehmen nicht als dem Marketing zugeordnet angesehen wurden, wie sich in Vorgesprächen ergeben hat, so dass sie hier in der schriftlichen Befragung nicht in diesem Kontext aufgeführt wurden. Die beiden Unterdimensionen der Sortimentspolitik - Auswahl und Qualitätsniveau - wurden wieder separat erfasst.

iii.   Fit aus Unternehmenssicht

Zur Messung des Fit wurde in einem ersten Schritt versucht, möglichst alle Aspekte des Phänomens „Fit" abzudecken. Dazu wurden im Fragebogen zwei Fragenkomplexe genutzt. Einerseits sollten die Manager bezüglich der einzelnen Handelsmarketinginstrumente (auf einer 7er-Ratingskala) jeweils beurteilen, ob sie „schon" zu ihrer Gesamtmarketingstrategie der Vertriebsschiene passen bzw. wie deutlich sie „bereits" auf ihre Gesamtmarketingstrategie ausgerichtet seien. Mit dieser Formulierung wurde versucht, Verzerrungen zu reduzieren, die bei einer direkteren Frageform stärker aufgetreten wären.

Zusätzlich wurden einige Fragen gestellt, die sich auf die Kontinuität einzelner Marketinginstrumente im Zeitablauf bzw. die Konsistenz einzelner Marketinginstrumente zueinander bezogen. Auch eine pauschale Eigeneinschätzung zum erreichten Fit des Marketingmix war enthalten. Die Respondenten sollten jeweils auf einer 7er-Ratingskala bewerten, inwiefern sie den entsprechenden Aussagen zustimmen.[1550]

c)   Erfolg (Unternehmensumfrage)

Der Erfolg sollte in den beiden in der Literatur als wesentlich erachteten Varianten erfasst werden: ökonomischer Erfolg und psychographischer Erfolg (vgl. Abschnitt C.V. des Dritten Kapitels). Um die Antwortbereitschaft bezüglich der Erfolgsfragen zu erhalten, wurden keine quantitativen Erfolgsgrößen direkt abgefragt, sondern ausschließlich subjektive Ratings des Erfolgs bzw. einzelner Erfolgsmaße im Vergleich zur Konkurrenz.[1551]

Wie vorne dargestellt wurde, beziehen sich die ökonomischen Erfolgsgrößen im Einzelhandel in der Regel einerseits auf Effektivitätsziele, wie z.B. Umsatz bzw. Umsatzwachstum, andererseits auf Effizienzziele, wie z.B. Produktivität. In Anlehnung an die Operationalisierungen von Anderer und Hurth[1552] wurde der ökonomische Erfolg mit vier Zielgrößen betrachtet. Die Respondenten sollten dabei auf einer 5er-Ratingskala

---

[1550] Diese Operationalisierung erfolgte teilweise in Anlehnung an Liu, Hong; Davies, Gary: The retailer's marketing mix and commercial performance, in: IRRDCR, 5. Jg., 1995, Nr. 2, S. 147-165.

[1551] Vgl. zu diesem Vorgehen z.B. Anderer, Michael: Internationalisierung im Einzelhandel, (dfv) Frankfurt a.M. 1997, S. 262f.

[1552] Vgl. Anderer, Michael: Internationalisierung im Einzelhandel, (dfv) Frankfurt a.M. 1997, Anhang, o.S.; Hurth, Joachim: Erfolgsfaktoren im mittelständischen Einzelhandel, (dfv) Frankfurt a.M. 1998, S. 125f.

angeben, wie die genannten Erfolgsgrößen für ihre Vertriebsschiene im Vergleich zum Lebensmitteleinzelhandel im jeweiligen Einzugsgebiet ausgeprägt sind:

♦ Flächenproduktivität im letzten Jahr,

♦ Umsatzentwicklung im Durchschnitt der letzten drei Jahre,

♦ Gewinnentwicklung im Durchschnitt der letzten drei Jahre,

♦ Marktanteilsentwicklung im Einzugsgebiet im Durchschnitt der letzten drei Jahre.

Der psychographische Erfolg soll in Anlehnung an Heinemann (und unter Beachtung der im Dritten Kapitel, Abschnitt C.IV., dargestellten möglichen Vorteile einer starken Händlermarke) bezüglich folgender Dimensionen betrachtet werden:[1553]

♦ Bekanntheitsgrad des Unternehmens,

♦ Differenzierung/Abgrenzung von der Konkurrenz (aus Sicht der Konsumenten),

♦ Entwicklung des Anteils der Stammkunden/der Treue der Kunden im Durchschnitt der letzten drei Jahre,

♦ positive Einstellung der Kunden zum Unternehmen und

♦ Veränderung des Image im Durchschnitt der letzten drei Jahre.

Die Respondenten sollten dabei auch auf einer 5er-Ratingskala angeben, wie die genannten Erfolgsgrößen für ihre Vertriebsschiene im Vergleich zum Lebensmitteleinzelhandel im jeweiligen Einzugsgebiet beurteilt werden können.

Dabei sind mehrere Aspekte zu beachten:

1. Bei den betrachteten psychographischen Erfolgsgrößen in der Unternehmensumfrage handelt es sich teilweise um Dimensionen, die auch als Indikatoren der Markenstärke angesehen werden können. Damit ist der psychographische Erfolg eines Handelsunternehmens dem Konstrukt Markenwert aus Konsumentensicht sehr ähnlich. Jedoch wird die Stärke einer Marke auf einer konsumentenindividuellen Ebene gemessen, während der psychographische Erfolg auf einer aggregierten Ebene erfasst wird. Der Begriff Markenwert wird im Zusammenhang mit der Erfolgsoperationalisierung in der Unternehmensumfrage nicht verwendet, weil er die Konsumentenorientierung deutlich zum Ausdruck bringen soll.

2. Gleichwohl handelt es sich bei den psychographischen Erfolgsgrößen um eine referierte Fremdsicht der Händlermarke. Die Experten beurteilen nicht ihre Sicht ihres Unternehmens, sondern sollen versuchen, entweder aus vorliegenden Marktforschungsdaten oder ihrer allgemeinen Marktkenntnis, den Erfolg ihres Unternehmens aus einer aggregierten Konsumentensicht zu beurteilen.

3. Der Begriff des Image, der in der vorliegenden Untersuchung kritisiert wurde - und bezüglich dessen verdeutlicht wurde, dass er in den bestehenden Operationalisie-

---

[1553] Vgl. Heinemann, Gerrit: Betriebstypenprofilierung und Erlebnishandel, (Gabler) Wiesbaden 1989, S. 17f.

rungen eher der Beurteilung durch die Konsumenten als der Markenstärke entspricht -, wird in der Expertenbefragung trotzdem eingesetzt, weil er - wie sich in Vorgesprächen gezeigt hat - in der Sprache der Handelsmanager im hier gewünschten Sinne (einer Bewertung des Bildes, das die Konsumenten vom Unternehmen haben) verstanden wird.

3. Konstrukte der nachfrageorientierten Perspektive

a)   Einkaufsmotive

Zur Erfassung der Einkaufsmotive wurde den Probanden eine Statementbatterie vorgelegt. Diese waren in Aussageform dargestellt, die die Konsumenten auf einer 7er-Ratingskala (von -3 (vollständige Ablehnung) bis +3 (vollständige Zustimmung)) bewerten sollten. Die Probanden wurden aufgefordert, den einzelnen Aussagen mehr oder weniger zuzustimmen und damit ihr Einkaufsverhalten bei Lebensmitteln zu charakterisieren. Die Auswahl der relevanten Orientierungen und die konkrete Operationalisierung erfolgten dabei in Anlehnung an Hallsworth und Gröppel-Klein.[1554]

Zusammenfassend sollte die Bedeutung folgender Motive ermittelt werden:[1555]

◆ Bedürfnisse bezüglich der Sortimentsqualität,

◆ Bedürfnisse bezüglich der Größe der Auswahl,

◆ Orientierung an der Möglichkeit, alle Einkäufe an einem Ort zu erledigen,

◆ Preis-Motiv,

◆ Orientierung an der Möglichkeit des schnellen Einkaufs,

◆ Service-Orientierung und

◆ Orientierung an der Ladenatmosphäre.

Zur Erhebung der Einkaufsmotive wurden insgesamt neun Items erhoben.[1556]

b)   (Subjektive) Wahrnehmung der Marketinginstrumente

i.   Wahrgenommene Marktpräsenz

Bezüglich der wahrgenommenen Marktpräsenz wurde festgestellt, dass diese sich in der Regel entweder auf die physische Präsenz der Verkaufsstellen oder aber die mediale Kommunikation bezieht. Daher wurden die Konsumenten gebeten, für beide Aspekte

---

[1554] Vgl. Hallsworth, Alan: Who shops where? And why?, in: IJRDM, 19. Jg., 1991, Nr. 3, S. 19-26, S. 21; Gröppel-Klein, Andrea: Wettbewerbsstrategien im Einzelhandel, (DUV) Wiesbaden 1998, S. 107, S. 115-118.

[1555] Um hierbei den heterogenen Bedürfnissen bei unterschiedlichen Einkaufsanlässen Rechnung zu tragen, wurde spezifisch nach den Einkaufsmotiven beim Wocheneinkauf gefragt.

[1556] Obwohl wünschenswert gewesen wäre, je Motiv mehrere potenzielle Indikatoren zu erfassen, wurde dies nur bzgl. der Motive Preis und Qualität getan, um den Fragebogen insgesamt in einem pragmatischen Rahmen zu halten und die Abbrecherquote gering zu halten.

jeweils auf einer 5er-Ratingskala anzugeben, inwiefern sie eine bestimmte Händlermarke in ihrer Umgebung wahrnehmen oder nicht.

Bezüglich der Präsenz der Outlets einer Händlermarke wurde differenziert für kleinflächige Betriebstypen und großflächige befragt, wie die Verbreitung von Verkaufsstellen in der Umgebung wahrgenommen wird. Bezüglich der medialen Kommunikation wurde auf die Printwerbung abgestellt, also Werbebeilagen, Prospekte oder Zeitungsanzeigen, weil dies im Lebensmitteleinzelhandel die gebräuchlichste Werbeform darstellt.

ii. Beurteilung

Obwohl bei einer engen Auslegung des Begriffs „Beurteilung" sich dieser nur auf die zum aktuellen Zeitpunkt wahrgenommenen Eigenschaften eines Objekts bezieht,[1557] ist es üblich, diesen auf der Basis der im Gedächtnis des Konsumenten gespeicherten Eigenschaftsausprägungen zu operationalisieren und die Eigenschaften eines Objekts durch die Konsumenten auch in Abwesenheit des zu beurteilenden Objekts zu erfragen.[1558]

Wie bereits bei der Operationalisierung der objektiven Gestaltung des Marketingmix ist auch bezüglich der Beurteilung die Operationalisierung in Anlehnung an die vorne dargestellten Untersuchungen zum Store Image (vgl. Übersicht 13) sowie die Systematisierungen des Handelsmarketing (vgl. Übersicht 12) vorgenommen worden. In diesen sind die - meist aus Konsumentensicht - relevantesten Marketinginstrumente bzw. Gestaltungselemente des Marketingmix erfasst und meist bezüglich ihrer Bedeutung untersucht, so dass auch empirische Hinweise auf die allgemein als wichtig erachteten Attribute vorliegen. In der Untersuchung wird für die Beurteilung nur auf die „produktbezogenen" Items zurückgegriffen, es werden also, ähnlich wie in den meisten Store Image-Untersuchungen, nur die unmittelbar mit der Handelsleistung zusammenhängenden, eher kognitiv geprägten Attribute betrachtet.[1559] Die Auswahl erfolgte dabei bewusst auf diese Items reduziert, u.a. um für alle Händlermarken vergleichbare Items zu nutzen. Vor allem für die nicht-kognitiven Items ist eine zunehmende USP-Orientierung Basis der Differenzierung. In Anlehnung an Trommsdorff/Zellerhoff kann man jedoch davon ausgehen, dass sich diese Items nicht

---

[1557] Vgl. Kroeber-Riel, Werner; Weinberg, Peter: Konsumentenverhalten, 7. Aufl., (Vahlen) München 1999, S. 276

[1558] Vgl. z.B. Bekmeier-Feuerhahn, Sigrid: Marktorientierte Markenbewertung, (DUV) Wiesbaden 1998, S. 147. Dabei sollen jedoch nicht langfristig verfestigte Pauschalurteile, sondern kurzfristige Einzelurteile erfasst werden.

[1559] Vgl. zum Begriff der „produktbezogenen" Attribute Keller, Kevin: Strategic Brand Management, (Prentice Hall) Upper Saddle River/NJ 1998, S. 93-95. Die Anwendung dieser Attribute basiert oftmals auf den Studien von Fisk, der deutlich macht, dass er sich lediglich auf die „kognitive Dimension des Image" bezieht; vgl. Fisk, George: A Conceptual Model for Studying Customer Image, in: Gist, Ronald (Hrsg.): Management Perspectives in Retailing, (Wiley) New York u.a. 1967, S. 125-130, S. 127.

ausgehen, dass sich diese Items nicht auf einer einheitlichen Ratingskala vergleichen lassen, so dass auch diese Items i.d.R. nicht bezüglich der unterschiedlichen Unternehmen abgefragt werden können - im Gegensatz zu den für alle Handelsunternehmen gleichen Basisnutzendimensionen.[1560] Zum einfacheren Verständnis wurde für die Befragung dieser Items eine 5er-Ratingskala eingesetzt, deren Ausprägungen dem Schulnotensystem entsprach, so dass eine 1 eine sehr gute (die beste, wichtigste oder größte) Ausprägung darstellte, eine 5 eine als mangelhaft gesehene (schlechteste oder geringste) Ausprägung.

Bezüglich der einzelnen Marketinginstrumente wurden teilweise nur einzelne Indikatoren erfasst, um die Länge der Befragung so kurz wie möglich zu halten. Dabei wurden „wertende" Urteile bezüglich der Instrumente erfasst. Diese Vorgehensweise wurde jedoch bezüglich dreier Instrumente in zusätzlichen Fragen durchbrochen. So wurden - wie vorne gezeigt - auch Hypothesen bezüglich der Handelsmarkenpolitik, der EDLP-Politik und der Image-Werbung formuliert. Bezüglich dieser Instrumente ist jedoch ex ante nicht klar, ob eine jeweils hohe oder eine niedrige Ausprägung vom Konsumenten als positiv empfunden wird. Eine klare Bewertungsskala konnte also nicht vorgegeben werden, so dass keine „wertende" Befragung erfolgte, sondern lediglich die wahrgenommene Intensität der Ausprägung erfasst wurde.

Zusätzlich wurde eine Pauschalfrage zur Beurteilung der Handelsmarketinginstrumente gestellt. Dabei sollten die Respondenten die jeweilige Händlermarke wiederum auf einer 5er-Ratingskala im Schulnotensystem gesamthaft beurteilen.[1561]

iii.   Fit aus Konsumentensicht

Als maßgebliche Dimensionen des Fit wurden vorne Konsistenz und Kontinuität vorgestellt. Die Konsistenz betrifft dabei die Frage, inwiefern die unterschiedlichen Marketinginstrumente zu einem bestimmten Zeitpunkt in ihrer Ausgestaltung zusammenpassen; die Kontinuität betrifft die Frage, inwiefern die Marketinginstrumente im Zeitablauf zusammenpassen.[1562] Dabei wird davon ausgegangen, dass die Kontinuität v.a. über die in der Vergangenheit erweckten Erwartungen und einen Abgleich mit der in der Gegenwart wahrgenommenen Ausprägung des Marketinginstruments auf den wahrgenommenen Fit wirkt.

[1560] Vgl. z.B. Trommsdorff, Volker; Zellerhoff, Claudia: Produkt- und Markenpositionierung, in: Bruhn, Manfred (Hrsg.): Handbuch MA, Bd. 1, (Schäffer-Poeschel) Stuttgart 1994, S. 349-373, S. 352f.

[1561] Dieses „Außenkriterium" wurde in Anlehnung an Gröppel-Klein formuliert; vgl. Gröppel-Klein, Andrea: Wettbewerbsstrategien im Einzelhandel, (DUV) Wiesbaden 1998, S. 103.

[1562] So kann man die Interdependenzen im Marketingmix als sachliche und zeitliche Interdependenzen sehen; vgl. Meffert, Heribert: Marketing, 9. Aufl., (Gabler) Wiesbaden 2000, S. 973.

Wie bereits dargestellt, wird das Konsumentenwissen zur Vereinfachung der Informationsverarbeitung soweit wie möglich kompakt behandelt.[1563] Daraus lässt sich folgern, dass bei schwer dekompositionell zu betrachtenden Eigenschaften (wie dem Fit) pauschale Aussagen, die eher einen „Gesamteindruck" widerspiegeln sollen, sinnvoll zur Erfassung sind.

So wird in der vorliegenden Arbeit der Fit eines einzelnen Marketinginstruments (oder allgemeiner eines Elements des Marktauftritts) betrachtet als das gefühlsmäßige „Passen" dieser Kognition in das allgemeine Wissen über ein Objekt. Der Fit des gesamten Handelsmarketingmix kann daher als das gesamthafte Passen des Marktauftritts angesehen werden. Die Low-Involvement-Situation, von der man bei der Wahrnehmung von Lebensmitteleinzelhandelsunternehmen ausgehen kann, führt zu eher generellen Bewertungen, so das zwar ein Pauschalurteil für den Fit abgegeben werden kann, die Konsumenten aber vermutlich nicht in der Lage wären, ihn detailliert auf einer Einzelitem-Ebene zu beschreiben.

Nur für ausgewählte, wichtige Handelsmarketinginstrumente auf relativ hoch aggregierter Ebene (so Sortiment, Preis, Ladengestaltung) können auch Einzelurteile erwartet werden. Im telefonischen Pretest wurden insgesamt 13 Indikatoren für das theoretische Konstrukt Fit erfasst:

1. Harmonie des Marktauftritts,

2. Harmonie der Kombination Ladengestaltung/Preis,

3. Harmonie der Kombination Handelsmarken/Sortimentsqualität,

4. Harmonie der Kombination Kommunikation/Sortiment,

5. Harmonie der Kombination Kommunikation/Läden,

6. Harmonie der Kombination Kommunikation/Service,

7. Harmonie der Kombination Laden/Ladenerwartung,

8. Harmonie der Kombination Handelsmarken/Handelsmarkenerwartung,

9. Harmonie der Kombination Marktauftritt /Erwartung an den Marktauftritt,

10. Harmonie der Kombination Qualität/Qualitätserwartung,

11. Harmonie der Kombination Werbung/Erwartung an Werbung,

12. Harmonie der Kombination Preis/Preiserwartung und

13. Harmonie der Kombination aller Handelsmarketinginstrumente.

Da es sich um eine telefonische Befragung handelte, wurden dabei alle Items (zur schnelleren und einfacheren Verständlichkeit) auf einer 5er-„Schulnoten-Skala", also einer Ratingskala von 1 (sehr gut) bis 5 (mangelhaft) erfasst.

[1563] Vgl. Trommsdorff, Volker: Konsumentenverhalten, 2. Aufl., (Kohlhammer) Stuttgart u.a. 1993, S. 85.

Auf der Basis der empirischen Daten des Pretests wurde in Anlehnung an einen Vorge-hensvorschlag von Homburg/Giering[1564] eine Reduktion der Indikatorenzahl vorge-nommen, indem zunächst die Indikatoren eliminiert wurden, die einen hohen Anteil von „weiß-nicht"-Antworten erzeugten und daher offensichtlich schwer verständlich waren. In einem zweiten Schritt wurde die Reliabilität durch das Cronbach's Alpha und die je-weilige Trennschärfe (Item-to-Total-Korrelationen) der verbleibenden Items ermittelt. Aus pragmatischen Gründen[1565] wurde die Zahl der Items durch jeweilige Streichung des Items mit der niedrigsten Item-to-Total-Korrelation sukzessive reduziert.

Tabelle 7:   **Reliabilitätsanalyse der Fit-Skala aus Konsumentensicht (Voruntersuchung)**

Einzelitems (n = 56)	*Korrigierte Item-to-Total-Korrelation*	*Cronbach's Alpha ohne Item*
Harmonie des Marktauftritts	0,5464	0,6352
Kombination Kommunikation/Sortiment	0,4489	0,6622
Kombination Kommunikation/Service	0,3161	0,7043
Kombination Laden/Ladenerwartung	0,4182	0,6718
Kombination Qualität/Qualitätserwartung	0,4531	0,6637
Kombination aller Handelsmarketinginstrumente	0,4707	0,6542
Cronbach's Alpha		**0,7049**

Eine (exploratorische) Faktorenanalyse dieser sechs Einzelitems ist in Tabelle 8 darge-stellt.[1566] Es zeigt sich, dass eine exploratorische Faktorenanalyse nur einen einzigen Faktor bringt, der 41,4 Prozent der Gesamtvarianz erklärt. Für die Voruntersuchung wurde dieser Wert als ausreichend betrachtet und die dargestellten sechs Items wurden daher als reliable Indikatoren für den Fit ausgewählt.[1567] Dabei wird die Notwendigkeit, auf der Basis der so ermittelten Skala die Messung empirisch zu wiederholen, betont, was für dieses Konstrukt mit der Haupterhebung erfolgt ist.[1568]

[1564] Vgl. Homburg, Christian; Giering, Annette: Konzeptualisierung und Operationalisierung komplexer Konstrukte - Ein Leitfaden für die Marketingforschung, in: Hildebrandt, Lutz; Homburg, Christian (Hrsg.): Die Kausalanalyse: ein Instrument der empirischen betriebswirtschaftlichen Forschung, (Schäffer-Poeschel) Stuttgart 1998, S. 111-148, S. 119-121.

[1565] V.a. einer angestrebten Verkürzung der Befragungszeit, um Ermüdungserscheinungen bei den Respondenten und Befragungsabbrüche zu vermeiden.

[1566] Eine Überprüfung der Eignung der Daten für eine Faktorenanalyse brachte einen KMO-Wert von 0,747 und ein hochsignifikantes Ergebnis (Sign. = 0,000) des Bartlett-Testwerts auf Sphärizität von 53,1, so dass die Daten insgesamt für eine Faktorenanalyse geeignet sind; vgl. Janssen, Jürgen; Laatz, Wilfried: Statistische Datenanalyse mit SPSS für Windows, 3. Aufl., (Springer) Berlin u.a. 1999, S. 469.

[1567] Aus erhebungstechnischen Gründen wurde jedoch im (telefonischen) Pretest eine 5er-Ratingskala (von 1 bis 5) eingesetzt, während in der Hauptuntersuchung für vier der sechs Items eine 7er-Ratingskala (von -3 bis +3) genutzt wurde.

[1568] Vgl. Homburg, Christian, Rudolph, Bettina: Die Kausalanalyse als Instrument zur Messung der Kundenzufriedenheit im Industriegütermarketing, in: Hildebrandt, Lutz; Homburg, Christian

Tabelle 8: **Faktorenanalyse der Items zum Fit (Voruntersuchung)**

Einzelitems (n = 56)	Faktor 1: Fit
Harmonie des Marktauftritts	0,741
Kombination Kommunikation/Sortiment	0,644
Kombination Kommunikation/Service	0,500
Kombination Laden/Ladenerwartung	0,635
Kombination Qualität/Qualitätserwartung	0,647
Kombination aller Handelsmarketinginstrumente	0,669
Eigenwert	2,483
Anteil an der Gesamtvarianz	41,38 %

iv. Fokussierung

In der Unternehmensbefragung wurde die Fokussierung der Marketinginstrumente mit Hilfe eines Konstantsummenverfahrens gemessen, das für dieses Konstrukt als die geeignetste Operationalisierung erscheint. Trotzdem konnte diese Operationalisierung in der Konsumentenfrage nicht eingesetzt werden, weil Pretests ergeben hatten, dass die Komplexität dieser Befragungsform für diese Respondentengruppe zu hoch ist, die Frage also zu einem hohen Teil nicht richtig verstanden wurde bzw. die Aufgabe der Punkteverteilung - auch vor dem Hintergrund der mit neun Items relativ hohen Zahl - zu kompliziert war.

Trotzdem kann man davon ausgehen, dass die Konsumenten Unterschiede in der Bedeutung der einzelnen Marketinginstrumente für ein Handelsunternehmen wahrnehmen und sich hieraus (aus einer gleichgewichteten oder ungleichgewichteten Verteilung dieser Bedeutung aus Konsumentensicht) eine mehr oder weniger starke wahrgenommene Fokussierung ermitteln lässt. Daher wurde für die einzelnen Marketinginstrumente (in der bereits mehrfach verwendeten Systematik) erfragt, welche Bedeutung die Konsumenten diesen für das Marketing des Handelsunternehmens beimessen.

Um zu vermeiden, dass entweder zu stark nur auf die eigenen Motive des Einkaufs bzw. Nichteinkaufs in einem bestimmten Handelsunternehmen abgestellt wird bei der Bedeutungseinschätzung, oder dass sozial erwünschte Antworten gegeben werden, wurde eine projektive Fragetechnik eingesetzt und damit versucht, eine objektive „Fremdsicht" ohne soziale Verzerrungen zu erreichen. Die Respondenten wurden dafür befragt, welche Eigenschaften (im Sinne von Marketinginstrumenten) der Händlermarke ihres Erachtens für die jeweiligen Käufer eines Handelsunternehmens die entscheidungsrelevanten seien.[1569]

(Hrsg.): Die Kausalanalyse: ein Instrument der empirischen betriebswirtschaftlichen Forschung, (Schäffer-Poeschel) Stuttgart 1998, S. 237-264, S. 251-253.

[1569] Vgl. zu projektiven Befragungstechniken z.B. Hammann, Peter; Erichson, Bernd: Marktforschung, 4. Aufl., (Lucius&Lucius) Stuttgart 2000, S. 96-117.

c)   Benefit-to-Store-Assoziationen

Eine alternative Methode, die Stärken und Schwächen des Marketing eines Handelsunternehmens zu erfassen, schlagen Woodside u.a. vor.[1570] Dabei gehen sie umgekehrt zu den meisten anderen Store Image-Untersuchungen vor und nehmen als Ausgangspunkt der Befragung nicht Einzelhandelsunternehmen, sondern Eigenschaften von Einzelhandelsunternehmen.

In Anlehnung an ihre Untersuchungen werden die Benefit-to-Store-Assoziationen hier operationalisiert, indem für unterschiedliche „Nutzen", die ein Handelsunternehmen dem Konsumenten bieten kann, erfragt wurde, welches Handelsunternehmen dem Respondenten dazu als erstes einfällt. Für die möglichen Nutzendimensionen wurde hierbei wiederum im Wesentlichen auf die genannte Systematik der Handelsmarketinginstrumente abgestellt, mit drei Ausnahmen:

+ Das Instrument „Kommunikation" wurde nicht aufgenommen, weil der Pretest ergeben hatte, dass bei sehr vielen Respondenten keine Einkaufsstätte für Lebensmittel mit dem Attribut „gute Werbung" assoziiert wurde.

+ Das Instrument „Kundenbindungsmaßnahmen" wurde im Pretest sehr einseitig mit einer vorhandenen Kundenkarte assoziiert und die (aktuelle) Neueinführung einer Kundenkarte bei einem der betrachteten Handelsunternehmen, die mit hohem werblichem Aufwand betrieben wurde, hat die Ergebnisse sehr stark beeinflusst. Diese kurzfristige Beeinflussung der Benefit-to-Store-Assoziationen zum Erhebungszeitpunkt, die als eher langfristig wirksame Einflussgröße betrachtet werden, hätte Verzerrungen mit sich gebracht, so dass das Item nicht in die Befragung integriert wurde.

+ Bezüglich der Convenience wurde die Eigenschaft „gute Erreichbarkeit" separat betrachtet, weil ihr ein potenzieller direkter Einfluss auf die Kaufentscheidung zugesprochen wird.

Abweichend zum Vorgehen von Woodside u.a. werden in der vorliegenden Untersuchung die Eigenschaftsstimuli nicht als Superlativ formuliert. So interessiert weniger, welche Händlermarke von einem Konsument als die qualitativ hochwertigste, preisgünstigste o.Ä. eingeschätzt wird, als vielmehr, welche Einkaufsstätte am engsten mit dem jeweiligen Attribut (hochwertig, preisgünstig o.Ä.) assoziiert ist.

d)   Markenwert

Bereits vorne wurde ausführlich diskutiert, welche Indikatoren sich für den Markenwert einer Händlermarke eignen und mögliche Operationalisierungen diskutiert, so dass an dieser Stelle nur die genutzte Operationalisierung dargestellt wird. Als geeignete Indikatoren werden in der vorliegenden Arbeit gesehen:

[1570] Siehe Abschnitt C.IV.1.c) des Zweiten Kapitels.

1. die Vertrauenswürdigkeit,
2. die Sympathie,
3. die Differenzierungskraft,
4. die Markentreue,
5. die Bekanntheit und
6. die Vividness des Markenbildes.

Dabei wurden für die ersten vier Konstrukte Aussagen formuliert und die Bewertung dieser Aussagen durch den Konsumenten erfragt. Dabei wurden Ratingskalen genutzt (7er Ratingskalen von -3 (vollständige Ablehnung) bis +3 (vollständige Zustimmung)). Obwohl auch hier eine mehrdimensionale Erfassung der jeweiligen Größen wünschenswert gewesen wäre, musste bei einigen Konstrukten, um die Länge des Fragebogens in Grenzen zu halten, darauf verzichtet werden.

Die Vertrauenswürdigkeit einer Händlermarke wurde in Anlehnung an Operationalisierungen durch Keller und von Lassar/Mittal/Sharma gemessen.[1571]

Die Operationalisierung der Sympathie wurde in Anlehnung an Kellers allgemeine Einstellungsmaße zur Marke und an Aakers Betrachtung der Zuneigung zu einer Marke vorgenommen.[1572]

Homburg/Fassnacht/Werner beschäftigen sich ausführlich mit der Operationalisierung der Markentreue und zeigen, dass die „Weiterempfehlungsabsicht" der reliabelste Indikator ist.[1573] Eggert untersucht eine Vielzahl von Indikatoren der Kundenbindung und kommt zu dem Schluß, dass die „Empfehlungsbereitschaft" ein Indikator ist, der stark mit einer auf affektive und normative Bindungsmotive zurückgehenden Bindung korreliert.[1574] Auch andere Vertreter der Markenforschung erwähnen die „Weiterempfehlungsabsicht" als geeigneten Indikator der Markenstärke.[1575] Daher wird diese auch in der vorliegenden Untersuchung als Indikator der Markentreue erfasst und in Anlehnung an die oben genannten Untersuchungen operationalisiert. Zudem wurde für die Marken-

---

[1571] Vgl. Keller, Kevin: Strategic Brand Management, (Prentice Hall) Upper Saddle River/NJ 1998, S. 981; Lassar, Walfried; Mittal, Banwari; Sharma, Arun: Measuring customer-based brand equity, in: JCM, 12. Jg., 1995, Nr. 4, S. 11-19, S. 16.

[1572] Vgl. Keller, Kevin: Strategic Brand Management, (Prentice Hall) Upper Saddle River/NJ 1998, S. 981; Aaker, David: Management des Markenwerts, (Campus) Frankfurt-New York 1992, S. 64.

[1573] Vgl. Homburg, Christian; Fassnacht, Martin; Werner, Harald: Operationalisierung von Kundenzufriedenheit und Kundenbindung, in: Bruhn, Manfred; Homburg, Christian: Handbuch Kundenbindungsmanagement, 3. Aufl., (Gabler) Wiesbaden 2000, S. 505-527, insb. S. 519.

[1574] Vgl. Eggert, Andreas: Konzeptualisierung und Operationalisierung der Kundenbindung aus Kundensicht, in: Marketing-ZFP, 22. Jg., 2000, Nr. 2, S. 119-130, S. 126f.

[1575] Vgl. Keller, Kevin: Strategic Brand Management, (Prentice Hall) Upper Saddle River/NJ 1998, S. 981; Aaker, David: Management des Markenwerts, (Campus) Frankfurt a.M. 1992, S. 64f.; Bloemer, Josée; de Ruyter, Ko: On the relationship between store image, store satisfaction and store loyalty, in: EJM, 32. Jg., 1998, Nr. 5/6, S. 499-513, S. 510.

treue in Anlehnung an die Empfehlungen von Bloemer/de Ruyter und Lassar/Mittal/Sharma noch der Indikator „Verbundenheit" erfasst,[1576] da die vielfältigen Facetten mit einem einzigen Indikator nicht sinnvoll abzudecken gewesen wären.

Bezüglich der Differenzierungskraft wurde neben der Ratingskala auch eine offene Assoziationsfrage gestellt, wobei die Konsumenten angeben sollten, welche Eigenschaften die Händlermarke von der Konkurrenz unterscheiden. Hier wurde neben der absoluten Anzahl der genannten Eigenschaften auch eine Klassifizierung der Antworten in positive und nicht-positive Assoziationen durch den Verfasser vorgenommen. Obwohl eine Reihe von Untersuchungen nahelegt, alle (freien) Assoziationen zu einer Marke zu erfassen und sie hinsichtlich ihrer Anzahl und ihrer Einzigartigkeit auszuwerten,[1577] bewährte sich dieses Vorgehen in einer empirischen Untersuchung von Morschett bei Lebensmitteleinzelhandelsunternehmen nicht. So zeigte sich eine geringe Diskriminierungskraft der Assoziationsanzahl und eine geringe Unterscheidung hinsichtlich ihrer Einzigartigkeit,[1578] so dass auf die direktere Erfragung von nur solchen Assoziationen, die von den Konsumenten bereits als differenzierend eingestuft werden, zurückgegriffen wurde.

Zu den üblichen Messmethoden für Gedächtnisinhalte sind die freie Reproduktion (free recall), die gestützte Reproduktion (aided recall) und das Wiedererkennen (recognition) zu zählen. Bei freier Reproduktion wird der Respondent dabei aufgefordert, das Gelernte frei und ohne Hilfe wiederzugeben.[1579] Die Frage, inwieweit die unterschiedlichen Verfahren einheitliche oder unterschiedliche Aspekte des Gedächtnis messen, herrscht Uneinigkeit.[1580] Zur Messung der aktiven Markenbekanntheit, die hier erfasst werden soll, d.h. ob der Konsument in der Lage ist, aus dem Gedächtnis zu einem bestimmten Produkt- oder Dienstleistungsbereich eine Marke zu nennen, eignet sich der Markenrecall. Diese aktive Erinnerung ist für Handelsunternehmen wichtig, da sie insbesondere bei bewussten Entscheidungen wichtig ist, die nicht erst im Laden, sondern vorher getroffen werden.[1581] Die Wahl der Einkaufsstätte gehört zu diesen Entscheidungen, so dass für die Bekanntheit die aktive Markenbekanntheit mittels des freien Recalls erho-

---

[1576] Vgl. Bloemer, Josée; de Ruyter, Ko: On the relationship between store image, store satisfaction and store loyalty, in: EJM, 32. Jg., 1998, Nr. 5/6, S. 499-513, S. 510; Lassar, Walfried; Mittal, Banwari; Sharma, Arun: Measuring customer-based brand equity, in: JCM, 12. Jg., 1995, Nr. 4, S. 11-19, S. 13.

[1577] Vgl. z.B. Krishnan, Shanker: Characteristics of memory associations: A consumer-based brand equity perspective, in: IJRM, 13. Jg., 1996, S. 389-405.

[1578] Siehe Tabelle 5.

[1579] Vgl. Kroeber-Riel, Werner; Weinberg, Peter: Konsumentenverhalten, 7. Aufl., (Vahlen) München 1999, S. 353.

[1580] Vgl. Kroeber-Riel, Werner; Weinberg, Peter: Konsumentenverhalten, 7. Aufl., (Vahlen) München 1999, S. 353; DuPlessis, Eric: Recognition versus Recall, in: JAR, 34. Jg., 1994, Nr. 3, S. 75-92; Dubow, Joel: Point of view: recall revisited: recall redux, in: JAR, 34. Jg., 1994, Nr. 3, S. 93-106.

[1581] Vgl. Kroeber-Riel, Werner; Weinberg, Peter: Konsumentenverhalten, 7. Aufl., (Vahlen) München 1999, S. 354.

ben worden ist. Dazu mußten die Probanden gleich zu Beginn des Interviews angeben, welche Handelsunternehmen für Lebensmittel ihnen einfielen. Den Antworten der Probanden wurden Punktwerte zugewiesen.[1582]

Ebenfalls als eine Form der Bekanntheit wird angesehen, wenn ein Unternehmen mit einer spezifischen Nutzendimension in Verbindung gebracht wurde (ähnlich einer gestützten Frage). Daher wurden auch die Benefit-to-Store-Assoziationen als Bekanntheitsmaß gewertet. Man kann davon ausgehen, dass ein Unternehmen mit einer höheren Bekanntheit hier insgesamt öfter genannt wird als ein Unternehmen mit einer niedrigeren. Daher wurde auf der Basis dieser Benefit-to-Store-Assoziationen ebenfalls eine Kennzahl errechnet.[1583]

Nach der Theorie der dualen Kodierung sollten gespeicherte Markenvorstellungen auch modalitätsspezifisch gemessen werden. Für die Messung bildlicher Markenvorstellungen empfiehlt sich daher eine entsprechende bildliche Messung. Da eine Bildmessung jedoch sehr aufwändig ist, wird in der vorliegenden Arbeit eine verbale Messung vorgenommen. Dabei wird die „Vividness" der inneren Bilder als eine übergeordnete Variable erfasst.[1584] Diese Vividness kann in Anlehnung an Ruge valide gemessen werden durch die Marks-Skala. Daher wird hier - in Anlehnung an das Vorgehen Ruges,[1585] Heinemanns[1586] und Bekmeier-Feuerhahns[1587] - eine verbale Messung der Vividness des inneren Markenbildes vorgenommen.

Neben diesen Indikatoren wurde auch eine pauschale Aussage über die Einstufung der Händlermarke als Marke erfasst, die als Aussage formuliert und auf einer 7er-Ratingskala zu beurteilen war.

[1582] Vgl. Bekmeier-Feuerhahn, Sigrid: Marktorientierte Markenbewertung, (DUV) Wiesbaden 1998, S. 146. Konkret wurden für die Nennung an erster Stelle sieben Punkte vergeben, für die Nennung an zweiter Stelle sechs Punkte usw.

[1583] Konkret wurde für jede Nennung eines Handelsunternehmens ein Punkt vergeben und die Kennzahl stellt die Punktsumme über alle Attributstimuli dar. Obwohl hier argumentiert werden könnte, dass die Nennung eines Handelsunternehmens bei einem bestimmten Attribut bereits eine wertende Komponente enthält und nicht die „reine" Bekanntheit mißt, kann man auf der Basis der Schema-Theorie davon ausgehen, dass dies trotzdem (auch) ein Bekanntheitskonstrukt darstellt, da neben der Bewertung des Attributs auch die „Nähe" im semantischen Netzwerk über die Zugriffsfähigkeit entscheidet. Je leichter es ist, durch verschiedene Stimuli einen Knoten im semantischen Netzwerk zu aktivieren, desto höher liegt dessen Bekanntheit; vgl. z.B. Dick; Alan; Basu, Kunal: Customer loyalty, toward an integrated conceptual framework, in: JAMS, 22. Jg., 1994, S. 99-113, S. 102.

[1584] Vgl. Ruge, Hans-Dieter: Die Messung bildhafter Konsumerlebnisse, (Physica) Heidelberg 1988, S. 140.

[1585] Vgl. Ruge, Hans-Dieter: Das Imagery-Differential, Arbeitspapier Nr. 2 der Forschungsgruppe Konsum und Verhalten, Saarbrücken 1988.

[1586] Vgl. Heinemann, Gerrit: Betriebstypenprofilierung und Erlebnishandel, (Gabler) Wiesbaden 1989, S. 146.

[1587] Bekmeier-Feuerhahn, Sigrid: Marktorientierte Markenbewertung, (DUV) Wiesbaden 1998, S. 186f.

e)   **Erfolg (Konsumentenbefragung)**

Der Erfolg in der Konsumentenumfrage wird wegen der Betrachtung auf individueller Ebene unmittelbar im Kaufverhalten gesehen. Dabei sind im Wirkungsmodell der Konsumentenperspektive die psychographischen Erfolgsmaße bereits im Konstrukt des Markenwerts erfasst. Der Erfolg einer Händlermarke drückt sich schließlich darin aus, inwiefern eine Einkaufsstätte ausgewählt wird vom Konsumenten, wie häufig sie besucht wird und welchen Ausgabenanteil er in dieser Einkaufsstätte tätigt. Für die vorliegende Untersuchung wurden daher in Anlehnung an die Untersuchungen u.a. von Osman und Heinemann folgende Indikatoren des Erfolgs eines Handelsunternehmens (auf konsumentenindividueller Ebene) erfasst:[1588] Kauffrequenz, Ausgabenanteil (in der Warengruppe Lebensmittel) und Ranking der Einkaufsstätten für Lebensmittel nach Ausgabenanteilen.

III. Zusammenfassende Darstellung von Thesen bzw. Hypothesen und Operationalisierung

Zusammenfassend sollen hier die formulierten Thesen und Hypothesen und die entsprechenden Konstrukte sowie die jeweils relevanten Operationalisierungen aufgezeigt werden. In Übersicht 35 sollen zunächst die Thesen der angebotsorientierten Perspektive und die betrachteten Zusammenhänge grafisch präsentiert werden.

Übersicht 35:   Betrachtete Beziehungen zwischen einzelnen Konstrukten bzw. Variablen in der angebotsorientierten Perspektive

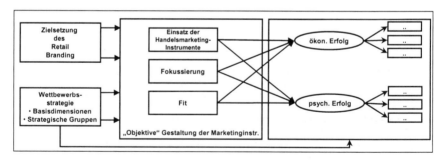

In Übersicht 36 sind die Thesen der angebotsorientierten Perspektive in Kurzform dargestellt.

[1588] Vgl. Osman, Zain: A conceptual model of retail image influences on loyalty patronage behaviour, in: IRRDCR, 3. Jg., 1993, Nr. 2, S. 133-148, S. 137; Heinemann, Gerrit: Betriebstypenprofilierung und Erlebnishandel, (Gabler) Wiesbaden 1989, S. 17f.

Übersicht 36:   Thesen der angebotsorientierten Perspektive

These	Kurzbeschreibung
T_{UWS1}	Existenz wettbewerbsstrategischer Basisdimensionen
T_{UWS2}	Existenz Strategischer Gruppen nach Wettbewerbsstrategien
T_{UWS-MI}	Strategische Gruppen $\Rightarrow$ Marketinginstrumente
$T_{UWS-Fit}$	Strategische Gruppen $\Rightarrow$ Fit
$T_{UWS-Fok}$	Strategische Gruppen $\Rightarrow$ Fokussierung
T_{UZ-Fok}	Ziel der Händlermarke $\Rightarrow$ Fokussierung
T_{UZ-Fit}	Ziel der Händlermarke $\Rightarrow$ Fit
T_{UZ-I1}	Ziel der Differenzierung $\Rightarrow$ Handelsmarken
$T_{UZ\,I2}$	Ziel der Vertrauensbildung $\Rightarrow$ EDLP-Politik
T_{UZ-I3}	Ziel der Vertrauensbildung $\Rightarrow$ Garantien
T_{UZ-I4}	Ziel der Händlermarke $\Rightarrow$ Image-Werbung
T_{UI-E1}	Handelsmarken $\Rightarrow$ Erfolg
T_{UI-E2}	EDLP-Politik $\Rightarrow$ Erfolg
T_{UI-E3}	Garantien $\Rightarrow$ Erfolg
T_{UI-E4}	Image-Werbung $\Rightarrow$ Erfolg
T_{UWS-E}	Strategische Gruppen $\Rightarrow$ Erfolg
T_{UFok-E}	Fokussierung $\Rightarrow$ Erfolg
T_{UFit-E}	Fit $\Rightarrow$ Erfolg

Als zweite Perspektive wird in der Untersuchung die Thematik aus einer Konsumente-perspektive betrachtet. Hierfür sollen die Hypothesen zunächst in Übersicht 37 in einem Überblick präsentiert werden.

Übersicht 37:   Hypothesen der nachfrageorientierten Perspektive

Hypothese	Kurzbeschreibung
H_{B1}	Existenz voneinander abhängiger zentraler Beurteilungsdimensionen
H_{B2}	Unterschiedliche Gewichtung der Beurteilungsdimensionen
H_{B3}	Existenz zentraler Profilierungsinstrumente
$H_{WÜ1}$	Fit $\Leftrightarrow$ Beurteilung
$H_{WÜ2}$	Fit $\Leftrightarrow$ Fokussierung
$H_{WÜ3}$	Fokussierung $\Leftrightarrow$ Beurteilung
$H_{WÜ4}$	Marktpräsenz $\Leftrightarrow$ Beurteilung
H_{MO-W}	Einkaufsmotive $\Rightarrow$ Wahrnehmung
H_{MW}	Existenz zentraler Dimensionen des Markenwerts
H_{MO-MW}	Einkaufsmotive $\Rightarrow$ Markenwert
H_{B-MW}	Beurteilung $\Rightarrow$ Markenwert
H_{Fit-MW}	Fit $\Rightarrow$ Markenwert
H_{Fok-MW}	Fokussierung $\Rightarrow$ Markenwert
H_{MP-MW}	Marktpräsenz $\Rightarrow$ Markenwert
H_{I-MW1}	Handelsmarken $\Rightarrow$ Markenwert
H_{I-MW2}	Image-Werbung $\Rightarrow$ Markenwert
H_{I-MW3}	EDLP-Politik $\Rightarrow$ Markenwert
H_{B-E}	Beurteilung $\Rightarrow$ Erfolg
H_{MO-E}	Einkaufsmotive $\Rightarrow$ Erfolg
H_{BtS-E}	Benefit-to-Store-Assoziationen $\Rightarrow$ Einkaufsstättenwahl
H_{MW-E}	Markenwert $\Rightarrow$ Erfolg

Auf Grund der Vielzahl der betrachteten Beziehungen sollen die Hypothesen und die betrachteten Zusammenhänge in Übersicht 38 zusammenfassend grafisch dargestellt werden.

Übersicht 38:   **Betrachtete Beziehungen zwischen einzelnen Konstrukten bzw.**
                    Variablen in der nachfrageorientierten Perspektive

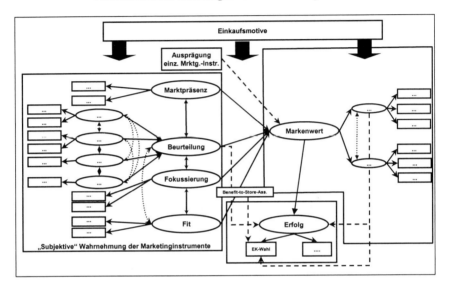

Die entsprechende Operationalisierung der theoretischen Konstrukte wurde vorne dargestellt und ist in Übersicht 39 mit den entsprechenden Nummern der Fragen im Fragebogen dargestellt.

Übersicht 39:   **Konstrukte der nachfrageorientierten Perspektive**

Konstrukt	*Nummer im Fragebogen*
Einkaufsmotive	Nr. 2
Benefit-to-Store-Assoziationen	Nr. 1.b)
Beurteilung	Nr. 3.a)
Fit	Nr. 3.b), c)
Fokussierung	Nr. 3.e)
Wahrgenommene Marktpräsenz	Nr. 3.a)
Markenwert	Nr. 1.a), Nr. 1.b), Nr. 3.d), f), c)
Erfolg	Nr. 4

IV. Untersuchungsdesign

1. Angebotsorientierte Perspektive: Unternehmensbefragung

Für die angebotsorientierte Perspektive wurde eine standardisierte, schriftliche Befragung bei deutschsprachigen Handelsunternehmen auf der Ebene der Vertriebsschienen[1589] durchgeführt. Dabei stellte sich als erstes das Problem der Abgrenzung der Grundgesamtheit. So lagen zum Untersuchungszeitpunkt keine exakten Angaben darüber vor, welche Vertriebsschienen von Handelsunternehmen im Markt tätig waren. Auf Grund einer dadurch fehlenden operationalen Auswahlgrundlage entfielen sowohl eine Vollerhebung als auch eine Zufallsauswahl der Erhebungseinheiten zur Ermittlung einer repräsentativen Stichprobe. Die Auswahl der befragten Handelsunternehmungen resultierte schließlich v.a. aus der Sichtung von Materialien einschlägiger Informationsdienste, Datenbanken, Firmenveröffentlichungen und Branchenzeitschriften in Deutschland, Österreich und der Schweiz.[1590] Aus den entsprechenden Materialien wurden die entsprechenden Unternehmen und ihre jeweiligen Händlermarken identifiziert.

Den aus diesem Prozess resultierenden 176 verschiedenen „Vertriebsschienen" wurde ein standardisierter Fragebogen zugesandt. Dabei wurde im Prinzip die gesamte relevante Grundgesamtheit kontaktiert. Auf Grund des hohen Konzentrationsgrades im Lebensmitteleinzelhandel in allen drei betrachteten Ländern sind in den entsprechenden Datenbanken fast alle relevanten Unternehmen enthalten und ein hoher Umsatzanteil abgedeckt. Die Anschreiben waren überwiegend personalisiert, wobei der Adressat im Unternehmen vorwiegend die Funktion des Vorstands, Geschäftsführers oder Marketingleiters der entsprechenden Vertriebsschiene innehatte.

Der - nach einer telefonischen „Nachfassaktion" - verwertbare Rücklauf betrug 58 Fragebögen, d.h. die Daten von 58 Vertriebsschienen des deutschsprachigen Lebensmitteleinzelhandels konnten in der Analyse berücksichtigt werden; das entspricht einer Rücklaufquote von 32,9 Prozent. Dies ist für Studien dieser Art ausgesprochen hoch und liegt u.a. darin begründet, dass einzelne Ansprechpartner für mehrere Vertriebsschienen zuständig waren und damit als Respondent für mehre Vertriebsschienen gewonnen werden konnten.[1591]

[1589] Dabei wurde in der Unternehmensumfrage der Begriff „Vertriebsschiene" verwendet, der in der Unternehmenspraxis gebräuchlich ist und in etwa mit dem der Händlermarke übereinstimmt. Es wurde jedoch zusätzlich im individualisierten Anschreiben ausdrücklich erwähnt, auf welche Händlermarke sich die Befragung bezieht.

[1590] Vgl. zur Beschreibung des Vorgehens und der Defizite dieses Vorgehens auch George, Gert: Internationalisierung im Einzelhandel, (Duncker & Humblot) Berlin 1997, S. 37.

[1591] Zudem war ein relativ hoher Anteil der Ansprechpartner bereits vor der Untersuchung im Kontakt mit dem Institut für Handel und Internationales Marketing an der Universität des Saarlandes, Saarbrücken.

2. Nachfrageorientierte Perspektive: Konsumentenbefragung

Obwohl Arons bereits 1961 darauf hinwies, dass das „Store Image" eines Handelsunternehmens in unterschiedlichen Regionen unterschiedlich ausgeprägt sein kann,[1592] beschränkt sich die vorliegende Untersuchung aus forschungspragmatischen Gründen nur auf ausgewählte Handelsunternehmen mit der regionalen Eingrenzung auf die Stadt Saarbrücken.[1593]

Für die empirische Untersuchung wurden 594 Konsumenten im Innenstadtgebiet von Saarbrücken ausgewählt und schließlich 560 verwertbare Fragebögen gewonnen. Dabei wurde eine Auswahl der Respondenten nach einem Quotenverfahren vorgenommen. Entsprechend der demografischen Verteilung der Käufer im Lebensmitteleinzelhandel in Deutschland wurde eine Quote für Geschlecht und Alter vorgegeben.[1594] Die Befragung erfolgte mit standardisierten Fragebögen in Form mündlicher Interviews und wurde im November/Dezember 2000 durchgeführt. Jedes Interview dauerte ca. 15 bis 20 Minuten.

Nach einer Reihe von einleitenden Fragen, die sich auf die Bekanntheit von und Assoziationen zu Lebensmitteleinkaufsstätten bezogen, sollte jeder Befragte eine einzelne Händlermarke einschätzen. Die Auswahl dieses Unternehmens wurde vom Interviewer jeweils selbstständig vorgenommen, wobei eine Quotierung in der Form erfolgte, dass für jedes der sieben betrachteten Unternehmen 80 Einzelurteile vorliegen mussten. Bei der Befragung wurde dabei sichergestellt, dass alle Respondenten das Einzelhandelsunternehmen, bezüglich dessen sie befragt wurden, auch kennen und nach eigenen Angaben Einschätzungen dazu vornehmen können.

Die Unternehmen, zu denen die Fragen gestellt wurden, wurden dabei auf der Basis des bereits dargestellten Pretests ausgewählt und stellen die sieben Handelsunternehmen dar, die in der Landeshauptstadt Saarbrücken die höchsten Recall-Werte erzielten und

---

[1592] Vgl. Arons, Leon: Does television viewing influence store image and shopping frequency?, in: JoR, 37. Jg., 1961, Nr. 3, S. 1-13, S. 5.

[1593] Konkret wurde die Landeshauptstadt Saarbrücken betrachtet. Dies begrenzt die Generalisierbarkeit der Ergebnisse bzgl. der konkreten Ausprägung des Markenwerts der Händlermarken oder einzelner Variablen. Eine konkrete, aggregierte Quantifizierung auf der Ebene der Händlermarke war jedoch auch nicht das Ziel der Untersuchung. Durch die Untersuchung von sieben verschiedenen Unternehmen unterschiedlicher Betriebstypen ist jedoch die Basis gegeben, die maßgeblichen Wirkungsbeziehungen der Untersuchung generalisieren zu können.

[1594] Basis der demografischen Quotierung ist die Verteilung in der Grundgesamtheit; vgl. Axel Springer Verlag: MDS online - Verbraucheranalyse 2000, http://www.mediapilot.de/navigation/ mediapilot.html?5, 15.10.2000.
Dabei wurden die Käufer im Lebensmitteleinzelhandel zwischen 14 und 69 Jahren (die in den letzten drei Monaten in einem der wichtigsten SB-Warenhäuser, Supermärkte oder Discounter, die fast vollständig in der Verbraucheranalyse erfasst sind, eingekauft haben) als Grundgesamtheit betrachtet und davon die entsprechende demografische Verteilung berechnet.

gleichzeitig am häufigsten als Einkaufsstätte gewählt wurden.[1595] Zudem repräsentieren sie die unterschiedlichen Betriebsformen des Lebensmitteleinzelhandels. So sind zwei SB-Warenhäuser (Globus, Real), drei Discounter (Aldi, Lidl, Plus), ein Supermarkt (Edeka) und eine Lebensmittelabteilung eines Kaufhauses (Karstadt) als Stimuli der Untersuchung ausgewählt worden. Weiterhin wurde sichergestellt, dass der Lebensmitteleinkauf der Respondenten (mindestens ab und zu) in der Landeshauptstadt Saarbrücken vorgenommen wird, so dass der Respondent die Einkaufssituation an diesem Ort bewerten kann. Zudem sollte der Respondent in der Familie für die Lebensmitteleinkäufe (zumindest mit-)zuständig sein.

Hierbei muss beachtet werden, dass der Untersuchungsaufbau sich nicht auf einzelne Läden, sondern auf Ladenketten bzw. Filialunternehmen bezieht. Eine gewisse Heterogenität zwischen den Läden aller Ketten kann hierbei die Varianz der Antworten erhöhen, muss jedoch bei Studien dieser Art akzeptiert werden.[1596]

Gleichzeitig ist auf die begrenzten Möglichkeiten der Erhebungsmethode „Befragung" hinzuweisen.[1597] So sind das Modalitätsproblem und das Bewusstseinsproblem zu beachten, die z.B. dazu führen, dass im Gedächtnis gespeicherte Informationen bei einer verbalen Befragung nicht vollständig und korrekt wiedergegeben werden können.[1598] Bei der vorliegenden Fragestellung und den zu untersuchenden Beziehungen wurden diese Probleme als akzeptabel für die Untersuchung erachtet und es wurde - auch aus forschungspragmatischen Gründen - die Befragungsform gewählt, die in der Handelsforschung die übliche Erhebungsmethode ist.[1599]

[1595] Dass die gleichen sieben Unternehmen im Pretest bei beiden Kriterien die „Top 7" bildeten, war Zufall, beseitigte aber die Notwendigkeit, eine Gewichtung der beiden Kriterien vorzunehmen.

[1596] Vgl. Doyle, Peter; Fenwick, Ian: How store image affects shopping habits in grocery chains, in: JoR, 50. Jg., 1974/75, Nr. 4, S. 39-52, S. 46f.

[1597] Kroeber-Riel/ Weinberg weisen darauf hin, dass es für eine Reihe von Fragestellungen im Konsumentenverhalten „angemessenere" Verfahren als die Befragung gibt; vgl. Kroeber-Riel, Werner; Weinberg, Peter: Konsumentenverhalten, 7. Aufl., (Vahlen) München 1999, S. 32f.

[1598] Das Bewusstseinsproblem beruht dabei darauf, dass nicht alle Informationen, die im Langzeitgedächtnis gespeichert sind, auch wieder ins Bewusstsein gebracht werden können; das Modalitätsproblem bezieht sich darauf, dass Informationen oft nicht verbal gespeichert sind und dass daher eine verbale Abfrage dieser Information beim Konsumenten die Umsetzung von z.B. bildlich gespeicherten Informationen in die verbale Modalität erfordert; vgl. z.B. Kroeber-Riel, Werner; Weinberg, Peter: Konsumentenverhalten, 7. Aufl., (Vahlen) München 1999, S. 234f.

[1599] So wurden z.B. fast alle der Store Image-Untersuchungen, die im Zweiten Kapitel, Abschnitt C. dargestellt sind, in Form von Konsumentenbefragungen durchgeführt.

B. Ergebnisse der empirischen Analyse

I. Angebotsorientierte Perspektive

1. Deskriptive Analyse der Untersuchungsergebnisse

a) Stichprobenbeschreibung

In der Unternehmensumfrage konnten die Antworten von 58 Händlermarken aus Deutschland, Österreich und der Schweiz integriert werden. Die strukturelle Zusammensetzung der Stichprobe verdeutlicht die folgende Tabelle.

Tabelle 9: **Größenstruktur der Stichprobe**

Umsatz (in Mio. DM)	Anzahl der Händlermarken	relativer Anteil
unter 500	13	22,4 %
von 500 bis unter 1.000	16	27,6 %
von 1.000 bis unter 5.000	10	17,2 %
über 5.000	5	8,6 %
keine Angabe	14	24,2 %
Total	58	100,0 %

Dabei ist zu beachten, dass sich die Umsatzangaben auf die jeweils betrachtete Vertriebschiene bzw. Händlermarke beziehen, nicht auf die Gesamtunternehmung.

b) Ziele von Handelsunternehmen in Bezug auf ihre Händlermarke

Betrachtet man zunächst das Retail Branding bzw. die Etablierung einer Händlermarke als Ziel von Handelsunternehmen, so zeigt sich, dass die Unternehmen bzw. befragten Vertriebsschienen diesem Ziel eine hohe Bedeutung zumessen. 50,0 Prozent der befragten Unternehmen stimmen der entsprechenden Zielsetzung voll und ganz zu, 17,2 Prozent stimmen zu, weitere 19,0 Prozent stimmen eher zu, so dass insgesamt 86,2 Prozent der Befragten einer entsprechenden Aussage zustimmen.

Betrachtet man die konkreten Ziele, die die Handelsunternehmen mit dem Aufbau von Händlermarken verfolgen, so sieht man in Tabelle 10, dass die Gewinnung (und Erhaltung) des Vertrauens der Konsumenten an erster Stelle steht.[1600] Das zweitwichtigste Ziel ist die Treue der Konsumenten zur Händlermarke. Als weniger wichtige Subziele werden die Sympathie, die Bekanntheit, der Aufbau fester Gedächtnisbilder bzw. Assoziationen und die Differenzierung von der Konkurrenz angesehen.

[1600] Die Reihenfolge ist dabei nach dem Median bestimmt. Bei gleichem Median wird zuerst der Anteil der Nennungen als wichtigstes Ziel herangezogen, anschließend der Anteil der Nennungen als zweitwichtigstes Ziel usw.

Tabelle 10: Ziele des Retail Branding (Anteil der Befragten)

Ziel (n=58)	*Anteil der Befragten*							*Median*
	1. Rang	*2. Rang*	*3. Rang*	*4. Rang*	*5. Rang*	*6. Rang*	*ins-gesamt*	
Vertrauen	44,8 %	15,5 %	17,2 %	13,8 %	8,7 %	0,0 %	100 %	2
Treue der Kunden	29,3 %	36,2 %	12,1 %	19,0 %	1,7 %	1,7 %	100 %	2
Sympathie	10,3 %	19,0 %	36,2 %	13,8 %	12,1 %	8,6 %	100 %	3
Bekanntheit	8,6 %	5,2 %	19,0 %	15,5 %	19,0 %	32,7 %	100 %	5
festes Gedächtnisbild/Assoziat.	3,4 %	15,5 %	6,9 %	19,0 %	12,1 %	43,1 %	100 %	5
Wahrnehmung als einzigartig/ nicht austauschbar	3,4 %	8,6 %	8,6 %	19,0 %	46,6 %	13,8 %	100 %	5

2. Explikative und explorative Analyse der Untersuchungsergebnisse

a) Wettbewerbsstrategie

Zur Analyse der Wettbewerbsstrategien im Lebensmitteleinzelhandel soll zunächst geprüft werden, ob wettbewerbsstrategische Basisdimensionen existieren.

Wie bereits vorne dargestellt wurde, wurde den Handelsunternehmen eine Statementbatterie zur Bewertung unterschiedlicher Wettbewerbsstrategien vorgelegt. Die Respondenten wurden aufgefordert, das Ausmaß, in dem sie die jeweiligen Ziele verfolgen, anzugeben und damit ihr wettbewerbsstrategisches Verhalten zu charakterisieren.

Zur Erfassung der Wettbewerbsstrategie wurden insgesamt zehn Items erhoben, die jeweils den potenziellen Wettbewerbsvorteil bezüglich eines einzelnen Marketinginstruments betrafen. Zur Eruierung der wettbewerbsstrategischen Basisdimensionen im Einzelhandel wurden die Werte einer Faktorenanalyse unterzogen. Da nicht von vornherein davon auszugehen war, dass die Basisdimensionen vollständig unabhängig voneinander sind, wurde dabei eine oblique (schiefwinklige) Rotation genutzt, die eine Korrelation der Faktoren erlaubt.[1601]

Zuvor wurde die Stichprobeneignung für eine Faktorenanalyse überprüft. Die statistischen Tests, die dafür eingesetzt werden, sind das Kaiser-Meyer-Olkin-Maß und der

---

[1601] Dabei wurden für die Faktorextraktion folgende Einstellungen gewählt: Hauptkomponentenanalyse, Oblimin-Rotation mit Kaiser-Normalisierung, Bestimmung der Faktorzahl nach dem Kaiser-Kriterium, Ersetzen fehlender Werte durch Mittelwerte. Bei der Interpretation werden nur solche Items betrachtet, deren Faktorladungen größer als 0,5 sind und die eindeutig auf einem Faktor laden. Da dieses Vorgehen (mit Ausnahme der obliquen Rotation) den „üblichen" statistischen Gepflogenheiten entspricht, kann hier eine nähere Erläuterung der methodischen Aspekte entfallen; vgl. Backhaus, Klaus u.a.: Multivariate Analysemethoden, 9. Aufl., (Springer) Berlin u.a. 2000, S. 322.

Bartlett-Test auf Sphärizität. Dabei wurde ein KMO-Wert von 0,655 erzielt und ein hochsignifikanter Chi^2-Wert des Bartlett-Tests von 265,2 (Sign. = 0,000), so dass die Daten als für eine Faktorenanalyse geeignet angesehen werden können.[1602] Die Ergebnisse sind in Tabelle 11 dargestellt.

Tabelle 11:   Faktorenanalyse der Items zu den Wettbewerbsstrategien[1603]

Rotierte Mustermatrix Einzelitems (n = 58)	Faktor 1: Erlebnis/Preis- Dimension	Faktor 2: Kernleistungs- Dimension	Faktor 3: Convenience- Dimension
Beste Ladengestaltung?	0,859	0,250	0,169
Kundenbindungsführerschaft?	0,839		-0,206
Kostenführerschaft?	-0,761		
Beste Werbung?	0,677		-0,419
Preisführerschaft?	-0,662	0,103	-0,541
Qualitätsführerschaft?	0,275	0,791	
Serviceführerschaft?	0,392	0,735	-0,166
Prozessführerschaft?	-0,383	0,731	
Convenienceführerschaft?		0,137	0,801
Auswahlführerschaft?	-0,104	0,371	-0,677
Eigenwerte	3,363	2,101	1,791

Werte, deren Betrag unter 0,1 liegt, sind aus Gründen der Übersichtlichkeit nicht dargestellt.[1604]

Insgesamt gelingt es mit Hilfe der Faktorenanalyse, zentrale wettbewerbsstrategische Dimensionen zu identifizieren. Es wurden drei Faktoren extrahiert, die nicht vollständig unabhängig voneinander sind, deren Interkorrelation jedoch gering und nicht signifikant ist.[1605] Der genaue Anteil der einzelnen Faktoren an der erklärten Varianz kann bei einer obliquen Rotation nicht angegeben werden; insgesamt erklären die drei Faktoren mit 70,3 Prozent einen beträchtlichen Teil der Gesamtvarianz.

Die Interpretation der Faktoren zeigt, dass die von Porter postulierte Dichotomie der Wettbewerbsstrategien (Leistungs- oder Kostenvorteile) für den Einzelhandel (hier speziell den Lebensmitteleinzelhandel) in dieser Form nicht bestätigt werden kann:

♦ Faktor 1 entspricht einer Erlebnisorientierung, die durch Ladengestaltung, Werbung und die Bindung von Stammkunden positiv geladen wird und gleichzeitig negativ

---

[1602] Damit kann von einer „mäßig guten", aber akzeptablen Stichprobeneignung gesprochen werden; vgl. Janssen, Jürgen; Laatz, Wilfried: Statistische Datenanalyse mit SPSS für Windows, 3. Aufl., (Springer) Berlin u.a. 1999, S. 468f.

[1603] Hier ist die Mustermatrix dargestellt, die die Regressionskoeffizienten, d.h. die direkten Wirkungen der Faktoren auf die Variable, die als Gewichte bei der Schätzung der Variablenwerte relevant sind, wiedergibt; vgl. Janssen, Jürgen; Laatz, Wilfried: Statistische Datenanalyse mit SPSS für Windows, 3. Aufl., (Springer) Berlin u.a. 1999, S. 462-465.

[1604] Dieses Vorgehen wird auch im Folgenden bei den Faktorenanalysen, entsprechend den üblichen Gepflogenheiten, beibehalten.

[1605] Es ergeben sich folgende Korrelationen: $r_{1,2}$=0,07 (n.s.), $r_{1,3}$=-0,02 (n.s.), $r_{2,3}$=0,154 (n.s.).

von den Aspekten Preis- und Kostenführerschaft. Man kann den Faktor wegen dieser beiden „Pole" daher als „Erlebnis/Preis-Dimension" bezeichnen (wobei zu beachten ist, dass sich scheinbar eine hohe Erlebnisorientierung und eine hohe Preisorientierung ausschließen).

♦ Faktor 2 entspricht der Kernleistung im Handel, nämlich eine hohe Sortimentsqualität, eine hohe Servicequalität und funktionierende Kundenprozesse zu bieten. Dieser Faktor wird daher als „Kernleistungs-Dimension" bezeichnet.[1606]

♦ Faktor 3 wird von den beiden Variablen „Convenienceführerschaft" und „Auswahlführerschaft" beeinflusst. Damit kann die Dimension als „Convenience-Dimension" bezeichnet werden, da diese Variable am höchsten lädt und die (negativ damit korrelierte) „Auswahlführerschaft" anscheinend die gleiche Dimension mit einer umgekehrten Ausprägung bezeichnet.[1607]

Für die Analyse der wettbewerbsstrategischen Basisdimensionen im Einzelhandel (und auch der vorne dargestellten Porter'schen These, nach der sich Differenzierungsvorteile und Kostenvorteile ausschließen) ist die vorhandene Bipolarität des ersten Faktors interessant. Während Porter postulierte, dass Kosten und Qualität im Prinzip eine einzige Dimension darstellen, bei der die Kostenführerschaft und die Qualitätsführerschaft die entgegengesetzten Extrempositionen darstellen, zeigt sich hier, dass die Leistungsqualität im Einzelhandel nicht der Preisdimension entgegengesetzt ist, sondern eher der Erlebnisdimension, während die Preis- und die Qualitätsdimension nicht signifikant negativ miteinander korreliert sind.[1608] Dies kann als ein erstes Zeichen dafür gewertet werden, dass „Outpacing"-Strategien möglich sind.

Insgesamt kann damit geschlossen werden, dass die angestrebten Wettbewerbsvorteile im Einzelhandel auf zentrale Dimensionen zurückgeführt werden können, die sich als

---

[1606] In ähnlicher Form werden die in diesem Faktor zusammengefassten Wettbewerbsvorteile auch bei der Betrachtung des Handelsmarketing auf der Instrumentalebene von einer Reihe von Verfassern zusammengefasst. Tietz/Diller sprechen vom Waren- und Dienstleistungsangebot und fassen darunter die Instrumente der Sortimentsbildung und der Servicepolitik zusammen; Lerchenmüller spricht von Leistungssubstanzpolitik und versteht darunter neben der Betriebsgröße die Sortiments- und die Dienstleistungspolitik. Eine der ältesten Systematiken des Handelsmarketing von Lazer/Kelley enthält einen „Goods and Services Mix". Siehe Übersicht 12.

[1607] Wortzel zeigt auf, dass Convenience auf verschiedene Arten erreicht werden kann und das Erreichen vom Empfinden des Kunden abhängt. So kann Convenience für Kunden eine kurze Fahrzeit bedeuten, für andere die Möglichkeit eines One-stop-Shopping; vgl. Wortzel, Lawrence: Retailing Strategies for today's mature marketplace, in: JBS, 8. Jg., 1987, Spring, S. 45-56, S. 48. Dabei wird deutlich, dass diese Vorteile teilweise konfliktäre Ziele darstellen, denn die mit der One-stop-Shopping-Möglichkeit verbundene notwendige Größe der Verkaufsstellen führt i.d.R. zu einer Betriebstypenpolitik mit weniger Outlets und zu einer Standortwahl, die längere Anfahrtszeiten impliziert.

[1608] Dies zeigt sich auf der Faktorenebene in der bereits erwähnten, nicht signifikanten Korrelation zwischen den Faktoren 1 und 2 und auch auf der Ebene der Einzelvariablen. So ergibt sich zwischen der Preis- und der Qualitätsführerschaft ein nicht signifikanter Pearson'scher Korrelationskoeffizient r von -0,081.

„Erlebnis/Preis", „Kernleistung" und „Convenience" charakterisieren lassen. *These* T_{UWS1} *kann damit vorläufig bestätigt werden.*

Zur Überprüfung der These, dass sich eindeutige Strategische Gruppen auf der Basis der Wettbewerbsstrategien im Einzelhandel identifizieren lassen und sich damit Hinweise auf „stimmige" Strategiekombinationen ergeben, wurde zunächst auf der Grundlage der extrahierten Basisdimensionen eine Clusteranalyse vorgenommen. Das mögliche Vorgehen, neben den drei Basisdimensionen auch die Variable „Marktabdeckung", also die Frage nach der Konzentration auf bestimmte Zielgruppen, in die Cluster-Analyse als Variable zu integrieren, wurde nicht genutzt, da der dritte Faktor (Convenience-Dimension) mit r = -0,533 hochsignifikant mit dieser Variable korreliert, was eine Verzerrung der Clusterung zur Folge hätte. Gleichzeitig bedeutet die Korrelation jedoch auch, dass die Wirkung der Variablen Marktabdeckung zumindest teilweise in den Faktoren bereits enthalten ist. Die Variable Marktabdeckung bereits in die vorgeschaltete Faktorenanalyse zu integrieren, wurde aus sachlogischen Gründen nicht getan: So sind die anderen Variablen „leistungsbasierte" Wettbewerbsstrategien, während die Frage der Konzentration eine andere inhaltliche Dimension darstellt.[1609]

Auf Basis der zentralen Dimensionen der Wettbewerbsstrategien erfolgte eine Clusterung der Vertriebsschienen, bei der eine 6-Cluster-Lösung extrahiert wurde;[1610] die Handelsunternehmen wurden dabei nach der Ausprägung ihrer Wettbewerbsstrategie in Gruppen zugeordnet. Zur Veranschaulichung der Strategischen Gruppen ist in Übersicht 40 zunächst die Ausprägung der drei zentralen Dimensionen bei jedem der Untersuchungsobjekte dargestellt, wobei die Clusterzugehörigkeit der jeweiligen Vertriebsschiene markiert ist. Um die Güte bzw. Trennschärfe dieser Clusterlösung zu prüfen, empfiehlt sich die Durchführung einer Diskriminanzanalyse. Die Clusterzugehörigkeit stellt dabei die abhängige Variable dar; die Faktorwerte, die als Grundlage der Clusterung dienten, sind die unabhängigen Variablen.[1611] Die Gütemaße der Diskriminanzanalyse sind in Tabelle 12 enthalten.

[1609] Dies ist auch den Überlegungen von Porter zu entnehmen, der das Kriterium der Marktabdeckung (neben der Kosten- bzw. Leistungsführerschaft) als unabhängige zweite Dimension ansieht; vgl. Abschnitt C.I.1. des Dritten Kapitels.

[1610] Ein Kriterium zur Festlegung der endgültigen Clusterzahl liefert das Ellbow-Kriterium. Dabei handelt es sich um einen Sprung in der Fehlerquadratsumme; vgl. Backhaus, Klaus u.a.: Multivariate Analysemethoden, 9. Aufl., (Springer) Berlin u.a. 2000, S. 375.
Als Verfahren wurde im vorliegenden Fall eine hierarchische Cluster-Analyse mit dem Ward-Algorithmus als Clusterfahren angewendet, der von Backhaus u.a. für die meisten Anwendungen empfohlen wird; vgl. Backhaus, Klaus u.a.: Multivariate Analysemethoden, 9. Aufl., (Springer) Berlin u.a. 2000, S. 365f.

[1611] Dieses Vorgehen wird allgemein in der Literatur zur Güteprüfung einer Clusterlösung genutzt, vgl. z.B. Lubritz, Stefan: Internationale Strategische Allianzen mittelständischer Unternehmen, (Lang) Frankfurt a.M. 1998, S. 244f.; Gröppel-Klein, Andrea: Wettbewerbsstrategien im Einzelhandel, (DUV) Wiesbaden 1998, S. 93f.

Übersicht 40: Ausprägung der wettbewerbsstrategischen Basisdimensionen bei den einzelnen Handelsunternehmen[1612]

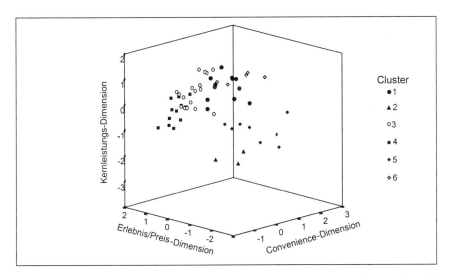

Alle drei Diskriminanzfunktionen weisen Eigenwerte deutlich über 1 auf. Es ergibt sich ein sehr guter Wert des Wilks' Lambda von 0,005 (Sign. = 0,000).[1613] Auch die korrekte Zuordnung von 94,8 Prozent der ursprünglich klassifizierten Objekte zeigt die hohe Trennfähigkeit der Cluster und damit die Güter der Cluster-Lösung.

Tabelle 12: Gütemaße der Diskriminanzanalyse

Fkt.	Eigen-wert	Anteil der Varianz	Kum. Anteil der Varianz	Kanon. Korrelations-koeffizient	Test der Fkt.	Wilks' Lambda	χ^2	df	Sign.
1	9,231	58,2	58,2	0,950	1-3	0,005	273,465	15	0,000
2	4,194	26,4	84,6	0,899	2-3	0,056	151,380	8	0,000
3	2,442	15,4	100,0	0,842	3	0,291	64,889	3	0,000

Zur Beschreibung der Cluster sind in Tabelle 13 zunächst die statistischen Daten der Cluster auf Basis der Wettbewerbsstrategie aufgezeigt (zu beachten für die Interpretati-

---

[1612] Da die Faktoren nicht mit einer rechtwinkligen Rotation, sondern mit einer obliquen Rotation extrahiert wurden, ist streng genommen eine Darstellung im dreidimensionalen (rechtwinkligen) Raum nicht zulässig. Auf Grund der geringen Korrelation der Faktoren kann diese Darstellung hier jedoch ohne größere Verzerrung trotzdem gewählt werden.

[1613] Vgl. Janssen, Jürgen; Laatz, Wilfried: Statistische Datenanalyse mit SPSS für Windows, 3. Aufl., (Springer) Berlin u.a. 1999, S. 431.

on ist, dass Faktoren standardisiert sind, also einen Mittelwert von 0 und eine Varianz von 1 haben).[1614]

Tabelle 13:   Statistische Daten der Unternehmenscluster nach wettbewerbsstrategischen Basisdimensionen

Faktoren/Einzelitems (n= 58)	Mittelwerte/Mittelwertabweichung						ANOVA	
	Cluster 1	Cluster 2	Cluster 3	Cluster 4	Cluster 5	Cluster 6	F	Sign
Faktor 1: Erlebnis/Preis-Dimension	**0,717**	**0,317**	**0,463**	**0,351**	**-1,932**	**-1,279**	**69,212**	**0,000**
Beste Ladengestaltung?	+	0	+	0	--	-	32,740	0,000
Kundenbindungsführerschaft?	0	0	0	+	--	--	30,814	0,000
Kostenführerschaft?	-	0	0	0	+	+	9,464	0,000
Beste Werbung?	0	0	+	+	--	--	11,506	0,000
Preisführerschaft?	-	--	0	+	++	+	20,551	0,000
Faktor 2: Kernleistungs-Dimension	**0,168**	**-2,164**	**0,358**	**-0,077**	**-0,594**	**1,303**	**35,760**	**0,000**
Qualitätsführerschaft?	0	--	+	0	-	+	25,924	0,000
Serviceführerschaft?	0	--	+	0	-	+	19,373	0,000
Prozessführerschaft?	0	-	0	0	0	+	8,790	0,000
Faktor 3: Convenience-Dimension	**1,315**	**1,278**	**-0,234**	**-1,287**	**0,145**	**0,086**	**39,092**	**0,000**
Convenienceführerschaft?	+	+	0	-	0	0	11,910	0,000
Auswahlführerschaft?	--	--	0	+	0	+	10,362	0,000
Marktabdeckung	-	-	+	0	0	0	**8,068**	**0,000**
n	11	3	19	12	8	5		

+(+): Mittelwert des Clusters (weit) überdurchschnittlich,
0:    Mittelwert des Clusters durchschnittlich,
-(-): Mittelwert des Clusters (weit) unterdurchschnittlich.

Um die verfolgte Wettbewerbsstrategie der einzelnen Cluster noch näher zu beschreiben, ist gleichzeitig ein Mittelwertvergleich auf Basis der Einzelvariablen erfolgt; aus Gründen der Übersichtlichkeit ist hierbei nur angegeben, ob der Mittelwert im Durchschnitt aller Cluster liegt, darüber oder darunter.[1615]Vor der Interpretation der Cluster soll noch aufgezeigt werden, welche Betriebstypen in den entsprechenden Clustern schwerpunktmäßig vertreten sind. Dies ist in Tabelle 14 dargestellt.

[1614] Vgl. Bortz, Jürgen: Statistik für Sozialwissenschaftler, 5. Aufl., (Springer) Berlin u.a. 1999, S. 523
[1615] Die Marktabdeckung wurde in der Faktorenanalyse nicht integriert, ist aber trotzdem für die Beschreibung der Cluster hier dargestellt.
Die Intervallgröße ist für die (+/0/-)-Darstellung mit 1,0 gewählt, d.h., Werte, die weniger als +/- 0,5 vom Mittelwert abweichen, werden als durchschnittlich angesehen; die weiteren Intervalle schließen sich mit jeweils einer Größe von 1,0 an.

Tabelle 14: Wichtigste Betriebstypen in den einzelnen Clustern

Cluster	Betriebstypen (Anteil an allen Unternehmen im Cluster)
1	Convenience-Stores (64%)
2	Convenience-Stores (100%)
3	SB-Warenhäuser (31,6%), Supermärkte (26,3%), Verbrauchermärkte (21,1%), Discounter (15,8%)
4	SB-Warenhäuser (41,7%), Supermärkte (33,3%)
5	SB-Warenhäuser (50,0%), Discounter (37,5%)
6	Verbrauchermärkte (100%)

Betrachtet man die bislang beschriebenen Ausprägungen der verschiedenen Variablen, lassen sich die Strategischen Gruppen wie folgt beschreiben:

♦ Cluster 1 umfasst Unternehmen, die einen hohen Wert auf Convenience legen. Die Auswahl ist begrenzt. Gleichzeitig bieten die Unternehmen Erlebnis (v.a. durch eine Betonung der Ladengestaltung) und streben nicht an, die günstigsten Preise für den Konsumenten zu bieten (was sich auch in einer relativ niedrigen Kostenorientierung ausdrückt). Bezüglich der Kernleistung bewegt sich dieses Cluster im Durchschnitt. Es strebt nicht an, mit seinem Angebot alle Kunden zu erreichen, sondern konzentriert sich eher auf ausgewählte Kundengruppen. Wie oben gezeigt, besteht das Cluster im Wesentlichen aus Vertriebsschienen, die dem Betriebstyp Convenience-Stores zugehörig sind und kann daher als ein Convenience-Store moderner Prägung charakterisiert werden, der gleichzeitig ein begrenztes, aber qualitativ gutes Sortiment zu leicht überdurchschnittlichen Preisen anbietet, dem Kunden aber auch die entsprechende Atmosphäre bieten will. Es wird im Folgenden als *„Convenience-Anbieter"* bezeichnet.

♦ Cluster 2 fokussiert sehr stark auf die Convenience-Dimension; auch hier wird die Convenience mit einer sehr begrenzten Auswahl im Sortiment realisiert. Bezüglich der Erlebnis/Preis-Dimension strebt man insgesamt eine eher erlebnisorientierte Position an, wobei die Preisstellung deutlich höher als bei den anderen Clustern ist. Bezüglich der Kernleistung der Handelsunternehmen, also Qualität, Service und funktionierenden Prozessen, strebt das Cluster lediglich unterdurchschnittliche Werte an. Insgesamt fokussiert es seine Strategie damit sehr stark auf den Wettbewerbsvorteil „Convenience" und ist sich bewusst, damit eher eng umgrenzte Zielgruppen zu erreichen. Das Cluster wird nur von Unternehmen besetzt, die sich selbst dem Betriebstyp „Convenience-Store" zuordnen, und die das Convenience-Angebot nutzen, ohne weitere Wettbewerbsvorteile anzustreben. Das Cluster soll daher mit dem Arbeitstitel *„conveniencefokussierter Anbieter"* bezeichnet werden.

♦ Cluster 3 versucht in überdurchschnittlichem Maße, die Kunden durch eine hohe Sortiments- und Servicequalität zu überzeugen. Bezüglich der Convenience ist man eher unterdurchschnittlich. In Cluster 3 ist eine große Zahl unterschiedlicher Betriebstypen zusammengefasst, die von SB-Warenhäusern bis zu Discountern reichen. Alle streben an, dem Kunden eine gute Sortimentsqualität in einer angenehmen Ladenatmosphäre zu bieten und dabei tendenziell eine breite Kundenschicht anzusprechen. Im Prinzip handelt es sich dabei um eine „solide" Handelsleistung, die von zahlreichen Händlern in ähnlicher Form angestrebt wird. Dementsprechend stellt das Cluster 3 auch das größte Cluster in der Stichprobe dar. Das Cluster soll im Arbeitstitel als „*Qualitäts-Anbieter*" bezeichnet werden.[1616]

• Die Händlermarken, die im vierten Cluster zusammengefasst sind, streben eine leicht überdurchschnittliche Erlebnisorientierung an, sind aber bgzl. der Dimension „Kernleistung" nur Durchschnitt. Sie versuchen in keinem der Kernleistungsbereiche (Qualität, Service und Prozesse) überdurchschnittliche Leistungen zu erzielen, streben jedoch in jedem dieser Bereiche an, auch nicht schlechter als die Konkurrenz zu sein. Bezüglich der Dimension „Convenience" wird eher Wert auf eine große Auswahl als auf einen schnellen Einkauf gelegt. Das Cluster setzt sich schwerpunktmäßig aus Vertriebsschienen der Betriebstypen „SB-Warenhäuser" und „Supermärkte" zusammen und ist bezüglich der durchschnittlichen Verkaufsfläche größer als die Unternehmen des dritten Clusters.[1617] Trotzdem ist die Nähe zum dritten Cluster nicht zu übersehen, wobei in Cluster 4 mehr Wert auf Auswahl und dafür weniger auf Qualität gelegt wird. Das Cluster soll im Arbeitstitel als „*erlebnisorientierte Auswahl-Anbieter*" bezeichnet werden.

• Das fünfte Cluster ist durch eine sehr hohe Preis- und Kostenorientierung in seiner Strategie gekennzeichnet. Damit einher geht der konsequente Verzicht auf Vorteile bezüglich der Ladengestaltung, Werbung oder Kundenbindungsmaßnahmen. Bgzl. der Qualität der Kernleistung werden (leichte) Abstriche in Kauf genommen, wobei aber bei der Qualität und beim Service angestrebt wird, eine den Konkurrenten ebenbürtige Leistung zu bieten.[1618] Bezüglich der Convenience bewegt man sich im Durchschnitt aller Cluster. Im fünften Cluster sind SB-Warenhäuser und Discounter zusammengefasst; betrachtet man die SB-Warenhäuser näher, stellt man fest, dass es

---

[1616] Es überrascht auf den ersten Blick, in diesem Cluster auch Discounter zu finden. Vergegenwärtigt man sich aber nochmals das Positionierungschart der GfK für den deutschen Lebensmitteleinzelhandel, zeigt sich auch dort, dass die Nähe einiger Discounter zu den Supermärkten sehr hoch ist; vgl. Übersicht 23.

[1617] Die durchschnittliche Verkaufsfläche im dritten Cluster beträgt 2.156 m², im vierten Cluster 2.986 m²; in beiden Clustern ist jedoch eine relativ hohe Standardabweichung festzustellen, was auf Grund der unterschiedlichen Betriebstypen, die in den Clustern zusammengefasst sind, auch zu erwarten war.

[1618] Die Durchschnittswerte des Clusters bzgl. Qualität und Service betragen 0,3 bzw. 0,0, was zwar unterdurchschnittlich ist im Vergleich zur gesamten Stichprobe, aber zugleich aussagt, dass keine „unterlegene" Leistung bei diesen Strategiedimensionen angestrebt wird.

sich hierbei eher um preisaggressiv agierende SB-Warenhäuser handelt.[1619] Das fünfte Cluster wird damit *„discountorientierte Anbieter"* benannt.

♦ Cluster 6 setzt sich aus Verbrauchermärkten zusammen, die eine hohe Betonung auf die Dimension „Kernleistung" legen und versuchen, eine überdurchschnittliche Qualität und einen überdurchschnittlichen Service zu bieten. Bezüglich der Entscheidung Erlebnis vs. Preis werden eindeutig die Preisvorteile in den Vordergrund gestellt. Gleichzeitig versucht man bei der Convenience-Dimension eine ausgewogene Leistung aus Bequemlichkeit und Auswahl bzw. Größe zu bieten. Insgesamt könnte man hier von *„preisorientierten Auswahl-Anbietern"* sprechen.

Es zeigt sich, dass die gebildeten Cluster - wenn man nicht, wie die traditionelle Abgrenzung der Betriebstypen, die Größe als dominantes Merkmal heranzieht, sondern die Wettbewerbsstrategie zu Grunde legt - nicht vollständig mit den Betriebstypen übereinstimmen, aber dass es (da mit den Betriebstypen bestimmte Merkmalskombinationen bzw. unter Umständen verfolgte Wettbewerbsstrategien verbunden sind) Schwerpunkte gibt. Insbesondere die Betriebstypen SB-Warenhaus und Supermarkt kommen mit unterschiedlichem Einsatz von Wettbewerbsstrategien in der Stichprobe vor, so dass die entsprechenden Vertriebsschienen unterschiedlichen Wettbewerbsstrategie-Clustern zugeordnet werden. Auch wird deutlich, dass die Basisdimensionen der Wettbewerbsstrategien und die einzelnen zu Grunde liegenden Instrumente in den jeweiligen Clustern unterschiedlich kombiniert werden und dadurch sehr unterschiedliche Strategietypen (an Stelle der nur drei von Porter postulierten) im Lebensmitteleinzelhandel eingesetzt werden.

Insgesamt kann man auf Grund der vorliegenden Analyse bestätigen, dass sich Strategische Gruppen im Einzelhandel identifizieren lassen, die sich nach ihren eingesetzten Wettbewerbsstrategien signifikant unterscheiden. Die gute Trennschärfe der Cluster-Lösung erlaubt es, die These T_{UWS2} vorläufig als bestätigt anzusehen.

b) Wettbewerbsstrategie und Gestaltung der Marketinginstrumente

i. Einsatz der Marketinginstrumente

Bezüglich der Strategischen Gruppen wurde vermutet, dass sich der Einsatz der Marketinginstrumente zwischen ihnen deutlich unterscheidet und dass die einzelnen Marketinginstrumente unterschiedliche Beiträge zur Beschreibung der Unterschiede zwischen den Gruppen leisten könnten.

[1619] Die SB-Warenhäuser in Cluster 5 sind weniger service- als preisorientiert im Vergleich zu denen in Cluster 4. Dies zeigt ein Vergleich der Mittelwerte. So ergeben sich bzgl. der Serviceführerschaft Mittelwerte der SB-Warenhäuser in Cluster 5 im Vergleich zu Cluster 4 von 0,25 bzw. 1,4; bzgl. der Preisführerschaft sind die entsprechenden Werte 2,0 bzw. 0,6 (bei den angestrebten Wettbewerbsvorteilen wurde eine 5er-Ratingskala von -2 bis +2 verwendet, wobei +2 ein starkes Anstreben des jeweiligen Wettbewerbsvorteils bedeutet).

Die Unternehmen wurden zur Überprüfung dieser Aussage aufgefordert, insgesamt 25 Aussagen zu jeweils einzelnen Marketinginstrumenten zu beantworten. Zur Verdichtung wurden Aussagen, die sich auf das gleiche Instrument bezogen, in einem ersten Schritt zusammengefasst, indem nach einer Überprüfung der Reliabilität (Cronbach's Alpha) der Durchschnitt der entsprechenden Indikatoren gebildet wurde.[1620]

Zur Prüfung der Frage, inwieweit die Wettbewerbsstrategien in eindeutigen (also als typisch oder evtl. auch als stimmig anzusehenden)[1621] Marketingstrategie-Kombinationen resultieren, wurde in einem ersten Schritt überprüft, inwieweit die verbleibenden 17 Variablen faktorenanalytisch zusammengefasst werden können. Dazu wurde die Stichprobeneignung für eine Faktorenanalyse überprüft. Dabei wurde ein KMO-Wert von 0,503 erzielt und ein Chi^2-Wert des Bartlett-Tests auf Sphärizität von 607,9 (Sign. = 0,000). Der KMO-Wert ist dabei als „schlecht" zu bezeichnen, so dass auf eine Faktorenanalyse verzichtet wird.[1622] Daher wurde im nächsten Schritt auf der Ebene der Einzelitems ein Mittelwertvergleich der Marketinginstrumenteausprägung vorgenommen (siehe Tabelle 15).

Es zeigt sich, dass bezüglich fast aller Marketinginstrumente signifikante Mittelwertunterschiede zwischen den einzelnen Clustern vorliegen. Am deutlichsten sind diese bezüglich der Instrumente „Niedriger Preis", „EDLP", „Ladenatmosphäre" und „Sortimentsqualität".[1623] Nicht signifikante Unterschiede zeigen sich lediglich bezüglich der Variablen „Keine Bestandslücken", „Sauberkeit/Hygiene", „Kundenclubs" und „Stammkundenpflege". Die ersten beiden beziehen sich dabei auf das Marketinginstrument „Prozesse" und die Mehrzahl der Unternehmen aller Cluster geben an, hier hohe Werte zu erzielen, unabhängig von der sonstigen Ausrichtung der Marketinginstrumente. Bezüglich der „Kundenclubs" und der „Stammkundenpflege" geben dagegen fast alle Unternehmen an, bisher erst einen relativ niedrigen Entwicklungsstand erreicht zu haben.[1624]

[1620] Dies betraf die fünf Variablen Auswahl, Sortimentsqualität, Service, Ladenatmosphäre und Image-Werbung (für die jeweils mehrere Indikatoren erhoben wurden) mit durchgehend hohen Cronbach's Alpha-Werten von 0,9137, 0,7502, 0,8634, 0,9024 und 0,7825. Obwohl dabei eine ungewichtete Durchschnittsbildung nicht ganz unproblematisch ist, soll - auf Grund der in der Literatur einheitlich als zusammengehörig betrachteten Items und der hohen Alpha-Werte - diese Form der Zusammenfassung erfolgen.

[1621] Vgl. Conant, Jeffrey; Smart, Denise; Solano-Mendez, Roberto: Generic retailing types, discinctive marketing competencies, and competitive advantage, in: JoR, 69. Jg., 1993, Nr. 3, S. 254-279, S. 256.

[1622] Vgl. Janssen, Jürgen; Laatz, Wilfried: Statistische Datenanalyse mit SPSS für Windows, 3. Aufl., (Springer) Berlin u.a. 1999, S. 468f.

[1623] Hierzu kann man die entsprechenden F-Werte der Varianzanalyse vergleichen.

[1624] Ausnahme sind die Unternehmen in Cluster 6, die angeben, bei der Stammkundenpflege relativ hohe Werte zu erzielen.

Tabelle 15:   Betrachtung der Unterschiede in den Marketingstrategien nach Clusterzugehörigkeit

Marketinginstrument (n=58)	1 Conv.-Anbieter	2 conv.-fokuss. Anbieter	3 Qualitäts-Anbieter	4 erlebnis-orientierte Auswahl-Anbieter	5 discount-orientierte Anbieter	6 preis-orientierte Auswahl-Anbieter	F	Sign
Auswahl	-1,0	-2,7	1,4	1,6	0,2	2,0	7,289	0,000
Sortimentsqualität	1,9	-1,0	2,1	1,7	0,6	2,0	10,867	0,000
Handelsmarken	0,3	-1,3	0,2	0,0	1,9	0,8	4,349	0,002
Billige Handelsmarken	-0,9	-0,3	0,4	0,3	2,3	1,0	8,424	0,000
Service	0,6	-1,7	1,1	1,2	0,1	1,2	8,528	0,000
Niedriger Preis	-0,7	-2,3	0,3	1,7	2,8	2,0	15,996	0,000
EDLP	0,0	-1,7	0,6	0,6	1,1	2,0	14,106	0,000
Keine Bestandslücken	1,7	2,3	1,4	1,3	1,6	2,0	1,927	0,106
Sauberkeit/Hygiene	1,4	1,7	2,1	2,0	1,8	2,0	1,499	0,206
Effiziente Kassenabwicklung	1,6	2,7	1,6	1,7	1,9	2,6	2,769	0,027
Ladenatmosphäre	1,9	0,7	1,8	1,1	-1,2	1,4	13,577	0,000
Werbefrequenz	0,5	-2,7	0,8	0,4	0,4	1,0	4,044	0,004
Image-Werbung	1,2	1,3	0,5	0,3	-1,6	0,8	5,414	0,000
Schneller Einkauf	2,2	3,0	1,4	0,9	2,0	2,6	4,716	0,001
Erreichbarkeit	2,8	3,0	1,8	1,1	2,0	2,0	3,602	0,007
Kundenclubs	-0,7	-1,7	-0,8	-0,9	-2,3	-2,0	1,562	0,187
Stammkundenpflege	0,5	-1,0	0,6	0,9	-0,3	2,0	2,288	0,059

Mittelwerte über Spalten 1–6, *ANOVA* über F und Sign.

Skala jeweils von -3 (niedrigste Ausprägung des jeweiligen Instruments) bis +3 (höchste Ausprägung).

Im nächsten Schritt soll eine Diskriminanzanalyse zeigen, welche der Marketinginstrumente den höchsten Erklärungsbeitrag zur Trennung der einzelnen Cluster leisten.

Den Ausgangspunkt der empirischen Ermittlung zentraler Profilierungsdimensionen bildet dabei die Analyse der Gruppenunterschiede zwischen den vorliegenden Unternehmensclustern anhand der eingesetzten Marketinginstrumente. Eine derartige Untersuchung ist mit Hilfe der Diskriminanzanalyse durchführbar, die es ermöglicht, mehrere Gruppen simultan hinsichtlich einer Mehrzahl von Merkmalsvariablen zu analysieren. Die vorgeschaltete univariate Signifikanzprüfung (Tabelle 15) zeigte, welchen Leistungsdimensionen eine hohe Trennfähigkeit zukommt. Insofern ist die Einbeziehung dieser Instrumente in die Diskriminanzanalyse gerechtfertigt. Die Variablen, deren geringe Diskriminierungsfähigkeit sich bereits gezeigt hat, wurden in die Diskriminanzanalyse nicht mit aufgenommen.

Dabei wird in der Diskriminanzanalyse die Clusterzugehörigkeit als abhängige Variable gewählt, die einzelnen Marketinginstrumente werden schrittweise als unabhängige Variablen eingesetzt.[1625]

[1625] Auf Grund der hohen Zahl an Variablen soll hier durch eine schrittweise Diskriminanzanalyse eine Auswahl derjenigen Variablen vorgenommen werden, die eine hohe Diskriminierungsfähigkeit aufweisen. Als Kriterium für die Aufnahme bzw. den Ausschluss einer Variablen wurde dabei - entsprechend der Voreinstellung in SPSS - ein partieller F-Test angewendet, der die Verringerung

Tabelle 16:　Gütemaße der Diskriminanzanalyse

Fkt.	Eigen-wert	Anteil der Varianz	Kum. Anteil der Varianz	Kanon. Korrelations-koeffizient	Test der Fkt.	Wilks' Lambda	χ^2	df	Sign.
1	4,007	49,3	49,3	0,895	1-5	0,015	207,372	35	0,000
2	1,738	21,4	70,7	0,797	2-5	0,076	127,639	24	0,000
3	1,570	19,3	90,1	0,782	3-5	0,208	77,777	15	0,000
4	0,716	8,8	98,9	0,646	4-5	0,534	31,054	8	0,000
5	0,091	1,1	100,0	0,289	5	0,916	4,320	3	0,229

Bereits die ersten beiden Diskriminanzfunktionen erklären ca. 70 Prozent der Gesamtvarianz. Alle 5 Funktionen gemeinsam ergeben ein residuelles kumulatives Wilks' Lambda von 0,015 (Sign. = 0,000), was auf eine sehr gute Trennung der Cluster hindeutet. Außerdem werden 74,1 Prozent der Fälle richtig klassifiziert, was eine gute Trennung belegt.[1626]

Anhand Tabelle 17 wird gezeigt, welche Variablen eine entsprechend hohe Diskriminierungsfähigkeit aufweisen, dass sie in die Analyse mit einbezogen wurden, welche Variablen die jeweiligen Diskriminanzfunktionen am stärksten prägen und welche Bedeutung den jeweiligen Variablen insgesamt für die Trennung der Gruppen zukommt.[1627]

Insgesamt zeigt sich bei Betrachtung der mittleren Diskriminanzkoeffizienten, dass der Service und die Auswahl mit Abstand die höchste Diskriminierungskraft aufweisen. Nach Heinemann kann man hier auch von Profilierungskraft sprechen.[1628] Preis und Sortimentsqualität kommt eine deutlich geringere Diskriminierungskraft zu.

---

des Wilks' Lambda durch die Aufnahme der Variable testet. Die voreingestellten Werte für F wurden übernommen. Vgl. Janssen, Jürgen; Laatz, Wilfried: Statistische Datenanalyse mit SPSS für Windows, 3. Aufl., (Springer) Berlin u.a. 1999, S. 436.

[1626] Vgl. Janssen, Jürgen; Laatz, Wilfried: Statistische Datenanalyse mit SPSS für Windows, 3. Aufl., (Springer) Berlin u.a. 1999, S. 431.

[1627] Die mittleren Diskriminanzkoeffizienten ergeben sich dabei aus den mit den Eigengewichten der jeweiligen Diskriminanzfunktionen gewichteten absoluten Werten der standardisierten kanonischen Diskriminanzkoeffizienten; vgl. Backhaus, Klaus u.a.: Multivariate Analysemethoden, 9. Aufl., (Springer) Berlin u.a. 2000, S. 178f.; Heinemann, Gerrit: Betriebstypenprofilierung und Erlebnishandel, (Gabler) Wiesbaden 1989, S. 86f.

[1628] Vgl. Heinemann, Gerrit: Betriebstypenprofilierung und Erlebnishandel, (Gabler) Wiesbaden 1989, S. 99.

Tabelle 17: **Standardisierte kanonische Diskriminanzkoeffizienten und mittlerer Diskriminanzkoeffizient**

Einzelitems	Standardisierte kanonische Diskriminanzkoeffizienten nach Diskriminanzfunktionen					Mittlerer Diskriminanzkoeff.	
	1	*2*	*3*	*4*	*5*	*absolut*	*relative Bedeutung*
Auswahl	-0,889	0,776	0,958	-1,337	0,708	7,439	20,5 %
Sortimentsqualität	0,210	0,802	-0,597	0,630	-0,155	3,640	10,0 %
Handelsmarken	0,348	-0,751	-0,235	0,393	0,774	3,421	9,4 %
Service	1,532	-0,934	-0,702	-0,042	-0,323	8,924	24,6 %
Niedriger Preis	0,570	-0,696	0,311	0,139	-0,527	4,129	11,4 %
EDLP	0,515	0,833	0,327	0,259	0,077	4,216	11,6 %
Effiziente Kassenabwicklung	-0,589	0,460	0,499	0,774	-0,336	4,527	12,5 %
Summe						**36,269**	**100,0 %**

Insgesamt kann man auf Grund der vorliegenden Analyse bestätigen, dass sich der Marketinginstrumenteeinsatz zwischen den Strategischen Gruppen im Einzelhandel signifikant unterscheidet, was durch einen Vergleich der Clustermittelwerte bezüglich der einzelnen Instrumente gezeigt wurde. Die Diskriminierungkraft der einzelnen Marketinginstrumente zwischen den einzelnen Clustern ist deutlich unterschiedlich, wie die Selektion von sieben Marketinginstrumenten durch die schrittweise Diskriminanzanalyse anzeigt, denen zusätzlich eine deutlich unterschiedliche Diskriminierungskraft zukommt. Auswahl und Service trennen deutlicher zwischen den einzelnen wettbewerbsstrategischen Gruppen als die anderen Instrumente. ***Daher kann die These*** T_{UWS-MI} ***vorläufig bestätigt werden.***

ii. Fit

Nach der (isolierten) Gestaltung der einzelnen Marketinginstrumente soll ihre Interdependenz betrachtet werden, d.h. der Integrationsgrad bzw. Fit. Um hier „ehrlichere" Antworten zu bekommen, wurde gefragt, inwieweit die jeweiligen Instrumente „bereits auf die Gesamtmarketingstrategie" der Vertriebsschiene ausgerichtet seien. Damit sind niedrige Werte evtl. auch darauf zurückzuführen, dass sich Vertriebsschienen in einem „Transformationsprozess" befinden bzw. in Bezug auf einzelne Marketinginstrumente neue Strategien entwickelt wurden, die noch nicht vollständig umgesetzt sind.

Dabei wurde die Validität der angewendeten Fit-Skala zunächst durch eine multiple Regressionsanalyse geprüft.[1629] Abhängige Variable war dabei die pauschale Aussage „Insgesamt ist es uns bereits sehr erfolgreich gelungen, unsere Marketinginstrumente

---

[1629] Damit wird die Konstruktvalidität anhand der Konvergenzvalidität geprüft, bei der die Konvergenz unterschiedlicher Messmethoden für das gleiche Konstrukt betrachtet wird; vgl. Hammann, Peter; Erichson, Bernd: Marktforschung, 4. Aufl., (Lucius&Lucius) Stuttgart 2000, S. 94-96. Siehe zu diesem Vorgehen z.B. Gröppel-Klein, Andrea: Wettbewerbsstrategien im Einzelhandel, (DUV) Wiesbaden 1998, S. 103.

aufeinander abzustimmen und zu integrieren." Unabhängige Variablen waren die neun einzelnen Indikatoren. Die Regressionsanalyse ist hochsignifikant mit einem r^2 von 0,598, so dass von einer validen Skala gesprochen werden kann.

Anschließend erfolgte eine Reliabilitätsanalyse des Fit-Konstrukts. Die Trennschärfe-Koeffizienten und das Cronbach's Alpha sind in Tabelle 18 dargestellt.

Tabelle 18:   Reliabilitätsanalyse der Fit-Skala aus Unternehmenssicht

Einzelitems (n = 58)	Korrigierte Item-to-Total-Korrelation	Cronbach's Alpha ohne Item
Passt Größe der Auswahl?	0,5389	0,7658
Passt Qualitätsniveau des Sortiments?	0,6567	0,7465
Passt Preisniveau?	0,5090	0,7616
Passt Service?	0,5763	0,7532
Passt Ladengestaltung?	0,4083	0,7747
Passt Werbung?	0,6004	0,7461
Passen Kundenbindungsprogramme?	0,5424	0,7607
Passt Bequemlichkeitsniveau?	0,0921	0,8050
Passen Prozesse?	0,4350	0,7722
Cronbach's Alpha		**0,7867**

Der Alpha-Wert für das Konstrukt von 0,7867 zeigt die hohe Reliabilität der Skala.[1630] Auf Grund des sehr niedrigen Trennschärfekoeffizienten wird jedoch das Item „Passt Bequemlichkeitsniveau?" aus der Skala eliminiert, was den Wert für Cronbach's Alpha sogar auf 0,8050 erhöht.[1631] Eine exploratorische Faktorenanalyse extrahiert zwar zunächst zwei Faktoren, alle acht Items laden jedoch mit über 0,5 auf dem ersten Faktor und kein einziges Item lädt eindeutig auf dem zweiten Faktor, so dass auch diese Güteuntersuchung einer Verwendung der Skala nicht entgegensteht.[1632] Da diese Gütekriterien erfüllt sind, wird im Folgenden der ungewichtete Durchschnitt der Items als „Fit-Wert" des Handelsmarketinginstrumentariums eines Unternehmens verwendet.[1633] Die

---

[1630] In der Literatur geht man einheitlich davon aus, dass die Reliablität eines Konstrukts ab einem Cronbach's Alpha von 0,7 als akzeptabel anzusehen ist, in Anlehnung an einen Vorschlag von Nunally; vgl. Nunally, Jum: Psychometric Theory, 2. Aufl., (McGraw-Hill) New York 1978, S. 245.

[1631] Wiederholt man die oben dargestellte Regressionsanalyse als Validitätsuntersuchung ohne dieses Item, ergibt sich weiterhin eine hochsignifikante Regressionsfunktion mit einem Bestimmtheitsmaß r^2 von 0,541.

[1632] Vgl. zu diesem Vorgehen für die Entwicklung bzw. das Prüfen der Güte einer Skala z.B. Homburg, Christian; Giering, Annette: Konzeptualisierung und Operationalisierung komplexer Konstrukte - Ein Leitfaden für die Marketingforschung, in: Hildebrandt, Lutz; Homburg, Christian (Hrsg.): Die Kausalanalyse: ein Instrument der empirischen betriebswirtschaftlichen Forschung, (Schäffer-Poeschel) Stuttgart 1998, S. 111-148, S. 119f.

[1633] Obgleich eine Addition der Komponenten nicht unproblematisch ist (unterstellt wird damit eine kompensatorische Beziehung sowie eine Gleichgewichtung der einzelnen Komponenten), soll in dieser Untersuchung auf der Basis des hohen Cronbach's Alpha-Werts diese Zusammenfassung erfolgen. So wird in der Literatur für den Fall einer hohen Reliabilität einer Skala akzeptiert, mit einem ungewichteten Durchschnitt zu arbeiten; vgl. z.B. Silvermann, Steven; Sprott, David; Pascal,

Ausprägung der derivativen Variable Fit (und der pauschalen Beurteilung des Fit durch die Handelsunternehmen) wird im Folgenden zwischen den einzelnen Clustern verglichen. Die Ergebnisse sind in Tabelle 19 dargestellt.

Tabelle 19: Fit der Handelsmarketinginstrumente nach Strategischen Gruppen

Fit-Maße (n = 58)	Mittelwerte						ANOVA	
	1	*2*	*3*	*4*	*5*	*6*	*F*	*Sign*
	Conv.- Anbieter	*conv.- fokuss. Anbieter*	*Qualitäts- Anbieter*	*erlebnis- orientierte Auswahl- Anbieter*	*discount- orientierte Anbieter*	*preis- orientierte Auswahl- Anbieter*		
Fit-Wert	1,2	0,1	1,5	1,7	2,1	2,8	10,949	0,000
MW-Unterschied sign. zu p=0,05 nach Scheffé mit	6	3; 4; 6	2; 6	2; 6	2	1; 2; 3;4		
Fit pauschal	1,5	-0,7	1,4	1,5	1,5	2,2	7,652	0,000
MW-Unterschied sign. zu p=0,05 nach Scheffé mit	2; 6	1; 3; 4; 5; 6	2; 6	2	2	1; 2; 3		

Skala jeweils von -3 (schlechtester Fit) bis +3 (bester Fit).

Es zeigt sich, dass v.a. Cluster 6 bezüglich beider Fit-Maße hohe Werte erzielt; Cluster 2 liegt bezüglich beider Maße relativ niedrig.[1634] Damit ist gezeigt, dass zwischen den einzelnen Wettbewerbsstrategie-Clustern ein signifikant unterschiedliches Maß an „Abgestimmtheit" der Marketinginstrumente vorherrscht. Eine einfaktorielle Varianzanalyse ergibt jeweils hochsignifikante F-Werte und zeigt damit, dass zwischen den sechs Gruppen signifikante Unterschiede vorliegen. Genauere Ergebnisse liefert ein Mehrfachpaarvergleich, der die Unterschiede zwischen jeweils zwei Gruppen überprüft. Der Scheffé-Test, der im Falle eines signifikanten Ergebnisses der Varianzanalyse angibt, welche Gruppen sich im Einzelnen signifikant voneinander unterscheiden, zeigt ebenfalls eine Reihe von signifikant unterschiedlichen Mittelwerten.[1635]

Vincent: Relating consumer-based sources of brand equity to market outcomes, in: Arnould, Eric; Scott, Linda (Hrsg.): Advances in Consumer Research, 26. Jg., (ACR) Provo/UT 1999, S. 352-358, S. 353; Bekmeier-Feuerhahn, Sigrid: Marktorientierte Markenbewertung, (DUV) Wiesbaden 1998, S. 145.

[1634] Dieses Ergebnis könnte auf „Transformationsprozesse" zurückzuführen sein, da es sich hier um Convenience-Stores handelt. Gerade bei diesem Betriebstyp ergeben sich derzeit im Markt wesentliche Änderungen. Zu überprüfen wäre diese Vermutung mit einer Wiederholung der Erhebung oder einer Längsschnittanalyse.

[1635] Vgl. Janssen, Jürgen; Laatz, Wilfried: Statistische Datenanalyse mit SPSS für Windows, 3. Aufl., (Springer) Berlin u.a. 1999, S. 317; der Scheffé-Test gilt dabei als strenger als die anderen in SPSS zur Verfügung stehenden Testverfahren.

Damit kann These $T_{UWS\text{-}Fit}$ vorläufig bestätigt werden und es kann angenommen werden, dass sich die Strategischen Gruppen signifikant bezüglich des Fit ihrer Marketinginstrumente unterscheiden.

iii. Fokussierung

Neben dem Fit wird auch die Fokussierung als wichtiges Konstrukt zur Charakterisierung der Marketingstrategie angesehen. Zunächst muss auch für die Fokussierung eine Skala entwickelt werden. Zur Evaluation der Fokussierung des Marketingmix der Vertriebsschiene wurden die Unternehmen geben, in einem Konstantsummen-Verfahren die Bedeutung der jeweiligen Marketinginstrumente für ihren Markterfolg zu gewichten. Aus den acht Antworten wurde hierbei ein normierter „Fokussierungs-Index" abgeleitet, der auf das Intervall [0,1] beschränkt ist und bei einer fehlenden Fokussierung, d.h. absoluten Gleichgewichtung aller Instrumente, den Wert 0 annimmt.[1636]

Tabelle 20:   **Fokussierung der Handelsmarketinginstrumente**
nach Strategischen Gruppen

(n= 58)	Mittelwerte						ANOVA	
	1	2	3	4	5	6	F	Sign
	Conv.-Anbieter	conv.-fokuss. Anbieter	Qualitäts-Anbieter	erlebnis-orientierte Auswahl-Anbieter	discount-orientierte Anbieter	preis-orientierte Auswahl-Anbieter		
Fokussierungs-Index	0,07	0,13	0,06	0,04	0,10	0,04	5,488	0,000
MW-Unterschied sign. zu p=0,05 nach Scheffé mit		4		2; 5	4			

Bezüglich dieses normierten Indexes wurden die einzelnen Strategischen Gruppen miteinander verglichen (vgl. Tabelle 20). Dabei zeigen sich signifikante Unterschiede beim Vergleich aller Cluster. Insbesondere die Cluster 2 und 5 zeichnen sich durch relativ hohe Fokussierungswerte aus. Beim Mehrfachpaarvergleich ergeben sich jedoch nur wenige signifikant unterschiedliche Mittelwerte.

[1636] Dabei wurde folgendes Vorgehen gewählt: Bei einer „Gleichgewichtung" aller Marketinginstrumente würden - bei acht Instrumenten - jedem Instrument 12,5 Punkte zugeordnet. Je stärker die Abweichung von diesem Wert bei den einzelnen Instrumenten ist, um so fokussierter ist die Strategie des Unternehmens ausgeprägt. Zur Errechnung eines „Fokussierungs-Index" wurde daher die Summe der Abweichungsquadrate errechnet. Um eine Normierung auf den Bereich [0,1] zu erreichen, wurde durch die maximal mögliche Ausprägung dividiert. Diese beträgt in dem Fall, dass die 100 Punkte für ein einziges Instrument vergeben werden, 8750. Die Grundidee der Berechnung folgt den Überlegungen zur Lorenzkurve und zum Gini-Koeffizienten für den diskreten Fall; vgl. Woll, Arthur: Allgemeine Volkswirtschaftslehre, 13. Aufl., (Vahlen) München 2000, S. 479-483; Müller-Hagedorn, Lothar: Der Handel, (Kohlhammer) Stuttgart u.a 1998, S. 89-92.

Zur Verdeutlichung der Unterschiede sollen die Ergebnisse in Übersicht 41 grafisch dargestellt werden, wobei neben dem Mittelwert auch die 95 Prozent-Konfidenzintervalle für die Mittelwerte markiert sind.

Übersicht 41: Ausprägung der Fokussierung in den jeweiligen Strategischen Gruppen (Mittelwerte und 95 Prozent-Konfidenzintervalle)

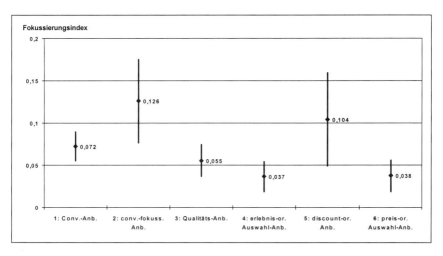

Auch hier wird deutlich, dass die Differenzen zwar eher gering ausgeprägt sind, Unterschiede jedoch zu erkennen sind. *Es zeigt sich damit insgesamt, dass die These $T_{UWS\text{-}Fok}$, nach der die Strategischen Gruppen im Einzelhandel auch einen unterschiedlichen Fokussierungsgrad ihrer Marketingstrategien aufweisen, vorläufig bestätigt werden kann.*

c)   Zielsetzungen bezüglich der Händlermarke und Marketinginstrumente

Nachdem bereits gezeigt wurde, dass sich die einzelnen Strategischen Gruppen signifikant in der Ausgestaltung ihres Marketingmix unterscheiden, sowohl was die Ausprägung der einzelnen Instrumente angeht als auch bezüglich der Fokussierung und dem Fit, soll im Folgenden betrachtet werden, inwiefern die Zielsetzung des Retail Branding in einem Zusammenhang mit dem Fit und der Fokussierung der Marketinginstrumente steht. Obwohl eine klare Wirkungsrichtung postuliert wird, genügt, wegen der jeweils nur bivariaten Beziehung, eine Korrelationsanalyse, da die entsprechende einfache Regressionsanalyse zu den gleichen Ergebnissen führen würde.[1637]

[1637] Aus Gründen der Übersichtlichkeit wird an einigen Stellen diese vereinfachte Darstellungsform gewählt, da die entsprechenden Koeffizienten bei beiden Analysemethoden übereinstimmen.

Tabelle 21:   Korrelation zwischen der Bedeutung des Ziels „Retail Branding"
               für ein Unternehmen und dem Fit bzw. der Fokussierung

	Fit-Wert		Fokussierungs-Index	
(n=58)	*Korrelations-koeffizient nach Pearson*	*Signifikanzniveau (einseitig)*	*Korrelations-koeffizient nach Pearson*	*Signifikanzniveau (einseitig)*
Bedeutung des Retail Branding	0,666	0,000	-0,148	0,134

Es zeigt sich, wie vermutet, dass ein positiver Zusammenhang zwischen der Bedeutung,
die ein Unternehmen dem Retail Branding als Zielsetzung zumisst, und dem Fit besteht.

*Handelsunternehmen, die der Etablierung ihrer Vertriebsschiene als Marke eine ho-
he Bedeutung zumessen, versuchen also, ihre Marketinginstrumente stärker aufeinander abzustimmen. Damit kann These $T_{UZ\text{-}Fit}$ vorläufig bestätigt werden.*

Andererseits kann keine signifikante Beziehung zwischen der Zielsetzung des Retail
Branding und der Fokussierung der Handelsunternehmen festgestellt werden. Das Vorzeichen des (nicht signifikanten) Korrelationskoeffizienten ist negativ und widerspricht
damit tendenziell der postulierten Wirkungsbeziehung, die auf der Basis der wettbewerbsstrategischen Überlegungen von Porter und ihrer Beziehung zur Markenpolitik
vermutet wurde. *Damit muss die These $T_{UZ\text{-}Fok}$ verworfen werden.*

Offensichtlich wird die Fokussierung der Marketinginstrumente zwar von der verfolgten
Wettbewerbsstrategie beeinflusst, die Handelsunternehmen stellen jedoch keine Zuordnung zwischen dem Retail Branding, also dem Ziel der Stärkung der Händlermarke, und
einer fokussierten Marketingstrategie her; die Fokussierung wird nicht eingesetzt, um
die Händlermarke zu stärken. Dies sagt zunächst nicht aus, dass eine solche Wirkung
nicht besteht; empirisch nicht bestätigt wurde hier lediglich die Vermutung, dass die
Fokussierung auf der Basis einer solchen Zielsetzung (bewusst oder unbewusst) stärker
eingesetzt wird. Dies kann jedoch darauf zurückzuführen sein, dass die Händlermarken-
politik im Unternehmen nicht als Oberziel angesehen wird, sondern lediglich als Sub-
ziel. Damit ist die Fokussierung ggf. durch andere Ziele oder strukturelle Rahmenbedingungen, so den Betriebstyp, vorgegeben und die Händlermarkenstrategie wird im Rahmen einer gegebenen Fokussierung umgesetzt. In diesem Fall wäre die Fokussierung
von der Zielsetzung des Retail Branding unabhängig.

Neben der generellen Zielsetzung des Retail Branding wurde aufgezeigt, dass sich auch
bezüglich einzelner Aspekte einer Händlermarke - so z.B. Vertrauensaufbau und Differenzierung - Zielsetzungen in den Unternehmen identifizieren lassen und es wurden Beziehungen zwischen der Ausprägung dieser (Sub-)Ziele und einzelnen Marketinginstrumenten, denen bezüglich dieser Ziele eine hohe Effektivität zugesprochen wird, postuliert, so dass vermutet wurde, dass Unternehmen, die eine bestimmte Zielsetzung verfolgen, auch häufiger bzw. intensiver diese Instrumente (konkret: Handelsmarken, EDLP-
Politik, Garantien und Image-Werbung) einsetzen. Zur Untersuchung dieser Beziehun-

gen wird die Korrelation zwischen der Ausprägung der Ziele und des Einsatzes der jeweiligen Instrumente untersucht.[1638] So können mit der dargestellten Korrelationstabelle die vier dargestellten Thesen gleichzeitig untersucht werden.

Tabelle 22: **Korrelation zwischen ausgewählten Zielen des Retail Branding und ausgewählten Marketinginstrumenten**

Zielsetzung	Handels-markenanteil	EDLP-Politik	Garantien	Image-Werbung
Bedeutung der Differenzierung	0,307**	0,210*	0,386**	-0,299*
Bedeutung des Vertrauensaufbaus	0,050	0,453**	0,313**	0,018
Bedeutung des Retail Branding	0,440**	0,409**	0,324**	0,070

* Die Korrelation ist auf dem Niveau von 0,05 (einseitig) signifikant.
** Die Korrelation ist auf dem Niveau von 0,01 (einseitig) signifikant.

Damit kann zunächst festgehalten werden, dass eine höhere Bedeutung des Ziels der Differenzierung bei einer Vertriebsschiene mit einem höheren Handelsmarkenanteil einhergeht. *These T_{UZ-11} kann also vorläufig als bestätigt angesehen werden.*

Ebenfalls ein positiver Zusammenhang existiert zwischen dem Ziel der Vertrauensbildung in die Händlermarke und dem Einsatz einer EDLP-Politik, also dem Einsatz eher konstanter Preise im Vergleich zu schwankenden Preisen, die durch eine intensive Sonderangebotspolitik erzeugt werden. Auch Garantien werden dann in stärkerem Maße eingesetzt, wenn die langfristige Vertrauensbildung einen höheren Stellenwert im Unternehmen hat. *Beide Thesen, T_{UZ-12} und T_{UZ-13}, können also vorläufig bestätigt werden.*

Auf der Basis der vorliegenden Stichprobe muss die These T_{UZ-14} dagegen verworfen werden. Der postulierte Zusammenhang, der bedeuten würde, dass Unternehmen weniger reine Preiswerbung betreiben und in höherem Maße auf Image-Werbung setzen, wenn ihr Ziel die Etablierung ihres Unternehmens als Marke ist, kann in der vorliegenden Stichprobe nicht bestätigt werden.

Bei den oben dargestellten und getesteten Thesen handelt es sich um Ziel-Mittel-Zusammenhänge. Untersucht wurde, inwieweit Unternehmen einen bestimmten Marketinginstrumenteeinsatz als Mittel für bestimmte Zielsetzungen (in Bezug auf die Händlermarke) einsetzen, (an dieser Stelle noch) nicht, ob diese Instrumente auch die entsprechenden Zielsetzungen erfüllen.

[1638] Wegen der bivariaten Beziehungen kann auch hier auf die Regressionsanalysen verzichtet werden, trotz der klaren Trennung in abhängige und unabhängige Größe, da die entsprechenden Parameter der Regressionsanalyse keine weiteren Erkenntnisse bringen.

Bezüglich der Handelswerbung wurde vorne bereits aufgezeigt, dass diese im Lebensmitteleinzelhandel traditionell in hohem Maße auf Preiswerbung ausgerichtet war. Gleichzeitig ist empirisch eine deutliche Entwicklung hin zu mehr Image-Werbung festzustellen.[1639] Dabei scheinen aber nicht unmittelbar die Überlegungen zum Retail Branding die Ursache dieser Entwicklung zu sein. Eventuell handelt es sich nur um eine „Korrektur" einer zu einseitigen Betonung der Preiswebung, zur Erhöhung der Effektivität der Werbung. Eine stärker erlebnisorientierte und weniger preisorientierte Werbung wird von Marketingforschern bereits seit langem gefordert.[1640] Scheinbar wird diese Empfehlung im Handel derzeit aufgegriffen, ohne damit in erster Linie das Ziel der Händlermarke zu verbinden.

d) Erfolgswirksamkeit der Ausgestaltung des Handelsmarketing und der Wettbewerbsstrategie

i. Betrachtung ausgewählter Einzelinstrumente

Während bislang nur bestimmte Typologien der Wettbewerbsstrategien im Einzelhandel untersucht wurden sowie die entsprechenden Instrumente, die zur Verfolgung bestimmter Ziele eingesetzt werden, sollen nachfolgend die Erfolgswirkungen der Wettbewerbs- bzw. Marketingstrategien überprüft werden.

Dabei ist zunächst die Messung des Erfolgs herzuleiten. Hierbei wurden zwei Arten von Erfolgsmaßen erhoben: der ökonomische Erfolg und der psychographische Erfolg.

Tabelle 23: Reliabilitätsanalyse der Skala für den ökonomischen Erfolg

Einzelitems *(n = 58)*	*Korrigierte Item-to-* *Total-Korrelation*	*Cronbach's Alpha* *ohne Item*
Flächenproduktivität	0,4534	0,7525
Umsatzentwicklung	0,6553	0,6285
Gewinnentwicklung	0,5696	0,6725
Marktanteilsentwicklung	0,5191	0,6992
Cronbach's Alpha		**0,7459**

Zuerst soll der ökonomische Erfolg betrachtet werden, für den vier Indikatoren erhoben wurden. Zunächst erfolgt für das Konstrukt „ökonomischer Erfolg" eine Reliabilitätsanalyse. Der hohe Reliabilitätskoeffizient für das Konstrukt von 0,7459 zeigt die Güte der Skala und damit zugleich, dass die Indikatoren das gleiche Konstrukt messen.[1641]

[1639] Siehe Abschnitt C.III.3. des Dritten Kapitels.

[1640] Vgl. z.B. Kroeber-Riel: Bildkommunikation, (Vahlen) München 1993; Weinberg, Peter: Erlebnismarketing, (Vahlen) München 1992, S. 62-99; Kroeber-Riel, Werner; Esch, Franz-Rudolf: Strategie und Technik der Werbung, 5. Aufl., (Kohlhammer) Stuttgart u.a. 2000.

[1641] Vgl. Nunnally, Jum: Psychometric Theory, 2. Aufl., (McGraw-Hill) New York 1978, S. 245.

Nach einer Überprüfung der Eignung der Daten für eine Faktorenanalyse wurde im nächsten Schritt eine Faktorenanalyse der Indikatoren vorgenommen.[1642] Es zeigt sich, dass die exploratorische Faktorenanalyse nur einen einzigen Faktor ergibt, der 57,98 Prozent der Gesamtvarianz erklärt. Damit wird dieser Faktorwert als Maß für den ökonomischen Erfolg herangezogen.

Tabelle 24:   Faktorenanalyse der Items zum ökonomischen Erfolg

Einzelitems (n = 58)	Faktor 1: ökonomischer Erfolg
Umsatzentwicklung	0,825
Gewinnentwicklung	0,785
Marktanteilsentwicklung	0,755
Flächenproduktivität	0,672
Eigenwert	2,319
Anteil an der Gesamtvarianz	57,98 %

Als zweite Form des Erfolgs des Handelsmarketing kann der psychographische Erfolg gesehen werden. Hierfür wurden fünf Indikatoren erhoben. Auch für dieses Konstrukt und die zugehörigen Indikatoren erfolgt eine Reliabilitätsanalyse, die in Tabelle 25 dargestellt ist.

Tabelle 25:   Reliabilitätsanalyse der Skala für den psychographischen Erfolg

Einzelitems (n = 58)	Korrigierte Item-to-Total-Korrelation	Cronbach's Alpha ohne Item
Bekanntheitsgrad	0,3337	0,7597
Differenzierung von der Konkurrenz	0,4579	0,7241
Entwicklung des Stammkundenanteils	0,6094	0,6599
Einstellung der Kunden zum Unternehmen	0,6671	0,6439
Veränderung des Image	0,5106	0,7012
Cronbach's Alpha		**0,7451**

Das Cronbach's Alpha für dieses Konstrukt von 0,7451 zeigt auch hier eine angemessene Güte der Skala und zugleich, dass die Indikatoren das gleiche Konstrukt messen.[1643] Nach einer Überprüfung der Eignung der Daten für eine Faktorenanalyse wurde im nächsten Schritt eine Faktorenanalyse der Indikatoren vorgenommen.[1644]

[1642] Es ergibt sich ein KMO-Maß von 0,689 („mittelmäßige" Eignung, ab 0,7 wird von „ziemlich gut" gesprochen) und eine Prüfgröße des Bartlett-Tests von 58,2 (Sign. = 0,000); vgl. Janssen, Jürgen; Laatz, Wilfried: Statistische Datenanalyse mit SPSS für Windows, 3. Aufl., (Springer) Berlin u.a. 1999, S. 468f.

[1643] Vgl. Nunnally, Jum: Psychometric Theory, 2. Aufl., (McGraw-Hill) New York 1978, S. 245.

[1644] Es ergibt sich ein KMO-Maß von 0,640 („mittelmäßig") und eine Prüfgröße des Bartlett-Tests von 84,4 (Sign. = 0,000); vgl. Janssen, Jürgen; Laatz, Wilfried: Statistische Datenanalyse mit SPSS für Windows, 3. Aufl., (Springer) Berlin u.a. 1999, S. 468f.

Tabelle 26: **Faktorenanalyse der Items zum psychographischen Erfolg**

Einzelitems (n = 58)	Faktor 1: psychographischer Erfolg
Einstellung der Kunden zum Unternehmen	0,843
Entwicklung des Stammkundenanteils	0,829
Veränderung des Image	0,713
Differenzierung von der Konkurrenz	0,636
Bekanntheitsgrad	0,485
Eigenwert	2,546
Anteil an der Gesamtvarianz	50,92 %

Es zeigt sich, dass die exploratorische Faktorenanalyse nur einen einzigen Faktor ergibt, der 50,92 Prozent der Gesamtvarianz erklärt. Damit wird der Faktorwert als Maß für den psychographischen Erfolg herangezogen.

Anhand dieser beiden Erfolgsmaße soll die Erfolgswirksamkeit der vorne dargestellen Einzelmarketinginstrumente überprüft werden, von denen postuliert wurde, dass sie einen Einfluss auf die Händlermarke (und damit indirekt auf den Erfolg) haben.

Dafür soll zunächst wiederum eine Korrelationsanalyse durchgeführt werden, um die Korrelationen der betrachteten Einzelinstrumente Handelsmarken, EDLP-Politik, Garantien und Image-Werbung mit dem Erfolg zu eruieren.[1645]

Tabelle 27: **Korrelation zwischen ausgewählten Handelsmarketinginstrumenten und den Erfolgsmaßen**

Instrumente	psychographischer Erfolg	ökonomischer Erfolg
Handelsmarkenanteil	0,466**	0,597**
EDLP-Politik	0,346**	0,297**
Garantien	0,429**	0,137
Image-Werbung	0,153	-0,053

** Die Korrelation ist auf dem Niveau von 0,01 (einseitig) signifikant.

Es zeigt sich eine signifikante positive Beziehung zwischen den Instrumenten Handelsmarken und EDLP-Politik und dem psychographischen sowie dem ökonomischen Erfolg.

Insgesamt kann man auf der Basis dieser Ergebnisse davon ausgehen, dass die Thesen T_{UI-E1} und T_{UI-E2} vorläufig als bestätigt gelten können. Ein höherer Anteil von Handelsmarken und eine Preispolitik, die auf Konstanz ausgerichtet ist (EDLP), gehen mit einem höheren Erfolg einher.

[1645] Auch hier wären wiederum auch Regressionsanalysen möglich, aus Gründen der „kompakteren" Darstellungsform wird jedoch darauf verzichtet.

Der Einsatz von umfassenden Garantien für den Konsumenten geht zwar mit einem höheren psychographischen Erfolg einher, es existiert jedoch kein signifikanter Zusammenhang mit dem ökonomischen Erfolg. Bezüglich dem Bieten von Garantien kann also die These nicht vollständig verworfen werden, da ein Zusammenhang mit dem psychographischen Erfolg besteht; der fehlende signifikante Zusammenhang mit dem zweiten Erfolgsmaß erfordert jedoch weitere Untersuchungen.

Insgesamt kann man auf der Basis dieser Ergebnisse die These T_{UI-E3} nur teilweise bestätigen.

Hier kann auf die Zurechenbarkeitsproblematik verwiesen werden, die bereits bei den potenziellen Erfolgsmaßen diskutiert wurde. So ist grundsätzlich davon auszugehen, dass eine direktere Erfolgszurechenbarkeit von Marketinginstrumenten auf den psychographischen Erfolg eines Handelsunternehmens besteht als auf den ökonomischen Erfolg. Dies könnte auch die Ursache der nur teilweisen Bestätigung von These T_{UI-E3} sein. Garantien sind in ihrer Auswirkung vielfältig und wirken sich einerseits auf den psychographischen Erfolg positiv aus. Vor allem auf der Vertrauenswirkung der Garantien basierte die entsprechende These. Sie entfalten darüber indirekt auch eine Wirksamkeit für den ökonomischen Erfolg. So stellen sie zugleich Kosten für das Unternehmen dar, die sich negativ auf den ökonomischen Erfolg auswirken können. Zwar ist davon auszugehen, dass die Unternehmenspraxis im Saldo eine positive ökonomische Gesamtwirkung der Maßnahme erwartet, jedoch kann eine solche in der Stichprobe nicht statistisch nachgewiesen werden.

Bezüglich der Image-Werbung überrascht das Ergebnis. Zwar ist plausibel, dass ein engerer positiver Zusammenhang mit dem psychographischen Erfolg als mit dem ökonomischen Erfolg existiert,[1646] aber das negative Vorzeichen des (nicht-signifikanten) Korrelationskoeffizienten zwischen Image-Werbung und ökonomischem Erfolg entspricht nicht der auf der Basis der theoretischen Überlegungen postulierten Wirkungsrichtung. Eine mögliche Ursache könnte darin liegen, dass in den letzten Jahren in den betrachteten Ländern v.a. preisaggressive oder zumindest preisorientierte Betriebstypen ökonomisch erfolgreicher waren als andere.[1647] Damit könnte die Ursache für das theoretisch nicht plausible Vorzeichen sein, dass diejenigen Unternehmen, die angaben, mehr Image-Werbung zu betreiben, tendenziell eher Betriebstypen betreiben, die in den letzten Jahren Marktanteile verloren haben und daher auch Umsatz- und Gewinnstagnationen hinnehmen mussten.

[1646] Ein Grund dafür ist auch hier das Zurechenbarkeitsproblem der Werbung auf den ökonomischen Unternehmenserfolg; vgl. u.a. Kroeber-Riel, Werner; Esch, Franz-Rudolf: Strategie und Technik der Werbung, 5. Aufl., (Kohlhammer) Stuttgart u.a. 2000, S. 31-34.

[1647] So haben v.a. Discounter und SB-Warenhäuser Umsatzgewinne erzielen können; vgl. z.B. BAG (Hrsg.): Vademecum des Einzelhandels 2000, Berlin 2000, S. 81, S. 88f.

Um die Möglichkeit zu überprüfen, ob evtl. die Preisorientierung der jeweiligen Vertriebsschiene als Störvariable auf die errechnete Beziehung einwirkt, wurden die partiellen Korrelationen zwischen den oben dargestellten Größen berechnet, wobei die wettbewerbsstrategische Ausrichtung der „Preisführerschaft" als Kontrollvariable gewählt wurde, weil sie am deutlichsten die Preisorientierung der Vertriebsschiene erfasst.

Tabelle 28:   **Partielle Korrelation zwischen der Image-Werbung und den Erfolgsmaßen unter Beachtung der Störvariablen Preisführerschaft**

	psychographischer Erfolg	*ökonomischer Erfolg*
Image-Werbung	0,233*	0,077

* Die Korrelation ist auf dem Niveau von 0,05 (einseitig) signifikant.

Die positive partielle Korrelation zwischen Image-Werbung und dem ökonomischen Erfolg bei Beachtung der Preispolitik der Händlermarke zeigt, dass tatsächlich ein positiver Zusammenhang zwischen der Image-Werbung und dem ökonomischen Erfolg besteht, wenn auch - wegen der fehlenden Signifikanz der Korrelation - nur eine Tendenzaussage gemacht werden kann. Bezüglich des psychographischen Erfolgs zeigt sich, dass der Ausschluss der Störvariablen sogar zu einem signifikanten Niveau der positiven Korrelation führt.

Damit wird deutlich, dass in der Stichprobe eine positive Beziehung zwischen Image-Werbung und Erfolg besteht, wenn man die o.g. Störvariable mit berücksichtigt, wobei jedoch die Korrelation in einem Fall eher gering ist und im anderen Fall nicht signifikant.

Da die These T_{UI-E4} keine einschränkende Nebenbedingung beinhaltete, sondern einen positiven Zusammenhang zwischen Image-Werbung und Erfolg postulierte, der in der vorliegenden Stichprobe so nicht bestätigt werden kann, ist dennoch die These T_{UI-E4} in der vorliegenden Form zu verwerfen.

Nach der Analyse der Beziehung zwischen den einzelnen Instrumenten und den beiden Erfolgsmaßen soll eine Regressionsanalyse den simultanen Einfluss der betrachteten Instrumente auf den Erfolg evaluieren. Zuerst wird dabei eine Regressionsanalyse mit den vier betrachteten Einzelinstrumenten als unabhängige Variablen und dem psychographischen Erfolg als abhängiger Größe durchgeführt. Die Ergebnisse sind in Tabelle 29 dargestellt.

Tabelle 29: **Regressionsanalytischer Zusammenhang zwischen der Ausprägung ausgewählter Handelsmarketinginstrumente und dem psychographischen Erfolg**

Regressoren	Regressionskoeffizient B	standard. Regressionskoeffizient β	Signifikanzniveau
Handelsmarkenanteil	0,322	0,425	0,000
EDLP-Politik	0,160	0,198	0,085
Garantien	0,259	0,373	0,001
Image-Werbung	0,118	0,176	0,118
Bestimmtheitsmaß $r^2 = 0,451$			
Ergebnisse der Varianzanalyse df = 4 F = 10,696 p = 0,000			

Bei der regressionsanalytischen Betrachtung zeigt sich, dass die vier Instrumente gemeinsam ein Bestimmtheitsmaß r^2 der Regressionsfunktion von 0,451 ergeben, so dass ein relativ hoher Erklärungsanteil der Varianz des Erfolgs alleine auf diese vier Instrumente zurückzuführen ist.[1648]

Tabelle 30: **Regressionsanalytischer Zusammenhang zwischen der Ausprägung ausgewählter Handelsmarketinginstrumente und dem ökonomischen Erfolg**

Regressoren	Regressionskoeffizient B	standard. Regressionskoeffizient β	Signifikanzniveau
Handelsmarkenanteil	0,412	0,557	0,000
EDLP-Politik	0,061	0,077	0,530
Garantien	0,089	0,131	0,263
Image-Werbung	0,013	0,020	0,868
Bestimmtheitsmaß $r^2 = 0,364$			
Ergebnisse der Varianzanalyse df = 4 F = 7,430 p = 0,0000			

Für die zweite Erfolgsgröße, den ökonomischen Erfolg, soll die gleiche Betrachtung durchgeführt werden. Bezüglich des ökonomischen Erfolgs zeigt sich - wie auf Grund

---

[1648] Wegen der postulierten eindeutigen Wirkungsrichtung kann man hier auch auf eine einseitige Prüfung der Signifikanz zurückgreifen und auch für die EDLP-Politik eine signifikante Beziehung bestätigen. Bei der Interpretation des Ergebnisses ist hinsichtlich des hohen Bestimmtheitsmaßes zu beachten, dass andere Einflussgrößen im Hintergrund auf beide Gruppen von Variablen, also Handelsmarketinginstrumente und die Erfolgsindikatoren, einwirken könnten. Vgl. zu dieser Thematik z.B. Hammann, Peter; Erichson, Bernd: Marktforschung, 4. Aufl., (Lucius&Lucius) Stuttgart 2000, S. 197-200; Janssen, Jürgen; Laatz, Wilfried: Statistische Datenanalyse mit SPSS für Windows, 3. Aufl., (Springer) Berlin u.a. 1999, S. 353f.

der Zurechenbarkeitsproblematik zu erwarten war - ein etwas geringerer Einfluss der vier betrachteten Instrumente. Das Bestimmtheitsmaß der Regressionsanalyse beträgt 0,364; lediglich von der Handelsmarkenpolitik ist ein signifikanter Einfluss auf den Erfolg festzustellen.

Insgesamt zeigt sich damit, dass die Thesen bezüglich der Einzelinstrumente nur zu einem Teil bestätigt werden können. Insbesondere die Handelsmarkenpolitik zeigt jedoch einen engen Zusammenhang mit dem Erfolg einer Händlermarke, sowohl psychographisch als auch ökonomisch.

Um neben den betrachteten vier Einzelinstrumenten, die in der Literatur besonders hervorgehoben werden, auch eine Analyse bezüglich der Erfolgswirksamkeit der sonstigen Marketinginstrumente durchzuführen, wurde eine schrittweise Diskriminanzanalyse durchgeführt. Dabei wurden die Unternehmen bezüglich der beiden Erfolgsgrößen jeweils in erfolgreiche und nicht-erfolgreiche Unternehmen eingeteilt.[1649] Dabei wird in beiden Diskriminanzanalysen der Erfolg als (nominale) abhängige Variable gewählt, die einzelnen Marketinginstrumente werden schrittweise als unabhängige Variablen eingesetzt.[1650] Alle (siebzehn) betrachteten Handelsmarketinginstrumente wurden als unabhängige Variablen für die schrittweise Diskriminanzanalyse betrachtet. In beiden Fällen - psychographischem und ökonomischem Erfolg - wird bei der schrittweisen Diskriminanzanalyse lediglich ein einziges Handelsmarketinginstrument, der „Handelsmarkenanteil", als unabhängige Variable mit einbezogen, was gegenüber den anderen Instrumenten auf einen höheren Zusammenhang mit dem Erfolg schließen lässt. Sowohl für den psychographischen als auch für den ökonomischen Erfolg ergeben sich signifikante Diskriminanzfunktionen (Sign. = 0,026 bzw. 0,000). Andererseits sind die Gütemaße der Diskriminanzanalyse in beiden Fällen als schlecht zu beurteilen. So ergibt sich ein residuelles Wilks' Lambda von 0,913 bzw. 0,689; die Eigenwerte betragen lediglich 0,095 bzw. 0,451. Dies ist letztlich daraus zu erklären, dass es - wie auch in dieser Arbeit als eine der zentralen Überlegungen dargestellt - nicht Einzelinstrumente sind, sondern nur die passende Kombination der Instrumente, die zum Erfolg eines Handelsunternehmens führt. Hierbei zeigt sich wiederum die Überlegung des Marketingmix als Kombination von Instrumenten.

[1649] Da die Erfolgsmaße Faktoren sind, mit einem Mittelwert von 0, wurden Unternehmen mit einem positiven Faktorwert (inkl. 0) als erfolgreich, Unternehmen mit einem negativen Faktorwert als nicht erfolgreich eingestuft.

[1650] Auf Grund der hohen Zahl an Variablen soll hier durch eine schrittweise Diskriminanzanalyse eine Auswahl derjenigen Variablen vorgenommen werden, die eine hohe Diskriminierungsfähigkeit aufweisen. Als Kriterium für die Aufnahme bzw. den Ausschluss einer Variablen wurde dabei ein partieller F-Test angewendet, der die Verringerung des Wilks' Lambda durch die Aufnahme der Variable testet. Die voreingestellten Werte für F wurden übernommen. Vgl. Janssen, Jürgen; Laatz, Wilfried: Statistische Datenanalyse mit SPSS für Windows, 3. Aufl., (Springer) Berlin u.a. 1999, S. 436.

ii. Instrumenteübergreifend

Damit bleibt zu überprüfen, ob die Kombination der Marketinginstrumente, die sich in einer eindeutigen Wettbewerbsstrategie und u.a. in der Zugehörigkeit zu einer der Strategischen Gruppen ausdrückt, einen höheren Einfluss auf die Erfolgswirksamkeit hat. So wurde in These T_{UWS-E} postuliert, dass zwischen den einzelnen Strategischen Gruppen signifikante Unterschiede im Erfolg bestehen.

Dazu wird zunächst mit Hilfe einer Kreuztabellierung überprüft, ob in einem bestimmten Cluster überdurchschnittlich häufig erfolgreiche bzw. nicht-erfolgreiche Unternehmen enthalten sind (in Tabelle 31 sind beide Kreuztabellen gemeinsam dargestellt).[1651]

Tabelle 31:   Kreuztabelle mit Strategischen Gruppen und Erfolg

Cluster	*psychographisch erfolgreich?*			*ökonomisch erfolgreich?*		
	Ja	*Nein*	*Total*	*Ja*	*Nein*	*Total*
1: Conv.-Anbieter	81,8 %	18,2 %	100,0 %	45,5 %	54,5 %	100,0 %
2: conv.-fokussierte Anbieter	33,3 %	66,7 %	100,0 %	33,3 %	66,7 %	100,0 %
3: Qualitäts-Anbieter	47,4 %	52,6 %	100,0 %	47,4 %	52,6 %	100,0 %
4: erlebnisor. Auswahl-Anb.	33,3 %	66,7 %	100,0 %	33,3 %	66,7 %	100,0 %
5: discountorientierte Anbieter	62,5 %	37,5 %	100,0 %	100,0 %	0,0 %	100,0 %
6: preisorientierte Auswahl-Anb.	40,0 %	60,0 %	100,0 %	40,0 %	60,0 %	100,0 %
Insgesamt	50,0 %	50,0 %	100,0 %	48,3 %	51,7 %	100,0 %

Betrachtet man zunächst den psychographischen Erfolg, zeigt sich, dass Unternehmen der Cluster 2, 4 und 6 deutlich häufiger nicht erfolgreich als erfolgreich sind, Unternehmen der Cluster 1 und 5 sind häufiger erfolgreich. Bezüglich des ökonomischen Erfolgs zeigt sich eine ähnliche Tendenz, obwohl sich bei diesem Erfolgsmaß der hohe Erfolg des Clusters 1 nicht bestätigt.

Der Chi^2-Test auf Unabhängigkeit der beiden Variablen ergibt zwar mit einer Prüfgröße von 9,541 (Sign. = 0,089) für den psychographischen Erfolg und 12,623 (Sign. = 0,027) für den ökonomischen Erfolg nur für letzteren einen signifikanten Zusammenhang der beiden Variablen. Auf Grund der nicht vollständig erfüllten Voraussetzungen für den Chi^2-Test[1652] und der Tatsache, dass in der Kreuztabelle zumindest bezüglich einzelner Cluster die ungleichgewichtige Verteilung deutlich sichtbar ist, soll dieses Ergebnis aber nicht überinterpretiert werden, sondern weitere Prüfungen des Zusammenhangs zwischen Strategischen Gruppen und Erfolg erfolgen.

[1651] Da die Erfolgsmaße Faktoren sind, mit einem Mittelwert von 0, wurden Unternehmen mit einem positiven Faktorwert (inkl. 0) als erfolgreich, Unternehmen mit einem negativen Faktorwert als nicht-erfolgreich eingestuft.

[1652] So sind in einigen Feldern erwartete Häufigkeiten von unter 5 zu verzeichnen; vgl. Bühl, Achim; Zöfel, Peter: SPSS Version 9, 6. Aufl., (Addison-Wesley) München u.a. 2000, S. 226.

Tabelle 32:　　Erfolg der Händlermarken nach Strategischen Gruppen

Erfolgsmaße (n= 58)	Mittelwerte						ANOVA	
	1	2	3	4	5	6		
	Conv.-Anbieter	conv.-fokuss. Anbieter	Qualitäts-Anbieter	erlebnis-orientierte Auswahl-Anbieter	discount-orientierte Anbieter	preis-orientierte Auswahl-Anbieter	F	Sign
psychographischer Erfolg	0,59	-1,42	0,16	-0,34	0,28	-0,20	6,183	0,000
MW-Unterschied sign. zu p=0,05 nach Scheffé mit	2	1;3;4;5	2	2	2	2		
ökonomischer Erfolg	0,11	-0,98	-0,03	-0,24	0,98	-0,32	3,573	0,007
MW-Unterschied sign. zu p=0,05 nach Scheffé mit		5			2			

Dazu erfolgt ein Mittelwertvergleich bezüglich der Ausprägung beider Erfolgsmaße in den unterschiedlichen Clustern (vgl. Tabelle 32). Es zeigen sich signifikante Unterschiede im Erfolg der einzelnen Cluster. Insbesondere bezüglich des ökonomischen Erfolgs sind die Differenzen jedoch eher gering; ein paarweiser Mittelwertvergleich nach Scheffé ergibt signifikante Differenzen lediglich zwischen den Gruppen 2 und 5. Trotzdem sind die Unterschiede insgesamt als signifikant anzusehen, wie die einfaktoriellen Varianzanalysen zeigen.

Vorläufig kann also davon ausgegangen werden, dass zwischen den einzelnen Strategischen Gruppen signifikante Unterschiede im Erfolg bestehen. ***Damit kann These T_{UWS-E} vorläufig als bestätigt gelten.***

Dieses Ergebnis scheint bei einem Vergleich des Erfolgs der einzelnen Gruppen auf den ersten Blick einer deutschlandweiten, repräsentativen Untersuchung der GfK zu widersprechen, die die „SB-Verbrauchermärkte" als den Betriebstyp mit der höchsten Attraktivität ermittelten.[1653] Die Verbrauchermärkte sind in der vorliegenden Untersuchung v.a. im als weniger erfolgreich eingestuften Cluster 6 vertreten. Bei näherer Betrachtung zeigt sich aber, dass die „SB-Verbrauchermärkte" in der Untersuchung der GfK mit Unternehmen wie Kaufland, Real und Globus eher SB-Warenhäuser darstellen (vgl. Übersicht 23), die in der vorliegenden Untersuchung in den Clustern 3, 4 und 5 enthalten sind und damit - je nach Wettbewerbsstrategie - als mehr oder weniger erfolgreich eruiert wurden.

Ein weiterer möglicher Widerspruch könnte in Bezug auf die Discounter eintreten, denen in der Untersuchung der GfK ein „unterdurchschnittliches Brand Potential" beige-

---

[1653] Vgl. Hupp, Oliver; Schuster, Harald: Imagegestützte Positionierung von Einkaufsstätten als Ansatzpunkt zu einer Verbesserung der Wettbewerbsfähigkeit des Lebensmitteleinzelhandels in Deutschland, in: JAV, 46. Jg., 2000, Nr. 4, S. 351-370, S. 360f.

messen wird,[1654] während in der vorliegenden Untersuchung das Cluster 5, in dem eine Reihe von Discountern vertreten ist, als (auch psychographisch) sehr erfolgreich ermittelt wurde. Auch hier löst sich der Widerspruch auf, wenn man die Cluster genauer betrachtet. So sind bei der GfK sogenannte Hard-Discounter (z.B. Aldi) und sogenannte Soft-Discounter (z.B. Plus) im gleichen Cluster enthalten, während in der vorliegenden Untersuchung die Discounter in zwei unterschiedlichen Clustern (3 und 5) enthalten sind, wiederum je nach wettbewerbsstrategischem Schwerpunkt. Auf Grund der Ausrichtung von Cluster 5 als preisaggressiv sind hier vermutlich die Hard-Discounter enthalten. Gleichzeitig ist dieses Cluster in der vorliegenden Untersuchung eher erfolgreich, während Cluster 3 keinen eindeutigen Erfolg aufweist. Diese Vermutung wird auch durch die empirische Entwicklung der einzelnen Anbieter in den letzten Jahren unterstützt.

Über die Überlegungen der These hinausgehend kann daher auf Basis der empirischen Ergebnisse - auch wenn man die Ergebnisse der GfK-Untersuchung mit einbezieht - vermutet werden, dass das Zusammenspiel des Betriebstyps des Unternehmens mit seiner Wettbewerbsstrategie einen Einfluss auf den Erfolg des Unternehmens ausübt. Um dies zu überprüfen, wurde - für beide Erfolgsgrößen - eine mehrfaktorielle, univariate Varianzanalyse durchgeführt.

Zunächst erfolgt die Betrachtung wiederum für den psychographischen Erfolg. Dazu sind in Tabelle 33 die Mittelwerte für die jeweiligen Felder angegeben. Bei dieser Betrachtung zeigen sich innerhalb der einzelnen Strategischen Gruppen deutliche Unterschiede darin, wie erfolgreich die Unternehmen sind, in Abhängigkeit vom Betriebstyp des Unternehmens (der Aspekte wie z.B. die Größe des Outlets beinhaltet).

So sind in der Gruppe der „Qualitäts-Anbieter" vor allem die Verbrauchermärkte erfolgreich, während die Discounter, die diese Wettbewerbsstrategie verfolgen („Soft-Discounter") tendenziell nicht erfolgreich sind.[1655] Eine Erklärung hierfür liegt darin, dass die preisorientierte Basisstrategie der Discounter es zwar zulässt (und vielleicht auch erfordert), qualitätsmäßig ein angemessenes Niveau zu bieten, dass aber die Ausrichtung an der Qualitätsführerschaft für einen Discounter keine konsequent verfolgbare Strategie darstellt. Umgekehrt sieht man z.B. im Strategiecluster der discountorientierten Anbieter die etwas höheren Erfolgsmaße der Discounter (im Vgl. z.B. zu den SB-Warenhäusern). Bezüglich des vierten Clusters („erlebnisorientierte Auswahl-Anbieter") zeigt sich, dass SB-Warenhäuser diese wettbewerbsstrategische Ausrichtung

---

[1654] Vgl. Hupp, Oliver; Schuster, Harald: Imagegestützte Positionierung von Einkaufsstätten als Ansatzpunkt zu einer Verbesserung der Wettbewerbsfähigkeit des Lebensmitteleinzelhandels in Deutschland, in: JAV, 46. Jg., 2000, Nr. 4, S. 351-370, S. 360f.

[1655] Die Drogeriemärkte wurden zwar als Nearfood-Anbieter, die in vielen Statistiken dem Lebensmitteleinzelhandel zugerechnet werden, in die Analyse mit einbezogen, sollen hier jedoch nicht separat betrachtet werden.

wesentlich erfolgreicher verfolgen als die Supermärkte. Eine Erklärungsmöglichkeit liegt in der deutlich kleineren Fläche der Supermärkte, die eine an der Auswahl ausgerichteten Strategie von vornherein mit Wettbewerbsnachteilen gegenüber den größeren Betriebstypen belegt.

Tabelle 33:   Mittelwertvergleich des (psychographischen) Erfolgs nach Strategischer Gruppe und Betriebstyp

Betriebstyp *(n= 58)*	*Mittelwerte*					
	1	*2*	*3*	*4*	*5*	*6*
	Conv.- Anbieter	*conv.- fokuss. Anbieter*	*Qualitäts- Anbieter*	*erlebnis- orientierte Auswahl-Anb.*	*discount- orientierte Anbieter*	*preis- orientierte Auswahl-Anb.*
Convenience-Store	0,56	-1,42	-	-	-	-
Discounter	-	-	-0,41	-	0,47	-
Supermarkt	0,65	-	-0,17	-1,52	-	-
Verbrauchermarkt	-	-	0,42	0,00	-	-0,20
SB-Warenhaus	-	-	0,31	0,25	0,22	-
Drogeriemarkt	-	-	1,48	0,78	-0,10	-
Gesamt	0,59	-1,42	0,16	-0,34	0,28	-0,20

Um statistisch zu prüfen, ob Wechselwirkungen zwischen den beiden Faktoren bestehen, sind die relevanten Effekte und Kennzahlen einer zweifaktoriellen Varianzanalyse dargestellt, die den (gemeinsamen) Einfluss von Strategischer Gruppe und Betriebstyp auf den psychographischen Erfolg prüft. Zuvor wurde ein Levene-Test auf Gleichheit der Varianzen durchgeführt, der mit p=0,174 kein signifikantes Ergebnis ergab. Damit kann von der Homogenität der Varianzen ausgegangen werden, eine Voraussetzung der durchzuführenden Analyse.[1656]

Zunächst ergibt sich, dass die beiden Variablen und ihre Wechselwirkung insgesamt fast 60 Prozent der Gesamtvarianz erklären (das partielle Eta^2 des Modells entspricht in etwa dem r^2 einer Regressionsanalyse). Die Tabelle zeigt den signifikanten Einfluss beider Variablen (Strategische Gruppe und Betriebstyp) auf den Erfolg, aus dem partiellen Eta^2 zeigt sich der höhere Einfluss der Strategischen Gruppe im Vergleich zum Betriebstyp.[1657]

[1656] Vgl. Bühl, Achim; Zöfel, Peter: SPSS Version 9, 6. Aufl., (Addison-Wesley) München u.a. 2000, S. 377.

[1657] Dies erscheint auch vor dem Hintergrund plausibel, dass die Strategischen Gruppen auf der Basis von Unternehmensstrategien gebildet sind und die Betriebstypen „lediglich" auf der Basis von Strukturvariablen; insbesondere im Lebensmitteleinzelhandel wird - wie gezeigt – im Wesentlichen eine eindimensionale Trennung, nämlich auf der Basis der Verkaufsfläche, vorgenommen.

Tabelle 34: **Zweifaktorielle Varianzanalyse zur Prüfung des gemeinsamen Einflusses von Strategischer Gruppe und Betriebstyp auf den psychographischen Erfolg**

Varianzquelle	Quadrat-summe[1658] (Typ IV)	df	Mittel der Quadrate	F	Sign. des F-Werts	Par-tielles Eta²	Beob. Schärfe
Haupteffekte							
Strategische Gruppe	26,895	5	5,379	9,814	0,000	0,539	1,000
Betriebstyp	9,912	5	1,982	3,617	0,008	0,301	0,887
Interaktionseffekt							
Strategische Gruppe * Betriebstyp	4,946	5	0,989	1,805	0,133	0,177	0,560
Modell	33,979	16	2,124	3,874	0,000	**0,596**	0,998
Fehler	23,021	42	0,548				
Gesamtvarianz	57,000	58					

Weiterhin zeigt sich der nicht signifikante Einfluss der Wechselwirkung der beiden Variablen (Sign. = 0,133). Hierbei deutet sich jedoch eine mögliche Wechselwirkung durch die „Nicht-Parallelität" der sechs Kurven, die sich aus Tabelle 33 erstellen liessen, an.[1659] Janssen/Laatz weisen dabei darauf hin, dass hier zusätzlich die „Schärfe" eines Tests zu beachten ist, die SPSS für die mehrfaktorielle Varianzanalyse berechnet. Die beobachtete Schärfe beim Interaktionseffekt von 0,560 bedeutet, dass der Test einen Effekt bei dieser Größe und dieser Stichprobenzahl auch nur mit einer Wahrscheinlichkeit von 56 Prozent erkennen würde. In einem solchen Fall ist es nach Janssen/Laatz ungerechtfertigt, den Interaktionseffekt als unbedeutend aus der Betrachtung auszuschließen.[1660] Tendenziell bleibt also die Vermutung bestehen, dass der bestehende Betriebstyp die (psychographische) Erfolgsträchtigkeit des Einsatzes einer bestimmten Wettbewerbsstrategie mit beeinflusst, was in weiteren Untersuchungen zu prüfen wäre. Die vorliegende Untersuchung kann nicht als Falsifizierung dieser Vermutung angesehen werden.

Die gleiche Vorgehensweise wurde auch für die Maße des ökonomischen Erfolgs gewählt. Dazu sind in Tabelle 35 zunächst die Mittelwerte für die jeweiligen Felder angegeben.

[1658] Da eine Reihe der Zellen leer sind, wird die Berechnungsart Typ IV gewählt, die speziell für Designs mit leeren Zellen entwickelt ist und dies bei der Korrektur der Quadratsumme Terme beachtet; vgl. Janssen, Jürgen; Laatz, Wilfried: Statistische Datenanalyse mit SPSS für Windows, 3. Aufl., (Springer) Berlin u.a. 1999, S. 336.

[1659] Nach Backhaus, Klaus u.a.: Multivariate Analysemethoden, 9. Aufl., (Springer) Berlin u.a. 2000, S. 81f., kann man das Vorhandensein von Interaktionen an einem Plot der Faktorstufenmittelwerte überprüfen. Tabelle 33 zeigt die entsprechenden Werte, die in der Abbildung zu nicht-parallelen Kurven führen würden - ein Zeichen für Interaktionseffekte. Die Abbildung ist hier nicht dargestellt, weil wegen der nicht-besetzten Zellen keine durchgängigen Kurven darzustellen sind.

[1660] Vgl. Janssen, Jürgen; Laatz, Wilfried: Statistische Datenanalyse mit SPSS für Windows, 3. Aufl., (Springer) Berlin u.a. 1999, S. 338.

Tabelle 35:   Mittelwertvergleich des (ökonomischen) Erfolgs nach Strategischer Gruppe und Betriebstyp

Betriebstyp (n= 58)	*Mittelwerte*					
	1	*2*	*3*	*4*	*5*	*6*
	Conv.-Anbieter	*conv.-fokuss. Anbieter*	*Qualitäts-Anbieter*	*erlebnis-orientierte Auswahl-Anb.*	*discount-orientierte Anbieter*	*preis-orientierte Auswahl-Anb.*
Convenience-Store	0,10	-0,98	-	-	-	-
Discounter	-	-	-0,81	-	1,03	-
Supermarkt	0,13	-	-0,58	-0,71	-	-
Verbrauchermarkt	-	-	0,53	-0,64	-	-0,32
SB-Warenhaus	-	-	0,46	0,07	0,93	-
Drogeriemarkt	-	-	-0,15	0,93	1,05	-
Gesamt	0,11	-0,98	-0,03	-0,24	0,98	-0,32

Bei dieser Betrachtung zeigen sich innerhalb der einzelnen Strategischen Gruppen wiederum deutliche Unterschiede darin, wie erfolgreich die Unternehmen (hier in Bezug auf den ökonomischen Erfolg) sind, in Abhängigkeit vom Betriebstyp des Unternehmens.

Um zu prüfen, ob Wechselwirkungen zwischen den beiden Faktoren bestehen, sind im Folgenden wiederum die relevanten Effekte und Kennzahlen der zweifaktoriellen Varianzanalyse dargestellt. Zuvor wurde ein Levene-Test auf Gleichheit der Varianzen durchgeführt, der mit p=0,038 ein signifikantes Ergebnis ergab. Damit kann nicht von der Homogenität der Varianzen ausgegangen werden, so dass im strengen Sinne die Voraussetzungen der durchzuführenden zweifaktoriellen Varianzanalyse nicht erfüllt sind. Bühl/Zöfel schlagen für diesen Fall pragmatisch vor, das Signifikanzniveau, bei dem eine Hypothese angenommen wird, von 5 Prozent auf 1 Prozent zu senken.[1661]

Zunächst zeigt sich, dass die beiden Variablen und ihre Wechselwirkung insgesamt ca. 42 Prozent der Gesamtvarianz erklären.[1662] Die Tabelle ergibt jedoch auch, dass der Einfluss beider Variablen (Strategische Gruppe und Betriebstyp) auf den ökonomischen Erfolg nicht signifikant ist.[1663]

Aus dem errechneten partiellen Eta^2 zeigt sich der tendenziell höhere Einfluss der Strategischen Gruppe im Vergleich zum Betriebstyp. Weiterhin sieht man den nicht signifikanten Einfluss der Wechselwirkung der beiden Variablen (Sign. = 0,432). Hierbei ergibt sich wieder ein positives Eta^2 und eine mögliche Wechselwirkung in der „Nicht-

---

[1661] Vgl. Bühl, Achim; Zöfel, Peter: SPSS Version 9, 6. Aufl., (Addison-Wesley) München u.a. 2000, S. 377f.

[1662] Dies zeigt das partielle Eta^2 des Modells von 0,416.

[1663] Hier führt die zweifaktorielle Analyse zu einem anderen Ergebnis als die einfaktorielle bezüglich der Strategischen Gruppen. Die Unterschiede sind darauf zurückzuführen, dass die Quadratsumme von Typ IV abweicht von der einfaktoriellen Varianzanalyse und dass Unternehmen, die keinen Betriebstyp angegeben haben, aus der zweifaktoriellen Varianzanalyse vollständig ausgeschlossen werden.

Parallelität" der sechs Kurven, die sich aus Tabelle 35 erstellen liessen. Auch hier sei zwar darauf hingewiesen, dass zusätzlich die „Schärfe" eines Tests zu beachten ist. Auf Grund des sehr geringen Signifikanzniveaus und zusätzlich der fehlenden Homogenität der Varianzen, die sogar ein erhöhtes Signifikanzniveau zur Annahme der These ratsam erscheinen liesse, erscheint es hier jedoch gerechtfertigt, für die vorliegende Stichprobe das Vorliegen von Interaktionseffekten in Bezug auf den ökonomischen Erfolg abzulehnen.

Tabelle 36: Zweifaktorielle Varianzanalyse zur Prüfung des gemeinsamen Einflusses von Strategischer Gruppe und Betriebstyp auf den ökonomischen Erfolg

Varianzquelle	Quadrat-summe[1664] (Typ IV)	df	Mittel der Quadrate	F	Sign. des F-Werts	Par-tielles Eta^2	Beob. Schärfe
Haupteffekte							
Strategische Gruppe	8,250	5	1,650	2,083	0,087	0,199	0,632
Betriebstyp	3,859	5	0,772	0,974	0,445	0,104	0,312
Interaktionseffekt							
Strategische Gruppe * Betriebstyp	3,944	5	0,789	0,995	0,432	0,106	0,319
Modell	23,724	16	1,483	1,871	0,053	**0,416**	0,874
Fehler	33,276	42	0,792				
Gesamtvarianz	57,000	58					

Insgesamt kann also bezüglich der simultanen Betrachtung des Einflusses von Strategischer Gruppe und Betriebstyp auf den Erfolg resümiert werden, dass Haupteffekte und Interaktionseffekte zwar tendenziell auftreten (was sich insbesondere beim psychographischen Erfolg und bei den Strategischen Gruppen 3 und 4 zeigt); signifikante Interaktionseffekte lassen sich jedoch auf der Basis der vorliegenden Stichprobe nicht nachweisen.

Fokussierung

Als nächstes wurde der Einfluss der Fokussierung des Marketing auf den Erfolg der Unternehmen untersucht. In T$_{UFok-E}$ wurde eine positive Beziehung von Fokussierung und Erfolg vermutet, was aus der Porter'schen Grundüberlegung der geringen Erfolgsträchtigkeit von Strategien „zwischen den Stühlen" abgeleitet wurde.

[1664] Da eine Reihe der Zellen leer sind, wird auch hier die Berechnungsart Typ IV gewählt, die speziell für Designs mit leeren Zellen entwickelt ist und dies bei der Korrektur der Quadratsumme hinsichtlich der Wirkung anderer Terme beachtet; vgl. Janssen, Jürgen; Laatz, Wilfried: Statistische Datenanalyse mit SPSS für Windows, 3. Aufl., (Springer) Berlin u.a. 1999, S. 336.

Tabelle 37: **Fokussierung und Erfolg der Vertriebsschienen nach Strategischen Gruppen**

(n= 58)	Mittelwerte						ANOVA	
	1	2	3	4	5	6	F	Sign
	Conv.- Anbieter	conv.- fokuss. Anbieter	Qualitäts- Anbieter	erlebnis- orientierte Auswahl- Anbieter	discount- orientierte Anbieter	preis- orientierte Auswahl- Anbieter		
Fokussierungs-Index	0,072	0,126	0,055	0,037	0,104	0,038	5,488	0,000
psychographischer Erfolg	0,59	-1,42	0,16	-0,34	0,28	-0,20	6,183	0,000
ökonomischer Erfolg	0,11	-0,98	-0,03	-0,24	0,98	-0,32	3,573	0,007

Betrachtet man in Tabelle 37 die (bereits an anderer Stelle diskutierten) Mittelwerte der Cluster bezüglich Erfolg und Fokussierung, so deutet diese Betrachtung eine Bestätigung der These an. So werden die höchsten Erfolgsmaße von Cluster 5 realisiert, einem Cluster, das auch eine hohe Fokussierung aufweist. Eine korrelative Beziehung deutet sich auch bei Betrachtung der Cluster 1 (hoher Erfolg und relativ hohe Fokussierung), Cluster 4 und 6 (niedriger Erfolg und niedrige Fokussierung) sowie Cluster 3 (mittlerer Erfolg und Fokussierung) an. Lediglich Cluster 2 hat gleichzeitig eine hohe Fokussierung und niedrige Erfolgsmaße.

Tabelle 38: **Regressionsanalytischer Zusammenhang zwischen Fokussierung und psychographischem Erfolg**

Regressor	Regressionskoeffizient B	standard. Regressionskoeffizient β	Signifikanzniveau
Fokussierungs-Index	-2,379	-0,106	0,429
Bestimmtheitsmaß $r^2 = 0,011$			
Ergebnisse der Varianzanalyse df = 1 F = 0,634 p = 0,429			

Nach dieser - lediglich illustrierenden - Betrachtung auf der Ebene der Strategischen Gruppen soll die These auf Ebene der einzelnen Unternehmen bzw. Vertriebschienen getestet werden. Die postulierte Wirkungsbeziehung geht dabei davon aus, dass die Fokussierung auf den Erfolg wirkt. Um festzustellen, ob hier eine positive Beziehung besteht und welcher Anteil der Variation des Erfolgs ggf. auf die Fokussierung zurückzuführen ist, wird eine Regressionsanalyse durchgeführt.

Es zeigt sich, dass bezüglich der psychographischen Erfolgsgröße kein signifikanter Einfluss der Fokussierung ausgemacht werden kann. Die Regression ist nicht signifikant und das Bestimmtheitsmaß r^2 unterscheidet sich nur unwesentlich von Null.

Auch bezüglich des ökonomischen Erfolgs kann (bei zweiseitigem Signifikanztest) kein signifikanter Einfluss der Fokussierung ausgemacht werden. Es zeigt sich jedoch eine deutliche Tendenz zur Signifikanz; das Signifikanzniveau liegt nur leicht über der Schwelle von 5 Prozent. Beachtet man die als eindeutig formulierte, positive Wirkungsrichtung, kann man auch einen einseitigen Signifikanztest anwenden, der ein signifikantes Ergebnis ausweist. Damit kann eine signifikante Wirkung der Fokussierung auf den ökonomischen Erfolg festgestellt werden. Das Bestimmtheitsmaß r^2 unterscheidet sich jedoch nur unwesentlich von Null.

Tabelle 39: **Regressionsanalytischer Zusammenhang**
zwischen Fokussierung und ökonomischem Erfolg

Regressor	Regressionskoeffizient B	standard. Regressionskoeffizient β	Signifikanzniveau
Fokussierungs-Index	5,666	0,252	0,056
Bestimmtheitsmaß $r^2 = 0,063$			
Ergebnisse der Varianzanalyse df = 1 F = 3,794 p = 0,056			

Damit kann die These T_{UFok-E} in der formulierten Form nicht vollständig bestätigt werden. Es kann ein positiver (aber geringer) Einfluss auf den ökonomischen Erfolg festgestellt werden, jedoch nicht auf den psychographischen Erfolg.

Dieser Widerspruch zu der Porter'schen Grundthese der Überlegenheit fokussierter Strategien erfordert detailliertere Untersuchungen. So kann u.a. kritisiert werden, dass der Komplexität der Handelsrealität nicht Rechnung getragen wird, wenn man eine Fokussierung generell, unabhängig von ihren Inhalten, als positiv ansieht. So zeigt sich z.B. bei Cluster 5 („discountorientierte Anbieter") eine vorteilhafte Fokussierung, bei den „conveniencefokussierten Anbietern" eine negative Auswirkung der Fokussierung. Eine detailliertere Untersuchung, bei der alle potenziellen Kombinationsmöglichkeiten von Basiswettbewerbsvorteilen untersucht werden, ist erforderlich.

Eine weitere Möglichkeit ist es, die Auswirkungen der Fokussierung vor einer weiteren Interpretation der Ergebnisse auch aus Verbrauchersicht zu betrachten, was in der vorliegenden Untersuchung durchgeführt wurde und in Abschnitt II. dargestellt ist.

Fit

Neben der Fokussierung wurde der Fit als Determinante des Erfolgs angesehen. In These T_{UFit-E} wurde eine positive Wirkung des Fit auf den Erfolg postuliert, und die Notwendigkeit einer „Integration der Handelsmarketinginstrumente" ist eine der zentralen

Aussagen der vorliegenden Untersuchung, die es aus unterschiedlichen Sichten zu untersuchen gilt.

Betrachtet man in Tabelle 40 die (bereits an anderer Stelle diskutierten) Mittelwerte der Cluster bezüglich Erfolg und Fit, so deutet diese Betrachtung auf aggregierter Ebene zunächst keine deutliche Bestätigung der These an.

Tabelle 40: **Fit und Erfolg der Vertriebsschienen nach Strategischen Gruppen**

	Mittelwerte						ANOVA	
	1	*2*	*3*	*4*	*5*	*6*		
(n= 58)	*Conv.-Anbieter*	*conv.-fokuss. Anbieter*	*Qualitäts-Anbieter*	*erlebnis-orientierte Auswahl-Anbieter*	*discount-orientierte Anbieter*	*preis-orientierte Auswahl-Anbieter*	*F*	*Sign*
Fit-Wert	1,2	0,1	1,5	1,7	2,1	2,8	10,949	0,000
psychographischer Erfolg	0,59	-1,42	0,16	-0,34	0,28	-0,20	6,183	0,000
ökonomischer Erfolg	0,11	-0,98	-0,03	-0,24	0,98	-0,32	3,573	0,007

So werden zwar die höchsten Erfolgsmaße von Cluster 5 realisiert, einem Cluster, das auch einen hohen Fit aufweist. Die niedrigsten Erfolgsmaße und auch der niedrigste Fit werden in Cluster 2 realisiert. Andererseits geben die Unternehmen in Cluster 6 an, einen hohen Fit ihrer Marketinginstrumente zu haben; die Erfolgsmaße sind jedoch eher gering. Bezüglich der Cluster 1, 3 und 4 ergeben sich relativ hohe Fit-Maße, jedoch eher niedrige Erfolgsmaße.

Tabelle 41: **Regressionsanalytischer Zusammenhang zwischen Fit und psychographischem Erfolg**

Regressor	*Regressionskoeffizient B*	*standard. Regressionskoeffizient β*	*Signifikanzniveau*
Fit-Wert	0,484	0,381	0,003
Bestimmtheitsmaß $r^2 = 0,145$			
Ergebnisse der Varianzanalyse df = 1 F = 9,508 p = 0,003			

Nach dieser - illustrierenden - Betrachtung auf der Ebene der Strategischen Gruppen soll die These auf Ebene der einzelnen Händlermarken getestet werden. Die postulierte Wirkungsbeziehung geht dabei davon aus, dass der Fit auf den Erfolg wirkt. Um festzustellen, ob hier eine positive Beziehung besteht und welcher Anteil der Variation des Erfolgs ggf. auf den Fit zurückzuführen ist, wird eine Regressionsanalyse durchgeführt, um diesen Einfluss zu messen.

Es zeigt sich, dass bezüglich der psychographischen Erfolgsgröße ein signifikanter Einfluss des Fit ausgemacht werden kann. Die Regression ist signifikant, das Bestimmtheitsmaß r^2 beträgt 0,145, was in Anbetracht der zahlreichen Einflussgrößen auf den psychographischen Unternehmenserfolg, neben der betrachteten Größe Fit, beachtlich ist.

Tabelle 42: **Regressionsanalytischer Zusammenhang zwischen Fit und ökonomischem Erfolg**

Regressor	Regressionskoeffizient B	standard. Regressionskoeffizient β	Signifikanzniveau
Fit-Wert	0,403	0,318	0,015
Bestimmtheitsmaß $r^2 = 0,101$			
Ergebnisse der Varianzanalyse df = 1 F = 6,288 p = 0,015			

Auch bezüglich des ökonomischen Erfolgs kann ein signifikanter Einfluss des Fit gezeigt werden, auch hier liegt das Bestimmtheitsmaß mit 0,101 für einen einzigen Einflussfaktor auf einer akzeptablen Höhe.

Auf Grund des signifikanten positiven Einflusses, den der Fit auf beide hier verwendeten Erfolgsmaße ausübt, kann die These T_{UFit-E} bestätigt werden. Damit kann vorläufig davon ausgegangen werden, dass Unternehmen, die ihre Marketinginstrumente besser aufeinander abstimmen, auch erfolgreicher am Markt agieren.

II. Nachfrageorientierte Perspektive

1. Deskriptive Analyse der Untersuchungsergebnisse

a)   Stichprobenbeschreibung

Zunächst soll die Stichprobe, die der empirischen Analyse in der nachfrageorientierten Perspektive zu Grunde liegt, charakterisiert werden. Für die Untersuchung wurden insgesamt 594 Konsumenten befragt. Nach Bereinigung derjenigen Fragebögen, bei denen, z.B. auf Grund eines Befragungsabbruchs, wesentliche Teile fehlten, lagen 566 vollständige Fragebögen vor. Um für alle Unternehmen jeweils gleich viele Respondenten betrachten zu können, wurden noch sechs Fragebögen aus der Analyse ausgeschlossen (per Zufallsauswahl innerhalb der Fragebögen bezüglich derjenigen Unternehmen, für die zu viele Fragebögen vorlagen). Für die Analyse wurden also die Daten von 560 Respondenten berücksichtigt.

Tabelle 43:   Beschreibung der Stichprobe

	Respondenten	
	absolut	*in %*
Geschlecht:		
weiblich	305	54,5
männlich	255	45,5
Alter:		
14 bis unter 20 Jahre	40	7,1
20 bis unter 30	86	15,4
30 bis unter 40	129	23,0
40 bis unter 50	112	20,0
50 bis unter 60	101	18,0
60 und älter	92	16,4
Haushaltsgröße:		
1 Person	132	23,6
2 Personen	173	30,9
3 Personen	107	19,1
4 Personen	107	19,1
5 und mehr Personen	41	7,3
Summe	**560**	**100,0**

Dabei wurde eine Auswahl der Respondenten nach einem Quotenverfahren vorgenommen. Entsprechend der demografischen Verteilung der Käufer im Lebensmitteleinzelhandel in Deutschland wurde eine Quote für Geschlecht und Alter vorgegeben. In
Tabelle 43 ist die Zusammensetzung der Stichprobe beschrieben.[1665]

Es wurde gleichzeitig vorgegeben, für jedes der sieben einzuschätzenden Unternehmen
die gleiche Zahl von Fragebögen zu erhalten, wobei das jeweils einzuschätzende Unternehmen zufällig ausgewählt wurde, gleichzeitig jedoch darauf geachtet wurde, dass ein
Respondent zu dem entsprechenden Handelsunternehmen auch Aussagen tätigen kann.
Die Festlegung des zu betrachtenden Unternehmens erfolgte erst nach den Fragen zu
Recall und den freien Assoziationen, um Verzerrungen dieser Ergebnisse zu vermeiden.
Insgesamt wurden 80 Respondenten für jede der betrachteten sieben Händlermarken
erfasst. Im vorliegenden Fall werden die Begriffe Händlermarke und Handelsunternehmen (als der eher gebräuchliche Begriff) synonym verwendet, da die betrachteten Un-
ternehmen (Globus, Real, Aldi, Lidl, Plus, Edeka und Karstadt), unabhängig von ihrer
Unternehmensstruktur, im Lebensmitteleinzelhandel jeweils nur eine einzelne Händlermarke darstellen.[1666]

[1665] Basis der Quotierung ist die Verteilung in der Grundgesamtheit; siehe Abschnitt A.IV.2.

[1666] Dies gilt auch für Edeka, wobei diese Händlermarke als Dachmarke, kombiniert mit den Familienmarken „Neukauf" und „aktiv markt", auftritt. In der Befragung wurde jedoch deutlich, dass die
Konsumenten die Einkaufsstätten mit der Marke „Edeka" assoziieren.

b) Kundensegmente nach Einkaufsmotiven

Wie bereits vorne dargestellt wurde, wurde den Probanden eine Statementbatterie zur Bewertung unterschiedlicher Einkaufsmotive vorgelegt. Sie wurden aufgefordert, den einzelnen Aussagen mehr oder weniger zuzustimmen und damit ihr Einkaufsverhalten bei Lebensmitteln zu charakterisieren. Wichtig ist zu beachten, dass hier mit den Einkaufsmotiven die Art (und Anzahl) der Bedürfnisse erfasst wird, nicht das individuelle Anspruchsniveau zur Befriedigung dieser Bedürfnisse. Zur Erhebung der Einkaufsmotive wurden insgesamt neun Items erfasst.[1667] Um vor der Bildung von Gruppen Verzerrungen durch zu hohe Korrelationen zwischen den einzelnen Items auszuschließen, wurden die Werte einer Faktorenanalyse unterzogen.[1668] Zuvor wurde die Stichproben eignung für eine Faktorenanalyse überprüft. Dabei ergab sich ein KMO-Wert von 0,671 und ein hochsignifikanter Chi^2-Wert des Bartlett-Tests auf Sphärizität von 967,1 (Sign. = 0,000).[1669]

Insgesamt gelang es mit Hilfe der Faktorenanalyse, zentrale Dimensionen der Einkaufsmotive zu identifizieren. Es wurden vier Faktoren extrahiert, die gemeinsam 68,8 Prozent der ursprünglichen Gesamtvarianz der Items erklären:

◆ Faktor 1 entspricht dem Motiv, eine große Auswahl an Produkten und Leistungen unter einem Dach zu bekommen.

◆ Faktor 2 entspricht der Qualitäts-Orientierung, wobei hier die Ansprüche an Qualitätsniveau und Frische des Sortiments ebenso wie an die Ladenatmosphäre gestellt werden.

◆ Faktor 3 entspricht der Preis-Orientierung, während

◆ Faktor 4 einer Zeit-Orientierung entspricht, also der Aspekt des schnellen Einkaufs als wichtig angesehen wird.

[1667] Obwohl wünschenswert gewesen wäre, je Motiv mehrere Indikatoren zu erfassen, wurde dies nur bzgl. der Motive Preis-Orientierung und Qualitäts-Orientierung getan, um den Fragebogen insgesamt in einem zeitlich akzeptablen Rahmen zu halten.

[1668] Dabei wurden für die Faktorextraktion folgende Einstellungen gewählt: Hauptkomponentenanalyse, Varimaxrotation, Bestimmung der Faktorzahl nach dem Kaiser-Kriterium, Ersetzen fehlender Werte durch Mittelwerte. Bei der Interpretation werden nur solche Items betrachtet, deren Faktorladungen größer als 0,5 sind und die eindeutig auf einem Faktor laden. Da dieses Vorgehen den „üblichen" statistischen Gepflogenheiten entspricht, kann hier eine nähere Erläuterung der methodischen Aspekte entfallen; vgl. Backhaus, Klaus u.a.: Multivariate Analysemethoden, 9. Aufl., (Springer) Berlin u.a. 2000, S. 322.

[1669] Damit kann von einer „mäßig guten", aber für die Faktorenanalyse akzeptablen Stichprobeneignung gesprochen werden; vgl. Janssen, Jürgen; Laatz, Wilfried: Statistische Datenanalyse mit SPSS für Windows, 3. Aufl., (Springer) Berlin u.a. 1999, S. 468f.

Tabelle 44:   **Faktorenanalyse der Items zu den Einkaufsmotiven**

Rotierte Komponentenmatrix Einzelitems (n = 560)	Faktor 1: Leistungs- umfangs- Orientierung	Faktor 2: Qualitäts- Orientierung	Faktor 3: Preis- Orientierung	Faktor 4: Zeit- Orientierung
Auswahl-Motiv	0,863			
One-Stop-Shopping-Motiv	0,816			
Orientierung am Service	0,537	0,519	-0,274	-0,111
Sortimentsqualitätsniveau-Motiv		0,827		0,132
Frische-Motiv	0,461	0,596		
Ladenatmosphäre-Orientierung	-0,196	0,592	-0,211	-0,261
Preisangebots-Orientierung			0,886	
Preisgünstigkeits-Orientierung	-0,109	-0,325	0,695	
Orient. an schneller Einkaufsmöglichkeit				0,967
Eigenwerte	1,968	1,780	1,403	1,043
Anteil der erklärten Gesamtvarianz	21,9%	19,8%	15,6%	11,5%

Werte, deren Betrag unter 0,1 liegt, werden aus Gründen der Übersichtlichkeit nicht dargestellt.

Auf Basis dieser zentralen Dimensionen der Einkaufsmotive erfolgte eine Clusterung der Konsumenten, bei der eine 4-Cluster-Lösung extrahiert wurde;[1670] die Konsumenten wurden also nach der Ausprägung der Einkaufsmotive in Gruppen zugeordnet.

Um die Güte bzw. Trennschärfe dieser Clusterlösung zu prüfen, empfiehlt sich die Durchführung einer Diskriminanzanalyse. Die Clusterzugehörigkeit stellt dabei die abhängige Variable dar; die Faktorwerte, die als Grundlage der Clusterung dienten, sind die unabhängigen Variablen. Die Gütemaße der Diskriminanzanalyse sind in Tabelle 45 enthalten.

Tabelle 45:   **Gütemaße der Diskriminanzanalyse**

Fkt.	Eigen- wert	Anteil der Varianz	Kum. Anteil der Varianz	Kanon. Korrelations- koeffizient	Test der Fkt.	Wilks' Lambda	χ^2	df	Sign.
1	2,342	47,7	47,7	0,837	1-3	0,057	1577,030	12	0,000
2	1,308	26,7	74,4	0,753	2-3	0,192	910,942	6	0,000
3	1,257	25,6	100,0	0,746	3	0,443	449,327	2	0,000

Alle drei Diskriminanzfunktionen weisen einen Eigenwert > 1 auf. Dabei ergibt sich ein kumuliertes, residuelles Wilks' Lambda von 0,057 (Sign. = 0,000), d.h. nur 5,7 Prozent der Streuung wird nicht durch die Gruppenunterschiede erklärt. Auch die korrekte Zu-

---

[1670] Ein Kriterium zur Festlegung der Clusterzahl liefert das Ellbow-Kriterium. Im vorliegenden Fall wurde eine hierarchische Cluster-Analyse an zufällig ausgewählten Teilstichproben durchgeführt, um die optimale Clusterzahl zu ermitteln, und anschließend, wegen der Stichprobengröße, mit einer Clusterzentrenanalyse die Clusterung bestimmt, d.h. die Clusterzugehörigkeit der einzelnen Fälle, um so die Clusterung trotz der großen Fallzahl zu verbessern. Vgl. Janssen, Jürgen; Laatz, Wilfried: Statistische Datenanalyse mit SPSS für Windows, 3. Aufl., (Springer) Berlin u.a. 1999, S. 413.

ordnung von 98,4 Prozent der ursprünglich klassifizierten Objekte zeigt die hohe Trennfähigkeit der Cluster.[1671]

Tabelle 46:   Statistische Daten der Kundencluster

	Mittelwerte				ANOVA		
Faktor	Cluster 1	Cluster 2	Cluster 3	Cluster 4	F	Sign.	MW-Unterschiede nach Scheffé nicht sign. zu p=0,05
Leistungsumfangs-Orient.	0,39	-2,28	-0,40	0,67	331,9	0,000	
Qualitäts-Orientierung	-0,82	-0,59	0,86	0,34	201,7	0,000	Cluster 1 und 2
Preis-Orientierung	0,22	1,24	-0,60	0,63	101,2	0,000	
Zeit-Orientierung	-0,50	0,51	-0,24	0,83	80,7	0,000	Cluster 2 und 4
n	203	46	169	142			

Zur Beschreibung der Cluster sind in Tabelle 46 die statistischen Daten der Cluster auf Basis der Einkaufsmotiv-Faktoren aufgezeigt (zu beachten für die Interpretation ist, dass Faktoren standardisiert sind, also einen Mittelwert von 0 und einen Standardfehler von 1 haben;[1672] wegen der zugrundliegenden Skalen charakterisieren hier höhere Faktorwerte eine höhere Bedeutung des jeweiligen Motivs).

Danach lassen sich die Kundencluster wie folgt beschreiben:

♦ Kunden in Cluster 1 wünschen einen hohen Leistungsumfang, wobei ihre Qualitäts-Orientierung niedrig ist. Die Preis-Orientierung ist mittel und die Konsumenten haben es beim Einkauf nicht eilig. Man kann dieses Cluster als „*One-Stop-Shopper*" bezeichnen.

♦ Für Kunden in Cluster 2 ist das One-Stop-Shopping kein relevantes Motiv, auch auf Qualität achten sie nicht in hohem Maße. Ihnen ist es dagegen wichtig, schnell einzukaufen und vor allem, ihre Einkäufe günstig zu bekommen. Dieses Cluster wird daher als „*eilige Preiskäufer*" bezeichnet.

♦ Das dritte Cluster zeichnet sich dadurch aus, dass die Kunden stark auf Qualität achten; für sie ist der Preis eher irrelevant. Sie benötigen bei ihrem Einkauf nicht alles unter einem Dach und lassen sich beim Einkauf eher Zeit. Das Cluster kann als „*gründliche Qualitätskäufer*" bezeichnet werden.

♦ Cluster 4 zeichnet sich dadurch aus, dass die Konsumenten viel Wert darauf legen, eine große Auswahl und viele Leistungen unter einem Dach zu erhalten und gleichzeitig eine relativ gute Qualität zu einem niedrigen Preis erwarten. Viel Zeit für den

---

[1671] Vgl. Janssen, Jürgen; Laatz, Wilfried: Statistische Datenanalyse mit SPSS für Windows, 3. Aufl., (Springer) Berlin u.a. 1999, S. 431f., S. 439.

[1672] Vgl. Bortz, Jürgen: Statistik für Sozialwissenschaftler, 5. Aufl., (Springer) Berlin u.a. 1999, S. 523.

Einkauf wollen sie sich nicht lassen. Das Cluster kann als „Allesforderer" bezeichnet werden.[1673]

Eine einfaktorielle Varianzanalyse zeigt für alle vier Faktoren signifikante Unterschiede zwischen den Clustern auf. Der Scheffé-Test, der im Falle eines signifikanten Ergebnisses der Varianzanalyse angibt, welche Gruppen sich im Einzelnen signifikant voneinander unterscheiden,[1674] zeigt signifikante Differenzen bei fast allen Paarvergleichen.

Insgesamt kann man also feststellen, dass sich Kundensegmente identifizieren lassen, die sich nach ihren Einkaufsmotiven signifikant voneinander unterscheiden.

c)   Einkaufsverhalten

Im Folgenden soll die konkrete Einkaufsstättenwahl der befragten Konsumenten betrachtet werden. Wie Tabelle 47 zeigt, sind hierbei die betrachteten sieben Handelsunternehmen, die auf der Basis des Pretests ausgewählt wurden, auch in der Stichprobe der Haupterhebung diejenigen, die am häufigsten als Einkaufsstätte gewählt wurden.

Tabelle 47:   Nennung als genutzte Einkaufsstätten eines Respondenten

	Anzahl				
(n= 560)	1. Einkaufs-stätte	2. Einkaufs-stätte	3. Einkaufs-stätte	gesamt	gesamt in % der Befragten
Aldi	92	125	110	327	58,7%
Globus	150	73	55	278	49,9%
Edeka	61	60	46	167	30,0%
Lidl	41	51	45	137	24,6%
Real	48	57	31	136	24,4%
Karstadt	39	41	38	118	21,2%
Plus	40	30	35	105	18,9%
Hela	19	18	8	45	8,1%
Kaufhof	5	6	21	32	5,7%
Accord	10	11	10	31	5,6%
Minimal	8	13	8	2	5,2%
sonstige	46	70	106	222	39,8 %
Summe	560	557	516	-	-

Der Vergleich der beiden am häufigsten als Einkaufsstätte genannten Unternehmen Aldi und Globus, als je einem Vertreter des Betriebstyps Discounter und SB-Warenhaus, zeigt, dass deutliche Unterschiede darin bestehen können, ob ein Handelsunternehmen als Haupteinkaufsstätte oder als ergänzende Einkaufsstätte genutzt wird. So wird zwar

---

[1673] Zu beachten ist, dass nicht die Höhe des persönlichen Anspruchsniveaus erfasst wurde, sondern lediglich die Art der Ansprüche an die Einkaufsstätte. D.h., dass auch Konsumenten, die z.B. eine hohe Preis-Orientierung aufweisen, u.U. hier im Vergleich zu anderen eine relativ niedriges Anspruchsniveau haben können, dass sie also mit einem bestimmten Preisniveau eher zufrieden sind.

[1674] Vgl. Janssen, Jürgen; Laatz, Wilfried: Statistische Datenanalyse mit SPSS für Windows, 3. Aufl., (Springer) Berlin u.a. 1999, S. 317.

Aldi insgesamt am häufigsten als Einkaufsstätte genannt, jedoch - anders als Globus - eher als zweite oder dritte.

Tabelle 48: **Nennung als genutzte Einkaufsstätte eines Respondenten[1675] - Betrachtung der Zusammenhänge**

1. Ein-kaufsst.	2. oder 3. Einkaufsstätte (Anzahl der Respondenten)										
	Globus	*Real*	*Aldi*	*Lidl*	*Plus*	*Edeka*	*Kar-stadt*	*Hela*	*Kauf-hof*	*Accord*	*Mini-mal*
Globus	-	23	82	40	8	34	26	5	7	7	7
Real	5	-	34	4	15	14	6	1	1	3	0
Aldi	51	14	-	33	11	21	7	8	0	3	4
Lidl	20	9	16	-	5	5	3	2	1	1	2
Plus	5	12	20	3	-	4	7	3	3	0	3
Edeka	14	11	30	4	5	-	20	4	6	3	2
Karstadt	12	6	14	3	6	12	-	2	5	0	3
Hela	3	3	14	2	4	4	0	-	2	2	0
Kaufhof	0	1	0	0	2	0	2	0	-	0	0
Accord	1	2	2	1	2	2	1	0	0	-	0
Minimal	1	2	1	2	2	2	1	0	0	0	-

Für die Profilierung von Händlermarken von Relevanz ist hier auch die Betrachtung, welche Einkaufsstätten von einem einzelnen Konsumenten aufgesucht werden, wenn dieser mehrere Einkaufsstätten für seine Lebensmitteleinkäufe besucht, wie also die Wahl der ersten Einkaufsstätte und die Wahl der zweiten bzw. dritten Einkaufsstätte zusammenhängen (siehe Tabelle 48). Dabei kann man u.a. folgende Informationen aus dieser Betrachtung ablesen:

♦ Nur wenige Kunden besuchen als erste und als weitere Einkaufsstätte SB-Warenhäuser. Ist die erste Einkaufsstätte Globus oder Real, so ist die zweite bzw. dritte Einkaufsstätte nur in wenigen Fällen ein SB-Warenhaus, so dass in der Intra-Betriebstypen-Perspektive hier von einer konkurrierenden Leistung ausgegangen werden kann.

♦ Kunden, die als erste Einkaufsstätte ein SB-Warenhaus angeben, kaufen häufig auch bei Discountern und/oder Supermärkten ein. Wie sich in den Befragungen ergeben hat, ist hier eine Komplementarität in dem Sinne gegeben, dass die Vorrats- bzw. Wocheneinkäufe meist im SB-Warenhaus stattfinden, kleinere Einkäufe aber beim Discounter oder im Supermarkt getätigt werden.

♦ Während die SB-Warenhäuser eher konkurrierende Leistungen bieten, scheinen die einzelnen Discounter durchaus komplementäre Leistungen zu bieten. Viele der Kunden, die Aldi bzw. Lidl als ihre erste Einkaufsstätte angeben, kaufen auch beim je-

---

[1675] Zu beachten ist hier, dass sich die Zeilensumme nicht einfach mit den Nennungen der Einkaufsstätten als erste Einkaufsstätte vergleichen lassen, u.a. weil für jede 1. Einkaufsstätte jeweils (ggf.) eine zweite und (ggf.) eine dritte Einkaufsstätte erfasst wurden.

weils anderen häufig ein (Lidl bzw. Aldi). Hier scheint also auch beim Intra-Betriebstypen-Vergleich der Discounter jeweils ein eigenständiges Profil vorzuliegen.

d)   Beurteilung

Zur Erfassung der Beurteilung wurden elf verschiedene Items betrachtet.[1676] Die Validität dieser Beurteilungsskala wurde zunächst durch eine multiple Regressionsanalyse geprüft.[1677] Abhängige Variable war dabei eine Pauschalaussage, z.b. „Wenn ich alle Vor- und Nachteile abwäge, würde ich sagen, *(Aldi)* erfüllt meine Bedürfnisse sehr gut ① -- ② -- ③ -- ④ -- ⑤ schlecht." Unabhängige Variablen waren die elf einzelnen Variablen, die bei der Beurteilung im Folgenden betrachtet werden. Die Regressionsanalyse ist hochsignifikant mit einem Bestimmtheitsmaß r^2 von 0,579, so dass von einer validen Messung der Beurteilung ausgegangen werden kann.

Betrachtet man sich die Beurteilung der Handelsmarketinginstrumente durch die Konsumenten (siehe Tabelle 49), stellt man fest, dass bezüglich aller betrachteten Beurteilungsvariablen signifikante Unterschiede bestehen und damit deutliche „Stärken-Schwächen-Profile" der einzelnen Handelsunternehmen aus Konsumentensicht abgeleitet werden können. Die Aussage der Austauschbarkeit kann also bezüglich der hier untersuchten Händlermarken nicht bestätigt werden.

[1676] Wie vorne dargestellt, wurden ursprünglich 13 Items herangezogen. Von diesen wurden jedoch vier in einem ersten Schritt verdichtet, um deutliche inhaltliche Überschneidungen bereits vor den weiteren Betrachtungen zu reduzieren. Die Aspekte „Ordnung" und „Hygiene" messen verschiedene Aspekte der Wahrnehmung der Prozesse im Handelsunternehmen, und sie wurden daher zusammengefasst. Die Aspekte Qualität und Frische sind verschiedene Aspekte der Sortimentsqualität i.w.S. (vgl. Hildebrandt, Lutz: Store image and the prediction of performance in retailing, in: JBR, 17. Jg., 1988, S. 91-100, S. 95), und sie wurden ebenfalls zusammengefasst.
Auf Grund eines hohen bzw. ausreichenden Cronbach's Alpha (0,79 für Prozesse, 0,64 für Sortimentsqualität) erschien hierfür eine einfache Durchschnittsbildung akzeptabel.

[1677] Dabei wurde die Konstruktvalidität, also die Übereinstimmung der Messung eines Konstrukts mit den wahren Werten eines Konstrukts, geprüft, indem die Konvergenzvalidität verschiedener Messinstrumente geprüft wurde, also die Frage beantwortet wurde, inwiefern verschiedene Messinstrumente zum gleichen Ergebnis für das Konstrukt führen. Hier wird die Messung eines Außenkriteriums mit der interessierenden Skala verglichen; vgl. Hammann, Peter; Erichson, Bernd: Marktforschung, 4. Aufl., (Lucius&Lucius) Stuttgart 2000, S. 95f. Die Konstruktvalidität ist hierbei nach Hamman/Erichson aus theoretischer Sicht am wichtigsten; einen Überblick über alle Konzepte der Validität und ihre Anwendung gibt Hildebrandt, Lutz: Kausalanalytische Validierung in der Marketingforschung, in: Marketing-ZFP, 6. Jg., 1984, Nr. 1, S. 41-51. Siehe zu diesem Vorgehen auch Gröppel-Klein, Andrea: Wettbewerbsstrategien im Einzelhandel, (DUV) Wiesbaden 1998, S. 103.

Tabelle 49:   Beurteilung der einzelnen Handelsunternehmen

Einzelitems (n=560)[1678]	Globus	Real	Aldi	Lidl	Plus	Edeka	Karstadt	F	Sign
			Mittelwerte					*ANOVA*	
Auswahl	1,2	1,8	3,4	3,0	3,3	2,7	1,9	55,6	0,000
Sortimentsqualität	2,0	2,8	2,7	2,7	3,4	2,3	1,7	39,8	0,000
Preis	2,3	2,3	1,2	1,7	2,0	3,7	4,0	132,2	0,000
One-Stop-Shopping-Mögl.	1,3	1,9	4,8	4,8	4,8	4,4	1,9	256,3	0,000
Werbung	2,6	2,7	3,2	3,0	3,3	2,8	2,5	5,4	0,000
Warteschlangen	2,6	3,3	3,2	3,0	3,3	2,8	2,5	6,1	0,000
Bequemlichkeit	2,1	2,7	1,5	1,8	1,7	1,8	2,2	19,5	0,000
Service	2,1	3,2	3,1	2,8	3,5	2,5	2,5	14,4	0,000
Ladengestaltung	2,4	3,2	3,0	2,9	3,4	2,7	2,1	14,3	0,000
Kundenbindungsmaßnahmen	4,6	4,2	4,6	4,4	4,3	2,9	2,9	29,0	0,000
Prozesse	2,1	3,0	2,6	3,1	3,6	2,5	1,8	32,6	0,000

Skala jeweils von 1 (bester Wert) bis 5 (schlechtester Wert).

Dabei sollen beispielhaft einige Erkenntnisse aufgezeigt werden:

♦ Bei der Frage zur Größe der Auswahl erzielen erwartungsgemäß die SB-Warenhäuser die besten Werte, wobei es Globus offensichtlich besser als Real gelingt, die große Auswahl als Stärke in der Wahrnehmung der Konsumenten zu präsentieren. Auch die Lebensmittelabteilung von Karstadt wird hier als gut bewertet und liegt damit (trotz der objektiv wesentlich kleineren Auswahl) mit Real fast gleichauf.

♦ Die deutlichsten Unterschiede aller Beurteilungsvariablen zeigen sich bei der Frage nach dem One-Stop-Shopping (was am F-Wert der einfaktoriellen Varianzanalyse deutlich wird). Hier zeigen sich bessere Werte von Globus (und abgestuft Real sowie Karstadt) im Vergleich zu den restlichen Unternehmen.

♦ Sehr geringe Unterschiede werden dagegen bei der Beurteilung der Werbung der einzelnen Handelsunternehmen gemacht. Die Werbung aller Handelsunternehmen wird als „befriedigend" beurteilt; die Differenz ist zwar signifikant, es wird jedoch nur ein sehr geringer F-Wert ausgewiesen. Die Ursache dafür wurde bereits vorne dargestellt.[1679] So nutzen Lebensmitteleinzelhandelsunternehmen das Instrument „Werbung" sehr einheitlich und betonen mehr oder weniger austauschbar die Preispolitik in ihrer Werbung.

♦ Ähnlich gering ist die Diskriminierungskraft des Attributes „Warteschlangen". Auch hier werden nur geringe Unterschiede gesehen; alle Anbieter erzielen „befriedigende" Werte.

Wenn man die Wahrnehmung der Marketinginstrumente von Handelsunternehmen evaluieren will, ist gleichzeitig zu betrachten, bei welchen Unternehmen bzw. welchen In-

---

[1678] Konkret geht die Betrachtung, wie fast alle folgenden, von jeweils 80 Einzelurteilen je Händlermarke aus.

[1679] Siehe Abschnitt C.III.3. des Dritten Kapitels.

strumenten kein klares Bild bei den Konsumenten existiert, welche Instrumente die befragten Konsumenten zu einem hohen Teil also überhaupt nicht bewerten können. So schlägt z.b. Pessemier vor, den Anteil der „weiß nicht"-Antworten als eine Maßzahl für die Klarheit des Markenprofils einer Händlermarke zu erfassen.[1680] Um hierfür eine Einschätzung geben zu können, ist in Tabelle 50 aufgeführt, wie viele fehlende Werte („Missing Values") bei den einzelnen Variablen aufgetreten sind, als Anteil an den jeweils zu einem Handelsunternehmen Befragten.[1681]

Tabelle 50:   **Anteil der „Missing Values"**

Einzelitems (n= 560)	Anteil in Prozent der Befragten							
	Globus	Real	Aldi	Lidl	Plus	Edeka	Kar-stadt	ins-gesamt
Auswahl	0	0	0	0	0	0	0	0
Sortimentsqualität	0	0	0	0	1,3	0	0	0,2
Preisniveau	0	0	0	1,3	1,3	0	1,3	0,6
One-Stop-Shopp.-Mögl.	1,3	1,3	0	2,5	0	0	0	0,7
Werbung	8,9	6,3	15,0	16,3	12,5	13,9	17,7	12,9
Warteschlangen	0	0	0	0	0	0	1,3	0,2
Bequemlichkeit	0	0	0	0	0	0	0	0
Service	0	2,5	0	2,5	0	0	0	0,7
Ladengestaltung	0	1,3	0	1,3	0	0	0	0,4
Kundenbindungsmaßn.	8,9	5,0	8,8	16,3	3,8	3,8	12,7	8,5
Prozesse	0	0	0	0	0	0	0	0

Es zeigt sich, das die Konsumenten für die meisten Handelsmarketinginstrumente Angaben machen können und bei den meisten Instrumenten nur einzelne Respondenten keine Einschätzung vornehmen konnten. Anders sieht dies bei den Instrumenten Werbung und Kundenbindungsmaßnahmen aus. Bezüglich der Kundenbindungsmaßnahmen ist dies vermutlich darauf zurückzuführen, dass eine systematische Betreuung von Stammkunden bei den meisten Handelsunternehmen bislang nur rudimentär erfolgt. Der hohe Anteil der Konsumenten, die die Werbung eines Handelsunternehmens nicht bewerten können, ist jedoch eine weitere Aussage zum Erfolg der Handelswerbung. Im Durchschnitt können ca. 13 Prozent der Respondenten keine Aussagen zur jeweiligen Werbung machen, so dass die Wirkung der heutigen Handelswerbung im Lebensmitteleinzelhandel als kritisch angesehen werden muss.[1682] Die wesentlichen Ursachen hierfür wurden bereits dargestellt.

[1680] Vgl. Pessemier, Edgar: Store image and positioning, in: JoR, 56. Jg., 1980, Nr. 1, S. 94-106, S. 97-102.

[1681] Die „Missing Values" sind dabei in fast allen Fällen darauf zurückzuführen, dass die Konsumenten beim jeweiligen Instrument keine Bewertung auf der entsprechenden 5er-Ratingskala abgeben konnten.

[1682] Wobei beachtet werden muss, dass - wegen der Erhebungsform - lediglich die bewusste Werbeerinnerung, und damit nur ein Teil der Werbewirkung, erfasst wird.

Es stellt sich nun die Frage, wie die Konsumenten insgesamt die hier betrachteten Handelsunternehmen beurteilen und ob hier signifikante Unterschiede auch in einer ganzheitlichen Beurteilung festzustellen sind. Hierzu werden an dieser Stelle die Pauschalurteile der Konsumenten über die Eignung einzelner Handelsunternehmen zur Befriedigung ihrer Bedürfnisse herangezogen.

Vergleicht man in Tabelle 51 die ganzheitliche Beurteilung der einzelnen Handelsunternehmen, dann zeigen sich auf Basis einer einfaktoriellen Varianzanalyse hochsignifikante Unterschiede zwischen den Beurteilungswerten.

Tabelle 51:   Pauschale Beurteilung der einzelnen Handelsunternehmen

	Mittelwerte							ANOVA	
(n= 560)	*Glo-bus*	*Real*	*Aldi*	*Lidl*	*Plus*	*Edeka*	*Kar-stadt*	*F*	*Sign*
Pauschalurteil	1,8	2,6	2,3	2,5	3,0	2,4	2,2	13,3	0,000
MW-Unterschied sign. zu p=0,05 nach Scheffé mit	Real, Lidl, Plus, Edeka	Globus	Plus	Globus	Globus, Aldi, Edeka, Karst.	Globus, Plus	Plus		

Skala jeweils von 1 (bester Wert) bis 5 (schlechtester Wert).

Signifikante Unterschiede zeigen sich dabei nach der Methode von Scheffé auch bei einer ganzen Reihe von Paarvergleichen.

Insgesamt kann also auf Basis der vorliegenden Ergebnisse davon ausgegangen werden, dass Konsumenten einzelne Handelsunternehmen signifikant unterschiedlich beurteilen.

e)   Wahrgenommene Marktpräsenz

Die Marktpräsenz der einzelnen betrachteten Unternehmen wurde in der vorliegenden Untersuchung auf zwei Ebenen gemessen: Einerseits mit der Frage nach der Bekanntheit von Outlets des Handelsunternehmens in der Umgebung und andererseits mit der Frage der medialen Präsenz, hier gemessen mit der Frage nach der Wahrnehmung von Werbung des entsprechenden Unternehmens. Dabei zeigt sich, wie in Tabelle 52 dargestellt ist, dass signifikante Unterschiede in der wahrgenommenen Marktpräsenz bezüglich beider Indikatoren bestehen. Gleichzeitig zeigt sich mit einer (hochsignifikanten) Korrelation von (nur) 0,253, dass beide Größen nicht stark genug zusammenhängen, um zu einem einzigen Wert aggregiert zu werden.

Tabelle 52:   Wahrgenommene Marktpräsenz der Handelsunternehmen

Einzelitems (n= 560)	*Mittelwerte*							*ANOVA*	
	Glo-bus	Real	Aldi	Lidl	Plus	Edeka	Kar-stadt	F	Sign
Präs. durch Verkaufsstellen	1,3	1,7	1,7	2,1	2,1	1,9	1,2	11,5	0,000
MW-Unterschied sign. zu p=0,05 nach Scheffé mit	Lidl, Plus, Edeka	Karst.		Globus, Karst.	Globus, Karst.	Globus, Karst.	Real, Lidl, Plus, Edeka		
Präsenz durch Werbung	1,5	2,0	3,0	2,9	3,7	2,5	3,7	29,8	0,000
MW-Unterschied sign. zu p=0,05 nach Scheffé mit	Aldi, Lidl, Plus, Edeka, Karst.	Aldi, Lidl, Plus, Karst.	Globus, Real	Globus, Real, Plus, Karst.	Globus, Real, Lidl, Edeka	Globus, Plus, Karst.	Globus, Real,, Lidl, Edeka		

Skala jeweils von 1 (wahrg. Marktpräsenz am höchsten) bis 5 (wahrg. Marktpräsenz am niedrigsten).

Da letztlich die Wirkungen, die der wahrgenommenen Marktpräsenz zugeschrieben werden (vgl. Abschnitt C.II.5. des Dritten Kapitels), eher der Wahrnehmung von Verkaufsstellen zugeschrieben werden können als der Wahrnehmung der Werbung, wird im Folgenden im Wesentlichen auf die Variable „Verkaufsstellen" als Indikator für die Marktpräsenz zurückgegriffen.

f)   Fokussierung

Wie vorne dargestellt, können sich Unternehmen mehr oder weniger stark auf einzelne Marketinginstrumente fokussieren, d.h. entweder einzelne Instrumente in den Vordergrund stellen und versuchen, sich mit diesen zu profilieren, oder alle Instrumente gleich gewichten.

Eine erste Analyse soll hier dahingehend erfolgen, welche Marketinginstrumente eines Handelsunternehmens aus Sicht der Konsumenten als die wichtigsten betrachtet werden, auf welche Marketinginstrumente sich die Handelsunternehmen also aus Sicht der Konsumenten konzentrieren. Dazu wurden die Konsumenten aufgefordert, die (maximal) drei wichtigsten Instrumente aus Sicht der Käufer des jeweiligen Handelsunternehmens zu nennen.

Tabelle 53: Nennung als wichtigste Marketinginstrumente

Einzelitems (n= 560)	Prozent der Befragten							
	Globus	Real	Aldi	Lidl	Plus	Edeka	Kar-stadt	ins-gesamt
Auswahl	92	90	21	28	16	34	80	52
Sortimentsqualität	16	10	21	21	8	37	70	26
Service	52	5	6	13	16	44	38	25
Preis	70	73	74	90	89	19	6	60
Ladengestaltung	5	24	1	1	3	3	33	10
Werbung	6	33	13	11	12	8	1	12
Bequemlichkeit	33	39	52	70	73	51	33	50
Kundenbindungsmaßn.	5	4	0	1	3	3	5	3
Prozesse	13	4	40	40	24	14	10	20

Die deskriptive Interpretation der Tabelle 53 bezüglich der „Fokussierung" soll hier nur beispielhaft vorgenommen werden:

• Recht eindeutig scheint die Fokussierung auf Marketinginstrumente bei Globus zu erfolgen. Deutlich „erkennen" die Konsumenten, dass „Auswahl", „Preis" und „Service" im Vordergrund stehen.[1683]

• Uneinheitlicher wird z.B. die Marketingpolitik von Edeka wahrgenommen. Hier „dominiert" keines der Marketinginstrumente eindeutig, auch beim am häufigsten als wichtigstes Marketinginstrument genannten Instrument, „Bequemlichkeit", stimmen nur 51 Prozent der Befragten überein.

Gleichzeitig zeigt sich in der Tabelle, dass die Preispolitik in den Augen der Konsumenten bei fast allen der betrachteten Handelsunternehmen als eines der wichtigsten Instrumente angesehen wird, was gleichzeitig die Möglichkeit der Nutzung des Preises als wirkliches Profilierungsinstrument in Frage stellt. Andererseits gibt es eine Reihe von Handelsmarketinginstrumenten, die (aus Sicht der Konsumenten) von wenigen oder von keinem der betrachteten Handelsunternehmen zentral eingesetzt werden. Sucht man nach möglichen Profilierungsinstrumenten, so erfüllen diese Instrumente zumindest eines der vorne genannten Kriterien: Sie können dazu beitragen, eine Händlermarke von der Konkurrenz abzugrenzen und bieten damit die Chance zur Einzigartigkeit.

Die oben angestellte Betrachtung fand auf aggregierter Ebene statt. Die Einzelurteile der Konsumenten wurden zusammengefasst und die Häufigkeit der Nennungen analysiert. Dabei wird nicht die wahrgenommene Fokussierung der Marketinginstrumente durch einen einzelnen Konsumenten, sondern eher die Stärke bzw. die Eindeutigkeit der Fokussierung gemessen, durch die Prüfung der Übereinstimmung der Urteile aller befrag-

---

[1683] Diese Marketinginstrumente werden auch von Globus selbst als die drei wichtigsten angesehen; vgl. Schmidt, Josef: Mitarbeiterzufriedenheit = Kundenzufriedenheit: eine Wechselbeziehung!, in: Zentes, Joachim (Hrsg.): Mitarbeiterzufriedenheit = Kundenzufriedenheit - Eine Wechselbeziehung?, Ergebnisse 6. CPC TrendForum, (SFV Verlag) Mainz 1997, S. 67-79, S. 68f.

ten Konsumenten.[1684] Zur Analyse der Wahrnehmung der Fokussierung der Marketing-instrumente durch den individuellen Konsumenten muss jedoch eine andere Betrachtung erfolgen. Hierzu wurde ein Fokussierungs-Index errechnet.[1685]

Tabelle 54: **Wahrgenommene Fokussierung der**
einzelnen Handelsunternehmen

(n= 560)	Mittelwerte							ANOVA	
	Globus	Real	Aldi	Lidl	Plus	Edeka	Kar-stadt	F	Sign
Fokussierungs-Index	28,7	24,3	31,5	27,5	25,0	19,5	21,3	8,77	0,000
MW-Unterschied sign. zu p=0,05 nach Scheffé mit	Edeka, Karst.	Aldi	Real, Edeka, Karst.	Edeka		Globus, Aldi, Lidl	Globus, Aldi		

Skala des Fokussierungs-Indexes von 0 (überhaupt nicht fokussiert) bis 100 (vollkommen fokussiert).

Wie die Tabelle zeigt, zeigen sich geringe, aber signifikante Unterschiede in der Konsumentenwahrnehmung der Fokussierung der Handelsmarketinginstrumente der jeweiligen Handelsunternehmen. Die Strategie von Aldi wird als am stärksten fokussiert wahrgenommen, die Strategie von Edeka als am wenigsten fokussiert, ein Ergebnis, das - wenn auch nicht quantitativ im statistischen Sinne, aber durchaus als qualitatives Urteil - die Validität der verwendeten Skala bestätigt.[1686] *Auf Basis der signifikanten Unterschiede zwischen den Mittelwerten des Fokussierungs-Index kann man schließen, dass die Konsumenten zwischen den einzelnen Anbietern eindeutige Unterschiede darin wahrnehmen, wie fokussiert ihre Strategie ist.*

g) Schemata –

Schemata sind für jeden Konsumenten individuell zu erfassen, da ein festes Markenschema auch nur für einen individuellen Konsumenten gültig ist. Auf aggregierter Ebene

---

[1684] Keller geht davon aus, dass auch die Kongruenz der Assoziationen verschiedener Konsumenten im Sinne einer Übereinstimmung positiv für den Markenwert ist, weil es die Klarheit des Markenschemas zum Ausdruck bringt; vgl. Keller, Kevin: Conceptualizing, measuring, and managing customer-based brand equity, in: JM, 57. Jg., 1993, Nr. 1, S. 1-22, S. 12f.

[1685] Die Grundidee der Berechnung folgt den Überlegungen zur Lorenzkurve bzw. dem Gini-Koeffizienten für den diskreten Fall; vgl. Woll, Arthur: Allgemeine Volkswirtschaftslehre, 13. Aufl., (Vahlen) München 2000, S. 479-483; Müller-Hagedorn, Lothar: Der Handel, (Kohlhammer) Stuttgart u.a 1998, S. 89-92.
Konkret wurden die Bewertungen der Wichtigkeit der einzelnen Marketinginstrumente in eine Konstantsumme überführt und daraus eine Form des Fokussierungs-Index errechnet, der auf 0 bis 100 normiert wurde; siehe Anhang.

[1686] So wird allgemein anerkannt, dass sich die Discounter auf wenige Wettbewerbsvorteile konzentrieren, während den Supermärkten und den Kauf- und Warenhäusern oftmals vorgeworfen wird, eine Position „zwischen den Stühlen" im Porter'schen Sinne innezuhaben.

kann man die mit einer Händlermarke assoziierten Eigenschaften betrachten, die in den individuellen Markenschemata enthalten sind.

Bereits im Pretest wurde erhoben, welche Assoziationen die Konsumenten mit den dort betrachteten Handelsunternehmen Globus, Real und Aldi verbinden. In Tabelle 55 sind die kategorisierten und aggregierten Ergebnisse zusammengefasst.

Tabelle 55: Freie Assoziationen für die einzelnen Handelsunternehmen (Kategorien und ausgewählte Komponenten)

	Anzahl der Nennungen			
	Globus	*Real*	*Aldi*	*Insgesamt*
Einzelitems	*n=24*	*n=24*	*n=24*	*n=72*
Sortimentspolitik	24	21	23	68
große Auswahl	14	15	5	34
gute Qualität/Frische	6	1	8	15
Rotationssortiment			3	3
Preis	6	8	20	34
günstig/preiswert	5	6	19	30
Komm.-politik	1	1	1	3
Convenience/Bequemlichkeit	8	22	11	41
Erreichbarkeit gut	1		2	3
Erreichbarkeit schlecht		3		3
Parkplätze positiv	6	7	3	16
One-Stop-Shopping	1	7		8
kein Warten an Kasse			5	5
langes Warten an Kasse		4		4
Ladengestaltung	14	9	10	33
gute Atmosphäre	6	3		9
schlechte Atmosphäre		1	3	4
übersichtlich/ordentlich	1	2	5	8
geräumig/weitläufig/groß	5	3	1	9
Prozesse	6	4	2	12
sauber	5	1	2	8
dreckig		1		1
sonst. schlechte Orga		2		2
sonst. gute Orga	1			1
Service	7	7	4	18
freundlich	4	3	4	11
Personal/Bed. gut	3	1		4
Personal/Bed. schlecht		2		2
sonstiges	8	4	3	16

Diese deskriptive Übersicht soll nur beispielhaft interpretiert werden (und kann v.a. bei einer fallstudienartigen Betrachtung der Markenschemata eines einzelnen Handelsunternehmen wichtige Informationen über die Inhalte liefern):

♦ Öfter als bei den SB-Warenhäusern wird bei Aldi die gute Qualität erwähnt. Dies bedeutet nicht, dass die Qualität bei Aldi als höher eingeschätzt wird, wie bei Betrachtung der schema-theoretischen Ansätze deutlich wird. Trotzdem stellt Qualität eine stärkere Assoziation bei Aldi als bei den anderen dar, vielleicht weil, wie auch mehrfach in den Befragungen erwähnt wurde, die Qualität bei Aldi in Relation zum Preis

oder zu den Qualitätsansprüchen an einen Discounter als „auffallend" gut wahrgenommen wird. Eine weitere Assoziation, die stark mit Aldi verbunden wird, sind die
Rotationssortimente im Nonfood-Bereich. Einzelne Aktionen wurden hier nur bei Aldi hervorgehoben, nicht bei den anderen beiden Handelsunternehmen.

♦ Aspekte der Convenience beim Einkaufsvorgang i.e.S. oder i.w.S. werden insgesamt
häufig genannt. So wird eine gute Parkplatzsituation erwähnt. V.a. bei Real wird die
Möglichkeit des One-Stop-Shopping, also der Aspekt, dass viele andere Geschäfte in
der Nähe sind, positiv erwähnt.

Als die insgesamt am häufigsten genannten Attribute der drei betrachteten Handelsunternehmen lassen sich Auswahl, Preis und Parkplätze nennen. Noch deutlicher sieht man
die scheinbar profilprägende Eigenschaft dieser drei Marketinginstrumente in der aggregierten Betrachtung. Mit Abstand die meisten Assoziationen (bei allen Handelsunternehmen) sind dem Sortiment zuzuordnen; Preis, Convenience/Bequemlichkeit und Ladengestaltung sind ebenfalls prägende Elemente, die - mit unterschiedlicher Häufigkeit
je Unternehmen - genannt werden.

Am Beispiel von Globus soll gezeigt werden, wie die einzelnen Assoziationen (auf aggregierter Ebene) mit dem Markennamen assoziiert werden und gleichzeitig, wie der
Zusammenhang der einzelnen Assoziationen ermittelt werden kann. Dafür wurden aus
der Hauptumfrage die freien Assoziationen für die Händlermarke Globus betrachtet,
kategorisiert, jede Antwort einer Kategorie zugeordnet und gleichzeitig betrachtet, wie
die Nennung bestimmter Kategorien aufeinander folgt. Damit kann festgestellt werden,
welche Assoziationen enger mit der Marke Globus verbunden sind (also früher assoziiert werden) und wie die Assoziationen untereinander verknüpft sind.[1687] Es zeigen sich
jedoch die üblichen Nachteile bei offenen Angaben der Konsumenten. So ist die Kate-
gorisierung letztlich nicht von subjektiven Bewertungen frei; die Vergleichbarkeit ist bei
mehren Konsumenten nicht unmittelbar gegeben.[1688]

Es zeigt sich beispielsweise, dass mit der Marke Globus von vielen als erstes die „große
Auswahl" und ähnliche Aspekte assoziiert werden. Aber auch Eigenschaften wie „gut zu
erreichen", „Service/Freundlichkeit/Kundenorientierung" und „Garantien/Kulanz" werden oft direkt damit verbunden. Andere Aspekte wie „Eigenmarken", „Frische/Qualität"
oder auch „bequemer Einkauf" werden dagegen meist nicht als erste Assoziation, sondern nur indirekt, so über die Assoziation „große Auswahl", mit dem Markennamen
verbunden. Mit einer größeren Stichprobe für eine einzelne Händlermarke kann man mit

---

[1687] Dies wurde für 40 zufällig ausgewählte Respondenten, die die Marke Globus bewerteten, durchgeführt. Zu beachten ist, dass als Instruktion bei den freien Assoziationen die Respondenten aufgefordert wurden, nur die Assoziationen zu nennen, die Globus von anderen Händlermarken unterscheiden.
[1688] Vgl. McDougall, G.H.; Fry, J.N.: Combining two methods of image measurement, in: JoR, 50. Jg.,
1974/75, Nr. 4, S. 53-61, S. 53f.

diesem (sehr aufwändigen) Vorgehen Assoziationsketten ermitteln und z.b. Primärasso-ziationen von anderen Assoziationen unterscheiden.

Tabelle 56:   **Differenzierende Assoziationen für Globus**

(n=40) auf Nennung von... \ folgt Nennung von...	große Auswahl/ viele Marken	Eigenmarken	Frische/Qualität	billig/ preis-günstig	gut zu erreichen	gute Parkmöglichkeiten	alles an einem Ort/unter e. Dach	bequemer Einkauf	übersichtlich	Platz/geräumig	viele Menschen	sauber	Service/Freundl./Kundenorient.	Kulanz/Garantien	orange-grün	Großeinkauf/Vorratskauf
Globus	10		5	6	3	1		1	2	1			5	5	2	
große Auswahl/ viele Marken		1	2	2		1	5	2	1				2	2		1
Eigenmarken																
Frische/Qualität							1									
billig/preisg.	1					2	2						1	1		1
gut zu erreichen							4	2	2				1			
gute Parkmögl.	4						2	1	1	1						
alles an einem Ort/ unter einem Dach	1			1			1		1	.						
bequemer Einkauf																
übersichtlich			1							1			1			
Platz/geräumig	1				2											
viele Menschen	1															
sauber				1	1											
Servi-ce/Freundlichk./Ku ndenor.	1	1	1		1						1					
Kulanz/ Garant.	2	1			1									2		
orange-grün	2															
Großeinkauf/ Vorratskauf											1					

Eine grafische Darstellung dieser Beziehungen zu einem „aggregierten Markenschema" ist sehr unübersichtlich, so dass hier darauf verzichtet werden soll.

h) Markenwertindikatoren

Bevor in Abschnitt 2.b). der Markenwert als theoretisches Konstrukt näher betrachtet wird und versucht wird, eine Aggregation der Markenwertindikatoren vorzunehmen, sollen hier kurz die Bewertungen einiger Markenwertindikatoren für die einzelnen Händlermarken analysiert werden.

Tabelle 57:   Nennung als Einkaufsstätte für Lebensmittel

(n = 560)	1. Recall	2. Recall	3. Recall	4. Recall	5. Recall	6. Recall	gesamt Anz.	gesamt in %
Aldi	44	80	95	68	43	17	347	62,0%
Globus	125	63	45	37	31	8	309	55,2%
Karstadt	85	71	63	38	44	5	306	54,6%
Lidl	44	40	45	62	50	5	246	43,9%
Plus	38	44	49	37	51	7	226	40,4%
Real	59	69	32	32	27	5	224	40,0%
Edeka	34	29	39	51	35	9	197	35,2%
Kaufhof	21	71	33	33	27	12	197	35,0%
Hela	31	18	21	21	9	5	105	18,8%
Minimal	29	8	8	19	12	4	80	14,3%
Accord	6	9	2	18	14	1	50	8,9%
Concord	11	5	8	7	4	4	39	7,0%
Spar	2	4	4	6	6	0	22	3,9%
sonstige[1689]	31	43	96	56	65	4	295	52,7%
Summe	560	556	543	488	423	92		

Anzahl der Befragten (Spaltenüberschrift)

Dabei soll im ersten Schritt die Bekanntheit der einzelnen betrachteten Handelsunternehmen dargestellt werden. Zunächst wird auf einer aggregierten Ebene dargestellt, wie oft die jeweiligen Handelsunternehmen bei einer ungestützten Befragung genannt wurden.

Dabei bestätigt diese Tabelle die Auswahl der betrachteten Handelsunternehmen, die im relevanten Einzugsgebiet die wichtigsten nach Einkaufsort (siehe Tabelle 47) und nach Bekanntheit sind, wie bereits im Pretest festgestellt wurde, was zugleich im Sinne eines Retests die Reliabilität dieser Messung belegt.[1690]

Die oben angestellte Betrachtung fand auf aggregierter Ebene statt, die Einzelurteile der Konsumenten wurden zusammengefasst und die Häufigkeit der Nennungen analysiert. Dabei wird nicht die Bekanntheit eines Handelsunternehmens bei einem einzelnen Konsumenten, sondern die (aktive, ungestützte) Bekanntheit in der Gesamtstichprobe gemessen, durch die Urteile aller befragten Konsumenten. Zur Analyse der Bekanntheit eines Handelsunternehmens bei individuellen Konsumenten muss eine andere Betrachtung erfolgen. Hierzu wurden für jeden einzelnen Konsumenten mehrere Kennzahlen betrachtet:

♦ Zum einen wurde die ungestützte Bekanntheit der einzelnen Handelsunternehmen durch den Konsumenten erfragt (Recall).

[1689] Unter „sonstige" werden eine Vielzahl unterschiedlicher Einkaufsstätten für Lebensmittel genannt, von denen keine die Größenordnung der betrachteten sieben erreicht.

[1690] Lediglich Kaufhof erreicht insgesamt gesehen ähnlich hohe Recall-Werte wie Edeka.

• Desweiteren wurden die Benefit-to-Store-Assoziation erfasst. Auf der Basis dieser Assoziationsfragen wurde ebenfalls eine Kennzahl errechnet.[1691]

Betrachtet man auf Basis dieser Kennzahlen die Bekanntheit der einzelnen Handelsunternehmen, ergibt sich das in Tabelle 58 dargestellte Ergebnis.

Tabelle 58:   Bekanntheit der einzelnen Handelsunternehmen

Bekanntheitsmaße (n=560)[1692]	Mittelwerte							ANOVA	
	Globus	Real	Aldi	Lidl	Plus	Edeka	Kar-stadt	F	Sign
Recall	5,9	4,4	4,1	3,7	4,5	4,1	5,2	7,761	0,000
Benef.-to-Store-Ass.	3,4	1,7	2,0	1,3	1,7	1,9	2,7	13,096	0,000

Skalen von 0 (niedrigste Bekanntheit) bis 7 (Recall) bzw. 8 (Benefit-to-Store-Assoziationen).

Es zeigt sich, dass hochsignifikante Unterschiede der Bekanntheit der einzelnen Handelsunternehmen vorliegen, wenngleich die Differenzen eher gering sind. Diese geringen Differenzen können im vorliegenden Fall auf die Auswahl der Stimuli zurückgeführt werden. So wurden in der Untersuchung nur diejenigen Handelsunternehmen ausgewählt, die einem großen Teil der Befragten in der Befragungsregion (in einem Pretest) bekannt waren und die von einem großen Teil der Befragten (im Pretest) als Einkaufsstätte gewählt werden, so dass generell eine hohe Bekanntheit vorliegt. Zudem handelt es sich hier jeweils um die Respondenten, die (nach der Frage nach der Bekanntheit) auch angaben, die jeweilige Händlermarke beurteilen zu können, so dass diese Werte nicht als repräsentativ für die Bekanntheit in der Gesamtbevölkerung zu sehen sind.[1693] Zudem kann festgestellt werden, dass die Bekanntheit der Händlermarken im Lebensmitteleinzelhandel insgesamt relativ hoch ist.[1694] Bei einem Vergleich mit den aggregierten Ergebnissen (Tabelle 57) fällt auf, dass sich leichte Unterschiede im Ranking nach der Bekanntheit ergeben, die aus der Beachtung der Reihenfolge der Nennungen beim Recall-Wert resultieren.[1695]

[1691] Konkret wurde für jede Nennung 1 Punkt vergeben und die Kennzahl stellt die Punktsumme über alle Attributstimuli dar.

[1692] Hier sei nochmals darauf hingewiesen, dass jeweils 80 Respondenten eine Händlermarke einschätzen sollten.

[1693] Die Auswahl der bekanntesten Händlermarken musste aus forschungspragmatischen Gründen vorgenommen werden.
Durchschnittliche Bekanntheitswerte über alle Befragten für alle Händlermarken könnten hier zwar auch ausgewiesen werden, weil die Frage nach dem Recall von Händlermarken jeweils allen Respondenten gestellt wurde. Da jedoch später ein konsumentenindividueller Markenwert abgeleitet wird, wird bereits hier nur auf die dafür relevanten Respondenten zurückgegriffen.

[1694] Vgl. Lintner, Alexander: Loyalität muss verdient werden, in: LZ, 53. Jg., 2001, Nr. 22, S. 33-34, S. 34.

[1695] Dieser Unterschied erklärt sich dadurch, dass hier eine Gewichtung der Reihenfolge der Nennungen stattfand und z.B. Aldi zwar sehr oft genannt wurde, aber tendenziell erst nach anderen Handelsunternehmen, also nicht als erster Recall.

Neben der Bekanntheit sind eine Reihe weiterer Markenwertindikatoren erhoben worden. Zur Analyse wurde eine einfaktorielle Varianzanalyse durchgeführt, die bei den sechs betrachteten Indikatoren jeweils hochsignifikante Mittelwertdifferenzen aufzeigt.

Tabelle 59:   **Vergleich der Markenwertindikatoren für einzelne Händlermarken**

Indikator (n= 560)	Mittelwerte							ANOVA	
	Globus	Real	Aldi	Lidl	Plus	Edeka	Kar-stadt	F	Sign
Weiterempfehlungsabsicht	1,8	0,4	1,1	1,0	-0,2	0,9	1,1	12,9	0,000
Verbundenheit	-0,2	-1,6	-0,9	-1,8	-1,9	-1,2	-0,2	16,8	0,000
Vertrauen	1,7	1,1	1,9	1,6	0,5	0,9	1,3	13,2	0,000
Sympathie	1,2	-0,4	0,4	0,1	-0,8	0,4	0,8	14,5	0,000
Differenzierung	0,6	-0,8	1,2	-0,3	-1,1	-0,7	0,9	32,0	0,000
Pauschalurteil	1,2	-0,8	0,9	0,1	-0,7	0,1	1,2	22,7	0,000

Skala jeweils von -3 (schlechtester Wert) bis +3 (bester Wert).

Es kann u.a. festgestellt werden:

♦ Bei der Frage nach der Weiterempfehlungsabsicht erzielen mit Ausnahme von Plus alle Unternehmen positive Werte, würden also (eher) weiterempfohlen werden.

♦ Negativer für die Unternehmen ist das Ergebnis bezüglich der Verbundenheit, einem Indikator, der wie die Weiterempfehlungsabsicht v.a. für die Markentreue (im Sinne von Commitment) relevant ist. Hier zeigt sich, dass sich die Konsumenten im Durchschnitt keinem der betrachteten Handelsunternehmen innerlich „verbunden" fühlen; in allen Fällen werden negative Durchschnittswerte erreicht.

♦ Betrachtet man jedoch das Vertrauen in die einzelnen Handelsunternehmen, ergibt sich bei allen betrachteten Unternehmen ein positiveres Ergebnis. Insgesamt wird allen Unternehmen ein „faires" Verhalten unterstellt.

Tabelle 60:   **Vividness des Markenbilds bei einzelnen Handelsunternehmen**

Einzelitems (n= 543)	Mittelwerte							ANOVA	
	Glo-bus	Real	Aldi	Lidl	Plus	Edeka	Kar-stadt	F	Sign
Markenbild	2,4	2,5	1,8	2,4	2,4	2,5	2,3	5,864	0,000
MW-Unterschied sign. zu p=0,05 nach Scheffé mit	Aldi	Aldi	Globus, Real, Lidl, Plus, Edeka	Aldi	Aldi	Aldi	-		

Skala jeweils von 1 (so klar wie die Realität) bis 5 (kein inneres Bild).

Als weiterer Markenwertindikator wurde die Vividness des inneren Markenbilds erfasst. Die Mittelwerte sind in Tabelle 60 dargestellt.

Es zeigt sich, dass signifikante, aber geringe Unterschiede zwischen den einzelnen Handelsunternehmen bezüglich der hier betrachteten Größen bestehen. Die Scheffé-

Prozedur ergibt bei einem Signifikanzniveau von p=0,05 eine Reihe signifikanter Unterschiede bei den Mehrfachpaarvergleichen, die ebenfalls angezeigt sind und sich jeweils auf Mittelwertunterschiede zwischen Aldi und der betrachteten Händlermarke beziehen. Zudem ergeben sich bei Nutzung der Scheffé-Prozedur zwei homogene Untergruppen (Aldi vs. alle anderen), die sich signifikant unterscheiden.

Da der potenzielle Markenwertindikator „Markenbild" damit insgesamt eine sehr geringe Diskriminierungsfähigkeit zwischen den betrachteten Handelsunternehmen aufzeigt - so wird ein geringer F-Wert der Varianzanalyse ausgewiesen und zugleich zeigt sich, dass signifikante Mittelwertdifferenzen nur zwischen Aldi und den anderen Handelsunternehmen, nicht jedoch zwischen den verbleibenden sechs Unternehmen nachgewiesen werden können -, wird im Folgenden dieser Indikator nicht mehr in die Betrachtungen zum Markenwert integriert. Da es eines der Ziele der vorliegenden Arbeit ist, eine Messmethode für den Markenwert einer Händlermarke zu entwickeln, ist die Diskriminierungsfähigkeit der einzelnen Indikatoren ein relevantes Ziel, das offensichtlich bei Handelsunternehmen (nicht einzelnen Filialen) durch das Markenbild nicht erreicht wird.[1696]

Dieses Ergebnis korrespondiert auch mit anderen Untersuchungen, die auf Grund ähnlicher theoretischer Überlegungen den Einfluss des visuellen Markenbildes analysieren. Bei ihrer kausalanalytischen Betrachtung der Speicherprozesse der Markenstärke erhält z.B. Bekmeier-Feuerhahn für die Vividness[1697] jeweils relativ niedrige Einflusswerte, obwohl sie Sachleistungsmarken untersucht.[1698] Beachtet man, dass vermutlich die inneren Markenbilder für Konsumgüter klarer, prägnanter und einfacher sind als die für Handelsunternehmen, so könnten sich Schwierigkeiten bei diesem Indikator der Markenstärke ergeben, wenn man als Markierungsobjekt (teilweise relativ heterogene) Gruppen von Verkaufsstellen betrachtet. So misst zwar Ruge in seiner Untersuchung zu inneren Bildern auch die inneren Bilder von Handelsunternehmen, er bezieht sich aber konkret auf einzelne Filialen.[1699] Bei der Darstellung von (filalübergreifenden) Händ-

---

[1696] Ein Kriterium, das an Skalen, neben der Validität und Reliabilität, häufig gestellt wird, ist die Sensitivität, d.h. die Fähigkeit, bereits bei relativ kleinen Stichproben zwischen unterschiedlichen Messobjekten zu unterscheiden; vgl. Axelrod, Joel: Attitude measures that predict purchase, in: JAR, 8. Jg., 1968, Nr. 1, S. 3-17.

[1697] Bekmeier-Feuerhahn spricht von „Zugriffsfähigkeit", misst aber mit der Marks-Skala, die Ruge als Skala für die Vividness bezeichnet; vgl. Bekmeier-Feuerhahn, Sigrid: Marktorientierte Markenbewertung, (DUV) Wiesbaden 1998, S. 189; Ruge, Hans-Dieter: Das Imagery-Differential, Arbeitspapier Nr. 2 der Forschungsgruppe Konsum und Verhalten, Saarbrücken 1988, S. 15.

[1698] So wirkt die bildliche Markenspeicherung mit Werten zwischen 0,35 und 0,43 (und damit deutlich schwächer als die verbale) auf die Markenstärke; die Vividness hat jeweils Faktorladungen (für den Faktor bildliche Markenspeicherung) zwischen 0,59 und 0,67 (und damit nie die höchste Faktorladung); vgl. Bekmeier-Feuerhahn, Sigrid: Marktorientierte Markenbewertung, (DUV) Wiesbaden 1998, S. 188f.

[1699] Vgl. Ruge, Hans-Dieter: Die Messung bildhafter Konsumerlebnisse, (Physica) Heidelberg 1988, S. 140.

lermarken ist eine weit größere Heterogenität festzustellen, und damit besteht offensichtlich eine geringe Eignung des inneren Markenbildes als Indikator.

Als weiterer Indikator wurden die differenzierenden Assoziationen erfasst, d.h. die Anzahl der Assoziationen, die ein Kunde als Unterscheidungen des betrachteten Handelsunternehmens gegenüber anderen Handelsunternehmen nannte. Diese wurden zusätzlich kategorisiert in positive Assoziationen und nicht-positive. Als potenzielle Indikatoren sind damit neben der absoluten Anzahl der differenzierenden Assoziationen die Anzahl der positiven Assoziationen und der Anteil der positiven Assoziationen an allen Assoziationen dargestellt.

Tabelle 61:   Differenzierende Assoziationen

Einzelitems *(n= 522)*	*Mittelwerte*							*ANOVA*	
	Globus	*Real*	*Aldi*	*Lidl*	*Plus*	*Edeka*	*Kar-stadt*	*F*	*Sign*
Anzahl differenz. Assoziationen	3,3	3,2	2,8	2,3	2,1	2,8	2,5	12,448	0,000
MW-Unterschied sign. zu p=0,05 nach Scheffé mit	Lidl, Plus, Karstadt	Lidl, Plus, Karstadt	Plus	Globus, Real	Globus, Real, Aldi		Globus, Real		
Anzahl diff. positive Assoziationen	2,6	1,9	2,4	1,9	1,6	2,0	2,2	7,689	0,000
MW-Unterschied sign. zu p=0,05 nach Scheffé mit	Real, Lidl, Plus	Globus	Plus	Globus	Globus, Aldi, Karstadt		Plus		
Anteil der diff. positiven Assoziationen	80,4 %	64,5 %	87,6 %	88,0 %	73,7 %	76,1 %	86,0 %	7,500	0,000
MW-Unterschied sign. zu p=0,05 nach Scheffé mit		Aldi, Lidl, Karstadt	Real	Real			Real		

Wertet man die freien Assoziationen, die die Respondenten bezüglich der differenzierenden Merkmale der einzelnen Handelsunternehmen genannt haben, quantitativ aus, so zeigt sich, dass geringe, aber signifikante Unterschiede zwischen den einzelnen Handelsunternehmen bezüglich der hier betrachteten Größen bestehen. Die (strenge) Scheffé-Prozedur ergibt bei einem Signifikanzniveau von p=0,05 eine Reihe signifikanter Unterschiede bei den Mehrfachpaarvergleichen, die oben dargestellt sind. Zudem ergeben sich bei Nutzung der Scheffé-Prozedur jeweils zwei (Anteil der differenzierenden positiven Assoziationen) bzw. drei (Anzahl der differenzierenden Assoziationen sowie Anzahl der differenzierenden positiven Assoziationen) homogene Untergruppen, die sich von den anderen jeweils signifikant unterscheiden.

2. Explikative und explorative Analyse der Untersuchungsergebnisse

a) Wahrnehmung der Marketinginstrumente

i. Zentrale Dimensionen der Beurteilung

Bezüglich der Beurteilung der Marketinginstrumente bei den betrachteten Handelsunternehmen wurden zehn Variablen betrachtet, wobei oben bereits dargestellt wurde, wie die konkrete Bewertung der einzelnen Handelsunternehmen bezüglich dieser Variablen ist. Um die Vermutung, dass die Variablen auf gemeinsame, zentrale Dimensionen der Beurteilung von Handelsunternehmen zurückzuführen sind, zu überprüfen, wird zunächst eine Faktorenanalyse durchgeführt.[1700]

Tabelle 62: **Faktorenanalyse der Items zur Beurteilung**

Rotierte Mustermatrix Einzelitems (n=560)	Faktor 1: Leistungsqualität	Faktor 2: Bequemlichkeit/ Leistungsumfang	Faktor 3: Preisniveau
Prozesse	0,748	-0,177	
Service	0,721		
Sortimentsqualität	0,695	-0,276	-0,128
Warteschlangen	0,670	0,124	
Ladengestaltung	0,650		
One-Stop-Shopping-Möglichk.	0,183	-0,830	
Auswahl	0,414	-0,647	
Bequemlichkeit	0,552	0,599	0,177
Preis	0,100	0,209	0,825
Kundenbindungsmaßnahmen	0,246	0,299	-0,790
Eigenwerte	3,178	1,877	1,576

Aus Gründen der Übersichtlichkeit sind Werte unter 0,1 nicht dargestellt.

Dazu wird zuerst die Stichprobeneignung für eine Faktorenanalyse überprüft, und es ergibt sich ein KMO-Wert von 0,778 und ein Chi^2 des Bartlett-Tests auf Sphärizität von

---

[1700] Wie bereits dargestellt, wurden die dreizehn direkt erfassten Variablen zunächst zu elf Variablen verdichtet. Die Variable „Werbung" wird im folgenden nicht mehr in der Beurteilung weiterverwendet, da der Anteil der Missing Values zu hoch ist. Mit durchschnittlich 12,9 Prozent Missing Values bei dieser Variable ist die Nützlichkeit kritisch zu sehen; die Grenze für eine sinnvolle Verwendung einer Variablen wird allgemein bei höchstens 10 Prozent angesetzt; vgl. Kline, Rex: Principles and Practice of Structural Equation Modeling, (Guilford Press) New York 1998, S. 72f. Zudem haben auch andere Ansätze, die befragungsorientiert vorgingen, empirisch nur einen geringen Einfluss der Werbung auf die Beurteilung eines Objekts oder seinen Markenwert feststellen können, so z.B. Andresen/Esch bei der Analyse der einzelnen Markenwertfaktoren; vgl. Andresen, Thomas; Esch, Franz-Rudolf: Messung der Markenstärke durch den Markeneisberg, in: Esch, Franz-Rudolf (Hrsg.): Moderne Markenführung, 2. Aufl., (Gabler) Wiesbaden 2000, S. 989-1011, S. 1005. Zur Messung des Einflusses der Werbung müssten andere Erhebungsmethoden herangezogen werden.

1373,6 (Sign. = 0,000).[1701] Theoretische Überlegungen, die ausführlich vorne dargestellt sind, führen jedoch zu der Vermutung, dass die zentralen Dimensionen der Beurteilung der Handelsleistung nicht unabhängig voneinander sind, so dass - entgegen den üblichen Gepflogenheiten - keine orthogonale Rotation vorgenommen wurde, sondern eine oblique, also schiefwinklige Rotation, die eine Korrelation der Faktoren erlaubt.[1702] Die Ergebnisse der Analyse sind in Tabelle 62 dargestellt.

Es ergeben sich drei Faktoren, die folgendermaßen interpretiert werden können:

♦ Auf dem ersten Faktor laden Aspekte wie Sortimentsqualität, Prozesse, Warteschlangen, Service und Ladengestaltung hoch. Er kann damit als umfassende Leistungsqualität interpretiert werden.

♦ Auf dem zweiten Faktor laden die Faktoren hoch, die die Bequemlichkeit des Einkaufs und, eng damit verbunden, den Leistungsumfang betreffen. Eine große Auswahl und die Möglichkeit, alle Erledigungen „unter einem Dach" zu machen, laden dabei negativ auf diesem Faktor, die direkte Bewertung der bequemen, einfachen und schnellen Einkaufsmöglichkeit positiv (jedoch nicht eindeutig).[1703]

♦ Der dritte Faktor wird maßgeblich von der Bewertung der Preise des Handelsunternehmens beeinflusst. Wie die Befragung ergeben hat, ist die hohe Korrelation mit der „Kundenbindung" darauf zurückzuführen, dass gerade die „exklusiveren" und als eher teuer bewerteten Handelsunternehmen (Edeka und Karstadt) als besonders freundlich gegenüber ihren Stammkunden bewertet werden (vgl. Tabelle 49). Da die Beurteilung der Preise (absolut) höher auf diesem Faktor lädt, wird der Faktor mit „Preisniveau" bezeichnet.[1704]

Gleichzeitig wurde vermutet, dass diese Faktoren nicht unabhängig voneinander sind; durch die oblique Faktorenrotation wurde in der Berechnungsmethode die Möglichkeit

---

[1701] Die Stichprobeneignung ist somit „mittelprächtig"; vgl. Janssen, Jürgen; Laatz, Wilfried: Statistische Datenanalyse mit SPSS für Windows, 3. Aufl., (Springer) Berlin u.a. 1999, S. 469.

[1702] Rotationsmethode ist Oblimin mit Kaiser-Normalisierung. Die anderen Voreinstellungen entsprechen den bereits in den vorangegangenen Faktorenanalysen gewählten.

[1703] Zu beachten ist, dass die einzelnen Variablen auf einer Skala von 1 (beste Ausprägung) bis 5 (schlechteste Ausprägung) gemessen wurden, so dass ein negativer Faktorwert eine bessere Bewertung darstellt. Faktor 2 („Bequemlichkeit/Leistungsumfang") wird von den beiden Variablen „One-Stop-Shopping-Möglichkeit" und „Auswahl" am deutlichsten geprägt, jedoch mit negativer Faktorladung. Der Faktor Bequemlichkeit lädt dagegen hoch und positiv, aber nicht eindeutig darauf. Aus Gründen der einfacheren Interpretation wird im folgenden der Faktor als Faktor 2' („Leistungsumfang/Bequemlichkeit") verwendet und das Vorzeichen umgekehrt. Auf Grund der Tatsache, dass Faktoren standardisiert sind, ist diese Transformation erlaubt und verändert nicht die absoluten Werte, sondern lediglich das Vorzeichen. Der Indikator „Bequemlichkeit" wird wegen der nicht eindeutigen Zuordnung aus der weiteren Analyse ausgeschlossen.

[1704] Gleichzeitig zeigt dies, dass die hohe Interkorrelation nicht auf einen „dahinter" stehenden, zentralen Faktor zurückzuführen ist, sondern eher eine „Scheinkorrelation" vorliegt. Aus diesen Erwägungen wird die Variable „Kundenbindung" nicht als Indikator für das Preisniveau in die folgende konfirmatorische Faktorenanalyse eingebracht.

eingeräumt, korrelierte Faktoren zu extrahieren. Wie Tabelle 63 zeigt, bestehen signifikante Korrelationen zwischen den einzelnen Beurteilungsdimensionen, die jedoch alle gering ausfallen.

Tabelle 63: Korrelationen der Beurteilungsfaktoren

	Faktor 1: *Leistungsqualität*	*Faktor 2':* *Leistungsumfang/* *Bequemlichkeit*	*Faktor 3:* *Preisniveau*
Faktor 1: Leistungsqualität	-	0,096*	-0,156**
Faktor 2': Leistungsumfang/Beq.	0,096*	-	-0,166**
Faktor 3: Preisniveau	-0,156**	-0,166**	-

* Die Korrelation ist auf dem Niveau von 0,05 (zweiseitig) signifikant.
** Die Korrelation ist auf dem Niveau von 0,01 (zweiseitig) signifikant.

Um simultan die Bildung der Faktoren und ihre Korrelation zu erfassen und die Reliabilität und Validität der Skalen zu beurteilen, wurde eine konfirmatorische Faktorenanalyse durchgeführt.[1705]

Homburg/Giering stellen zur Reliabilitätsprüfung die „traditionellen" Kriterien der „ersten Generation" dar, zu denen die exploratorische Faktorenanalyse, das Cronbach's Alpha und der Trennschärfekoeffizient (die Item-to-total-Korrelation) gezählt werden. Sie zeigen auf, dass diese Kriterien Nachteile aufweisen, die u.a. in den theoretischen Annahmen der Kriterien liegen.[1706] Bezüglich der wesentlichen Schwachstellen dieser Kriterien ist - unter bestimmten Voraussetzungen, so einer ausreichenden Fallzahl - die konfirmatorische Faktorenanalyse als Spezialfall der Kausalanalyse den traditionellen Methoden überlegen. Die konfirmatorische Faktorenanalyse unterscheidet sich von der exploratorischen Variante dadurch, dass in ihrem Rahmen a priori Annahmen über die den Faktoren zu Grunde liegende Faktorenstruktur getroffen werden müssen, die dann mit Hilfe der erhobenen Daten überprüft werden. Die etablierten Gütemaße der Kausalanalyse, mit denen die Eignung der Modellstruktur zur Abbildung der empirischen Daten bewertet wird, werden von Homburg/Giering als Reliabilitäts- und Validitätskrite-

---

[1705] Die Methode der konfirmatorischen Faktorenanalyse als ein Spezialfall der Kausalanalyse sowie die Anwendung der Kausalanalyse ist ausführlich dargestellt bei Backhaus, Klaus u.a.: Multivariate Analysemethoden, 9. Aufl., (Springer) Berlin u.a. 2000, S. 390-498, und im Sammelwerk Hildebrandt, Lutz; Homburg, Christian (Hrsg.): Die Kausalanalyse: ein Instrument der empirischen betriebswirtschaftlichen Forschung, (Schäffer-Poeschel) Stuttgart 1998.
Dabei werden die Messmodelle zugleich immer häufiger zur Prüfung verschiedener Konzepte der Reliabilität und Validität eingesetzt; vgl. z.B. Hildebrandt, Lutz: Kausalanalytische Validierung in der Marketingforschung, in: Marketing-ZFP, 6. Jg., 1984, Nr. 1, S. 41-51.

[1706] Vgl. Homburg, Christian; Giering, Annette: Konzeptualisierung und Operationalisierung komplexer Konstrukte - Ein Leitfaden für die Marketingforschung, in: Hildebrandt, Lutz; Homburg, Christian (Hrsg.): Die Kausalanalyse: ein Instrument der empirischen betriebswirtschaftlichen Forschung, (Schäffer-Poeschel) Stuttgart 1998, S. 111-148, S. 120. Unter anderem wird darauf verwiesen, dass das Cronbach's Alpha von einer einheitlichen Reliabilität aller Indikatoren ausgeht.

rien „der zweiten Generation" bezeichnet.[1707] Reliabilitätsmaße sind dabei durch die lokalen Gütemaße einer Kausalanalyse gegeben. Bezüglich der Validität wird, verein-facht ausgedrückt, von Konvergenzvalidität eines Konstruktes gesprochen, wenn die Faktorladungen der jeweiligen Indikatoren ausreichend hoch sind; die Diskriminanzva-lidität gilt als gegeben, wenn die Korrelationen zwischen den verschiedenen latenten Konstrukten deutlich kleiner als 1 sind.[1708] In der Forschungspraxis gilt dabei die Dis-kriminanzvalidität häufig sogar bereits dann als gegeben, wenn die betrachteten Kon-strukte bivariate Korrelationen kleiner als 1 aufweisen.[1709] Auch die Kausalanalyse kann jedoch nicht leisten, den Kern der Validität, nämlich die Frage, ob auch das Konstrukt gemessen wird, was gemessen werden soll, zu beantworten. Dazu sind stärker inhaltlich-qualitative Fragen zu beantworten,[1710] die vorne diskutiert wurden.

Übersicht 42: Konfirmatorische Faktorenanalyse der Items zur Beurteilung

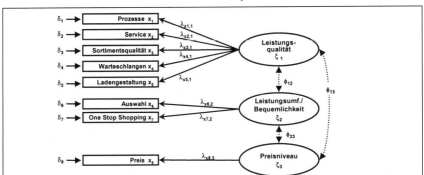

Das zunächst zu prüfende Modell ist in Übersicht 42 dargestellt.[1711] Um die angenom-mene Faktorenstruktur zu überprüfen, muss die Güte des Kausalmodells überprüft wer-

[1707] Vgl. Homburg, Christian; Giering, Annette: Konzeptualisierung und Operationalisierung komplexer Konstrukte - Ein Leitfaden für die Marketingforschung, in: Hildebrandt, Lutz; Homburg, Christian (Hrsg.): Die Kausalanalyse: ein Instrument der empirischen betriebswirtschaftlichen Forschung, (Schäffer-Poeschel) Stuttgart 1998, S. 111-148, S. 118-121.

[1708] Vgl. Jones, Michael; Suh, Jaebeom: Transaction-specific satisfaction and overall satisfaction: an empirical analysis, in: JSM, 14. Jg., 2000, Nr. 2, S. 147-159, S. 152; Homburg, Christian; Hilde-brandt; Lutz: Die Kausalanalyse: Bestandsaufnahme, Entwicklungsrichtungen, Problemfelder, in: Hildebrandt, Lutz; Homburg, Christian (Hrsg.): Die Kausalanalyse: ein Instrument der empirischen betriebswirtschaftlichen Forschung, (Schäffer-Poeschel) Stuttgart 1998, S. 15-44, S. 25; Anderson, James; Gerbing, David: Structural equation modeling in practice: a review and recommended two-step approach, in: Psychology Bulletin, 103. Jg., 1988, Nr. 3, S. 411-423.

[1709] Vgl. Fritz, Wolfgang: Marketing-Management und Unternehmenserfolg, 2. Aufl., (Schäffer-Poeschel) Stuttgart 1995, S. 137.

[1710] Vgl. z.B. Bagozzi, Richard: Causal Models in Marketing, (Wiley) New York 1980, S. 114; Ham-mann, Peter; Erichson, Bernd: Marktforschung, 4. Aufl., (Lucius&Lucius) Stuttgart 2000, S. 94f.

[1711] Wie bereits erläutert, werden die in der ersten exploratorischen Analyse noch berücksichtigten Variablen Bequemlichkeit und Kundenbindung im Weiteren nicht mehr betrachtet.

den, d.h. es stellt sich die Frage, inwieweit das spezifizierte Modell in der Lage ist, die den Daten zu Grunde liegenden Beziehungen wiederzugeben. Die Kausalanalyse wurde mit Hilfe des Programms AMOS 4.0 durchgeführt. Zur Schätzung der Parameter des Modells wurde die Maximum-Likelihood-Methode verwendet.[1712]

Zunächst ist festzustellen, dass das aufgestellte Kausalmodell durchweg plausible Schätzwerte aufwies, alle Matrizen waren positiv definit und es gab keine Hinweise auf Fehlspezifikationen im Modell.[1713]

Desweiteren können verschiedene Anpassungsmaße zur Beurteilung von Kausalmodellen herangezogen werden. Grundsätzlich ist zwischen globalen und lokalen Anpassungsmaßen zu unterscheiden. Die globalen Anpassungsmaße beurteilen die Güte des gesamten Modells; die lokalen Maße erlauben Aussagen über die Qualität der Modellteile.[1714]

Zu den gebräuchlichsten globalen Anpassungsmaßen eines Kausalmodells zählen der Goodness-of-Fit Index (GFI), der Adjusted Goodness-of-Fit Index (AGFI), der Comparative Fit Index (CFI), der Normed Fit Index (NFI) und der Root Mean Residual (RMR). Der GFI gibt dabei den Anteil der Varianzen und Kovarianzen in der empirisch ermittelten Kovarianzmatrix an, der durch das Modell erklärt wird. Eine ausführliche Diskussion und Erläuterung der einzelnen Anpassungsmaße und der an sie zu stellenden Anforderungen liefern z.B. Fritz sowie Homburg/Baumgartner.[1715]

[1712] Die Maximum-Likelihood-Methode ist das üblicherweise bei Kausalanalysen angewendete Verfahren zur Schätzung einer theoretischen Modellstruktur; vgl. Backhaus, Klaus u.a.: Multivariate Analysemethoden, 9. Aufl., (Springer) Berlin u.a. 2000, S. 451.

[1713] Vgl. zu den potenziellen Fehlspezifikationen und nicht-plausiblen Werten: Backhaus, Klaus u.a.: Multivariate Analysemethoden, 9. Aufl., (Springer) Berlin u.a. 2000, S. 461-465.

[1714] Vgl. hierzu v.a. Homburg, Christian; Giering, Annette: Konzeptualisierung und Operationalisierung komplexer Konstrukte - Ein Leitfaden für die Marketingforschung, in: Hildebrandt, Lutz; Homburg, Christian (Hrsg.): Die Kausalanalyse: ein Instrument der empirischen betriebswirtschaftlichen Forschung, (Schäffer-Poeschel) Stuttgart 1998, S. 111-148, sowie die weiteren Beiträge im entsprechenden Sammelwerk.

[1715] Vgl. hierzu ausführlich: Fritz, Wolfgang: Marketing-Management und Unternehmenserfolg, 2. Aufl., (Schäffer-Poeschel) Stuttgart 1995, S. 125-127; Homburg, Christian; Baumgartner, Helmut: Beurteilung von Kausalmodellen, in: Homburg, Christian; Hildebrandt, Lutz (Hrsg.): Die Kausalanalyse, (Schäffer-Poeschel) Stuttgart 1998, S. 343-369.
In einigen Fällen wird zusätzlich die Nutzung des Quotienten aus Chi^2 und der Anzahl der Freiheitsgrade als Gütemaß vorgeschlagen. Hierbei werden jedoch sehr unterschiedliche Grenzwerte angesetzt. So nennt Hildebrandt einen akzeptablen Wert von 10, Riedel nutzt den Wert 5, andere argumentieren mit dem Schwellenwert 3, der zu unterschreiten wäre (vgl. Hildebrandt, Lutz: Store image and the prediction of performance in retailing, in: JBR, Vol. 17, 1988, S. 91-100, S. 97; Riedel, Frank: Die Markenwertmessung als Grundlage strategischer Markenführung, (Physica) Heidelberg 1996, S. 103; Homburg, Christian; Giering, Annette: Konzeptualisierung und Operationalisierung komplexer Konstrukte - Ein Leitfaden für die Marketingforschung, in: Hildebrandt, Lutz; Homburg, Christian (Hrsg.): Die Kausalanalyse: ein Instrument der empirischen betriebswirtschaftlichen Forschung, (Schäffer-Poeschel) Stuttgart 1998, S. 111-148, S. 130).
Gleichzeitig werden die theoretischen Annahmen dieser Kennzahl kritisiert. In der neueren Literatur

An dieser Stelle sei auf eine methodische Vorgehensweise hingewiesen, die auch für die folgenden kausalanalytischen Berechnungen gilt: Wenn in den Beobachtungswerten fehlende Werte enthalten sind, weist AMOS 4.0 bei Eingabe der Rohdaten eine Reihe von Gütemaßen, so GFI und AGFI, nicht aus. Daher sind - auf Grund der hohen Ausgangsfallzahl von 560 - die Fälle, bei denen in den für die jeweiligen Modelle relevanten Variablen fehlende Werte enthalten sind, aus der Betrachtung ausgeschlossen. Dieses Vorgehen („listenweiser Fallausschluss") ermöglicht durch die GFI- und AGFI-Werte einen schnellen Überblick über die Güte des Modells. Erst bei den komplexeren Modellen, bei denen dieses Vorgehen die Fallzahl zu deutlich reduzieren würde, wird auf diese Fallreduktion verzichtet und teilweise mit alternativen, jedoch weniger gebräuchlichen, Gütemaßen gearbeitet.

Tabelle 64 zeigt die Anforderungen an die verschiedenen globalen Gütemaße und die errechneten Werte des Kausalmodells.

Tabelle 64:   Globale Gütemaße des Messmodells der Beurteilung

Gütemaß (n=499)	Anforderung	Wert des Kausalmodells
GFI	≥ 0,9	0,972
AGFI	≥ 0,9	0,935
CFI	≥ 0,9	0,960
NFI	≥ 0,9	0,949
RMR[1716]	-	0,055

zur Kausalanalyse wird daher meist argumentiert, dass die Nützlichkeit des Quotienten durch diese Restriktionen sehr stark eingeschränkt sei; vgl. z.B. Fritz, Wolfgang: Marketing-Management und Unternehmenserfolg, 2. Aufl., (Schäffer-Poeschel) Stuttgart 1995, S. 125f.

[1716] Für den RMR, der die durchschnittliche Größe der Residuen zwischen der empirischen und der vom Modell berechneten Kovarianzmatrix angibt, nennt die Literatur sehr unterschiedliche Schwellenwerte. So nennen Homburg/Rudolph sowie Fritz einen Wert von 0,1 als akzeptabel (vgl. Homburg, Christian, Rudolph, Bettina: Die Kausalanalyse als Instrument zur Messung der Kundenzufriedenheit im Industriegütermarketing, in: Hildebrandt, Lutz; Homburg, Christian (Hrsg.): Die Kausalanalyse: ein Instrument der empirischen betriebswirtschaftlichen Forschung, (Schäffer-Poeschel) Stuttgart 1998, S. 237-264, S. 255; Fritz, Wolfgang: Marketing-Management und Unternehmenserfolg, 2. Aufl., (Schäffer-Poeschel) Stuttgart 1995, S. 126), wobei Fritz einschränkend darauf hinweist, dass es sich lediglich um eine „Faustregel" handelt; andere nennen als Schwellenwert 0,05 (vgl. Homburg, Christian; Baumgartner, Helmut: Beurteilung von Kausalmodellen, in: Homburg, Christian; Hildebrandt, Lutz (Hrsg.): Die Kausalanalyse, (Schäffer-Poeschel) Stuttgart 1998, S. 343-369, S. 355). Riedel verwendet für das RMR-Maß keinen Grenzwert, sondern erwähnt nur, das Maß sollte *möglichst klein sein* (vgl. Riedel, Frank: Die Markenwertmessung als Grundlage strategischer Markenführung, (Physica) Heidelberg 1996, S. 103f.); Bekmeier-Feuerhahn gibt an, dass dann von „guten Modellen" gesprochen werden kann, wenn der Wert der Residuen 0,1 *nicht wesentlich übersteigt* (vgl. Bekmeier-Feuerhahn, Sigrid: Marktorientierte Markenbewertung, (DUV) Wiesbaden 1998, S. 158). Daher wird in der vorliegenden Untersuchung der RMR-Wert ausgewiesen, um einen Vergleich mit den genannten Werten zu haben, er wird jedoch nicht als Annahme- oder Ablehnungskriterium für die Modelle genutzt.

Wie die Ergebnisse in Tabelle 64 zeigen, weisen sämtliche globalen Gütemaße eine gute Anpassung des Kausalmodells an die empirischen Daten auf. Keine der an ein Kausalmodell zu stellenden Anforderungen wird verletzt.

Im nächsten Schritt werden die einzelnen Teilstrukturen des Modells beurteilt. Untersucht werden sollten dabei vor allem die Indikatorreliabilität, die Faktor- bzw. Konstruktreliabilität und die durchschnittlich erfasste Varianz eines Faktors.[1717] Die Indikatorreliabilität gibt dabei für die einzelne beobachtete Variable (Indikator) den Anteil der durch den zugehörigen Faktor erklärten Varianz an der Gesamtvarianz dieser Variablen an. Die Faktorreliabilität und die durchschnittlich erfasste Varianz eines Faktors geben an, wie gut der Faktor durch alle ihm zugeordneten Indikatoren gemeinsam gemessen wird. Die Faktorreliabilität ist hierbei mit dem Cronbach's Alpha der traditionellen Reliabilitätsanalyse vergleichbar.[1718] Alle drei Maße sind auf einen Bereich von 0 bis 1 normiert und höhere Werte gelten unter Reliabilitätsgesichtspunkten als besser.[1719]

Tabelle 65 zeigt die Anforderungen an die oben genannten Kennzahlen und die errechneten Werte des verwendeten Messmodells.[1720] Dabei weisen alle Indikatoren (mit Ausnahme des Indikators x_2 „Service") eine ausreichende Indikatorreliabilität von über 0,4 auf. Alle latenten Variablen haben eine Faktorreliabilität von mindestens 0,6 und auch die durchschnittlich erfassten Varianzen liegen immer über dem geforderten Wert von 0,5. Die etwas zu geringe Indikatorreliabilität der Variable x_2 ist nicht als problematisch anzusehen. Neben der sehr geringen Unterschreitung des Grenzwertes wird auch von Homburg/Baumgartner ausdrücklich darauf hingewiesen, dass es nicht notwendig ist, alle Anforderungen an die lokalen Gütemaße zu erfüllen.[1721] So ist die zu geringe Reliabilität der Variable x_2 hier unbedenklich, da der zugehörige Faktor eine hohe Konstruktreliabilität und eine ausreichende durchschnittlich erfasste Varianz aufweist. Insgesamt deuten die lokalen Anpassungsmaße damit auf eine hohe Anpassungsgüte des Messmodells hin.

[1717] Vgl. Homburg, Christian; Giering, Annette: Konzeptualisierung und Operationalisierung komplexer Konstrukte - Ein Leitfaden für die Marketingforschung, in: Hildebrandt, Lutz; Homburg, Christian (Hrsg.): Die Kausalanalyse: ein Instrument der empirischen betriebswirtschaftlichen Forschung, (Schäffer-Poeschel) Stuttgart 1998, S. 111-148, S. 124f.

[1718] Vgl. Jones, Michael; Suh, Jaebeom: Transaction-specific satisfaction and overall satisfaction: an empirical analysis, in: JSM, 14. Jg., 2000, Nr. 2, S. 147-159, S. 152.

[1719] Vgl. Homburg, Christian; Giering, Annette: Konzeptualisierung und Operationalisierung komplexer Konstrukte - Ein Leitfaden für die Marketingforschung, in: Hildebrandt, Lutz; Homburg, Christian (Hrsg.): Die Kausalanalyse: ein Instrument der empirischen betriebswirtschaftlichen Forschung, (Schäffer-Poeschel) Stuttgart 1998, S. 111-148, S. 124f.

[1720] Vgl. Homburg, Christian; Giering, Annette: Konzeptualisierung und Operationalisierung komplexer Konstrukte - Ein Leitfaden für die Marketingforschung, in: Hildebrandt, Lutz; Homburg, Christian (Hrsg.): Die Kausalanalyse: ein Instrument der empirischen betriebswirtschaftlichen Forschung, (Schäffer-Poeschel) Stuttgart 1998, S. 111-148, S. 130.

[1721] Vgl. Homburg, Christian; Baumgartner, Helmut: Beurteilung von Kausalmodellen, in: Hildebrandt, Lutz; Homburg, Christian (Hrsg.): Die Kausalanalyse: ein Instrument der empirischen betriebswirtschaftlichen Forschung, (Schäffer-Poeschel) Stuttgart 1998, S. 343-369, S. 363.

Tabelle 65:   Lokale Gütemaße des Messmodells der Beurteilung

Latente exogene Variablen mit Indikatoren (n=499)	stand. Faktor-ladungen λ	Mess-fehler-varianzen δ	Indikator-reliabilitäten Anforderung: $\geq 0,4$	Konstrukt-reliabilitäten Anforderung: $\geq 0,6$	Durchschn. erfasste Varianz Anforderung: $\geq 0,5$
Leistungsqualität [1722]				0,81	0,51
Prozesse x_1	0,78	0,47	0,61		
Service x_2	0,61	0,87	0,38		
Sortimentsqualität x_3	0,78	0,33	0,61		
Ladengestaltung x_4	0,71	0,48	0,50		
Warteschlangen x_5	-	-	-		
Leistungsumfang/Beq.				0,70	0,54
Auswahl x_6	0,85	0,42	0,73		
One-Stop-Shopping-Mögl. x_7	0,66	1,66	0,44		
Preisniveau [1723]					
Preis x_8	1	-	-	-	-

Damit nehmen sowohl die lokalen als auch die globalen Anpassungsmaße Werte an, die auf eine hohe Anpassungsgüte des spezifizierten Kausalmodells (bzw. Messmodells) und auf eine zuverlässige Schätzung der Modellparameter hinweisen.

Tabelle 66:   Ergebnisse der Parameterschätzungen für die Korrelationen zwischen den latenten exogenen Variablen

Pfad	stand. Pfadkoeffizient
Phi$_{12}$ (Leistungsqualität – Leistungsumfang/Beq.)	0,62
Phi$_{13}$ (Leistungsumfang/Beq.- Preisniveau)	-0,19
Phi$_{23}$ (Leistungsqualität - Preisniveau)	-0,24

Desweiteren wurde eine Korrelation zwischen den latenten exogenen Variablen postuliert. Tabelle 66 zeigt die entsprechenden Pfadkoeffizienten, d.h. die Korrelationen zwischen den einzelnen Dimensionen der Beurteilung.[1724]

[1722] Beim ersten Faktor ergab sich die Notwendigkeit der Eliminierung des Kriteriums „Warteschlangen", da die Indikatorreliabilität mit 0,201 bei einer ersten Berechnung der konfirmatorischen Faktorenanalyse deutlich unter den Anforderungen lag.

[1723] Die Ermittlung lokaler Anpassungsmaße setzt mindestens zwei Indikatoren für eine latente Variable voraus.

[1724] Dabei wird hier ein t-Wert zum Signifikanztest der Pfadkoeffizienten eingesetzt. Er geht von der Nullhypothese aus, dass der wahre Parameter in der Population den Wert Null hat. Bei einem Signifikanzniveau von 5% ist ein Parameter dann signifikant von Null verschieden, wenn der t-Wert betragsmäßig mindestens 1,96 (zweiseitiger Test) beträgt; vgl. Homburg, Christian; Giering, Annette: Konzeptualisierung und Operationalisierung komplexer Konstrukte - Ein Leitfaden für die Marketingforschung, in: Hildebrandt, Lutz; Homburg, Christian (Hrsg.): Die Kausalanalyse: ein Instrument der empirischen betriebswirtschaftlichen Forschung, (Schäffer-Poeschel) Stuttgart 1998, S. 111-148, S. 125. Die Werte für das vorliegende Modell liegen zwischen 3,68 und 9,12.

Damit kann die Struktur der zentralen Beurteilungsdimensionen als bestätigt gelten. Auch die Abgrenzung der Konstrukte voneinander ist deutlich.[1725]

Insgesamt weisen also sowohl die Ergebnisse der schiefwinkligen exploratorischen Faktorenanalyse und die anschließende Korrelationsanalyse als auch das simultane Vorgehen der konfirmatorischen Faktorenanalyse darauf hin, dass die Hypothese H_{B1} nicht zu verwerfen ist. Es kann also vorläufig davon ausgegangen werden, dass die Beurteilung der Handelsmarketinginstrumente eines Unternehmens auf zentrale Dimensionen der Beurteilung zurückgeführt werden kann, die jedoch nicht unabhängig voneinander sind.

Es zeigt sich damit, dass auch aus Konsumentensicht die (bipolare) Darstellung der realisierbaren Wettbewerbsvorteile in Preis- oder Qualitätsvorteile nicht durch die empirischen Daten bestätigt wird. So zeigt sich einerseits, dass der Faktor „Leistungsqualität", der neben der Sortimentsqualität auch Aspekte der Ladengestaltung usw. integriert, von einem umfassenden Qualitätsverständnis geprägt ist. Wichtiger erscheint aber, dass mit dem Faktor „Leistungsumfang/Bequemlichkeit" eine weitere Basisdimension der Wettbewerbsvorteile aus Konsumentensicht identifiziert wurde.[1726] Dies bestätigt die Ergebnisse der Untersuchung von Doyle/Fenwick, die Mitte der 70er Jahre durchgeführt wurde (vgl. Abschnitt C.IV. des Zweiten Kapitels). Mittels multidimensionaler Skalierung wurden in dieser Untersuchung Qualität, Auswahl und Preis als zentrale Dimensionen der Einkaufsstättenbeurteilung ermittelt.[1727]

Auf Grund der konfirmatorischen Faktorenanalyse und der Eliminierung bestimmter Variablen muss die exploratorische Faktorenanalyse auf der Basis der reduzierten Itembatterie wiederholt werden, damit die später verwendeten Faktorwerte auch den in der konfirmatorischen Faktorenanalyse betrachteten entsprechen.[1728] Dabei bestätigt auch die erneute Faktorenanalyse die Faktorenstruktur.[1729]

[1725] So zeigt sich auch der höchste Pfadkoeffizient von 0,62 (zwischen Leistungsqualität und Leistungsumfang/Bequemlichkeit) eine deutliche Diskriminanzvalidität.

[1726] Bei der Porter'schen Annahme müssten die Items alle auf einem einzigen Faktor laden, mit entgegengesetzten Vorzeichen, da es sich letztlich um eine einzige Dimension Leistungsvorteile bzw. den „Strategischen Vorteil" handelt; vgl. Porter, Michael: Wettbewerbsstrategie, 10. Aufl., (Campus) Frankfurt a.M. 1999, S. 75.

[1727] Vgl. Doyle, Peter; Fenwick, Ian: How store image affects shopping habits in grocery chains, in: JoR, 50. Jg., 1974/75, Nr. 4, S. 39-52.

[1728] AMOS berechnet zwar die Gütemaße einer Kausalanalyse, gibt aber im Gegensatz zu der exploratorischen Faktorenanalyse in LISREL keine Faktorwerte aus, die weiter verwendet werden können, so dass hier auf die Faktorwerte der entsprechenden exploratorischen Faktorenanalyse zurückgegriffen wird.

[1729] Weiterhin wird der Faktor 2 umgepolt und als Faktor 2' verwendet. Die Korrelationen zwischen den Faktoren betragen $r_{1,2'} = 0,363$, $r_{1,3} = -0,126$ und $r_{2',3} = -0,180$.

Tabelle 67:   Faktorenanalyse der Items zur Beurteilung (reduzierte Itembatterie)

Rotierte Mustermatrix (n=560)	Faktor 1: Leistungsqualität	Faktor 2: Bequemlichkeit/ Leistungsumfang	Faktor 3: Preisniveau
Ladengestaltung	0,808	0,149	-0,146
Prozesse	0,785	-0,100	
Service	0,769		0,183
Sortimentsqualität	0,695	-0,223	
One-Stop-Shopping-Möglichk.		-0,889	
Auswahl	0,114	-0,842	
Preis			0,969
Eigenwerte	2,722	2,074	1,150

Aus Gründen der Übersichtlichkeit sind Werte unter 0,1 nicht dargestellt.

Im Folgenden soll kurz die Diskriminierungsfähigkeit der drei ermittelten Faktoren (oder „zentrale Beurteilungsdimensionen") aufgezeigt werden.

Tabelle 68:   Mittelwertvergleich der zentralen Beurteilungsdimensionen

Beurteilungs-dimensionen (n= 560)	Mittelwerte							ANOVA	
	Globus	Real	Aldi	Lidl	Plus	Edeka	Kar-stadt	F	Sign
Faktor 1: Leistungsq.	-0,59	0,47	0,09	0,15	0,87	-0,28	-0,72	35,808	0,000
MW-Unterschied sign. zu p=0,05 nach Scheffé mit	Real, Aldi, Lidl, Plus	Globus, Edeka, Karstadt	Globus, Plus, Karstadt	Globus, Plus, Karstadt	Globus, Aldi, Lidl, Edeka, Karstadt	Real, Plus	Real, Aldi, Lidl, Plus, Edeka		
Faktor 2': Leistungs-umfang/ Bequeml.	-1,22	-0,80	0,80	0,68	0,82	0,43	-0,74	183,081	0,000
MW-Unterschied sign. zu p=0,05 nach Scheffé mit	Aldi, Lidl, Plus, Edeka	Aldi, Lidl, Plus, Edeka	Globus, Real, Edeka, Karstadt	Globus, Real, Karstadt	Globus, Real, Edeka, Karstadt	Globus, Real, Aldi, Plus, Karstadt	Aldi, Lidl, Plus, Edeka		
Faktor 3: Preisniveau	-0,17	-0,07	-0,93	-0,61	-0,37	0,95	1,23	111,069	0,000
MW-Unterschied sign. zu p=0,05 nach Scheffé mit	Aldi, Edeka, Karstadt	Aldi, Lidl, Edeka, Karstadt	Globus, Real, Plus, Edeka, Karstadt	Globus, Real, Edeka, Karstadt	Aldi, Edeka, Karstadt	Globus, Real, Aldi, Lidl, Plus	Globus, Real, Aldi, Lidl, Plus		

Eine Betrachtung der einzelnen Werte ist aus Tabelle 68 ersichtlich. Wegen einer besseren Übersichtlichkeit wird in Übersicht 43 auf eine dreidimensionale Darstellung des „Positionierungsraums" für die Mittelwerte der Faktoren verzichtet, stattdessen werden jeweils zwei Dimensionen gemeinsam dargestellt.[1730]

[1730] Dabei wurde die Ausrichtung der Skalen jeweils so verschoben, dass links bzw. unten eine „niedrige" Ausprägung des Kriteriums ist, unabhängig davon, wie die nummerische Ausrichtung der genutzten Skala ist. Zu beachten ist, dass die Darstellung im zweidimensionalen (rechtwinkligen)

Übersicht 43:   **Beurteilung der Handelsunternehmen bezüglich der zentralen Beurteilungsdimensionen**

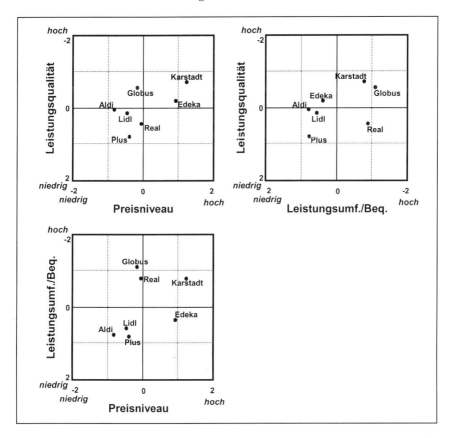

Es zeigt sich, dass bezüglich aller drei Faktoren signifikante Mittelwertdifferenzen für die betrachteten Handelsunternehmen bestehen. Offensichtlich sind diese aber deutlicher bezüglich der Faktoren „Leistungsumfang/Bequemlichkeit" und „Preisniveau" als bezüglich der „Leistungsqualität"; ein Ergebnis, das im F-Wert der einfaktoriellen Varianzanalyse deutlich wird (und auch in der Streuung der Werte in Übersicht 43).

Insgesamt ergeben sich unterschiedliche „Cluster", je nach betrachteten Beurteilungsdimensionen:[1731]

Raum wegen der obliquen Faktorenanalyse zu einer leichten Verzerrung führt, da die Dimensionen nicht wirklich orthogonal sind.

[1731] Wobei die „Clusterung" hier auf Grund der geringen Fallzahl nur „nach Augenschein" vorgenommen wurde.

♦ Bei Betrachtung der beiden Dimensionen „Preisniveau" und „Leistungsumfang/Bequemlichkeit" führt eine Clusterung zu den üblichen Betriebstypen-Clustern. Hier liegen die beiden betrachteten SB-Warenhäuser und die drei betrachteten Discounter jeweils nah zusammen, deutlich separat davon liegen (auch mit entsprechendem Abstand dazwischen) die Lebensmittelabteilung des Kaufhauses und der Supermarkt.

♦ Betrachtet man die beiden Dimensionen „Leistungsqualität" und „Preisniveau", zeigen sich geringere Unterschiede. Auf den ersten Blick ergeben sich zwei Cluster: einerseits die beiden eher teuren, aber als qualitativ hochwertig empfundenen Einkaufsstätten Kaufhaus und Supermarkt und auf der anderen Seite (mit relativ großer Intraheterogenität) alle Discounter und SB-Warenhäuser.

♦ Wiederum andere Cluster ergeben sich bei der Betrachtung der Dimensionen „Leistungsqualität" und „Leistungsumfang/Bequemlichkeit". Hier liegen die Betriebstypen sehr gemischt in den „Clustern". Die beiden „Hard-Discounter" Lidl und Aldi liegen zusammen mit Edeka in einem Cluster, das SB-Warenhaus Globus und das Kaufhaus Karstadt in einem zweiten Cluster; deutlich separiert davon liegen der Discounter Plus und das SB-Warenhaus Real, auf Grund ihrer als niedriger empfundenen Leistungsqualität.

Durch diese „Gruppierung" sollte illustriert werden, dass die klassische Einteilung in Betriebstypen nur eine Facette der Kundenwahrnehmung darstellt und dass daher auch bezüglich unterschiedlicher Wettbewerbsvorteile (oder zentraler Beurteilungsdimensionen) die Trennung in Intra- und Inter-Betriebstypenwettbewerb obsolet wird.

ii.   Beinflussung der Gesamtbeurteilung

Als Kennzahlen für die Gesamtbeurteilung eines Handelsunternehmens durch einen Konsumenten werden im Folgenden zwei unterschiedliche Maße genutzt:

1.   die Pauschalbeurteilung durch den Konsumenten,

2.   ein Beurteilungsindex, der in Anlehnung an Bekmeier-Feuerhahn berechnet wird. Dazu werden aus der oben durchgeführten Faktorenanalyse (über die Einzelitems der Beurteilung) die Items ausgewählt, die jeweils auf einem der Faktoren am höchsten laden. Die Eigenwerte der Faktoren werden als Gewichtungsfaktoren genommen; die Skalenwerte der jeweils auf einem Faktor am höchsten ladenden Variablen wurden mit diesen Eigenwerten gewichtet und anschließend addiert.[1732] Konkret ergibt sich der Beurteilungsindex im vorliegenden Fall als:

$$BI = 2,722 \cdot Ladengestaltung + 2,074 \cdot One - Stop - Shopping - M\ddot{o}gl. + 1,150 \cdot Preis .$$

[1732] Vgl. Bekmeier-Feuerhahn, Sigrid: Marktorientierte Markenbewertung, (DUV) Wiesbaden 1998, S. 279; eine leichte Verzerrung ergibt sich hier, da die Faktoren untereinander korreliert sind, so dass eine Schwäche multiattributiver Modelle auftritt, die sich durch die Addition korrelierter Werte ergibt. Vorne wurde jedoch aufgezeigt, dass die Korrelationen nicht sehr hoch sind, so dass die Verzerrung durch dieses Vorgehen akzeptiert wird.

Zur Überprüfung der Hypothese H_{B2}, dass die einzelnen Dimensionen der Beurteilung einen unterschiedlich starken Einfluss auf die Gesamtbeurteilung ausüben, ist nur der erste Beurteilungswert geeignet, da sich der Beurteilungsindex (gewichtet mit den Eigenwerten) aus den am höchsten ladenden Variablen der einzelnen Dimensionen zusammensetzt, so dass sich hier eine zirkulare Beziehung ergäbe. Um die Bedeutung der einzelnen Dimensionen festzustellen, wird eine Regressionsanalyse durchgeführt, bei der die Beurteilungsdimensionen als unabhängige Variablen, die pauschale Gesamtbeurteilung der Händlermarke als abhängige Variable genutzt wird.

Tabelle 69: Regressionsanalytischer Zusammenhang zwischen Beurteilungsdimensionen und Pauschalurteil

Regressoren	Regressionskoeffizient B	standard. Regressionskoeffizient β	Signifikanzniveau
Faktor 1: Leistungsqualität	0,540	0,582	0,000
Faktor 2': Leistungsumf./Beq.	0,154	0,166	0,000
Faktor 3: Preisniveau	0,159	0,172	0,000
Bestimmtheitsmaß $r^2 = 0,430$			
Ergebnisse der Varianzanalyse $df = 3$ $F = 138,947$ $p = 0,000$			

Wie man an den standardisierten Regressionskoeffizienten ablesen kann, zeigen sich deutliche Unterschiede in der Bedeutung der einzelnen Dimensionen. Den mit Abstand höchsten Einfluss auf die Gesamtbeurteilung hat die Leistungsqualität. Insgesamt ergibt sich durch den Einfluss aller drei Dimensionen eine Varianzerklärung der abhängigen Variablen von 43 Prozent und ein signifikanter Gesamteinfluss.

Insgesamt kann damit bestätigt werden, dass die einzelnen Beurteilungsdimensionen einen deutlich unterschiedlichen Einfluss auf die Gesamtbeurteilung ausüben. H_{B2} kann also vorläufig als bestätigt angesehen werden.

iii. Zentrale Profilierungsdimensionen

Während faktorenanalytische Modelle das Ziel haben, eine Vielzahl von beobachteten Variablen unter dem Gesichtspunkt möglichst genauer Reproduktion der beobachteten Variablen auf eine niedrigere Zahl zentraler Dimensionen (Faktoren) zu reduzieren, wird die multiple Diskriminanzanalyse (MDA) mit dem Ziel eingesetzt, die Variablen hinsichtlich ihrer Diskriminierungsfähigkeit zu bewerten. Demzufolge geht die Diskriminanzanalyse davon aus, dass Eigenschaften (im vorliegenden Fall Marketinginstrumente) um so bedeutender sind, je mehr sie zur Unterscheidung der Geschäfte herangezogen werden können. Dies darf nicht zu der Interpretation verleiten, dass Beurteilungskriterien, die nicht zur Unterscheidung der Einkaufsstätten von den Konsumenten herangezogen werden, für die Marktbearbeitung unerheblich sind, während solche, die bei der Unterscheidung eine erhebliche Rolle spielen, auch für die Beurteilung zentral sind. Diese Annahme ist u.a. dann falsch, wenn sich die Handelsunternehmen bezüglich der Kriterien, die für den Konsumenten in seiner Beurteilung grundsätzlich wichtig sind, (derzeit) nicht wesentlich unterscheiden.[1733] Eine Nachlässigkeit bei einem solchen Merkmal mit der Konsequenz, hier gegenüber der Konkurrenz zurückzufallen, wäre jedoch für die Beurteilung (und dann auch für die Differenzierung) nachteilig.

Theis argumentiert daher, dass die Diskriminanzanalyse für die Analyse der Einkaufs-stätten-Positionierung ungeeignet erscheint und widerspricht damit der Aussage von Diller/Bauer, die davon ausgehen, dass mit Hilfe der MDA wertvolle Ansatzpunkte für die Ausgestaltung von Marketingstrategien erarbeitet werden können.[1734] Dieser Aussage von Theis ist jedoch entgegenzuhalten, dass zwar mit Hilfe der MDA nicht alle Informationen gewonnen werden, die für den Aufbau einer Marketingstrategie notwendig sind. Maßnahmen, die, ausgehend von der heutigen Position, profilierend sind, können aber sehr wohl festgestellt werden, da die MDA erlaubt, die zentralen Profilierungsdi-mensionen zu ermitteln.[1735] Geht man von der Aussage aus: „Für die Positionierung auf dem Markt sind solche Produkteigenschaften maßgebend, welche für die Konsumenten subjektiv wichtig sind und zugleich das Produkt von der Konkurrenz abgrenzen.",[1736] dann wird das zweite Kriterium durch eine MDA ermittelt, das erste jedoch nicht. Gerade die Ermittlung von Profilierungseigenschaften im Sinne einer Abgrenzung ist Ziel der Diskriminanzanalyse.

Eine multiple Diskriminanzanalyse wurde durchgeführt, bei der die Beurteilungen der einzelnen Marketinginstrumente als unabhängige Variablen angesehen werden, die unterschiedlichen Handelsunternehmen als (nominale) abhängige Variable.[1737] Obwohl die hohe Korrelation der Beurteilungen der einzelnen Marketinginstrumente bereits vorne festgestellt wurde, wird hier nicht auf die zentralen Faktoren der Beurteilung, sondern auf die Einzelitems zurückgegriffen, da die Diskrimanzanalyse selbst ein dimensionen-reduzierendes Verfahren ist, das die wesentlichen Unterschiede, die von einer Vielzahl unabhängiger Variablen gebildet werden, auf eine Reihe zentraler Dimensionen (bzw.

[1733] Vgl. Theis, Hans-Joachim: Einkaufsstätten-Positionierung, (DUV) Wiesbaden 1992, S. 348f.

[1734] Vgl. Theis, Hans-Joachim: Einkaufsstätten-Positionierung, (DUV) Wiesbaden 1992, S. 351, der die Aussage von Diller, Hermann; Bauer, Hans: Image-Analyse mit Hilfe der multiplen Diskriminanzanalyse, in: Die Unternehmung, 28. Jg., 1974, Nr. 3, S. 187-198, S. 198, kritisiert.

[1735] Vgl. dazu auch Heinemann, Gerrit: Betriebstypenprofilierung und Erlebnishandel, (Gabler) Wiesbaden 1989.

[1736] Kroeber-Riel, Werner; Weinberg, Peter: Konsumentenverhalten, 7. Aufl., (Vahlen) München 1999, S. 220.

[1737] Da bereits beim Mittelwertvergleich vorne festgestellt wurde, dass den Variablen „Werbung" und „Warteschlangen" nur eine geringe Diskriminierungskraft zukommt, und sie aus unterschiedlichen Gründen bereits in den vorangegangenen Analysen als der Betrachtung eliminiert wurden, wurden sie hier nicht mehr in die Diskriminanzanalyse integriert.

Diskriminanzfunktionen) zurückführt. Die Gütemaße der Diskriminanzanalyse sind in Tabelle 70 unten enthalten.

Tabelle 70:   Gütemaße der Diskriminanzanalyse

Fkt.	Eigen-wert	Anteil der Varianz	Kum. Anteil der Varianz	Kanon. Korrelations-koeffizient	Test der Fkt.	Wilks' Lambda	χ^2	df	Sign.
1	3,932	65,7	65,7	0,893	1-6	0,051	1466,513	54	0,000
2	1,567	26,2	91,8	0,781	2-6	0,250	681,377	40	0,000
3	0,304	5,1	96,9	0,483	3-6	0,643	217,602	28	0,000
4	0,116	1,9	98,9	0,322	4-6	0,838	86,821	18	0,000
5	0,055	0,9	99,8	0,229	5-6	0,935	32,907	10	0,000
6	0,013	0,2	100,0	0,115	6	0,987	6,510	4	0,164

Dabei zeigt sich, dass die ersten beiden Diskriminanzfunktionen einen Eigenwert > 1 aufweisen und zusammen fast 92 Prozent der Gesamtvarianz erklären. Alle sechs Funktionen gemeinsam ergeben ein residuelles Wilks' Lambda von 0,051 (Sign. = 0,000), d.h. nur 5,1 Prozent der Streuung wird nicht durch die Gruppenunterschiede erklärt.[1738]

Die beiden ersten Diskriminanzfunktionen sind dabei also die mit Abstand wichtigsten. Sie bewirken (basierend im Wesentlichen auf jeweils einem einzelnen Beurteilungsinstrument, siehe Tabelle 71) also eine deutliche Diskriminierung zwischen den einzelnen Handelsunternehmen. Als dritte Diskriminanzfunktion, die jedoch selbst nur noch 5,1 Prozent der Varianz erklärt, ist eine Diskriminanzfunktion extrahiert worden, die am stärksten auf die Variable Sortimentsqualität zurückgeführt werden kann. Betrachtet man die gesamthafte Trennkraft der Instrumente über alle Funktionen, die in den mittleren Diskriminanzkoeffizienten und ihrer relativen Bedeutung zum Ausdruck kommt, so zeigt sich, dass die Marketinginstrumente „One-Stop-Shopping-Möglichkeit" und „Preis" mit Abstand die höchsten Erklärungsbeiträge für die Trennung der Handelsunternehmen leisten. Gleichzeitig wird deutlich, dass sich die zu beurteilenden Unternehmen (die gleichzeitig die wichtigsten Lebensmitteleinzelhandelsunternehmen im betrachteten Gebiet darstellen) in der Sortimentsqualität offensichtlich nicht so deutlich unterscheiden, dass diese Dimension als Profilierungsdimension, also mit einer Abgrenzungswirkung, wirkt. Dies bestätigt die vorne dargestellten Aussagen bezüglich einer zunehmenden Angleichung bei der angebotenen Qualität und erklärt auch, warum die Dimension der Qualitätsführerschaft in einigen Untersuchungen nicht über die Qualität des Sortiments, sondern über andere Leistungselemente operationalisiert wurde (siehe Abschnitt C.I.1. des Dritten Kapitels).

[1738] Vgl. Janssen, Jürgen; Laatz, Wilfried: Statistische Datenanalyse mit SPSS für Windows, 3. Aufl., (Springer) Berlin u.a. 1999, S. 431.

Tabelle 71:   **Standardisierte kanonische Diskriminanzkoeffizienten und mittlerer Diskriminanzkoeffizient**

| Einzelitems | Standardisierte kanonische Diskriminanzkoeffizienten nach Diskriminanzfunktionen | | | | | | Mittlerer Diskriminanzkoeff. | |
	1	2	3	4	5	6	absolut	relative Bedeutung
Auswahl	0,336	0,206	-0,387	0,432	-0,202	0,254	1,827	13,6%
Service	0,014	0,037	0,043	0,911	-0,165	0,342	0,245	1,8%
Preis	-0,387	0,785	0,166	-0,264	-0,238	0,087	2,848	21,2%
One-Stop-Shopp.-Mögl.	0,781	0,378	0,027	-0,159	0,332	-0,125	3,711	27,6%
Bequemlichkeit	-0,296	-0,118	0,210	0,282	0,848	-0,139	1,493	11,1%
Ladengestaltung	0,128	0,098	0,071	-0,030	-0,058	-0,901	0,698	5,2%
Kundenbindung	0,102	-0,342	-0,341	-0,463	-0,171	0,149	1,107	8,2%
Sortimentsqualität	0,045	-0,254	0,626	-0,120	-0,568	-0,231	0,812	6,0%
Prozesse	0,022	-0,248	0,462	-0,529	0,283	0,680	0,700	5,2%
Summe							**13,441**	**100,0%**

Auch die Betrachtung der „Territorien" auf der Basis der ersten beiden Diskriminanzfunktionen (die mit 92 Prozent fast die gesamte Varianz erklären) illustriert die Trennung der einzelnen Händlermarken durch diese Funktionen.[1739]

Übersicht 44:   Territorien der einzelnen Handelsunternehmen

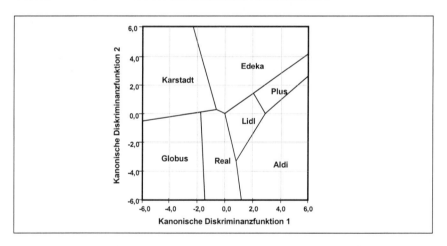

Insgesamt bestätigt die hohe Diskriminierungsfähigkeit der beiden ersten Diskriminanzfunktionen und die sehr hohe Güte der Diskriminanzanalyse, die in deutlichem

---

[1739] Beispielhaft charakterisiert ein hoher Wert auf der ersten Diskriminanzfunktion (also eine schlechte Bewertung der One-Stop-Shopping-Möglichkeit) und ein niedriger Wert auf der zweiten Diskriminanzfunktion (also eine gute Bewertung des Preisniveaus) die Discounter, so dass das „Territorium" von Aldi, der anscheinend diese Eigenschaften am deutlichsten repräsentiert, in der rechten unteren Ecke liegt.

Maße von nur zwei Marketinginstrumenten beeinflusst wird, die Hypothese H$_{B3}$. Es lassen sich zentrale Profilierungsinstrumente identifizieren, die (mit unterschiedlicher Bedeutung) zwischen den einzelnen Handelsunternehmen diskriminieren.

iv.   Fit der Marketinginstrumente

Wie bereits bei der Operationalisierung des hypothetischen Konstrukts „Fit" dargestellt, wurde dieses mit sechs Indikatoren gemessen. Auf Grund der zentralen Bedeutung des Konstrukts soll hier die Güte der Indikatoren für die Messung dieses theoretischen Konstrukts ausführlich untersucht werden.[1740]

Das sehr hohe Alpha für ein neues theoretisches Konstrukt von 0,8566 belegt die hohe Reliabilität der Skala.[1741] Eine exploratorische Faktorenanalyse (siehe Tabelle 73) extrahiert einen einzigen Faktor, der 56,7 Prozent der Gesamtvarianz erklärt.[1742]

Tabelle 72:   Reliabilitätsanalyse der Fit-Skala aus Konsumentensicht (Hauptuntersuchung)

Einzelitems (n = 560)	Korrigierte Item-to-Total-Korrelation	Cronbach's Alpha ohne Item
Harmonie des Marktauftritts	0,6274	0,8437
Kombination Kommunikation/Sortiment	0,5840	0,8438
Kombination Kommunikation/Service	0,6795	0,8281
Kombination Laden/Ladenerwartung	0,6794	0,8264
Kombination Qualität/Qualitätserwartung	0,6894	0,8241
Kombination aller Handelsmarketinginstrumente	0,7190	0,8256
Cronbach's Alpha		**0,8566**

[1740] Wie bereits aufgezeigt wurde, wurden die Fit-Einzelitems aus erhebungstechnischen Gründen auf unterschiedlichen Skalen vorgenommen, eine Reihe von Items wurde bewusst negativ formuliert. Als Voraussetzung für die Reliabilitätsanalyse müssen jedoch alle Items gleich „gepolt" sein; vgl. z.B. Swoboda, Bernhard: Interaktive Medien am Point of Sale, (DUV) Wiesbaden 1996, S. 276. Um die entsprechenden Reliabilitätstest durchführen zu können, wurden alle Werte so umgeformt, dass kleinere Werte einen höheren Fit bedeuten.

[1741] In der Literatur geht man recht einheitlich davon aus, dass die Reliabilität eines Konstrukts ab einem Cronbach's Alpha von 0,7 als akzeptabel anzusehen ist, in Anlehnung an einen Vorschlag von Nunally; vgl. Nunally, Jum: Psychometric Theory, 2. Aufl., (McGraw-Hill) New York 1978, S. 245. Für eine erste Konstruktion von Skalen für ein neues Konstrukt werden bereits Cronbach's Alpha-Werte zwischen 0,5 und 0,7 als ausreichend angesehen; vgl. Korgaonkar, Pradeep; Lund, Daulat; Price, Barbara: A structural equations approach toward examination of store attitude and store patronage behaviour, in: JoR, 61. Jg., 1985, Nr. 2, S. 39-60, S. 47.

[1742] Auch hier wurde die Stichprobeneignung für eine Faktorenanalyse überprüft und ein KMO-Wert von 0,872 und ein Chi^2-Wert des Bartlett-Tests auf Sphärizität von 1030,5 (Sign. = 0,000) erzielt, so dass von einer „recht guten" Stichprobeneignung gesprochen werden kann (Werte ab 0,9 gelten sogar als „fabelhaft"); vgl. Janssen, Jürgen; Laatz, Wilfried: Statistische Datenanalyse mit SPSS für Windows, 3. Aufl., (Springer) Berlin u.a. 1999, S. 468f.

Der Faktorwert wird damit als Fit-Maß verwendet, da er die üblichen Reliabilitäts-Kriterien erfüllt. Die Gütekriterien der „ersten Generation" sind also erfüllt.[1743]

Tabelle 73:   Faktorenanalyse der Items zum Fit (Hauptuntersuchung)

Einzelitems (n = 560)	Faktor 1: Fit
Harmonie des Marktauftritts	0,714
Kombination Kommunikation/Sortiment	0,686
Kombination Kommunikation/Service	0,763
Kombination Laden/Ladenerwartung	0,777
Kombination Qualität/Qualitätserwartung	0,774
Kombination aller Handelsmarketinginstrumente	0,797
Eigenwert	3,401
Anteil an der Gesamtvarianz	56,69 %

Auf Grund der zentralen Bedeutung der Fit-Skala wurde zur Überprüfung der Reliabilität dieses Konstrukts eine konfirmatorische Faktorenanalyse durchgeführt, bei der die oben dargestellte Faktorenstruktur nochmals untersucht werden sollte und auch die Gütekriterien der „zweiten Generation" überprüft werden sollten (vgl. Übersicht 45).

Die Kausalanalyse wurde mit Hilfe des Programms AMOS 4.0 durchgeführt. Zur Schätzung der Parameter des Modells wurde die Maximum-Likelihood-Methode verwendet.

Übersicht 45:   Konfirmatorische Faktorenanalyse der Fit-Skala

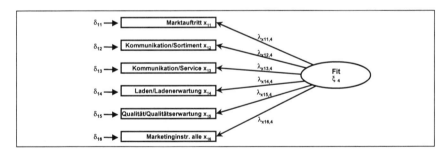

Um die Faktorenstruktur zu überprüfen, muss die Güte des Kausalmodells überprüft werden, d.h. es stellt sich die Frage, inwieweit das oben spezifizierte Modell in der Lage ist, die den Daten zu Grunde liegenden Beziehungen wiederzugeben. Dabei wies das aufgestellte Kausalmodell plausible Schätzwerte auf, alle Matrizen waren positiv definit und es gab keine Hinweise auf Fehlspezifikationen im Modell. Tabelle 74 zeigt die Anforderungen an die verschiedenen globalen Gütemaße und die errechneten Werte des Kausalmodells. Wie die Ergebnisse zeigen, weisen die globalen Gütemaße auf eine gute

---

[1743] Vgl. dazu Abschnitt B.II.2.a)i. dieses Kapitels.

Anpassungsgüte hin. Keine der an ein Kausalmodell zu stellenden Anforderungen wird verletzt.

Tabelle 74:   Globale Gütemaße des Messmodells des Fit

Gütemaß (n=475)	Anforderung	Wert des Kausalmodells
GFI	≥ 0,9	0,974
AGFI	≥ 0,9	0,939
CFI	≥ 0,9	0,976
NFI	≥ 0,9	0,969
RMR	-	0,037

Tabelle 75 zeigt die Anforderungen an die lokalen Gütemaße und die errechneten Werte des verwendeten Messmodells. Alle Indikatoren weisen eine ausreichende Indikatorreliabilität von über 0,4 auf. Die latente Variable hat eine Konstrukt- bzw. Faktorreliabilität von über 0,6 und auch die durchschnittlich erfasste Varianz liegt über dem geforderten Wert von 0,5. Insgesamt deuten die lokalen Anpassungsmaße damit auf eine gute Anpassung des Messmodells an die empirischen Daten hin.

Tabelle 75:   Lokale Gütemaße des Messmodells des Fit

Latente exogene Variablen mit Indikatoren (n=475)	stand. Faktor- ladungen λ	Messfeh- ler- varianzen δ	Indikator- reliabilitäten Anforderung: ≥0,4	Konstrukt- reliabilität Anforderung: ≥0,6	Durchschn. erfasste Var. Anforderung: ≥0,5
Fit				0,87	0,55
Harmonie des Marktauftritts x_{11}	0,67	0,31	0,45		
Komb. Kommunikation/Sortiment x_{12}	0,63	0,59	0,40		
Komb. Kommunikation/Service x_{13}	0,74	0,48	0,55		
Komb. Laden/Ladenerwartung x_{14}	0,74	0,75	0,54		
Komb. Qualität/Qualitätserwartung x_{15}	0,75	0,61	0,57		
Komb. aller Handelsmarketinginstr. x_{16}	0,79	0,91	0,62		

Damit weisen sowohl die lokalen als auch die globalen Anpassungsmaße Werte auf, die eine hohe Anpassungsgüte des spezifizierten Kausalmodells (Messmodells) und eine zuverlässige Schätzung der Modellparameter belegen. Somit wird im Folgenden der Faktorwert als Maß des Fit verwendet.[1744]

Zur Überprüfung der Sensitivität des Konstruktes soll eine Betrachtung angestellt werden, inwiefern der hier abgeleitete Fit-Wert auch dazu geeignet ist, Differenzen zwischen einzelnen Handelsunternehmen aufzuzeigen. Die Mittelwerte aller Einzelindikatoren sowie des Faktors „Fit" sind in Tabelle 76 enthalten. Ebenfalls ist dort die einfaktorielle Varianzanalyse für alle Indikatoren dargestellt. Wie sich zeigt, ist die Diskrimi-

---

[1744] Hier ist wiederum zu beachten, dass es sich um einen Faktor handelt, d.h., der Mittelwert des Fit in der Stichprobe ist Null, die Varianz 1; wegen der zu Grunde liegenden Skalen drücken niedrigere Werte einen besseren wahrgenommenen Fit aus.

nanzfähigkeit des Konstrukts Fit mit einem F-Wert der einfaktoriellen Varianzanalyse von 30,163 recht hoch und höher als bei den einzelnen Indikatoren.

Tabelle 76:   Mittelwertvergleich des Fit (und der einzelnen Indikatoren)

Einzelitems	Mittelwerte							ANOVA	
(n=560)	Glob.	Real	Aldi	Lidl	Plus	Edeka	Karst.	F	Sign
Harmonie des Marktauftritts	1,87	2,38	2,00	2,28	2,75	2,62	2,00	17,805	0,000
Komb. Komm./Sortiment	2,19	3,13	2,47	2,89	3,18	2,94	2,55	11,962	0,000
Komb. Kommunikation/Service	-1,63	-0,51	-1,50	-1,29	-0,41	-0,45	-1,55	6,083	0,000
Komb. Laden/Ladenerwartung	-1,78	-0,88	-1,82	-1,37	-0,48	-1,16	-1,86	17,982	0,000
Komb. Qualität/Qualitätserw.	-2,08	-1,49	-2,08	-1,47	-1,01	-1,56	-2,09	14,877	0,000
Komb. aller Handelsmrktg.instr.	-1,26	0,25	-1,42	-0,50	0,86	-0,71	-0,87	20,320	0,000
Fit	-0,606	0,451	-0,478	0,031	0,841	0,182	-0,432	30,163	0,000
MW-Unterschied sign. zu p=0,05 nach Scheffé mit	Real, Aldi, Lidl, Plus, Edeka	Globus, Aldi, Kar-stadt	Real, Lidl, Plus, Edeka	Globus, Aldi, Plus	Globus, Aldi, Lidl, Edeka Karst.	Globus, Aldi, Plus, Karst.	Real, Plus, Edeka		

Skalen für „Harmonie des Marktauftritts" und „Kombination: Kommunikation/Sortiment" von 1 (höchster Fit) bis 5 (niedrigster Fit).
Skalen für die anderen „Kombinationen" von -3 (höchster Fit) bis +3 (niedrigster Fit).
Skala für den Fit: normalverteilter Faktor, bei dem niedrigere Werte einen höheren Fit ausdrücken.

Der Fit des Handelsmarketing, d.h. das Passen der einzelnen Marketinginstrumente zueinander, wird bei den einzelnen Handelsunternehmen also als deutlich unterschiedlich wahrgenommen.

v.   Fit und Beurteilung

In der vorliegenden Untersuchung wird der Fit als wichtiges und von der (kognitiven) Beurteilung der einzelnen Handelsmarketinginstrumente abgegrenztes Konstrukt angesehen. Gleichzeitig wird vermutet, dass der wahrgenommene Fit eng mit der Beurteilung der Handelsmarketinginstrumente zusammenhängt. Dabei erfasst die Beurteilung der Handelsmarketinginstrumente die Wahrnehmung der Konsumenten, wie geeignet ein Handelsunternehmen zur Befriedigung der Konsumentenbedürfnisse erscheint, während der Fit misst, wie „harmonisch" und „passend" der Handelsmarketingmix wahrgenommen wird.

Wie die Korrelationskoeffizienten in Tabelle 77 zeigen, besteht ein enger linearer und positiver Zusammenhang zwischen dem Fit und der pauschalen Beurteilung des Handelsunternehmens sowie zwischen dem Fit und dem Beurteilungsindex. Auch mit allen Faktoren der Beurteilungsitems korreliert der Fit hochsignifikant, am deutlichsten mit der Leistungsqualität.

Tabelle 77:   Korrelation zwischen dem Fit und
unterschiedlichen Beurteilungsmaßen

Beurteilungsmaß (n=560)	Korrelationskoeffizient nach Pearson	Signifikanz (einseitig)
Faktor 1: Leistungsqualität	0,714	0,000
Faktor 2': Leistungsumfang/Beq.	0,333	0,000
Faktor 3: Preisniveau	0,117	0,003
Pauschalurteil	0,725	0,000
Beurteilungsindex	0,560	0,000

Da es sich bei den betrachteten Konstrukten jeweils um Konstrukte handelt, die der Wahrnehmung des Handelsmarketing durch den Konsumenten zugeordnet sind und hier gleichzeitig eine Abgrenzungsfrage besteht (also die Diskriminanzvalidität zwischen den Konstrukten zu beachten ist), soll die vorne postulierte Beziehung im Rahmen einer konfirmatorischen Faktorenanalyse simultan überprüft werden. Dabei wird die Güte eines kausalanalytischen (Mess-)Modells überprüft, das die Indikatoren der Beurteilung und die Indikatoren des Fit enthält und sowohl die Faktorenstruktur (wie - einzeln - bereits vorne geschehen) als auch die Korrelation zwischen den Faktoren modelliert.[1745]

Zunächst ist nach der Berechung festzustellen, dass dieses Kausalmodell durchweg plausible Schätzwerte aufwies, alle Matrizen waren positiv definit und es gab keine Hinweise auf Fehlspezifikationen. Tabelle 78 zeigt die globalen Gütemaße des Kausalmodells. Wie die Ergebnisse zeigen, weisen diese eine gute Anpassung des Kausalmodells an die empirischen Daten auf.

Tabelle 78:   Globale Gütemaße des Messmodells der Beurteilung und des Fit

Gütemaß (n=475)	Anforderung	Wert des Kausalmodells
GFI	≥ 0,9	0,941
AGFI	≥ 0,9	0,911
CFI	≥ 0,9	0,950
NFI	≥ 0,9	0,929
RMR	-	0,067

Tabelle 79 zeigt die errechneten lokalen Gütemaße des verwendeten Messmodells sowie die entsprechenden Anforderungen. Die Indikatorreliabilität ist für alle Indikatoren ausreichen. Alle latenten Variablen haben eine Faktorreliabilität von mindestens 0,6 und auch die durchschnittlich erfassten Varianzen liegen immer über dem geforderten Wert von 0,5. Insgesamt deuten die lokalen Anpassungsmaße damit auf eine hohe Anpassungsgüte des Messmodells hin.

[1745] Oben zeigte sich die geringe Korrelation des Fit mit dem Preisniveau. Wegen der tendenziell stärker objektiv geprägten Bewertung des Preisniveaus im Vergleich zu schlechter beurteilbaren Items (z.B. Service oder Sortimentsqualität), ist hier eine geringere Wechselwirkung mit dem Fit auch zu erwarten gewesen. In den konfirmatorischen Analysen wird im Folgenden hier auch a priori kein Zusammenhang postuliert.

Damit weisen sowohl die lokalen als auch die globalen Anpassungsmaße auf eine hohe Anpassungsgüte des spezifizierten Kausalmodells (Messmodells) und auf eine zuverlässige Schätzung der Modellparameter hin.

Tabelle 79:   Lokale Gütemaße des Messmodells der Beurteilung und des Fit

Latente exogene Variablen mit Indikatoren (n=466)	stand. Faktor- ladungen λ	Mess- fehler- varianzen δ	Indikator- reliabilitäten Anforderung: $\geq 0,4$	Konstrukt- reliabilitäten Anforderung: $\geq 0,6$	Durchschn. erfasste Var. Anforderung: $\geq 0,5$
Leistungsqualität				0,82	0,54
Prozesse x_1	0,78	0,47	0,60		
Service x_2	0,68	0,75	0,46		
Sortimentsqualität x_3	0,79	0,31	0,63		
Ladengestaltung x_4	0,71	0,49	0,50		
Leistungsumfang/Bequemlichkeit				0,70	0,54
Auswahl x_6	0,85	0,42	0,73		
One-Stop-Shopping-Mögl. x_7	0,67	1,63	0,45		
Preisniveau					
Preis x_8	1	-	-	-	-
Fit				0,87	0,55
Harmonie des Marktauftritts x_{11}	0,69	0,30	0,48		
Komb. Kommunikation/Sortiment x_{12}	0,66	0,55	0,43		
Komb. Kommunikation/Service x_{13}	0,73	0,74	0,43		
Komb. Laden/Ladenerwartung x_{14}	0,75	0,61	0,59		
Komb. Qualität/Qualitätserwartung x_{15}	0,73	0,50	0,60		
Komb. aller Handelsmarketinginstr. x_{16}	0,80	0,85	0,64		

Wie die entsprechenden Pfadkoeffizienten in Tabelle 80 zeigen, bestehen zwischen dem Fit und dem Leistungsumfang/Bequemlichkeit und zwischen dem Fit und der Leistungsqualität deutliche Korrelationen.[1746]

Auf Grund des hohen Pfadkoeffizienten zwischen Leistungsqualität und Fit ist die Diskriminanzvalidität der beiden Konstrukte zu testen, um zu überprüfen, ob die hohe Korrelation u.U. darauf zurückzuführen ist, dass beide Konstrukte den gleichen Sachverhalt messen. Hierfür wird u.a. der Chi^2-Differenztest empfohlen, bei dem als Test das Modell ein zweites Mal berechnet wird und hierbei die Korrelation zwischen den zu überprüfenden Faktoren auf 1 festgesetzt wird.[1747] Bei einem Signifikanzniveau von 5 Prozent führt dieser Test im vorliegenden Fall mit einer Differenz von 98,53 zur Ablehnung der Nullhypothese. Eine Gleichsetzung der beiden Konstrukte verschlechtert also die Anpassungsgüte des Modells beträchtlich, d.h. es ist von Diskriminanzvalidität der beiden Konstrukte auszugehen.

[1746] Dabei wird - wie bereits vorne erläutert - der t-Wert zum Signifikanztest der Pfadkoeffizienten genutzt; die t-Werte liegen hier zwischen 5,1 und 10,4 und zeigen damit Signifikanz an.

[1747] Vgl. Jöreskög, Karl; Sörbom, Dag: Recent developments in structural equations modeling, in: JMR, 19. Jg., 1982, Nr. 4, S. 404-416, S. 408; Homburg, Christian; Giering, Annette: Konzeptualisierung und Operationalisierung komplexer Konstrukte - Ein Leitfaden für die Marketingforschung, in: Hildebrandt, Lutz; Homburg, Christian (Hrsg.): Die Kausalanalyse: ein Instrument der empirischen betriebswirtschaftlichen Forschung, (Schäffer-Poeschel) Stuttgart 1998, S. 111-148, S. 126.

Tabelle 80: **Ergebnisse der Parameterschätzungen für die Korrelationen zwischen den latenten exogenen Variablen**

Pfad	*standardisierter Pfadkoeffizient*
Leistungsqualität – Leistungsumfang/Beq.	0,638
Leistungsumfang/Beq. - Preisniveau	-0,256
Leistungsqualität - Preisniveau	-0,301
Leistungsumfang/Beq. - Fit	0,491
Leistungsqualität - Fit	0,872

Damit kann die Hypothese $H_{WÜ1}$ als bestätigt gelten; zwischen der Beurteilung und dem Fit besteht eine signifikante, positive Beziehung.

vi. Fokussierung und Beurteilung

Vorne wurde postuliert, dass die wahrgenommene Fokussierung der Handelsmarketing-instrumente eng mit der Beurteilung der Handelsmarketinginstrumente zusammenhängt. Dabei erfasst die Beurteilung der Handelsmarketinginstrumente die Wahrnehmung der Konsumenten davon, wie geeignet ein Handelsunternehmen zur Befriedigung der Konsumentenbedürfnisse erscheint, während der Fokussierungs-Index ein Maß dafür ist, als wie fokussiert auf wenige Handelsmarketinginstrumente der Handelsmarketingmix wahrgenommen wird.

Tabelle 81: **Korrelation von Fokussierung und unterschiedlichen Beurteilungsmaßen**

Beurteilungsmaß (n=560)	*Korrelationskoeffizient nach Pearson*	*Signifikanz (einseitig)*
Faktor 1: Leistungsqualität	0,233	0,000
Faktor 2': Leistungsumfang/Beq.	0,127	0,002
Faktor 3: Preisniveau	-0,175	0,000
Pauschalurteil	0,077	0,041
Beurteilungsindex	0,104	0,010

Wie die Korrelationskoeffizienten in Tabelle 81 zeigen, besteht ein linearer Zusammenhang zwischen der wahrgenommenen Fokussierung und dem Beurteilungsindex sowie der pauschalen Beurteilung. Auch mit allen drei Faktoren der Beurteilungsitems korreliert die Fokussierung hochsignifikant.

Die Wirkungsrichtung, die in den positiven Korrelationskoeffizienten zum Ausdruck kommt, entspricht jedoch nicht der postulierten Beziehung, nach der eine stärkere Fokussierung mit einer besseren Beurteilung einher geht.[1748] Vielmehr geben die hier er-

---

[1748] Wegen der zu Grunde liegenden Skalen bedeuten kleinere Werte bei den Beurteilungsmaßen „bessere" Ausprägungen, während beim Fokussierungs-Index höhere Werte eine höhere Fokussierung kennzeichnen.

zielten Ergebnisse Anlass zu der Vermutung, dass diese Beziehung umgekehrt sein könnte. Lediglich für den Faktor 3 „Preisniveau" zeigt sich, dass eine günstigere Beurteilung des Preisniveaus i.d.R. bei fokussierteren Unternehmen vorkommt.

Da es sich bei den betrachteten Konstrukten jeweils um Konstrukte handelt, die der Wahrnehmung des Handelsmarketing durch den Konsumenten zugeordnet sind und hier gleichzeitig eine Abgrenzungsfrage besteht, soll die vorne postulierte Beziehung im Rahmen einer konfirmatorischen Faktorenanalyse simultan überprüft werden. Dabei wird die Güte des Modells überprüft, das die Indikatoren der Beurteilung und das Konstrukt „Fokussierung" enthält und sowohl die Faktorenstruktur als auch die Korrelation zwischen den Faktoren modelliert.[1749]

Dabei wies das aufgestellte Kausalmodell plausible Schätzwerte auf, alle Matrizen waren positiv definit und es gab keine Hinweise auf Fehlspezifikationen im Modell. Die lokalen Gütemaße werden im Folgenden für diesen Fall nicht dargestellt, weil sie oben bereits für das Messmodell der Beurteilungsfaktoren aufgezeigt sind und sich für die Fokussierung bei Verwendung nur eines einzelnen Indikators (des Fokussierungs-Indexes) keine lokalen Gütemaße errechnen lassen.[1750]

Zur Beurteilung des Modells werden daher hier nur noch die globalen Gütemaße aufgezeigt. Tabelle 82 zeigt die globalen Gütemaße für das Kausalmodell.

Tabelle 82:   Globale Gütemaße des Kausalmodells

Gütemaß (n=494)	Anforderung	Wert des Kausalmodells
GFI	≥ 0,9	0,968
AGFI	≥ 0,9	0,929
CFI	≥ 0,9	0,954
NFI	≥ 0,9	0,941
RMR	-	0,193

Wie die Werte zeigen, weisen - mit Ausnahme des RMR - sämtliche globalen Gütemaße eine gute Anpassung des Kausalmodells an die empirischen Daten auf. Der RMR-Wert weist jedoch auf eine relativ schlechte Anpassung des Modells hin. Da im vorliegenden Bewertungsschema der RMR-Wert nicht mit einem festen Grenzwert in die Gütebetrachtung aufgenommen ist, ist damit das Modell nicht automatisch abzulehnen; für die weitere Interpretation ist jedoch die eingeschränkte Güte zu beachten.

[1749] Das Kausalmodell ist grafisch nicht dargestellt und ist strukturell identisch mit dem Kausalmodell mit Fit- und Beurteilungs-Indikatoren und -Faktoren.

[1750] In Tabelle 79 wurde die Güte der lokalen Anpassungsmaße dargestellt. Diese verändern sich durch die Hinzunahme eines weiteren Konstrukts in das Modell nur unwesentlich, auch wegen eines anderen listenweisen Fallausschlusses.

Trotzdem sollen die Pfadkoeffizienten des Modells betrachtet werden, um weitere Aufschlüsse über die Wirkungsbeziehungen zu erhalten.

Tabelle 83: **Ergebnisse der Parameterschätzungen für die Korrelationen zwischen den latenten exogenen Variablen**

Pfad	standardisierter Pfadkoeffizient
Leistungsqualität - Leistungsumfang/Beq.	0,644
Leistungsumfang/Beq. - Preisniveau	-0,203
Leistungsqualität - Preisniveau	-0,272
Leistungsqualität - Fokussierung	0,266
Leistungsumfang/Beq. - Fokussierung	0,192
Preisniveau - Fokussierung	-0,196

Wie Tabelle 83 zeigt, bestehen zwischen der Fokussierung und allen drei Faktoren der Beurteilung deutliche Korrelationen.[1751] Auch hier entsprechen die Pfadkoeffizienten zwischen Fokussierung und den Faktoren der Beurteilung nicht den in der Hypothese erwarteten.[1752] Lediglich zwischen Fokussierung und Preisniveau zeigt sich der vermutete Zusammenhang, zwischen Leistungsqualität bzw. Leistungsumfang und der Fokussierung besteht jedoch hier offensichtlich ein Zusammenhang, der ausdrückt, dass eine geringere Fokussierung mit einer besseren Beurteilung korreliert.

Damit kann die Hypothese $H_{WÜ3}$ nicht bestätigt werden.

Die Ursache könnte darin liegen, dass die Operationalisierung der Fokussierung nicht das gewünschte Konstrukt misst. Für die Fokussierung existiert bislang in der Literatur keine Operationalisierung, so dass ein Rückgriff auf bestehende Operationalisierungen oder eine Überprüfung der gewählten Operationalisierung anhand eines Außenkriteriums nicht möglich ist. Porter und andere Forscher, die sich mit Wettbewerbsstrategien und Positionen „zwischen den Stühlen" beschäftigen, ermitteln diese eher indirekt. Sie gehen dann von einer Position „zwischen den Stühlen" aus, wenn die von ihnen betrachteten Wettbewerbsvorteile nicht vorhanden sind.[1753] Dies ist jedoch in der vorliegenden Untersuchung, die nicht nur zwei potenzielle Wettbewerbsvorteile, sondern eine Vielzahl betrachtet, nicht möglich. Damit müssten alternative Skalen für die Fokussierung untersucht werden.

Eine andere mögliche Erklärung liegt darin, dass die hypothetisierte Beziehung tatsächlich komplexer ist, d.h. dass das Konstrukt der Fokussierung gegebenenfalls andere bzw.

[1751] Die t-Werte liegen zwischen 3,69 und 9,41.

[1752] Bei den Faktoren „Leistungsumfang/Bequemlichkeit" und „Leistungsqualität" repräsentieren niedrige Werte wegen der zu Grunde liegenden Skalen bessere Bewertungen, während eine hohe Fokussierung durch einen höheren Fokussierungsindex ausgedrückt wird.

[1753] Vgl. z.B. Anderer, Michael: Internationalisierung im Einzelhandel, (dfv) Frankfurt a.M. 1997, S. 218.

differenziertere Wirkungen und Wechselwirkungen mit den betrachteten Konstrukten aufweist als postuliert wurde und damit weitere Konstrukte in die Beschreibung der Beziehung aufzunehmen sind. Da noch weitere Betrachtungen des Konstrukts Fokussierung erfolgen, kann diese Diskussion zunächst zurückgestellt werden.

vii. Fokussierung und Fit

Vorne wurde auch postuliert, dass der wahrgenommene Fit mit der wahrgenommenen Fokussierung der Handelsmarketinginstrumente zusammenhängt. Diese Hypothese kann mit einer einfachen Korrelationsanalyse überprüft werden.

Tabelle 84:   Korrelation von Fit und Fokussierung

(n=560)	Korrelationskoeffizient nach Pearson	Signifikanz (einseitig)
	0,038	0,198

Wie die Korrelationskoeffizienten in Tabelle 84 zeigen, kann kein signifikanter Zusammenhang zwischen dem Fit und der Fokussierung festgestellt werden. Weitergehende Analysen für diesen Zusammenhang sind dabei nicht notwendig, weil beide Konstrukte eindimensional sind und sich auch keine Abgrenzungsproblematik zeigt. Die Abgrenzung der Konstrukte, obwohl beides Wahrnehmungskonstrukte darstellen, ist eindeutig. Auch theoretisch war keine Einschränkung der Diskriminanzvalidität zu erwarten, was sich im niedrigen Korrelationsmaß auch bestätigt.

Die Hypothese $H_{WÜ2}$ kann also nicht bestätigt werden.

Eine detailliertere Betrachtung möglicher Ursachen erfolgt an späterer Stelle.

viii.   Marktpräsenz und Beurteilung

Wie vorne dargestellt, ist davon auszugehen, dass Konsumenten Handelsunternehmen positiver beurteilen, bei denen sie eine höhere Marktpräsenz dieser Unternehmen wahrnehmen. Zur Überprüfung dieser Hypothese wurde eine Korrelationsanalyse mit den relevanten Beurteilungsmaßen vorgenommen.

Die Korrelationskoeffizienten in Tabelle 85 zeigen eine signifikante Korrelation der Marktpräsenz mit fast allen Beurteilungsmaßen. Lediglich die Beziehung zwischen dem Faktor „Preisniveau" und der „Präsenz durch Verkaufsstellen" ergibt keine signifikante Korrelation. Auch hier kann, wie beim Zusammenhang des Fit mit den Beurteilungsdimensionen argumentiert werden, dass die Marktpräsenz eher mit der Beurteilung von schlechter beurteilbaren Items wie Service, Prozesse und Qualität zusammenhängt als mit dem etwas besser objektiv fassbaren Preisniveau. Auch ist eine engere Beziehung, wegen der thematischen Ähnlichkeit, mit dem Faktor „Leistungsumfang/Bequemlichkeit" zu erwarten.

Tabelle 85: **Korrelation von Marktpräsenz und unterschiedlichen Beurteilungsmaßen**

Beurteilungsmaß (n=552)	Präsenz durch Werbung		Präsenz durch Verkaufsstellen	
	Korrelations-koeffizient nach Pearson	Signifikanz-niveau (einseitig)	Korrelations-koeffizient nach Pearson	Signifikanz-niveau (einseitig)
Faktor 1: Leistungsqualität	0,189	0,000	0,281	0,000
Faktor 2': Leistungsumf./Beq.	0,296	0,000	0,241	0,000
Faktor 3: Preisniveau	0,143	0,002	-0,063	0,068
Pauschalurteil	0,229	0,000	0,190	0,000
Beurteilungsindex	0,241	0,000	0,251	0,000

Die insgesamt positive Wirkungsrichtung zeigt sich in der hochsignifikanten positiven Korrelation mit der pauschalen Beurteilung des Handelsunternehmens durch die Konsumenten und dem errechneten Beurteilungsindex, die als Gesamtmaße der Beurteilung (bzw. „Qualitätsindikator") gesehen werden können.

Damit kann die Hypothese $H_{WÜ4}$ vorläufig bestätigt werden; es kann also davon ausgegangen werden, dass zwischen der wahrgenommenen Marktpräsenz und der Beurteilung eines Handelsunternehmens ein positiver Zusammenhang besteht.

ix. Einkaufsmotive und Wahrnehmung des Handelsmarketing

Nachdem die Wahrnehmung und auch die zentralen Dimensionen der Wahrnehmung analysiert wurden, soll der Frage nachgegangen werden, inwiefern die unterschiedlichen Einkaufsmotive der Kunden einen Einfluss auf diese Wahrnehmung ausüben. Da die Unterschiedsausprägungen auch von den jeweils beurteilten Handelsunternehmen abhängig sind (vorne wurde gezeigt, dass die einzelnen Handelsunternehmen bezüglich der meisten Wahrnehmungsdimensionen unterschiedlich beurteilt werden), wurde überprüft, ob die betrachteten Unternehmen in den jeweiligen Kundenclustern gleichmäßig verteilt sind. In einer Kreuztabellierung deutete sich an, dass dies nicht der Fall ist, und der signifikante Chi²-Wert nach Pearson von 180,7 bestätigte diese Vermutung.[1754] Daher muss die Untersuchung auf der Ebene der jeweiligen Handelsunternehmen vorgenommen werden.

Da eine Betrachtung aller Mittelwerte (neun Wahrnehmungsvariablen für vier Kundencluster und sieben Unternehmen) zu einer sehr unübersichtlichen Darstellung führen

---

[1754] Da die Kundencluster auf der Basis der Einkaufsmotive gebildet wurden und zugleich bei der Auswahl des zu betrachtenden Unternehmens dahingehend eine Auswahl zu treffen war, dass die Respondenten das zu betrachtende Unternehmen kennen und angaben, beurteilen zu können, kann sich eine solche Ungleichverteilung ergeben.

würde, sind in Tabelle 86 nur die F-Werte der jeweils einfaktoriellen Varianzanalysen dargestellt, die die Stärke der Mittelwertunterschiede zwischen den Clustern (im Vergleich zur Heterogenität innerhalb der Cluster) charakterisieren.

Tabelle 86:   F-Werte der Varianzanalyse zwischen den einzelnen Kundenclustern bei der Wahrnehmung der einzelnen Händlermarken

Wahrnehmungsitems $(n=560)$ [1755]	F-Werte						
	Globus	Real	Aldi	Lidl	Plus	Edeka	Karstadt
Beurteilung							
F1: Leistungsqualität	5,671**	2,752*	1,368	1,041	7,125**	0,404	2,656
F2': Leistungsumfang/Beq.	0,292	0,265	3,032*	0,150	5,728**	0,372	1,587
F3: Preisniveau	1,001	0,216	2,219	2,749*	0,860	1,018	1,451
Pauschalurteil	10,255**	2,908*	0,065	4,518**	17,474**	0,922	2,765*
Bg. Gesamtindex	0,257	0,969	2,353	3,554**	1,902	1,038	1,304
Marktpräsenz							
Präs.: Werbung	0,391	2,055	0,092	1,913	0,787	2,713	1,521
Präs.: Verkaufsstellen	2,226	1,061	0,726	1,565	14,974**	0,284	1,161
Fokussierung							
Fokussierung	4,332**	1,028	8,870**	2,070	1,822	1,896	2,649
Fit							
Fit	6,287**	4,094**	4,294**	2,291	19,792**	2,633	7,844**

* Der F-Wert ist auf dem Niveau von 0,05 signifikant.
** Der F-Wert ist auf dem Niveau von 0,01 signifikant.

Es zeigt sich, dass signifikante Mittelwertunterschiede nur in einigen Fällen auftreten. So unterscheidet sich beispielsweise bei der Beurteilung von Aldi nur die Beurteilung des Leistungsumfangs, die wahrgenommene Fokussierung und der wahrgenommene Fit zwischen den einzelnen Kundenclustern signifikant. Bei Edeka werden überhaupt keine signifikanten Unterschiede zwischen den einzelnen Clustern ausgewiesen. Am heterogensten ist die Wahrnehmung der Händlermarke Plus zwischen den einzelnen Clustern. Insgesamt überwiegen jedoch diejenigen Fälle, in denen die Einkaufsmotive der Konsumenten keine signifikanten Wahrnehmungsunterschiede nach sich ziehen. Ausnahmen sind lediglich die Variable „Pauschalurteil" und die Dimension „Fit", bei denen für jeweils fünf der sieben betrachteten Händlermarken signifikante Unterschiede zwischen den Clustern ausgemacht werden.

Somit kann die Hypothese H_{MO-W} nicht bestätigt werden. Bezüglich der meisten Wahrnehmungsdimensionen beeinflussen die Einkaufsmotive der Konsumenten die Wahrnehmung der Handelsmarketinginstrumente nicht wesentlich. Für die Dimensi-

---

[1755] An dieser Stelle muss noch mal darauf hingewiesen werden, dass jeweils 80 Respondenten eine Händlermarke beurteilt haben. Während dies bereits bei den vorangegangenen Analysen, wie erwähnt, der Fall war, ist diese Tatsache hier von höherer Relevanz, da diese 80 Respondenten jeweils in vier Kundencluster eingeteilt sind, zwischen denen der Mittelwertvergleich stattfindet.

on Fit und die pauschale Beurteilung der Händlermarke zeigen sich jedoch einige signifikante, wenn auch meist nicht sehr hohe Unterschiede.

Die geringen Unterschiede können eventuell darauf zurückgeführt werden, dass z.b. bei den Beurteilungsfaktoren und auch der Marktpräsenz relativ stark auf rationale, kognitiv orientierte Items zurückgegriffen wurde, die bei einer objektiven Bewertung ähnlicher gesehen werden sollten und bei denen subjektive Einflüsse geringer sein sollten als beim Pauschalurteil oder auch dem Fit, die eher eine ganzheitliche und deutlicher subjektiv gefärbte Wahrnehmung erlauben. Trotzdem zeigen sich Unterschiede auch in der Wahrnehmung dieser Variablen. Damit werden auch die unterschiedliche starken Unterschiede bei den einzelnen Variablen plausibel.

Die unterschiedliche Homogenität der Wahrnehmung einzelner Händlermarken durch die einzelnen Kundengruppen kann eventuell als Befund dahingehend gewertet werden, dass eine unterschiedliche starke Orientierung der einzelnen Händlermarken an einzelnen Zielgruppen oder am Massenmarkt stattfindet bzw. eine bestimmte Händlermarke eher die Bedürfnisse einzelner Konsumentengruppen anspricht (oder konkreter: so wahrgenommen wird).

Zugleich ergibt sich damit auf der Basis der empirischen Ergebnisse nicht unbedingt die Notwendigkeit, alle Wirkungsbeziehungen der Analyse jeweils separat für jedes Kundencluster zu überprüfen, weil die Differenzen zwischen den Clustern in den meisten Fällen nicht signifikant und auch in den anderen Fällen eher gering sind.

b) Markenwert

Bereits vorne wurden eine Reihe von Indikatoren des Markenwerts eines Handelsunternehmens untersucht und im Vergleich der Ausprägung bei unterschiedlichen Handelsunternehmen dargestellt. Als geeignete Indikatoren werden für die vorliegende Untersuchung Sympathie, Vertrauen, Weiterempfehlungsabsicht, Verbundenheit, Differenzierungsstärke, Recall und Anzahl der Benefit-to-Store-Assoziationen gesehen.[1756]

In zahlreichen Konzeptionen des Markenwerts aus Konsumentensicht wird eine Einteilung in zentrale Dimensionen vorgeschlagen. Zur Überprüfung dieser Vermutung wird in einem ersten Schritt eine exploratorische Faktorenanalyse vorgenommen. Wie bei den Überlegungen zu den zentralen Dimensionen der Beurteilung wird auch hier vermutet, dass die einzelnen Dimensionen nicht unabhängig voneinander sind, so dass eine oblique (schiefwinklige) Faktorenanalyse durchgeführt wird.[1757]

[1756] Vorne wurde bereits festgestellt, dass der Indikator „Markenbild" wegen der geringen Diskriminierungskraft für den hier vorliegenden Fall der Händlermarke nicht geeignet ist.

[1757] Dabei wurden für die Faktorextraktion folgende Einstellungen gewählt: Hauptkomponentenanalyse, Oblimin-Rotation mit Kaiser-Normalisierung, Bestimmung der Faktorzahl nach dem Kaiser-

Tabelle 87:   Faktorenanalyse der Items zum Markenwert

Rotierte Mustermatrix (n=560)	Faktor 1: Markenwertschätzung	Faktor 2: Markenbekanntheit
Sympathie	0,858	
Vertrauen	0,823	-0,208
Verbundenheit	0,763	0,122
Weiterempfehlungsabsicht	0,710	0,151
Differenzierung	0,617	
Recall		0,859
Benefit-to-Store-Assoziationen	0,146	0,746
Eigenwerte	3,030	1,587

Die Faktorenanalyse ergibt zwei zentrale Dimensionen des Markenwerts, die hinter den sieben Variablen stehen und diese beeinflussen. Auf dem ersten Faktor laden dabei die Indikatoren Sympathie, Vertrauen, Verbundenheit, Weiterempfehlungsabsicht und wahrgenommene Differenzierung hoch. Der Faktor kann daher als „Markenwertschätzung" bezeichnet werden. Der zweite Faktor wird durch Recall und die Benefit-to-Store-Assoziationen geprägt, er kann als „Markenbekanntheit" bezeichnet werden.

Zwischen den beiden Konstrukten besteht, wie erwartet, keine Unabhängigkeit. Die Faktoren korrelieren mit r = 0,243 (Sign. = 0,000).

Die Hypothese H_{MW} kann also vorläufig als bestätigt angesehen werden. Es lassen sich - wie vermutet - zwei zentrale Dimensionen des konsumentenorientierten Markenwerts identifizieren, nämlich die Bekanntheit eines Handelsunternehmens und die Wertschätzung dieses Unternehmens bei den Konsumenten.

Nachdem die zweidimensionale Struktur des Konstrukts empirisch bestätigt ist, soll im Folgenden eine weitere Analyse der Güte der beiden Skalen erfolgen. Im nächsten Schritt wird dazu eine Reliabilitätsanalyse der beiden Konstrukte vorgenommen.

Tabelle 88:   Reliabilitätsanalyse der Indikatoren der Markenbekanntheit

Einzelitems (n = 528)	Korrigierte Item-to-Total-Korrelation	Cronbach's Alpha ohne Item
Recall	0,3448	-
Benefit-to-Store-Assoziationen	0,3448	-
		0,4974

Bei der Skala des Konstrukts Markenbekanntheit zeigt sich, dass mit einem Cronbach's Alpha der Skala von 0,4974 der empfohlene Grenzwert deutlich unterschritten wird; die Trennschärfekoeffizienten liegen mit 0,3448 ebenfalls niedrig. Daher soll eine Veränderung der Messung der Bekanntheit vorgenommen werden.

Kriterium, Ersetzen fehlender Werte durch Mittelwerte. Bei der Interpretation werden nur solche Items betrachtet, deren Faktorladungen größer als 0,5 sind und die eindeutig auf einem Faktor laden.

Auf Grund der bereits geäußerten theoretischen Bedenken gegen den Indikator „Benefit-to-Store-Assoziationen" als Indikator für die Bekanntheit (auf Grund der Vermischung von Bekanntheits- und Bewertungseffekten[1758]) wird im Folgenden die Markenbekanntheit nur mit einem einzigen Indikator, einem Punktwert für den Recall erfasst. Dieses Vorgehen entspricht auch dem in der Literatur üblichen.[1759]

Es zeigt sich, dass für die Skala der Markenwertschätzung mit einem Cronbach's Alpha der Skala von 0,82 der empfohlene Grenzwert von 0,7 deutlich überschritten wird,[1760] die Trennschärfekoeffizienten sind für alle Items hoch. Die Reliabilität der Skala ist also gewährleistet.

Tabelle 89:   Reliabilitätsanalyse der Indikatoren der Markenwertschätzung

Einzelitems (n = 528)	Korrigierte Item-to-Total-Korrelation	Cronbach's Alpha ohne Item
Sympathie	0,7433	0,7450
Vertrauen	0,6114	0,7917
Weiterempfehlungsabsicht	0,6068	0,7883
Verbundenheit	0,6659	0,7702
Differenzierung	0,4728	0,8275
		0,8213

Auf Grund der hohen Bedeutung der beiden Dimensionen des Konstrukts „Markenwert" soll eine Überprüfung der „Gütemaße der zweiten Generation" erfolgen, um somit zugleich die Reliabilität und die Validität der Messung des Markenwerts zu erfassen. Zudem soll durch dieses Vorgehen die Hypothese H_{MW} mit einem weiteren statistischen Verfahren getestet werden. Da hier eine Abgrenzungsfrage besteht (also die Diskriminanzvalidität gleichzeitig zu beachten ist), soll die vorne postulierte Beziehung im Rahmen einer konfirmatorischen Faktorenanalyse simultan überprüft werden. Dabei wird die Güte des Modells überprüft, das die Indikatoren der Markenwertschätzung und der

---

[1758] Vgl. Dick; Alan; Basu, Kunal: Customer loyalty, toward an integrated conceptual framework, in: JAMS, 22. Jg., 1994, S. 99-113, S. 102; siehe auch Abschnitt A.II.3.d) dieses Kapitels.

[1759] Vgl. z.B. Bekmeier-Feuerhahn, Sigrid: Marktorientierte Markenbewertung, (DUV) Wiesbaden 1998, S. 146. Durch dieses Vorgehen wird eine Wiederholung der Faktorenanalyse aller Markenwertindikatoren, ohne den Indikator „Benefit-to-Store-Assoziationen", notwendig. Wird diese durchgeführt, ergibt sich bei strenger Anwendung des Kaiserkriteriums nur ein einziger Faktor. Der Eigenwert des zweiten Faktors liegt jedoch mit 0,998 nur minimal unter dem Grenzwert von 1, so dass weiterhin auf Grund sachlogischer Überlegungen die Extraktion von zwei Faktoren vorgenommen wird.
Auch eine Reliabilitätsanalyse der Items - unter der Annahme, dass nur ein einziger Faktor extrahiert wird - bestätigt durch einen dann sehr niedrigen Trennschärfekoeffizienten des Indikators Recall die Annahme, dass die Items nicht nur ein Konstrukt messen, sondern zwei Konstrukte. Im Folgenden werden als Werte für die Markenwertschätzung und die Markenbekanntheit die Ergebnisse dieser zweiten Faktorenanalyse verwendet.

[1760] Vgl. Nunnally, Jum: Psychometric Theory, 2. Aufl., (McGraw-Hill) New York 1978, S. 245.

Markenbekanntheit enthält und sowohl die Faktorenstruktur als auch die Beziehung zwischen den Faktoren modelliert (vgl. Übersicht 46).[1761]

Übersicht 46: Messmodell des Markenwerts

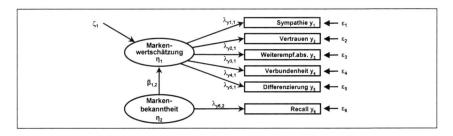

Dabei ist festzustellen, dass das aufgestellte Kausalmodell plausible Schätzwerte aufwies, alle Matrizen waren positiv definit und es gab keine Hinweise auf Fehlspezifikationen. Die Ergebnisse in Tabelle 90 zeigen, dass sämtliche globalen Gütemaße eine gute Anpassung des Kausalmodells an die empirischen Daten aufweisen. Keine der an ein Kausalmodell zu stellenden Anforderungen wird verletzt.

Tabelle 90:   Globale Gütemaße des Messmodells des Markenwerts

Gütemaß (n=523)	Anforderung	Wert des Kausalmodells
GFI	≥ 0,9	0,976
AGFI	≥ 0,9	0,945
CFI	≥ 0,9	0,967
NFI	≥ 0,9	0,958
RMR	-	0,104

Tabelle 91 zeigt die errechneten Werte des verwendeten Messmodells für die lokalen Gütemaße. Wie die Werte zeigen, weisen (mit Ausnahme des Indikators y_5 „Differenzierung") alle Indikatoren eine ausreichende Indikatorreliabilität auf.[1762] Wie bereits erwähnt, ist die zu geringe Indikatorreliabilität einer einzelnen Variable (hier: y_5) wenig problematisch.[1763] Insbesondere erscheint die zu geringe Reliabilität der Differenzierungsstärke hier unproblematisch, da der zugehörige Faktor eine hohe Konstruktreliabilität aufweist. Sie verbleibt damit im Modell, um die unterschiedlichen Facetten der Markenstärke umfassender abzudecken. Die latente Variable „Markenwertschätzung"

[1761] Dabei wird davon ausgegangen, dass die Bekanntheit positiv auf die Wertschätzung wirkt; vgl. Aaker, David: Management des Markenwerts, (Campus) Frankfurt-New York 1992, S. 87

[1762] Die niedrige Reliabilität des Indikators deutete sich bereits bei der vorgeschalteten Reliabilitätsanalyse an; siehe Tabelle 89.

[1763] Vgl. Homburg, Christian; Baumgartner, Helmut: Beurteilung von Kausalmodellen, in: Homburg, Christian; Hildebrandt, Lutz (Hrsg.): Die Kausalanalyse, (Schäffer-Poeschel) Stuttgart 1998, S. 343-369, S. 363.

hat eine Konstruktreliabilität deutlich über 0,6 und auch die durchschnittlich erfasste Varianz liegt über dem geforderten Wert von 0,5. Insgesamt deuten die lokalen Anpassungsmaße damit auf eine hohe Anpassungsgüte des Messmodells hin.

Tabelle 91:   Lokale Gütemaße des Messmodells des Markenwerts

Latente Variablen mit Indikatoren (n=523)	stand. Faktorladungen λ	Messfehlervarianzen ε	Indikatorreliabilitäten Anforderung: $\geq 0,4$	Konstruktreliabilitäten Anforderung: $\geq 0,6$	Durchschn. erfasste Varianz Anforderung: $\geq 0,5$
Markenwertschätzung				0,83	0,52
Sympathie y_1	0,87	0,68	0,76		
Vertrauen y_2	0,67	0,89	0,44		
Weiterempf.abs. y_3	0,68	1,42	0,46		
Verbundenheit y_4	0,75	1,20	0,57		
Differenzierung y_5	0,50	1,98	0,25		
Markenbekanntheit					
Recall y_6	1	-	-	-	-

Damit nehmen sowohl die lokalen als auch die globalen Anpassungsmaße Werte an, die auf eine hohe Anpassungsgüte des spezifizierten Kausalmodells (Messmodells) und auf eine zuverlässige Schätzung der Modellparameter hinweisen.

Im nächsten Schritt bleibt die Überprüfung der Beziehung der beiden Konstrukte „Markenwertschätzung" und „Markenbekanntheit". Das Messmodell weist hier einen Pfadkoeffizienten zwischen den Konstrukten von 0,172 auf (t=3,586). Auf Grund des geringen Betrags dieses Pfadkoeffizienten kann hier eine statistische Überprüfung der Diskriminanzvalidität unterbleiben und es kann davon ausgegangen werden, dass die beiden Konstrukte unterschiedliche Phänomene messen.

Die Konstruktvalidität der Skala soll wegen der hohen Bedeutung für die vorliegende Untersuchung zusätzlich mit Hilfe eines Außenkriteriums gemessen werden. Dazu wird die Stärke der Assoziation der hier gewählten Markenwertmaße mit der direkten Beurteilung der Markenhaftigkeit eines Handelsunternehmens untersucht.[1764] Das entsprechende Kausalmodell ist in Übersicht 47 dargestellt.[1765]

[1764] Vgl. zur Konstruktvalidität Hildebrandt, Lutz: Kausalanalytische Validierung in der Marketingforschung, in: Marketing-ZFP, 6. Jg., 1984, Nr. 1, S. 41-51.

[1765] Entgegen den Gepflogenheiten sind hier auch die „exogenen" latenten Variablen mit η bezeichnet, da sie zwar in dieser Validitätsprüfung exogene Variablen darstellen, bezüglich des später dazustellenden Gesamtmodells jedoch endogene latente Variablen sind.

Übersicht 47:   Validitätsüberprüfung der Markenwertmaße[1766]

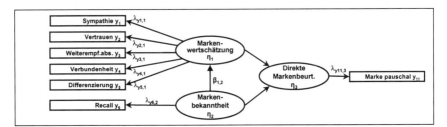

Die lokalen Gütemaße der beiden zentralen Konstrukte sind bereits oben dargestellt; da hier die „Direkte Markenbeurteilung" nur über einen Indikator gemessen wird, können für dieses Konstrukt keine lokalen Gütemaße errechnet werden. In Tabelle 92 sind die errechneten globalen Gütemaße des Kausalmodells dargestellt.

Tabelle 92:   Globale Gütemaße des Kausalmodells

Gütemaß (n=523)	Anforderung	Wert des Kausalmodells
GFI	≥ 0,9	0,976
AGFI	≥ 0,9	0,947
CFI	≥ 0,9	0,971
NFI	≥ 0,9	0,961
RMR	-	0,103

Wie die Ergebnisse zeigen, weisen sämtliche globalen Gütemaße eine gute Anpassung des Kausalmodells an die empirischen Daten auf, was auf eine hohe Anpassungsgüte des spezifizierten Kausalmodells und auf eine zuverlässige Schätzung der Modellparameter hinweist.

Tabelle 93:   Ergebnisse der Parameterschätzungen für die Korrelationen zwischen den latenten exogenen Variablen

Pfad	standardisierter Pfadkoeffizient
Markenbekanntheit - direkte Markenbeurteilung	0,005 (n.s.)
Markenbekanntheit - Markenwertschätzung	0,174
Markenwertschätzung - direkte Markenbeurteilung	0,693

Betrachtet man in Tabelle 93 die Pfadkoeffizienten der dargestellten Modellstruktur näher, zeigt sich, dass der direkte Einfluss der Markenbekanntheit auf die direkte Bewertung der Markenhaftigkeit einer Händlermarke durch die Konsumenten nicht signifikant

---

[1766] Ab diesem Modell werden die Fehlervariablen nicht mehr separat dargestellt, da diese nicht nur bezüglich der Indikatorvariablen, sondern auch bezüglich aller latenten Größen, die von anderen latenten Größen beeinflusst werden, dargestellt werden müssten, und dies die Darstellung unübersichtlich macht.

ist.[1767] Es ergibt sich jedoch ein signifikanter (und hoher) Einfluss der Markenwertschätzung auf die direkte Bewertung der Markenhaftigkeit. Zudem ist der indirekte Einfluss zu beachten, den die Markenbekanntheit über ihren Einfluss auf die Markenwertschätzung zusätzlich auf die Variable „direkte Markenbeurteilung" ausübt.[1768] Gleichzeitig ist der Anteil der durch die beiden Größen „Markenwertschätzung" und „Markenbekanntheit" erklärten Varianz (Squared Multiple Correlation, SMC) mit 48,1 Prozent ausgewiesen.[1769] Damit kann insgesamt von einer angemessenen Güte der Markenwert-Skala ausgegangen werden.

Tabelle 94: **Mittelwertvergleich der Markenwertdimensionen**

Markenwert-dimension (n= 560)	Mittelwerte							ANOVA	
	Globus	Real	Aldi	Lidl	Plus	Edeka	Kar-stadt	F	Sign
Markenwertsch.	0,61	-0,41	0,39	-0,07	-0,78	-0,14	0,40	24,715	0,000
MW-Unterschied sign. zu p=0,05 nach Scheffé mit	Real, Lidl, Plus, Edeka	Globus, Aldi, Karstadt	Real, Plus, Edeka	Globus, Plus	Globus, Aldi, Lidl, Edeka, Karstadt	Globus, Aldi, Lidl, Plus, Karstadt	Real, Plus, Edeka		
Markenbekanntheit	0,55	-0,05	-0,30	-0,37	-0,02	-0,08	0,28	8,822	0,000
MW-Unterschied sign. zu p=0,05 nach Scheffé mit	Real, Aldi, Lidl, Plus, Edeka	Globus	Globus, Karstadt	Globus, Karstadt	Globus	Globus	Aldi, Lidl		

Skalen: beide Dimensionen werden durch Faktoren erfasst, sind also standardisiert; höhere Werte repräsentieren einen höheren Markenwert.

Für die Bewertung von Händlermarken stellt sich weiterhin die Frage, inwieweit die Skala geeignet ist, Unterschiede zwischen Händlermarken zu erfassen. Neben den bereits oben geprüften Gütemaßen der Messung (Validität und Reliabilität) soll hier noch die Sensitivität der Markenwert-Skala geprüft werden. Dieses Kriterium wird z.B. von Axelrod für theoretische, psychische Konstrukte, die das Kaufverhalten prognostizieren sollen, diskutiert und soll aufzeigen, inwiefern eine Skala zwischen einzelnen Stimuli diskriminiert.[1770] Zur Analyse dieser Diskriminierungsfähigkeit soll hier eine einfakto-

---

[1767] Der t-Wert liegt bei nur 0,15; die anderen beiden t-Werte liegen jeweils im signifikanten Bereich.

[1768] Der gesamte Einfluss der Markenbekanntheit ergibt sich damit zu $0,005 + 0,174 \cdot 0,693 = 0,126$.

[1769] Obwohl die direkte Frage nach der „Markenhaftigkeit", die hier als Außenkriterium verwendet wird, beim Konsumenten evtl. nicht alle Facetten des Konstrukts „Markenwert" erfasst. Kritisch anzumerken ist, dass die Validität des verwendeten Außenkriteriums selbst unklar ist, da empirische Ergebnisse und valide Messmethoden zum Markenwert von Händlermarken bislang nicht vorliegen. Daher fehlen auch theoretisch gesicherte Beziehungen, die für eine weitergehende Validitätsprüfung notwendig wären.

[1770] Vgl. Axelrod, Joel: Attitude measures that predict purchase, in: JAR, 8. Jg., 1968, Nr. 1, S. 3-17.

rielle Varianzanalyse der Mittelwertunterschiede bei beiden Markenwert-Dimensionen durchgeführt werden. Die Ergebnisse sind in Tabelle 94 dargestellt.

Es zeigen sich - unabhängig von einer auf die konkreten Händlermarken bezogenen Interpretation - deutliche Differenzen bezüglich der Markenwertschätzung, wie der hochsignifikante F-Wert von 24,715 zeigt; auch sind eine relativ große Anzahl von Mittelwertpaaren signifikant unterschiedlich. Geringer ist die Diskriminierungsfähigkeit der Dimension Bekanntheit. Die meisten Paarvergleiche ergeben keine signifikanten Unterschiede. Diese geringen Unterschiede können aber evtl. auf die untersuchten Handelsunternehmen zurückgeführt werden, die aus forschungspragmatischen Gründen die bekanntesten in der betrachteten Region darstellten. Insgesamt sind aber die Mittelwerte signifikant unterschiedlich voneinander, wie der hochsignifikante F-Wert von 8,822 zeigt.

Damit wird deutlich, dass signifikante Markenwertunterschiede zwischen den einzelnen Handelsunternehmen existieren.

c)   **Wahrnehmung und Markenwert**

i.   **Beurteilung und Markenwert**

Es wurde postuliert, dass von den einzelnen Konstrukten der Wahrnehmung jeweils positive Einflüsse auf den Markenwert ausgehen. Zunächst soll hier der Einfluss der Beurteilung der Handelsmarketinginstrumente auf den Markenwert evaluiert werden.

Tabelle 95:   **Korrelation zwischen unterschiedlichen Beurteilungsmaßen und den Markenwertdimensionen**

Beurteilungsmaß (n=560)	*Markenwertschätzung*	*Markenbekanntheit*
Faktor 1: Leistungsqualität	-0,680**	-0,151**
Faktor 2': Leistungsumf./Beq.	-0,661**	-0,260**
Faktor 3: Preisniveau	-0,111**	0,109**
Pauschalurteil	-0,701**	-0,180**
Beurteilungsindex	-0,535**	-0,190**

** Die Korrelation ist auf dem Niveau von 0,01 (einseitig) signifikant.

Wie die Korrelationstabelle zeigt, gibt es signifikante Beziehungen zwischen beiden Dimensionen des Markenwerts und der pauschalen Beurteilung der Händlermarke, dem Beurteilungsindex und auch allen Faktoren der Beurteilung.[1771] Bei fast allen signifikanten Beziehungen besteht eine negative Korrelation, die aussagt, dass eine bessere Beur-

---

[1771] Da bzgl. der zentralen Dimensionen der Beurteilung nicht klar ist, welche Gewichtung für einen Hypothesentest vorgenommen werden sollte, sind es die beiden Variablen „Pauschalurteil" und „Beurteilungsindex", die hierfür herangezogen werden.

teilung einen höheren Markenwert mit sich bringt.[1772] Einzige Ausnahme ist die Korrelation der Markenbekanntheit mit dem Preisniveau, die anzeigt, dass als preisgünstiger wahrgenommenen Geschäften scheinbar eine niedrigere Bekanntheit zukommt. Es zeigt sich, dass Leistungsqualität und Leistungsumfang/Bequemlichkeit sehr stark auf die Markenwertschätzung einwirken (bzw. hoch mit ihr korrelieren; die konkrete Wirkungsrichtung wird später noch betrachtet). Die Markenbekanntheit hängt am engsten mit Leistungsumfang/Bequemlichkeit zusammen, was vermutlich darauf zurückzuführen ist, dass die großflächigen Handelsunternehmen in einer Region deutlicher wahrgenommen werden und damit auch eine höhere Bekanntheit aufweisen.

Da die postulierte Beziehung teilweise nur auf einzelne Indikatoren des Markenwerts zielt, soll auch eine detailliertere Betrachtung erfolgen. In Tabelle 96 sind die Korrelation zwischen den verschiedenen Beurteilungsmaßen und den einzelnen Markenwertindikatoren gezeigt. Dabei wird deutlich, dass die wahrgenommene Leistungsqualität relativ gleichmäßig mit allen Markenwertschätzungs-Indikatoren zusammenhängt, nur zur Differenzierung besteht ein weniger enger Zusammenhang. Dies ist mit der Feststellung vorne im Zusammenhang zu sehen, dass die Qualität zur Abgrenzung von der Konkurrenz nur noch begrenzt geeignet ist.

Tabelle 96:   Korrelation zwischen unterschiedlichen Beurteilungsmaßen und den Markenwertindikatoren

Beurteilungsmaß (n=543)	Sympathie	Vertrauen	Weiter- empf.-absicht	Verbunden- heit	Differen- zierung	Recall
Faktor 1: Leistungsqualität	-0,631**	-0,458**	-0,577**	-0,558**	-0,362**	-0,128**
Faktor 2': Leistungsumfang/Beq.	-0,306**	-0,206**	-0,354**	-0,361**	-0,168**	-0,236**
Faktor 3: Preisniveau	-0,014	-0,282**	-0,096*	0,039	-0,067	0,068
Pauschalurteil	-0,650**	-0,577**	-0,633**	-0,517**	-0,340**	-0,174**
Bg. Gesamtindex	-0,430**	-0,399**	-0,434**	-0,448**	-0,350**	-0,195**

* Die Korrelation ist auf dem Niveau von 0,05 (einseitig) signifikant.
** Die Korrelation ist auf dem Niveau von 0,01 (einseitig) signifikant.

Auch der Faktor „Leistungsumfang/Bequemlichkeit" hängt mit fast allen Markenwertindikatoren zusammen. Eine günstige Beurteilung des Preisniveaus ist dagegen mit nur einigen wenigen Markenwertindikatoren signifikant verbunden. So geht eine bessere Beurteilung des Preisniveaus mit einem höheren Vertrauen und mit einer erhöhten Weiterempfehlungsabsicht einher. Als sympathischer werden preisgünstigere Unternehmen nicht wahrgenommen und auch eine höhere Verbundenheit lässt sich nicht feststellen.

[1772] Lediglich auf Grund der Tatsache, dass kleinere Beurteilungswerte (auf der Schulnotenskala) eine bessere Beurteilung bedeuten, sind die Korrelationskoeffizienten hier negativ.

Tabelle 97:   Regressionsanalytischer Zusammenhang zwischen Beurteilung
und Markenwertschätzung

Regressoren	Regressionskoeffizient B = standard.Regressionskoeffizient β	Signifikanzniveau
Faktor 1: Leistungsqualität	-0,647	0,000
Faktor 2': Leistungsumf./Beq.	-0,167	0,000
Faktor 3: Preisniveau	-0,222	0,000
Bestimmtheitsmaß		
$r^2 = 0,530$		
Ergebnisse der Varianzanalyse df = 3 F = 203,464 p = 0,000		

Die postulierte Wirkungsbeziehung geht dabei davon aus, dass die Beurteilung auf den Markenwert wirkt. Um festzustellen, welcher Anteil der Variation des Markenwerts auf die Beurteilung zurückzuführen ist, wird eine Regressionsanalyse durchgeführt. Es zeigt sich, dass bei einer gemeinsamen Betrachtung des Einflusses aller Beurteilungsfaktoren ein relativ hoher Anteil der Varianz der Markenwertschätzung durch den Einfluss der Beurteilungsfaktoren erklärt werden kann. So ergibt sich ein Bestimmtheitsmaß r^2 von 0,53, das zeigt, dass die Markenwertschätzung maßgeblich von der Beurteilung des Händlermarketing, und hier insbesondere der Leistungsqualität, wie man an den Regressionskoeffizienten ablesen kann, beeinflusst wird.

Tabelle 98:   Regressionsanalytischer Zusammenhang zwischen Beurteilung
und Markenbekanntheit

Regressoren	Regressionskoeffizient B = standard. Regressionskoeffizient β	Signifikanzniveau
Faktor 1: Leistungsqualität	-0,061	0,166
Faktor 2': Leistungsumf./Beq.	-0,227	0,000
Faktor 3: Preisniveau	0,060	0,149
Bestimmtheitsmaß		
$r^2 = 0,075$		
Ergebnisse der Varianzanalyse df = 3 F = 14,848 p = 0,000		

Einen wesentlich geringeren Einfluss kann man von der Beurteilung auf die Markenbekanntheit ausmachen. Mit einem sehr geringen Bestimmtheitsmaß zeigt sich, dass die kognitive Beurteilung der Handelsmarketinginstrumente die Markenbekanntheit nur in geringem Maße beeinflusst, was jedoch auch zu erwarten war. Trotzdem ist auch diese Beziehung insgesamt hochsignifikant. *Damit kann die Hypothese H_{B-MW} vorläufig bestätigt werden. Die Beurteilung der Handelsmarketinginstrumente eines Unternehmens entfaltet einen positiven Einfluss auf den Markenwert.*

ii. Fit und Markenwert

Im nächsten Schritt soll der Einfluss des wahrgenommenen Fit der Handelsmarketinginstrumente auf den Markenwert evaluiert werden. Da hierbei zunächst nur die Wirkung eines einzelnen Faktors auf jeweils eine abhängige Größe untersucht werden soll, kann eine vorangehende Korrelationsanalyse unterbleiben, da in diesem Fall der standardisierte Regressionskoeffizient auch das Maß der linearen Korrelation nach Pearson ausdrückt.[1773]

Die postulierte Wirkungsbeziehung geht dabei davon aus, dass der Fit auf den Markenwert wirkt. Um festzustellen, welcher Anteil der Variation des Markenwerts auf den wahrgenommenen Fit zurückzuführen ist, wird eine Regressionsanalyse durchgeführt. Es zeigt sich, dass ein sehr hoher Anteil der Varianz der Markenwertschätzung durch den Einfluss des Fit erklärt werden kann. So ergibt sich ein Bestimmtheitsmaß r^2 von 0,66, das zeigt, dass die Markenwertschätzung maßgeblich davon beeinflusst wird, inwiefern der Marketingmix vom Konsumenten als „fittend" wahrgenommen wird.

Tabelle 99: **Regressionsanalytischer Zusammenhang zwischen Fit und Markenwertschätzung**

Regressoren	*Regressionskoeffizient B = standard.Regressionskoeffizient β*	*Signifikanzniveau*
Fit	-0,814	0,000
Bestimmtheitsmaß $r^2 = 0,662$		
Ergebnisse der Varianzanalyse df = 1 F = 1088,267 p = 0,000		

Interessant ist hierbei, da die postulierte Beziehung teilweise nur auf einzelne Indikatoren des Markenwerts zielt, auch eine detailliertere Betrachtung, die in Tabelle 100 die Korrelation zwischen dem Fit und den einzelnen Markenwertindikatoren zeigt.

Es zeigt sich, dass der Fit am engsten mit dem Vertrauen in eine Händlermarke zusammenhängt. Dies bestätigt die theoretischen Überlegungen zu der Wirkungsbeziehung von Fit und Markenwert. Der Fit, d.h. die Konsistenz und Kontinuität des Handelsmarketing, führt durch eine geringere Variabilität der Leistung und eine bessere „Harmonie" zwischen den Elementen des Marketing für den Konsumenten zu einer Risikoreduktion, wegen der besseren Einschätzbarkeit der Leistung der Marke. Damit wirkt gerade der Fit auf die Funktionserfüllung der Marke als „Garant" für eine bestimmte Leistung. Im Sinne einer Test-Retest-Reliabilität bestätigt dieses Ergebnis zugleich die empirischen

---

[1773] Vgl. Bühl, Achim; Zöfel, Peter: SPSS Version 9, 6. Aufl., (Addison-Wesley) München u.a. 2000, S. 319.

Ergebnisse der Untersuchung von Morschett, die bereits dargestellt wurde. Auch hier wurde die Beziehung des Fit mit der Vertrauenswürdigkeit als die engste von allen Korrelationen des Fit mit Markenwertindikatoren identifiziert (vgl. Tabelle 4).

Tabelle 100:   Korrelation zwischen dem Fit und den Markenwertindikatoren

(n=546)	*Sympathie*	*Vertrauen*	*Weiter-empf.-absicht*	*Verbunden-heit*	*Differen-zierung*	*Recall*
Fit	-0,684**	-0,720**	-0,671**	-0,598**	-0,430**	-0,149**

** Die Korrelation ist auf dem Niveau von 0,01 (einseitig) signifikant.

Einen wesentlich geringeren Einfluss als auf die Markenwertschätzung kann man vom Fit auf die Markenbekanntheit ausmachen. Mit einem sehr geringen Bestimmtheitsmaß (von 0,019) zeigt sich, dass der Fit der Handelsmarketinginstrumente die Markenbekanntheit nur in äußerst geringem Maße beeinflusst, was jedoch auch zu erwarten war. Trotzdem ist auch diese Beziehung signifikant.

Tabelle 101:   Regressionsanalytischer Zusammenhang
zwischen Fit und Markenbekanntheit

Regressor	*Regressionskoeffizient B = standard.Regressionskoeffizient β*	*Signifikanzniveau*
Fit	-0,137	0,001
Bestimmtheitsmaß $r^2 = 0,019$		
Ergebnisse der Varianzanalyse df = 1 F = 10,677 p = 0,001		

Sowohl auf der Ebene der beiden Markenwert-Dimensionen als auch bezüglich der dahinterstehenden Indikatoren können also deutliche Wirkungen (bzw., auf der Ebene der Indikatoren, Korrelationen) nachgewiesen werden.

Damit kann die Hypothese H_{Fit-MW} vorläufig bestätigt werden. Der wahrgenommene Fit der Handelsmarketinginstrumente eines Unternehmens hat einen positiven Einfluss auf den Markenwert.

iii. Marktpräsenz und Markenwert

Als weiterer Einflussfaktor auf den Markenwert wird die wahrgenommene Marktpräsenz vermutet. Wie die untenstehende Korrelationstabelle zeigt, gibt es signifikante Beziehungen zwischen der wahrgenommenen Marktpräsenz und beiden Dimensionen des Markenwerts. In beiden Fällen besteht eine korrelative Beziehung, die aussagt, dass ein höherer Fit auch einen höheren Markenwert mit sich bringt. In beiden Fällen ist jedoch eine eher geringe Höhe der Korrelation festzustellen.

Tabelle 102: Korrelation zwischen wahrgenommener Marktpräsenz und den Markenwertdimensionen

Einzelitems (n=554)	Markenwertschätzung	Markenbekanntheit
Präsenz durch Werbung	-0,201**	-0,078**
Präsenz durch Verkaufsstellen	-0,229**	-0,132**

** Die Korrelation ist auf dem Niveau von 0,01 (einseitig) signifikant.

Die postulierte Wirkungsbeziehung geht dabei davon aus, dass die Marktpräsenz auf den Markenwert wirkt. Um festzustellen, welcher Anteil der Variation des Markenwerts auf die wahrgenommene Marktpräsenz zurückzuführen ist, wird eine Regressionsanalyse durchgeführt. Es zeigt sich, dass nur ein geringer Anteil der Varianz der Markenwertschätzung durch den Einfluss der Marktpräsenzvariablen erklärt werden kann. So ergibt sich ein Bestimmtheitsmaß r^2 von 0,076.

Tabelle 103: Regressionsanalytischer Zusammenhang zwischen Marktpräsenz und Markenwertschätzung

Regressoren	Regressionskoeffizient B	standard. Regressionskoeffizient β	Signifikanzniveau
Präsenz: Werbung	-0,101	-0,155	0,000
Präsenz: Verkaufsstellen	-0,198	-0,196	0,000
Bestimmtheitsmaß $r^2 = 0,076$			
Ergebnisse der Varianzanalyse df = 2 F = 22,733 p = 0,000			

Ebenfalls einen signifikanten, (aber geringen) Einfluss kann man von der Marktpräsenz auf die Markenbekanntheit ausmachen. Mit einem sehr geringen Bestimmtheitsmaß (von 0,019) zeigt sich, dass die Marktpräsenz die Markenbekanntheit nur in geringem Maße beeinflusst. Dieses Ergebnis überrascht. Es kann jedoch evtl. darauf zurückgeführt werden, dass die Bildungsprozesse der Markenbekanntheit eher unterbewusst ablaufen, während die Variable „wahrgenommene Marktpräsenz" (lediglich) die bewusst wahrgenommene und erinnerte Marktpräsenz erfasst.

Tabelle 104: Regressionsanalytischer Zusammenhang zwischen Marktpräsenz und Markenbekanntheit

Regressoren	Regressionskoeffizient B	standard. Regressionskoeffizient β	Signifikanzniveau
Präsenz: Werbung	-0,03	-0,050	0,247
Präsenz: Verkaufsstellen	-0,118	-0,117	0,007
Bestimmtheitsmaß r² = 0,019			
Ergebnisse der Varianzanalyse df = 2 F = 5,299 p = 0,005			

Insgesamt sind also schwache, aber signifikante Wirkungen der Marktpräsenz auf den Markenwert festzustellen. Damit kann die Hypothese H_{MP-MW} vorläufig bestätigt werden. Die wahrgenommene Marktpräsenz eines Handelsunternehmens hat einen positiven Einfluss auf den Markenwert.

iv. Fokussierung und Markenwert

Im nächsten Schritt soll der Einfluss der wahrgenommenen Fokussierung der Handelsmarketinginstrumente auf den Markenwert evaluiert werden. Da es sich nur um einen einzigen Regressor handelt, kann wiederum auf die Korrelationsanalyse verzichtet werden, da der standardisierte Regressionskoeffizient gleichzeitig der Korrelationskoeffizient ist. Die postulierte Wirkungsbeziehung geht dabei davon aus, dass die Fokussierung auf den Markenwert wirkt.

Tabelle 105: Regressionsanalytischer Zusammenhang zwischen Fokussierung und Markenwertschätzung

Regressor	Regressionskoeffizient B	standard. Regressionskoeffizient β	Signifikanzniveau
Fokussierungs-Index	-0,010	-0,125	0,005
Bestimmtheitsmaß r² = 0,016			
Ergebnisse der Varianzanalyse df = 1 F = 8,093 p = 0,005			

Eine Regressionsanalyse zeigt, dass nur ein niedriger Anteil der Varianz der Markenwertschätzung durch den Einfluss der Fokussierung erklärt werden kann. So ergibt sich ein Bestimmtheitsmaß r² von 0,016, das zeigt, dass die Markenwertschätzung nur unwesentlich von der wahrgenommenen Fokussierung beeinflusst wird. Die Wirkungsrichtung entspricht - auf Grund des negativen Vorzeichens des standardisierten Regressionskoeffizienten β - auch nicht der angenommenen Wirkungsrichtung.[1774] Daher soll zunächst, da die postulierte Beziehung teilweise nur auf einzelne Indikatoren des Markenwerts zielt, eine detailliertere Betrachtung vorgenommen werden, für die in Tabelle 106 die Korrelationen zwischen der Fokussierung und den einzelnen Markenwertindikatoren aufgezeigt sind.

Tabelle 106: **Korrelation zwischen der Fokussierung und den Markenwertindikatoren**

(n=543)	Sympathie	Vertrauen	Weiter-empf.-absicht	Verbunden-heit	Differen-zierung	Recall
Fokussierungs-Index	-0,148**	0,028	-0,161**	-0,184**	-0,009	-0,016

** Die Korrelation ist auf dem Niveau von 0,01 (einseitig) signifikant.

Dabei zeigt sich, dass die Fokussierung positiv mit dem Vertrauen in die Händlermarke zusammenhängt, wenngleich die Korrelation nicht signifikant ist. Dies entspricht auch einer der theoretischen Begründungen, die zu dieser Hypothese geführt haben. Einer fokussierteren Strategie wurde eine höhere Glaubwürdigkeit beim Konsumenten zugesprochen, was hier in der Tendenz auch bestätigt werden kann. Zugleich zeigt sich jedoch eine negative Beziehung zu den anderen Markenwertindikatoren.

Tabelle 107: **Regressionsanalytischer Zusammenhang zwischen Fokussierung und Markenbekanntheit**

Regressor	Regressionskoeffizient B	standard. Regressionskoeffizient β	Signifikanzniveau
Fokussierungs-Index	-0,005	-0,062	0,160
Bestimmtheitsmaß $r^2 = 0,004$			
Ergebnisse der Varianzanalyse df = 1 F = 1,983 p = 0,160			

Bei der Betrachtung der Markenbekanntheit zeigt sich kein signifikanter Einfluss der Fokussierung auf die Markenbekanntheit.

Damit muss die Hypothese $H_{Fok\text{-}MW}$ auf der Basis der vorliegenden Daten verworfen werden. Es kann in der vorliegenden Stichprobe kein positiver Einfluss der Fokussierung auf den Markenwert festgestellt werden.

[1774] Bei der Fokussierung drücken höhere Werte eine stärkere Fokussierung aus; bei der Markenwertschätzung bedeuten höhere Werte eine höhere Wertschätzung.

Wie bereits erwähnt, könnte eine Ursache hierfür in der Messung des Konstrukts „Fokussierung" liegen. Es wäre möglich, dass die Konsumenten hier nicht die Fokussierung der Marketinginstrumente des Handelsunternehmens bewerteten, sondern die Ausprägung der Marketinginstrumente und dies daher eher ein Beurteilungsmaß darstellt. Wenn dies für die Einzelitems der Befragung zutrifft, so würden die Annahmen, die zur Entwicklung des Fokussierungs-Indexes getroffen wurden, insbesondere die Annahme, dass die Möglichkeit der Umrechnung in ein Konstantsummen-Ergebnis besteht, nicht zutreffen. Da Operationalisierungen der „Fokussierung" des Marketingmixes bislang nicht vorliegen, fehlen auch geeignete Außenkriterien für eine Validierung. Alternative Operationalisierungen müssten getestet werden.

Wie bereits bei der Kritik am Porter-Modell dargestellt, sind dort die beurteilten Alternativen die Preisführerschaft, die Qualitätsführerschaft und ein „Stuck in the middle", bei der keinerlei Überlegenheit bei einem Instrument besteht. Eine differenziertere Betrachtung müsste ggf. die Möglichkeit in Betracht ziehen, dass - insbesondere bei einer Betrachtung einer Vielzahl von möglichen Dimensionen der Wettbewerbsstrategie - unterschiedliche Kombinationen möglich sind, so die Überlegenheit bei zwei Dimensionen und eine Paritätssituation bei den verbleibenden, eine Überlegenheit bei fast allen Dimensionen, aber eine Unterlegenheit bei den verbleibenden usw. Eine differenzierte Untersuchung der möglichen Kombinationen und des Einflusses der jeweiligen Kombinationen könnte hier weitere Erkenntnisse bringen, erfordert jedoch weitere empirische Untersuchungen.

Eine andere Erklärungsmöglichkeit ist, dass die formulierte Hypothese evtl. dahingehend nicht zutrifft, dass eine bessere Ausprägung bei vielen Marketinginstrumenten vielleicht doch der Fokussierung überlegen ist. Dies ist näher zu untersuchen. Die empirischen Ergebnisse anderer Untersuchungen im Einzelhandel sind hier nicht eindeutig. Anderer kommt zu dem Ergebnis, dass zwar die (fokussierten) Kostenführer das erfolgreichste Cluster seiner Untersuchung sind, die (wenig fokussierten) der „unprofilierten" Mittel die am seltensten erfolgreichen. Bezüglich der (fokussierten) Qualitätsführer und der (weniger fokussierten) Outpacer sind seine Ergebnisse jedoch der Fokussierungshypothese widersprechend.[1775] Gröppel-Klein kommt in ihrer Untersuchung zu dem Ergebnis, dass die Discounter, als stark auf den Preisvorteil fokussierte Gruppe, in Bezug auf den Eindruckswert bei den Konsumenten am schlechtesten abschneiden.[1776]

Um weitere Erkenntnisse über das Konstrukt zu gewinnen, nachdem die postulierten Hypothesen einer eindeutigen Wirkungsrichtung verworfen wurden (und bereits in der

---

[1775] Vgl. Anderer, Michael: Internationalisierung im Einzelhandel, (dfv) Frankfurt a.M. 1997, S. 218, S. 302.

[1776] Vgl. Gröppel-Klein, Andrea: Wettbewerbsstrategien im Einzelhandel, (DUV) Wiesbaden 1998, S. 103-105. Modifikationen der Konzeption und die Einbeziehung der Einkaufsmotive der Konsumenten führen bei ihr jedoch schließlich insgesamt zu einer Bestätigung der Hypothese.

Unternehmensuntersuchung eine dort postulierte Erfolgsrelevanz in Bezug auf dieses Konstrukt nur teilweise bestätigt werden konnte (vgl. Abschnitt I.2.d)), werden die erfassten Daten noch detaillierter betrachtet.

Tabelle 108: Regressionsanalytischer Zusammenhang zwischen Fokussierung und Markenwertschätzung nach Handelsunternehmen

Betrachtetes Handels-unternehmen	standard. Regressionskoeffizient β	Signifikanz-niveau[1777]	Bestimmtheits-maß r²	F-Wert der Varianzanalyse
Globus	-0,230	0,041	0,053	4,318
Real	-0,627	0,000	0,393	50,421
Aldi	0,087	0,441	0,008	0,599
Lidl	-0,224	0,045	0,050	4,133
Plus	-0,236	0,035	0,056	4,584
Edeka	-0,125	0,237	0,016	1,219
Karstadt	0,064	0,575	0,004	0,317
gesamthaft	-0,125	0,005	0,016	8,093

Oben wurde die Wirkung der Fokussierung - unabhängig vom beurteilten Handelsunternehmen - auf die Markenwertschätzung betrachtet.[1778] Es zeigte sich dabei ein leicht negativer linearer Zusammenhang, der jedoch signifikant ist. D.h. ein höherer Fokussierungsgrad scheint mit einer niedrigeren Markenwertschätzung einherzugehen, ein Befund, der der entsprechenden Hypothese widerspricht. Betrachtet man dieses Ergebnis genauer, so nach Handelsunternehmen differenziert, ergibt sich das in Tabelle 108 dargestellte Ergebnis. Auch hier sind fast alle Regressionskoeffizienten negativ, jedoch ist nur in einem einzigen Fall ein hochsignifikantes Ergebnis zu verzeichnen, in weiteren drei Fällen ein signifikantes und in drei Fällen ein nicht-signifikantes. Bei einem Unternehmen wird ein positiver Effekt ausgewiesen. Es wird also deutlich, dass ein eindeutig negativer Effekt zwischen der wahrgenommenen Fokussierung und der Markenwertschätzung ebenfalls nicht existiert.

Eine andere Betrachtungsebene stellt die der jeweils betrachteten Händlermarke auf aggregierter Ebene dar. Vorne wurde gezeigt, dass die Konsumenten signifikante Unterschiede zwischen den einzelnen Händlermarken in der Fokussierung wahrnehmen (vgl. Tabelle 54). Betrachtet man Fokussierung und Markenwertschätzung auf aggregierter (Unternehmens-)Ebene, so zeigt das in Übersicht 48 wiedergegebene Bild.

[1777] In dem Fall, dass nur ein Regressor vorliegt, entspricht das Signifikanzniveau des Regressionskoeffizienten dem Signifikanzniveau der Varianzanalyse der gesamten Regressionsanalyse.

[1778] Auf Grund der höheren Bedeutung dieser Markenwert-Dimension im Vergleich zur Markenbekanntheit sowohl bezüglich der Eigenwerte in der exploratorischen Faktorenanalyse als auch bzgl. des Erklärungsbeitrags im zur Validitätsprüfung genutzen Kausalmodell soll hier vordringlich dieses Konstrukt untersucht werden.

Übersicht 48:   **Beziehung von Fokussierung und Markenwertschätzung - aggregierte Betrachtung**

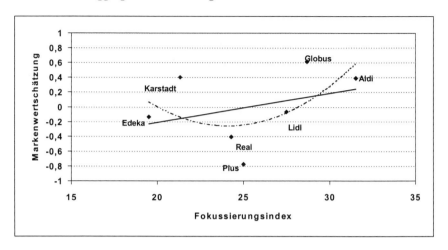

Hier zeigt sich zunächst, dass auf aggregierter Ebene ein positiver Zusammenhang existieren könnte, d.h. Händlermarken, deren Marketingmix (im Durchschnitt) als fokussierter angesehen wird, wird scheinbar eine höhere Markenwertschätzung entgegengebracht.
Dieser Zusammenhang ist in der Übersicht durch die durchgezogene Linie - die entsprechende Regressionsgerade - angedeutet. Eine lineare Regression ergibt einen positiven
standardisierten Regressionskoeffizienten β von 0,335 und ein Bestimmtheitsmaß r^2 von
0,112. Die Varianzanalyse ergibt mit einem Signifikanzniveau von p=0,463 kein signifikantes Ergebnis, was auf Grund der Fallzahl von n=7 jedoch nicht überrascht.

Gleichzeitig deutet die Anordnung der Punkte an, dass ein nicht-linearer Zusammenhang gegeben sein könnte. Der Versuch, eine bessere Approximation an die vorhandenen Daten durch eine quadratische Funktion zu erreichen, bringt eine deutliche Verbesserung des Bestimmtheitsmaßes. Die quadratische Regressionsfunktion („gestrichelte"
Linie) ergibt ein r^2 von 0,345 (wobei auch hier die Varianzanalyse mit p=0,429 kein
signifikantes Ergebnis ergibt, was wiederum auf Grund der Fallzahl nicht überrascht).

Es zeigt sich also, abschließend zusammengefasst, dass auf Grund der vorliegenden
Stichprobe bezüglich des Einflusses der wahrgenommenen Fokussierung auf den Markenwert keine eindeutigen Aussagen gemacht werden können. Eine mögliche Erklärung
liegt darin, dass ein nicht-linearer Zusammenhang bestehen könnte. Die gleichzeitige
Heterogenität der Zusammenhänge bei den einzelnen Handelsunternehmen erfordert
jedoch detailliertere Untersuchungen.

v. Gemeinsamer Einfluss der Wahrnehmungsdimensionen auf den Markenwert

Anliegen des folgenden Untersuchungsabschnitts ist es, die Gültigkeit des Wirkungs-modells zwischen Wahrnehmung und Markenwert, das hier aufgestellt wurde, gesamt-haft zu testen. Dabei wurden die entsprechenden Hypothesen bereits alle isoliert geprüft und bestätigt.[1779] Hier soll es im Wesentlichen um die simultane Überprüfung der a prio-ri formulierten kausalen Zusammenhänge zwischen den latenten Variablen und der ent-sprechenden Operationalisierung gehen. Als statistisches Verfahren ist hierfür wiederum die Kausalanalyse geeignet.

Übersicht 49: Kausalmodell zum Einfluss der Wahrnehmung der Marketinginstrumente auf den Markenwert

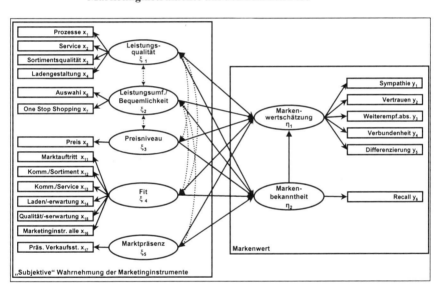

Auf Grund der Vielzahl der Variablen im Modell kann hier jedoch das bisher angewand-te Vorgehen, alle Fälle, in denen in einer der betrachteten Indikatorvariablen fehlende Werte enthalten sind, zu eliminieren (listenweiser Fallausschluss), nicht mehr in dieser Form durchgeführt werden.

[1779] Wegen der nicht bestätigten und möglicherweise nicht-linearen Beziehung zwischen Fokussierung und Markenwert soll dieses Konstrukt im Kausalmodell nicht integriert werden.

In diesem Fall wären nur noch zu wenige Fälle im Modell verblieben und der Informationsverlust wäre zu hoch gewesen. Zudem sind die statistischen Methoden von AMOS darauf angelegt, mit fehlenden Werten in einzelnen Variablen adäquat umzugehen.[1780]

Der Nachteil dieses Vorgehens ist jedoch, dass AMOS in diesem Fall bei Eingabe der Rohdaten die sehr gebräuchlichen und bisher daher auch betrachteten globalen Gütemaße GFI, AGFI und RMR nicht berechnet. Die mittlerweile aber sehr hohe Zahl an Gütemaßen, die für die Kausalanalyse entwickelt wurden, lässt jedoch ein Ausweichen auf andere Gütemaße ohne weiteres zu. So zeigen Homburg/Baumgartner eine Vielzahl weiterer Kriterien auf, die zu einem großen Teil auch von AMOS berechnet werden.[1781] Diese beruhen im Wesentlichen, wie die bereits sehr gebräuchlichen Maße CFI und NFI,[1782] auf dem Vergleich der Anpassungsgüte eines Basismodells (Nullmodell) zum betrachteten Modell. Als Ersatz für GFI und AGFI werden im Folgenden der Tucker-Lewis-Index und der Incremental Fit Index IFI verwendet. In Tabelle 109 sind die errechneten globalen Gütemaße des Kausalmodells dargestellt.

Tabelle 109: Globale Gütemaße des Kausalmodells zwischen Wahrnehmung und Markenwert

Gütemaß (n=560)	Anforderung	Wert des Kausalmodells
CFI	≥ 0,9	0,954
NFI	≥ 0,9	0,946
Tucker-Lewis Index	≥ 0,9	0,938
IFI	≥ 0,9	0,954

Wie die Ergebnisse zeigen, weisen sämtliche globalen Gütemaße eine gute Anpassung des Kausalmodells an die empirischen Daten auf. Keine der an ein Kausalmodell zu stellenden Anforderungen wird verletzt, was auf eine hohe Anpassungsgüte des spezifizierten Kausalmodells und auf eine zuverlässige Schätzung der Modellparameter hinweist. Die Erklärung der Markenbekanntheit durch das Modell ist eher schwach, es wird ein SMC-Maß von 0,065 ausgewiesen. Die Erklärung der Markenwertschätzung ist jedoch

---

[1780] Das Verfahren, das angewendet wird, ist die „Full Information Maximum Likelihood Estimation", die nach Angaben von Arbuckle/Wothke konsistentere und effizientere Schätzer ergibt als die sonst üblichen Verfahren der paarweisen Eliminierung oder des Ersetzens durch Mittelwerte; vgl. Arbuckle, James; Wothke, Werner: Amos 4.0 User's Guide, (Small Waters Corporation) Chicago 1999, S. 331-333.

[1781] Vgl. Homburg, Christian; Baumgartner, Helmut: Beurteilung von Kausalmodellen, in: Homburg, Christian; Hildebrandt, Lutz (Hrsg.): Die Kausalanalyse, (Schäffer-Poeschel) Stuttgart 1998, S. 343-369, S. 352ff.

[1782] Siehe zur Nutzung von CFI und/oder NFI z.B. Homburg, Christian, Rudolph, Bettina: Die Kausalanalyse als Instrument zur Messung der Kundenzufriedenheit im Industriegütermarketing, in: Hildebrandt, Lutz; Homburg, Christian (Hrsg.): Die Kausalanalyse: ein Instrument der empirischen betriebswirtschaftlichen Forschung, (Schäffer-Poeschel) Stuttgart 1998, S. 237-264, S. 257; Terlutter, Ralf: Lebensstilorientiertes Kulturmarketing, (DUV) Wiesbaden 2000, S. 244.

mit einem SMC-Wert von 0,930 als sehr gut zu bezeichnen.[1783] Auf eine Darstellung der lokalen Gütemaße kann verzichtet werden, da diese in den bisherigen Modellen bereits enthalten sind.

Tabelle 110: Ergebnisse der Parameterschätzungen für die Strukturbeziehungen zwischen exogenen und endogenen latenten Variablen

	standardisierter Pfadkoeffizient
Leistungsqualität - Markenbekanntheit	-0,030 (n.s.)
Leistungsumfang/Beq. - Markenbekanntheit	-0,221
Preisniveau - Markenbekanntheit	-0,011 (n.s.)
Fit - Markenbekanntheit	0,002 (n.s.)
Marktpräsenz - Markenbekanntheit	-0,063
Leistungsqualität - Markenwertschätzung	-0,161
Leistungsumfang/Beq. - Markenwertschätzung	-0,113
Preisniveau - Markenwertschätzung	-0,107
Fit - Markenwertschätzung	-0,769
Marktpräsenz - Markenwertschätzung	-0,031 (n.s.)
Markenbekanntheit - Markenwertschätzung	0,165

Die formulierten und vorne bereits einzeln überprüften Hypothesen sind dabei in den entsprechenden Pfaden des Kausalmodells enthalten. Die Pfadkoeffizienten des Strukturmodells sind in Tabelle 110 dargestellt.

Damit werden die entsprechenden Hypothesen auch bei einer gesamthaften und simultanen Überprüfung des Beziehungsgeflechts bestätigt.[1784]

vi. Einfluss einzelner Handelsmarketinginstrumente auf den Markenwert

Vorne wurde eine Reihe von Handelsmarketinginstrumenten besonders hervorgehoben bezüglich ihres potenziellen Einflusses auf den Markenwert eines Handelsunternehmens: der Handelsmarkenanteil, die EDLP-Politik und die Image-Werbung. Von allen dreien sollte - so wurde aus unterschiedlichen Gründen postuliert - ein positiver Einfluss auf den Markenwert ausgehen.

Zunächst soll hier die Korrelation zwischen den genannten Marketinginstrumenten und den Markenwertdimensionen dargestellt werden. Da in den jeweiligen Hypothesen je-

---

[1783] Die Squared Multiple Correlation SMC einer Kausalanalyse entspricht dabei für die latenten endogenen Variablen des Modells einem Bestimmtheitsmaß. Es handelt um ein Maß, das für das Strukturmodell der Kausalanalyse dem r^2 der Regressionsanalyse entspricht. Siehe hierzu Perrin, Nancy: Quantitative Methods in Psychology IV - Evaluating the Goodness-of-Fit of a Covariance Structure Model, Course, Portland State University, http://www.irn.pdx.edu/~perrinn/course/spr99/ evalua1.htm, 15.3.2001.

[1784] Die Beträge der t-Werte liegen zwischen 0,17 und 14,01. Die nicht-signifikanten Beziehungen sind markiert, alle anderen sind auf dem 5 Prozent-Signifikanzniveau signifikant, haben also t-Werte größer 1,96.

weils die Beziehung eines einzelnen Instrumentes zum Markenwert postuliert wurde, genügt diese Betrachtung für den Hypothesentest, da eine einfache Regressionsanalyse keine weiterführenden Erkenntnisse bringt.

Tabelle 111: **Korrelation zwischen ausgewählten Marketinginstrumenten und den Markenwertdimensionen**[1785]

Marketinginstrument	Markenwertschätzung	Markenbekanntheit
Handelsmarkenanteil	-0,201**	-0,127**
EDLP-Politik	-0,083*	-0,072*
Image-Werbung	-0,343**	-0,235**

* Die Korrelation ist auf dem Niveau von 0,05 (einseitig) signifikant.
** Die Korrelation ist auf dem Niveau von 0,01 (einseitig) signifikant.

Es zeigt sich, dass in allen Fällen deutliche und auch signifikante Beziehungen zwischen den Größen vorliegen, d.h. ein höherer Handelsmarkenanteil, eine konstantere Preispolitik und mehr Image-Werbung gehen mit einem höheren Markenwert (in beiden Dimensionen) einher. Es zeigt sich jedoch auch, dass die entsprechenden Korrelationen in einigen Fällen eher niedrig ausfallen.

Damit können die Hypothesen H_{I-MW1}, H_{I-MW2} und H_{I-MW3} auf der Basis der empirischen Daten vorläufig als bestätigt angesehen werden.

Tabelle 112: **Regressionsanalytischer Zusammenhang zwischen der Ausprägung ausgewählter Handelsmarketinginstrumente und der Markenwertschätzung**

Regressoren	Regressionskoeffizient B	standard. Regressionskoeffizient β	Signifikanzniveau
Image-Werbung	-0,279	-0,315	0,000
Handelsmarkenanteil	-0,133	-0,147	0,000
EDLP-Politik	-0,053	-0,064	0,109
Bestimmtheitsmaß			
$r^2 = 0,135$			
Ergebnisse der Varianzanalyse			
df = 3			
F = 28,851			
p = 0,000			

Betrachtet man den gemeinsamen Einfluss der betrachteten Instrumente auf die Wertschätzung der Marke, zeigt sich, dass die Image-Werbung und der Handelsmarkenanteil einen signifikanten Einfluss ausüben, der Einfluss der Konstanz der Preispolitik ist nicht signifikant.

[1785] Die negativen Vorzeichen ergeben sich aus der unterschiedlichen „Polung" der zu Grunde liegenden Skalen.

Führt man auch hier einen einseitigen Signifikanztest durch, der wegen des klar postulierten Vorzeichen des Zusammenhangs gerechtfertigt ist, zeigt sich jedoch auch für die EDLP-Politik eine deutliche Tendenz zur Signifikanz (p=0,055). Auch bei gemeinsamer Betrachtung aller drei Variablen ist jedoch nur ein relativ kleiner Varianzerklärungsanteil der Markenwertschätzung durch diese Instrumente gegeben ($r^2 = 0,135$).

Bezüglich des Handelsmarkenanteils ist ein weiterer Aspekt zu beachten. So wird hier nur der *wahrgenommene* Anteil der Handels- bzw. Exklusivmarken erfasst. Ein Unterschied zwischen wahrgenommenem Anteil und tatsächlichem Anteil ist aber zu erwarten. So ist in einigen Fällen, wie bei der Befragung deutlich wurde, dem Konsumenten nicht bewusst, dass eine bestimmte Marke eine Handelsmarke ist. Auch die Exklusivität ist ihm oft nicht vollständig bewusst. Trotzdem beeinflusst diese Marke, wenn er sie bei einem Handelsunternehmen kauft, seine Wertschätzung dieser Händlermarke. „Unbewusste" Wirkungen können also nicht ausgeschlossen werden und sollten Gegenstand weiterführender Untersuchungen sein, die jedoch geeigneter mit einem anderen Analysedesign durchgeführt werden sollten.

d) Beurteilung und Erfolg

Viele Store Image-Untersuchungen waren bislang so gestaltet, dass der Einfluss der kognitiven Beurteilung (die mit dem „Image" gleichgesetzt wurde) auf den Erfolg des Handelsunternehmens beim Kunden (oftmals operationalisiert als Kaufentscheidung) analysiert wurde.[1786]

Auch in der vorliegenden Untersuchung soll der Einfluss der Beurteilung auf den Erfolg analysiert werden. Da hier von einem konsumentenverhaltensorientierten Modell ausgegangen wird, wird der Erfolg des Handelsunternehmens auf konsumentenindividueller Ebene des Respondenten gemessen. Dazu wurden von den Konsumenten drei Variablen erfasst, nämlich die Häufigkeit des Einkaufs im betrachteten Handelsunternehmen, der Anteil der Lebensmittelausgaben, der im betrachteten Handelsunternehmen getätigt wird, und die drei Einkaufsstätten, in denen der Konsument am meisten einkauft.

Zur Ableitung eines metrischen Erfolgsmaßes werden im Folgenden die beiden Kennzahlen Kaufhäufigkeit und Ausgabenanteil herangezogen. Wie immer im Falle mehrerer Items je Skala stellt sich die Frage der möglichen Verdichtung zu einer einzigen Erfolgsgröße. Eine Reliabilitätsanalyse der Skala des Erfolgs mit diesen beiden Indikatoren ergibt ein Cronbach's Alpha von 0,7852; die beiden Variablen korrelieren mit

---

[1786] Vgl. überblickend: Osman, Zain: A conceptual model of retail image influences on loyalty patronage behaviour, in: IRRDCR, 3. Jg., 1993, Nr. 2, S. 133-148; Keaveney, Susan; Hunt, Kenneth: Conceptualization and operationalization of retail store image, in: JAMS, 20. Jg., 1992, Nr. 2, S. 165-175.

0,657.[1787] Eine exploratorische Faktorenanalyse ergibt einen einzigen Faktor, der 82,8 Prozent der Gesamtvarianz der beiden Variablen erklärt. Damit kann von einer reliablen Skala ausgegangen werden und der Faktorwert dieses Faktors wird als Erfolgsmaß des Handelsunternehmens (beim jeweiligen Respondenten) herangezogen.[1788]

Tabelle 113:   Korrelation zwischen Beurteilung und Erfolg

Beurteilungsmaße (n=560)	*Korrelationskoeffizient nach Pearson*
Faktor 1: Leistungsqualität	-0,427**
Faktor 2': Leistungsumfang/Bequemlichkeit	-0,207**
Faktor 3: Preisniveau	-0,140**
Pauschalurteil	-0,582**
Beurteilungsindex	-0,256**

** Die Korrelation ist auf dem Niveau von 0,01 (einseitig) signifikant.

In einem ersten Schritt sollen, wie bereits bei den meisten anderen Hypothesentests, die relevanten Korrelationen betrachtet werden. Wie die Korrelationstabelle (Tabelle 113) zeigt, gibt es signifikante Beziehungen zwischen allen Beurteilungsmaßen und dem Erfolg.

Die postulierte Wirkungsbeziehung geht dabei davon aus, dass die Beurteilung auf den Erfolg wirkt. Um festzustellen, welcher Anteil der Variation des Erfolgs auf die Beurteilung zurückzuführen ist, wird eine Regressionsanalyse durchgeführt, um den gemeinsamen Einfluss der drei Dimensionen der Beurteilung zu erfassen.

Tabelle 114:   Regressionsanalytischer Zusammenhang zwischen Beurteilung und Erfolg

Regressoren	*Regressionskoeffizient B = standard.Regressionskoeffizient β*	*Signifikanzniveau*
Faktor 1: Leistungsqualität	-0,420	0,000
Faktor 2': Leistungsumfang/Beq.	-0,092	0,024
Faktor 3: Preisniveau	-0,210	0,000
Bestimmtheitsmaß $r^2 = 0,228$		
Ergebnisse der Varianzanalyse df = 3 F = 54,396 p = 0,000		

[1787] Was in diesem Fall, weil nur zwei Variablen zusammengefasst werden, auch den jeweiligen Trennschärfekoeffizienten darstellt.

[1788] Damit hat dieses Erfolgsmaß als Faktor einen Mittelwert von Null, eine Varianz von 1 und größere Werte kennzeichnen (wegen der zu Grunde liegenden Skalenausrichtungen) einen höheren Erfolg.

Es zeigt sich, dass der Anteil der Varianz, der auf der Basis der Beurteilung erklärt werden kann, mit 22,8 Prozent etwa dem üblichen Maß von Imageuntersuchungen entspricht.

Insgesamt zeigt sich also, dass in der vorliegenden Stichprobe der Erfolg maßgeblich von der (kognitiven) Beurteilung der Einkaufsstättenattribute beeinflusst wird. Damit kann H_{B-E} vorläufig bestätigt werden.

Im Bezugsrahmen wurde eine indirekte Wirkung der Beurteilung angenommen, die zunächst auf den Markenwert wirkt, der dann wiederum den Erfolg beeinflusst. Zur Überprüfung der ausschließlich direkten Wirkung der Beurteilung auf den Erfolg, ohne die indirekte Wirkung, kann eine partielle Korrelation erste Hinweise geben.

Hier zeigt sich, dass tatsächlich eine direkte Wirkung kaum besteht, sondern der im Bezugsrahmen angenommene Wirkungspfad, über den Markenwert, der relevante ist. So ergeben sich - wenn man die Markenwertschätzung als Kontrollvariable einsetzt - lediglich signifikante Beziehungen zwischen dem Pauschalurteil und dem Erfolg (partieller Korrelationskoeffizient -0,295, Sign. = 0,000) sowie zwischen dem Faktor Leistungsqualität und dem Erfolg (partieller Korrelationskoeffizient -0,116, Sign. = 0,003). Auch diese beiden sind jedoch deutlich schwächer als bei der gesamthaften Betrachtung, die auch die indirekten Effekte erfasst.

e)   Benefit-to-Store-Assoziationen

Entsprechend dem bereits erläuterten Ansatz von Tigert sowie Woodside u.a. werden im Folgenden die „Benefit-to-Store-Assoziationen" analysiert.[1789] Diese enthalten zwei Aspekte: Einerseits eine Wertung des jeweiligen Attributs und andererseits eine Awareness- bzw. Salience-Komponente. D.h. diese umgekehrte Vorgehensweise erfasst auch die Frage, wie präsent ein Handelsunternehmen und bestimmte Attributsausprägungen im Bewusstsein der Konsumenten sind.[1790]

Für die betrachteten sieben Handelsunternehmen ist daher in Tabelle 115 dargestellt, wie viele Konsumenten ein Handelsunternehmen bezüglich eines bestimmten Nutzens bzw. einer bestimmten Eigenschaft als erstes assoziieren. Dabei ist einerseits die Nennung von allen Konsumenten dargestellt, andererseits die Nennung der jeweils primären Käufer, also der Käufer, die das jeweilige Handelsunternehmen als primäre Einkaufsstätte nutzen.

[1789] Korrekter müsste man eigentlich von „Store-to-Benefit-Assoziation" sprechen, da der Laden bei der Erhebungsmethode dem Attribut zugeordnet wird und nicht umgekehrt. Wegen der Gebräuchlichkeit der anderen Bezeichnung wird diese auch in der vorliegenden Untersuchung verwendet.

[1790] Vgl. Dick; Alan; Basu, Kunal: Customer loyalty, toward an integrated conceptual framework, in: JAMS, 22. Jg., 1994, S. 99-113, S. 102.

Tabelle 115: **Anteil der Konsumenten, die das jeweilige Handelsunternehmen mit einer bestimmten Eigenschaft assoziieren (in Prozent)**

	Alle Konsumenten (n=560)							Konsumenten, die die jeweilige Händlermarke als ihre 1. Einkaufsstätte nennen						
	Glob	Real	Aldi	Lidl	Plus	Edk.	Krst.	Glob	Real	Aldi	Lidl	Plus	Edk.	Krst.
große Auswahl	40,0	14,5	3,9	0,5	1,1	3,4	18,7	73,3	62,5	6,5	4,9	15,0	11,5	41,0
schöner Laden/ gute Ladenatm.	17,6	6,1	1,8	0,5	0,3	4,5	28,2	36,0	12,5	8,7	4,9	2,5	14,8	64,1
sehr günst. Preise	12,9	3,2	55,0	8,7	7,4	0,8	0,8	26,7	6,3	77,2	48,8	30,0	4,9	0,0
leicht zu erreichen	13,2	9,7	15,3	6,3	12,6	11,3	7,4	30,7	37,5	40,2	51,2	67,5	44,3	33,3
hochwertige Prod./ gute Qual.	27,9	7,4	8,7	2,1	1,3	4,5	21,6	55,3	39,6	28,3	14,6	10,0	14,8	59,0
guter Service/ freundl. Bed.	18,4	2,9	1,8	1,3	1,3	6,1	13,2	38,7	12,5	8,7	4,9	10,0	24,6	41,0
beq. f. Zwischen-durcheinkauf	5,5	3,7	8,9	7,1	14,7	16,6	10,3	10,0	16,7	21,7	36,6	67,5	36,1	41,0
sehr gute Orga.	27,1	7,4	11,8	3,4	1,8	3,7	8,4	55,3	22,9	21,7	22,0	15,0	24,6	41,0
Anzahl total								150	48	92	41	40	61	39

Dabei können bereits aus dieser deskriptiven Betrachtung der Benefit-to-Store-Assoziationen eine Reihe von Folgerungen für die Profilierung der Händlermarken gezogen werden, die hier beispielhaft vorgenommen werden sollen:

1. Betrachtet man zunächst die Nennungen von „allen" Respondenten, so kann man hieraus das Bild ableiten, das in der Bevölkerung für ein Handelsunternehmen existiert. Die Werte, gerade im Intra-Betriebstypen-Vergleich, zeigen die Profilstärken und -schwächen: So assoziiert z.B. ein wesentlicher Teil der Respondenten Globus mit dem Attribut „große Auswahl", bei objektiv ähnlich großer Auswahl wie Real, was - in der Befragungsregion - auf eine höhere gedankliche Präsenz von Globus hinweist. Ähnlich wird bezüglich des Attributs „sehr günstige Preise" Aldi wesentlich häufiger genannt als die anderen Discounter.

Diese Betrachtung zeigt die Vorteile dieses Vorgehens, das die Bewertung einer Eigenschaft mit der Zugriffsfähigkeit aus dem Gedächtnis verbindet, so dass hier auch ein sensitives Messinstrumentarium existiert im Vergleich zu Beurteilungsskalen, bei denen, wie in Tabelle 49 gezeigt wurde, die Unterschiede bei den jeweiligen Attributen weniger deutlich sind.[1791] Insgesamt kann man daraus schließen, dass viele der klassischen Positionierungsstudien zu wenig sensitiv bezüglich bestehender Unterschiede sind bzw. die Aktualität und Bekanntheit nicht genügend beachten, so dass Markenwertunterschiede, insbesondere der nicht-bewussten Komponenten, nicht vollständig durch sie abgebildet werden.

[1791] Als Schwäche der Betrachtung muss jedoch das Skalenniveau angesehen werden. So liegen bei der Betrachtung der „Benefit-to-Store-Assoziationen" lediglich nominale Daten vor, deren weitergehende Interpretationsmöglichkeit im Vergleich zu den üblichen Ratingskalen eher begrenzt ist.

2. Betrachtet man die Attribute, bezüglich derer ein Handelsunternehmen von den eigenen Kunden am häufigsten genannt wird, so kann man erste Rückschlüsse auf die Gründe für die Einkaufsstättenwahl ziehen. Betrachtet man einzelne Händlermarken, so wird beispielsweise Globus von über 50 Prozent seiner Kunden genannt als erste Store-to-Benefit-Assoziation für die Attribute „große Auswahl", „hochwertige Produkte/gute Qualität" und „sehr gute Organisation". Karstadt wird von über 50 Prozent seiner Kunden assoziiert mit den Attributen „schöner Laden/gute Ladenatmosphäre" und „hochwertige Produkte/gute Qualität". Diese Ergebnisse zeigen das erreichte „Markenbild" im Gedächtnis der bestehenden Kunden und legen offen, mit welchen Vorteilen (bzw. allgemeiner: Attributen) eine Marke verbunden wird.[1792]

Eine weitere Analysemöglichkeit bietet der Vergleich der Differenzen zwischen Käufern und Nicht-Käufern bei den jeweiligen Assoziationen. Die Anteile für die Nicht-Käufer sind nicht separat dargestellt, lassen sich aber aus der oben dargestellten Tabelle errechnen. Hier zeigt sich z.B. - gesamthaft betrachtet -, dass die Erreichbarkeit im Lebensmitteleinzelhandel ein wesentliches Kriterium darstellt: In allen Fällen wird die eigene Einkaufsstätte wesentlich häufiger mit „leichter Erreichbarkeit" assoziiert als im Gesamtdurchschnitt. Aus den konkreten Differenzen lassen sich schließlich auch Prognosemöglichkeiten für die Einkaufsstättenwahl ableiten.

Postuliert wurde in H_{BtS-E}, dass eine enge gedankliche Assoziation eines Handelsunternehmen mit bestimmten Marketinginstrumenten die Kaufentscheidung beeinflusst. Woodside/Trappey schlagen vor, das Einkaufsstättenwahlverhalten auf der Basis dieser Assoziationen zu modellieren, indem logistische Regressionsmodelle eingesetzt werden. Eine klassische multiple Regression wäre zwar auch möglich, auf Grund der binären Ausprägung der abhängigen Variablen (Einkaufsstättenwahl) ist jedoch eine binäre logistische Regression besser geeignet.[1793] Exemplarisch wird diese für drei der betrachteten Händlermarken durchgeführt. Dabei werden die Händlermarken herangezogen, für die die meisten Antworten von Erstkäufern vorliegen - Globus, Aldi und Edeka (vgl. Tabelle 115). Eine andere Methode, die geeignet ist, hier jedoch nicht angewendet wird,

---

[1792] Vgl. Woodside, Arch; Thelen, Eva: Accessing memory and customer choice: benefit-to-store (brand) retrieval models that predict purchase, in: MR, 24. Jg., 1996, Nr. 11, S. 260-267, S. 265.

[1793] Gensch/Recker untersuchen die logistische Regression im Vergleich zur normalen linearen Regression für den Fall binärer abhängiger Variablen und zeigen auf, dass einige Prämissen für die Residuen der Regressionsgleichung (so die Heteroskedaszitität) in diesem Fall verletzt sind; vgl. Gensch, Dennis; Recker, Wilfred: The multinomial, multi-attribute logit choice model, in: JMR, 16. Jg., 1979, Nr. 1, S. 124-132. Andererseits verweisen Woodside/Trappey darauf, dass die Methode grundsätzlich anwendbar ist, lediglich eine Interpretation der β-Koeffizienten sollte unterbleiben; vgl. Woodside, Arch; Trappey, Randolph: Finding out why customers shop your store and buy your brand: Automatic cognitive processing models of primary choice, in: JAR, 32. Jg., 1992, Nr. 6, S. 59-78, S. 64f.

weil die Ergebnisse unübersichtlich sind und die Aussagekraft nicht höher ist als bei der binären logistischen Regression, ist die multinomiale logistische Regression.[1794]

Als abhängige Variable wird die Einkaufsstättenwahl einer bestimmten Einkaufsstätte eingesetzt, als dichotome Variable. Die binäre logistische Regression erlaubt es, die Wahrscheinlichkeit für eine bestimmte Einkaufsstättenwahl in Abhängigkeit von den Werten der unabhängigen Variablen zu berechnen.[1795] Diese Wahrscheinlichkeit errechnet sich nach der Formel

$$p = \frac{1}{1+e^{-z}} \text{ mit } z = b_1 \cdot x_1 + b_2 \cdot x_2 + \ldots + b_n \cdot x_n + a,$$

wobei b_i die zu ermittelnden Koeffizientenschätzer sind, x_i die Ausprägungen der unabhängigen Variablen und a eine Konstante. Die Parameter der Schätzung sind in Tabelle 116 dargestellt.

Die Differenz der Anpassungsgüte zwischen einem Anfangsmodell, das nur die Konstante enthält und der endgültigen Lösung wird in einem Chi^2-Wert ausgewiesen, der in allen drei Fällen höchst signifikant ist. Dies bedeutet, dass das Anfangsmodell in allen Fällen bei Hinzunahme der Variablen zur „Benefit-to-Store-Assoziation" eine signifikante Verbesserung erfahren hat. Nagelkerkes r^2 ist ein Bestimmtheitsmaß, das ähnlich dem r^2 der linearen Regression den Anteil der durch die logistische Regression erklärten Varianz angibt.

[1794] Das Verfahren der multinomialen Regression kann - anders als die binäre logistische Regression - auch abhängige Variablen verarbeiten, die mehr als zwei Kategorien aufweisen, so dass die Wahl einer Einkaufsstätte über alle Händlermarken simultan betrachtet werden könnte; vgl. z.B. Bühl, Achim; Zöfel, Peter: SPSS Version 9, 6. Aufl., (Addison-Wesley) München u.a. 2000, S. 346-355; Malhotra, Naresh: The use of linear logit models in marketing research, in: JMR, 21. Jg., Nr. 1, S. 20-31. Da dabei aber alle Kombinationen von potenziellen Eigenschaftsausprägungen betrachtet werden und im vorliegenden Fall sowohl die (eine) abhängige als auch die (acht) unabhängigen Variablen bei kategorialer Betrachtung jeweils wiederum acht Kategorien haben (die sieben betrachteten Händlermarken und eine Kategorie „sonstige"), würde dies in einem unüberschaubaren Parametergerüst enden. Zwar reduziert die multinomiale logistische Regression die Kategorien jeweils um eine, die als redundante Restgröße angesehen wird, damit verbleiben aber noch neun Variablen mit jeweils sieben Kategorien, also 63 Koeffizientenschätzer, und zusätzlich sind für die Güteprüfung der Schätzer jeweils die Standardfehler, die Wald-Statistik und das Signifikanzniveu zu betrachten, so dass 252 Variablen darzustellen wären. Da der Anwendungsfall der Koeffizienten sich jeweils nur auf ein einzelnes Handelsunternehmen bezieht, wird hier deshalb die binäre logistische Regression vorgezogen.

[1795] Vgl. zu den folgenden Ausführungen bzgl. der Vorgehensweise bei der binären logistischen Regression, der Gütemaße und der Parameterschätzungen Bühl, Achim; Zöfel, Peter: SPSS Version 9, 6. Aufl., (Addison-Wesley) München u.a. 2000, S. 337-346.

Tabelle 116:   Binäre logistische Regression für drei Handelsunternehmen auf der Basis der Benefit-to-Store-Assoziationen

Variablen (n= 560)	Globus				Aldi				Edeka			
	B	Std.-fehl.	Wald	Sign.	B	Std.-fehl.	Wald	Sign.	B	Std.-fehl.	Wald	Sign.
Konstante	-2,419	0,232	108,253	0,000	-2,616	0,292	80,380	0,000	-3,184	0,281	128,398	0,000
große Ausw.	1,086	0,318	11,687	0,001	-0,674	0,746	0,816	0,366	-0,133	0,958	0,019	0,889
schöner Laden/ gute Ladenatm.	0,278	0,350	0,631	0,427	2,425	1,004	5,836	0,016	0,299	0,798	0,140	0,708
sehr günstige Preise	0,410	0,403	1,034	0,309	0,524	0,367	2,045	0,153	1,704	1,299	1,721	0,190
leicht zu erreichen	0,903	0,421	4,602	0,032	1,181	0,386	9,366	0,002	0,941	0,500	3,535	0,060
hochw. Prod./ gute Qualität	0,536	0,324	2,739	0,098	1,704	0,450	14,341	0,000	0,339	0,871	0,152	0,697
guter Service/ freundliche Bedienung	0,482	0,344	1,960	0,162	0,620	1,078	0,331	0,565	0,304	0,749	0,165	0,685
bequem für Zwischen-durcheinkauf	-0,647	0,596	1,181	0,277	0,631	0,479	1,739	0,187	1,896	0,467	16,472	0,000
sehr gute Orga.	0,783	0,318	6,075	0,014	-0,130	0,476	0,074	0,785	1,602	0,762	4,422	0,035
	Bestimmtheitsmaß Nagelkerkes $r^2 = 0,332$				Bestimmtheitsmaß Nagelkerkes $r^2 = 0,241$				Bestimmtheitsmaß Nagelkerkes $r^2 = 0,355$			
	Anpassungsgüte des Modells df = 8 $\chi^2 = 97,357$ p = 0,000				Anpassungsgüte des Modells df = 8 $\chi^2 = 57,367$ p = 0,000				Anpassungsgüte des Modells df = 8 $\chi^2 = 73,479$ p = 0,000			
	Anteil korrekter Diagnosen 81,8 %				Anteil korrekter Diagnosen 86,8 %				Anteil korrekter Diagnosen 91,3 %			

Der Anteil der erklärten Varianz liegt damit in den betrachteten Fällen bei 33,2 Prozent, 24,1 Prozent bzw. 35,5 Prozent. Damit liegen die Werte zwar unter den von Woodside/Trappey und Woodside/Thelen in einigen Fällen erzielten Bestimmtheitsmaßen,[1796] jedoch auf einem hochsignifikanten und für Studien, die den Einfluss von einzelnen Ladeneigenschaften auf das Einkaufsstättenwahlverhalten evaluieren, hohen Niveau.[1797]

[1796] Vgl. Woodside, Arch; Trappey, Randolph: Finding out why customers shop your store and buy your brand: Automatic cognitive processing models of primary choice, in: JAR, 32. Jg., 1992, Nr. 6, S. 59-78, S. 67; Woodside, Arch; Thelen, Eva: Accessing memory and customer choice: benefit-to-store (brand) retrieval models that predict purchase, in: MR, 24. Jg., 1996, Nr. 11, S. 260-267, S. 262-264.

[1797] Wie bereits gezeigt (siehe Abschnitt C.IV.3. des Dritten Kapitels) zeigen Store Image-Untersuchungen meist einen Varianzerklärungsanteil von ca. 15-20 Prozent; vgl. Peterson, Robert; Kerin, Roger: Store image measurement in patronage research: Fact and artifact, in: Darden, William; Lusch, Robert (Hrsg.): Patronage behavior and retail management, (North-Holland) New York 1983, S. 293-306, S. 297.

Damit kann die Hypothese H_{BtS-E} als bestätigt angesehen werden. Eine enge gedankliche Assoziation eines Handelsunternehmen mit bestimmten Marketinginstrumenten beeinflusst die Kaufentscheidung.

Über den Hypothesentest hinaus kann man aus den Ergebnissen Hinweise für die Untersuchung der Händlermarke ziehen. So zeigt sich eine sehr hohe Prognosekraft der errechneten Koeffizienten.

Zugleich zeigt sich, dass die Einkaufsstättenattribute, die prognoserelevant sind, für die einzelnen Händlermarken unterschiedliche sind. Eine Einkaufsstättenentscheidung für Globus lässt sich am deutlichsten ableiten, wenn man die Primärassoziationen für „große Auswahl" betrachtet, bei Edeka hat die Assoziation zum Nutzen „bequem für den Zwischendurcheinkauf" die höchste Erklärungskraft und bei Aldi die Assoziation zum Attribut „schöner Laden/gute Ladenatmosphäre". Dies macht zugleich deutlich, dass die Koeffizienten nicht aussagen, wie eine Einkaufsstätte beurteilt wird, sondern letztlich die Differenz der Assoziationen der Käufer und der Assoziationen der Nicht-Käufer für die Erklärung herangezogen wird. So hat beispielsweise die Assoziation von Aldi zum Attribut „sehr günstige Preise" deshalb keine hohe Prognosekraft für das Einkaufsstättenwahlverhalten, weil sie sowohl in der Gruppe der Käufer als auch in der Gruppe der Nicht-Käufer weit verbreitet ist.

Mit Hilfe der oben angegebenen Koeffizienten lässt sich für jeden Respondenten nach Erhebung der entsprechenden Benefit-to-Store-Assoziationen die Wahrscheinlichkeit des Einkaufs in einem bestimmten Laden errechnen. Nennt er beispielsweise die Händlermarke Globus als erste Assoziation für eine „große Auswahl" und bei „sehr günstigen Preisen" und bei keinem sonstigen der möglichen Benefits, so errechnet sich die Wahrscheinlichkeit dafür, dass Globus seine primäre Einkaufsstätte ist, wie folgt:

$$z = 1,086 \cdot 1 + 0,278 \cdot 0 + 0,410 \cdot 1 + 0,903 \cdot 0 + 0,536 \cdot 0 + 0,482 \cdot 0 - 0,647 \cdot 0 + 0,783 \cdot 0 - 2,419$$

$$= -0,923$$

und damit $p = \dfrac{1}{1 + e^{-(-0,923)}} = 0,2843$.

Die erwartete Wahrscheinlichkeit für die Wahl von Globus als primäre Einkaufsstätte beträgt also bei diesem Respondenten 28,43 Prozent.

f)   Erfolgswirksamkeit des Markenwerts

Wie vorne bereits erläutert wurde, ist die Etablierung einer Händlermarke mit einem hohen Markenwert für ein Handelsunternehmen kein originäres Ziel, sondern „lediglich" Mittel zum Zweck. Daher soll im Folgenden die Hypothese überprüft werden, dass ein hoher Markenwert auch zum Erfolg des Handelsunternehmens beiträgt.

Im ersten Schritt wird der Markenwert der jeweiligen Handelsunternehmen bei den jeweiligen Respondenten danach verglichen, ob die Respondenten das betreffende Handelsunternehmen als ihre primäre Einkaufsstätte angeben oder nicht.[1798]

Tabelle 117: Mittelwertvergleich der Markenwertmaße

	Mittelwerte		ANOVA	
Markenwert-Dimension	*Käufer*	*Nicht-Käufer*	*F*	*Sign.*
Markenwertschätzung	0,39	-0,30	73,481	0,000
Markenbekanntheit	0,16	-0,12	10,773	0,001

Es zeigen sich dabei signifikante Differenzen im Markenwert zwischen Käufern und Nicht-Käufern. Diese Differenzen liegen bei der Markenwertschätzung deutlich höher (F=73,5) im Vergleich zur Markenbekanntheit (F=10,8). Damit kann vermutet werden, dass die Wertschätzung einer Marke einen höheren Einfluss auf die Kaufentscheidung ausübt als die Markenbekanntheit.[1799]

Tabelle 118: Korrelation von Erfolg und den Markenwertdimensionen

Erfolgsmaß (n=547)	*Markenwertschätzung*	*Markenbekanntheit*
Ausgabenanteil	0,525**	0,243**
Kaufhäufigkeit	0,545**	0,194**
Faktor: Erfolg	0,588**	0,240**

** Die Korrelation ist auf dem Niveau von 0,01 (einseitig) signifikant.

Wie die Korrelationstabelle zeigt, gibt es signifikante positive Beziehungen zwischen beiden Dimensionen des Markenwerts und den verschiedenen Erfolgsmaßen. Vor allem die Markenwertschätzung hat mit 0,588 einen hohen Korrelationswert in Bezug auf den Erfolg, die (lineare) Korrelationsbeziehung zwischen Markenbekanntheit und Erfolg fällt in der vorliegenden Stichprobe geringer aus,[1800] ist aber ebenfalls hochsignifikant. Damit kann für beide Markenwertdimensionen davon ausgegangen werden, dass ein höherer Markenwert mit einem höheren Erfolg (beim Konsumenten) einher geht.

[1798] Dabei wird hier nur die primäre Einkaufsort betrachtet; als „Käufer" werden also solche Respondenten betrachtet, die die Einkaufsstätte als ihren wichtigsten Einkaufsort angeben.

[1799] Definiert man den Begriff „Käufer" einer Einkaufsstätte weiter und fasst darunter alle Respondenten, die eine Einkaufsstätte als ersten, zweiten oder dritten Einkaufsort angeben, so werden diese Ergebnisse sogar noch deutlicher, d.h. die Differenz noch größer. Dies könnte darin begründet liegen, dass bei der Wahl der zweiten und dritten Einkaufsstätte das Kriterium Standort weniger wichtig ist, für gelegentliche Einkäufe nimmt der Konsument eher längere Anfahrtswege in Kauf als bei seiner primären Einkaufsstätte. Die Wertschätzung würde damit - relativ gesehen - noch höher gewichtet als Auswahlkriterium. Diese Vermutung ist jedoch empirisch nicht überprüft worden.

[1800] Dies bestätigt auch die Betrachtung aufgrund des Indikators Käufer/Nicht-Käufer (Tabelle 117).

Tabelle 119:   Regressionsanalytischer Zusammenhang zwischen Markenwert und Erfolg

Regressoren	Regressionskoeffizient B = standard.Regressionskoeffizient β	Signifikanzniveau
Markenwertschätzung	0,567	0,000
Markenbekanntheit	0,166	0,000
Bestimmtheitsmaß $r^2 = 0,373$		
Ergebnisse der Varianzanalyse df = 2 F = 164,871 p = 0,000		

Die postulierte Wirkungsbeziehung geht davon aus, dass der Markenwert auf den Erfolg wirkt. Um festzustellen, welcher Anteil der Variation des Erfolgs auf den Markenwert zurückzuführen ist, wird eine Regressionsanalyse durchgeführt, um den gemeinsamen Einfluss der beiden Dimensionen des Markenwerts zu erfassen.

Das Ergebnis zeigt einen signifikanten Zusammenhang. Ein recht hoher Anteil der Varianz des Erfolgs kann durch den Einfluss der Markenwert-Dimensionen erklärt werden. So ergibt sich ein Bestimmtheitsmaß r^2 von 0,373, das zeigt, dass der Erfolg maßgeblich vom Markenwert beeinflusst wird. Insbesondere, wenn man bedenkt, dass Store Image-Untersuchungen, die nur den direkten Einfluss der (kognitiven, kurzfristigen) Beurteilung der Handelsmarketinginstrumente auf die Kaufentscheidung untersuchen, i.d.R. Varianzerklärungsanteile von 15 bis 20 Prozent erhalten, zeigt sich, dass die Betrachtung des langfristig orientierten Markenwerts eine deutlich höhere Prognosekraft für die Einkaufsstättenwahl hat.[1801]

Insgesamt sind also deutliche Wirkungen des Markenwerts eines Handelsunternehmens auf den Erfolg festzustellen. Damit kann die Hypothese H_{MW-E} vorläufig als bestätigt angesehen werden.

Um die wichtige Beziehung zwischen Markenwert und Markenerfolg auch simultan mit den entsprechenden Indikatoren zu testen, soll im Folgenden das entsprechende Kausalmodell geprüft werden.

[1801] Siehe Drittes Kapitel, Abschnitt C.IV.3. Auch in der vorliegenden Untersuchung erklärte die Beurteilung der Handelsmarketinginstrumente durch den Konsumenten nur 22,8 Prozent der Varianz des Erfolgs, vgl. Tabelle 114.

Übersicht 50:   Kausalmodell zum Einfluss des Markenwerts auf den Erfolg

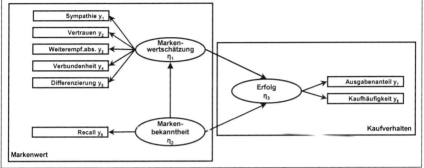

Das getestete Kausalmodell wies plausible Schätzwerte auf, die Matrizen waren positiv definit und es gab keine Hinweise auf Fehlspezifikationen. Tabelle 120 zeigt die verschiedenen globalen Gütemaße für das Kausalmodell.[1802]

Tabelle 120:   Globale Gütemaße des Kausalmodells zwischen Markenwert und Erfolg

Gütemaß (n=527)	Anforderung	Wert des Kausalmodells
GFI	≥ 0,9	0,959
AGFI	≥ 0,9	0,919
CFI	≥ 0,9	0,955
NFI	≥ 0,9	0,944
RMR	-	0,089

Wie die Werte zeigen, weisen sämtliche globalen Gütemaße eine gute Anpassung des Kausalmodells an die empirischen Daten auf. Keine der Anforderungen wird verletzt.

Wie die lokalen Gütemaße in Tabelle 121 zeigen, weisen (mit Ausnahme des bereits vorne diskutierten Falls der Variable y_5 „Differenzierung") alle Indikatoren eine ausreichende Indikatorreliabilität von über 0,4 auf. Insgesamt deuten die lokalen Anpassungsmaße damit auf eine hohe Anpassungsgüte des Messmodells hin.

[1802] Wegen der sehr viel geringeren Zahl von Variablen im Modell gegenüber dem vorherigen Modell und, damit zusammenhängend, auch nur relativ wenigen fehlenden Beobachtungswerten wurde hierbei wieder ein „listenweiser Fallausschluss" vorgenommen, so dass AMOS die Werte für GFI und AGFI sowie RMR berechnete.

Tabelle 121:   Lokale Gütemaße des Messmodells des Markenwerts und des Erfolgs

Latente Variablen mit Indikatoren (n=527)	stand. Faktorladungen λ	Messfehlervarianzen ε	Indikatorreliabilitäten Anforderung: $\geq 0,4$	Konstruktreliabilitäten Anforderung: $\geq 0,6$	Durchschn. erfasste Varianz Anforderung: $\geq 0,5$
Markenwertschätzung				0,83	0,53
Sympathie y_1	0,84	0,84	0,70		
Vertrauen y_2	0,69	0,84	0,47		
Weiterempfehlungsabs. y_3	0,72	1,24	0,52		
Verbundenheit y_4	0,75	1,24	0,56		
Differenzierung y_5	0,50	1,99	0,25		
Markenbekanntheit					
Recall y_6	1	-	-		
Erfolg				0,80	0,67
Ausgabenanteil y_7	0,80	0,62	0,68		
Kaufhäufigkeit y_8	0,82	0,46	0,65		

Damit weisen sowohl die lokalen als auch die globalen Anpassungsmaße auf eine hohe Anpassungsgüte des spezifizierten Kausalmodells (Messmodells) und auf eine zuverlässige Schätzung der Modellparameter hin.

Im nächsten Schritt ist das Strukturmodell, also die Beziehung zwischen den Markenwertdimensionen und dem Erfolg, zu überprüfen. Es zeigt sich, dass die postulierten Wirkungsbeziehungen des Modells alle auf einem signifikanten Niveau nachgewiesen werden können.[1803] Dabei geht ein deutlicher Einfluss von der Markenwertschätzung auf den Erfolg aus, ein eher geringer, aber signifikanter Einfluss von der Markenbekanntheit auf den Erfolg; gleichzeitig ist der indirekte Einfluss der Markenbekanntheit über die Markenwertschätzung auf den Erfolg zu beachten.[1804] Mit einem SMC-Maß des Erfolgs von 0,534 zeigt sich zudem eine hohe Erklärungskraft des Modells, so dass auch die kausanalytische Betrachtung die Hypothese $H_{MW\text{-}E}$ bestätigt.

Tabelle 122:   Ergebnisse der Parameterschätzungen für das Strukturmodell

Pfad	standardisierter Pfadkoeffizient
Markenbekanntheit - Markenwertschätzung	0,181
Markenbekanntheit - Erfolg	0,102
Markenwertschätzung - Erfolg	0,706

Zu betrachten ist in einem nächsten Schritt noch detaillierter, welcher Zusammenhang zwischen den einzelnen Indikatoren des Markenwerts und dem Erfolg besteht. In Tabelle 123 sind die einzelnen Korrelationen dargestellt. Der engste Zusammenhang

---

[1803] Die t-Werte liegen zwischen 2,543 und 13,497.

[1804] Die Wirkungen der Markenbekanntheit sind dabei additiv entlang aller Wirkungspfade zu sehen, so dass eine Wirkung von $0,181 + 0,102 \cdot 0,706 = 0,253$ besteht.

zwischen einem Markenwertindikator und dem Erfolg wird durch die Variable „Weiterempfehlungsabsicht" erreicht.

**Tabelle 123:		Korrelation zwischen den Markenwertindikatoren und dem Erfolg**

(n=546)	Sympathie	Vertrauen	Weiter-empf.-absicht	Verbunden-heit	Differen-zierung	Recall
Erfolg	0,488**	0,464**	0,576**	0,459**	0,260**	0,225**

** Die Korrelation ist auf dem Niveau von 0,01 (einseitig) signifikant.

Eine Diskriminanzanalyse, bei der die Kauf/Nicht-Kaufentscheidung[1805] als abhängige Variable eingesetzt wurde und die Markenwertindikatoren als unabhängige, bestätigt das Ergebnis. Bei einem Vergleich der standardisierten kanonischen Diskriminanzkoeffizienten ergeben sich für die Weiterempfehlungsabsicht mit Abstand die höchsten Werte.[1806]

Dies bestätigt auch die Ergebnisse empirischer Untersuchungen in anderen Branchen, die die Weiterempfehlungsabsicht als wichtigen Indikator für das innere „Attachment" zu einer Marke ansehen und ihm auch eine hohe Verhaltensorientierung zusprechen.[1807]

**g)	Einkaufsmotive, Markenwert und Erfolg**

Es wurde verdeutlicht, dass die Einkaufsmotive der Konsumenten einen Einfluss auf seine Wahrnehmung und vermutlich auch auf seine Einstellung gegenüber einer Händlermarke haben. So kann man u.a. davon ausgehen, dass die Einschätzung einzelner Händlermarken von den Erwartungen der Konsumenten an die jeweiligen Händlermarken geprägt wird und damit auch unterschiedliche Kriterien für die Einschätzung herangezogen werden. Damit ist davon auszugehen, dass auch die Stärke der Händlermarke als Einstellungskonstrukt von den Einkaufsmotiven beeinflusst wird. Vorne wurde bereits aufgezeigt, dass die für die jeweilige Betrachtung ausgewählten Händlermarken nicht gleichmäßig auf die jeweiligen Kundencluster verteilt sind, so dass die Verzerrung hierdurch ausgeschlossen werden muss, indem die Betrachtung auf der Ebene der einzelnen Händlermarken stattfindet.

Vergleicht man in Tabelle 124 die Mittelwerte der Markenwertdimensionen für die jeweiligen Kundencluster, die nach den Einkaufsmotiven gebildet wurden, so bestätigt sich diese Vermutung bezüglich fast aller betrachteten Händlermarken für die Markenwertschätzung, nicht jedoch für die Markenbekanntheit. Insbesondere für die „Allesfor-

---

[1805] Hierbei wurde nur die Wahl als erste Einkaufsstätte betrachtet.

[1806] Allerdings sind die Gütemaße der Diskriminanzanalyse insgesamt eher als schlecht zu beurteilen. Der Eigenwert liegt bei nur 0,171, das Wilks' Lambda bei 0,854. Die Diskriminanzanalyse ergibt jedoch auf dieser Basis eine signifikante Trennung der Gruppen.

[1807] Siehe Drittes Kapitel, Abschnitt C.IV.2.d).

derer" kann oftmals eine recht hohe Markenwertschätzung der einzelnen Händlermarken ausgemacht werden. Dabei bezog sich jedoch die Benennung „*Allesforderer"* (wie auch die Betrachtung der Einkaufsmotive insgesamt) auf die Art und Anzahl der Einkaufsmotive, die bei einem Kauf befriedigt werden sollen, nicht das jeweilige Anspruchsniveau.

Tabelle 124:　Mittelwertvergleich der Markenwertdimensionen nach Handelsunternehmen und Kundenclustern

		Mittelwert				ANOVA	
	Markenwert-Dimension	1 „One-Stop-Shopper"	2 „eilige Preis-käufer"	3 „gründliche Qual.-käufer"	4 „Alles-forderer"	F	Sign.
Globus	Wertschätzung	0,81	-	0,24	0,61	3,603	0,032
	Bekanntheit	0,69	-	0,48	0,39	1,206	0,305
Real	Wertschätzung	-0,63	-0,07	-0,25	0,21	4,095	0,009
	Bekanntheit	-0,27	-0,23	0,39	0,40	2,155	0,100
Aldi	Wertschätzung	0,23	0,65	0,07	0,53	1,621	0,191
	Bekanntheit	-0,36	0,03	-1,40	0,03	8,532	0,000
Lidl	Wertschätzung	-0,13	-0,04	-0,09	-0,01	0,114	0,951
	Bekanntheit	-0,57	-0,39	-0,97	0,11	2,613	0,057
Plus	Wertschätzung	-0,25	-0,22	-1,42	0,33	15,918	0,000
	Bekanntheit	0,29	0,44	-0,24	-0,35	2,351	0,079
Edeka	Wertschätzung	-0,32	-	-0,34	0,38	5,267	0,007
	Bekanntheit	0,20	-	0,02	-0,50	3,760	0,028
Karstadt	Wertschätzung	-0,35	-	0,92	0,25	20,437	0,000
	Bekanntheit	0,17	-	0,29	0,40	0,347	0,708

Eine Einzelbetrachtung der Cluster soll an dieser Stelle nur beispielhaft vorgenommen werden: Beispielsweise wird Globus von der Gruppe der „*One-Stop-Shopper"* am positivsten eingeschätzt und ist in dieser Gruppe bekannter (im Sinne einer aktiven Erinnerung) als in den anderen Clustern. Karstadt wird vor allem von den „*gründlichen Qualitätskäufern"* eine hohe Wertschätzung entgegengebracht, während Plus gerade von dieser Gruppe dieser geringste Wertschätzung erhält. Damit können insgesamt zwar bezüglich der Markenwertschätzung signifikante Unterschiede ermittelt werden, nicht jedoch für die Markenbekanntheit. Andererseits ist die Markenwertschätzung für den Markenwert auch die mit Abstand wichtigere der beiden Dimensionen, wie einerseits am Vergleich der Eigenwerte der beiden Faktoren in der exploratorischen Faktorenanalyse (Tabelle 87) und andererseits an der kausalanalytischen Validitätsüberprüfung und den entsprechenden Pfadkoeffizienten (Tabelle 93) gezeigt werden kann.

Die Hypothese H_{MO-MW} kann damit vorläufig als bestätigt angesehen werden, die Ausprägung des Markenwerts einer Händlermarke ist je nach Kundengruppe deutlich unterschiedlich.

Die vorne aufgezeigten Studien zu den Einkaufsmotiven gingen davon aus, dass von den Motiven ein Einfluss nicht nur auf die intervenierende Variable Markenwert, sondern auch unmittelbar auf das Kaufverhalten, insb. die Einkaufsstättenwahl, ausgeht. Um dies zu überprüfen, ist in Tabelle 125 die Einkaufsstättenwahl der Konsumenten in den einzelnen Clustern dargestellt.

Tabelle 125: Einkaufsstättenwahl nach Kundenclustern (1. Einkaufsstätte)[1808]

Handels-unternehmen	Anteil der Kunden				gesamt
	1 „One-Stop-Shopper"	*2* „eilige Preiskäufer"	*3* „gründliche Qualitätskäufer"	*4* „Alles-forderer"	
Globus	29,7%	21,7%	22,0%	30,5%	26,9%
Real	12,4%	8,7%	5,4%	7,1%	8,6%
Aldi	17,3%	23,9%	13,1%	17,7%	16,7%
Lidl	6,4%	23,9%	3,0%	8,5%	7,4%
Plus	7,4%	4,3%	9,5%	5,0%	7,2%
Edeka	7,9%	4,3%	19,6%	7,8%	11,1%
Karstadt	5,9%	-	13,1%	3,5%	7,0%
sonstige	13,0%	13,2%	14,3 %	19,9%	15,1%
	100,0 %	100,0 %	100,0 %	100,0 %	100,0 %

Ergebnisse des χ^2-Tests

$\chi^2 = 112,756$

$p = 0,000$

Es zeigt sich, dass sich die einzelnen Cluster signifikant in ihrer Einkaufsstättenwahl unterscheiden. Bei der Interpretation ist v.a. die Abweichung der Einkaufsstättenwahl eines Clusters von der gesamthaften Verteilung der Einkaufsstättenwahl (also der „Marktanteile" in der Stichprobe) zu beachten.

✦ Cluster 1 *(„One-Stop-Shopper")* kauft zu einem überdurchschnittlich hohen Anteil bei den beiden SB-Warenhäusern ein, die vor dem Hintergrund der One-Stop-Shopping-Möglichkeiten, die sie durch ihre große Auswahl und die Ergänzung durch andere Leistungsangebote bieten, eine geeignete Befriedigung dieses für das Cluster wichtigen Bedürfnisses ermöglichen.

✦ Cluster 2 *(„eilige Preiskäufer")* bevorzugen die Discounter. Hier werden die beiden wichtigsten Bedürfnisse, der schnelle Einkauf und die günstigen Preise, offensichtlich am besten befriedigt.

✦ Cluster 3 *(„gründliche Qualitätskäufer")* wählen überdurchschnittlich häufig die beiden Händlermarken Edeka und Karstadt als primäre Einkaufsstätte im Vergleich zur Gesamtstichprobe.

[1808] Bei der Interpretation des χ^2-Tests ist jedoch zu beachten, dass eine Reihe der Zellen erwartete Häufigkeiten kleiner 5 aufweisen.

◆ Cluster 4 („*Allesforderer*") kauft schließlich zu einem überdurchschnittlich hohen Anteil bei Globus ein und wählt zugleich zu einem höheren Anteil sonstige Unternehmen, die hier nicht näher betrachtet wurden.

Damit entspricht die Einkaufsstättenwahl der jeweiligen Cluster auch den Ergebnissen, die bei einer Betrachtung der Einkaufsmotive in den Clustern und der Stärken-Schwächen-Profile der jeweiligen Händlermarken (siehe Tabelle 51) zu erwarten gewesen sind, was zugleich die Güte der Cluster-Lösung unterstützt.

Insgesamt bestätigen die signifikanten Unterschiede in der Einkaufsstättenwahl die Hypothese H_{MO-E}.

h)   Simultane Prüfung der Zusammenhänge:
**   Wahrnehmung, Markenwert und Erfolg**

Abschließend soll das Wirkungsmodell der Konsumentenperspektive, das einem S-O-R-Ansatz gefolgt ist, und dessen einzelne Wirkungspfade bereits bestätigt wurden, ganzheitlich getestet werden.

Übersicht 51:   Kausalmodell zur Überprüfung des Gesamtmodells

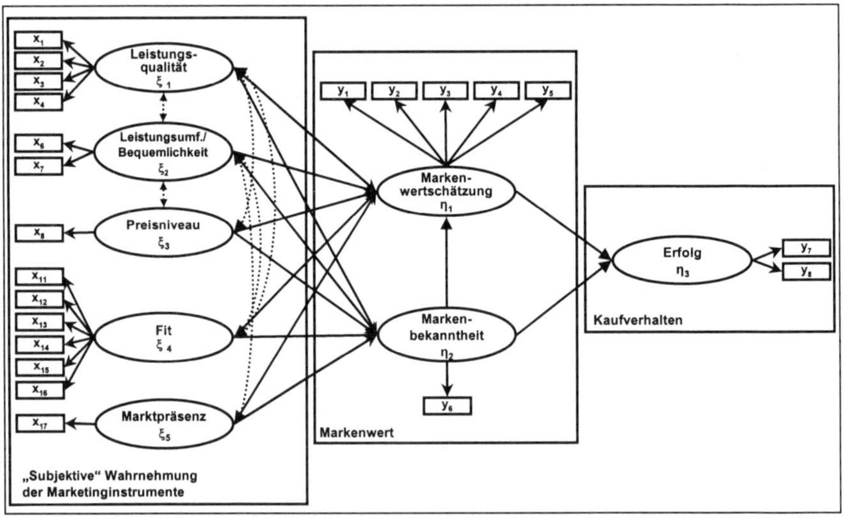

Dabei werden die untersuchten Beziehungen der Bildung von Markenwert durch die Wahrnehmung der Handelsmarketinginstrumente ebenso integriert wie die Wirkungen des Markenwerts auf den Erfolg bei einem Konsumenten. Das Gesamtmodell ist in Übersicht 51 dargestellt. Dieses wies durchweg plausible Schätzwerte auf, alle Matrizen waren positiv definit und es gab keine Hinweise auf Fehlspezifikationen. Die entsprechenden lokalen Gütemaße wurden bereits mehrfach dargestellt und die Güte der einzelnen Modellteile bereits belegt, so dass eine Darstellung der lokalen Gütemaße hier nicht notwendig ist.

Tabelle 126:   Globale Gütemaße des Kausalmodells zwischen Wahrnehmung, Markenwert und Erfolg

Gütemaß (n=560)	Anforderung	Wert des Kausalmodells
NFI	≥ 0,9	0,946
CFI	≥ 0,9	0,955
Tucker-Lewis-Index	> 0,9	0,940
IFI	≥ 0,9	0,955

Zur Prüfung des Gesamtmodells sind hier die globalen Gütemaße von Interesse. Tabelle 126 zeigt die Anforderungen an die verschiedenen globalen Gütemaße und die errechneten Werte des Kausalmodells. Auf Grund der Komplexität des Modells und der Vielzahl der eingehenden Indikatorvariablen wurde auch hier wiederum auf einen listenweisen Fallausschluss verzichtet, so dass statt GFI und AGFI wieder die alternativen Gütemaße Tucker-Lewis-Index und IFI ausgewiesen sind. Die Ergebnisse in Tabelle 126 zeigen, dass sämtliche globalen Gütemaße eine gute Anpassung des Kausalmodells an die empirischen Daten aufweisen. Die entsprechenden SMC-Werte liegen etwa auf der Höhe der in den Teilmodellen berechneten. So beträgt die SMC für die Erklärung der Bekanntheit 0,064, für die Erklärung der Wertschätzung 0,910 und für die Erklärung der Reaktionsvariable Erfolg 0,514.

Damit kann dem Gesamtmodell eine hohe Anpassungsgüte an die empirischen Daten bestätigt werden, die postulierten Zusammenhänge, die in der isolierten Betrachtung bereits gestätigt wurden, gelten auch bei einer ganzheitlichen Betrachtung.

III. Integrierende Betrachtung

1. Vorbemerkung

In der vorliegenden Untersuchung sind die Händlermarke und die zu Grunde liegende Wettbewerbsstrategie sowie der Handelsmarketingmix aus zwei Perspektiven analysiert worden: einer angebotsorientierten und einer nachfrageorientierten Perspektive. Hier soll nun eine perspektivenvereinende Betrachtung angestellt werden. Übergreifende statistische Auswertungen können dabei nicht erfolgen:

♦ So erfolgten die Angaben der Unternehmensbefragung von den Respondenten anonymisiert; einzelfallbezogene Betrachtungen der Erhebung können (und dürfen) also nicht angestellt werden, während bei der Konsumentenumfrage konkret einzelne Händlermarken betrachtet wurden. Eine Anonymisierung wäre hier auch nicht sinnvoll, da Branchenkenner die entsprechenden Unternehmen aus den Beschreibungen leicht identifizieren könnten.

♦ Zudem unterscheiden sich die regionalen Abgrenzungen der beiden Perspektiven. So ist die Unternehmensumfrage auf der Ebene der gesamten Vertriebsschiene erfolgt, erstreckt sich also zwischen einem einzelnen Standort und einer nationalen Ausbreitung, während sich die Konsumentenumfrage auf eine einzelne Region bezog.

♦ Weiterhin könnte eine vergleichende Auswertung maximal mit einer Fallzahl n=7 durchgeführt werden, da sieben Händlermarken in der Konsumentenbefragung untersucht wurden. Dies würde zudem eine (offene) Auskunftbereitschaft genau dieser Handelsunternehmen voraussetzen.

Es kann jedoch ein Vergleich der Ergebnisse beider Perspektiven vorgenommen werden und so Ziele, Wettbewerbsstrategien sowie die Gestaltung der Handelsmarketinginstrumente mit den inneren Prozessen des Konsumenten in eine integrierte Betrachtung überführt werden.

2. Ziele des Retail Branding

Die hohe Bedeutung, die dem Retail Branding aus Unternehmenssicht zugemessen wird, wurde oben aufgezeigt. So stimmten fast 90 Prozent der befragten Manager zu, dass der Aufbau bzw. die Stärkung der Händlermarke als Ziel für ihr Unternehmen bzw. ihre Vertriebsschiene wichtig sei.

Betrachtet man zunächst die Erfolgsrelevanz der Händlermarke, so bestätigt diese die hohe Bedeutung, die die Unternehmen dem Retail Branding beimessen. So zeigt das dargestellte Kausaldiagramm den hohen Einfluss des Markenwerts, insbesondere der Markenwertschätzung, auf den Erfolg (SMC = 0,534). Eine multiple, lineare Regressionsanalyse zeigte mit einem Bestimmtheitsmaß r^2 von 0,373, dass der Markenwert der Händlermarke einen relativ hohen Anteil des Kaufverhaltens erklären kann.

Bezüglich der Subziele ergab sich, dass Vertrauen und Treue der Kunden als am wichtigsten angesehen wurden, gefolgt von der Sympathie. Die Bekanntheit, der Aufbau eines festen Gedächtnisbildes und die Wahrnehmung als einzigartig wurden dementsprechend geringer gewichtet. Vergleicht man diese Zielsetzung mit der Relevanz der jeweiligen Aspekte für das Kaufverhalten der Konsumenten, so zeigt sich, dass diese Zielgewichtung in etwa auch der Einflussrelevanz auf das Verhalten entspricht.

Übersicht 52: Kausalmodell zum Einfluss der Wahrnehmung der Marketinginstrumente auf den Erfolg

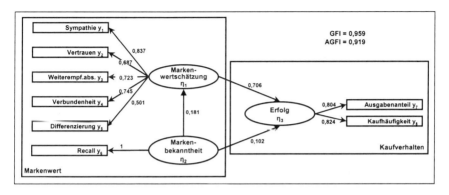

In der Wirkungsbetrachtung wird deutlich, dass Aspekte der Markenwertschätzung deutlich wichtiger sind für den Erfolg als die der Markenbekanntheit. Sympathie, Markentreue (in den Dimensionen Verbundenheit und Weiterempfehlungsabsicht) und Vertrauen haben hier einen hohen Einfluss.[1809]

3. Wettbewerbsstrategische Basisdimensionen im Einzelhandel

Zur Analyse der Wettbewerbsstrategien im Einzelhandel wurde zunächst aus Unternehmenssicht geprüft, ob wettbewerbsstrategische Basisdimensionen existieren. Aus Konsumentensicht wurden verschiedene Beurteilungsvariablen faktorenanalytisch verdichtet. In Übersicht 53 sind die entsprechenden Ergebnisse einander gegenüber gestellt. Aus der Unternehmensperspektive konnten faktorenanalytisch drei Basisdimensionen extrahiert werden, die vorne ausführlich diskutiert wurden. Damit zeigte sich, dass für den Lebensmitteleinzelhandel drei Basisdimensionen abgeleitet werden können und dass die Porter'sche Dichotomie der Wettbewerbsstrategie hier nicht bestätigt werden kann. So ergeben sich in der vorliegenden Untersuchung Qualitäts- und Preisführerschaft nicht als entgegengesetzte Dimensionen.[1810] Zudem ergibt sich eine dritte Dimension - die Convenience.

Auch in der Konsumentenperspektive ergaben sich drei Faktoren, die ebenfalls der Porter'schen Dichotomie-Hypothese widersprechen. Auch in der Konsumentenperspektive

---

[1809] Einschränkend ist darauf hinzuweisen, dass dieser Befund evtl. nicht auf den gesamten Einzelhandel übertragbar ist. So ist im Lebensmitteleinzelhandel auf Grund des hohen Konzentrationsgrades die Bekanntheit der Unternehmen im Durchschnitt sehr hoch, wie bereits dargestellt wurde. Zudem gehören alle der betrachteten Unternehmen zu den bekanntesten in der Region, was bei der Interpretation der niedrigen Gewichtung der Bekanntheit zu beachten ist.

[1810] Detaillierter ist diese Interpretation im entsprechenden Abschnitt vorgenommen.

sind die Leistungsqualität und das Preisniveau nicht entgegengesetzt, sondern als separate Dimensionen erfasst;[1811] auch hier ergibt sich eine Convenience-Dimension.

Übersicht 53: Wettbewerbsstrategische Dimensionen aus der Unternehmensperspektive und zentrale Beurteilungsdimensionen des Handelsmarketing aus der Konsumentenperspektive

Unternehmensperspektive	*Konsumentenperspektive*
Erlebnis/Preis-Dimension	**Preisniveau**
Preisführerschaft? (-), Kostenführerschaft? (-)	Preis
Beste Ladengestaltung?	
Kundenbindungsführerschaft?	
Beste Werbung?	
Kernleistungs-Dimension	**Leistungsqualität**
Qualitätsführerschaft?	Sortimentsqualität
Serviceführerschaft?	Service
Prozessführcrschaft?	Prozesse
	Ladengestaltung
Convenience-Dimension	**Leistungsumfang/Bequemlichkeit**
Auswahlführerschaft? (-)?	Auswahl, One-Stop-Shopping-Möglichkeit
Convenienceführerschaft?	

(-) bedeutet, dass die Variable negativ auf dem entsprechenden Faktor lädt.

Betrachtet man die eruierten Basisdimensionen der Wettbewerbsstrategien und der Beurteilung, so zeigt sich eine hohe Parallelität der Ergebnisse der beiden Perpektiven. So sind jeweils eine Convenience-Dimension identifiziert worden, eine preisdominierte Dimension und eine qualitätsdominierte Dimension. Dies belegt

♦ die Bedeutung der zentralen Beurteilungsdimensionen Preisniveau und Qualität, wobei die Qualität umfassend zu sehen ist und nicht auf die Sortimentsqualität beschränkt, sowie

♦ die hohe Bedeutung der Convenience als dritte wettbewerbsstrategische Basisdimension im Einzelhandel.

Unterschiede zwischen der anbieter- und der nachfrageorientierten Perspektive ergeben sich lediglich in Bezug auf die Zuordnung einzelner Items. So sind aus Unternehmenssicht die erlebnisbetonenden Items eng verbunden mit der Preisdimension, während sie aus Konsumentensicht Teil der Qualitätsbeurteilung einer Händlermarke darstellen.[1812]

[1811] Nach der Porter'schen Überlegung müssten beide Dimensionen in einem einzigen Faktor zusammengefasst werden, mit unterschiedlichen Vorzeichen.

[1812] So ist die Ladengestaltung in der Unternehmensperspektive dem Faktor „Preis/Erlebnis-Dimension" zugeordnet, während sie in der Konsumentenperspektive eine größere Nähe zur „Kernleistung" aufweist. Die Ergebnisse der Kundenbindung wurden bereits vorne kommentiert und die Handelswerbung konnte aus Konsumentensicht oftmals nicht beurteilt werden und daher aus der weiteren Betrachtung eliminiert.

4. Einsatz und Wirkung ausgewählter Marketinginstrumente

Einigen Marketinginstrumenten wird in der Literatur eine besondere Bedeutung für die Händlermarke beigemessen, so dass sie näher betrachtet wurden.

Aus Unternehmenssicht konnte zunächst gezeigt werden, dass Unternehmen in intensiverem Maße Handelsmarken einsetzen und auch eine größere Preiskonstanz nutzen, wenn sie das Ziel des Aufbaus einer Händlermarke als wichtiger erachten. Bezüglich des Einsatzes von Image-Werbung konnte der vermutete Zusammenhang nicht bestätigt werden. Gleichzeitig konnte auf der Basis der von den Unternehmen erhobenen Daten gezeigt werden, dass der Handelsmarkenpolitik und der EDLP-Politik auch ein Einfluss auf den psychographischen sowie den ökonomischen Erfolg zugesprochen werden kann. Die höchste Erfolgrelevanz von allen Einzelinstrumenten kommt dabei der Handelsmarkenpolitik zu, wie eine Diskrimanzanalyse ergab.

Aus Konsumentensicht zeigt sich eine signifikante Beziehung aller drei Instrumente mit dem Markenwert. Es wurde jedoch auch deutlich, dass die entsprechenden Korrelationen eher niedrig ausfallen. Der deutlichste Einfluss in dieser Betrachtung ging von der Image-Werbung aus. Eine Regressionsanalyse ergab, dass die drei Instrumente auch gemeinsam nur einen geringen Teil zur Varianzerklärung der Markenwertschätzung beitragen.[1813]

Damit kann aus beiden Perspektiven ein Einfluss ausgewählter Instrumente auf den Erfolg bzw. den Markenwert einer Händlermarke bestätigt werden, der Einfluss ist in seiner Höhe jedoch eher gering.

5. Fokussierung

Die Fokussierung, ein Konstrukt, das im Wesentlichen auf den Überlegungen Porter's zu einer Vorteilhaftigkeit klar fokussierter Strategien basierte, erwies sich in der Untersuchung in der vorgenommenen Operationalisierung als wenig erklärungsrelevant für den Erfolg eines Handelsunternehmens und/oder die Stärkung der Händlermarke.

Zwar konnte bestätigt werden, dass sich die einzelnen Strategischen Gruppen, die auf der Basis der Wettbewerbsstrategie gebildet wurden, in ihrer Fokussierung unterscheiden. Die These T_{UFok-E}, in der postuliert wurde, dass diese Fokussierung positiv auf den Erfolg eines Handelsunternehmens wirkt, konnte jedoch nur teilweise bestätigt werden; es konnte kein positiver Einfluss der Fokussierung auf den psychographischen Erfolg ausgemacht werden konnte. Jedoch ergab sich ein signifikanter Einfluss der Fokussie-

---

[1813] Die entsprechende Regressionsanalyse ist vorne dargestellt und ergibt ein Bestimmtheitsmaß von 0,135.

rung auf den ökonomischen Unternehmenserfolg; die Beziehung ist signifikant, wenngleich das Bestimmtheitsmaß sehr gering ist.

Aber auch Ergebnisse der Konsumentenperspektive waren nicht eindeutiger. Zwar konnte gezeigt werden, dass die Konsumenten signifikante Unterschiede in der Fokussierung des Handelsmarketing zwischen einzelnen Handelsunternehmen wahrnehmen. Jedoch konnte die Hypothese H_{Fok-MW}, die postulierte, dass die Fokussierung auf den Markenwert positiv wirkt, nicht bestätigt werden.

6. Fit

Als wesentliches Konstrukt der vorliegenden Untersuchung wurde der Fit bzw. die Integration der Handelsmarketinginstrumente gesehen. Für die Betrachtung aus der Unternehmensperspektive wurden zunächst eine Skala entwickelt, die sich auf die einzelnen Marketinginstrumente bezog, und deren Reliabilität und Validität geprüft. Anschließend wurde gezeigt, dass zwischen den in der Unternehmensperspektive untersuchten Strategischen Gruppen deutliche Unterschiede im Fit des Handelsmarketing vorliegen.

Bezüglich der Erfolgsrelevanz des Fit wurde aus der Unternehmensperspektive in zwei Regressionsanalysen bestätigt, dass der Fit einen signifikanten Einfluss auf den Unternehmenserfolg hat, mit einem Bestimmtheitsmaß r^2 von 0,145 (psychographischer Erfolg) bzw. 0,101 (ökonomischer Erfolg). Damit wurde die Hypothese bestätigt, dass Unternehmen, die ihre Marketinginstrumente besser aufeinander abstimmen, auch erfolgreicher am Markt agieren.

Aus Konsumentensicht wurde eine andere Skala zur Messung des Fit eingesetzt, da hier eine isolierte Betrachtung der jeweiligen Marketinginstrumente nicht geeignet erschien. Auch diese Skala wurde auf Reliabilität und Validität getestet, wobei hier, wegen der höheren Fallzahl, auch kausalanalytische Güteprüfungen möglich waren und durchgeführt wurden. Regressionsanalysen auf die einzelnen Dimensionen des Markenwerts zeigten in dieser Perspektive, dass der wahrgenommene Fit der Handelsmarketinginstrumente einen positiven Einfluss auf den Markenwert einer Händlermarke hat. Es ergab sich für die Markenwertschätzung ein sehr hohes Bestimmtheitsmaß r^2 von 0,66, das zeigt, dass der Fit einen deutlichen und hohen Einfluss auf die Markenwertschätzung hat. Für die Markenbekanntheit ergab sich lediglich eine schwache, aber signifikante Beziehung. Schließlich bestätigte aus der Konsumentenperspektive auch das abschließend betrachtete Kausalmodell der gesamten Wirkungsbeziehungen, das u.a. den Einfluss aller Wahrnehmungskonstrukte auf den Markenwert modellierte, einen wesentlichen Einfluss des Fit auf den Händlermarkenwert.

Damit konnte die positive Wirkung des Fit auf die Händlermarke sowohl aus der angebots- als auch aus der nachfrageorientierten Perspektive bestätigt werden.

Fünftes Kapitel: Zusammenfassung der Ergebnisse und Folgerungen für das Handelsmarketing

A. Zusammenfassung und Bewertung der Ergebnisse

I. Überblick

Auf Grund eines bestehenden Forschungsdefizits bezüglich der Einflussfaktoren auf eine Händlermarke, der Quantifizierung des Werts einer Händlermarke und auch der Erfolgswirkungen einer Händlermarke für ein Handelsunternehmen wurde in der vorliegenden Untersuchung angestrebt, eine theoretische Fundierung und eine empirische Analyse des Themas zu leisten. Die Untersuchung folgte dabei einem konfirmatorisch-explikativen Ansatz, enthält aber zugleich deskriptive und explorative Elemente.

Zur empirischen Analyse wurde, ausgehend von sieben Basiskonstrukten eines Bezugsrahmens, die den Prozess von der Zielsetzung der Unternehmen bis hin zum Kaufverhalten abbilden, aus zwei Perspektiven Hypothesengerüste entwickelt, die die relevanten Wirkungsbeziehungen zwischen den Konstrukten enthalten.

Zu Beginn einer Zusammenfassung soll ein Überblick darüber gegeben werden, welche der Thesen bzw. Hypothesen bestätigt wurden, welche nicht bestätigt werden konnten und bzgl. welcher Thesen bzw. Hypothesen nur eine teilweise Bestätigung festzustellen war, so dass eine Modifikation oder eine Einschränkung naheliegt.

In Übersicht 54 ist für die angebotsorientierte Perspektive dargestellt, dass fast alle Thesen eine vorläufige Bestätigung durch die empirischen Daten erfahren haben. Bezüglich der Ziel-Mittel-Verbindung konnten jedoch der Einsatz der Image-Werbung und die Fokussierung des Marketingmix nicht aus dem Ziel der Händlermarke erklärt werden. Weitere Ausnahmen sind drei der auf den Erfolg bezogenen Thesen. Für Garantien und die Fokussierung konnte eine Wirkung auf den Erfolg nur bzgl. jeweils eines der Erfolgsmaße festgestellt werden; bezüglich der Image-Werbung konnte kein linearer Zusammenhang mit dem Erfolg festgestellt werden.

Übersicht 54: Ergebnis der Überprüfung der Thesen der angebotsorientierten Perspektive

These	Kurzbeschreibung	Ergebnis des Tests
T_{UWS1}	Existenz wettbewerbsstrategischer Basisdimensionen	+
T_{UWS2}	Existenz Strategischer Gruppen nach Wettbewerbsstrategien	+
T_{UWS-MI}	Strategische Gruppen $\Rightarrow$ Marketinginstrumente	+
$T_{UWS-Fit}$	Strategische Gruppen $\Rightarrow$ Fit	+
$T_{UWS-Fok}$	Strategische Gruppen $\Rightarrow$ Fokussierung	+
T_{UZ-Fok}	Ziel der Händlermarke $\Rightarrow$ Fokussierung	-
T_{UZ-Fit}	Ziel der Händlermarke $\Rightarrow$ Fit	+
T_{UZ-I1}	Ziel der Differenzierung $\Rightarrow$ Handelsmarken	+
T_{UZ-I2}	Ziel der Vertrauensbildung $\Rightarrow$ EDLP-Politik	+
T_{UZ-I3}	Ziel der Vertrauensbildung $\Rightarrow$ Garantien	+
T_{UZ-I4}	Ziel der Händlermarke $\Rightarrow$ Image-Werbung	-
T_{UI-E1}	Handelsmarken $\Rightarrow$ Erfolg	+
T_{UI-E2}	EDLP-Politik $\Rightarrow$ Erfolg	+
T_{UI-E3}	Garantien $\Rightarrow$ Erfolg	teilweise
T_{UI-E4}	Image-Werbung $\Rightarrow$ Erfolg	-
T_{UWS-E}	Strategische Gruppen $\Rightarrow$ Erfolg	+
T_{UFok-E}	Fokussierung $\Rightarrow$ Erfolg	teilweise
T_{UFit-E}	Fit $\Rightarrow$ Erfolg	+

Bei der nachfrageorientierten Perspektive, deren Ergebnisse in Übersicht 55 dargestellt sind, konnten ebenfalls die meisten Hypothesen vorläufig bestätigt werden.

Übersicht 55: Ergebnis der Hypothesentests der nachfrageorientierten Perspektive

Hypothese	Kurzbeschreibung	Ergebnis des Hypothesentests
H_{B1}	Existenz voneinander abhängiger zentraler Beurteilungsdimensionen	+
H_{B2}	Unterschiedliche Gewichtung der Beurteilungsdimensionen	+
H_{B3}	Existenz zentraler Profilierungsinstrumente	+
$H_{WÜ1}$	Fit $\Leftrightarrow$ Beurteilung	+
$H_{WÜ2}$	Fit $\Leftrightarrow$ Fokussierung	+
$H_{WÜ3}$	Fokussierung $\Leftrightarrow$ Beurteilung	-
$H_{WÜ4}$	Marktpräsenz $\Leftrightarrow$ Beurteilung	+
H_{MO-W}	Einkaufsmotive $\Rightarrow$ Wahrnehmung	-
H_{MW}	Existenz zentraler Dimensionen des Markenwerts	+
H_{MO-MW}	Einkaufsmotive $\Rightarrow$ Markenwert	+
H_{B-MW}	Beurteilung $\Rightarrow$ Markenwert	+
H_{Fit-MW}	Fit $\Rightarrow$ Markenwert	+
H_{Fok-MW}	Fokussierung $\Rightarrow$ Markenwert	-
H_{MP-MW}	Marktpräsenz $\Rightarrow$ Markenwert	+
H_{I-MW1}	Handelsmarken $\Rightarrow$ Markenwert	+
H_{I-MW2}	Image-Werbung $\Rightarrow$ Markenwert	+
H_{I-MW3}	EDLP-Politik $\Rightarrow$ Markenwert	+
H_{B-E}	Beurteilung $\Rightarrow$ Erfolg	+
H_{MO-E}	Einkaufsmotive $\Rightarrow$ Erfolg	+
H_{BtS-E}	Benefit-to-Store-Assoziationen $\Rightarrow$ Einkaufsstättenwahl	+
H_{MW-E}	Markenwert $\Rightarrow$ Erfolg	+

Ausnahmen bilden hier vor allem diejenigen Hypothesen, die auf das Konstrukt „Fokussierung" bezogen sind. Mögliche Ursachen hierfür wurden bereits in den jeweiligen Abschnitten diskutiert und werden in Abschnitt B.II.3. noch mal aufgegriffen.

Ebenfalls nicht bestätigt wurde die Hypothese, dass die Einkaufsmotive die Wahrnehmung der Handelsmarketinginstrumente wesentlich beeinflussen. Obwohl hier eine Reihe von Wahrnehmungsunterschieden zwischen den Kundengruppen festgestellt werden konnten, überwogen die Fälle mit homogener Wahrnehmung. Sieht man gleichzeitig, dass die Einkaufsmotive den Markenwert (als Einstellungsmaß) signifikant beeinflussen, wird der unterschiedliche Grad der subjektiven „Verzerrung" deutlich, der bei der eher kognitiv-rationalen Beurteilung offensichtlich geringer ist als bei der ganzheitlichen Wertschätzung, die einer Händlermarke entgegengebracht wird.

II. Wettbewerbsstrategien

Eine klare wettbewerbsstrategische Positionierung eines Einzelhandelsunternehmens kann als Ausgangspunkt einer starken Händlermarke angesehen werden, auf dem der Aufbau klarer Assoziationen mit der Händlermarke und einer Wertschätzung für die Händlermarke durch den Konsumenten basieren.

Als eine zentrale Frage wurde für die Unternehmensperspektive angesehen, inwiefern sich unterschiedliche Wettbewerbsstrategien im Handel identifizieren lassen und ob die verfolgte Wettbewerbsstrategie zu Unterschieden im Erfolg führt.

Der Erkenntnisstand bezüglich der Anwendbarkeit der Porter'schen Konzeption der Wettbewerbsstrategien im Einzelhandel, sowohl der Basisdimensionen und der daraus abzuleitenden Grundtypen als auch der Erfolgsrelevanz der unterschiedlichen Wettbewerbsstrategien, wurde vor der Untersuchung als niedrig bezeichnet. Die vorliegenden Ergebnisse waren nicht eindeutig. Kritisiert wurde insbesondere die sehr grobe Einteilung in Kostenführerschaft und Differenzierung, weil festgestellt wurde, dass die Differenzierung durch eine sehr heterogene Gruppe von Wettbewerbsvorteilen erreicht werden kann.

Die vorliegende Untersuchung sollte für eine einzelne Einzelhandelsbranche die wettbewerbsstrategischen Basisdimensionen anhand der empirischen Daten überprüfen. Postuliert wurde einerseits, dass solche Basisdimensionen existieren, und andererseits, dass die untersuchten Händlermarken diese Basisdimensionen in festen „Grundtypen" anwenden, die sich durch eine Einteilung der Branche in Strategische Gruppen identifizieren lassen, die homogene Merkmalskombinationen aufweisen.

Es konnte festgestellt werden, dass im Lebensmitteleinzelhandel drei Basisdimensionen der Wettbewerbsstrategien existieren: Eine Erlebnis/Preis-Dimension, die Erlebnis- und (entgegengesetzt) Preisvorteile repräsentiert, eine Dimension, die sich auf die Kernleistung der Handelsunternehmen, also Qualität des Sortiments, Service und Prozesse bezieht, und eine Dimension, die sich auf die Convenience für den Kunden bezieht, also auf die Bequemlichkeit beim Einkauf und v.a. die Möglichkeit, die Einkäufe schnell und effizient zu erledigen (One-Stop-Shopping).

Wie bereits erläutert, zeigt sich damit, dass die Porter'sche Konzeption für diese Branche nicht bestätigt werden kann. So kann die Preis- und Qualitäts-Dichotomie nicht bestätigt werden; kombinierte Strategien sind festzustellen. Eng verbunden mit der Preisführerschaft, zusammengefasst im gleichen Faktor, ist die Erlebnisorientierung, die eher die von Porter für die Qualität postulierte gegensätzliche Polung zu den Preisvariablen aufweist. Ausserdem ist mit der Convenience eine weitere wettbewerbsstrategische Basisdimension identifiziert worden, die auch - in ähnlicher Form, aber anderer Bezeichnung - bereits in anderen Untersuchungen festgestellt worden ist.[1814]

Auf der Basis dieser wettbewerbsstrategischen Basisdimensionen konnten sechs Strategische Gruppen identifiziert werden, was einen Hinweis auf „stimmige" Kombinationen der einzelnen Strategien gibt.[1815] Zwischen diesen Strategischen Gruppen bestehen signifikante Unterschiede im Erfolg, so dass die Porter'sche Überlegung der Erfolgsrelevanz des Wettbewerbsstrategietyps im Grundsatz bestätigt werden kann.

III. Gestaltung des Handelsmarketingmix

Bei der Gestaltung der Handelsmarketinginstrumente wurde festgestellt, dass die (langfristige) Wettbewerbsstrategie des Unternehmens die strategische Vorgabe ist, an der die Gestaltung der einzelnen Handelsmarketinginstrumente ausgerichtet wird. Sowohl der Einsatz der einzelnen Handelsmarketinginstrumente als auch die Integration der Marketinginstrumente und die Fokussierung (als weitere Konstrukte zur Charakterisierung des Marketingmix) werden maßgeblich von der Wettbewerbsstrategie beeinflusst. Zwischen den einzelnen Strategischen Gruppen konnten signifikante Unterschiede bei diesen Größen festgestellt werden.

Für die Integration des Handelsmarketing konnte eine hohe Erfolgsrelevanz gezeigt werden, die sich sowohl bei den psychographischen als auch bei den ökonomischen Erfolgsgrößen zeigt. Die Überlegungen zur Bedeutung der Kombination aller Marketingmixinstrumente fand hier eine empirische Bestätigung. Darüber hinaus konnte gezeigt werden, dass Unternehmen einen höheren Integrationsgrad ihrer Handelsmarketinginstrumente realisieren, wenn sie sich als Retail Brand etablieren wollen.

[1814] Vgl. Doyle, Peter; Fenwick, Ian: How store image affects shopping habits in grocery chains, in: JoR, 50. Jg., 1974/75, Nr. 4, S. 39-52, S. 46.

[1815] Vgl. Conant, Jeffrey; Smart, Denise; Solano-Mendez, Roberto: Generic retailing types, discinctive marketing competencies, and competitive advantage, in: JoR, 69. Jg., 1993, Nr. 3, S. 254-279, S. 256f.

Eindeutige Aussagen darüber, ob fokussiertere Strategien erfolgreicher sind als Strategien „zwischen den Stühlen", konnten aus der Untersuchung nicht abgeleitet werden. Eine stärkere Fokussierung, die generell als vorteilhaft vermutet wurde, geht zwar in der Stichprobe mit einem höheren ökonomischen Erfolg einher, ein eindeutiger Zusammenhang mit dem psychographischen Erfolg war jedoch nicht festzustellen. Eine Ursache dafür könnte sein, dass eine Betrachtung der Fokussierung, ohne Betrachtung der konkreten Instrumente, auf die sich ein Unternehmen jeweils fokussiert, nicht ausreichend ist. Eine differenzierte Untersuchung der möglichen Kombinationen und des Einflusses der jeweiligen Kombinationen könnte hier weitere Erkenntnisse bringen, erfordert jedoch weitere empirische Untersuchungen. Auch deutete sich die Möglichkeit eines nicht linearen Zusammenhangs zwischen Fokussierung und Markenwert an. Dies führt zu der Überlegung, dass, ähnlich der Porter'schen U-Kurve, eine starke Fokussierung eine mögliche Strategie ist und eine sehr geringe Fokussierung im Sinne eines Generalistenimage eine weitere erfolgversprechende Strategie, während dazwischen weniger erfolgsträchtige Strategien liegen könnten.

Gleichzeitig werden einzelne Instrumente des Handelsmarketingmix auch von der Zielsetzung des Unternehmens hinsichtlich der Händlermarke beeinflusst. So führt das Ziel der Vertrauensbildung dazu, dass Unternehmen verstärkt eine hohe Konstanz in der Preispolitik realisieren und ihren Kunden auch Servicegarantien geben. Beide Instrumente werden als vertrauensbildend angesehen und zu diesem Zweck eingesetzt. Auf der Ebene der Sortimente wird vermutet, dass die ubiquitär verfügbaren Herstellermarken nur ein begrenztes Maß an Profilierungspotenzial für einen Einzelhändler aufweisen. Hier konnte für die untersuchte Branche gezeigt werden, dass Handelsmarken dann verstärkt eingesetzt werden, wenn Handelsunternehmen sich von ihrer Konkurrenz abgrenzen wollen, also eine Differenzierung anstreben.

Auch eine Erfolgswirksamkeit dieser Instrumente konnte bestätigt werden. So wirken ein höherer Handelsmarkenanteil und eine EDLP-Politik positiv auf den Erfolg eines Unternehmens. Das Instrument der Garantien zeigt zwar eine Wirkung auf den psychographischen Erfolg; ein Zusammenhang mit dem ökonomischen Erfolg konnte jedoch nicht bestätigt werden.

Eine Entwicklung in der Kommunikationspolitik von Einzelhandelsunternehmen, der verstärkte Einsatz von Image-Werbung, konnte in der angebotsorientierten Untersuchung nicht erklärt werden. So zeigt sich weder ein eindeutiger Zusammenhang der Image-Werbung mit der Zielsetzung der Händlermarke (der vermutet wurde), noch kann eine eindeutige Wirkungsrichtung ausgemacht werden bezüglich der Erfolgsrelevanz. Da die unterschiedlichen Betriebstypen des Einzelhandels ein unterschiedliches Maß an Image-Werbung betreiben und in den letzten Jahren die Entwicklung der einzelnen Betriebstypen sehr unterschiedlich war (was auf zahlreiche Einflüsse zurückgeführt werden kann), ist dieses nicht eindeutige Ergebnis eventuell auf Einflüsse des Betriebstyps oder der Preisaggressivität zurückzuführen. In einer vertiefenden Untersuchung konnte ge-

zeigt werden, dass die Image-Werbung, wenn man die unterschiedliche Preisorientierung beachtet (also als Kontrollvariable nutzt), einen signifikanten positiven Einfluss auf
den psychographischen Erfolg eines Unternehmens ausübt.

IV. Wahrnehmung des Handelsmarketingmix

Bezüglich der Wahrnehmung des Handelsmarketingmix wurde postuliert, dass sich die
Konsumenten in ihrer Beurteilung in hohem Maße auf „information chunks" beziehen,
also Informationen bündeln, bestimmte Informationen als eng miteinander verknüpft
ansehen und eine unabhängige Beurteilung der einzelnen Einkaufsstättenattribute kaum
vornehmen. In der empirischen Untersuchung wurde gezeigt, dass sich drei zentrale
Dimensionen der Beurteilung von Handelsunternehmen in der untersuchten Branche
ergeben, nämlich das Preisniveau, die Leistungsqualität und der Leistungsumfang. Damit spiegeln diese zentralen Dimensionen der Beurteilung der Handelsleistung aus Konsumentensicht auch die wettbewerbsstrategischen Basisdimensionen wider, was die enge Beziehung von Wettbewerbsstrategie und Händlermarke belegt. Zugleich haben sich
die zentralen Dimensionen nicht als unabhängig erwiesen, so dass sich die vermutete
Interdependenz aller Wahrnehmungselemente bestätigt hat.

Als weitere Wahrnehmungsdimension wurde die Fokussierung des Handelsmarketingmix betrachtet und es zeigten sich deutliche Unterschiede in der wahrgenommenen Fokussierung zwischen den einzelnen Handelsunternehmen. Eine zentrale Frage der Konsumentenperspektive war, ob Unternehmen, die wenige Wettbewerbsvorteile konzentriert anstreben, erfolgreicher sind als andere. Die erwarteten Wirkungen dieser Fokussierung konnten empirisch nicht bestätigt werden. Weder konnten eine positive Beziehung zwischen Fokussierung und Fit festgestellt werden, noch eine positive Beziehung
zwischen Fokussierung und der Beurteilung der Handelsleistung. Auch bezüglich der
Wirkung der Fokussierung auf den Markenwert konnte die postulierte Beziehung durch
die empirischen Daten nicht bekräftigt werden.

Ausgangspunkt der Überlegungen zum Konstrukt „Fokussierung" war einerseits das
Konzept von Porter, nach dem eine eindeutige Fokussierung auf einen Wettbewerbsvorteil vorteilhaft für ein Unternehmen ist. Aber auch aus der Perspektive der Konsumentenverhaltensforschung war vermutet worden, dass die begrenzte Informationsaufnah-
me- und -verarbeitungskapazität der Konsumenten dazu führt, dass Händlermarken, die
konzentriert wenige Wettbewerbsvorteile kommunizieren, besser bewertet werden. Das
empirische Ergebnis spricht jedoch dagegen, undifferenziert lediglich Vorteile in einer
Fokussierung zu sehen (siehe Abschnitt II.3.).

Eine weitere, zentrale Dimension der Wahrnehmung ist der wahrgenommene Fit der
Instrumente, ein Konstrukt, das aus den Überlegungen zum interdependenten Marketingmix, zu einem integrierten Marketing und zur Konsistenz der Marketinginstrumente

abgeleitet wurde. Bereits in der Vergangenheit wurde die Notwendigkeit dieses Fit häufig erwähnt. In der vorliegenden Untersuchung wurden das Konstrukt operationalisiert und seine Wechselwirkung mit anderen Konstrukten untersucht. So geht ein höherer Fit mit einer besseren Beurteilung durch den Konsumenten einher und vor allem beeinflusst der Fit maßgeblich den Markenwert einer Händlermarke. Hier konnten die theoretischen Vermutungen eine erste empirische Bestätigung erfahren. Sowohl kausalanalytisch als auch in separaten Regressionsanalysen konnte dabei gezeigt werden, dass der Einfluss des Fit des Marketingmix sogar höher ist als der der Beurteilung der Handelsmarketinginstrumente.

Eine zunächst eher neutrale Wahrnehmungsdimension bezieht sich darauf, ob ein Unternehmen von Konsumenten als sehr marktpräsent wahrgenommen wird, also z.B. ob der Konsument viele Verkaufsstellen des Unternehmens oder oftmals Werbung des Unternehmens wahrnimmt. Bezüglich dieses Konstrukts konnte bestätigt werden, dass es eine eigenständige Wahrnehmungsdimension darstellt und dass die wahrgenommene Marktpräsenz positive Wirkungen auf die Beurteilung und auf den Markenwert entfaltet.

Neben diesen Dimensionen der Wahrnehmung wurde eine Betrachtung angestellt, welche Instrumente in besonderem Maße profilierend für ein Handelsunternehmen wirken, welche also das Handelsunternehmen deutlich von der Konkurrenz abgrenzen. Hier wurde festgestellt, dass der Sortimentsqualität nur noch eine relativ geringe Diskriminierungskraft zukommt. Diese hat sich in der Branche relativ stark angeglichen. Zwar konnten varianzanalytisch signifikante Unterschiede zwischen den Handelsunternehmen bei der Sortimentsqualität gezeigt werden, diese waren jedoch geringer als bei vielen anderen Instrumenten. Diskriminanzanalytisch bestätigte sich diese Einschätzung. Als die beiden Instrumente, die zwischen den betrachteten sieben Händlermarken am deutlichsten diskriminieren, wurden die Größe der Auswahl und der Preis identifiziert.

Neben diesen Betrachtungen, die den gesamten Marketingmix eines Handelsunternehmens zum Ausgangspunkt hatten und die Wahrnehmung der Konsumenten verschiedener Aspekte dieses Marketingmixes analysierten, wurde auch in der Konsumentenperspektive die Wirkung ausgewählter Einzelinstrumente betrachtet, denen in der Handelsliteratur ein besonderer Stellenwert für die Profilierung eines Handelsunternehmens eingeräumt wird. Für alle drei betrachteten Instrumente, die Handelsmarken, die Image-Werbung und die EDLP-Politik konnte dabei der vermutete positive Einfluss auf den Markenwert durch die empirischen Daten vorläufig bestätigt werden.

V. Markenwert

Während bisherige Store Image-Untersuchungen meist nur einen direkten Zusammenhang zwischen (kurzfristiger) Beurteilung der Handelsleistung und dem Erfolg herstellen wollten, war es Ziel der vorliegenden Untersuchung, - analog des Markenwerts eines

Konsumguts - den Wert einer Händlermarke aufzuzeigen, der sich im Konsumenten bildet, in seinen Gedächtnisstrukturen und seiner Einschätzung für die Marke. Diese verfestigt sich und stellt damit eine langfristig stabile Einstellung dar.

Dabei wurden zwei zentrale Dimensionen identifiziert: die Markenbekanntheit und die Markenwertschätzung. Für beide wurden Indikatoren abgeleitet und die Güte der Skala, auch kausalanalytisch, überprüft. Damit wurde ein Instrumentarium für die Messung des Markenwerts entwickelt, das einerseits disaggregierte Kennzahlen aufzeigen kann, andererseits in zwei Schlüsselkennzahlen den Markenwert einer Händlermarke quantifiziert. Dabei könnte eine Darstellung der beiden Basisdimensionen des Markenwerts im zweidimensionalen Raum einen schnellen Überblick über den Händlermarkenwert bieten.

Es konnte gezeigt werden, dass die Prognosekraft dieses Konstrukts für das Kaufverhalten der Konsumenten hoch ist. So wurde ein deutlicher Zusammenhang mit dem Erfolg festgestellt. Bei einer multiplen Regressionsanalyse ergab sich ein Bestimmtheitsmaß r^2 von 0,373, das zeigt, dass (in der vorliegenden Stichprobe) der Erfolg maßgeblich vom Markenwert beeinflusst wird. *Damit ergibt sich eine wesentlich höhere Prognosekraft als bei traditionellen Store Image-Untersuchungen.*

Auch konnte in der vorliegenden Untersuchung gezeigt werden, dass die direkte Wirkung der Beurteilung auf das Kaufverhalten wesentlich geringer ist als die indirekte über den Markenwert. Damit konnte der vermutete Wirkungspfad, nach dem die Beurteilung zunächst den Markenwert beeinflusst und dieser das Kaufverhalten, bestätigt werden.

Einem Kausalmodell, das die Einflussfaktoren auf den Markenwert, die Struktur des Konstrukts Markenwert sowie seine wesentlichen Indikatoren und darüber hinaus die Konsequenzen des Markenwerts für das Kaufverhalten enthielt, wurde eine hohe Güte bestätigt. Damit wurden einerseits die Einflussfaktoren bestätigt und andererseits die hohe Bedeutung des Markenwerts für den Erfolg eines Handelsunternehmens durch erste empirische Ergebnisse belegt.

B. Folgerungen für das Handelsmarketing

I. Implikationen für die Managementpraxis in Handelsunternehmen

1. Positionierung und Marke

In der Untersuchung wurde theoretisch und empirisch gezeigt, dass eine klare Positionierung ein wesentlicher Ausgangspunkt für die Etablierung einer starken Händlermarke ist. Ein einzigartiges Profil, also eine harmonische und von der Konkurrenz abgegrenzte Kombination von Einkaufsstättenattributen bzw. Handelsmarketinginstrumenten, ist die Basis der Händlermarke und kann durch eine klare, integrierende Zielrichtung (so das gewünschte Markenschema) erreicht werden.

Dazu ist zunächst eine klare Wettbewerbsstrategie zu definieren, für die die Systematik der Handelsmarketinginstrumente als Basis geeignet erscheint. Dabei wird bei Händlermarken heute in der Literatur eine hohe Austauschbarkeit bzw. ein Profilierungsdefizit gesehen, so dass die Abgrenzung von der Konkurrenz bei der Festlegung der angestrebten Positionierung beachtet werden sollte.

Als wettbewerbsstrategische Grunddimensionen, die auch in der Wahrnehmung der Konsumenten als zentrale Dimensionen auftreten, sind einerseits die Leistungsqualität zu sehen, die neben der Sortimentsqualität auch Service und Prozesse umfasst, andererseits das Preisniveau und zudem, als wichtige strategische Basisdimension im Lebensmitteleinzelhandel, die Convenience, die sich in einer schnellen Einkaufsmöglichkeit für den Kunden ausdrückt. Diese kann an sehr unterschiedlichen Stellen des Einkaufsvorgangs ansetzen. Auch eine erlebnisbetonte Marketingpolitik kann eine Basis der Positionierung sein, wobei offenbar eine Preispositionierung und eine Erlebnispositionierung schlecht vereinbar sind. Dabei ist zu beachten, dass die beurteilungsrelevanten Dimensionen je nach Branche unterschiedlich sein können.[1816]

Dabei wird für den Lebensmitteleinzelhandel oftmals ausgesagt, dass er sich durch eine zu hohe Fokussierung auf den Wettbewerbsvorteil „Preis" zunehmend uniform entwickelt und auch die Sortimente immer austauschbar würden.[1817] Andererseits ist der Preis

---

[1816] Vgl. Peterson, Robert; Kerin, Roger: Store image measurement in patronage research: Fact and artifact, in: Darden, William; Lusch, Robert (Hrsg.): Patronage behavior and retail management, (North-Holland) New York 1983, S. 293-306, S. 295.

[1817] Vgl. z.B. Davies, Gary: The two ways in which retailers can be brands, in: IJRDM, 20. Jg., 1992, Nr. 2, S. 24-34, S. 24; Hupp, Oliver; Schuster, Harald: Imagegestützte Positionierung von Einkaufsstätten als Ansatzpunkt zu einer Verbesserung der Wettbewerbsfähigkeit des Lebensmitteleinzelhandels in Deutschland, in: JAV, 46. Jg., 2000, Nr. 4, S. 351-370, S. 352f.

sowohl aus Unternehmens- als auch aus Konsumentenperspektive eine der zentralen wettbewerbsstrategischen Basis- und Beurteilungsdimensionen. Für einige Händlermarken ist also der Preis als Profilierungsmerkmal weiterhin geeignet, entweder alleine (so z.b. bei Discountern) oder in Kombination mit anderen Wettbewerbsvorteilen. Damit wird aus strategischer Sicht weiterhin eine Betonung des Preises für viele Händlermarken wichtig sein, wobei er für die meisten Händlermarken durch weitere Wettbewerbsvorteile ergänzt werden muss.

Wichtig für die erfolgreiche Positionierung ist es, nicht die isolierte, taktische Wirkung der einzelnen Handelsmarketinginstrumente in den Vordergrund zu stellen, sondern stärker die langfristige Wirkung der Handelsmarketinginstrumente für die Händlermarke und, vor allem, ihre Interdependenz zu beachten. Für den Fit der Handelsmarketinginstrumente wurde in der vorliegenden Untersuchung eine sehr hohe Erfolgsrelevanz gezeigt, so dass eine deutlichere Beachtung von Konsistenz und Kontinuität der Handelsmarketinginstrumente im Unternehmen stattfinden sollte. Trotz der als selbstverständlich anmutenden Empfehlung konnte empirisch gezeigt werden, dass sowohl in der Selbsteinschätzung der Unternehmen deutliche Unterschiede im erreichten „Integrationsgrad" des Marketingmix festzustellen sind als auch in der Wahrnehmung der Konsumenten. Somit zeigt sich, dass ein Fit zwar von hoher Bedeutung ist, aber bei weitem noch nicht von allen Unternehmen in hohem Maße realisiert wird.

Die Ausrichtung aller Handelsmarketinginstrumente an einer klaren wettbewerbsstrategischen Positionierung und einer klar angestrebten „Markenidentität" sollte eine in sich konsistentere und kontinuierlichere Gestaltung des Handelsmarketingmix nach sich ziehen. Für eine Absatzmarktstrategie, die die Händlermarke in den Mittelpunkt stellt und damit ein langfristiges „Guthaben" beim Konsumenten aufbauen will, kann eine geeignete Markenpolitik, ausgehend von den angestrebten Assoziationen beim Konsumenten, eine integrierende Wirkung für das Marketingmix entfalten. Dabei ist die unterschiedliche Zeitdauer der Zielebenen zu sehen. *Die angestrebte Markenidentität, die beim Kunden in Form fester Assoziationen realisiert wird, und die für den Einsatz der Handelsmarketinginstrumente eine Art integrierendes Leitbild darstellen soll, ist nur sehr langfristig zu erreichen.* Die Marketingmaßnahmen, die eingesetzt werden, um diese Markenidentität zu erreichen, können in einem bestimmten Rahmen variieren, um auch die Erlebnisorientierung der Kunden anzusprechen und seinen Wunsch nach Abwechslung. Die Kernbotschaft der Instrumente muss jedoch dabei konstant bleiben, und zu jedem Zeitpunkt muss die Wechselwirkung der Instrumente miteinander beachtet werden.

2. Markenwert

Da in der vorliegenden Untersuchung gezeigt werden konnte, dass der Markenwert als langfristiges Einstellungsmaß eine deutliche Erfolgsrelevanz aufweist, sollte er als Steuerungsgröße für das Marketingmanagement eingesetzt werden. Während heute in Handelsunternehmen oftmals noch ein eher kurzfristiges Denken vorherrscht und die entsprechenden Erfolgskontrollen im Marketing-Controlling auch eher kurzfristiger Natur sind, sollte ergänzend ein Markenwertcontrolling eingesetzt werden. Dabei stützt sich das konsumentenorientierte, nicht-monetäre Markenwertkonzept nicht auf kurzzeitige Umsatz- und Gewinnbetrachtungen, sondern es macht, weil es auf den Vorstellungen der Konsumenten beruht, einen strategischen Markenvergleich möglich.[1818]

In der vorliegenden Untersuchung wurde eine einfach einzusetzende Skala für den Markenwert von Handelsunternehmen entwickelt. Diese kann eingesetzt werden, um die langfristige Entwicklung zu analysieren und um markenpolitische Entscheidungen zu evaluieren. Innerhalb des Markenwerts wurde einerseits die Bekanntheit als relevante Dimension aufgezeigt. Sie ist die Basis für den Aufbau des Markenwerts und die Basis der Kaufentscheidung der Konsumenten. Eine hohe Bekanntheit alleine reicht hier jedoch nicht aus; diese wird im Einzelhandel, insbesondere im Lebensmitteleinzelhandel, bereits von den meisten Anbietern erreicht. Bei einer allgemein hohen Bekanntheit im Einzelhandel tritt daher die zweite Dimension des Markenwerts in den Vordergrund, die Markenwertschätzung. Dabei wird oftmals die Wertschätzung als die eigentliche Basis der Marke angesehen,[1819] eine Aussage, die hier für den Lebensmitteleinzelhandel auch eine empirische Bestätigung erfahren hat.

Hier sind verschiedene Markenvorteile anzustreben, die zu einer hohen Markenwertschätzung führen. So ist die Sympathie der Konsumenten eine relevante Größe, da sie darüber entscheidet, ob der Kunde eine innere, emotionale Verbundenheit zur Marke aufbaut, die sich dann in einem treuen Einkaufsverhalten niederschlägt. Im kurzfristigen Kaufverhalten sind zwar oft rationale Größen wichtig, die längerfristige Einstellung zu einer Händlermarke wird jedoch in hohem Maße von dieser emotionalen Komponente geprägt.

Eine weitere relevante Dimension ist die Vertrauenwürdigkeit, die auf einer eher kognitiven Ebene für den Kunden wichtig ist, um das Kaufrisiko, das für den Konsumenten mit jeder Kaufentscheidung und/oder Einkaufsstättenwahl verbunden ist, zu reduzieren und seine Entscheidungsprozesse zu vereinfachen. Die Risikoreduktion und die Entscheidungsvereinfachung als wesentliche Funktionen einer Marke für den Konsumenten werden deutlich von der Vertrauenswürdigkeit tangiert, die vom Handelsunternehmen auf vielfältige Weise beeinflusst werden kann. So ist ein hoher Fit des Handelsmarketingmix wesentlich für die Erreichung des Verbrauchervertrauens. Eine Leistungskonstanz, die das Markenschema festigt, und konsistente, schemakongruente Informationen stärken die Händlermarke.

[1818] Vgl. Bekmeier-Feuerhahn, Sigrid: Marktorientierte Markenbewertung, (DUV) Wiesbaden 1998, S. 55f.
[1819] Vgl. Berekoven, Ludwig: Der Markenartikel - Garant für sichere Märkte? in: JAV, 23. Jg., 1977, Nr. 4, S. 338-345, S. 341.

Als Einzelinstrument, das in der Untersuchung als relevant für den psychographischen Erfolg des Handelsunternehmens aufgezeigt werden konnte und dem vor allem ein Einfluss auf die Vertrauensbildung beim Konsumenten zugesprochen wird, sind die Servicegarantien zu nennen, die explizite Versprechen eines bestimmten Leistungsniveaus darstellen und damit vertrauensbildend wirken. Einer EDLP-Politik wurde insgesamt eine positive Wirkung für den Händlermarkenwert zugesprochen. Auch sollte Image-Werbung betrieben werden, da diese mit einem höheren Vertrauen in die Händlermarke einher geht und auch dazu geeignet ist, eine klare Positionierung zu kommunizieren.

3. Image-Messung durch Erfassung der Benefit-to-Store-Assoziationen

Die Erfassung des Händlermarkenwerts stellt eine schnelle Möglichkeit dar, eine quantifizierte Steuerungsgröße zu erheben. Die Inhalte der Händlermarke, also die Assoziationen, die ein Konsument mit einer Marke verbindet und die konkrete Positionierung, werden hier jedoch nicht ermittelt.

Zur Feststellung der Inhalte des Markenschemas beim Konsumenten wird eine alternative Form der Marken-Messung vorgeschlagen. Als geeignet hat sich hier die Messung sogenannter „Benefit-to-Store-Assoziationen" herausgestellt. Hierbei wird dem Konsumenten ein konkreter Nutzen genannt, den ihm ein Handelsunternehmen bieten kann, z.B. in einer an die Marketinginstrumente angelehnten Systematik, und erfragt, welche Händlermarke ihm zu diesem Nutzen als erstes einfällt. Erfasst man zusätzlich, welche Einkaufsstätten der jeweilige Konsument nutzt, kann man das Markenbild der jeweiligen Händlermarken in der Bevölkerung und bei ihren jeweiligen Kunden ermitteln. Mit dieser Erhebungsform ist eine sensitive Messmethodik gegeben, deren Ergebnisse einfach interpretierbar sind und die gleichzeitig für das Kaufverhalten der Konsumenten eine hohe Prognosekraft aufweisen.

II. Implikationen für die Handelsforschung

1. Wettbewerbsstrategien

Wie vorne gezeigt wurde, liegen umfassende Ergebnisse über die Wettbewerbsstrategien im Einzelhandel noch nicht vor. Wie bereits in anderen Untersuchungen, konnte auch in der vorliegenden Untersuchung für die untersuchte Branche, den Lebensmitteleinzelhandel, die Porter'schen Basisdimensionen nicht bestätigt werden. Damit ist diese Konzeption kritisch zu hinterfragen. Hier ist es weiteren Untersuchungen überlassen, diese Ergebnisse in weiteren Branchen zu überprüfen.

Die Dichotomie Porters wurde bereits auf der Basis der theoretischen Überlegungen als zu vereinfachend charakterisiert, was sich in der empirischen Untersuchung bestätigte.

Stattdessen wurden drei Basisdimensionen eruiert, die auch in anderen Studien bereits in ähnlicher Form festgestellt wurden. Die vorliegende Untersuchung isoliert dabei in der Unternehmensperspektive die Preispolitik nicht, sondern sieht sie in engem Zusammenhang mit der Vermittlung von Einkaufserlebnissen durch eine Händlermarke. Die Frage der Übertragbarkeit dieser Basisdimensionen auf andere Einzelhandelsbranchen muss in weiteren Untersuchungen geprüft werden. Bisherige Ergebnisse führen zu der Vermutung, dass sich die konkreten Basisdimensionen der Wettbewerbsstrategie zwischen den einzelnen Branchen unterscheiden könnten.[1820]

Mit den Strategischen Gruppen wurden auch bestimmte Kombinationen im Einsatz dieser Basisdimensionen festgestellt, die Hinweise auf stimmige Strategiekombinationen geben. Gleichzeitig wurden erste Hinweise darauf sichtbar, dass die Wahl einer Strategischen Gruppe und ihr Erfolg nicht unabhängig vom eingesetzten Betriebstyp ist. Wettbewerbsstrategien scheinen sich je nach Betriebstyp unterschiedlich auf den Erfolg auszuwirken. So konnte zwar gezeigt werden, dass der Einfluss der Strategischen Gruppe auf den psychographischen Unternehmenserfolg höher ist als der Einfluss des Betriebstyps. Zugleich deutete sich jedoch ein Interaktionseffekt an, der aussagen würde, dass die Erfolgsträchtigkeit bestimmter Kombinationen der wettbewerbsstrategischen Basisdimensionen in Abhängigkeit des Betriebstyps zu beurteilen ist. Obwohl dieser Interaktionseffekt statistisch nicht vollständig bestätigt werden konnte, wurde die Vermutung durch die empirischen Ergebnisse auch nicht ausgeräumt. Hier könnten sich weitere Untersuchungen mit der Wechselwirkung von Betriebstyp und Wettbewerbsstrategie beschäftigen.

2. Fit

In der vorliegenden Untersuchung wurde angestrebt, den Fit der Handelsmarketinginstrumente zu erfassen und eine geeignete Operationalisierung gefunden. Diese bewegte sich auf einer aggregierten Ebene und betrachtete einzelne Handelsmarketinginstrumente sowie das gefühlmäßige „Passen" aller Handelsmarketinginstrumente in der Konsumentenwahrnehmung. Damit ist zwar gelungen, eine „Reaktionsfunktion" dafür zu ermitteln, wie der Fit auf andere Konstrukte, insbesondere den Markenwert, wirkt, für eine operative Umsetzung dieser Überlegungen sind jedoch weitere Untersuchungen notwendig.

Betrachtet man den Fit dissonanztheoretisch als eine Beziehung zwischen den einzelnen Kognitionen eines Konsumenten, so könnten matrixartig alle Marketinginstrumente (ggf. auf einer niedrigen Aggregationsstufe) betrachtet werden sowie die Verknüpfung, die zwischen jeweils zwei Instrumenten besteht. Auf diese Art und Weise könnten wei-

---

[1820] Vgl. z.B. Birtwistle, Grete; Clarke, Ian; Freathy, Paul: Store image in the UK fashion sector: consumer versus retailer perceptions, in: IRRDCR, 9. Jg., 1999, Nr. 1, S. 1-16, S. 3.

tere Einblicke in das Entstehen des Fit gegeben werden. Dabei sind andere Untersuchungsdesigns, z.B. experimentelle Designs, denkbar, da so die Veränderung des wahrgenommenen Fit durch den Konsumenten als Reaktion auf die Veränderung bestimmter, einzelner Marketinginstrumente, isoliert betrachtet werden kann.

In neueren Ansätzen der Markenforschung wird versucht, die Marke auch unter dem Aspekt ihrer Persönlichkeit zu erfassen. Mit Markenpersönlichkeit werden dabei i.w.S. Eigenschaften bezeichnet, die von der klassischen Psychologie als Persönlichkeitsmerkmale von Menschen festgestellt worden sind. Eine Reihe von Untersuchungen hat dabei gezeigt, dass Verbraucher die Persönlichkeit von Marken so charakterisieren, als seien die Marken Menschen.[1821] Diese Persönlichkeit könnte damit auch einen wesentlichen Einfluss darauf haben, inwiefern einzelne Instrumente zur Persönlichkeit passen oder nicht und damit einen geeigneten Untersuchungsansatz für den Fit des Handelsmarketingmix darstellen. Eine Übertragbarkeit des Ansatzes auf den Einzelhandel wurde bislang nicht überprüft. Dies könnte in ausgewählten Einzelhandelsbranchen, in denen Konsumenten die entsprechenden Händlermarken mit einem relativ hohen Involvement wahrnehmen und auch eine innere Verbundenheit zur Marke aufweisen, untersucht werden, um damit die Integration der Handelsmarketinginstrumente aus einer weiteren Perspektive betrachten zu können.

Eine weitere Forschungsanregung ergibt sich auf organisatorischer Ebene. Da gezeigt werden konnte, dass inhaltlich eine stärkere Integration des Handelsmarketing die Händlermarke stärkt und dass Handelsunternehmen auch eine Integration verstärkt bei einer entsprechenden Zielsetzung - nämlich der Etablierung einer Händlermarke - einsetzen, ist zu analysieren, wie Handelsunternehmen diese Integration des Marketingmix durch eine geeignete Organisationsstruktur unterstützen können.

3. Fokussierung

Die vorliegende Untersuchung beschäftigte sich mit dem Konstrukt der Fokussierung des Handelsmarketingmix. Es konnte dabei gezeigt werden, dass Handelsunternehmen in Abhängigkeit von ihrer Wettbewerbsstrategie einen deutlich unterschiedlichen Fokussierungsgrad ihres Handelsmarketingmix aufweisen, und dass Konsumenten deutliche Unterschiede in der Fokussierung des Handelsmarketingmix wahrnehmen.

Hier besteht weiterhin ein Forschungsdefizit vor dem Hintergrund, dass zwar in der Literatur auf der Basis unterschiedlicher Theorien Hypothesen dahingehend zu finden sind, dass eine Fokussierung eine positive Wirkung entfalten sollte, dass aber entsprechende Untersuchungen insbesondere im Einzelhandel kaum vorliegen. Eine eindeutige

---

[1821] Vgl. z.B. Aaker, Jennifer: Dimensionen der Markenpersönlichkeit, in: Esch, Franz-Rudolf (Hrsg.): Moderne Markenführung, 2. Aufl., (Gabler) Wiesbaden 2000, S. 91-102.

Wirkung auf den Erfolg konnte in der vorliegenden Untersuchung nicht festgestellt werden. Bei einer Betrachtung auf aggregierter Ebene deutete sich eine U-förmige Beziehung zwischen Fokussierung und Markenwert an - eine Vermutung, die in weiteren Untersuchungen geprüft werden sollte.

Für eine weitere Analyse dieser Beziehung ist zunächst eine geeignete Operationalisierung zu finden. Die in der vorliegenden Untersuchung vorgeschlagene konnte mangels Außenkriterien nicht validiert werden, so dass nicht eindeutig festzustellen ist, ob sie sich zur Erfassung des Phänomens eignet. Die Mittelwerte des genutzten Fokussierungsindexes bei den einzelnen Händlermarken legen zwar die Vermutung nahe, dass das Konstrukt tatsächlich das gewünschte Konstrukt misst, weitere Untersuchungen sollten sich jedoch mit alternativen Maßen und einer Überprüfung der Güte dieser Skala auseinandersetzen.

Gleichzeitig zeigte sich in der Untersuchung, dass eine Erfassung der Fokussierung ohne Beachtung der konkreten Inhalte der Fokussierung vermutlich nicht ausreicht. Vor dem Hintergrund der hier identifizierten drei wettbewerbsstrategischen Basisdimensionen könnten vielfältige Kombinationen dieser Dimensionen, die unterschiedliche Fokussierungsgrade aufweisen, untersucht werden. Betrachtet man - vereinfacht - nur jeweils eine hohe, mittlere und niedrige Ausprägung einer der drei Basisdimensionen, ergeben sich bereits 27 Kombinationen. Auch bei dieser Betrachtung existiert zwar eine Position „zwischen den Stühlen" (nämlich dort, wo bzgl. aller drei Wettbewerbsdimensionen eine mittlere Ausprägung realisiert wird), daneben jedoch noch zahlreiche andere Kombinationsmöglichkeiten, bezüglich derer Vergleiche des Fokussierungsgrads nicht unmittelbar zu treffen sind.

Für eine Evaluierung der Kombinationen könnten Conjoint-analytische Ansätze eingesetzt werden, durch die einerseits die verschiedenen „Wettbewerbsstrategie-Bündel" gesamthaft bewertet werden, andererseits der Einfluss der einzelnen Dimensionen eruiert werden kann.

4. Integration von Unternehmens- und Konsumentenperspektive

Der Bezugsrahmen der vorliegenden Arbeit unterscheidet zwischen der „objektiven Gestaltung" des Marketingmix und der „subjektiven Wahrnehmung". Es wurden zahlreiche Untersuchungen zitiert, die die Notwendigkeit dieser Unterscheidung aufzeigen. Konkrete Erkenntnisse über die Wechselwirkung sind jedoch noch eher selten. Will man die Wirkungskette von der objektiven Gestaltung bis zum subjektiven Markenwert nachvollziehen, ist eine Möglichkeit, objektive Gestaltungskriterien des Handelsmarketingmix zu betrachten, um die „Schnittstelle" zwischen objektiver Realität und subjektiver Wahrnehmung zu analysieren. Solche objektiven Parameter sind z.B. der Werbedruck eines Handelsunternehmens innerhalb eines bestimmten Zeitraums, das Preisniveau (z.B. durch die Betrachtung eines Warenkorbs, wenn ein vergleichbarer Warenkorb gefunden werden kann), die Personalintensität u.Ä. Nur so kann tatsächlich die „objektive" Realität betrachtet werden und nicht die subjektive Realität der Handelsmanager. In der vorliegenden Untersuchung wurde in der angebotsorientierten Perspektive zwar auf relativ „objektive" Kriterien zurückgegriffen, bei denen nur eine geringe Verzerrung der Antworten zu erwarten ist; eine weitergehende „Objektivierung" könnte jedoch zusätzliche Erkenntnisse bringen.

Eine weitere Problematik, die in der vorliegenden Untersuchung eine statistische Auswertung der integrierenden Perspektive verhinderte, war die geringe Fallzahl der Unternehmen, die, aus pragmatischen Gründen, in der Konsumentenbefragung betrachtet werden konnten. In der vorliegenden Untersuchung wurde, weil wegen der noch unzureichenden theoretischen Erkenntnisse einer „tiefen" Betrachtung vor einer Einbeziehung zahlreicher Händlermarken der Vorrang eingeräumt wurde, der Fragebogen jeweils nur auf eine einzelne Händlermarke bezogen. Weitere Untersuchungen könnten stattdessen eine reduzierte Itemzahl für jeweils mehrere Händlermarken erfragen. Greift man zusätzlich auf der Seite der Unternehmen auf die objektiven Daten zahlreicher Unternehmen zurück, die eventuell auch ohne eine Auskunftsbereitschaft der Unternehmen zu gewinnen sind - so durch Preisvergleiche, Veröffentlichungen, die sich mit der Werbeintensität beschäftigen u.Ä. - könnte die Fallzahl deutlich erhöht werden. Bei einer entsprechend großen Zahl wäre auch die Anonymisierungsfrage weniger kritisch.

5. Händlermarke

Für die Händlermarke konnte hier eine deutliche Erfolgsrelevanz gezeigt werden und auch, dass die Betrachtung der Händlermarke eine höhere Prognosekraft für das Kaufverhalten aufweist als die üblichen Messungen der Beurteilung der Handelsleistung.

Eine Messmethodik für den Händlermarkenwert wurde entwickelt. Gleichzeitig wurden nur solche Indikatoren genutzt, die in einer Konsumentenbefragung zu erfassen sind, wenngleich einige Indikatoren aufgeführt wurden, die als valide angesehen werden, jedoch nur in einer Laborsituation zu erfassen sind. Anhand solcher Indikatoren könnte eine weitere Validierung der hier vorgeschlagenen Markenwert-Skala erfolgen.

Zudem wurde diese bislang nur im Lebensmitteleinzelhandel getestet. Eine Überprüfung der Anwendbarkeit bzw. die Erarbeitung von Anpassungen in anderen Branchen steht noch aus. Im Fall einer Anwendbarkeit ist die Vergleichbarkeit der Markenwerte über verschiedene Branchen hinweg zu überprüfen. Ob z.B. der ermittelte Markenwert eines Möbelhändlers mit dem eines Schuhhändlers direkt vergleichbar ist oder nur Intra-Branchenvergleiche durchgeführt werden können, muss noch eruiert werden.

Auch liegt der hier abgeleitete Markenwert auf konsumentenindividueller Ebene. Versucht man eine Aggregation durch eine einfache Addition der individuellen Markenwerte, so stellt sich die Frage, ob beide Dimensionen - Anzahl der Personen, bei denen ein bestimmter Markenwert vorliegt und Stärke des Markenwerts beim jeweiligen Konsumenten - gleichwertig sind. Die Frage, ob ein hoher Markenwert bei wenigen Konsumenten für ein Unternehmen eine höhere Relevanz hat als ein etwas niedrigerer bei mehr Konsumenten, ist nicht abschließend beantwortet. Feldwick unterscheidet hier in einer ähnlichen Frage zwischen „Markenstärke" und „Markengröße".[1822]

6. Standardisierung vs. Differenzierung bei filialisierten Handelsunternehmen

Eine Thematik, die im Rahmen der Markenpolitik betrachtet werden muss, ist die Frage, inwiefern unterschiedliche Objekte, z.B. Handelsfilialen oder verschiedene Betriebstypen, die ein Handelsunternehmen betreibt, unter einer einheitlichen Händlermarke zusammengefasst werden oder unter getrennten Marken geführt werden sollen. Mischformen, z.B. durch Dach- und Familienmarkenkonzepte, müssen ebenfalls untersucht werden.

Diese Problematik kann als Forschungsanregung für weitere Untersuchungen gegeben werden. Damit verbunden ist die marketingpolitische Grundfrage der Standardisierung vs. Differenzierung des Marketingmix - bei gleicher oder unterschiedlicher Händlermarke -, sowohl im nationalen als auch im internationalen Kontext.

Auch sind Auswirkungen neuerer Tendenzen zur Differenzierung des Handelsmarketing, so durch One-to-One-Marketing und auch eine standortbezogene Anpassung der Handelsmarketinginstrumente, im Spannungsfeld zwischen besserer Anpassung an die individuellen Einkaufsmotive der jeweiligen Konsumenten und einer eindeutigen Positionierung und Identität der Händlermarke zu analysieren.

[1822] Vgl. Feldwick, Peter: What is brand equity anyway and how do you measure it?, in: JMRS, 38. Jg., 1996, Nr. 2, S. 85-94, S. 90.

Anhang

Fragebogen der Unternehmensbefragung

Fragebogen des Pretests zur Konsumentenbefragung

Fragebogen der Konsumentenbefragung

Erläuterung des Fokussierungs-Index

**Institut für Handel
und
Internationales Marketing**
an der Universität des Saarlandes
Direktor: **Univ.-Professor Dr. Joachim Zentes**

Fragebogen

zur Studie

„Retail Branding -
Der Handel als Marke"

Bitte senden Sie den
Fragebogen bis zum **2. Februar 2001**
zurück an:

Herrn
Dipl.-Kfm. Dirk Morschett
Institut für Handel
und Internationales Marketing
an der Universität des Saarlandes
Im Stadtwald, Geb. 15
D-66123 Saarbrücken

1. Bitte geben Sie zuerst an, für welchen Betriebstyp/ welche Vertriebsschiene Ihres Unternehmens Sie diesen Fragebogen ausfüllen:

Name (optional!): _____

Betriebstyp:
- O Convenience-Shops
- O Supermärkte
- O Verbrauchermärkte
- O SB-Warenhäuser
- O Discounter
- O sonstiges: _____

2. Welche drei (Lebensmittel-)Einzelhandelsunternehmen betrachten Sie als Ihre wichtigsten Konkurrenten?

1. _____   Betriebstyp: _____

2. _____   Betriebstyp: _____

3. _____   Betriebstyp: _____

3. Bewerten Sie bitte die folgenden Aussagen zu Ihrem Handelsmarketing.

	stimme über-haupt nicht zu	stimme nicht zu	stimme eher nicht zu	weder/ noch	stimme eher zu	stimme zu	stimme voll und ganz zu	weiß nicht
Unsere Sortimentsstrategie ist seit vielen Jahren festgelegt und in den Grundzügen konstant.	[-3]	[-2]	[-1]	[0]	[+1]	[+2]	[+3]	[ ]
Wir benutzen seit Jahren den gleichen werblichen Auftritt.	[-3]	[-2]	[-1]	[0]	[+1]	[+2]	[+3]	[ ]
Unsere Überlegungen zum Thema Service sind eigentlich in den letzten Jahren grundsätzlich gleich geblieben, nur die konkrete Ausgestaltung hat sich verändert.	[-3]	[-2]	[-1]	[0]	[+1]	[+2]	[+3]	[ ]
Wir haben eine schriftlich fixierte Marketingstrategie, an der alle Einzelinstrumente (Sortiment, Preis, Service, Kundenbindungsprogramme, Ladengestaltung usw.) abgestimmt werden.	[-3]	[-2]	[-1]	[0]	[+1]	[+2]	[+3]	[ ]
Unsere Handelsmarken werden auch unter dem Aspekt ausgewählt, dass sie zu unserer generellen Preispositionierung passen.	[-3]	[-2]	[-1]	[0]	[+1]	[+2]	[+3]	[ ]
Unser Werbeauftritt wird am POS wieder aufgegriffen, so dass die Motive auch im Laden wieder erkennbar sind.	[-3]	[-2]	[-1]	[0]	[+1]	[+2]	[+3]	[ ]
Unsere Handelsmarken werden intensiv in der Werbung eingesetzt und auch als Marken unseres Unternehmens deutlich gemacht.	[-3]	[-2]	[-1]	[0]	[+1]	[+2]	[+3]	[ ]
Unsere Kundenclubs und auch die Gestaltung unserer Kundenkartenprogramme fördern bereits heute insbesondere die Sortimente, die bei uns als sehr wichtig für das Gesamtimage angesehen werden.	[-3]	[-2]	[-1]	[0]	[+1]	[+2]	[+3]	[ ]

Insgesamt ist es uns bereits sehr erfolgreich gelungen, unsere Marketinginstrumente aufeinander abzustimmen und zu integrieren.	**[-3]**	**[-2]**	[-1]	[0]	[+1]	**[+2]**	**[+3]**	[ ]
In unserem Unternehmen ist das Marketing für Produkte/ Sortimente wichtiger als das Marketing für das Unternehmen/ den Betriebstyp als ganzes.	**[-3]**	**[-2]**	[-1]	[0]	[+1]	**[+2]**	**[+3]**	[ ]
Die langfristige Verbesserung des Vertrauens unserer Kunden in unser Unternehmen ist uns wesentlich wichtiger als die kurz- und mittelfristige Entwicklung des Gewinns.	**[-3]**	**[-2]**	[-1]	[0]	[+1]	**[+2]**	**[+3]**	[ ]
Anders zu sein als die Konkurrenten, das ist für uns die wichtigste Regel, um erfolgreich zu sein.	**[-3]**	**[-2]**	[-1]	[0]	[+1]	**[+2]**	**[+3]**	[ ]
Uns ist es wichtig, den Namen unseres Handelsunternehmens als Marke zu etablieren.	**[-3]**	**[-2]**	[-1]	[0]	[+1]	**[+2]**	**[+3]**	[ ]

4. Wie gut denken Sie, dass die einzelnen Handelsmarketinginstrumente bereits auf die Gesamtmarketingstrategie ihrer Vertriebsschiene ausgerichtet sind bzw. zur Gesamtmarketingstrategie passen?

	passt über- haupt nicht	passt nicht	passt eher nicht	weder/ noch	passt eher	passt	passt sehr gut	weiß nicht
Grösse der Auswahl	**[-3]**	[-2]	[-1]	[0]	[+1]	[+2]	**[+3]**	[ ]
Qualitätsniveau des Sortiments	**[-3]**	[-2]	[-1]	[0]	[+1]	[+2]	**[+3]**	[ ]
Preis	**[-3]**	[-2]	[-1]	[0]	[+1]	[+2]	**[+3]**	[ ]
Service	**[-3]**	[-2]	[-1]	[0]	[+1]	[+2]	**[+3]**	[ ]
Ladengestaltung	**[-3]**	[-2]	[-1]	[0]	[+1]	[+2]	**[+3]**	[ ]
Werbung	**[-3]**	[-2]	[-1]	[0]	[+1]	[+2]	**[+3]**	[ ]
Kundenbindungsprogramme	**[-3]**	[-2]	[-1]	[0]	[+1]	[+2]	**[+3]**	[ ]
Bequemlichkeit beim Einkauf bieten	**[-3]**	[-2]	[-1]	[0]	[+1]	[+2]	**[+3]**	[ ]
Abläufe/Prozesse, die der Kunde wahrnimmt (Regalpflege, Kassenabwicklung usw.)	**[-3]**	[-2]	[-1]	[0]	[+1]	[+2]	**[+3]**	[ ]

5. Welchen Vorteil Ihres Handelsunternehmens bzw. Betriebstyps versuchen Sie dem Kunden zu vermitteln, der Sie von der Konkurrenz abhebt? Nennen Sie uns bitte die Bereiche, in denen Sie sich – für den Kunden deutlich wahrnehmbar – von der Konkurrenz unterscheiden wollen.

     1._____

     2._____

     3._____

     4._____

     5._____

6. **Zur Marke zu werden, bringt für ein Handelsunternehmen eine Reihe von Vorteilen mit sich. Einige davon sind unten aufgeführt. Versuchen Sie bitte - aus Sicht Ihrer Vertriebsschiene - die Ziele in eine Reihenfolge zu bringen. Schreiben Sie dazu hinter den für Sie wichtigsten Vorteil/das wichtigste Ziel eine 1, den zweitwichtigsten eine 2 usw.**

Uns ist am wichtigsten, folgende (psychologische) Ziele beim Konsumenten zu erreichen:	Rang
Bekanntheit	[ ]
Vertrauen	[ ]
Sympathie	[ ]
Treue der Kunden zu unserem Unternehmen	[ ]
Wahrnehmung als einzigartig/nicht austauschbar	[ ]
festes Gedächtnisbild/feste Assoziationen	[ ]

7. **Natürlich versuchen die meisten Handelsunternehmen, in allen Bereichen besser zu sein als ihre Konkurrenz, die Führerschaft zu erlangen, der Beste zu sein. In allen Bereichen der Beste zu sein, gelingt aber keinem. Wir nennen Ihnen nun unten <u>mögliche</u> Wettbewerbsvorteile - Bereiche, in denen ihre Vertriebsschiene sich mit der Konkurrenz vergleichen (lassen) muss. Geben Sie bitte an, wie deutlich Sie in den folgenden Bereichen <u>anstreben</u>, im Vergleich zur Konkurrenz positioniert zu sein, in welchen Bereichen es Ihnen also wirklich wichtig ist, an der Spitze zu sein. Bedenken Sie dabei auch, dass man eine Führerschaft in einem Bereich oft mit Wettbewerbsnachteilen in einem anderen Bereich erkaufen muss. Bitte wählen Sie dann noch die (maximal) drei Ziele aus, die für Ihre Vertriebsschiene die höchste Priorität haben. Kreuzen Sie dafür die (maximal) drei wichtigsten Ziele <u>für Ihr Unternehmen</u> an.**

	ALS **ZIELSETZUNG** HABEN WIR FÜR UNSERE VERTRIEBSSCHIENE:						wichtigste
Auswahl im Sortiment muss nicht grösser sein als bei der Konkurrenz.	[-2]	[-1]	[0]	[+1]	[+2]	*("Auswahlführerschaft") Auswahl im Sortiment deutlich grösser als bei der Konkurrenz.*	[ ]
Qualität und Frische des Sortiments nicht höher als bei der Konkurrenz.	[-2]	[-1]	[0]	[+1]	[+2]	*("Qualitätsführerschaft") Qualität und Frische des Sortiments deutlich höher als bei der Konkurrenz.*	[ ]
Generelles Preisniveau im Vergleich zur Konkurrenz etwas höher.	[-2]	[-1]	[0]	[+1]	[+2]	*("Preisführerschaft") Generelles Preisniveau (bei vgl.baren Artikeln) im Vergleich zur Konkurrenz deutlich niedriger.*	[ ]
Kosten (v.a. in den für den Kunden sichtbaren Bereichen wie Ladengestaltung, Personalanzahl usw.) dürfen im Vgl. zur Konkurrenz etwas höher liegen.	[-2]	[-1]	[0]	[+1]	[+2]	*("Kostenführerschaft") Kosten (auch in den für den Kunden sichtbaren Bereichen wie Ladengestaltung, Personalanzahl usw.) müssen im Vgl. zur Konkurrenz deutlicher niedriger liegen.*	[ ]
Serviceniveau im Vergleich zur Konkurrenz deutlich geringer.	[-2]	[-1]	[0]	[+1]	[+2]	*("Serviceführerschaft") Service im Vergleich zur Konkurrenz deutlich besser.*	[ ]
Prozesse im Vergleich zur Konkurrenz für den Kunden genauso gut abwickeln genügt uns.	[-2]	[-1]	[0]	[+1]	[+2]	*("Prozessführerschaft") Prozesse im Vergleich zur Konkurrenz für den Kunden auffallend besser abwickeln (Bestandspflege, Regale einräumen, Kassenabwicklung usw.).*	[ ]

Die Kommunikation/Werbung braucht uns nicht von der Konkurrenz abzuheben.	[-2] [-1] [0] [+1] [+2]	*("Beste Werbung")* Kommunikation/Werbung im Vergleich zur Konkurrenz deutlich erlebnisreicher und auffallender.	[ ]
Wir wollen keine besondere Behandlung der Stammkunden.	[-2] [-1] [0] [+1] [+2]	*("Kundenbindungsführerschaft")* Behandlung der Stammkunden im Vergleich zur Konkurrenz wesentlich besser/intensiver (Clubs, Kundenkarten o.ä.).	[ ]
Läden müssen sich nicht wesentlich von der Konkurrenz unterscheiden.	[-2] [-1] [0] [+1] [+2]	*("Beste Ladengestaltung")* Ladengestaltung und –atmosphäre im Vergleich zur Konkurrenz deutlich ansprechender.	[ ]
Bequemlichkeit beim Einkauf im Vergleich zur Konkurrenz deutlich niedriger.	[-2] [-1] [0] [+1] [+2]	*("Convenienceführerschaft")* Bequemlichkeit beim Einkauf im Vergleich zur Konkurrenz deutlich höher.	[ ]

Dabei versuchen wir...		
ausgewählten, engen Zielgruppen eine sehr gut auf ihre Bedürfnisse angepasste Leistung zu bieten.	[-2] [-1] [0] [+1] [+2]	*breiten Bevölkerungsschichten (Massenmarkt) eine für alle gute Leistung zu bieten.*

8. **Nachdem wir oben von Ihnen wissen wollten, welche Wettbewerbsvorteile Sie anstreben (wie also Ihre Zielsetzung ist), bitten wir Sie nun, Ihre eigene Vertriebsschiene bezüglich der eingesetzten Marketinginstrumente und der bisher bereits realisierten Instrumente zu bewerten.**

(Als Konkurrenten sehen wir hier den gesamten Lebensmitteleinzelhandel, inklusive aller Betriebstypen an, bitte beachten Sie dies bei den vergleichenden Fragen!)

Größe der durchschnittlichen Verkaufsstelle

wesentlich kleiner als bei den meisten Konkurrenten	[-3] [-2] [-1] [0] [+1] [+2] [+3]	*wesentlich größer als bei den meisten Konkurrenten*

Artikelanzahl im Sortiment

wesentlich niedriger als bei den meisten Konkurrenten	[-3] [-2] [-1] [0] [+1] [+2] [+3]	*wesentlich höher als bei den meisten Konkurrenten*

Qualitätsniveau des Sortiments

wesentlich niedriger als bei den meisten Konkurrenten	[-3] [-2] [-1] [0] [+1] [+2] [+3]	*wesentlich höher als bei den meisten Konkurrenten*

Frische bei O&G und bei Fleisch

wesentlich schlechter als bei den meisten Konkurrenten	[-3] [-2] [-1] [0] [+1] [+2] [+3]	*wesentlich besser als bei den meisten Konkurrenten*

Anteil der Handelsmarken am Umsatz: %

wesentlich niedriger als bei den meisten Konkurrenten	[-3] [-2] [-1] [0] [+1] [+2] [+3]	*wesentlich höher als bei den meisten Konkurrenten*

Anteil der als Preiseinstiegsklasse positionierten Handelsmarken (also der preislich sehr niedrigen) an IHREN gesamten Handelsmarkenumsätzen: %

wesentlich niedriger als bei den meisten Konkurrenten	[-3] [-2] [-1] [0] [+1] [+2] [+3]	*wesentlich höher als bei den meisten Konkurrenten*

Anzahl der Verkäufer (ganze Stellen) pro qm Verkaufsfläche

wesentlich kleiner als bei den meisten Konkurrenten	[-3] [-2] [-1] [0] [+1] [+2] [+3]	*wesentlich größer als bei den meisten Konkurrenten*

Anteil der Vollzeitmitarbeiter an der ges. Mitarbeiter-Zahl: _____ %

| *wesentlich niedriger als bei den meisten Konkurrenten* | [-3] [-2] [-1] [0] [+1] [+2] [+3] | *wesentlich höher als bei den meisten Konkurrenten* |

Garantien (Kassengarantie, MHD-Garantie usw.)

| *wesentlich weniger umfassend als bei den meisten Konkurrenten* | [-3] [-2] [-1] [0] [+1] [+2] [+3] | *wesentlich umfassender als bei den meisten Konkurrenten* |

generelles (Normal-)Preisniveau

| *wesentlich teurer als bei den meisten Konkurrenten* | [-3] [-2] [-1] [0] [+1] [+2] [+3] | *wesentlich billiger als bei den meisten Konkurrenten* |

Anteil der Sonderangebotsumsätze

| *wesentlich geringer als bei den meisten Konkurrenten* | [-3] [-2] [-1] [0] [+1] [+2] [I 3] | *wesentlich höher als bei den meisten Konkurrenten* |

Anteil der langfristig konstant gehaltenen Preise (EDLP): _____ %

| *wesentlich niedriger als bei den meisten Konkurrenten* | [-3] [-2] [-1] [0] [+1] [+2] [+3] | *wesentlich höher als bei den meisten Konkurrenten* |

Für den Kunden sichtbare Bestandslücken / Durchführung der Regalpflege / Paletten im Gang

| *wesentlich häufiger als bei den meisten Konkurrenten* | [-3] [-2] [-1] [0] [+1] [+2] [+3] | *wesentlich seltener als bei den meisten Konkurrenten* |

Sauberkeit/Hygiene in den Kundenbereichen

| *wesentlich schmutziger/unhygienischer als bei den meisten Konkurrenten* | [-3] [-2] [-1] [0] [+1] [+2] [+3] | *wesentlich sauberer/hygienischer als bei den meisten Konkurrenten* |

Kassenabfertigung

| *wesentlich langsamer als bei den meisten Konkurrenten* | [-3] [-2] [-1] [0] [+1] [+2] [+3] | *wesentlich effizienter und schneller als bei den meisten Konkurrenten* |

Ausgaben für Ladengestaltung (durchschnittlicher Laden pro Jahr pro qm Verkaufsfl.)

| *wesentlich niedriger als bei den meisten Konkurrenten* | [-3] [-2] [-1] [0] [+1] [+2] [+3] | *wesentlich höher als bei den meisten Konkurrenten* |

Ladenatmosphäre

| *wesentlich nüchterner/karger als bei den meisten Konkurrenten* | [-3] [-2] [-1] [0] [+1] [+2] [+3] | *wesentlich angenehmer als bei den meisten Konkurrenten* |

Werbeausgaben in Prozent vom Umsatz

| *wesentlich höher als bei den meisten Konkurrenten* | [-3] [-2] [-1] [0] [+1] [+2] [+3] | *wesentlich niedriger als bei den meisten Konkurrenten* |

Häufigkeit von Handzetteln und Zeitungsanzeigen

| *deutlich seltener als bei den meisten Konkurrenten* | [-3] [-2] [-1] [0] [+1] [+2] [+3] | *deutlich öfter als bei den meisten Konkurrenten* |

Anteil der reinen Preiswerbung im Vergleich zu Imagewerbung

| *wesentlich höher als bei den meisten Konkurrenten* | [-3] [-2] [-1] [0] [+1] [+2] [+3] | *wesentlich niedriger als bei den meisten Konkurrenten* |

Erlebnisvermittlung/Imagevermittlung in der Werbung

| *wesentlich weniger erlebnisorientiert als bei den meisten Konkurrenten* | [-3] [-2] [-1] [0] [+1] [+2] [+3] | *wesentlich erlebnisorientierter als bei den meisten Konkurrenten* |

Möglichkeiten zum schnellen Einkauf

| *wesentlich schlechter als bei den meisten Konkurrenten* | [-3] [-2] [-1] [0] [+1] [+2] [+3] | *wesentlich besser als bei den meisten Konkurrenten* |

Erreichbarkeit		
wesentlich schlechter als bei den meisten Konkurrenten	[-3] [-2] [-1] [0] [+1] [+2] [+3]	*wesentlich besser als bei den meisten Konkurrenten*
Kundenclubs und Kundenkarten		
keine vorhanden bzw. nicht so weit entwickelt wie bei den meisten Konkurrenten	[-3] [-2] [-1] [0] [+1] [+2] [+3]	*wesentlich weiter entwickelt als bei den meisten Konkurrenten*
Stammkundenpflege		
wesentlich weniger intensiv als bei den meisten Konkurrenten	[-3] [-2] [-1] [0] [+1] [+2] [+3]	*wesentlich intensiver als bei den meisten Konkurrenten*

9. **Schwerpunkte Ihrer Marketingstrategie:**
    Verteilen Sie bitte auf die folgenden Instrumente insgesamt 100 Punkte und versuchen Sie dadurch die Bedeutung der Instrumente für den Markterfolg Ihrer Vertriebsschiene beim Kunden zu gewichten. (Diese Frage ist zwar in der Beantwortung aufwendiger als die anderen Fragen, für unsere Analyse jedoch sehr wichtig! Wenn alle Instrumente für Sie gleich wichtig wären, bekäme jedes 12,5 Punkte. Am einfachsten gehen Sie vor, indem Sie sich überlegen, wie viele Punkte Sie den 2-3 wichtigsten Instrumenten jeweils geben wollen und dann auf die 5-6 anderen die restlichen Punkte verteilen.)

	Punkte
Größe der Auswahl im Sortiment	[ ]
Qualitätsniveau des Sortiments	[ ]
Preis	[ ]
Service	[ ]
Ladengestaltung	[ ]
Werbung	[ ]
Kundenbindungsprogramme	[ ]
Bequemlichkeit beim Einkauf bieten / Convenience	[ ]
Summe	**[100]**

10. **Wie liegt Ihr Unternehmen/Ihre Vertriebsschiene im Branchenvergleich (gesamter Lebensmitteleinzelhandel in Ihrem Einzugsgebiet) bzgl. folgender Kennzahlen:**

Bezüglich der Größe ... gehört
unser Unternehmen / unsere Vertriebsschiene zu den

	untersten 20 %	nächsten 20 %	mittleren 20 %	oberen 20 %	Top 20 %	weiß nicht
Flächenproduktivität (Umsatz/qm in 1999)	[-2]	[-1]	[0]	[+1]	[+2]	[ ]
Umsatzentwicklung im Durchschnitt der letzten 3 Jahre	[-2]	[-1]	[0]	[+1]	[+2]	[ ]
Gewinnentwicklung im Durchschnitt der letzten 3 Jahre	[-2]	[-1]	[0]	[+1]	[+2]	[ ]
Entwicklung des Marktanteils im Einzugsgebiet im Durchschnitt der letzten 3 Jahre	[-2]	[-1]	[0]	[+1]	[+2]	[ ]

11. Wie liegt Ihr Unternehmen/Ihre Vertriebsschiene im Branchenvergleich (gesamter Lebensmitteleinzelhandel in Ihrem Einzugsgebiet) bzgl. folgender Kennzahlen <u>aus Kundensicht</u>
(Uns ist bewusst, dass es sich hierbei nur um grobe Selbsteinschätzungen handeln kann, bei einigen Fragen können Sie jedoch evtl. auf Ihnen vorliegende Marktforschungsergebnisse zurückgreifen.):

Bezüglich der Größe ... gehört
unser Unternehmen / unsere Vertriebsschiene zu den

	untersten 20 %	nächsten 20 %	mittleren 20 %	oberen 20 %	Top 20 %	weiß nicht
Bekanntheitsgrad des Unternehmens (1999)	[-2]	[-1]	[0]	[+1]	[+2]	[ ]
Differenzierung/Abgrenzung von der Konkurrenz (aus Sicht der Konsumenten)	[-2]	[-1]	[0]	[+1]	[+2]	[ ]
Entwicklung des Anteils der Stammkunden / der Treue der Kunden im Durchschnitt der letzten 3 Jahre	[-2]	[-1]	[0]	[ı1]	[+2]	[ ]
Positive Einstellung der Kunden zum Unternehmen	[-2]	[-1]	[0]	[+1]	[+2]	[ ]

	stark verschlechtert	etwas verschlechtert	gleich geblieben	etwas verbessert	stark verbessert	weiß nicht
Veränderung des Image im Durchschnitt der letzten 3 Jahre	[-2]	[-1]	[0]	[+1]	[+2]	[ ]

12. Charakterisierung der betrachteten Vertriebsschiene

♦ durchschnittliche Fläche je Verkaufsstelle: _____ m^2

♦ durchschnittliche Personalzahl je Verkaufsstelle: _____ Personen (Vollzeitbasis)

♦ durchschnittlicher Umsatz je Verkaufsstelle*: _____ Mio. DM

♦ Gesamtumsatz der Vertriebsschiene
(alle Verkaufsstellen)*: _____ Mio. DM

Gegenwert der Währungen*:
1 ÖS = 0,14 DM   1 DM = 7,04 ÖS
1 Fr. = 1,29 Fr.   1 DM = 0,77 Fr.

*Stand: 8.12.2000

Vielen Dank für Ihre Mühe!

Fragebogen des Pretests der Konsumentenbefragung

Guten Tag, Frau/Herr ......, mein Name ist ..... und ich rufe an von der Universität Saarbrücken, Bereich Handel. Wir führen zur Zeit eine Untersuchung über Lebensmittelgeschäfte in Saarbrücken durch und ich wollte Sie bitten, uns kurz einige Fragen zu diesem Thema zu beantworten. Hätten Sie 5 Minuten Zeit, um uns einige Fragen zu beantworten?

Sind Sie derjenige, der in Ihrem Haushalt für die Lebensmitteleinkäufe zuständig ist?

1. Auswahl Handelsunternehmen

♦ Welche Geschäfte in Saarbrücken und der näheren Umgebung kennen Sie, in denen Sie größere Lebensmitteleinkäufe vornehmen können (Wocheneinkauf). Bitte nennen Sie mir diejenigen, die Ihnen jetzt einfallen! (bis zu 8 nennen lassen, nachfragen, bis mindestens 5 genannt sind!)

1. _____   5. _____

2. _____   6. _____

3. _____   7. _____

4. _____   8. _____

2. Top-of-mind-Assoziationen

♦ Ich nenne Ihnen jetzt Eigenschaften, die Lebensmittelgeschäfte haben können. Sagen Sie mir bitte jeweils, ohne lange nachzudenken, welches Unternehmen Ihnen dazu als erstes einfällt. (Wenn Ihnen keines spontan dazu einfällt, können Sie dies natürlich auch sagen! Es können auch gerne Unternehmen sein, die sie oben noch nicht erwähnt haben!

hat eine große Auswahl: _____ Keines: O

schöner Laden und gute Ladenatmosphäre: _____ Keines: O

sehr günstige Preise: _____ Keines: O

für Sie leicht zu erreichen/leicht hinzukommen: _____ Keines: O

hochwertige Produkte, gute Qualität: _____ Keines: O

guter Service und freundliche Bedienung: _____ Keines: O

bequem, dort schnell mal zwischendurch einzukaufen: _____ Keines: O

gute und interessante Werbung: _____ Keines: O

interessante Kundenkarten und –clubs: _____ Keines: O

perfekte Organisation (sehr gute Abläufe an den
Bedienungstheken, der Kasse usw.) : _____ Keines: O

3. Erfolg

♦ Wo kaufen Sie normalerweise Ihre Lebensmittel ein (in der Reihenfolge: Wo kaufen Sie am meisten, wo am zweitmeisten, wo den drittgrößten Anteil)?

1. am meisten kaufe ich ein bei: _____

2. am zweitmeisten: _____

3. _____

4. Schemata (inkl. Vorauswahl)

◆ Kaufen Sie auch mal bei Globus ein (bzw. real oder Aldi)? Dann hätte ich ein paar Fragen zu Ihrer Beurteilung von Globus (bzw. real oder Aldi): (welches gewählt?: Globus   / real   /Aldi   )

◆ Zuerst wüsste ich jetzt gerne von Ihnen, was Ihnen einfällt, wenn Sie an dieses Unternehmen denken. Sagen Sie mir bitte alles, was Ihnen zu „Globus" (real, Aldi) einfällt (freie Assoziationen). (wenn er nicht sofort versteht: „An was denken Sie, wenn Sie an Globus denken?")

1._____   5._____

2._____   6._____

3._____   7._____

4._____   8._____

5. Fit I

Können Sie mir jetzt bitte auf einer Schulnoten-Skala (von 1 wie sehr gut bis 5 wie mangelhaft) beantworten, wie Sie bestimmte Dinge einschätzen? Ich lese Ihnen jetzt ein paar Fragen vor, die Sie mir bitte von 1 bis 5 oder von sehr gut bis mangelhaft beantworten! (Skala einige Male nach den Aussagen vorlesen, wechselnd von vorne nach hinten, von hinten nach vorne und aus der Mitte)

	sehr gut	gut	befriedigend	ausreichend	mangelhaft	weiß nicht
Wie gut passt eigentlich der gesamte Marktauftritt von Globus (z.B. Preis, Sortiment, Qualität, Ladengestaltung, Service usw.) insgesamt für Sie bei Globus zusammen?	① -- ② -- ③ -- ④ -- ⑤					[ ]
Wie gut passt das Niveau der Ladenausstattung (Materialien, Exklusivität usw.) zum allgemeinen Preisniveau von Globus?	① -- ② -- ③ -- ④ -- ⑤					[ ]
Wie gut passen die Exklusiv- und Handelsmarken von Globus (also die Marken, die es sonst nirgends zu kaufen gibt, wie z.B. Excellent, Grandius/Tip/Albrecht Kaffee) von der Qualität her zu dem sonstigen Angebot von Globus? Wie gut stimmt das Qualitätsniveau überein?	① -- ② -- ③ -- ④ -- ⑤					[ ]
Wie gut gelingt es Globus, durch seine Werbung und seine Ladengestaltung deutlich zu machen, welche Sortimente/Produkte es besonders wichtig findet? (Also: Wie gut betont Globus bestimmte Sortimente und stellt sie besonders heraus?)	① -- ② -- ③ -- ④ -- ⑤					[ ]

6. Beurteilung

	sehr gut	gut	befriedigend	ausreichend	mangelhaft	weiß nicht
Wenn ich alle Vor- und Nachteile abwäge, würde ich sagen, Globus erfüllt meine Bedürfnisse ...	① -- ② -- ③ -- ④ -- ⑤					[ ]

7. Markenwert

	sehr gut	gut	befrie- digend	aus- reichend	mangel- haft	weiß nicht
Wie würden Sie die Fairness von Globus gegenüber seinen Kunden bewerten:	① --	② --	③ --	④ --	⑤	[ ]
Wie sympathisch ist Ihnen eigentlich das Unternehmen Globus? Bewerten Sie dies bitte auch auf der Schulnoten-Skala ...	① --	② --	③ --	④ --	⑤	[ ]

8. Fit II

Ich lese Ihnen jetzt ein paar Aussagen vor über Globus. Sagen Sie mir dazu bitte jeweils, ob Sie diese Aussage richtig oder falsch finden, ihr also zustimmen oder ihr nicht zustimmen.

	stimme voll und ganz zu	stimme eher zu	weder/ noch"	stimme eher nicht zu	stimme absolut nicht zu.	weiß nicht
Es ist leicht, die Läden von Globus „wiederzuerkennen", wenn man die Prospekte und Handzettel mal gesehen hat, weil man die gleichen Motive und die gleiche Aufmachung nutzt, insgesamt also den gleichen Stil in Werbung und Laden einsetzt.	① --	② --	③ --	④ --	⑤	[ ]
In der Werbung wird der richtige Eindruck vom Service bei Globus vermittelt. Es werden keine Versprechen gemacht, die nicht im Laden auch gehalten werden.	① --	② --	③ --	④ --	⑤	[ ]
Der Laden, die Atmosphäre, die Sauberkeit im Laden usw. ist bei Globus eigentlich immer so, wie ich es von Globus kenne und erwarte.	① --	② --	③ --	④ --	⑤	[ ]
Die Exklusiv- und Handelsmarken von Globus (also die Marken, die es sonst nirgends zu kaufen gibt, wie z.B. Excellent, Grandius/Tip/Albrecht Kaffee) passen für mich zu meinem Bild von Globus.	① --	② --	③ --	④ --	⑤	[ ]
Wenn ich mir überlege, wie Globus vor 10 Jahren war, da hat man sich mit der Zeit deutlich verändert; es ist eigentlich nicht mehr der gleiche Globus. Mein Bild von Globus hat sich wesentlich verändert.	① --	② --	③ --	④ --	⑤	[ ]
Die Qualität bei Globus ist sehr konstant. Ich weiß, was ich bei Globus erwarten kann und das bekomme ich dort auch.	① --	② --	③ --	④ --	⑤	[ ]
Die Werbung von Globus ist immer wiederzuerkennen, weil sie immer gleich gestaltet ist.	① --	② --	③ --	④ --	⑤	[ ]
Das Preisniveau bei Globus ist eigentlich sehr einheitlich, es ist immer so, wie man es von Globus kennt.	① --	② --	③ --	④ --	⑤	[ ]
Bei Globus ist wirklich alles, also der Laden, die Auswahl, die Bedienung und alles andere, wie aus einem Guß.	① --	② --	③ --	④ --	⑤	[ ]

9. Demografie

Zum Abschluss bräuchten wir noch einige kleine Angaben zu Ihrer Person:

Würden Sie uns Ihr Alter verraten?: _____ *Jahre*	O unter 20 Jahre O zwischen 20 und 30 Jahre O zwischen 30 und 40 Jahre O zwischen 40 und 50 Jahre O zwischen 50 und 60 Jahre O über 60 Jahre
Geschlecht	O männlich O weiblich
Haushaltsgröße	O 1 Person O 2 Personen O 3 Personen O 4 Personen O 5 und mehr Personen

Konsumentenbefragung

Guten Tag, mein Name ist ..... und ich komme von der Universität Saarbrücken, Bereich Handel. Wir führen zur Zeit eine Untersuchung über Lebensmittelgeschäfte in Saarbrücken durch und ich wollte Sie bitten, uns kurz einige Fragen zu diesem Thema zu beantworten. Hätten Sie 10 Minuten Zeit, um uns einige Fragen zu beantworten?
Sind Sie derjenige, der in Ihrem Haushalt für die Lebensmitteleinkäufe zuständig ist? (nur dann weiter!)

1. Einkaufsstätten

a) Bekanntheit

♦ Welche Geschäfte in Saarbrücken und der näheren Umgebung kennen Sie, in denen Sie größere Lebensmitteleinkäufe vornehmen können (Wocheneinkauf)? Bitte nennen Sie mir diejenigen, die Ihnen jetzt einfallen! (mindestens 5 Nennungen)

1._____   4._____

2._____   5._____

3._____   6._____

b) Assoziationen

♦ Ich nenne Ihnen jetzt Eigenschaften, die Lebensmittelgeschäfte haben können. Sagen Sie mir bitte jeweils, ohne lange nachzudenken, welches Unternehmen Ihnen dazu als erstes einfällt. (Wenn Ihnen keines spontan dazu einfällt, können Sie dies natürlich auch sagen! Es können auch gerne Unternehmen sein, die sie oben noch nicht erwähnt haben!)

hat eine große Auswahl: _____ Keines: [ ]

schöner Laden und gute Ladenatmosphäre: _____ Keines: [ ]

sehr günstige Preise: _____ Keines: [ ]

für Sie leicht zu erreichen/leicht hinzukommen: _____ Keines: [ ]

hochwertige Produkte, gute Qualität: _____ Keines: [ ]

guter Service und freundliche Bedienung: _____ Keines: [ ]

bequem, dort schnell mal zwischendurch einzukaufen: _____ Keines: [ ]

sehr gute Organisation
(Abläufe an den Bedienungstheken, der Kasse usw.) : _____ Keines: [ ]

2. Einkaufsmotive

♦ Ich lese Ihnen jetzt eine Reihe von Aussagen vor. Sagen Sie mir dann bitte jeweils, wie Sie zu diesen Aussagen stehen. Ob Sie zustimmen oder nicht zustimmen und auch, wie stark Ihre Zustimmung/Ablehnung jeweils ist.

(Bei der Untersuchung beschäftigen wir uns nicht mit kleineren Einkäufen zwischendurch, sondern nur mit größeren Einkäufen, also meistens „Wocheneinkäufen", bei denen der größere Bedarf ihres Haushalts eingekauft wird. Wenn wir Sie nun nach Dingen befragen, auf die Sie beim Einkaufen achten oder die für Sie wichtig sind, bitten wir Sie, dies in Bezug auf einen solchen, größeren Einkauf zu beantworten!)

	stimme überhaupt nicht zu	stimme nicht zu	stimme eher nicht zu	weder/ noch	stimme eher zu	stimme zu	stimme voll und ganz zu	weiß nicht
Wenn ich einkaufen gehe, bin ich normalerweise in Eile.	[-3]	[-2]	[-1]	[0]	[+1]	[+2]	[+3]	[ ]
Mir ist wichtig, alle meine Einkäufe bequem in einem Laden erledigen zu können, anstatt in mehrere Geschäfte laufen zu müssen.	[-3]	[-2]	[-1]	[0]	[+1]	[+2]	[+3]	[ ]
Eine sehr große Auswahl ist eines der wichtigsten Kriterien für meine Ladenauswahl.	[-3]	[-2]	[-1]	[0]	[+1]	[+2]	[+3]	[ ]
Ich studiere die Handzettel der einzelnen Lebensmittelgeschäfte sehr genau, um jeweils die aktuellen Angebote zu kaufen.	[-3]	[-2]	[-1]	[0]	[+1]	[+2]	[+3]	[ ]
Ich versuche immer nur Lebensmittel von allerhöchster Qualität zu kaufen, selbst wenn die Preise höher sind.	[-3]	[-2]	[-1]	[0]	[+1]	[+2]	[+3]	[ ]
Am wichtigsten bei der Auswahl eines Lebensmittelgeschäfts ist mir, dass das O&G und das Fleisch wirklich frisch sind.	[-3]	[-2]	[-1]	[0]	[+1]	[+2]	[+3]	[ ]
Lebensmittel kaufe ich nur in einem Geschäft, das ich als preisgünstig einschätze.	[-3]	[-2]	[-1]	[0]	[+1]	[+2]	[+3]	[ ]
Mir ist es wichtig, dass ich freundlich bedient werde und ich auch einen Verkäufer finde, wenn ich einen suche. Auch wenn ich in so einem Geschäft dann ein paar Mark mehr bezahle.	[-3]	[-2]	[-1]	[0]	[+1]	[+2]	[+3]	[ ]
Ich will in einem Laden gute Produkte einkaufen und meine Einkäufe zu einem guten Preis bekommen. Wie der Laden aussieht und ob dort die Dekoration schön ist, ist mir dabei egal.	[-3]	[-2]	[-1]	[0]	[+1]	[+2]	[+3]	[ ]

3. Beurteilung

♦ Kaufen Sie auch mal bei *Globus/Real/Aldi/Lidl/Plus/EDEKA/Karstadt* Lebensmittel ein? Dann hätte ich ein paar Fragen zu Ihrer Beurteilung von *(Name)*.
Beurteiltes Unternehmen: _____

a) Marketinginstrumente

♦ Ich lese Ihnen im folgenden immer zwei unterschiedliche Bewertungen vor. Sagen Sie mir bitte jeweils, ob Sie eher zu der ersten Aussage/Bewertung oder eher zu der zweiten tendieren und wie stark.

			weiß nicht
Von *(Name)* sehe bzw. bekomme ich ... *oft Werbung, also z.B. Handzettel/ Werbebeilagen oder Zeitungsanzeigen.*	①-②-③-④-⑤	*nur selten mal Werbung.*	[ ]
Von Globus/Real/Karstadt... *gibt es ein großes Geschäft hier in der Nähe.*	①-②-③-④-⑤	*weiß ich gar nicht, ob und wo es hier in der Nähe ein Geschäft gibt.*	[ ]

alternativ für kleine Betriebstypen: Geschäfte von Aldi/Lidl/Plus/EDEKA ...

gibt es hier in der Nähe einige.	①-②-③-④-⑤	*gibt es hier in der Nähe, glaube ich, selten.*	[ ]
Bei *(Name)* finde ich ... *eine sehr große Auswahl.*	①-②-③-④-⑤	*nur eine sehr begrenzte Auswahl.*	[ ]

Die Qualität des Sortiments bei *(Name)* ist ...

sehr gut und hochwertig.	①-②-③-④-⑤	*eher billig und von minderer Qualität.*	[ ]

O&G und Fleisch sind bei *(Name)* ...

immer sehr frisch.	①-②-③-④-⑤	*manchmal auch nicht mehr ganz so frisch, wie sie sein sollten.*	[ ]

Die Bedienung / die Verkäuferinnen sind bei *(Name)* ...

sehr freundlich und zuvorkommend.	①-②-③-④-⑤	*auch mal uninteressiert und unfreundlich.*	[ ]

Die Läden von *(Name)* sind ...

immer sauber, ordentlich und aufgeräumt.	①-②-③-④-⑤	*auch mal unordentlich oder sehen schlampig aus.*	[ ]

Das Preisniveau bei *(Name)* ist im Vergleich zu anderen Lebensmittelgeschäften ...

eher günstig.	①-②-③-④-⑤	*eher teuer.*	[ ]

Bezüglich Hygiene und Sauberkeit ...

ist der Laden / sind die Läden von (Name) perfekt.	①-②-③-④-⑤	*kann man in den Geschäften von (Name) noch etwas verbessern.*	[ ]

Die Werbung (Handzettel, Zeitungsanzeigen usw.) von *(Name)* ...

gefällt mir sehr gut.	①-②-③-④-⑤	*gefällt mir nicht.*	[ ]

Wenn man noch andere Dinge erledigen will (Reinigung, Lotto, Schuhreparaturen, Schlüsseldienst usw.), ...

dann kann man dies bei (Name) alles an Ort und Stelle erledigen.	①-②-③-④-⑤	*dann muss man noch an eine ganze Reihe von anderen Stellen laufen.*	[ ]

Lange Warteschlangen an den Kassen gibt es bei *(Name)* ...

nur sehr selten.	①-②-③-④-⑤	*sehr häufig.*	[ ]

Der Einkauf bei *(Name)* ist ...

bequem und einfach.	①-②-③-④-⑤	*eher kompliziert und aufwendig.*	[ ]

Die Ladengestaltung bei *(Name)* ...

gefällt mir sehr gut.	①-②-③-④-⑤	*gefällt mir überhaupt nicht.*	[ ]

Als Stammkunde wird man bei *(Name)* ...

besonders nett und zuvorkommend behandelt oder erhält über Kundenkarten besondere Vorteile.	①-②-③-④-⑤	*genauso behandelt wie jeder andere Kunde auch.*	[ ]

Wenn ich alle Vor- und Nachteile abwäge, würde ich sagen, *(Name)* erfüllt meine Bedürfnisse

... sehr gut.	①-②-③-④-⑤	*... schlecht.*	[ ]

Die *(Name)*-Werbung beinhaltet ...

neben Preisangeboten auch eine ganze Reihe weiterer Informationen über das Unternehmen / Imagewerbung.	①-②-③-④-⑤	*nur Preisangebote.*	[ ]

Der Handels- und Exklusivmarkenanteil am *(Name)*-Sortiment (also der Anteil der Marken, die extra für *(Name)* gemacht werden und der Marken, die es sonst nirgends gibt) ist ...

eher höher als bei anderen Lebensmittelgeschäften.	①-②-③-④-⑤	*eher niedriger als bei anderen Lebensmittelgeschäften.*	[ ]

Preisveränderungen (auch Sonderangebote) sind bei *(Name)* ...		
eher seltener als bei anderen Lebensmittelgeschäften. Man hat relativ konstante Preise.	①-②-③-④-⑤	*eher häufiger und intensiver als bei anderen Lebensmittelgeschäften. Die Preiskonstanz ist eher gering.* [ ]

b) Fit

♦ Können Sie mir jetzt für die nächsten beiden Fragen bitte auf einer Schulnoten-Skala (von 1 wie sehr gut bis 5 wie mangelhaft) beantworten, wie Sie bestimmte Dinge einschätzen?

	sehr gut	gut	befriedigend	ausreichend	mangelhaft	weiß nicht
Wie gut passt eigentlich der gesamte Marktauftritt von (Name) (z.B. Preis, Sortiment, Qualität, Ladengestaltung, Service usw.) insgesamt für Sie bei (Name) zusammen?	① --	② --	③ --	④ --	⑤	[ ]
Wie gut gelingt es (Name), durch seine Werbung und seine Ladengestaltung deutlich zu machen, welche Sortimente/Produkte es besonders wichtig findet?	① --	② --	③ --	④ --	⑤	[ ]

c) Zustimmung?

♦ Ich lese Ihnen jetzt eine Reihe von Aussagen vor. Sagen Sie mir dann bitte wieder jeweils, wie Sie zu diesen Aussagen stehen.

	stimme überhaupt nicht zu	stimme nicht zu	stimme eher nicht zu	weder/ noch	stimme eher zu	stimme zu	stimme voll und ganz zu	weiß nicht
Wenn mich ein guter Freund fragen würde, wo er hier in der Umgebung Lebensmittel einkaufen kann, würde ich ihm (Name) empfehlen.	[-3]	[-2]	[-1]	[0]	[+1]	[+2]	[+3]	[ ]
Die Qualität bei (Name) ist sehr konstant. Ich weiß, was ich bei (Name) erwarten kann und das bekomme ich dort auch.	[-3]	[-2]	[-1]	[0]	[+1]	[+2]	[+3]	[ ]
In der Werbung wird der richtige Eindruck vom Service bei (Name) vermittelt. Es werden keine Versprechen gemacht, die nicht im Laden auch gehalten werden.	[-3]	[-2]	[-1]	[0]	[+1]	[+2]	[+3]	[ ]
Der Laden, die Atmosphäre, die Sauberkeit im Laden usw. ist bei (Name) eigentlich immer so, wie ich es von (Name) kenne und erwarte.	[-3]	[-2]	[-1]	[0]	[+1]	[+2]	[+3]	[ ]
Ich glaube, dass (Name) den Kunden fair behandelt.	[-3]	[-2]	[-1]	[0]	[+1]	[+2]	[+3]	[ ]
Bei (Name) ist wirklich alles, also der Laden, die Auswahl, die Bedienung und alles andere, wie aus einem Guss.	[-3]	[-2]	[-1]	[0]	[+1]	[+2]	[+3]	[ ]
Ich fühle mich dem Unternehmen (Name) sehr verbunden.	[-3]	[-2]	[-1]	[0]	[+1]	[+2]	[+3]	[ ]
(Name) ist anders als andere Lebensmittelgeschäfte.	[-3]	[-2]	[-1]	[0]	[+1]	[+2]	[+3]	[ ]
Das Unternehmen (Name) ist mir sehr sympathisch.	[-3]	[-2]	[-1]	[0]	[+1]	[+2]	[+3]	[ ]
Der Name (Name)' ist für mich eine mindestens genauso gute Marke wie ein Markenartikel der Industrie.	[-3]	[-2]	[-1]	[0]	[+1]	[+2]	[+3]	[ ]

d) Markenbild

♦ Ich will Sie jetzt etwas zu ihrem Gedächtnisbild von *(Name)* fragen, also zu dem inneren Bild, das Sie vor Augen haben, wenn Sie an *(Name)* denken. Wie ist das Bild, das Sie von *(Name)* haben, wenn Sie daran denken?

Mein inneres Bild ist:

völlig klar und so lebendig wie die Realität	[1]
klar und ziemlich lebendig	[2]
mäßig klar und lebendig	[3]
vage und undeutlich	[4]
Ich habe überhaupt kein Bild. Ich weiß nur, dass ich an (Name) denke.	[5]

e) Wichtigkeit

♦ Was, denken Sie, sind die Gründe, warum Kunden von *(Name)* dort einkaufen? Ich zeige Ihnen jetzt eine Liste mit Eigenschaften von Handelsunternehmen. Sagen Sie mir bitte, für wie wichtig für die Käufer von *(Name)* Sie die folgenden Eigenschaften halten! Bitte sagen Sie mir zuerst, welche Sie für die drei wichtigsten bei *(Name)* halten und geben Sie anschließend für jedes einzelne die Wichtigkeit an.

		sehr wichtig	wichtig	eher wichtig	ein wenig wichtig	überhaupt nicht wichtig
große Auswahl	[ ]	① -----	② -----	③ -----	④ -----	⑤
qualitativ hochwertiges Sortiment	[ ]	① -----	② -----	③ -----	④ -----	⑤
guter Service	[ ]	① -----	② -----	③ -----	④ -----	⑤
niedrige/günstige Preise	[ ]	① -----	② -----	③ -----	④ -----	⑤
gute, interessante Ladengestaltung	[ ]	① -----	② -----	③ -----	④ -----	⑤
gute und interessante Werbung	[ ]	① -----	② -----	③ -----	④ -----	⑤
Bequemlichkeit beim Einkauf	[ ]	① -----	② -----	③ -----	④ -----	⑤
interessante Kundenbindungsprogramme	[ ]	① -----	② -----	③ -----	④ -----	⑤
gut ablaufende Organisation (Abwicklung / Prozesse im Laden)	[ ]	① -----	② -----	③ -----	④ -----	⑤

f) Unterscheidung

♦ Wenn Sie an *(Name)* denken, dann fallen Ihnen vermutlich verschiedene Assoziationen ein. Ein Teil davon wäre wohl der gleiche bei einem anderen Lebensmittelgeschäft, ein Teil davon unterscheidet aber *(Name)* von anderen. Sagen Sie mir bitte alle Eigenschaften, die Ihnen einfallen, wie sich *(Name)* von der Konkurrenz unterscheidet.

1.＿＿＿＿＿＿＿＿＿＿　　4.＿＿＿＿＿＿＿＿＿＿

2.＿＿＿＿＿＿＿＿＿＿　　5.＿＿＿＿＿＿＿＿＿＿

3.＿＿＿＿＿＿＿＿＿＿　　6.＿＿＿＿＿＿＿＿＿＿

4. Käufer?

	nie	mehr-mals pro Jahr	einmal pro Monat	mehr-mals pro Monat	einmal pro Woche	mehr-mals pro Woche
Wie häufig kaufen Sie bei (Name) ein?	[1]	[2]	[3]	[4]	[5]	[6]

	0-20 %	20-40 %	40-60 %	60-80 %	80-100 %
Welchen Anteil Ihrer Lebensmittelausgaben tätigen Sie bei (Name)? (letzte 12 Mon.)	[1]	[2]	[3]	[4]	[5]

◆ Nennen Sie uns bitte die 3 Geschäfte, in denen Sie den größten Teil Ihrer Lebensmittel einkaufen!

1._____

2._____

3._____

5. Demografie

◆ Zum Abschluss bräuchten wir noch einige kleine Angaben zu Ihrer Person:

Würden Sie uns Ihr Alter verraten? _____ *Jahre*	O unter 20 Jahre O zwischen 20 und 30 Jahre O zwischen 30 und 40 Jahre O zwischen 40 und 50 Jahre O zwischen 50 und 60 Jahre O über 60 Jahre
Geschlecht	O männlich O weiblich
Haushaltsgröße	O 1 Person O 2 Personen O 3 Personen O 4 Personen O 5 und mehr Personen

Vielen Dank für Ihre Auskunft; Sie haben uns sehr geholfen!

Erläuterung des Fokussierungs-Index

Wie vorne bereits erwähnt, wurde bei der Erhebung bei den Konsumenten auf ein Konstantsummenverfahren verzichtet, bei dem die Konsumenten aufgefordert worden wären, 100 Punkte auf die Marketinginstrumente der Handelsunternehmen gemäß ihrer Bedeutung für das Marketing des Handelsunternehmens zu verteilen. Stattdessen bewerteten die Befragten die Bedeutung der Marketinginstrumente auf 5er-Ratingskalen, die jedoch (indirekt) in Konstantsummenwerte umgerechnet wurden, indem die insgesamt vergebene Punktzahl bei allen (neun) Skalen addiert wurde und als Maximum (100 Prozent) betrachtet wurde.

Bei einer gleichmäßigen Bedeutung aller (neun) Marketinginstrumente wären dabei jeweils 1/9 der Punkte für jedes Instrument vergeben worden. Die Abweichung von diesem Wert zeigt eine Ungleichverteilung an. Da sich die Summe der Abweichungen mehrerer Werte von ihrem gemeinsamen Mittelwert (bei der Konstantsummenbetrachtung) zu Null addieren, wurde die Summe der Beträge der Abweichungen als Maßzahl für die Fokussierung gewählt, die durch Division mit dem jeweils möglichen Maximalwert dieser Maßzahl und Multiplikation mit 100 normiert wurde. Der Fokussierungsindex kann daher Werte zwischen 0 und 100 annehmen.

Die Formel für die Berechnung lautet:

$$FI_{Konsument} = \frac{\sum_{j=1}^{9} \left| \frac{\sum_{i=1}^{9} W_i}{9} - W_j \right|}{\frac{16}{9} \sum_{i=1}^{9} W_i} \cdot 100,$$

wobei W_i bzw. W_j der Rating-Wert eines Instruments ist und j, i ein Index ist, der das jeweilige Instrument bezeichnet.

Zähler des Indexes

Insgesamt vergibt ein Konsument für die neun Instrumente (mit den Rating-Werten der Wichtigkeit) $\sum_{i=1}^{9} W_i$ Punkte.

$\dfrac{\sum_{i=1}^{9} W_i}{9}$ entspricht dann der Wichtigkeit, die jedem Instrument bei einer Gleichverteilung beigemessen würde. Die Summe der betragsmäßigen Abweichung von diesem Wert stellt den Zähler der Berechnung da.

Maximalwert des Zählers als normierender Nenner

Bei einer Vergabe von $\sum_{i=1}^{9} W_i$ „Punkten" insgesamt durch einen Konsumenten ist der maximale Wert dieses Zählers (der dann erreicht wird, wenn eine maximale Konzentration vorliegt, also eine einzelne Variable alle Punkte auf sich vereint, während alle anderen jeweils null Punkte bekommen) wie folgt:

$$\left| \frac{\sum_{i=1}^{9} W_i}{9} - W_1 \right| + 8 \cdot \left| \frac{\sum_{i=1}^{9} W_i}{9} - 0 \right|$$

Dabei ist der erste Summand der Betrag der Abweichung der Variable, die Punkte "erhalten" hat von ihrem "Soll-Wert" (den sie bei Gleichverteilung erhalten hätte).

Da alle anderen Variablen in diesem Fall null Punkte erhalten, ist deren Abweichung von ihrem Soll-Wert jeweils gleich diesem Soll-Wert (wenn o.B.d.A. die Variable W_1 diejenige ist, die als einzige von Null abweicht, auf die also Punkte verteilt wurden).

Diese Formel kann wie folgt umgeformt werden, da der Wert W_1 in diesem Fall mit der Summe aller W_i übereinstimmt (W_2 bis W_9 sind ja in diesem Fall gleich Null):

$$\left| \frac{\sum_{i=1}^{9} W_i}{9} - \sum_{i=1}^{9} W_i \right| + 8 \cdot \left| \frac{\sum_{i=1}^{9} W_i}{9} \right| = \left| -\frac{8\sum_{i=1}^{9} W_i}{9} \right| + \left| \frac{8\sum_{i=1}^{9} W_i}{9} \right| =$$

(der Inhalt des ersten Betrags ist negativ, der des zweiten positiv)

$$\frac{8\sum_{i=1}^{9} W_i}{9} + \frac{8\sum_{i=1}^{9} W_i}{9} = \frac{16\sum_{i=1}^{9} W_i}{9}$$

Formel

Damit sind Zähler und (normierender) Nenner erläutert, durch Multiplikation mit 100 ergibt sich der Fokussierungs-Index.

Literaturverzeichnis

A.C.Nielsen (Hrsg.): Universen 2000, Frankfurt a.m. 2000.

Aaker, David: Strategisches Marktmanagement, (Gabler) Wiesbaden 1989.

Aaker, David: Management des Markenwerts, (Campus) Frankfurt a.m. 1992.

Aaker, David; Keller, Kevin: Consumer evaluations of brand extensions, in: Journal of Marketing, 54. Jg., 1990, Nr. 1, S. 27-41.

Aaker, David; Shansby, Gary: Positioning your product, in: Business Horizons, 25. Jg., 1982, Nr. 3, S. 56-62.

Aaker, Jennifer: Dimensionen der Markenpersönlichkeit, in: Esch, Franz-Rudolf (Hrsg.): Moderne Markenführung, 2. Aufl., (Gabler) Wiesbaden 2000, S. 91 102.

Accor: Alles über Accor, http://www.accorhotels.com/accorhotels/index.html, 1.5.2001.

Ackermann, Jörg: Branding aus der Perspektive eines Lebensmittelhandelsunternehmens, in: Tomczak, Torsten (Hrsg.): Store Branding - Der Handel als Marke?, Ergebnisse 10. Bestfoods TrendForum, (TrendForum Verlag) Wiesbaden 2000, S. 51-62.

Adlwarth, Wolfgang: Formen und Bestimmungsgründe prestigegeleiteten Konsumentenverhaltens, (Florentz) München 1983.

Agarwal, Manoj; Rao, Vithala: An empirical comparison of consumer-based measures of brand strength, Arbeitspapier, (Cornell University) 1992.

Agres, Stuart: Leading and Lagging Indicator of Brand Health, in: Sood, Sanjay (Hrsg.): Brand Equity and the Marketing Mix, Report No. 95-111, (Marketing Science Institute) Cambridge 1995, S. 29-31.

Ahlert, Dieter; Kenning, Peter; Schneider, Dirk: Markenmanagement im Handel, (Gabler) Wiesbaden 2000.

Ahlert, Dieter; Schröder, Hendrik: „Erlebnisorientierung" im stationären Einzelhandel, in: Marketing-ZFP, 12. Jg., 1990, Nr. 4, S. 221-229.

Alba, Joseph u.a.: Interactive home shopping: consumer, retailer, and manufacturer incentives to participate in electronic marketplaces, in: Journal of Marketing, 61. Jg., 1997, Nr. 7, S. 38-53.

Albers, Sönke; Peters, Kay: Die Wertschöpfungskette des Handels im Zeitalter des Electronic Commerce, in: Marketing-ZFP, 19. Jg., 1997, S. 69-80.

Anderer, Michael: Internationalisierung im Einzelhandel, (Deutscher Fachverlag) Frankfurt a.M. 1997.

Anderson, James; Gerbing, David: Structural equation modeling in practice: a review and recommended two-step approach, in: Psychology Bulletin, 103. Jg., 1988, Nr. 3, S. 411-423.

Anderson, John: A spreading activation theory of memory, in: Journal of Verbal Learning and Verbal Behavior, 22. Jg., 1983, S. 261-295.

Anderson, Rolph: Consumer Satisfaction: The effect of disconfirmed expectancy on perceived product performance, in: Journal of Marketing Research, 10. Jg., 1973, S. 38-44.

Andresen, Thomas: Innere Markenbilder: MAX - wie er wurde, was er ist, in: Planung und Analyse, o. Jg., 1991, Nr. 1, S. 28-34.

Andresen, Thomas; Esch, Franz-Rudolf: Messung der Markenstärke durch den Markeneisberg, in: Esch, Franz-Rudolf (Hrsg.): Moderne Markenführung, 2. Aufl., (Gabler) Wiesbaden 2000, S. 989-1011.

Arbuckle, James; Wothke, Werner: Amos 4.0 User's Guide, (Small Waters Corporation) Chicago 1999.

Arend-Fuchs, Christine: Die Einkaufsstättenwahl der Konsumenten bei Lebensmitteln, (Deutscher Fachverlag) Frankfurt a.M. 1995.

Arons, Leon: Does television viewing influence store image and shopping frequency?, in: Journal of Retailing, 37. Jg., 1961, Nr. 3, S. 1-13.

Auken, Stuart van; Lonial, Subhash: Multidimensional scaling and retail positioning, in: International Journal of Retail & Distribution Management, 19. Jg., 1991, Nr. 3, S. 11-18.

Ausschuß für Begriffsdefinitionen aus der Handels- und Absatzwirtschaft (Hrsg.): Katalog E, 4. Ausg., Köln 1995.

Axel Springer Verlag: MDS online - Verbraucheranalyse 2000, http://www.mediapilot.de/navigation/mediapilot.html?5, 15.10.2000.

Axelrod, Joel: Attitude measures that predict purchase, in: Journal of Advertising Research, 8. Jg., 1968, Nr. 1, S. 3-17.

Babin, Barry; Darden, William; Griffin, Mitch: Work and/or fun: Measuring hedonic and utilitarian shopping value, in: Journal of Consumer Research, 20. Jg., 1994, Nr. 4, S. 644-656.

Backhaus, Klaus u.a.: Multivariate Analysemethoden, 9. Aufl., (Springer) Berlin u.a. 2000.

Backhaus, Klaus: Industriegütermarketing, 6. Aufl., (Vahlen) München 1999.

Backhaus, Klaus; Meyer, Margit: Korrespondenzanalyse - Ein vernachlässigtes Analyseverfahren nichtmetrischer Daten in der Marketingforschung, in: Marketing-ZFP, 10. Jg., 1988, Nr. 4, S. 295-307.

BAG (Hrsg.): Vademecum des Einzelhandels 2000, Berlin 2000.

Bagozzi, Richard: Causal Models in Marketing, (Wiley) New York 1980.

Baker, Julie, Grewal, Dhruv; Parasumaran, A.: The influence of store environment on quality inference and store image, in: Journal of the Academy of Marketing Science, 22. Jg., 1994, Nr. 4, S. 328-339.

Baltas, George: Determinants of store brand choice: a behavioral analysis, in: Journal of Product & Brand Management, 6. Jg., 1997, Nr. 5, S. 315-324.

Barich, Howard; Srinivasan, V.: Prioritizing marketing image goals under resource constraints, in: Sloan Management Review, 35. Jg., 1993, Summer, S. 69-76.

Barth, Klaus: Handelsforschung, in: Tietz, Bruno; Köhler, Richard; Zentes, Joachim (Hrsg.): Handwörterbuch des Marketing, 2. Aufl., (Schäffer-Poeschel) Stuttgart 1995, Sp. 864-875, Sp. 864.

Barth, Klaus: Betriebswirtschaftslehre des Handels, 4. Aufl., (Gabler) Wiesbaden 1999.

Barth, Klaus; Hartmann, Ralph: Strategische Marketingplanung im Einzelhandel - Möglichkeiten und Grenzen der Anwendung adäquater Planungstechniken, in: Trommsdorff, Volker (Hrsg.): Handelsforschung 1991, (Gabler) Wiesbaden 1991, S. 135-155.

Barth, Klaus; Theis, Hans-Joachim: Werbung des Facheinzelhandels, (Gabler) Wiesbaden 1991.

Barwise, Patrick; Ehrenberg A.S.: Consumer beliefs and brand usage, in: Journal of the Market Research Society, 27. Jg., 1985, Nr. 2, S. 81-93.

Baumgarten, Helmut u.a.: Qualitäts- und Umweltmanagement logistischer Prozessketten, (Haupt) Bern u.a. 1998.

Bearden, William; Crockett, Melissa; Teel, Jesse: Purchase Expectations, Consumer Attitudes, and Patronage Intentions, in: Darden, William; Lusch, Robert (Hrsg.): Patronage Behavior and Retail Management, (North-Holland) New York 1983, S. 353-362.

Beatty, Sharon; Kahle, Lynn; Homer, Pamela: The involvement-commitment model: Theory and implications, in: Journal of Business Research, 16. Jg., 1988, Nr. 2, S. 149-167.

Beaven, Mary; Scotti, Dennis: Service-oriented thinking and its implications for the marketing mix, in: Journal of Services Marketing, 4. Jg., 1990, Nr. 4, S. 5-19.

Becker, Jochen: Markenartikel und Verbraucher, in: Dichtl, Erwin; Eggers, Walter (Hrsg.): Marke und Markenartikel, (dtv) München 1992, S. 97-127.

Becker, Jochen: Typen von Markenstrategien, in: Bruhn, Manfred (Hrsg.): Handbuch Markenartikel, Bd. 1, (Schäffer-Poeschel) Stuttgart 1994, S. 463-498.

Becker, Jochen: Marketing-Konzeption, 6. Aufl., (Vahlen) München 1998.

Behrens, Gerold: Konsumentenverhalten, 2. Aufl., (Physica) Heidelberg 1991.

Behrens, Gerold: Verhaltenswissenschaftliche Erklärungsansätze der Markenpolitik, in: Bruhn, Manfred (Hrsg.): Handbuch Markenartikel, Bd. 1, (Schäffer-Poeschel) Stuttgart 1994, S. 199-217.

Beisheim, Otto: Der Mensch im modernen Dienstleistungs-System, in: Beisheim, Otto (Hrsg.): Distribution im Aufbruch, (Vahlen) München 1999, S. 3-35.

Bekmeier, Sigrid: Markenwert, in: Tietz, Bruno; Köhler, Richard; Zentes, Joachim (Hrsg.): Handwörterbuch des Marketing, 2. Aufl., (Schäffer-Poeschel) Stuttgart 1995, Sp. 1459-1471.

Bekmeier-Feuerhahn, Sigrid: Marktorientierte Markenbewertung, (DUV) Wiesbaden 1998.

Bell, David; Latten, James: Preferences for store price format: Why „large basket" shoppers prefer EDLP, in: Marketing Science, 17. Jg., 1998, Nr. 1, S. 66-88.

Bell, Martin: A matrix approach to the classification of marketing goods and services, in: Donnelly, James; George, William (Hrsg.): Marketing of Services, (AMA) Chicago 1981, S. 208-212.

Bellenger, Danny; Korgaonkar, Pradeep: Profiling the recreational shopper, in: Journal of Retailing, 56. Jg., 1980, Nr. 3, S. 77-92.

Bellenger, Danny; Robertson, Dan; Greenberg, Barnett: Shopping center patronage motives, in: Journal of Retailing, 53. Jg., 1977, Nr. 2, S. 29-38.

Berekoven, Ludwig: Die Werbung für Investitions- und Produktionsgüter, ihre Möglichkeiten und Grenzen, (Moderne Industrie) München 1961.

Berekoven, Ludwig: Der Markenartikel - Garant für sichere Märkte? in: Jahrbuch der Absatz- und Verbrauchsforschung, 23. Jg., 1977, Nr. 4, S. 338-345.

Berekoven, Ludwig: Zum Verständnis und Selbstverständnis des Markenwesens, in: Andreae, Clemens-August u.a. (Hrsg.): Markenartikel heute - Marke, Markt und Marketing, (Gabler) Wiesbaden 1978, S. 35-48.

Berekoven, Ludwig: Von der Markierung zur Marke, in: Dichtl, Erwin; Eggers, Walter (Hrsg.): Marke und Markenartikel, (dtv) München 1992, S. 25-45.

Berekoven, Ludwig: Erfolgreiches Einzelhandelsmarketing, 2. Aufl., (Beck) München 1995.

Berndt, Ralph; Sander, Matthias: Der Wert von Marken - Begriffliche Grundlagen und Ansätze zur Markenbewertung, in: Bruhn, Manfred (Hrsg.): Handbuch Markenartikel, Bd. 2, (Schäffer-Poeschel) Stuttgart 1994, S. 1353-1372.

Berry, Leonard: Retail positioning strategies for the 1980s, in: Business Horizons, 25. Jg., 1982, Nr. 6, S. 45-50.

Berry, Leonard: Service marketing is different, in: Lovelock, Christopher (Hrsg.): Services Marketing, (Prentice Hall) Englewood Cliffs/NJ 1984, S. 29-37.

Besig, Hans-Michael; Maier, Michael; Meyer, Anton: Markenstrategien im Finanz-Marketing, in: Dichtl, Erwin; Eggers, Walter (Hrsg.): Markterfolg mit Marken, (Beck) München 1996, S. 117-138.

Bieg, Hartmut: Betriebswirtschaftslehre 1 - Investition und Unternehmungsbewertung, (Dr. Grannemann & von Fürstenberg) Freiburg i.B. 1990.

Biel, Alexander: How brand image drives brand equity, in: Journal of Advertising Research, 32. Jg., 1992, Nr. 6, S. RC6-RC12.

Biel, Alexander: Grundlagen zum Markenwertaufbau, in: Esch, Franz-Rudolf (Hrsg.): Moderne Markenführung, 2. Aufl., (Gabler) Wiesbaden 2000, S. 61-90.

Birkigt, Klaus; Stadler, Marinus; Funck; Hans Joachim: Corporate Identity, Grundlagen - Funktionen - Fallbeispiele, (Moderne Industrie) Landsberg a.L. 2000.

Birtwistle, Grete; Clarke, Ian; Freathy, Paul: Store image in the UK fashion sector: consumer versus retailer perceptions, in: The International Review of Retail, Distribution and Consumer Research, Vol. 9, 1999, Nr. 1, S. 1-16.

Bitz, Michael: Investition, in: Bitz, Michael (Hrsg.): Vahlens Kompendium der Betriebswirtschaftslehre, Bd. 1, 4. Aufl., (Vahlen) München 1998, S. 107-173.

Blackett, Tom: The Nature of Brands, in: Murphy, John (Hrsg.): Brand Valuation, (Hutchinson) London 1989, S. 1-11.

Blackston, Max: Price Trade-offs as a measure of brand value, in: Journal of Advertising Research, 30. Jg., 1990, Nr. 4, S. RC3-RC6.

Bloemer, Josée; de Ruyter, Ko: On the relationship between store image, store satisfaction and store loyalty, in: European Journal of Marketing, Vol. 32, 1998, Nr. 5/6, S. 499-513.

Böcker, Franz: Präferenzforschung als Mittel marktorientierter Unternehmensführung, in: Schmalenbachs Zeitschrift für betriebswirtschaftliche Forschung, 38. Jg., 1986, S. 543-574.

Bolz, Joachim: Wettbewerbsorientierte Standardisierung der internationalen Marktbearbeitung, (Wissenschaftliche Buchgesellschaft) Darmstadt 1992.

Bortz, Jürgen: Statistik für Sozialwissenschaftler, 5. Aufl., (Springer) Berlin u.a. 1999.

Bost, Erhard: Ladenatmosphäre und Konsumentenverhalten, (Physica) Heidelberg 1987.

Boush, David: Marken als Kategorien, in: Esch, Franz-Rudolf (Hrsg.): Moderne Markenführung, 2. Aufl., (Gabler) Wiesbaden 2000, S. 721-736.

Bower, Gordon; Hilgard, Ernest: Theories of Learning, 5. Aufl., (Prentice Hall) Englewood Cliffs/NJ 1997.

Boyens, Friedrich: Standardisierung als Element der Marketing-Politik von Filialsystemen des Einzelhandels, Diss., Freie Universität Berlin 1981.

Brand, Horst; Bungard, Walter: Markentreue, in: Jahrbuch der Absatz- und Verbrauchsforschung, 28. Jg., 1982, Nr. 3, S. 265-288.

Brauer, Wolfgang: Die Betriebsform im stationären Einzelhandel als Marke, (FGM) München 1997.

Brockhoff, Klaus; Sattler, Henrik: Markenwert und Qualitätszeichen, in: Dichtl, Erwin; Eggers, Walter (Hrsg.): Markterfolg mit Marken, (Beck) München 1996, S. 206-224.

Brown, James; Fern, Edward: Goods vs. services marketing: A divergent perspective, in: Donnelly, James; George, William (Hrsg.): Marketing of Services, (AMA) Chicago 1981, S. 205-207.

Bruch, Thomas: Die strategische Orientierung der Globus-Gruppe, in: Marketing- und Management-Transfer, o. Jg., 2000, Oktober, S. 25-32.

Brück, Mario: Aldi-Preisimage ist unantastbar, in: Lebensmittel Zeitung, 52. Jg., 2000, Nr. 7, S. 10.

Bruhn, Manfred: Begriffsabgrenzungen und Erscheinungsformen von Marken, in: Bruhn, Manfred (Hrsg.): Handbuch Markenartikel, Bd. 1, (Schäffer-Poeschel) Stuttgart 1994, S. 3-41.

Bruhn, Manfred (Hrsg.): Handelsmarken, 2. Aufl., (Schäffer-Poeschel) Stuttgart 1997.

Bruhn, Manfred; Homburg, Christian (Hrsg.): Handbuch Kundenbindungsmanagement, 3. Aufl., (Gabler) Wiesbaden 2000.

Bruhn, Manfred; Stefanovszky, Andreas: Niedrig-Preis-Strategien des Handels im Wettbewerb, in: Harvard Manager, 8. Jg., 1986, Nr. 1, S. 57-63.

Brunner, James; Mason, John: The influence of driving time upon shopping center performance, in: Journal of Marketing, 32. Jg., 1968, Nr. 4, S. 57-61.

Bucklin, Louis: The concept of mass in intra-urban shopping, in: Journal of Marketing, 31. Jg., 1967, Nr. 10, S. 37-42.

Bühl, Achim; Zöfel, Peter: SPSS Version 9, 6. Aufl., (Addison-Wesley) München u.a. 2000.

Burkhardt, Achim: Die Betriebstypenmarke im stationären Einzelhandel, Diss., Universität Erlangen-Nürnberg 1997.

Carpenter, Gregory; Glazer, Rashi; Nakamoto, Kent: Meaningful brands from meaningless differentiation: The dependence on irrelevant attributes, in: Journal of Marketing Research, 31. Jg., 1994, Nr. 3, S. 339-350.

Chattopadhyay, Amitava; Alba, Joseph: The situational importance of recall and inference in consumer decision making, in: Journal of Consumer Research, 15. Jg., 1988, Nr. 6, S. 1-12.

Chaudhuri, Arjun: Brand equity or double jeopardy?, in: Journal of Product & Brand Management, 4. Jg., 1995, Nr. 1, S. 26-32.

Chernatony, Leslie de; McDonald, Malcom: Creating Powerful Brands, (Butterworth-Heinemann) Oxford/UK u.a. 1992.

Cohen, Louis: The level of consciousness: A dynamic approach to the recall technique, in: Journal of Marketing Research, 3. Jg., 1966, Nr. 2, S. 142-148.

Conant, Jeffrey; Smart, Denise; Solano-Mendez, Roberto: Generic retailing types, discinctive marketing competencies, and competitive advantage, in: Journal of Retailing, 69. Jg., 1993, Nr. 3, S. 254-279.

Corsten, Hans: Dienstleistungsmarketing, in: Jahrbuch der Absatz- und Verbrauchsforschung, 35. Jg., 1989, Nr. 1, S. 23-40.

Corsten, Hans; Will, Thomas: Ansatzpunkte zu einer strategiegerechten Produktionsorganisation bei simultanen Strategieanforderungen, in: Zeitschrift für Führung und Organisation, 61. Jg., 1992, Nr. 5, S. 293-298.

Corstjens, Judith; Corstjens, Marcel: Store Wars, (Wiley) Chichester u.a. 1995.

Crimmins, James: Better measurement and management of brand value, in: Journal of Advertising Research, 32. Jg., 1992, Nr. 4, S. 11-19.

Cunningham, Scott: The Major Dimensions of Perceived Risk, in: Cox, Donald (Hrsg.): Risk taking and information handling in consumer behavior, (Div.of Research, Graduate School of Business Administration Harvard University) Boston 1967, S. 82-108.

Dach, Christian: Der Wettbewerb der Zukunft: elektronischer vs. stationärer Handel, in: Mitteilungen des Instituts für Handelsforschung, 51. Jg., 1999, Nr. 3, S. 1-57.

Dacin, Peter; Smith, Daniel: Einfluss des Produktportfolios auf die Markenstärke, in: Esch, Franz-Rudolf (Hrsg.): Moderne Markenführung, 2. Aufl., (Gabler) Wiesbaden 2000, S. 779-797.

Darden, William: A patronage model of consumer behavior, in: Stampfl, Ronald; Hirschmann, Elizabeth (Hrsg.): Competitive structure in retail markets: The department store perspective, (AMA) Chicaco 1979, S. 43-52.

Darden, William; Ashton, Dub: Psychographic profiles of patronage preference groups, in: Journal of Retailing, 50. Jg., 1974/75, Winter, S. 99-112.

Darden, William; Reynolds, Fred: Shopping orientations and product usage rates, in: Journal of Marketing Research, 8. Jg., 1971, Nr. 4, S. 505-508.

Davies, Gary: Positioning, image and the marketing of multiple retailers, in: The International Review of Retailing, Distribution and Consumer Research, 2. Jg., 1992, Nr. 1, S. 13-34.

Davies, Gary: The two ways in which retailers can be brands, in: International Journal of Retail & Distribution Management, 20. Jg., 1992, Nr. 2, S. 24-34.

Davies, Gary; Brooks, Janice: Positioning Strategy in Retailing, (Paul Chapman Publishing) London 1989.

Dawson, Scott, Bloch, Peter; Ridway, Nancy: Shopping motives, emotional states, and retail outcomes, in: Journal of Retailing, 66. Jg., 1990, Nr. 4, S. 408-427.

Deimel, Klaus: Grundlagen des Involvement und Anwendung im Marketing, in: Marketing-ZFP, 11. Jg., 1989, Nr. 3, S. 153-161.

Dhar, Sanjay; Hoch, Stephen: Why store brand choice varies by retailer, in: Marketing Science, 16. Jg., 1997, Nr. 3, S. 208-227.

Dichter, Ernest: What's in an image, in: Journal of Consumer Marketing, 2. Jg., 1985, Nr. 2, S. 75-81.

Dichtl, Erwin (Hrsg.): Electronic Shopping - Handel ohne Handel?, Ergebnisse 5. CPC TrendForum, (SFV) Mainz 1997.

Dichtl, Erwin: Grundidee, Varianten und Funktionen der Markierung von Waren und Dienstleistungen, in: Dichtl, Erwin; Eggers, Walter (Hrsg.): Marke und Markenartikel, (dtv) München 1992, S. 1-23.

Dick; Alan; Basu, Kunal: Customer loyalty, toward an integrated conceptual framework, in: Journal of the Academy of Marketing Science, 22. Jg., 1994, S. 99-113.

Dick, Alan; Jain, Arun; Richardson, Paul: How consumers evaluate store brands, in: Journal of Product & Brand Management, 5. Jg., 1996, Nr. 2, S. 19-28.

Diller, Hermann; Bauer, Hans: Image-Analyse mit Hilfe der multiplen Diskriminanzanalyse, in: Die Unternehmung, 28. Jg., 1974, Nr. 3, S. 187-198.

Diller, Hermann: Der Preis als Qualitätsindikator, in: Die Betriebswirtschaft, 37. Jg., 1977, Nr. 2, S. 219-234.

Diller, Hermann: Zielgruppen für den Erlebnishandel - Eine empirische Studie, in: Trommsdorff, Volker (Hrsg.): Handelsforschung 1990, (Gabler) Wiesbaden 1990, S. 139-156.

Diller, Hermann: Das Preisimage als Wettbewerbsfaktor im Einzelhandel, Arbeitspapier Nr. 8 des Lehrstuhls für Marketing an der Universität Erlangen-Nürnberg, Nürnberg 1991.

Diller, Hermann: Preismanagement in der Markenartikelindustrie, in: Bruhn, Manfred (Ed.): Handbuch Markenartikel, Bd. 2, (Schäffer-Poeschel) Stuttgart 1994, S. 1161-1188.

Diller, Hermann: Kundenbindung als Marketingziel, in: Marketing-ZFP, 18. Jg., 1996, S. 81-94.

Diller, Hermann: Preisehrlichkeit - Eine neue Zielgröße im Preismanagement des Einzelhandels, in: Thexis, 14. Jg., 1997, Nr. 2, S. 16-21.

Diller, Hermann: Preispolitik, 3. Aufl., (Kohlhammer) Stuttgart u.a. 2000.

Diller, Hermann; Kusterer, Marion: Erlebnisbetonte Ladengestaltung im Einzelhandel, in: Trommsdorff, Volker (Hrsg.): Handelsforschung 1986, (FfH) Heidelberg 1986, S. 105-123.

Domizlaff, Hans: Grundgesetze der natürlichen Markenbildung, in: Bruhn, Manfred (Hrsg.): Handbuch Markenartikel, Bd. 2, (Schäffer-Poeschel) Stuttgart 1994, S. 689-723.

Doyle, Peter: Building successful brands: The strategic options, in: Journal of Consumer Marketing, 7. Jg., 1990, Nr. 2, S. 5-20.

Doyle, Peter; Fenwick, Ian: How store image affects shopping habits in grocery chains, in: Journal of Retailing, 50. Jg., 1974/75, Nr. 4, S. 39-52.

Drexel, Gerhard: Strategische Entscheidungen im Einzelhandel, in: Krulis-Randa, Jan (Hrsg.): Entwicklung zum strategischen Denken im Handel, (Haupt) Bern u.a. 1990, S. 133-153.

Dubow, Joel: Point of view: recall revisited: recall redux, in: Journal of Advertising Research, 34. Jg., 1994, Nr. 3, S. 93-106.

DuPlessis, Eric: Recognition versus Recall, in: Journal of Advertising Research, 34. Jg., 1994, Nr. 3, S. 75-92.

ECR Europe: Category Management Best Practices Report, 1997.

Eggert, Andreas: Konzeptualisierung und Operationalisierung der Kundenbindung aus Kundensicht, in: Marketing-ZFP, 22. Jg., 2000, Nr. 2, S. 119-130.

Eggert, Ulrich: Konsumententrends, (Metropolitain) Düsseldorf 1997, S. 159-166.

Ellis, Brian; Kelley, Scott: Competitive advantage in retailing, in: The International Review of Retailing, Distribution and Consumer Research, 2. Jg., 1992, Nr. 2, S. 381-396.

Engel, James; Blackwell, Roger; Miniard, Paul: Consumer Behaviour, 8. Aufl., (The Dryden Press) Fort Worth 1995.

Enis, Ben; Roering, Kenneth: Services Marketing: Different products, similar strategy, in: Donnelly, James; George, William (Hrsg.): Marketing of Services, (AMA) Chicago 1981, S. 1-4.

Erichson, Bernd; Twardawa, Wolfgang: Bedeutung der Konsumentenforschung für die Markenpolitik, in: Bruhn, Manfred (Hrsg.): Handbuch Markenartikel, Bd. 1, (Schäffer-Poeschel) Stuttgart 1994, S. 283-316.

Esch, Franz-Rudolf: Wirkung integrierter Kommunikation, 2. Aufl., (DUV) Wiesbaden 1999.

Esch, Franz-Rudolf: Ansätze zur Messung des Markenwerts, in: Esch, Franz-Rudolf (Hrsg.): Moderne Markenführung, 2. Aufl., (Gabler) Wiesbaden 2000, S. 937-966.

Esch, Franz-Rudolf: Markenpositionierung als Grundlage der Markenführung, in: Esch, Franz-Rudolf (Hrsg.): Moderne Markenführung, 2. Aufl., (Gabler) Wiesbaden 2000, S. 235-265.

Esch, Franz-Rudolf (Hrsg.): Moderne Markenführung, 2. Aufl., (Gabler) Wiesbaden 2000.

Esch, Franz-Rudolf; Andresen, Thomas: Messung des Markenwertes, in: Hauser, Ulrich (Hrsg.): Erfolgreiches Markenmanagement, (Gabler) Wiesbaden 1997, S. 11-37.

Esch, Franz-Rudolf; Fuchs, Marcus; Bräutigam, Sören: Konzeption und Umsetzung von Markenerweiterungen, in: Esch, Franz-Rudolf (Hrsg.): Moderne Markenführung, 2. Aufl., (Gabler) Wiesbaden 2000, S. 669-704.

Esch, Franz-Rudolf; Levermann, Thomas: Handelsunternehmen als Marken, in: Trommsdorff, Volker (Hrsg.): Handelsforschung 1993/94, (Gabler) Wiesbaden 1993, S. 79-102.

Esch, Franz-Rudolf; Wicke, Andreas: Herausforderungen und Aufgaben des Markenmanagements, in: Esch, Franz-Rudolf (Hrsg.): Moderne Markenführung, 2. Aufl., (Gabler) Wiesbaden 2000, S. 3-55.

Falk, Bernd; Wolf, Jakob: Handelsbetriebslehre, 11. Aufl., (Moderne Industrie) Landsberg a.L. 1992.

Falter, Hartmut: Wettbewerbsvorteile von Filialbetrieben, (DUV) Wiesbaden 1992.

Fantapié Altobelli, Claudia: Wertkette, in: Tietz, Bruno; Köhler, Richard; Zentes, Joachim (Hrsg.): Handwörterbuch des Marketing, 2. Aufl., (Schäffer-Poeschel) Stuttgart 1995, Sp. 2709-2716.

Farquhar, Peter: Managing Brand Equity, in: Journal of Advertising Research, 30. Jg., 1990, Nr. 4, S. RC7-RC12.

Fazio, Russel; Powell, Martha; Williams, Carol: The role of attitude accessibility in the attitude-to-behavior-process, in: Journal of Consumer Research, 16. Jg., 1989, Nr. 4, S. 280-288.

Feldwick, Paul: What is brand equity anyyway and how do you measure it?, in: Journal of the Market Research Society, 38. Jg., 1996, Nr. 2, S. 85-94.

Festinger, Leon: A theory of cognitive dissonance, (Stanford University Press) Stanford 1957.

Festinger, Leon: Theorie der kognitiven Dissonanz, (Huber) Bern u.a. 1978.

Fisk, George: A conceptual model for studying customer image, in: Journal of Retailing, 37. Jg., 1961/62, Nr. 4, S. 9-16.

Fisk, George: A conceptual model for studying customer image, in: Gist, Ronald (Hrsg.): Management Perspectives in Retailing, (Wiley) New York u.a. 1967, S. 125-130.

Fiske, Susan; Taylor, Shelley: Social Cognition, 2. Aufl., (McGraw-Hill) New York u.a. 1991.

Fleck, Andree: Hybride Wettbewerbsstrategien, (DUV) Wiesbaden 1995.

Fournier, Susan: A consumer-brand relationship perspective on brand equity, in: Sood, Sanjay (Hrsg.): Brand Equity and the Marketing Mix, Report No. 95-111, (Marketing Science Institute) Cambridge 1995, S. 13-15.

Fournier, Susan: Consumers and their brands: Developing relationship theory in consumer research, in: Journal of Consumer Research, 24. Jg., 1998, Nr. 3, S. 343-373.

Franzen, Ottmar; Trommsdorff, Volker; Riedel, Frank: Ansätze der Markenbewertung und Markenbilanz, in: Bruhn, Manfred (Hrsg.): Handbuch Markenartikel, Bd. 2, (Schäffer-Poeschel) Stuttgart 1994, S. 1373-1401.

Frechen, Joseph: Optionen zur erfolgreichen Positionierung von Warenhäusern, (Deutscher Fachverlag) Frankfurt a.M. 1998.

Freter, Hermann: Marktsegmentierung, (Kohlhammer) Stuttgart 1983.

Freter, Hermann: Marktsegmentierung, in: Tietz, Bruno; Köhler, Richard; Zentes, Joachim (Hrsg.): Handwörterbuch des Marketing, 2. Aufl., (Schäffer-Poeschel) Stuttgart 1995, Sp. 1802-1814.

Freter, Hermann: Marktsegmentierungsmerkmale, in: Diller, Hermann (Hrsg.): Vahlens Großes Marketing Lexikon, (Vahlen) München 1992, S. 737-740.

Freter, Hermann; Baumgarth, Carsten: Ingredient Branding - Begriff und theoretische Begründung, in: Esch, Franz-Rudolf (Hrsg.): Moderne Markenführung, 2. Aufl., (Gabler) Wiesbaden 2000, S. 289-315.

Fritz, Wolfgang u.a.: Unternehmensziele und strategische Unternehmensführung, in: Die Betriebswirtschaft, 48. Jg., 1988, Nr. 5, S. 567-586.

Fritz, Wolfgang: Marketing - ein Schlüsselfaktor des Unternehmenserfolgs?, in: Marketing-ZFP, 12. Jg., 1990, Nr. 2, S. 91-110.

Fritz, Wolfgang: Marketing-Management und Unternehmenserfolg, 2. Aufl., (Schäffer-Poeschel) Stuttgart 1995.

Garton, Philip: Store loyal? A view of "differential congruence", in: International Journal of Retail & Distribution Management, 23. Jg., 1995, Nr. 12, S. 29-35.

Gensch, Dennis; Recker, Wilfred: The multinomial, multi-attribute logit choice model, in: Journal of Marketing Research, 16. Jg., 1979, Nr. 1, S. 124-132.

Gentry, James; Burns, Alvin: How important are evaluative criteria in shopping center patronage?, in: Journal of Retailing, 53. Jg., 1977, Nr. 3, S. 73-86.

George, Gert: Internationalisierung im Einzelhandel, (Duncker & Humblot) Berlin 1997.

Gerken, Gerd: Abschied vom Marketing, 2. Aufl., (Econ) Düsseldorf u.a. 1990.

Gilbert, Xavier; Strebel, Paul: Strategies to outpace the competition, in: Journal of Business Strategies, 9. Jg., 1987, Nr. 1, S. 28-36.

Glöckner-Holme, Irene: Betriebsformen-Marketing im Einzelhandel, (FGM) Augsburg 1988.

Goerdt, Thomas: Die Marken- und Einkaufsstättentreue der Konsumenten als Bestimmungsfaktoren des vertikalen Beziehungsmarketing, (GIM) Nürnberg 1999.

Göttgens, Olaf: Erfolgsfaktoren in stagnierenden und schrumpfenden Märkten, (Gabler) Wiesbaden 1996.

Graumann, Jens: Die Dienstleistungsmarke, (Florentz) München 1983.

Gröppel, Andrea: Erlebnisstrategien im Einzelhandel, (Physica) Heidelberg 1991.

Gröppel-Klein, Andrea: Wettbewerbsstrategien im Einzelhandel, (DUV) Wiesbaden 1998.

Grunert, Klaus: Research in consumer behavior: Beyond Attitudes and Decision-Making, in: European Research - The Journal of the European Society for Opinion and Marketing Research, 16. Jg., 1988, Nr. 5, S. 172-183.

Grunert, Klaus: Kognitive Strukturen in der Konsumentenforschung, (Physica) Heidelberg 1990.

Grunert, Klaus: Kognitive Strukturen von Konsumenten und ihre Veränderung durch Marketingkommunikation, in: Marketing-ZFP, 13. Jg., 1991, Nr. 1, S. 11-22.

Grunert, Klaus; Ellegaard, Charlotte: The concept of key success factors: Theory and method, in: Baker, Michael (Hrsg.): Perspectives on Marketing Management, 3. Aufl., (Wiley) New York u.a. 1993, S. 245-274.

Güldenberg, Hans: Neue Gewichte und Maße für Qualität im Markenmanagement,in: Absatzwirtschaft, 34. Jg., 1991, Sondernummer, S. 162-170.

Guseman, Dennis: Risk perception and risk reduction in consumer services, in: Donelly, James; George, William (Hrsg.): Marketing of Services, (AMA) Chicago 1981, S. 200-204.

Gutberlet, Thomas: One to One Marketing und Datawarehouse, in: Zentes, Joachim (Hrsg.): One to One Marketing - Sinnvoll und umsetzbar?, Ergebnisse 9. Bestfoods TrendForum, (TrendForum Verlag) Wiesbaden 2000, S. 69-83.

Gutenberg, Erich: Grundlagen der Betriebswirtschaftslehre, 2. Bd. - Der Absatz, 17. Aufl., (Springer) Berlin u.a. 1984.

Haedrich, Günther: Was ist ein loyaler Kunde wert?, in: Haedrich, Günther (Hrsg.): Der loyale Kunde - Ist Kundenbindung bezahlbar?, Ergebnisse 4. CPC TrendForum, (SFV Verlag) Mainz 1997, S. 5-8.

Haedrich, Günther; Tomczak, Torsten: Strategische Markenführung, (Haupt) Bern-Stuttgart 1990.

Haedrich, Günther; Tomczak, Torsten: Strategische Markenführung, in: Bruhn, Manfred (Hrsg.): Handbuch Markenartikel, Bd. 2, (Schäffer-Poeschel) Stuttgart 1994, S. 925-948.

Hallier, Bernd: Der Handel auf dem Weg zur Marketingführerschaft, in: Absatzwirtschaft, 38. Jg., 1995, Nr. 3, S. 104-107.

Hallsworth, Alan: Who shops where? And why?, in: International Journal of Retail & Distribution Management, 19. Jg., 1991, Nr. 3, S. 19-26.

Hammann, Peter: Der Wert einer Marke, in: Dichtl, Erwin; Eggers, Walter (Hrsg.): Marke und Markenartikel, (dtv) München 1992, S. 205-245.

Hammann, Peter; Erichson, Bernd: Marktforschung, 4. Aufl., (Lucius&Lucius) Stuttgart 2000.

Hammann, Peter; Tebbe, Cordula; Braun, Daniela: Die Führung und Etablierung transnationaler Handelsmarken als Instrument der Profilierung des Handels, in: Trommsdorff, Volker (Hrsg.): Handelsforschung 1996/97 - Positionierung des Handels, (Gabler) Wiesbaden 1996, S. 259-276.

Hansen, Robert; Deutscher, Terry: An empirical investigation of attribute importance in retail store selection, in: Journal of Retailing, Vol. 53, 1977/78, Nr. 4, S. 59-72.

Hansen, Ursula: Absatz- und Beschaffungsmarketing des Einzelhandels, 2. Aufl., (Vandenhoeck & Ruprecht) Göttingen 1990.

Happel, Heinrich: Anzeigen wirken nicht automatisch, in: Dynamik im Handel, 24. Jg., 1980, Nr. 3, S. 8-16.

Hätty, Holger: Der Markentransfer, (Physica) Heidelberg 1989.

Haueisen, William; Scott, Jerome; Sweeney, Timothy: Market positioning - A new strategic approach for retailers, in: Darden, William; Lusch, Robert (Hrsg.): Patronage Behavior and Retail Management, (North Holland) New York u.a. 1983, S. 115-128.

Heckler, Susan; Childers, Terry: The role of expectancy and relevancy in memory for verbal and visual information: What is incongruency?, in: Journal of Consumer Research, 18. Jg., 1992, Nr. 3, S. 475-492.

Heinemann, Gerrit: Betriebstypenprofilierung und Erlebnishandel, (Gabler) Wiesbaden 1989.

Henderson, Geraldine; Iacobucci, Dawn, Calder, Bobby: Brand Constructs: The Complementarity of Consumer Associative Networks and Multidimensional Scaling, Working Paper Report No. 98-128, (Marketing Science Institute) Cambridge 1998.

Herp, Thomas: Der Marktwert von Marken des Gebrauchsgütersektors - ein Modell zur Erfassung markenspezifischer Effekte auf den Erfolg beim Verkauf von Gebrauchsgütern, (Lang) Frankfurt a.M. 1982.

Heydt, Andreas von der: Efficient Consumer Response, in: Heydt, Andreas von der (Hrsg.): Handbuch Efficient Consumer Response, (Vahlen) München 1999, S. 3-23.

Hildebrandt, Lutz: Konfirmatorische Analysen von Modellen des Konsumentenverhaltens, (Duncker & Humblot) Berlin 1983.

Hildebrandt, Lutz: Kausalanalytische Validierung in der Marketingforschung, in: Marketing-ZFP, 6. Jg., 1984, Nr. 1, S. 41-51.

Hildebrandt, Lutz: Erfolgsfaktorenforschung im Handel, in: Trommsdorff, Volker (Hrsg.): Handelsforschung 1986, (Physica) Heidelberg 1986, S. 37-51.

Hildebrandt, Lutz: Store image and the prediction of performance in retailing, in: Journal of Business Research, 17. Jg., 1988, S. 91-100.

Hildebrandt, Lutz: Die quantitative Analyse strategischer Erfolgsfaktoren in der Marketingforschung, Habil., Technische Universität Berlin, Berlin 1989.

Hirschmann, Elisabeth: Retail research and theory, in: Enis, Ben; Roering, Kenneth: (Hrsg.): Review of Marketing, (AMA) Chicago/IL 1981, S. 120-133.

Hirschmann, Elisabeth; Greenberg, B.; Robertson, D.H.: The intermarket reliability of retail image research: an empirical examination, in: Journal of Retailing, 54. Jg., 1978, Nr. 1, S. 3-12.

Hoch, Stephen: EDLP, Hi-Lo, and Margin Arithmetic, in: Journal of Marketing, 58. Jg., 1994, Nr. 4, S. 16-27.

Höhl, Johanna: Zweitmarken - ein entscheidungsorientierter Ansatz aus der Sicht der Markenartikelhersteller bei Gütern des täglichen Bedarfs, (Mannhold) Gelsenkirchen 1982.

Holden, Stephen: Understanding brand awareness: let me give you a c(l)ue, in: McAlister, Leigh; Rothschild, Michael (Hrsg.): Advances in Consumer Research, 20. Jg., (ACR) Provo/UT 1993, S. 383-388.

Holden, Stephen; Lutz, Richard: Ask not what the brand can evoke; ask what can evoke the brand?, in: Sherry; John; Sternthal, Brian (Hrsg.): Advances in Consumer Research, 19. Jg., (ACR) Provo/UT 1992, S. 101-107.

Homburg, Christian; Baumgartner, Helmut: Beurteilung von Kausalmodellen, in: Marketing-ZFP, 17. Jg., 1995, Nr. 3, S. 162-176.

Homburg, Christian; Baumgartner, Helmut: Beurteilung von Kausalmodellen, in: Homburg, Christian; Hildebrandt, Lutz (Hrsg.): Die Kausalanalyse, (Schäffer-Poeschel) Stuttgart 1998, S. 343-369.

Homburg, Christian; Faßnacht, Martin: Kundennähe, Kundenzufriedenheit und Kundenbindung bei Dienstleistungsunternehmen, in: Bruhn, Manfred, Meffert, Heribert (Hrsg.): Handbuch Dienstleistungsmanagement: Grundlagen - Konzepte - Erfahrungen, (Gabler) Wiesbaden 1998, S. 389-410.

Homburg, Christian; Faßnacht, Martin; Werner, Harald: Operationalisierung von Kundenzufriedenheit und Kundenbindung, in: Bruhn, Manfred; Homburg, Christian: Handbuch Kundenbindungsmanagement, 3. Aufl., (Gabler) Wiesbaden 2000, S. 505-527.

Homburg, Christian; Giering, Annette: Konzeptualisierung und Operationalisierung komplexer Konstrukte - Ein Leitfaden für die Marketingforschung, in: Hildebrandt, Lutz; Homburg, Christian (Hrsg.): Die Kausalanalyse: ein Instrument der empirischen betriebswirtschaftlichen Forschung, (Schäffer-Poeschel) Stuttgart 1998, S. 111-148.

Homburg, Christian; Rudolph, Bettina: Die Kausalanalyse als Instrument zur Messung der Kundenzufriedenheit im Industriegütermarketing, in: Hildebrandt, Lutz; Homburg, Christian (Hrsg.): Die Kausalanalyse: ein Instrument der empirischen betriebswirtschaftlichen Forschung, (Schäffer-Poeschel) Stuttgart 1998, S. 237-264.

Homburg, Christian; Simon, Hermann: Wettbewerbsstrategien, in: Tietz, Bruno; Köhler, Richard; Zentes, Joachim (Hrsg.): Handwörterbuch des Marketing, 2. Aufl., (Schäffer-Poeschel) Stuttgart 1995, Sp. 2753-2762.

Homburg, Christian; Sütterlin, Stefan: Strategische Gruppen, in: Zeitschrift für Betriebswirtschaft, 62. Jg., 1992, Nr. 6, S. 635-662.

Hortman, Sandra; Allaway, Arthur; Mason; Barry; Rasp, John: Multisegment analysis of supermarket patronage, in: Journal of Business Research, 21. Jg., 1990, S. 209-223.

Howard, John; Sheth, Jagdish: The Theory of Buyer Behavior, (Wiley) New York 1969.

Howell, Roy; Rogers, Jerry: The estimation of patronage models in the presence of interindividual heterogeneity and nongeneric attributes, in: Darden, William; Lusch, Robert (Hrsg.): Patronage Behavior and Retail Management, (North-Holland) New York u.a. 1983, S. 307-320.

Hoyer, Wayne; Brown, Steven: Effects of Brand Awareness for a Common, Repeat-Purchase Product, in: Journal of Consumer Research, 17. Jg., 1990, Nr. 9, S. 141-148.

Huber, Frank; Hermann, Andreas; Weis, Michaela: Markenloyalität durch Markenpersönlichkeit, in: Marketing-ZFP, 23. Jg., 2001, Nr. 1, S. 5-15.

Huff, David: Determination of Intra-Urban Retail Trade Areas, (UCLA) Los Angeles 1962.

Hupp, Oliver; Schuster, Harald: Imagegestützte Positionierung von Einkaufsstätten als Ansatzpunkt zu einer Verbesserung der Wettbewerbsfähigkeit des Lebensmitteleinzelhandels in Deutschland, in: Jahrbuch der Absatz- und Verbrauchsforschung, 46. Jg., 2000, Nr. 4, S. 351-370.

Hurth, Joachim: Erfolgsfaktoren im mittelständischen Einzelhandel, (Deutscher Fachverlag) Frankfurt a.M. 1998.

Hüttner, Manfred: Grundzüge der Marktforschung, 5. Aufl., (Oldenbourg) München u.a. 1997.

Irmscher, Wolfgang: Starke Marken, Blue Chips?, in: Absatzwirtschaft, 40. Jg., 1997, Sondernummer, S. 120-129.

Jacoby, Jacob; Chestnut, Robert: Brand Loyalty - Measurement and Management, (Whiley) New York 1978.

Jain, Arun; Etgar, Michael: Measuring store image through multidimensional scaling of free response data, in: Journal of Retailing, 52. Jg., 1976/77, Nr. 4, S. 61-70 u. 95-96.

James, Don; Durand, Richard; Dreves, Robert: The use of a multi-attribute attitude model in a store image study, in: Journal of Retailing, 52. Jg., 1976/77, Nr. 2, S. 23-32.

Janssen, Jürgen; Laatz, Wilfried: Statistische Datenanalyse mit SPSS für Windows, 3. Aufl., (Springer) Berlin u.a. 1999.

Jary, Michael; Schneider, Dirk; Wileman, Andrew: Marken-Power, (Gabler) Wiesbaden 1999.

Jauschowetz, Dieter: Marketing im Lebensmitteleinzelhandel - Industrie und Handel zwischen Kooperation und Konfrontation, (Ueberreuter) Wien 1995.

Jeck-Schlottmann, Gabi: Visuelle Informationsverarbeitung bei wenig involvierten Konsumenten, Diss., Universität des Saarlandes, Saarbrücken 1987.

Jocz, Katerine: Preface to the Conference Summary, in: Sood, Sanjay (Hrsg.): Brand Equity and the Marketing Mix, Report No. 95-111, (Marketing Science Institute) Cambridge 1995, S. 3.

Jones, John: What's in a name?, (D.C. Heath) Lexington 1986.

Jones, John: The double jeopardy of sales promotions, in: Harvard Business Review, 78. Jg., 1990, Nr. 5, S. 145-152.

Jones, Gareth; Butler, John: Costs, Revenue, and Business-Level-Strategy, in: Academy of Management Review, 13. Jg., 1988, Nr. 2, S. 202-213.

Jones, Michael; Suh, Jaebeom: Transaction-specific satisfaction and overall satisfaction: an empirical analysis, in: Journal of Services Marketing, 14. Jg., 2000, Nr. 2, S. 147-159.

Jöreskög, Karl; Sörbom, Dag: Recent developments in structural equations modeling, in: Journal of Marketing Research, 19. Jg., 1982, Nr. 4, S. 404-416.

Kaas, Klaus-Peter: Ein Verfahren zur Messung von Produktpräferenzen durch Geldäquivalente, in: Topritzhofer, Edgar (Hrsg.): Marketing - Neue Ergebnisse aus Forschung und Praxis, (Gabler) Wiesbaden 1978, S. 115-130.

Kaas, Klaus-Peter: Langfristige Werbewirkung und Brand Equity, in: Werbeforschung & Praxis, 35. Jg., 1990, Nr. 3, S. 48-52.

Kaas, Klaus Peter; Busch, Anina: Inspektions-, Erfahrungs- und Vertrauenseigenschaften von Produkten, in: Marketing-ZFP, 18. Jg., 1996, Nr. 4, S. 243-252.

Kapferer, Jean-Noel: Die Marke - Kapital des Unternehmens, (Moderne Industrie) Landsberg a.L. 1992.

Kapferer, Jean-Noel: Führung von Markenportfolios, in: Esch, Franz-Rudolf (Hrsg.): Moderne Markenführung, 2. Aufl., (Gabler) Wiesbaden 2000, S. 605-618.

Karmasin, Helene: Der Preis als Droge, in: Liebmann, Hans-Peter; Zentes, Joachim: GDI-Trendbuch Handel Nr. 1, (Metropolitain) Düsseldorf-München 1996, S. 88-100.

Keaveney, Susan; Hunt, Kenneth: Conceptualization and operationalization of retail store image, in: Journal of the Academy of Marketing Science, 20. Jg., 1992, Nr. 2, S. 165-175.

Keller, Kevin: Conceptualizing, measuring, and managing customer-based brand equity, in: Journal of Marketing, 57. Jg., 1993, Nr. 1, S. 1-22.

Keller, Kevin: Strategic Brand Management, (Prentice Hall) Upper Saddle River/NJ 1998.

Keller, Kevin: Erfolgsfaktoren von Markenerweiterungen, in: Esch, Franz-Rudolf (Hrsg.): Moderne Markenführung, 2. Aufl., (Gabler) Wiesbaden 2000, S. 705-719.

Keller, Kevin: Kundenorientierte Messung des Markenwerts, in: Esch, Franz-Rudolf (Hrsg.): Moderne Markenführung, 2. Aufl., (Gabler) Wiesbaden 2000, S. 967-987.

Kelz, Andreas: Die Weltmarke, (Schulz-Kirchner) Idstein 1989.

Kern, Wolfgang: Bewertung von Warenzeichen, in: Betriebswirtschaftliche Forschung und Praxis, 14. Jg., 1962, Nr. 1, S. 17-31.

Kleinaltemkamp, Michael: Ingredient Branding, in: GEM e.V. (Hrsg.): Markendialog - Marktdurchdringung durch Markenpolitik, (Deutscher Fachverlag) Frankfurt a.m. 2000, S. 103-110.

Klein-Blenkers, Fritz: Imagepolitik im mittelständischen Facheinzelhandel, in: Forschungsstelle für den Handel (Hrsg.): Handelsforschung heute, (Duncker & Humblot) Berlin 1979, S. 125-136.

Knoblich, Hans; Koppelmann, Udo: Imagepolitik, in: Diller, Hermann (Hrsg.): Vahlens Großes Marketing Lexikon, (Vahlen) München 1992, S. 435-437.

Knüwer, Thomas: Mercedes wertvollste Marke Deutschlands - Coca-Cola Nummer eins in der Welt, in: Handelsblatt, Nr. 127 vom 06.06.1999, S. 43.

Köhler, Richard: Erfolgreiche Markenpositionierung angesichts zunehmender Zersplitterung von Zielgruppen, in: Köhler, Richard; Majer, Wolfgang; Wiezorek, Heinz (Hrsg.): Erfolgsfaktor Marke, (Vahlen) München 2001, S. 45-61.

Köhler, Richard: Strategisches Marketing: Auf die Entwicklung eines umfassenden Informations-, Planungs- und Organisationssystems kommt es an, in: Marketing-ZFP, 7. Jg., 1985, Nr. 3, S. 213-216.

Köhler, Richard: Tendenzen des Markenartikels aus der Perspektive der Wissenschaft, Bruhn, Manfred (Hrsg.): Handbuch Markenartikel, Bd. 3, (Schäffer-Poeschel) Stuttgart 1994.

Koppelmann, Udo: Funktionenorientierter Erklärungsansatz der Markenpolitik, in: Bruhn, Manfred (Hrsg.): Handbuch Markenartikel, Bd. 1, (Schäffer-Poeschel) Stuttgart 1994, S. 219-237.

Korgaonkar, Pradeep; Lund, Daulat; Price, Barbara: A structural equations approach toward examination of store attitude and store patronage behaviour, in: Journal of Retailing, 61. Jg., 1985, Nr. 2, S. 39-60.

Kotler, Philip; Bliemel, Friedhelm: Marketing-Management, 9. Aufl., (Schäffer-Poeschel) Stuttgart 1999.

Kramer, Sabine: Corporate Identity, in: Diller, Hermann (Hrsg.): Vahlens Großes Marketinglexikon, (Beck/Vahlen) München 1992, S. 161.

Krishnan, Shanker: Characteristics of memory associations: A consumer-based brand equity perspective, in: International Journal of Research in Marketing, 13. Jg., 1996, S. 389-405.

Kroeber-Riel, Werner: Die inneren Bilder der Konsumenten: Messung - Verhaltenswirkung - Konsequenzen für das Marketing, in: Marketing-ZFP, 8. Jg., 1986, Nr. 2, S. 81-96.

Kroeber-Riel, Werner: Konsumentenverhalten, 4. Aufl., (Vahlen) München 1990.

Kroeber-Riel, Werner: Bildkommunikation, (Vahlen) München 1993.

Kroeber-Riel, Werner; Esch, Franz-Rudolf: Strategie und Technik der Werbung, 5. Aufl., (Kohlhammer) Stuttgart u.a. 2000.

Kroeber-Riel, Werner; Weinberg, Peter: Konsumentenverhalten, 7. Aufl., (Vahlen) München 1999.

Krugman, Herbert: The measurement of advertising involvement, in: The Public Opinion Quarterly, 30. Jg., 1966, Nr. 4, S. 573-596.

Kube, Christian: Erfolgsfaktoren in Filialsystemen, (Gabler) Wiesbaden 1991.

Kühn, Richard: Marketing-Mix, in: Poth, Ludwig (Hrsg.): Marketing-Handbuch, (Luchterhand) Neuwied 1989, S. 1-40.

Kühn, Richard: Marketing-Mix, in: Tietz, Bruno; Köhler, Richard; Zentes, Joachim (Hrsg.): Handwörterbuch des Marketing, 2. Aufl., (Schäffer-Poeschel) Stuttgart 1995, Sp. 1615-1628.

Kunkel, John, Berry, Leonard: A behavioral conception of retail image, in: Journal of Marketing, Vol. 32, 1968, Nr. 10, S. 21-27.

Lassar, Walfried; Mittal, Banwari; Sharma, Arun: Measuring customer-based brand equity, in: Journal of Consumer Marketing, Vol. 12, 1995, Nr. 4, S. 11-19.

Lavenka, Noel: Measurement of consumers' perception of product quality, brand name, and packing, in: Journal of Marketing Research, 23. Jg., 1991, Nr. 2, S. 38-46.

Lazer, William; Kelley, Eugene: The Retailing Mix: Planning and Management, in: Journal of Retailing, Vol. 37, 1961, Nr. 1, S. 34-41.

Lerchenmüller, Michael: Handelsbetriebslehre, (Kiehl) Ludwigshafen 1992.

Lessig, Parker: Consumer store images and store loyalties, in: Journal of Marketing, 38. Jg., 1973, Nr. 10, S. 72-74.

Leuthesser, Lance; Kohli, Chiranjeev; Harin, Katrin: Brand Equity: the halo effect measure, in: European Journal of Marketing, 29. Jg., 1995, S. 57-66.

Leven, Wilfried: Imagery-Forschung, in: Tietz, Bruno; Köhler, Richard; Zentes, Joachim (Hrsg.): Handwörterbuch des Marketing, 2. Aufl., (Schäffer-Poeschel) Stuttgart 1995, Sp. 928-938.

Levitt, Theodore: The industrialization of service, in: Harvard Business Review, 54. Jg., 1976, Nr. 5, S. 63-74.

Levy, Michael; Weitz, Barton: Retailing Management, (Irwin) Homewood/IL 1992.

Liebmann, Hans-Peter; Zentes, Joachim: Handelsmanagement, (Vahlen) München 2001.

Lindquist, Jay: Meaning of image, in: Journal of Retailing, 50. Jg., 1974, Nr. 4, S. 29-38.

Lingenfelder, Michael: Die Internationalisierung im europäischen Einzelhandel, (Duncker & Humblot) Berlin 1996.

Lintner, Alexander: Loyalität muss verdient werden, in: Lebensmittel Zeitung, 53. Jg., 2001, Nr. 22, S. 33-34.

Liu, Hong; Davies, Gary: The retailer's marketing mix and commercial performance, in: International Review of Retailing, Distribution and Consumer Research, 5. Jg., 1995, Nr. 2, S. 147-165.

Lovelock, Christopher: Why marketing needs to be different for services, in: Donnelly, James; George, William (Hrsg.): Marketing of Services, (AMA) Chicago 1981, S. 5-9.

Lubritz, Stefan: Internationale Strategische Allianzen mittelständischer Unternehmen, (Lang) Frankfurt a.M. 1998.

Lumpkin, James: Shopping orientation segmentation of the elderly consumer, in: Journal of the Academy of Marketing Science, 13. Jg., 1985, Spring, S. 271-289.

M+M Eurodata: Konzentration im deutschen Lebensmitteleinzelhandel, Pressemeldung vom 31.10.2000.

M+M Eurodata: Top 30 LEH/Deutschland, http://www.lz-net.de/marketfacts/rankings/top30lhe.html.

Magrath, Allan: When Marketing Services' 4 Ps are not enough, in: Business Horizons, 29. Jg., 1986, Nr. 3, S. 44-50.

Malaviya, Prashant; Meyers-Levy, Joan: Understanding Consumers' Response to Incongruent Product Information: New Research and Insights, in: Alba, Joseph; Hutchinson, Wesley (Hrsg.): Advances in Consumer Research, 25. Jg., (ACR) Provo/UT 1998.

Malhotra, Naresh: The use of linear logit models in marketing research, in: Journal of Marketing Research, 21. Jg., Nr. 1, S. 20-31.

Marcus, Stanley: The Creation of a Store Image, in: Gist, Ronald (Hrsg.): Management Perspectives in Retailing, (Wiley) New York u.a. 1967, S. 148-151.

Maretzki, Jürgen; Wildner, Raimund: Messung von Markenkraft, in: Markenartikel, 56. Jg., 1994, Nr. 3, S. 101-105.

Marks, David: Individual differences in the vividness of visual imagery and their effect on function, in: Sheenan, Peter (Hrsg.): The Function and Nature of Imagery, (Academic Press) New York 1972, S. 83-108.

Marks, David: Visual imagery differences in the recall of pictures, in: British Journal of Psychology, 64. Jg., 1973, S. 17-24.

Marks, Ronald: Operationalizing the concept of store image, in: Journal of Retailing, 52. Jg., 1976/77, Nr. 3, S. 37-46.

Martin, Greg; Brown, Tom: In search of brand equity: The conceptualisation and measurement of the brand impression construct, in: Childers, Ferry u.a. (Hrsg.): Marketing - Theorie and Applications, Vol. 2, (AMA) Chicago 1991, S. 431-438.

Martineau, Pierre: The personality of the retail store, in: Harvard Business Review, 36. Jg., 1958, Nr. 1, S. 47-55.

Mason, Barry; Duran, Richard; Taylor, James: Retail patronage: a causal analysis of antecedent factors, in: Darden, William; Lusch, Robert (Hrsg.): Patronage Behavior and Retail Management, (North-Holland) New York u.a. 1983, S. 339-351.

Mathieu, Günter: Betriebstypenpolitik - Strategie, Entwicklung, Einführung, in: Absatzwirtschaft, 23. Jg., 1980, Nr. 10, S. 116-127.

Matiaske, Wenzel; Dobrow, Igor; Bronner, Rolf: Anwendung der Korrespondenzanalyse in der Image-Forschung, in: Marketing-ZFP, 16. Jg., 1994, Nr. 1, S. 42-54.

Mazursky, David; Jacoby, Jack: Exploring the development of store images, in: Journal of Retailing, 62. Jg., 1986, Nr. 2, S. 145-165.

McCarthy, Jerome: Basic Marketing - A Managerial Approach, (Irwin) Homewood/IL 1960.

McDougall, G.H.; Fry, J.N.: Combining two methods of image measurement, in: Journal of Retailing, 50. Jg., 1974/75, Nr. 4, S. 53-61.

McFadden, Daniel: Conditional logit analysis of qualitative choice behavior, in: Zaremblea, Paul (Hrsg.): Frontiers of Econometrics, (Academic Press) New York 1974, S. 105-142.

McGoldrick, Peter: Retail Marketing, (McGraw-Hill) London u.a. 1990.

McGoldrick, Peter; Andre, Elisabeth: Consumer misbehaviour - Promiscuity or loyalty in grocery shopping, in: JRCS, 4. Jg., 1997, Nr. 2, S. 73-81.

Meffert, Heribert: Marketingstrategien der Warenhäuser - Wege aus der Krise?, in: Harvard Manager, 7. Jg., 1985, Nr. 2, S. 20-28.

Meffert, Heribert: Marketing, 7. Aufl., (Gabler) Wiesbaden 1986.

Meffert, Heribert: Einführung in den Problemkreis der Untersuchung, in: Heinemann, Gerrit: Betriebstypenprofilierung und Erlebnishandel, (Gabler) Wiesbaden 1989.

Meffert, Heribert: Strategien zur Profilierung von Marken, in: Dichtl, Erwin; Eggers, Walter (Hrsg.): Marke und Markenartikel, (dtv) München 1992, S. 129-156.

Meffert, Heribert: Dienstleistungsmarketing, in: Tietz, Bruno; Köhler, Richard; Zentes, Joachim (Hrsg.): Handwörterbuch des Marketing, 2. Aufl., (Schäffer-Poeschel) Stuttgart 1995, Sp. 464-469.

Meffert, Heribert: Marketing, 9. Aufl., (Gabler) Wiesbaden 2000.

Meffert, Heribert; Bruhn, Manfred: Dienstleistungsmarketing, 2. Aufl., (Gabler) Wiesbaden 1997.

Meffert, Heribert; Burmann, Christoph: Identitätsorientierte Markenführung, in: Bruhn, Manfred: Handelsmarken, 2. Aufl., (Schäffer-Poeschel) Stuttgart 1997, S. 49-69.

Meffert, Heribert; Burmann, Christoph: Abnutzbarkeit und Nutzungsdauer von Marken - Ein Beitrag zur steuerlichen Behandlung von Warenzeichen, in: Meffert, Heribert; Krawitz, Norbert (Hrsg.): Unternehmensrechnung und -besteuerung, (Gabler) Wiesbaden 1998, S. 75-126.

Mehrabian, Albert; Russel, James: An Approach to Environmental Psychology, (MIT Press) Cambrige/MA u.a. 1974.

Mellerowicz, Konrad: Markenartikel - Die ökonomischen Gesetze ihrer Preisbildung und Preisbindung, 2. Aufl., (Beck) München-Berlin 1963.

Merbold, Claus: Unternehmen als Marken, in: Bruhn, Manfred (Hrsg.): Handbuch Markenartikel, Bd. 1, (Schäffer-Poeschel) Stuttgart 1994, S. 105-119.

Meyer, Anton: Dienstleistungs-Marketing, in: Die Betriebswirtschaft, 51. Jg., 1991, Nr. 2, S. 195-209.

Meyer, Anton; Brauer, Wolfgang: Handelsbetriebe als Marke, in: Bruhn, Manfred (Hrsg.): Handbuch Markenartikel, Bd. 3, (Schäffer-Poeschel) Stuttgart 1994, S. 1617-1630.

Meyer, Anton: Der Handel als Marke - Ein Spaziergang durch die Welt der Branded Retailer, in: Tomczak, Torsten (Hrsg.): Store Branding - Der Handel als Marke?, Ergebnisse 10. Bestfoods TrendForum, (TrendForum Verlag) Wiesbaden 2000, S. 13-38.

Meyer, Anton; Oevermann, Dirk: Kundenbindung, in: Tietz, Bruno; Köhler, Richard; Zentes, Joachim (Hrsg.): Handwörterbuch des Marketing, 2. Aufl., (Schäffer-Poeschel) Stuttgart 1995, Sp. 1340-1351.

Meyer, Paul: Markenspezifisches Herstellermarketing, in: Andreae, Clemens-August u.a. (Hrsg.): Markenartikel heute - Marke, Markt und Marketing, (Gabler) Wiesbaden 1978, S. 159-181.

Meyers-Levy; Joan; Tybout, Alice: Schema congruity as a basis for product evaluation, in: Journal of Consumer Research, 16. Jg., 1989, Nr. 6, S. 39-54.

Michael, Bernd: Die Marke als „Added Value", in: von der Heydt, Andreas (Hrsg.): Handbuch Efficient Consumer Response, (Vahlen) München 1999, S. 419-433.

Miller, Alex; Dees, Gregory: Assessing Porter's (1980) Model in Terms of its Generalizability, Accuracy and Simplicity, in: Academy of Management Journal, 36. Jg., 1993, Nr. 4, S. 763-788.

Miller, Danny: Generic strategies: Classification, combination and context, in: Shrivastava, Paul (Hrsg.): Advances in Strategic Management, Bd. 8., (Jai Press) Greenwich/CT 1992, S. 391-408.

Miller, Kenneth; Granzin, Kent: Simultaneous loyalty and benefit segmentation of retail store customers, in: Journal of Retailing, 55. Jg., 1979, Nr. 1, S. 47-60.

Miller, Stephen; Berry, Lisette: Brand salience versus brand image: Two theories of advertising effectiveness, in: Journal of Advertising Research, 38. Jg., 1998, Nr. 5, S. 77-82.

Mitchell, V.-W.: A role for consumer risk perceptions in grocery retailing, in: British Food Journal, 100. Jg, 1998, Nr. 4, S. 171-183.

Morschett, Dirk: Retail Branding als Ziel eines Strategischen Handelsmarketing, in: Tomczak, Torsten (Hrsg.): Store Branding - Der Handel als Marke?, Ergebnisse 10. Bestfoods TrendForum, (TrendForum Verlag) Wiesbaden 2000, S. 39-49.

Morschett, Dirk: Store Branding as a Goal of Strategic Retail Marketing, in: Cliquet, Gérard; Zentes, Joachim (Hrsg.): Retailing and Distribution in Europe, Proceedings, The third AFM French-German Conference, St. Malo 2000, o.s.

Morschett, Dirk; Zentes, Joachim: Direktvertrieb von Konsumgüterherstellern im Spannungsfeld von Wettbewerb und Kooperation entlang der Wertschöpfungskette, in: Trommsdorff, Volker (Hrsg.): Jahrbuch Handelsforschung 2000/01, (BBE) Köln 2001, S. 27-49.

Moschis, George: Shopping orientations and consumer uses of information, in: Journal of Retailing, 52. Jg., 1976, Nr. 2, S. 61-70.

Mulhern, Francis: Retail marketing: From distribution to integration, in: International Journal of Research in Marketing, 14. Jg., 1997, S. 103-124.

Müller, Gernot: Das Image des Markenartikels - Die Erforschung und die Gestaltung des Image als Dominante des Markenartikel-Marketing, (Westdeutscher Verlag) Opladen 1971.

Müller, Stefan; Beeskow, Werner: Einkaufsstättenimage und Einkaufsstättenwahl, in: Jahrbuch der Absatz- und Verbrauchsforschung, 28. Jg., 1982, Nr. 4, S. 400-426.

Müller, Wolfgang: Geschäftsfeldplanung, in: Tietz, Bruno; Köhler, Richard; Zentes, Joachim (Hrsg.): Handwörterbuch des Marketing, 2. Aufl., (Schäffer-Poeschel) Stuttgart 1995, Sp. 760-785.

Müller-Hagedorn, Lothar: Der Handel, (Kohlhammer) Stuttgart u.a 1998.

Müller-Hagedorn, Lothar u.a.: E-Commerce im Handel: Zentrale Problemfelder, in: Müller-Hagedorn, Lothar (Hrsg.): Zukunftsperspektiven des E-Commerce im Handel, (Deutscher Fachverlag) Frankfurt a.M. 2000, S. 11-48.

Müllner, Markus: Markenbewertung auf Basis von Konsumentenurteilen, in: Hauser, Ulrich (Hrsg.): Erfolgreiches Markenmanagement, (Gabler) Wiesbaden 1997, S. 105-123.

Nevin, John; Houston, Michael: Image as a component of attraction to intraurban shopping areas, in: Journal of Retailing, 56. Jg., 1980, Nr. 1, S. 77-93.

Nieschlag, Robert; Dichtl, Erwin; Hörschgen, Hans: Marketing, 18. Aufl., (Duncker & Humblot) Berlin 1997, S. 241-244.

Nolte, Hartmut: Die Markentreue im Konsumgüterbereich, (Brockmeyer) Bochum 1976, S. 16-103.

Nunnally, Jum: Psychometric Theory, 2. Aufl., (McGraw-Hill) New York 1978.

o.V.: They have names too - When retailers become brands themselves, in: The Economist, o. Jg., 1988, Nr. 52, S. 96-97.

o.V.: Der Handel muß sich selbst als Marke begreifen, in: Lebensmittel Zeitung, 51. Jg., 1999, Nr. 5.

o.V.: Branchentelex, in: Lebensmittel Zeitung, 52. Jg., 2000, Nr. 30, S. 6.

o.V.: Real-Sparte als Retail Brand stärken, in: Lebensmittel Zeitung, 52. Jg., 2000, Nr. 24, S. 4.

o.V.: Aldi ist die stärkste Marke in Deutschland, in: Frankfurter Allgemeine Zeitung, o. Jg., 2001, Nr. 26.

Oehme, Wolfgang: Das autonome Preismarketing des Einzelhandels, in: Marketing-ZFP, 4. Jg., 1982, Nr. 4, S. 229-236.

Oehme, Wolfgang: Handels-Marketing, 2. Aufl., (Vahlen) München 1992.

Oelsnitz, Dietrich von der: Dienstleistungsmarken: Konzepte und Möglichkeiten einer markengestützten Serviceprofilierung, in: Jahrbuch der Absatz- und Verbrauchsforschung, 43. Jg., 1997, Nr. 1, S. 66-89.

Olbrich, Rainer: Die Größe des Outlets bestimmt den Erfolg, in: Harvard Manager, 16. Jg., 1994, Nr. 1, S. 101-107.

Olbrich, Rainer: Überlebensstrategien im Konsumgüterhandel, in: Beisheim, Otto (Hrsg.): Distribution im Aufbruch, (Vahlen) München 1999, S. 425-442.

Oliver, Richard: Whence Consumer Loyalty, in: Journal of Marketing, 63. Jg., 1999, Special Issue, S. 33-44.

Onkvist, Sak; Shaw, John: Service Marketing: Image, Branding and Competition, in: Business Horizons, 32. Jg., 1989, Nr. 1, S. 13.

Osman, Zain: A conceptual model of retail image influences on loyalty patronage behaviour, in: The International Review of Retailing, Distribution and Consumer Research, 3. Jg., 1993, Nr. 2, S.133-148.

Owens, Joseph; Bower, Gordon; Black, J.: The „soap opera" effect in story recall, in: Memory and Cognition, 7. Jg., 1979, S. 185-191.

Oxenfeldt, Alfred: Developing a favorable price-quality image, in: Journal of Retailing, 50. Jg., 1974/75; Nr. 4, S. 8-14.

Paivio, Allan: Imagery and Verbal Processes, (Holt, Rinehart, and Winston, Inc.) New York u.a. 1971.

Paivio, Allan: Mental Representations: A Dual Coding Approach, (Oxford University Press) New York 1986.

Palmer, Adrian: Principles of Services Marketing, (McGraw-Hill) London u.a. 1994.

Park, Whan; Milberg, Sandra; Lawson, Robert: Beurteilung von Markenerweiterungen, in: Esch, Franz-Rudolf (Hrsg.): Moderne Markenführung, 2. Aufl., (Gabler) Wiesbaden 2000, S. 737-754.

Patt, Paul-Josef: Strategische Erfolgsfaktoren im Einzelhandel, 2. Aufl., (Lang) Frankfurt a.M 1990.

Penrose, Noel: Valuation of Brand Names and Trade Marks, in: Murphy, John (Hrsg.): Brand valuation, (Hutchinson) London 1989, S. 32-45.

Perridon, Louis; Steiner, Manfred: Finanzwirtschaft der Unternehmung, 8. Aufl., (Vahlen) München 1995.

Perrin, Nancy: Quantitative Methods in Psychology IV - Evaluating the Goodness-of-Fit of a Covariance Structure Model, Course, Portland State University, http://www.irn.pdx.edu/~perrinn/course/ spr99/evalua1.htm, 15.3.2001.

Perry, Michael; Norton, Nancy: Dimensions of store image, in: Southern Journal of Business, 5. Jg., 1970, Nr. 2, S. 1-7.

Pessemier, Edgar: Store image and positioning, in: Journal of Retailing, 56. Jg., 1980, Nr. 1, S. 94-106.

Peter, Sibylle, Isabelle: Kundenbindung als Marketingziel, 2. Aufl., (Gabler) Wiesbaden 1999.

Peters, Gerd: Die Profilierungsfunktion von Handelsmarken im Lebensmitteleinzelhandel, (Shaker) Aachen 1998.

Peterson, Robert; Kerin, Roger: Store image measurement in patronage research: Fact and artifact, in: Darden, William; Lusch, Robert (Hrsg.): Patronage Behavior and Retail Management, (North-Holland) New York 1983, S. 293-306.

Petri, Carlo: Entstehung und Entwicklung kreativer Werbeideen - verbale und visuelle Assoziationen als Grundlage der Bildideenfindung für eine erlebnisbetonte Werbung, (Physica) Heidelberg 1992.

Picot, Arnold; Reichwald, Ralf; Wigand, Rolf: Die grenzenlose Unternehmung, 4. Aufl., (Gabler) Wiesbaden 2001.

Pilar, Gabriel von: Coke versus Microsoft - Markenwert-Analyse kratzt am Image von gelernten Ikonen, in: Lebensmittel Zeitung, 52. Jg., 2000, Nr. 29, S. 3.

Pindyck, Robert; Rubinfeld, Daniel: Econometric and Economic Forecasts, (McGrawHill) New York 1981.

Porter, Michael: From competitive advantage to corporate strategy, in: Harvard Business Review, 75. Jg., 1987, Nr. 3, S. 43-59.

Porter, Michael: Wettbewerbsstrategie, 10. Aufl., (Campus) Frankfurt a.M. 1999.

Porter, Michael: Wettbewerbsvorteile, 5. Aufl., (Campus) Frankfurt a.M. 1999.

Porter, Stephen; Claycomb, Cindy: The influence of brand recognition on retail store image, in: Journal of Product & Brand Management, 6. Jg., 1997, Nr. 6, S. 373-387.

Raffée, Hans: Grundprobleme der Betriebswirtschaftslehre, (Vandenhoeck & Ruprecht) Göttingen 1974.

Raffée, Hans; Sauter, Bernhard, Silberer, Günter: Theorie der kognitiven Dissonanz und Konsumgüter-Marketing, (Gabler) Wiesbaden 1973.

Raghubir, Priya; Corfman, Kim: When do price promotions signal quality?, in: Kardes, Frank; Sujan, Mita (Hrsg.): Advances in Consumer Research, 22. Jg., (ACR) Provo/UT 1995, S. 58-61.

Rao, Akshay; Monroe, Kent: The effect of price, brand name, and store name on buyers' perception of product quality: An integrative review, in: Journal of Marketing Research, 26. Jg., 1989, Nr. 3, S. 351-357.

Rathmell, John: What is meant by services?, in: Journal of Marketing, 30. Jg., 1966, Nr. 10, S. 32-36.

Reichheld, Frederick; Sasser, Earl: Zero-Migration: Dienstleister im Sog der Qualitäts-revolution, in: Harvard Manager, 13. Jg., 1991, Nr. 4, S. 108-116.

Rich, Stuart; Portis, Bernard: The imageries of department stores, in: Journal of Marketing, 48. Jg., 1964, Nr. 4, S. 10-15.

Riedel, Frank: Die Markenwertmessung als Grundlage strategischer Markenführung, (Physica) Heidelberg 1996.

Ries, Al; Trout, Jack: The 22 immutable laws of marketing, (Harper Business) New York 1993.

Ring, Lawrence: Retail positioning: A multiple discriminant analysis approach, in: Journal of Retailing, 55. Jg., 1979, Nr. 1, S. 25-36.

Rode, Jörg: Europäer kaufen im Web - BCG erwartet 9 Mrd. Euro Internet-Umsatz, in: Lebensmittel Zeitung, 52. Jg., 2000, Nr. 6, S. 36.

Roeb, Thomas: Markenwert, (Verlag Mainz) Aachen 1994.

Roeb, Thomas: Von der Handelsmarke zur Händlermarke - Die Storebrands als Markenstrategie für den Einzelhandel, in: Bruhn, Manfred (Hrsg.): Handelsmarken, 2. Aufl., (Schäffer-Poeschel) Stuttgart 1997, S. 345-366.

Rohleder, Peter; Schmidt, Detlef: Mit Dienstleistungen zum Erfolg - Chancen und Risiken imagebildender Servicepolitik im Handel, in: Marktforschung, 31. Jg., 1987, Nr. 2, S. 38-41.

Röper, Burkhardt: Die vertikale Preisbindung bei Markenartikeln, (Mohr) Tübingen 1955.

Rosenbloom, Bert: Store image development and the question of congruency, in: Darden, William; Lusch, Robert (Hrsg.): Patronage Behavior and Retail Management, (North-Holland) New York 1983, S. 141-150.

Rudolph, Michael: Niedrigpreisstrategien im Handel - Wettbewerbsrechtliche Beurteilung und Marketingimplikationen, in: Marketing-ZFP, 10. Jg., 1988, Nr. 2, S. 95-101.

Rudolph, Thomas: Positionierungs- und Profilierungsstrategien im Europäischen Einzelhandel, (Verlag Thexis) St. Gallen 1993.

Ruge, Hans-Dieter: Das Imagery-Differential, Arbeitspapier Nr. 2 der Forschungsgruppe Konsum und Verhalten, Saarbrücken 1988.

Ruge, Hans-Dieter: Die Messung bildhafter Konsumerlebnisse, (Physica) Heidelberg 1988.

Ruge, Hans-Dieter: Aufbau von Markenbildern, in: Esch, Franz-Rudolf (Hrsg.): Moderne Markenführung, 2. Aufl., (Gabler) Wiesbaden 2000, S. 165-184.

Rüschen, Gerhard: Ziele und Funktionen des Markenartikels, in: Bruhn, Manfred (Hrsg.): Handbuch Markenartikel, Bd. 1, (Schäffer-Poeschel) Stuttgart 1994, S. 121-134.

Sander, Matthias: Ein Ansatz zur Bewertung von Marken - Theoretische Fundierung und empirische Umsetzung, in: Werbeforschung & Praxis, 38. Jg., 1993, Nr. 5, S. 163-171.

Sander, Matthias: Die Bestimmung und Steuerung des Wertes von Marken, (Physica) Heidelberg 1994.

Sandler, Guido: Herstellermarken, in: Bruhn, Manfred (Hrsg.): Handbuch Markenartikel, Bd. 1, (Schäffer-Poeschel) Stuttgart 1994, S. 43-56.

Sandrock, Monika: Emotionen als Erinnerungsverstärker - Markenmanagement by British Airways, in: Tomczak, Torsten; Schögel, Marcus; Ludwig, Eva (Hrsg.): Markenmanagement für Dienstleistungen, (Thexis Verlag) St. Gallen 1998, S. 212-221.

Sattler, Henrik: Markenbewertung, in: Zeitschrift für Betriebswirtschaft, 65. Jg., 1995, Nr. 6, S. 663-682.

Schenk, Hans-Otto: Marktwirtschaftslehre des Handels, (Gabler) Wiesbaden 1991.

Schenk, Hans-Otto: Handels- und Gattungsmarken, in: Bruhn, Manfred (Hrsg.): Handbuch Markenartikel, Bd. 3, (Schäffer-Poeschel) Stuttgart 1994, S. 57-78.

Schenk, Hans-Otto: Handelspsychologie, (Vandenhoeck) Göttingen 1995.

Schenk, Hans-Otto: Vierzig Jahre moderner Handel in der Bundesrepublik Deutschland, in: Beisheim, Otto (Hrsg.): Distribution im Aufbruch, (Vahlen) München 1999, S. 443-468.

Scheuch, Fritz: Corporate Identity: Schlagwort oder strategisches Konzept?, in: der markt, 26. Jg., 1987, Nr. 2, S. 33-45.

Schiffman, Leon; Dash, Joseph; Dillon, William: Contribution of store-image characteristics to store-type choice, in: Journal of Retailing, 53. Jg., 1977, Nr. 2, S. 3-14.

Schindler, Hermann: Marktorientiertes Preismanagement im Einzelhandel, (Schindler) Bad Homburg 1998.

Schindler, Hermann; Rogulic, Branka: Vom Preiskampf zur Steuerung des Preisimages, in: Absatzwirtschaft, o.Jg., 1998, Nr. 12, S. 68-74.

Schmalen, Helmut; Lang, Herbert; Pechtl, Hans: Gattungsmarken als Profilierungsinstrument im LEH, in: Trommsdorff, Volker (Hrsg.): Handelsforschung 1996/97, (Gabler) Wiesbaden 1996, S. 239-258.

Schmid, Florian: Positionierungsstrategien im Einzelhandel, (Deutscher Fachverlag) Frankfurt a.M. 1996.

Schmidt, Josef: Mitarbeiterzufriedenheit = Kundenzufriedenheit: eine Wechselbeziehung!, in: Zentes, Joachim (Hrsg.): Mitarbeiterzufriedenheit = Kundenzufriedenheit - Eine Wechselbeziehung?, Ergebnisse 6. CPC TrendForum, (SFV Verlag) Mainz 1997, S. 67-79.

Schmidt-Atzert, Lothar: Emotionspsychologie, (Kohlhammer) Stuttgart u.a. 1981.

Schnedlitz, Peter: Einstellungen und soziale Beeinflussung als Bedingungen von Kaufabsichten, (Lang) Frankfurt a.M. u.a. 1985.

Scholz, Christian: Effektivität und Effizienz, organisatorische, in: Frese, Erich (Hrsg.): Handwörterbuch der Organisation, 3. Aufl., (Poeschel) Stuttgart 1993, Sp. 533-552.

Scholz, Christian: Strategische Organisation, (Moderne Industrie) Landsberg a.L. 1997.

Schreiner, Rupert: Die Dienstleistungsmarke, (Heymann) Köln 1983.

Schröder, Hendrik: Erfolgsfaktorenforschung im Handel - Stand der Forschung und kritische Würdigung der Ergebnisse, in: Marketing-ZFP, 16. Jg., 1994, Nr. 2, S. 89-102.

Schröder, Hendrik: Neue Formen des Direktvertriebs und ihre Rechtsprobleme, in: Tomczak, Torsten; Belz, Christian; Schögel, Marcus; Birkhofer, Ben (Hrsg.), Alternative Vertriebswege, (Verlag Thexis) St. Gallen 1999, S. 60-76.

Schubert, Bernd: Conjoint-Analyse, in: Tietz, Bruno; Köhler, Richard; Zentes, Joachim (Hrsg.): Handwörterbuch des Marketing, 2. Aufl., (Schäffer-Poeschel) Stuttgart 1995, Sp. 376-389.

Schulz, Roland; Brandmeyer, Klaus: Die Markenbilanz: Ein Instrument zur Bestimmung und Steuerung von Markenwerten, in: Markenartikel, 51. Jg. 1989, Nr. 7, S. 364-370.

Schweiger, Günter; Mayerhofer, Wolfgang: Der Einfluss von Preiswerbung auf das Image von Handelsketten, in: Trommsdorff, Volker (Hrsg.): Handelsforschung 1990 - Internationalisierung im Handel, (Gabler) Wiesbaden 1990, S. 175-172.

Scruggs, Randolph: Strategic brand equity, in: Sood, Sanjay (Hrsg.): Brand Equity and the Marketing Mix, Report No. 95-111, (Marketing Science Institute) Cambridge 1995, S. 9-10.

Segal, Madhav; Giacobbe, Ralph: Market segmentation and competitive analysis for supermarket retailing, in: International Journal of Retail & Distribution Management, 22. Jg., 1994, Nr. 1, S. 38-48.

Sheth, Jagdish: An integrative theory of patronage preference and behavior, in: Darden, William; Lusch, Robert (Hrsg.): Patronage Behavior and Retail Management, (North Holland) New York u.a. 1983, S. 9-28.

Sheth, Jagdish: Emerging trends for the retailing industry, in: Journal of Retailing, 59. Jg., 1983, Nr. 3, S. 6-18;

Shostack, Lynn: Breaking free from product marketing, in: Journal of Marketing, 41. Jg., 1977, Nr. 4, S. 73-80.

Shostack, Lynn: How to design a service, in: Donnelly, James; George, William (Hrsg.): Marketing of Services, (AMA) Chicago 1981, S. 221-229.

Siemer, Silke: Einkaufsstättenprofilierung durch Handelsmarkenware des Lebensmitteleinzelhandels, (Shaker) Aachen 1999.

Silberer, Günter: Die Bedeutung und Messung von Verkaufserlebnissen im Handel, in: Trommsdorff, Volker (Hrsg.): Handelsforschung 1989, (Gabler) Wiesbaden 1989, S. 59-76.

Silberer, Günther: Einstellungen und Werthaltungen, in: Irle, Martin u.a. (Hrsg.): Enzyklopädie der Psychologie, Bd. 4: Marktpsychologie als Sozialwissenschaft, (Hogrefe) Göttingen u.a. 1983, S. 533-625.

Silverman, Steven; Sprott, David; Pascal, Vincent: Relating consumer-based sources of brand equity to market outcomes, in: Arnould, Eric; Scott, Linda (Hrsg.): Advances in Consumer Research, 26. Jg., (ACR) Provo/UT 1999, S. 352-358.

Simon, Hermann: Management strategischer Wettbewerbsvorteile, in: Zeitschrift für Betriebswirtschaft, 58. Jg., 1988, Nr. 4, S. 461-480.

Simon, Hermann: Preismanagement, 2. Aufl., (Gabler) Wiesbaden 1992.

Singson, Ricardo: Multidimensional scaling analysis of store image and shopping behavior, in: Journal of Retailing, 51. Jg., 1975/76, Nr. 2, S. 38-52.

Spiegel, Bernt: Die Struktur der Meinungsverteilung im sozialen Feld - Das psychologische Marktmodell, (Huber) Bern-Stuttgart 1961.

Spiggle, Susan; Sewall, Murphy: A choice sets model of retail selection, in: Journal of Marketing, 51. Jg., 1987, Nr. 4, S. 97-111.

Srinivasan, V.: Network models for estimating brand-specific effects in multi-attribute marketing models, in: Management Science, 25. Jg., 1979, Nr. 1, S. 11-21;

Srivastava, Rajendra; Shocker, Allan: Brand Equity: A Perspective on Its Meaning and Measurement, Marketing Science Institute, Report No. 91-124, (MSI) Cambridge 1991.

Stanley, Thomas; Sewall, Murphy: Image inputs to a probabilistic model: Predicting retail potential, in: Journal of Marketing, 40. Jg., 1976, Nr. 7, S. 48-53.

Stanley, Thomas; Sewall, Murphy: Image Inputs to a Probabilistic Model, in: Darden, William; Lusch, Robert (Hrsg.): Patronage behavior and retail management, (North-Holland) New York 1983, S. 9-28.

Stauss, Bernd: Dienstleister und die vierte Dimension, in: Harvard Manager, 13. Jg., Nr. 2, S. 81-8.

Stauss, Bernd: Dienstleistungsmarken, in: Bruhn, Manfred (Hrsg.): Handbuch Markenartikel, Bd. 1, (Schäffer-Poeschel) Stuttgart 1994, S. 79-103.

Steenkamp, Jan-Benedict; Baumgartner, Hans: On the use of structural equation models for marketing modeling, in: International Journal of Research in Marketing, 17. Jg., 2000, Nr. 2-3, S. 195-202.

Steenkamp, Jan-Benedict; Dekimpe, Marnik: The increasing power of store brands, in: Long Range Planning, 30. Jg., 1997, Nr. 6, S. 917-930.

Steenkamp, Jan-Benedict; Wedel, Michel: Segmenting retail markets on store image using a consumer-based methodology, in: Journal of Retailing, 67. Jg., 1991, Nr. 3, S. 300-320.

Steffenhagen, Hartwig: Wirkungen absatzpolitischer Instrumente, (Poeschel) Stuttgart 1978.

Sternagel, Eva-Marie: Handelsmarkenstrategien, in: Bruhn, Manfred (Hrsg.): Handbuch Markenartikel, Bd. 1, (Schäffer-Poeschel) Stuttgart 1994, S. 543-560.

Sternagel-Ellmauer, Eva-Marie: Handelsmarkenstrategie und Entscheidungen der Handelsmarkenpolitik, in: Bruhn, Manfred (Hrsg.): Handelsmarken, 2. Aufl., (Schäffer-Poeschel) Stuttgart 1997, S. 97-115.

Stone, Gregory: City shoppers and urban identification: Observations on the social psychology of city life, in: The American Journal of Sociology, 60. Jg., 1954, Nr. 7, S. 36-45.

Sundhoff, Edmund: Handel, in: Beckerath, Erwin von u a. (Hrsg.): Handwörterbuch der Sozialwissenschaften, Bd. 4, (Fischer) Stuttgart 1965, S. 762-779.

Swait, Joffre; Erdem, Tülin; Louviere, Jordan; Dubelaar, Chris: The equalization price: A measure of consumer-perceived brand equity, in: International Journal of Research in Marketing, 10. Jg., 1993, Nr. 1, S. 23-45.

Swoboda, Bernhard: Interaktive Medien am Point of Sale, (DUV) Wiesbaden 1996.

Swoboda, Bernhard: Determinanten und Ausprägungen der zunehmenden Convenienceorientierung von Konsumenten, in: Marketing-ZFP, 21. Jg., 1999, Nr. 2, S. 95-104.

Swoboda, Bernhard: Messung von Einkaufsstättenpräferenzen auf der Basis der Conjoint-Analyse, in: Die Betriebswirtschaft, 60. Jg., 2000, Nr. 2, S. 151-168.

Swoboda, Bernhard; Morschett, Dirk: Convenience-oriented shopping: A model from the perspective of consumer research, in: Frewer, Lynn; Risvik, Einar; Alvensleben, Reimar von (Hrsg.): Food and People and Society - A European Perspective, (Springer) Berlin u.a. 2001, S. 177-196.

Tauber, Edward: Brand leverage: Strategy for growth in a cost-control world, in: Journal of Advertising Research, 28. Jg., 1988, Nr. 3, S. 25-30.

Tauber, Edward: Why do people shop? in: Journal of Retailing, 36. Jg., 1972, Nr. 10, S. 46-49.

Teas, Kenneth: Retail services image measurement: an examination of the stability of a numerical comparative scale, in: The International Review of Retailing, Distribution and Consumer Research, 4. Jg., 1994, S. 427-442.

Terlutter, Ralf: Lebensstilorientiertes Kulturmarketing, (DUV) Wiesbaden 2000.

Theis, Hans-Joachim: Einkaufsstätten-Positionierung, (DUV) Wiesbaden 1992.

Theis, Hans-Joachim: Handels-Marketing, (Deutscher Fachverlag) Frankfurt a.M. 1999.

Thurmann, Peter: Grundformen des Markenartikels - Versuch einer Typologie, (Duncker & Humblot) Berlin 1961.

Tietz, Bruno: Die Grundlagen des Marketing, Bd. 1 - Die Marketing-Methoden, 2. Aufl., (Moderne Industrie) München 1975.

Tietz, Bruno: Konsument und Einzelhandel, 3. Aufl., (Lorch) Frankfurt a.M. 1983.

Tietz, Bruno: Der Handelsbetrieb, (Vahlen) München 1985.

Tietz, Bruno: Binnenhandelspolitik, 2. Aufl., (Vahlen) München 1993.

Tietz, Bruno: Der Handelsbetrieb, 2. Aufl., (Vahlen) München 1993.

Tietz, Bruno: Dynamik im Handel, Bd. 3: Zukunftsstrategien für Handelsunternehmen, (Deutscher Fachverlag) Frankfurt a.M. 1993.

Tietz, Bruno: Marketing, 3. Aufl., (Werner) Düsseldorf 1993.

Tietz, Bruno: Zukunftsstrategien für Handelsunternehmen, (Deutscher Fachverlag) Frankfurt a.M. 1993.

Tietz, Bruno: Auf dem Weg zur Handels- und Dienstleistungsgesellschaft - Die Metamorphose der Industrie, in: Absatzwirtschaft, 38. Jg., 1995, Nr. 1, S. 76-81.

Tietz, Bruno; Diller, Hermann: Handelsmarketing, in: Diller, Hermann (Hrsg.): Vahlens Großes Marketing Lexikon, (Vahlen) München 1992, S. 402-406.

Tigert, Douglas: Pushing the hot buttons for a successful retailing strategy, in: Darden, William; Lusch, Robert (Hrsg.): Patronage Behavior and Retail Management, (North-Holland) New York u.a. 1983, S. 89-113.

Tolle, Elisabeth; Steffenhagen, Hartwig: Kategorien des Markenerfolges und einschlägige Meßmethoden, in: Bruhn, Manfred (Hrsg.): Handbuch Markenartikel, Bd. 2, (Schäffer-Poeschel) Stuttgart 1994, S. 1283-1303.

Tomczak, Torsten: One to One Marketing im LEH - Grundlagen und Perspektiven, in: Zentes, Joachim (Hrsg.): One to One Marketing - Sinnvoll und umsetzbar?, Ergebnisse 9. Bestfoods TrendForum, (TrendForum Verlag) Wiesbaden 2000, S. 19-38.

Tomczak, Torsten (Hrsg.): Store Branding - Der Handel als Marke?, Ergebnisse 10. Bestfoods TrendForum, (TrendForum Verlag) Wiesbaden 2000.

Tomczak, Torsten; Brockdorff, Benita: „Store Branding" - Der Handel als Marke?, in: Tomczak, Torsten (Hrsg.): Store Branding - Der Handel als Marke?, Ergebnisse 10. Bestfoods TrendForum, (TrendForum Verlag) Wiesbaden 2000, S. 9-12.

Tomczak, Torsten; Schögel, Marcus; Ludwig, Eva (Hrsg.): Markenmanagement für Dienstleistungen, (Thexis Verlag) St. Gallen 1998.

Töpfer, Armin: Kundenzufriedenheit durch klare Positionierung, in: Trommsdorff, Volker (Hrsg.): Handelsforschung 1996/97, (Gabler) Wiesbaden 1996, S. 49-66.

Töpfer, Armin: Zufriedene Mitarbeiter = zufriedene Kunden, in: Zentes, Joachim (Hrsg.): Mitarbeiterzufriedenheit = Kundenzufriedenheit - Eine Wechselbeziehung?, Ergebnisse 6. CPC TrendForum, (SFV Verlag) Mainz 1997, S. 20-46.

Trommsdorff, Volker: Konsumentenverhalten, 2. Aufl., (Kohlhammer) Stuttgart u.a. 1993.

Trommsdorff, Volker: Positionierung, in: Tietz, Bruno; Köhler, Richard; Zentes, Joachim (Hrsg.): Handwörterbuch des Marketing, 2. Aufl., (Schäffer-Poeschel) Stuttgart 1995, Sp. 2055-2068.

Trommsdorff, Volker: Konsumentenverhalten, 3. Aufl., (Kohlhammer) Stuttgart u.a. 1998.

Trommsdorff, Volker; Zellerhoff, Claudia: Produkt- und Markenpositionierung, in: Bruhn, Manfred (Hrsg.): Handbuch Markenartikel, Bd. 1, (Schäffer-Poeschel) Stuttgart 1994, S. 349-373.

Tversky, Amos: Features of similarity, in: Psychological Review, 84. Jg., 1977, Nr. 4, S. 327-352.

Ulrich, Peter; Hill, Wilhelm: Wissenschaftstheoretische Aspekte ausgewählter betriebswirtschaftlicher Konzeptionen, in: Raffée, Hans; Abel, Bodo (Hrsg.): Wissenschaftstheoretische Grundfragen der Wirtschaftswissenschaften, (Vahlen) München 1978, S. 161-190.

Varian, Hal: Grundzüge der Mikroökonomik, 5. Aufl., (Oldenbourg) München-Wien 2001.

Wahby, Chehab: Retail Branding bringt Farbe ins graue Einerlei, in: Lebensmittel Zeitung, 53. Jg., 2001, Nr. 15, S. 54-55.

Wahle, Peter: Erfolgsdeterminanten im Einzelhandel, (Lang) Frankfurt a.M. 1991.

Walter, Rockney; MacKenzie, Scott: A structural equations analysis of the impact of price promotions on store performance, in: Journal of Marketing Research, 25. Jg., 1988, Nr. 2, S. 51-63.

Waltermann, Bernd: Marktsegmentierung und Markenpolitik, in: Bruhn, Manfred (Hrsg.): Handbuch Markenartikel, Bd. 1, (Schäffer-Poeschel) Stuttgart 1994, S. 375-394.

Walters, David; Knee, Derek: Competitive strategies in retailing, in: Long Range Planning, 22. Jg., 1989, Nr. 6, S. 74-84.

Wehrle, Friedrich: Strategische Marketingplanung in Warenhäusern, 2. Aufl., (Lang) Frankfurt a.M. 1984.

Weinberg, Peter: Die Produkttreue der Konsumenten, (Gabler) Wiesbaden 1977.

Weinberg, Peter: Vereinfachung von Kaufentscheidungen bei Konsumgütern, in: Marketing - ZFP, 2. Jg., 1980, Nr. 2, S. 87-93.

Weinberg, Peter: Entscheidungsverhalten, (Schöningh) Paderborn 1981.

Weinberg, Peter: Erlebnisorientierte Einkaufsstättengestaltung im Einzelhandel, in: Marketing-ZFP, 8. Jg., 1986, Nr. 2, S. 97-102.

Weinberg, Peter: Erlebnismarketing, (Vahlen) München 1992.

Weinberg, Peter: Markenartikel und Markenpolitik, in: Wittmann, Waldemar u.a. (Hrsg.): Handwörterbuch der Betriebswirtschaftslehre, 5. Aufl., (Schäffer-Poeschel) Stuttgart 1993, Sp. 2679-2690.

Weinberg, Peter: Erlebnis-Marketing, in: Tietz, Bruno; Köhler, Richard; Zentes, Joachim (Hrsg.): Handwörterbuch des Marketing, 2. Aufl., (Schäffer-Poeschel) Stuttgart 1995, Sp. 607-615.

Weinberg, Peter: Verhaltenswissenschaftliche Aspekte der Kundenbindung, in: Bruhn, Manfred; Homburg, Christian: Handbuch Kundenbindungsmanagement, 3. Aufl., (Gabler) Wiesbaden 2000, S. 39-53.

Weinberg, Peter; Diehl, Sandra: Aufbau und Sicherung von Markenbindung unter schwierigen Konkurrenz- und Distributionsbedingungen, in: Köhler, Richard; Majer, Wolfgang; Wiezorek, Heinz (Hrsg.): Erfolgsfaktor Marke, (Vahlen) München 2001, S. 23-35.

Westbrook, Robert; Black, William: A motivation-based shopper typology, in: Journal of Retailing, 61. Jg., 1985, Nr. 1, S. 78-103.

Widmer, Fred: Die Verpackung als Instrument im Kommunikations-Mix des Handels, in: Marketing-ZFP, 8. Jg., 1986, Nr. 1, S. 19-26.

Widmer, Fred: Von der Eigenmarke und Handelsmarke zur Exklusivmarke - Die Exklusivmarkenpolitik der Coop Schweiz, in: Bruhn, Manfred (Hrsg.): Handelsmarken, 2. Aufl., (Schäffer-Poeschel) Stuttgart 1997, S. 329-343.

Wieder, Martin: Kundenbindungsinstrumente im Lebensmitteleinzelhandel - Eine Dokumentation, in: Haedrich, Günther (Hrsg.): Der loyale Kunde - Ist Kundenbindung bezahlbar?, Ergebnisse 4. CPC TrendForum, (SFV Verlag) Mainz 1997, S. 29-40.

Wiedmann, Klaus-Peter: Markenpolitik und Corporate Identity, in: Bruhn, Manfred (Hrsg.): Handbuch Markenartikel, Bd. 2, (Schäffer-Poeschel) Stuttgart 1994, S. 1033-1054.

Wileman, Andrew; Jary, Michael: Retail Power Plays - From Trading to Brand Leadership: Strategies for Building Retail Brand Value, (New York University Press) New York 1997.

Wilke, Kai: Die Eignung des Internets für die Reduktion von Qualitätsrisiken im Kaufentscheidungsprozess der Konsumenten, in: Müller-Hagedorn, Lothar (Hrsg.): Zukunftsperspektiven des E-Commerce im Handel, (Deutscher Fachverlag) Frankfurt a.M. 2000, S. 227-271.

Wilkie, William; Pessemier, Edgar: Issues in marketing's use of multiattribute models, in: Journal of Marketing Research, 10. Jg., 1973, Nr. 4, S. 428-441.

Williams, Robert; Painter, John; Nicholas, Herbert: A policy-oriented typology of grocery shoppers, in: Journal of Retailing, 54. Jg., 1978, Nr. 1, S. 27-42.

Wissmeier, Urban: Strategien im internationalen Marketing, (Gabler) Wiesbaden 1992.

Wiswede, Günter: Eine Vektortheorie des Verbraucherverhaltens, in: Jahrbuch der Absatz- und Verbrauchsforschung, 12. Jg., 1966, S. 53-67.

Wiswede, Günter: Psychologie der Markenbildung, in: Andreae, Clemens-August u.a. (Hrsg.): Markenartikel heute - Marke, Markt und Marketing, (Gabler) Wiesbaden 1978, S. 135-158.

Wiswede, Günter: Eine Lerntheorie des Konsumentenverhaltens, in: Die Betriebswirtschaft, 45. Jg., 1985, Nr. 5, S. 544-557.

Wiswede, Günter: Die Psychologie des Markenartikel, in: Dichtl, Erwin; Eggers, Walter (Hrsg.): Marke und Markenartikel, (dtv) München 1992, S. 71-95.

Wöhe, Günter: Einführung in die Betriebswirtschaftslehre, 20. Aufl., (Vahlen) München 2000.

Woll, Arthur: Allgemeine Volkswirtschaftslehre, 13. Aufl., (Vahlen) München 1993, S. 210-219.

Woodside, Arch; Thelen, Eva: Accessing memory and customer choice: benefit-to-store (brand) retrieval models that predict purchase, in: Marketing and Research Today, 24. Jg., 1996, Nr. 11, S. 260-267.

Woodside, Arch; Trappey, Randolph: Finding out why customers shop your store and buy your brand: Automatic cognitive processing models of primary choice, in: Journal of Advertising Research, 32. Jg., 1992, Nr. 6, S. 59-78.

Woratschek, Herbert: Differenzierung und Positionierung, in: Hartung, Wolfgang; Römermann, Volker (Hrsg.): Marketing und Management Handbuch für Rechtsanwälte, (Beck) München 1999, S. 57-76.

Wortzel, Lawrence: Retailing Strategies for today's mature marketplace, in: The Journal of Business Strategy, 8. Jg., 1987, Spring, S. 45-56.

Zaichkowsky, Judith: Measuring the involvement construct, in: Journal of Consumer Research, 12. Jg., 1985, S. 341-352.

Zajonc, Robert: Attitudinal effects of mere exposure, in: Journal of Personality and Social Psychology, 9. Jg., 1968, Monograph Supplement, S. 1-27.

Zajonc, Robert: Feeling and thinking - Preferences need no inferences, in: American Psychologist, 35. Jg., 1980, Nr. 2, S. 151-175.

Zeithaml, Valarie: How consumer evaluation processes differ between goods and services, in: Donnelly, James; George, William (Hrsg.): Marketing of Services, (AMA) Chicago 1981, S. 186-190.

Zeithaml, Valarie: Consumer perceptions of price, quality, and value: A means-end model and synthesis of evidence, in: Journal of Marketing, 52. Jg., 1988, Nr. 7, S. 2-22.

Zeithaml, Valarie; Bitner, Mary: Services Marketing, (McGraw-Hill) New York u.a. 1996.

Zentes, Joachim: Auswirkungen der EG-Binnenmarktintegration auf den Handel, in: Trommsdorff, Volker (Hrsg.): Handelsforschung 1989, (Gabler) Wiesbaden 1989, S. 223-234.

Zentes, Joachim: Trade-Marketing: Neuorientierung der Hersteller-Handels-Beziehungen, in: Marketing-ZFP, 11. Jg., 1989, Nr. 4, S. 224-229.

Zentes, Joachim: Internationales Marketing, in: Tietz, Bruno; Köhler, Richard; Zentes, Joachim (Hrsg.): Handwörterbuch des Marketing, 2. Aufl., (Schäffer-Poeschel) Stuttgart 1995, Sp. 1031-1045.

Zentes, Joachim: Convenience-Shopping - Ein neuer Einkaufstrend?, in: Trommsdorff, Volker (Hrsg.): Handelsforschung 1996/97, (Gabler) Wiesbaden 1996, S. 227-238.

Zentes, Joachim: GDI-Monitor: Fakten, Trends, Visionen, in: Zentes, Joachim; Liebmann, Hans-Peter (Hrsg.): Trendbuch Handel No. 1, (Econ) Düsseldorf u.a. 1996, S. 10-36.

Zentes, Joachim: Grundbegriffe des Marketing, 4. Aufl., (Schäffer-Poeschel) Stuttgart 1996.

Zentes, Joachim: Internationalisierung europäischer Handelsunternehmen - Wettbewerbs- und Implementierungsstrategien, in: Bruhn, Manfred; Steffenhagen, Hartwig (Hrsg.): Marktorientierte Unternehmensführung, 2. Aufl., (Gabler) Wiesbaden 1998, S. 159-180.

Zentes, Joachim: Marketing, in: Bitz, Michael u.a. (Hrsg.): Vahlens Kompendium der Betriebswirtschaftslehre, Bd. 1, 4. Aufl., (Vahlen) München 1998, S. 329-409.

Zentes, Joachim (Hrsg.): One to One Marketing - Sinnvoll und umsetzbar?, Ergebnisse 9. Bestfoods TrendForum, (TrendForum Verlag) Wiesbaden 2000.

Zentes, Joachim; Anderer, Michael: Handelsperspektiven bis zum Jahre 2000, (Institut für Internationales Marketing - Gottlieb Duttweiler Institut) Saarbrücken-Rüschlikon 1993.

Zentes, Joachim; Anderer, Michael: Handels-Monitoring I/94: Mit Customer Service aus der Krise, in: GDI-Handels-Trendletter I/94, (GDI) Rüschlikon/Zürich 1994, S. 1-29.

Zentes, Joachim; Ihrig, Falk: Bedeutung der Markenpolitik für das vertikale Marketing, in: Markenartikel, 57. Jg., 1995, Nr. 1, S. 18-24.

Zentes, Joachim; Janz, Markus; Morschett, Dirk: Neue Dimensionen des Handelsmarketing, (Institut für Handel und Internationales Marketing/SAP AG) Saarbrücken-Walldorf 1999.

Zentes, Joachim; Janz, Markus; Morschett, Dirk: HandelsMonitor 2001: Retail Branding - Der Handel als Marke, (Lebensmittel Zeitung) Frankfurt a.M. 2000.

Zentes, Joachim; Janz, Markus; Morschett, Dirk: Neue Dimensionen des Konsumgütermarketing, (Institut für Handel und Internationales Marketing/SAP AG) Saarbrücken-Walldorf 2000.

Zentes, Joachim; Morschett, Dirk: Electronic Shopping - die Zukunft des Handels?, in: GDI-Handels-Trendletter I/97, Rüschlikon/Zürich 1997, S. 1-56.

Zentes, Joachim; Morschett Dirk: HandelsMonitor II/98 - Daten & Fakten: Wo wird im Jahre 2005 Handel ‚gemacht'?, (Deutscher Fachverlag) Frankfurt a.M. 1998.

Zentes, Joachim; Morschett, Dirk: Retail Branding - Einfluss auf den Internationalisierungsprozess von Handelsunternehmen, in: Thexis, 18. Jg., 2001, Nr. 3, S. 16-20.

Zentes, Joachim; Opgenhoff, Ludger: Kundenzufriedenheit als Erfolgsfaktor im Einzelhandel, in: GDI-Handels-Trendletter I/95, Rüschlikon/Zürich 1995, S. 1-47.

Zentes, Joachim; Schramm-Klein, Hanna: Multi-Channel-Retailing - Ausprägungen und Trends, in: Hallier, Bernd (Hrsg.): Praxisorientierte Handelsforschung, (EHI) Köln 2001, S. 290-296.

Zentes, Joachim; Swoboda, Bernhard: Grundbegriffe des Internationalen Managements, (Schäffer-Poeschel) Stuttgart 1997.

Zentes, Joachim; Swoboda, Bernhard (Hrsg.): Globales Handelsmanagement, (Deutscher Fachverlag) Frankfurt a.m. 1998.

Zentes, Joachim; Swoboda, Bernhard: HandelsMonitor I/98 - Trends & Visionen: Wo wird im Jahre 2005 Handel 'gemacht'?, (Deutscher Fachverlag) Frankfurt a.m. 1998, S. 100-103.

Zentes, Joachim; Swoboda, Bernhard: Profilierungsdimensionen des Tankstellen-Shopping, (Lekkerland/Institut für Handel und Internationales Marketing) Frechen-Saarbrücken 1998.

Zentes, Joachim; Swoboda, Bernhard: Neuere Entwicklungen im Handelsmanagement, in: Marketing-ZFP, 21. Jg., 1999, Nr. 2, S. 75-90.

Zentes, Joachim; Swoboda, Bernhard: Auswirkungen des Electronic Commerce auf den Handel, in: Die Betriebswirtschaft, 60. Jg., 2000, Nr. 6, S. 687-706.

Zentes, Joachim; Swoboda, Bernhard: Hersteller-Handels-Beziehungen aus markenpolitischer Sicht, in: Esch, Franz-Rudolf (Hrsg.): Moderne Markenführung, 2. Aufl., (Gabler) Wiesbaden 2000, S. 801-823.

Zentes, Joachim; Swoboda, Bernhard: Kundenbindung im vertikalen Marketing, in: Bruhn, Manfred; Homburg, Christian (Hrsg.): Handbuch Kundenbindungsmanagement, 3. Aufl., (Schäffer-Poeschel), Stuttgart 2000, S. 173-200.

Zimmer, Mary; Golden, Linda: Impressions of retail stores: A content analysis of consumer images, in: Journal of Retailing, 64. Jg., 1988, Nr. 3, S. 265-293.